五四运动
与民族复兴

纪念五四运动一百周年国际学术研讨会论文集

上册

中国社会科学院近代史研究所◎编

社会科学文献出版社
SOCIAL SCIENCES ACADEMIC PRESS (CHINA)

目　录

开启新时代弘扬五四精神的新篇章

高　翔[*]

（2019 年 4 月 27 日）

尊敬的各位学者、各位嘉宾：

　　大家早上好。

　　经过紧张的筹备，由中国历史研究院近代史研究所和中国现代文化学会共同主办的"纪念五四运动一百周年"国际学术研讨会今天开幕了。我谨代表中国历史研究院对研讨会的举办表示热烈的祝贺，对来自海内外的专家学者表示诚挚的问候。

　　人类历史的每次重大转折总要通过某个重要时间节点、某个重要事件来呈现。1919 年爆发的五四运动，就是在中国近现代历史上具有里程碑意义的重大事件。2019 年 4 月 19 日，中共中央政治局就五四运动的历史意义和时代价值举行第十四次集体学习，习近平总书记主持学习并发表讲话，强调 100 年前爆发的五四运动，是一场以先进青年知识分子为先锋、广大人民群众参加的彻底反帝反封建的伟大爱国革命运动，要加强对五四运动历史意义的研究，深刻揭示五四运动对当代中国发展进步的深远影响。要坚持大历史观，把五四运动放到中华民族 5000 多年文明史、中国人民近代以来 170 多年斗争史、中国共产党 90 多年奋斗史中来认识和把握。要从历史逻辑、实践逻辑、理论逻辑相结合的高度，从五四运动以来中国的政治史、

---

　　* 高翔，中国社会科学院副院长，中国历史研究院院长。

思想史、文化史、社会史等各领域开展研究，总结历史规律，揭示历史趋势，讲清楚为什么五四运动对当代中国发展进步具有如此重大而深远的影响，讲清楚为什么马克思主义能够成为中国革命、建设、改革事业的指导思想，讲清楚为什么中国共产党能够担负起领导人民实现民族独立、人民解放和国家富强、人民幸福的历史重任，讲清楚为什么社会主义能够在中国落地生根并不断完善发展，引导人们以史为鉴、以史为师，坚定中国特色社会主义道路自信、理论自信、制度自信、文化自信。激励广大青年为民族复兴不懈奋斗。

习近平总书记的重要讲话，对中国学术界加强和深化五四研究具有重要的指导意义。

一 五四运动开启了一个新的时代

100 年前的五四运动是在世界资本主义进入帝国主义阶段、中国深处半殖民地半封建社会的时代背景下爆发的。当年的 5 月 4 日，在获知巴黎和会上中国外交失败的消息后，北京数千名学生高呼"外争国权、内惩国贼"的口号涌上街头，掀起了一场以先进青年知识分子为先锋、广大人民群众参加的彻底反帝反封建的伟大爱国革命运动。这场运动前后历时数年，也是一场伟大的思想解放和文化运动，中国社会由此进入了新民主主义革命的新时代。

五四运动开启了彻底反帝反封建的新时代。1840 年鸦片战争之后，中国一步步沦为半殖民地半封建社会，陷入了苦难深重的悲惨境地。在那风雨如晦、鸡鸣不已的苦难日子里，许多志士仁人艰苦探索，为寻找救国救民、振兴中华的真理和道路进行了一次又一次英勇的抗争，留下了无数可歌可泣的故事，但无论是太平天国运动、洋务运动、戊戌变法还是辛亥革命，都不是彻底的反帝反封建运动，都没有也不可能改变中国半殖民地半封建的社会性质。只有五四运动，第一次将反帝与反封建彻底联系在一起，让中国人民深刻认识到，是帝国主义与中国封建势力的相互勾结把中国变成了半殖民地，不推翻封建专制统治就谈不上任何社会进步和个人的解放，而不驱逐已经成为封建王朝强大靠山的帝国主义在华势力，推翻封建专制统治又成为不可能。正如毛泽东在《新民主主义论》中所说："五四运动的杰出的历史意义，在于它带着为辛亥革命还不曾有的姿态，这就是彻底地不妥协地反帝国主义和彻底地不妥协地反封建主义。"毛泽东将五四运动视为"当时无产阶级世界革命的一部分"，充分肯定它对中国共产党成立的积极贡献。

五四运动开启了新民主主义文化的新时代。"鸦片战争前的中国封建社会好像是在其内部深处正酝酿着巨大变化的一潭积水，鸦片战争则是投入了一块大石，由此不可避免地引起强烈的连锁反应，而终将整潭积水激荡起来。"（胡绳语）以此为开端，包括思想启蒙、文化运动在内的一切激荡、变化，若不能将社会危机与民族危机相结合，将社会变革与救亡运动相结合，都不可能真正让思想的力量见诸实践，从而也就不可能达致挽救民族危亡的目的。在五四新文化运动中，几千年来为中国封建统治阶级所推崇的旧礼教、旧道德、旧思想、旧文化被猛烈冲击和荡涤，人们开始用新的眼光看中国、看世界，在对各种社会思潮、政治主张和政治力量的比较鉴别中认真思考中国的前途和命运。而俄国十月革命的成功，又让深受马克思主义影响的先进知识分子摆脱了种种困惑，使五四新文化运动得以从破除对封建礼教的迷信升华到破除对帝国主义及其民主、自由观念的迷信，从而最切近地、准确地把握了时代的主题，使民族的科学的大众的新民主主义文化成为引航时代的思想旗帜。也正是在这个意义上，毛泽东才评论道，五四运动所进行的文化革命"是彻底地反对封建文化的运动，自有中国历史以来，还没有过这样伟大而彻底的文化革命"。

五四运动开启了群众性爱国运动的新时代。鸦片战争以后，中国人民的反帝反封建斗争薪火相传、接续不断，但这些斗争整体上参与的人数有限、阶层不多，只是到五四运动时，才真正将人民动员起来，形成中华民族历史上从未有过的，有工人阶级、小资产阶级、民族资产阶级和其他爱国人士广泛参加的全国性群众斗争。在这场运动中，中国工人阶级第一次以声势浩大的政治大罢工显示出崭新的战斗姿态，从此登上了中国政治舞台；一批先进的青年知识分子作为运动的先锋，在文化和现实的运动中不但接受了马克思列宁主义，而且积极传播并促成它与中国工人运动的结合。这就为以马克思主义为理论指导、以中国工人阶级为阶级基础的中国共产党的成立，做了思想上和干部上的准备，并使社会主义思想成为五四运动后新文化运动的主流。

五四运动展现了庶民大众尤其是工农大众的力量，不仅使统治当局不敢轻视庶民大众，也使此后的政治革命具有一个鲜明的特征，即工农大众成为革命的主力军。辛亥革命的主要力量是新式政治精英以及受其影响的城市工商业者、新军、会党，一般工农大众基本上还只是革命的旁观者。五四以后，青年知识分子，尤其是初步具备马克思主义思想的知识分子，主动走向工农大众，调查他们的生存状况，关注他们的疾苦，举办平民夜校与露天演讲，出版面向工农大众的书刊，推动平民教育，以"增进平民知识，唤起平民自觉心"，并进而建立劳工组织。这种趋势既推动了国民党的改组，也推动了中国共产党的诞生，并深刻影响了此后国共两党的工农政策。庶民大众登上政治舞台，是近代社会的重大趋向。在西方资本主义国家，庶民大众是在选举权扩展的过程中逐渐登上政治舞台的，而在中国，庶民大众则是在政治革命的过程中登上政治舞台并成为革命的主力军的。在庶民大众登上政治舞台的时代，唯有与庶民大众打成一片，代表绝大多数庶民大众的利益，真心实意地为庶民大众谋福利的政治力量，才能真正得到庶民大众的拥护，获得政治上的优势。

总之，五四运动为马克思主义在中国的传播开辟了道路，开启了知识青年与工农大众相结合的青年运动的方向，为中国共产党的诞生准备了思想条件、干部条件。中国共产党的成立是中国历史上"开天辟地的大事变"，开启了中国革命与中国历史的新篇章。自成立之日起，中国共产党就致力于动员最广大多数的人民大众去实现民族解放与民族复兴的伟业，致力于实现最大多数人民的民主，也就得到了最广大中国人民的拥护，这是中国共产党取得成功的根本所在。

二　五四精神历久弥新

伟大的时代催生伟大的精神。五四运动虽已过去百年，但其所孕育的以爱国、进步、民主、科学为标识的伟大五四精神，并未随着时间的流逝隐没不见，而是历久弥新，在实现中华民族伟大复兴的中国梦的光辉历程中不断注入新的时代内涵，成为始终推动中国历史和社会进步的重要力量。

爱国精神。爱国主义是中华民族民族精神的核心。中华民族自古以来不乏爱国精神和爱国传统。在中华民族几千年绵延发展的历史长河中，爱国主义始终是激昂的主旋律，始终是激励我国各族人民自强不息的强大力量。范仲淹"先天下之忧而忧，后天下之乐而乐"的天下情怀，陆游"王师北定中原日，家祭无忘告乃翁"的报国情怀，文天祥"人生自古谁无死，留取丹心照汗青"的牺牲情怀，岳飞"壮志饥餐胡虏肉，笑谈渴饮匈奴血"的壮烈情怀，曾经感染激励了多少中华儿女为了中华民族的独立强大而英勇奋斗！近代以来，爱国主义在中国人民争取民族独立和解放的系列抗争中不断升华。爱国，在近代以来的中国历史上，首先就是争取民族独立、维护国家主权和领土完整，反对与帝国主义相勾结的中国落后势力的卖国行径。今天，实现中华民族伟大复兴的中国梦，是当代中国爱国主义的鲜明主题。我们要大力弘扬伟大的爱国主义精神，大力弘扬以改革创新为核心的时代精神，为实现中华民族伟大复兴的中国梦提供共同精神支柱和强大精神动力。

进步精神。在人类社会的发展史上，"进步"首先体现为社会形态的演进。奴隶社会取代原始社会是进步，封建社会取代奴隶社会是进步，资本主义社会取代封建社会、社会主义社会取代资本主义社会更是一种进步。因此，在社会形态视野下，凡是顺应生产力和生产关系矛盾运动规律的力量，大致都可归入"进步"的范畴。但在社会形态发展的共同主题下，"进步"因不同时代、不同国家、不同阶段而完全可能具备不同的内容。具体到近代以后的中国，民族独立和人民解放是当时的时代主题，"进步"首先是反对阻碍民族独立和人民解放、民族复兴的一切腐朽没落的东西，推动中国社会向前发展。

民主精神。民主和科学是五四新文化运动高举的两面旗帜。在中国历史上，思维方式上的非理性主义向来是和政治、文化上的专制独裁紧密联系的。作为其对立物，五四新文化运动所倡导的科学和民主也是互为前提、互相贯通的。这也就是为什么我们说在五四运动的时代，民主首先是推翻专制独裁的旧制度，实现最广大人民的解放和民主、自由。它实际上是要求实现国家和个人层面的两个转变。在国家层面，民主作为专制的对立面，是要推翻封建的、落后的反动势力的统治，而在近代中国还要加上一重反对资本主义对中国殖民统治的任务，即把批判的锋芒直指帝国主义在民族关系上的专制和特权。正因为如此，李大钊响亮地提出"实行民族自决主义"的口号，号召"作民族独立的运动"。瞿秋白也说："中国社会的发展倾向，——乃是以其民族运动与世界社会革命运动相联结，而求真正的民权运动。"民主的内涵在中国共产党领导中国革命的过程中实现了向马克思主义和社会主义的转变，并在新中国成立后继续在形式和内容上得到丰富和发展。

科学精神。科学主要是针对当时流行的神鬼之学和迷信活动，反对"迷信神鬼、迷信物象、迷信运命、迷信强权"，提倡科学思想和科学精神，并进而提供一种新的"运思方式"和世界观。如陈独秀主张的"事事求诸证实"和"一遵理性"，胡适提出的"拿证据来"，李大钊号召的"与其信孔子，信释迦，信耶稣，不如信真理"，等等。在这种实证主义和理性主义价值观和思维方式指导下，五四时期的先进知识分子既传播了大量西方自然科学知识，又把科学的"一遵理性"作为寻求救国真理"择善而从"的价值抉择的根本前提，由此在破除封建蒙昧主义之时，进一步破除了新蒙昧主义对资本主义文明和帝国主义的迷信。因此，从五四新文化运动整体的发展趋势来看，科学首先是探索指导中国人民根本改变受奴役、受压迫地位的科学真理和发展道路，"科玄论战"、"问题与主义"之争等都必须放在这个时代坐标下才能看清其本质。

五四运动是中国近代史上划时代的大事件，在学术界，"五四"与"五四精神"从来都是一个历久弥新的话题。今年是五四运动100周年，学术界对五四的关注度极高，关于"五四"的国际学术研讨会就有不少，我们这个会议是其中之一。本次会议，名家云集，学术新锐不少，相信一定会是一个高水平的学术盛会。

最后，祝大家在会议期间身体健康，心情愉快！

五四致辞

王建朗[*]

（2019 年 4 月 27 日）

尊敬的各位嘉宾、各位学者：

在五四运动 100 周年纪念日即将到来之际，我们在这里隆重举行"纪念五四运动一百周年"国际学术研讨会。首先，请允许我代表会议的主办方——中国历史研究院近代史研究所、中国现代文化学会，向与会的各位嘉宾与学者表示热烈的欢迎，尤其要向远道而来的海外朋友表示感谢。由于会议通知发出较晚，还有一些老朋友未能与会，很遗憾。这里要特别感谢中国历史研究院及国际合作局的支持，高翔院长还在百忙中拨冗与会，谢谢。

五四运动不只是一场反帝爱国运动，从广义上说，它还包括新文化运动的思想启蒙，包括五四运动后所出现的社会改造思潮及马克思主义在中国的广泛传播。包含思想启蒙、反帝爱国、社会改造三大内容的五四运动，为中国社会的变革掀开了新的一页。此后数年，无论是南方兴起的国民革命，还是北方政府开展的修订不平等条约运动，我们都能从中看到五四运动的强大影响。

1939 年，在五四运动 20 周年之际，当中国共产党还处于艰苦奋斗中时，毛泽东对五四运动的影响有如此评价："全部中国史中，五四运动以后

---

* 王建朗，时任中国社会科学院近代史研究所所长。

二十年的进步，不但赛过了以前的八十年，简直赛过了以前的几千年。"这一评论过高了吗？一点也不。这一讲话后仅仅十年，也就是五四运动后仅仅三十年，一个不同于历史上任何朝代的中华人民共和国便出现了。五四运动的冲击力由此可见。

五四运动不仅是影响中国社会发展走向的大事件，也是具有世界意义的大事件。如果我们把视野放得更开阔些，放眼一战后的世界，我们会发现，民族主义的觉醒并非个案。一战后，韩国的反日独立的"三一运动"、中国的五四爱国运动、埃及的反英民族起义、印度的非暴力不合作运动等相映成辉，构成了世界范围内民族觉醒的新气象。因此可以说，五四运动是中国社会发展进步的重要标志，也是世界进步潮流的一个重要组成部分。这也是今年有多个国家举行五四研讨会的原因所在。

五四运动已经过去100年了，当年五四先贤所要求解决的问题，许多已经得到了解决，五四先贤所憧憬的梦想，很大一部分已经得到了实现。但是，仍有一些问题需要后人去面对去解决，仍有一些梦想需要后人去实现。这就是我们今天纪念五四的意义所在。

在五四运动100周年之际，我们迎来了深化五四研究的良好契机。习近平总书记在最近的讲话中高度肯定了五四运动的历史意义，并要求加强对五四运动历史意义的研究，加强对五四精神时代价值的研究，加强对五四运动以来中国青年运动的研究，加强对五四运动史料和文物的收集、整理、保护。讲话为今后五四运动的研究既提供了指导，也提出了任务。我期待，在这一东风之下，我们有更多更好的研究成果面世。我还进一步期待，在高扬的五四旗帜之下，我们能够尽早实现五四先贤的全部梦想，建立一个公理主导的和谐共生的新世界。

最后，预祝研讨会圆满成功。祝愿各位会议期间心情愉快！

谢谢。

五四运动的精神遗产及其在新时代的科学传承

金民卿[*]

习近平在纪念五四运动 100 周年大会上指出，五四运动是中国近现代史上具有划时代意义的重大事件，"是一场以先进青年知识分子为先锋、广大人民群众参加的彻底反帝反封建的伟大爱国革命运动，是一场中国人民为拯救民族危亡、捍卫民族尊严、凝聚民族力量而掀起的伟大社会革命运动，是一场传播新思想新文化新知识的伟大思想启蒙运动和新文化运动，以磅礴之力鼓动了中国人民和中华民族实现民族复兴的志向和信心"。[①] 五四运动是一个广义概念，包括五四运动之前就已经开展的新文化运动、1919 年 5月 4 日北京学生发起并在全国范围内展开的爱国革命运动，以及五四运动之后更大范围和更深层次的思想解放运动。五四运动铸就了以爱国、进步、民主、科学为核心的丰富精神遗产，深刻影响了中国百年历史进程。在此，我们从近代以来中华民族复兴进程的维度，同时立足于新时代中国的发展方位，以思想史的视角来认识和把握五四运动的精神财富及其在新时代的传承和弘扬。

---

[*] 金民卿，中国社会科学院近代史研究所研究员。

[①] 习近平：《在纪念五四运动 100 周年大会上的讲话》，人民出版社，2019，第 2 页。

一　五四运动是一场彻底反帝反封建的爱国革命运动，铸就了维护国家利益、捍卫民族尊严的爱国主义精神

1840 年鸦片战争后，中华民族遭遇了严重灾难，中国人民日益陷入水深火热之中，中国社会日益沿着半殖民地半封建社会的方向持续下滑。

封建专制制度虽然已经走向腐朽没落，但不甘心自己的失败，不愿退出历史舞台。一方面，清政府动用政治的、军事的和文化的资源，千方百计地压制来自内部的反抗和变革，抵御外来力量的冲击，勉力维持自身的存在。例如，镇压太平天国农民起义，摧毁维新变法运动，组织军队或"借助民力"抵抗列强入侵，当然这种抵抗失败后又签订丧权辱国的条约。另一方面，它不得不被动地、渐进式地引入外来的经济性、军事性、体制性、思想性资源，谋求通过渐进式地变革度过危机获得重生，政府主导下的洋务运动、君主立宪尝试等，就是这种努力的重要体现。然而，这些努力都无法改变中国封建制度走向衰亡的历史趋势。

在中国封建制度日益走向衰败、清朝政府日益腐朽的情况下，西方列强一方面以军事、政治、经济手段对中国进行直接侵略，不断破坏中国的国家领土完整和主权独立；另一方面则在中国寻找它们的替身和打手，扶植清政府和后来的封建军阀势力充当它们的"第二控制集团"，国外帝国主义同中国封建主义结合起来，反对和统治广大人民群众。由此，国家失去了独立，民族失去了尊严，人民失去了幸福。

面对严重的民族危机，中国人民从来就没有停止过爱国救亡的努力，无数爱国将士和广大民众为抵抗外敌入侵，勇于担当、奋力斗争，从虎门销烟到三元里抗英，从太平天国到中法战争，从甲午海战到义和团运动，谱写了一曲曲爱国主义的壮歌，体现了维护民族尊严和国家独立的坚定意志。辛亥革命虽然推翻了清王朝的统治，但是并没有从经济基础、社会结构、思想文化和军事力量上真正摧毁封建制度的存在基础。中华民国建立后不久就连续发生了两次帝制复辟，封建势力企图东山再起，各派军阀纷纷依靠不同的国外力量，为了争夺权力和地盘进行旷日持久的军阀战争。列强在中国扶持各自的代言人，扩大对中国的控制和盘剥，特别是日本帝国主义借口对德宣战，攻占青岛和胶济铁路全线，夺取德国在山东强占的

各种权益，强迫袁世凯政府签订"二十一条"，加大对中国的入侵力度，中国半殖民地半封建社会危机更加严重。中国人民反对封建军阀割据、抵御列强侵略、捍卫国家主权独立、追求民族和人民解放的热情更加高涨，意志更加坚定。

五四运动是近代以来中国人救亡图存努力的必然结果。第一次世界大战期间，中国北洋政府宣布参加战争。1919 年 1 月，第一次世界大战的战胜国在巴黎召开"和平会议"，中国作为战胜国之一派出代表团参加和会，提出了取消列强在华各项特权、取消"二十一条"、归还日本从德国手中夺去的山东各项权利等合理要求。但是，西方列强操纵的"和会"不仅拒绝了中国政府提出的正当要求，而且要把战败国德国在山东的特权转让给日本。巴黎和会上政府外交失败的消息传到国内，迅速引起了广大人民群众尤其是先进知识分子的强烈反对。5 月 4 日，北京高校三千多名学生云集天安门前，高喊"誓死力争""还我青岛""收回山东权利""拒绝和约签字""废除'二十一条'""外争主权、内除国贼"等口号，并提出惩办曹汝霖、陆宗舆、章宗祥的要求。学生运动很快从北京蔓延到全国，形成了一场以先进青年知识分子为先锋、各界人民群众共同参加的彻底反帝反封建的伟大爱国革命运动，把近代以来中国人的爱国主义精神发展到了一个历史高峰。

五四运动的爱国主义精神影响深远。五四运动使中国人民进一步认清了西方列强的侵略本质，逐步摆脱了对资本主义国家的幻想和依赖，勇敢地踏上了依靠自己的力量进行新民主主义革命、追求国家民族独立、实现人民解放的新征程。五四运动后不久成立的中国共产党，把打倒军阀、打倒列强作为直接的斗争任务。民主革命先驱孙中山先生也鲜明提出：必须唤起民众，联合世界上平等待我之民族，共同奋斗。一百年来，五四爱国精神在一代代优秀中华儿女中传承弘扬。1924 年，恽代英就谈道：有人心、有血性的北京各校学生，不忍看见中国四万万同胞与他们自己，屈服于日本及甘心卖国的亲日派政府之下，于是在 5 月 4 日举行了游行示威，这是中国以前不曾有的伟大运动；这个伟大运动是为中国、为四万万同胞的独立与自由而发动的；这是我们第一次打破一切干涉和压制的政治活动。① 1925

---

① 恽代英：《自从五四运动以来》，《中国青年》第 26 期，1924 年 4 月 12 日，转引自《红藏：进步期刊总汇（1915—1949）·中国青年》第 2 卷，湘潭大学出版社，2014，第 11 页。

年，张太雷在谈到五四运动时指出，它是"反帝国主义与军阀的运动"，"是一个完全反对日本帝国主义的运动"，开辟了中国革命的新纪元。[①] 1939年，中国共产党在五四运动 20 周年时，把 5 月 4 日确定为青年节。毛泽东在《五四运动》《青年运动的方向》等文章中高度评价五四运动的爱国主义精神，明确提出五四运动就是反帝反封建的革命运动，它所反对的是勾结帝国主义出卖民族利益、压迫人民的卖国政府。[②] 中华人民共和国成立后，中国共产党和中国人民在历次五四纪念活动中，都把爱国主义看作五四精神的首要内容，认为五四运动鲜明地贯穿着反帝反封建的爱国主题。习近平在纪念五四运动 100 周年大会上再次强调："五四运动，孕育了以爱国、进步、民主、科学为主要内容的伟大五四精神，其核心是爱国主义精神。爱国主义是我们民族精神的核心，是中华民族团结奋斗、自强不息的精神纽带。"[③]

二　五四运动是一场具有中国特点的思想启蒙运动，铸就了追求进步、民主、科学的思想启蒙精神

习近平在纪念五四运动 100 周年大会上指出："五四运动以全民族的行动激发了追求真理、追求进步的伟大觉醒。五四运动前后，我国一批先进知识分子和革命青年，在追求真理中传播新思想新文化，勇于打破封建思想的桎梏，猛烈冲击了几千年来的封建旧礼教、旧道德、旧思想、旧文化。五四运动改变了以往只有觉悟的革命者而缺少觉醒的人民大众的斗争状况，实现了中国人民和中华民族自鸦片战争以来第一次全面觉醒。"[④] 这段话突出强调了五四运动的思想启蒙意义。

同西方在反封建过程中发动深刻的思想启蒙运动一样，中国在反帝反封建的过程中也爆发了一场轰轰烈烈的思想启蒙运动。中国的思想启蒙与西方的思想启蒙有相同的地方，也有不同的特点。中西思想启蒙都有反封建的任

---

① 张太雷：《五四运动的意义和价值》，《中国青年》第 77、78 期，1925 年 5 月 2 日，转引自《红藏：进步期刊总汇（1915—1949）·中国青年》第 4 卷，第 28—29 页。
② 《毛泽东选集》第 2 卷，人民出版社，1991，第 561 页。
③ 习近平：《在纪念五四运动 100 周年大会上的讲话》，第 3 页。
④ 习近平：《在纪念五四运动 100 周年大会上的讲话》，第 3—4 页。

务：西方封建意识形态的主要内容是宗教，因此反对宗教蒙昧是西方思想启蒙的一个重要内容；而中国封建意识形态的主要内容是纲常伦理化的儒学思想，因此反对"孔教"成为中国思想启蒙的重要内容，尤其是中国思想启蒙运动在反封建任务之外还有反侵略的任务。如果说思想启蒙就是"祛蔽"过程，那么西方的思想启蒙主要就是祛封建专制主义及其意识形态宗教蒙昧之蔽，而中国的思想启蒙则不仅要祛封建专制主义及其意识形态"孔学"之蔽，而且要祛列强为美化其侵略而制造的各种思想幻影之蔽。

具有中国特点的思想启蒙运动发端于新文化运动，但它是在经历了五四爱国运动及思想解放运动后，才取得真正效果并长期影响近现代中国的发展历史。这场思想启蒙运动留下了五四精神遗产的重要内容，这就是追求民主、科学、进步的思想启蒙精神。这种精神萌生于新文化运动时期，但其真正的定性、形成和丰富，则是在马克思主义成为改造中国的根本指导思想之后，并在百年历史发展中不断发挥其重要作用。

1840年鸦片战争失败后，在近代中国历史衰变和外来文化冲击下，中国人的思想开始发生渐变。龚自珍、魏源等人提出"师夷长技以制夷"主张；洋务派人士提出"中学为体、西学为用"主张，谋求在维护传统意识形态主导地位的同时实现渐进改良；维新派人士把中国传统文化同西方文化特别是空想社会主义等思想结合起来，提出了"托古改制"的改良方案。但是，这种文化渐变思维在辛亥革命的激烈政治变革之后，日益显示出局限性。因为没有进行彻底深刻的思想革命，广大民众对长期占统治地位的封建意识形态的习惯性认同没有被打破，对民主共和的思想和制度缺乏深刻认识甚至茫然无知，在历史变动大潮中缺乏足够的历史主体性，对政治变革运动没有参与的热情。而帝制复辟中封建专制主义意识形态则沉渣泛起，"尊孔""保护国粹""定孔教为国教"等呼声一度高涨，严重阻碍新制度的建构和新思想的传播。

由此，深刻的思想启蒙和变革必须深入开展。以陈独秀、李大钊、鲁迅、胡适等为代表的进步知识分子在抵抗文化保守主义的同时意识到：民主共和政治体制虽然已经建立，但是国民的民主共和意识极度缺乏，新型政治建构必须有民主理念引领和支撑；封建专制制度已经腐朽没落，严重阻碍了中国经济社会特别是政治制度的发展，必须进行改造；中国封建意识形态已经严重落后于时代，严重束缚人们的思想观念，必须彻底颠覆。

为民主共和进行理论补课，对广大民众进行民主启蒙，深度清除阻碍民主共和的封建主义文化，成为思想界义不容辞的责任。由此，高举民主与科学大旗的新文化运动勃然兴起。

新文化运动是在特定条件下发生的具有中国特点的思想启蒙运动，核心就是追求进步，反对落后，倡导民主，反对专制，高扬科学，反对愚昧，提倡新文化，反对旧文化，提倡新文学，反对旧文学。新文化运动的旗手陈独秀曾指出，作为新文化运动旗帜的《新青年》，就是要拥护"德莫克拉西（Democracy）和赛因斯（Science）两位先生"，"只有这两位先生，可以救治中国政治上道德上学术上思想上一切的黑暗"，把中国"引到光明世界"，"要拥护那德先生，便不得不反对孔教，礼法，贞节，旧伦理，旧政治；要拥护那赛先生，便不得不反对旧艺术，旧宗教；要拥护德先生又要拥护赛先生，便不得不反对国粹和旧文学"。① 由此，新文化运动强烈反对封建制度压抑人性、蔑视个人价值、实行愚民政策，对封建政治制度、历史实践、意识形态进行无情批判。鲁迅把几千年封建历史视为"吃人的历史"；陈独秀批判封建宗法文化"外饰厚情，内恒愤忌。以君子始，以小人终"，"依赖成性，生产日微"。② 思想家把矛头直指"孔教"这一封建意识形态的集中代表，喊出了"打倒孔家店"的口号，力求把封建主义从制度到文化连根拔起、彻底摧毁。正如陈独秀所说的那样："旧文学，旧政治，旧伦理，本是一家眷属，固不得去此而取彼。"③

破旧必然要立新。新文化运动大量引进西方的各种新思想，大力宣传民主主义和个人价值，提倡个性自由和解放，倡导启迪民智，推动文学革命、伦理革命、哲学革命。胡适发表《文学改良刍议》提出进行文体改良；陈独秀在《文学革命论》中提出要改革文学内容和形式；钱玄同等人大力推动白话文运动，实现语言文字革命，鲁迅创作了《狂人日记》这一早期白话文学的杰出代表。白话文运动表面上只是一场文字改革运动，却包含极大的思想革命意蕴，把思想启蒙推进到语言文字领域，为传播先进思想疏通了渠道。正在湖南一师读书的毛泽东受新文化运动影响，认为中国封建制度和义化是

---

① 《陈独秀文集》第 1 卷，人民出版社，2013，第 361—362 页。
② 《陈独秀文集》第 1 卷，第 129—130 页。
③ 《陈独秀文集》第 1 卷，第 330 页。

压抑人性的"恶魔","罪莫大焉",[①] "必须再造之,使其如物质之由毁而成,如孩儿之从母腹胎生也";[②] 表示要做像托尔斯泰、谭嗣同、陈独秀那样的哲学革命家,"洗涤国民之旧思想,开发其新思想",进行"家族革命"和"师生革命","冲决一切现象之网罗,发展其理想之世界"。[③]

但是,新文化运动并没有真正完成中国思想启蒙的任务。一方面,新文化运动思想家对西方列强没有清醒的认识,还在一定程度上把它们看作"公理"的化身。一战结束后,陈独秀还认为这是"公理的胜利",幻想着战胜国列强能够主持公道并尊重中国主权和利益,只是巴黎和会外交失败才打碎了这种幻想。所以,新文化运动祛西方列强之蔽的启蒙不可能真正完成。另一方面,新文化运动思想家所引进的祛封建主义之蔽的理论工具,是西方启蒙运动时期的思想,而这些思想在资产阶级取得统治地位之后发生了质的改变,已经从一种批判封建主义的"否定性"文化转变为维护资本主义统治的"肯定性"文化,其早期的革命性内容已经被消解,用这种变异为资本主义意识形态的思想来取代中国的封建主义意识形态,当然不能达到祛封建主义之蔽的启蒙目的。

也就是说,因为思想家自身思想认识的局限性,也因为其借助的理论工具的不完善,新文化运动所萌生的追求民主、科学、进步的思想启蒙精神并没有真正形成和完善。只有在思想家引进更先进的理论工具、认识水平得到进一步提高之后,这个精神才能够真正生成,并在新思想的指导下不断丰富和发展。这个更先进的理论工具就是马克思主义,正是在马克思主义的指导下,中国人找到了民主、科学、进步的真谛,中国人的思想才真正从封建主义之蔽、西方列强之蔽中解放出来而实现了"全面觉醒"。

三　五四运动是一场推动中国历史发生重大转折的社会革命运动,铸就了以实现中华民族复兴为根本的思想解放精神

近代以来,虽然中国国势日衰,但中国人从来就没有放弃实现中华民

---

① 《毛泽东早期文稿》,湖南人民出版社,1990,第152页。
② 《毛泽东早期文稿》,第201页。
③ 《毛泽东早期文稿》,第639页。

族伟大复兴的梦想。鸦片战争之际，林则徐、龚自珍、魏源等开启了向西方学习的先河，努力实现国家强盛，抵御外敌入侵；太平天国运动中，洪秀全等人谋求在中华大地建立太平天国，实现天下太平、国家兴旺；曾国藩、李鸿章等洋务派人士，力求通过开展洋务引进西方先进技术，实现强国富民的"中兴"；康有为、梁启超等维新人士，把西方政治理论引入中国，谋求通过变法摆脱积弱贫困的局面；孙中山明确提出振兴中华的口号，引进西方的民主共和制度，自信中国能够比欧洲更早地实现社会主义。这个筑梦历程的基本逻辑，就是向西方学习先进的技术、理论和制度，对中国的军事、技术、社会、文化、制度进行改造。对此，毛泽东曾说："那时，求进步的中国人，只要是西方的新道理，什么书也看。……要救国，只有维新，要维新，只有学外国。"①

　　五四运动是近代以来民族复兴进程中的一个重大历史转折，推动中国历史发展发生了根本性的方向转变。近代以来中国人民追求中华民族复兴的一次次努力之所以都没有成功，根本原因就在于没有科学理论的指导，没有先进政党的领导，没有找到正确的道路，没有建立先进的制度。经过五四运动，中国人民更加清楚地看到了封建制度的腐败和军阀政府的无能，更加坚定地走向了反封建的革命道路；更加清楚地看到了西方列强的侵略本质和对中国人民的欺骗，中国人民丢掉了对西方列强的幻想，更加坚定地走向了反对帝国主义的革命道路；五四运动猛然兴起又迅速走向分裂，让人们更加渴望找到救亡图存的科学理论指导，更加渴望建立新的政治组织来领导救亡图存和民族复兴；中国工人阶级在五四运动中开始走上政治舞台并显示出自己的先进性和革命彻底性，逐步成为新兴的革命领导力量，中国革命从资产阶级领导的反封建的旧民主主义革命转向了无产阶级领导的反帝反封建的新民主主义革命。由此，中国历史发展的方向发生了根本性转变，开始从在半殖民地半封建道路上日益下滑，转为朝着国家独立、民族振兴、人民解放的方向逐步上升。

　　五四运动是实现中华民族伟大复兴梦想的一次高度觉醒，也是一场前所未有的宏大的思想解放运动。在前期新文化运动的推动下，五四前后，各种思想学术竞相展现，各种新人物、新名词、新思潮、新主义异彩纷呈。

---

　　① 《毛泽东选集》第 4 卷，人民出版社，1991，第 1469—1470 页。

资产阶级启蒙思想、社会改良主义、社会民主主义、无政府主义、实验主义、空想社会主义、马克思主义、互助论思想、新村主义、泛劳动主义、工读主义等，一股脑儿地涌现在中国思想领域当中，中国思想界出现了极其繁荣活跃又混杂无序的状态。这些思想在理论来源、社会基础、时代背景、理论属性、阶级实质、实践方向等方面都存在巨大差异，有的则根本对立，但它们有一个共同特点，那就是相对于中国封建主义意识形态都有一定的先进性。为此，抱着实现民族复兴梦想的中国人，力图从这些多样化思想中发掘、借鉴、寻找改变中国命运的"大本大源"，每一种思想都被作为指导民族复兴的可能性选择，由此思想界呈现出一个特定的百花齐放、百家争鸣的思想大解放局面。早在1924年，恽代英就指出了五四运动的思想解放意义："这一次伟大的运动，使青年们打破了一切官厅教职员的尊严，文字上与思想上，大大的得着一番解放，于是文学革命思想革命的潮流，亦排山倒海的跟着来了。"①

这次思想解放的最大成果，就是中国人找到了马克思主义。思想上的大解放与政治上的根本改造相结合，进一步推动中国人寻找救亡图存、民族复兴的指导思想。五四运动还在如火如荼开展之际，思想上的论战就随之展开。1919年7月，胡适和李大钊围绕选择实验主义还是马克思主义展开"问题与主义"的思想论战。之后，社会主义论战、无政府主义论战等相继展开。经过思想论战，马克思主义得到了更大范围的传播，其真理性得到更多人的认同。习近平指出："经过五四运动洗礼，越来越多中国先进分子集合在马克思主义旗帜下，1921年中国共产党宣告正式成立，中国历史掀开了崭新一页。"② 以李大钊、陈独秀、毛泽东等为代表的一批先进人士高高举起马克思主义的旗帜，把它作为实现中华民族伟大复兴的行动指南，建立了引领民族复兴的先进政党——中国共产党。之后，中国人民在中国共产党的领导下经过艰苦卓绝的斗争，取得了新民主主义革命、社会主义革命的伟大胜利；又经过长期不懈的努力，建立并不断完善实现中华民族复兴的先进制度——中国特色社会主义制度，开创并不断拓宽实现中

---

① 恽代英：《自从五四运动以来》，《中国青年》第26期，1924年4月12日，转引自《红藏：进步期刊总汇（1915—1949）·中国青年》第2卷，第12页。
② 习近平：《在纪念五四运动100周年大会上的讲话》，第4页。

华民族复兴的正确道路——中国特色社会主义道路，迎来了从站起来、富起来到强起来的伟大飞跃，国家日益富强，民族日益振兴，人民日益幸福，中华民族伟大复兴的中国梦正展现出前所未有的光明前景。

四　实事求是、客观理性地看待五四运动 及其精神遗产的矛盾和不足

五四运动留下了极其丰富的精神遗产，特别是促进了马克思主义在中国的广泛传播并成为指导中国革命、建设和改革的科学指南。但是，五四运动并不是一场完美无缺的运动，其留下的精神遗产也存在矛盾和不足，对于后来的实践和文化产生了长时间的影响。

首先，五四运动本身是一场缺乏明确领导力量和指导思想的自发运动，而不是一场有组织、有领导、有指导的自觉运动。这场运动是在特定事件刺激下猛然发生的，目标是具体的、微观的、直接的，就是要推动参加巴黎和会的政府代表拒绝在丧权辱国的条约上签字，惩办曹、陆、章；参与运动的主体力量是混杂的，虽然是以青年知识分子为主体，但各种政治力量都参与到运动当中，只是到"六三"之后，工人阶级才参加进来，改变了运动的方向和性质，而此时已经是运动开始分裂之时；指导运动的理论观点是混杂多元的，除了封建主义的保守思想外，激烈的和温和的、改良的和革命的、资产阶级的和无产阶级的各种理论几乎都在运动中有所体现。正因为如此，当运动的直接目的有了结果后，运动中的统一战线迅速分裂，主体力量迅速分化。对此，张太雷在1925年就指出："五四运动像一盘散沙样的，不久就消灭了。"[①] 这是因为，其一，五四运动的主要成分是没有独立经济地位的学生，中国资产阶级因为太幼稚与软弱，没有维持运动继续发展的力量，而中国工人阶级又十分弱小，参加的力量更少；其二，五四运动没有组织，也就是缺乏一个有主义的政党来领导，而如果一场群众性运动没有主义，没有政党领导，就不能走入止轨，更不能继续发展。

其次，五四运动的精神遗产存在明显的不足，特别是思想方法上的

---

① 张太雷：《五四运动的意义和价值》，《中国青年》第77、78期，1925年5月2日，转引自《红藏·进步期刊总汇（1915—1949）·中国青年》第4卷，第29页。

"全盘西化论"和形式主义特点。西方国家的发展道路、政治制度、思想文化并不相同,存在极大差异甚至相互冲突,但对于急切实现救亡图存目标的中国思想界而言,它们的共同特点就是比中国先进。因此引进中国的一切西方思想都被认为是"新"的、"好"的、有用的,都应该不加选择地拿来。这种全盘西化的思想方法表现在对待民族文化和外来文化方面,就是绝对否定或绝对肯定。例如,陈独秀就提出:"若是决计革新,一切都应该采用西洋的新法子,不必拿什么国粹,什么国情的鬼话来捣乱。"① 胡适也认为,对于西方文化和中国文化,就是"只认得一个是与不是,一个好与不好,一个适与不适,——不认得什么古今中外的调和"。② 思想界在这种思想方法主导下,一方面动用一切思想武器对中国文化进行猛烈批判、全盘否定,另一方面全盘肯定西方文化,全力向西方学习,这就是毛泽东后来所批评的"形式主义地看问题的方法"。③

最后,这种形式主义的思想方法给中国文化发展带来了长期深远的影响。中华思想文化的传承和发展遭遇了巨大阻力,许多优秀传统思想文化也被视为封建糟粕而被抛弃,以至于相当长时间内中国人对民族文化缺乏足够的自信,更遑论中华优秀思想文化的创造性转化和创新性发展。中国人接受马克思主义后,长时间内陷入了教条主义思维方式中,照搬照抄马克思主义的"本本"和国外经验,而不能把马克思主义同中国具体实践、历史特点、优秀文化很好地结合起来并实现创造性发展;经过长时间的磨难,中国共产党人才实现了理论上和文化上的觉醒,把马克思主义同包括中国优秀传统文化在内的中国具体实际有机结合起来,实现马克思主义中国化。更为严重的是,一些人继续沿着全盘西化的路子往前走,逐步陷入"文化自卑论",在外来文化面前直不起腰杆;在外敌入侵严重时期又陷入"洋奴文化"思维,凡是"外国主子"的都是合理的;在中国革命建设改革取得胜利并不断实现中国文化新生之后,又死守"崇洋媚外"的文化观,试图以西方文化为导向来左右当代中国发展方向,以西方文化为标准来评判中国的历史文化、当代实践和文化创造。

---

① 《陈独秀文集》第 1 卷,第 307—308 页。
② 欧阳哲生编《胡适文集》第 2 册,北京大学出版社,1998,第 557 页。
③ 《毛泽东选集》第 3 卷,第 832 页。

五　站在新的历史方位中科学传承和弘扬五四运动的精神遗产

中国人民在中国共产党的团结带领下，为实现中华民族伟大复兴的梦想，在革命建设改革的历史进程中不懈努力、接续奋斗，不断把马克思主义同中国的具体实践、优秀传统文化和时代特征创造性地结合起来，实现了马克思主义中国化的历史性飞跃，创立并不断丰富马克思主义中国化的理论成果，中国社会同五四时期相比发生了根本性的变化，中国特色社会主义历经奠基、开创、推进等不同时期，如今进入了一个全面发展的新时代。不论从现实社会实践还是从思想文化发展角度看，当代中国都同五四时期的中国有着某种形式上的相似性，思想文化领域也呈现出以中国特色社会主义文化为主导、多种社会思潮并存发展的一元多样文化图景。也正因为如此，一些人以弘扬五四爱国运动和思想解放精神的名义，试图像五四时期破解封建专制主义政治制度和文化形态一样，把矛头对准了当今中国的社会制度和意识形态。在此情况下，如何全面准确、科学理性地传承五四精神就成为一个十分重要的问题。我们要立足于新时代的历史方位，以习近平新时代中国特色社会主义思想，特别是习近平同志关于五四运动的重要论述为指导，加强对五四精神时代价值的研究，深入研究五四精神对实现中华民族伟大复兴中国梦的重大意义，在新的时代条件下科学理性地弘扬和传承五四运动的宝贵精神遗产。

首先，以历史唯物主义的科学时代观，全面准确地把握两个不同时代社会变迁的不同走向。五四之前，中国社会长期处于持续衰退、不断下滑的态势，越来越沦为半殖民地半封建社会，国家民族日益失去独立自主，人民日益陷入水深火热之中。不彻底扭转这个发展趋势，不根本改变这个历史走向，不进行彻底的社会改造和制度重建，中华民族就难以自存，更遑论复兴。而在当今时代，新时代中国特色社会主义越来越显示出其制度优越性，社会主义中国日益走向世界舞台的中央，中华民族早已摆脱积弱贫困的局面而正以昂扬的姿态屹立于世界民族之林，在世界上展示出巨大的影响力、号召力和塑造力，中国人民愈益接近实现中华民族复兴的伟大梦想。以强大的道路自信、理论自信、制度自信和文化自信发展新时代中国特色社会主义伟大事业，已经成为中国人的集体意志，任何企图改变、中断、扰乱当代中国指导思想、政治制度、发展道路的思想和行动，都是对中国人民利益和意志的违背和伤害。

其次，以正确的文化态度和方式方法，科学辩证地处理马克思主义、中国优秀传统文化和外来文化资源的关系。五四运动之前，处于主导地位的文化是封建主义意识形态，它已经成为中国社会发展的严重阻碍，必须加以彻底改造并代之以先进的文化形态。当时引进中国的各种外来文化，相对于中国的封建意识形态来说，绝大部分都是新文化，有助于改造中国社会和文化。正因为如此，当时的思想界出现了全盘西化的文化倾向，谋求在外来先进文化中找到改造中国的理论指导。这种文化思维在当时具有某种革命性意义，并起到了很大的进步作用，但也留下了对待传统文化和外来文化的形式主义方法。在当代中国的文化格局中，马克思主义处于指导地位，这是当代中国文化最鲜明的特征，决定了当代中国文化的根本性质和发展方向，任何时候、任何情况下都不能动摇；中国优秀传统文化是当代中国文化的深厚根基和重要资源，我们要在马克思主义指导下实现优秀传统文化的创造性转化和创新性发展，不断发展和丰富中国特色社会主义文化；外来各种优秀文化是当代中国文化的重要借鉴和有机组成，我们要以博大的胸怀和辩证的方法，吸收其适合于中国的内容，使之不断中国化并融合到中国文化体系当中，成为中国文化发展的有益滋养。在这个问题上，我们要警惕形形色色的现代"全盘西化论"。值得注意的是，当今中国的一些人所引进的外来文化依然是五四时期引进的文化，甚至还没有当年引进的文化先进，相对于当代中国文化来说已经是落后于中国现实的旧文化，对中国文化发展不是起到推动作用而是起到阻碍作用。一些人陷入"全盘西化论""崇洋媚外论"难以自拔，总是以西方的思想理论和话语体系为标准，而不考虑中国具体国情和发展现实，对中国政治制度和文化形态妄加评论甚至横加指责。与此同时，一些人在对待中国传统文化问题上走入了另一个极端，从当年的全盘否定走向了全盘肯定，不加区分地倡导所谓的"全面复兴""儒化中国"等。显然，中国当代的文化格局同五四时期的确具有某些形式上的相似性，但是在本质上存在区别，简单照搬五四时期的文化逻辑来对待当代中国文化发展的格局和走向是不正确的。

再次，立足新的时代条件，弘扬爱国主义精神。五四精神最核心的内容就是爱国，爱国主义这个凝聚全体中国人民的重要精神纽带，任何时候都不能削弱更不能丢掉，应该得到充分激发而不能遭到制约。随着中国特色社会主义进入新时代，中国在国际上的影响力不断上升，某些西方国家对中国的发展心怀忌惮，企图从政治、经济乃至军事上对中国进行演变、遏制和围攻。在此情况下，广大群众站在国家立场上反对挑战和围攻，是新时代爱国主义的重要表达方式。但是，有些人以各种名义对人民的爱国行动说三道四，而对敌对势力的挑战不仅不敢反驳甚至为之辩护开脱，更有甚者企图把群众的爱国行动引向反对党和国家政府，这是极端错误的。当然，新时代的爱国主义必须以正确方式进行，绝不能扭曲甚至异化。新时代发扬爱国主义精神，就是要以习近平新时代中国特色社会主义思想为指导，教育人民特别是广大青少年不忘历史、珍惜现在、发展未来，更好地凝聚起人民的强大精神力量，自觉投身到坚持和发展新时代中国特色社会主义的伟大事业中。要更突出中国人民抵抗外来侵略的斗争精神，要让人民不忘历史上遭受的各种伤害，但不能简单地把爱国主义教育扭曲为屈辱史教育，异化为对仇恨记忆的强化；更突出当代中国的发展成就，宣传党和国家事业发展的成就，让人民更多地看到曾经落后挨打的中国已经雄踞于世界民族之林，从而更好地把爱党、爱国、爱社会主义有机统一起来，不断增强对中国特色社会主义的道路自信、理论自信、制度自信和文化自信；更突出爱国主义的当代主题，救亡图存是近代爱国主义的主题，如今历史条件已经发生变化，坚持和发展中国特色社会主义、建设社会主义现代化强国、实现中华民族伟大复兴成为爱国主义的当代主题，弘扬爱国主义精神一定要围绕这个主题，更多地关心国家的核心利益、发展战略和奋斗目标，更好地适应当代中国的国际地位和世界发展的总体趋势，形成发展中国特色社会主义的强大合力。

最后，坚持解放思想永无止境，但决不能放弃底线。五四精神的一个重要内容就是解放思想，正是通过思想大解放，中国人民才找到了救亡图存、独立解放、实现复兴的根本指导思想。解放思想是当代中国发展的一大法宝，新时代坚持和发展中国特色社会主义，必须在新的历史方位中进一步解放思想，解放和发展社会生产力，解放和增强社会活力。但是，解放思想不能放弃原则性底线，不能突破必须坚守的边界，否则就不是解放思想而是放纵思想或随意想象，造成思想上的混乱和实践上的恶果。一是必须坚守实事求是的世界观底线。无论如何解放思想，都必须在实事求是的世界观边界之内进行，突破了这个底线，解放思想就失去基础，就成为陷入超越阶段的空想主义或照搬照抄的教条主义。正如习近平所强调的，"解放思想的目的在于更好实事求是。要坚持解放思想和实事求是的有机统一，一切从国情出发、从实际出发"。① 值得注意的是，在解放思想已经成为当代中国人精神标识的情况下，一些人一说到教条主义，就不加前提地认为指的就是对待马克思主义的教条主义态度，甚至把坚持马克思主义基本原理说成是教条主义，而对西方的意识形态、话语体系和学术理论言听计从，"奉西方理论、西方话语为金科玉律，不知不觉成了西方资本主义意识形态的吹鼓手"。② 只要有人批评西方思想就被说成是思想不解放，是僵化保守，这是很不正常的现象。当前解放思想的突出重点，就是要打破对西方理论的僵化死守。二是彻底的人民立场底线，坚定不移地捍卫和发展广大人民的根本利益。解放思想必须始终坚持全心全意为人民服务的根本宗旨，坚持人民主体地位的根本原则，坚持以人民为中心的发展思想，把是否维护和发展好人民群众的根本利益、是否有利于推动人的自由全面发展作为判断思想是否解放的标准，对那些被实践证明有利于人民利益的思想和做法必须鼓励和坚持，而那些剥夺人民群众根本利益，损害党和国家利益的理论和政策，不论其表面上说得多么好听，都不能作为解放思想的内容盲目地在实践中推行。三是必须坚守四项基本原则的政治底线，科学把握解放思想和坚守政治原则的辩证法。一方面，要把解放思想作为解放和发展社会生产力、解放和增强社会活力的总开关，冲破思想观念的障碍，以积极主动的精神研究和提出新的举措；另一方面，要警惕打着解放思想旗号反对四项基本原则的错误言论，解放思想并不意味着可以无视政治原则，可以对错误思想置之不理、任其蔓延。正如习近平所指出的，"我们鼓励和支持解放思想……但要把握好政治立场坚定性和科学探索创新性的有机统一……不能一说学术问题可以研究，就不顾场合口无遮拦乱说一气"，违反四项基本原则的错误言论和行动都不允许，必须切实严管。③ 一些人打着解放思想的旗号，倡导所谓普世价值论、新自由主义、历史虚无主义等

---

① 习近平：《在庆祝海南建省办经济特区 30 周年大会上的讲话》，《人民日报》2018 年 4 月 14 日。

② 习近平：《在全国党校工作会议上的讲话》，《求是》2016 年第 9 期。

③ 《习近平谈治国理政》第 2 卷，外文出版社，2017，第 159—160 页。

错误思想，严重违背四项基本原则，对党和国家事业发展造成严重伤害，对此必须进行坚决斗争。正如习近平所说："对危害中国共产党领导、危害我国社会主义政权、危害国家制度和法治、损害最广大人民根本利益的问题，必须旗帜鲜明反对，不能让其以多样性的名义大行其道。这是政治底线，不能动摇。"①

_____

① 《习近平谈治国理政》第2卷，第304页。

思考五四、启蒙与未来

——纪念五四运动百周年

陈方正[*]

三十年前我有幸参加社科院为纪念五四运动七十周年而召开的国际学术研讨会。在 5 月 7 日的大会总结讨论中，我很幸运获得最后一个发言机会，讲了几句很突兀的话，大意是："我们总说要发扬五四精神，但有没有想过，为了中国的现代化和进步，其实还应该探索在它以外的思想呢？"[①] 此后我又参加了纪念五四运动八十周年和九十周年的研讨会（分别由北京大学和社科院主办），发表的论文主要讨论五四运动和法国启蒙运动的比较。[②] 现在五四运动百周年来临，我很高兴仍然能够参加社科院召开的这个研讨会。下面我将对五四运动和启蒙运动的异同做更深入探讨，并且回到应当如何看待五四精神这个三十年前曾经提出的问题上。也就是说，在回顾过去之余，也转向思考未来。

---

[*] 陈方正，香港中文大学中国文化研究所高级荣誉研究员。

[①] 此会在 1989 年 5 月 5 日开幕，总结讨论在 5 月 7 日下午举行，随即闭幕。这个讨论的正式记录目前无法找到，此处所述是凭个人当时的笔记。

[②] 见笔者在北京大学纪念五四运动八十周年学术研讨会上宣读的《五四是独特的吗？——中国与欧洲思想转型比较》，嗣发表于《二十一世纪》（香港）第 53 期，1999 年 6 月，第 33—45 页；以及在中国社会科学院主办的纪念五四运动九十周年国际学术研讨会上宣读的《从大逆转到新思潮——五四与启蒙运动比较重探》，嗣发表于《二十一世纪》（香港）第 113 期，2009 年 6 月，第 29—41 页。两文俱收入陈方正《现代世界的建构》，广东人民出版社，2018。

我们曾经论证，像五四运动那样，一个文明的中坚知识分子集合起来，公开、全面和猛烈地抨击那些根深蒂固的传统观念，同时号召国人接受迥然不同的另一套新观念，而又取得成功者，是极其罕有的文化现象。环顾世界，唯一类似的，大概非近三百年前的法国启蒙运动莫属。[1] 有人不赞同这个看法，认为启蒙运动是自发的，五四运动是在强大外力压迫下引发的，两者不可相提并论。对此我们的看法是，即使起因不同，但它们的基本形态和后果大致相同，都导致了整体思想以及政治体制的巨变，所以两者的比较仍然有意义——更何况，两者的起因亦非全然不同：启蒙运动当初在法国兴起，同样是由于外来因素的刺激，即英国在学术、宗教、政治体制等方面的巨大进步所引起的震惊，以及西班牙王位之战对法国的强大军事冲击。[2] 当然，这些刺激远不及西方在19、20世纪之交侵略中国所造成的生存危机严重。然而，倘若我们进一步深入探究启蒙运动的底蕴，会发现它的根源还有来自西方文明以外的重大刺激，因此它与五四运动的可比性实际上远远超过我们所意识到的。这是下面所要深入讨论的重点，厘清此点之后，我们方才能够转向如何看待五四精神的问题。

一　五四运动与启蒙运动的时期划分

五四运动与启蒙运动都有狭义与广义之分。狭义的五四运动大体上可以《新青年》的始末为界，前后延续十年左右（1915—1926），已经把白话文运动、《科学》杂志创刊、《新潮》月刊创刊、五四事件、科玄论战等文化界和教育界的大事都包括进去了。至于法国启蒙运动的核心，一般以1734年伏尔泰发表《哲学书简》为起点，以1789年法国大革命为终点，前后持续半个多世纪，时间长度为五四运动的五倍。不过，这两个运动其实都是更广泛的中国与欧洲思想大转型过程的高潮部分，与其前的酝酿阶段不能截然分割。就中国近代思想转型时期而言，它从鸦片战争开始，至新

---

① 参见陈方正《现代世界的建构》，第47—48页，以及笔者下列两篇分别讨论土耳其与日本启蒙运动形态的文章，《论启蒙与传统的关系——日本启蒙运动的反思》，收入陈方正《现代世界的建构》，第77—91页；《论启蒙与反传统——五四运动与凯末尔革命的比较》，收入《庆祝王元化教授八十岁论文集》，华东师范大学出版社，2001，第278—286页。

② 参见陈方正《现代世界的建构》，第70—76页。

中国成立为止，前后持续一个多世纪。至于欧洲的近代思想转型，往往要追溯到起源于 14 世纪的文艺复兴，因此前后延续大约五个世纪（1300—1800），同样是中国的五倍。为何这两个运动的时间跨度竟然有如此巨大差异，这个问题后文将会论及。

不过，上述分期其实仍然有问题。文艺复兴中的思想变革部分是人文主义（Humanism）运动（1300—1550），以恢复与发扬古代罗马和希腊文明为主，并没有对自中古以来宰制欧洲的基督教文化做任何批判；[①] 至于其后的宗教改革（1517）虽然对罗马天主教会发动攻击，但它的正面诉求是回归原始基督教理念，亦即复古，而非创新。所以这两个运动虽然间接为欧洲日后的思想变革翻松土壤，但都还不是变革的开端。欧洲思想的大变革其实应该以 1570 年代为起点，其时的圣巴多罗买节大屠杀（1572）是震惊整个欧洲的划时代事件，它不但激发博丹（Jean Bodin）撰写《国家六书》，而且使蒙田（Michel Montaigne）从实际政治转向创作《随想录》，这两部著作分别成为近代政治学和哲学的滥觞。倘若如此，那么欧洲思想转型的核心时期就缩短为两个多世纪（1570—1789），和中国思想转型所需时间较为接近了。

二　中国的近代思想变革运动

在鸦片战争之后百余年间，中国思想变革基本上是一部逐步认识和接受西方学术、思想、文化，将之移植于本土，使之与传统文化融合，从而创造现代中国文化的历史。

在其初半个世纪，这是个渐进过程，仅由少数对西方文明有了解者推动，对社会整体影响不大。甲午战争和八国联军侵华战争彻底惊醒了国人，大批青年人出洋留学，全国各地出现大量通俗报刊，它们提倡白话文和新文学理念，攻击传统体制，呼吁激进改革以光复汉人政权，为辛亥革命和其后的新文化运动奠定基础。[②]

---

① 胡适一再将新文化运动称为"中国的文艺复兴"，而《新潮》杂志的英文名称就是 *Renaissance*，这都可以说是美丽的误会，其实五四与文艺复兴两个运动性质相去甚远，难以相提并论，毋庸赘辩。

② 这方面的研究是最近方才受到注意的，见陈万雄《五四新文化的源流》（香港三联书店，2018），特别是第 170—193 页有关此等报刊状况的详细列表。

辛亥之后的思想变革与之前相比，最根本区别是参与的知识分子人数陡然增加，而且大部分都经历了20世纪初的留学大潮，许多已经取得本科甚至更高学历。人数众多以及与之前截然不同的知识背景使他们能够发挥巨大影响力，这在许多方面都充分表现出来。其中最突出的无疑是胡适的《文学改良刍议》，它将蓄势待发的白话文运动和新文学运动推向高潮，引发了大量新文学作品和翻译作品的出现，这对国民意识所产生的潜移默化之功可谓难以估量。在思想方面，由《新青年》《新潮》所掀起的反传统运动蔚为洪流，它严厉批判乃至猛烈攻击传统道德观念、社会习俗风尚、家庭与个人伦理，同时宣扬科学、民主、马克思主义等自西方输入的理念。这激起了各方的不同反应，包括纯粹守旧派，如刘师培、黄侃、辜鸿铭，受西方文学运动影响的"学衡派"梅光迪、吴宓、胡先骕、汤用彤等，以振兴佛教为己任的杨文会和欧阳竟无，还有"现代新儒家"梁漱溟、熊十力、马一浮等。然而限于人数和旧传统的生命力，他们始终无力与新思潮抗衡。另外，同样不可忽视的是，西方理念与方法对中国学术也产生了深刻影响，其中如胡适的《中国哲学史大纲》上卷，陈寅恪、陈垣、王国维等的历史、考古学著作，还有冯承钧的古史地考证都是大家熟悉的。除此之外，极为重要但很少为人提及的，是大量归国留学生通过他们的科普和专业工作，包括在大学任教、发表专业著作和译作、组织学会、出版专业刊物等，使现代科学迅速地在中国生根发芽，[①] 从而为中国的现代化奠定雄厚的和稳固的基础。

三　欧洲的近代思想变革

16世纪的欧洲和19世纪的中国一样，都面临巨大危机，但从表面看，这危机的性质完全不一样，它是从欧洲内部衍生而非由外力所致，而且后果也不一样，它为欧洲带来了一系列具有创造性的新思想、新观念，为世

---

① 现代科学在中国的萌芽是从留学生学成归国在大学任教（最早在1910年前后）方才真正出现的，19世纪在国内的大量翻译和科学研习（例如李善兰的工作）虽然成绩斐然，但对日后科学发展其实并没有什么影响。很值得注意的是，数学天才华罗庚能够自学成才正是通过阅读《科学》和发表文章，他在1940年写成的《堆垒素数论》（由于时局艰难，直到1953年才得以发表）是此时期出现的第一部重要科学原创作品。

界带来了一个崭新文明。不过，倘若我们仔细分析这些思想和观念产生的根源，就会发现问题并不像表面看来那么简单，它们背后其实仍然有许多重要的外来因素在起作用。在讨论这些外来因素之前，我们必须先回顾一下欧洲在 16—18 世纪到底产生了哪些新思想。

在哲学方面，最重大的转变就是已经统治西方思想两千年之久的大宗师亚里士多德逐渐被抛弃。16 世纪的雷默斯（Peter Ramus）和帕特利兹（Francesco Patrizi）攻击他，17 世纪的笛卡儿（Rene Descartes）和培根（Francis Bacon）创立新说取代他：前者提出"心物二元论"以及"机械世界观"，试图以科学定律解释世上一切现象；后者则宣扬真正的知识必须通过仔细观察和实验直接求之于大自然，而不能凭空臆测。

在科学方面，在哥白尼、第谷、开普勒、伽利略等一连串大发现所奠定的基础上，牛顿提出了运动三定律和万有引力学说，证明天上行星运行以及地上重物坠落都遵从同一规律，而这规律还可用以解释无数其他自然现象，例如潮汐和彗星，由是已经有两千年历史的亚里士多德世界观和托勒密天体系统被彻底推翻。这是个震撼人心的大革命，它显示自然万象都遵循简单规律，这些规律是可以通过观测和数学推理发现的，这个认识成为此后三个多世纪现代科学大发展的起点。

在宗教方面，马丁·路德发起的改革运动导致了延绵近百年（1560—1648）的宗教战争，基督教因此陷入分裂与困境，使得蒙田那样的思想家疏离于正统观念。与此同时，不断发展中的科学也对之产生震撼性冲击，这表现为具有根本颠覆性的两个思潮。荷兰的斯宾诺莎（Baruch Spinoza）提出了泛神论（Pantheism），他的《伦理学》以严格几何方式论证，一个无所不在而又全知全能的上帝只能够是大自然本身，绝不可能是传统观念中的人格神；而宇宙间一切现象也只不过是物质本身不同形态（mode）和性质（attribute）之表现，无所谓善恶可言。流亡荷兰的法国人贝尔（Pierre Bayle）受其影响，通过对彗星的研究指斥基督教会实际上是在宣扬迷信。此外，英国的托兰（John Toland）和丁铎尔（Matthew Tindal）紧随其后提出自然神论（Deism），认为基督教义中不合理性的部分（例如神之降生为人与耶稣死后复活）并无必要，只需保留其普遍性的道德伦理教训即可。在这些异端思想的影响下，荷兰和法国出现了直指摩西、耶稣、穆罕默德等一神教先知为"三个骗子"的地下论文，实不足为奇。这样，到了启蒙运动风起云涌的半个世纪（约 1730—1780），大批思想家诸如伏尔泰、狄德罗等站出来，以各种不同方式，或间接或直接，或委婉或激烈地攻击罗马教会甚至基督教本身，而以自然神论为更合理的替代品，也就顺理成章了。

在政治上，正如中国皇朝与儒学密切结合，欧洲各国政权的正当性也和基督教紧密相关，这是查理大帝接受罗马教宗册封（800）之后建立的大传统。因此天主教会的分崩离析以及基督教信仰之被颠覆必然会冲击传统政治信念。在其初，这表现为对君主体制基础的重新探讨。首先，博丹在法国内战中发表《国家六书》，提出君主必须拥有绝对和不可分割的"主权"以使国家安定、人民幸福，君权由是不再建基于传统。其次，在英国清教徒革命中流亡的霍布斯（Thomas Hobbes）发表《利维坦》（1651），论证为了保障大众生命的安全也就是防止动乱，政治权力必须是绝对的而且集中于一人身上，由是排除了"神授"作为其正当性的保证。最后，洛克（John Locke）发表《政府论》（1689），同样从理性出发，却得出了与霍布斯相反的结论，即政治权力必须以民众的接受与福祉为依归，它的基础是国家与民众之间的契约，这成为现代政治理论的雏形。到了启蒙时代，最重要的三本政治学著作当数孟德斯鸠的《论法的精神》（1748）——一部欧洲政治思想比较史著作，以及卢梭的《论人类不平等的起源和基础》（1755）和《社会契约论》（1762），前者视私有财产为社会罪恶的根源，后者主张人类的完全平等，以及具有无上权威的国家体制，所以他倡导民主政体，却并不重视个人自由与权利，自由主义是后来的发展。无论如何，到此阶段促成美国《独立宣言》和法国大革命的思想显然都已经成熟了。

除此之外，其他崭新哲学与社会理论也同时兴起。休谟（David Hume）倡导普遍而深刻的怀疑论，指出除了数学推论和经验知识以外，理性的运用都不可靠，其实都牵涉感情，尤以道德判断和宗教信仰为然。日后康德（Immanuel Kant）的批判哲学便是由此而引发。在经济思想方面，已经统治欧洲两个世纪之久的重商主义被亚当·斯密（Adam Smith）的《原富》（1776）消解，该著作被公认为现代经济学的源头，它细密地论证了经济分工、市场机制、个人作为自由经济活动单位的重要性，事实上是将有效率社会视为一部自行运转的巨大机器。但和一般观念相反，它其实并不赞同资本主义追求最大利润的理念。

整体而言，这些各不相同甚至互相矛盾的学说有两个共同点：首先，它们都带有高度原创性，也就是出发点和基本观念与传统学说大相径庭；其次，它们都以客观和深入分析为特征，其中一部分受《几何原本》那样的严格论证方式影响，这在笛卡儿、霍布斯和斯宾诺莎的学说中尤为明显，另一部分则受培根实事求是，以观察与经验为尚的思想影响，洛克就是最好的例子。至于牛顿的《自然哲学的数学原理》则毫无疑问是数学推理和实际观察两种方法之完美结合的最佳例证。

四　五四运动和启蒙运动的初步比较

中国在 19 世纪所面临的危机是遭受另一个更强大有力的文明之冲击，在濒临崩溃和灭亡的关头，应对之道别无选择，只有发愤自强，全面向对方学习，以补救自身之不足。然而，为了移植另一个文明的理念、学术、体制于自身文化土壤，则必须先对具有宰制性地位的传统文化加以批判、攻击甚至部分摧毁和廓清，这可以说是五四运动的底蕴。至于启蒙运动的根源则在于欧洲传统理念和体制的崩坏，也就是从 16 世纪开始，它逐渐丧失知识分子和大众的认同，这个认同危机导致了各种原创性思想、学说的兴起，它们汇集成为潮流之后，也对具有宰制性地位的传统本身（即基督教与君权结合的制度）以猛烈攻击，并最终在很大程度上取代了传统理念。

因此，必须承认，我们在本文开头所强调的——两个运动都具有猛烈和公开地批判、否定、攻击传统理念的一面——固然不错，但两者的成因和意义的确完全不一样。这就引出了一个更重要的问题：为什么战国时期之后，中国就再未出现像十七八世纪欧洲那么富于创造力的时代？难道是因为中国的理念和体制从来不曾遭遇重大危机，故而没有创新的需要吗？要回答这些问题，显然我们必须首先探究欧洲那些在十七八世纪出现的崭新思想到底从何而来。

五　启蒙运动的渊源

吊诡的是，上述问题似乎有个非常简单的答案：它们都是从欧洲古代存在已久的思想发展而来的。就科学而言，我们曾详细论证，现代科学绝非如李约瑟（Joseph Needham）所宣称的起源于文艺复兴，而是西方自远古以来的科学大传统［至少要追溯到公元前 6 世纪的泰勒斯（Thales）］发展两千多年之后，再经历 17 世纪科学革命而产生的结果。也就是说，传统的长期酝酿和最终的突变性革命这两者是现代科学出现的关键，两者同样重要，缺一不可。① 例如，哥白尼的《天体运行论》是现代科学革命的起点，但它和 2 世纪托勒密的《大汇编》在数学结构上一脉相承，只不过前者改变了后者的地心说而已；而且，正如哥白尼自己强调，日心说也并非原创，而是公元前 3 世纪阿里斯它喀斯（Aristarchus）的构想。同样，整个 16—17 世纪的数学大发展都与古希腊典籍的翻译分不开，牛顿《自然哲学的数学原理》的论证方式也是从古代《几何原本》中得到启示。

　　同样，现代政治理念也和古代有着千丝万缕的关系，将两者牢牢联系起来的是中古欧洲。首先，是意大利北部众多自治城邦在十二三世纪兴起，它们为古代罗马共和国体制提供范例，同时促进了对政治理念的思考。其次，摩尔巴克（William of Moerbeke）在 13 世纪中叶将亚里士多德《政治学》翻译成拉丁文，百年后奥雷斯姆（Nicole Oresme）将之翻译为法文，接着布鲁尼（Leonardo Bruni）翻译出另一个拉丁文译本，可见此书影响之广泛。再次，神圣罗马帝国皇帝与罗马教宗的激烈斗争导致但丁（Dante Alighieri）发表《王政论》（1313）和马西利乌斯（Marsilius）发表《和平保卫者》（1324），前者以罗马帝国为普世政体的圭臬，后者则以亚里士多德的理论为基础，论证政权的正当性必须建立在民意基础上。最后，文艺复兴中的人文主义（Humanism）不但倡导古拉丁文学，而且阐述和发扬古代政治思想。像佛罗伦萨的沙鲁达提（Coluccio Salutati）和布鲁尼师徒二人鼓吹古罗马公民意识和共和体制，便是最突出的例子。因此，他们之后数百年的卢梭（Jean-Jacques Rousseau）在《社会契约论》最后部分仍然以罗马共和国和斯巴达城邦体制为理想是毫不奇怪的。

　　就宗教而言，一个最关键的问题是：为何已经牢牢掌握欧洲人心灵千年之久的罗马天主教会竟然会由于一个神学教授的攻击而分裂甚至濒临崩

----

① 参见陈方正《继承与叛逆：现代科学为何出现于西方》（三联书店，2009），特别是导论和结论部分。

溃，由是导致后来的思想大变革？其中原因很复杂，但起决定性作用的，除了马丁·路德的坚强神学论据外，便是文艺复兴运动中人文主义学者鼓吹古典学术与文明的影响：他们究心和宣扬的那些入世的古典理念，与摒弃人世间思虑、全心期待天国来生的宗教心态截然相反，因此在根基上颠覆了基督教信仰。① 人文学者伊拉斯谟（Desiderius Erasmus）为此提供了最佳例证。他提倡人性与宽容，出版经过详细考证的《新约圣经》希腊－拉丁文对照本，这成为新教在宗教改革中的重要依据。换言之，古典文明通过文艺复兴而复活，是罗马教会建构神权政治体系亦即"地上天国"理念破灭的一个根本原因。

最后，除了历史根源以外，科学对于同时代其他学科的带动也是促成十七八世纪各种新思潮、新理论出现的一个重要原因。笛卡儿作为近代哲学开山鼻祖本身就是科学家自不待言，霍布斯和斯宾诺莎在各自的主要著作中仿效几何学推理方式也是众所周知，至于洛克的经验主义则与他早年研习医学有密切关系，他对于化学、植物学、生理学都有兴趣，是所谓"牛津实验圈"——皇家学会前身——的活跃分子，他是早期会员之一。② 至于启蒙运动更是由科学革命所激发。它的先驱贝尔深受笛卡儿和斯宾诺莎影响，它的发起者伏尔泰（Voltaire）是牛顿哲学最忠实也是最热心的宣传家。《百科全书》是受 17 世纪以来诸多科学发现刺激出现的，这套大辞典的编辑达朗贝（D'Alembert）在相当于"总序"的"初步论述"中将培根、笛卡儿、洛克和牛顿并列为 17 世纪以来最伟大的哲学家，牛顿更被尊为领袖。③

① 讨论文艺复兴的经典之作是 Jacob Burckhardt, *The Civilization of the Renaissance in Italy*, New York：Random House, 1954（1860），其主要论点是文艺复兴对于基督教思想造成沉重甚至致命打击，故而断言："这样，获得拯救的需要在意识中就越来越淡薄，同时现世的进取心和思想或则全然排除有关来世的一切思念，或则将之转变为诗意而非信条的形式。"（第 370 页）此观点曾引起极大反响和争论，百年不息，但只是被弱化和修订，始终没有被否定。见 Philip Lee Ralph, *The Renaissance in Perspective*, London：Bell & Sons, 1974, Ch. 1。

② 参见 Robert G. Frank Jr, *Harvey and the Oxford Physiologists*, Berkeley：University of California Press, 1980, pp. 49 – 51, 186 – 188, 195 – 196。有关"牛津实验圈"人物的列表在该书第 63—89 页，洛克在第 72 页。

③ 参见 Jean D'Alembert, *Preliminary Discourse to the Encyclopedia of Diderot*, R. N. Schwab & W. E. Rex, trans., New York：Bobbs-Merrill Co., 1963, pp. 94 – 100。

六　外来冲击对近代欧洲的影响

从以上讨论来看，似乎欧洲思想在 16—18 世纪的转型是古代各种思想自然发展和彼此交互影响的结果。其实不然，因为到启蒙运动前夕，欧洲承受伊斯兰文明冲击已将近千年，而蒙古帝国兴起对它的冲击表面上似乎轻微，其实后果亦至为深远。这两件大事对于欧洲的影响非常广泛和错综复杂，大致有六方面之多。下面先列表提供概观（见表 1），然后再做讨论。

表 1　伊斯兰文明、蒙古帝国对欧洲的影响

冲击来源	时期	事件	影响
伊斯兰文明	8—14 世纪	摩尔人占领伊比利亚半岛，引起欧洲反击（收复失地运动），其成功导致拉丁翻译运动	1. 古希腊典籍传入欧洲，促使中古科学、经院哲学和中古大学出现，形成早期文艺复兴 2. 阿拉伯科学传入欧洲
	13—16 世纪	葡萄牙将反击推进到北非	3. 葡人探索西非海岸，并绕过非洲直航印度
		奥斯曼帝国攻陷君士坦丁堡	4. 希腊学者避难北意大利，引发希腊热潮
蒙古帝国	13—14 世纪	在欧亚大草原上开辟了来往东西方的畅顺通道	5.《马可波罗游记》出版，其后激发哥伦布西航 6. 火药、指南针、印刷术传入欧洲

在六项影响中，与科学发展相关者（1，2，4），与远航相关者（3，5，6），与整体发展相关者（1，5，6），各有三项。

伊斯兰教徒从 8 世纪开始进逼欧洲，他们首先从北非渡海占领西班牙半岛（711），继而进军小亚细亚东部，在 11 世纪击溃东罗马军队并俘虏御驾亲征的皇帝（1071）。这激发了罗马教宗号召和策划全面军事反攻，包括发起十字军东征以及策划伊比利亚半岛上的收复失地运动（Reconquista）。后者的成功带来了意想不到的后果，即"拉丁翻译运动"，也就是说欧洲人得到了伊斯兰教徒已经翻译为阿拉伯文的大量古希腊科学、哲学、医学典籍，以及阿拉伯人的科学著作，随后大量学者将之翻译成拉丁文。由是所吸收的大量知识带来了"早期文艺复兴"，而这也成为 13 世纪欧洲中古文明

（包括早期大学、经院哲学、中古科学等）乃至两百年后意大利文艺复兴的基础。换言之，就像近代中国一样，欧洲也曾通过向入侵者全面学习来更新、重塑自身的文明，并且获得巨大成功。

随后不久，另一股伊斯兰势力兴起，那就是最终攻陷君士坦丁堡（1453）的奥斯曼帝国。东罗马帝国的灭亡对于欧洲来说是个大灾难，因为自此欧洲失去东方屏障，伊斯兰军队得以通过巴尔干半岛长驱直入，以迄16世纪初兵临维也纳城下。但同样意想不到的是，这也是个难得的机遇，因为都城行将陷落之际，大批东罗马学者携带宝贵的古希腊典籍流亡到意大利北部避难，由是掀起一个"希腊热潮"，这给古代数学、天文学、哲学的复兴带来了无可比拟的推动力量——若说这个热潮开启了现代科学革命亦不为过，因为不但哥白尼的天文学探究由此而起，日后的解析学（亦即微积分学的滥觞）也同样发源于此。① 甚至前面所提到的，亚里士多德在16世纪受批判然后被抛弃，也同样和这个热潮有密切关系：柏拉图的《对话录》在中古一直不受注意，它是在此热潮中方才被全部翻译成拉丁文然后大行其道，而柏拉图哲学压过其弟子意味着数学的重要性再度被确认。

当然，从影响欧洲文化的角度看来，这些都是间接的。伊斯兰文明还有非常重要的直接影响，那就是其原创科学之为欧洲所吸收，包括天文学、医学、作为化学前身的炼金术、精密计算方法等。其中最突出的当数柯洼列兹米（Khwārizmī）的《代数学》，它在12世纪被翻译成拉丁文；巴坦尼（al-Battani）和阿布瓦法（Abu'l Wafa）等发展的三角学，从12世纪开始传入欧洲，其后为拉哲蒙坦那（Regiomontanus）发扬光大；图西（Nasir al-Tusi）所发明的"双轮机制"，是托勒密用以计算天体运行的"本轮模型"的一个重要改进，现在已经有确切证明，在哥白尼的《天体运行论》中它被全盘袭用。② 事实上，欧洲近代科学同时承袭了古希腊和伊斯兰这两个传统，而后两者又有承袭关系，所以三者都是西方科学大传统的一部分。

---

① 有关文艺复兴、希腊热潮与16世纪数学复兴的密切关系，见 Paul L. Rose, *The Italian Renaissance of Mathematics*: *Studies on Humanists and Mathematicians from Petrarch to Galileo*, Genva: Librairie Droz, 1975。

② 有关伊斯兰原创科学，见陈方正《继承与叛逆：现代科学为何出现于西方》第八章，有关图西"双轮机制"，见该书第498—500页。

除此之外，将欧洲由中古带入近代的还有一个重要因素，即从 15 世纪开始的远航探险，这为他们开辟了一个广阔的新天地，带来了无尽财富和数不清的新事物、新知识，由是强烈冲击他们的心灵和观念。这不但对于培根的实验和实证哲学有决定性影响，[①]当也是传统观念从 17 世纪开始受到冲击的一个潜在因素。欧洲的远航探险到底是怎样开始的呢？虽然他们自古就有此传统，但葡萄牙的亨利亲王（Henry the Navigator）在 15 世纪初开始的西非海岸探索是伊斯兰因素在起作用。首先，这是将伊斯兰教徒驱逐出伊比利亚半岛的收复失地运动：当时葡萄牙往南推进已经达到半岛南端，运动的自然延伸就是征服对岸摩洛哥的摩尔人（Moors），但弱小的葡萄牙不可能做到这点，因此在夺取休达（Ceuta）要塞之后就转为沿西非海岸南下，以求从背后截断其黑奴与金沙的来源。经过六十年努力，这个目的最后的确达到了。其次，在西非海岸的成功激起了葡萄牙人另一个战略构思，那就是航绕非洲大陆以直达印度，从而夺取利润极其丰厚的远东香料贸易，当时这是雄踞东地中海的伊斯兰政权与威尼斯城邦的专利。经过不到四十年的努力，此目的也同样达到了。

至于其后的哥伦布西航壮举，并不能完全被视为上述探险的延续——它的动力至少有部分源于另一个外来冲击，那就是 13 世纪的蒙古帝国。虽然拔都西征只波及欧洲的边缘，实际影响却非常深远。首先，它在中亚大草原上开辟了畅顺的东西通道，教廷在震惊之余派遣专使往东方探听消息，建立联系，此后百年间双方外交、商旅人员往来不辍，从而有《马可波罗游记》之作。此书发表后风行一时，大大开阔了欧洲人的眼界，其中所描述中国与日本之广大富庶更令他们艳羡不已。哥伦布的西航、麦哲伦的环航，乃至 16 世纪英法两国多次在北大西洋的远航，其初衷都是为了避开已经捷足先登的葡萄牙绕非洲大陆的航线，另外寻找直达远东的航道。同样重要的是，蒙古西征还促成了火药、指南针、印刷术等多项中国重要发明传入欧洲。它们与欧洲近代出现关系之密切毋庸细表，我们只要想到火药对于欧洲军事力量之提升，指南针之使得远航成为可能，以及印刷术对于传播新教理念的关键作用，就已经足够了。

---

① 参见 Paolo Rossi, *The Birth of Modern Science*, Cynthia Ipsen, trans. , Oxford：Blackwell, 2001。

　　总括而言，欧洲近代思想转型虽然主要由于自身文明的发展，但伊斯兰文明和蒙古帝国的冲击也有关键性的刺激和触发作用，两者缺一不可。

七　中原文明在历史上所受的外来文明冲击

　　现在我们回头来看中原文明：在 19 世纪之前，它是否也曾遭遇巨大危机或者外来文明冲击，从而出现富于创造力的时期呢？历史上中原文明所遭遇的第一次少数民族和外来文明冲击，自然就是汉王朝崩溃，五胡入华，中原民族大规模往江南迁徙，佛教连同印度文化在此时大规模传入中国，为中华文明注入了崭新元素与动力。如入世的禅宗在盛唐出现，吸收了释、道二教理念的新儒家在宋代出现，这都是外来文明在中国激发出巨大创造力的先例。

　　表面上汉朝与罗马帝国颇为相似：它们的崩溃都起因于大量周边民族入侵，与此同时，又为外来宗教入侵。然而，它们此后的命运却完全不相同。西罗马帝国在 5 世纪崩溃之后，就为多个蛮族王国所取代，罗马文明在欧洲渐次熄灭，① 取而代之的是基督教文明，它起初孕育了修道院文化，② 继而产生了罗马教廷宰制下的封建体系。与此同时，虽然进行了恢复罗马帝国的多次努力，但都归于失败。中国却不然，在西晋灭亡之后，中原士族渡江南下建立新政权，并且在佛教盛行的背景下保存传统文化；而在北方建立政权的民族也都逐渐汉化，更两度以皇权断然压制日益高涨的佛教政治势力。其结果是，中国的政治大分裂只持续了三四百年，此后出现的多个一统王朝在体制上恢复了以皇权和科举（自宋开始即以儒学为主）为基础的大格局。在文化上，佛道信仰逐渐与儒学融合，它们虽然深刻影响个人（包括帝王与王室）信念与人生态度，但对实际政治始终没有产生结构性的作用。换言之，中华文明是将入侵的外来民族与信仰逐步吸收和融化了。当然，印度文明的影响绝不止于佛教，它的文学、艺术、医药、天

---

①　至于东罗马帝国，虽然此后延续近千年，但它所代表的是希腊化的基督教文明，而且在 7 世纪之后就日益丧失发展活力，因此逐渐萎缩以至灭亡，所以不需在此另做讨论了。

②　对此过程的详细讨论见 Pierre Riché, *Education and Culture in the Barbarian West: Sixth Through Eighth Centuries*, John J. Contreni, trans., Columbus, SC: University of South Carolina Press, 1976。

文学、数学、占星术乃至器物、动植物、饮食、风俗习惯等也同时传入中国，而且被广泛吸收，相关的学术典籍颇有流传至今者，[①] 但除了高度实用性的医学之外，[②] 其他的都没有产生显著的影响。

中原文明遭遇的第二次少数民族冲击是在 13 世纪为蒙古人所征服。辽、金在政治上都曾任用汉人并仿效中国体制，蒙古人沿袭此传统，忽必烈更倚重刘秉忠为相，日后元代政治结构的某些改动也都只是为了方便统治而已。蒙古治下的中国与其他汗国往来密切，由是伊斯兰天文学对中国产生了深刻影响。为人熟知的是忽必烈召波斯人札马鲁丁（Jamal al-Din）来中国制造天文仪器，设立"司天台"，即回回天文台，并制定《万年历》（1267），其后郭守敬参照此历改进中国原有历法而成《授时历》（1280），两者都沿用至明代。在数学方面，当时的《秘书监志》记载了该天文台所用 23 种回族书籍的音译名称，甚至有学者认为，其中已经有《几何原本》的译本，而且对金元四大家中的李治、杨辉二人可能产生过影响。[③] 这不无疑问，而且宋元时期蓬勃发展的数学到了明代反而逐渐失传。此外伊斯兰医学也在元代传入中国，其时的《回回药方》流传至今。[④]

中原文明遭遇的第三次少数民族冲击是 17 世纪满人入关，明朝灭亡。与此同时出现的最为人熟知的外来文明冲击，自然是 16、17 世纪之交耶稣会士来华传教。为了取得中国人的信任与敬佩，他们有意识地将欧洲当时的前沿学术特别是数学与天文学传入中国。但这次冲击仍然没有改变中国政治的基本结构——清朝沿用传统皇朝体制比之元朝更为成熟；至于此番西方学术的输入虽然是起于罗马教廷有目的与有计划的行动，又得到朝廷和一些大臣的支持，并且持续一个多世纪之久，但它始终只是由皇家推动，

---

① 在史书中著录的包括多种婆罗门天文著作、婆罗门算经，多种聿斯经，太史瞿昙悉达所翻译的《九执律》，以及各种药方、医方、仙人方、养性方等，详见方豪《中西交通史》上册，第 325—335 页。

② 印度医学对于中医理论、疗法和药物学都曾产生相当大的影响，见陈明《殊方异药：出土文书与西域医学》（北京大学出版社，2005）与《中古医疗与外来文化》（北京大学出版社，2013）第一、三、四章。

③ 见方豪《中西交通史》下册第 578—580 页所引严敦杰的论文，但此说并不为一般数学史家认可，见 Jean-Claude Martzloff, *A History of Chinese Mathematics*, Berlin: Springer, 1987, pp. 102 - 103。

④ 详见方豪《中西交通史》下册，第十一章。

而未曾在民间生根发芽，更谈不上撼动中国数理科学的传统模式。① 同样，天主教的传播也没有能够改变一般国人的信仰。

从以上简括的讨论看来，不能不承认，中华文明的确具有极其坚韧的保守力量，它在历史上虽然遭遇多次重大危机和外来文明冲击，但这些都未使其政治体制或思想、文化、学术出现结构性巨变，所有外来事物都缓慢地被吸纳、消化并融合于传统之中。只是到了 19 世纪西方如山崩海啸般的全方位冲击，方才在中国出现了"三千年未有之变局"，迫使它在政治、思想、文化、学术等所有方面做出激进改变以适应新时代的来临。

八　中华文明坚韧性从何而来?

这种坚韧性和中华文明的延绵悠久互为表里，它到底从何而来是个复杂的问题，下面从历史、制度和哲学三方面对此问题做初步讨论，但自不期望能够得出肯定结论。首先，从历史上看，秦汉大帝国是在同一广大区域经过长时间酝酿形成，自殷商以至战国末年达 1400 年之久，大约为罗马从蕞尔小邦发展为庞大帝国所需时间的三倍。数以千计的小诸侯国在此漫长时光内反复冲突、争战，相互并吞、淘汰、融合，从而使最终出现的中华帝国结构极其细致坚实，不但幅员广阔，而且文化深厚凝聚，更能抵受外来的侵扰和冲击。

其次，周初建立的传嫡制度为日后历代王朝树立了典范，虽然违背此典范的例外不时出现，但这相传不替的大原则毫无疑问成为维持王朝稳定的重要因素。相比之下，罗马帝国是从罗马共和国蜕变而来，它的皇帝原则上要得到元老院和民众接纳，实际上没有具体规定。常见的继承方式五花八门，包括由前任皇帝指定继任人，由军士拥戴，或者通过政变篡夺甚至内战来决定等，故此政权移交经常造成巨大混乱与危机。罗马灭亡后继起的蛮族王国亦有同样问题，例如加洛林王朝是最接近一统欧洲，恢复罗马帝国旧观者，但由于查理大帝临终时裂土分封诸子，结果不及百年便分

---

① 韩琦的《通天之学：耶稣会士和天文学在中国的传播》（三联书店，2018）对此过程有一个很细密的研究与考察，其第 230—235 页的结论是：康熙与雍正二帝对西方数理天文的态度是西学传播盛衰的关键。也就是说，此学说对于广大士人并未产生深入和根本性的影响。

崩离析了。

除此之外，秦汉时期发展出来的郡县制度和相应的全国性官吏体系也是维持庞大帝国稳定的关键。罗马帝国缺乏相应的常规治理体系，它覆灭之后为继起的蛮族王国填补这个严重空白的是罗马教会，各地主教实际上成为地方民事长官。因此，加洛林王朝和其后的神圣罗马帝国要励精图治、向外发展，就必须和教会紧密合作，否则无法安抚和管理民众。这导致了教会在11世纪的崛起，以至驳驳然与世俗君主分庭抗礼，乃至以教会法（Canon Law）号令欧洲，更有甚者以宗主自居，由是造成政教之间的长期紧张和冲突，这也是欧洲无法重归一统的最根本原因。所以，从中央以至地方，稳健的政治制度无疑是中华帝国坚韧延绵的主要因素之一。

再次，古希腊自然哲学的特征是注重理性思辨和理论建构，它的精神通过柏拉图和亚里士多德而灌注于整个西方文明，不但是其科学大传统的内核，也同样是其他人文科学如政治学和神学的源头。像奥古斯丁的"上帝之城"理念、教宗卜尼法斯八世（Boniface Ⅷ）的政教"双剑"教条（The Doctrine of Two Swords），以至出现于启蒙时代的大量现代政治理论都是由此而来。它们都能够为新的政治结构提供正当性，从而促进了政治体制的演化。相比之下，中国哲学传统完全不一样。孔夫子极端重视政治，但他的教训都是直观且发自肺腑的，而非建立于繁复思辨之上，所谓"为政以德，譬如北辰"，"我欲仁，斯仁至矣"，"巧言令色，鲜矣仁"，便道尽其意了。孟子的名言"予岂好辩哉，予不得已也"，"我知言，我善养吾浩然之气"，更反映出其重视内心修养而轻视言辩的态度。至于老庄，则大多以比喻、寓言、格言的方式立说（《庄子》内篇自是显著例外）。更何况政治建构是他们最反对也最鄙视的："窃钩者诛，窃国者侯"的痛斥和"小国寡民"的理想正好透露了其中消息。最后，法家虽然善于论辩，也都致力于建立体系，但他们究心的仅在于帝王治术，而非更高层次的政治哲学。统而言之，中国政治哲学或立足于直观的道德指令，或陷入驾驭臣下和民众的策略，而没有理论探究与建构的兴趣。这是中西政治哲学传统上的巨大差别，它也很可能是中国大一统格局稳固不变的原因之一，因为在此格局下政体的改变只能是改朝换代，而没有任何其他体制可以从观念上得到启发和支撑。由此看来，辛亥革命的根本大转变是西方侵略所导致的亡国危机以及其共和思想之传入两者同时作用触发的，就是很自然、很容易理解的了。

　　最后，还需要指出，一个文明的坚韧性和它的创造能力两者之间其实隐含对立关系，因此不可兼得，也难以划分好坏。坚韧意味着稳定不变、延绵悠久，这在中国传统观念中是美好可欲的；而真正强大的创造力自不免带来巨变，特别是对原来模式和价值标准的冲击、摧毁。所以在历史上中国作为一个整体总是本能地抗拒巨变，而且总是能够成功——直至 19 世纪为止。但我们也总不免会奇怪，倘若中华文明不是那么的坚韧，而能够从根本上接受外来事物和变化，那么耶稣会士的东来是否就可以引发像欧洲中古"拉丁翻译运动"那样的文化更新，从而令中国思想的大转型提早两百年，也就是在牛顿的年代就开始呢？当然，中国之所以为中国，就在于这不可能发生。不过，在已经大变的今日世界又如何？中国仍然要坚持它的无比坚韧特征吗？还是应该改变一下。更着重于发挥它的创造力吗？这应该是个经过思考的选择，而不再仅仅是跟随传统了。

余论：从启蒙和五四看未来

　　如今五四运动已经过去足足一个世纪，我们究竟应该如何来纪念它呢？以今日中国的成就去衡量，必须承认它是相当成功的——当年胡适、陈独秀、蔡元培所倡导的白话文运动、对传统伦理道德的批判、注重个人独立意志和权利的新观念、自由婚姻，以至推尊"德先生"和"赛先生"，也就是发展民主体制和科学等，都已经在不同程度上为个人所接受，成为当代中国文化和制度的一部分，其中科学、工业以及高新技术的发展，更已经获得意想不到的巨大成功。由于此运动带来的改变和信心，中国已经有力地回应了西方一个多世纪的冲击，不但仍然屹立于世界，而且能够与西方分庭抗礼、并驾争先，这是值得国人自豪的不争事实。其实，这和中古欧洲发愤图强，经过三四百年的努力（约 1200—1560），然后能够与奥斯曼帝国旗鼓相当地对垒不无相似。我们必须记得，就在欧洲建立海上帝国于远东（1515）和建立海外帝国于美洲（1519—1534）之际，奥斯曼帝国对欧洲的进逼也正处于顶峰：它最伟大的君主苏里曼一世（Süleiman I, the Great）曾率领大军围困维也纳（1529）和马耳他要塞（1565），虽然这两趟都无功而返，但他的后任经过一年奋战占领了塞浦路斯（1570—1571）。

此时欧洲在科学和政治上的创造力刚刚开始迸发，它与伊斯兰力量的对比亦正在逆转，但其决定性地击溃奥斯曼军队的山塔之役（Battle of Senta, 1697）却仍然在遥远的 130 年之后。

回顾这段历史，很显然，我们纪念五四运动百周年最需要思考的是，在继续向西方乃至全世界学习的同时，如何才能够激发出中国人自己的创造力。在今日，科技创新的重要性人人皆知，在这方面中国虽仍然落后于先进国家，但已经在竭力追赶，而且在许多领域获得了耀目成绩。然而，在文化、哲学、政治学等领域，我们仍然未脱离五四心态。

五四是个推翻传统，向西方学习的时代；启蒙则是个推翻陈旧学说，迸发创造力的时代。康德说得好："启蒙是人从强加于自身的教导之中解放出来。受教导意味着缺乏指引就不能够运用自身的理解能力。"① 在纪念五四的百周年之际，国人是否意识到，我们已经来到必须放下五四，走向真正的启蒙，以自由地迸发自己在各方面的创造能力的时候了呢？

---

① "Enlightenment is man's release from his self-incurred tutelage. Tutelage is man's inability to make use of his understanding without direction from another", 见 Immanuel Kant, "What is Enlightenment?" in Isaac Kramnick, ed., *The Portable Enlightenment Reader*, New York: Penguin, 1995, p. 1。

材料、诠释与价值重估

——百年五四运动史研究之检视

欧阳哲生[*]

　　五四运动是一个意义不断延伸的名词。最初它只是对 1919 年 5 月 4 日学生运动的指称。1919 年 5 月 19 日《民国日报》载北京中等以上学校学生联合会《致各省各团体电》首揭："五四运动，实为敌忾心之激发，亦即我四千年光荣民族性之表见。"5 月 20 日《晨报》刊北京学生联合会《罢课宣言》称："外争国权，内除国贼，'五四运动'之后，学生等以此呼吁我政府，而号召我国民，盖亦数矣。"所谓"五四运动"即指此意。随着运动的发展，6 月 5 日上海发生"三罢"，全国许多大中城市纷纷响应。7 月，蔡晓舟、杨亮功编辑"第一本五四运动史料"——《五四》，随即将五四运动叙述范围扩大到 5—6 月全国各地的爱国运动。[①] 五四运动后来有一个扩大版，既包括 1915 年陈独秀创刊《青年杂志》以来提倡的思想革命、反孔教运动、提倡新道德和新文学，又涵盖 1919 年的学生运动和各地的市民运动、工人罢工、抵制日货运动。对五四运动的这种"广义"界定，实际包含社会政治、思想文化两个层面，"五四新文化运动"这一名称即是对五四

---

　　[*]　欧阳哲生，北京大学历史学系教授。

　　[①]　又参见沈仲九《五四运动的回顾》，《建设》第 1 卷第 3 号，1919 年 10 月 1 日。沈文开首即道："1919 年 5 月 4 日，北京几千学生因为政府对付山东问题有失败的消息，大家联合起来用示威运动的法子去表示真正的民意，后来罢学罢市的运动，都是继续这运动的，也都可包括在这个'五四运动'名词内。"

运动具有复合性质的概括。陆定一《评性教育运动》(《中国青年》第 148 期，1927 年 1 月 18 日) 可能最早使用了这一名称;[①] 陈伯达《论五四新文化运动》(《认识月刊》创刊号，1937 年 6 月 15 日) 一文对这一名称的时限 (1915—1923 年)、内容有意识地做了界定。[②] 最早出现的新文化运动、五四运动研究著作——伍启元著《中国新文化运动概观》(现代书局，1934 年初版)、陈端志著《五四运动之史的评价》(生活书店，1935 年初版)，对新文化运动、五四运动的处理都带有泛化的倾向。华岗著《五四运动史》(海燕书店，1951)，是较早依据新民主主义革命理论展开五四运动历史叙事的代表性著作。海外五四运动史研究则首推周策纵先生专著《五四运动史》，该书"导论"从广义的角度对"五四运动的定义"做了最初的学术梳理。[③] 2019 年时逢五四运动百年，百年回看五四，从学术史视角检讨五四运动史研究实有必要。

一　五四运动史文献材料的解读

历史研究的基础是史料。傅斯年曾言:"史学便是史料学。""但史料是不同的，有来源的不同，有先后的不同，有价值的不同，有一切花样的不同。比较方法之使用，每每是'因时制宜'的。"[④] 史料之鉴别本身就是一个问题，没有史料依据的历史研究实为无根之谈，不对史料之来源、价值、次序有一清晰的了解，就谈不上历史研究，作为历史学的五四运动研究自不例外。

五四运动的文献材料主要有三个来源:当时的报刊，亲历者的回忆，

---

① 陆定一此文在评述国内性教育运动的派别时，指出"性史"派的代表是张竞生。"这派的形成，要从五四新文化运动说起。从五四以后接受新思潮的人的分化，使一部分跑到政治运动的路上，而另外一部分则钻进了文学与艺术的圈子里。"

② 陈伯达此文称:"'五四'——这只是表示了这次新文化运动整个时代的里程碑。这次新文化运动的整个时代，事实上应该上溯到民国四年《新青年》的出版 (五四前四年)，而以民国十年关于社会问题的讨论和民国十二年所谓'人生观之论战'为终点 (五四后四年)，接着'人生观之论战'，便是政治上狂风暴雨的时代了。"

③ Chow Tse-tsung, *The May Forth Movement*: *Intellectual Revolution in Modern China*, Cambridge, Massachusetts: Harvard University Press, 1960, pp. 1-6.

④ 傅斯年:《史学方法导论·史料论略》，欧阳哲生编《傅斯年文集》第 2 卷，中华书局，2017，第 327 页。

评介、保存的档案。

　　周策纵先生的《五四运动史》一书出版后，他将自己撰著此书所参阅的材料编辑成一本《五四运动研究资料》，这本资料几不为国内学界所关注。该书第一部分"五四时期的期刊与报纸"即详列"期刊标题索引""编者与贡献者索引""新创期刊 1915—1923""五四事件后改进的旧期刊""支持新文化运动的主要报纸"。① 从其所列五四时期期刊报纸（604 种）可见，周先生研究五四运动史的原始文献材料主要是报刊。实际上，最初编撰的几本有关五四运动的小册子也是如此，杨亮功当年编辑《五四》一书之所以速成，即是因其所编乃是以当时的报纸报道为主要材料来源。② 1950 年代以后基于中国革命史研究的需要，人民出版社影印出版革命期刊 19 种，内中包括五四时期的《新青年》《每周评论》《星期评论》《共产党》等。1958—1959 年人民出版社出版《五四时期的期刊介绍》（三集）亦是出于同样目的，其选辑期刊范围受到限制，最具新闻性的报纸不在其列。1980 年代人民出版社影印革命期刊 26 种，其中《星期评论》《少年中国》《新社会》《北京大学学生周刊》《秦钟》《觉悟》《共进》等是五四时期的期刊。报刊是研究五四运动史的主要材料来源，这与当时新拓的公共空间有着密切的关系。

　　期刊在宣传新文化、展开思想启蒙方面功不可量，但新闻传播的主要渠道是报纸。《晨报》《申报》《民国日报》是五四时期最负盛名的报纸，这些报纸在 1980 年代得以影印出版。周策纵先生所提支持新文化运动的主要报纸，除了人们熟知的《国民公报》《京报》《晨报》《时事新报》《民国日报》外，还有北京的《国风日报》、天津的《新民意报》。报纸是报道五四运动的主要传媒，也是大众的主要信息渠道。报纸的倾向直接影响舆论导向。如果说青年知识分子从北大系统的《新青年》《新潮》获取思想启蒙的灵感，《国民公报》《京报》《晨报》《时事新报》这些研究系主导的报纸则开辟了五四新文化运动的另一个战场，他们互为掎角，相互支援，吸纳

---

① Chow Tse-tsung, *Research Guide to the May Forth Movement*, Cambridge, Massachusetts：Harvard University Press, 1963, pp. 1 – 129.

② 杨亮功编辑该书称："一由于一切事实皆为当时己身之所亲历，一由于一切文电舆论皆为当时各地报章所登载，俯拾即是。"杨亮功：《早期三十年的教学生活——五四》，黄山书社，2008，第 97 页。

了包括李大钊在内的一批北大新派师生加盟。以《晨报》为例，它在 1919 年五四运动中追踪报道巴黎和会对青岛问题交涉的进展，及时传播北京学生运动和各地响应的情形，揭露北洋政府的政情内幕，大篇幅地宣传新思潮（特别是社会主义）。《晨报》快捷的新闻报道、明确的舆论引导发挥了期刊难以替代的作用，是当时北京最具影响力的报纸。

　　亲历者的回忆和评介是五四运动史的第二个重要材料来源。匡互生 1925 年在《立达季刊》发表的《五四运动纪实》可能是最早的回忆文字。从此，五四运动学生一方人士陆续撰写回忆录，回顾在这次事件中的亲历见闻。1949 年"五四" 30 周年前后，五四回忆迎来了第一个浪潮，其后在 1959 年再推高潮。① 1979 年中国社会科学出版社出版三大册《五四运动回忆录》，可谓集五四回忆之大成。从整理而成的《五四时期老同志座谈会纪录》可见这些进入耄耋之年的老人的激动情绪。② 他们满怀革命激情，回顾自己青年时期追求进步、投身五四运动的光荣历史。这些回忆文字有些是他们亲撰，有些可能系经人整理。由于他们年事已高，有些细节的记述可能并不确切。以周予同先生为例，关于"火烧赵家楼"一幕，他在 1933 年、1959 年、1979 年三次回忆中都有提及，1933 年他撰文纪念逝去的匡互生，只是说五四当天，"当时匡互生最起劲，因为得不到武器，于是分头带火柴和小罐煤油等等"，并未具体说谁放的火，"我当时被群众所挤，仆倒在地，因为忽传警察开枪，有许多人从前面反退下来，所以没有走进曹氏住宅，不知互生兄曾做了些其他什么工作"。③ 1959 年他在《五四回忆片断》中虽没有指名道姓是谁放的火，但认可为学生放火，"冲进上房的卧室，没有看见人影，打开台子的抽屉，也没有什么重要文件；于是带有火柴、火油的同学们便将卧室的帐子拉下一部分，加上纸头的文件，放起火来了。这一举动没有得到所有在场同学的赞同，火焰在短时间内也并不旺扬"。④ 而 1979 年

---

① 参见中国科学院历史研究所第三所编《五四运动回忆录》，中华书局，1959；《光辉的五四》，中国青年出版社，1959。

② 参见中国社会科学院近代史研究所编《五四运动回忆录》（续），中国社会科学出版社，1979，第 1—22 页。

③ 周予同：《五四的前夕——悼互生兄》，原载《立达学园园刊》1933 年，后收入北京师范大学校史资料室编《匡互生与立达学园》，北京师范大学出版社，1985，第 94—95 页。

④ 周予同：《五四回忆片断》，原载《展望》1959 年第 17 期，后收入北京师范大学校史资料室编《五四运动与北京高师》，北京师范大学出版社，1984，第 30—31 页。

再回忆这一场景时，他将与上述情景相关的人物一一对号入座，且说自己参与了打砸汽车和点火烧宅。"院子里停着曹汝霖的汽车，我满怀愤怒一拳把车窗玻璃打碎，自己的手也划破了，鲜血淋漓。""我们找不到几个卖国贼，便要烧他们阴谋作恶的巢穴。于是匡互生便取出火柴，同我一起将卧室的帐子拉下一部分，加上纸头的信件，便放起火来了。这一举动，被担任游行大会主席的北大学生段锡朋所发觉，跑来阻止我们说：'我负不了责任！'匡互生毅然回答：'谁要你负责任，你也确实负不了责任。'我俩将火点着，而火焰在短时间内并不旺扬。"① 这样，匡互生不仅成了第一个砸窗跳进曹宅的好汉，而且是放火烧赵家楼的英雄。这三次回忆，一次比一次细腻，他的叙说带有"故事新编"的性质，且不乏将自己代入故事的情节。类似的情形其他人也不乏有之。由于五四运动在革命史中的地位越来越高，以至参与这一运动者"老夫聊发少年狂"，重新焕发青年时代的激情，热衷把自己嵌入五四的大剧。尽管如此，对于五四运动是如何运动起来的，我们除了依赖这些运动人士自述以外，别无他选，至于其真实性，只有通过相互核验、前后比勘，才能做出较为符合实情的判断。

曾在北洋政府担任政府官员职务的"遗民"也不甘寂寞。顾维钧在回忆录中详细披露了中国代表参与巴黎和会的谈判过程，拒签和约成为他外交生涯的亮点之一。② 曹汝霖在他晚年的回忆录中以"五四运动终身受冤诬"为题表达自己的心曲，把五四运动以后愈演愈烈的群众运动，"推原祸始，未始非五四运动为阶之厉也"。③ 由于立场不同，当事者的回忆几乎截然对立。

台湾地区的文化老人也没有沉默。联合报社1979年将台湾回忆五四的文字辑成《我参加了五四运动》出版。毛子水以"不要怕五四，五四的历史是我们的！"为题明确表达争夺五四话语权的意愿。但如把这本小册子与三大册《五四运动回忆录》放在一起，就不难看出两岸用力的极不对等。五四运动这一话题当时在台湾仍是一个禁忌。

档案是历史研究的"硬件"，但在五四运动史研究中却是一个弱项。档

---

① 周予同：《火烧赵家楼》，《五四运动与北京高师》，第36—37页。
② 参见中国社会科学院近代史研究所译《顾维钧回忆录》第1册，中华书局，1983，第172—234页。
③ 《曹汝霖一生之回忆》，台北，传记文学出版社，1980，第159页。

案是最原始的文献，现有关涉五四运动的档案文献主要为官书文档，收藏
于政府机构之中，故档案文献在前期的五四运动史研究（1979 年以前）中
几很少利用，档案反而成为摆在第三位的材料来源。与回忆录具有私人性
质不同，档案带有"官方"性质，既然是官方的，在革命话语中则被视为
反动政府的文件，因而被弃置不用，即使利用，也是从反面理解，基本持
不信任态度。政府档案作为五四运动的基础性资料，对了解北洋政府的动
态至关重要。由于历史上种种原因，现存有关五四运动的档案资料并不多，
现在整理出版的主要有：（1）中国社会科学院近代史研究所、中国第二历
史档案馆史料编辑部编《五四爱国运动档案资料》，内收中国第二历史档案
馆藏北洋政府时期关于五四运动的档案资料。据"编辑说明"，该书是"为
纪念五四运动六十周年"，在王可风生前主持编辑的"《五四运动史料汇编》
初稿基础上，增删调整"而成。① 全书共分为三大部分：五四运动发生的历
史背景；五四爱国运动经过；五四期间新思潮的传播。该书第二部分内容，
为人们了解五四运动的政治情势，特别是北洋政府方面处置运动的举措提
供了基本材料。该书所收材料有一部分来自北京《政府公报》，显属半公开
的官文，并不是秘藏的档案。从编者对所选资料新加的标题，可以看出编
者所持的政治立场。（2）《近代史资料》编辑室主持，天津市历史博物馆整
理《秘笈录存》（"近代史资料专刊"之一，中国社会科学出版社 1984 年 8
月初版，知识产权出版社 2013 年再版，对初版讹误有所订正）。五四运动
的直接起因是北洋政府与巴黎和会的外交问题。1927 年，曾任北洋政府总
统府秘书长的吴世缃，将秘书厅所存巴黎和会与华盛顿会议期间北京政府
与和会代表及驻外使馆的往来文电等档案汇集为《秘笈录存》（未定稿）一
书。当初吴世缃编辑此书，目的在于"使后人知我国在会经过困难真状"，
故其在资料选择上对北京政府有明显的回护之意，一些地方还有所删隐。
（3）《北京档案史料》2009 年第 2 期为《档案中的北京五四》专辑。该书
收入北京市档案馆藏档案史料 12 组，中国社会科学院近代史研究所藏、
1919 年 7 月编辑的《五四》中未行重刊的"文电录要"，以及连载于《北

---

① 中国社会科学院近代史研究所、中国第二历史档案馆史料编辑部编《五四爱国运动档案资
料》，中国社会科学出版社，1980，"编辑说明"。

京青年报》的 6 篇五四档案解读文章。① 这是有关五四运动档案的最新曝光。上述三种档案材料的披露，为我们了解五四运动时期北洋政府掌握的内部资讯和应对举措提供了直接依据。近年来，有的学者根据发掘的档案材料研究北洋政府与参加巴黎和会的中国代表处理对德和约的真实态度，取得了新的成果。②

从报纸的新闻报道可见五四运动的进展、规模和各方反应，从个人回忆能够了解各方人士介入运动的内情和在运动中的操作，从官方档案可以看出北洋政府是如何处置运动的，这些材料体现了五四运动的不同侧面。若单独使用这些文献材料，可见五四运动某一侧面，如合而观之，也许能得到一个比较全面、均衡的认识。历史研究追求客观、真实、公正，但五四运动的史料来源蕴藏着不同价值取向的矛盾，这些材料明显带有强烈主观色彩，我们使用时从一开始就很容易产生一种不同价值冲突集于一身的感觉。对于这些不同价值取向的材料，我们既需要做回到"历史现场"的细密考证，又要以"后五四时代"超越心态保持对它们的距离感。

二　五四运动史：主义与诠释的交织

随着新文化运动的兴起，欧美的各种新兴思潮、各种主义涌入中国，纷繁复杂的外来思潮相互激荡，使中国成了外来新思潮的竞技场，五四以后进入一个"主义"混战的时代。主义的兴盛反过来为认识、解释五四运动投射新的光影。从不同主义的视角诠释五四运动，五四运动研究呈现多元的状态。这是一个充满争议的事件。

首先是国家主义与个人主义的矛盾。青年党领导人曾琦指出，五四运动具有"可贵之价值"与"特有之意义"。"在五四以前，中国非无卖国贼，非无媚外政府也，前清末叶，政府擅与外人缔结不平等条约，丧地不知几千里，赔款几万万，顾当时人民视若无睹，不闻起而制裁之，此何以故？盖国家观念尚未发达，国民意识尚未养成，因而对国权之丧失，自然无所

① 参见梅佳《档案中的北京五四——写在前面的话》，《北京档案史料》2009 年第 2 期。
② 参见邓野《巴黎和会与北京政府的内外博弈：1919 年中国的外交争执与政派利益》，社会科学文献出版社，2014；唐启华《巴黎和会与中国外交》，社会科学文献出版社，2014。

感觉。至五四时代，则国家观念已发达，国民意识已养成，对于国家权利之丧失，有如私人财产之损害，痛心疾首，愤起抗争，此种爱国运动，实为'国家主义运动'。"① 他把五四运动归结为国家主义运动的功劳。1935年胡适为纪念五四，给出了完全相反的意义诠释："民国六、七年北京大学所提倡的新运动，无论形式上如何五花八门，意义上只是思想解放与个人的解放。""近几年来，五四运动颇受一班论者的批评，也正是为了这种个人主义的人生观。"② 这种把五四运动个人主义化、自由主义化的努力，更强调五四运动思想解放的性质和世界主义的视域。

国共两党由于所抱持的主义不同，因此对五四运动的认识也有很大差异。国民党先后以《民国日报》《中央日报》为主要阵地，在五四周年纪念日十余次发表社论、纪念文章，根据不同时期国民党的政治需要，着力把五四运动的功劳归为孙中山的领导，将五四精神三民主义化。③ 从1930年代中期新启蒙运动以后，共产党及其左翼对五四话语的建构显露出其自身的特色。毛泽东代表中国共产党人在《新民主主义论》中对五四运动的性质、背景、阶级成分和历史作用给予了新的诠释：第一，"五四运动是反帝国主义的运动，又是反封建的运动。五四运动的杰出的历史意义，在于它带着为辛亥革命还不曾有的姿态，这就是彻底地不妥协地反帝国主义和彻底地不妥协地反封建主义"。第二，"五四运动是在当时世界革命号召之下，是在俄国革命号召之下，是在列宁号召之下发生的。五四运动是当时无产阶级世界革命的一部分"。第三，五四运动"是共产主义的知识分子、革命的小资产阶级知识分子和资产阶级知识分子（他们是当时运动中的右翼）三部分人的统一战线的革命运动"。第四，"五四运动是在思想上和干部上准备了一九二一年中国共产党的成立，又准备了五卅运动和北伐战争"。据此，他认定五四运动是新民主主义革命的开端。④ 毛泽东的论断成为马克思主义者研究五四运动史的经典。

① 曾琦：《五四运动与国家主义》，陈正茂、黄欣周、梅渐农编《曾琦先生文集》上册，台北，中研院近代史研究所，1993，第394页。
② 胡适：《个人自由与社会进步——再谈五四运动》，《独立评论》第150号，1935年5月12日。
③ 相关论述参见欧阳哲生《纪念"五四"的政治文化探幽——1949年以前各大党派报刊纪念五四运动的历史图景》，《中共党史研究》2019年第4期。
④ 毛泽东：《新民主主义论》，《毛泽东选集》第2卷，人民出版社，1991，第699—700页。

　　国共两党对五四运动的主要争执也许并非运动的性质，而是运动的领导权，双方都希望"五四"为我所用。对于五四运动的经过、性质，1930年代中期学界并无太大分歧。通读伍启元著《中国新文化运动概观》、陈端志著《五四运动之史的评价》，我们可感受到左翼的新启蒙运动与两著的论述方式、使用话语有接近甚至基本相似之处。陈端志以"五四运动是反帝反封建的启蒙运动"作为结论，这似乎是当时知识界的共识。①

　　国共两党对五四运动领导权的争执，是其政治分歧在历史领域的延伸。因此，对五四运动的诠释，不仅是一个历史问题，而且与各自的意识形态建构密切相联。抗战以后，国共两党基于各自的政治需要，特别是为了争夺青年资源，加大了对"五四"话语权的争夺，五四运动遂成为意识形态之战的重要组成部分。

　　新民主主义革命理论对五四运动史研究影响至深。东北大学编《五四纪念文辑》（东北新华书店，1950）、华岗著《五四运动史》、胡华编著《中国新民主主义革命史》（初稿，人民出版社，1952）和何干之主编《中国革命史讲义》（高等教育出版社，1957）叙述五四运动的内容，在理论上基本遵循毛泽东的定调，对无产阶级领导权、俄国十月革命对中国的影响、五四运动与中国共产党成立的关系做了有力阐述，可谓新民主主义理论的具体文本解释。1980年代出版的李新、陈铁健主编《伟大的开端》（中国社会科学出版社，1983）和彭明著《五四运动史》（人民出版社，1984），在内容上虽做了较大篇幅的扩展，在叙事细节上亦多有拓新，但在理论上仍将五四运动史的论述维持在新民主主义革命的框架中。五四运动的革命性意义渐次在众多的论著中被消化殆尽，传统的革命史范式开始遇到"新革命史"思路的挑战。

　　新时期五四运动诠释出现了新的转向。首先是重新确认新文化运动打出的民主、科学两面大旗在思想解放中的历史作用，充分肯定新文化运动批判礼教、破除旧习的启蒙工作。这一突破开始是与反封建的革命性意义联结在一起，后来朝现代化建设的方向演变，成为中国社会从传统向现代转型的助推器。追求民主、发展科学是中国现代化的硬道理。按照这样一种新思维，在新文化运动中起过重要历史作用的蔡元培、陈独秀、胡适获

---

① 陈端志：《五四运动之史的评价》，生活书店，1936，第260页。

得重新评价，新文化的闸门得以重启，新时期的思想解放运动直接以五四新文化运动的启蒙工作为先导，两者建立起新的历史联系，思想解放的潮流奔腾向前。在学术层面，五四运动史研究获得了前所未有的全面发展。

1990 年代中国文化的发展伴随国学的复兴，呈现出新的多元思路。曾经被当作新文化运动批判对象的梁启超、梁漱溟、东方文化派、学衡派，他们的文化思想作为新文化的另一种见解、另一条建设思路，其合理性和存在意义得到了尊重和包容。新文化的面目由此又显得模糊难辨，新中有旧，旧中有新，不新不旧，新旧杂存。在新民主主义革命理论框架内五四运动之所以获得高评，在于它在政治层面具有反帝反封建的革命性意义，在于它作为群众运动所演示的成功的社会动员。随着革命转向建设，群众运动在法治的框架下被严格限制，五四运动所包含的社会政治意义受到了极大的消解，以致人们倾向将新文化运动与五四运动区别开来，胡适晚年以为五四运动"是一场不幸的政治干扰"的观点重新抬头，新时期的五四运动史研究更多的是在思想文化层面展开。如果说过去人们习用"五四"涵盖新文化运动，现在反过来，出现了以新文化运动取代五四运动的倾向，人们更愿把五四运动作为新文化运动进程中的一个"事件"来处理。

三　五四运动历史意义的"价值重估"

我们现今已进入"后五四时代"。从新文化运动扬西抑东的东西文化观到今日中华民族文化的伟大复兴，从以群众运动的方式谋求社会解放、民族解放到现在以法治规范公共秩序，从个性解放、思想解放到追求以人为本、社会福利、国家创新能力，"五四"以来中国现代化运动已经大踏步迈上新的更高台阶。当年陈独秀呼唤的民主、科学已成为中国现代化事业的主流选择和核心价值。回首渐渐远去的"五四"，其正在隐身到时代的幕后。随着时间的推移，我们时代的诸种特征与"五四"渐行渐远。

历史之树常青。历史的意义常常是在过去与现实、当前与未来的碰撞中迸发。若从"后五四"的角度检视，站在时代的高度反思百年中国走过的历程，五四运动之所以成为一个具有历史里程碑意义的事件，在于它是现代性在中国生根的一个显著标志。现代性元素伴随西力东渐在晚清依稀出现在中国，人们对它的认同是艰难的、犹疑的，现代性在中国的成长经历了一个演变过程。国人从传统农业文明转向对近代工业文明的认同，从古老的家国天下的帝制秩序到自由、民主、自治的共和制的转向，从传统的儒教伦理到对容纳个性解放的新文化秩序的确认，在近代中国是一个突发、快速、激变的过程。

1915 年 9 月 15 日陈独秀创办《青年杂志》，其意是重塑青年形象，他的创刊宣言《敬告青年》即道明宗旨所在。如果把这篇文章与梁启超在 1900 年 2 月 10 日刊于《清议报》的《少年中国说》相比，可以看出二者异曲同工，都把中国的希望寄托在少年、青年身上，重新塑造中国少年、青年是两文的用力所在。比较而言，梁启超的"少年"是朦胧的、想象的，陈独秀的"青年"是明确的、现实的，他提出青年的六大特征——自主的而非奴隶的，进步的而非保守的，进取的而非退隐的，世界的而非锁国的，实利的而非虚文的，科学的而非想象的，无一不具有现代性特征。在陈独秀带领下，《新青年》杂志作者群形成了一股探讨青年问题和青年人生观的热潮。高一涵以长文《共和国家与青年之自觉》寄希望青年"自居于国家主人之列"，担负起建设民主政治之责任。他对何为共和，何为共和精神，何为政府、人民责任，如何改造青年之道德等这一系列关乎时局的政治问题做了清晰的解答，并指出青年"自觉之道"在于"炼志""炼胆""炼识"，以担负共和主人之重任。[①] 高一涵这篇文章是在 1915 年 9 月至 11 月连载，此时正值袁世凯酝酿复辟帝制，高一涵在文中强调青年对于共和制的认同，实则就是反对袁世凯复辟帝制，这是在进入共和制状态下对青年身份认同所做的新的确认。高语罕注意到"青年与国家前途"之密切关系："欲国之强，强吾民其可也；欲民之强，强吾青年其可也，强之之道奈何？曰导正其志趣也，曰培养其道德也，曰发扬其精神也。顾精神之发扬，道德之培养，志趣之导正，首须研究青年之障碍，继说明人生之究竟，终则详论国民之责任。"[②] 李大钊呼唤"青春"，他认识到"青年之自觉"，"一在冲决过去历史之网罗，破坏陈腐学说之囹圄"，"一在脱绝浮世虚伪之机械生活，以特立独行之我，立于行健不息之大机轴"。他以豪迈的气概发出

---

① 高一涵：《共和国家与青年之自觉》，《青年杂志》第 1 卷第 1—3 号，1915 年 9 月 15 日—11 月 15 日。

② 高语罕：《青年与国家之前途》，《青年杂志》第 1 卷第 5 号，1916 年 1 月 15 日。

了时代的强音："以青春之我，创建青春之家庭，青春之国家，青春之民族，青春之人类，青春之地球，青春之宇宙。"① 这些激昂的文字对"新青年"形象做了浓墨重彩的勾勒，他们关注的主题是培植青年的"自觉"意识，刷新青年的精神面貌，确立青年对共和制的身份认同。新文化运动的最大成果就是唤醒了一代青年，也造就了一代青年，使他们自觉于"新青年"的职责。身处共和制架构中的青年分子由此找到了不同于旧的科举制中的传统士人安身立命之处，开始拓展一片新的天地。五四运动主要是由一批具有新思想、受到新思想洗礼的学生发动的，可以说没有新文化运动就没有五四运动，这是二者的关联之处。

现代性之确认伴随新的思想解放。这一过程与对传统儒教伦理的批判甚至颠覆分不开，这凸显在对近代文明的认知上。传统儒家以谦曲、文弱为美，崇尚安逸、田园诗般的农家生活，这种道德观、价值观在新文化运动中遭到了清算。这突出的表现在对文明与野蛮关系的理解在新文化运动中发生了极大的变化，这一点过去少见人提及。陈独秀认定，"世称近世欧洲历史为'解放历史'：破坏君权，求政治之解放也；否认教权，求宗教之解放也；均产说兴，求经济之解放也；女子参政运动，求男权之解放也"，"解放云者，脱离夫奴隶之羁绊，以完其自主自由之人格之谓也"。以此为鉴别，"有独立心而勇敢者"为贵族道德，"谦逊而服从者"为奴隶道德。与对独立人格的尊崇一致，是对进取心的推许。"欧俗以横厉无前为上德，亚洲以闲逸恬淡为美风；东西民族强弱之原因，斯其一矣。"② 他比较东西文明，称"西洋民族以战争为本位，东洋民族以安息为本位"；他对热衷战争一方反而做了肯定，"西洋民族性恶侮辱，宁斗死；东洋民族性恶斗死，宁忍辱。民族而具如斯卑劣无耻之根性，尚有何等颜面，高谈礼教文明而不羞愧"。③ 文明与野蛮的对立关系在相互转化，"强大之族，人性，兽性，同时发展"。所谓"兽性"，即意志顽强、体魄强健、信赖本能、顺性率真。陈独秀把提倡"兽性主义"列为四大"教育方针"之一（其他包括现实主义、惟民主义、职业主义）。④ 这种对"野性"的偏爱似乎成为新青年的精

① 李大钊：《青春》，《新青年》第 2 卷第 1 号，1916 年 9 月 1 日。
② 陈独秀：《敬告青年》，《青年杂志》第 1 卷第 1 号，1915 年 9 月 15 日。
③ 陈独秀：《东西民族根本思想之差异》，《青年杂志》第 1 卷第 4 号，1915 年 12 月 15 日。
④ 陈独秀：《今日之教育方针》，《青年杂志》第 1 卷第 2 号，1915 年 10 月 15 日。

神特征。毛泽东在《体育之研究》中对文明与野蛮的关系亦做了新的阐释："近人有言曰：文明其精神，野蛮其体魄。此言是也。欲文明其精神，先自野蛮其体魄。苟野蛮其体魄矣，则文明之精神随之。"[①] 他非常强调体育，这是身体观的一个重大转变。体育优先是近代教育的一个特点，这与西方的影响密不可分，而传统儒家价值观则是把德育放在首位。傅斯年也发出过类似的感慨，1926 年 8 月 17 日、18 日他致信胡适说，"我方到欧洲时，是欣慕他的文明，现在却觉得学欧洲人的文化，甚易学而不足贵；学欧洲人的野蛮，甚难学而又大可贵。一旦学得其野蛮，其文明自来；不得，文明不来。近年很读了些野人文学，希望回国以鼓吹神圣的野蛮主义为献拙于朋友"。[②] 傅氏打算"鼓吹神圣的野蛮主义"的想法与陈独秀提倡"兽性主义"教育的做法如出一辙。作为"新青年群体"的中坚人物，傅斯年与毛泽东不仅见解略同，而且在言语和表述上有接近甚至雷同之处。后来鲁迅在《略论中国人的脸》中比较中西脸相特征时得出两个公式：人 + 原始性情 = 西洋人；人 + 家畜性 = 某一种人。他对野畜"驯顺"为家畜所表现的"人性"并不以为然，以为中国人的脸"还不如带些原始性情"。[③] 新文化先哲这些对强健体魄、复归野性的呼唤，带有一定的非理性成分，但其对传统文明的大胆批判，对改造国民性的强烈意向不失为"片面的深刻"。现代中国风起云涌的社会运动、翻天覆地的政治革命也许能从脱去羁绊的野性力量的复苏中找到某种根源。

五四时期是公共空间大为拓展的时代。"二次革命"以后，袁世凯严酷镇压革命党，控制新闻舆论，公共空间大为压缩。新文化运动兴起以后，各地进步青年纷纷起来组织社团、创办报刊，逐渐打破万马齐喑的沉闷局面。据统计，1919 年这一年全国涌现的新思潮报刊就达 400 余种。[④] 在北京知名的代表性新报刊有《新潮》《国民》《北京大学月刊》《新生活》《平民教育》《五七》《少年中国》《新中国》《新社会》《少年》等，在天津有《天津学生联合会报》《觉悟》等，在武汉有《武汉星期评论》《学生周刊》等，在长沙有《湘江评论》等，在杭州有《双十》《浙江新潮》《钱江评

---

① 毛泽东：《体育之研究》，《新青年》第 3 卷第 2 号，1917 年 4 月 1 日。
② 傅斯年：《致胡适》，欧阳哲生编《傅斯年文集》第 7 卷，中华书局，2017，第 61 页。
③ 鲁迅：《略论中国人的脸》，《莽原》半月刊第 2 卷第 21、22 期合刊，1927 年 11 月 25 日。
④ 参见方汉奇主编《中国新闻事业通史》第 2 卷，中国人民大学出版社，1996，第 1 页。

论》等，在四川有《星期日周刊》《四川学生潮》等。知名的社团有：北大学生组织的新潮社、国民社、马克思学说研究会、平民教育讲演团等；毛泽东、蔡和森等在长沙发起创建的新民学会；恽代英在武汉发起成立的互助社、利群书社；周恩来等在天津组织的觉悟社；在南昌有改造社。王光祈、曾琦、李大钊等发起组织的少年中国学会是五四时期规模最大的社团，其分支机构和成员遍布全国各地。这些社团宗旨不一，成员大多为青年学生，通常以研究问题、揭露黑暗、改造社会、宣传新潮、追求解放为职志。新报刊、新社团如雨后春笋般涌现，公共空间拓展，为现代社会生活的活跃创造了必要条件。

　　五四时期是社会解放的时代。五四时期讨论的社会问题包括妇女解放问题、道德伦理问题、贞操问题、男女社交问题、婚姻家庭问题、女子教育问题、儿童问题、人口问题、丧葬问题，讨论之广泛前所未有。这是社会转型的关键时刻。进步、觉悟、启蒙、解放、革命这些新鲜、劲悍的词语充满了报章杂志。《新青年》《新国民》《新潮》《新社会》《新生活》《新村》《新生命》《新教育》《新文化》《新新小说》《新妇女》《新人》《新学报》《新空气》《新学生》《新共和》《新自治》《新湖南》《新山东》《新四川》《新浙江》《新江西》……以"新"字开头的刊物表达了一个共同的心声——去旧迎新，对新世界的憧憬、对新社会的渴望、对新文化的追求成为时代的主潮。傅斯年说："五四运动可以说是社会责任心的新发明，这几个月里黑沉沉的政治之下，却有些活泼的社会运动，全靠这社会责任心的新发明。""所以从五月四日以后，中国算有了'社会'了。""中国人从发明世界以后，这觉悟是一串的。第一层是国力的觉悟；第二层是政治的觉悟；现在是文化的觉悟；将来是社会的觉悟。"[①] 五四运动之前难道没有"社会"吗？当然不是。以"五四"为界，前后两个社会是有区别的：五四以前的传统社会是家庭伦理、宗族伦理所支配的社会；五四以后的社会是一种新的社会，它处理的主要是个人与社会、国家与社会之间的关系，和过去的社会网络关系发生了新的重大变化。傅斯年此语还有一层意思，他在陈独秀所指陈的政治的觉悟、伦理的觉悟之后又加上"社会的

---

　　① 傅斯年：《时代曙光与危机》，欧阳哲生编《傅斯年文集》第 1 卷，中华书局，2017，第 417、411 页。

觉悟"，这预示着社会的大解放，也就是社会主义运动的来临。正如时人所论，"社会的解放，就是确立社会的民主主义。欧战收局之后，军国主义已经破产了，资本主义也跟着动摇了。各国国内改造底声浪和解放底思潮，奔涌而至。而'五四运动'也应运而生。所以第一个目标就是社会的解放。大家对于以前的制度、组织以及习惯等等，根本的都发生怀疑。不但怀疑而已，并且都感觉非改造不可。而改造底前提，非先要求解放不可，所以社会的解放，尤其切迫紧要"。① 如果说辛亥革命时期的报刊，人们关注的主要是革命与宪政、共和与新政之间的对决这些政治问题，那么五四时期的报刊主要讨论的则是各种社会问题。寻找灵丹妙药解决社会问题，是吸引人们研究、传播社会主义及其他思想的基础。社会主义在中国的兴起绝非偶然，从某种意义上说就是应解决社会问题的需要而来，反映人们对社会解放的渴求。

　　五四时期是一个"主义"奔放的时代。在传统的儒教秩序崩解以后，主义作为替代物应运而生。主义作为舶来之物，日渐渗透到中国社会生活的各个领域。人们选择主义，政党追寻主义，社会尊崇主义，主义成为理想、信仰、高尚之物。傅斯年高唱"主义"的赞歌，"人总要有主义的"，"没主义的不是人，因为人总应有主义的"；"没主义的人不能做事"；"没主义的人，不配发议论"。他向大家发问："（1）中国政治有主义吗？（2）中国一次一次的革命，是有主义的革命吗？（3）中国的政党是有主义的吗？（4）中国人有主义的有多少？（5）中国人一切的新组织、新结合，有主义的有多少？……中国人所以这样没主义，仍然是心气薄弱的缘故。"② 傅斯年这一看法在五四时期具有典型意义。1919 年 6、7 月间，胡适与李大钊、蓝志先在《每周评论》上围绕"问题与主义"的争论，似乎更坚定了人们对主义的信念，从胡适初始提倡"多研究些问题"，到其谋求解决空谈主义的"弊害"，可以看到这一趋向。陈独秀把主义比作方向，"我们行船时，一须定方向，二须努力"。"主义制度好比行船底方向"，"改造社会和行船一样，定方向与努力，二者缺一不可"。③ 从此，"主义"成为引导中国社会

① 渊泉：《五四运动底文化的使命》，《晨报》1920 年 5 月 4 日。
② 傅斯年：《心气薄弱之中国人》，《新潮》第 1 卷第 2 号，1919 年 2 月 1 日。
③ 陈独秀：《主义与努力》，《新青年》第 8 卷第 4 号，1920 年 12 月 1 日。

政治、思想文化向前发展的主潮。任何政党、任何团体、任何学人都离不开对"主义"的选择。孙中山意识到有必要将原有的"三民主义"政纲理论化、系统化，并以之改组国民党；① 新兴的共产主义小组则从一开始就以其探求的理想主义建立政党，政党组织与主义的结合、主义的社会化成为中国社会政治向现代转型、升级的一大特征。

五四运动产生了新的社会政治动员模式。胡适、蒋梦麟总结五四运动的经验时强调："在变态的社会国家里面，政府太卑劣腐败了，国民又没有正式的纠正机关（如代表民意的国会之类），那时候干预政治的运动，一定是从青年的学生界发生的。汉末的太学生，宋代的太学生，明末的结社，戊戌变法以前的公车上书，辛亥以前的留学生革命党，俄国从前的革命党，德国革命前的学生运动，印度和朝鲜现在的独立运动，中国去年的'五四'运动与'六三'运动，都是同一个道理，都是有发生的理由的。"② 五四运动是对现实国家危机做出的迅捷反应，它与传统的太学生干政有着某种历史继承性，但它更具新的现代性意义。首以"运动"标榜，显示出五四运动与戊戌变法、辛亥革命的区别所在。五四运动以前，北大已有颇具影响力的学生社团：新潮社、国民社。北京高师也有同言社、健社、工学会。这些学生社团成为发动学生的骨干力量。五四运动爆发后，5 月 6 日北京学生联合会成立，成为主持学生运动的中坚枢纽。随后上海、济南、开封、天津、武汉、长沙等地纷纷成立学生联合会，这些学生联合会起到了联络学生、组织集会、动员各界的作用。"当时政党的力量已经几乎没有，就是最悠久的国民党，它的组织和党员间的联络指挥，远不及这新成立的学生

----

① 孙中山的三民主义最初表述在《民报》发刊词中："余维欧美之进化，凡以三大主义：曰民族，曰民权，曰民生。"参见孙文《发刊词》，《民报》第 1 号，1905 年 10 月 20 日。1912 年 8 月 25 日孙中山《在国民党成立大会上的演说》称："我同盟会素所主张者，有三主义：一民族主义，二民权主义，三民生主义。今民族、民权已达目的，惟民生问题尚待解决。"参见《孙中山全集》第 2 卷，中华书局，1982，第 408 页。1912 年 9 月 4 日孙中山《在北京共和党本部欢迎会的演说》称："兄弟前曾主张三民主义，民生主义亦即其一端，惟民生主义至今尚未达到。"参见《孙中山全集》第 2 卷，第 441 页。这可能是孙中山第一次使用"三民主义"一词。以后"三民主义"一词依稀出现在孙中山的言论中。"三民主义"一词的频繁使用是在五四以后，孙中山显然认识到"主义"对政党的重要性。国民党重新提振，表现之一就是注意到舆论的重要作用。国民党创办《星期评论》《建设》，与五四运动有着直接的关系。孙中山晚年演讲"三民主义"，力图使之具有系统化的理论形态，以与其他新兴的各种主义抗衡。

② 胡适、蒋梦麟：《我们对于学生的希望》，《晨报》1920 年 5 月 4 日。

联合会。"五四运动所造就的学生联合会,不仅对推进运动进程发挥了主导作用,而且"对于五四以后的民族革命运动也是很有关系的"。[①] 直到辛亥革命为止的近代中国革命,主要采用的革命手段是集合志士、联络会党、运动军队、实行起义,而五四运动采取的斗争方式是罢课、罢工、罢市、街头演讲、群众示威、抵制日货。中国革命者的组织形式过去常常是以带着浓厚宗教意味的秘密结社为主,孙中山创建同盟会领导的辛亥革命与会党关系密切。而五四运动的组织形式主要是学生会、全国学生联合会、工会、商会。"这种斗争方法和组织形式,在五四以前亦曾经局部的出现过,但是使这些斗争方法和组织形式在全国规模的运动中,在千百万群众亲身的经历中来大规模的成功的使用,则自五四运动开始。因之,五四运动是中国人民革命的方法与组织形式的一个重大的转变。这对于中国革命运动以后的发展,有着重大影响和意义。"[②] 五四运动更具现代意义的革命手段、组织形式、社会政治动员模式是其区别于辛亥革命,而将中国革命推向新阶段的重要标志。

五四运动对现代中国青年学生影响深巨。五四以后发生的青年学生运动都是以继承五四相标榜,而不以辛亥革命或戊戌变法的继承者自居,说明中国青年运动的确发生了新的转向。五四运动精神及其时代意义从事件发生的当月就开始被人们解读。罗家伦诠释五四运动的精神"是学生牺牲的精神","是社会制裁的精神","是民族自决的精神"。[③] 沈仲九解析五四运动的特色是"学生的自觉"、"民众的运动"和"社会的制裁",据此他认定"五月四日以前的中国,没有这种运动"。[④] 陈独秀认为五四运动之所以区别于以往的爱国运动,在于它"特有的精神","这种精神就是(一)直接行动;(二)牺牲的精神"。[⑤] 罗、沈、陈三人的看法都有接近之处。蔡元培的认识提升了一步,他注意到"从前的学生,大半是没有什么主义的,也没有什么运动",而"五四运动以来,全国学生界空气为之一变,许多新

---

① 陈端志:《五四运动之史的评价》,第237页。又参见李剑农《最近三十年中国政治史》,太平洋书店,1930,第541—642页。李著有类似的评判。

② 博古:《五四运动——中国现代史研究之一(下)》,《新华日报》1939年5月5日。

③ 毅(罗家伦):《"五四运动"的精神》,《每周评论》第23号,1919年5月26日。

④ 仲九:《五四运动的回顾》,《建设》第1卷第3号,1919年10月1日。

⑤ 陈独秀:《五四运动的精神是什么?》,《时事新报》1920年4月22日。

现象新觉悟，都于五四以后发生"。他总结五四以后有四大变化："自己尊重自己"，"化孤独为共同"，"对自己学问能力的切实了解"，"有计划的运动"。① 这些最初对五四精神特殊性的解读，今天读来也许有些朴素，但它确是五四那一代人真情实意的表达，是激励以后学生运动的精神源泉。五四以后，学生运动表现的担当精神、先锋作用和合众能力，显现其是中国革命的重要组成部分，都是以继承五四精神相标榜。

"说不尽的五四"，五四的思想意义在不断叙说、论述、阐释、争议中翻腾变化，新意迭出，其意在弘扬五四的爱国、进步、民主、科学精神。五四的爱国精神不是传统的忠君爱国精神，它是现代意义的爱国精神，它伸张爱祖国、爱人民、爱民族文化的一面，是对国家主权的维护，并和民族解放联系在一起。发扬五四精神，我们还要发掘五四精神的时代意义，提倡五四的文化自觉、思想解放的精神，提倡五四的民族自省、敢于创新、敢于批判的精神。以我们现今具有的学术条件和历史眼光，拓展"五四学"新天地的时机已经到来。

---

① 蔡元培：《对于学生的希望》（1921年2月25日），中国蔡元培研究会编《蔡元培全集》第4卷，浙江教育出版社，1997，第333—337页。

新中国七十年五四研究的话语转换

胡　静[*]

新中国成立以来，五四运动的话语模式在政治气候的变迁中逐步建构和转换，五四话语在不断的纪念、研究和反思中逐步确立，五四形象不断焕发出新的生命。所谓话语，是指在特定社会语境中人们进行交流与沟通的具体言语行为、表达方式以及由此产生的社会效应。[1]"话语"是一种具象表达方式，具备语言形式和价值观念相结合的属性，根植于社会实践，映射着社会现实，服务于社会政治。话语不是一个单纯的语言学概念，它更主要的是一个多元综合的关于意识形态再生产方式的实践概念。[2] 法国哲学家福柯把话语嫁接于权力之上，分析"话语－权力"作为一个综合体所具有的属性，体现了话语的政治效能。五四运动的话语蕴含一种权力，因而具有鲜明的意识形态属性，承担着思维规范和思想教化的责任。五四话语模式、话语建构和话语转换的过程反映了时代特征，表达了政治意蕴，阐释了精神内涵。

新中国成立后研究五四运动的著作颇丰，除了五四运动本身散发的震慑力和影响力外，与各时期所建构的意识形态相耦合。在五四运动百年的历程中，五四运动研究内容的丰富性和复杂性决定了五四话语的多元性。

*　胡静，贵州师范大学马克思主义学院博士研究生。

① 葛笑如：《论高校思政课教学改革中的话语转换——以"概论"课为例》，《山西高等学校社会科学学报》2014年第10期。

② 陈晓明：《解构的踪迹：历史、话语与主体》，中国社会科学出版社，1994，第64页。

在对五四的纪念、崇拜、反思甚至亵渎批判中，建构了传统的革命性话语、理性的现代性话语、复杂的后现代性话语，并在多维视域下形成了独特的话语体系，构建和完善了现代化的政治文化格局和学术范式，阐释了五四精神和五四传统的时代价值和现实意蕴。

一　革命性话语中的五四运动

五四运动研究始于五四运动刚结束的 20 年代，在西化派与学衡派的论争中构建了"革命性话语"的逻辑起点。"革命性话语"从逻辑起点形成，到革命话语系统成熟，历经了新中国的成立，直至改革开放渐入现代化。新中国成立初期，我国并未彻底脱离革命的主题，崭新的社会主义国家在革命和建设的双重节奏中探索前行，伴随着"社会现实"中的革命性话语向"社会政治"中的革命性话语转变。革命话语的产生建立在革命时期的社会心理基础之上，以实现社会与个人话语的高度一致。将新中国的成立作为临界点，中国共产党汲取五四运动的精髓加以涵养，从"争夺"革命话语权向"维持"革命话语权过渡，这成为毛泽东时代的政治表达。革命话语以其内在逻辑凸显了旺盛的生命力。

1. 争夺"社会现实"中的革命性话语

辛亥革命为五四革命性话语的成熟提供了思维意识的土壤。辛亥革命在反清的同时，又宣扬民主共和，并在"革命"和"民主"的双重动力下，冲破旧制度、旧思想，为新政治、新社会的建构提供了价值标准。五四革命性话语的建构是基于反帝反军阀的社会背景，五四运动被定性为彻底的反帝反封建的爱国运动，"爱国"成了革命性话语的显著标识。陈独秀、李大钊推崇以"革命话语"解读五四运动，从民主、科学的思想文化入手创造新的政治理想；张太雷、瞿秋白是五四激进革命话语形成的关键人物，张太雷以民族运动的定位弘扬五四运动的爱国意义；毛泽东在《新民主主义论》中把五四运动作为新民主主义的开端，界定了五四运动爱国的性质，奠定了五四运动革命话语的基调。中国学者对五四运动的评价和纪念建立在毛泽东对革命话语的阐释基础上。革命话语模式的构建以华岗在 1940 年出版的《中国民族解放运动史》为前哨，其著作清晰梳理了五四启蒙与革命的关系，对革命的合法性加以注解，由此创建了五四的"革命范式"。在革命范式的语境下，对五四的阐释被纳入中国革命史中，存在革命话语权的问题。共产党和国民党对五四运动革命话语的解读，实质是争夺历史的解释权，论证各自的政治合法性。共产党掌握了五四运动的话语权，毛泽东思想成为党和国家的指导思想，毛泽东对五四运动的阐述和定性成为学术研究的风向和标杆。这一阶段学者对五四运动的研究倾向于运动性质、阶级属性、领导权、马克思主义传播等意识形态色彩浓厚的问题。陈伯达、田家英、吴玉章等学者以此为出发点和立足点，撰文阐述毛泽东的革命路线，阐释无产阶级的意义等。对五四历史人物的评价被置于爱国、激进等政治负担下，侧重于政治思想的归纳；五四运动政治史研究的成果颇为丰富，进而渗透到文化层面。通过撰写人物传记和对人物的追忆，阐发五四新文化运动的变革价值。比如对李大钊、陈独秀、胡适、鲁迅等的研究，凸显五四新文化运动的革命价值，强调把五四运动的革命思想落实为具体的生活方式，触动了人们的生活结构和思想观念。

2. 维持"社会政治"中的革命性话语

新中国成立后，学术界对五四话语的阐释和研究凸显了五四运动的政治导向功能和文化反思价值，体现了五四革命性话语的研究倾向。这一阶段学界对五四运动的褒扬媲美于法国大革命，革命范式下的五四运动产生的时代价值正如托克维尔对法国大革命的评价："18 世纪和大革命，像共同的源泉，生成了两股巨流。第一股引导人们追求自由制度，第二股则引导人们追求绝对的权力。"①

五四运动的政治话语和文化话语交相辉映，彰显了五四运动话语体系的统一性和整体性。郭若平认为五四运动代表革命时期特定的政治和文化符号。"五四"的蕴意和价值萦绕于整个 20 世纪中国思想领域、文化领域、政治领域。革命性话语的主场逐步让位于"启蒙主义"，弱化了革命话语的激进性，客观地理解保守和激进的关系。

五四运动的革命话语从政治视域向文化视域倾斜，与传统文化的衔接使得五四革命话语变得温和、理性。

微拉·施瓦支认为："在中国政治历史的不同阶段，知识分子为了论证

---

① 转引自〔英〕哈耶克《个人主义与经济秩序》，贾湛等译，北京经济学院出版社，1989，第 1 页。

自己的启蒙和革命的主张，对五四有着不同的说法"；"在政治动荡的年代，当前的'逻辑'几乎压倒了过去的'逻辑'"。① 在以"批判资产阶级个人主义"为特征的思想改造运动的时代背景下，五四运动高举"革命""反帝"的爱国主义大旗。学术界对五四运动的研究避开"自由""个人"等与资产阶级相通的词语，批判自由主义、个人主义、人道主义等思潮，探究传统文化与西方思潮的关系，杜维明认为儒学精神是建立在五四精神基础之上的。中国共产党维持革命话语权的过程同时也是构建和强化马克思主义主流意识形态的过程，周策纵在《五四运动史》中阐述了五四运动建构的是以唯物史观为基础的强势的革命话语系统；学者将西方意识形态中的民主、自由主义、个性主义、人道主义等作为资本主义意识形态加以批判，强化和宣扬五四运动的革命价值。五四革命性话语的平缓过渡，彰显了学界对五四运动研究的学力。

　　新中国成立初期，中国共产党面临生产力低下和生产关系失衡的境况。马克思认为阶级斗争是解放生产力的重要路径，阶级斗争仍是社会的主流。再者，思想领域和意识信仰较为涣散，容易受到各种错误思想的入侵和蛊惑，生产力与上层建筑的相互作用关系决定了在发展和改善生产力的同时，加强意识形态的整合。五四运动恰好是民族团结和爱国情绪最极致的喷发，中国共产党巧妙结合五四运动"爱国""民主""科学"的精髓进行意识形态领域的全面教化，巩固新生政权的稳定性。在官方话语体系中，革命性的"五四话语"表达了改革开放之前的政治生态环境。执政党以"五四话语"的建构为手段和方式，争取意识形态的统一。以爱国主义和文化自信来阐释和明确"五四精神"，加大爱国、民主精神的宣扬力度，为国家的稳固提供意识形态的支撑，为平稳发展生产力保驾护航，体现了生产力的需要和现实的观照。革命本身包含启蒙，革命在启蒙的促动中进行，因而革命话语作为主流话语其合理性始终贯穿于历史之中，革命为现代化奠定了强有力的基础。

---

① 〔美〕微拉·施瓦支：《中国的启蒙运动——知识分子与五四遗产》，李国英等译，山西人民出版社，1989，第307页。

二　现代性话语中的五四运动

随着改革开放中国融入全球化潮流以及十一届三中全会后的思想解放运动，中国重新开启了现代化进程。五四运动的话语从革命范式向现代化范式过渡。五四运动精神被纳入现代化建设的逻辑中，顺应了时代主题的转换。"现代性"是以"追求真理"与"自由解放"为思维模式，主张启蒙、理性、主体性等，提供一种以"人"为中心的价值研究路径。现代性是传统社会向现代社会转化的精神力量。① 在现代性语境中，蕴含了"个人主体"和"民族国家"的观念，是人文精神和科学精神在个体价值和理性启蒙中的冲撞与结合。启蒙为现代化开辟了理性路径，而启蒙又糅合在革命中，革命与启蒙的一致性、革命与现代化的统协性构筑了五四话语的主流范式。

1. 现代性境遇下的五四运动形象

现代性的观念源自西方，传统的儒家意识形态范式逐步向现代性范式转变。"五四"一词早已内化为一种思想符号，其"内化"实由伴随现代中国时势转移而不断演变的五四话语所造成。②

随着意识形态的转换，政治氛围逐步宽松，外来的思潮学说与本土的思想文化互相碰撞交融。学界对五四运动的研究摆脱了政治负担，以自由、理性、科学的思维模式阐释五四启蒙文化运动的价值。在五四运动60周年、70周年、80周年学术纪念中，学者们高度评价五四运动的"民主精神""科学精神""爱国情怀""思想解放"等，周扬在报告中将"五四运动""延安整风运动""1978年的真理标准讨论会"并列为"三次伟大的思想解放运动"。胡锦涛在纪念五四的讲话中提出："把五四精神与人民群众推动社会进步的实践结合起来，使爱国、进步、民主、科学的五四精神始终具有广泛的群众性和鲜明的时代性。"③

五四运动是推进中国现代性的助力环节。彭明认为"五四运动是中国

① 杨春时：《现代性与中国现代性的总体构成》，《求是学刊》2003年第1期。
② 郭若平：《意义的赋予：时势转移与"五四"话语的演变》，《安徽史学》2008年第5期。
③ 胡锦涛：《发扬伟大的爱国主义精神，为建设有中国特色社会主义努力奋斗——在五四运动八十周年纪念大会上的讲话》，《人民日报》1999年5月4日。

走向现代化的全面启动"。西方现代性和中国传统文化的关系成为五四现代性话语分歧的源头。1984 年的"文化热",重新激荡了五四话语的涟漪,以李泽厚的《启蒙与救亡的双重变奏》和林毓生的《中国意识的危机》为争论源头。李泽厚提出"救亡压倒启蒙"的论断,彰显了中国现代民族国家意识与现代性的冲突。新文化保守主义的代表人物林毓生激烈批评五四新文化运动,认为其撕裂了中国传统文化,并将其与"文革"相提并论;余英时也认为五四新文化运动以保守和激进为突破口,从政治层面转嫁到文化层面。而多数学者认为"文革"是对抗现代性的极端方式,延缓了现代化进程。

现代性的确立既意味着历史的进步,也意味着现代性自身缺陷的显露。[①] 民主的推进是衡量一个国家现代化水平的标志,[②] 是现代社会一个本质性的准则。现代政治、经济、文化、科学、教育的建制都渊源于对民主观念的认同。《光明日报》《人民日报》的社论评析了五四运动的时代价值,指出五四运动加速了民主政治的进程。这一时期对五四运动的研究由于人缘、地域、师承等多重因素的影响分化出了很多流派,阐发了不同的价值观和文化观,但是各流派都不否认民主的现代价值。文化保守主义的代表学者牟宗三、冯友兰、梁漱溟等赞同五四倡导的民主和科学。90 年代以来,国内出现的"新儒学""新保守主义""新左派"等反现代性思潮带有强烈的民族主义、民粹主义色彩,对民主、科学、自由、平等等五四启蒙话语加以批判、拒斥。主流派是自由主义和激进主义,很多论者在论及五四话语中的流派之分时,常常将民族主义与保守主义并联在一起,仿佛其他流派与民族主义无涉。[③] 激进主义的五四话语阐释响应了时代的主旋律,与历史进步的节奏较为合拍,也揭示了中国新文化发展的正确方向。[④]

2. 现代性语义下的五四研究特点

在现代性语境中,学者对五四运动史实的阐释愈加多元化,对历史认识的视角愈加客观理性,观点意识愈加深刻,历史思维愈加独特。学术和

---

①　杨春时:《"现代性批判"的错位与虚妄》,《文艺评论》1999 年第 1 期。
②　欧阳哲生:《五四运动的历史诠释》,北京大学出版社,2012,第 276—277 页。
③　周策纵:《五四运动史》,岳麓书社,1999,第 481—486 页。
④　中国社会科学院近代史研究所编《纪念五四运动九十周年国际学术研讨会论文集》上册,社会科学文献出版社,2012,第 153 页。

现实联系在一起，反映了我们对现实的清醒与对未来认识的清晰，反映了中国的学力。从学术意义来看，它成为测量中国知识界对一些具有关键性意义的现代思想命题，如传统、现代性、革命、民族主义、民主、个人主义、人权、科学、世界主义等认识深度的重要标尺，是中国人文学者对政治文化前途战略思考不可回避的历史文化内容。①

五四现代性话语研究特点鲜明。首先，是对五四运动本身的研究。在立场上基本摆脱了宗派之争，如张灏用"两歧性"来表述"五四"思想的多元复杂性，认为"五四"代表的是一个矛盾的时代。在研究方式上倾向于切实具体的学理探讨，如周策纵的《五四运动史》，按自由主义、保守的民族主义、共产党人三个系统对五四运动进行阐释和评价。在论题选择上以问题意识为指导，以五四运动为出发点，对五四运动进行扩展研究，如王元化的《九十年代反思录》，倡导对"五四"进行反思。在内容研究上，以更客观的眼界和开阔的格局推动人物思想史的研究，如干春松对严复的研究、欧阳哲生对胡适的研究、张静如对李大钊的研究等；以开阔的视野分析五四人物和五四事件，如舒衡哲的《中国启蒙运动——知识分子与"五四"遗产》讨论了四五十年代知识分子对五四的回忆和评价，余英时的《文艺复兴乎？启蒙运动乎？——一个史学家对五四运动的反思》阐述了胡适对五四运动的解释；以宏大的格局对比五四人物思想的差异，如欧阳哲生的《胡适与陈独秀思想之比较研究》；以宽广的视角结合世界背景分析五四人物的思想基础，如欧阳哲生的《评蔡元培的中西文化观》；对五四时期的报刊进行更加细致的考究，如欧阳哲生的《〈新青年〉编辑演变之历史考辨——以1920—1921年同人书信为中心的探讨》；对五四新文化时期的思潮分析，比较五四新文化运动与儒学的关系，探讨五四新文化运动的传统起源和历史局限等，如李泽厚的《中国近代思想史》、陈平原的《作为一种思想操练的五四》等。

其次，对五四运动在思想发展史和文化发展史中的价值研究。在思想发展史层面，把五四运动置于中国近代思想史的视野框架中，强调五四运动承前启后的过渡意义；以晚清时期的思潮或人物（如康有为）为逻辑起点，探讨五四运动的思想起源；更注重梳理五四运动在整个中国近代思想

---

① 欧阳哲生：《五四运动的历史诠释》，第243页。

史上的发展脉络，如张灏的《思想与时代》、陈平原的《触摸历史与进入五四》等。在文化发展史层面，在建构民主政治制度、建立现代化国家的时代背景下，更多学者探索五四运动对转型时期道路发展的现实经验；学术界普遍认为五四新文化运动是为实现民主进行的一次新的努力和挑战，对传统价值的重估以及对世界视野的文化交流产生了重要影响。

五四运动现代化的研究范式符合时代的预期，反映了中国共产党执政目标和追求的转变。新中国成立初期以稳固政权为目标，进行国内阶级斗争的清扫；改革开放之后，在宽松的政治生态环境中，中国共产党将重心转向大力发展生产力，加强经济建设。在经济全球化和商品国际化的刺激和冲击下，实现工业机械化、思想民主化、社会科学化等一系列现代化目标成为执政党的主题。在平和的国内氛围下，五四运动的现代性话语相比于革命性话语较温和，削弱了强势的话锋。五四运动的研究突破了政治压力的束缚，有学者试图用现代化范式否定革命范式，如李泽厚的"告别革命论"，弱化了启蒙的引领价值，启蒙是革命的前奏，因而也就颠覆了革命的奠基作用。五四运动见证者和亲历者的减少，使五四运动的研究缺乏真实、可信的材料，但在一定程度上减少了五四话语研究的主观因素，将五四运动置于一个更客观的时代场景中，深化了学术研究的严谨性和学理化程度。历经半个多世纪的沉淀，五四研究更加全面、理性。革命与现代化的依存关系更加深入、明朗，革命为现代化提供条件和准备，现代化正是革命的逻辑结果，因而革命与现代化相统一的研究趋向成为学界的主流范式。

三　后现代性话语中的五四运动

"后现代性"这一术语第一次被提及是在哈贝马斯阿多诺奖的演讲中；Z. 鲍曼将"后现代性"界定为一种社会状态；费瑟斯通把"后现代性"描述成社会结构；米歇尔·迪尔认为"后现代性指涉人类生存状况方面的一种激进断裂"。① 谢立中从广义和狭义上分析了"后现代性"，广义上的"后现代性"一词是描述紧接任何一个泛指或广义的"现代"社会历史阶段

---

① Michael J. Dear, *The Postmodern Urban Condition*, Oxford: Blackwell Publishers Ltd., 2000.

之后的那一个社会历史阶段，特指或狭隘意义上的"后现代性"就是人们常说的西方社会正在进入的那个新历史阶段（或状况）。①

1980年代，后现代主义思潮在中国播散。"后现代性"的趁虚而入具备其现实条件和思想基础。一是市场经济的全面发展，市场经济制度下的普遍交换原则和消费主义意识的膨胀，为后现代性的涌入提供了社会前提。杰姆逊指出："现代主义的基本特征是乌托邦式的设想，而后现代主义却是和商品化紧紧联系在一起的。"② 二是电子信息技术的飞速发展，大众传媒成为社会文化的主导推广途径，为后现代性提供了传播路径。三是全球化意识和跨文化经验致使社会价值体系瓦解，消噬了现代性中的主流价值和真理，反叛一切权威和秩序。四是"文化大革命"的毒瘤，致使整个民族陷入迷惘状态，导致的人们心灵创伤与西方现代派流露出的生存危机、孤独感等相通，对真理和价值抱有强烈的怀疑态度，为后现代性的传播提供了适宜的文化氛围。后现代性表达了以传统抵抗现代的观点，理性让位于解构，基本廓清了与现代化的交集，五四话语在后现代范式中表现出激进性。

1. 后现代性话语中的五四精神表达

后现代性以"反叛性"与"解构性"为出发点，将五四运动到80年代的启蒙运动的历史都视作西方文化的"殖民"，后现代性情境中的"五四精神"和五四形象背离了原初的内涵。

被"反叛性"误读的五四。在后现代性语境中，拒斥五四启蒙运动中的标志性话语，即理性、真理、科学等；把"科学"当作工具的膨胀加以批判，认为工具理性演化出的科学精神削弱了人的主体性，扭曲了五四话语科学理性的内涵。后现代性强调人自主意识的觉醒和人的解放，有观点认为五四启蒙运动是"个人主义"的解放运动，提倡极端个人自由。后现代性关注人的自由与社会基础变革的关系，反思个体与群体的关系。以后现代性思潮中的"个人主义"来解析五四运动，消解了五四形象中的共同价值和团体凝聚力，扭曲了五四运动的"集体精神"，宣扬淡化社会责任

① 谢立中：《"后现代性"及其相关概念辨析》，《社会科学研究》2001年第5期。
② 《后现代主义与文化理论——杰姆逊教授讲演录》，唐小兵译，陕西师范大学出版社，1986，第151页。

感。左玉河审视了五四时期有关个性主义的若干理论问题，对人与人的关系进行反思。

被"解构性"曲解的五四。后现代性对历史观影响尤为深刻，弗雷德里克·詹姆逊认为"后现代语境中的人们的'精神分裂'成为失去历史感的一种强烈而集中的表现"，这种"精神分裂"导致历史虚无主义思潮的泛滥。后现代性语境下的五四运动被历史虚无主义的话语笼罩，假借"重新评价"和"反思历史"之名，对五四运动以及中国近现代史进行随意剪裁和解释，淡化和削弱民主科学、反封建蒙昧主义的启蒙精神，否定爱国、革命的传统。五四启蒙运动的内核"真理""理性"等被肆意解构；五四运动被碎片化，被曲解为彻底的反传统，被描述为"一场煽动集体主义，走向集权主义的运动"，① 五四运动的历史事实、历史价值、历史规律遭到质疑和贬斥，其在中国近代史上的重要地位被抹杀。宣扬西方"宪政民主"、普遍价值、自由主义、民主社会主义等，动摇了马克思主义在意识形态领域的指导地位。五四信仰和价值被摧毁，五四运动的话语在后现代性中以反传统的形式存在。

2. 后现代性话语中的五四研究特点

后现代化性的出现反映了相对贫乏的精神生活造成的人的心理异化现象，凸显了现代化建设和意识形态之间的矛盾。

秉承五四启蒙传统的学者认为，"传统"能够对现代文化的各种潮流产生一种批判与制衡作用，也可以在经济全球化的世界格局中为心灵提供某种归属感，提供具有历史深度与精神个性的文化资源，而后现代性与文化的商业性嫁接，消解了人文精神和主流意识形态的价值取向，后现代性中彻底的怀疑精神致使个人意识与传统观念分裂。学者尹鸿认为："中国文化出现了自五四新文化运动以来从未有过的现象：文化脱离了政治教化、启蒙主义、批判现实的传统，完全变成了一种娱乐手段，降格为一种游戏规则，有时甚至变成了一种赤裸裸的赚钱方式。"② 学者尝试在传统和现代的交织中突破五四启蒙运动一元模式的研究框架，注重后现代性与启蒙话语

① 吴育林等：《当代中国价值问题与价值重构》，人民出版社，2014，第377页。
② 尹鸿：《告别了普罗米修斯之后——后现代语境中的中国电影》，王岳川主编《中国后现代话语》，中山大学出版社，2004，第368—369页。

的对比研究，以不同的学术理路、知识结构等研究五四精神的当代价值。学者王治河把欧洲高扬理性的思想运动和中国呼唤民主、科学的五四运动称为"第一次启蒙"，他认为："第一次启蒙对科学的过分崇拜是与对理性的过分迷恋不可分的。正是第一次启蒙的上述局限导致了今日现代化之种种弊端。因此要超越现代化，实现从现代化向后现代化的转变，就有必要在反思第一次启蒙的基础上开展'第二次启蒙'。"① 学者阿尔蒂泽认为："所谓第二次启蒙，也就是后现代启蒙，并非对第一次启蒙（也就是现代启蒙）的全然拒斥，而是将许多或者大多数第一次启蒙的最伟大的成就'整合起来'。"

也有学者追随"后现代性"研究的潮流，试图抢占学术阐释的优先权，批判五四激进反传统的启蒙话语和五四知识分子的西方中心主义倾向。运用后现代主义的学理框架与价值取向检视与批判从五四到1980年代以现代性或现代主义为核心的文化启蒙工程。② 有学者以客观理性的学术思维辩证分析"后现代性"，反思"现代性"，创造了多元文化的新格局，为后现代性话语中五四运动的研究提供了崭新视角。学界通过多维视角剖析了在后现代性语境中，价值观标准的多元化对青年的双重影响。王岳川提出"'中国后现代'，既有西方的否定性精神素质，又具有当代中国文化变革的创新意识；既有否定价值的消解性后现代主义，又有重建价值的建构性后现代主义"，③ 强调了中国接纳后现代性的必然性和必要性。后现代性的一个重要贡献是促使人们对现代性中人与自然、人与人关系的省察。在人与人的关系上，摈弃五四运动激进的个人主义，强调自由的社会维度。

总体而言，五四运动在百年流变中，革命、现代、后现代三重维度交互作用下的五四运动话语体系表达了多维视角的五四形象，以及多种社会思潮的嬗变与交织，构成了多元价值观共存的场域，引发了价值碰撞、冲突和重构。虽然三种话语模式共存，但并不是平起平坐，革命话语作为主流话语其合理性始终贯穿于历史之中，并以革命的内在逻辑转变为现代性。正如有的学者指出，革命本身包含启蒙，因为没有启蒙，革命也无法进行，

---

① 王治河：《中国的后现代化与第二次启蒙》，《马克思主义与现实》2007年第2期。
② 王岳川主编《中国后现代话语》，第162页。
③ 王岳川：《后现代后殖民主义在中国》，首都师范大学出版社，2002，第342页。

从历史来说，革命为现代化准备了条件，今日之现代化正是革命之结果，建构了五四话语研究的主流范式，即革命范式与现代化范式的结合。五四话语体系在时代更迭中不断诠释着独特的启蒙价值和历史内涵。"五四对我们来说，既是历史，也是现实；既是学术，也是精神。就像法国人不断跟1789年的法国大革命对话，跟1968年的'五月风暴'对话，中国人也需要不断地跟五四等'关键时刻'对话。这个过程，可以训练思想，积聚力量，培养历史感，以更加开阔的视野，来面对日益纷纭复杂的世界。"①

对于"五四"的疏解，不同时代有不同的话语表达，五四运动的话语在不同时代体现了不同的社会功能和时代价值，彰显了执政党的阶段性目标诉求。以五四精神重构意识形态，表露了民众主体地位的转化，凸显了时代精神由"独立、革命、解放"到"理性、竞争、合作"的过渡。五四话语的范式转换给予了经济发展、政治民主、社会进步、国际关系等新的、客观的定位，强化革命与现代化融合的双重话语。在马克思主义意识形态一元化的视域中，强调唯物史观的研究方法。坚持历史发展的普遍规律，注重五四运动话语与具体情境相结合，观照中国特色社会主义道路，辩证客观地研究和探讨多元史观下的五四话语。研究方式逐步摆脱了单一模式，合理协调政治立场与学术研究的关系，尊重学术研究的独立性，以强烈的学术思维开拓出五四研究的新格局和新维度。五四形象既是马克思辩证唯物主义方法的展现，也体现了西方近代学术源流的延续，同时蕴含了中国传统思维的模式，彰显了学理与信仰相结合、理论与实践相统一的研究路数，呈现了一种全新的、在现实关怀下的研究范式，建构了以国家政权为轴心，社会生活、政治、经济、文化等多维度相统一的整体叙述体系。

---

① 陈平原：《作为一种思想操练的五四》，北京大学出版社，2018，第148页。

礼敬五四：《台湾文化》与台湾光复初期的文化生态

赵立彬[*]

台湾光复后，一方面受到日本殖民统治长期压抑的本土文化人的思想得到释放，另一方面有来自大陆的知识分子对刚刚回到中文世界的台湾文化思潮的主导，形成了光复初期特殊的文化生态。台湾文化协进会的成立和《台湾文化》的创办，反映了在此背景下台湾文化生态的诸多变化。既往研究多从光复初期治台当局文化重建的政策或台湾知识界的文化认同来观察和阐述这一段历史，对《台湾文化》也已有比较充分的利用。[①] 其中台湾学者崔末顺特别观察到光复初期台湾知识阶层追求的文化进路，指向民主和自由的价值，《台湾文化》所标榜的民主主义原则及民众文学，承续了日据时期台湾文学的现代性和大陆的进步文学传统精神。[②] 本文试图从《台

————————

[*] 赵立彬，中山大学历史学系教授。

① 关于《台湾文化》或以《台湾文化》为主要资料来源的研究，可参阅朱双一《光复初期台湾文坛的"鲁迅风潮"——以〈前锋〉、〈和平日报〉、〈台湾文化〉等为例》，《台湾研究集刊》1999 年第 2 期；张羽《光复初期台湾知识分子文化认同问题研究——以杂志〈台湾文化〉为中心》，《台湾研究》2011 年第 1 期；何卓恩《光复初期"台湾文化协进会"宗旨与始末初探》，《兰州学刊》2016 年第 1 期；文学武《台湾战后光复初期对鲁迅的传播和研究：以〈台湾文化〉为例》，《鲁迅研究月刊》2013 年第 4 期；张羽《光复初期台湾与东北地区的文艺重建研究——以〈台湾文化〉与〈东北文艺〉为中心》，《台湾研究集刊》2015 年第 6 期；何卓恩《光复初期〈台湾文化〉与鲁迅影像三题》，《华中师范大学学报》2018 年第 2 期。

② 崔末顺：《"重建台湾、建设新中国"之路：战后初期刊物中"文化"和"交流"的意义》，《台湾文学研究学报》第 21 期，2015 年，第 39—69 页。

湾文化》所反映的这一时期台湾文化界对于"五四"的介绍和讨论，探讨时人对台湾文化发展的一般认识，以及对台湾文化乃至整个中国文化的理想，进而揭示治台当局在新复台湾推行意识形态统制时所面对的知识界基本文化生态，从一个方面阐释光复初期国民党治台失败的时代因素。

一　《台湾文化》与关于"五四"影响的讨论

光复初期的台湾文化重建事业，是由台湾本土文化精英与来自大陆的文化人士共同开创的。1946 年 6 月 16 日在台北成立的"台湾文化协进会"，几乎是囊括二者的一个社会层次最高、组织最为庞大的文化社团，由台北市市长游弥坚担任理事长，官方、民间一众知名人士担任常务理事、理事、常务监事、监事。在官方者，有公署教育处长、省党部宣传处长等；在民间者，有林献堂、连震东等知名人士。《台湾文化》是台湾文化协进会的机关杂志，创刊于 1946 年 9 月 15 日，到 1950 年 12 月 1 日终刊，主编先后为苏新、杨云萍、陈奇禄。[①] 创刊之初，编辑们有意将它办成一个"综合文化杂志"，而不是专门用以"宣传本会"的刊物。[②] 作者群体里，既有本土文化人士，也有大量在台湾甚至不在台湾的大陆文化名人。当时就有人提出，《台湾文化》的撰稿者，确实存在"外省同胞居多"的现象，编辑部表示，杂志本身并没有省界观念，"只希望能在本省文化界开辟一条新路，提高本省文化水准"。[③] "二二八事件"后，《台湾文化》的刊期受到一定的影响，但尚能保持基本的讨论范围和言论风格，只是到 1949 年 7 月出版第 5 卷第 1 期后，迫于压力，变成关于台湾研究的纯学术刊物。《台湾文化》能够在较长时期内保持较大的影响力，与台湾文化协进会组成人员兼容并包的特点是分不开的。台湾文化协进会大概属于当时被人讥讽的"在附庸风雅的大官领导之下"的文化组织。[④] 有人做了一个形象的比喻：台湾的文化组织主

---

① 有关"台湾文化协进会"和《台湾文化》基本情况的介绍，可参阅何卓恩《光复初期"台湾文化协进会"宗旨与始末初探》，《兰州学刊》2016 年第 1 期；秦贤次《〈台湾文化〉复刻说明》，《台湾文化》复刻版，台北，传文文化事业有限公司，出版时间未注明，约为 1990 年代后期。

② 《后记》，《台湾文化》第 1 卷第 1 期，1946 年 9 月 15 日，第 32 页。

③ 《编辑后记》，《台湾文化》第 2 卷第 2 期，1947 年 2 月 5 日，第 20 页。

④ 梦周：《台湾有文化吗？》，《台湾日报》1947 年 2 月 12 日，"台风"。

要有四个，行政长官公署的"文化委员会"是"哥哥"，省党部的"文化运动委员会"是"姊姊"，"台湾文艺社"是"妹妹"，而半官半民的"台湾文化协进会"是"干儿"，因为该会干部中有不少教育处长、市长、图书馆长、博物馆长、公署参议等具有官职的人。不过评论者也同时指出，虽然各有特点，四个文化组织能做的事情，也都"五分五分"（闽南话中表示"彼此彼此""差不多"的意思）。① 光复之初，大量大陆文化人来到台湾，有的原本属台籍而长期在祖国大陆工作，有的则完全为大陆较为开明和左倾的文化名人，其中即使因追随陈仪前来参加接收工作的人士，也多持开明思想，与国民党专制思想有一定距离，省籍或者来自何处，确实不是划分文化人士的主要依据。

《台湾文化》关注台湾文化和教育重建的问题，发表过许多关于文化思潮和专门文化问题的议论，介绍了不少中外著名文化人士，其中的"文化动态"和"本省文化消息"等专栏也留存了许多珍贵史料。而关于五四对台湾影响的讨论，也成为其中一个引人注目的方面。早在《台湾文化》创刊前六年，专门关注台湾历史的杨云萍就在为好友李献璋编《台湾小说选》一书所作的序言中提出，台湾也曾经历"一番热烈真挚的新文学运动"，并指出它与祖国大陆新文化运动的关系。② 这本《台湾小说选》因日本当局的禁止，未能出版。杨云萍在台湾光复后成为《台湾文化》的主要撰稿人（第2卷起担任主编），因而这篇序言在光复后发表于《台湾文化》创刊号上，当然时过境迁，文字已有较多修改。文中说：

> 台湾的新文学运动，是受了中国（大陆）的新文学运动的运动与成就所影响、所促进，虽然台湾当时还在日本的统治下。只是当然要保持了多少的台湾的特色。③

这番言论自然是与当时台湾与祖国大陆的新文化运动缺乏关联的看法

---

① 差不多：《五分五分》，《台湾文化》第2卷第3期，1947年3月1日，第18页。
② 杨云萍：《台湾新文学运动的回顾》，《台湾文化》第1卷第1期，1946年9月15日，第13页。
③ 杨云萍：《台湾新文学运动的回顾》，《台湾文化》第1卷第1期，1946年9月15日，第10页。

有关。1947 年 7 月，从大陆返台的台籍文人王锦江有《台湾新文学运动史料》一文，同样对"台湾过去未曾接受'五四'时代新文化运动"表示异议，并大段引用了杨云萍的文章。[①] 梦周（应为台籍文学家杨梦周，原名杨思铎）在讨论"文艺大众化"问题时，也提及了关于台湾有无受到新文化运动影响的问题：

> 关于本省是不是文艺处女地，有没有受到五四的影响等等问题，我在这里不想再提了，不过我敢断言本省的大部分人不能理解现在的文艺，甚至对于文艺不发生兴趣，却是事实的。[②]

平心而论，认为台湾文化在发展过程中与大陆毫无关系，丝毫不受影响，当然不是事实。日据时期，台湾新文学的发展受到多重因素影响，即使从日本"转口"，也能够了解到当时大陆的文化思潮走向，何况新文化运动后中国的进步文艺思想当时在日本也深受重视，也同样为台湾文化界所知晓。但是，在殖民主义统治下，台湾与大陆毕竟隔为两地，对两地直接的文化交流和思想影响不宜高估。特别是日据后期，台湾的中文创作和教育受到压制，青年一代已经失去阅读中文的能力，各方面的文化隔阂更加深厚。宋斐如后来感慨，台湾没有经历一个类似祖国大陆五四运动那样的新文化运动，他撰文写道：

> 台湾一向没有足与世界比美的文化运动，即如祖国的"五四运动"一类的活动，从没有发生过，具有世界史意义的文艺复兴运动（Renaissance）更不用说了。……只是说明应该发扬光大的台湾文化，因为日本统治者五十年的压抑与干涉，致使停滞、衰弱、走入歧途罢了。[③]

宋斐如是从"如何改进台湾文化教育"的角度来看待这一问题的，他

---

① 王锦江：《台湾新文学运动史料》，《台湾新生报》1947 年 7 月 2 日，"附刊"。
② 梦周：《文艺大众化》，《台湾文化》第 2 卷第 6 期，1947 年 9 月 1 日，第 7 页。
③ 宋斐如：《如何改进台湾文化教育》，《中国青年》（南京）复刊第 2 卷第 3 期，1948 年 3 月 25 日，第 11—12 页。

希望通过这样的分析，能够说明为什么要使台湾文化与祖国文化重新有一个"正统的接续"。① 这篇文章发表较晚，可能是看到了台湾文化界对这个问题的认识并不一致。而在此前，《台湾文化》已经有针对性地开展了对五四和新文化运动的介绍。

二　《台湾文化》对五四新文化的引介

自创刊起，《台湾文化》就有意识地介绍祖国大陆发生过的新文化运动。② 其中包括关于纪念新文化人物（主要是鲁迅）的专辑、介绍祖国新文化运动的专论，也包括在一些文章里讨论或者提及五四新文化运动。

《台湾文化》的主要撰稿人之一杜容之，在创刊号中就初步介绍了祖国大陆的五四新文化运动。他在《抗战期中我国文学》一文开篇就提到："我们要明了这时期文学的情况，必须先从'五四'我国'文艺复兴'以来新文学的发育、生长，作一简单概述。"③ 这篇文字本来是介绍中国抗战文学的，从溯源的角度介绍此前的五四新文化和新文学。他指出五四运动后"文学革命"的成果，开辟了中国新文学的大道：

> 从白话文学的基础上，平易的抒情的国民文学，新鲜的主诚的实写文学，明了的通俗的社会文学，都应时而起。……我国的新文学，已渐渐地从幼苗而壮苗开始向"文艺复兴"的大道迈步前进。④

对于五四新文化运动最全面的介绍，当数杜容之在第 2 卷第 2 期、第 3 期和第 4 期上分三次连载的《中国新文化运动的发展》。在这一篇长论中，

① 宋斐如：《如何改进台湾文化教育》，《中国青年》（南京）复刊第 2 卷第 3 期，1948 年 3 月 25 日，第 12 页。

② 在光复后台湾期刊创办的热潮中，《台湾文化》是创刊时间较晚的。在《台湾文化》之前，已有各种报刊介绍五四运动和新文化运动。目前所知较早专题介绍五四运动的，有《五四运动》，《时潮》第 1 卷第 1 期，1945 年 12 月，转引自黄美娥《战后初期台湾文学新秩序的生成与重构："光复元年"——以本省人士在台出版的数种杂志为观察对象》，杨彦杰主编《光复初期台湾的社会与文化》，福建教育出版社，2011，第 294 页。

③ 杜容之：《抗战期中我国文学》，《台湾文化》第 1 卷第 1 期，1946 年 9 月 15 日，第 5 页。

④ 杜容之：《抗战期中我国文学》，《台湾文化》第 1 卷第 1 期，1946 年 9 月 15 日，第 5 页。

作者对中国受西方文化影响以来发生的文化变迁和文化运动给予了高度的评价：

> 所谓新文化运动，是我国近代文化受西洋文化影响，而产生的新的、非传统的、反抗保守的文化运动。从这文化运动的勃兴激成一个巨浪，不但把我国近代学术思想，翻然一变，突破传统保守的旧文化堡垒，而追踪前进的世界新文化，并且对于国运历史均引起变化。所以，它是我国历史上划时代的转变，实有研讨介绍的必要。[1]

杜容之介绍的中国新文化运动，是一个广义的文化过程。他的介绍从基督教大规模传入中国开始算起，先介绍了西方传教士翻译西书、建立学校等事迹，再依时序介绍了洋务运动、革命文化、维新运动，对孙中山、梁启超等人思想主张的意义给予了重视。而五四新文化运动是杜容之介绍的重点。他高度评价陈独秀"彻底反抗儒教思想，得到进步的知识阶级共感，予以很大刺激"，并且指出"这种批判的根据，是站在民主主义的自由思想的立场，故对儒家中庸思想、道德观念、政治学说批判得十分苛酷，但这在思想革命中，是必然经过的途程"。[2] 杜容之还详细介绍了胡适和陈独秀对于文学革命的贡献，又特别提到了鲁迅《狂人日记》在文学史上的地位和《新青年》之后各种白话文期刊成为"传布新文学的主要机关"。[3] 在杜容之的认知中，有一个从"思想革命"到"文学革命"，再进一步到"学术革命"的逻辑。在"学术革命"阶段，他对于新文化运动后胡适的"整理国故"运动给予很高的评价，并对其中包含的"科学"意义十分重视。作者在对这一新文化运动过程的分析中说：

> 思想革命和文学革命假如是站在民主主义的立场，那么学术革命

---

[1] 杜容之：《中国新文化运动的发展（上）》，《台湾文化》第 2 卷第 2 期，1947 年 2 月 5 日，第 1 页。

[2] 杜容之：《中国新文化运动的发展（中）》，《台湾文化》第 2 卷第 3 期，1947 年 3 月 1 日，第 10 页。

[3] 杜容之：《中国新文化运动的发展（中）》，《台湾文化》第 2 卷第 3 期，1947 年 3 月 1 日，第 10 页。

是站在科学立场上的。可是，这科学立场，因为胡适一派领导，所以也就是美国实用主义哲学者杜威的哲学应用于我国而已，因为胡适是杜威学说的信仰者。①

作为对广义的中国新文化运动的完整介绍，杜容之在最后的篇幅中还介绍了五四之后的"社会主义文化运动""民族主义文化运动""本位文化运动""新启蒙运动"等后续的发展。② 总之，这篇文章较为系统地介绍了近代中国文化的基本走向，也能够看出介绍者的基本立场。

光复后的几年里，在大陆来台人士的带动下，鲁迅得到了特别的宣传和尊崇。《台湾文化》有大量的文章纪念和宣传鲁迅，除第 1 卷第 2 期为《鲁迅逝世十周年特辑》外，在各期上也多见与鲁迅相关的介绍和研究文章。③ 这当然与鲁迅的挚友、《台湾文化》的重要撰稿人许寿裳有密切的关系。他的多篇文章赞扬鲁迅"道德的"、"科学的"、"艺术的""战斗精神"。④ 杨云萍则指出台湾在 1920 年代的"启蒙运动"受到鲁迅的影响最大。⑤ 新创造社的黄荣灿是受过鲁迅指导的木刻家，他颂扬鲁迅是光复后台湾文化重建之时所需要的先知，指出"这初生的文化感到了需要他，因为今天新文化事业需要很多的支持和推进的预知者、先觉者啊！"⑥ 重要的是，除了这些宣传者所强调的鲁迅作为"祖国文化的代表"，作为具有战斗精神的思想者以外，他还被赋予一种"新文化"的启蒙意义。许寿裳和各位宣

① 杜容之：《中国新文化运动的发展（中）》，《台湾文化》第 2 卷第 3 期，1947 年 3 月 1 日，第 11 页。
② 杜容之：《中国新文化运动的发展（下）》，《台湾文化》第 2 卷第 4 期，1947 年 7 月 1 日，第 18—20 页。因"二二八事件"的影响，《台湾文化》第 2 卷第 4 期延期到 1947 年 7 月方才出刊。
③ 关于光复初期鲁迅在台湾的传播，学术界研究较多，可参阅朱双一《光复初期台湾文坛的"鲁迅风潮"——以〈前锋〉、〈和平日报〉、〈台湾文化〉等为例》，《台湾研究集刊》1999 年第 2 期；徐纪阳《"鲁迅传统"的对接与错位——论光复初期鲁迅在台传播的若干文化问题》，《安徽大学学报》2011 年第 6 期；文学武《台湾战后光复初期对鲁迅的传播和研究：以〈台湾文化〉为例》，《鲁迅研究月刊》2013 年第 4 期；何卓恩《光复初期〈台湾文化〉与鲁迅影像三题》，《华中师范大学学报》2018 年第 2 期。
④ 许寿裳：《鲁迅的精神》，《台湾文化》第 1 卷第 2 期，1946 年 11 月 1 日，第 2—4 页。
⑤ 杨云萍：《纪念鲁迅》，《台湾文化》第 1 卷第 2 期，1946 年 11 月 1 日，第 1 页。
⑥ 黄荣灿：《他是中国的第一位新思想家》，《台湾文化》第 1 卷第 2 期，1946 年 11 月 1 日，第 1 页。

传者的上述诸文，积极鼓吹和宣传鲁迅所秉持的正是五四新文化运动的
"民主"与"科学"。在许寿裳的另一篇文章中，鲁迅的新文化启蒙意义表
述得更为明确：

> 我们想我们台湾也需要有一个新的五四运动，把以往所受的日本
> 遗毒全部肃清，同时提倡民主，发扬科学，于五四时代的运动目标之
> 外，还是要提倡实践道德，发扬民族主义。①

三　对"民主""科学"的礼敬与接续

无论是引介、宣传五四，还是主张台湾也需要一场新文化运动，论者
所指向的是对五四新文化的"民主"与"科学"精神的继承与倡导。从官
方的立场看，光复后台湾的文化重建需要符合国民党官方意识形态的三民
主义，但在当时的文化人士那里，"三民主义"往往只是一种口号式的套
用，"民主""科学"的新文化精神才是实际内容。《台湾文化》创刊时，
以台湾文化协进会理事长、台北市市长游弥坚的名义发表的代发刊词《文
协的使命》，据研究者秦贤次判断，可能是第 1 卷主编苏新所撰。② 如果此
事属实，倒确能映证这一倾向。此文虽将落脚点放在"三民主义"上，
强调：

> 从五十年解放出来的台湾，自然对新文化的需求格外的大，格外
> 的深切。我们的国家是三民主义的国家，今后的世界应该是三民主义
> 的世界，所以我们所需要的新文化，也应该是三民主义的文化。三民
> 主义文化是什么？这是新生的台湾迫切所要求的文化，也是新中国所
> 需要的文化。③

---

① 许寿裳：《台湾需要一个新的五四运动》，《台湾新生报》1947 年 5 月 4 日，"桥"副刊。
② 秦贤次：《〈台湾文化〉复刻说明》，《台湾文化》复刻版，第 2 页。
③ 游弥坚：《文协的使命》，《台湾文化》第 1 卷第 1 期，1946 年 9 月 15 日，第 1 页。

但就通篇而言,更多的是反映光复后台湾文化界对于"新的文化"的强烈渴求。文中说:

> 新世界构成新观念,同时也要用新观念来构成新世界。从五十年的被压迫生活,忽然变为自主独立的生活,民族解放斗争的情流,也要改造向建国立业的大道进行。……新世界需要新文化,用新文化来培养新观念,用新观念来改造客观的世界——造出新世界。在这个原则下,从五十年解放出来的台湾,自然对新文化的需求格外的大,格外的深切。①

从中可以看出,虽然文化人也套用"建设三民主义的新文化"一类口号,但实际较多取的是三民主义中的"民主"和符合国民党意识形态的"科学"。即使是游弥坚担任理事长的台湾文化协进会,在其成立宣言中也特别提到了,"现在,民主的洪流,澎湃着全世界。新的文化的建设,为整个人类的努力的目标"。最后提出的口号是:"建设民主的台湾新文化!建设科学的新台湾!肃清日寇时代的文化的遗毒!三民主义文化万岁!"②

这一现象是与当时台湾文化人在光复后对于现实的理想相吻合的。台湾光复之后的一段时间内,基于摆脱日本殖民统治后的思想解放和政治参与热情,又与战后国际民主化和国内准备实施"宪政"的有利形势配合,文化人士有意选择了祖国文化中具有进步意义的思想观念。在前述杜容之《抗战期中我国文学》中,有一段话颇能说明问题:

> 基于世界民主潮流的演进,中国政治必须真正的民主化,蒋主席在胜利后第一届双十节时,重声保障人民言论、结社等四大自由,并放弃新闻、出版、邮电等检查,这种鲜明的措施,确是使久被检查制度所摧残的文学者,感恩不浅,但就希望能及早完全实现。③

---

① 游弥坚:《文协的使命》,《台湾文化》第 1 卷第 1 期,1946 年 9 月 15 日,第 1 页。
② 《本会的记录》,《台湾文化》第 1 卷第 1 期,1946 年 9 月 15 日,第 28 页。
③ 杜容之:《抗战期中我国文学》,《台湾文化》第 1 卷第 1 期,1946 年 9 月 15 日,第 9 页。

　　通过舆论，不仅在《台湾文化》，同时也在各种报刊上发表了大量倡导发扬"民主""科学"的言论。[①]　与"民主"意义一致，在文艺和文学领域，有论者提出了"文艺大众化"，作为台湾文艺发展的出路。这一观点承袭了祖国大陆自新文化运动，特别是1930年代初对于"文艺大众化"的热烈讨论以来，关于文艺从内容和表现形式上都要更接近民众的进步主张，而在当时的台湾，更具有从起点上引导文化界的意义。杨梦周已观察到，当时台湾民众对中文的文艺作品不感兴趣，他指出的改进办法是："为了扩大新文艺的领域，就只有文艺大众化的一条道路可以走了。"[②]　如何做到"大众化"，他指出，在形式上，"必须用活人的话去写，使作品接近口语，尽量避免欧化，渐进地介绍新术语进去。文言的生涩字眼、滑头的新文艺腔、无用的装饰的词藻，却要肃清。浅显易懂是它的目标"；在内容上，"思想必须前进，题材要向广大的社会里去发掘，牛角尖不能再钻了，和时代的呼声相应答，为人民的苦难而呐喊"。[③]　结合作者在文中反复引用鲁迅的主张，便不难理解其所主张的文艺"大众化"的基本倾向（其实从他为自己起的笔名"梦周"，已可知其对鲁迅的崇敬）。考虑到光复之初，对于台湾文化人而言，中文白话文创作的恢复比文言文创作更难，如何发展白话文、口语化和"大众化"的文学，发展贴近民众生活的文学，对于台湾文学的成长，具有相当的紧迫性。20多年前祖国大陆文化上所遇到的问题和新文化运动中对白话文的激烈主张，反而在此时的台湾显得格外具有针对性。《台湾文化》杂志本身也十分关注"大众化"这一倾向，当遇到有人批评他们"月月唱高调，发表出来的东西，与一般大众多没有关系"时，杂志编辑积极表示虚心接受，"一定向与大众有关方面搜集材料，同时希望大家更加注意民众的生活，大家要向民众学习，因为将来一切的文化是民

---

①　当时有影响力的主要杂志都有文章宣扬民主政治和提倡科学精神，有些观念是因应全国范围内的政治民主化浪潮，但当各文纷纷将"民主"和"科学"并称，提倡"民主和科学的精神"时，五四新文化的影响也不难显现了。参阅邵冲霄《现代中国与现代中国人》，《现代周刊》（台北）第1卷第1期，1945年12月10日，第5—6页；张国键《新年·新政·新人》，《现代周刊》（台北）第1卷第4期，1946年1月1日，第4页；张禹（王思翔）《现阶段台湾文化的特质》，《新知识》（台中）第1期，1946年8月15日，第2—8页。在在皆是，不胜枚举。

②　梦周：《文艺大众化》，《台湾文化》第2卷第6期，1947年9月1日，第7页。

③　梦周：《文艺大众化》，《台湾文化》第2卷第6期，1947年9月1日，第9页。

众的"。①

日据时期，台湾被隔离在祖国大陆的五四运动这一重大事件之外，而在光复之初，能够与祖国大陆联系在一起的事件，自然受到特别的关注。北平发生沈崇事件，引起全国性抗议浪潮。1947 年 1 月 9 日，台北各校学生数千人为抗议美军在中国的暴行而游行示威。这一事件，《台湾文化》的重要撰稿人、文学家雷石榆在盛赞"创造了'五四'光荣历史的策源地的学生们（指北平学生——引者注），不能不首先怒发冲冠"的同时，又评价"虽隔一衣带水般的孤岛上的台湾学生"的行为，"是本省光复以来（也可说是有史以来）第一次'五四'精神的表现"。② 以五四精神来联系光复后的台湾青年，虽不多见，却深刻反映了文化人此时的某种情怀。

所有种种，可以看到"礼敬五四"的目的，就是希望在光复后的台湾，将五四的"科学""民主"精神接续起来，既为台湾的文化重建开一新路，也为继承和弘扬五四精神寻找一个新的空间。

四　结论

台湾文化重建的关键，在台湾当局看来，就是期望能够以国民党意识形态为主导，将大陆已经实践多年的思想统制模式移植到台湾，并将官方意识形态转化为全社会的意识形态，这也是治台当局很自然的立场和最易想到的途径。国民党台湾省执委兼宣传处长林紫贵指出："台湾的重建，需要台湾的文化，首先能够返回祖国文化的范畴之内，特别一切言语、文字、美术、文学、风俗、习惯，必须与祖国合流，必须全民族一致。"③ 吊诡的是，这种合流却没有与当时已经高度意识形态化的国民党主流文化一致，而是接续了祖国大陆 20 多年前的五四新文化：追求民主、自由，崇尚战斗、反抗，主张大众化的文化思潮，清新而富于理想主义。即使在"一党专政"的现实下，人们并不能从根本上突破"三民主义化"的话语体系，但实质内容和倾向已与当时大陆国民党统治区构成强烈对比。光复后台湾知识界

---

① 《编辑后记》，《台湾文化》第 2 卷第 2 期，1947 年 2 月 5 日，第 20 页。
② 雷石榆：《随想》，《台湾文化》第 2 卷第 3 期，1947 年 3 月 1 日，第 19 页。
③ 林紫贵：《重建台湾文化》，《台湾文化》第 1 卷第 1 期，1946 年 9 月 15 日，第 17 页。

自由民主的文化生态与当时国民党统治下大陆的思想文化统制格局形成明显的"时代差",造成官与民、政治与社会、官僚当局与知识界扞挌不入的局面。

如果回顾国民党在大陆推行党化、建构意识形态统制的历史,可以看到,在国民党建政之初,因时代上靠近五四时期,这些政策并不易获得知识界普遍和真心的迎取,尽管当时国民党的意识形态统制工作尚不那么跋扈颟顸(1920年代末以胡适为代表的自由派知识分子与国民党的关系即为一例)。自1930年代起,国民党通过各种手段持续强化意识形态统制,逐步取得成绩。特别是进入全面抗战以后,民族危机之下,国民党对知识界思想上的控制反而加强。可是随着这一方面工作的收效,国民党推广意识形态工作的水平和能力却每况愈下。国民党当局或许没有自觉,在大陆从1930年代中期就"从五四运动说到一十宣言",[①] "从五四运动说到新生活运动",[②] 似乎五四早就"过去了",被官方文化意识形态整合了、超越了,这或许为某些思想文化领域主政者的自信和自喜。而在光复初期的台湾,竟然还能够造成一种"礼敬五四"的社会思潮。国民党当局凭借1940年代后日益僵化的意识形态统制手段,仅靠政治、军事上的强势和所谓的接收优越感,来应对追求民主、自由、科学、大众化的台湾知识界,其意识形态统制工作的效果不能不受到这种"时代差"的严重影响。当然,悲剧绝不会仅仅停留在思想层面。

---

① 许性初:《从五四运动说到"一十宣言"》,《文化建设》第1卷第5期,1935年2月10日,第31—34页。

② 林炳康:《从五四运动说到新生活运动》,《前进半月刊》创刊号,1936年10月31日,第5—9页。

台湾《中国论坛》半月刊的五四纪念考察[*]

何卓恩　曾子恒[**]

五四运动本来标识的是 1919 年 5 月 4 日北京各大学学生保卫青岛的街头爱国行动，但因行动的持续和深入，拓展为高扬"民主与科学"的现代文化大运动，[①] 成为知识分子的近代经典启蒙话语，不断被后人提起、研究和纪念，甚或将其作为精神资源和文化符号，来发起新的思想文化运动。即使与大陆长期分隔的台湾，对五四的纪念和阐发也不时出现热潮。在一些重要的历史时段，"每年一近五月四日……知识圈总会掀起一连串的撰文、演讲、座谈纪念'五四'的热潮"，[②] "……各大报均以相当的篇幅，来纪念五四，大学校园内也有不少应景的演讲、活动"。[③]

台湾地区知识分子对五四的纪念性论述，始于 1920 年代的日据时期，主要是《台湾民报》等刊物通过借鉴五四新文学来开展台湾新文化运动，后来受阻于殖民者的"皇民化运动"；光复以后，曾先后兴起《台湾文化》

---

* 本文系 2014 年国家社会科学基金项目"台湾党外运动舆论刊物的'国家'论述研究"（14BZS033）阶段性成果。

** 何卓恩，华中师范大学中国近代史研究所研究员；曾子恒，华中师范大学中国近代史研究所研究生。

① 参阅桑兵《"新文化运动"的缘起》（《澳门理工学报》2015 年第 4 期）和罗志田《体相和个性：以五四为标识的新文化运动再认识》（《近代史研究》2017 年第 3 期）。两文对新文化运动与五四运动的关系解释各异，但都认可新文化运动是在五四运动推动下形成声势和得以命名的。

② 社论：《从"五四"谈起》，《中国论坛》第 8 卷第 3 期，1979 年 5 月 10 日。

③ 李振森：《纪念五四的沉思》，《中国论坛》第 26 卷第 4 期，1988 年 5 月 25 日，第 67 页。

对以鲁迅为标志的五四文学的纪念和《自由中国》对以胡适为标志的五四
思想的纪念，但都因国民党的打压而销声匿迹；到了 1970 年代初，青年学
生曾揭橥五四运动的旗帜和口号发起"保钓运动"，知识精英也通过《大学
杂志》表达对五四爱国精神和民主、科学精神之礼赞，揭开了台湾社会转
型的序幕。《大学杂志》不久分裂，主流知识精英集中到联合报系言论刊物
《中国论坛》，承其余绪而发扬光大。这份半月刊创刊于 1975 年 10 月 10 日，
停刊于 1990 年底，[①] 几乎贯穿台湾社会大转型的整个时期，其五四纪念论
述折射出转型时期的台湾社会面貌。

在某种意义上，《台湾民报》、《台湾文化》、《自由中国》、《大学杂志》
及其承继者《中国论坛》代表了台湾地区五四论述的四个时代，即日据时
期、光复初期、国民党威权时期和社会转型时期知识分子的五四认知。鉴
于前三个时期的五四论述已有一些研究成果，[②] 而社会转型时期知识分子的
五四论述鲜有考察，本文拟以《中国论坛》的五四纪念论述为对象，[③] 考察
这一时期台湾知识分子之五四文化符号所体现的属性和特点。

一　《中国论坛》纪念五四的进程

大体言之，《中国论坛》的五四纪念经历了一个论题由隐而显、规模由
点到面、指向由外到内的过程，这与时代变化的节奏密切相关。

《中国论坛》第一篇冠名"五四"的社论，是 1979 年五四纪念日发表
的《从"五四"谈起》。在此之前，五四符号都隐含在一些具体论题之中。

---

①　1990 年后知识精英独立组成的编辑委员会撤出，《联合报》以《中国论坛月刊》形式自办
两年，不再属于知识分子群体的刊物，故不列入本文考察范围。

②　研究成果如朱双一《〈台湾民报〉对五四新文学作品的介绍及其影响和作用》，《台湾研究
集刊》2008 年第 4 期；黄英哲《论战后初期"五四"在台湾的实践：许寿裳与魏建功的角
色》，《新文学史料》2010 年第 2 期；何卓恩《光复初期〈台湾文化〉与鲁迅影像三题》，
《华中师范大学学报》2018 年第 2 期；周宁等《现代思想的抉择——新儒家与自由主义之
争》，《台湾研究集刊》2008 年第 1 期；何卓恩《"五四之子"殷海光的"五四"情结与
"五四"观念》，《人文杂志》2010 年第 2 期；等等。

③　需要说明的是，在同一时期较多谈及五四话题的期刊还有《传记文学》《联合文学》等，
由于《传记文学》（创刊于 1962 年）实际上是历史学学术刊物，《联合文学》（1984 年创
刊）是纯文学刊物，都不以书生论道、言论救世为使命，故未列入本文"转型期知识分子
五四纪念"的考察范围。

如 1976 年《中国论坛》第 2 卷第 3 期的中心主题"科学精神与现代人生"，涉及五四科学观念的讨论；1977 年第 4 卷第 3 期的中心主题"当前的社会与当前的文学"，两个方面都关乎五四的重大命题。另外还有一些讨论五四内涵的单篇文章，如 1976 年 5 月第 2 卷第 3 期张之颜的《科学为何产生反理性的行为?》、第 2 卷第 4 期段昌国的《从守旧派到买办的科学发展》，1977 年 5 月第 4 卷第 3 期林毓生的《一些关于中国文化与文学的意见》，1977 年 11 月第 5 卷第 4 期叶启政的《知识份子与中国的现代化》，等等，总体而言，提及五四的文章不多。

之所以到 1979 年才出现直接将"五四"二字写进题名的文章，是因为此前五四尚未脱去政治敏感性。在国共激烈对峙的时代，一方面五四话语的主导权由中国共产党掌握，国民党不愿附和共产党而居于舆论的下风；另一方面，国民党也将中国共产党的产生归因于五四运动，加上其他政治上和思想上的反对势力每每以五四之名反对当局独裁专制，国民党很早就有意抵制纪念五四的相关活动，先是取消"五四青年节"，改为"五四文艺节"，后又将"五四文艺节"扭曲为"反共"文艺节，刻意淡化五四符号。《台湾文化》和《自由中国》揭橥五四符号都受到当局致命打击，《大学杂志》也在昙花一现后被国民党打击分化。《中国论坛》办刊群体虽然在人脉上有对《大学杂志》的承袭，而且与主办方约定言论上有自主不受干预之权，但刊物本身是依托国民党大报《联合报》而创办的，在"社会力"尚未足够成长，政治仍然垄断于国民党手中的情势下，刊物一定程度的自我约束并不奇怪。到了 1970 年代后期，形势才开始出现较大的变化。从《大学杂志》言论群体分化出来的另一支青年精英，以本省人士为主创办《台湾政论》，以此为基础，演化出声势浩大的台湾党外运动。1979 年 4 月党外人士冲破舆论管制禁区，公开创行政治反对刊物《潮流》（迅即被禁），"八十年代"系列和"美丽岛"系列的党外反对刊物也呼之欲出。大学校园内亦群情激愤，连被称作"党国学府"的政治大学，学生也发起五四纪念活动。在这种形势影响下，《中国论坛》遂由隐而显，将五四话语明确表达出来。

在此之后，"五四"标题的文章就成为《中国论坛》每年纪念五四的惯例，或社论，或专论。社论文章如《"五四"再出发——将民主制度和科学精神向中国大陆进军》（1980）、《五四前夕的省思》（1983）、《完成思想启蒙未竟之业》（1983）、《五四谈文艺工作者的使命》（1984）、《"五四"在今日的意义》（1986）等；专论如张玉法的《五四运动的历史回想》（1982）、杨维桢的《从"赛""德"先生到"义""罗"先生》（1983）、韦政通的《迈出"五四"的幽灵》（1989）等。

从社论或专论的分布看，除了1987年空缺（原因待考）外，每年都有标志性纪念论述，有时一年内出现多篇。更加引人注意的是，从1981年起，开始设置五四专题讨论，包括"五四谈文艺"（1981）、"启蒙运动在中国"（1983）、"从五四看当代文学演变"（1984）、"社会主义在中国"（1985）、"五四运动与中国知识分子"（1986）、"五四传统与台湾文学"（1988）、"'五四'课题与台湾经验"（1989）等，每个专题都有4—8篇文章参与讨论。如"'五四'课题与台湾经验"专题，包括胡佛《威权与民主之间——台湾经验的探索》、黄光国《传统与现代化：从台湾经验看五四运动》、周阳山《"五四"的民主观对当代中国政治的影响》、王晓波《论五四运动与新文化运动——一个中国民族自救运动的思想史考察》、杨国枢《"五四"前夕谈台湾的学生运动》、文崇一《社会改革：从七十年前到七十年后——五四的七十年祭》、顾燕翎《五四妇运的变迁》和韦政通《科学、民主、反传统——以"台湾经验"反省"五四"》等8篇有分量的文章。

与论述规模由点（单篇）到面（专题论文集）相呼应，在五四纪念的内容上，也隐约出现由外向内的变化。1979年的五四纪念社论主要从理念着眼，从次年起五四纪念论述开始转实；起初指向大陆，此后的五四纪念论述，虽然免不了提及全中国的情形，但专门针对大陆而立论的已不多见，大都重点指向台湾内部的政治和社会建设，发挥关注当下的建言功能。

二　"五四的理想必须肯定"

五四纪念第一个涉及的问题，是五四这个文化符号值不值得在当时的台湾被纪念。它之所以成为一个问题，不仅因为原生的五四与《中国论坛》知识分子写作时的台湾存在时空的隔离，而且也因为当时的学界已经认识到"当我们以五四之前三十年的角度来观察时，五四运动不再像是平原突起的一座山峰，而只像是绵亘山区中一座较高的山脉罢了"。①

五四与台湾的时空隔离，对于《中国论坛》作者群来说不成其为问题。这批外省籍知识分子为主的作者群，基本上都以传承和发展中国文化为使命，五四自然是不可舍弃的近代历史遗产，在他们脚下的这块"复兴基地"上，理当继往开来、发扬光大。即使到了"台独"意识泛起的1980年代末期，当舆论界大谈"台湾文化主体性"的时候，他们仍主张五四遗产的有用性，即使对"主体性"本身。有作者明确指出，欲图以"反五四文化霸权意识"的策略来定位台湾本土文化发展之历史坐标，来凸显台湾本土文化之主体性，是无效的。"台湾本土文化之主体性的确立，是要'五四'这一符号在台湾之历史处境下之意涵——不管是文化霸权支配也好，文化传承也好——所构造之结构条件下，透过历史的、社会的实践来创造的。"②

五四的纪念价值系于其历史地位。就历史地位来说，第一篇社论就直称"'五四'的历史地位多少是被膨胀了"，"太多的传记家怀着追思的幽情撰文纪念，写了太多的轶闻；太多的目睹者挟着英雄的姿态现身说法，谈了太多的壮举；太多的史学家用着犀利的眼光钻研分析，做了太多的诠释"，③以至于五四在知识分子的心目中生了根，被理解为中国历史的转折点，甚至被当成中国的文艺复兴。这些知识分子包含来到台湾的知识分子。在作者看来，五四运动无论就背景、过程还是结果说，都没有达到作为中国历史的转折点或中国的文艺复兴的高度。张玉法在《五四运动的历史回想》中说，五四只是一个仍然活现在中国人心目中的历史节日，有人认为五四是洪水猛兽，有人认为五四是中国共产党的播种机，而他从历史学家的角度平实地描述，五四运动"是一些爱国的青年学生，遇到国家受到外来的欺侮，气愤填膺，读不下书，离开教室，到街上奔走呼号，表示对国家的一份关切"。"其实五四什么种都播过，只是有的种没发芽，有的种发了芽没有好好培育，有的芽长大之后被锄掉了，有的芽茁壮之后又枯萎了。中共是在五四以后才发芽的一颗种子。"④五四运动本身不应当依意识形态被贴上特别的标签。"历史的了解须依赖严格的史学工作，不可受任何特殊

---

① 社论：《从"五四"谈起》，《中国论坛》第8卷第3期，1979年5月10日。
② 杭之：《主体性是实践的创造》，《中国论坛》第28卷第3期，1989年5月10日，第1页。
③ 社论：《从"五四"谈起》，《中国论坛》第8卷第3期，1979年5月10日。
④ 张玉法：《五四运动的历史回想》，《中国论坛》第14卷第4期，1983年5月25日，第5页。

意识形态所左右。"①

　　尽管如此，他们认为五四仍然是值得纪念的，至少是在反省和借鉴的意义上。"我们自然不宜一再地以朝圣式的膜拜心理来强化'五四'的历史地位，而应当以批判性的反省精神来重估'五四'的时代意义，以为当前知识分子肯定其努力方向的借镜。"② 他们提出，"'五四'的理想必须肯定，'五四'的心态必须纠正，'五四'的复杂而又分歧的影响，必须经由学术的立场予以彻底的厘清"。③

　　五四该肯定的理想究竟是什么？五四精神或五四意义究竟何在？对于这一点，各种纪念文字有着基本的共识，那便是"科学与民主"。民主与科学"是救中国的道路"，"是中国现代化的康庄大道"，"是重振中华文明的最有效手段"，有利于"消弭中国历代内乱的源泉"和创造"空前的高生活程度与社会繁荣"，④ 但具体表述的侧重点各有特色。

　　有的表述为"民主的制度和科学的精神"，认为"五四运动给中国带来了两样绝对有用也绝对需要的事物，那就是民主的制度和科学的精神"。⑤有的将其与"民族觉醒"、"爱国"或"社会关怀"联系起来，认为"五四的理想是可以肯定的，主张（如科学、民主与民族觉醒）是应当秉承的"。⑥"今天来纪念五四，应该少论五四的功过，多论五四的历史意义。五四的历史意义是什么？第一，青年人关切国是的言行应该给予肯定的价值；第二，知识分子关切社会大众的努力应该给予肯定的价值；第三，为改良国家现状所做的学术思想探索应该给予肯定的价值。这些价值的肯定，应该是普遍的，不应因为在朝或在野、在此党或在彼党，而有所不同。"⑦ 有的则将其定位于"个人解放"，称"如果五四运动（尤其在文化层面）被定位为中国的'文艺复兴'或'启蒙运动'，则确立人本身的价值以及以怀疑的理性

　　① 社论：《"五四"在今日的意义》，《中国论坛》第 22 卷第 3 期，1983 年 5 月 25 日。
　　② 社论：《从"五四"谈起》，《中国论坛》第 8 卷第 3 期，1979 年 5 月 10 日。
　　③ 社论：《"五四"在今日的意义》，《中国论坛》第 22 卷第 3 期，1983 年 5 月 25 日。
　　④ 社论：《五四前夕的省思》，《中国论坛》第 16 卷第 2 期，1983 年 4 月 25 日。
　　⑤ 社论：《五四再出发——将民主制度和科学精神向中国大陆进军》，《中国论坛》第 10 卷第 3 期，1980 年 5 月 10 日。
　　⑥ 社论：《从"五四"谈起》，《中国论坛》第 8 卷第 3 期，1979 年 5 月 10 日。
　　⑦ 张玉法：《五四运动的历史回想》，《中国论坛》第 14 卷第 4 期，1983 年 5 月 25 日，第 5 页。

'解除世界的魔咒'，追求个人的解放，无疑是其主要的意义所在"。① 还有的将民主与科学和"现代化"相关联，强调"五月四日所引发的民主科学运动，是中国现代化的伟大标志。它成了中国人的一种信仰，一种追求的目标——中国必须现代化，必须达成现代化。五四运动对中国现代化的启蒙，便演变成历史发展的法则了。中国人都深信，这就是中国的道路"。"五四运动已成为中国人追求现代化延伸不断的运动，五四精神已升华为中国人追求现代化的精神，不可抗拒压抑的信念。"②

这些界定中，无论具体化为"民主的制度和科学的精神"，还是向外与"爱国""民族觉醒""社会关怀"相联系，向内与"人的价值""个人解放"相结合，都曾被论述，且有众多的认同者。比较值得注意的是将"现代化"的概念引入对五四精神的阐释，并将知识分子视为推动力量。这显然与《中国论坛》的定位有一定关系。在1975年的创刊号上，他们就宣布："我们的抱负是：结合海内外知识分子，大家共同奋斗。知识分子是社会的中坚，也是带动国家社会现代化的基本力量。知识分子一贯的在中国现代化革命中，扮演着重要的角色。"③

在对五四精神和意义同中见异、各显侧重的理解之下，《中国论坛》五四纪念的重点论述放在了在当下的台湾社会如何落实。

落实五四精神与意义，他们认为关键在于实际推动民主与科学的实现。"我们在台湾致力民主与科学的发展，既然一方面获得过去任何时期、任何其他路线与试验所无的进步与成就；另一方面又体会到民主与科学不断升高与开展的要求与压力。那么，我们就应该鼓起更大的勇气，以更恢宏的胸襟，更识时务的明智，来放手推展民主与科学的现代化。"④

落实民主与科学，先要解决态度和方式问题。《中国论坛》的不少作者都认为，五四运动的激情和浪漫不足以落实五四的目标。"他们用来肯定主张的态度是浪漫的，用来实现理想的方式是草率的，五四时代的领导知识分子是倾向于激情而近乎冲动的，这些都不是今日的我们所应当持有的。"单纯的激情容易使思想丧失理性的约束，流于意气相争，唯有冷静地检讨外

① 李振森：《纪念五四的沉思》，《中国论坛》第26卷第4期，1988年5月25日，第67页。
② 社论：《五四前夕的省思》，《中国论坛》第16卷第2期，1983年4月25日。
③ 《我们的抱负和希望——代发刊词》，《中国论坛》第1卷第1期，1975年10月10日。
④ 社论：《五四前夕的省思》，《中国论坛》第16卷第2期，1983年4月25日。

来的观念，审视本土的环境，付诸创造性的思想和实践，理想才有实现的可能。在他们看来，这个时代需要的更多是理智，将关怀社会的热情体现在负责任的冷思考和稳着力之中。"假若今日我们还需要有什么运动的话，那将不只是情绪性的社会群众运动，而是冷静的学术生根和恪守岗位的运动。"①

在《中国论坛》的五四纪念中，对科学在台湾如何落实的讨论没有想象中那样丰富，大体上他们认为这在台湾不是太突出的课题。"在台湾这三十多年来，科学主义早经学术性的澄清，虽仍有科学如何生根的问题存在，但基础教育已不断改进，基本科学的研究也有进步，其重要性被肯定早已不成问题。"② 科学是实实在在的学术研究、知识传承和产业技术转化，在这一点上，即使在国民党威权统治时代，也有比较有效的努力，专业化逐渐受到重视，不论是自然、社会领域，还是人文领域，受现代知识专业训练的人才日多，也日见成果，早已超越了五四时代宗教式的科学主义情怀。这方面需要改进的是如何使科学在台湾生根，尤其是基础科学研究的加强和研究环境的改善。韦政通指出了一些具体的表现，如"近二十年来台湾这方面一直有进步，但至今能独立从事科研的高级人才，仍多依赖国外的教育，用于基础科学的经费仍然偏低"；又如"技术上对国外的长期依赖，使近年来一直推动的由劳力密集转型为技术密集的过程，遭遇相当大的困难"；而影响最深远的一个因素，则是升学主义主导下中学教育被扭曲而趋于僵化，"青少年在教育的过程中是否能发挥他们研究科学的潜能，台湾在这方面问题相当严重"。③ 这些问题需要台湾当局和社会配合共同解决。其中，学者和知识青年"熬苦求学"，发挥"为学术而学术"的精神，至为关键。唯其如此，才能真正"迈出五四的幽灵"。④

三　"五四的心态必须纠正"

《中国论坛》在提出"五四的理想必须肯定"的同时，也提出"五四的

① 社论：《从"五四"谈起》，《中国论坛》第 8 卷第 3 期，1979 年 5 月 10 日。
② 社论：《"五四"在今日的意义》，《中国论坛》第 22 卷第 3 期，1983 年 5 月 25 日。
③ 韦政通：《科学、民主、反传统——以"台湾经验"反省"五四"》，《中国论坛》第 28 卷第 3 期，1989 年 5 月 10 日，第 57 页。
④ 韦政通：《迈出五四的幽灵》，《中国论坛》第 28 卷第 3 期，1989 年 5 月 10 日，第 4 页。

心态必须纠正"。在落实五四精神的纪念论述中，不难注意到他们对五四时代科学主义心态、解放式民主心态的反省和纠正，而更具整体性反省和纠正的，则是五四运动"全盘反传统主义"。

第 22 卷第 3 期社论《"五四"在今日的意义》明确指出：五四心态最为人所诟病的，是反传统，有的学者称之为"全盘性反传统主义"。激烈反传统，是浪漫主义的，它的另一边主张全盘西化，也属于浪漫主义。① 杨维桢运用当局三民主义的解释模式，以"义"来代表传统伦理价值，认为其不应该被忽视。他说："我们的……基础在于三民主义，而民族、民权、民生三主义的本质分别对应于'伦理'、'民主'、'科学'，成为我们追求的目标，但五四以来但见'德'先生、'赛'先生受到重视，提到'义'先生（伦理，Ethics）的人不多，力行的更少，使得我们从'赛''德'两先生得来的礼物打了许多折扣。民主政治缺乏伦理的约束，则掌权的人为保护既得利益，往往官官相护、玩法弄术以巩固权力基础，对于制度规章、纪律之维护不免松懈，容易形成贪污营私之温床。提倡科学、讲实际、重效率和效益，有助于改善生活和物质享受。但缺乏伦理之灌溉，会使功利主义、现实主义抬头，吞噬了公德心、公益心，也使吃苦耐劳的习性逐渐消失，出现不择手段只求财富与私利的社会。"②

黄光国在他反省五四的文章中，对传统与现代化的关系进行了很系统的说明。他说，五四新文化运动的主题虽然是在引介西方文化，然而许多知识精英同时也猛烈抨击中国的旧文化传统。"他们把'新文化'和'旧传统'看做是互不相容的两撅，认为要提倡'新文化'，一定要打倒'旧传统'，对传统作全盘的否定，而形成林毓生所谓的'整体性的反传统主义'（totalistic iconoclasm）。然而，'新文化'和'旧传统'是不是真的水火不容？提倡'新文化'是不是真的非要打倒'旧传统'不可？在纪念五四运动七十周年的今日，在中国仍然努力地在找寻现代化道路的今日，这是十分值得吾人深思的问题。"③

---

① 社论：《"五四"在今日的意义》，《中国论坛》第 22 卷第 3 期，1983 年 5 月 25 日。
② 杨维桢：《从"赛""德"先生到"义""罗"先生》，《中国论坛》第 16 卷第 3 期，1983 年 5 月 10 日。
③ 黄光国：《传统与现代化：从台湾经验看五四运动》，《中国论坛》第 28 卷第 3 期，1989 年 5 月 10 日，第 11 页。

他注意到传统和现代化之间的关系，台湾思想界也经历了一个探索过程。在 1950 年代，以殷海光为代表的知识分子"跟着五四的脚步前进"，大体延续五四知识分子的看法，在《自由中国》半月刊发表了不少反传统的意见。受其影响，1960 年代以李敖为首的青年知识分子一度以《文星》杂志为阵地展开对传统派的"中西文化论战"。但随后风气转变，就在论战落幕不久的 1966 年，金耀基出版《从传统到现代》一书，以社会学的知识为基础，检讨中国传统文化与社会现代化的问题；到 1970 年代，杨国枢等心理学、社会学、经济学、哲学学者尝试用西方行为科学的实证方法研究现代化问题，考察现代化与传统的关系，出版《中国人的性格》等"科际整合"的论著；1980 年代，杨国枢和文崇一等人又发起"社会及行为科学研究的中国化"运动，促使更多的社会科学家从中国文化角度思考"传统与现代化"之间的关系，生成了更多有深度的论著。

黄光国以自己的论著《儒家思想与东亚现代化》为例，说明了新一代台湾知识分子对传统与现代化关系问题的研究和思考。因为该书结合东亚经济奇迹对韦伯问题（即韦伯关于儒家思想有碍于中国发展工业资本主义的论断）的回应，正好也是对五四全盘反传统的反思。在书中，黄光国提出，要了解儒家思想和现代化之间的关系，须用行为科学的方法，整理儒家思想的内在结构，探讨儒家思想对于个人的"社会行动"可能产生的影响，避免以往西方汉学家重视研究儒家思想在中国社会中的体现而忽视儒家思想本身结构的倾向，以及多数提倡儒家思想的哲学家以经解经脱离社会现实的倾向。在这种方法下，他发现儒家思想的主要内容是一套十分精致的仁、义、礼伦理体系，内而要求"以道修身"，外而鼓励"以道济世"。儒家思想是"规范性知识"，而不是"科学性知识"，它产生不出任何科学的知识，却蕴含旺盛的成就动机。"儒家思想本身是个开放系统（open system），它和不同的社会体制结合，便可能产生不同的后果。"在现代体制下，它完全可以正面推动社会的现代化。而对于儒家思想中妨害现代化的因素，如"父子传承""人情法则"等，应当用更普及的教育，提高民众的知识水准，同时用更民主的方法，设计出更符合"公平法则"的合理制度来克制，"不可再像五四人物那样，热血沸腾，振臂高呼，又要打倒旧传统，又要创立新文化，结果是'目的热，方法盲'，旧传统消灭殆尽，新文化又遥不可及，到头来是春梦一场，两头落空"。①

　　韦政通也以"台湾经验"对五四反传统主义进行了反省，分析了这种思想在台湾重演的背景和被克服的原因。关于后一问题，他认为台湾安定环境下经济现代化的持续推动、中产阶级的兴起、社会的渐趋开放，有利于人们冷静思考。"中产阶级渴望安定，追求个人事业的成就，并不大关心意识形态问题。"而最具体的原因，是知识分子把意识形态问题转变为学术思想的问题来讨论，特别是国民党政府迁台后的"第一代的知识青年，已逐渐从国外留学回来，引进现代化的理论，就台湾本土进行现代化的研究"。知识分子通过现代化的研究，克服了五四时代西化的观念和心态，"西化不但缺乏民族的自信，也缺乏文化主体的自觉，对西方文化只是狂热地、无批判地拥抱，而现代化是由传统社会进入现代社会的过程，必须在传统社会的基础上吸收西方现代化的成果；其次，西化是横的移植，现代化是纵的发展"，因此，传统与现代化"不可能完全是敌对的。凡是受过专业训练的现代化的学术工作者，无论是对自己的传统，或是对外来的文化，都不可能采取狂热地、无批判地接受的态度，而是采取谨慎地、批判地接受的态度"。② 这就超越了意识形态的纠结，改变了五四知识分子的思维模式。

　　当然，反省五四的全盘反传统主义并不意味着全面否定五四的反传统，文崇一将五四知识分子的反传统观念划分为五类，即反传统政治、反传统知识、反传统伦理、反传统习俗、反传统信仰，认为传统威权政治、传统迷信、传统陋俗直到当下仍然是必须反对的，传统儒家伦理和规范中那些约束我们现代化进程的观念也是需要舍弃的。③ 李振森甚至说，五四追求的个人尊严、个人解放在群体价值的压制下至今隐晦不彰，这个时候，不能过分批评五四的激进。恢复理性的怀疑精神与批判力，解构被"实体化"的群体价值，瓦解不合民主、平等价值的父爱式伦理道德体系，以求确立

---

① 黄光国：《传统与现代化：从台湾经验看五四运动》，《中国论坛》第 28 卷第 3 期，1989 年 5 月 10 日，第 16 页。

② 韦政通：《科学、民主、反传统——以"台湾经验"反省"五四"》，《中国论坛》第 28 卷第 3 期，1989 年 5 月 10 日，第 63 页。

③ 文崇一：《社会改革：从七十年前到七十年后——五四的七十年祭》，《中国论坛》第 28 卷第 3 期，1989 年 5 月 10 日，第 43 页。

人的价值，肯定个人解放，以民主、平等的精神，重建新的道德规范，使五四的精神与现实连带起来，仍然是"纪念五四的可能行径"。①

四　《中国论坛》五四论述的特点和意义

百年台湾知识分子的五四纪念论述是一种很有意思的政治文化现象。从其弘扬主题来说，前三个时期都以显著的人物图像来表达：第一阶段，日本殖民统治下的知识分子通过创办《台湾青年》《台湾民报》等刊物推崇胡适和鲁迅，彰显台湾新文化运动的主旨；第二阶段，光复初期省内外文化人士借助《台湾文化》《和平日报》等报刊偏重推崇鲁迅，彰显"进化""互助""为大众"的左翼文化重建指针；第三阶段，大陆赴台知识分子在《自由中国》等刊物中特别推重胡适，以自由主义对抗威权主义。所取图像虽然各有特点，都是借重五四人物的特定形象"浇自己的块垒"。到了以《大学杂志》《中国论坛》为标志的第四个时期，台湾社会转型条件逐渐成熟，不需要再"以朝圣式的膜拜心理"来标榜特定人物和主义，五四纪念论述进入落实五四精神、反思五四心态的阶段，遂提出"超越五四以继承五四"。《大学杂志》一方面积极报道和鼓励学生"保钓运动"，称保卫钓鱼岛与保卫青岛是"两个运动，一个方向"；② 另一方面，对五四民主、科学的启蒙价值进行检讨，注重如何更深层次地继承五四价值。③《中国论坛》的五四论述正是在这个理论高度的直接启发下展开的，因而体现出显著的实践性和反思性。

《中国论坛》的五四纪念论述涉及面不局限于前述问题的讨论，实际上，但凡五四运动时的问题都有触及，如杨国枢讨论过五四与台湾的学生运动，④ 顾燕翎讨论五四与妇女运动，⑤ 讨论五四与文学的则更多。但就

---

① 李振森：《纪念五四的沉思》，《中国论坛》第 26 卷第 4 期，1988 年 5 月 25 日，第 67 页。

② 木君：《两个运动，一个方向》，《大学杂志》第 44 期，1972 年，第 58 页。

③ 《大学杂志》中这方面的文章如杜维明《建设性的批判精神》（第 38 期）、林毓生《殷海光先生一生奋斗的永恒意义》（第 42 期）、周策纵《五四告诉我们什么》（第 48 期）、张春树《五四和我们这一代知识分子》（第 48 期）、李欧梵《五四运动与浪漫主义》（第 53 期）、韦政通《五四与传统》（第 54 期）等。

④ 杨国枢：《五四前夕谈台湾的学生运动》，《中国论坛》第 28 卷第 3 期，1989 年 5 月 10 日，第 38 页。

⑤ 顾燕翎：《五四妇运的变迁》，《中国论坛》第 28 卷第 3 期，1989 年 5 月 10 日，第 47 页。

全局性而言，肯定五四理想和纠正五四心态，显然是最有代表性的思考，其结论体现为"超越五四以继承五四"。无论如何，这种认识是此前任何时代都未曾有的，也有别于当时大陆地区的五四纪念，其提出的问题虽多基于台湾的社会实际，却也留下了不限于台湾一隅的思考空间。简言之，这些论述不仅呈现了五四纪念的时空特色，也彰显了五四文化符号的开放性。

《中国论坛》一则《编辑室手记》中写道："'五四'多年来总像一种精神象征，鼓舞中国的新青年不断为挣脱老中国的阴霾而努力。经过'五四'的狂飙岁月，'五四'激起的浪漫情怀已然随着历史巨流的筛汰远去，留下的是整个活生生的现实中国的现实课题。对知识界而言，对新生一代的海峡两岸的新生代而言，重估'五四'固然深具意义，但如何体认'五四'精神，发掘'五四'时代的历史奥义，毋宁才是走出时代包袱的创造性突破。"[1] 是的，五四运动作为中国近代历史上一次波澜壮阔的社会运动和文化运动，其精神内涵复杂多歧，向来被不同人群做各取所需的诠释。横向看，"为艺术而艺术的文学工作者强调白话文学的普及和个人心灵的开放；民族主义和国家主义者则强调'五四'的反帝及反军阀；包括了国粹派和新儒家的文化论者，则认为'五四'乃是文化的灾祸和悲剧；至于左翼的观点，则认为'五四'乃是中国社会主义的出发点"。[2] 而纵向看，不同时期它还被赋予新的意义，这些新的意义都与时代的变迁息息相关。[3] 难能可贵的是，台湾社会转型时期《中国论坛》的五四纪念，没有充当国民党的政治喉舌，[4] 亦不偏袒当时的党外反对势力，而是以知识分子的独立思考，达成了台湾社会现实与祖国历史记忆的对话，颇值此时此地加以回味。

---

[1]　《编辑室手记》，《中国论坛》第 26 卷第 3 期，1988 年 5 月 10 日。

[2]　南方朔：《"五四"的困惑——对中国社会主义运动思考》，《中国论坛》第 20 卷第 3 期，1985 年 5 月 10 日，第 18 页。

[3]　参考罗志田《历史记忆与五四新文化运动》，《近代中国史学述论》，北京师范大学出版社，2015，第 239 页。

[4]　在《中国论坛》时期，国民党机关刊物《中央日报》和《中央月刊》对于五四，基调仍局限于"文艺节"论述，思想层面只强调"爱国"和"科学"，对"民主"心存忌讳。而各种反对性党外杂志，要么突出"民主"论述，与官方刊物针锋相对；要么根本不提五四，视五四为"他者"文化。这几种情况的具体论述过程和样貌，将另文考察。

中共建党历史背景再探讨

——兼析李大钊等人对第一次世界大战和俄国革命认识的演变

章百家[*]

本文的目的是以第一次世界大战和战后革命浪潮为背景，对中共建党的历史进行再探讨，重点是结合中华民国初年的历史，特别是新文化运动和五四运动，考察李大钊等人对第一次世界大战和俄国十月革命认识的演变。在中共诞生的大背景中，第一次世界大战是不可或缺的一部分。大战本身的影响虽不那么直接，但大战结果的影响则是直接而巨大的，其渗透在中国政治、经济、外交和思想文化发展的各个方面。俄国十月革命的发生、共产国际的成立、中国在巴黎和会上的外交失败，这一系列事件导致了五四运动的发生和新文化运动的转向。正是在国际国内诸多因素的综合作用之下，李大钊和陈独秀二人在思想上开始从民主主义向马克思主义转变，并于20世纪20年代初携手创建了中国共产党。

一　从辛亥革命到第一次世界大战时期的中国

本文对中国共产党建党背景的追溯基本限定在20世纪的第二个十年。在此期间，中国发生了近代意义上的第一次革命高潮，全球发生了第一次

＊　章百家，中共中央党史和文献研究院研究员。

世界大战。最初，中国局势的演进与世界局势的演进几乎是两条平行线，只是偶有交集，但到了大战后期和战后初期，却缠绕在一起。笔者对中共建党背景的追溯将循着这两条线索来阐述。

1911 年 10 月，辛亥革命爆发。虽然这场革命在形式上是温和的，并且以孙中山为首的南京临时政府仅存在三个月就被以袁世凯为代表的北洋军阀政府取代，但是，这场革命开辟了 20 世纪伟大中国革命的时代，其所具有的深刻内涵随着岁月的流逝而愈加彰显。

作为中国近代历史上第一次大规模反帝反封建的民族民主革命，辛亥革命推翻了清王朝的统治，结束了统治中国两千多年的封建君主专制制度，建立了中华民国，在中国大地上树起民主共和的旗帜，促进了中国人的思想解放和中华民族的觉醒，激励一大批志士仁人为争取民族独立、人民解放和实行民主而英勇奋斗，从此反动势力再不能建立起巩固的统治。

辛亥革命未能如其领导者孙中山所期望的那样，在中国建立起西方式的议会民主制度，这被看作这场革命的失败之处。此后十余年中国政坛纷争不断，社会动荡不安。但是，辛亥革命还是催生了一批新事物，带来了不少新变化，为即将到来的中国社会变革准备了物质、思想和人才基础。

民国初年，中国掀起了近代政党政治的第一波浪潮。各阶级、各阶层的代表人物纷纷登台亮相，过去被专制统治视为洪水猛兽而遭到严禁的政党组织竞相成立，各种名目的政纲、宣言遍布报刊，各种"主义"开始在社会上流传。尽管这时的政党组织五花八门，不少带有会党性质，但中国政党政治的时代毕竟来临了。

民国成立后，大力提倡发展实业，并着手经济法制建设，工商业界颇为振奋，中国经济进入了长达十年的快速发展时期。当然，影响因素甚多，如欧洲战争的爆发即为中国工商业的发展提供了良机。中国现代经济水准的提升进而带动了其他方面的变化，如民族资产阶级的兴起、工人阶级的成长壮大、社会团体的勃兴、市民阶层的发展等。社会阶级结构的变化是稍后能够发生人民群众广泛参与的政治运动的一个重要条件。

新式教育和新闻出版业在民国初年也有较快发展，这使在清末已形成规模的新型知识分子群体进一步扩大。从总体上看，新型知识分子以青年为主，他们知识结构新，思想先进，有强烈的近代意义上的民族意识，因而也就具有不同于传统士人的思想性格，最突出的是危机忧患意识、爱国救亡思想、变革与革命精神。这些人的选择，事实上在很大程度上影响了20世纪上半叶中国的发展方向。

除此之外，辛亥革命还加快了人们的思想观念、生活方式、行为准则、价值判断、风俗习惯等诸多方面的转变。这一系列转变不仅有利于吸引和动员人们关注和参与政治生活，也极大地拓宽了中国先进分子探索救国救民道路的视野。

民国初年的政坛斗争不断。作为革命余波的西式民主只是昙花一现，此后出现了以孙中山为首的革命派及其他派别与北洋军阀集团之间的斗争、北洋军阀集团内部的派系斗争。1913年至1922年，属于这类斗争的重大事件有：孙中山领导的"二次革命"、袁世凯称帝遭到举国反对、清室复辟闹剧、护法战争与南北议和、北洋派系之间的直皖战争和直奉战争等。要想以简洁的方式说清中国政坛的这场混战几无可能，对本文也无此必要。总的来看，这段时间北洋军阀居于统治地位，但始终无法实现对社会的有效控制；随着孙中山与南方军阀的合作，中国逐渐呈现出南北对峙的格局。

在传统的政坛之外，此时一股新的力量正在聚集。民国成立之后，共和制度的诞生获得了广泛的社会反响。民初的思想界一度颇为活跃，对民主的追求、对制度的设计均有热烈的讨论。但是，袁世凯当政后，其施政理念趋向于复旧，注重褒扬以礼义廉耻、四维八德、忠孝节义为核心的传统文化，这不仅使共和制渐成泡影，社会面貌亦有回复旧观之征象。然而，经过清末民初的革命激荡与舆论开放，民主的、科学的思想观念已开始浸润人们的心灵，与封建的、专制的、传统的相联系的事物和做法也很容易引起人们的反感和抵制。这种变化在城市和具有一定文化水平的人们中间表现得更为明显。所有这些都为传播与弘扬新思想、新观念的新文化运动的发生创造了必要条件。

1914年6月，以英、法、俄等协约国为一方，德、奥等同盟国为一方，打响了第一次世界大战。欧洲主要列强均卷入战争而无力他顾，这种形势被日本认为是对华扩张之绝好时机。战争爆发后不久，日本即以加入协约国参战之名，行趁火打劫之实。8月23日，日本对德宣战。11月，日军攻占德国在中国山东的根据地青岛，占据了胶州湾租借地和胶济铁路全线。第一次世界大战的主要战场在欧洲，基本无关中国的利益，但胶州湾问题牵涉到中国，又使中国不能对这场战争完全置身事外。战争爆发后不久，北京政府于 8 月 6 日宣布"决意严守中立",其后又循日俄战争之前例,将胶州湾附近地区划为战区,听由日、德两军厮杀。日德战事结束后,1915 年 7 月,中国两次照会日本,声明取消战区,要求日军撤离。但日本非但不理睬中国的要求,反而企图压迫中国就范,使其在山东攫取的权益合法化,同时彻底解决满、蒙等悬案,进而为独占中国创造条件。1915 年 1 月,日本向中国提出"二十一条"要求。消息披露后,国内反对的民意沸腾,集会抗议,成立组织,发出通电,抵制日货,征募救国储金等,反日舆论和行动遍布中国。这是第一次世界大战与中国政治的第一个交会点,它刺激了国人的爱国意识,使得随后展开的新文化运动从一开始就渗入了救亡的因素。

　　1915 年 9 月,《青年杂志》在上海创刊。一般认为,这是新文化运动发端的标志。该杂志的主编陈独秀认为,要改变中国,必须有文化的觉醒和思想的启蒙。"集人成国,个人之人格高,斯国家之人格亦高;个人之权巩固,斯国家之权亦巩固。"[①] 唐宝林先生认为,陈独秀的这个思想把人的解放与国家的振兴联系起来,把启蒙与救亡统一起来。[②] 这个看法颇有见的。一年后,这本杂志更名为《新青年》,其鼓吹新思想和新文化、启发新觉悟、造就新青年的宗旨一目了然。

　　新文化运动能够蔚成风气,引导潮流,得益于蔡元培在北京大学实行的教育改革。1917 年 1 月,蔡元培出任北大校长。他上任后即提出"循'思想自由'原则,取兼容并包主义"的教学方针,实行民主办学,鼓励学术研究,出版刊物和开展社团活动。他陆续聘请陈独秀、李大钊、胡适、刘半农、周作人、鲁迅等一批具有新思想、提倡新文化的新派人物执教。这些改革措施培育了北大的一代新风,也为各种新思想的传播创造了条件。自此,新文化运动的倡导者荟萃北大,《新青年》杂志也由上海迁到北京,形成了一个以《新青年》编辑部为核心的新文化阵地。随着一批积极提倡新文化、传播新思想的报刊陆续创办,新文化运动迅猛发展起来。

　　初期新文化运动的基本内容是提倡民主和科学。这场由中国知识界左翼发起的运动,其初衷是探索如何使中国走出辛亥革命失败造成的困境,

---

① 陈独秀:《一九一六年》,《青年杂志》第 1 卷第 5 号,1916 年。
② 唐宝林:《陈独秀全传》,社会科学文献出版社,2013,第 142 页。

以便建立欧美式的民主共和制度。新文化运动针对辛亥革命后中国民主政治试验的失败，针对群众思想蒙昧落后，反对专制和迷信盲从，鼓吹个性解放，反对封建礼教。这场运动的另一项主要内容是提倡新文学，反对旧文学，实行文学革命，以白话文代替文言文。文学革命的意义并非仅止于文化方面。如果没有白话文的流行，外国的新概念、新思想便无法比较准确地译成中文，介绍给国人并为国人所理解。革新文学与革新政治有机地联系起来，使得新文化运动成为一场影响深远的启蒙运动。

二　李大钊对一战和俄国革命的认识及演变

在新文化运动左翼人物的政治理想从建立西方式的民主共和国转向学习苏俄建立劳农政权的过程中，李大钊起到了关键作用。他是在中国最早宣扬俄国革命，并较为系统地介绍马克思主义的第一人，随后又与陈独秀一起创建了中国共产党。本文第二部分以李大钊的心路历程为案例，窥探那一代人的思想转变。

李大钊生于1889年，1907年考入北洋法政学校，在校期间受同盟会会员影响，参加进步活动。1912年冬加入社会党，任天津支部干事，开始撰写文章揭露袁世凯及军阀政客们的窃权卖国行径。1913年冬去日本，入东京早稻田大学政治本科学习，接触到包括马克思主义在内的各种社会主义思想流派，参加了留学生反对"二十一条"的斗争。1916年5月弃学回国，在上海、北京创办刊物，发表文章，抨击时弊，探寻救国之道。1918年1月任北京大学图书馆主任，后任经济学教授，并参加《新青年》编辑工作。1920年发起和组织北京的马克思学说研究会，并参与筹建中国共产党的工作。1921年7月中国共产党成立后，负责中共北方地方执行委员会工作，兼任中国劳动组合书记部北方区分部主任。[①]

李大钊的经历是有些特殊之处的。中共党史研究的前辈学者李新、刘桂生指出：在中国早期的那批共产主义者中，没有一个人像李大钊那样曾与中国戊戌以后所兴起的改良主义有那么深的联系，在学理上做过那么严

---

① 参见《中国大百科全书（简明版）》（修订本）第5卷，中国大百科全书出版社，2004，第2854页。

肃认真的追求和探讨；也很少有人像他那样曾对中国资产阶级民主革命的一系列最基本的理论与实践问题做那么多的、那么经久不懈的探讨和追求，并对封建专制主义深恶痛绝，在理论上进行了彻底的批判。另一方面，在中国也没有第二个曾经信奉过改良主义、资产阶级民主主义的人，像李大钊那样率先信仰马克思主义，率先成为一个共产主义者。[①]

李大钊是学习法律与政治学出身。作为一个严谨的学者和思想探索者，他笔耕不辍，发表的文章比较完整地反映了他的心路历程。从这些文章中可以看出，他的探索与中国思想界的脉动是合拍的，而他的思想又是领先的。

李大钊早期的文章和评论有许多内容涉及如何建立国家基本制度，这些文章也反映了他所怀抱的强烈的忧国忧民之情。例如，李大钊在《风俗》一文中感叹："哀莫大于心死，痛莫深于亡群。一群之人心死，则其群必亡。今人但惧亡国之祸至，而不知其群之已亡也。但知亡国之祸烈，而不知亡群之祸更烈于亡国也。群之既亡，国未亡而犹亡，将亡而必亡。""拯救国群，是在君子。"[②]

1915 年 2 月初，李大钊以留日学生总会负责人身份写《警告全国父老书》，警告国人日本乘世界大战之机欲攫取在华特权，欲灭亡中国。[③] 这是他写的第一篇与第一次世界大战相关的文章。随后，他又发表《国民之薪胆》一文，历数"吾国对日关系之痛史"，揭露日本利用欧战之机将德国在山东特权据为己有，并指出中日间存在的其他问题。[④]

随着大战的展开，除中日问题外，李大钊的文章中有关大战的内容越来越多。从这些文章中可以看出，他对一战的观察从一开始就与中国的现实密切联系在一起，他常常借对欧洲形势的评论表达对国内诸般问题的看法。他的思想也渐趋激进，鼓吹革命的倾向十分明显。1916 年 5 月，他在《民彝与政治》一文中写道："铁血横飞，天发杀机，人怀痛愤，此真人心

---

① 朱成甲：《李大钊早期思想与近代中国》，人民出版社，1999，"序"，第 3 页。
② 《李大钊全集》第 1 卷，人民出版社，2013，第 156、161 页，原载《甲寅》第 1 卷第 3 号，1914 年 8 月 10 日。
③ 《李大钊全集》第 1 卷，第 211—220 页。
④ 《李大钊全集》第 1 卷，第 234—244 页，原载《国耻纪念录》，1915 年 6 月。

世道国命民生之一大转机也。"① 8 月，当国内反对袁世凯的护国战争开始之际，他在《新生命诞孕之努力》一文中写道："大凡一新生命之诞孕，必历一番之辛苦，即必需一番之努力。欧洲战焰之腾，杀人盈野，惨痛万千，此欧人新生命诞孕之辛苦也。而欧人不避此辛苦，勇往奋进以赴之者，则欧人欲得自由之努力矣。西南义师之兴，呜咽叱咤，慷慨悲歌，此民国新生命诞孕之辛苦也。而吾民不避此辛苦，断头流血以从之者，则亦吾民欲得自由之努力矣。"②

在回国加入新文化运动的阵营之后，李大钊最关心的问题是如何根据世界潮流再造中华民族的精神。他与陈独秀一样，把对未来的希望寄托在青年一代上。1916 年 8 月，他在《〈晨钟〉之使命——青春中华之创造》一文中写道："吾尝论之，欧战既起，德意志、勃牙利（保加利亚）亦以崭新之民族爆发于烽火之中。环顾兹世，新民族遂无复存。故今后之问题，非新民族崛起之问题，仍旧民族复活之问题也。而是等旧民族之复活，非其民族中老辈之责任，乃其民族中青年之责任也。"③ 1917 年 2 月，他又在《新中华民族主义》一文中写道："吾族少年所当昭示其光华之理想、崇严之精神者，不在断断辩证白首中华之不死，而在汲汲孕育青春中华之再生；不在保持老大中华之苟延残喘，而在促进少年中华之投胎复活。盖今日世界之问题，非只国家之问题，乃民族之问题也。而今日民族之问题，尤非苟活残存之问题，乃更生再造之问题也。""嗟乎！民族兴亡，匹夫有责。欧风美雨，咄咄逼人，新中华民族之少年，盖雄飞跃进，以肩兹大任也。"④

1917 年初，中国掀起了一场关于是否加入世界大战的争论。大战之初，中国即宣布中立，置身战事之外。1917 年初，美国因德国采取无限制的潜艇战，宣布与德国断交，并游说中国采取同样立场。原来反对中国参战的日本在得知美国的态度后，也主张中国参战，并表示愿以借款方式向中国提供参战经费。此后，美国因担心日本对华影响进一步扩大，又改为不主张中国立即参战。中国参战问题由此演变成美日之间的一场博弈，并直接影响到中国政局。10 月 14 日，中国宣布与德、奥两国断交。宣战后，民国

---

① 《李大钊全集》第 1 卷，第 287 页，原载《民彝》创刊号，1916 年 5 月 15 日。
② 《李大钊全集》第 1 卷，第 339 页，原载《晨钟报》1916 年 8 月 15 日。
③ 《李大钊全集》第 1 卷，第 332 页，原载《晨钟报》1916 年 8 月 15 日。
④ 《李大钊全集》第 1 卷，第 477、479 页，原载《甲寅日刊》1917 年 2 月 19 日。

政府采取的主要措施是取消两国在中国的领事裁判权，收回其天津、汉口的租界，停付庚子赔款，接收或封存其在华财产等。中国没有参加欧洲的战争行动，仅给协约国运去大批粮食。此前，中国已向欧洲和中东派出劳工约17万人。

由于中国参战问题的提出，李大钊对这场大战的关注明显增加。2、3月间，他连续写了多篇文章，发表在《甲寅日刊》上，讨论与中国参战有关的问题，如《中国与中立国》《美德邦交既绝，我国不可不有所表示》《我国外交之曙光》《今后国民之责任》《威尔逊与平和》《中德邦交绝裂后之种种问题》等。这些文章中有两点值得注意：一是李大钊提出，"此后吾国之外交不在战时而在战后，外交之制胜，不在以其实力与德为敌，而在以其诚心与协商国及中立国为友"；[1] 二是他对美国总统威尔逊所表示的和平主张寄予极大希望，"然吾人终信平和之曙光，必发于太平洋之东岸，和解之役，必担于威尔逊君之双肩也。今且拭目俟之"。[2] 这表明李大钊很希望大战结束后中国的国际地位能有所改变。

然而，这时真正引起李大钊极大兴趣的是俄国发生的二月革命，他以前所未有的热情关注俄国和欧洲局势的演变。从3月中旬到4月下旬，他连续撰写了《俄国革命之远因近因》《面包与和平运动》《俄国共和政府之成立及其政纲》《俄国大革命之影响》《大战中欧洲各国之政变》《大战中之民主主义（Democracy）》《欧洲各国社会党之平和运动》等多篇文章。这些文章分析了俄国发生革命的原因，介绍了俄国革命的情况和欧洲政情的变动。

李大钊最关注的是欧洲代表不同政治制度的势力之间的博弈，他期望从中发现世界历史潮流的趋向。这时，他形成的一个总看法是："十余年来，世界革命之怒潮，澎湃腾激，无远弗届"；"世界之进化无止境，即世界之革命无已时，帝王之命运，将渐绝于兹世"。[3] 他提出："盖前世纪初期之革命，其主要目的，乃在对于君主政治、贵族政治而革命；今世纪初期之革命，其主要目的，乃在对于官僚政治而革命。"最有意思的是，他认为

---

① 《李大钊全集》第1卷，第457页，原载《甲寅日刊》1917年2月11日。
② 《李大钊全集》第1卷，第458页，原载《甲寅日刊》1917年2月11日。
③ 《李大钊全集》第2卷，第1页，原载《甲寅日刊》1917年3月19—21日。

俄国二月革命对于中国政治前途之影响，在于"确认专制之不可复活，民权之不可复抑，共和之不可复毁，帝政之不可复兴"。他还说："平心论之，俄国此次革命之成功，未始不受吾国历次革命之影响。今吾更将依俄国革命成功之影响，以厚我共和政治之势力。"[①] 那时，在李大钊眼中，是俄国人正在走中国人的路，而非后来说的那样中国人在走俄国人的路！

李大钊拥护民主主义的政治倾向也表露无遗。在《大战中之民主主义（Democracy）》一文中，他说："欧战初起，一时民主主义几陷于危，世之论者，咸谓德之雄强，将使官僚主义对于民主主义大获胜利"；"俄国当交战之初，一般官僚则以开战而谋击破勃兴之民主主义，故官僚之机关报，莫不著论，谓俄国之敌不在德皇，而在其国之自由派及其社会民主党"。"而此大革命之风云遂以激起，卒能推翻多年跋扈之官僚政治，而建立民主主义之基础。此又民主主义有盛无衰之一证也。""俄国民主主义之光芒，既已照耀于世界，影响所及，德国亦呈不稳之象。"[②]

至少到这时，一战的发生不仅没有动摇李大钊对民主主义的信仰，甚至还强化了这种信仰。他并没有把这场大战看作整个西方世界的制度危机，而是认为欧洲很可能通过大战找到新出路，由此更加进步；被这场大战证明没有前途的只是专制主义，无论是皇帝的，还是官僚的。李大钊的这种预想，影响了他后来对俄国十月革命的看法。

对于 1917 年 11 月俄国发生的十月革命，李大钊最初似未给予注意，原因可能有两个：一是这年冬季，李大钊准备更换工作，离开上海，1918 年初进入北京大学后又需一段时间适应新的工作和环境，无力他顾；二是俄国在经历了二月革命之后形势并不稳定，继之发生的十月革命究竟是前一场政治地震的余震，还是一场新的地震，这需要一定的时间才能做出判断。

李大钊毕竟在政治上是十分敏锐的。1918 年 7 月 1 日，他写出了关于俄国十月革命的第一篇文章《法俄革命之比较观》，随后又写了一篇文章《Pan……ism 之失败与 Democracy 之胜利》。在前一篇文章中，他指出："俄国革命最近之形势，政权全归急进社会党之手，将从米之政治组织、社会组织根本推翻。"他还说："俄国今日之革命，诚与昔者法兰西革命同为影

---

① 《李大钊全集》第 2 卷，第 30 页，原载《甲寅日刊》1917 年 3 月 29 日。
② 《李大钊全集》第 2 卷，第 140、142 页，原载《甲寅日刊》1914 年 4 月 16 日。

响于未来世纪文明之绝大变动。……二十世纪初叶以后之文明，必将起绝大之变动，其萌芽即苗发于今日俄国革命血潮之中，一如十八世纪末叶之法兰西亦未可知。"① 在后一篇文章中，他特别强调："俄则由极端之专制主义，依猛烈之革命，一跃而为社会民主矣。"② 这一点显然使他非常振奋。

这年 11 月，在庆祝第一次世界大战结束时，李大钊发表了一篇著名演讲《庶民的胜利》。他说："这回战胜的，不是联合国的武力，是世界人类的新精神。不是那一国的军阀或资本家的政府，是全世界的庶民。我们庆祝，不是为那一国或那一国的一部分人庆祝，是为全世界的庶民庆祝。不是为打败德国人庆祝，是为打败世界的军国主义庆祝。""社会的结果，是资本主义失败，劳工主义战胜。"他再次强调："一七八九年的法国革命，是十九世纪中各国革命的先声。一九一七年的俄国革命，是二十世纪中世界革命的先声。"③ 12 月，他又写了《Bolshevism 的胜利》一文，说："匈、奥革命，德国革命，勃牙利革命，最近荷兰、瑞典、西班牙也有革命社会党奋起的风谣。革命的情形，和俄国大抵相同。赤色旗到处翻飞，劳工会纷纷成立，可以说完全是俄罗斯式的革命，可以说是二十世纪式的革命。"④ 这些文章以更加鲜明的态度表明了李大钊对俄国十月革命的赞赏和对 20 世纪人类新式革命的期待。

值得注意的是，李大钊对十月革命的赞赏同他对第一次世界大战的期待相一致，他认为俄国革命将如同法国革命，是会影响未来世纪文明的绝大变动，其基本的认识仍然是从民主主义出发的，因为民主与专制是对立的。但他同时认为，这种民主是一种新的发展，是社会民主，而未来世界是劳工的世界。李大钊当时的用词仍带有不确定性。他讲"布尔什维主义"的胜利，用的是这个词的原意"多数"，而不是后人以为的那样等同于社会主义。

1919 年 2 月，巴黎和会召开前后，废除秘密外交成为李大钊关心的重点。对于这次会议，他是寄予了期望的。他在会议前夕所写《秘密外交》一文中说："俄人提倡世界革命，揭出三大纲领：一、不要皇帝；二、不要

---

① 《李大钊全集》第 2 卷，第 329 页，原载《言治》季刊第 3 册，1918 年 7 月 1 日。
② 《李大钊全集》第 2 卷，第 346 页，原载《太平洋》第 1 卷第 10 号，1918 年 7 月 15 日。
③ 《李大钊全集》第 2 卷，第 357—359 页，原载《新青年》第 5 卷第 5 号，1919 年。
④ 《李大钊全集》第 2 卷，第 367 页，原载《新青年》第 5 卷第 5 号，1919 年。

常备军；三、不要秘密外交。美国威总统提倡国际大同盟，也主张禁止秘密外交。……现在战局已终，军事关系已经消灭，中日两国的人民，应该要求两国政府立时将从前所立的密约在平和会议公布废止。不可听两国军阀在那秘密里作鬼，惹起世界的猜疑，留下扰乱和平的种子。"① 然而，这次会议的结果表明，主宰世界的仍是大国的强权政治与秘密外交。中国外交失败之后，五四运动兴起。李大钊又写了一篇文章，谴责巴黎和会与美国总统威尔逊背弃承诺，批判"秘密外交与强盗世界"。②

　　五四运动之后，李大钊开始集中精力研究和介绍马克思主义，于1919年秋冬之际发表了长文《我的马克思主义观》。一般认为，这是李大钊成为马克思主义者的标志。而事实上，这是对标题的误读。在中国，这篇文章的确是第一次比较系统地介绍了马克思主义，在马克思主义传播史上具有重要地位。但从文章的内容来看，还不能说李大钊已自认是个马克思主义者。事实上，李大钊是抱着一个严肃学者对于一种自己尚不大懂得的大学问的那种非常恭谦的态度，愿把自己所知拿来与众人分享，共同探讨，而基本没有表明个人是否信仰的态度。该文开头的一段话，便对此做了很好的说明："马克思的书卷帙浩繁，学理深晦。……我平素对于马氏的学说没有什么研究，今天硬想谈'马克思主义'已经是僭越的很。但自俄国革命以来，'马克思主义'几有风靡世界的势子，德、奥、匈诸国的社会革命相继而起，也都是奉'马克思主义'为正宗。'马克思主义'既然随着这世界的大变动，惹动了世人的注意，自然也招了很多的误解。我们对于'马克思主义'的研究，虽然极其贫弱，而自一九一八年马克思诞生百年纪念以来，各国学者研究他的兴味复活，批评介绍他的很多。我们把这些零碎的资料，稍加整理，乘本志出'马克思研究号'的机会，把他转介绍于读者，使这为世界改造原动的学说，在我们的思辨中，有点正确的解释，吾信这也不是绝无裨益的事。"③

　　该文中的一些评论，如"我们主张以人道主义改造人类精神，同时以

---

① 《李大钊全集》第2卷，第420页，原载《每周评论》第9号，1919年2月16日。
② 《李大钊全集》第2卷，第457页，原载《每周评论》第22号，1919年5月18日。
③ 《李大钊全集》第3卷，第1页，原载《新青年》第6卷第5—6号，1919年。该文介绍了马克思主义在经济思想史上所占的地位，介绍了唯物史观、历史唯物论、阶级斗争学说、剩余价值学说、资本学说等。

社会主义改造经济组织"，显示出李大钊在做客观介绍之余，对马克思主义还是抱着探讨的态度。这一时期李大钊所写的其他一些文章，如《再论问题与主义》《知识阶级的胜利》《欧文（Robert Owen）底略传和他底新村运动》等，也表明他此时对社会主义各流派之间的分野还不是很清楚，而倾向于对各种社会主义流派都要做介绍。为此，他反复强调知识阶级的作用。在《知识阶级的胜利》一文中，他说："'五四'以后，知识阶级的运动层出不已。到了现在，知识阶级的胜利已经渐渐证实了。我们很盼望知识阶级作民众的先驱，民众作知识阶级的后盾。知识阶级的意义，就是一部分忠于民众作民众运动的先驱者。"①

这时的李大钊已对资本主义抱着强烈的批判态度。他认为资本主义在中国行不通，强调俄国革命是对资本的胜利。1920 年，他与苏俄和共产国际来华代表接触之后，对于俄国十月革命和马克思主义才有了进一步的了解和认识。

三 从五四运动到中国共产党建立

李大钊可以说是一个先知先觉者，但他个人的思想转变显然不足以带动中国新文化运动和中国思想界的转向。从整体来看，这个转向是由巴黎和会上中国外交的失败和五四运动随之兴起而推动的。

1918 年 11 月，第一次世界大战以协约国的胜利宣告结束。作为战胜国一方，中国人欢喜若狂，政府宣布放假三天，北京、上海等地都举行了盛大的庆祝活动，人们幻想一个公正和平的时代即将来临。美国总统威尔逊提出处理战后问题的十四点原则，被陈独秀誉为"世界第一好人"。② 然而，1919 年初举行的巴黎和会却把中国人普遍存在的乐观情绪和知识阶层对西方文明的浪漫想象一起打碎了。把持和会的英、法、美等列强不仅拒绝了中国代表团提出的正义要求，包括废除外国在华势力范围、撤退外国在华军队和巡警、撤销领事裁判权、归还租界、取消中日"二十一条"等，而且把战败国德国在山东的一切权益转让给日本。

---

① 《李大钊全集》第 3 卷，第 221 页，原载《新生活》第 23 期，1920 年。
② 陈独秀：《发刊词》，《每周评论》第 1 号，1918 年 12 月 22 日。

消息传到国内，立即在人民群众中，首先是在知识分子和青年学生中激起强烈的愤慨。5月4日下午，北京大学等13所大中专学校的学生3000余人到天安门前集会，五四运动就此爆发。从5月初到6月初，这场运动以学生为主。6月5日，上海工人自动举行罢工，支援学生的反帝爱国斗争。运动高潮时达到10多万人。上海商人也举行罢市。工人罢工的浪潮迅速扩展到全国20多个省的100多个城市。① 中国工人阶级开始以独立的姿态登上政治舞台，使五四爱国运动突破学生、知识分子的狭小范围，发展为全国范围的群众性反帝爱国运动。6月28日，在全国人民的巨大压力下，中国代表没有出席和会的签字仪式。

1919年中国在巴黎和会经历的外交失败激发了中国的民族主义浪潮，也彻底摧毁了新文化运动左翼人士对西方民主制度的崇拜。这场运动的倡导者最初曾鼓吹"建设西洋式之新国家，组织西洋式之新社会"，"以求适今世之生存"。五四运动促成了中国先进分子的"猛醒"，中国思想界的一个明显动向是转向社会主义。相当一部分人在批判封建主义的同时，也怀疑甚至放弃资产阶级共和国的方案。社会主义学说开始成为新思潮的主流。

不过，五四时期传播的社会主义学说十分庞杂，既有马克思主义的科学社会主义，也有无政府主义、工团主义、互助主义、新村主义、合作主义、基尔特社会主义、伯恩施坦主义等各式各样打着"社会主义"旗号的思想流派。

当时，绝大多数的进步青年对社会主义只是一种朦胧的向往，对各种社会主义学说的了解如同"隔着纱窗看晓雾"。但是，这代人一个可贵的特质是身体力行，勇于尝试新事物。1919年底，北京、天津、南京、上海、武汉、广州、长沙的一些进步青年兴起工读互助主义的实验活动，按照"人人做工，人人读书，各尽所能，各取所需"的理想，组织互助社，过起"共产主义的生活"，并希望把这种做法逐渐推广到全社会，从而实现"平和的经济革命"。还有一些青年知识分子模仿日本九州的新村、美国劳动共产村的做法，进行"新村"实验。② 这些实验自然是昙花一现，但对于参与

---

① 参见中共中央党史研究室《中国共产党历史（1921—1949）》第1卷上册，中共党史出版社，2011，第40—41页。

② 参见邵维正主编《日出东方：中国共产党创建纪实》，人民出版社，2011，第65—72页。

其中的那批进步青年是一次深刻的教育，为他们摈弃空想社会主义和其他类似的改良主义思想，最终选择马克思主义作为自己的信仰和改造中国的工具创造了有利条件。

马克思主义传播到中国经历了大约半个世纪的过程。清末民初，一些来华的外国传教士、中国资产阶级知识分子和中国无政府主义者曾在报刊上对马克思、恩格斯及其理论做过零星的介绍，但并未引起太多关注。

五四运动发生后，李大钊发表《我的马克思主义观》，标志着马克思主义在中国进入比较系统的传播阶段。此后，马克思主义在中国的传播陡然加速，影响迅速扩大。此前兴起的新文化运动发展为以传播马克思主义为中心的思想运动。事实上，那段时间已有一批中国留学生，特别是留日学生开始学习和研究马克思主义。除李大钊外，还有李达、李汉俊、杨匏安等，他们都在马克思主义早期传播中起过重要作用。据统计，五四时期在报刊上发表的介绍马克思主义的文章达200多篇，其中许多是马恩著作的节译。这样集中介绍国外的一种思想理论，在中国近代报刊史上实属罕见。①

1919年7月和1920年9月，当中国人对西方列强深感失望之时，列宁领导的苏俄政府两次发表对华宣言，宣布废除沙皇政府同中国签订的不平等条约，放弃在中国的特权。这些承诺后来虽未兑现，但当时在中国引起巨大反响，对于扩大十月革命的影响和促进科学社会主义的传播起到重要作用。"以俄为师""走俄国人的路"，成为相当一部分中国先进知识分子的心声。

在马克思主义传播的过程中，中国南北方各形成了一个宣传马克思主义的中心。在北京，1920年3月，由李大钊主持，成立了北京大学马克思学说研究会。在上海，陈独秀于1920年5月发起成立了马克思主义研究会。这两个中心，先后同湖北、湖南、浙江、山东、广东、天津和海外一批先进分子建立联系。随着马克思主义的广泛传播，一批先进分子相继从激进的民主主义者转变为马克思主义者。除李大钊、陈独秀外，还有参加过辛亥革命的董必武、林祖涵、吴玉章，还有一批年轻人，如蔡和森、毛泽东、周恩来、邓中夏、高君宇、恽代英、瞿秋白、赵世炎、张闻天、向警予等。

经过辛亥革命后十年的积淀和五四运动的洗礼，在中国建立以马克思

---

① 中共中央党史研究室：《中国共产党历史（1921—1949）》第1卷上册，第47页。

主义为指导的新型政党的条件逐渐形成。恰在此时，共产国际和俄共也准备派遣代表来华，以了解中国革命运动发展的情况和能否建立共产党组织等问题。十月革命后，列宁领导的苏维埃政权成为国际共运的中心。借助一战后欧洲和世界各地出现的革命形势，为改变苏俄政权所处的极其困难的环境，列宁联合30多个国家的共产主义者于1919年3月发起成立了共产国际，也称第三国际。此后，在共产国际的帮助下，世界上各主要国家共产党纷纷成立。但不久，欧洲的革命浪潮趋于消退。列宁便越来越把注意力转向远东和中国，寄希望于那里的革命运动。在中国共产党成立的背景中，苏俄和共产国际在中国的活动是推动中共早日成立的一个关键因素。

1920年，苏俄开始通过各种渠道派遣代表到中国去，其中一个重要人物是维经斯基。他于4、5月间来华，先在北京会见了李大钊，又经李介绍前往上海与陈独秀见面。通过双方的接触交谈，李大钊、陈独秀等人对俄国革命和苏俄的政策有了比较具体的了解，维经斯基也初步了解到中国工人阶级的情况和马克思主义在中国传播的情况。随后，维经斯基又与上海其他一些进步社团广泛接触，并向陈独秀提出在中国建立共产主义组织的建议。①

1920年8月，中国第一个共产党早期组织在上海法租界老渔阳里2号《新青年》编辑部成立，当时取名为"中国共产党"，陈独秀为书记。该组织成立后即通过写信联系、派人指导或具体组织等方式，积极推动各地共产党早期组织的建立，实际上起着中国共产党发起组的作用。1920年10月，北京也成立了共产党早期组织，地点在北大图书馆李大钊办公室，当时取名为"共产党小组"，成员只有李大钊、张申府和张国焘三人。以后又陆续发展了一些党员。到1920年底，北京党组织召开会议，决定成立共产党北京支部，其成员大多是北京大学的进步师生。随后，武汉、长沙、广州、济南等地的先进分子以及旅日、旅法华人中的先进分子，也相继建立了共产党早期组织。由于党的创建活动是秘密进行的，各地成立的早期组织没有统一名称，有的称"共产党支部"，有的称"共产党小组"，有的直称"共产党"。从性质和特征方面来看，它们都是后来组成全国统一的中国

---

① 参见石川祯浩《中国共产党成立史》，袁广泉译，中国社会科学出版社，2006，第二章第二节。

共产党的地方组织。

各地共产党早期组织成立后，有组织、有计划地开展了两项工作：一项是研究和宣传马克思主义，批判各种反马克思主义思潮。这时，新文化运动的阵营已发生分化，出现了关于马克思主义与无政府主义、实用主义、改良主义、实业救国等思想的论争。1920 年 9 月，上海的共产党组织将《新青年》改为党的公开理论刊物，宣传马克思主义的基本理论；随后，又创办半公开的刊物《共产党》，介绍革命理论和党的基本知识，推动建党工作的开展，并出版了由陈望道翻译的《共产党宣言》最早的中译本。各地的共产党早期组织也采取出版报刊、成立马克思主义研究会和利用学校讲坛等多种形式，建立并扩大马克思主义的宣传阵地。

另一项是深入工厂、矿山、码头，开展工人运动。这时，中国产业工人的数量已达到 200 万人左右，是支撑中国社会的重要力量。1920 年春，陈独秀到上海后即到工人群众中宣传马克思主义。各地共产党早期组织成立后，亦积极开展对工人的宣传和组织工作，出版工人刊物，利用"提倡平民教育"的合法名义创办各种劳动补习学校，结合工人生活和斗争，诉说工人的要求，以通俗的方式传播革命道理。这种尝试使得后来中共成立后，采取了其他任何政党都没有采取过的办法，即深入中国社会底层，与工农结合，发动工农运动。先进的知识精英主动投身和引导以工农大众为主体的人民革命，这在中国历史上是第一次。

1921 年 6 月初，共产国际代表马林和共产国际远东书记处代表尼克尔斯基先后到达上海，与上海共产党早期组织成员李达、李汉俊建立联系。李达、李汉俊同陈独秀、李大钊联系后，决定在上海召开中国共产党第一次全国代表大会。至此，建立全国统一的中国共产党的各项准备工作已经完成。

五四运动与中国共产党的历史情缘[*]

张宝明^{**}

五四运动，一个由新文化运动酝酿而爆发的反帝爱国运动，是一场规模宏大的民族民主运动。百年来，五四成为中华民族的一种精神符号，其所展现的爱国、进步、民主、科学之精神，一直激励着我们砥砺前行、奋勇前进。正如习近平同志所说："五四运动是我国近现代史上具有里程碑意义的重大事件，五四精神是五四运动创造的宝贵精神财富。"① 五四运动推动了中国共产党的建立，这已是学界共识。在五四运动百年之际，我们有必要从思想文化史角度，以陈独秀、李大钊为主线，钩沉这一在思想上和干部上为中国共产党的建立做了准备的运动之来龙去脉，再度寻绎五四运动与中国共产党建立之关联，以期更深入地理解那段历史。

一部五四新文化运动的历史，集中流布在以《新青年》为载体的启蒙杂志上。因此，追溯五四的源头，必须从《新青年》说起。1915 年 9 月 15 日，陈独秀满怀"让我办十年杂志，全国思想都全改观"的豪情壮志，② 在上海创办《青年杂志》③，五四新文化运动由此发轫。

作为"五四运动时代之急先锋"（蔡元培语），《新青年》创刊时正值

---

　* 本文系国家社科基金重大项目"五四运动百年记忆史整理与研究"（18ZDA201）阶段性
　　成果。
　** 张宝明，河南大学历史文化学院教授。
　① 《人民日报》2019 年 4 月 21 日，第 1 版。
　② 唐宝林、林茂生编《陈独秀年谱》，上海人民出版社，1988，第 65 页。
　③ 第 2 卷起改名《新青年》。

中华民族内忧外患之际。位卑未敢忘忧国，对民族和国家命运的深切关怀，一直是活跃在中华民族文化传统中的音符。历史的车轮驰及五四，家国情怀再次让那一代思想先驱将责任和道义担在肩上。近代以来国人的文化程度和几次惨痛的革命经验，使"主撰"切实感到"国民性"问题的紧迫性，"欲图根本之救亡，所需乎国民性质行为之改善"。① 因此，要救国，就必须从思想文化入手改造国民，以深层次的思想文化革命改变国民精神、唤醒国民觉悟，由立人而立国。正是基于这样的理路，同时也为了延揽人才，陈独秀与同人达成一个不成文的君子协定："不谈政治"。胡适回忆说："在民国六年，大家办《新青年》的时候，本有一个理想，就是二十年不谈政治，二十年离开政治，而从教育思想文化等等，非政治的因子上建设政治基础。"②

　　然而，从《安徽俗话报》上的《说国家》，到辛亥革命力主"排满反清"，再到"二次革命"，多年的斗争经历又使陈独秀成为一位具有浓厚政治情怀的"老革命党"（胡适语）。尽管主编开宗明义，"改造青年之思想，辅导青年之修养，为本志之天职。批评时政，非其旨也"，③ 但从创刊伊始即设置的"国内大事记""国外大事记"等栏目以及充满社会担当的潜台词里，我们不难感受到《新青年》浸染着忧患意识的人文关怀。原来，"政治"一直是主编关注的焦点。虽然陈独秀想从思想文化入手改造国民性，但鉴于其自身对政治"忍不住"的关怀，一有风吹草动，他总要不失时机为介入政治寻找借口与突破点："本志主旨，固不在批评时政，青年修养，亦不在讨论政治。然有关国命存亡之大政，安忍默不一言？"把"国命存亡"的大旗拉出来，谁还能说什么？更何况还有充足的理由做后盾："盖一群之进化，其根本固在教育、实业，而不在政治，然亦必政治进化在水平线以上，然后教育、实业始有发展之余地。"④ 如果说起初还有点遮遮掩掩，后来则毫无顾忌地公然申明："本志同人及读者，往往不以我谈政治为然。有人说我辈青年，重在修养学识，从根本上改造社会，何必谈甚么政治呢？有人说本志曾宣言志在辅导青年，不议时政，现在何必谈甚么政治惹出事

① 陈独秀：《我之爱国主义》，《新青年》第 2 卷第 2 号，1916 年。
② 胡适：《陈独秀与文学革命》，陈东晓编《陈独秀评论》，北平东亚书局，1933，第 51 页。
③ 《通信》，《青年杂志》第 1 卷第 1 号，1915 年 9 月 15 日。
④ 《独秀答顾克刚》，《新青年》第 3 卷第 5 号，1917 年 7 月 1 日。

来呢？呀呀！这些话却都说错了……修学时代之青年，行政问题，本可以不去理会；至于政治问题，往往关于国家民族根本的存亡，怎应该装聋推哑呢？"及此，陈独秀不但推翻了"不议时政"的办刊宗旨，而且另辟蹊径为自己开脱："我现在所谈的政治，不是普通政治问题，更不是行政问题，乃是关系国家民族根本存亡的政治根本问题……国人其速醒！"①

对于陈独秀"食言"的做法，胡适等人一开始就进行过抵制。实际上，《新青年》内部的两种编辑方针一直颉颃。陈独秀煞费苦心地与"政治"周旋，他在"国内大事记"和"国外大事记"中借题发挥，议论时政。这种局面到 1918 年 1 月《新青年》编委会成立才有了改变。胡适等人的编辑方针使《新青年》取消了两个"大事记"专栏，后重申了"不谈政治"的宗旨。此后，《新青年》的学术色彩很快强化。

但正是因为不变的政治定力和担当，陈独秀不顾同人反对，一如既往，同人内部深藏的两股思想潜流逐渐外化，"文化"与"政治"的张力愈来愈大。为了缓和同人内部的冲突，更为了"谈政治"，1918 年底，陈独秀、李大钊策划创办了《每周评论》。

1918 年 11 月，胡适接到其母病逝的电报后回家奔丧。趁胡适离京之际，12 月 22 日，陈独秀、李大钊在北京创办《每周评论》。胡适在时隔多年之后这样述说这个孪生刊物："就在我离京期间，陈独秀和其他几位北大教授创办了这项单张小报，来发表他们的政见。在某种意义上说，这张小报的发行原是尊重我只谈文化，不谈政治的主张"，"这样一来，《新青年》杂志便可继续避免作政治性的评论；同时他们也可利用一个周刊来得到谈政治的满足"。②

《每周评论》诞生在第一次世界大战结束，国内民众对国内外时局尤其是关系中国权益的巴黎和会颇为关注之际，迫切要求当时的报刊加强对时事政治的报道。所以，《每周评论》具有很强的政治性，与《新青年》互为补充，把文化运动与政治斗争结合起来。

1918 年 11 月，在得到一战胜利的消息后，举国欢庆。就在国人高呼"公理战胜强权"的当口，李大钊却做着深入独立的思索。早在十月革命爆

---

① 陈独秀：《今日中国之政治问题》，《新青年》第 5 卷第 1 号，1918 年 7 月 15 日。

② 唐德刚译注《胡适口述自传》，华东师范大学出版社，1993，第 190 页。

发后，他就对俄国革命表示了极大的欣喜与热望，认为"二十世纪初叶以后之文明，必将起绝大之变动，其萌芽即苗发于今日俄国革命血潮之中"。① 对于一战的胜利，李大钊认为是"庶民的胜利""Bolshevism 的胜利"，他不是为协约国高兴，而是为"全世界的庶民"兴奋，"为全世界的庶民庆祝"。② 他兴奋地预言："人道的警钟响了！自由的曙光现了！试看将来的环球，必是赤旗的世界！"③ 1919 年元旦，他满怀激情地迎接"新纪元"的到来："一九一四年以来世界大战的血、一九一七年俄国革命的血、一九一八年德奥革命的血，好比作一场大洪水……洗来洗去，洗出一个新纪元来。这个新纪元带来新生活、新文明、新世界。"④ 这时，李大钊已将"社会主义的道理"作为自己的理论追求。

就在李大钊对"赤旗的世界"翘首以待之际，陈独秀却在《每周评论》上高喊"公理战胜强权"。他对巴黎和会十分信任，认为"美国大总统威尔逊屡次的演说，都是光明正大，可算得现在世界上第一个好人"。⑤ 然而，1919 年 2 月，当巴黎和会被西方列强操纵的消息传到中国后，他那"公理战胜强权"的公式失衡了，"世界上第一个好人"由此沦为"威大炮"。随着这种失望情绪的到来，陈独秀对俄国革命的态度也有了转变。

对法兰西文明顶礼膜拜的陈独秀，最初对俄国革命是持怀疑和观望态度的。这在《每周评论》前几期的内容中即有所反映，比如"马克司的社会主义今日已经没有根据了，所以他的势力在国会也渐减少"；⑥ "过激派要求世人承认他的胜利，应该做出一种公平的政治组织，把国内混沌状态肃清才是"等。⑦ 随着对帝国主义侵略本质的认识加深，陈独秀逐渐同情和拥护俄国革命，指出："过激派的行为，纵或有不是的地方。但是协约国把他们破坏俄德两大专制的功劳，一笔抹杀，又试问公理何在？"⑧ 到了五四运动前夕，又进一步把"二十世纪俄罗斯的社会革命"看作"人类社会变动

① 李大钊：《法俄革命之比较观》，《言治》（季刊）第 3 册，1918 年 7 月 1 日。
② 李大钊：《庶民的胜利》，《新青年》第 5 卷第 5 号，1918 年 11 月 15 日。
③ 李大钊：《Bolshevism 的胜利》，《新青年》第 5 卷第 5 号，1918 年 11 月 15 日。
④ 李大钊：《新纪元》，《每周评论》第 3 号，1919 年 1 月 5 日。
⑤ 陈独秀：《发刊词》，《每周评论》第 1 号，1918 年 12 月 22 日。
⑥ 《德国内政之纷扰》，《每周评论》第 2 号，1918 年 12 月 29 日。
⑦ 《俄罗斯之混沌状态》，《每周评论》第 3 号，1919 年 1 月 5 日。
⑧ 陈独秀：《公理何在》，《每周评论》第 8 号，1919 年 2 月 9 日。

和进化的大关键"。① 这一态度上的转变，也为其后来奔向"十字街头"提供了"加速剂"。自此，陈独秀、李大钊一起"铁肩担道义"。

1919 年 4 月，《每周评论》第 16 号刊登了《共产党宣言》的部分内容，在译文前面，作者还加了一段按语："这个宣言，是 Marx 和 Engels 最先最重大的意见。他们发表的时候，是由 1847 年的十一月到 1848 年的正月，其要旨在主张阶级战争，要求各地劳工的联合。是表示新时代的文书。"② 在随后的几期里，《每周评论》又对苏俄的新宪法、土地法、婚姻制度、新银行法等进行了介绍。此时的《每周评论》，鲜明的政治色彩和红色印记已经流露在外。

对于《每周评论》政治色彩渐浓的趋势，胡适"看不过了，忍不住了"。7 月 20 日，他在《每周评论》第 31 号上发表《多研究些问题，少谈些"主义"！》一文，引起"问题与主义之争"，李大钊则以《再论问题与主义》回应。从"文化与政治的歧义"到"问题与主义之争"，以陈独秀、李大钊等人为代表和以胡适、陶孟和等人为代表的《新青年》阵营，分化越来越大，杂志色彩也逐步变红。

1917 年 1 月，蔡元培就任北京大学校长，在当时的医专校长汤尔和的推荐下，邀请陈独秀到北大任文科学长。1917 年初，陈独秀携《新青年》"北上"，杂志编辑部也移到北京。从此，《新青年》一改门可罗雀的冷清。一批文化思想精英立足北大，荟萃于《新青年》，陈独秀成为"思想界的明星"（毛泽东语），北京大学也成为新文化运动的大本营。国民社、新潮社、平民教育讲演团、少年中国学会等社团纷纷成立，邓中夏、高君宇、黄日葵等一大批青年学子获得新思想的洗礼，自由、民主、科学的观念深植于他们心中。

随着新文化运动如日中天，反对声也紧随而至，新旧思潮的激战在悄然进行。1919 年 2、3 月间，社会上关于陈独秀等人离职以及陈独秀私德不谨的谣言四起。虽然胡适与蔡元培极力辟谣，但是迫于社会舆论压力，3 月 26 日晚上，在蔡元培家中，汤尔和、沈尹默等人再三斟酌，决定免去陈独秀的文科学长职务。最终，陈独秀以"请假"为由离开北大。此时正值五

---

① 陈独秀：《二十世纪俄罗斯的革命》，《每周评论》第 18 号，1919 年 4 月 20 日。
② 舍：《共产党的宣言》（摘译），《每周评论》第 16 号，1919 年 4 月 6 日。

四运动爆发前夜，于是便有了陈独秀个人命运与 20 世纪中国历史的改变。

陈独秀本来对政治就情有独钟，脱离北大后，原本稳定的经济收入化为乌有。由于生活的窘迫，加上十月革命和巴黎和会影响下对俄国革命态度的转变，在无依无靠、心灰意冷之际，他对当局与社会势力失望和对峙的情绪急剧升温，进而如同一匹脱缰的野马急速"外转"，奔向十字街头，当年与胡适"二十年不谈政治"的承诺也在顷刻间化作烟云。如果说此前的"谈政治"尚有"君子协定"的诺言牵制，那么自文科学长离职后则变得毫无顾忌。五四运动爆发后，1919 年 6 月 11 日，陈独秀因散发《北京市民宣言》而被捕入狱。这样一个要求"人民有绝对的言论、出版、集会的自由权"的传单，是他追求"倘政府不俯顺民意，则北京市民，惟有直接行动，图根本之改造"的必然结果，[1] 这也标志着他由"文化运动与社会运动"并重而向"社会运动"倾斜。[2] 唯民意论的出现，又预示着陈独秀政党意识的萌芽，因为政党乃是捏合或者说是撮合民意最好的工具和组织，几个月后，"我们主张的是民众运动社会改造，和过去及现在各派政党，绝对断绝关系"之宣言，[3] 不过是为了维护《新青年》的团结而做的宣告罢了。

值得一提的是胡适在 1935 年偶然读到汤尔和日记时的唏嘘："独秀因此离去北大，以后中国共产党的创立及后来国中思想的左倾，《新青年》的分化，北大自由主义者的变弱，皆起于此夜之会。独秀在北大，颇受我与孟和（英美派）的影响，故不致十分左倾。独秀离开北大之后，渐渐脱离自由主义者的立场，就更左倾了……是夜先生之议论风生，不但决定北大的命运，实开后来十余年的政治与思想的分野。"[4] "此夜之会"是指 1919 年 3 月 26 日决定陈独秀离开北大的晚间会议。这封信是胡适对汤尔和与陈独秀"成也萧何败也萧何"的问责，信中的话语虽有些夸大的成分，但也道出了一定的历史真实。更为关键的是，他在不经意间透露出一个重要的信息：在胡适等人的牵制下，陈独秀的那份偏执和猖狂还是有所收敛的。从"北上"到"败北"，可谓爱恨就在一瞬间。这从当事人汤尔和 1919 年 4 月 11 日的日记中可以窥见一斑。在汤尔和回住所的途中，"遇陈仲甫，面

---

① 《北京市民宣言》。

② 陈独秀：《文化运动与社会运动》，《新青年》第 9 卷第 1 号，1921 年 5 月 1 日。

③ 《本志宣言》，《新青年》第 7 卷第 1 号，1919 年 12 月 1 日。

④ 《胡适致汤尔和（稿）》，《胡适来往书信选》中册，社会科学文献出版社，2013，第 600 页。

色灰败，自北而南，以怒目视，亦可哂已"，① 具有真性情，充盈着书生意气的陈独秀心中的愤怒可想而知。

回到历史现场，作为"金字招牌"的《新青年》，无论是编辑方针还是拟稿原则，鉴于双向合力的作用，当初形成的是一个不左不右、不偏不倚的平行四边形走势。尽管主撰时不时招惹"政治"，但在其透迤曲折的策略变通下，《新青年》的舆论基本上还是按照双方博弈运作规则进行的：妥协与原则并存，让步与自我同在。但是当陈独秀离开北大而迫不及待地"谈政治"，从事"社会运动"，"色彩"急速转向"Soviet Russia"并付诸政治实践时，这一平衡就被打破了。

应该看到，五四初期的新文化运动为日后风起云涌的五四爱国运动奠定了坚实的基础。这场史无前例的思想解放运动举起"民主""科学"的大纛，批判传统，创建新文化。在高张伦理革命与文学革命的义旗后，先进知识分子以俄国革命为契机，以巴黎和会为导火线，成功领导并策划了五四爱国运动。因此我们说，五四新文化（民主、科学）运动为五四（反帝爱国）运动做了思想铺垫和启蒙准备，同时五四爱国运动又是五四新文化运动的有机延伸和继续。如彭明所说："五四运动是一个爱国运动，又是一个文化运动。如车之两轮，相辅而行。文化运动为爱国运动做了思想准备，爱国运动又推进了文化运动的发展。"② 不过，五四后的文化运动已经倾心于马克思主义的传播与运用。

1919 年 5 月开始编辑并于 9 月出版的《新青年》第 6 卷第 5 号上，刊登了李大钊的《我的马克思主义观》，对马克思主义的唯物史观、政治经济学和科学社会主义都有所介绍，开始系统宣传马克思主义。五四后，许多报纸的副刊也从各种角度刊登关于马克思主义的文章，比如《晨报》副刊自 1919 年 5 月起，连续发表介绍马克思主义和社会主义的文章，进一步促进了马克思主义的传播。这一时期尽管带有鲜明的"学说"色彩，但一个指导性的"主义"跃跃欲试。

1920 年 3 月，李大钊在北京大学组织"马克思学说研究会"，组织会员学习马克思主义。最早发起的有邓中夏、黄日葵、高君宇、罗章龙、刘仁

---

① 《（附）：胡适手抄汤尔和日记和跋》，《胡适来往书信选》中册，第 601 页。
② 彭明：《新文化运动的新发展》，《五四运动论文集》，广东人民出版社，1978，第 255 页。

静等 19 人，后逐步扩大规模。在蔡元培的帮助下，"研究会有了办公室、图书馆"作为活动场所，李大钊等人"给它取了个名字，叫'亢慕义斋'①"，"图书上都盖有'亢慕义斋'戳记"，并且还设立了一个包含英文、德文与法文三个小组的翻译室，"大力宣传马克思主义，翻译出版马克思学说有关的书籍"。② 10 月，成立北京共产主义小组。在李大钊的影响下，邓中夏、高君宇等具有初步共产主义思想的先进青年很快成长为早期马克思主义者。作为"主义"的马克思学说一枝独秀之后，已经有了理论基础的中国共产党呼之欲出。

1919 年 6 月被捕的陈独秀于当年 9 月出狱，虽然《每周评论》在 8 月底已被查封，但此时社会上出现了众多宣传新思潮的刊物。李大钊在《欢迎独秀出狱》的诗中写道："我们现在有了很多的化身，同时奋起：好像花草的种子，被风吹散在遍地。"③ 李大钊所言不虚，五四运动之后，进步知识分子和青年学生纷纷创办报刊，"仅在一年之间就达到四百种之多，其分布地域之广也是空前的"。④ 正如冰心回忆的那样："五四运动的前后，新思潮空前高涨，新出的报刊杂志，象雨后春笋一样，目不暇给。"⑤ 这些刊物大都受到马克思主义传播的影响，并且几乎每种刊物背后都有一个社团。比如恽代英在武汉组织利群书社，出版《互助》等刊物；周恩来在天津组织觉悟社，出版《觉悟》；等等。

而这位已经萌生政党意识的五四运动"总司令"（毛泽东语）获释后的第一件事，就是以《新青年》为中心，重整旗鼓。1919 年 12 月 1 日发表《本志宣言》："我们相信世界上的军国主义和金力主义，已经造了无穷罪恶，现在是应该抛弃的了。"⑥ 1920 年初，陈独秀前往上海。在上海，"陈氏又碰到了一批搞政治的朋友——那一批后来中国共产党的发起人"。⑦ 5 月，《新青年》开辟劳动节纪念专号，陈独秀和李大钊在上面著文撰述，各

---

① 即共产主义小室。
② 罗章龙：《回忆"五四"运动和北京大学马克思学说研究会》，《文史资料选辑》第 61 辑，文史资料出版社，1982，第 46—49 页。
③ 李大钊：《欢迎独秀出狱》，《新青年》第 6 卷第 6 号，1919 年 11 月 1 日。
④ 丁守和、殷叙彝：《从五四启蒙运动到马克思主义的传播》，三联书店，1963，第 131 页。
⑤ 冰心：《回忆五四》，《人民文学》1959 年第 5 期。
⑥ 《本志宣言》，《新青年》第 7 卷第 1 号，1919 年 12 月 1 日。
⑦ 唐德刚译注《胡适口述自传》，第 186 页。

占大量篇幅介绍马克思主义及工人运动。这是《新青年》加速转型的一个关键枢纽。随后，上海"马克思主义研究会"和上海共产主义小组先后成立。9月1日，新青年社成立，机关刊物的倾向初显。1920年秋，陈独秀除邀请陈望道入社外，还相继邀请沈雁冰、李达、李汉俊加入。对此，胡适直言不讳："今《新青年》差不多成了 Soviet Russia 的汉译本。"①

五四运动的发生、发展也深深震撼了陈独秀，1920年4月，他在中国公学的演讲中，将五四运动的精神归结为"直接行动"和"牺牲的精神"。所谓"直接行动"，就是"人民对于社会国家的黑暗，由人民直接行动，加以制裁，不诉诸法律，不利用特殊势力，不依赖代表"。② 这与李大钊所说的5月4日那一天"中国学生界用一种直接行动反抗强权世界"异曲同工。③ 鉴于工人阶级在五四运动中彰显的伟大力量，早期共产主义者看到了依靠工农群众"直接行动"的可能，李大钊等人开始高呼"劳工神圣"，强调知识分子与工农相结合。不久，在陈独秀、李大钊的引导下，新一代知识分子从书斋中纷纷走出，在一批具有共产主义觉悟的知识分子带领下，进工厂、下农村，开始走与工农大众为伍的道路，进一步促进了马克思主义与工人运动的结合，一个领导工农"直接行动"的新的组织形式也将闪亮登场。

从文化运动到社会运动，从"学说"到"主义"，五四运动经历了血与火的淬炼，经历了光荣与梦想的追逐。近代以来，正是文化的酝酿、政治文化的锻造以及新型现代中国政治理想的频频招引，才有了新文化运动的巨大收获。而在这所有的收获中，又以五四运动的成果最为丰硕。我们之所以这样说，是因为五四运动在现实与历史的双重助推下，催生并运作了中国共产党的成立，中国20世纪的面貌从此为之一新。

---

① 《附：（二）胡适的信》，《陈独秀著作选》第2卷，上海人民出版社，1993，第225页。
② 《陈独秀最近之演说》，《时事新报》1920年4月22日，第3张第1版。
③ 李大钊：《中国学生界的 May Day》，《晨报》1921年5月4日，第3版。

传媒、政争、工商业与五四运动的形成[*]

江 沛[**]

一 问题缘起：五四兴起的前提何在？

百年来，在中国近现代历史上具有重要指标意义的五四爱国运动[①]，引发历代学人的持续关注，讨论五四的论著难以统计，[②] 对五四的缘起、过程、价值和意义均有精深分析。[③] 论点诸多，但有一个现象或可为学者公

* 本文原载于《中共党史研究》2019 年第 9 期。
** 江沛，南开大学历史学院教授。

① 在学术的一般意义上，五四运动的概念有广义和狭义之分，广义的五四运动概念包括新文化运动和 1919 年发生的五四爱国运动，狭义的五四运动概念即专指五四爱国运动，本文讨论所使用的概念即限于五四运动的狭义范畴。

② 笔者以"五四"为关键词在中国知网（CNKI）进行主题搜索，在学术期刊（网络版）库中共得到 16533 条结果（这只是正规期刊发表论文的数目，不含有关五四的学术著作）；如限定在 CSSCI 刊物查询，则可得 3921 篇论文。以"五四"与"报刊"、"传媒"、"电报"、"邮政"等关键词分别叠加查询的话，在 CSSCI 刊物中分别可得到 649 篇、5 篇、3 篇和 0 篇（最后访问时间：2022 年 3 月 30 日）。在有关报刊的研究中，多是对某一报刊的文本分析，整体显示学界对五四的传媒、交通技术间关系并未予以特别关注。海外论著限于条件，难以汇集。需要说明的是，利用 CNKI 进行学术搜索时，无法区别五四运动的广义、狭义概念，上述只能是广义概念下的统计。

③ 有关五四运动史研究的代表性著作有彭明《五四运动史》（人民出版社，1998）、周策纵《五四运动史》（岳麓书社，1999）和陈平原《触摸历史与进入五四》（北京大学出版社，2005）等，强调的是五四运动的细节及进程；陈万雄《五四新文化的源流》（三联书店，1997）强调的是新知识群体形成对新文化运动发生的意义；欧阳哲生、郝斌主编《五四运动与二十世纪的中国——北京大学纪念五四运动 80 周年国际学术研讨会论文集》（社会科学文献出版社，2001），杨河主编《五四运动与民族复兴——纪念五四运动 90 周年暨李大

认，即到目前为止，不少学者在关注五四运动发生的时代背景及意义并讨论诸多因素时，却极少从具有根本意义的传播、交通技术的社会功能切入，实质上只是探讨了一场影响深远的爱国运动的思潮意义与社会影响间的直接关系，并未深究这场席卷而来的思潮所以形成的技术根源，从而割裂了技术、经济与思潮变革、政治动向间的关系，极易形成社会变革只需思想文化先行且与工业技术发展关系不大的错觉。研讨五四政治价值的论著不少，但较少从政治力量推动的角度考察。① 这一现象近年来有所改变，② 但尚有较大空间可以讨论。

从社会组织和文化演变的一般规律来看，一个区域或国家范畴内共同体的形成，建立在民众间持续的相互交流并逐步形成血缘、情感、习俗和思维方式上近似性认同的基础上，表象与结果是认同，前提与必要条件是借助于交通、通信技术方可完成的相互交流。在前近代时期，基于自然力的交通方式运行成本过高、效率过低，阻遏了人类成规模、远距离、高效率的交流，社会型组织因环境阻碍难以形成，家庭、家族成为社会自治的无奈选择，人们的地方主义意识、家族意识浓厚，文化认同和民族国家意

钊诞辰 120 周年理论研讨会学术论文集》（北京大学出版社，2010），中国历史研究院近代史研究所、中国现代文化学会主编《纪念五四运动一百周年国际学术研讨会论文集》（1—3 册，2019 年 4 月）和台湾中研院近代史研究所主编《五四运动 100 周年国际学术研讨会论文集》（电子版，2019 年 5 月），代表这一时期中国学者对五四运动研究的学术趋势。在五四运动阐释及其形象构建问题上，郭若平撰写的《塑造与被塑造——"五四"阐释与革命意识形态的建构》（社会科学文献出版社，2014）具有代表性。

① 讨论诸种政治派别与五四学生运动爆发的关系，可参见邓野《巴黎和会与北京政府的内外博弈》（社会科学文献出版社，2014）第五章。

② 与本文相近主题的研究包括江沛《二十世纪一二十年代沿海城市社会文化观念变动评析》（《史学月刊》2001 年第 4 期）和《虚拟与历史：五四漫谈》（《绍兴文理学院报》2011 年 9 月 15 日，第 3 版），董振平《信息传递与五四运动》（《齐鲁学刊》2010 年第 2 期），冯筱才《政争与五四：从外交斗争到群众运动》（《开放时代》2011 年第 4 期），熊玉文《巴黎和会、谣言与五四运动的发生》（《民国档案》2012 年第 4 期）、《政争、传媒与五四运动起源》（《求索》2012 年第 11 期）和《信息传播技术与五四运动》（《社会科学动态》2018 年第 7 期）等。相关成果有〔美〕周永明《中国网络政治的历史考察：电报与清末新政》（商务印书馆，2013），李仁渊《晚清的新式传播媒体与知识分子：以报刊出版为中心的讨论》（新北，稻乡出版社，2013），夏维奇《"政治之利器"：通电与近代中国政治生态的变迁》（《历史教学》2014 年第 8 期），王东《技术·话语·权利——电报与近代中国社会的政见表达（1899—1927）》（博士学位论文，南开大学，2016），王珣、李翔《政争、舆论与五四——以研究系为中心探究》（《贵州文史丛刊》2017 年第 1 期）等。

识不易凝聚，政治性群体动员难以奏效。正如郑观应所言，中国幅员辽阔，"各省距京师远则数千里，近亦数百里，合沿海、沿边诸属国、属部、属藩周围约四五万里，鞭长莫及，文报稽延"，[①] 信息传播极其困难，社会信息空间极小，如此广袤区域内自然难有共同的文化心理基础，更遑论基于此的群体性运动。孙中山所称中国人缺少民族国家观念，政治上时常表现为"一盘散沙"，即是这种落后生活方式的后果之一。

由此或许可以理解，1895 年甲午战败后的割地赔款和 1900 年庚子事变失败及其耻辱性赔偿条款的信息，限于技术条件仅在知识精英和政治精英间传播；清廷甚至绘制清军大胜的图画四处散发以愚弄民众，[②] 各地民众难以了解真相，即使获得相关信息，也因不具有民族国家意识而自觉事不关己，无法凝聚成群体性的共同感受，自然不可能形成群体性的抗议事件。

现代传媒技术的功能在于快速传播信息，并使信息呈现出即时性、公开性和受众广泛性的特征，在短期内使一两个社会问题成为关注焦点，舆论浪潮常会使民众情绪亢奋并相互激荡，造成集体社会行为的氛围，政府不得不做出反应以免社会暴动不期而至，对立力量却会极力推动以达相反目的。这种博弈潜藏于思潮背后或不为人知，却是一时思潮的重要推手。1919 年巴黎和会上中国外交失败的消息，之所以能刺激全国并形成巨大的舆论压力和群体性抗议活动，关键在于 19、20 世纪之交中国社会处于一个基于外贸拉动的对外开放、新式传媒与交通技术改变信息传播方式、西学渐兴、倡导政治共和但新旧纷争深刻激烈的复杂社会形态中，近代民族主义思潮传入并激发起"亡国灭种"的心理压力，各种政治力量从中兴风作浪。在此复杂背景下，或许才可以理解那一时代人们的价值观与思想方式的变革。

二　奠基民族主义：技术推广及现代教育展开

如果放眼以工业技术为基础的市场经济体系向全球持续扩张的世界近代历史进程可知，其实中国社会的巨大变革并非由 20 世纪初开始，也不只

---

① 《盛世危言》卷 6《开源》，任智勇、戴圆编《郑观应卷》，中国人民大学出版社，2014，第 103 页。
② 蒋梦麟：《西潮·新潮》，岳麓书社，2000，第 41 页。

是发生在辛亥革命后政治体制巨变上，而是自 1860 年代洋务运动始展开的技术与经济变革，就已推动起"三千年未有之变局"。至 1920 年前，中国有近代工厂 1759 家，总资本额 5 亿元，工人数量达 55.8 万人。[1] 成长中的工业尽管薄弱，但对能源、交通、通信业有了持续需求。自 1860 年代，西方外交人士及商人尝试推动在中国铺设电报线路。在直隶总督、北洋大臣李鸿章的支持下，以天津为中心展开全国电报网络的建设，铺设了多条国际电报线路，总长 3300 余公里。[2] 至 1910 年代，全国重要城市均接通了有线电报，无线电报也在扩大联通中，莫尔斯自动电报机批量引进，以电报为主的近代通信技术联通世界，信息得以长距离快速传输，各大报纸有了充足稿源，直接改善了新闻采集和传播的方式。

　　19 世纪，传教士将西方近代印刷术带入中国，历经改造与适应，使报纸、书籍、杂志的批量印刷成为可能，也使知识的廉价复制及快速且广泛的传播成为可能。1912 年，上海申报馆购进亚尔化公司的双轮转印刷机，最高印速 2000 张/时，虽非世界最高水平，但印刷效率大大提高。商务印书馆引进了世界上最好的凸印、平印、凹印、珂罗版设备及技术，印刷质量显著提升。[3] 同一时期，大英机、米利机、轮转铅版等各类印刷机相继进入上海和全国各地。[4] 在印刷技术推动下，清末最后十年间出现了 140 余种白话报及杂志。[5] 1919 年，全国有报刊 400 余种，如北京的《新青年》《每周评论》《晨报》，上海的《申报》《东方杂志》，天津的《大公报》等，适合于不同程度的读者。同时，印刷机可以快速印制小册子、传单、揭帖等宣传品，宣传效应在五四运动中广受关注，"揭帖标识视同仇敌"，[6] 形成维护

---

① 刘明逵、唐玉良主编《中国近代工人阶级和工人运动》第 1 册，中共中央党校出版社，2002，第 84 页。

② 罗澍伟主编《近代天津城市史》，中国社会科学出版社，1993，第 245—246 页。

③ 曲德森主编《中国印刷发展史图鉴》下册，山西教育出版社、北京艺术与科学电子出版社，2013，第 578 页。

④ 1919 年，上海进口印刷机及造纸机费用达 67470 关平两，数额虽远不及纺织机器和动力机器，但每年均在增长。《上海进口机器统计》，上海市工商行政管理局、上海市第一机电工业局机器工业史料组编《上海民族机器工业》上册，中华书局，1979，第 435 页。

⑤ 陈万雄：《五四新文化的源流》，第 134 页。

⑥ 《江苏教育厅转饬镇压反日运动保卫日人函》（1919 年 5 月 26 日），中国社会科学院近代史研究所、中国第二历史档案馆史料编辑部编《五四爱国运动档案资料》，中国社会科学出版社，1980，第 198 页。

主权的滔滔民意。口口相传、纸笔传抄是最传统的信息传播模式，近代印刷术的应用带来了信息网络的颠覆性变革，文字及信息的传播促进了本国语言的无限扩张，这是民族国家观念形成的核心基础。如詹姆斯·W. 凯瑞（James W. Carey）所言，"把广袤的地域和庞大的人口凝聚成一个文化整体"，这就是印刷机和土木工程的社会意义。①

1842 年中英《南京条约》签订后，伴随五口通商而来的是现代轮船运输业的展开，沪港航线于 1851 年设立。其后沿海航线联结了所有开埠港口，内河航线则沿长江深入南京、武汉、九江等内陆河港。自 1875 年英人在上海修建淞沪铁路后，陆上交通方式发生巨变。至 1912 年底津浦铁路通车止，中国共有 9000 余公里的铁路线，京汉、津浦、沪宁、正太、胶济、陇海、京张、京奉、南满、中东等线联结了东中部主要城镇和港口城市，为邮政业开通奠定了交通基础。

1878 年 3 月 23 日，天津成立海关书信馆，对公众开放，这是中国近代邮政事业诞生的标志。英法租界也开办邮局对外服务。上海等开埠城市也相继开设邮政业务。在传递信件的同时，邮局还开办了邮递报纸的业务。1919 年全国各地邮局邮务工役 14697 人，② 交寄报纸达 6789 万余件，1920 年增至 8052.8 万件。③ 以铁路、航运和邮政为代表的交通运输体系，进一步推动了信息的大规模、快速流通。

进入近代，多数国家都设立大学以培养人才。大学因知识密集、思想多元而成为信息交流的区域中心；处于青春时代的学生，因少有生活负担，最具敏感性，不乏激情，而常处于民族主义思潮建构的前沿，也是传播新思想和实践新理念的主要群体。1905 年清廷废除科举制后，由政府、私人团体、教会等建立的新式学堂、中学校、大学校逐渐发展起来。1909 年，在校注册生超过 10 万人的有四川等 3 个省，5 万人至 10 万人的有 10 个省，2 万人至 5 万人的有 7 个省，学生数量最少的吉林、黑龙江和新疆也有 7000 人至 1 万人。④ 1902—1911 年全国的各类学堂就发生过 502 次大小不等的学

① 〔美〕詹姆斯·W. 凯瑞：《作为文化的传播》，丁未译，华夏出版社，2005，引言。
② 刘明逵、唐玉良主编《中国近代工人阶级和工人运动》第 1 册，第 165 页。
③ 张梁任：《中国邮政》中卷，上海书店，1990 年影印版，插表。
④ 桑兵：《晚清学堂学生与社会变迁》，学林出版社，1995，第 3 页。

潮,① 其中 1902—1905 年各省市学潮统计见表 1。原因不同,对于学生的群体动员与组织能力是一个重要训练。教会所办大中学堂,课程及管理常常独立而为,令习惯于意识形态管控的北京政府时常无奈。

表 1　1902—1905 年各省市学潮统计

单位:次

年份	江苏	浙江	湖北	广东	直隶	安徽	北京	湖南	福建	江西	河南	广西	贵州	四川	云南	陕西	甘肃	总计
1902	4	5		2		1				1	1	1		1				16
1903	20	6	5	5	2	4	4	1	2	3	2	1	1	2		1		59
1904	18	8	10	4	7	3	3	5	5	1	1		1				1	67
1905	6		1	2	1	1	2	1		1								18
总计	48	19	16	13	10	9	8	8	6	5	2	2	2	1	1	1	160

资料来源:参见桑兵《晚清学堂学生与社会变迁》,第 100 页。

　　历经民初"壬子学制""壬子癸丑学制"的改造,中国近代教育体系渐趋完整。至 1917 年,全国有大学 84 所,在校大学生 19823 人,② 平均每校有 236 名学生。1915 年,全国有中学 805 所,在校生 87929 人,③ 平均每校有 109 名学生。1918 年,全国有小学生 4852642 人。④ 大中学校集中于沿海沿江城市和省府所在地,与城镇新兴职业群体联系密切,在文化上对城镇具有辐射力,现代信息技术的运用也更有利于信息传播和学生群体的联络、组织与动员。此外,民国初年不少公立学校的设立,多为争取庚款,一些政治集团借此培植势力,对于学运影响颇大。⑤

　　知识群体的规模扩大在"天下为公"的思维模式和救国救民的危机意识导向下,必然产生群体性的时政思考与关怀,也必然发出群体性声音。清末学潮本身即是对学生的参政训练,由此逐步形成相应的思维惯性和行为路径。然而清末学潮尚处于一个积累阶段,多为一校一地或区域性的,因人数过少、地域层次和信息传播的限制难以扩展,但这种积累在民初信

① 桑兵:《晚清学堂学生与社会变迁》,第 5 页。
② 陈翊林:《最近三十年中国教育史》,上海太平洋书店,1930,第 270—272 页。
③ 教育部教育年鉴编纂委员会:《第二次中国教育年鉴》,商务印书馆,1947,第 1428 页。
④ 陈学洵主编《中国近代教育史教学参考资料》下册,人民教育出版社,1987,第 367 页。
⑤ 吕芳上:《从学生运动到运动学生(民国八年至十八年)》,台北,中研院近代史研究所,2015,第 6—7 页。

息技术渐成体系、信息传达较为流畅，特别是民族主义情感因"亡国灭种"的时代危机愈发强烈的背景下，学生群体间、学校间和区域间的联合水到渠成，五四运动的发起及延续显然并非凭空而来。

正如本尼迪克特·安德森（Benedict Andersen）所言，印刷语言"奠定了民族意识的基础"，并"使得一个新形式的共同体成为可能"。① 麦克卢汉（Marshall McLuhan）形象地称印刷机是"民族主义的建筑师"。② 在 20 世纪初的中国，借助信息与交通技术的应用，一个统一的信息共享系统渐次形成，人、物与信息交流的范围扩大，频率大大提升，社会流动加快，传统的社会结构不断被解构，一定区域内人们的同质性成分大增，社会成员间凝聚力与一体感明显增强。国家主权和民族国家的观念持续传播，面积广大的中国有可能在思想、文化观念上既与世界同步，也与各地相近，达成基本的思维近似和文化认同。在民族主义思潮推动下，五四运动产生的共同心理基础得以奠定。

三　政治纷争掀起抗议浪潮

只要有信息技术的推动，即可实现新知识的传递，进而引发思潮纷涌和社会运动的话，这只是一个理论预设。③ 影响社会运动产生和发展的诸因素间没有某种非历史性的、一成不变的联系。④ 在从传统向现代转型的清末民初中国社会，政治管控和意识形态的压力同样是制约信息传播、思想自由的巨大障碍。

然而历史的巧合在于，1911 年的辛亥革命结束了延续两千多年的帝制，这一政治巨变的深刻影响力似乎并未得到足够重视。民国建立后彻底废除了皇权体制对舆论的控制，政党纷起是社团林立、报刊繁荣、思潮纷涌的重要助力。从政治传承意义上讲，辛亥革命与新文化运动发生之间具有不

---

① 〔美〕本尼迪克特·安德森：《想象的共同体——民族主义的起源与分布》，吴叡人译，上海人民出版社，2005，第 45 页。

② 〔加〕马歇尔·麦克卢汉：《理解媒介——论人的延伸》，何道宽译，商务印书馆，2000，第 217 页。

③ 熊玉文：《信息传播技术与五四运动》，《社会科学动态》2018 年第 7 期。

④ 赵鼎新：《社会与政治运动讲义》，社会科学文献出版社，2006，第 22 页。

可分割的关系。1916 年 6 月袁世凯病故后，黎元洪、段祺瑞上台，废除了《报纸条例》，取缔了报刊稿件预审制度。当有人提议以前清的《大清报律》取代《报纸条例》时，段祺瑞认为"报律系定自前清，尤不宜共和政体，应暂持放任主义，俟将来查看情形再定办法"。① 这一宽松政策为新文化运动兴起提供了必要的舆论空间。《新青年》不仅鼓动文学革命，而且支持对德宣战，段祺瑞政权由此容忍了新文化人士的一些过激言论。此外，北大革命派几乎无一例外受聘于政府，在教育部领导下从事国语统一工作。这一时期"强南以就北"的国语统一计划与"武力统一"的政治计划，有着文武协同、齐头并进的意义。② 可见，教育部下令整合全国教育体系并强制推广白话文，使文学革命及白话文的推广取得了革命性效果。

此外，随着袁世凯的辞世，北洋军阀逐步分化。皖系段祺瑞，直系冯国璋、曹锟及吴佩孚，奉系张作霖以及西南军阀各据一方，围绕中央政权争执不下，致使北京政府总统及国务总理如走马灯般更替，不少报刊各有背景、倾向明显，如研究系支持的《晨报》《国民公报》等，安福系和段祺瑞支持的《公言报》等；国民党虽处非法状态，但以广东为据点，对北方的宣传和抨击一刻未停；国会议员则在多方争夺中各擅其场，莫衷一是。在沿海开埠城市上海、天津、青岛、厦门、广州、武汉等地的租界中，具有域外视野的中英文报刊刊登大量外来信息及对中国社会变革的别样理解。此时，政治信息的场域早已划分清楚，形成了政争的暗流与明潮。

为什么是 1910 年代中期形成了新文化运动的高潮？民国初年的共和体制引发了政党纷起，党争、军阀纷争及外方势力的多方博弈，以及他们为自身合法性及权力正当性所进行的针锋相对的宣传，使长期以来中国舆论一律的形态渐渐演变成多元场域。在传统文化无法为近代中国的发展提供方向性指引时，以现代性为核心的新思想、新文化便蜂拥而入。在中国向何处去的时代主题下，先进的知识人群体纷纷找寻西方理论并大力译介，敏锐和朝气的大中学校青年学生群体迅速接受。既有时代需求，又有政治空间，更有积极响应者，新文化运动的高扬水到渠成。此时在中国讲学的

---

① 《国会与报界之今后责任》，《申报》1916 年 7 月 22 日，第 6 版。
② 程巍：《"五四"：漂浮的能指》，《中华读书报》2009 年 4 月 29 日，第 13 版。

美国教育家杜威敏锐地意识到，之前从未进行过政治游行的学生，现在变成了民族主义运动的领袖。[1] 民族主义思潮在"救中国"的共同心理基础上席卷一切，成为最能激发情感、最能刺激神经、最能感动亿万民众的滔天巨浪。

1919 年 1 月 18 日，巴黎和会在法国外交部召开，陆征祥、王正廷代表中国出席，两人是当时南北政府在"一致对外"背景下经妥协确定的参会人选。此后四个月，五人组成的中国代表团采取各种方式力求将德国在山东的权益直接收回。然而在一战期间英、法、意与日本达成让渡山东权益的密约，美国为自身利益最终也选择支持日本的外部环境下，中国还要承受一战即将结束之际将原与德国签署的高徐、济顺铁路借款合同转给日本，从而留下默认日本继承德国在山东权益"口实"的压力。中国代表团先是提出直接归还山东权益遭拒，继而提出将山东权益置于五国共管被日本否决，再提出五国共管于一年后交还中国等议案不被受理，最终大会决议山东权益由德国转至日本再转交中国。直至 5 月 6 日和会议定对德和约公布、中国外交失败，中方代表团所有努力始终未获大会认可。

3 月 22 日，面对欧美四大国日益倾向日本意见的压力，中方代表团尚在权衡利弊寻求对策之际，受命前往巴黎参与中国代表团幕后商讨的梁启超，以电报形式将外交失败信息透露给报刊，舆论为之沸腾。激于爱国热情的学生，立即掀起了一场反对日本接管德国在山东权益的抗议声浪。

当得知北京学生意欲抗议后，安福系与皖系的政敌找到了一个反对皖系主导北京政府的最佳机遇。他们将山东问题的责任人确定为段祺瑞政权内部的曹汝霖、徐树铮、陆宗舆、章宗祥等，通过报刊宣传，引导舆论风向。[2]《申报》在 3 月 31 日和 4 月 17 日、18 日、20 日、23 日连续报道曹、章、陆三人在对日外交中的行径，《每周评论》连续刊文痛责三人，其他报刊迅速跟进，大量报道引导公众目光锁定三人。同时，掌握外交委员会的研究系成员汪大燮、林长民、梁启超持续合作，将巴黎和会消息传入国内，继而与国民外交协会等团体联合致电中国代表团，意在既影响中方代表团

① 〔美〕伊凡琳·杜威编《杜威家书：1919 年所见中国与日本》，刘幸译，北京师范大学出版社，2016，第 160 页。
② 《七团体和平抗议》，《民国日报》1919 年 4 月 18 日，第 10 版。

决策，又引起国内舆论关注。①

处于"南北统一"压力下的西南诸省，号召各省议会"一致电巴黎会议，拥护陆、顾、王诸使……此电事关重要，绝对宜守秘密，万勿向外发表"。②明为维护权益，实则意在煽动政潮冲击北京政府，以减轻西南诸省的军事和政治压力。

在致电巴黎和会四国领袖时，安福国会尽力强调对德宣战后中德条约自然中止，意在将德、日继承权划分开，强调归还中国的必然性，更意在开脱段祺瑞政权在外交上的失败责任。在和会外交败局已定、民族主义浪潮达于顶点之际，主管外交的北京政府及背后的皖系自然难以控制局势，一切解释都是徒劳的。

5月2日，外务委员会委员、干事长林长民在《晨报》发表"代论"，声称"胶州亡矣，山东亡矣，国不国矣！愿我四万万合众誓死图之"，③成为五四运动的导火索。5月3日下午，研究系主导的国民外交协会决议定5月7日为国耻纪念日，将在中央公园召开国民大会。北大校园躁动起来，学生们决定4日赴天安门游行示威。在和平请愿不得要领之后，不得发泄的学生转奔较近的赵家楼胡同曹汝霖住宅进行抗议。已派去曹宅防范意外的警察，以上级命令"文明对待"为由，任由学生将抗议活动发展至砸门而入、怒打章宗祥并火烧曹宅后才出手抓人。④

火烧曹宅事件发生后，学生抗议方式引发争议。为避免再起冲突，国民外交协会取消了原定在中央公园举行的国耻纪念会，但发表声明直斥山东密约签署人曹、章、陆三人。康有为也通电支持学运。安福系操纵的《公言报》为曹、章、陆三人辩护，称指责纯属"捕风捉影"，批评学生扰乱社会治安、侵害私权实不应该，⑤此后连续发文批评《晨报》与研究系操纵学运。⑥北京政府严密封锁学潮消息的努力，在新的传媒技术手段面前根本无济于事。

---

① 邓野：《巴黎和会与北京政府的内外博弈》，第95—96页。
② 《吴景濂函电存稿》，《近代史资料》总第42号，中华书局，1980，第87—88页。
③ 林长民：《外交警报警告国民》，《晨报》1919年5月2日，第2版。
④ 《曹汝霖一生之回忆》，中国大百科全书出版社，2009，第206页。
⑤ 《昨天北京各校学生之大捣乱》，《公言报》1919年5月5日，转引自邓野《巴黎和会与北京政府的内外博弈》，第104页。
⑥ 邓野：《巴黎和会与北京政府的内外博弈》，第106页。

此时，营救在曹宅被捕的 32 名学生成为舆论焦点。最早联名出面保释的是研究系首领梁敬镎、汪大燮、王宠惠、林长民等，还有熊希龄、范源濂等，远在法国的梁启超也致电大总统徐世昌为学生求情。属于直系的江西督军陈光远，甚至皖系卢永祥也感动于学生爱国热情而通电吁请放人。吴佩孚在湖南支持驱逐督军张敬尧，被誉为"革命将军"，此时也公开反对逮捕学生。[①] 随即，北京各高校校长也联合保释学生。5 月 5 日，汪大燮上书徐世昌总统要求保释学生；6 日，熊希龄、范源濂等与天津十几个学校校长联名再提释放学生请求。在各方压力下，首都警察厅于 5 月 7 日释放学生。围绕释放学生与否，听命段祺瑞的钱能训内阁与总统徐世昌间也发生暗斗，差点引发内阁总辞职。[②]

就在北京政府内部争斗之际，广东军政府也借机发起宣传战，致电北方要求释放学生，同时孙中山指示《民国日报》要多宣传学生运动，鼓动上海学生响应。[③] 非常国会也通电谴责北京政府，支持严惩"外而阻挠赴欧代表之要求撤消中日密约及交还青岛；内则希图破坏上海和议"的曹、章、陆。[④] 七总裁之一的唐绍仪通电声援学生，并将矛头直指曹、章、陆背后的段祺瑞，意在利用学潮抹黑北京政府以宣扬南方政权的合法性。上海则在 5 月 7 日召开国耻纪念大会，国民党人孙洪伊主持大会，但气氛较为温和。会后，素以亲日派著称的张继、戴天仇、何天炯等人，却在记者招待会上直斥日本在甲午战后的对华侵略行径。[⑤]

政治势力的利用推动五四学生示威活动走向高潮。此时，总统徐世昌与操纵国务院的段祺瑞间矛盾日深。进步党首领汤化龙指使其秘书长林长民协助徐世昌在舆论上倒段。林长民每天到各高校讲演，"明晰事实，鼓励情感"，不仅抨击段系曹汝霖经办的高徐、顺济铁路借款，甚至对与之毫不

---

①　陶菊隐：《吴佩孚将军传》，中华书局，1941，第 21 页。出于反皖系的政治需要，此后吴氏对于学生运动的态度一如既往，参见《吴佩孚等对处理学生爱国运动态度电》（1919 年 6 月 9 日），唐锡存等主编《吴佩孚文存》，吉林文史出版社，2004，第 248—249 页。

②　邓野：《巴黎和会与北京政府的内外博弈》，第 110—111 页。

③　《给邵力子的指示》（1919 年 5 月 9 日），李吉奎、张文苑、林家有编《孙中山全集续编》第 2 卷，中华书局，2017，第 378—379 页。

④　《广东参众两院通电》，《大公报》（长沙）1919 年 5 月 18 日，第 2 版。

⑤　「在上海有吉總領事ヨリ内田外務大臣宛（電報）」（1919 年 5 月 8 日）、「上海ニ於ケル五月七日ノ国恥記念日大会ノ情況ニ関スル護軍使盧永祥ノ談話等報告ノ件」外務省編『日本外交文書』（大正 8 年）第 2 冊下卷、外務省、1970、1161—1162 頁。

相干的吉林森林借款等也加以抨击。与政界来往密切的记者吴虬记载，"林长民利用学生爱国热诚，将各项借款，与巴黎和约，糅杂牵连，以乱学生耳目，日与徐世铮勾结曹汝霖卖国之说，聒于众耳"，学生到赵家楼之所以痛殴章宗祥，均以为其是曹汝霖。他推断，"在革命史上有名之'五四运动'遂由林氏一人造成。学生心地光明，其行动在历史上确有价值，不过就当日实际情形而论，却为林氏利用而不觉"。由此感叹："学生一片赤忱，焉有余暇探索政治内幕。殊不知此事徐世昌为幕后政战总司令，林长民为临时前敌总指挥，徐（世昌）意在对段示威，林意在对段泄愤，徐、林各有隐情，倒段目标相同，成则利己，败则损人，此中微妙作用，局外乌得洞悉。"① 曹汝霖也有类似的评价。②

已有研究认为，推动五四学潮的有以徐世昌为首的力量、研究系势力和教育界的国民党势力。③ 然而日本人的情报提示，参与推动学潮反段者除了研究系外，④ 还有直系，矛头直指曾任内阁总理的熊希龄和前代理总统冯国璋；⑤ 判断支持学运的部分经费来自旧交通系的梁士诒、冯国璋等。⑥ 5月中旬，在学运走向高潮之际，段祺瑞向来访的日本公使小幡酉吉透露，五四运动是由"在政界失意的党派为争夺政权而借口外交问题全力打倒亲日派"而发动的。⑦ 此外，欧美同学会意欲夺取亲日派的权力支持学运，一些教会学校因地位特殊而成为学运的大本营，甚至美英势力也积极参与了

---

① 吴虬：《北洋派之起源及其崩溃》，荣孟源、章伯锋主编《近代稗海》第6辑，四川人民出版社，1987，第240—241页。

② 《曹汝霖一生之回忆》，第210—211页。

③ 冯筱才：《政争与五四：从外交斗争到群众运动》，《开放时代》2011年第4期。

④ 在中国小幡公使ヨリ内田外務大臣宛（電報）（1919年5月5日）「北京ニ於ケル支那学生暴行ニ関スル件：曹汝霖、章公使遭難ニ関スル件（分割1）」、外交史料館蔵、JACAR（アジア歴史資料センター）Ref. B11090275300。

⑤ 在中国小幡公使ヨリ内田外務大臣宛（1919年5月8日）「巴里講和会議ニ於ケル山東問題処理ニ憤激ノ北京学生ノ暴動及其後ノ状況ニ関シ詳報ノ件」外務省編『日本外交文書』（大正8年）第2冊下巻、外務省、1970、1147—1148頁。

⑥ 在中国小幡公使ヨリ内田外務大臣宛「北京学生ノ排日運動費出所ニ関スル件」（1919年6月16日）外務省編『日本外交文書（大正八年）』第2冊下巻、外務省、1970、1296—1297頁。

⑦ 在中国小幡公使ヨリ内田外務大臣宛（電報）「段祺瑞ト会見要領報告ノ件」（1919年5月15日）、外交史料館蔵、JACAR（アジア歴史資料センター）Ref. B03050041400。

天津、济南、汉口等地的民众抗议运动。① 进入 6 月，日本人甚至认为美国驻北京兵营是运动的"阴谋本部"，将 1918 年在中国募集的欧战伤员救济经费中的 40 万元用于支持反日的五四运动。② 为辟幕后势力操纵学运之谣，北京 34 校公布接受社会各界捐款，共计 2426.34 元、票洋 819 元、铜元 28047 枚。③ 这个捐款数额显然并不能支撑学运。

多年后，曹汝霖回忆道："学生运动，可分前后两段，前段纯系学生不明事实，出于爱国心，虽有暴行，尚可原谅。后段则学生全被利用，为人工具。"④ 梁启超则称，五四运动"与其说是纯外交的，毋宁说是半内政的，因为他进行路向，含督责政府的意味很多"。⑤ 梁氏这一评价颇有天机泄漏之嫌。王缉唐、曾毓隽在回答张作霖咨询电时称，学潮"系研究系暗中唆使，虽无切实凭据，而蛛丝马迹，处处可寻，中央误于以文明对待四字，酿成巨变"。⑥ 时任国会参议院副议长的田一琼在给阎锡山的电报中也称："此事主动为林长民、汪大燮、王宠惠等，欲以外交失败之罪，加诸曹、张，以牵动合肥，用意至为深险。"⑦ 晋系赵戴文认为："此次外交失败，民气不平，自在意中。而研究系之借题推倒段系，亦自有迹可寻。"⑧ 邓野的研究也认为，五四学潮不是一个纯粹的民众运动，学潮的导火索是研究系点燃的。⑨

---

① 東在中國日本公使館附陆军武官ヨリ上原参謀総长宛（電報）「北京学生暴動ノ原因及英米人ノ行動ニ関スル情報報告ノ件」（1919 年 5 月 12 日）、在天津亀井総領事代理ヨリ内田外務大臣宛「青島直接還附要求及日貨排斥運動ノ天津ニ於ケル状況報告ノ件」（1919 年 5 月 12 日）、在済南山田領事代理ヨリ内田外務大臣宛「国恥記念大会開催前後ニ於ケル英米人ノ活動振リニ関スル件」（1919 年 5 月 12 日）外務省編『日本外交文書』（大正 8 年）第 2 冊下卷、外務省、1970、1171—1173 頁、1175 頁。

② 東在中国日本公使館附陸軍武官ヨリ上原参謀総长宛（電報）「時局ニ関スル安福派領袖ノ談話ノ報告ノ件」（1919 年 6 月 11 日）外務省編『日本外交文書』（大正 8 年）第 2 冊下卷、外務省、1970、1500 頁。

③ 在中国小幡公使ヨリ内田外務大臣宛「北京学生ノ排日運動費出所ニ関スル件」（1919 年 6 月 16 日）外務省編『日本外交文書』（大正 8 年）第 2 冊下卷、外務省、1970、1297—1298 頁。

④ 《曹汝霖一生之回忆》，第 211 页。

⑤ 梁启超：《外交欤内政欤》（1921 年 12 月 20 日），《饮冰室合集·文集之十三》，中华书局，2015，第 52 页。

⑥ 《王辑唐、曾毓隽致张作霖电》（1919 年 6 月 13 日），转引自邓野《巴黎和会与北京政府的内外博弈》，第 146 页。

⑦ 林清芬编注《阎锡山档案（要电录存）》第 5 册，台北，"国史馆"，2003，第 15 页。

⑧ 林清芬编注《阎锡山档案（要电录存）》第 5 册，第 31—32 页。

⑨ 邓野：《巴黎和会与北京政府的内外博弈》，第 116 页。

此时明显存在助推五四学潮持续发展的明暗两股力量，一股是民族情感与爱国情怀，由学生抗议、被捕的"哀兵"之势遍染全国，形成了强大的心理感染力；与此同时，山东问题也让不少国人意识到，日本对中国的渗透与侵略已非常深重，必须采取集体抵抗行动才有希望。① 北京学生运动得到了全国主要省市知识分子群体和民众的激情支持。一股是诸种政治力量在反对皖系政权和安福系的旗帜下南北呼应，在对学潮的充分利用中助推运动向全国蔓延，意在形成配合政争的舆论力量。两股力量借助由电报、报刊、邮政和交通构建的信息与人员的快速流动，让学潮持续发酵，欲罢不能。

四　舆论、工商利益、政力助推抗议延伸

在当时信息传播的条件下，电报无疑是最便捷的通达工具，学生与工人、商会的通电抗议和动员，政治家间的相互诘难都借此展开。一些政治家如吴佩孚等还借机树立起"开明将军"的政治形象。作为信息传递起点的北京、天津、上海、济南等地的学生联合会，均派联络员赴各地省会及城乡传递信息以寻求支持。② 33 个小时即可从北京到达上海的津浦、沪宁铁路，以及 20 个小时可从北京到达汉口的京汉铁路，发挥了承载北京学生南下宣传的作用。铁路开通了近代邮政的运输通道，使南北报刊快速流通起来，并由沿线城市再散向偏僻城乡。很难说，信息所到之处必会引发抗议浪潮，但心有所同，情有所系，民族主义情感在无声地滋长。

由于电报、报刊等媒体将巴黎和会外交失败、北京学潮的消息传播扩散，各地学生均有所反应。北京政府担心学潮蔓延，连续下令命各地严禁学生干政，声称学生爱国，"端在持以镇静，稍涉纷扰，恐速沦胥，名为爱国，适以误国"。③ 学生"高谈政治，心志易纷"，"苟有逾越范围者，虽素所亲爱，亦未敢放弃职责"。④ 然而学潮必然推动民众运动，也不易控制在

---

① 〔美〕伊凡琳·杜威编《杜威家书：1919 年所见中国与日本》，第 168 页。
② 董振平：《信息传递与五四运动》，《齐鲁学刊》2010 年第 2 期。
③ 《内务部转饬严禁学生干预政治训令稿》（1919 年 5 月 22 日），《五四爱国运动档案资料》，第 192—193 页。
④ 《内务部转饬镇压学生爱国运动训令稿》（1919 年 5 月 22 日），《五四爱国运动档案资料》，第 194 页。

法律范围内，北京出现"制成泥偶，指作日人，陈列道路，加以种种污辱"的现象，学生在游行中声言日本是"敌国"。上海商业公团联合会、洋货商业公会、国民励耻会、全国和平联合会等社团，多次致电巴黎和会中国代表团和国务院，要求在山东问题上坚持勿让。安徽芜湖等地先后出现"击毁日人商店，殴伤日人情事"。① 5 月 23 日，济南中学以上学校一律罢课，"学生激于爱国愚诚，时有开会集议、游行演说、散布传单、抑制日货情事"。② 5 月 25 日，南京大中桥附近有学生投鸡翎信于某杂货店，声言"日本散放锰水、制造牙粉丸药，毒害中国人"等，以激发众怒。③ 孙中山则在上海接见学联代表时鼓励要大胆行动，"要有牺牲精神，要有突击运动，要扩大阵线，要设法激起怒潮来"。④ 由于临近暑假，有的高校提前放假以免学潮持续，学潮由此走出校园、城市向社会底层蔓延，但也在逐步平息。耐人寻味的是，从五四至六三，这样一场以民族主义思潮激发而起的爱国运动，北大"除蔡校长劝导外，没有教职员参加"，⑤ 个中缘由令人费解。

　　在由学运而起的"抵制日货"浪潮中，除了华商在爱国主义旗帜下为抢占日货市场而坚决支持学运外，在华欧美企业顺势而为、参与其中，意图夺占因一战失去的市场份额，重返中国市场，借此深化与华商的合作，可谓"一石二鸟"。

　　5 月底 6 月初，五四学潮从北京向以上海为中心的南方扩展，尽管各地当局采取了阻碍学生深入城乡宣传的种种措施，如交通部下令上海电报局"概不得收发"学生罢课的电报，检查北京官商各电，⑥ 但收效甚微。5 月 17 日，《申报》《新闻报》《时报》《神州日报》《时事新报》《中华新报》

---

① 《内务部镇压北京反日运动训令稿》（1919 年 5 月 23 日），《芜湖警察厅报告日领无理要挟及日水兵寻衅文电》（1919 年 5 月至 7 月），《五四爱国运动档案资料》，第 195—196、219—220 页。

② 《张树元等报告山东学生罢课游行已严令取缔密电》（1919 年 5 月 29 日），《五四爱国运动档案资料》，第 207 页。

③ 《江苏省教育厅关于侦防智愿救国党等反日活动函》（1919 年 5 月 26 日），《五四爱国运动档案资料》，第 213 页。

④ 《对上海学联的建议》（1919 年 5 月 29 日），李吉奎、张文苑、林家有编《孙中山全集续编》第 2 卷，第 380 页。

⑤ 陶希圣：《潮流与点滴》，中国大百科全书出版社，2009，第 47 页。

⑥ 《扣留文电之官场手段》，《申报》1919 年 6 月 1 日，第 11—12 版；《连日外国电报局之忙碌》，《晨报》1919 年 6 月 7 日，第 6 版。

《民国日报》联合宣布，自 5 月 14 日起不收日商广告。① 5 月 26 日，上海 48 个大中学校约万人在公共体育场集会，随后上海、南京、苏州等地多所学校宣布罢课，② 不仅拉开了以上海为中心的大规模抗议运动的序幕，运动也从北京时期主要由学生群体参与的形式逐步发展到大批工人、商人参与，学潮向着罢课、罢工、罢市的纵深持续前行。

　　一战时期，参战的西方列强在远东的扩张能力受到了较大约束，除日、美外的外国工商业多陷于困顿状态，华商借此快速发展，抢占国内市场份额。至 1919 年，中国的近代工业有了较大增长，华商工厂增至 1759 个，增加了 157%，资本额达 5 亿多元，工人数量有 150 万人（1894 年为 9.1 万—9.8 万人，1913 年为 50 万—60 万人，一说 117.6 万人）。③ 中国近代产业分布极不平衡，近代工厂主要集中在上海及长江出海口、港粤、汉口与长沙、山东青岛与济南、京津、辽东半岛六个地区，集中度在 90% 以上。在以轻工业为主的产业结构里，1919 年前后的棉纺织业工人达 33.5 万人。近代工业集中的上海、广州、汉口、天津四大城市，工人数量至少占全国的 80%，上海一地的工人数量就占全国的 46.4%，这一占比直至 1910 年代也没有发生大的变化。④ 显然，上海的工人数量最有条件推动罢工活动展开，也最能产生社会、经济上的巨大影响力。

　　如前所述，如果说诸多信息的传播激发了知识分子群体的民族主义情感和爱国热情，进而使学生群体具有了救国反日的共同心理基础，加上一些城市开办了"学生储金"以支持罢课行为，⑤ 在政潮暗涌助推下，学潮自北向南推展具有内在逻辑。为生活奔波的工人群体，为利益而逐的商人群体，有着一定的亡国忧患意识，但受教育和生活的限制，未必能理解学潮抗议的价值。持续月余的"三罢"真相如何？难道真的无人组织？其经济来源为何？观前思后，难以自圆。

　　在爱国运动轰然而起后，基于民族国家立场，一些商人深受感染但也

① 《广告》，《申报》1919 年 5 月 17 日，第 1 版。

② 《李纯等报告沪宁等地学校罢课电》（1919 年 5 月 29 日），《五四爱国运动档案资料》，第 216 页。

③ 刘明逵、唐玉良主编《中国近代工人阶级和工人运动》第 1 册，第 84、109—110、131、200—201 页。

④ 刘明逵、唐玉良主编《中国近代工人阶级和工人运动》第 1 册，第 191—193、131 页。

⑤ 《各界对外表示之昨讯》，《申报》1919 年 5 月 17 日，第 10 版。

倍感压力。以营利为根本的商人群体，对于是否参加罢市、罢工，肯定有利益考量。总体而言，从事对外贸易者损失极大，极不情愿参加罢市；从事企业生产者，特别是与日本产品雷同并具有竞争关系者，多会积极支持抵制日货，借此抢占空缺出来的市场份额（见表2）。①《申报》上连篇累牍的"倡导国货"广告，公与私的考量令人难辨。从事店铺经营的小商贩，小本经营，不愿长期罢市，否则难以生存。

表2　《申报》所载1919年5月12日—6月3日上海各业公会抑制日货决议一览

发布时间	行业名称	主要内容
5月12日	火车转运业	不代客商运输日本货物，不收用日本钞票
5月14日	颜料什货公所	抑制日货，不装日轮，不用日钞
5月14日	花纱业	停止对日商交易
5月14日	煤炭业	不用日货，使用国内自产煤
5月15日	麸业	不买日货，不用日钞，不装日轮，拒绝日人支票
5月17日	绸缎业	不再续定日货，所存日货售尽为止
5月19日	西药业	概不进货
5月20日	糖业	不再定货、业外之货，不得冒混，违规罚银二两
5月20日	木商公所	现货定货卖完为止，不再定货
5月20日	沪绍水木业公所	所有木料、五金、玻璃、水门汀等，不再进货
5月22日	铁业公会	不购日货，不载日本汽船，不用日币，始终如一
5月22日	海味商帮	停止定货，调查现货情况
5月22日	各钱庄	不收受日币
5月22日	中餐馆	所用日本海味如鱼翅以燕窝代之，其他一律不用
5月22日	粮食商	断绝交易
5月22日	树木商	禁购一切日材，不用日钞

---

① 资料表明，1920年上海华商纱厂增加10家，1919年只有11家，纱锭也从21.6万枚增至30.3万枚。如申新系统各厂的纱锭1918年为12960枚，1919年猛增至55872枚，1920年增至74280枚。这一快速增长显然与主要竞争对手日商纱厂因抵制日货而减少生产有密切关系。参见上海社会科学院历史研究所编《五四运动在上海史料选辑》，上海人民出版社，1980，第8—9页。

续表

发布时间	行业名称	主要内容
5 月 22 日	五金商	停购日本五金货物
5 月 22 日	运输公所	不许搬动一切日船货物，违者罚 500 元
5 月 23 日	洋布业	日货只出不进
5 月 23 日	纸业公会	不准买进及卖出日货，违者照货值一半处罚
5 月 23 日	南货业	抑制日货
5 月 31 日	通商各口转运公所	一概拒不装运日货
6 月 3 日	腌腊业	不进日货，不用日币
6 月 3 日	洋杂货海味同业	违章私进货者，充公存银，再罚 500 两
6 月 3 日	沪南商船公会	概不装运日货，不收日钞

资料来源：《五四运动在上海史料选辑》，第 203—212 页。

　　没有经营活动，商人必然损失惨重，那么他们何以参与长时间的抗议活动呢？资料表明，第一，他们并非积极参与，如 5 月 7 日在议会召开的国耻纪念会，六七百人到会，"均系学生、议员与改良会、讲演社等人，商界一人未到"。① 第二，北京学生运动爆发后，上海总商会表示同情但无行动，以通电呼吁中日协商解决，要求国民"静以处事"。② 一些商人贪图日产纱布便宜，依旧购买。③ 在学生"不批日货、不售日货"的压力下，先施公司声称，公愤所在，停办日货，但"现存之货，既属买入，则血汗所关，不得不忍辱须臾，竭力沽清，即行停止"。④ 这一广告立即遭到救国十人团"徒尚空言，不务实行"的谴责。⑤ 先施公司立即再表态，定于 5 月 22 日"概将日货完全收束不卖，宁愿牺牲血本，以示与众共弃之决心"。⑥ 6 月 3 日后，上海运动兴起。上海总商会依旧认为示威运动"非大国民所宜有"。⑦ 不少宣传罢市的学生，"先在南市要求商号罢闭，或用劝告，或用跪泣，加之途人附和，人势汹汹，各商店非闭门不可。于是俄顷之间，南市一律罢

① 《庞作屏报告济南各界集会声援北京爱国运动及日本进行干涉密呈》（1919 年 5 月 7 日），《五四爱国运动档案资料》，第 206 页。
② 《总商会对于青岛问题之主张》，《申报》1919 年 5 月 10 日，第 10 版。
③ 《正义团揭发纱业奸商》，《五四运动在上海史料选辑》，第 201 页。
④ 《先施公司特别启事》，《申报》1919 年 5 月 17 日，第 1 版。
⑤ 《各界对外之消息》，《申报》1919 年 5 月 18 日，第 10 版。
⑥ 《先施永安公司实行不卖日货》，《申报》1919 年 5 月 20 日，第 2 版。
⑦ 《上海学生罢课之第九日》，《申报》1919 年 6 月 4 日，第 11 版。

闭"。学生如法炮制,北市"各商店亦只有闭门一法"。① 不少商人是在学生、店员及市民的内外压力下被迫罢市的,买卖日货现象大减。为了生计,不少商家在上海的四天罢市中只参加了两天即开始营业。面对罢市风潮,银行公会"对外态度不能不随众转移",决定6月6日停业。银行业停业,迅速引发金融汇兑问题,导致一些银行发生市民挤兑现象,② 金融业面临危机。

一些商人顺应时势,借机发国难财。"那时,有一种'威古龙丸'(记不起是那家药房的出品)就大登广告来'敬告热血男儿',说什么血不热则志不奋,血不足则热不能久,能爱国者须求热血之充分,则热血者须求补血之妙药。威古龙丸补血之第一灵丹也,爱国志士,盍一试之。"③ 上海振胜制烟厂的广告牵强附会地称,"振民气,御外侮,作商战,胜用兵,此我振胜烟厂之定名",呼吁"同胞同胞事急矣,时危矣,莫谓香烟小品无关宏旨,须知救亡图存,惟此是赖,国人其可忽乎哉,国人其可忽乎哉!"④

处在社会底层的工人群体受教育和生活的限制,难以深刻理解学潮抗议的价值,即使支持学生也不会以失去生活来源为代价,然而史料所示出乎意料。自6月5日上午始,上海日本内外棉第三、四、五纱厂工人首先罢工,接着日华纱厂、上海纱厂工人参加罢工,商务印书馆、中华书局的工人及部分码头工人、沪宁铁路分部工人也开始罢工。在学生及店员支持下,上海各商号迫于形势,从6月5日上午陆续开始罢市,至中午华界、租界大小商店多已关门,娱乐场所多停止售票。上海各界代表举行联席会议,成立上海商学工报各界联合会,决定将斗争目标设定在惩办"卖国贼"上,不达目的决不复业。⑤

在传统的历史表述中,阶级属性决定了工人具有最为持久的革命意志和坚定性。然而资料表明,1919年全国工人罢工66次,参加者91520人,其中因爱国或者对外因素而起的罢工35起(见表3),其他罢工均为争取经济

① 《上海交通银行报告上海罢市罢工金融危急函》(1919年6月),《五四爱国运动档案资料》,第241页。
② 《上海交通银行报告上海罢市罢工金融危急函》(1919年6月),《五四爱国运动档案资料》,第243、245—247页。
③ 严谔声:《五四运动中的上海商界》,《20世纪上海文史资料文库》(1),上海书店出版社,1999,第83页。
④ 《上海振胜制烟厂敬告国人　抵制外货莫如提倡国货》,《申报》1919年5月17日,第2版。
⑤ 《沪上商界空前之举动》,《申报》1919年6月6日,第10版。

利益；在有天数记载的 52 次罢工中，平均每次罢工 5.65 天，是 1918—1924
年罢工平均天数的最低值，仅高于 1925 年的 5.32 天。①

表 3　五四时期上海等地罢工行业一览（1919 年 5 月至 11 月）

序号	时间	地点	行业	人数	原因	经过
1	6 月 5—11 日	上海	内外棉第三、四、五厂	五六千人	请罢免曹、陆、章，释放学生	
2	6 月 5—11 日	上海	日华纱厂		同上	
3	6 月 5—11 日	上海	上海纱厂		同上	
4	6 月 9—11 日	上海	日商纱厂数家	万余人	同情学潮，请罢免曹、陆、章	
5	6 月 10—11 日	上海	香礼饭店		同情学潮	西人劝说无效
6	6 月 9—11 日	上海	亚细亚美孚煤油栈		同情学潮，请罢免曹、陆、章	
7	6 月 9—11 日	上海	漆匠	宁绍帮	同上	
8	6 月 10—11 日	上海	水木工人	本、绍、宁、苏帮	同上	
9	6 月 6—11 日	上海	祥生铁厂	400 余人	同上	
10	6 月 8—11 日	上海	船坞铜匠、铁匠	2000 余人	同上	
11	6 月 8—11 日	上海	华章造纸厂		同上	
12	6 月 9—11 日	上海	江南船坞	全体	同上	
13	6 月 9—11 日	上海	铜铁机器厂工人	万余人	同上	
14	6 月 9—11 日	上海浦东	和平铁厂		同上	
15	6 月 10—11 日	上海叉袋角	大有榨油厂	500 余人（多北湖人）	同上	
16	6 月 10—11 日	上海	荣昌火柴第一、二厂		同上	
17	6 月 10—11 日	上海	华昌片盒工厂		同上	
18	6 月 6—11 日	上海	南市电车公司	卖票及开车人	同上	
19	6 月 6—11 日	上海	法新界电车公司	部分卖票及开车人	同上	

① 陈达：《近八年来国内罢工的分析》，《清华学报》第 3 卷第 1 期，1925 年 1 月，第 810、816—817 页间第五表。

序号	时间	地点	行业	人数	原因	经过
20	6月6—11日	上海	英美电车公司		同上	
21	6月9—11日	上海	洋车夫	2000余人	同上	
22	6月9—11日	上海	沪杭、沪宁路机师、工人	全体	同上	
23	6月9—11日	上海	各轮船水手	宁、广两帮	同上	
24	6月10—11日	上海	马车夫	全市	同上	
25	6月10—11日	上海	英美德律风公司	接线人员	同上	
26	6月10—11日	上海	中国电线局		同上	
27	6月11日	上海	沪南商轮公司		同上	
28	6月6—11日	上海	锐利机器厂		同上	
29	6月7—11日	上海	札新机器厂		同上	
30	6月5—11日	上海	商务印书馆职工	全体	同上	
31		上海	清道夫		同上	
32	6月9—11日	上海	英美香烟厂	5000余人	同上	
33	6月	上海	四明长生会	各洋行、住户及西人饭店之执业者	同上	
34	6月6—11日	上海	锦华厂		同上	
35	10月20日—11月7日	松江	履和袜厂（华）		该厂因违背五四后各店不买日纱之约遭人破坏，遂唆使工人罢工	履和捣毁广大昌，全体罢市，履和赔偿损失

资料来源：陈达：《近八年来国内罢工的分析》，《清华学报》第3卷第1期，1926年6月，第859—860页间第六表。

从地域上看，1919年罢工66次，集中在上海（57次），其他如松江县2次，苏州1次，杭州2次，汉口1次，香港1次，中东路、京绥及京汉铁路共2次。[①] 这一统计与罢工遍及全国的传统观感大有差异。上海工人多来自江浙、安徽等地，成分复杂，内部有"青帮、红帮之分，又有广帮、宁帮、杨帮、苏帮、江北帮之分。帮既不同，感情亦异，所以往往互相排

---

① 陈达：《近八年来国内罢工的分析》，《清华学报》第3卷第1期，1926年6月，第812—813页间第三表。

挤",组织他们并非易事;① 瞿秋白甚至认为,上海工人"差不多一大半是属于青帮红帮等类的秘密组织的;工厂工人尚且如此,苦力更不必说了",五四运动中上海第一次总罢工,便是由帮会领导组织的,它们"客观上是革命势力之一"。② 包惠僧的切身感受是,上海工人受把头控制极严,"工人大多在帮",上海的工厂、码头、公共场所,都有青帮、洪帮的组织活动。没有帮会支持,"必然动辄得咎,一事无成"。③ 白吉尔也认为,上海工人的自组织因素里,同乡会成分重要甚至可以指挥罢工运动。④ 统计表明,1926年上海工人群体的80%都受帮派控制。⑤ 6月初上海的几次罢工游行都是由帮派指挥的,总商会则是罢工的经济支援者。他们与地方政府、学生运动相互配合,控制社会秩序,防止局势动荡。⑥ 至于帮派为什么支持学潮并参与罢工活动,无私爱国、附和卢永祥甘为棋子、争夺话语权、获取总商会捐款等,均有可能。总商会之所以支持罢工,则在于部分华商意在借民族主义运动,行干扰日商生产、抢夺日货市场份额之实。

在"三罢"运动中,部分人员因失业、生活困难长期积压的郁闷情绪终得宣泄,"适当狂热沸腾之时会,百不当意,遂走极端"。安徽省省长吕调元希望北京政府采取措施,"优待劳动,奖励职工,偏设补助机关,限制垄断营业",使民众多有职业,减少隐患。⑦ 一些军队如山东第五师也参与其中,各种诉求也相继出现。

在湖南长沙,华泰长洋货号"不遵守抵制日货规约,暗中勾结日商,偷进日货,夜入日出,以日货冒充国货出售",被学生愤而捣毁。常德学生因宣传抵制日货而与日商发生冲突,学生遂捣毁城内洋行多处。醴陵、湘

① 《上海劳动界的趋势》,《共产党》第6期,1921年7月7日,第58页。
② 《中国革命中之争论问题 第三国际还是第零国际?——中国革命中之孟雪维克主义》(1927年2月),《瞿秋白文集·政治理论编》第4卷,人民出版社,2013,第460、451页。
③ 《包惠僧回忆录》,人民出版社,1983,第66页。
④ 〔法〕白吉尔:《上海史:走向现代之路》,王菊、赵念国译,上海社会科学院出版社,2005,第152—153页。
⑤ 橘樸「在満洲企業家の労働政策定立に就て」(下),《调查时报》第6卷第3期,1926年,第61页。
⑥ 邱涛:《五四运动的领导权:进步政治力量与传统社会力量的离合互动》,《教学与研究》2012年第5期。
⑦ 《吕调元为广开仕路奖励职工消弭隐患密电》(1919年5月26日),《五四爱国运动档案资料》,第199—200页。

阴等县亦焚毁了一些日货。就连较为偏僻的辰州，也查封了所有洋货店的日货。[①]

上海的"三罢"迅速波及天津、汉口、广州等大城市，渐向更多省份扩散。南京、苏州、镇江、常州、扬州、徐州、杭州、绍兴、宁波、福州、厦门、漳州、广州、梅县、安庆、芜湖、合肥、南昌、九江、汉口、武昌、宜昌、沙市、长沙、宝庆、南宁、成都、重庆、绥定、叙州、昆明、贵阳、济南、泰安、烟台、济宁、开封、彰德、太原、西安、沈阳、长春、吉林、龙江等地，[②] 陆续爆发规模不等的游行示威活动。6 月 9 日，直系第三师师长吴佩孚公开通电支持学生抗议。[③] 原本同情运动的地方官员也担心激起民变，酿成治安问题，淞沪护军使卢永祥、湖南督军张敬尧、江苏督军李纯等纷纷向北京政府提议罢免曹、章、陆三人，以平民怨。此时，日本也以军事相威胁要求迅速平息反日运动。6 月 10 日，权衡再三的北京政府决定对曹、章、陆三人"准免本职"。"三罢"运动达成第一个目标。

此后，运动转向要求参加巴黎和会的中国代表团拒签和约。各地由学生、市民参加的各式抗议和宣传活动持续不断。直至 6 月 28 日中国代表团拒签和约，抗议浪潮才渐渐退却。

五　直皖战前的宣传战

1919 年春，直皖矛盾渐趋紧张。尽管攻克湖南的主力由直系名将吴佩孚率领，北京政府却任命皖系张敬尧为湖南督军。心怀不满的吴佩孚不愿再为皖系主导"武力统一"的马前卒，转而呼吁和平，成为南北和会的支持者。利用学潮作为可能爆发的军事战斗的舆论助力，是直系、西南势力的一个政治性选择。参加广东军政府的国民党人，也在支持学潮并反对皖系主导的北京政府。

中国参加一战，源于皖系控制的北京政府的决策，段祺瑞试图借机扩

---

① 蒋询：《五四时期湖南人民的反日爱国运动》，吕芳文主编《五四运动在湖南》，岳麓书社，1997，第 57—59 页。

② 彭明：《五四运动史》（修订本），第 355 页。

③ 《吴佩孚等要求释放学生公布外交始末电》（1919 年 6 月 9 日），《五四爱国运动档案资料》，第 351—352 页。

张皖系军力。国家利益与派系利用交织在一起，由此导致"府院之争"——总统黎元洪与内阁总理段祺瑞间的矛盾。事实上，北京政府1915年即致力参加一战，并通过一战扩大自己的国际化进程，力求解决长期以来受条约、列强、势力范围压迫的问题。① 一战结束时，宣布参战的中国自1840年以来第一次成为国际战争的战胜国，皖系及北京政府的外交政策获得空前好评。1918年11月17日，一战结束的消息传来，人们聚集在北京政府总统府门前，庆祝协约国的胜利，高呼"公理万岁""民族独立万岁"，北京学生在美国使馆门前高喊"威尔逊总统万岁"。美国总统威尔逊发表的"十四点"原则在青年学生中耳熟能详。李大钊声称："和解之役，必担于威尔逊君之双肩也。"② 陈独秀称其为"世界第一大好人"，声明"无论对内对外，强权是靠不住的，公理是万万不能不讲的了"。③ 或许这种对公理及正义的高期望值，也是导致五四运动爆发的重要心理基础之一。

巴黎和会上中国外交的失败以及对日密约的公布，使段祺瑞及曹汝霖等背上"汉奸"的名声，引发众怒，也让诸多势力极度失望。此时北京政府饱受各派系的攻讦。对于反对皖系的奉系及直系而言，通过抗议活动进而发动各地罢工、罢市，形成打倒北京政府的声势，则是一个攻击对方的绝好机会。正是在维护国家利益、反对列强、反对北京政府、谋求自己利益的共同基础上，各派系形成了一个推动各地抗议浪潮的松散联盟。美国使馆及来华讲学的杜威也积极推动反日运动。5月7日北京政府释放学生后，运动即将告一段落。但各方势力均不想使运动就此结束，都希望继续发展以尽可能削弱皖系政权的威望，大学生群体成为各种政治力量的利用品。④

此时，政治上反对段祺瑞最力的是直系吴佩孚。1918年3月，吴氏奉命率部入湘，直指西南诸省。然而率先攻入湖南的吴佩孚并未受到重用，湖南督军由皖系张敬尧担任。吴佩孚极度不满，主动顺应停战，声称南北

---

① 〔美〕徐国琦：《中国与大战：寻求新的国家认同与国际化》，马建标译，上海三联书店，2008，第264页。

② 《威尔逊与平和》（1917年2月11日），中国李大钊研究会编注《李大钊文集》第1卷，人民出版社，2013，第458页。

③ 《〈每周评论〉发刊词》（1918年12月22日），任建树主编《陈独秀著作选编》第1卷，上海人民出版社，2009，第453页。

④ 程巍：《"五四"：漂浮的能指》，《中华读书报》2009年4月29日，第13版。

议和是必然，以种种借口退兵北上，目标直指皖系主导的中央政府。五四学潮爆发后，身为山东人的吴佩孚接连通电全国称赞学生：在有所顾忌、有所偏私者不敢言、不肯言之时，"彼莘莘学子，激于爱国热忱而奔走呼号，前仆后继，以草击钟，以卵投石……其心可悯，其志可嘉，其情更可有原"。① 他直言"盖青岛得失，为吾国存亡关头，如果签字，直不啻作茧自缚，饮鸩自杀也"。"日人此次争执青岛，其本意不只在青岛，其将来希望，有大于青岛数万倍者"，他劝告总统徐世昌"勿为众议所惑，勿为威力所制"。② 此外，吴氏还主张南北议和，一致对外。蔡和森曾言，吴氏的行动，显然是"反对日本帝国主义的侵略，攻击安福系新旧交通系的卖国，无论其动机怎样，这些行动总像是一个未为国际帝国主义所收买的军阀了"。③ 郭剑林也说，"吴佩孚在五四风潮中肯定带有派系私图，但也有主观上的抗日动机"，他联合西南军阀，"密电往来，进一步发展为采取一致倒皖行动"。此后，直皖战争一触即发。④ 吴佩孚通过持续通电，树立起同情学生与民众、以民族国家大义为重的"革命将军"形象，从偏僻的湖南衡阳跨越时空，以一师之长的地位达成了堪比督军甚至更高权位者的政治影响力。⑤

滇贵桂川各势力与吴佩孚勾结共同反皖，岑春煊等采取"联直制皖"策略，反对南北议和。奉系张作霖支持学生示威游行。在浙江督军卢永祥（皖系）表态同情学潮后，省议会上书总统徐世昌，要求罢免曹、章、陆。⑥ 属于直系的江西督军陈光远同情学生，江西省议会也通电北京政府，要求在巴黎和会上"据理力争，还我山河，释我学生。并通电南北，速息内争，一致对外"。⑦ 学生也并非尽为书生，也有联合政治力量以图大业者。7月4日，

---

① 《吴佩孚等要求释放学生公布外交始末电》（1919 年 6 月 9 日），《五四爱国运动档案资料》，第 351 页。
② 《吴佩孚反对签字要电》，《大公报》（长沙）1919 年 7 月 2 日，第 2 版。
③ 《孙吴可在一种什么基础上联合呢？》（1922 年 10 月），《蔡和森文集》（上），湖南人民出版社，1979，第 97 页。
④ 郭剑林：《吴佩孚大传》上卷，天津大学出版社，1991，第 102、111 页。
⑤ 马建标：《权力与媒介：近代中国的政治与传播》，北京师范大学出版社，2018，第 241 页。
⑥ 《浙江省议会为外交失败要求罢免章曹陆电》（1919 年 5 月 13 日），《五四爱国运动档案资料》，第 210 页。
⑦ 《江西省议会转陈学生为青岛问题组织游行警告团电》（1919 年 5 月 13 日），《五四爱国运动档案资料》，第 210 页。

全国学联许德珩、左学舜赴南京求见直系江苏督军李纯，李纯出于政治目的抱病不见。[1] 对于学潮，只要不触及自身利益，各派都会公开支持。表面上的声援学潮与其真实的政治目的间存在复杂的利益纠缠。

国民党人将示威学生看作其反对北京政府的同盟军。五四运动爆发后，孙中山即说："此次外交急迫，北政府媚外丧权，甘心卖国，凡我国民，同深愤慨。幸北京各学校诸君奋起于先，沪上复得诸君共为后盾，大声疾呼，足挽垂死之人心而使之觉醒。"[2] 他还曾言："试观此数月来全国学生之奋起，何莫非新思想鼓荡陶镕之功？"受五四运动的启发，"文以为灌输学识，表示吾党根本之主张于全国，使国民有普遍之觉悟，异日时机既熟，一致奋起，除旧布新，此即吾党主义之大成功也"。[3] 孙中山致电徐世昌认为，中国代表团如在和约上签字，"将于外交史上铸一大错。务恳顾念民意，维护主权，勿令巴黎专使以无条件签字，即使有碍情形，只能让步至保留山东三款而止"。[4]

在皖系控制区域，主政者对于学潮、工潮的态度大不相同。皖系督军张敬尧对于学潮、工潮极力压制，直系吴佩孚则暗中支持学生、工人抗议。安徽省督军倪嗣冲认为，在和约上签字更利于将来收回主权，主张政府"当以大局利害为前提，似不便徇悠悠之众论，而益陷国势于艰危。至内外相维，保持秩序，凡为疆吏，负有专责"。[5] 他严令控制安庆学生罢课，"督饬教育厅切实开导，如果始终违抗，即将为首各生立予革除。倘再不服训诫，虽全体解散，亦所弗恤"。[6] 五四期间，关注外交走向却始终没有明确立场的阎锡山，极力弹压学生，致使山西学潮终未成势。[7]

如果说前述条件均成立，民族主义浪潮应该在信息技术传播最快、交通条件最好的东部大城市及其周边流行，然而一些中部偏远县城也有五四运动的浪潮激荡，则另有原因。

---

① 杜春和、耿来金整理《白坚武日记》第 1 册，江苏古籍出版社，1992，第 201 页。

② 《复陈汉明函》（1919 年 5 月 12 日），《孙中山全集》第 5 卷，中华书局，1985，第 54 页。

③ 《复蔡冰若函》（1919 年 6 月 18 日），《孙中山全集》第 5 卷，第 66 页。

④ 《致徐世昌电》（1919 年 6 月下旬），《孙中山全集》第 5 卷，第 79 页。

⑤ 《为主张巴黎和会签约致国务院电》（1919 年 5 月 25 日），李良玉、陈雷主编《倪嗣冲函电集》，社会科学文献出版社，2011，第 399 页。

⑥ 《为镇压安庆学生罢课及保护日侨复内务部电》（1919 年 5 月 29 日），李良玉、陈雷主编《倪嗣冲函电集》，第 397 页。

⑦ 林清芬编注《阎锡山档案（要电录存）》第 5 册，第 53 页。

在由直系"长江三督"控制的江西、湖北和江苏省，五四运动得到了官方的充分容忍。在西南军阀控制的滇贵桂川各省，由于信息传播缓慢，学潮及罢工运动较少，地方势力对有关五四运动的信息宣传也相对放松。在直系吴佩孚控制的湖南省，将学潮、工潮视为反对皖系政权的"第二条战线"进行扶助。在国民党领导的广东省，对学生和工人运动予以同情。主政东北的奉系张作霖，则远离运动主流而保持观望态度。河南省督军赵倜并非皖系，但担心引发时局动荡，对学生罢课等活动予以严控，甚至推动 6 月初开封各校放假以削弱学生活动，学生则赶印大批宣传材料到各地散发以扩大运动影响。1920 年初，北京政府宣布撤换河南省督军及省长，引发赵倜不满，他转而支持学生向北京施压。

此时并没有一支独立可控军队的段祺瑞，虽有皖系声名却无稳定的势力范围。在皖系倪嗣冲控制的安徽省，严密管制学生的抗议宣传活动，学运开展困难，学潮冲击力有限。在皖系卢永祥主政的浙江省和上海地区，因他同情学生，相对放任抗议活动的展开，前提是保证社会秩序平稳，不能出现动荡。

显然，五四时期的政治格局已明显分化。借助五四运动，反皖力量得以整合，以强大的军事力量为依托，借助捍卫民族国家利益的尚方宝剑，将"卖国贼"的帽子戴在段祺瑞头上，陷其于众口一词的谴责中，一定程度上导致皖系在 1920 年第一次直皖战争中大败而彻底失势。

结　语

赵鼎新把变迁、结构、话语三个要素归纳为影响社会运动产生的宏观结构条件，并将其作为考察国家与社会关系的切入点。[1] 以之观照五四运动产生的逻辑可知，晚清至民初的中国，正在经历从传统向现代转型的社会变迁，是李鸿章所谓的"三千年未有之变局"。信息与交通技术的引入形成了以电报、报刊、邮政为基础的信息传递体系，科举废除与新式学堂的兴起促使知识系统更新，工业与外贸也焕发活力，社会结构为之一变。民初政治体制的结构变革是不可或缺的变量，政党、社团大量兴起，具有释放

---

① 赵鼎新：《社会与政治运动讲义》，第 2 页。

权力话语能量的功能。在此背景下，民族主义的意识形态占据上风，一般知识精英、部分民众基于情感对之高度认同，知识精英眼界大开，青少年学生融入新潮，官商学工界融合加强，社会组织日益发达，甚至一些士兵也感动于学生宣传并予以支持，[1] 各界参与社会建设的力度大增。这一社会整合是在五四运动中逐步实现的，它的演练也为此后更大规模的五卅运动的爆发奠定了基础，直至塑造出影响深远的中国社会运动文化。

在 20 世纪初的时代条件下，五四运动的发生逻辑与传统社会运动的表现形式差异很大。近代信息与交通技术的逐渐普及，实现了五四运动在欧亚大陆、从北京到上海、从城市到乡镇的空间转换，形成了参与规模、话语策略、动员机制、影响力等方面的近代特征，进而形成民族主义等诸种思潮的传播及新的民族国家意识与凝聚性的文化认同。五四的表象是爱国主义的，是对平等国际关系的追求，也充斥着政学工商各界另样的利益追逐，但复杂的历史面相无碍民族 – 国家时代百年来主流思潮对五四运动爱国主义的标志性认可，它促使我们从思想史、文化史角度的思考惯性中走出来，从近代信息与交通技术对社会文化传播方式产生深刻影响的广大视野中去理解五四运动的时代意义。

传媒技术手段提供了学潮爆发的信息诱因以及凝聚民族情感的前提，在近代以来中外诸多政治及经济不平等所形成的反抗外侮思维路径下，巴黎和会外交失败的信息在学生群体中迅速传播并推动了五四运动的勃发。不同的政治势力穿插助力并对其加以利用，学潮扩散为"三罢"，影响渐广，各地响应的效果与地方执政者的政治倾向、利益分析关系极大。代表团拒签和约的决定，实际上是一个基于国际条约体系因素、国内民众压力综合考量的结果。这是一场融合国际因素、国内政局纷争、民族主义高扬、工商群体登台的历史大戏。

五四运动是传媒技术、新式教育、政治纷争和近代工商业等因素的复合体，是近代中国转型时代的必然产物，是知识分子群体普遍觉醒、普通民众被广泛动员进而表达诉求的例证，不管各种力量参与运动的最初目的如何，他们都维护了国家利益，推动了五四运动前进，五四运动所具有的民族主义、爱国主义鲜明色彩毋庸置疑。

---

① 〔美〕伊凡琳·杜威编《杜威家书：1919 年所见中国与日本》，第 185—186 页。

中国现代文化产业与五四运动

韩　晗[*]

　　五四运动是中国现代史的开端，也是中国历史上最重要的转折点之一。习近平同志指出："五四新文化运动中，发端于文艺领域的创新风潮对社会变革产生了重大影响，成为全民族思想解放运动的重要引擎。"[①] 从概念的内涵上看，它由 1915 年发端于上海的新文化运动与 1919 年 5 月 4 日爆发于北京的五四爱国学生运动组成，其间也包括一系列的文化革新与思想启蒙活动。它一直是国内外学界研究中国现代史的重要切入点，相关成果可以说极其丰硕，涉及的学科也方方面面。因此，研究中国现代史，势必绕不开五四运动。

　　如果细化到以五四运动为对象的研究，那么就目前研究状况而言，主要集中在如下几个方面：一是将五四运动及其期间所发生的各类事件作为研究对象，试图对五四运动进行研究，如彭明的五四运动史研究（1984），周策纵对五四运动发生、演变及影响的研究（1954），谷梅（Merle Goldman）的五四时代文学状况研究（1977），陈曾焘（Joseph T. Chen）的五四时期上海社会运动研究（1971）等；二是将五四运动作为时间节点来进行研究，审思五四运动在中国近现代史中的意义与影响，如胡绳从鸦片战争到五四运动的中国近代史研究（1981），陈小明以郭沫若为中心对五四运动到中国共产主义运动思想谱系的研究（2007）等；三是以五四运动为支点

---

　　* 韩晗，武汉大学国家文化发展研究院副教授。
　　① 习近平：《在文艺工作座谈会上的讲话》，人民出版社，2015，第 11 页。

或参照物，从而对中国近现代史若干问题进行探讨，如傅朗（Shakhar Ra-hav）的五四运动与政治精英关系研究（2014），肖超然的五四运动与北京大学关系史研究（1995），舒衡哲（Vera Schwarcz）的五四启蒙精神遗产研究（1986）等。上述研究，综合地反映了国内外学界五四运动研究的总体路向。

就目前所见而言，学界关于五四运动已经有了一个基本共识，它是近代以来中国社会最重要的转折点之一，推动了共产主义运动在中国的发展，在历史上构成了传统与现代之间的一道分水岭，可谓兹事体大。那么究竟是什么促进了五四运动的发生、发展以及经典化的进程？

实际上，此问题指向了对五四运动动力的分析。近年来，一批学者打破了"启蒙/革命"的分野重新审视五四运动的发生及其发展机制，对五四运动动力有了一定的探索。譬如王德威从"现代性抒情"的角度关注五四运动前后的中国文学意识形态，提出"没有晚清，何来五四"的五四动力新论；罗志田立足新旧文化冲突，从"体相与个性"出发，分析五四运动发生的思想根源；叶文心则以"民国知识人"为对象，从"教育制度史"、"文化史"、"人物传记史"与"都市政治社会史"四个层面谈论五四运动及中国现代文化的发生与建设，这在相当程度上为五四运动动力分析及研究打下了重要的基础。

因此，五四运动的发生、发展以及影响之动力，成因可谓千头万绪、极其复杂，即使我们日常所言"天时地利人和"，三者不可能等量齐观，个中必有主次详略之分。五四运动虽然成因复杂，但个中有一个主要或相对主要的因素，这一因素当为自晚清出现、形成于清季民初的中国现代文化产业。所谓中国现代文化产业，是指晚清以来由在华外侨推动产生，由近代中国城市孕育而形成的图书期刊出版、电影、戏剧戏曲、唱片等一切新兴文化业态的总和，它由中国现代文化的商品化、市场化所反映，其基础是因资本主义移植入华而形成的文化消费市场与市民阶层的文化消费诉求。历史地看，中国现代文化产业推动了中国文化的现代化进程，并赋予其现代化的思想内涵。① 国内外学者就此问题已有了一些阐释，它们构成了本研究非常重要的基础。譬如潘祥辉从"观众成本"的角度，立足政治传播学

---

① 韩晗：《略论中国现代文化产业史的几个特征》，《人文杂志》2017 年第 11 期。

解读五四运动的发生;① 谢里丹 （James E. Sheridan） 对五四时期中国社会思想观念的变迁与图书、电影等文化产品的关系进行了思考;② 等等。

在此必须厘清一个差异性问题，即中国现代文化产业与中国现代媒介之间的关系。关于中国现代媒介视域下的五四运动研究，成果颇丰，尽管现代媒介与现代文化产业有颇多类似之处，而且现代文化产业在很大程度上依靠现代媒介进行展现，但从研究的视角来看，两者截然不同。媒介史与文化产业史虽然都以文化传播机制为研究对象，但媒介史重视文化传播的渠道与方式，文化产业史则更关注文化的商品化及其交换形式。因此，以中国现代文化产业史为对象的研究，可以从观念的可交易化（商品化）这个方面入手，来探索五四运动中不同动力的生成。

自然辩证法告诉我们，任何事物的动力，不外乎内力、外力两类。五四运动的动力当然也可以归结为两种，一种是内涵动力，另一种是发展动力，五四运动恰是在这两种动力之间发生、发展。本研究拟在五四爱国学生运动百年之际，力图从上述两种动力入手，勾勒五四运动与中国现代文化产业之间的关系，一是中国现代文化产业如何为五四运动提供内涵动力，二是中国现代文化产业如何为五四运动提供发展动力，以及上述两种动力对五四运动的影响、得失。

一　中国现代文化产业与五四运动的内涵动力

罗志田认为，五四爱国学生运动构成了新文化运动的"标识"。③ 此说虽有一定道理，但如果以此来探讨五四运动与新文化运动，难免会将新文化运动引向政治化的一端。从思想内涵的角度来看，五四爱国学生运动是新文化运动发展到一定程度的高峰，是启蒙现代性遭遇"民族－国家"意识催化之后的必然结果。因此，审视五四运动，必须是对新文化运动与爱国学生运动的共同审视。那么所要面对的一个关键问题是，两者共同的内涵是什么？换言之，决定五四运动发生、发展的内涵力是什么？

① 潘祥辉：《观众成本说：五四运动的一种政治传播学释读框架》，《人文杂志》2015年第5期。

② James E. Sheridan, *China in Disintegration*：*The Republican Era in Chinese History*, *1912 – 1949*（New York：The Free Press, 2008）, pp. 12 – 14.

③ 罗志田：《体相和个性：以五四为标识的新文化运动再认识》，《近代史研究》2017年第3期。

所谓内涵动力，即对五四运动思想内涵的形成起到促进的力量。与第一次鸦片战争爆发之前相比，清季民初中国社会思潮的总体结构与具体形态有了翻天覆地的变化，新兴思想的迅速且广泛传播，伴随的是旧思潮的式微，这对此消彼长的关系共同决定了五四运动思想内涵的形式与内容。在相当程度上这是中国现代文化产业推动的结果。文化产业的核心是文化的商品化，文化商品具有文化权力下放的功能，[①] 它改变了近代中国以前的文化传播方式，有力地促进了新兴思想在新兴阶层中的传播，从而颠覆了中国近代以来的社会意识形态格局。

研究内涵动力，不得不审视五四运动何以使自身所产生的思想与作为行为的运动进行互动并彼此结合。就五四运动而言，其思想内涵既包括精神内容的传达，即五四运动对民主、科学等思想进行了观念上的建构，从而形成了对后世影响极其深刻的五四精神；也包括对思想形式的改造，如以白话文为核心的现代语言系统以及延伸出的小说、话剧、电影、广告等现代文化产品。它们以近代以来商品化、技术化的知识为依托，促进了社会的启蒙。[②] 结合相关理论来看，文化产业最大的特征是内容同质性（homogeneity content），即代表某种意识形态的观念因为广为人所接受，在走向商品化之后，会打破文化业态类属的界限，从而形成内容相似甚至相同的文化业态。[③] 受制于生产技术，只有两种文化产业业态在五四运动的内涵动力上起到重要的作用：一是出版产业，二是舞台产业。

首先是出版产业，它由两个部分组成。一是地方各级政府或政府机构兴办的"官书局"与"译书局"，它们翻译、刻印了相当多的西学读物，行销全国，当中既包括《万国公法》《格物入门》《天演论》《法国律例》《公法便览》《胎产举要》等西学名作，也包括《巴黎茶花女遗事》《福尔摩斯》等文学名著，销量非常可观并推动了职业翻译家的形成。[④] 尤其是以严

---

①　Andy Crouch, *Culture Making: Recovering Our Creative Calling* (Surry Hills: Accessible Publishing Systems, 2008), p. 350.

②　这里所借鉴的是利奥塔（Jean Francois Lyotard）关于知识的商品化的概念。利奥塔认为，文化权力获得的前提是知识的商品化与技术化，这一立足于后现代问题的理论对于晚清现代文化产业与市民文化权力的建构也有一定的阐释效能。

③　Ruth Towse, *A Handbook of Cultural Economics* (Cheltenham: Edward Elgar Publishing, 2003), p. 190.

④　栾梅健、张霞：《近代出版与文学的现代化》，复旦大学出版社，2015，第122页。

复、林纾为代表的西学翻译家，他们以卖文为生，提出了"译者颇费苦心，不知他日出售，能否于书价之中坐抽几分，以为著书者永远之利益"，[①] 催生了中国现代版税制度。二是一批报刊的出现，除了昙花一现的《官书局报》之外，还有《时务报》《新闻报》《官书局汇报》等时政报纸，以及市场化报刊，如《点石斋画报》《东方杂志》等，这两类刊物在受众上各有不同，"邸报之作成于上，而新报之作成于下"，[②] 但它们在当时均颇具影响力，向中国社会或多或少地介绍了科学知识与西方政治、文化及风土人情，这在一定程度上为社会普及、推广了新兴思想。尤其是 1902 年《新民丛报》刊发的《新民说》一文，当中"数千年来通行之语，只有以国家二字并称者，未闻有以国民二字并称者"一观点，[③] 对五四时期的知识分子影响甚大，并对五四运动的思想本质有一定的决定性作用。五四运动发生前后，一批文化企业（包括期刊社、出版社）鼓吹革命，致力启蒙，进一步丰富了五四运动的思想本质，成为运动发生、发展的重要推手，这已为学界所公认。[④]

其次是舞台产业，以"文明新戏"及与其相伴的早期电影为代表。文明新戏起兴于五四运动之前，其即以针砭时弊、传播新兴思想与提倡新的人伦关系为主题。辛亥革命之后，中国现代舞台文化产业进入商业化高度繁荣的时期，文明新戏随之发展壮大，张石川的民鸣社、郑正秋的新民社以及孙玉声的启民社等戏剧社团在当时以"笑舞台"等演出场所为中心，推出了《不如归》《恶家庭》等剧目，促进了中国现代舞台产业的发展。1914（甲寅）年，文明新戏的演出达到巅峰，戏剧史学界谓之"甲寅中兴"；1916—1917 年，即五四运动前夜，"笑舞台"成为中国文明新戏最繁荣之地，史称"笑舞台时代"，[⑤] 以《党人血》《女律师》《窃国贼》《福尔

---

① 严复：《与张元济谈〈原富〉抽版税函（一）》，周林等主编《中国版权史研究文献》，中国方正出版社，1999，第 19 页。
② 佚名：《邸报别于新报论》，《申报》1872 年 7 月 13 日。
③ 梁启超：《论近世国民竞争之大势及中国前途》，李华兴、吴嘉勋编《梁启超选集》，上海人民出版社，1984，第 116 页。
④ 这一时期，以商务印书馆为代表的中国现代文化企业对五四运动的发展起到了不可忽视的作用，尤其在制作"教育电影"、印刷教科书、出版各种期刊与兴办各类出版人才培训学校等方面，做了较为突出的贡献，是新知识、新观点与新文化重要的传播主体，为五四运动的发生、发展提供了重要的内涵动力。相关研究参见拙文《论中国现代文化产业史视域下的早期商务印书馆（1897—1937）》，《河南大学学报》（人文科学版）2018 年第 1 期。
⑤ 徐半梅：《话剧创始期回忆录》，中国戏剧出版社，1957，第 87 页。

摩斯》等为代表的一些改编自莎剧或原创的剧目，向全社会传递了鞭挞君主集权、弘扬民主自由、强调科学理性的新兴思想，一时盛况空前，"观者满座几无隙地，后来者不得不驻足"，"虽大雨如注，而来者络绎不绝，绣幕未揭，已座无隙地"。[①] 可见，文明新戏成了新兴思想在五四运动前后传播的重要载体。

需要注意的是，新兴思想不但蕴含于文明新戏之中，而且还催生了中国现代电影产业。在"笑舞台"冠绝沪上前后，移植入华的早期电影（时称"影戏"或"活动影戏"）文化产业悄然萌芽，以"东京活动影戏园""大陆活动影戏院""东和活动影戏园"为代表的、由在华日侨兴办的中国早期电影院蓄势待发。"甲寅中兴"之后，这些电影院开始与文明新戏合作，以"加映影戏"为名，让观众观赏文明新戏时，还可以观赏"影戏"。

由于当时人类发明电影时间并不久，中国尚无电影制片厂，因此播放的都是舶来的影片，且因是日商电影院，所播放的更以日本影片或"向巴黎订购"的欧洲影片居多，[②] 内容也以海外风俗文化为主，但它无疑为当时的中国观众打开了一扇最为直观了解海外风土人情的窗口，其效果比画报、照片更好。就当时而言，电影主要与文明新戏"组合展演"，靠新兴媒介的样态作为"卖点"吸引观众，[③] 但在客观上对传播新兴思想起到了助力作用。

当时有观点认为，大部分文明新戏属于通俗简单、格调不高的剧作，"滑稽过甚，有过于牵强"，[④] 以至于五四运动之后走向衰落，关于这一问题，后文将予以详述。笔者认为文明新戏的通俗性恰恰反映了五四运动前后中国现代文化产业与新兴思想的密切联系，时人曾激赞"欧风东渐，戏曲一途也不得不随潮流之所向"，"编新戏，创新声，变数百年之妆饰，开梨园一代之风气"，[⑤] 可见文明新戏并非完全是插科打诨的市井文化，而是力图在服务大众的启蒙性与回归民间的抒情性中求得一种平衡。

---

① 《申报》1914 年 4 月 28 日、30 日。
② 《民兴社演出广告》，《申报》1914 年 11 月 17 日。
③ 〔日〕白井启介：《是敌人还是朋友——论甲寅中兴期文明戏与活动影戏之相依相争》，《首都师范大学学报》（社会科学版）2016 年第 2 期。
④ 佚名：《广告》，《申报》1914 年 8 月 27 日，第 13 页。
⑤ 张次溪：《燕都名伶传》，中国戏剧出版社，1988，第 1204 页。

　　文明新戏走向衰落，最终百川入海，以"海派京剧"面目示人，乃是因为电影的快速崛起，迫使它尽快完成自身的历史使命。试想，连文明新戏的先驱郑正秋都投身电影行业，难道还指望文明新戏在五四运动之后有什么突飞猛进的发展？从文化产业理论来看，业态的更新是文化产业的重要特征之一，这并不意味着因为科技、时代的进步而被取代的业态就一无是处。文盲较多、全社会整体受教育程度不高是当时中国的国情，正是这些老百姓喜闻乐见的文明新戏，为中国的民众普及了新兴思想，丰富了五四运动的思想内涵，因此任何新兴思想一旦传入中国，就必须与中国的国情相结合，否则便是无根之草、无源之水。

　　西方马克思主义学者认为："法国大革命肇始于 1789 年，在 1830 年这一历史关头，它因对社会的意义而得以丰富，它虽然赢得了胜利，但革命尚未成功。"[1] 五四运动亦是如此，即使 1919 年五四爱国学生运动结束之后，五四运动在意识形态领域仍在继续，其派生的五四精神一直在凭借自身的内涵动力，以启蒙的姿态推动中国社会走向现代化，而中国现代文化产业在其中的作用更为重要。在五四新文化运动发生之前，新兴观念的传播借助于报刊、文明新戏等文化产品迅速传播，五四新文化运动之后，新兴文化产业与新兴思想联系得更为紧密，丰富了中国现代文化产业。在五四运动发生后一年间，"新出版品骤然增至四百余种之多"，[2] 如果加上话剧社、图书出版等，其数量更不可估量，这在五四运动之前是难以想象的。因此，五四运动之后既是中国现代文化产业发展最快的历史阶段，也是五四精神得以迅速发展的时期。一部分新兴技术转化为文化产品，形成了以邮政、电报业为基础，以唱片业、电影业、广播业为代表，以技术为核心的新兴文化产业门类体系；而且因为北洋政府（1912—1928）忙于争权夺利与军阀混战，无暇顾及新闻行业，这一时期中国现代文化产业在相对宽松的环境下获得了迅速发展，这对丰富、传播五四精神起到了重要的推动作用。

---

① Ernst Hinrichs et al., *Vom Ancien Regime zur Französischen Revolution* (Göttingen: Vandenhoeck & Ruprecht, 1997), pp. 40 – 41.

② 罗家伦：《一年来我们学生运动底成功失败和将来应取的方针》，《晨报》1920 年 5 月 4 日，第 2 版。

二　中国现代文化产业与五四运动的发展动力

　　按照辩证唯物主义的观点，任何事物都处于不断发展运动之中，作为一场革命的五四运动当然也不例外，其自酝酿、发生到对当时及后世产生影响，是一个逐渐变化、不断发展的过程，因此，考量五四运动的发展动力与内涵动力同等重要。从格局上看，五四运动的发展动力由纵、横两种动力组成。纵是空间动力，即推动五四运动从一地发展为多地甚至全国，中心也从上海转向北京的动力；横为主体动力，即促使五四运动由知识分子主导、参加的新文化运动扩大为整个新兴社会阶层集体参加的爱国学生运动乃至革命运动的动力。

　　从逻辑上看，两者具备同一性，当运动的地域被拓展之后，参加的人数自然也会激增。但就本质而言，发展动力促进了五四运动在这个过程中从文化诉求向政治诉求的转化，而在这个方面，中国现代文化产业可谓出力良多。这主要体现在两个方面：一是现代文化产业的核心是现代媒介，而关心政治公共议题是现代媒介的主要特征；二是当时中国处于从传统向现代、从封建专制向民主共和转变的历史转型期，中国现代文化产业受到时局的影响，与社会意识形态主潮形成了合力。

　　在五四运动之前，中国现代文化产业业态已经出现了出版、舞台、电影、唱片与时尚设计等多种门类，以"张园"、商务印书馆为代表的现代文化企业逐渐建立，并且广泛地出现于上海、汉口、天津、广州等口岸城市。与其他产品一样，文化产品本身会通过市场交易而流通，但不同之处在于，文化产品的流通会带来观念的流动，从而使意识形态在全国各地传播。以出版产业为例，在1917年新文化运动之前，最早宣传马克思主义与社会主义思想的，便是梁启超所办的《新民丛报》（1902年）与朱执信主编的同盟会机关报《民报》（1909年），但受制于技术、市场与当时的政治环境，这两份报纸的销量与影响力都较为有限。

　　嗣后不久，在欧美的中国留学生以《中国留美学生月刊》（*The Chinese Students Monthly*）宣传救国思想，但因在海外办刊，影响力更为有限，甚至一度入不敷出。两年之后的1915年，《青年杂志》在上海创刊，这被视作五四运动的起源。该刊最开始只是在上海有影响力，不久之后便更名为

《新青年》行销全国。[1] 及至五四运动之后的 1920 年 1 月，《新青年》的"各埠代派处"多达 75 家，甚至包括黑龙江、甘肃等边陲省份与新加坡，不久之后东京与香港也有了《新青年》的销售点。[2] 与此同时，《新潮》与《每周评论》创刊并畅销全国。正因这些期刊畅销全国，五四运动从内容到形式上才有形成全国性影响力的可能。

如果换个思路来审视中国现代文化产业与五四运动发展动力的关系，我们不妨将目光投射到古代中国的历次社会变革当中。譬如明末思想家黄宗羲曾提出"天下为主，君为客"，"屠毒天下之肝脑，离散天下之子女，以博我一人之产业；敲剥天下之骨髓，离散天下之子女，以奉我一人之淫乐"的反封建观点，[3] 并组织当时最有影响力的知识分子群体"复社"，尽管其论与同时代各种起义（包括农民起义与反清复明的斗争）的主张有较多共性，但并未与当时风起云涌的各种起义形成合力，促进中国思想启蒙与革命。其中最重要的一个因素就是黄氏之说并未成为文化产品，从而也就无法将文化权力下放至民间，使黄氏之说成为推动各种起义的发展动力。[4]

当然，这里有一个相当重要的因素不容忽视，就是新兴社会阶层——市民阶级的产生与形成。马克思在《路易·波拿巴的雾月十八日》中指出："法国国民的广大群众……数百万家庭的经济条件使他们的生活方式、利益和教育程度与其他阶级的生活方式、利益和教育程度各不相同并互相敌对，就这一点而言，他们是一个阶级。"[5] 若要考量五四运动为何在程序上能层层向前推进，则不得不对其最重要的主体——中国的市民阶级进行研究。市民阶级是一个包括知识分子、工人阶级与民族资产阶级的新兴阶层，在五四运动前后，因为口岸城市的增加、全球化运动的进一步

---

① 相关研究参阅周策纵《五四运动史：现代中国的知识革命》，陈永明、张静译，世界图书出版公司，第 22—30 页。

② 汪耀华：《〈新青年〉广告研究》，上海书店出版社，2016，第 185—186 页。

③ 黄宗羲：《明夷待访录·原君》，《黄宗羲全集》第 1 册，浙江古籍出版社，1985，第 20—21 页。

④ 法国大革命、资产阶级的崛起与法国出版业的繁荣息息相关。在法国大革命前后，因大革命而出现的报纸多达五六十种，十余家出版社都出版了启蒙思想家的著述，造成了 18、19 世纪法国出版业的大繁荣，但这在同时代的中国几乎是不可想象的。

⑤ 《马克思恩格斯选集》第 1 卷，人民出版社，1995，第 667 页。

加剧与国内工商业的迅速发展，中国市民阶级迅速壮大，从而从寻求思想启蒙上升为主导社会变革。正如哈贝马斯（Jürgen Habermas）所说："市民阶级是公众的中坚力量，而他们从一开始就是一个阅读群体……他们的主要兴趣集中在当时最新的出版物上。"① 在市场经济条件下，文化产品会因为资本的流动而解辖域化（deterritorialization）流动，从而打破既定的疆域（既包括地理上的，也包括意识形态上的），并形成一种空间/主体的延展。②

艾尔曼（Benjamin A. Elman）曾认为鸦片战争之前的中国并不存在"阅读的公众"这么一个群体，③ 但随着中国文化产业的产生与发展，"阅读的公众"很快在晚清中国出现并形成，从归属上看，它属于市民阶级的一个部分。市民阶级尽管看起来是一个整体，但仔细深究，它其实是一个复杂的概念，既指涉经济史、社会史范畴，也对思想史的内涵有所涉及，特指在资本主义与工业化时代受过一定教育且被启蒙的新兴社会阶层，他们是各种社会革命的主要动力。④ 从中国现代文化产业史发展脉络来看，市民性也构成了中国现代文化产业史的重要特征。⑤

从发展动力的角度来看，五四运动的迅速发展及对中国社会巨大变革的促进，是中国现代文化产业与新兴阶级所形成发展动力的结果。市民阶级需要将文化产品所提供的信息作为自己观念与行动的参考。譬如梁启超曾提出"小说"与"群治"的关系，认为"小说"这类文化产品可以"开民智"，⑥ 这并非梁启超的独创性想法，早在法国大革命时期，新兴的报刊与图书出版业就借助新近崛起的市民阶层，为巴黎、里昂、马赛等城市的启蒙思想的传播提供支持，使"报纸不再是优先供有文化的人聆听和阅读

① 〔德〕哈贝马斯：《公共领域的结构转型》，曹卫东译，译林出版社，1999，第22页。
② "解辖域化"是德勒兹（Gilles Louis René Deleuze）提出的一个文学概念，与"辖域化"（territorialization）和"再辖域化"（reterritorialization）共同构成了一个完整的系统，指在市场经济背景下资本在不同的地域因为资源、利益而形成的流动状态。
③ 〔美〕艾尔曼：《从理学到朴学——中华帝国晚期思想与社会变化面面观》，赵刚译，江苏人民出版社，1995，第60—63页。
④ Paschalis M. Kitromilides, *Enlightenment and Revolution* (Cambridge: Harvard University Press, 2013), pp. 280 – 282.
⑤ 韩晗：《略论中国现代文化产业史的几个特征》，《人文杂志》2017年11期。
⑥ 梁启超：《论小说与群治之关系》，阿英编《晚清文学丛钞·小说戏曲研究卷》，中华书局，1960，第14页。

的"文化产品,① 从而以传播公共舆论的方式推动了法国大革命的迅速发展。② 实际上,五四运动之前的中国的情况与法国大革命之前的法国非常相似。当时中国有数十万新兴市民阶层,密集地存在于为数不多的开放口岸城市,在此基础上,以现代传媒业市场为核心的文化产业影响了新兴阶层,形成了中国近代以来的公共舆论,从而带动了作为"公众"的中国市民阶级的形成与发展。

以当时清政府的官办报刊《时务报》为例,"能阅时务报者,士约二百分之九,商约四五千分之一",③ 虽然占比看起来不高,但是当时中国的知识分子(士)与商人阶层的总量较为庞大,而且他们密集地分布于口岸城市特别是租界当中。另外,上述只是《时务报》的读者,如果算上其他报章的读者,总数有数十万之巨,他们是现代文化产业的重要消费者。④ 因此,晚清以降,中国现代文化产业利用文化产品的流通推动五四运动跨地域发展,并借助自身的文化启蒙功能,对市民阶级的形成与发展产生重要的影响,还与市民阶级频繁互动,为五四运动提供发展动力。

三 两种动力之间:重审五四运动的得与失

五四运动的内涵动力与发展动力由中国现代文化产业推动形成,因此,五四运动亦发生、发展于两种动力之间,并因此两种动力而演变铺陈。从时间上看,两种动力对五四运动的作用并无先后、主次之分,但对这两种动力比较考察,催生了探究五四运动的新视角,即从中国现代文化产业的角度思考五四运动的得失。

结合前文分析,本研究认为,就内涵动力与发展动力这两种动力而言,中国现代文化产业对五四运动的影响不可谓不密切。但客观来看,从五四运动的两种动力出发,以中国现代文化产业为研究视角,可以重审五四运动的得失,大致可以归纳为如下两点。

---

① 〔法〕傅勒:《思考法国大革命》,孟明译,三联书店,2005,第68页。
② 〔法〕夏蒂埃:《法国大革命的文化起源》,洪庆明译,译林出版社,2005,第19页。
③ 孙燕京:《晚清社会风尚研究》,知书房,2004,第364页。
④ 韩晗:《双向启蒙:现代印刷技术与晚清市民文学》,《第九届中国印刷史学术研讨会论文集》,文化发展出版社,2017,第192—196页。

首先，中国现代文化产业以内涵动力与发展动力调动了五四运动前后民众参与文化建设的热情，并为五四运动之后的新文化建设提供了重要的参与主体，但是同时也使新文化强调庶民性而弱化了"人民性"，从而导致"群选经典"[①] 症候的出现，这在一定程度上弱化了五四运动的启蒙价值。

我们知道，五四运动一开始是对精英文化的颠覆，同时推崇庶民性。譬如陈独秀就曾主张"推倒雕琢的阿谀的贵族文学，建设平易的抒情的国民文学"，[②] 五四运动所衍生的白话文运动以及其后的"向民间去"运动等，都是基于对庶民性的支持与响应。而中国现代文化产业的市场导向性也决定了作为消费者的大众对于文化产品有一种"群选经典"的主导性，这也是由"庶民性"这一特征所决定的。

当然，五四运动所提倡的庶民性有着非常重要的意义，但同时必须承认，中国现代文化产业加剧甚至异化了这种庶民性。它为五四运动提供内涵动力的同时，也为五四运动赋予了具有五四特色的庶民性的内涵。在这里，庶民性并不完全等同于人民性，[③] 甚至极端化的庶民性与人民性背道而驰。人民性是马克思主义的一个核心观点，认同人民是社会行为的主体，文化活动是社会行为的一部分，因此是人民创造了文化，即使是具有文化

---

① "群选经典"是赵毅衡提出的一个观点，认为在文化产业的背景下，大众对文化产品的遴选正在逐步削弱知识分子对文学经典的决定权，市场价值正在逐渐干扰文化价值的判断，从而形成人类文化的"单轴运动"。参见赵毅衡《两种经典更新与符号双轴位移》，《文艺研究》2007 年第 12 期。

② 陈独秀：《文学革命论》，《陈独秀文选》第 1 卷，上海人民出版社，1984，第 263 页。

③ 1919 年，李大钊发表《庶民的胜利》一文，歌颂俄国十月革命，同时叶圣陶等人也提出"庶民主义"的观点，用以阐释社会主义。但"庶民"一词在中国古已有之，"庶民"这一概念最早出现在《诗经·大雅·灵台》中："庶民攻之，不日成之。"庶民观第一次兴起是在明末思想启蒙运动之时，明清时代话本小说勃兴就是庶民文化的标志（浦安迪讲演《中国叙事学》，北京大学出版社，1996）。从语言上看，一个最重要的标志就是庶民不擅长使用文言文（大木康，2013），这也是白话文运动兴起的一个重要原因。因此，"庶民"这个定义一开始就有"文化消费"的隐性含义，而五四运动对庶民这一概念的重申与强化，也与当时中国现代文化产业的迅速发展不谋而合。但"人民性"意义复杂，最早的人民性基于歌德对"民族性"的阐释及其提出的服务"人民"（die meisten Leute）的创作原则，以及沙皇时代俄国所认定的"三大准则"（人民性、东正教与沙皇制度），但真正对人民性进行深刻阐释的是苏联文论家杜勃罗留波夫。他认为人民性"必须渗透着人民的精神，体验他们的生活，跟他们站在同一水平，丢弃阶级的一切偏见，丢弃脱离实际的学识等等，去感受人民所拥有的一切质朴的感情"（参见《杜勃罗留波夫选集》第 2 卷，辛未艾译，上海文艺出版社，1959，第 143 页）。因此，"人民性"也是马克思主义文艺观的一个核心观点。

主导权的知识分子也会强调自身的人民性属性；但庶民性并不强调大众在文化创造中的主体地位，而是将大众视作具备文化消费（或接受）能力的一个群体，这在五四运动特别是后五四时期尤其明显。

正因五四运动与中国现代文化产业的密切联系，因此后五四时期对于民间意识的强调，间接地推动了中国现代文化产业的发展。文化从业者关注的是文化市场与文化形式，是如何迁就消费者的审美趣味而非提升其审美趣味，因此当时文化市场上较多的剧作、小说、电影确实具有迎合大众的特征，而真正有一定品位的作品（如周氏兄弟的《域外小说集》）必须自费出版。在文化产业市场日趋繁荣的语境下，知识分子逐渐丧失了文化生产的主导权，而将权力一步步地交给了具有市场操控能力的文化商人。因此，我们研究新文化的建设史时，不能忽视商务印书馆、北新书局、联华电影公司等一系列文化企业在当中所起到的主导作用，中国现代文化产业为五四运动提供了重要的发展动力，使得这一惯性贯穿整个新文化的建设期。① 甚至在余英时看来，新文化运动领袖胡适的"暴得大名"就是善于利用出版社、杂志等文化企业的结果：

> 胡适的《文学改良刍议》发表在 1917 年 1 月号的《新青年》上，同年 9 月他开始在北京大学任教。他的《中国哲学史大纲》卷上是在 1919 年 2 月出版的，5 月初便印行了第二版。同时，他的朋友陈独秀等在 1918 年 12 月创办了《每周评论》，他的学生傅斯年、罗家伦等也在 1919 年 1 月创办了《新潮》。这两个白话刊物自然是《新青年》的最有力的盟友，以胡适为主将的"新文化运动"便从此全面展开了……胡适以一个二十六七岁的青年，回国不到两年便一跃而成为新学术、新思想的领导人物，这样"暴得大名"的例子在中国近代史上除了梁

---

① 今天我们看到的现代文化史的"经典"，是 1949 年之后被主流意识形态确认之后的经典，实际上在当时这些作品几乎未被文化市场选中。以鲁迅的《呐喊》为例，这本书一开始是自费出版，但因为李小峰、孙伏园、鲁迅等人的经营运作，该书成为畅销书。这只是今日所言之"后五四"经典作品中极少数有市场影响力的作品之一，而大多数今日所认为的经典作家，其具有启蒙意义的作品在当时根本无法被市场接受。正如郭沫若所说："在最近的几年间，我是一个铜板的版税都没有进过的。"（参见拙文《论作为畅销书作家的鲁迅——以〈呐喊〉的出版为中心》，《鲁迅研究月刊》2016 年第 6 期）这与法国大革命及英国光荣革命时期文化产业的启蒙属性截然不同。

启超之外，我们再也找不到第二个了。①

余氏之论或许有偏颇之处，但一部中国现代文化史，在一定程度上确是一部中国现代文化产业史，这一说法并不过分。时至今日，我们再度反思后五四新文化建设期的利与弊，过度的商业化是被公认的一个问题。晚清以来的"小报""黑幕小说"到了民国时期逐渐走红，而前文所述之文明新戏仍为后世所诟病，其格调不高、看重经济利益确实是不可回避的因素，文明新戏的主导者似也未考虑过如何提升文明新戏的趣味。这样一个史实所带来的问题是：五四运动本身的启蒙价值到底有多大？今日我们重提五四启蒙性不足的问题，中国现代文化产业究竟要在当中承担多大的责任？

在这里，"启蒙"的定义就尤其重要。长期以来，人们习惯将启蒙（enlightment）定义为一种人类寻找光明（light）的过程。譬如康德就认为，启蒙的过程是"不加别人引导而运用自己的知性"。② 这一接近于佛家"证悟"的观点，成为后康德时代许多知识分子对启蒙的基本定义。但"启蒙"恰是由精英引导而非人民自觉的行为，是先觉醒的人对后觉醒的人所进行的思想引领，即托克维尔所言之"政府完成人民的革命教育"，③ 而法国大革命则是由卢梭、伏尔泰等启蒙主义先贤引领的。当然我们不能说在五四运动中思想家并未尽职尽责，倘若没有梁启超、李大钊、陈独秀、鲁迅、胡适等启蒙思想家的思想引领，五四精神不可能获得应有的确立与发扬。但我们必须认识到的是，中国的现代文化产业并非原生，而是经过在华外侨移植派生的，它不但存在"先天不足"的问题，而且即使在五四时期，中国仍有许多文化企业由外国人控制，其内容也以"西学"或"新学"为主。因此尽管中国现代文化产业在相当程度上扮演了新文化传播者的角色，但它不可能和法国大革命与英国光荣革命时期的报业、出版业与戏剧舞台业一样，做到与革命共进退。

究其原因，乃在于中国与欧洲诸国国情截然不同。法国、英国以及荷兰、德国等国的资产阶级启蒙运动，其主体是中世纪后期因为以伦敦、米

---

① 余英时：《现代学人与学术》，广西师范大学出版社，2006，第 243 页。
② 〔德〕康德：《历史理性批判文集》，何兆武译，商务印书馆，1986，第 18—19 页。
③ 〔法〕托克维尔：《旧制度与大革命》，冯棠译，商务印书馆，2012，第 26 页。

兰、巴黎、巴塞罗那为代表的城市及其工商业经济迅速崛起而自发形成的市民阶层，它们共同构成了现代文化产业在欧洲萌芽、成长的重要土壤，这在相当程度上为整个欧洲启蒙运动提供了重要的支持。但是中国无论是具有现代意义的城市还是近代工商业，哪怕是现代文化产业，都非自发，而是殖民战争之后移植入华的。

需要注意的是，在五四运动之后，由中国共产党领导的左翼文化运动明确了人民性的文化，认识到单靠文化市场不可能完成文化启蒙，文化建设必须认识到启蒙性是第一位，而市场属性是第二位，因此出现了由中国共产党领导的、与文化产业相对应的文化事业。左翼文化事业在 1949 年之前实际上是以文化产业的形式来运营的，它与当时文化市场中的其他文化产业的不同之处在于：左翼文化事业强制遵循的第一原则是中国共产党确立的文化建设工作原则，而非文化产业市场规律。[1] 因此，从某种程度上说，左翼文化运动继承甚至进一步明确了五四运动的启蒙属性。

其次，五四运动在中国现代文化产业所提供的内涵动力与发展动力之间发生、发展，其内涵因为文化产业而丰富，其规模因为文化产业而发展，为中国现代文化带来了前所未有的新路，但是五四运动对传统文化的否定与损害，也恰与现代文化产业所带来的双重动力有着密切关系，这给现代中国思想界带来的负面影响，也值得反思。

在这里有必要梳理一下五四运动之前中国现代文化产业发展的大致轨迹。首先，因为五口通商，在华外侨以上海为中心，为中国"移植"了以《字林西报》、美华书馆、工部局乐队与 A. D. C 剧团为代表的文化商业机构，尔后归国华侨将海外的文化产业运营模式引入广州、上海等口岸城市，逐渐有了多重业态的文化产业。[2] 因此，晚清至五四中国现代文化产业的主要内容仍是洋人喜欢、国人追捧且本身就与现代文化产业相契合的"西学"文化产品，当中纵然有以粤剧、京剧为内涵的舞台文化产品，但与庞大的

---

[1] 大卫·霍姆（David Holm）曾认为中国共产党在 1949 年之前领导的文化工作具有启蒙意义，因为"反映的是民族解放的诉求"，这可以看作对左翼文化运动的一种主张（David Holm, *Art and Ideology in Revolutionary China*, Clarendon Press, 1991, pp. 300 – 301）。实际上因为中国国情的特殊性，左翼本身具有启蒙的属性（参见拙文《论现代印刷业与1930年代的左翼文艺》，《北京印刷学院学报》2015年第1期）。

[2] 韩晗：《在华外侨与中国现代文化产业的发生》，《现代传播》2017 年第 3 期。

中国现代文化产业体系相比，仍可以说是少之又少。① 以晚清出版业为例，当时由官方出资兴办的"官书局"，原用于出版经史子集等传统文献，目的是弥补太平天国战争给传统文化带来的破坏。但事实证明，晚清官书局在相当程度上是以译介更受欢迎的西学著作为主，纵然有一些传统文化的书籍，也是在科举考试废除之前充当"应试教辅"，并不占主流。②

　　历史证明，五四运动之后的"科玄之争"就已经暴露了传统文化在现代文化产业市场下完全无法与包括西学在内的现代文化相匹敌的问题。③ 闻一多认为："至于文学遗产，就是国粹，就是桐城妖孽，就是骸骨，就是山林文学……现在感到破坏的工作不能停止。讲到破坏，第一当然仍旧要打倒孔家店，第二要摧毁山林文学。"④ 就当时的情状而言，精英阶层与广大受教育的民众一道，从社会意识形态上否定了传统文化的意义。当中一个非常鲜明的特征就是，传统的文学形式几乎很难被现代出版产业认同，尤其是从五四运动至今绝大多数的古体诗词（除了毛泽东、柳亚子等名家名作之外）不但不能被现代出版产业遴选，甚至不能被现代文学史接受。⑤ 即使短暂的"整理国故"，也是以"科学的研究方法"为引领，将乾嘉学派的考据校勘之学贬损殆尽，⑥ 后五四传统文化在现代文化的澎湃冲击下近乎风卷残云，如是可见一斑。因此，当新文化运动点燃辛亥革命之后中国思想界的"第一把火"时，其反传统的本色与热衷于弘扬西学的中国现代文化产业不谋而合。在西学东渐的浪潮之下，中国传统文化不但没有很好地搭上现代文化产业这班车，而且被当时社会大势抛弃。在中国现代文化产业所赋予的双重动力之下，五四运动犹如装了两排车轮的汽车，拼命地在现代性这个道路上加速奔驰，并很快将传统文化彻底碾碎。这直接使作为思

① 韩晗：《从"京班戏园"与"吉庆公所"看中国现代舞台文化产业的发生》，《戏剧》2017年第 2 期。
② 韩晗：《论中国现代官办文化产业的命运及其启示——晚清"官书局"为研究中心》，《贵州师范大学学报》（哲学社会科学版）2016 年第 5 期。
③ Han Han, "The First World War, Scientific Thought, and Chinese Politics in the 1920s," *Journal of East-West Thought*, 2017（3），pp. 71 - 78.
④ 闻一多：《唐诗杂论·诗与批评》，三联书店，2014，第 269 页。
⑤ 韩晗：《现当代文学史何必"无所不包"？——兼谈现当代文学史与古体诗词的关系问题》，《苏州大学学报》（哲学社会科学版）2012 年第 5 期。
⑥ 韩晗：《社会变革、科学精神与文化的现代化转型——以 1910 年代的中国现代文化为中心》，《江汉论坛》2018 年第 3 期。

想启蒙的五四运动缺失了宝贵的本土经验，对于中国这样一个有着几千年历史的文明古国来说，这势必会对启蒙的效能产生直接的影响。

但事实上，中国传统文化并非不能承担启蒙的历史重任。正如前文所述，黄宗羲等人的观点若是能够同卢梭、伏尔泰等人的论著一样，凭借现代出版业、传媒业获得传播，其影响力或未可估。比较来看，法国、英国、德国乃至日本都发生过通往资产阶级革命的启蒙运动，但是其启蒙运动的指导思想并非从其他国家"移植"而来，而是完完全全在本国原发的。因此，今日我们研究世界启蒙思想运动的历史时，会将法国的伏尔泰、英国的洛克、德国的康德与日本的福泽谕吉等启蒙思想家等同视之，认为他们各自代表着本民族的启蒙思想范式。五四前后中国的启蒙思想家本着"尝考讲求西学之法，以译书为第一义"的"拿来主义"思想，[①] 不自觉地捐弃了在中国传统思想中寻找启蒙资源的路径。因此余英时认为，五四运动并不能算是中国的启蒙运动，因为它是西方思想引发的，而非如欧洲启蒙运动一样，属于自发的思想解放运动。[②]

中国现代文化产业为五四运动提供的内涵动力与发展动力，一方面确实为五四运动的发生、发展保驾护航，另一方面，中国现代文化产业也为五四屏蔽了传统文化的重要意义，并且对中国现代文化发展产生了延续至今的负面影响，当中很重要的一个因素就是过度利用市场淘汰了传统文化资源。时至今日，我们讨论中华优秀传统文化的创造性转化与创新性发展时，仍期望传统文化可以通过现代文化产业获得"再生"的机会，当前文化产业已经成为文化存在的一种极其重要的方式，在市场经济时代下，任何文化想要获得认同与发展，借助资本的力量进行交换、流通，从而使文化本身获得有效的传播与内涵的提升是最为便捷且行之有效的路径。但自五四运动至今，传统文化与中国现代文化产业之间的脱榫，一直需要后来者努力弥补并有所创获。长远地看，这当然是一个久久为功的文化建设工程。

---

① 《上海强学会章程》，陈元晖主编《中国近代教育史资料汇编·戊戌时期教育》，上海教育出版社，2007，第149页。

② 余英时等：《五四新论：既非文艺复兴，亦非启蒙运动》，台北，联经出版事业股份有限公司，1999，第4页。

四　结语

总体来看，学界对于五四运动的研究有两个明显的不足之处：一是对五四运动的动力研究不足，将五四运动的发生、发展简单化、模式化，忽视新文化运动转向五四爱国学生运动的历史动因；二是对五四运动的局限性认识不足，长期将五四运动与五四爱国学生运动等同，并将其与马克思主义的传播、十月革命的在华影响视为一体，对新文化运动重视不够。站在五四爱国学生运动百年后的今天，重新回望并反思五四运动的得失，中国现代文化产业显然是一个极具思考价值的视角，它为五四运动的发生、发展提供了内涵动力与发展动力，并通过报刊出版、电影戏剧、舞台唱片等不同媒介，传播了五四运动急需的新兴文化，推动了新的文体与表现形式的诞生，对现代中国的启蒙思想运动起到了重要的助力作用。现代文化产业与现代科学技术、现代人类思想文明乃至现代经济、社会制度一道，获得了五四时期启蒙主义思想者的赞颂。

但这并不意味着我们仍以五四时期文化人的眼光来评价五四。历史研究的意义就在于，在面对同样一个问题或对象时，不同时期的人总会有截然不同的看法，这是对历史局限性的超越。今日我们以"百年之后人"的身份重新回望那段历史，并不难发现五四运动所希望承担的启蒙责任并未很好地完成，它仍然是一场未完成的、有遗憾的思想启蒙运动。[①] 西学东渐的大背景及中国现代文化产业的特殊属性，不但造成了后五四新文化建设期的一些负面的倾向，同时也限制了五四运动在社会启蒙方面与传统文化的联系。就此而言，中国现代文化产业对五四运动的影响显然是值得批判反思的。

尽管中国现代文化产业为五四运动提供了双重动力，但它并不需要对

---

① 国内学者时常会以哈贝马斯的现代性是一个"未完成的方案"（an incompetent project）来解释五四运动在启蒙上的不彻底性，但这里所说的"未完成"与五四运动的"不彻底"是完全不同的两个概念。"未完成"指的是我们长期处于现代性的进程当中，因此现代性是一个没有具体目标与终止标识的进程，这是人类的一个普适性问题。但是五四运动因为自身的局限性，未能很好地将应有的启蒙效能发挥出来，这并不是可以完成而未完成，而是自身局限性所致的不彻底，并且这也并非人类的普适性问题。

五四运动一切影响负责。五四运动本身具有复杂性，其成因、演变机制是多元的。中国现代文化产业在当中固然扮演着相对重要的角色，但是需要说明的是：它只是窥探五四运动的一个新的视角，并不能构成阐释五四运动的全部框架。因此，上述问题仍值得进一步思考与完善。

五四新文化运动前夕新旧思想冲突之聚焦

耿云志[*]

一

　　民国初年，由于宪政失败，国家政治不上轨道，造成相当程度的社会失序状态。政治社会失序，道德失坠必亦随之。当时对此表示愤懑或忧虑者甚多。自然，不满意以共和国代替清朝的人，如康有为、严复等辈，对此更加敏感。康有为说："今吾国以共和为名，而纲纪荡尽，教化夷灭，上无道揆，下无法守，一切悖理伤道、可骇可笑之事，万百亿千，难以条举。"① 彼且痛愤道："若夫人心之陷溺，廉耻之扫地，狡诡贪诈，险诐重惺，何以礼义为？财多而光荣，甚至父子、夫妇、兄弟、六亲之间，以谋诈相施争利而舍弃。乃至以进士入官，而父丧不服，旬日而挟妓高歌。若夫盗嫂蒸奸，鸟兽行而内外乱，不可复言也。日言公益则借公益以肥己，日言公德则借公德以行暴。钻营奔竞，反复盗窃，貌不知耻，恬不为怪。故两年来据势力者，得以金钱禄位鞭笞天下，散买党徒，人人欲救死求啖食之不暇，禽息鸟视。昔人言晦盲鄙塞坏乱极于五季，岂知有如今日之中

---

　　*　耿云志，中国社会科学院学部委员，近代史研究所研究员。
　　①　《忧问一》，原载《不忍》第 1 册，见《康有为全集》第 10 集，中国人民大学出版社，2007，第 22 页。

国哉？"① 总之，在他看来，"盖自羲、轩、尧、舜、禹、汤、文、武、周、孔之道化，一旦而尽，人心风俗之害，五千年来未有斯极"。②

和康有为立场很相近的严复也感叹道："民国之建亦有年矣，他事未效，徒见四维弛，三纲堕，吏之作奸，如猬毛起，民方狼顾，有朝不及夕之忧。"③

但是，对现状不满的，远非只是反对共和的人。那些拥护共和，甚至曾奋力争取共和的人，也因为宪政失败，对社会失序、道德失范表示忧虑。

民国以后，在政治上与其师康有为分道扬镳的梁启超观察到民国初建以来社会失序、道德失范以及思想混乱的情况，十分忧虑。他认为人的道德心，起于良心之命令，遇事先要问此事"可为"还是"不可为"。倘若良心麻木，遇事不再考虑其"可为"还是"不可为"，径直以利害关系决弃取，那么，社会就没有是非善恶之分，整个社会会陷入沉沦。梁氏且认为，当下之中国，已不是个别人良心麻木，甚至也不是一般人良心麻木，而是号为社会中坚者流已经良心麻木。梁氏说："夫个人之堕落，则何国蔑有？何代蔑有？其不至胥人类而为禽兽者，则恃有社会之普遍良心以为之制裁。……人道所以不绝于天壤，赖此而已。若乃一国之大，而以良心麻木者为之中坚，权力之渊源由兹焉，风气之枢轴由兹焉，其极乃演为社会良心之麻木。社会良心麻木之征象奈何？善与恶之观念，已不复存于其社会。即善恶之名目犹存，而善恶之标准，乃与一般人类社会善恶之公准绝殊，而人人之对于善与恶，皆无复责任。"④

一般知识界人士也敏感地意识到社会道德失坠现象之严重。如担任《东方杂志》主编的杜亚泉和主要编辑人之一钱智修，两人对此都有很明敏的观察与评论。杜亚泉在《吾人今后之自觉》一文中说："从前闭关时代，无侵夺者蹑乎吾后，无强梁者睨乎吾旁，种族之界限未生，生事之艰难未甚。而当日之人心，则颇能奋勉图功，勤劳将事，虽其所企划，多域于家庭之小范围，一己之私生活，然在此范围生活之中，则固维日黾勉，终身

---

① 《参议院提议立国之精神议书后》，原载《不忍》第9、10册，见《康有为全集》第10集，第203页。
② 《〈中国学会报〉题词》，原载《不忍》第2册，见《康有为全集》第10集，第17页。
③ 《太保陈公七十寿序》，王栻主编《严复集》第2册，中华书局，1986，第351页。
④ 梁启超：《良心麻木之国民》，《饮冰室合集·文集之三十三》，中华书局，1989，第56页。

淬厉，有艰苦忍耐之气，无苟且偷惰之风。今则不然，外围之逼压愈深，人心之颓丧愈甚，微特对于世界社会，漠不相关，即其家庭小己之间，亦且有我躬不阅遑恤我后之慨；又微特素性恬退，淡于名利之人，即力争上游，在政治社会上有所作为者，亦多存五日京兆之心，而不作谋及百年之计。凡所规划，但求及身或其任事之时期内，得以敷衍粉饰而止。永久之利害，他日之安危，非所虑也。大局之兀臬若彼，人心之泄沓若此，国事宁有豸耶？"① 这里，杜氏还是以鸦片战争前后的社会风气与民初的现实对比。在另一篇文章《国民共同之概念》里，他更以外患内忧都十分严重的清末与当前社会风气做对比，他说："数十年前，国势虽衰弱，社会虽陵夷，犹有伦理之信念，道德之权威，阴驱而潜率之，故纵无显然可指之国性，而众好众恶，公是公非，尚能不相悖戾。其判别邪正，对待事情，咸本其夙昔所储之智识，平日固有之良心，以为应付；个人之意见，推之群众而大体不殊，私室所主持，质之大廷而相距不远。而下级社会，则又有风俗之习惯，鬼神之迷信，以约束而均同之。今则不然，伦理道德，风俗迷信，均已破坏而无余，又别无相当者出承其乏，而利禄主义，物质潮流，复乘其虚而肆其毒。于是群情惝恍，无所适从，人心摇惑，失其宗主。"②

钱智修有一篇文章叫作《消极道德论》。他把当时社会道德堕落的现象分作五类加以鞭挞："一曰奢侈。……浮慕欧风者众，于是服食宴游，遂若非奢不足以炫异。……二曰圆滑。……究其流极，必且士无信友，室无贞妇，疆圻无效死之兵，国家无心膂之将。异日外人有事于中原，其揭顺民旗以效奔走者，必以巧宦政客为前驱矣。……三曰侥幸。……人人负不可一世之概，以出于冯河暴虎之途，谓一旦得志，则妻妾之奉，宫室之美，所以报偿我者，将无涯涘。故虽陟险濒危，亦有所不恤。……四曰躁进。……五曰权诈。……其诈且愈衍而愈奇，而人人皆以是相猜防，相倾轧，则社会之纲维亦立破。……我国今日，政治学术益臻于窳败，而倾险狙诈之风，则日益进化。政治家智囊中之蕴蓄，既变幻无穷，而闾巷细民之乘机射利者，亦百出其方以相胜，其良心上已不知是非羞恶为何物。而社会之尚论

---

① 原载《东方杂志》第 12 卷第 10 号，见《杜亚泉文选》，华东师范大学出版社，1993，第196 页。
② 原载《东方杂志》第 12 卷第 11 号，见《杜亚泉文选》，第 205 页。

人材者，又方且以权谋术数为去取，则亦何惮而不自纵乎！"①

即使大家公认的此时期进步思想的代表人物陈独秀，其对民初社会的扰攘、颓败之象，也表现出深深的忧虑。他说："处今之世，法日废耳，吏日贪耳，兵日乱耳，匪日众耳，财日竭耳，民日偷耳，群日溃耳，政纪至此，夫复何言？"又说："今之中国，人心散乱，感情智识，两无可言。"②

我们上面引述的言论，其所反映的社会风气、道德状况之真实程度如何，这里无法做出准确的评估。我们已经指出，像康有为那样一向反对共和的人，有很深的成见，其对民初社会各个方面的负面观察难免过分。其实，即使其他人，因受现实各方面的刺激，包括外患内忧，情绪也难免低落。受此影响，出言亦难免有所偏宕。而且从语言学理论上说，凡语言、文字表达都有某种程度的抽象性与概括性。一般说来，除了叙述一件非常具体的事，有可能做到比较忠于事实（注意，也只是比较忠实而已），在其他情况下，都不可能做到使言语、文字与所述对象完全一致。所以，对于上述有关民初社会道德的忧叹是否完全符合事实的问题，这里只好忽略不计，因为我们没有关于民初社会道德方面的社会学调查统计资料可作为评估之参考。况且，我们研究的是思想史，是探究思想家或思想者当时应对社会问题时是如何思考的。我们的目标是尽可能清晰地揭示出思想家和思想者的思想之产生、传播与所造成的社会影响。

二

思想家与思想者眼中的民初社会风气与道德状况如此之糟糕，那么，是什么原因造成这种状况的呢？站在不同立场上的人，有完全不同的看法。

反对共和的人将其归咎于共和制度和思想学说。例如康有为就说："平等盛行，属官胁其长上，兵卒胁其将校。自由成风，子皆自立，妇易离异。……在模欧师美者，指挥风云，叱咤天地。万余里之版图，旌旗变色，四万万之人民，戢首受化。虽周公之议礼制乐，始皇之焚书易法，摩

---

① 钱智修：《消极道德论》，《东方杂志》第 10 卷第 4 号，1913 年 10 月 1 日。
② 陈独秀：《爱国心与自觉心》，《陈独秀著作选编》第 1 卷，上海人民出版社，2009，第149、146 页。

诃末之挟经剑以布其政教，法马拉、段敦、罗伯界尔之易其政俗，未之少让也。"[1] 严复也认为，一切堕落之象"则无他，怵于平等、自由、民权诸说，而匪所折中之效也"。[2]

康有为、严复两人，以逊清遗老自待，痛恨民国师法西方自由、平等之说，毁弃中国固有的君臣、父子、夫妇之道，才导致人心迷乱、道德沦胥。

在拥护共和制的人看来，康、严等人的说法是不能成立的。梁启超在辛亥革命前是反对共和的，但他的根本主张，焦点不在君主制还是共和制，而是在既有国体下谋宪政之实现。共和制既已取代君主制，就应该在共和国体下谋宪政之实现。所以他坚决不赞成其老师康有为等人反对共和制，谋求倒退到君主制的立场。梁启超说："中国近年风气之坏，坏于侥浅不完之新学说者，不过什之二三，坏于积重难返之旧空气者，实什而七八。"接着又说："夫假自由平等诸名以败德者，不过少数血气未定之青年，其力殊不足以左右社会。若乃所谓士大夫居高明之地者，开口孔子，闭口礼教，实则相率而为败坏风俗之源泉。"[3] 梁氏之驳论，实令人有入木三分之感。

其实，稍稍冷静思考都可明了，民初社会混乱、道德败坏的根本原因是政治脱轨，旧制度被推翻，新制度尚未确立，所以处处呈现出无序状态，以致"举国彷徨迷惑，几无一人得安身立命之地，则社会杌陧之象终无已也"。[4]

盖政治之为物，乃社会得以正常运转的杠杆。政治乱了套，社会便不能正常运转，人们也就无法按常规办事，于是心理扭曲、行为失范、道德堕落，此乃必然之结果。

政治，首先指的是一套制度；制度崩坏，必定导致社会混乱。其次是作为调剂手段的政策；政策不能保证制度的平衡，不能保证社会人群各得其所，势必人心动摇，上下四方皆不谐，冲突、倾轧之下，难以维持道德规范应起的作用。政治的另一个重要方面是用人；用人失范，也是社会道德崩坏的重要因素。中国自秦以来，一直"以吏为师"。百姓皆知"上梁不正下梁歪"的道理。诚如康有为所说，"上无道揆，下无法守"，造成普遍

---

① 康有为：《中国颠危误在全法欧美而尽弃国粹说》，《康有为全集》第10集，第129页。
② 《太保陈公七十寿序》，《严复集》第2册，第351页。
③ 梁启超：《复古思潮平议》，《饮冰室合集·文集之三十三》，第70、71页。
④ 梁启超：《述归国后一年来所感》，《饮冰室合集·文集之三十一》，第24页。

的社会道德堕落。

张东荪提出，法律方面的问题也是道德堕落的一个原因。他在《道德堕落之原因》一文中说："法律的原因有二：一曰法不完备，二曰无执法之机关及能力。法不完备，则无法可守，行为不入范围矣。无执法之机关及能力，则虽有法而无制裁之力，犯法者得逍遥事外矣。"① 张氏所言，不为无见。法律不健全，或有法不依，行法不力，尤其是行法不公，往往会直接毁坏人们的道德心，引发一些不顾及后果的恶性行为。

杜亚泉提出，物质发达也是民初道德失范的一个原因，且看他是怎样说的。他说："盖物质主义深入人心以来，宇宙无神，人间无灵，惟物质力之万能是认。复以惨酷无情之竞争淘汰说，鼓吹其间，觉自然之迫压，生活之难关，既临于吾人之头上而无可抵抗，地狱相之人生，修罗场之世界，复横于吾人之眼前而不能幸免。于是，社会之各方面，悉现凄怆之色。悲观主义之下，一切人生之目的如何，宇宙之美观如何，均无暇问及。惟以如何而得保其生存，如何而得免于淘汰，为处世之紧急问题。质言之，即如何而使我为优者胜者，使人为劣者败者而已。如此世界，有优劣而无是非。道德云者，竞争之假面具也；教育云者，竞争之练习场也。其为和平之竞争，则为拜金主义焉；其为激烈之竞争，则为杀人主义焉。以物质欲之愈纵而愈烈焉，几若聚一世之物力，尽资其挥霍，而犹不足以快其豪举。以竞争心之愈演而愈剧也，几若驱多数之人民，尽投诸炮火，而犹不足以畅其野心。其抱极端之厌世主义者，以为死后之名，不如生前之酒，则有醇酒妇人以自弃其身者。其抱极端之奋斗主义者，以为我不杀人，毋宁自杀，则有行险侥幸以自戕其生者。"②

杜亚泉在进步主义者面前是保守主义者，在保守主义者面前又是一个进步主义者，有明显的折中主义的特点。折中主义者貌似稳健，但与真正的稳健主义者实有区别。后者是纯从客观、理性出发，而前者则多半是从主观、感情出发。杜亚泉上述言论中不乏主观和感情色彩。单从社会现象看，杜氏所说，不为无据，但仔细分析一下，他的说法就有很大的片面性

---

① 张东荪：《道德堕落之原因》，经世文社编《民国经世文编·道德》，台北，文海出版社，1970，第 17 页，总 5207 页。

② 张东荪：《道德堕落之原因》，经世文社编《精神救国论》，《杜亚泉文选》，第 91—92 页。

和主观性。我们不必否认物质上的进步发达会对人增加诱惑力，但被物质诱惑因而堕落的人，必定有更重要的原因在起作用。例如，同是贵族或富家子弟，有的能注意修养自己，有美善的追求，所以不但没有堕落，反而成为有益于社会且受人尊重的人；有的则相反，只知吃喝玩乐，游手好闲，毫无美善的追求，终至堕落，不可救药。这里面起作用的是家族传统、社会教育及个人的种种遭遇。把物质发达看成是社会道德堕落的原因是一种错误的观念。

积极参加清末立宪运动并主编《国民公报》的蓝公武，曾有专文论述清末民初中国社会道德堕落的原因。他认为，最主要的原因是原有之道德权威失坠。而原有之道德权威之所以失坠，其原因有多方面。他列出的第一个原因是外患。他指出，由于列强侵凌，"中国存亡系于一发，于是我国人始则惕亡，终则悲观，而绝望，而厌世，而放恣矣。夫国惟自奋，而后能强。今国人既以朝不保夕之心，甘晏安鸩毒之祸，则一切公共信条，又何怪乎其不渐灭以尽也。此则中国以外患日亟而失其道德之权威者也"。①他又指出，因外国侨民之来中国，带来外国的文化，对中国固有文化造成强烈冲击。他认为，外国租界就是堕落文化的渊薮。蓝氏又指出，国内变乱、灾异之频仍，物质文明之发达，社会生活之困难等，也是社会道德堕落的原因。蓝氏的观察虽比较全面，但显得很表面。

中国社会，世风之良窳，常因于上层社会。其实，不但中国如此，世界各国也无不如此。不过越是发达进步之社会，因自由、平等之实现程度较高，其上层社会之主导作用相对于较欠发达社会显得有所削弱。中国自然尚属欠发达社会，上层社会之主导作用，明显地表现强势。孔子说，君子之德风，小人之德草；草上之风必偃。到了清末时期，虽已揭开近代的序幕，但在这个问题上，仍无大变化。曾国藩曾说，社会风气之转移，常因于一二人之影响。正因为这个道理，民初思想家在追溯社会道德堕落之原因时，几乎一致地把矛头指向上层社会。

例如，梁启超在批评国人道德堕落现象时，就不是泛泛地指责所有国人，而是直指士大夫或所谓上流社会。梁氏说："盖今日风气之坏，其孽因实造自二十年以来，彼居津要之人，常利用人类之弱点，以势利富贵奔走

---

① 蓝公武：《中国道德之权威》，《民国经世文编·道德》，第 10 页，总第 5192—5193 页。

天下，务斫丧人之廉耻，使就我范围。社会本已不尚气节，遭此诱胁，益从风而靡。重以使贪使诈之论，治事者奉为信条，憸壬乘之，纷纷以自跻于青云。其骄盈佚乐之举动，又大足以歆动流俗。新进之侪，艳羡仿效，薪火相续，日以蔓滋，俗之大坏，职此之由。故一般农工商社会，其良窳无以大异于前，而独所谓士大夫者，日日夷于妾妇而沦于禽兽。此其病之中于国家者，其轻重深浅，以视众所指目之自由平等诸邪说何如。"① 梁启超的观察与评论可谓相当客观、中肯。杜亚泉在批评社会道德堕落之现象时，也特别指出："国民既无定见，利用者又从而诱惑之、胁迫之，故利之所在，势之所存，虽个人之私心，不难成全体之公意；少数所倡导，亦可得多数之赞同，而所谓国民之概念者，遂纷纭错杂，变幻离奇，而不可究诘焉。政治家者，国民之圭臬，对于国事，有一定之见解，不易之政纲者也。今则朝三暮四，转徙靡常。言论家者，舆情之标准，对于国民，负提撕之责任，劝导之义务者也。今则破碎支离，游移莫定，则亦何怪全国思想之彷徨怅触，而不衷一是也哉！"② 杜氏的批评亦将矛头指向上流社会，与梁启超可谓不约而同。钱智修则指出，道德堕落主要源于官吏阶层。他说："我国之恶道德，以官僚社会为渊薮。官吏之数愈多，则传播恶风之人亦愈众，而世间之可以享重名而获厚利者，又惟以此途为最捷。故四民以士为首，而士则以求官为事。未得者怀挟策干进之心，既得者极骄奢淫欲之致。此钻营奔竞之风所以盛，而礼义廉耻之防所以大溃也。"③ 故作者极力提倡减政主义。

在研判民初社会风气与道德堕落之原因时，集中揭示上层社会，特别是官吏阶层的责任，是非常有道理的。中国社会历来是个官僚社会。中国地广民众，最高统治者只有靠一个庞大的官僚系统来落实他的统治。社会的运转，国家的所有作为，通通要靠这个官僚系统来承担。所以，这个官僚系统的状态直接影响到政风、民风乃至文风。历代王朝行将腐朽破败之时，总是首先表现为官吏腐败。老百姓常说那些官吏"嘴上天官赐福，肚子里男盗女娼"。维系统治者权力的系统腐坏了，其统治也就摇摇欲坠了，

---

① 梁启超：《复古思潮平议》，《饮冰室合集·文集之三十三》，第 71 页。
② 《国民共同之概念》，原载《东方杂志》第 12 卷第 11 号，见《杜亚泉文选》，第 205 页。
③ 钱智修：《消极道德论》，《东方杂志》第 10 卷第 4 号，1913 年 10 月 1 日。

原来维系统治的一套礼仪道德也就都露出欺骗的本质，不受人尊信了。

其实，统治者标榜的道德礼仪，原本就具有欺骗性。为了统治的需要，他们把某些道德意识形态化。他们标榜自己的统治是"代天御民"，他们所提倡的道德是天理的体现。历代开国的"圣君贤相"，大多尚有图治的抱负，尚能克己，表现出"公忠体国"的样子，故能赢得百姓的尊信。"上行下效"，于是全社会呈现出向上的道德风气。一旦统治者及大小官僚放恣而行，他们原来所宣扬的道德礼仪的欺骗性便暴露无遗。

梁启超等人在揭露上层社会的败德现象时，还指出他们常用的一种手法，就是提出响亮口号，以绑架舆论，借舆论之力，迷惑群众，冲击社会道德的堤防。

梁启超说："无论何种类之罪恶，皆得缘附一二嘉名以自文饰；无论何方面何种类之人物，皆能摭拾一二嘉名以自捍圉以逃人责备。……顾所最可痛疾者，其所假之名，有时或可劫持多数人之良心，而使之失其本觉，或虽觉焉而遂无力以相抗圉。例如当革命初起，假民族主义之名，可以劫持一切；当地方相持，假巩固中央之名，可以劫持一切；当民气甚张，假回复秩序之名，可以劫持一切。是故假军国主义之名，劫持一切，则可以拥兵；假纳税义务之名，劫持一切，则可以聚敛；假尊崇礼教之名，劫持一切，则可以复古；假乱国重典之名，劫持一切，则可以滥刑；乃至假维持现状之名，劫持一切，则使人不敢计及将来；假对外一致之名，劫持一切，则使人不敢谈及内政。当其假以相劫也，虽正人君子犹或眩惑乎名实之间，而彷徨于是非之际。及其前此所假者，不足以相劫，复更端以假其他，天下之名可以假者无量，天下之人可以劫者无量，而天下之罪恶可以悍然行之者亦遂无量。……呜呼！数年以来，彼最优美高尚之名词，若自由也，平等也，平和也，人道也，爱国也，民意也，何一不为人掊扯蹂躏以尽，夫至于一切道德名词之效力，所余者惟以供天下后世嬉笑诟病之用，则国家社会更何所赖以与立。呜呼！此岂一人一家之孽，一时一事之忧云尔哉！"① 梁氏所揭示的这种社会现象，研究中国历史，特别是研究中国近现代历史的人，都会有曾经沧海的感觉，我们都应深深地引为教训。

---

① 梁启超：《天下几多罪恶假汝之名以行》，《饮冰室合集·文集之三十三》，第57—58页。

三

面对政治无序、道德权威失坠的乱象，人们在焦虑之余，也力图寻求解救之道。有人认为，既然道德危机时，固有的道德权威失坠，那就把那些权威再恢复起来就是了。这是复古主义思想颇为盛行的重要原因。有这种思想的人相当不少。梁启超曾指出："二十年前，而所谓旧法者，已失其维持国家之功用，国人不胜其敝，乃骇汗号呼以求更新。今又以不胜新之敝也，乃更思力挽之以返于二十年前之旧。二十年前所共患苦者，若全然忘却；岂惟忘却，乃更颠倒歆慕，视为盛世郅治而思追攀之。"[①]

在复古思潮中最突出的事例就是孔教会之类的团体大行其道，而且屡次上书、请愿，要求将孔教定为国教并写入宪法。他们这些要求的核心理由正是要重树中国人的道德权威。定孔教为国教的要求虽未实现，但天坛宪草中写入"以孔子之道为修身大本"，显然是从解救道德危机的目的出发，向复古主义者做出妥协。

孔教之不能成为国教，不足以重新立为国民的道德权威，原因甚多。一则从清末以来，随着新思想的输入，稍有开新意识的人皆多少摆脱了对孔子与儒学的迷信。人们至少会从常识出发，提出疑问：如果孔子与儒学能够解决中国的问题，则崇信孔子与儒学的中国，又何至于沦落到如此不堪的地步？再则，以孔教为国教，显然违反信仰自由的原则，其他宗教，如基督教、佛教、道教、伊斯兰教皆一致反对。此外，还有不少头脑较清楚的人，虽对孔子与儒学仍怀有一定的敬意，但决不同意认孔子与儒学为宗教。孔教之受挫，是复古主义的一大失败。但既然找不到新的出路，复古主义的迷雾一时仍无法驱散。梁启超特作《复古思潮平议》一文，批评复古之无当。他指出，以复古为药饵，治当下危机之病，非但无益，反而有害，盖因"我民族尤以竺旧为特长，而以自大为凤禀；而坐谈礼教，吐弃学艺，又最足以便于空疏涂饰之辈，靡然从风。……而惰力性或且缘此大增，率国人共堕入于奄奄无生气之境。此则吾所为眀眀而忧者耳"。[②] 蓝

---

① 梁启超：《复古思潮平议》，《饮冰室合集·文集之三十三》，第73页。
② 梁启超：《复古思潮平议》，《饮冰室合集·文集之三十三》，第74页。

公武也撰文批评复古主义，认为恢复旧道德的各种教条，实"与近世国家之个体有机组织不相容"，"与近世之经济组织不相容"，"与近世之法治制度不相容"，"与近世之教育制度不相容"，"与近世之人格观念不相容"。[①]

复古不是出路，但总得设法挽救道德之危机。有人提出，"以科学知识与人道主义，同时普及于人民，进德之术，莫宜于此矣"。[②] 可惜，作者没有给出具体而充分的论述。也有人提出，唯有提倡消极道德论，可以解救当下的道德危机。彼云："救今日之中国，非提倡消极道德不可。"彼所谓"消极道德"就是"廉耻"二字。他说："我国人爱国之思想，冒险进取之精神，远不逮欧美，惟于消极道德，则颇有一日之长。故人臣以难进易退为美谈，论士者以行己有耻为标准。"[③] 知耻是道德的基础，正是因为人们渐渐不知耻，所以才发生道德堕落的危机。作者所提救济之法，实在等于没有办法。还有人提出，救济之法，在出现宗教领袖如孔子、耶稣、释迦牟尼等，据时势人情之变迁而提出道德的新科条。[④] 这同样也等于没有办法。历史提示给我们的经验，近乎圣人的宗教领袖是可遇而不可求的。尽管现实的危机有多么严重，人们又是如何企盼圣人、杰出领袖的出世，而圣人、杰出领袖之是否能够出现，谁也无法知道。政治的迷乱，无法求解，道德危机也是无解。

不过，我们不能完全听信悲观的道德家的言论。民初处青黄不接之时，道德失范的情况固属事实，但有一批为民主自由理想而奋斗的志士，仍然坚守自己的理想。他们中有新派的政治家，也有新派的知识分子。在政治家中，那位为实现民主政治而献出生命的宋教仁，是中国近代政治史上一种新人格的典范。还有那些被袁世凯武力包围的国会议员，他们使袁世凯不能顺利当选正式大总统，即最后勉强当选，也仍有 200 多位议员拒绝在武力威胁下放弃自己的政治立场。这同样是中国近代政治史上值得敬仰的风操。

我们还应该记得，以蔡元培为代表的一批知识分子，以及包括宋教仁在内的一批优秀的政治家，在民国成立后不久，便发起道德改良会。虽无

---

① 蓝公武：《辟近日复古之谬》，《大中华》第 1 卷第 1 期，1915 年。
② 阙名：《民德报发刊词》，《民国经世文编·道德》，第 36 页，总第 5246 页。
③ 钱智修：《消极道德论》，《东方杂志》第 10 卷第 4 号，1913 年 10 月 1 日。
④ 方南岗：《予之国民道德救济策》，《东方杂志》第 10 卷第 7 号，1914 年 1 月 1 日。

法具体指出此会在民初改善社会道德方面究竟有多大贡献，但总可从此看出，大家并不像道德悲观论者所说的那样都在沉沦，有进取心的中国人正在为建立新道德做着艰苦的努力。

四

人们满怀期待的共和新国，历经数年，给予人们的却只是接连的失望。国会成立，却未曾立宪；二次革命，未歼独夫；国会解散，法度尽失；帝制自为，天下反戈；护国虽成，而乱局仍旧。思想文化领域，更是混乱、纠结。新旧思想、观念、礼俗、习惯，相互错杂，是非不清，善恶不明。国内凡属稍知国事者，无不唏嘘叹息，前路茫茫，不知所届。民国著名记者黄远庸在他的职业生涯中，亲历各种事变，目睹军政乱局。他指出，有势力者，唯势、利是求；无权百姓，只有痛苦呻吟。在此情况下，无人从根本上为国家谋出路，为人民解冤苦。他非常沉痛地说道："国家之亡，盖以人心为之朕兆，今以全国稍有智识者之心理卜之，莫不忧伤憔悴，皇皇然不可终日。于是乃以沈冥旷废淫乐无道出之，以求旦夕之苟活。"① 又说："国家为理性造成之物，而吾国人乃以一时一时之感触为之。感触剧烈时，则将一时政局搅得海涌云腾；感触停息时，则奄奄作死人睡去状。一般人但求旦夕无事，究竟'中华民国之究竟如何'，大众既不加以思量，而所谓势力家者，亦但求保持其特殊之势力为已足。惟无理想，故无解决；惟无解决，故无希望。"② 在黄氏看来，国家所遭遇的最大问题是人心失落，用他自己的话说，是"人心之枯窘"。他说："今日吾国大患安在，不佞以为决不在外交、财政、议会、政党等等，……所可疾首痛心引为大患者，则人心之枯窘无聊，希望断绝是也。晚清时代国之现象，亦已甚矣。然人心勃勃，犹有莫大之希望。立宪党曰，吾国立宪则盛强可立致；革命党曰，吾国革命而易共和，则法美不足言。今以革命既成，立宪政体亦既确定，而种种败象莫不与往日所祈向者相左。于是全国之人丧心失图，皇皇然不知所归。犹以短筏孤舟驾于绝潢断流之中，粮糈俱绝，风雨四至，惟日待

---

① 黄远庸：《我今要求政治界之灵魂》，《黄远生遗著》卷 2，商务印书馆，1924，第 132 页。
② 黄远庸：《无理想无解决无希望之政治》，《黄远生遗著》卷 3，第 132 页。

大命之至。惟是一部分之人呼号冲突，一部分之人鼠窃狗偷，互相角触以为戏，而实响已虚，元气大尽。以国中最优秀之政治家，最重要神圣之机关，莫能决定政治之路径，以确定国家前途之希望。……全国之人，厌倦舆论，厌倦议会，厌倦政府，厌倦一切政谈。其结果，将厌倦共和，厌倦国家。"① 国人心理如此，岂不是危殆已极。

陈独秀与黄远庸有着差不多同样的观察。他指出："自国会解散以来，百政俱废，失业者盈天下。又复繁刑苛税，惠及农商。此时全国人民，除官吏兵匪侦探之外，无不重足而立。生机断绝，不独党人为然也。"②

黄远庸、陈独秀能如此尖锐地提出问题，说明他们已有觉醒。他们不是仅仅为了揭出真相，令大家唏嘘浩叹，忍痛待死，而是看到一线希望，才把严峻的形势告诉大家，刺激大家警醒。尽管这时他们的希望还不是非常明确、非常自信。

黄远庸曾痛诉过渡时期之无奈。他说："旧者既已死矣，新者尚未生，吾人往日所奉为权威之宗教道德学术文艺，既已不堪新时代激烈之风潮，犹之往古希腊神道之被窜逐然，一一皆即于晦匿，而尚无同等之权威之宗教道德学术文艺起而代兴。吾人以一身立于过去遗骸与将来胚胎之中间，赤手空拳，无一物可把持，徒彷徨于过渡之时期中而已。"③ 但他毕竟是身历清末民初改革与革命的人，对当时相继传入中国之种种新思想、新学说颇有了解。而在这一过程中，中国毕竟也涌现出一部分新的社会力量，因此，他对国家前途并不绝望。

我们研究先觉者的议论，可以看出，尽管经历数年的乱局，新旧思想不断冲突，但至此，新旧思想冲突的焦点已清晰显现。

民初政坛的各种争斗，实际上都不过是民主宪政与专制独裁的较量。这两者的争斗，是民初一切政治问题的核心。

但为什么有了共和国的体制，施行民主立宪制还屡屡受挫，不能成功，乃至两度出现帝制复辟呢？

当时多数政治家、政论家、法学者都未能深刻剖析宪政失败的原因，

① 黄远庸：《论人心之枯窘》，《黄远生遗著》卷1，第88—89页。
② 陈独秀：《生机》，《甲寅》第1卷第2号，《陈独秀著作选编》第1卷，第143页。
③ 黄远庸：《过渡时代之悲哀》，《黄远生遗著》卷1，第161页。

但少数思想家和先觉者为我们道出了个中缘由。例如，陈独秀在 1915—1916 年发表的多篇文章里揭示出，人民中广大阶层不曾参与民主宪政的进程，他们毫无宪政观念与宪政知识，他们甚至根本不关心政治，视政治如观隔岸之火。而民主宪政若没有广大民众阶层的参与，则不可能落到实处。有之，则必定是伪宪政。陈独秀说："今兹之役，可谓为新旧思潮之大激战。浅见者咸以吾人最后之觉悟期之，而不知尚难实现也。何以言之？今之所谓共和，所谓立宪者，乃少数政党之主张，多数国民不见有若何切身利害之感而有所取舍也。盖多数人之觉悟，少数人可为先导，而不可为代庖。共和立宪之大业，少数人可主张，而未可实现。"① 又说："第以共和宪政，非政府所能赐予，非一党一派人所能主持，更非一二伟人大老所能负之而趋。共和立宪而不出于多数国民之自觉与自动，皆伪共和也，伪立宪也，政治之装饰品也，与欧美各国之共和立宪绝非一物。以其于多数国民之思想人格无变更，与多数国民之利害休戚无切身之观感也。"② 其实还不止于此。广大民众，因困于愚昧、迷信以及习惯，往往对自己所不了解的未来有些恐惧，而误以为在旧秩序、旧习惯中生活会更安适、更保险一些。因此，旧势力的宣传和作为，他们不以为怪，甚至乐于随风顺流而去。这是长期生活于君主专制制度之下所养成的国民性。所以，建设真正共和民主制度，必须努力改变这种国民性，须在全体人民中做一番启蒙的功夫。像陈独秀所说："如今要巩固共和，非先将国民脑子里所有反对共和的旧思想，一一洗刷干净不可。"③ 去掉君主专制的一套思想观念、行为习惯，培育民主自由的新思想、新观念，由君主专制下的奴隶性的臣民变成共和国的独立、自由、平等的国民，这显然是一项十分艰巨的任务，须做长期的奋斗，绝不是凭激情一蹴可即的。

黄远庸在回顾自中西文化相遇以来的情形时说："盖在昔日，仅有制造或政法制度之争者，而在今日，已成为思想上之争。此犹两军相攻，渐逼本垒，最后胜负，且夕昭布。识者方忧恐悲危，以为国之大厉，实乃吾群进化之效，非有昔日之野战蛮争，今日何由得至本垒。盖吾人须知新旧异

① 陈独秀：《吾人最后之觉悟》，《陈独秀著作选编》第 1 卷，第 202 页。
② 陈独秀：《吾人最后之觉悟》，《陈独秀著作选编》第 1 卷，第 203 页。
③ 陈独秀：《旧思想与国体问题》，《陈独秀著作选编》第 1 卷，第 334 页。

同，其要点本不在枪炮工艺以及政法制度等等，若是者犹滴滴之水、青青之叶，非其本源所在。本源所在，在其思想。夫思想者，乃凡百事物所从出之原也。宗教、哲学等等者，蒸为社会意力。于是而社会之组织作用生焉，于是而国家之组织作用生焉，于是而国际界之组织作用生焉"。① 黄氏指出，在欧洲诸国，因思想自由，新旧思想得以公开自由竞争，"所有文明，非独其固有，乃吸收古今东西世界各国方面之文化而成"。② 所以，新旧代谢，文明日进。而"吾国秦汉以来，推崇一尊，排斥异说，闭关据守，习常蹈故，以至今日，余焰不死"。③ 要促进中国社会进步、制度转化，思想观念的更新是必要的前提。要更新思想观念，则必须提倡怀疑与批评。"中国今日，盖方由无意识时代，以入于批评时代之期。夫批评时代，则必有怀疑与比较之思想，怀疑之极，必生破坏，比较之后，必至更新。而当此之时，笃旧守故者方在不识不知顺帝之则之中，必将出其全力以与斗，于是乃生冲突。冲突之后，有知识者胜，不知不识者败，而后新说成焉。"④ 新思想、新观念取代旧思想、旧观念，须经过怀疑、批评与斗争，新的战胜旧的，才能达到目的。好在经过民初数年的混乱之局，思想观念领域的冲突、斗争已渐渐彰显出其焦点所在，表明先觉者已找到启蒙民众的入手途径。黄远庸说："吾所谓新旧思想冲突之点，不外数端：第一，则旧者崇尚一尊，拘牵故习；而新者则必欲怀疑，必欲研究。第二，新者所以敢对于数千年神圣不可侵犯之道德习惯、社会制度而批评研究者，即以确认人类各有其自由意思，非其心之所安，则虽冒举世之所不韪，而不敢从同。而旧者则不认人类有此自由。第三，新者所以确认人类有此自由，因以有个人之自觉，因以求个人之解放者，即以认人类各有其独立之人格。所谓人格者，即对于自己之认识，即谓人类有绝对之价值，与其独立之目的，非同器物，供人服御，非同奴仆，供人役使，在其本身并无价值，并无目的。而旧者则视人类皆同机械，仅供役使之用，视其自身，亦系供人役使者，故为奴不可免，而国亡不必悲。第四，新者所以必为个人求其自由，且必为国群求其自由者，即由对于社会不能断绝其爱情，对于国家不能断

① 黄远庸：《新旧思想之冲突》，《黄远生遗著》卷1，第154—155页。
② 黄远庸：《新旧思想之冲突》，《黄远生遗著》卷1，第156页。
③ 黄远庸：《新旧思想之冲突》，《黄远生遗著》卷1，第157页。
④ 黄远庸：《新旧思想之冲突》，《黄远生遗著》卷1，第156页。

绝其爱情。而旧者则束缚桎梏于旧日习惯形式之下，不复知爱情为何物。故其现象，一尚独断，一尚批评；一尚他力，一尚自律；一尚统合，一尚分析；一尚演绎，一尚归纳；一尚静止，一尚活动。以此类推，其他可罕譬而喻。"① 陈独秀在《青年杂志》创刊号上发表的《敬告青年》一文所标举的六大宗旨，即"自主的而非奴隶的""进步的而非保守的""进取的而非退隐的""世界的而非锁国的""实利的而非虚文的""科学的而非想象的"，② 其实也是揭示新旧思想冲突之所在。

黄、陈两位研判新旧思想冲突的焦点，都把问题归结于"人"和人的思想观念，并且已不是以往文人儒士谈及"人"，都只是抽象的"人"。黄、陈二氏所谈的"人"，都是具体的人，都是活生生的"个人"。黄氏已明白提到"个人之自觉""个人之解放""独立之人格"等。陈独秀在解释其"自主的而非奴隶的"宗旨时，反复强调"独立自主之人格"，"以自身为本位"。显然黄、陈两位说的都不是抽象的人，而是具体的"个人"。

他们聚焦到"个人"，于是就有了建设民主共和新国家的一个全新的起点，那就是从改变"个人"的思想观念入手，期以达到改造国民性的目的，造就可以建设共和民主国家，可以巩固共和民主国家的人民。有了这样的人民，自然会出现新国家。表面看起来，似乎回到清末梁任公先生的命题：有新民，何患无新国家？实则并不相同。在梁任公那里，尚无黄、陈二氏如此明晰的"个人"的观念，仍然是不太清晰的"国民"。况且，梁氏不久因为太强调国家主义与大民族主义，其"国民"也变得苍白了。

我们看黄、陈二氏谈改革、谈改造社会时，都紧紧抓住"个人"这个主体。

黄远庸在《忏悔录》一文中说："今日无论何等方面，自以改革为第一要义。夫欲改革国家，必须改造社会，欲改造社会，必须改造个人。社会者，国家之根柢也；个人者，社会之根柢也。国家吾不必问，社会吾不必问，他人吾亦不必问，且须先问吾自身。吾自身既不能为人，何能责他，更何能责国家与社会？"③ 因此，他又说："自今以往，吾人当各求其能力之

---

① 黄远庸：《新旧思想之冲突》，《黄远生遗著》卷1，第159—160页。
② 《陈独秀著作选编》第1卷，第158—163页。
③ 黄远庸：《忏悔录》，《黄远生遗著》卷1，第134页。

发达。而欲自求此，则必先问以前吾曹何以能力之衰薄如彼。故必先有一种自觉，至其能力之将发达于何方面，或于政治，或于社会，各视其人性质境遇之所宜，不必定须一律。须知，今日凡百现象之不振，皆因全国优秀之绝无真实力量，而妄冀非分之获之所致。"① 这是他历观革命与改革的多次失败而得出的一种教训，即要每个人先自觉醒，脚踏实地，尽力之所能勉者努力做去。清末立宪改革运动中，张謇所谓"得寸则寸，得尺则尺"，即同此意。

经历袁世凯复辟帝制的闹剧之后，陈独秀认为，中国人有望起一种觉悟。他说："三年以来，吾人于共和国体之下，备受专制政治之痛苦。自经此次之实验，国中贤者，宝爱共和之心，因以勃发；厌弃专制之心，因以明确。"② 但他声明，他自己既不乐观，也不悲观，他只是希望国人此后能渐渐觉悟起来。他期待的觉悟，第一步是要认清"国家为人民公产"，国家政治，人人都应该关心，不能"悉委诸政府及党人之手；自身取中立态度，若观对岸之火"。第二步是要明白"吾国欲图世界的生存，必弃数千年相传之官僚的专制的个人政治，而易以自由的自治的国民政治"，即必须弃专制而为共和民主。第三步则是必须认清，"所谓立宪政体，所谓国民政治，果能实现与否，纯然以多数国民能否对于政治，自觉其居于主人的主动的地位为唯一根本之条件"。③ 这里第三步是关键，是所有三步的集成。由此我们明白，摆脱专制政治，建立民主政治，关键是要每一个人觉悟到自己是国家的主人，自己要担负起国家社会的责任。这就是陈独秀所说的"自觉其居于主人的主动的地位"的含义。

那么，怎样才能让每个人"自觉其居于主人的主动的地位"呢？这正是少数先觉者要致力解决的问题。

黄远庸认为，现代文明根本处是要求"个人的解放"。他说："今日世

---

① 黄远庸：《反省》，《黄远生遗著》卷1，第140页。
② 陈独秀：《吾人最后之觉悟》，《陈独秀著作选编》第1卷，第202页。按，陈氏这甲所说的"三年以来"，当是指1913年以来的三年，因为这句话的前面，陈氏明确以民国初元为一期，此后到他写此文之时为新的一期。又需指明，陈氏说的"自经此次之实验，国中贤者，宝爱共和之心，因以勃发"，当是指袁世凯复辟帝制终归失败一事。陈氏此文发表于《青年杂志》第1卷第6期，标明是1916年2月15日出版，实际可能是在袁氏取消帝制之后，甚至可能是袁氏已死之后。
③ 陈独秀：《吾人最后之觉悟》，《陈独秀著作选编》第1卷，第203页。

界何谓文明？曰科学之分科，曰社会之分业，曰个性之解放，曰人格之独立，重论理，重界限，重分划，重独立自尊。"① 陈独秀认为，当头第一最要之旨，是改变人们的思想观念，思想观念改变了，才可能逐渐改变行为习惯，才会逐渐由奴隶式的国民变成主人式的国民。他说："若夫别尊卑，重阶级，主张人治，反对民权之思想之学说，实为制造专制帝王之根本恶因。吾国思想界不将此根本恶因铲除净尽，则有因必有果，无数废共和复帝制之袁世凯，当然接踵应运而生，毫不足怪。"② "如今要巩固共和，非先将国民脑子里所有反对共和的旧思想，一一洗刷干净不可。因为民主共和的国家组织社会制度伦理观念，和君主专制的国家组织社会制度伦理观念全然相反，一个是重在平等精神，一个是重在尊卑阶级，万万不能调和的。"③

　　然而，改变人的思想观念，谈何容易！只靠几个先觉者作一些说教式的文章在报刊上传布，是很难收效的。黄远庸已经意识到这一点。他在准备到美国游历的前夕，写信给《甲寅》杂志的编者章士钊说："此后将努力求学，专求自立为人之道，如足下之所谓存其在我者。即谓末等人，亦胜于今之所谓一等脚色矣。愚见以为，居今论政，实不知从何处说起。洪范九畴，亦只能明夷待访。果尔，则其选事立词，当与寻常批评家，专就见象为言者有别。至根本救济，远意当从提倡新文学入手。综之，当使吾辈思潮如何能与现代思潮相接触，而促其猛醒。而其要义，须与一般之人生出交涉，法须以浅近文艺普遍四周。史家以文艺复兴为中世改革之根本，足下当能语其消息盈虚之理也。"④ 这里有几个要点值得注意：第一，黄氏认为，今后当以求得做人之道为最要紧的事。此非仅限于他本人，国人都是如此。第二，须使吾辈思想与现代思潮相衔接，方法是从提倡新文学入手，须以浅近文艺普遍四周。第三，须使新思潮"与一般之人生出交涉"，即要唤醒平民大众。更直接一点说，就是要改变人；而改变人须从改变其思想观念入手；而改变人的思想观念最便捷的途径是从文学入手；而文学须是"浅近文艺"，能"与一般之人生出交涉"。

　　在这个时期，不约而同地产生类似想法的还有许多人。

---

① 黄远庸：《国人之公毒》，《黄远生遗著》卷1，第152页。
② 陈独秀：《袁世凯复活》，《陈独秀著作选编》第1卷，第271页。
③ 陈独秀：《旧思想与国体问题》，《陈独秀著作选编》第1卷，第334页。
④ 《致甲寅杂志记者》，《黄远生遗著》卷4，第189页。

　　例如，李大钊在讨论自杀问题时顺势发挥道："文学为物，感人至深，俄人困于虐政之下，郁不得伸，一二文士，悲愤满腔，诉吁无所，发为文章，以诡幻之笔，写死之趣，颇足摄入灵魄。中学少年，智力单纯，辄为所感，因而自杀者日众。文学本质，固在写现代生活之思想，社会黑暗，文学自畸于悲哀，斯何与于作者？然社会之乐有文人，为其以先觉之明，觉醒斯世也。方今政象阴霾，风俗卑下，举世滔滔，沉溺于罪恶之中，而不自知。天地为之晦冥，众生为之厌倦，设无文人，应时而出，奋生花之笔，扬木铎之声，人心来复之几［机］久塞，忏悔之念更何由发！"① 想以文学作为警醒国人之利器，显与黄远庸氏同意。至于鲁迅之决心以文学唤醒民族之觉悟，更是人所熟知的事。在美留学的胡适决心要使文学普及于大多数之国人，这也是大家熟知的事。

　　在时局混乱、众皆迷蒙的情势下，少数先觉者致力于改变人的思想观念，改变人，并试图从文学入手达此目的。这是中国自清末以来，千寻百觅，为国家民族求生存、求解放、求自由的一个结论。上面所引黄远庸氏的《致〈甲寅〉记者》一文，最后提到欧洲走出中世纪的启蒙运动，可视为新文化运动即将来临之信号。

---

① 李大钊：《厌世心与自觉心》，《李大钊文集》第 1 卷，人民出版社，1999，第 143—144 页。

五四与新文化运动的分别及联系

桑　兵[*]

在相当长时期的历史叙述中，五四与新文化运动是合为一体的。不仅如此，五四运动还是由新文化运动所催生，新文化运动的民主与科学，成为五四精神的重要表述，而五四爱国运动的主旨则由新文化运动延续。

不过，对这样的历史叙述很早就有学人表示疑义，因为检讨相关史料，在五四运动之前，并没有新文化运动的说法，见诸记载的新文化运动，发生于五四运动之后。[①] 有学人进而认定，新文化运动是被五四运动的风潮运动起来的。[②]

这些论述得到相关史料的系统支撑，虽然某些表述还有进一步商讨的空间，但基本上是立得住的。只是事情并非仅此而已。现行的历史叙述并非完全出自后人的形塑，在历史发展的脉络中，可以找到渊源流变、起承转合的印记。所以接下来应该更加仔细澄清的问题是，如何把握五四运动与新文化运动的分别及联系，既符合历史实情，又能够寻绎本事与叙述的来龙去脉，从而双重还原历史的本相及其演化。近年来撰述的中心之一是《新文化运动史》，本文概括呈现部分章节的结论性意见，并就研究的取径

---

[*] 桑兵，浙江大学人文学院教授。

[①] 〔美〕周策纵：《五四运动：现代中国的思想革命》，周子平等译，江苏人民出版社，1996，第265页；邓绍基：《关于"新文化运动"这一名称》，中华书局编辑部编《学林漫录》第14集，中华书局，1999，第69—75页。

[②] 王奇生：《新文化是如何"运动"起来的》，《近代史研究》2007年第1期，后收入《革命与反革命：社会文化视野下的民国政治》（社会科学文献出版社，2010）为第一章。

和办法进行深入探究。

一　发生时间和鼓动、领导者的错位

在前人先行研究基础上进一步全面系统爬梳材料、条理史事，可以确证新文化运动兴起于五四运动之后，1919 年 8 月，国民党人吴稚晖最早提出新文化运动的概念。9 月，戴季陶明确宣称："中国国家社会组织的缺陷，刚才在暴露的正当中，进步的趋向是很明了的，助成进步的新文化运动是很猛烈的，但是大多数的人，还是在睡梦当中，一般旧文化势力圈内的人，阻止新文化运动进行的力量，也是很大的，在生活争斗的上面，加上一层文化竞争，这一个极大的震动如果不到新文化运动成功的时候，不会静止的。新文化运动是甚么？就是以科学的发达为基础的'世界的国家及社会的改造运动'。非有大破坏，不能有大建设。但是一面破坏着，同时就要一面建设着。各式各样的努力都是向着有必要到来运命的新世界走。"[1] 紧接着，他又将新文化运动的性质形式具体概括为七点：

1　全人类的普遍的平等的幸福，是革命究竟的目的。

2　中国国家和社会的改造，是革命现在进行的目的。

3　中国人民全体经济的生活改善和经济的机会平等，是现在进行目的的理想形式。

4　普遍的新文化运动，是革命进行的方法。

5　智识上思想上的机会均等和各个人理智的自由发展，是新文化运动的真意义。

6　文字及语言之自由的普遍的交通和交通器具的绝对普及（如注音字母），是造成理智上机会均等的手段。

7　"平和的组织的方法及手段"，是革命运动的新形式。[2]

---

① 戴季陶：《从经济上观察中国的乱原》，《建设》第 1 卷第 2 号，1919 年 9 月 1 日，第 18 页。
② 戴传贤：《革命！何故？为何？——复康君白情的信》，《建设》第 1 卷第 3 号，1919 年 10 月 1 日，第 30 页。

　　国民党并非新文化运动的独家发起人。五四风潮直接的矛头是列强（主要是日本）和北洋军阀（主要是段祺瑞的安福系，直系不仅置身事外，而且有所附和），其间南方的国民党、梁启超的研究系以及以江苏省教育会为代表的东南人士起到煽风点火和推波助澜的作用。三方遥相呼应，旨在推翻段祺瑞主导的安福系政府，专指安福系的"北洋军阀"此时在媒体上集中出现，与皖系画等号的北洋军阀成为众矢之的，连所谓直系也加入反对者的行列。五四风潮的结果，三名卖国贼下台，段祺瑞则躲过风头，侥幸脱身。曹汝霖等人固然罪有应得，一定程度上却是代人受过，因为背后决定大政方针的是段祺瑞。

　　由于五四运动过程中蔡元培意外辞职南下，安福系不仅未被打倒，反而有机可乘，进一步将手伸向北京大学甚至江浙一带，令之前反对安福系的政治势力受挫。原来支持蔡元培的江苏省教育会和代长北京大学的蒋梦麟，既要避免学生失控再度危及其共有的势力基盘，又要在社会上继续鼓动学生对安福系主导的北京政府造成冲击，这与南方国民党的政治诉求相呼应。三方本来就有反对"北洋军阀"的共识，趁机不约而同地发起的新文化运动，在迎合世界潮流、反对官僚军阀恶政、改造社会文化的理想追求之下，若隐若现地展现了联手反对安福系政权的政治同盟关系。1919年10月29日，江苏省教育会发出《致本省中等以上各学校函》，宣布将于12月22日在南京举行第二届演说竞进会。演说主题就是"关于新文化运动之种种问题及其推行方法"。为了帮助各地的组织者及演讲员理解尚未流行的新文化运动，11月1日，江苏省教育会特地发布标题为《解释新文化运动》的小册子，作为"简单的解释以备各校参考"，从六个方面阐释了新文化运动的内容。

　　一、新文化运动是继续五四运动传播新文化于全国国民的作用，其进行方向在唤醒国民，改良社会，发展个人，增进学术，使我国社会日就进化，共和国体日形巩固。二、新文化运动要文化普及于大多数之国民，不以一阶级一团体为限（例如推广注音字母，传播白话文，设立义务学校、演讲团，都是这个意思）。三、新文化运动是以自由思想、创造能力来批评、改造、建设新生活（例如现在各种新思想出版物）。四、新文化运动是谋永远及基本的改革与建设，是要谋全国彻底的觉悟（继续现在的新运动，从基本上着想，使之永远进步也）。五、新文化运动要全国国民改换旧时小的人生观，而创造大的人生观，使生活日就发展（例如从家族的生活到社会的生活）。六、新文化运动是一种社会运动、国民运动、学术思想运动。①

12 月 21 日，按照江苏省教育会的约定，江苏中等以上学校演说竞进会假南京通俗教育馆如期开赛，演说题即事先拟定的"关于新文化运动之种种问题及其推行方法"。这次演讲，实际上是江苏省教育会利用组织系统进行的一次全省范围的社会动员，对于新文化运动的迅速蔓延起到至关重要的作用。② 而由推行和阻碍新文化激成的冲突，首先就是浙江第一师范风潮。由此可见，相比于五四学潮具有很大的自发性，新文化运动的确是被有意识、有目的地动员起来的。

二　旗手们的失位与上位

《新青年》同人历来被视为五四新文化运动的旗手，可是运动发生之时或在运动过程中，这批人或被捕入狱（如陈独秀），或远走上海（如胡适）甚至海外（如周作人），刚好错过了参与其事、直接表达意见或有所行动的机会。不仅如此，即使留在北京者，出于不同的原因，也有意无意地对社会性、群众性的运动有些疏离。尤其是发生于五四运动之后的新文化运动，后来被认定为旗手骨干的《新青年》同人，并非发起人，顶多可称为间接鼓动者，胡适等人甚至很长时间不赞成有新文化运动之说。

1920 年暑期，胡适到南京为高等师范的暑期学校讲演，听讲的七八百人都是从 17 省来的教员，他们恭维胡适是新文化运动的领袖，而胡适不以为然，觉得惭惶无地，自称从来不敢说做的是新文化运动。回京后来访的蒋梦麟等人谈起"近年所熟闻之新文化运动"，胡适断然否认，认为现在简直没有什么新文化，连文化也没有。被称为新文化运动中心的北京大学，连一个月刊也不能按期出。这种学术界大破产的现象，只能说现在并没有

---

① 《演说竞进会演题之解释》，《申报》1919 年 11 月 2 日，"本埠新闻"，第 10 页。
② 桑兵：《"新文化运动"的渊源流变》，《澳门理工学报》2015 年第 4 期。

文化（包括旧文化），更没有什么新文化。尽管他承认外面学界已经在动，却认为这种新现象仅限于动机和要求，谈不上是新文化运动。而动的趋向有两个方面：一是普及。普及不过造势，外面所谓的新文化运动，充其量就是新名词运动，与北大无关，北大师生也不应参与。二是提高。提高就是要无中生有地创造文化、学术和思想。北大师生要一齐加入，同心协力用全力去干。唯有真提高，才能真普及，也就是说，必须研究高等学问，创造出新的学术思想文化，才算是新文化，迅速蔓延全国的新文化运动不过是浅薄的传播事业。① 这番关于提高与普及的言论，引起各方关注，也招致不少非议。很快就有人提出"新文化运动是什么"的命题，反对贵族式的移植新学，主张新文化运动是社会平民全体的文化运动，一时间提高与普及成为聚讼纷纭的话题。

不过，胡适所说只能代表他本人乃至多数《新青年》同人对新文化运动的态度和看法，而不能反映新文化运动整体甚至北京大学新文化运动的实情。同样任教于北京大学的杨昌济不在通常所说的新文化派之列，其1919 年的日记留存 10 月 19 日至 12 月 1 日的部分，一开头就明确说："今年国民始有自觉之端绪，新文化之运动起于各地，新出之报章杂志，新译新著之书籍，新组织之团体，逐日增加，于是有新思想之传播，新生活之实现。此诚大可欣幸之事也。"② 这段话如果未经增添改动，就应该是使用新文化运动的概念以及对新文化运动描述概括较早的重要文字。

受新文化运动的影响，杨昌济改变了所授伦理学课程的教法，不专教一本书，"取各伦理学书中之精要者而选授之"，且不限于讲西洋之伦理学说，"中国先儒如孔孟周程张朱陆王及船山学说亦间取之"，"又可取报章杂志中新思潮而批评之"。不仅如此，他还加入尚志学会，因"该会近日广征名著印行，于文化运动大为有助。余欲该会多置书籍，作一小小图书馆，以供会员之阅览。又欲会中同人于会中筹设英文、法文、德文之日班夜班；会中并可办一中学校，将来并可办法政专门学校，再扩充之为大学，如庆应、早稻田然。余从前因精力不及，兴味索然，不多诣人，不多开口；此后当稍变冷静之态度，与社会中人相接。己固可以得益，有时亦可以于人

---

① 《胡适之先生演说词》，《北京大学日刊》第 696 号，1920 年 9 月 18 日，第 3 版。
② 杨昌济：《达化斋日记》（校订本），湖南人民出版社，1981，第 194 页。

有益"。这样的主张和行动与新文化运动高度合拍，而且显然受到新文化运动的鼓动。

精神面貌焕然一新的杨昌济不但自励，还劝人进步，力主脱离政治旋涡，别求自立之道。"今日之事当从底下做起，当与大多数国民为友；凡军人官僚政客，皆不当与之为缘。不当迎合恶社会，当创造新社会；当筑室于磐石之上，不当筑室于沙土之上也。吾辈救世惟赖此一枝笔，改革思想，提倡真理，要耐清苦，耐寂寞。"①

照此看来，胡适否定北京大学有新文化运动，多少有些自以为是。胡适好以北大代言人自居，其实北大的多样性，并非他所能够代表。

进一步深究，北京大学非但不是没有新文化运动，相反，还是新文化运动的重要倡导者和鼓动者，只不过中心代表人物不是《新青年》同人，而是代蔡元培长校的蒋梦麟。蒋梦麟本来与北大没有渊源，五四运动前只是在 1919 年 2 月与北京大学等校合办《新教育》，蒋梦麟代表江苏省教育会负责主编。蔡元培同意回任北大以及蒋梦麟暂时代长，背后都有江苏省教育会的支持。他们确定的方针是，北京大学内部尽快恢复原状，避免给不肯善罢甘休的安福系以乘隙侵占的口实，而在校园之外，蔡元培和江苏省教育会并不希望重归旧态，要以文化运动的形式打破安福系的军阀统治，进而改造社会。1919 年 9 月，也就是在国民党提出新文化运动的同时，蒋梦麟便在《新教育》第 2 卷第 1 期发表署名文章《新文化的怒潮》，以宣言的形式，正式提出"新文化运动"的口号，鼓吹用运动来掀起新文化的大潮，他说："凡天下有大力的运动，都是一种潮，这种潮澎湃起来，方才能使一般社会觉悟。""大凡惊天动地的事业，都是如潮的滚来。西洋文化的转机，就是那文运复兴。"后来还有法国大革命的革命潮和 20 世纪的科学潮。"凡一个大潮来，终逃不了两个大原因：一个是学术的影响，一个是时代的要求。换言之，一个是思想的变迁，一个是环境的变迁。……环境更加改变，要求学术的人更多；于是愈演愈大、愈激愈烈，就酿成新文化的大潮。"②

中国二十年来环境变化大，社会的病日益加重，必须讲新学术来救它。

---

① 以上引文均见杨昌济《达化斋日记》（校订本），第 197—198 页。
② 蒋梦麟：《新文化的怒潮》，《新教育》第 2 卷第 1 期，1919 年 9 月，第 19—22 页。

五四学潮以后的中心问题，就是新学术问题，"就是新文化运动的问题，预备酿成将来新文化的大潮，扫荡全国，做出惊天动地的事业！……新文化运动的目的，是要酿成新文化的怒潮，要酿成新文化的怒潮，是要把中国腐败社会的污浊，洗得干干净净，成一个光明的世界！"青年们要决百川之水，用活泼泼的能力讲哲学、教育、文学、美术、科学种种的学术；用宝贵的光阴在课堂、图书馆、实验室、体育场、社会、家庭中做相当的活动；抱高尚的理想拼命做去；多团体活动，抱互助精神，达到团体的觉悟。"集合千百万青年的能力，一致作文化的运动，就是汇百川之水到一条江里，一泻千里，便成怒潮——就是文化的怒潮，就能把中国腐败社会洗得干干净净，成一个光明的世界！"①

这一宣言，既与国民党的新文化运动主张合拍同步，又使得国民党在鼓动新文化运动方面不能独步，彰显了北京大学作为新文化运动摇篮的地望作用，也折射出江苏省教育会的意图。

《新青年》同人中，对新文化运动反应最为敏锐的当数陈独秀。新文化运动兴起前夕，陈独秀刚好被捕入狱，除李大钊外，包括胡适、钱玄同、周氏兄弟在内，都没有留意到新文化运动的兴起可能对中国的未来产生怎样的影响。或者说，他们还在原来各自鼓吹的新文学运动、新思潮运动的道路上继续前行，不曾想过用一个涵盖广泛、特色突出的新文化运动加以整合，因此面对已经迅速蔓延到全国的新文化运动，多少有些不知所谓，不知所措。

陈独秀出狱后，独自主编《新青年》，敏锐地捕捉到新文化运动已成强劲时代风潮的重要动向，立即设法改变《新青年》停刊所导致的对新文化运动的隔膜疏离，主动迅速靠近。在继续出版的1919年12月1日第7卷第1号上，他撰写发表了多篇文章，其中几处提到新文化运动的概念，并且表达了自己的态度，凸显脱离教职投身社会运动的陈独秀，超越《新青年》同人把握到方兴未艾的新文化运动大有可为的发展前景的政治敏锐。其中《调和论与旧道德》一文，将调和论说成和新文化运动很有关系，这既有他们和新文化运动一道，也有他们就是新文化运动的意思。《新青年》这一期随感录所起到的实际效果，就是迅速拉近《新青年》与新文化运动的关系，

---

① 蒋梦麟：《新文化的怒潮》，《新教育》第2卷第1期，1919年9月，第19—22页。

并且站在新文化运动一方，瞄准调和论、留学生、南北军阀等对立面的标靶。短短的一个月时间，就从旁观者的评点到以同道的身份鼓吹新文化运动。

随感录只是敲边鼓，还必须有正面宣言。1920 年 1 月 11 日至 12 日，陈独秀于长沙《大公报》连载长文《告新文化运动的诸同志》，这是陈独秀代新文化运动立言的第一篇文字。虽然是向主张新文化运动的诸同志进言，并没有明确居于新文化运动的主导地位，可是所敬告的三件事，却颇有指导的意味。而且陈独秀趁热打铁，转战上海后，开始大张旗鼓地为新文化运动正名，积极主动地掌控相关话语权。1920 年 3 月，他连续在上海青年会、沪江大学和南洋公学以新文化运动为题发表演讲，仅仅三天，就成功地从助兴式的演讲者升华为新文化运动的巨子。

陈独秀的相关言行在《新青年》同人中多少显得特立独行，但在社会上，陈独秀却已经是《新青年》的代表和旗帜，而《新青年》与北京大学相辅相成，甚至是"一而二，二而一"的合体。所以，尽管陈独秀已经离开北京大学，只要他与《新青年》的关系依然存在，就不可能与北大脱了干系。尽管新文化运动的兴起与北大只有部分关联，而且媒介并非《新青年》，可是，在人们的眼底心中，新文化运动是受五四运动的鼓荡应运而生，五四运动是新文化运动的起点，而新文化运动的思想渊源却是受《新青年》的启发。也就是说，五四运动由北京大学发端，思想上受《新青年》的鼓动，而《新青年》的核心成员主要是北京大学的教授，受其影响发源于北京大学的新思潮，对于五四运动和新文化运动起到激荡的作用。因此，虽然《新青年》的成员大都对新文化运动不同程度地有所疏离，甚至五四运动也没有积极参与，但是将新文化运动与《新青年》及北京大学相联系，并不完全是后来历史叙述的拉长或叠加。

新文化运动与《新青年》和北京大学的联系导致的另一结果，就是将新思想、五四运动、新文化运动三者连接起来，从而为新思想与新文化的融合提供了空间。早在 1920 年 1 月初，日本的《大阪每日新闻》就对中国的新文化运动进行了综合报道，并且将新文化运动与五四前新思想的传播相联系，声称"中国的新思想问题，事实上在学生运动以前已经有的，不过趁这一回学生运动爆发起来罢了。然而，养成中国新思想的摇篮——养育地——就是北京国立大学文科的教授胡适、钱玄同、陈独秀诸君"。《大阪每日新闻》并未使用新文化运动的集合概念，只是将新思潮作为文化运动的渊源，而中译者则加以《日本之中国新文化运动观》的标题，以文化运动的名义涵盖所有新思潮、新文学、新道德、新文艺，使得中国的文化运动前后相连，合成一体。①　新文化运动是被五四学生运动激发，激发学生运动的新思想此前已经存在，国立北京大学是养成中国新思想的摇篮，而文科教授胡适、钱玄同、陈独秀则起到催生和育婴的作用。这一系列的复杂纠葛，逐渐重新建构了新思潮、五四运动与新文化运动的历史叙述。1920年3月，四川的《公是周刊》社刊登公启，直接称"自北京大学提倡新文化运动以来"，②　俨然北京大学就是新文化运动的倡导者，而且由北大倡导的新文化运动并非仅限于五四运动之后，新思潮混同于新文化运动的认定呼之欲出。

有意思的是，自称"积极主张新文化运动，而反对白话文学、写实主义、自然主义、过激主义"的"学衡派"主将胡先骕，1920年5月发表《新文化之真相》一文，也指出新文化是因为《新青年》的号召而风靡全国，胡适、陈独秀登高一呼，举国响应，不仅从侧面坐实了胡适、陈独秀及《新青年》发动新文化运动的历史作用，而且使新文化运动提前到五四运动之前并且促使五四运动的历史叙述成为可能。

三　五四与新文化精神的顺位

新文化运动通过新思潮、新思想与《新青年》及北京大学的联通，提供了改变时间关联的形式空间，而讨论并确立新文化运动的真精神，为形成新的历史叙述提供了理论内核。

新文化运动能够取代《新青年》所倡导的新思潮、新文学、新道德等，后来居上，是由于新文化的概念可以涵盖一切。但外延宽泛意味着内涵模糊，当新文化运动迅速向全国各地蔓延之时，究竟什么是新文化运动的问题，引起越来越多的关注。陈独秀连续演讲"新文化运动是什么"或"什

① 金云：《日本之中国新文化运动观（二）》（译《大阪每日新闻》上海通信），《闽星半周刊》第2卷第2号，1920年1月5日，第12—15页。
② 《四川之新文化运动》，《新中国》第2卷第3号，1920年3月15日，第27页。

么是新文化运动"，恰好反映了如火如荼的新文化运动多少有些六神无主。局外旁观的东瀛人士及时发现了新文化运动的软肋，《大阪每日新闻》的上海通信指出："中国的文化运动是还没有中心点。"①

陈独秀的演讲虽然专门针对这一问题进行解释，却只是说明了新文化运动包括或是涉及的诸多方面，关于普及与提高的争议，以及随之而来关于文化运动与社会运动关系的讨论，都无法概括出新文化运动的口号、纲领，也就使得新文化运动者仍然感到困惑。后来的历史叙述中，陈独秀为新文化运动正名的文章几乎被忽视，一方面固然是因为颠倒了五四运动与新文化运动的历史顺序，不知如何解读这篇长文在所谓新文化运动发生几年后才问世的意义和意涵，另一方面，说明陈独秀的阐释未能提纲挈领地抓住新文化运动的精神内核。

1920 年 8 月，陈启天在《少年中国》发表《什么是新文化的真精神》一文，指出："闹了新文化运动一两年，说明新文化是甚么的却很少，只有胡适的《新思潮的意义》一篇，较为切要。他说：'新思潮是一种批评的态度，重新估量一切事件的价值。'又说：'新思潮在输入学理，研究问题，整理国故，再造文明。'"新思潮的意义包括人生的新倾向和思想的新方法两方面，合起来才是新文化的真精神。② 陈启天完全没有提到陈独秀关于新文化运动是什么的演讲及文章，故意避而不谈的可能性较高。而将胡适《新思潮的意义》专门提出作为阐释新文化运动较为切要的代表文字，为后来将《新青年》与新文化运动加以因果联系提供具体凭据。

《新思潮的意义》写于 1919 年 11 月 1 日，载于《新青年》第 7 卷第 1号。胡适有意用"新思潮""新思潮运动""新文学运动"等概念，而不用他认为语焉不详的"新文化运动"，当与其正在进行的"问题与主义"论争有关。在胡适看来，"这两三年来新思潮运动的最大成绩差不多全是研究问题的结果"，而新文化运动重在社会运动和传播方面，过于浮浅。

胡适的《新思潮的意义》指出当时报纸上新近发表的几篇解释新思潮的文章所举出的新思潮的性质，"或太琐碎，或太拢统，不能算作新思潮运

---

① 金云：《日本之中国新文化运动观（二）》（译《大阪每日新闻》上海通信），《闽星半周刊》第 2 卷第 2 号，1920 年 1 月 5 日，第 12—15 页。

② 陈启天：《什么是新文化的真精神》，《少年中国》第 2 卷第 2 期，1920 年 8 月 15 日，第2—5 页。

动的真确解释，也不能指出新思潮的将来趋势。……不曾使我们明白那种种新思潮的共同意义是什么。比较简单的解释要算我的朋友陈独秀先生所举出的《新青年》两大罪案——其实就是新思潮的两大罪案——一是拥护德谟克拉西先生（民治主义），一是拥护赛因斯先生（科学）。陈先生说：'要拥护那德先生，便不得不反对孔教、礼法、贞节、旧伦理、旧政治。要拥护那赛先生，便不得不反对旧艺术、旧宗教。要拥护德先生，又要拥护赛先生，便不得不反对国粹和旧文学'"。①

陈独秀的话见于1919年1月15日《新青年》第6卷第1号的《本志罪案之答辩书》，虽然胡适觉得所说很简明，但是还嫌太笼统，民主与科学的确成为后来五四新文化运动精神的两大内核。只是当时陈独秀并非用来指尚未发生的新文化运动，而胡适则有意不指正在进行的新文化运动。胡适文中引陈独秀《本志罪案之答辩书》的"德先生"（民治主义）和"赛先生"（科学），本来只是新思潮的概括意义，所指既非五四运动，亦非新文化运动。可是后来居上的新文化涵盖了新思潮、新文学，新思潮的精神自然而然演变成迫切需要概括解释的新文化运动的真精神。

陈启天的文章以及由此牵连出的胡适、陈独秀等人对新思潮意义的解释，使得《新青年》与新文化运动辗转建立了直接联系，后来的新文化运动历史叙述未必受这篇文章的影响，可是叙述的顺序和要点却高度吻合。

上述联系并非仅仅限于理论和逻辑的可能，学衡派主将胡先骕所说"以国人对于新文化运动有如此众多不幸之误解，而此误解对于新文化之前途大有阻碍，故不惮以新文化之真相为国人告"，居然和胡适引陈独秀文章的意思大同小异。

　　　　新文化与旧文化之根本差别，约有二端：一为民本主义，俾人人得有均等之机会，以发展其能力，而得安乐之生活；一为进步主义，俾文化日以增进，使人人所得均等之享受日益增进。其余纷纷之争点，皆方法之不同，而非舍此二者，另有第三目的也。

---

① 胡适：《新思潮的意义》（1919年11月1日），《新青年》第7卷第1号，1919年12月1日，第5—12页。

关于民本主义，"旧文化首不认民本主义之可能，而认治人治于人两种阶级为天经地义。故在中国，则有君子治人小人治于人之说，……新文化之根本观念，则以民为主体，以为凡圆颅方趾、戴发含齿之伦，无论其种族何若，家族何若，自呱呱堕地之后，即应享受其充分之人权，应得充分之机会，以发展其能力。对于个人之行为，虽有种种之制限，然要以极端之自由平等为归。卢梭《民约论》虽有悖于历史演进之事实，然其精神实无可訾议也。民约之义一立，则凡种种社会制度，皆可认为人民群居时所公认之契约，有利害之区别，而无是非之可言"。

关于进步主义，旧文化以社会福利的进步为不可能，最重保守，"每以科学真理，尝有悖于教义，遂深恶痛绝之，摧残之，不遗余力焉。新文化则认定文化为进取的而非静止的，不但科学工艺可以日增而不休，即文学、哲学、社会、政治以及人生之根本观念，亦可继续而增进"。①

由此可见，胡先骕所说的民本与进步，其实就是民主与科学的同义词。既然五四运动前的新思潮与五四运动后的新文化运动精神一致，而且后来的新文化又涵盖了之前的新思潮、新文学等，则本来时间上先后有别的新思潮与新文化就自然而然地合为一体。此说使得新思潮的性质意义与新文化运动的真相完全一致，民主与科学成为五四运动和新文化运动历史叙述共有的两大精神内核。

不过，事情还有另一面。当时人认定"赛先生"为西方新文化的基色，而统一的西方只存在于东方人或中国人的心中，欧美各国对于科学的认识各自不同，所以近代以来中国人不言而喻的科学观念，其实也是言人人殊。至于"德先生"，并不一定是对于国家政体形式的追求，甚至主要不是对国家政治的诉求。在代议制破产的语境下，新文化运动的民主取向主要体现于社会组织和教育的自律自治，与舆论由间接民权转向直接民权的时势相适应。诸如此类的概念采用音译，是因为开始用意译，"致有民本、民主、民众、民治、唯民、平民、庶民等名词，继而以为未甚妥适，不如径用其音，包含较广，且名称可划一，由是所谓'德谟克拉西'者，乃成为一种

---

① 胡先骕：《新文化之真相》，《公正周报》第 1 卷第 5 号，1920 年 5 月 13 日，第 12—18 页。以上未注明出处的引文均见于此。

新思潮之习用语矣"。① 此类名词及思潮，反映了代议制遭到唾弃和时人对直接普遍民权的热切向往，与今人的解读或认定相去甚远。

关注各报刊传播新思想文章的杨昌济，在日记中记录了《时事新报》10 月 29 日刊载的《新社会出版宣言》："我们改造的目的，就是想创造一德莫克拉西的新社会——没有一切阶级、一切竞争的自由、平等、和平、幸福的新社会。我们改造的方法是向下的——把大多数中下级的平民的生活、思想、习俗改造起来；渐进的——以普及教育作和平的改造运动；切实的——一面启发他们解放要求的心理，一面增加他们的知识，提高他们的新道德观念。我们改造的态度是研究的——根据社会科学的原理，参考世界各国以往的改革经验；是彻底的——切实的述写、批评社会的病源，极力鼓吹改造的进行，不持模棱两可不彻底的态度；是慎重的——实地调查一切社会上的情况，不凭虚发论，不无的放矢；是诚恳的——以博爱的精神，恳切的言论，为感化之具。"② 这番说明，可以佐证新文化运动开展之际对"德先生"的一种较为普遍的历史意见与后来的时代意见明显有别。

其时江苏省教育会大力提倡所谓新教育，以欧美为模范，与清季以来中国主要仿效日本（包括民初德式）的做法有异。"教育在发展个性，于是惩乎划一教育、严肃教育而唱自动主义。学校宜注重生活，与社会联络，于是惩乎书本教育、虚名教育而唱实用主义。"而杜威来华，先后在上海、杭州、南京、北京等地演讲，使得三五年来"口头笔底所窥见一鳞一爪之新教育"，得到探本穷源的指导，相关知识渐归于系统，行事亦有条理可寻而无所惑。所以黄炎培说："杜威氏之来华，实予吾人以实施新教育最亲切之兴味与最伟大之助力。"有人担心中国实行自动主义教育条件不够，黄炎培调查发现，"杜威所倡平民教育主义，在揭橥共和，而教育缺乏之国家，实更有提倡之必要"。③

所说杜威的自动主义，即自治，与新文化运动的"德先生"关系极大。由于民国以来国会的乱象以及欧战的刺激，代议制声名狼藉，原来最主张

---

① 木心：《教育与德谟克拉西》，《教育杂志》第 11 卷第 9 号，1919 年 9 月，第 1 页。
② 杨昌济：《达化斋日记》（校订本），第 205 页。
③ 中华职业教育社出品，中国社会科学院近代史研究所整理《黄炎培日记（1918.2—1927.7）》第 2 卷，华文出版社，2008，第 58、63—64 页。

宪政议会的汤化龙、梁启超、张君劢等人，纷纷宣称代议制破产过时，而希望用直接民权予以补充替代。在此背景下，对于"德先生"的认识和追求，主要不是体现于政治制度上。陈启修指出"democracy"有民众主义、民权主义、民本主义、民主主义、平民主义、唯民主义、民治主义、庶民主义等八种译法，而以庶民主义为最准确，其主要依据就是不偏于政治。[1]李大钊也认为民本、民治、民主等，虽各有高下当否之别，都偏于政治，不能在经济、艺术、文学及其他社会生活方面恰当表现原意。虽然他以为平民主义、唯民主义、国民主义等译名较为妥当，还是觉得音译德谟克拉西损失原意较少。[2]由此可见，"democracy"使用音译，一方面是由于其本意较为复杂，汉语中很难找到贴切准确且普遍认可的统一对应名词，另一方面，则反映出当时国人的民主追求由政治扩展或转移到社会各个方面，尤其是教育领域。1919年4月，沈仲九就在《教育潮》第1卷第1期发表了《德莫克拉西的教育》。

五四前杜威来华开始持续演讲，其主张刚好契合了中国人的需求。与白璧德的精英主义教育不同，杜威的平民主义教育尤其强调受教育者的自治与自动。所谓德谟克拉西的教育，主要就是自治式的教育。在杜威演讲的推动下，《教育潮》《新教育》等刊物分别推出专刊专栏，重点讨论教育的德谟克拉西问题。这既是教育本身的需求，也是培养国民素质的需要。所以黄炎培说在教育缺乏的共和体制国度，更有提倡杜威平民教育的必要。

浙江一师学生陈范予所记5月7日杜威在省教育会演讲的内容，可以与黄炎培等人的记述相印证。杜威认为，中国重视教育固然可喜，但"今者咸云德国教育有取法者，日本教育有效规者，讵须知教育之施行大有关于国体，德、日专制，故教育施行犹如各物置进杯中，令人人脑中有信的向。民主教育则反之，如杯中之物，欲咸泄扬于外，令人人得知。德、日之教育以形，必不能长久，民主之教育以精神，故能久持而不衰。凡研究教育者不得不从精神上着手。儿童之养成最要为自动之能力，施教者当深谙儿童性情，力察儿童之短长，短者当思所以淘汰之，长者当发展之，奇者养

① 陈启修：《庶民主义之研究》，《北京大学月刊》第1卷第1号，1919年1月。
② 李大钊：《平民主义》，《李大钊文集》（下），人民出版社，1984，第589页。

成之，然后将各有之才于无为之行动自鲜矣。各方面自动之能力尤当极力提发"。① 这不仅彰显了杜威教育思想的重点，而且反映出受此影响新文化的民主诉求主要是以自动自治式的教育培养国民的基本素质。

新文化运动可以说是从政治革命转向社会革命和文化革命，或者说用文化运动的形式根本改造社会和国民，从而达到政治革命的目的。正如沈定一（玄庐）所断言："中华民国前途的责任，除却青年诸君，更有谁人负担。诸君的真学问，不是仅仅在课本上黑板上几句现成讲义。诸君的人格和责任，不是同暑假一齐放得掉。杜威博士说：学校为社会的一种组织。教育既须从群体的生活进行，故学校不过为一种团体生活，内中集合各种势力，使学生得享受一个种族或人类的遗传产业，使他能够用他自己的能力，造成社会幸福。……诸君是吸收新教育空气的人，是明白自由平等博爱的人，是在民主国家的里面振起互助精神的人，是不染'旧污'不蔽'物欲'的人。依据这几种资格，来改革制度，改革思想，改良社会，改造世界，果能勇猛精进，何患不得胜利？"②

后来"德先生"的中译名逐渐约定俗成为"民主"，在统一的便利之下，民主的政治意涵被凸显出来，或多或少模糊甚至掩盖了当年对于"democracy"一词复杂性的认识以及相关语境的了解同情。

四　五四与新文化运动历史叙述的移位

胡先骕显然不赞成胡适等人的新文化观，可是连学衡派都要欢迎真正的"新文化"，胡适不以"新文化运动"为然，并不能阻止"新文化"取代"新思潮"的潮流时趋。到1920年10月，人们回顾过去，赫然发现：

一年以前，"新思想"之名词颇流行于吾国之一般社会，以其意义之广漠，内容之不易确定，颇惹起各方之疑惑辩难。迄于最近，则新思想三字已鲜有人道及，而"新文化"之一语乃代之而兴。以文化视思想，自较有意义可寻。然欲诠释其内容，仍觉甚难。即叩诸倡言

① 〔日〕坂井洋史整理《陈范予日记》，学林出版社，1997，第87页。
② 玄庐：《除却青年无希望》，《星期评论》第4号，1919年6月29日，第3页。

"新文化运动""新文化主义"者，亦未易得简单明确之解答也。①

大势所趋之下，胡适也不得不顺应潮流。1929 年 9 月，胡适撰写了《新文化运动与国民党》一文，批判国民党对新旧文化的态度，口口声声"我们从新文化运动者的立场"，不仅自居于新文化运动的主位，而且批评国民党的民族主义是反对新文化的。这篇由当事人研究新文化运动历史的文章，通过把五四运动前后的新思潮与新文化连为一体的办法，使自己俨然成了新文化运动的主导者，而本来是新文化运动发动者的国民党却被指为参加和利用，骨子里则是反对新文化运动的保守势力。② 历史事实与历史叙述发生了微妙却至关重要的变化。

不过，胡适仍然有几分纠结，后来谈及这段历史，模棱两可地说："这个更广大的文化运动有时被称为新文化运动，有时也叫做'新思想运动'，我本人则比较喜欢用'中国文艺复兴'这一名词。"③ 胡适用"中国文艺复兴"来概述新思想、新文学、新文化运动，一方面是为了从历史发展的长期性来认识新文化运动的渊源流变，另一方面则试图将自己置于运动的源头和动能地位。后来他多次演讲中国文艺复兴和新文化运动，将五四运动之后发生的新文化运动与之前的新思潮运动、新文学运动相连接，固然有历史的脉络可循，同时也反映了他不赞成新文化运动的社会运动一面，以及竭力后来居上成为新文化运动原动力的企图。胡适的说法，在新文化运动的历史叙述中留下了深刻的印记，使其部分得偿所愿。

最先将新文化运动的真相确定为民本主义和进步主义，只是不赞成胡适等人的新文化主张的学衡派，在通行的历史叙述中，其形象与本相有不小的变形。学衡派与新文化派的冲突，为研究五四新文化运动者所耳熟能详。尽管近年来已经有所改变，学衡派仍是作为新文化派的对立面出现。只是双方对于各自理据的解读以及定性，未必符合其本意及身份。况且派

① 君实：《新文化之内容》，《东方杂志》第 17 卷第 19 号，1920 年 10 月 10 日，第 1—3 页"评论"。

② 胡适：《新文化运动与国民党》，《新月》第 2 卷第 6、7 号合刊，第 1—15 页。署期 1929 年 9 月 10 日，实际出版日期当在 12 月。

③ 《胡适口述自传》，欧阳哲生编《胡适文集》第 1 册，北京大学出版社，1998，第 339—342 页。

分多为他指，双方内部的分歧差异实际上都不小。更为蹊跷的是，《学衡》发刊时，胡适等人的新文学、新思潮风头已经过去，吴宓等人火力全开，似有错位之嫌。要了解双方冲突的由来，应当回到1919年的美东，从哈佛与哥伦比亚大学中国留学生的积怨出发，可以察知端倪。

民国时期，留学的主要去向从日本转向欧美，当时美国的学术声誉与时下不可同日而语，有口皆碑的是，求学问去欧洲，求学位去美国。而在全美范围内，获取学位也有难易之别，流行的说法是，到处拿不到学位，就去哥伦比亚大学。哥大的学术地位相当高，但是对发展中国家有滥发文凭之嫌。尤其是哥大的教育学院，拿学位更加容易，于是中国留学生群趋于此。吴宓对纽约的留学生尤为不满，认为均只挂名校籍，上课亦时到时不到，该处学位既易取得，考试又皆敷衍，故无以学问为正事者。各有秘密之兄弟会，其专门职业一是竞争职位，结党倾轧，卑鄙残毒，二是纵情游乐，奢靡邪侈，无所不至。波士顿的留学生则大都纯实用功、安静向学，反被纽约的留学生视为愚蠢无用。[①] 吴宓的指摘可以从正好留学哥大的徐志摩的日记中得到印证。其时纽约中国留学生盛行秘密结社，最著名的为"插白"及"诚社"之变形，后者戴王正廷为魁，重要分子如蒋廷黻、晏阳初等，"大多数皆教门健者。今夏以分子益杂，主要分子遂暗唱改组，其事甚秘。然已昭昭在人耳目。此次夏令会，选举结果，学生会咨议员十二人中，双F得其五，而该团体得七，斥竟为所蔽也"。[②]

哈佛的中国留学生对于世界乱局忧心忡忡，在吴宓看来，"今世之大患，莫如过激派"。法国大革命以"自由""平等"为号召，中国之乱徒以"护法"为号召，过激派以"民生主义"为号召，目的都是要取而代之。上流之人提倡，非盲从即黑心。"此等人少生一个，其国之福也。凡自昔以'革命'等号召，均不外劫杀窃盗之用心。古今东西，实无微异。"[③] 处中国危亡一发之际，他主张以强固统一之中央政府为首要，整饬纲纪，杜绝纷扰，不能男女同校、女子参政，反对自由婚姻。

吴宓对白话文和新文学的看法，颇受陈寅恪等人的影响，且更加偏激。

---

① 吴学昭整理注释《吴宓日记》第2册，三联书店，1998，第21页。
② 虞坤林整理《徐志摩未刊日记》（外四种），北京图书馆出版社，2003，第134页。
③ 吴学昭整理注释《吴宓日记》第2册，第23—24页。

他原来在清华组织过天人学会，陈义甚高，以为参与者都是志同道合。谁知后来汪缉斋在《新青年》《新潮》充编辑，冯友兰则自谓起初反对新文学，如今则赞成而竭力鼓吹之。连挚友吴芳吉也趋附新文学，而以吴宓不赞成新文学为怪事。"夫'新文学'者，乱国之文学也。其所主张，其所描摹，凡国之衰亡时，皆必有之。……'新文学'者，土匪文学也。……今中国之以土匪得志者多，故人人思为土匪。""'新文学'之非是，不待词说。一言以蔽之曰：凡读得几本中国书者，皆不赞成。西文有深造者，亦不赞成。兼通中西学者，最不赞成。惟中西文之书，皆未多读，不明世界实情，不顾国之兴亡，而只喜自己放纵邀名者，则趋附'新文学'焉。"①哥大留学生中，以赞成新文学为主导，显然也是中西学半桶水所致。吴宓为中国国民，又以文学为毕生职业，尤其是归国后眼看原来自己不屑一顾的哥大毕业生占据学界要津，是可忍孰不可忍。《学衡》创办时，《新青年》等提倡白话文的高潮已经过去，吴宓等人专门针对往日的新潮，只有回到当时的情境，才能查知结怨的情结。

钱穆说历史认识有历史意见和时代意见的分别，借用这一说法，历史上的新文化运动与新文化运动的历史不能完全对应。历史上的新文化运动是指新文化运动实际发生发展的过程，而新文化运动的历史则是后人根据各种关于新文化运动的记述、认识加以条理化后的历史叙述。当事人的记录各异，后来者的认识有别，加上著史者有时还有纪实以外的种种取向，以及对于历史材料的取舍不一等问题，撰述出来的史书不仅各有侧重，而且会出现本相与认识既相分离又彼此缠绕的情形。

治古史的顾颉刚看出了时代越晚，越早的史事越繁的趋势，可是古史辨延续疑古辨伪，总以为有人故意伪造。实则各民族的发生史都有层累叠加的过程，原因甚多，史料史书记述不一尤为重要。尽管新文化运动的历史不过百年，也已经出现将起点前移拉长，并与五四运动的关联形成错置的情形。历史上的新文化运动与新文化运动的历史，相当典型地呈现出本事与认识是如何分离缠绕，认识又是如何变成后来心中认定的史事。由此形成的历史叙述与本事当然不能完全吻合，但是各种因时因地因人而异的认定如何展开及演化，也是真实历史的组成部分。研究新文化运动，应当

---

① 吴学昭整理注释《吴宓日记》第 2 册，第 114—115 页。

将历史上新文化运动如何发生发展和新文化运动的历史叙述如何生成演变同时呈现。

学术研究中，发现问题到最终解决需要长期努力。尤其是近代史料大幅增加，提供了将原来相对粗放的研究上升到深耕细作阶段的可能。五四与新文化运动虽然已有不少研究，近年来更是取得重要进展，但显然还有不少可以扩展的空间，甚至基本的历史叙述也有待进一步梳理。就资料而言，主要检讨他指、后认的新文化运动诸领袖或反对者的言论，仍有假定新文化运动的指称由他们发生和演化的想当然之嫌。既然在新文化运动领袖们表态之前，新文化运动已经相当流行，究竟哪些人物、团体、机构在指称的兴起和流行方面起到至关重要的作用，应当不带任何成见、从无到有地进行爬梳和检讨。就问题而言，如果新文化运动是被"运动"出来的，那么，究竟是被"五四运动"运动，还是被"运动家"运动。如果是后者，真正的运动家是谁，又是如何运动起来的。五四以后知识分子关于新文化和新文化运动众说纷纭，作为历史形态和进程，按时序具体应该如何呈现。所谓各式各样的竞相诠释并没有形成大体一致的看法，详情如何。这些竞相诠释彼此之间的关联，其中一部分已经有所论列，而更多的情况仍然付之阙如。或许研究者觉得意思不大，将注意力转向他们认为更为重要的问题上面；或许情况过于复杂，难以梳理清晰，只能含糊其词；又或许今人想当然地判定他们与新文化运动无关或不过从属次要，因而不在考虑之列，以致视而不见。此外，新文化运动的历史如何由个别或一些人的看法逐渐演化为一定范围内统一的标准化认识，在举证之外，还需要系统梳理，进而展现全程和全貌。

或以为，研究历史，应该先澄清概念，再据以指认史事。此说未免本末倒置。以新文化运动为例，应当研究历史以把握概念，而不能由概念勾连历史，尤其不能用后出的概念指认前事。新文化运动之"新"，并非前所未有。就内容而言，的确可以说从戊戌维新开始就已经用世界近代文化来革新固有文化了。催生新文化运动的五四运动，与之前的新文学运动、新思潮运动也确实存在几乎是因果性的联系，将新文化运动与新文学、新思潮运动相连接，事实上渊源有自。不过，作为五四爱国运动的接续，新文化运动一方面将重心从政治运动转移到基础性、根本性、整体性的文化革新，另一方面将新文学和新思潮由少数人的鼓吹变成多数人的社会运动。

就此而论，新文学、新思潮和五四运动，仍然只是新文化运动前史，而不是运动本身的组成部分，否则就很容易模糊新文化运动的历史地位及其性质意义。历史上的新文化运动与新文化运动的历史叙述之所以发生混淆，原因就在于此。此外，对于相关文本史事的解读，应以前贤良法，前后左右，比较参证，若是直面文本，望文生义，很难切当。

无论是历史上新文化运动的发生演化，还是后来对于新文化运动的认识由众说纷纭到逐渐统一的变化进程（后者一直持续到 20 世纪后半叶，且有范围的限定），都是历史的组成部分，都能够成为历史研究探讨的客观对象并且可以用适当的形式加以表述。仔细梳理二者的联系与分别，对于认识新文化运动的全过程与各层面，是必不可少的应有之义。问题是，材料的比较与事实的连接，应当以本来时空状态下史事所具有的各种联系为凭借，可以有所侧重，不能随心所欲。若是跳跃着任意取舍，强作解人，无论多么具体，仍然深陷自己心中历史的陷阱而无法自拔。至于那些望文生义的穿凿附会，以及以偏概全的"我认为"，更是与事实无涉，何足道哉。即使事实与认识有各种纠葛，作为史家，也应该先弄清事实，再谈认识，若是由认识支配，罔顾事实，非但削足适履，而且混淆是非，绝不是治史的应有之道。五四运动和新文化运动已经百年，如果百年之后纪念者的历史认识仍是一笔剪不断理还乱的糊涂账，真要愧对于九泉的先驱者了。

骈散、汉宋之争与"学者""文人"的纠葛

——学术史视野下北大新文化运动的历史渊源

李 帆[*]

　　新文化运动是近代中国一场伟大的文化运动,它不仅宣告一个新的思想时代的来临,而且对于近代学术、教育的发展走向起到了决定性作用。这样一个重要历史现象当然广受学界关注,围绕它出现了很多研究成果,总体上研究水准颇佳,达致一个很高的台阶。对于何谓"新文化运动"[①]、新文化运动何以能够发生、何以在当时的最高学府北京大学成为引领时代之风潮等宏观问题,以及对于蔡元培主政北大前后的学校格局和巨大变化、

[*] 李帆,北京师范大学历史学院教授。

[①] 不同时期和立场的历史人物对"新文化运动"的表述均有不同。近年来学界对于何谓"新文化运动"有不少讨论,如桑兵在《"新文化运动"的缘起》(《澳门理工学报》2015 年第 4 期)、《北京大学与新文化运动》(《中山大学学报》2017 年第 5 期)等文章中认为,"新文化运动"为五四运动之后国民党、江苏省教育会和北京大学三方合力发起的运动,旨在继续鼓动一种社会运动,迎合世界潮流,反对官僚军阀恶政,改造社会文化。北京大学参与共谋的,并非主办《新青年》的那批教授,而是与北京大学没有渊源,名义上代替蔡元培、实际上代表江苏省教育会临时出长北大的蒋梦麟。周月峰在《五四后"新文化运动"一词的流行与早期含义演变》(《近代史研究》2017 年第 1 期)一文中认为,既往研究多将"新文化运动"当成内涵和外延皆清晰而固定的名词,其实该词流传之初,既是一种革新运动的主张,又是描述现状的概念,含义言人人殊。其早期含义既不同于五四前偏学理的思想文艺探讨,也区别于稍后实际的社会运动与政治革命,在五四后被时人用于指涉不同的社会改造方案,逐渐流行。本文则仍在传统宽泛的、约定俗成的意义上运用"新文化运动"一词,尤其是把"文学革命"作为新文化运动的核心内容。

北大内外的人际网络与多重纠葛、北大文科在新文化运动中的各种表现及所起的核心作用等具体问题，学界都做过种种探讨，[①] 基本上厘清了新文化运动的发生史，解决了不少基础性问题，为相关研究奠定了深厚根基。其中的一个重要问题——北大内部桐城派与章门弟子的关系，由于系新文化运动得以在北大发生、发展的关键所在，尤得一些学者的关注，已有学者从桐城派文人进入京师大学堂及北大任教和淡出的经历、章太炎弟子进入北大后与桐城派发生的纠葛、双方文派之争和文学主张的差异、桐城派对于新文化运动的种种回应等各个方面，较为系统地研究了这一问题。[②] 但对于表层问题之下更深层次的问题，如为何章门弟子进入北大必与桐城派起冲突而无调和空间，双方文派之争的背后有什么，实质是什么，新文化运动特别是其中的"文学革命"为何是在桐城派被逼走的语境下展开，等等，还相对缺乏更为细密的思考。从学界现状考察，若做一些这样的思考，才会在已成高原之地的新文化运动史研究领域，将学术研究推进一步。而要如此，恐需进一步向前追溯，引入学术史视角，梳理学术史特别是清代学术史的脉络，从清代学术、思想和文学发展的线索中探幽取径，并结合新文化运动的相关史实深入研析，方能获得较为圆满的结果。本文即拟在这方面做些初步工作。

一　北大文科的桐城派与章门弟子

一般认为，新文化运动起自 1915 年陈独秀在上海创办《青年杂志》（第 2 卷起改名《新青年》）。1917 年 2 月，《新青年》第 2 卷最后一期出版时，陈独秀已受聘为北京大学文科学长，故第 3 卷起改在北京编辑，作者队伍也随之发生重大变化，北京大学教师成为主体。这样，新文化运动的主

---

① 近二三十年来的学术研究，如欧阳哲生《新文化的源流与趋向》（湖南出版社，1994）、陈万雄《五四新文化的源流》（三联书店，1997）、陈平原《触摸历史与进入五四》（北京大学出版社，2005）、王奇生《新文化是如何"运动"起来的——以〈新青年〉杂志为视点》（《近代史研究》2007 年第 1 期）等，都是这方面的代表性成果。

② 如陈平原《作为学科的文学史》（北京大学出版社，2011）、罗志田《林纾的认同危机与民初的新旧之争》（《历史研究》1995 年第 5 期）、卢毅《章门弟子与近代文化》（广西师范大学出版社，2009）、拙文《刘师培与北京大学》（《北京大学学报》2001 年第 6 期）等论著，都对这些方面做过较为系统的探讨和研究。

阵地就移到了北京大学，胡适、钱玄同、鲁迅、周作人、刘半农、李大钊、沈尹默等成为《新青年》的主要编者和作者，他们都是北大的专任或兼任教师，其中以在北大文科特别是中国文学门（1919 年改为中国文学系）任教者居多。新文化运动中，倡导"新文学"、反对"旧文学"的"文学革命"口号喊得最响亮，取得的成绩也最大，实与这些人的专业身份密不可分，甚至可以说新文化运动在北大的落实，主要就在文科教师乃至中国文学门教师的身上，即他们的专业身份，他们各自的文学主张，是新文化运动在北大内部的主要表现。此种情形的出现，与北大文科的建设历程特别是文学教育的历史密切相关。

从北大校史考察，京师大学堂成立之初，就和桐城派文人结下不解之缘。1902 年初，诏命恢复在庚子兵燹中停办的京师大学堂，张百熙出任管学大臣。在其接引下，桐城派文人或服膺桐城者陆续进入大学堂，并分任要职。首先是由桐城派巨擘吴汝纶出任大学堂总教习，接着服膺桐城的严复被任命为大学堂译书局总办，对桐城文章情有独钟的古文家兼翻译家林纾也进入译书局任职，[1] 之后吴汝纶弟子绍英、桐城派文人郭立山等亦都在大学堂任职、任教。1904 年初，《奏定大学堂章程》颁布，规定京师大学堂下设"经学科大学""文学科大学"等八科，大学堂文科就此发展起来。"文学科大学"内设有"中国文学门"，需开设"文学研究法""历代文章流别"等课程，并提醒教员"历代文章流别"一课，可仿日本的《中国文学史》"自行编纂讲授"。[2]"经学科大学"、"文学科大学"以及"中国文学门"的设立，为桐城文派进入大学堂大开了方便之门。

1906 年起，桐城派的势力开始逐渐在京师大学堂文科居于优势。这年，林纾开始在大学堂任教。1909—1910 年，吴汝纶的女婿兼弟子柯劭忞任大学堂经科监督、暂署大学堂总监督。柯氏在任期间，所聘经科、文科教员多为桐城派文人，如马其昶、姚永朴、陈澹然等。1912 年，严复主持大学

---

[1] 不少学者视林纾为桐城派，但"实际上林纾从未认为自己属于桐城派，当时桐城派的几位主要人物也从将他列入门墙"。参见王枫《林纾非桐城派说》，《学人》第 9 辑，江苏文艺出版社，1996，第 605—620 页。所以这里是将林纾作为桐城派的同盟者来看待，但为叙述方便，将其笼统列入桐城派中，不细加分梳。

[2] 《奏定大学堂章程（附通儒院章程）》，璩鑫圭、唐良炎《中国近代教育史资料汇编·学制演变》，上海教育出版社，2007，第 363—365 页。

堂，并出任大学堂改名为北京大学后的首任校长。上任伊始，严复将经、文二科合并为文科，请桐城派文人姚永概出任文科教务长，同时桐城派名流李景濂、吴闿生也被聘入北大任教，桐城派就此稳居上风。

在中国文学门，桐城派文人的课堂讲授和有关讲义非从文学史入手，而是回到了传统文论的老路上去。林纾授课时，以姚鼐、曾国藩所选古文为据，宣讲桐城"义法"，其《春觉斋论文》明显反映出这一文论套路；姚永朴主讲"文学研究法"时，亦力倡桐城"义法"，并将讲义编成《文学研究法》一书，颇有影响。这样的做法和民国建立后新学制的相关规定不尽吻合，即与当时增加"文学史"课程的要求不符。1913 年何燏时任北大校长后，谋求对学校加以整顿，结果林纾与姚永概因校园里的人事纠纷等原因，一并去职。与此同时，何燏时与预科学长胡仁源（1914 年继任校长）开始引进章太炎一系的学者，章的弟子朱希祖、马裕藻、沈兼士、钱玄同、黄侃等陆续进入北大任教。1916 年底蔡元培出任北大校长后，任陈独秀为文科学长，聘请刘师培为中国文学门教授，周作人等亦进入北大，从而使章门弟子的地位更加巩固。

在文学取向上，章门弟子较为普遍地崇尚魏晋六朝文，其中地位突出的黄侃尤为如此。他在北大讲授《文心雕龙》，其后汇集讲义而成《文心雕龙札记》一书，表彰以《文选》为代表的魏晋六朝骈文，颇得时誉。与此同时，姚永朴仍在北大讲授桐城派的理论，推崇唐宋古文。双方在文学观念上针锋相对，但桐城派自林纾、姚永概离去后已是元气大伤，倡骈文者则有章门弟子做后盾而士气正旺，所以后者渐占上风。黄侃虽是章太炎的弟子，但在文学理论方面更多受到刘师培的影响。两人年岁相若，结识甚早，一直保持着朋友的关系。同在北大任教时，黄侃自觉经学不及刘师培，竟拜刘为师。[①] 刘师培成名甚早，学术上连创佳绩，甚至与章太炎齐名，并称"二叔"（章太炎字枚叔，刘师培字申叔）。尽管刘师培 1917 年方任教北大，可其文学主张十年前就已独树一帜。作为扬州后学，他继承并发展了乡先贤阮元的文学思想，强调"骈文一体，实为文体之正宗"。[②] 对于刘师

---

① 黄焯：《记先从父季刚先生师事余杭仪征两先生事》，程千帆、唐文编《量守庐学记——黄侃的生平和学术》，三联书店，1985，第 137 页。

② 刘师培：《文章原始》，钱玄同等编《刘申叔先生遗书》，民国 25 年宁武南氏排印本，江苏古籍出版社 1997 年重印，第 1646 页。

培的文学观念，章太炎并不完全赞同，黄侃则折中师说，推陈出新，但见解上更靠近刘师培。黄、刘二人 1917 年在北大携手共开“中国文学”课，①使倡骈文者一举占领北大讲坛。而姚永朴也恰在这一年离开北大，象征着桐城文派退出讲台。从此，北大由崇尚唐宋古文，转为提倡魏晋六朝骈文。

就在北大内部章门取代桐城、骈文压过古文之时，一个影响现代中国最大的文学浪潮兴起，这就是由胡适《文学改良刍议》和陈独秀《文学革命论》所发起的“文学革命”，倡导白话文、反对文言文是其主调。在这一过程中，钱玄同概括的“选学妖孽、桐城谬种”的口号，②使得“文学革命”的对象集中起来。不过，仔细考察，“选学妖孽”与“桐城谬种”虽并列，二者的境遇却大相径庭。有学者认为，“选学妖孽”是钱玄同受胡适《文学改良刍议》中“废骈废律”之触发并加之个人“感同身受”而提出的口号，其最初所指实乃为同门师兄弟的黄侃。③ 时在北大讲授《文心雕龙》的黄侃，对于白话文有自己的一些看法。据当年就读北大的杨亮功回忆，黄侃“抨击白话文不遗余力，每次上课必定对白话文痛骂一番，然后才开始讲课。五十分钟上课时间，大约有三十分钟要用在骂白话文上面。他骂的对象为胡适之、沈尹默、钱玄同几位先生”。④ 其中尤对有个人恩怨的钱玄同骂得厉害。表象上看，为人狂狷的黄侃似乎是白话文的反对者，但若全面深入地了解他对白话文的真实态度，会发现从清末到五四，其行动和言论都表明他并未片面排斥白话文，他所反感和针砭的是一些人企图完全废除文言文的言论。⑤ 同样的，另一个“选学妖孽”刘师培对待白话文的态度也颇耐人寻味，刘“在课堂上绝少批评新文学，他主张不妨用旧有

---

① 在当时的中国文学门中，一年级“中国文学”课每周六小时，黄侃、刘师培各授三小时；二年级“中国文学”课每周七小时，黄侃授四小时，刘师培授三小时。参见《文科本科现行课程》，《北京大学日刊》1917 年 11 月 29 日。

② 钱玄同致陈独秀的信中写道：“独秀先生左右：顷见六号（按，应为五号）《新青年》胡适之先生文学刍议，极为佩服。其斥骈文不通之句，及主张白话体文学说最精辟。……具此识力，而言改良文艺，其结果必佳良无疑。惟选学妖孽、桐城谬种，见此又不知若何咒骂。虽然得此辈多咒骂一声，便是价值增加一分也。”参见《新青年》第 2 卷第 6 号，1917 年 2 月。

③ 郭宝军：《“选学妖孽”口号的生成及文化史意义》，《河南大学学报》2018 年第 5 期。

④ 杨亮功：《早期三十年的教学生活》，《杨亮功先生丛著》，台北，台湾商务印书馆，1988，第 664 页。

⑤ 参见卢毅《章门弟子与近代文化》，第 105—106 页。

的文章体裁来表达新思想，这是用旧瓶装新酒的办法"。[①] 此种态度，与他早年在《中国白话报》上大量撰写白话文和肯定"俗语入文""通俗之文"相比，[②] 固然是倒退了，但与极力攻击白话文的林纾等人的立场是有很大区别的。此种情形，加之人的因素——新文化人中旧学修养好、有能力从学理上批评"选学"的基本为章门弟子，这使得新文化运动在横扫"旧文学"时，明显地厚此薄彼，"章门弟子虚晃一枪，专门对付'桐城'去了，这就难怪'谬种'不断挨批，而所谓的'妖孽'则基本无恙。……实际上，经太炎先生及周氏兄弟的努力转化，魏晋风度与六朝文章，将成为现代中国最值得重视的传统文学资源"。[③] 不仅如此，1919 年初刘师培与黄侃出任《国故》总编辑之举，尽管被一些人视为与新文化运动相对抗，[④] 但究其实也属新文化运动的一个插曲、一个侧面，很难说北大内部有新文化运动的真正反对者。[⑤]

较之于北大的章门弟子及其同盟者，北大校外的林纾和桐城派才是新文化倡导者心目中的对立面，此时的林纾和桐城派诸人虽被逐出北大，但仍具有相当影响力。在皖系军阀徐树铮的庇护下，林纾出任徐创办的正志学校教务长，桐城派成员聚集于此，俨然形成一股与新文化运动相抗衡的势力。基于此，钱玄同不仅一再张扬"桐城谬种"之说，而且在 1918 年 3 月于《新青年》发表的《文学革命之反响》中与刘半农合演"双簧戏"，

[①] 杨亮功：《早期三十年的教学生活》，《杨亮功先生丛著》，第 661 页。

[②] "就文字之进化之公理言之，则中国自近代以来，必经俗语入文之一级。""以通俗之文推行书报，凡世之稍识字者，皆可家置一编，以助觉民之用，此诚近今中国之急务也。"参见刘师培《论文杂记》，钱玄同等编《刘申叔先生遗书》，第 711 页。

[③] 陈平原：《作为学科的文学史》，第 22—23 页。

[④] 1919 年 3 月 18 日，北京政府安福系的喉舌《公言报》发表《请看北京学界思潮变迁之近状》一文，说北大内部有新旧两派，新派首领为陈独秀，旧派首领为刘师培，"二派杂志，旗鼓相当，互相争辩"，"纯任意气，各以恶声相报复耳"。《公言报》的这篇报道，立即遭到《国故》月刊社和刘师培的驳斥，刘在致《公言报》函中说："《国故》月刊由文科学员发起，虽以保存国粹为宗旨，亦非与《新潮》诸杂志互相争辩也。"可见在刘师培眼里，提倡国故，"保存国粹"，并不意味着排斥新思潮，两者可并行不悖。结合《公言报》的安福系和军阀徐树铮的背景来看，如此描述北大内部情形，显有在新文化运动高潮之际的挑拨之意。

[⑤] 从台静农的回忆中即可见出此点，"（北大）新旧对立，只是文言白话之争。如反军阀统治，要求科学与民主，中文系新旧人物，似乎没有什么歧见"。参见台静农《〈早期三十年的教学生活〉读后》，《龙坡杂文》，台北，洪范书店，1988，第 163 页。所谓的"旧派"人物如刘师培、黄侃对白话文有自己的看法，但不构成对整个新文化运动的反动。

模拟保守派文人王敬轩,对新文学大加攻击,文中的"敝志反对'桐城谬种'、'选学妖孽'"一语,① 把"桐城谬种"排到了"选学妖孽"之前。不仅如此,"文学革命"的主将胡适、陈独秀也和钱玄同等人相呼应,尤其是陈独秀做了大量批判桐城派的工作,使得"文学革命"的目标进一步集矢于桐城派。面对这些,林纾一开始的态度还相对平和,只是写文章主张"古文之不宜废"。② 但随着双方冲突的加深,他的反应也愈发激烈,1919年2、3月间发表的《荆生》《妖梦》,不但将陈独秀、胡适、钱玄同诸人痛骂了一顿,甚至幻想将这帮人痛打、吃掉,使得矛盾愈加难以调和。③ 就这样,陈独秀、胡适、钱玄同等人和林纾及桐城派的冲突从北大校内延伸到了校外。

综观上述情形,可以看出,就北大内部而言,将桐城派驱除出去客观上起到为"文学革命"扫清障碍的作用,使得北大整体上趋向新文化运动,尽管北大的章门弟子也非铁板一块,倡骈文者与倡白话者亦有分歧,但不妨碍大方向上的基本一致。那么章门弟子和新文化人为何一定要将桐城诸人作为对立面?"文学革命"为何是在桐城派被逼走的语境下展开?要回答这样的问题,就需在现象背后探寻,进入清代学术史的脉络中寻求答案。

二 清代学术之争的延伸和变形:骈散与汉宋

揆诸清代学术、思想、文学的发展历程,桐城派在文学领域占据了核心位置,他们的文学主张集中国古典散文和文论之大成,居于文坛正宗地位。比较而言,倡骈文者的文学地位无法与之相提并论,其名声更多是学术史上的。

一般认为,桐城派的先驱者为康熙年间的戴名世,创始者为康乾之际的方苞,拓大者为受教于方苞的刘大櫆,集大成者为乾嘉之时的姚鼐。姚

---

① 王敬轩君来信《文学革命之反响》,《新青年》第4卷第3号,1918年3月。
② 林琴南:《论古文之不宜废》,《民国日报》1917年2月8日。
③ 林纾性格急躁,称自己为"木强多怒"之人,易于怒火中烧,骂不绝口;钱玄同亦属思想"偏激",好走极端,说话"必说到十二分"之人,故才有"桐城谬种""选学妖孽"之类的极端概括。这样的两人在文字上相遇,难免擦枪走火。

鼐之后，门人梅曾亮、管同、方东树、姚莹、刘开等继续其文章事业，并在嘉道之际社会大变动时期，力主经世致用。姚门弟子之后，以曾国藩为代表的"桐城—湘乡派"将桐城派的事业发扬光大，造成"中兴"之势。不过好景不长，到清末之时，随着时代条件的变化，桐城派已显衰微之相，但仍活跃于文坛。与之不同，骈文在清代的"中兴"主要是在乾嘉时期。自从受到唐宋古文运动的冲击，骈文在文坛上便无法像魏晋六朝时期一样风行，虽不绝如缕，但一直处在下风。直到清乾隆、嘉庆之时，随着汉学考据的兴盛，出现一批骈文名家，才使骈文似有中兴之相，即考据之学带动文化风气总体趋雅，有利于讲究骈偶、用事、辞藻的骈文发展；同时也鼓励不满桐城文风者为文时走另一条路，师法魏晋六朝而稍加变异，从而令骈文再次复兴。当时的骈文名家主要有汪中、洪亮吉、杭世骏、孔广森、孙星衍、李兆洛等，以考据学者居多，同时汉学领袖阮元也大力提倡骈文。

基于为文理念的不同，清代有所谓的"骈散之争"。以方苞、姚鼐等为代表的桐城派，于古文义法方面多所创见，"义法"说是整个桐城派的文论基础。所谓"义法"，方苞曾有解释："《春秋》之制义法，自太史公发之，而后之深于文者亦具焉。义即《易》之所谓'言有物'也，法即《易》之所谓'言有序'也。义以为经而法纬之，然后为成体之文。"[1] 这实际谈的是文章内容和形式的问题，"义"即文章内容，"法"即文章作法、表达形式，内容与形式应相统一。"义"与"法"的关系，同时也是"道"与"文"的关系。在方苞看来，文章写作，离开了"法"，就无从见"义"；离开了"文"，就无以载"道"。方苞虽视"文"为"小术"，但他最为自负者却正是在这"小术"上，其义法之说所适用的主要范围亦为"文"，主张散文写作需效仿古文，语言醇雅，内容凝练，认为"质而不芜者为古文"，"古文气体，所贵清澄无滓"。[2] 以此为标准，《左传》、《史记》、唐宋八大家之文等为古文典范，是文章写作所应取法的对象，小说语、语录语、魏晋六朝藻丽俳语等则应被排斥在古文堂奥之外；而且为文需尚简，"文未有繁而能工者"。[3] 与方苞等人的见解相左，倡导骈文的阮元则认为，桐城

---

① 方苞：《又书货殖传后》，《方苞集》卷2，刘季高校点，上海古籍出版社，1983，第58页。
② 方苞：《古文约选序例（代）》，《方苞集·集外文》卷4，第612、614页。
③ 方苞：《与程若韩书》，《方苞集》卷6，第181页。

派尊崇的"古文"不能称之为"文"。何谓"文"？是"不但多用韵，抑且多用偶"，"凡偶皆文也。于物两色相偶而交错之，乃得名曰'文'。文即象其形也"。"千古之文，莫大于孔子之言《易》。孔子以用韵比偶之法，错综其言，而自名曰'文'。何后人之必欲反孔子之道，而自命曰'文'，且尊之曰'古'也？"① 即只有"用韵""用偶"之骈文方可称为"文"，所谓"古文"是"反孔子之道"的。当然，从史实考察，方苞、姚鼐等人和阮元等人皆是各自表述自身主张，并未发生文字交锋，所谓"骈散之争"大抵如此。

　　表面上看，"骈散之争"是为文之法或文学理论之争，然究其实质，背后乃是学术、思想理念之争，即汉宋之争。在清代，以考经为主的考据学是主流学术，由于考据学大体以尊汉学为治学宗旨，故也可被称为"汉学"。所谓"宋学"，主要指宋代以二程、朱熹和陆九渊等为代表的理学，同"汉学"相对而言。作为著名的文学流派，桐城派不仅于古文义法方面多所创见，而且尊崇程、朱，以维护程朱理学为己任，如戴名世将"道""法""辞"三者视作为文基本要素。其之所谓"道"，是指儒家教义，尤指宋儒之道，即"今夫道具载于四子之书，幽远闳深，无所不具，乃自汉、唐诸儒相继训诂笺疏，卒无当于大道之要，至宋而道始大明"。② 方苞的"义法"之说与程、朱义理结合得相当紧密，"义"即"道"，他曾用一句话概括自身为学宗旨："学行继程、朱之后，文章介韩、欧之间。"③ 姚鼐主张为学要兼有义理、考证、文章三者之长，将宋儒之性道与汉儒之经义相结合、考据与文章相统一，但需以理学为宗，在其心目中，程、朱之地位犹如父、师，"儒者生程、朱之后，得程、朱而明孔、孟之旨，程、朱犹吾父、师也"。④ 姚鼐之后，梅曾亮、管同、方东树、姚莹、刘开等人都倡言理学经世，曾国藩及其弟子中的多数也宗程、朱义理。以文派而如此维护程朱理学者，实不多见。相对而言，倡骈文者虽不反对程朱理学，但骈文

---

① 阮元：《文言说》，《揅经室集·揅经室三集》卷2，邓经元点校，中华书局，1993，第606页。
② 戴名世：《己卯行书小题序》，王树民编校《戴名世集》卷4，中华书局，1986，第109页。
③ 王兆符：《望溪文钞序》，《方苞集》附录三《各家序跋》，第906、907页。
④ 姚鼐：《再复简斋书》，《惜抱轩文集》卷6，《惜抱轩诗文集》，刘季高标校，上海古籍出版社，1992，第102页。

之"中兴"毕竟主要是在乾嘉时期，随着汉学考据的兴盛而兴盛，倡导者汪中、杭世骏、孔广森、孙星衍、阮元等多以考据之学名世。在汪中、阮元等的影响下，扬州学者大多推尊骈文。众所周知，所谓"扬州学派"是清代考据学的大本营，尊骈文者的学术旨趣和学术追求实为汉学考据，他们之倡骈文，既因不满占统治地位的桐城文风，更因不满桐城派以所谓"古文"宣扬空疏的宋学（理学），① 故他们多以己之所长，批评桐城派的所谓"空疏"文风。这一情形，不仅乾嘉时如此，在扬州后学那里也表现得非常明显。被誉为"扬州学派"殿军的刘师培就在宣称"骈文一体，实为文体之正宗"的同时，指斥"枵腹之徒，多托于桐城之派，以便其空疏"；"其墨守桐城文派者，亦囿于义法，未能神明变化。故文学之衰，至近岁而极"。② 即认为浅薄无学之人多依附于桐城派，鼓吹空疏的宋学，近世文学衰落亦罪在桐城。这显然是既坚守汉学立场又反感桐城古文之态度的鲜明体现。反过来，一些桐城派文人对汉学家的扬汉抑宋也强烈不满，方东树就是个典型。他认为"必欲兴起人心风俗，莫如崇讲朱子之学为切"。③ 可见朱子之学在他心目中地位之高。他又评价清儒考据之学曰："毕世治经，无一言几于道，无一念及于用，以为经之事尽于此耳矣，经之意尽于此耳矣。其生也勤，其死也虚，其求在外使人狂，使人昏荡。"④ 这无异于说考据家之学上不能及于道，下不能及于用，治这样的学问，不仅无裨于世，而且会"使人狂，使人昏荡"。

有清一代，汉宋关系问题一直是学术史上的核心问题。汉、宋两学在当时并非截然对立、判若云泥，嘉道之际学界还兴起了汉宋调和、汉宋兼采之风，但汉学和宋学究属不同学术体系，学术主张、思维方式、研究方法各具特色，所以双方时有争议是很正常的现象。清末民初活跃于学术舞台的章太炎、刘师培等人，皆为清代正统学术的传人，以汉学考据名世。章太炎出身于经学世家，青年时又追随俞樾接受从文字训诂、典章名物入

① 如汪中就是一个反感宋儒的典型，江藩说他"情性伉直，不信释老、阴阳、神怪之说，又不喜宋儒性命之学。朱子之外，有举其名者，必痛诋之"。参见江藩《国朝汉学师承记》，《汉学师承记（外二种）》，三联书店，1998，第134页。

② 刘师培：《论近世文学之变迁》，钱玄同等编《刘申叔先生遗书》，第1648页。

③ 方东树：《重刻白鹿洞书院学规序》，《仪卫轩文集》卷5，光绪刊本。

④ 方东树：《〈汉学商兑〉重序》，《汉学师承记（外二种）》，第411页。

手的严格的汉学考据训练；刘师培亦出自经学世家，继承了父祖之学和扬州学者的学风，精于汉学考订。章太炎弟子众多，进入北大任教的朱希祖、马裕藻、沈兼士、钱玄同、黄侃等多以汉学考据见长，小学、经学、史学功夫深湛。刘师培与他们相配合，自然在北大倡导以汉学考据为根基的经学、史学、子学等学问。① 在现代学术分科体系下，中国文学门的教师当然要以语言、文学和文学史的传授为主，但刘师培、黄侃等显然是以经学家、小学家的身份在谈文学，认为文学创作论的核心问题是"小学"问题，"古人词章，导源小学，记事贵实，不尚虚词。后世文人，渐乖此例，研句练词，鲜明字义，所用之字，多与本义相违"。② 他们之讲求骈文，实以汉学考据为基。与之相对，在北大的姚永朴等桐城派文人承继前贤，仍重视的是文章修辞之学，讲究起承转合，言"文章必有义法"，③ 背后的理念也仍是宋儒之说，主张"立身皆以宋五子为归"。④ 可以说，清代以骈散为表、汉宋为里的争议，延伸到了民国初期的北大中国文学门，只不过还是各讲各理，并没有发生真正意义上的直接交锋。不过，这样的争议却为新文化运动特别是"文学革命"做了铺垫。

作为文学流派却一再讲求宋学，桐城派之所为缘于其"文以载道"的理念，当然其作"文"所载之"道"乃程朱之道。对此"文以载道"说，黄侃极为反感，指斥道："使文章之事，愈瘠愈削，寖成为一种枯槁之形，而世之为文者，亦不复挥究学术，研寻真知，而惟此窾言之尚，然则阶之厉者，非文以载道之说而又谁乎？"反过来他强调文章之事应归于"自然"，说"心生而言立，言立而文明，自然之道也"，⑤ 即倡导言为心声，文尚自然。这样的主张，某种程度上和陈独秀的文学革命论调有异曲同工之妙。陈独秀也说："文学本非为载道而设，而自昌黎以讫曾国藩所谓载道之文，

---

① 作为北大文科研究所国文门的指导教师，刘师培所指导的研究科目为经学、史传、中世文学史、诸子四科；黄侃指导自汉至隋文、文选、文心雕龙三科；钱玄同指导文字学（形体、音韵）一科。参见《北京大学文科一览》（民国七年度），北京大学档案馆藏。
② 刘师培：《论美术与征实之学不同》，《左盦外集》卷13，钱玄同等编《刘申叔先生遗书》，第1633页。
③ 姚永朴：《文学研究法》卷2《记载》，《姚永朴文史讲义》，凤凰出版社，2008，第56页。
④ 姚永朴：《书朱子语类日抄后》，《蜕私轩续集》卷1，《桐城派名家文集》第11卷《姚永朴集·姚永概集》，安徽教育出版社，2014，第136页。
⑤ 黄侃：《文心雕龙札记》，上海古籍出版社，2006，第2、1页。

不过抄袭孔、孟以来极肤浅极空泛之门面语而已。余尝谓唐宋八家文之所谓'文以载道'，直与八股家之所谓'代圣贤立言'，同一鼻孔出气。""文学革命"当以建设"平易的抒情的国民文学""新鲜的主诚的写实文学""明了的通俗的社会文学"为目标。① 可见在新文化运动初兴之时，同样是"文学革命"的对立面，倡骈文者还是比桐城派更易与新思潮接轨。此外尚需指出的是，陈独秀等人之反感桐城派，不仅出于文学主张之异，更是出于思想革命之需。新文化运动的一个重要内容是批判旧的伦理道德，程朱理学自然是一个靶子，而桐城派恰将程朱的伦理道德学说视为重振乾坤的重要手段，从方苞、姚鼐、曾国藩、吴汝纶直到民初的姚永朴等人，他们对于理学的继承主要是在道德层面上，认为以程朱理学为基础的道德信仰是整个社会不可须臾离的精神支柱。在这方面，陈独秀等人批评桐城派的言论颇多，这里不一一列举。值得注意的是，新文化运动中胡适所树立的"反理学的思想家"典型为戴震，又恰是汉学巨擘，而且是继承了章太炎的相关说法而提出来的。② 刘师培反感桐城派，但对刘大櫆有特殊评价："凡桐城古文家无不治宋儒之学以欺世盗名，惟海峰稍有思想。"③ 如此评价，盖因刘大櫆的义理主张在桐城派文人中较富个人色彩，他不完全赞同程、朱"存天理、灭人欲"的论调，而是认为"目无不欲色"，"耳无不欲声"，"口无不欲味"，"鼻无不欲臭"，此是人的本性，"好逸而恶劳，喜安而惧危，贪生而怖死，人之情也"，④ 所以应"本人情以通天下之和"。⑤ 很显然，他是主张遂情顺欲的，而非一味强调"理"，这里似乎有戴震思想的影子。北大的所谓"新""旧"人物在这方面的不谋而合，更可见出倡骈文、主汉学之章、刘系统的学者和新文化倡导者的相容性与互通性。⑥ 于是，桐

---

① 陈独秀：《文学革命论》，《新青年》第 2 卷第 6 号，1917 年 2 月。

② 陈平原认为："五四时代的打孔家店、反理学家，本就与章太炎颇多关联；章氏关于戴震述学动机的发掘，很合胡适的口味，几被全部接受，只是补充了一点《大义觉迷录》的材料。"参见陈平原《中国现代学术之建立——以章太炎、胡适之为中心》，北京大学出版社，1998，第 253—254 页。

③ 刘师培：《论文杂记》，钱玄同等编《刘申叔先生遗书》，第 716 页。

④ 刘大櫆：《答吴殿麟书》，吴孟复标点《刘大櫆集》卷 3，上海古籍出版社，1990，第 118、119 页。

⑤ 刘大櫆：《男子三十而娶　女子二十而嫁》，吴孟复标点《刘大櫆集》卷 1，第 27 页。

⑥ 鲁迅、周作人兄弟服膺刘师培的文学见解，为文推崇"王纲解纽"时代的魏晋风度，反感"载道"的唐宋古文和桐城派，也是这方面的一个鲜明例证。

城派成了旧文学和旧道德的双重代表，自是被攻击的对象，甚至在北大无容身之地。

程朱理学在清代为朝廷所崇尚，具有意识形态属性，故尊理学者在朝者居多。桐城派虽非皆在朝，但由于尊崇程、朱，观念正统，给人留下接近统治者的印象，甚至为一些读书人所侧目。这种印象一直延续到民国初年，北大校内外的桐城派被认为是有执政当局背景或受当局支持的。1916年袁世凯死后实际执掌北京政权的主要是皖系军阀，其实权人物徐树铮和桐城派关系密切，徐当时创办了正志学校，把当时最负盛名的桐城派文人都收罗进来，尊为导师，且对林纾执弟子之礼。林纾的小说《荆生》《妖梦》所塑造的痛打钱玄同诸人的伟丈夫荆生，就是以徐树铮为原型的。五四运动时在任的大总统徐世昌，也把自己归入桐城派，仰之弥高。这样的人脉关系，强化了时人心目中桐城派有当局做后台的印象，更何况林纾以小说为武器，流露出假借武力来干涉新文化运动的企图。当然在现实中，并没有发生以徐树铮为代表的军阀干涉破坏新文化运动的事情。正如有学者所言："就像新文化人认知中传统的压迫恐怕更多是假想型的一样，其看到的古文运动的政治背景，也多类此。不过，在那些正在'假想'的时人心中，传统的压力和古文运动的政治背景却都真真实实地存在。"[1] 尽管现实中未发生政治干预文化之事，但这种政治压力却足以使新文化人团结一致对付桐城派。相对而言，汉学没有理学这样的意识形态功能，倡骈文、主汉学的章门弟子背后也无当局为政治奥援，而且放开视界来看，新文化运动与辛亥革命"在人物谱系上有一种承接的渊源"，[2] 章门弟子和陈独秀等人同为当年辛亥时期的革命党人，双方在政治立场上接近，当然易结成针对桐城派的同一战线。

实际上，就骈散、汉宋之争而言，民国初年的情形已与清代乾嘉之时有很大的不同。尽管有前述的种种争议，但民初在北大任教的桐城派，却大体在尊理学、古文的同时不薄汉学、骈文；章门弟子中的一些人虽倡骈

---

[1]　罗志田：《走向"政治解决"的"中国文艺复兴"——五四前后思想运动与政治运动的关系》，《乱世潜流：民族主义与民国政治》，上海古籍出版社，2001，第112页。

[2]　有学者认为，"在北洋军阀政府牢笼下的北京大学，能在蔡元培主持下，校政教务有大兴革，来自新文化运动倡导者以及来自维护传统的文化保守派的支持，相信也是原因。其关键当然是同样有辛亥革命党人的背景"。参见陈万雄《五四新文化的源流》，第57—58页。

文，却很少真正作四六骈体之文。① 所以他们皆非正统意义上的古文派和骈
文派，双方的争议既缘于清代以来之积习，又缘于地域和人脉之别以及与
此相关联的大学政治。② 当然，既是继承了清代的学术之争，就难免清儒治
学的一些弊端，如门户之见即在这里充分体现，尤其是主汉学的章门弟子
一方，对桐城派的与时俱进基本视而不见。如果将清代的骈散、汉宋之争
视作文学和学术发展史上的常态，那么延伸到新文化运动时，这一争论似
已有所变形，打着传统的旗号服务于现实目的的色彩较为浓厚，其结果就
是北大内部不再有新文化的真正的对立面，客观上起到为新文化运动扫清
障碍的作用。

三　"学者""文人"的纠葛

在《日知录》中，顾炎武有一段议论文人之言，颇为后人注意，其言
曰："唐宋以下，何文人之多也！固有不识经术，不通古今，而自命为文人
者矣。……而宋刘挚之训子孙，每曰：'士当以器识为先，一号为文人，无
足观矣。'然则以文人名于世，焉足重哉。此扬子云所谓'摭我华，而不食
我实'者也。"③ 这段话的核心是"一号为文人，无足观矣"，系顾炎武引
用南宋名臣刘挚之言并加以自身的感悟而阐发的，且联系到西汉扬雄"摭
我华，而不食我实"之说，以指斥文人的华而不实。这样的看法当然与顾
炎武的学者身份相关，但更主要的是它出自中国读书人的传统和某些根深
蒂固的观念。由此视角来观察新文化运动得以开展的历史前提，特别是北

---

① 参见潘务正《"桐城谬种"考辨》，《安徽师范大学学报》2008 年第 1 期。

② 1913 年何燏时继严复任北大校长后，林纾与姚永概一并离职，何燏时与预科学长胡仁源
（1914 年继任校长）开始引进章门弟子，朱希祖、马裕藻、沈兼士、钱玄同、黄侃等陆续
进入北大任教。何燏时、胡仁源如此做，大致出于三方面原因：留日背景、故交旧识、浙
籍乡谊。即何、胡均曾于清末留学日本，这使他们与多是科举出身的桐城文人不免有些隔
阂，而较倾向于有着相同留日经历的章门弟子；胡仁源在上海时曾受教于章太炎，留日时
又与鲁迅等章门弟子有过来往；何、胡二人与章太炎及其多数弟子都是浙江籍，有同乡之
谊（参见卢毅《章门弟子与近代文化》，第 76 页）。这样的人脉、地缘关系，某种程度上
主导了当时的大学政治。如此背景下北大内外的骈散、汉宋之争，面貌也就更为复杂，情
形不再如清代那样了。

③ 顾炎武：《日知录》卷 19，黄汝成集释《日知录集释》，秦克诚点校，岳麓书社，1994，第
681 页。

大内外的相关纷争，可能是件有意义的事情。

就中国学术发展历程考察，"学"与"文"的分离或"学者"与"文人"的分野从汉代开始逐渐明显，这在纪传体正史的体例演变中可以看得很清楚。司马迁《史记》和班固《汉书》均设有《儒林传》，记叙儒学大师事迹，对学术文化特别是儒家经学进行专门总结，到南朝范晔撰《后汉书》时，在《儒林传》外又增加了《文苑传》，专为"能文章"，擅诗、赋、铭、书者立传。此后直到《清史稿》，历代正史大体依《后汉书》体例分设《儒林传》和《文苑传》。史书之如此分野，当然是读书人之实际情形的反映，也反过来不断强化读书人的自我认知，且久而久之形成价值取向上的思维定式。具体而言，在儒家文化的强大支配下，"文章"之学往往被视为"小道""余事"，入"文苑"者之地位不及入"儒林"者，"文人"显被看轻，所以会出现顾炎武"一号为文人，无足观矣"之类的议论，"文人无行"之类的俗语也不胫而走。继承唐宋古文的清代桐城派便是世人眼里的"文人"，他们尊崇理学，欲为理学代言，但在正统儒家心目中恐怕还不够格。实际上，程、朱等理学家对唐宋八大家"文""道"并重的理论及实践就颇有非议，认为韩愈、欧阳修等人所宣扬的儒家之道并非醇正，韩、欧重"文"是玩物丧志，颠倒了学"道"与学"文"的关系，甚至说"文皆是从道中流出"，取消了"文"的独立存在价值。而方苞虽信奉程、朱，却并不看轻"文"，他以韩、欧为取法对象，用"义法"之说，强调"文"与"道"不可分割的联系。这是他的一大贡献，也是他最为桐城后学尊崇之所在，但在其时的正统儒林学者眼里，这样的看法不无偏颇。就连曾跟从方苞习三礼之学的尹嘉铨亦不愿享文士之名。尹嘉铨曾评价理学名臣朱轼与蔡世远主持的《史传三编》，认为《史传三编》的划分实有深意，"圣贤命世，随遇而安，大用之则为名臣，小用之则为循吏，用与不用之间，则为名儒"，而其中独无《文苑传》，正是因为"古来伟人，未有以文苑自域者"。① 类似的看重经济实学、轻视文苑的议论，理学家陈宏谋等人也说过，可见时人对"文人"的态度。理学家如此，在朴学学风弥漫的清朝，自命为两汉经学传人的朴学家就更是站在"学者"的立场上看轻

① 尹嘉铨：《送朱石君之任闽中序》，《随五草》卷5，《清代诗文集汇编》第318册，上海古籍出版社，2010，第432页。

"文人"了。乾隆二十年（1755），姚鼐曾写信给戴震，欲求为弟子，戴震婉拒曰："非徒自顾不足为师，亦非谓所学如足下，断然以不敏谢也。古之所谓友，固分师之半。仆与足下无妨交相师，而参互以求十分之见，苟有过则相规，使道在人不在言，斯不失友之谓，固大善。"① 姚鼐后来对这段历史讳莫如深，其文集不载与戴震书，但《东原文集》中的《与姚孝廉姬传书》还是使后人确知姚鼐的这一经历。表面上看，戴震非好为人师者，故欲与之结为友；实质上关键还在于"学者"与"文人"之别，道不同不相为谋。姚鼐后来对戴震等朴学家立异程、朱的做法十分不满，甚至咒骂戴震等人"身灭嗣绝"，② 此语自是卫道立场的鲜明体现，然怨毒之心亦昭然若揭。嘉道年间，自居汉学正统的江藩刊行《国朝汉学师承记》《国朝宋学渊源记》两书，引发姚鼐后学方东树的强烈不满。尤其是在《国朝宋学渊源记》一书中，江藩为 39 名理学家立传，却唯独"遗漏"了自居理学正统的方苞、姚鼐等桐城派诸人，其中的真意不言自明。所以，读到这样的排斥桐城派的宋学家传记，方东树不能不予以回击，其回击的著作即为著名的《汉学商兑》。该书核心内容是攻击汉学的缺失，同时为理学辩护，所指责的论敌主要有戴震、钱大昕、汪中、段玉裁、阮元等人，皆为汉学名宿。由此可见，桐城诸人由于被划定在"文人"界域内，不为"学者"所重，在清代多遭轻视，有时双方甚至势同水火。如此情形，更加强化了自古以来读书人就形成的思维定式，直到民国年间也无根本改变。

对新文化运动的开展而言，"学者""文人"的纠葛亦构成其历史语境，且在清末已见端倪。最典型的是章太炎对桐城派和林纾的态度。作为学术大师，章太炎自有对"学者""文人"之分的定见，他曾言及二者文章风格的不同："夫持论之难，不在出入风议，臧否人群，独持理议礼为剧。出入风议，臧否人群，文士所优为也；持理议礼，非擅其学莫能至。"③ 很明显，仅就文章而言，二者已是高下立见，故章太炎对桐城文人的印象不

---

① 戴震：《与姚孝廉姬传书》，《东原文集》卷9，张岱年主编《戴震全书》（六），黄山书社，1995，第 373 页。

② 姚鼐：《再复简斋书》，《惜抱轩文集》卷6，《惜抱轩诗文集》，第 102 页。

③ 章太炎：《论式》，《国故论衡》，陈平原编校《中国现代学术经典·章太炎卷》，河北教育出版社，1996，第 78 页。

可能太好："桐城诸家，本未得程朱要领，徒援引肤末，大言自壮。"① 贬斥之意甚明。② 他还说："下流所仰，乃在严复、林纾之徒。……纾视复又弥下，辞无涓选，精采杂污，而更浸润唐人小说之风。夫欲物其体势，视若蔽尘，笑若龋齿，行若曲肩，自以为妍，而只益其丑也。"③ 很显然，这是将严复、林纾都归入文人行列的不屑之语，而且视林纾又在严复之下。

章太炎如此轻视林纾等人，与他此时的文学观念有关。他认为："文辞的本根，全在文字，唐代以前，文人都通小学，所以文章优美，能动感情。两宋以后，小学渐衰，一切名词术语，都是乱搅乱用，也没有丝毫可以动人之处。……可惜小学日衰，文辞也不成个样子。若是提倡小学，能够达到文学复古的时候，这爱国保种的力量，不由你不伟大的。"④ 即他心目中的文学繁盛之期在唐代以前，欲"文学复古"，恢复繁盛局面，端赖"提倡小学"，这显然是出自一个以经学考据见长的学者的见解。有了这种将语言文字之学视作文学基础的观念，自然会对缺乏小学根基而仅擅文辞的林纾之类的文人没有好评价。实际上，后来章太炎的态度有所转变，而且对黄侃在北大之所为也不以为然，⑤ 但章门弟子仍谨遵师教。在北大中国文学门，黄侃以小学家身份讲授《文心雕龙》，钱玄同教授文字学、音韵学，马裕藻上"中国文字声韵概要"课，与章门弟子相配合的刘师培也是以小学家和经学家身份开设"中国文学"课，似乎章太炎以小学为基复兴文学的梦想在北大要实现了，当然其前提是将桐城派文人赶下北大讲坛，由具有

---

① 章太炎：《訄书·清儒》，《章太炎全集》（三），上海人民出版社，1984，第157页。
② 从章太炎的整个言论来看，在不满桐城派的前提下，也有对其肯定之时，故钱基博说："惟炳麟之所贬绝者，特林纾耳，未尝贬绝桐城家言也。"参见钱基博《现代中国文学史》，上海书店出版社，2004，第73页。
③ 章太炎：《与人论文书》，《章太炎全集》（四），上海人民出版社，1985，第168页。
④ 章太炎：《东京留学生欢迎会演说辞》，陈平原选编导读《章太炎的白话文》，贵州教育出版社，2014，第103页。
⑤ 正如章太炎致吴承仕信所称："颇闻宛平大学又有新文学、旧文学之争，往者季刚辈与桐城诸子争辩骈散，仆甚谓不宜。老成攘臂未终，而浮薄子又从旁出，无异元祐党人之召章蔡也。"参见章太炎《与吴承仕》（1918年11月13日），马勇编《章太炎书信集》，河北人民出版社，2003，第309页。

小学功底的学者取而代之。① 由此可推知，章门弟子对桐城派的种种责难，不仅基于文学和思想主张的差异，也夹杂着学者对文人的轻蔑态度，尽管历史时序已进入民国，在大学从业的学者与过去的儒林学者已有本质之别，但学者轻视文人的心态依旧。

在这样的"传统"笼罩下，不仅桐城派受到章门弟子挑战，就是新文化人也要经受考验。对于陈独秀出任北大文科学长，当时不无质疑之声，认为陈"只会写几篇策论式的时文，并无真才实学，到北大任教，尚嫌不够，更不要说出长文科了"。校长蔡元培亲自出来回答那些质疑："仲甫先生精通训诂音韵，学有专长，过去连太炎先生也把他视为畏友。"高一涵甚至说："仲甫先生讲文字学，不在太炎先生之下。"这样才逐渐平息质疑。② 陈独秀在清末民初曾发表《说文引申义考》《字义类例》等小学著述，这成为他任文科学长的学术依托。新文化运动中林纾讥讽胡适等人因不能作古文故提倡白话，蔡元培的辩解是："胡君家世汉学，其旧作古文，虽不多见，然即其所作《中国哲学史大纲》言之，其了解古书之眼光，不让于清代乾嘉学者。"③ 在这里，蔡元培不说胡适古文作得如何，反倒说他"家世汉学"，"其了解古书之眼光，不让于清代乾嘉学者"，强调的是他的学者身份，颇有深意。胡适生于徽州绩溪，一向以清代皖派学者的后人自誉，虽倡导新文化，但不无旧学根底，其学者身份为时人所认可。反过来，倒是林纾在此时面临认同危机，一方面在"小说家"和"古文家"之间游移，不为正统桐城派所欣赏；另一方面，在蔡元培等北大人士眼里，林纾属旧学修养不足的小说家流、文苑之士。④ 虽然在"文学革命"中，胡适等人努力要为小说和小说家正名，要给小说以"现代学术荣誉"，但这属于学院派

---

① 新文化运动时期的北大中国文学门，最受尊敬的教授是刘师培、黄侃等人，同为章门弟子的周作人却有些尴尬，他后来回忆说自己"所开的功课都是勉强凑数的，在某系中只可算得是个帮闲罢了"（周作人：《琐屑的因缘》，《知堂回想录》，河北教育出版社，2002，第468页）。作为学生，杨亮功则回忆说："周作人先生教的是欧洲文学史，周所编的讲义既枯燥无味，讲起课来又不善言辞。……因为我们并不重视此学科，所以不打算赶他。"（杨亮功：《早期三十年的教学生活》，《杨亮功先生丛著》，第665页）连欧洲文学史这样的课程及讲者都不被学生重视，更可见其时具有小学功底的学者的影响力。

② 罗章龙：《陈独秀先生在红楼的日子——红楼感旧录之一》，《新华文摘》1983年第8期。

③ 蔡元培：《致〈公言报〉函并答林琴南函》，高平叔编《蔡元培全集》第3卷，中华书局，1984，第271页。

④ 罗志田：《林纾的认同危机与民初的新旧之争》，《历史研究》1995年第5期。

的思路，是从学术研究出发而为，并不意味着林纾这样的"小说家"和桐城诸人能就此摆脱文苑之士的地位。① 进而言之，当时轰轰烈烈的白话文运动，广义上亦为清末以来中国文字改革的环节之一。以梁启超、谭嗣同等为先驱的汉字改革思潮，在清末颇为活跃，研究拼音字母，探讨汉字拼音化的各种方案，一时蔚为大观。进入民国后，先是教育部召集了"读音统一会"，选定章太炎所拟的"纽文""韵文"，略作改动后成了"注音字母"。1917 年 1 月成立国语研究会，国语运动正式发动。与此同时，《新青年》发表了胡适的《文学改良刍议》，"文学革命"亦正式发动。随后，国语运动的主将钱玄同加入胡适、陈独秀发起的白话文运动，促进二者合流，"竟作二大潮流中之中心人物"。② 由此，白话文运动逐渐向语言规范靠拢，如钱玄同提出的应用文书写改革措施，第一条是"以国语为之"，③ 即主张将白话提升为正式的书写语言。对此，陈独秀极表赞成。白话文运动的这种走势，当然和章太炎、钱玄同、陈独秀等的小学背景与造诣密切相关，是仅讲究文辞的林纾和桐城文人所无法企及的，因而桐城派文人反对白话文的守旧言论很难达到语言文字学的专业高度，反倒是钱玄同等人往往从所擅长的文字训诂出发，针砭对手这方面的学识不足。④ 于此可知，不论在传统学者还是在倡新文化的学者眼里，桐城派文人和他们不在一个层次上。

　　还需指出的是，新文化运动时期也是中国古典学术向现代转型的完成期。一般认为，这一转型经过了从戊戌到五四两代人的努力，从中国固有的以"经、史、子、集"为代表的"四部之学"，最终转向包括"文、理、法、商、农、工、医"在内的"七科之学"。从此，中国学术按照这一分科体系走上新的发展道路，进而形成延续至今的新传统。这里尤为关键的是，新文化运动时期，以北京大学为代表的现代大学体制进一步完善，各类西式分科基本固化，中国现代学术才算真正建立起来。现代大学需要新型教师，在西式分科体系下，以往通才型的儒林学者不得不让位于专家型的学

---

① 成书于民国的《清史稿》延续正史体例，将林纾、严复和方东树、吴汝纶等桐城诸人一并列入《文苑传》，亦可见他们在时人心目中的位置。
② 王森然：《钱玄同先生评传》，《近代名家评传》（二集），三联书店，1998，第 344 页。
③ 《钱玄同致陈独秀》，《新青年》第 3 卷第 5 号，1917 年 7 月。
④ 如"出人意表之外""注者充栋"等误句，被钱玄同嘲讽。参见钱玄同《我也来谈谈"博雅的手民"》，《钱玄同文集》第 2 卷，中国人民大学出版社，1999，第 55 页。

院学者，刘师培那样的横通经、史、子、集四部的教授已是异数。这种情形下，对于北大中国文学门而言，课程设置势必从注重文学品鉴、创作转到注重专门学术探讨上去，学有专长的专家型学者占尽优势。如此，擅长品鉴、创作的桐城派文人就更难有在大学的立足之地了，而有小学功底、考据功夫立身的章门弟子则仍可以专家之名在语言学、文字学、文学史等核心课程上大展宏图，"学者"对于"文人"的优势尽显，轻视"文人"的心态和取向也愈发强化了。① 学术转型、现代西式学科的设立，表面上和中国传统相对立，实则不少地方相契合，在"学者""文人"的纠葛方面，西式分科治学的学风就不仅合于中国读书人中的一些老风习，而且加深了"学者"与"文人"的隔阂。在这里，"新"与"旧"又相得益彰了。

就新文化运动的历史前提和时代语境而论，为"新"文化做铺垫的一些思路和做法仍为"旧"。握有话语权的章门弟子和新文化人，既在很大程度上承袭了清人治学的门户之见，又以人划线，将中国读书人的"学者""文人"之别放大，从而造成其时纷繁复杂的局面。在为北大新文化运动扫清障碍的同时，局限于这种传统理路看问题的时贤，确很难做到客观求实，其中的是非曲直恐怕还有不少有待申说之处。

---

① 大学和学术界对于"文人"的轻视，民国时期不乏其例，如所谓抗战时期跑警报、西南联大教授刘文典看不起同事沈从文的传闻，虽不属实，但能广为流传，实际就反映了这种心态。

国家知识再生产与新文化运动

雷　颐[*]

　　对以儒学为核心的中国传统的反思与批判，是近代以来非常重要的思潮之一。但长期以来，"五四反传统""五四启蒙"早成"定论"，认为反传统思潮的突然兴起与高潮皆是五四。"激烈、全盘反传统"，长期被认为是五四新文化运动的伟大功绩或者巨大罪过。然而，仔细考察历史则不难发现，对中国传统的反思与批判并非自五四始，至少从戊戌就开始了，而到辛亥革命前其论述已经非常成熟。大而言之，后来的五四反传统话语的广度、深度甚至激烈程度并未超越"戊戌–辛亥"时期。若再细究，向来被认为"温和"的梁启超、严复，恰恰被认为是非常激烈的反传统思潮的"奠基者"。

　　作为一种影响广大、深远的思潮，其发生、发展自有诸多社会性因素，然就思想史本身而言，却是近代中国国家观发生变迁的结果。

一　新文化运动"不新"："五大母题"的来源

　　中国几千年的历史是黑暗的皇权专制历史、中国人有奴性因而需要国民性改造、主张个人解放、彻底批判儒学、以民主科学启蒙国人，这五大"母题"一直被认为是五四新文化运动建构的。其实，这五大母题在"戊戌–

　　* 雷颐，中国社会科学院近代史研究所研究员。

辛亥"时期已经论述充分、建构完毕。

（一）中国历史是黑暗的皇权专制的历史

梁启超从维新时期到辛亥时期的一系列文章都反复强调中国自秦始皇建立专制体制以后，法禁日密，政教日夷，君权日尊。"君主者何？私而已矣；民主者何？公而已矣。"① "西方之言曰：人人有自主之权。何谓自主之权？各尽其所当为之事，各得其所应有之利，公莫大焉，如此则天下平矣。"相反，中国的传统是"使治人者有权，而受治者无权，收人人自主之权，而归诸一人，故曰私"。② 在若干年后的《政闻社宣言书》中他仍明确说在长期的历史中，"我中国国民，于专制政体之外，曾不知复有他种政体，则其反对之之意思，无自而生，不足为异也"。"我中国国民，久栖息于专制政治之下，倚赖政府，几成为第二之天性。"③ 直到 1911 年，他在《中国前途之希望与国民责任》中分析中国历史上两千年皇权专制形成的地理与历史原因时，仍认为"我国二千年不能脱专制政体之羁轭，实地势与时势使然"。④ 不论他分析地势与时势是造成中国两千年专制的原因对与否，重要的是他仍然认为中国两千年的历史是"专制政体"历史。

谭嗣同在著名的《仁学》中写道，在漫长的历史中，君主将国变成自己的私有财产，"国与民已分为二，吾不知除民之外，国果何有？无惑乎君主视天下为其囊橐中之私产，而犬马土芥乎天下之民也"。⑤ 所谓"私天下"是矣。

严复在翻译的孟德斯鸠的《法意》按语中断定，"中国自秦以来，无所谓天下也，无所谓国也，皆家而已。一姓之兴，则亿兆为之臣妾。其兴也，此一家之兴也，其亡也，此一家之亡也"。他甚至认为同样是君主制，西方的君与民是真正的君民关系，因为君与民各有自己的权限边界。相反，中国历史是，如果是盛世，君民关系是"父子"关系，如果是黑暗腐败之世，则君民关系是"主奴"关系。总之，无论是"父子"关系还是"主奴"关

① 梁启超：《与严幼陵先生书》，《饮冰室合集·文集之一》，第 109 页。
② 梁启超：《论中国积弱由于防弊》，《饮冰室合集·文集之一》，第 99 页。
③ 梁启超：《政闻社宣言书》，《饮冰室合集·文集之二十》，第 22、24 页。
④ 梁启超：《中国前途之希望与国民责任》，《饮冰室合集·文集之二十六》，第 24 页。
⑤ 谭嗣同：《仁学》，《谭嗣同全集》（增订本）下册，中华书局，1981，第 341 页。

系，都是"君有权而民无权者也"。①

有关论述引不胜引、举不胜举。正是在"戊戌－辛亥"时期而非"五四新文化运动"，"中国历史是黑暗的皇权专制的历史"这种建构已经完成。

（二）中国人有"奴性"所以要改造国民性

由"中国历史是黑暗的皇权专制的历史"，自然会引起另一个问题：为何如此？其中，他们认为非常重要的原因，是中国人的"国民性"中充满"奴隶根性"。

早在 1899 年，梁启超就在《独立论》中写道："人而不能独立，时曰奴隶；于民法上不认为公民。"紧接着，自然要将此中国社会、中国历史做一对照。中国传统社会是"身份社会"，"民"只是草民、贱民，是在君权神授下不具独立性的"臣民"。针对中国传统的"民"没有独立性、总是期盼君主庇护的"国民性"，梁启超批判说："仰人之庇者，真奴隶也，不可言也。呜呼！吾一语及此，而不禁太息痛恨于我中国奴隶根性之人何其多也。试一思之，吾中国四万万人，其不仰庇于他人者几何哉！人人皆有其所仰庇者，所仰庇之人，又有其所仰庇者，层积而上之，至于不可纪极，而求其真能超然独立与世界直接者：殆几绝也。"中国四万万人从民到官，一级一级"皆有其所仰庇者"，结果是"而今吾中国四万万皆仰庇于他人之人，是名虽四万万，实则无一人也。以全国之大，而至于无一人，天下可痛之事，孰过此也"。他受法国启蒙思想家孟德斯鸠的影响，进一步论述道："孟德斯鸠曰：'凡君主国之人民，每以斤斤之官爵名号为性命相依之事，往往望贵人之一颦一笑，如天帝如鬼神者。'孟氏言之。慨然有余痛焉，而不知我中国之状态，更有甚于此百倍者也。今夫畜犬见其主人，摆颈摇尾，前趋后蹑者，为求食也；今夫游妓遇其所欢，涂脂抹粉，目挑心招者，为缠头也。若夫以有灵觉之人类，以有血性之男子，而其实乃不免为畜犬、游妓之所为，举国如是，犹谓之有人焉，不可得也。"中国四万万大无一"人"，全是奴隶，而且整个中国历史大都如此："彼其论殆谓人不可一日不受庇于人者，今日不受庇于甲，明日必当受庇于乙，如彼史家所论，谓不可一日无正统是也。又其人但能庇我，吾则仰之，不论其为何如

---

① 严复：《〈法意〉按语》，《严复集》第 4 册，中华书局，1986，第 948—949、975—976 页。

人，如彼史家所纪载，今日方目之为盗贼，明日已称之为神圣文武太祖高皇帝是也。故数千年来受庇于大盗之刘邦、朱元璋，受庇于篡贼之曹丕、司马师、刘裕、赵匡胤，受庇于贱种之刘渊、石勒、耶律、完颜、成吉思，皆觋然不之怪，从其摆颈摇尾、涂脂抹粉，以为分所宜然，但求无一日无庇我之人足矣。鸣呼！吾不知我中国此种畜根奴性，何时始能划除之，而化易之也？""此根性不破，虽有国不得谓之有人，虽有人不得谓之有国。"他的结论是："今之论者，动曰西人将以我为牛马为奴隶。吾以为特患同胞之自为牛马、自为奴隶而已；苟不尔，则必无人能牛马之奴隶之者。"①

　　严复在《〈法意〉按语》中强调中国人不但是奴隶而且是"斯巴达之奴隶，而非雅典之奴隶也"："专制之民，以无为等者也，一人而外，则皆奴隶。以奴隶相尊，徒强颜耳。且使谛而论之，则长奴隶者，未有不自奴隶者也。""或曰中国之民，犹奴隶耳；或曰中国之民，非奴隶也。虽然，自孟氏之说而观之，于奴隶为近。且斯巴达之奴隶，而非雅典之奴隶也。"② 所谓"斯巴达之奴隶"，即奴隶不仅可以被自己的主人任意处置、虐待，而且还可以被其他奴隶主任意处置、虐待。所谓"雅典之奴隶"，即奴隶只受自己的主人任意处置、虐待，而不能被其他奴隶主任意处置、虐待。

　　当然，他们认为这种充满"奴性"的国民性是后天的而不是先天的，所以是可以改造的，要造就"新民"以除众人"心中之奴隶"。梁启超于此提倡最力，专门创办《新民丛报》，并以"中国之新民"作为自己的笔名，将 1902 年至 1906 年的二十篇重要政论文章总名为《新民说》，影响巨大。

　　梁启超喜用"畜根奴性"来概括、定义中国人的"国民性"，严复断定中国人连"雅典之奴隶"都不是，而是更加残酷的"斯巴达之奴隶"，这些观点、论断，比后来胡适、陈独秀、鲁迅等"新文化运动"领军人物的用词要激烈、严苛得多。中国人有"奴性"所以要改造国民性的话语，显然在"戊戌-辛亥"时期已经出现，完全不是"新文化"的"新创造"。

---

① 梁启超：《独立论》，《饮冰室合集·文集之三》，第 62—65 页。
② 严复：《〈法意〉按语》，《严复集》第 4 册，第 980 页。

（三）个性解放、个人主义

用什么才能改变中国人奴性已深的国民性呢？他们认为只有个性解放、个人权利、个人主义。

在维新时期，梁启超发表了一系列政治论文，强调个人权利、个性解放。在《十种德性相反相成义》中他强调："凡人所以为人者有二大要件：一曰生命，二曰权利。二者缺一，时乃非人。"他强调在皇权专制压迫下的中国人民没有任何权利，"以故吾中国四万万人，无一可称完人者"，因此每个人要"除心中之奴隶"，"今日欲言独立，当先言个人之独立，乃能言全体之独立"，"为我也，利己也，中国古意以为恶德者也。是果恶德乎？""天下之道德法律，未有不自立而立者也。……故人而无利己之思想者，则必放弃其权利，弛掷其责任，而终至于无以自立。""盖西国政治之基础在于民权，而民权之巩固由于国民竞争权利寸步不肯稍让。即以人人不拔一毫之心，以自利者利天下。观于此，然后知中国人号称利己心重者，实则非真利己也。苟其真利己，何以他人剥夺己之权利，握制己之生命，而恬然安之，恬然让之，曾不以为意也。"在他们的话语论述中，个人是社会的基本单位，因此他们一反中国轻视个人、抹杀个性的传统，大力提倡被视为大逆不道的个人主义，启发人们为做一个真正的人而战斗。他们甚至还从中国古代哲学中为个人主义找出论据，"昔中国杨朱以为我立教，曰：'人人不拔一毫，人人不利天下，天下治矣。'吾昔甚疑其言，甚恶其言"，[1]"新民说"而今却认为："一部分之权利，合之即为全体之权利；一私人之权利思想，积之即为一国家之权利思想。故欲养成此思想，必自个人始。人之皆不肯损一毫，则亦谁复敢撄他人之锋而损其一毫者，故曰天下治矣，非虚言也。"[2]

革命派刊物《浙江潮》发表未署作者名的《公私篇》，以现代公权私权分界理论严厉分析、批判中国传统的"公"的观念，强调："人人不欲私其国，而君主乃得独私其国矣！""盖私之一念，由天赋而非人为者也。""人

---

① 梁启超：《十种德性相反相成义》，《清议报》第82、84册，1901年，《辛亥革命前十年间时论选集》第1卷上册，三联书店，1960，第13—14页。

② 梁启超：《新民说》，《新民丛报》第1、3、6、7、8、10、11期，1902年，《辛亥革命前十年间时论选集》第1卷上册，第132页。

人有自私自利之心，于专制君主则不便甚。"文章充满激情地大声疾呼："自私自利一念，磅礴郁积于人人之脑灵、之心胸，宁为自由死，必不肯生息于异种人压制之下为之力也。可爱哉私也！西语曰：'人生之大患，莫不患于不自助而望人之助我，不自利而望人之利我。'"①《河南》杂志发表文章认为法国革命是18世纪欧洲启蒙思潮的产物，而启蒙思潮的特色就是理性主义与个人自由主义，并十分干脆地说："佛郎西革命之精神，一言蔽之曰：重视我之一字，张我之权能于无限尔。易言之曰：个人之自觉尔。"②个人主义的核心价值是个人权利是目的，国家、群体权力只是手段、工具，因此才能建立起契约型国家。以上论述表明，他们对个人主义的理解已相当深入。

青年鲁迅以西方哲学、文学思想为个人主义张目："个人一语，入中国未三四年，号称识时之士，务引以为大诟，苟被其谥，与民贼同。意者未遑深知明察，而迷误为害人利己之意也欤？夷考其实，至不然矣……久浴文化，则渐悟人类之尊严；既知自我，则顿识个性之价值；加以往之习惯坠地，崇信荡摇，则自觉之精神，自一转而为极端之主我。且社会民主之倾向，势亦大张，凡个人者，即社会一份子，夷隆实陷，是为指归，使天下人人归于一致，社会之内，荡无高卑。"他认为："欧美之强，莫不以是炫天下者，则根柢在人，事故生存两间，角逐列国是务，其首在立人，人立而后凡事举；若其道术，乃必尊个性而张精神……中国在昔，尚物质而疾天才矣……个人之性，剥夺无余。"提出"非物质""重个人"。甚至第二次世界大战后流行于欧美的存在主义哲学的先驱，丹麦哲学家克尔凯郭尔的学说也被介绍进来。鲁迅写道："丹麦哲人契尔开迦尔（按：即克尔凯郭尔）则愤发疾呼，谓惟发挥个性，为至高之道德，而顾瞻他事，胥无益焉。"③

《游学译编》1903年发表的《教育泛论》一文，明确提出应把个人主义作为教育的纲领。此文强调"贵我"是从事教育者不可不知的两大主义

---

① 《公私篇》，《浙江潮》第1期，1903年，《辛亥革命前十年间时论选集》第1卷下册，第492—496页。

② 旒其：《兴国精神之史曜》，《河南》第4期，1908年，《辛亥革命前十年间时论选集》第3卷，第299—301页。

③ 鲁迅：《文化偏至论》，《鲁迅全集》第1卷，人民文学出版社，1981，第46—54页。

之一，因为"人人有应得之权利，人人有应得之义务"是"颠扑不破之真理，放之四海而皆准者也"，并进一步论证个人能自由行使自己的权利、对自己行为负责才是道德的来源。而且，就权利来源而言，不是"全体"决定、重于"个人"，而是"个人"重于、决定"全体"："个人之权利，即全体权利之一分子也，一人失其权利，则全体之权利已失一分矣"；如果个人失权互相牵连，结果是"全体之权利，遂荡尽无余矣"。文章还以宗教、学术、社会、国家的发展为例，说明"其所以变迁发达之故，无不基于人类利己之一心"。个人主义的重要一点是个人独立，文章认为这才是教育的宗旨："人而无独立之精神，是之谓奴隶。任教育者，而不能养成国民独立之精神，是之谓奴隶教育。以教育为己任者，安可不知此意也！"①

对个人、个人主义、个性解放的话语论述，此时也基本完成。

（四）彻底批判儒学

认为中国几千年的历史是皇权专制的历史、要以个性解放及个人主义来改造奴性深重的中国国民性的话语必然与传统儒家话语发生冲突，因此需要对其进行解构。

1895年，严复即写道："昨者，有友相遇，慨然曰：'华风之敝，八字尽之：始于作伪，终于无耻。'呜呼！岂不信哉！岂不信哉！今者，吾欲与之为微词，则恐不足发聋而振聩；吾欲大声疾呼，又恐骇俗而惊人。虽然，时局到今，吾宁负发狂之名，决不能喔咿嚅唲，更蹈作伪无耻之故辙。今日请明目张胆为诸公一言道破可乎？四千年文物，九万里中原，所以至于斯极者，其教化学术非也。不徒嬴政、李斯千秋祸首，若充类至义言之，则六经五子亦皆责有难辞。嬴、李以小人而陵轹苍生，六经五子以君子而束缚天下，后世其用意虽有公私之分，而崇尚我法，劫持天下，使天下必从己而无或敢为异同者则均也。"不仅法家要为中国败落负责，儒学也难辞其咎。②

针对儒学，尤其是儒家政治理论的核心"仁政"与现代自由精神、民

---

① 《教育泛论》，《游学译编》第9期，1903年，《辛亥革命前十年间时论选集》第1卷上册，第400—404页。
② 严复：《救亡决论》，《严复集》第1册，第53页。

主政治是否相同，1902 年梁启超在《论政府与人民之权限》中写中国儒学传统的"仁政"与西方近代"自由"的区别，认为"此两者其形质同而精神迥异"，因为"仁政"虽然强调保民、牧民，但统治者仍然权力无限，因此只能论证应当保民却没有如何能够保民的办法。结果，"赵孟之所贵，赵孟能贱之。政府若能界民权，则亦能夺民质同而精神迥异者此也"。因为"仁政"的权力来源仍是皇帝，"虽以孔孟之至圣大贤"舌敝唇焦传播其道，"而不能禁二千年来暴君贼臣之继出踵起，鱼肉我民，何也？治人者有权，而治于人者无权"。只有"贵自由、定权限"，才能长治久安，"是故言政府与人民之权限者，谓政府与人民立于平等之地位，相约而定其界也"。他尤其强调是人民与政府地位平等，而不是"政府界民以权也"，因为人民的权利如果是政府所给予的，那么政府说到底也可以"夺民权"。也就是说，现代民主政治的权力来源在于"民"，而"仁政"的权力来源仍是"君"。权力来源的根本不同，是二者的根本不同。其次，他根据历史发展阶段论认为"仁政"已经过时，应为"自由"所取代。他承认，孔孟的"仁政"在两千年前确实很好，但那时只是人类的童年期，需要政府掌权保民、牧民，历史政府并不能保民、牧民，所以人类进化到成人期就需要以"自由"来定君、民权限。如今要求"仁政"是从成人返回童年，返回"蛮俗"，"犹学呱呱小儿，仰哺于保姆耶？抑有政府之权者，又岂可终以我民为弄儿也！"他强调，儒家的"仁政"完全过时。① 儒学"仁政"过时论的提出，意义非同小可。过时之物，自可抛弃，为随后的批儒奠定了基础。

　　1903 年，《大陆》杂志的《广解老篇》一文更为激烈地批判"仁"，批判孔孟之道、三纲五常等思想体系。"仁之实为事亲，义之实为从兄，胥此道也，则犯上作乱之事息矣；礼以缚民身，乐以和民气，胥此道也，则人人自由之言息矣"，并沉重地叹息："异哉夫支那，乃有所谓三纲以钳缚其臣民，钳缚其子弟，钳缚其妇女，何栽培奴性若此其深也！"②

　　前述 1903 年《游学译编》发表的《教育泛论》明确提出应把个人主义作为教育的纲领，强调个人主义、独立精神是教育的宗旨，这必然与儒家

---

① 梁启超：《论政府与人民之权限》，《饮冰室合集·文集之十》，第 5 页。
② 《广解老篇》，《大陆》第 9 期，1903 年，《辛亥革命前十年间时论选集》第 1 卷上册，第 429 页。

教育思想发生冲突，作者批判儒家教育观说："古来儒者立说，无不以利己为人道之大戒，此不近人情之言也。剥丧人权，阻碍进步，实为人道之蟊贼，而奉为圭臬，无敢或逾。"

1903 年，《童子世界》发表《法古》一文，把君为臣纲、父为子纲、夫为妻纲列为宗教迷信，把人人平等、父子平等、男女平等列为科学真理，指责孔子说："孔子在周朝时候虽是很好，但是在如今看起来，也是很坏。'至圣'两个字，不过是历代的独夫民贼加给他的徽号。那些民贼为什么这样尊敬孔子呢？因为孔子专门叫人忠君服从，这些话都很有益于君的。所以那些独夫民贼，喜欢他的了不得，叫百姓都尊敬他，称他做'至圣'，使百姓不敢一点儿不尊敬他，又立了诽谤圣人的刑法，使百姓不敢说他不好。那百姓到了日久，自然变做习惯，都入了那些独夫民贼的圈套，一个个都拿'忠君'当自己的义务，拿'法古'当最大事体。"① 周作人此时也写长文比较中外文化，认为："孔子为中国文章之匠宗，而束缚人心，至于如此"。②

1908 年，《河南》杂志发表的《无圣篇》喊出了"破专制之恶魔，必自无圣始""谋人类之独立，必自无圣始""立学界前途之大本，必自无圣始"的口号，也把批判的矛头对准几千年来的"大成至圣先师"孔子。在此文的论述中"君"即君王，"子"即继承之后嗣，而孔子所谓"君子"，是要人为君王之后："士子读书论道，不过为君之子"，"其鄙陋亦何若是？""《论语》首章第一字言学，末句言成君子，是圣人之学，学为君子，以承佐其治。换言其真象，岂非认君作父，以助独夫谋万世之业耶？"③

几乎同时，有文章根据自然人性论认为，"吾心中之有理与欲，如磁极中之有南与北，如电性之有阴与阳"，批判"存天理，灭人欲"违背人性，而且统治者"以为公者天理也，私者人欲也，理欲战于中，往往天败而人胜，于是乃借克己复礼之说，穿凿而附会之，谓欲复天理者，必克人欲"。

① 君衍：《法古》，《童子世界》第 31 期，1903 年，《辛亥革命前十年间时论选集》第 1 卷下册，第 529—533 页。
② 独应（周作人）：《论文章之意义暨其使命因及中国近时论文之失》，《河南》第 4、5 期，1908 年，《辛亥革命前十年间时论选集》第 3 卷，第 306—330 页。
③ 凡人：《无圣篇》，《河南》第 3 期，1908 年，《辛亥革命前十年间时论选集》第 3 卷，第 261—271 页。

"乃坠入于黑暗地狱中，使受永苦。此在佛法为最下乘者。学说之误人深矣。"① 还有文章认为道德有"天然"与"人为"之分："有天然之道德，有人为之道德。天然之道德，根于心理，自由平等博爱是也；人为之道德，原于习惯，纲常名教是也。天然之道德，真道德也；人为之道德，伪道德也。""中国数千年相传之道德，皆伪道德，非真道德也。"据此，他提出自己的人生观："人生观之最终目的何在耶？……人生观概要二：曰身体之快乐，曰精神之快乐。"② 人们应该勇敢地追求幸福，这就否定了禁欲主义的"天理"。

这期间，从儒家过时论到对孔子、程朱的批判已然非常激烈，批判儒家的话语体系已基本建构完毕。

（五）民主与科学

"民主与科学"被公认是五四新文化运动反传统，尤其是以此反对专制的重要的纲领性口号。其实，这个纲领性口号也脱胎于"戊戌－辛亥"时期。

康有为1886年开始起草《诸天讲》一书，他以在当时所能达到的科学水平，吸收了中外天文学知识，对宇宙起源及结构做了论述和介绍。虽然此书在1924年最后完稿，汲取了20世纪初的科学知识，但早在1895年，他在"公车上书"之后返粤讲学时，由他的学生"笔记"其讲课内容——现已印出《南海康先生口说》——中就有很多处涉及天文、地质以及进化论思想。讲学中，康有为用他所掌握的近代自然科学思想，对古代一些学说思想进行重新评价。他大讲自然科学，实际是为其社会理想服务。他明确地将自然科学与社会发展、人类道德联系起来。

1903年，蒋百里在《浙江潮》发表《国魂篇》，非常明确地将科学与道德、国家政治直接联系起来："吾中国民有最恶之性质，一曰组织力薄弱，而无规则思想是也……无规则之原因何在？则科学思想不发达其首也。凡人之有科学思想者，其论事必条理，其处事必周到，其断事必决绝，其

---

① 剑男：《私心说》，《民心》第1期，1911年，《辛亥革命前十年间时论选集》第3卷，第816—821页。
② 愤民（柳亚子）：《论道德》，《克复学报》第2期，1911年，《柳亚子文集补编》，社会科学文献出版社，2004，第35页。

立身必整齐而厚重，何以故？盖科学与一人之品性，有密切之关系在焉。"
"故曰格致不精之国，其政令多乖，岂惟政令，国民之品性系焉。"①

　　宋教仁在 1912 年初中华民国刚刚诞生时发起成立"社会改良会"，明确提出了与"科学与民主"非常相似的纲领性口号。他在《社会改良会宣言》中写道，共和肇建，"共和国民"的程度亟待提高，"共和思想之要素"不能不具，而中国"数千年君权之影响，迄今未沫，其与共和思想抵触者颇多"，所以他提出要"以人道主义去君权之专制，以科学知识去神权之迷信"作为该会宗旨，"期以保持共和国民之人格，而力求进步，以渐达于大道为公之盛，则斯会其嚆矢矣"。②"以人道主义去君权之专制，以科学知识去神权之迷信"，几年后的"科学与民主"呼之欲出。

　　以上简略引述说明，五四新文化运动批判传统的五大"母题"早在"戊戌 - 辛亥"时期已经完成。

二　新文化的关键：国家知识再建构

　　从思想的内在理路来说，之所以会全盘反传统，是因为国家观念发生了变化，有关国家的知识开始一种完全不同质的再生产。

　　所谓国家观念，实质是关于国家权力的来源，即国家权力的"正当性"（Legitimacy，又译作"合法性"、"正确性"或"合理性"）问题。政治学中国家权力来源的"正当性"并非指符合法律条文，不在于统治者自己宣称统治的合法性，而是指一整套包括统治者和绝大多数被统治者在内的全社会认可、认同的道理、规则和行为标准体系。马克斯·韦伯认为，被统治者之所以服从统治者的支配是因为暴力、经济等因素，但是"除了这些以外，通常还需要一个更深层的要素——对正当性的信仰"。每个权力体系"都会试图建立并培育人们对其正当性的信仰"。③

　　在人类历史上，先后出现了两种国家观念，即对国家权力"合法性"

---

①　蒋百里：《国魂篇》，《浙江潮》第 1、3、7 期，1903 年，《蒋百里全集》第 1 卷《政论》，北京工业大学出版社，2015，第 24、25 页。

②　宋教仁：《社会改良会宣言》，《宋教仁集》下册，中华书局，1981，第 377 页。

③　〔德〕马克斯·韦伯：《经济与社会》第 1 卷，阎克文译，上海人民出版社，2010，第 319 页。

的两种话语。一是传统的以伦理为基础的国家观，由皇权神授推衍出"朕即国家"，而国家（统治者）是家长，被统治者是子民，"家长"对"子民"理论上具有无限的管理权与责任。二是现代以契约论为基础的国家观，认为国家、社会主要是以自然法为理论基础的人民联合起来订立契约建立起来的，个人出让部分权利成立国家，国家保护人的自然权利。这种在人民全体一致同意基础上签订契约成立的国家，具有生成和存在的合法性。

中国传统的国家观则是家国同构的伦理论。在这种理论中，任何个人都不是一种独立的个人存在，而是存在于严密的"三纲五常"之中，君为臣纲，父为子纲，夫为妻纲，在这种金字塔形的等级秩序结构中，君主高高在上，位于最顶端，是"天子"，其权力来自"神授"，因此有不容置疑的权力，其权威神圣不可侵犯，"个体"无条件地受其宰控，没有个性，更没有自由。这样，社会关系完全成为一种依附性"伦理"关系。以儒学为重心的传统文化从家族伦理中推衍出国家政治秩序，"国"不但与"家"紧密相连，而且被看作"家"的扩大。在这种伦理性国家观中，理想的"国家"正如儒家经典《礼记·礼运》所说："故圣人耐以天下为一家，以中国为一人者，非意之也，必知其情，辟于其义，明于其利，达于其患，然后能为之。"其意是圣人把整个天下看成一个家，把整个国家当成一个人，这并不是他们凭主观妄为的，他们能深入剖析其中的义理，明白其中的利害关系，擅长处理其中的种种弊端，然后才会有所作为。虽然期望"大道之行也，天下为公"，但毕竟是以"家"来喻"国"。《尚书》中有"天惟时求民主"，"代夏作民主"，意为作民之主，为民之主，且将统治者与被统治者的关系定义为"父母"与"子女"的伦理关系："惟天地万物父母，惟人万物之灵。亶聪明作元后，元后作民父母。"所谓"元后"就是君主。"天子作民父母，以为天下王"，君主对人民应该"若保赤子"。董仲舒《春秋繁露·郊义》说："天子父母事天，而子孙畜万民。"总之，上天将民托付给"天子"，要天子像父母照顾、管理幼儿那样照管人民。但这实际上又为帝王将"天下"视为"家天下""一姓之天下"提供了合法性理论。陈寅恪先生在《王观堂先生挽词·序》中认为东汉班固的《白虎通·三纲六纪》确立的三纲六纪是对中国文化的"定义"，意义为抽象理想最高之境"三纲六纪"从"男女有别"生出"夫妇有义"；"夫妇有义而后父子有亲，父子有亲而后君臣有正"。由父慈子孝推衍出君礼臣忠，从家庭伦理关系逐渐推衍出国家政治原则，个人与国家的关系犹如与家庭的关系一样，是一种无法摆脱的伦理关系。"天之本在国，国之本在家"，因此具有国家家族化的特点。

现代国家观，是指产生于西方、以契约论和人民主权论为主要内容的国家观念。契约论当然有一发展过程，英国思想家霍布斯（Thomas Hobbes）与洛克（John Locke）二人用自然法理论说明国家起源，认为国家是人民订立契约、让渡自己部分权利的产物。由于被授予权力的统治者也是契约的参加者，也要受契约束缚，如其违约，也要受惩罚，人们有权反抗，甚至重新订约，另立新的统治者。依据自然法则，伏尔泰（Voltaire）提出"人人自由，人人平等"理论。卢梭（J. Rousseau）的社会契约论明确提出国家主权应该永远属于人民。甚至政治观点一向谨慎的德国思想家康德（Immanuel Kant）也提出，国家应建立在三个理性原则之上，即每个社会成员作为人都是自由的，作为臣民彼此是平等的，作为公民是独立的。因此个人与国家间的自由、平等、独立三原则也是公民承担国家政治义务的根本依据。

鸦片战争之后，现代国家观随着西方的"坚船利炮"，由少到多、由浅到深，一点点传了进来，而对其认识是从对西方国家现代政治制度、机构的零星介绍了解开始的。

徐继畲的《瀛寰志略》，冯桂芬的《校邠庐抗议》，1876 年出使英国的郭嵩焘，因曾上书太平天国而流亡香港、英国的王韬，上海为外商当买办的郑观应，参加洋务运动的官员薛福成，同时代的马建忠、陈虬、陈炽等人都对议会做了不同程度的介绍。这些介绍，使国人对西方的议会制度有了初步的了解。但是，他们主要仍是从中国传统"通上下"，而不是从现代宪制限制君主权力的角度来理解议会制度的。随着时间的推移，一些先进之士对西方议会制度的了解逐渐加深，已开始触及对政府权力的限制。但是，总体上他们仍是从君民"通上下"而不是从限制君主权力角度来理解议院的，所以认为议会制是使君主制度更加完善的工具性机构而不是与君主专制对立的制度，现代议会制度与中国传说中"三代"的良法美俗并无本质区别，甚至有人认为其就是来源于中国上古。因此，他们的国家观念仍没有突破传统以伦理为基础的国家观。或者说，他们是新旧两种国家观念的中介，已经走到边缘，只要往前跨一步，就由旧入新、从"伦理"到

"契约"。

从伦理论国家观到契约论国家观这关键一步，是在戊戌维新时以引入现代权利观念跨出的。甲午战争，中国惨败于向来以中国为师的"蕞尔小国"日本，给中国人以莫大的心理刺激。日本君主立宪的制度，促使中国思想界在国家观念上跨出了本已到边缘的最后一步。正是在"戊戌－辛亥"时期，启蒙者明确接受了现代契约论国家观。

前述谭嗣同认为在漫长的历史中，君主将国变成自己的私有财产的根本原因，在于他接受了契约论国家观："生民之初，本无所谓君臣，则皆民也。民不能相治，亦不暇治，于是共举一民为君。夫曰共举之，则非君择民，而民择君也。""夫曰共举之，则必可共废之。君也者，为民办事者也；臣也者，助民办事者也。"赋税都取之于民，作为"为办民事之资"，"如此而事犹不办，事不办而易其人，亦天下之通义也"。[1] 此论与霍布斯理论如出一辙。[2]

梁启超在《爱国论》中完全从契约论角度论述了国家的性质："国者何？积民而成也。国政者何？民自治其事也。爱国者何？民自爱其身也。故民权兴则国权立，民权灭则国权亡。为君相者务压民之权，是之谓自弃其国。为民者而不务各伸其权，是之谓自弃其身。"[3]

严复认为，中国自秦以来无所谓天下也无所谓国也，"皆家而已"，因为君与民没有自己的权限边界，君权无限，"天子之一身，兼宪法国家王者三大物，其家亡，则一切与之俱亡，而民人特奴婢之易主耳，乌有所谓长存者乎！"[4] 针对认为中国自古就有"立宪"的观点，严复解释说，如果有法律就是立宪，那么中国也有"立宪"，但他特别强调，这并非现代立宪："则中国立宪，固已四千余年，然而必不可与今日欧洲诸立宪国同日而语者。今日所谓立宪，不止有恒久之法度已也，将必有其民权与君权，分立并用焉。有民权之用，故法之即立，虽天子不可以不循也。使法立矣，而其循在或然或不然之数，是则专制之尤者耳。有累作之圣君，无一朝之法

---

① 谭嗣同：《仁学》，《谭嗣同全集》（增订本）下册，第 339、341 页。
② 谭的观点究竟是受霍氏理论启发，还是自己独立得出的，笔者查阅多种资料未得出确论。当时霍的书籍并未译成中文，但谭这一阶段与传教士来往颇多，或间接知道霍氏理论。
③ 梁启超：《爱国论》，《饮冰室合集·文集之三》，第 74—76 页。
④ 严复：《〈法意〉按语》，《严复集》第 4 册，第 948—949 页。

宪，如吾中国者，不以为专制，而以为立宪，殆未可欤！"所以，"中国本无民权，亦非有限君权，但云有法之君主而已"。① 梁启超等人阐述、宣扬的契约论国家观为后来五四新文化运动直接、完全承继。陈独秀说："要问我们应当不应当爱国，先要问国家是什么。原来国家不过是人民集合对外抵抗别人压迫的组织，对内调和人民纷争的机关。"② 高一涵在《新青年》上连续撰文，介绍各种国家学说，探讨国家的起源与本质。他认为国家"乃自由人民以协议结为政治团体"，"故国家惟一之职务，在立于万民之后，破除自由之阻力，鼓舞自动之机能，以条理其抵牾，防止其侵越。于国法上公认人民之政治人格，明许人民自由之权利，此为国家唯一之职务，亦即所以存在之真因"。③ 很明显，他们的国家观念是以契约论为基础的，即认为国家是人民意志协约的结果。从契约论国家观出发，就必然得出"国家非人生之归宿"的结论。他们认为，"国家者，非人生之归宿，乃求得归宿之途径也。人民国家有互相对立之资格，国家对于人民有权利，人民对于国家亦有权利；人民对于国家有义务，国家对于人民亦有义务"。④这样，他们拒绝了国家高于一切，位居人民之上的观点，明确提出了国家与人民是两个具有同等资格的权力主体的论点。

而且，高一涵还进一步区分了国家与政府的职能，他写道："人民创造国家，国家创造政府。政府者，立于国家之下，同与全体人民受制于国家宪法规条者也。执行国家意思，为政府之责，而发表国家意思，则为人民之任。"⑤ 政府实际上只是一个执行机构。在中国传统国家观中，并无国家与政府的区分。统治者就是国家的化身与代表，至多是"为民做主"的清官明君。把国家与政府区分开来，其潜台词是，对政府的批判与否定并不意味着不爱国。进一步说，创造国家的人民有权监督、更换作为执行机构的政府。根据契约论精神，高一涵得出了"吾人爱国之行为，在扩张一己之权利，以抱注国家。牺牲一己之权利，则反损害国家存立之要素，两败

---

① 严复：《〈法意〉按语》，《严复集》第 4 册，第 940 页。
② 陈独秀：《我们究竟应当不应当爱国？》，《独秀文存》，安徽人民出版社，1987。
③ 高一涵：《一九一七年豫想之革命》，《新青年》第 2 卷第 5 号，1917 年 1 月 1 日。
④ 高一涵：《国家非人生之归宿论》，《青年杂志》第 1 卷第 4 号，1915 年 12 月 15 日。
⑤ 高一涵：《共和国家与青年之自觉》，《青年杂志》第 1 卷第 1 号，1915 年 9 月 15 日。

俱伤也"的结论。① 也就是说,扩张个人权利就是爱国行为,而以国家名义
牺牲个人利益,终将损害国家利益。这一观点或有其偏颇之处,但却是对
长期以来集体本位,无视个性、个人权利的中国传统伦理观的彻底否定,
表明了"新青年"的觉醒。陈独秀则更为激烈地说:"我们爱的是国家为人
民谋幸福的国家,不是人民为国家做牺牲的国家。"② 甚至认为"国家者,
保障人民之权利,谋益人民之幸福者也。不此之务,其国也存之无所荣,
亡之无所惜"。③ 个人与国家之间并没有一种"天生的"必然关系,国家与
个人之间的垂直纵向关系改变为一种平面的横向关系。他们反复强调,国
家本身并不是目的,只是"鼓舞群伦,使充其本然之能","谋充各得其所"
的手段。④

　　附带说一句,陈独秀、李大钊等人后来接受了马克思列宁主义的"阶
级论"国家观,也使中国的种种其他观念发生了重要的本质性变化,此需
另文专述。

　　国家观念是所有社会中"社会知识"的核心,当有关国家的知识发生
变化时,必然引起相关知识的变化。接受契约论国家观,必然要将个人权
利话语引入中国政治话语体系中,这与以儒家理论为主轴、以群体性为基
质的中国传统政治话语产生深刻矛盾,对传统的解构也就自然而然了。

　　在以个人权利为基质的新的国家观念的视域中,中国几千年的历史自
然就是黑暗的皇权专制的历史,缺乏个人权利及权利观念的中国人自然有
奴性因而需要国民性改造,国民性改造的重要内容是彻底批判儒学而强调
个人解放,"民主与科学"是国民性改造的重要手段。

　　当国家观念发生变化时,这一切就环环相扣,依次发生。

三　国家知识再生产的触因

　　从知识生产、接受的角度来看,一种新知识,尤其是社会科学知识的
产生与接受,主要不是纯逻辑的演进,而是社会变动制造了对这种新知识

---

① 高一涵:《国家非人生之归宿论》,《青年杂志》第 1 卷第 4 号,1915 年 12 月 15 日。
② 陈独秀:《我们究竟应当不应当爱国?》,《独秀文存》。
③ 陈独秀:《爱国心与自觉心》,《甲寅》第 1 卷第 4 号,1914 年。
④ 高一涵:《一九一七年豫想之革命》,《新青年》第 2 卷第 5 号,1917 年 1 月 1 日。

的需求。

近代中国由维新思想家开其端的放弃传统伦理、身份型国家观，接受现代契约论国家观的新的国家知识的再构建、再生产，也并非一种纯逻辑的演进，而是在近代中国与西方剧烈碰撞的具体历史脉络中对这种新知的体认、接受。

接受、再生产契约论国家观并开始对以儒家为核心知识的传统进行解构，与近代中国历史息息相关。或者说，近代中国的变化、脉动，是国家知识再生产的首要触因。

鸦片战争后，列强的坚船利炮、电报铁路，是国人对"现代"最早、最直观的感受，有识之士提出"师夷长技以制夷"，而后是变革政治制度以图存、图强。要想根本性变革国家体制，必然要接受新的国家观念，即关于国家的新知识。接受契约论国家观，必然要将个人权利话语引入中国政治话语体系中，这与以儒家理论为主轴的中国传统政治话语产生深刻矛盾，对传统的解构，自然而然。

如上分析，五四新文化运动就其思想建构来说并无新意，虽然一些论述较前深入许多，但五四新文化运动却将"反传统"搅得风生水起、大潮激荡，甚至"喧宾夺主"使自己成为"反传统"的历史符号。之所以如此，根本之处在于它将"反传统"从思想界精英的"思想"变成一种社会性"思潮"和运动。"戊戌－辛亥"时期的反传统思想此前主要是知识精英的内部知识交流，而五四新文化运动能在此时形成思潮、形成"运动"，当有多层次多方面的原因。如民国的成立，政府废止读经；教育相对普及，科举制已废除十余年，新式学堂培养了大批"洋学生"；报纸、杂志较前大为发达；小说、话剧开始流行，提倡白话文，使其成为新观念的有效载体；袁世凯复辟帝制提倡读经尊孔，以孔教会为代表的儒学正统在军阀混战中的表现……

简言之，由于国家观念转变，以个人权利为核心对儒学的批判、对中国传统政治制度的批判，在五四前早就成为一个重要的思想潮流，有关论述已相当成熟。五四新文化运动提出的反孔和"改造国民性"（甚至包括"民主与科学"）这两个思想主张从来被认为是激烈地反传统、全盘彻底地反传统的文化激进主义，其并非自五四始，而是戊戌维新开始后，在向被认为温和、中庸的梁启超、严复等人的影响下逐渐形成的。五四新文化运动中那些反传统的言论，广度与激烈程度并未超过"戊戌－辛亥"时期。五四新文化运动并非"横空出世"，而是如水有源，其来有自。而这种思潮在五四时期形成声势浩大的运动，与当时的社会条件的变动密切相关。这段思想的历史说明、对传统的反思并非一二激进之士一时"心血来潮"那样简单，而是国家观念再生产的内在逻辑要求。

京沪文化差异与新文化运动

熊月之[*]

新文化运动在中国大地上洪波涌起，风雷激荡，直接导因是陈独秀等人倡导的新思想、新文化、新伦理、新道德，与中国原有思想、文化、伦理、道德发生冲突。新思想、新文化、新伦理、新道德的来源，远者为欧美、日本等西方世界，近者为上海等口岸城市。新的思想、文化、伦理、道德在口岸城市传播、滋生、繁衍，自非一日之功，也曾与中国原有的思想、文化、伦理、道德发生过矛盾，产生过冲突，但那都是局部性、暂时性的，五四时期之所以会形成"运动"并且其影响广远而持久，重要原因是京沪文化的巨大差异与矛盾，两地人员与信息的对流，新旧不同的思想、文化、伦理、道德持续地对流、对垒，并且这些因五四政治运动而扩散到全国。

京沪文化差异、冲突的形成有三个前提：一是上海城市崛起，成为可以与京师相提并论的对象；二是上海城市文化特质显现，与京师形成强烈反差；三是一批先前生活在上海的文化人迁移至北京。

一 上海崛起与京沪并提

近代以前，上海是江苏省松江府下属的一个普通的沿海县城，原没有

与全国首善之区京师相提并论的资格。鸦片战争以后，由于设立租界、太平天国战争、战时中立、投资设厂等因素，在推力、拉力交互作用下，江南等地人口大量涌入，上海城市快速膨胀。1886 年，上海已被《纽约时报》称为"远东第一商埠和东方的一颗明珠"。[①] 1900 年上海人口超过百万，到 1915 年又翻了一番，超过 200 万人。以后，上海一直是中国第一大城市。到新文化运动汹涌澎湃的 1919 年，中国城市按人口排序，前十名依次是：1. 上海（245 万人），2. 广州（160 万人），3. 天津（90 万人），4. 北京（85 万人），5. 杭州（65 万人），6. 福州（62.5 万人），7. 苏州（60 万人），8. 重庆（52.5 万人），9. 香港（52.5 万人），10. 成都（50 万人）。[②] 上海人口差不多是北京的 3 倍、苏州的 4 倍。

与此同时，上海在经济、文化、政治、外交等方面的地位日益提升。至迟到民国初年，上海已是全国包括贸易、交通、金融、商业、工业等在内的多功能经济中心；包括新闻、出版、文学、艺术（戏剧、曲艺、音乐、美术、电影等）在内的文化中心；政治上则因一市三治，即一个城市有三个行政实体（华界、公共租界与法租界），清政府与北洋政府均难以完全控制，成为中国中央权力之外的法外之地。清末民初的上海，事实上已是中外利益共同体，发生在上海的事情，往往具有全国与世界影响。

这么庞大的体量，特殊的地位，使得上海成为中国从晚清到民国历届政府、各种政治力量都极为重视的城市，成为除了京师以外最受关注的城市。人们也习惯于将上海与北京并提。

更为关键的是，快速崛起的、以租界为重心的上海，与北京等城市，在市政风貌、市政管理、社会结构、城市品格等方面，均反差极大。

还在光绪初年，人们已注意到京沪两地市政建设方面的差异。1879 年（光绪五年），《申报》载文，对京沪道路建设进行比较：京师"天气晴朗，飞沙扑面，污及衣履。凡客入厅，事先命奴仆扑尘，然后入座叙茶"。"值天雨之日，则更有不堪者，雨水入土，苟沟不开时，水泥和成浆汁，驻足

---

① 《租界见闻》，原载《纽约时报》1886 年 8 月 7 日，参见郑曦原编《帝国的回忆：〈纽约时报〉晚清观察记：1854—1911》，当代中国出版社，2007，第 57 页。

② 参见中华续行委办会调查特委会编《中华归主：中国基督教事业统计 1901—1920》下册，中国社会科学出版社，1987，第 1186—1187 页；邹依仁《旧上海人口变迁的研究》，上海人民出版社，1980，第 90 页。

即陷，不赤脚者断不可行。且驴尿马粪，搀匀泥水中，其秽不可向迩。"即使坐车，亦往往轮辕动处，泥溅帷中。上海洋场土质也是沙土，与京师无异，但经租界建设，则"天雨无淖没之虞，天晴亦无飞扬之患，行人过此，几不知其本为沙地矣"。① 1890 年代，英国传教士韦廉臣（Alexander Williamson）、中国学者孙宝瑄，都发表了类似看法：

> （京城）街巷逼仄，道途湫溢，旱干则尘嚣，阴雨则泥泞，紫禁城而外，无论衙署、仓库、庙刹，以及士农工商之房舍，卑陋者多，美丽者少，倾圮者众，创造者寡，种种陋习，指不胜屈，未尝不慨然叹曰：以帝王之居而鄙陋若是，岂不为天下笑哉！②

> 余居京师久，凡自远方来，始至者未有不厌且苦。询其故，曰：街衢凸凹，尘风泥雨，牛溲马勃，嚣浊蒸郁，秽区也。……惜哉！使衢巷间，皆平除荡涤苗蕂发栉，坻平如申江夷界间，乃完美矣。③

人们由市政面貌的不同，追溯到市政管理的差异，进而追根到文化的差异。1892 年，《申报》载文指出，上海"道路则时加修理，有不平之处，立即平治，不俟积日。近来又有修路之火车、机器，尤为便利之极。洋场之地，五方杂处，品类不齐，良者出其间，莠者亦出其间，苟无巡捕、包探以相警察，则洋场安可一日居？至于路口植立之捕，则风雨不改，寒暑无间，设有行车使马之不谙规矩者，则呼而告之，有不率教者，拉送捕房，以是无肇祸之事。盖于道路之政，可谓尽心焉耳矣"。影响市政面貌、市政管理的是一整套相互联系的制度，而北京等城市则无法做得这么系统、细致、有效，因为"假如中国亦照西法行之，则管理收捐之人，势必从中染指，以饱私囊，其初或尚止私其半而公其半，渐而久焉，必至全入私囊，而于公事仍归废弛"。④

社会结构方面，上海是典型的移民社会，人口 80% 以上来自全国各地，所业以工商为主，人口年轻，逐利，务实，重视个人能力，崇尚竞争。由

---

① 《论京师街道》，《申报》1879 年 9 月 30 日。
② 韦廉臣：《治国要务》第三章《致治之本》，广学会，1893，第 6 页。
③ 孙宝瑄：《忘山庐日记》上册，上海古籍出版社，1983，第 30 页。
④ 《论治道》，《申报》1892 年 1 月 12 日。

于没有一个政权能全面、有效地控制整个上海，也由于这里是异质度极高的陌生人社会，邻里之间往往互不相识，互不往来，且迁徙频率特高，今日寓此，明日迁彼，政府对个人控制力极弱，连通行于中国其他城镇的保甲制度在这里也无法有效地建立与实行，熟人社会中习见的对个人道德的约束在这里荡然无存。这种社会结构与管理特点，为个人自由、个体发展提供了难得的宽松环境，也为新文化运动中常被述及的那些来自西方的自由、独立、平等之类思想的植根提供了理想沃土。

政治控制方面，由于列强对租界行政权、司法权的侵夺，两租界成为事实上的"国中之国"。1862 年，王韬（当时名字还是王瀚）因向太平天国将领献策，遭清政府通缉，被英国驻沪领事麦华陀庇护，最后避地香港。戊戌政变后，谭嗣同等六君子在京被杀，上海成了维新人士的避难所，康有为由此而逃往海外，黄遵宪因租界庇护而活命，张元济则离开北京而避地上海。1903 年，章太炎、邹容公开宣传反清革命，辱骂皇帝与太后，清政府虽百计查拿、引渡，但租界当局硬顶软磨，最后仅一判三年，一判两年。与章、邹情况类似，情节还不如二人严重的沈荩，在京被抓，未经审判便被活活鞭死。京沪两地政治气候的温差为世所共知。有鉴于此，1904 年，陕西于右任、湖南黄兴，都因在当地宣传反清革命，遭到通缉，不约而同地逃到了上海。结果，于到复旦公学当了教授，同时办报宣传革命，黄则避地日本，继续从事革命活动。

到了清末民初，京师与上海已是世人公认的代表两种风格的两类城市，一为政治中心，一为社会中心，一守旧，一革新："上海与北京，一为社会中心点，一为政治中心点，各有其挟持之具，恒处对峙地位。"[1] "时人谓上海、北京为新旧两大鸿炉，入其中者莫不被其熔化，斯诚精确之语。"[2]

二 文化趋新与守旧

上海开埠以后，逐渐成为展示西方文化的窗口，传播西方文化的基地，中国学习西方、变法革新的前沿城市。

---

① 姚公鹤：《上海闲话》，吴德铎标点，上海古籍出版社，1989，第 50 页。
② 田光：《上海之今昔感》，《民立报》1911 年 2 月 12 日。

从西方文化展示角度看，从煤气、电灯、自来水、电报、电话、洒水车到汽车、电车，从西装、西菜、咖啡、啤酒到缝纫机、电风扇，从公历、星期作息制度到西式婚礼、妇女参加社交、新式体育事业、图书馆、博物馆，从立法、司法、行政三权分立制度，警察制度，法庭辩护制度到道路行车规则、垃圾倾倒规定，都是先从上海出现的。租界西人引进这些器物与制度，原是为了自用，满足自己的生活需求。上海中国居民对这些洋玩意儿，有的经过抵制—理解—仿效三部曲，如对于自来水、煤气与电灯，而大多数则拿来就用，快速跟进。

从西学传播角度看，到戊戌变法以前，输入西学的中国机构主要有墨海书馆、江南制造局翻译馆、广学会等九家，其中七家设在上海。全国各种西书近八成在上海出版。从质量上看，无论是自然科学、应用科学，还是社会科学，凡具有开创意义的，几乎都是上海出版的，如《化学鉴原》《谈天》《佐治刍言》《泰西新史揽要》。戊戌变法以后到辛亥革命以前，西学或曰新学主要通过日本转口输入中国，其出版机构依旧有八成集中在上海，最主要的新学出版机构如商务印书馆、广智书局、文明书局等，都在上海。严译西学名著，林译西方小说，都是在上海出版的。

从鸦片战争以后到新文化运动发生时期，中国一直在努力摆脱落后挨打、丧权辱国的局面，无数志士仁人为此不懈奋斗，愈挫愈奋。那些引领时代的思潮，大多是在上海酝酿萌发、播向全国的。冯桂芬师夷自强的呼喊、郑观应的《盛世危言》、王韬的变法综论，代表了洋务时期最好的变法思想。《时务报》是戊戌时期最有影响的维新报纸，《变法通议》是其时最为痛快淋漓的变法宣传。邹容《革命军》对清朝腐朽本质的揭露，章太炎《驳康有为论革命书》对革命必要性、重要性的阐释，都代表了辛亥以前革命论述的最好水平。那些支撑洋务、维新、革命论述的西学资源，诸如进化论、民约论、资本论、物竞天择、社会主义等新知，达尔文、卢梭、马克思的大名，主要是通过这些出版物逐步传开的。诚如清末人所论："自甲午后，有志之士咸集于上海一隅，披肝沥胆，慷慨激昂，一有举动，辄影响于全国，而政府亦为之震惊。故一切新事业亦莫不起点于上海，推行于内地。斯时之上海，为全国之所企望，直负有新中国模型之资格。"①

① 田光：《上海之今昔感》，《民立报》1911年2月12日。

正因为上海的文化界、思想界一直与国际思想界、文化界有千丝万缕的联系，一直有敏锐的先锋意识，一直立在求索救国思想的潮头，所以，陈独秀在办《青年杂志》一开始，便揭明办刊方针："今后时会，一句一措，皆有世界关系。我国青年，虽处蛰伏研求之时，然不可不放眼以观世界。本志于各国事情、学术、思潮，尽心灌输，可备攻错。"[1]

相对来说，从晚清到民初，北京一直是守旧的基地。同治年间，京师同文馆要招收科举正途人员学习天文、数学，引起以大学士倭仁为首的士大夫的集体抵制，结果，科举正途出身者无一人报考。光绪初年，郭嵩焘奉命出使英国，此竟被京师同僚视为汉奸行径。经过清末新政的改革，虽稍有改观，但整体上依然沉闷守旧。正因为如此，蔡元培被任命为北大校长以后，上海有些同事劝他不要去。他日后回忆：

> 我回来，初到上海，有人劝我不必就职，说北大腐败极了，进去若不能整顿，反于自己的声名有碍。这当然出于爱我的意思。但也有少数人就说，既然知道北大腐败，更应进去整顿，就是失败，也算尽了心。这也是我不入地狱谁入地狱的意思。我到底服从后说而进北京。[2]

由此可见其时人们对京沪两地的印象。从这个意义上，蔡元培北上就任校长，就是闯入旧穴进行革新，颇有些悲壮色彩，也可以视为京沪两地守旧与趋新两种文化的正面碰撞。

蔡元培北上意义相当深远。因他北上，才带出陈独秀出任文科学长，才将《新青年》移到北京；由陈独秀又带出其安徽同乡胡适，带出刘半农等一串人进入北大，这才打开新文化运动的一片新天地。

三 龉龉先行与后续光大

新文化运动从一定意义上可以说，是蔡元培、陈独秀、胡适等原先生活在上海的一批文化人，将上海此前久已有之的新思想、新文化、新伦理、

---

[1] 《社告》，《青年杂志》第 1 卷第 1 号，1915 年 9 月 15 日。
[2] 《蔡元培自述》，中国言实出版社，2015，第 204 页。

新道德移植到北京，因水土不服引起的冲突。由于北京的首都地位，也由于内地广大地区与北京在文化方面的一致性，其才产生全国性影响。

蔡元培在京沪两地都有生活经历。1894 年至 1898 年，他供职于翰林院。正是鉴于京城的保守氛围，他才于戊戌政变后弃官南下，辗转来到上海。他从 20 世纪初便在上海生活，从南洋公学教习、中国教育会会长、爱国女学与爱国学社创始人，到光复会会长。上海是他的第二故乡，是他获得新知识、滋生新思想的基地。蔡元培新学知识的获得，分为两个阶段，以 1907 年留学德国为分界。1907 年以前他的新学知识来源，主要是上海。从 1894 年 7 月到 1899 年 10 月，他在日记中记录的阅读的西书与包含西学知识的报刊，凡 83 种，其中 52 种为上海出版。他日后在北京大学推行的兼容并包、学生自治等，与他在南洋公学所倡导的尊重学生权利、鼓励学生自治、反对校方专制的精神，一脉相承。他勇猛改造北大的底气，既来自留欧的经历，也来自在上海的实践。

陈独秀参与新文化运动，也是从上海起步的。他 1903 年从安徽来到上海，参与创办《国民日日报》。这份报纸以宣传自由民主、鼓吹反清革命为宗旨，号称"苏报第二"。他在这里结交了蔡元培、章士钊等人，参加过"军国民教育会暗杀团"。此后，他在日本、中国安徽从事政治活动，遇到挫折，便会来到上海。

值得注意的是，蔡元培在正式就任北大校长之前，就已开始引进陈独秀的工作。他自称："我对于陈君，本来有一种不忘的印象"，经汤尔和介绍之后，又翻阅了《新青年》，于是决意聘他。[1] 所谓"不忘的印象"，就是十多年前在上海所结之缘。居间介绍的汤尔和，也是十多年前在上海与蔡、陈一起活动的同事。

胡适的新文化根基也是在上海扎下的。他 1904 年从安徽来到上海，在这里待了六年，先后在梅溪等多所新式学校读书，接触到新学，接受了进化论，也开始了白话文写作。没有在上海的经历，他不大可能有机会出国留学，自然也不会有他日后在新文化运动中的作为。

至于钱玄同、刘半农等人的成长，也都与上海的影响密不可分。钱在上海编过《湖州白话报》，在南洋中学读过书。刘在上海参与过《中华新

---

① 蔡元培：《我在北京大学的经历》。

报》笔政，当过中华书局编译员，并在剧团工作，进行通俗文学创作。日后，他与钱玄同在《新青年》杂志上串演的"王敬轩事件"，便得益于他在上海的演戏经历。[①]

就思想文化源流而言，新文化运动所倡导的对于孔学与纲常名教的批判、妇女解放、白话文等，在晚清上海亦有丰富的先行实践。

对于孔学与纲常名教的批判，1903 年，《童子世界》便有一篇《法古》，批判矛头直指孔子，认为孔子"专门叫人尊君服从"，在历史上所起的作用很坏。对他的所谓"至圣"评价，"不过是历代独夫民贼加给他的徽号"。同年，《国民日日报》有《箴奴隶》《说君》《道统辨》等文，批评儒学亦不遗余力。《道统辨》指出：儒学的倡导，三纲定名分之说的确立，都是从有利于君主专制的角度出发的。道统之说，助长专制之焰，阻碍学术发展，阻碍思想自由之发展，"中国之君主，与教皇不同，其所以信道统之说者，名为信道，实则阻思想之自由耳，名为尊孔，实则借孔教为奥援耳"。[②] 1904 年，《警钟日报》上有《论孔学不能无弊》《论孔学与政治无涉》，批评孔学执己见而非异说，批评独尊儒学有碍学术自由。这些文章对孔学的批判，并不比五四时期逊色。"这种反传统的文化革新的思想，讨论范围所及，由政治制度，到学术思想、社会伦理、风俗习惯，表现了相当彻底和全面的思想解放的要求，而态度也激烈。"[③]

妇女解放问题在晚清上海被热烈讨论过。从 1870 年代到 1890 年代，《申报》发表过多篇文章，批判缠足陋习，批驳传统的男尊女卑观念，讨论女子教育。20 世纪初，《女学报》《女子世界》等众多妇女报刊，以论说、诗歌、小说、剧本等不同体裁，宣传男女平等、批判男尊女卑。其中，最有系统性、最能代表那个时期思想水平的是金天翮所著的《女界钟》，书中系统论述女子的道德、品性、能力、权利和婚姻进化论，至今仍被认为是近代中国女权主义的经典之作。就理论而言，晚清上海在男女平等、婚姻、女子教育、男女社交等方面的识见，一点也不比五四时期逊色。女权主义

---

① 对于新文化运动主要参与者与上海的关联，陈独秀、胡适自己都说过，陈万雄曾有专门论述，参见氏著《五四新文化的源流》，香港，三联书店，1992。笔者对此亦有申述，参见《五四运动与上海社会》，《社会科学》1999 年第 5 期。

② 《道统辨》，《国民日日报汇编》第 1 集，1903 年。

③ 陈万雄：《五四新文化的源流》，第 120 页。

在晚清上海有市场，因为上海妇女参加工厂工作早，经济自立早，参加社交活动早。

　　白话文在晚清上海已有相当可观的表现。在维新人士看来，中国之所以贫穷落后，很重要的原因就是民众没有觉醒。要唤醒民众，就要讲民众能够听懂的道理，写民众能够看懂的文字。于是，文字改革、小说改良、画报、演说、白话文，都被赋予启蒙意义。上海在 1876 年已创刊白话报纸《民报》，每逢周二、四、六各发行一张，用白话写成。① 1911 年以前，全国白话报刊有 140 余份，其中至少有 27 份在上海出版。五四时期倡导白话文的健将，有些本来就是晚清办白话报的活跃分子。胡适等人所办的《竞业旬报》，历时三年，是晚清上海历时较长的白话刊物。胡适日后回忆："白话文从此成了我的一种工具。七八年之后，这件工具使我能够在中国文学革命的运动里做一个开路的工人。"② 诚如邱明正所论，晚清上海的白话文运动，"它虽然没有五四白话文运动那么大张旗鼓，声势浩大，却在白话文的作者和读者两方面，为五四白话文运动打下了基础"。③

　　白话文在晚清上海较早兴起的一个重要社会原因，是来自农村的城市平民的增加，这些人大概有一半粗识字，难以阅读文言文。正如陈独秀所说："常有人说，白话文的局面是胡适之、陈独秀一班人闹出来的。其实这是我们的不虞之誉。中国近来产业发达人口集中，白话文完全是应这个需要而发生而存在的。"④

　　上述这些新文化，既然在晚清上海已有丰富实践，那么，为什么在那时没有激起很大的波澜，而到了新文化运动时期就引起了那么大的反响呢？

　　笔者以为，这有以下原因。其一，晚清对于孔学与纲常名教的批判，其影响主要还局限在文人学者当中，还不像五四时期，人们已将对于纲常名教的否定与社会实践结合起来，诸如吴虞将对于传统孝道的否定，与来自父亲的种种"家庭苦趣"联系起来，已将思想主张化为社会实践。其二，晚清上海对于白话文的提倡，对于妇女解放的倡导，在上海这个结构特别的社会里，已被视为理所当然。但是，陈独秀、胡适等人一旦将这些主张

① 《六十年前的白话报》，《上海研究资料续集》，上海书店，1984，第 321 页。
② 胡适：《四十自述》，上海书店，1987 年影印本，第 135 页。
③ 邱明正主编《上海文学通史》，复旦大学出版社，2005，第 504—505 页。
④ 陈独秀：《答适之》（1923），《陈独秀著作选》第 2 卷，上海人民出版社，1993，第 575 页。

移植到京师或内地，就会被认为岂有此理。其三，以租界为重心的上海，在一般士大夫看来，是"夷场"、化外之地，对于租界内发生的事情，可以不屑一顾或置之不理。但是，京师不一样，那是首善之区，怎能容许这些歪理邪说恣意泛滥？所以，同样的事，发生在上海可以风平浪静，发生在京师便风波迭起。其四，也是最重要的，新文化运动是与五四政治运动紧密联系、缠绕在一起的，新思想、新文化的传播催生了五四政治运动，五四政治运动扩大了新思想、新文化的影响。若五四政治运动没有波及全国，新文化运动便主要还是文人学者圈中的事情。①

四　历史的评价

对于京沪两个城市文化的差异及其在新文化运动中的地位与作用，民国时期学者已有讨论。

作为五四运动积极分子、"火烧赵家楼"的直接参与者，日后担任北京大学教授、中文系主任的杨晦（1899—1983），对此有系统论述。他说，一般人认为，新文化运动发生在北京，是北京的光荣，这其实是不明就里的皮相之见：

> 要知道，"五四"运动的爆发虽然在北京，而这一运动的来路和基础，却可以说是在上海。因为蔡元培先生的出长北京大学，当时颇有将江浙一带，以上海为中心的文化活动，扩大或者说是伸展到以北京为中心的北方的形势。同时，也就是在上海形成的社会运动，随文化扩展到北京去了。这样，才发展为"五四运动"的。以北京为中心的北方社会，在当时可以说并没有发展到能发生这样一次运动，也就是说，这一运动在北方的客观条件并不够。于是，只有反过来由这种上层反映的文化文艺运动，转而影响这个社会的发展了。②

---

① 王奇生对此有具体阐述，参见氏著《新文化是如何"运动"起来的——以〈新青年〉为视点》，《近代史研究》2007年第1期。
② 杨晦：《论文艺运动与社会运动》，《大学》第6卷第1期，1947年。

　　杨晦进一步指出，"等到后来伸张到北京的海派势力一部分又南下了，另一部分留在北京的，好像江南之橘，到了淮北就变成了枳的情形一样，反倒接受了士大夫的传统，于是，所谓京派的声势才张大起来，这才造成了后来京派、海派的论争"。①

　　杨晦眼光宏阔，思考深沉。他在分析上海与北京在新文化运动兴起过程中所起不同作用时，特别联系这两个城市的历史文脉，指出新文化运动虽然爆发在北京，但其酝酿却在二十年以前的上海："中国一般所说的新文艺，当然是以'五四'运动为起点，其实，中国的有新文艺运动早在'五四'的前二十年，戊戌维新的失败以后。这当然是以上海为根据地。这是因为中国近代社会生活的发生变动，在上海这样的新兴都市里，已经反映到当时上层知识份子的意识上去。就是语言文字的改革，也是在戊戌政变后，不久，就由王照等发动过。"② 他还联系上海与北京这两个城市的性质，分析新文化运动没能取得完全胜利的社会原因，认为上海是半殖民地性质，而北京是半封建性质：

　　　　"五四"运动是爆发在北京的。北京是当时中国的政治文化中心，也是封建的旧社会的大本营。这也可以说，上海在当时是代表中国社会特殊性质的半殖民地的一面；北京却代表半封建的另一面。由于上海的社会条件所唤起的文化要求，由于上层知识份子的号召，在北京造成了一种运动——"五四"运动；于是这次运动，由于北京的特殊条件，发生了全国性的影响，具有全国性的意义。这固然使"五四"运动的意义扩大而且加强起来；然而，这也正使"五四"运动的理想与实际，一开始，就伏下了脱节的病根。③

　　留法归国的动物学家、日后担任北京大学生物系教授的夏康农（1903—1970），也对此问题进行过深入讨论。他说："既然我们都接受'社会的物质基础决定意识形态'的说法，那么，同在动荡不安中生活的中国这两大

---

①　杨晦：《京派与海派》，《文汇丛刊》第 4 期，1947 年。
②　杨晦：《中国新文艺发展的道路》，《文讯》新 8 卷第 2 期，1948 年。
③　杨晦：《中国新文艺发展的道路》，《文讯》新 8 卷第 2 期，1948 年。

都会，上海就较北平之更能把握着、指引着文化进展的重心，也是很显然的道理了。"他认为，上海的文化人"是挟带着污浊和罪恶的，却要从这种污浊和罪恶里逐渐成长，壮大起来，这本来是西方一般的市民阶层当政的国度里的常轨；像北平那样愈趋愈近于没落的古老帝都，轻容易见不着一两柱烟囱的，其文化生活的营养，反转间接仰仗着污浊和罪恶的哺喂"。正因如此，"作为那运动的文化信号的《新青年》，本来诞生于上海的，也就随之移转到了北平"。① 原在上海活动的刘半农等人的北上，也振刷了京派文化的内容。在夏康农看来，一个国家如果正常发展，引领这个国家政治、经济、文化前进方向的必然是首都，而不是别的城市，但在中国则不然，因为中国城市的性质并不是中国独立决定的，而是受国际环境特别是受列强左右的。于是，上海这样城市的功能，就变得相当复杂，既是最大的外贸港口，又是全国的经济、文化中心。②

---

① 夏康农：《是该提出人民派的称呼结束京派与海派的无谓纷争的时候了》，《文汇丛刊》第 4 期，1947 年。
② 夏康农：《是该提出人民派的称呼结束京派与海派的无谓纷争的时候了》，《文汇丛刊》第 4 期，1947 年。

新文化运动时期的人道主义
（1915—1925）

——兼论其俄国文化思想资源

丘为君[*]

人道主义是五四新文化运动时期一个响亮的口号，是一个唤醒新青年的口号，更是一个彰显新文化运动特色的重要符号。这个符号非常明显地表现在新文化运动时期的文学里，尤其是在这个思想运动的中、后期阶段。然而进一步考察可以发现，人道主义这个空泛且不甚具体的概念，不仅仅存在文学这个范围里，更是充斥在整个思想运动里，以至于就某个意义而言，人道主义就是五四新文化运动的主要历史驱动力之一。

吊诡的是，标举人道主义的五四新文化运动时期最重要的特征，却在于它对以人道主义为终极关怀的儒家传统的激烈攻击与破坏；根据当代杰出记者黄远庸（1885—1915）的近身观察，"破坏一切秩序法律及世俗之所谓道德纲常"。[①] 如所周知，儒家在中国诸子百家中，是最强调人道主义的，至少相对于法家与道家而言。儒家的核心思想——仁，其表现即是对生命的爱；而就这点而言，仁作为儒家的道德理想，自然是人道主义的。然而不论是《新青年》杂志还是子辈的追随者《新潮》，都以否定"道德本位主义"的儒家为能事。本文试图在比较大的架构下厘清这个概念，讨论人道

---

[*] 丘为君，台湾东海大学历史系兼任教授。

[①] 转引自钱基博《现代中国文学史》，台南，平平出版社，1974，第424—425页。

主义在启蒙运动里的角色与意义，并探索它与俄罗斯文化之间的关联。

一　人的批判、人的觉悟、人的发现

新文化运动的主要事业，如所周知，是在救亡的使命下展开启蒙的两大任务：民主与科学。即是呼吁年青世代，一方面要离开君主时代的顺民或奴隶心态，以建立起"自己就是国家主人"的现代公民意识；另一方面要积极活用理性，以实证主义而非唯心主义方式，去重新认识、探索与开发自我活存的世界。从表面上看，新文化运动的目标是现代化运动，其实践方式是推动中国从以密集劳力为主的传统形态生产方式，走向具有充分社会动员（Social Mobilization）与社会分化（Social Differentiation）等特征的以工商为主的现代社会，即是致力于社会转型的建构。① 事实上，新文化运动世代的精英已经不满足于洋务运动时期（1861—1894）的这些物质性关怀，他们更关注的，是深层结构意义上的中国人的民族病根。在这方面，他们选择站在"文化能动性"（Cultural Agency）的思考位置上，要发展个人的能量去独立地行动，并在自由意志下，做出符合群体与自我利益的自主选择；他们对普遍意义上的"人是什么"的问题，比前世代的文化精英有更深的探索。在对这个问题的探索上，他们的思考活动表现了至少对三种议题有兴趣：人的批判、人的觉悟，与人的发现。

人的批判

作为启蒙运动的新文化运动，其重要成就表现为文学革命（白话文运动）与引进民主和科学等。以陈独秀（1879—1942）与胡适（1891—1962）为代表的社会精英，致力于引进具有现代性（Modernity）特征的日本与欧美文化思想资源，以批判植根于"规范伦理"的儒家纲常名教传统。在这两位（以及其他诸多文化精英）体验过美、日等先进文明与充分现代化的启蒙运动先锋看来，中国的落后不仅仅表现在物质文明方面，更是表现在其他许多面向——人的精神与心理状态、社会习俗与价值看法，对司法与

---

① 　关于现代化社会的特征，可参看 S. N. Eisenstadt 1966 年出版的 *Modernization：Protest and Change* 第一章。此书有中译本《现代化：抗拒与变迁》（中国人民大学出版社，1988）。

法律的态度，甚至是认知与思维的方式，等等。前世代意见领袖梁启超（1873—1929）在甲午战后，就曾经一针见血地指出，中国落后的本质，主要具体在"弱、愚、塞"三个现象上。[①]

一个"弱、愚、塞"的老国，在豪强林立、竞争激烈的国际社会上生存，会有两种后果：一是国家形象低落，国人在外人眼中毫无尊严可言；二是有被强权侵略的亡国灭种危机。时年24岁的梁启超在1896年的一篇文章里，就以近乎情绪性的语言说道，中国当下的国际形象是"人之轻我贱我，野蛮我，奴隶我，禽兽我，尸居我，其惨酷至于如此其极也"。[②] 20年过去，辛亥革命的成功虽然送走了千年帝制，然而近代中国的"弱、愚、塞"现象，并没有因为帝制的推翻与民国的建立有太大的改变，低落的国家形象，在民国初年，依旧深深地伤害着知识分子的自尊，尤其是那些为数不少有过出洋留学经验的社会精英。留日的陈独秀在袁世凯过世后不久所发表的《新青年》（1916年9月）一文中说："人之侮我者，不曰'支那贱种'即曰'卑劣无耻'。将忍此而终古乎？誓将一雪此耻乎？"[③] 这句沉重的话，应该是那个世代知识分子普遍的心声。因此对转型世代知识分子来说，要积极地一雪此耻，只有一条出路——努力去除中国传统文化里的毒素。

对于新文化运动的精英来说，中国传统文化里的毒素主要表现为两个面相：第一，政治上的封建专制制度（及其在民初时期的幽灵，例如复辟与孔教拥护者）；第二，社会上的、依附于前者之具有专制主义精神的家族制度。而这两者有一个共同的运作界面——儒家的规范伦理（纲常名教）。这三种要素形塑了近代中国人的普遍性格——缺乏独立人格意识的奴性。而一个长期具有奴性的民族，在这些文化精英看来，不配做一群现代人的；因为现代化的社会，是不可能由充斥着奴性的民族撑起来的。新文化运动旗手陈独秀1915年从日本返回上海，创办以文化改良为职志的《新青年》杂志时，在发刊词《敬告青年》里提出著名的六点意见，其中第一条便是

[①] 梁启超于1896年《论学会》这篇阐释严复"群"思想的文章里说道，当今国际竞争态势将国家分为两类：能群与不能群。能群的特征是强、智、通；不能群者是弱、愚、塞。能群者强，不能群者弱；能群者智，不能群者愚；能群者通，不能群者塞。梁启超：《论学会》（1896年11月5日），《梁启超全集》第1卷《变法通议》，北京出版社，1999，第26页。

[②] 梁启超：《论中国之将强》（1896），《梁启超全集》，第99页。

[③] 陈独秀：《新青年》，《新青年》第2卷第1号，1916年9月1日，第1—4页。

"自主的而非奴隶的",可见他认为中国奴性问题的严重性。[①] 半年后,他在1916 年的开端——袁世凯帝制的洪宪元年,重申这个"反奴性"的使命:"一九一六年之青年,其思想动作,果何所适从乎?"他再次呼吁青年,新的一年要努力以新的理想从事三项任务:第一,自居征服(to conquer)地位,勿自居被征服(be conquered)地位;第二,尊重个人独立自主之人格,勿为他人之附属品;第三,从事国民运动,勿囿于党派运动。[②] 这三项任务,前两项都是针对中国人的奴性而发的。换言之,陈独秀作为新文化运动的倡导者,一开始便十分清楚他的目标——反对奴性主义。

人的觉悟

中国人的奴性问题,最早是由流亡日本的梁启超在 1900 年提出来的。他的意见在 15 年之后的 1915 年,仍然对以新人物自命的新文化运动先锋们,具有非常大的启发性。梁启超的看法主要有两点。第一,数千年来,中国的专制独裁统治者,或者用梁启超的话——民贼,是将其统治对象当成不具有自由人意义的奴隶看待的。关于这一点,青年梁启超认为这是可以理解的;不可理解的是,被统治者(被压迫者)竟然放弃了作为自由人的权利与意志,长期且宿命地默认自我为统治者(压迫者)的当然奴隶。第二,对照来看,西方国家在现代人权概念的普及化与法律保障的运作下,就权利而言,基本上没有任何一个人能凌驾在其他人之上,也没有任何一个人可以被其他人凌驾于其上。但在中国则不然,27 岁的梁启超指出,广袤的中国其实就只有两种人:凌人之人与被凌之人。但最奇特的是,根据梁启超的观察,被压迫者一转身,可以在完全没有良心负担的情况下,旋即转换成压迫者。换言之,被压迫者扮演了人格分裂式的双重角色——一方面是受害者,另一方面是加害者。对于中国人这种独有的特殊人格现象,梁启超无以名之,只能以"奴性"称呼。[③]

奴性的对立面是人性。新文化运动的先行者一方面批判奴性化的民族,

---

① 其他五点是:二、进步的而非保守的;三、进取的而非退隐的;四、世界的而非锁国的;五、实利的而非虚文的;六、科学的而非想象的。参见陈独秀《敬告青年》,《青年杂志》第 1 卷第 1 号,1915 年 9 月 15 日,第 1—6 页。

② 陈独秀:《一九一六年》,《青年杂志》第 1 卷第 5 号,1916 年 1 月 15 日,第 1—3 页。

③ 梁启超:《中国积弱溯源论》,《梁启超全集》第 2 卷,第 415—416 页。

一方面则要寻求与建立国民的新人性。在这方面，陈独秀要青年们对中国人根深蒂固的奴性，有深刻的觉悟。他1916年初的《吾人最后之觉悟》一文，在相当程度上表达了这一时期的意见。

在这篇文章中，陈独秀将他的"最后之觉悟"指向两个具体方向：政治觉悟与伦理觉悟。前者指的是对一人独裁专制政治的觉悟，后者则是对纲常名教之阶级制度的觉悟。在政治觉悟方面，他宣称：在中国的专制传统里，人民唯官令是从；除了缴税诉讼之外，政府一概与自我无关。因此当国家面临存亡危机时，一般群众多半认为干预政治非分内之事。陈独秀大声呼吁青年，要对这样的现象有所觉悟，并视参与国家政治为自身义不容辞的职志。他指出，由专制政治走向自由政治，由个人政治趋于国民政治，由官僚政治迈向自治政治，是世界的潮流，无法抵抗。扬弃旧时代的新青年，必须看清眼前的道路，做出正确的抉择。[1]

关于伦理觉悟，陈独秀指的是对纲常名教之阶级制度的觉悟。在陈独秀看来，侵害人权的专制传统之所以能在封建中国获得源源不绝的力量，与儒家的三纲五常思想有绝对的关系。就当时的政治现实来看，袁世凯的专制权力能在新生的民主共和体制里不断坐大，在陈独秀的理解里，与其在传统士绅阶级获得精神上的支持不无关系。袁世凯一方面压制政党、新知识分子与新闻媒体等反对力量，积极扩张自我权力；另一方面则大力表彰传统儒家价值如忠孝思想等，以取得旧士绅阶级的支持。

《吾人最后之觉悟》一文书写的背景，是袁世凯变更国体为洪宪帝国后，为了掩盖其盗国事实所实行的"尊孔复古"，其目的主要是对抗反对他实践帝制的革命运动（二次革命），而不是真心地拥护"内圣外王"之理以提倡儒学。曾在东京协助章士钊（1881—1973）编辑《甲寅》以批判袁世凯独裁专制的陈独秀，与流亡海外的革命党人一样，对这位军事强人的司马昭之心，自然洞若观火。与革命党人不同的是，陈独秀对以政治解决中国问题，并不抱持太大希望。陈独秀认定当时中国问题的本质，不在于政治秩序稳定问题，而是更深层的文明与文化问题；因此他寻求的救国药方，不是章士钊在办理《甲寅》时的政治解决手段，而是采文化解决路线——启蒙（用他当时惯用的术语——觉悟）。在他看来，当代中国政治之所以弊

---

[1]　陈独秀：《吾人最后之觉悟》，《青年杂志》第1卷第6号，1916年2月15日，第3—4页。

病丛生、乖谬邪僻，关键在于作为政治文化基层的伦理思想有大问题。

陈独秀相信，对于袁世凯背后的那个邪恶势力——儒家三纲思想及其支持者，若不能彻底剪除，自由平等的理想永远没有在中华大地生根的可能性。他说："伦理思想，影响于政治，各国皆然，吾华尤甚。儒者三纲之说，为吾伦理政治之大原，共贯同条，莫可偏废。<u>三纲之根本义，阶级制度是也。所谓名教，所谓礼教，皆以拥护此别尊卑明贵贱制度者也。</u>近世西洋之道德政治，乃以自由平等独立之说为大原，与阶级制度极端相反。此东西文明之一大分水岭也。"①

陈独秀宣称，儒家"三纲说"在其他不同时期的通俗说法像是名教或礼教等，也都是拥护"别尊卑、明贵贱"的阶级学说，而这种政治伦理与西方当代文明所主张的自由、平等与独立，极端相反。陈独秀批判道，如果我们为了"新旧调和"，一方面在政治上采用共和立宪制，另一方面在伦理上采取保守的纲常阶级制，这是绝对不可行的。② 因此他大力呼吁："伦理的觉悟，为吾人最后觉悟之最后觉悟。"③

陈独秀对中国奴性问题的批判，由政治层面提升到伦理体系层面，是新文化运动反传统思想中最突出的特点。他认为中国伦理政治的大原，在于儒家的"三纲学说"，孔子门徒所创造的维护权势利益的三纲思想，其根本精神是阶级制度。陈独秀批判道，那些儒家信徒所谓的名教、礼教，都是用以拥护这个"别尊卑、明贵贱"制度的，都是为了维护独裁统治者的权益。

民初政治强人袁世凯过世（1916 年 6 月）后，陈独秀的言论不仅未见缓和迹象，反而有愈趋激烈的趋势，其中以对孔教的批判最具代表性。这位深受法国启蒙主义洗涤的中年思想家，对后袁世凯时期的"孔教国教化"提倡至为反感，视其为袁世凯封建专制余绪的不散幽灵。1916 年底，陈独秀开始对儒教，尤其是彰显阶级意识的"三纲五常"，进行猛烈的攻击。立基于平等理想，陈独秀宣称西方近代文明的强固，在于公共事务依法而治；而西方法治的根本精神在于去除阶级意识，法律之前人人平等。他说："西

---

① 陈独秀：《吾人最后之觉悟》，《青年杂志》第 1 卷第 6 号，1916 年 2 月 15 日，第 4 页。底线为笔者所添增，以下同。

② 陈独秀：《吾人最后之觉悟》，《青年杂志》第 1 卷第 6 号，1916 年 2 月 15 日。

③ 陈独秀：《吾人最后之觉悟》，《青年杂志》第 1 卷第 6 号，1916 年 2 月 15 日。

洋所谓法治国者，其最大精神，乃为法律之前，人人平等，绝无尊卑贵贱之殊。虽君主国亦以此为立宪之正轨，民主共和，益无论矣。"①

　　对照西方法治的强调平等，陈独秀认为，作为儒家精义的礼，其精神在于凸显差等与级别。陈独秀引用《礼记·坊记》中的孔子言论，作为他批判的证据："'夫礼者，所以章疑别微，以为民坊者也。'故贵贱有等，衣服有别，朝廷有位，则民有所让。""天无二日，土无二王，家无二主，尊无二上，示民有君臣之别也。"他据此断定，作为中国儒家伦理代表的礼，其核心价值在于阶级意识。必须指出的是，《礼记·坊记》中的"坊"是防范之义，因此孔子所说的"夫礼者，所以章疑别微，以为民坊者也"是指规范伦理之礼的精义，在于其彰明是非不决、判别幽隐不着的作用，并以此作为民众的行为规范。② 因此从礼衍生出来的规范君臣、父子、夫妇关系的"三纲说"，陈独秀宣称，绝非所谓的出自宋儒伪造，而是货真价实地出自"别尊卑、明贵贱"的儒家的礼的传统。陈独秀指出，"三纲说"的君臣、父子、夫妇关系是紧密绑在一起的，是三位一体的，无法区隔。"三纲之义，乃起于礼别尊卑，始于夫妇，终于君臣，共贯同条，不可偏废者也。"③

　　职是之故，这位 38 岁的启蒙思想家在欧战正酣的时刻断言，如果有人认为中国的法制与孔子之道可以组织这个东亚最大的国家，可以支配这个有千年传统的社会，并使其在当下竞争激烈的世界里生存，那么这样不仅共和宪法可废，过去几十年仁人志士的变法维新、流血革命，以及筹设国会、修订法律的努力，这一切的新政治、新教育等措施，也无非多事、谬误。④ 换言之，中国人的奴性之所以根深蒂固，与对专制政治制度和纲常名教伦理不能觉悟有直接的关联。

人的发现

　　所谓"人的发现"，是指新文化运动精英在批判了（否定了）缺乏"自主意志"的人的奴性之后，在批判了（否定了）作为奴性根源的专制政治与纲常名教社会习俗之后，所经历的历史意识的觉悟。这个以自主选择之

---

①　陈独秀：《宪法与孔教》，《新青年》第 2 卷第 3 号，1916 年 11 月 1 日。
②　《新译礼记读本》，姜义华注译，黄俊郎校阅，台北，三民书局，2004，第 715—719 页。
③　陈独秀：《宪法与孔教》，《新青年》第 2 卷第 3 号，1916 年 11 月 1 日。
④　陈独秀：《宪法与孔教》，《新青年》第 2 卷第 3 号，1916 年 11 月 1 日。

"文化能动性"意义作为前提的历史意识上的觉悟，主要是建立在两种面相上：一方面是对一人独裁专制政治的觉悟，另一方面则是对纲常名教之阶级制度的觉悟。对"转型时代"（1895—1925）的知识分子来说，要成为新世代的新人物，必须首先是一个觉悟的人，或者正在觉悟的人。而一旦进入这个觉悟阶段，即是选择了成为"文化能动性"的实践者，如此新世代知识分子就面临一个无法回避的问题——人是什么。人之所以成为人，无可置疑地是因为人具有人性（Humanity），而最能彰显人性光辉的，无疑便是人道主义（Humanitarianism）；当然，人性与人道主义虽然关系密切，但却不是同一样东西，两者是有所区别的。

转型时代的知识精英对所谓的人道主义，就内涵而言其实并不陌生；这个历经传统科举洗礼的一代，对儒家德性伦理的核心——仁，自然是再熟悉不过的了。对照西方强调"探索真理"的知识论传统，中国的儒家思想并不特别推崇知识主义；尽管《论语》的开卷是《学而篇》，强调理性意义上的智识学习价值。儒家的精神，主要强调士人对自身德性的完成；知识固然重要，但却只是儒家终极关怀之成德的手段而不是目的。在儒家那里，德性总是优先与高于知识。而正是这种"德性优先论"，儒家因而具有了宗教的明显特征；但儒家德性主义的核心"内圣外王"思想，又让它不太像以"出世"（彼世 other-worldly）为特征的宗教，尤其是它强调"入世"（此世 this-worldly）的经世思想。值得注意的是，这种立基于德性之完成的"经世意识"，深深地植根于转型时代的知识精英里，甚至是反传统的代表性启蒙运动家，与激进的左翼马克思主义信仰者当中。

新文化运动的代表性领袖陈独秀与胡适，固然以向处于"前现代"状况的中国推介西方现代进步思潮知名，但不可忽略的事实是，他们对中国传统儒学经典的认识与熟悉程度，绝不可被低估。以陈独秀为例，其祖父与父亲都是私塾教师，虽然在他 3 岁懵懂之际父亲陈衍中便过世，但他的儒学经典学习并没有因此被耽误，而是由家教严厉的祖父陈章旭，与性格和善的胞兄陈庆元，分别指导他幼年与少年时期的学习。① 职是之故，陈独秀

---

① 陈独秀在 1937 年的回忆录《实庵自传》里说："我出世几个月，我的父亲便死了，真的，我自幼便是一个没有父亲的孩子。我记得我幼时家住在安徽省怀宁县城里，我记得家中有一个严厉的祖父，一个能干而慈爱的母亲，一个阿弥陀佛的大哥。"严厉的私塾教师祖父，不太可能让陈独秀的古典阅读能力太差。

在年仅 5 岁（1884）时，便已经开始读四书、五经，与篇幅颇大的《左传》等。陈独秀 10 岁（1889）时祖父过世，学习教导工作落在大哥陈庆元身上，这个农村的孤儿并没有让家族失望，终于在 1896 年 17 岁时中了秀才。[①] 陈独秀最终虽然未能通过江南乡试（1897），没有举人身份，但因为他出自知识家庭，他的中国传统学术根底是不差的。

至于小陈独秀 12 岁的胡适，其传统经典的学习历程，与他的这位安徽同乡前辈近似。在 13 岁（1904）远赴上海读书前，他于家乡绩溪接受了九年私塾教育（1895—1904），已经读了四书、除了《春秋》之外的五经中的大部分经典、《孝经》与朱子的《小学》等。[②] 同陈独秀幼年失怙的经历一样，胡适 4 岁丧父（1895），但比陈独秀幸运的是，由于父亲的官宦生涯与家族原有的经济实力（祖上以贩茶为业），[③] 他还有机会在正课之余阅读大量的古典小说，其中包括《三国演义》、《水浒传》、《儒林外史》、《聊斋志异》与《红楼梦》等。[④] 这解释了他后来何以有充分的人文能量，可以在 1917 年与陈独秀合作，成功地发动白话文运动的“文学革命”。另外必须一提的是，胡适留美期间（1910—1917），除了因为课程需要而研读达尔文（Charles Robert Darwin，1809—1882）的《物种起源》（*The Origin of Spices*）与莎士比亚（William Shakespeare，1564—1616）的《罗密欧与朱丽叶》（*Romeo and Juliet*）外，在学校规定的课业之余，同时也自修《左传》与《诗经》等等（以上皆见 1911 年在康乃尔大学时期的《留学日记》）。胡适这位洋博士的传统儒学与学术水平，并不在陈独秀之下。

的确，西方的人道主义——不论是建立在基督教传统上的人道主义还是启蒙以后强调的人权主义传统，在某个程度上而言，与东方的仁之思想，在精神上是可以互通的。但是新文化运动时期的知识精英，对连接着儒家规范性伦理代表“礼”的仁的思想——“克己复礼为仁”（《论语·颜渊》），则有充分保留。他们对西方人道主义的向往，多半与自由、平等、博爱、

---

① 唐宝林、林茂生：《陈独秀年谱》，上海人民出版社，1988，第4—8页。

② 胡适：《九年的家乡教育》，《四十自述》，台北，远东图书公司，1992，第22—23页。

③ 关于胡适祖上经营茶叶的事迹，可以参看胡适《钝夫年谱》（胡传年谱），收于欧阳哲生编《胡适文集》第 1 册，北京大学出版社，1998，第 444 页。关于这方面更详细的描述，可以参见江勇振《舍我其谁：胡适》第 1 部《璞玉成璧》，台北，联经出版公司，2011，第 26—30 页。

④ 胡适：《九年的家乡教育》，《四十自述》，第 26—30 页。

人权甚至是解放等概念有关。对他们而言，儒家的仁爱思想则是具有阶级意识（差等）的，是被专制传统内化的伦理（纲常名教），是传统独裁政权愚民统治的工具，是被政治化的"伪道德"。职是之故，新文化运动的主流思想家对儒家的仁爱思想，多半带有敌意并予以激烈批判。必须一提的是，对儒家德性伦理与规范伦理的批判，并不是从 1915 年的新文化运动开启后才开始的，而是在清末的海外革命团体里，便已经有这样的激烈言论。①

　　在文学那里，以人道主义去重新发现人，就可以看得更清楚了。在第一次世界大战结束后的 1918 年底，比哥哥鲁迅（1881—1936）小 4 岁的周作人（1885—1967）发表了著名的《人的文学》一文。在这篇文章中，33 岁的留日作家、北京大学教授周作人强调两点。第一，新文化运动所谓的重新"发现"，并不是"发明"的意思，而是在批判性反思的程序下，重新反省在新的时代里，如何做一个全新意义的，认同自由、平等等概念的现代的人，而不是古代的或传统的、只接受特殊价值的中国人。第二，在新的时代里要"重新发现"人，就文学而言，是指从人道主义思想的角度去看待人。也就是说，长期以来中国人之所以陷溺于奴性，扭曲地看待世界（以及自我），而无法超拔自我去真实地看待自我与他人的关系，是因为不知道或忘记了人的最主要的价值，其实就是人道主义。文学的使命，在这位充满热情与理想的青年艺术工作者看来，就是要在这个新文化运动的关键时刻，挣脱压迫者加诸身上的链锁——奴性，唤起内在的人性——人道主义。他说：

　　　　如今第一步先从人说起，生了四千余年，现在却还讲人的意义，从新要发见"人"，去"辟人荒"，也是可笑的事。但老了再学，总比不学该胜一筹罢。我们希望从文学上起首，提倡一点人道主义思想，便是这个意思。②

　　1917 年春，周作人通过在教育部供职的兄长鲁迅向浙江绍兴同乡、新

---

① 关于这方面比较详尽的讨论，请参看拙作《"新"之心态与论述》，《启蒙、理性与现代性：近代中国启蒙运动，1895—1925》，台北，台湾大学出版中心，2018，第一章。

② 周作人：《人的文学》，《新青年》第 5 卷第 6 号，1918 年 12 月 15 日。

接任北京大学校长的蔡元培推荐，获得了到北大工作的机会。① 4 月，来到北京准备去北大国史编纂处就职的周作人，于校园内结识刚到北大担任文学院院长的陈独秀。周氏兄弟十分认同同是留日学生的陈独秀的文化改革理念，也一直关注《新青年》的言论与作者群，因此当周作人于 9 月起正式担任北京大学文科教授兼国史编纂处委员，生活稳固之后，便正式展开与《新青年》的合作关系。② 而在周氏兄弟加入改革阵营后，《新青年》在文学领域里获得了稳固的新能量，一方面让杂志在年轻人当中产生了感染力更强的感性影响力，另一方面则树立了周氏兄弟在人文学术圈与文坛上不可撼动的地位。

周作人在五四运动前夕发表的《人的文学》，基本上是与同一年鲁迅稍早出版的《狂人日记》相呼应的，两文都是在批判传统，反对奴性，提倡个性主义。1918 年 5 月鲁迅在《新青年》上发表批判"礼教吃人"的小说《狂人日记》，其在结语处说道："四千年来时时吃人的地方，今天才明白，我也在其中混了多年；大哥正管着家务，妹子恰恰死了，他未必不和在饭菜里，暗暗给我们吃。我未必无意之中，不吃了我妹子的几片肉，现在也轮到我自己，……有了四千年吃人履历的我，当初虽然不知道，现在明白，难见真的人！"③ 鲁迅这里所批判的中国人有"吃人者"与"被人吃者"的双重身份，与梁启超所批判的"奴性双重说"是相呼应的。另一方面，周作人在《人的文学》里所说的"如今第一步先从人说起，生了四千余年，现在却还讲人的意义"的"奴性四千年史观"，则是与鲁迅的《狂人日记》的"四千年来时时吃人的地方"相呼应的。

虽然如此，周作人在《人的文学》里关于人道主义的观点，却不全然是感性的，有不少是理性的见解。他说道："我所说的人道主义，并非世间所谓'悲天悯人'或'博施济众'的慈善主义，乃是一种个人主义的人间本位主义。"④ 这里他直接表明了人道主义与个人主义的相通性。也就是说，

---

① 鲁迅在教育部的工作，也是蔡元培介绍的。1912 年 1 月 1 日，临时政府在南京成立时，鲁迅应教育总长蔡元培的邀请，到教育部担任部员，在这年先是担任教育部社会教育司第一科科长，8 月任命为教育部佥事。由于正职在教育部，因此在《新青年》的创作，选择用笔名发表。

② 《周作人年谱》，第 121—125 页。

③ 鲁迅：《狂人日记》，《新青年》第 4 卷第 5 号，1918 年 5 月 15 日。

④ 周作人：《人的文学》，《新青年》第 5 卷第 6 号，1918 年 12 月 15 日。

人道主义必然是建立在个人主义上的，没有个人主义就没有人道主义的可能性。而在与封建主义做最后巷战的军阀时代中国，基本上还未发展出尊重与保障人权的个人主义，仅仅是少数先觉者正在引进西方这一学说，因此从这个角度来说，中国事实上是一个没有人道主义的国度。周作人进一步地申论道，人道主义不是群体而是个体的概念；必须先有一个人的资格而不是奴隶的身份，才能谈人道主义："人道主义，是从个人做起。要讲人道，爱人类，便须先使自己有人的资格，占得人的位置。"① 这样，这位北京大学文科教授就将反奴性、个人主义、个性主义与人道主义等四个概念，连接在一起了。简言之，人的发现，就是自主选择意义上的"文化能动性"的历程，有意识地发现自己是一个意欲去除身上奴性，以便发展成能做出独立判断的有个性的个人的过程。这样的发展过程，就是人道主义的过程；这样发展的目的，就是人道主义的目的。

二 作为个人主义的人道主义

人道主义思想在新文化运动时期的清晰化，在这个思想运动核心刊物《新青年》中有明显的表现。在这方面，《新青年》于初期阶段就标举了这个立场，尽管他们还没有具体使用人道主义这个名词，其中以胡适引进的个人主义思想影响最具体。

陈独秀推动启蒙运动的年轻战友、安徽同乡胡适，在一战正酣的 1917 年夏完成哥伦比亚大学的博士课程，旋即以 26 岁的年纪，于秋天开始到北大任教。② 受益于胡适从当代世界物质与精神文化重镇的美国东海岸所带回的最新的、强大的学术思想资源，中国在 1918 年得以见证新文化运动丰盛的具体成果。1918 年是一战结束的年份与五四学生运动爆发的前一年，这一年的新文化运动的具体成果，主要彰显在胡适参与的两项重要事迹上：一是文学革命（白话文运动）获得广泛的回响；二是在前者成功的基础上，个人主义思潮开始获得社会上的有效回应，用胡适后来在 1930 年说的话，

---

① 周作人：《人的文学》，《新青年》第 5 卷第 6 号，1918 年 12 月 15 日。
② 他事实上是 10 年后才正式取得博士学位，因为哥大要求博士学位论文出版后才正式颁给学位。

"最大的兴奋作用和解放作用"。①

　　1918 年 6 月，胡适于《新青年》上发表返国后第一篇重要文章——《易卜生主义》，向中国的新青年们推介个人主义。个人主义是西方自由主义的础石，在美国富庶的东海岸、常春藤大学学习达 7 年之久，而且与当地的知识社群有良好互动的青年胡适，对作为西方自由主义核心价值的个人主义，已经有十分深入的认识与体悟，因此当他向相对落后与封闭的中国介绍个人主义时，并不是以象牙塔里的纯学术性讨论方式进行的，而是透过当代西方最有影响力的挪威写实主义剧作家易卜生（Henrik Ibsen, 1828—1906），以说故事的艺术形式，或用他在 1914 年提出的"问题剧"（Problem Play）概念，向中国青年们说明自由主义的精神是什么，或者说，作为个性主义的独立人格，与自由主义的精神是如何连接的。②

　　胡适要青年们思考这些问题：何以中国有那么多陈腐的习惯、老朽的思想，以及极不堪的迷信？个人生活在这样的社会中，是不是不能受到这些势力的影响？个人若是受到这样的影响会产生什么后果？是不是社会自身没有了生气，以及不会进步？他借由易卜生的戏剧批判中国社会："人生的大病根在于不肯睁开眼睛来看世间的真实现状。明明是男盗女娼的社会，我们偏说是圣贤礼义之邦；明明是赃官污官的政治，我们偏要歌功颂德；明明是不可救药的大病，我们偏说一点病都没有！"③ 胡适提醒大家，易卜生戏剧中有一个极为明显的理论，就是社会与个人互相损害而不是互相助益。社会与个人为什么互相损害？因为社会偏好专制，而专制摧毁个人个性、压制个人自由独立的精神。而当个人个性都被消灭时，自由独立的精神也就完了。当个人个性被消灭，自由独立精神完了时，社会自身自然也就没有了生气。④

　　1918 年 6 月 15 日出刊的《新青年》第 4 卷第 6 号是"易卜生专号"；专号里除了导论性质的《易卜生主义》，还有易卜生的代表性剧作《娜拉》

---

① 胡适：《介绍我自己的思想》，《胡适文选》，亚东图书馆，1930。这篇文章是胡适为 1930 年亚东图书馆出版的《胡适文选》所写的自序。该文也收入《胡适文存》第 4 集卷 4（台北，远东图书公司，1974）。

② 关于胡适在美国留学时期与西洋戏剧的因缘，可参看江勇振《舍我其谁：胡适》第一部《璞玉成璧》，第 670—690 页。

③ 胡适：《易卜生主义》，《新青年》第 4 卷第 6 号，1918 年 6 月 15 日，第 490 页。

④ 胡适：《易卜生主义》，《新青年》第 4 卷第 6 号，1918 年 6 月 15 日，第 489—507 页。

(*A Doll's House*)、《国民之敌》(*An Enemy of the People*)、《小爱友夫》(*Little Eyolf*) 的译文,最后还附上袁振英所作的《易卜生传》。1879 年 12 月于丹麦哥本哈根皇家剧院 (Royal Theatre) 首演的《娜拉》(后来又翻译为《玩偶之家》),如所周知,在"易卜生专号"推出后,对近代中国女权运动的发展产生了深远的影响。"易卜生专号"上的第一篇文章《易卜生主义》,最初是英文稿,为胡适 1914 年在康奈尔大学哲学会上宣读的论文。他在 1918 年夏当欧战进入尾声之际推出"易卜生专号",主要用意是易卜生最可代表 19 世纪欧洲个人主义的精华。透过易卜生的戏剧,特别是家庭中的女子地位,胡适想向中国青年传达一个重要讯息:什么是西方健全的个人主义人生观。[①]

　　胡适在《易卜生主义》里指出,社会是压迫与扭曲个性的重要因素;家庭虽然是连接社会与个性的主要场域,但易卜生所写的家庭,就他的戏剧所传达的信息来说是极为不堪的。易卜生认为家庭里面有四种大恶德:一是自私自利;二是倚赖性,奴隶性;三是假道德,装腔做戏;四是懦怯没有胆子。胡适以易卜生的代表性戏剧《娜拉》为例,剧中主人翁、娜拉 (Nora) 的银行家丈夫郝尔茂 (Torvald Helmer) 便是自私自利的代表:他要快乐,要安逸,要体面,要一个以丈夫意志为意志的妻子。[②] 作为现代悲剧,《娜拉》一剧最后是以女主角作为世俗眼中的美满家庭主妇离家出走作为结束的;娜拉决定选择做自己,而不再做丈夫的虚假道德的玩偶 (doll)。娜拉出走后,本戏落幕,易卜生将社会问题留给观众思考。胡适认为,易卜生主义所传达的是"我们的家庭社会原来是如此黑暗腐败";[③] 社会上所谓的道德,其实是一种他所谓的"不道德的道德"。"在社会上,造出一种诈伪不自然的伪君子。面子上都是仁义道德,骨子里都是男盗女娼。"[④] 在胡适看来,娜拉与虚伪的、压迫的社会对抗,放弃了得以遮风避雨的温暖家庭,以追寻个人价值,这就是个人要做出自由的选择,而做这样的选择后,当然是一段孤立与孤寂的历程。即便如此,胡适依然信心满满地说:

---

　　① 胡适:《介绍我自己的思想》,《胡适文选》。
　　② 胡适:《易卜生主义》,《新青年》第 4 卷第 6 号,1918 年 6 月 15 日,第 489—507 页。
　　③ 胡适:《易卜生主义》,《新青年》第 4 卷第 6 号,1918 年 6 月 15 日,第 502 页。
　　④ 胡适:《易卜生主义》,《新青年》第 4 卷第 6 号,1918 年 6 月 15 日,第 489—507 页。

"世上最强有力的人就是那个最孤立的人！"① 也就是说，一个独立的人格，就是一个最强有力的人格。

必须指出的是，对独立人格问题的反思，在近代中国的"转型时期"胡适并不是最早的一位。事实上，陈独秀先前对此问题便已有相当完整的论述。例如他在胡适返国之前的 1916 年底，于一篇批评康有为孔教运动的文章中，便辨明了孔子之道为何与现代生活无法兼容。陈独秀宣称，纲常名教精神下之儒教传统的最大问题是，在这样一个政治、社会伦理系统里，在这样奇特的宗法家庭制度下，个人经济生活不能自主。受制于组织结构中占住最上层的少数，多数的人无法发展成平等意义上的、具有独立性格的有机体，而是只能依附于威权过活，这便是中国奴性的来源。"为人子为人妻者，既失个人独立之人格，复无个人独立之财产。"② 在体验过明治维新后强大的日本物质生活的陈独秀看来，现代生活的运作基本上以经济活动为核心；个人若要进入社会，并在社会分工的意义上获得经济果实，则需在习得一技之长前，建立起独立的人格。也就是说，依照陈独秀的理解，现代社会里伦理学与经济学是相关联、不能分割的。用他的话来说，"现代伦理学上之个人人格独立，与经济学上之个人财产独立，互相证明"。③

然而拥有独立的人格，并非一种廉价的举措与简单的工作。以刚刚经历用旧式婚姻方式解决"终身大事"的胡适为例，即便拥抱了全世界最先进的思想资源，但要革命似的与广大社会对抗做自己，却不是一件简单容易的事。作为一个以新人物自命的启蒙思想家，留美 7 年的胡适在 1917 年离美返华前夕，痛苦地放弃了与他情投意合、长他 6 岁的纽约州绮色佳（Ithaca）爱人才女韦莲司（Edith Clifford Williams，1885—1971），于该年年底回到徽州故乡，奉母命与素未谋面、长他 1 岁的江冬秀（1890—1975）结婚。这种发生在自己身上的中国版现代悲剧，使得他不得不感叹道："社会最大的罪恶莫过于摧折个人的个性，不使他自由发展。"④ 他一方面是为娜拉的不幸遭遇而惋惜，另一方面不无为自己的相似命运发声之意。

---

① 胡适：《易卜生主义》，《新青年》第 4 卷第 6 号，1918 年 6 月 15 日，第 489—507 页。
② 陈独秀：《孔子之道与现代生活》，《新青年》第 2 卷第 4 号，1916 年 12 月 1 日。
③ 陈独秀：《孔子之道与现代生活》，《新青年》第 2 卷第 4 号，1916 年 12 月 1 日。
④ 胡适：《易卜生主义》，《新青年》第 4 卷第 6 号，1918 年 6 月 15 日，第 489—507 页。

三　作为和平主义的人道主义

人道主义在新文化运动时期的中后期阶段，逐渐由先前的文化关怀层面转向政治关注；这种微妙的转变与两件事情的发展有关：第一，一战在欧洲战场进入白热化阶段；第二，中国政治精英于 1917 年春开始关于是否参战的激辩。在这方面，新文化运动领袖陈独秀提出两种看法：第一，将民主主义与人道主义连接在一起，将君主主义与侵略主义视为一物；第二，将大斯拉夫主义与大日耳曼主义的对抗，视为前者的民主主义和人道主义，与后者的君主主义和侵略主义的对抗。

新文化运动的起点，一般而言是以陈独秀在上海创办《新青年》（第一年名为《青年杂志》）的 1915 年 9 月 15 日为标志。就时间点而言，它离第一次世界大战的爆发（1914 年 7 月 28 日）已经有一年之久；因此在很长的一段时期内，新文化运动的研究者，不太看重两者之间的意义关联。另一方面，《新青年》原先设立的宗旨，主要是针对青年做思想启迪工作，报道与分析时事不是它的重心。因此，战事持续达四年之久的欧战，其战情发展并非杂志编辑者关注的主要对象。

虽然如此，随着其他国内重要刊物的详尽报道与分析，例如商务印书馆出版的《东方杂志》，"另类启蒙"在中国悄然展开：欧洲物质文明的内涵（例如一波波前所未见的新式科技）、战争的本质（新式武器带来的巨大生命与财产破坏），以及战争对欧洲社会造成的深刻改变（例如战争动员要求的工作效率提升、幼童教育的军国化倾向，或妇女开始填补男性出征后的遗缺所产生的妇女解放效应），逐渐在遥远的东方清晰起来。[1] 职是之故，作为当代世界最重大的事件，欧战议题逐渐地在新文化运动精英的胸中激荡，以至于连不太重视时事的《新青年》，最终也不得不关注这个前所未见的世局变化。

20 世纪初在欧洲爆发的人类历史上第一次世界大战，主要分为两大阵营：以德意志帝国（German Empire）、奥匈帝国（Austra-Hungary）和意大

---

[1]　关于这方面较详尽的说明，请参看拙作《战争与启蒙：欧战对中国的启示》，收于《启蒙、理性与现代性：近代中国启蒙运动，1895—1925》第四章，第 191—252 页。

利为首的"同盟国"（又称"三国同盟"，Triple Alliance）和以英、法、俄为首的"协约国"（又称"三国协约"，Triple Entente）。① 中国政府在一战（或是用中国知识界的习惯用语"欧战"）爆发后很长的一段时间内，是抱持着中立的态度的。但这种"中立原则"并未使中国免于炮火的侵扰；欧战爆发后不久，英日联军便攻打青岛的德军，欧战在中国本土以奇特的方式上演，中国在被动与无辜的意义上被卷入了第一次世界大战。

1917 年春，即欧战爆发三年后，世局有两个重大的发展：第一，站在德国对立面的国家逐渐增加；第二，俄国革命爆发，俄国暂时与德国议和，欧战前景增添变量。与此相应，中国的政治精英与知识精英间发生了是否对德宣战的争论。另外，少数文化精英开始关注中国邻居俄国在大革命发生后起的新变化。于是，原先不涉足实际政治议题的《新青年》创办人陈独秀，开始认真地评论政治。

1917 年 3 月 1 日，刚被蔡元培聘任为北京大学文学院院长的陈独秀，在《新青年》上发表了一篇具有争议性的文章《对德外交》。陈独秀这篇文章的争议有两点。第一，他鼓动战争，宣扬战争有益于国家社会内部细胞代谢，认为参加世界级的欧战，可以使被歧视的亚洲黄种人在白人面前扬眉吐气；另一方面，他宣称参与欧战可以打破国内军阀割据的现状。如此，一向推崇法国自由、平等、博爱理想的自由主义者，瞬间转变成好战分子。第二，陈独秀改变了先前推崇德国的看法，逐渐走向德国的对立面，批判作为强权的德意志帝国。②

陈独秀原先看好德国的前景，1916 年初还预测此次大战，胜方非德莫属。他注意到，一战爆发以来，德国失去中国青岛、南非洲与太平洋殖民地，但在欧陆本土，基本毫发无伤。东边的俄罗斯与西边的英法，只能残喘，不敢越雷池一步。而伊斯兰世界，则大多选择支持德意志。英国所控制的中东区域，极有可能落入德国手中。英、法、俄所据有的亚洲殖民地，可能不会再同 1916 年以前一样了。1916 年欧洲之形势，必定会有剧烈的变

---

① 德意志帝国与奥匈帝国在 1879 年结盟（Dual Alliance），此两国又于 1882 年与意大利结成松散的联盟，形成"三国同盟"。法国与俄国于 1891 年结军事盟，1904 年英法两国结盟，于是形成"三国协约"。意大利后来离开"同盟国"阵营，先后在 1915 年 5 月和 1916 年 8 月向德奥两国宣战。

② 陈独秀：《对德外交》，《新青年》第 3 卷第 1 号，1917 年 3 月 1 日。

化。陈独秀的判断是，德国会在大战里占上风。

为什么中国是否加入一战会是一个大问题呢？基本上，中国国内对此问题莫衷一是，大致而言可分为参战派与反战派。前者的代表人物是：在朝，国务总理段祺瑞；在野，研究系首领梁启超。他们认为，参战可以借由结盟而提高中国的国际地位，同时日后在和会中可以享有发言权。反对派的代表人物是：在朝，黎元洪与冯国璋；在野，孙中山、唐绍仪、康有为，以及多数的各省督军。他们宣称：德国一向对华友善，英法列强不见得对中国亲近。另外，中国本身是否有作战能力与德国是否一定会战败，也都有疑虑。①

新文化运动领袖陈独秀的《对德外交》一文，从"国家存亡"的严肃角度出发，支持段祺瑞政府的主战派。他列出四大理由，认为中国应当对德宣战：第一，提出"公理对抗强权"的理念，呼吁全国团结上下一致，与傲慢自大的欧陆强权德意志帝国抗争；第二，战争有益于国家社会内部的细胞代谢；第三，借由参与欧战，打破国中军阀割据的现状；第四，参战有助于团结国内意见，一致对外。②

陈独秀先知般的参战论最终是获得了胜利，段祺瑞政府在陈的《对德外交》发表两周后做出了决定：1917 年 3 月 14 日对德断交。不到半年，8 月 14 日中国正式对德宣战。新文化运动领袖陈独秀用侵略主义与人道主义之消长、君主主义与民主主义的对抗，来看待处于巅峰状态的欧战。

除了关注德国，陈独秀也重视俄国在大革命之后的新变化。他于中德断交与俄罗斯爆发"二月革命"后的隔月，即 1917 年 4 月，发表《俄罗斯革命与我国民之觉悟》一文，以三点回应他所谓的患有"恐德症"的中国拒战思潮。第一，政治人物经常丧失人类公理正义与国家利害的眼光，在政争上为反对而反对。第二，惧怕战争是中国国民的劣根性，"恐德症"便是渊源于此。第三，俄罗斯爆发"二月革命"，一战战场将出现变化——俄

---

① 傅启学：《中国外交史》，台北，商务印书馆，1957，第 238—243 页；周惠民：《德国对华政策研究》，台北，三民书局，1995，第 29 页；李国祁：《德国档案中有关中国参加第一次世界大战的几项记载》，《民国史论集》，台北，南天书局，1990，第 311—325 页；陈三井：《华工与欧战》，台北，中研院近代史研究所，1986，第 173—178 页；陈三井：《中国跃向世界舞台：从参加欧战到巴黎和会》，台北，秀威信息科技，2009，第 33—96 页。

② 陈独秀：《对德外交》，《新青年》第 3 卷第 1 号，1917 年 3 月 1 日。

德将和解，英法将不支，日、俄、德同盟若成立，将对中国情势不利。①

　　这篇彰显陈独秀对欧战战事观察的文章，主要是 1917 年 3 月《对德外交》一文的延伸。他在《俄罗斯革命与我国民之觉悟》一文里，要国人对世局做以下几种觉悟。第一，大战必将带来世局巨变：此次欧战规模，前所未见，战后政治、学术，及一切制度的改革与进步，也将旷古所罕闻。第二，侵略主义与人道主义之战：这次大战，是君主主义对民主主义之战，也是侵略主义对人道主义之战。如果德国完全胜利，那将意味着世界上无道的君主主义与侵略主义将形势大好，而弱者的生存空间将大为压缩。第三，国运系于自我实力。积弱的中国要靠国际均势生存，将难以持久，得确实发展国力才有出路。但如果欧洲列强的侵略主义不止，则中国将难有蓄积国力发展的空间。第四，俄罗斯"二月革命"成功的启示。俄罗斯推翻帝制的"二月革命"，不仅打倒了俄国皇族，推翻了沙俄，更是在世界的高度上，革君主主义与侵略主义之命。第五，"新俄罗斯"的灯塔效应。推翻帝制后的"新俄罗斯"，它的反君主与反侵略精神将给欧洲大陆带来冲击，对德奥等无道的军国主义国家造成一定影响。②

　　刚离开上海到北京大学担任新职的陈独秀，他的这篇于 38 岁所发表的对世局观察的文章《俄罗斯革命与我国民之觉悟》，呈现了至少三个重大意义。第一，民主主义与人道主义的结合。这里陈独秀将民主主义与人道主义联结在一起，将君主主义与侵略主义视为一物。即是，君主主义是民主主义的敌人，侵略主义是人道主义的对立面。第二，在一战中选择中立主义是对侵略主义的姑息与对人道主义的漠视。陈独秀认为，在现实政治里，欧战的格局就精神层面而言，就是俄罗斯的民主主义与人道主义，对抗德、奥的君主主义与侵略主义。中国对德断交以准备对德国宣战，是站在民主主义与人道主义的高度，是要进行一项圣战，而不应该滑头地选择中立，图谋"败则苟免，胜则坐享其成"。第三，以世界主义的高度看待俄罗斯"二月革命"的本质。《俄罗斯革命与我国民之觉悟》一文是新文化运动旗手左倾化的重要标志。在五四运动前夕写这篇文字之时，陈独秀还是一位倾向西方现代性的自由主义者，而不是一个马克思主义的积极拥护者。但

---

① 陈独秀：《俄罗斯革命与我国民之觉悟》，《新青年》第 3 卷第 2 号，1917 年 4 月 1 日。
② 陈独秀：《俄罗斯革命与我国民之觉悟》，《新青年》第 3 卷第 2 号，1917 年 4 月 1 日。

是这篇文字，是见证了陈独秀日后（1919—1920）由自由主义者转变为马克思主义者的重要文献。

我们这里无法深入探讨陈独秀这篇文字在近代中国思想史中的丰富意义，就本文的立论而言，他是少数能将人道主义的概念，从通俗性的日常伦理层次提升到政治层次的反君主主义与反侵略主义高度的思想家。就对近代中国政治思想的影响而言，这篇文章所呈现的重要意义是，陈独秀将人道主义与俄罗斯革命联结，并从反对与终结君主主义的世界主义视野来看待"新俄罗斯"出现的历史意义。"吾国民所应觉悟者，俄罗斯之革命，非徒革俄国皇族之命，乃以革世界君主主义侵略主义之命也。"① 这个视野的出现，无疑提供了陈独秀本人与他领所导的新文化运动左倾化的契机，并使他的追随者得以选择激进主义的形式，往他们此时还十分陌生的马克思主义与列宁主义所提出的、具有乌托邦主义色彩的世界革命方向前进。

在陈独秀的亲密支持者当中，最能积极回应陈独秀的"人道主义/侵略主义"的世局观察看法的，是留学日本东京三年（1914—1916）的李大钊（1889—1927）。受过早稻田大学政治学训练的李大钊，也是从德国侵略主义对俄国人道主义的观点来看待一战的；比陈独秀更进一层的是，他敏锐地看出一战期间在欧洲逐渐崛起的社会主义的发展趋势，以及它在俄罗斯生根的划时代意义。

在欧战尾声，逐渐朝马克思主义之路迈进的李大钊，将德意志帝国的军国主义失败视为两种力量的胜利。第一种是人道主义、和平主义、公理主义、自由主义等。第二种是新潮流意义的社会主义、布尔什维克主义、红旗主义、劳工阶级之世界主义。李大钊在1918年底，于当时中国思想界最具影响力的《新青年》上发表了日后成为近代中国共产主义运动里程碑的《Bolshevism 的胜利》一文。在文中他宣称，德国在一战中的失败，不是德意志民族的失败，而是德意志帝国的统治者霍亨索伦（Hohenzollern）家族的失败，是德国军国主义的失败。一战中最后的胜利，李大钊指出，不是联军兵力战胜德国兵力，更不是中国那些"不出兵的将军、不要脸的政客"的胜利，而是德国的社会主义战胜德国的军国主义，是作为世界新曙

---

① 陈独秀：《俄罗斯革命与我国民之觉悟》，《新青年》第3卷第2号，1917年4月1日。

光、具有世界主义性格的布尔什维克主义的胜利。① 他说：

> 德国军国主义的失败，是 Hohenzollern 家（德国皇家）的失败，不是德意志民族的失败。对于德国军国主义的胜利，不是联合国的胜利，更不是我国徒事内争托名参战的军人，和那投机取巧卖乖弄俏的政客的胜利，是人道主义的胜利，是平和思想的胜利，是公理的胜利，是自由的胜利，是民主主义的胜利，是社会主义的胜利，是 Bolshevism 的胜利，是赤旗的胜利，是世界劳工阶级的胜利，是廿世纪新潮流的胜利。②

李大钊《Bolshevism 的胜利》这篇先知般的声明，不仅宣告了俄罗斯革命的人道主义战胜了德意志军国主义的侵略主义，更是宣告了他所谓的"廿世纪新潮流"的降临。这个"廿世纪新潮流"的内涵是什么？在这位近代中国的左翼先锋看来，布尔什维克党人的主张最能具体说明其特质：

> 一切男女都应该工作，工作的男女都应该组入一个联合，每个联合都应该有个中央统治会议，这等会议，应该组织世界所有的政府，没有康格雷，没有巴力门，没有大总统，没有总理，没有内阁，没有立法部，没有统治者，但有劳工联合的会议，什么事都归他们决定。③

基于布尔什维克之乌托邦主义的大同世界理念，李大钊将发生不久的、还有待历史检验的 1917 年俄罗斯革命，提升到与一百多年前的经过多次历史检验的 1789 年法国大革命同样的历史高度，视为人类文明的重大里程碑，

---

① 李大钊这里所批判的"不出兵的将军、不要脸的政客"，前者是指段祺瑞，后者是指梁启超。这是呼应陈独秀 1917 年 4 月在《俄罗斯革命与我国民之觉悟》一文中所批判的："失意之伟人，无论其事于人类之公理正义如何，于国家之利害关系如何，凡出诸其敌党段祺瑞梁启超所主张者，莫不深文以反对之，虽牺牲其向日之主张进取，主张正义，不畏强权之精神，亦所不惜。"李大钊：《Bolshevism 的胜利》，《新青年》第 5 卷第 5 号，1918 年 11 月 15 日，收入《李大钊全集》第 3 卷，河北教育出版社，1999。

② 李大钊：《Bolshevism 的胜利》，《新青年》第 5 卷第 5 号，1918 年 11 月 15 日，收入《李大钊全集》第 3 卷。

③ 康格雷与巴力门，都是指国会而言，即 Congress 与 Parliament。李大钊：《Bolshevism 的胜利》，《新青年》第 5 卷第 5 号，1918 年 11 月 15 日，收入《李大钊全集》第 3 卷。

看成人道主义的警钟、自由主义的曙光。① 对于这个还在余波荡漾、尚未完全沉淀的苏维埃革命，从日本游学返国不到两年的青年李大钊，于一战正式终结的 1918 年底，迫不及待地以救赎者身份高调地宣称："Bolshevism 的胜利，就是廿世纪世界人类人人心中共同觉悟的新精神的胜利！"②

四　作为博爱主义的人道主义

新文化运动期间，最积极地将人道主义与革命联结起来看待的文化精英，是在孤儿家庭中成长、比陈独秀年轻 10 岁的李大钊。这里所谓的革命，是指在一战末期爆发于俄国的 1917 年两次大革命（"二月革命"与"十月革命"）。至于人道主义如何与俄国大革命联结起来，在李大钊看来，其重要媒介之一则是文学。作为新文化运动的重要推动者，30 岁不到却充满着惊人书写能量的李大钊，是一战末期最先能洞悉俄罗斯大革命时代意义的少数中国先觉者之一，他将这个重大变化的国外新能量，积极地导引入还在变动与成长中的国内新文化运动中，以至于五四新文化运动在其中、后期，展现了另一种十分不一样的、马克思主义色彩的风貌。

必须指出的是，李大钊作为中共党史上的烈士的特殊角色，其思想研究常常落入一个教条化的盲区，就是简化地误认为这位文化运动的战将在进入五四新文化运动时期，自然地成为一个出色的马克思主义者。③ 事实上稍微留意他在这一个时期以及稍早前的著作，不难发现李大钊在成为马克思主义的积极支持者之前，透过俄罗斯文化研究，是一位俄罗斯人道主义的向往者。换言之，他基本上是透过俄国具有国粹主义意义的大斯拉夫主义之人道主义，吸收了西欧启蒙主义精华的自由主义之人道主义，从而接

---

① 李大钊：《法俄革命之比较观》，原载于《言治》季刊第 3 册，1918 年 7 月 1 日，收入《李大钊全集》第 3 卷。
② 李大钊：《Bolshevism 的胜利》，《新青年》第 5 卷第 5 号，1918 年 11 月 15 日，收入《李大钊全集》第 3 卷。
③ 支持这种论点的主要看法，可能是李大钊在 1913—1916 年于东京早稻田大学研读政治学时，受到马克思主义学者河上肇（1879—1946）所翻译的马克思著作与激进社会主义者幸德秋水（1871—1911）思想的影响所导致。事实上检查他留日这三年内的文字，几乎没有任何明显的马克思主义论点文章。换言之，李大钊的马克思思想应该是返国后开始形塑起来的。

触到从俄国输入的马克思主义的。也就是说，李大钊日后在中国传播的从俄国进口的马克思主义，是先行经过两道"消化"程序——建构在俄国的综合国粹与西化的人道主义，以及建构在俄化的马克思主义基础上的社会主义，然后才抵达中国的。

由于这里并不是全面性讨论李大钊思想的适当场所，我们只能以文学为焦点，从三个角度——革命与文学、文学的社会关怀、文学里的人道主义——来考察李大钊在五四运动爆发前夕，如何从人道主义的视野去认识俄国大革命的。

革命与文学

1917 年 3 月俄国"二月革命"爆发后数日，29 岁的李大钊发表了一篇罕见的 7000 字长文《俄国革命之远因近因》，该文分三天在章士钊所属的北京《甲寅日刊》上刊载。对照当时中国最大的媒体集团上海商务印书馆，它的旗舰刊物《东方杂志》1917 年三月号与四月号上都没有文章报道俄国革命，因此不能不肯定李大钊这篇文章的时代价值。[①]

在 1917 年 3 月 19 日起刊出的这篇以文言文书写的文章里，李大钊从历史、政治、社会、经济、文化思想等多种视野，探索俄国"二月革命"爆发的原因。李大钊指出，19 世纪以来俄国的新旧思潮冲突十分严峻，其中斯拉夫派（Slavophiles）与欧化派（Westernizers）两大势力的对峙最为突出。作为旧派的斯拉夫派，其根据地为圣彼得堡，以保存俄国国粹为主义，其理想多在过去；而作为新派的欧化派，则以输入欧洲的新文明为职志，其理想多在未来，主要以莫斯科为中心。前者的代表性人物有萨马林（Yuri Fyodorovich Samarin，1819—1876）和亚萨哥夫（Ivan Aksakov，1823—1886）等，后者的代表性人物有古拉那夫士奇（Timofey Nikolayevich Granovsky，1813—1855）与伯林士奇（别林斯基，Vissarion G. Belinsky，1811—1848）等。在知识分子的自强呼吁下，在俄国 19 世纪的统治者当中，不无有力图振作的维新君主，如亚历山大二世（Alexander Ⅱ，1818—1881）。但是他的

---

① 《东方杂志》一直要到俄国大革命爆发两个月后，才有主编杜亚泉以笔名高劳发表完整性的报道《俄国大革命之经过》。参见《东方杂志》第 14 卷第 5 号，1917 年 5 月 15 日，第 35—44 页。

创新作为，例如开放农奴、创设地方自治制度、改良裁判所、放宽出版管制等，并不能满足所有的知识精英，使其以惨遭新党暗杀为结局。[①]

由于新旧思潮冲突严峻，以暗杀为手段的虚无主义遂在 19 世纪中叶以后的俄国境内流行开来。根据李大钊的论述，开明君主亚历山大二世基于人道考量，在 1861 年废除残酷的农奴制度。在农奴解除劳役获得自由后，俄国的地主阶层子弟，因为平常养尊处优、不熟悉农作，不是任田地荒芜，就是将其卖给大地主。如此，这些小地主、小贵族子弟后来纷纷陷入经济困境，无法自理生活。职是之故，国内的不平声音四起，加上俄罗斯统治的芬兰与波兰等地的革命党人相为呼应，俄国政府当局在惊慌之余，开始紧缩言论尺度，政治高压再度复活，好发议论的文士纷纷被捕入狱。而这样则造成恶性循环，反过来又引起众多青年男女的怨恨，因而他们陆续投入以灭绝皇族为主义、以暗杀为手段的虚无党去。[②]

在政治方面，李大钊宣称俄国的政治独裁文化有其长远传统。早在 17、18 世纪之交，罗曼诺夫王朝（House of Romanov，1613—1917）的英主彼得大帝（Peter the Great，1672—1725）从德国输入官僚主义时，俄国便确定了独裁政治基础。到了 19 世纪中叶，西欧已经充分现代化了，物质文明发展神速，俄国却仍然是一个生产技术落后的农业形态国家。沙皇亚历山大三世（Alexander Ⅲ，1845—1894）在父亲亚历山大二世 1881 年被刺杀后即位，改变父亲的开明发展策略，宣布要后世子孙恪守彼得大帝的独裁政治政策。这使得俄国国民觉悟到，除非革命，否则将来不可能有立宪代议政治的出现。

至于社会经济方面，李大钊注意到，俄国失衡的社会结构也是为革命提供柴火的重要因素之一。俄国社会分为四个等级：贵族、僧侣、市民与农民。其中以贵族和僧侣最有势力；而占有人口九成的农民，生活却最为艰苦。李大钊指出，农民虽然在 1861 年后已得到全面解放，但其实他们的社会经济地位并没有真正改善。[③]

[①] 李大钊：《俄国革命之远因近因》，原载《甲寅日刊》1917 年 3 月 19 日，收入《李大钊全集》第 2 卷。

[②] 李大钊：《俄国革命之远因近因》，原载《甲寅日刊》1917 年 3 月 19 日，收入《李大钊全集》第 2 卷。

[③] 李大钊：《俄国革命之远因近因》，原载《甲寅日刊》1917 年 3 月 19 日，收入《李大钊全集》第 2 卷。

在李大钊宏观分析革命爆发的原因当中，最值得注意的是关于文学的问题。[1] 他认为，19 世纪俄国文学有两个重要特征：人道主义与革命主义。这两者并非互相独立，而是一体的两面。即是，俄国近代文学既是人道主义的，又是讲革命主义的。这一人道主义/革命主义的文学双重性格，李大钊宣称，主要是欧化派知识分子受到法国 1848 年革命前的革命思潮与社会运动影响所致。在法国革命"新思潮"的影响下，俄国知识界掀起以反思与批判为主的革命文学浪潮。

俄国革命文学的代表性人物有赫尔琴（Alexander Herzen，1812—1870）与别林斯基，两人都是批判君主专制的革命文学健将，也是人道主义文学的标杆。李大钊描述赫尔琴说，他"以二十三岁之少年，毅然揭革命之旗，以抗专制之政府，而开革命之纪元"。至于别林斯基，则是立志以一生之活动，"为同胞牺牲，与种种罪恶压制，恶习胁迫相搏战"。在青年李大钊看来，19 世纪的俄罗斯思想家与著作家，如果有所评论或创作，无不以人道主义作为基础，去申论人性的自由发展与个人的社会权利，而这样做法的最终目的，是要丰富所谓的"俄罗斯国民生活之内容"。[2] 从 19 世纪的俄国文学发展里，李大钊看到，俄国的近代文学就是革命文学，而革命文学所表达的内涵——为人民伸张权益——就是人道主义的表现。

文学的社会关怀

李大钊注意到，俄罗斯文学的特质，与南欧各国文学的特质大异其趣。其中最大的差异在于，俄国社会不惯于将文学仅仅视为精神的安慰剂，更是当成社会运作的准绳与解决生活问题的方法。[3] 也就是说，文学在俄罗斯的文化传统里，主要不是被当成娱乐型的艺术，而是一种探讨社会正义与人类灵魂的工具。

诚如李大钊在俄国大革命后观察到的，近代俄罗斯文化里有一个重要的特征，即是俄国文学与思想很难二分，重叠性极高。一般而言，在 19 世

---

[1] 李大钊虽然于袁世凯专政的 1913 年，以 25 岁的年纪东渡日本在东京的早稻田大学学习法政，但是幼年时读过私塾，学习过四书，有科举（八股文）所需要的基本文学素养。

[2] 李大钊：《俄国革命之远因近因》，原载《甲寅日刊》1917 年 3 月 19 日，收入《李大钊全集》第 2 卷。

[3] 李大钊：《俄罗斯文学与革命》（1918），《李大钊全集》第 3 卷，第 118—126 页。

纪俄国，其知识界的代表性精英多为文学家。举例来说，公认的俄罗斯
"近代文学之父"、俄国"诗界无冠之帝王"（Uncrowned Czar of Russian Poet-
ry）普希金（Alexander Pushkin, 1799—1837），以描述农奴悲惨生活的小说
《死灵魂》（*Dead Souls*）而声名大噪的果戈理（Nikolai Gogol, 1809—1852），
被视为俄罗斯"第一代知识分子"与"俄罗斯社会主义之父"的赫尔琴，
俄罗斯写实主义文学先锋、《父与子》的作者屠格涅夫（Ivan Turgenev,
1818—1883），书写《罪与罚》（*Crime and Punishment*）和《卡拉马佐夫兄弟》
（*The Brothers Karamazov*）等重要小说的陀思妥耶夫斯基（Fyodor Dostoyevsky,
1821—1881），《战争与和平》（*War and Peace*）、《安娜·卡列尼娜》（*Anna
Karenina*）和《复活》（*Resurrection*）等经典长篇小说的作者托尔斯泰（Leo
Tolstoy, 1828—1910），等等，都是文学家兼知识分子与思想家的角色。19
世纪的俄国文学有非常明显的人道主义色彩，这种特殊现象一方面基于其
代表性著作多揭露社会黑暗面的社会写实主义（Social Realism）传统，另一
方面基于作者常同情被残酷剥削的下层人民，批判帝制的独裁专制。①

俄罗斯文学家以揭露社会黑暗面为己任，以批判暴政为能事，这与其
历史传统有深厚的渊源。根据李大钊在 1917 年俄国大革命成功后次年的观
察，俄国国民一向有三大理想：上帝、皇帝与人民。在以农业为主的传统
俄国社会中，这三者有同等势力。"考俄国国民，有三大理想焉：'神'也，
'独裁君主'也，'民'也，三者于其国民之精神，殆有同等之势力。"② 李
大钊这里所谓的俄国国民有三大理想，事实上是指斯拉夫民族的三大势力：
宗教信仰（基督宗教之东正教）、君主制度（帝制之沙皇）、人民的意志与
力量。俄罗斯之所以有如此的特征，根据李大钊的看法，是因为其文明一
半受到东洋文明（宗教）的感化，一半受到西洋文明（政治）的激励，因
而奠基于基督教的人道思想与植根于西方启蒙主义的自由思想在俄国特别
发达。

与中国相似，俄罗斯长期处于专制的帝制传统中，言论自由受到极大

---

① 关于这方面更多的介绍，请参看拙作《俄国的知识分子与俄国社会》，收入 Hedrick Smith
著，丘为君译《俄国人：知识分子的良知》（*The Russians*），台北，龙田出版社，1977，第
5—20 页。
② 李大钊：《法俄革命之比较观》，原载《言治》季刊第 3 册，1918 年 7 月 1 日，收入《李大
钊全集》第 3 卷。

的戕害。李大钊指出，中国与俄国同为世界上言论最不自由的国度："世界出版最不自由之国，首推中国及俄罗斯、西班牙、土尔其。"① 之所以如此，与俄国文明长期落后于其他欧洲先进国家有关。作为一个欧陆国家，俄罗斯蒙受蒙古铁骑西侵蹂躏之苦达 300 年之久，以至于错过分享欧洲在中世纪末期出现的文艺复兴文明成果（科学、艺术与文学等的各种重大突破与创新）的时机。由于特殊的历史时空背景导致的长期孤立于欧洲文明，俄罗斯在近代的发展远远不如在 20 世纪初已臻于成熟的英国与法国，甚至也不如后发而在当时如日中天的、具有支配世界实力的德国。②

将文学当成对抗专制暴政的武器，似乎是俄罗斯近代文化的重要特色，用李大钊的话来说："文学之于俄国社会，乃为社会的沉夜黑暗中之一线光辉，为自由之警钟，为革命之先声。"③ 以李大钊所钟情的、具有贵族气质的禁欲主义苦行僧托尔斯泰，和托尔斯泰年轻友人、贫困出身的杰出社会主义写实（Socialist Realism）作家高尔基（Maxim Gorky，1868—1936）两人为例，他们都是在帝俄专制暴政下，宣扬博爱的理想，为长期被不公平待遇所压迫的下层人民发声的作家。

> 托尔斯泰生于暴俄专制之下，扬博爱之赤帜，为真理人道与百万貔貅、巨家阀阅、教魔、权威相搏战，宣告破门，杀身之祸，几于不免，而百折不挠，著书益力，汗牛充栋，风行一世。高尔基身自髫龄，备历惨苦，故其文沉痛，写社会下层之黑暗，几于声泪俱下。④

在现代性召唤的过程中，俄罗斯这个文明古国与近代中国的发展经验类似，也经历着革命风云搅动的时代，因此"神"与"独裁君主"的势力受到猛烈的挑战，在这样的过程当中，来自基督宗教的人道思想与西方启蒙遗产自由思想，成了斯拉夫民族的安定力量。"今俄人因革命之风云，冲

---

① 李大钊：《宪法与思想自由》，原载《宪法公言》第 7 期，1916 年 12 月 10 日，收入《李大钊全集》第 2 卷，第 435 页。

② 李大钊：《法俄革命之比较观》，原载《言治》季刊第 3 册，1918 年 7 月 1 日，收入《李大钊全集》第 3 卷。

③ 李大钊：《俄罗斯文学与革命》（1918），《李大钊全集》第 3 卷，第 118—126 页。

④ 李大钊：《文豪》，原载《言治》第 1 卷第 6 期，1913 年 11 月 1 日，收入《李大钊全集》第 1 卷，第 638—642 页。

决'神'与'独裁君主'之势力范围，而以人道、自由为基础，将统制一切之权力，全收于民众之手。"① 青年李大钊相信，就历史来看，一个世纪新文明的创造，新生命的诞生，都是在"艰难恐怖"的环境下。当年法国大革命发生时，不也是引起世人的恐怖与惊骇，而都对其抱持悲观主义看法吗？李大钊宣称，然而事后证明了，法国人日后的自由幸福便是奠基于此役。"十九世纪全世界之文明，如政治或社会之组织等，罔不胚胎于法兰西革命血潮之中。"②

根据这个观察，李大钊有理由相信，20 世纪初叶以后的文明，在一战进入尾声之际，必定会发生重大的变动，而当时正蓬勃发展中、立基于社会主义革命的"俄国革命血潮"，极有可能成为 18 世纪末立基于国家主义革命之法兰西革命的翻版。③ 1918 年 1 月起经章士钊推荐而担任北京大学图书馆主任的李大钊指出，④ 正在革命过程中煎熬的斯拉夫民族，其未来是乐观的，世界中将来能创造出兼顾东西文明特质的国家，一定非俄罗斯莫属。因为法人当时有爱国精神来维持其全国的人心；而俄国，则有人道精神可以唤起全国的人心。"法人当日之精神，为爱国的精神，俄人之今日精神，为爱人的精神。前者根于国家主义，后者倾于世界主义；前者恒为战争之泉源，后者足为和平之曙光，此其所异者耳。"⑤ 爱人的人道主义是世界主义的价值，而爱国的国家主义则是地域主义的价值，两者高下判然。

文学里的人道主义

人道主义是俄罗斯文学的重要特色。为何俄国文学会产生这种不寻常的特色？根据李大钊的观察，这与其历史文化背景有关。俄罗斯文学思想界大抵分为两派：国粹派与西欧派。国粹派（斯拉夫派）立基于宗教，

---

① 李大钊：《法俄革命之比较观》，原载《言治》季刊第 3 册，1918 年 7 月 1 日，收入《李大钊全集》第 3 卷。
② 李大钊：《法俄革命之比较观》，原载《言治》季刊第 3 册，1918 年 7 月 1 日，收入《李大钊全集》第 3 卷。
③ 李大钊：《法俄革命之比较观》，原载《言治》季刊第 3 册，1918 年 7 月 1 日，收入《李大钊全集》第 3 卷。
④ 杨树升等编《李大钊年谱》，河北人民出版社，1981，第 51 页。
⑤ 李大钊：《法俄革命之比较观》，原载《言治》季刊第 3 册，1918 年 7 月 1 日，收入《李大钊全集》第 3 卷。

强调作为国教之东正教的信仰传统与人生归宿的价值。而西欧派（欧化派）则是站在"去宗教化"的科学立场，在政治上他们倾向于启蒙运动以来的自由主义信念。西欧派虽然大抵接受不信神的、科学的世界观，但基本上尊重宗教文明是俄罗斯的国民特色，他们与国粹派一样，拥抱人道主义与博爱主义。换言之，国粹派和西欧派在文学的内涵与表现上有共同的特色：以博爱为精神，以人道主义为理想。"凡夫博爱同情、慈善亲切、优待行旅、矜悯细民种种精神，皆为俄人之特色，亦即俄罗斯文学之特色。故俄罗斯文学直可谓为人道主义之文学，博爱之文学。"① 也就是说，博爱与人道这两项，不仅是俄罗斯文学的特色，同时也是俄国人的特色。

以俄国的诗来说，李大钊宣称，19 世纪，俄国的诗歌主要流行着对社会与政治议题的关注，而其中最主要的书写对象，便是对自由的渴望与对君主高压独裁的愤恨。例如在俄国文坛有崇高地位的"诗圣"普希金，他在 1823 年完成的著名的《自由颂》（*Ode to Liberty*），便是一首批判沙皇与鞭挞恶官的长达 158 节的讽刺诗。

> 去吧，从我的眼前滚开，
> 柔弱的西色拉岛的皇后！
> 你在哪里？对帝王的惊雷，
> 啊，你骄傲的自由底歌手？
> 来吧，把我的桂冠扯去，
> 把娇弱无力的竖琴打破……
> 我要给世人歌唱自由，
> 我要打击皇位上的罪恶。
>
> ……
>
> 战栗吧！世间的专制暴君，
> 无常的命运暂时的宠幸！
> 而你们，匍匐着的奴隶，

---

① 李大钊：《俄罗斯文学与革命》（1918），《李大钊全集》第 3 卷，第 118—126 页。

听啊，振奋起来，觉醒！①

贵族出身的普希金，其诗不是用来歌咏生命与环境的，而是批判沙皇的："我要给世人歌唱自由，我要打击皇位上的罪恶。"甚至还警告专制帝王说："战栗吧！世间的专制暴君。"并且还无惧地用挑衅的语言说道："匍匐着的奴隶……振奋起来，觉醒！"难怪沙皇亚历山大一世对这首在俄国脍炙人口的诗十分气愤，并扬言说非将普希金放逐不可。② 在《自由颂》发表近百年之后，李大钊对普希金的才情与勇气还是盛赞不已："其诗一片天真，热情横溢，质诸俄国皇帝，劝彼辈稽首于法律之前，倚任自由为皇位之守卫。"③对普希金的作品有极高的评价。

1837 年普希金过世之后，李大钊指出，俄国这种以政治社会批判为主的诗风并没有终止，像是浪漫主义的代表人物、曾经被俄皇放逐于高加索区域的莱蒙托夫（Mikhail Lermontov，1814—1841），便经常在诗中痛骂沙皇旁边那些摧残自由与时代精神的贪婪小丑。④

到了 19 世纪下半叶，情况有进一步的变化，平民诗人崛起了。这新一代的诗人对自由的想象不是像前世代般，只停在对现实的批判与对自由的

---

① 普希金《自由颂》。此诗中译可参见：https：//baike. baidu. com/item/% E8% 87% AA% E7% 94% B1% E9% A2% 82/13575964。这首诗歌的英文翻译如下（A. Z. Foreman）：
Listless Cytherean princess, sing
No more. Begone out of my view!
But you, great scourge of tsar and king,
Proud Muse of Freedom, where are you?
Come rip my laurels off. Bring stones
And crush this coddled lyre. Let me
Sing to the world of Liberty
And shame that scum upon the thrones.

Tremble, O Tyrants of the Earth!
But ye: take heed now, know your worth
And rise as men, ye fallen slaves!
参 见 http：//poemsintranslation. blogspot. com/2015/07/pushkin-ode-to-liberty-from-russian. html，最后访问时间：2018 年 9 月 25 日。

② http：//poemsintranslation. blogspot. com/2015/07/pushkin-ode-to-liberty-from-russian. html，最后访问时间：2018 年 9 月 25 日。

③ 李大钊：《俄罗斯文学与革命》（1918），《李大钊全集》第 3 卷，第 118—126 页。

④ 李大钊：《俄罗斯文学与革命》（1918），《李大钊全集》第 3 卷，第 118—126 页。

渴望上；而是开始参加社会运动，以具体行动表明心志，而这种发展在 1860 年至 1880 年之间尤其明显。代表性人物有被放逐达十年之久的激进诗人普列谢耶夫（Aleksey Nikolayevich Pleshcheyev，1825—1893），他的许多作品常被编为歌曲而受到广大青年的传唱。另外还有讽刺诗人米纳耶夫（Dmitry Minayev，1835—1889），他的诗经常嘲讽传说中的信条与经义，传播妇女解放思想与平民理想。由于他的作品里表现出社会主义倾向，他被当局拘禁过四个月。除了普列谢耶夫与米纳耶夫这些男性诗人，甚至女诗人也加入这一以诗歌作为抗议武器的行列。例如巴雷科娃（Anna Baríkova，1839—1893），她的女性抒情诗曲既不是歌咏爱情，也不是描绘月夜，而是写那些沉湎于酒乡、困陌于贫苦的愚钝、罹患疾病的悲苦人民。在她看来，诗人的使命是做"保护国家之武器"，是做贫困人民的喉舌工具，是在社会里扮演"晓日之第一曙光"的角色。①

强调"以大众福祉为重、个人幸福为轻"的俄国平民诗派，根据李大钊的分析，到了涅克拉索夫（Nikolay Nekrasov，1821—1878）时，臻于高峰。贵族出身的涅克拉索夫，从 1847 年起担任俄国 19 世纪中叶最具影响力的文学刊物《当代》（The Contemporary，Sovremenik）主编达 30 年之久。由于这份刊物网罗了俄国当时最重要的作家，如屠格涅夫、赫尔琴、别林斯基、陀思妥耶夫斯基等，涅克拉索夫成了农奴废除后（1861）俄国知识界最具影响力的领袖。②

涅克拉索夫的诗作平易近人，多描绘俄国农奴与女性的不幸境遇；由于作品多谱入音乐中，且成为当时最流行的歌曲，因此于年轻人当中有很大的影响力。他的经典作品要数 1873—1877 年完成的长诗《谁在俄罗斯能过上好日子？》（Who Can Be Happy and Free in Russia?）。作者以七个农民在一起争论"谁在俄罗斯能过上好日子"作为开端；由于彼此争论不休、相持不下，他们最后决定分头四处漫游去寻求解答。诗人借着游历者的视角，书写了农奴制改革后的俄国现实，指出农民在还没能完全摆脱农奴制束缚的情况下，又被套上了资本主义的枷锁。作者认为，只有那些能为"人民

① 李大钊：《俄罗斯文学与革命》（1918），《李大钊全集》第 3 卷，第 118—126 页。

② Johanna Granville，"Nekrasov, Nikolai Alexeyevich，" James R. Millar, ed., *Encyclopedia of Russian History*（NY：Macmillan Reference USA，2004），p. 1033. 李大钊：《俄罗斯文学与革命》（1918），《李大钊全集》第 3 卷，第 118—126 页。

的幸福”献身的人，才是真正幸福的。[①] 拥有“人民诗人”雅称的涅克拉索夫在有生之年已经具有非凡的影响力；在他过世之日，李大钊说，“执绅从棺而吊者千万人”。这可能是至当时为止的俄国文学史上，最壮观的文人葬仪与典礼。李大钊相信，涅克拉索夫诗中这种对人民幸福的关注，就是俄国人道主义的精髓与体现。[②]

必须一提的是，李大钊受到俄罗斯文化影响的博爱主义之人道主义思想，在五四运动后被引入了他对“少年中国”的期待里。在 1919 年 5 月 4 日五四运动爆发不久之后，五四时期最大的社团之一“少年中国学会”（1919—1925）于 1919 年 7 月 1 日在北京成立，南京与成都设立分会。这个得自梁启超“少年中国”概念的学会，[③] 成立宗旨是“本科学的精神，为社会的活动，以创造少年中国”。学会成立当日，还创立了机关刊物《少年中国》月刊，李大钊被推举为编辑主任。先后加入这个学会的有 120 多人，其中包括著名的共产党员毛泽东（1893—1976）。[④]

李大钊在这年的 9 月 15 日为《少年中国》（第 1 卷第 3 期）写了一篇文章《“少年中国”的“少年运动”》，以民粹主义（Populism）的角度建议，“少年中国”的“少年运动”应是一种本着人道主义精神去宣传“互助”与“博爱”道理的运动，同时它也应该是一种本着勤工主义精神去创造一种“劳工神圣”组织的运动。作为一个马克思主义者，李大钊理想中的“少年中国”是从物质与精神（他将物质置于精神之前）两个面相去进

---

① Johanna Granville, "Nekrasov, Nikolai Alexeyevich," James R. Millar, ed., *Encyclopedia of Russian History*, p. 1033. 李大钊：《俄罗斯文学与革命》（1918），《李大钊全集》第 3 卷，第 118—126 页。尼古拉·阿列克谢耶维奇·涅克拉索夫，维基百科，https://zh. wikipedia. org/wiki/% E5% B0% BC% E5% 8F% A4% E6% 8B% 89% C2% B7% E9% 98% BF% E5% 88% 97% E5% 85% 8B% E8% B0% A2% E8% 80% B6% E7% BB% B4% E5% A5% 87% C2% B7% E6% B6% 85% E5% 85% 8B% E6% 8B% 89% E7% B4% A2% E5% A4% AB，最后访问时间：2018 年 9 月 26 日。
② 李大钊：《俄罗斯文学与革命》（1918），《李大钊全集》第 3 卷，第 118—126 页。
③ 在 20 世纪开始的 1900 年初春，于日本流亡的 28 岁青年梁启超，面对暮气沉沉的老大中华帝国提出了“少年中国”的看法。他说：“造成今日之老大中国者，则中国老朽之冤业也；制出将来之少年中国者，则中国少年之责任也。彼老朽者何足道，彼与此世界作别之日不远矣，而我少年乃新来而与世界为缘。”梁启超：《少年中国说》（1900 年 2 月 10 日），《梁启超全集》，第 411 页。
④ 杨树升等编《李大钊年谱》，第 80—81 页。

行改造的，以便"少年中国"能灵肉一致。[1]

在精神改造方面，李大钊认为少年中国要做五件工作：第一，改造现代堕落的人心，使人人都把"人"的面目拿出来对他的同胞；第二，将占有的冲动转变为创造的冲动；第三，将残杀的生活转变为友爱的生活；第四，将侵夺的习惯转变为同劳的习惯；第五，将私营的心理转变为公善的心理。[2]

在物质改造方面，皈依马克思主义的李大钊建议"少年中国"要做两件工作：第一，本着勤工主义的精神，创造一种"劳工神圣"的组织；第二，改造现代游惰本位、掠夺主义的经济制度，将劳工生活从被压迫的掠夺主义制度下解放出来，使人人都得劳动，并使所有劳动的人都能安身立命。李大钊认为精神改造与物质改造这两种文化运动，必须同时进行，因为这两者是车之两轮、鸟之双翼，缺一不可。对一个马克思主义信仰者而言，经济组织没有改变，精神的改造是很难成功的。[3]

> 我所希望的"少年中国"的"少年运动"，是物心两面改造的运动，是灵肉一致改造的运动，是打破智识阶级的运动，是加入劳工团体的运动，是以村落为基础建立小组织的运动，是以世界为家庭扩充大联合的运动。[4]

这里李大钊超越了民族主义的视野，而达到世界主义的高度，将加入劳工团体与走入民间到农村服务的工作，当成亚细亚少年的共同运动，世界少年的共同运动。

结　语

以上我们讨论了新文化运动时期所宣扬的三种人道主义模式：作为个

---

[1] 李大钊：《"少年中国"的"少年运动"》，《少年中国》第1卷第3期，1919年9月15日，收入《李大钊全集》第3卷，第318—322页。

[2] 李大钊：《"少年中国"的"少年运动"》，《少年中国》第1卷第3期，1919年9月15日，收入《李大钊全集》第3卷，第318—322页。

[3] 李大钊：《"少年中国"的"少年运动"》，《少年中国》第1卷第3期，1919年9月15日，收入《李大钊全集》第3卷，第318—322页。

[4] 李大钊：《"少年中国"的"少年运动"》，《少年中国》第1卷第3期，1919年9月15日，收入《李大钊全集》第3卷，第318—322页。

人主义的人道主义，作为和平主义的人道主义，作为博爱主义的人道主义。

第一种模式，作为个人主义的人道主义，主要是由胡适所引入的欧洲个人主义——易卜生主义——开始的。丹麦剧作家易卜生的问题剧《娜拉》指出家庭的四种罪恶：自私自利、倚赖性与奴隶性、虚伪的道德，与懦怯没担当。《娜拉》的女主角在看清了这一讲仁义道德的假面之后，选择出走，离开这个依附权威过活的虚伪家庭，而去做一个诚实且有独立人格的自己。胡适的易卜生主义，是以一种自主选择意义上的"文化能动性"意象出现在近代中国的。新文化运动的代表性文学家周作人，其人道主义思想也属于这个系统。在抒论其人道主义的观点《人的文学》一文里，周作人解释说，他的人道主义论点不是博爱主义模式的，而是个人主义模式的，或者更精确地说：个人主义的人间本位主义。[①] 在周作人那里，反奴性、个人主义、个性主义与人道主义等四个概念，是联结在一起的。他的"人的发现"理论所阐发的，便是有意识地发现自己是一个意欲去除身上奴性，以便发展成能做出独立判断的有个性的个人。这样的发展过程，就是人道主义的过程；这样的发展目的，就是人道主义的目的。

第二种模式，作为和平主义的人道主义，主要是陈独秀透过观察一战所得到的启示。中国在 1917 年一战正酣的时刻与德国侵略主义的摊牌，以及透过俄国"二月革命"的爆发，去认识在一战中突然出现的俄国大革命的意义。在德国问题方面，陈独秀作为当时中国知识界的领袖，认为北洋政府在 1917 年所做的外交决定——与德断交与对德宣战，表明其最终认清了侵略主义（和平主义对立面）与人道主义的差异，理解了这场战争的本质是君主主义与民主主义的对抗。对于俄国方面，陈独秀认为俄国"二月革命"的启示是，打倒俄国皇族、推翻沙俄，是革君主主义与侵略主义之命。俄国"二月革命"的意义，就是民主主义与人道主义的结合带来伟大胜利。在现实的欧战格局里，俄国当时发生的事情，就是俄罗斯人民以其民主主义与人道主义，去对抗德、奥的君主主义与侵略主义。俄国所表现出的人道主义，在陈独秀看来，就是在推翻俄国皇族与德国皇族之旧体制的君主主义和与它相伴而来的侵略主义，其目标是实现和平主义。

第三种模式，作为博爱主义的人道主义，主要是李大钊透过以文学视

---

① 周作人：《人的文学》，《新青年》第 5 卷第 6 号，1918 年 12 月 15 日。

野对俄国历史文化与俄国大革命所做的考察而获得的意见。李大钊指出，19 世纪以来俄国的新旧思潮冲突十分严峻，其中以保存国粹为主义的斯拉夫派与以输入欧洲新文明为职志的欧化派两大势力的对峙最为突出。然而，不论是国粹派或西欧派的文士，都有一个共同的对抗专制暴政的共同武器——文学，而在文学的内涵与表现上，这两派有共同特色，即以博爱为精神，以人道主义为理想。

在新文化运动时期，人道主义在中国至少展现了一种重要特质：共同价值性格。所谓共同价值，是指新文化运动作为一种救亡意义上的"文明再造"文化工程，并未让彰显这个运动重要精神面貌的人道主义，陷溺于狭隘的民族主义里。我们这里所讨论的三种人道主义模式，不论是个人主义还是和平主义、博爱主义，都是超越民族之爱而以共同价值为依归的。

然而具有共同价值性格的新文化运动时期的人道主义，并不意味着其内在结构为一片谐和。如果稍加注意，我们便不难看出它存在一种内在的紧张性，个人主义与集体主义。胡适与周作人的个人主义之人道主义，主要是立基于启蒙核心价值的理性，批判封建专制政治社会系统的压迫所造成的奴性现象，而最终要实现个体的解放，以成为一个独立的、有充分自由意志的人。

但是到了陈独秀的和平主义之人道主义与李大钊的博爱主义之人道主义那里，新文化运动的人道主义出现了一种与个人主义背离的集体性倾向——大众福祉优先于个人幸福。这种集体性倾向，将民族主义下的救亡，提高到更高层次的、天下主义的救亡，这在社会主义的支持者那里愈见明显。的确，1917 年俄国"十月革命"对中国知识界的最大启示是，从国家主义论述转向世界主义论述，这一转变在某个意义上唤醒了中国知识精英深层的、根植于儒家传统的"天下意识"；更重要的是，这个"世界主义转向"（Cosmopolitan Turn）是置于"革命"——世界革命——这个语境之下开展的。这点的确迎合了晚清以来中国的革命氛围：从政治革命扩大到社会革命。但是与新文化运动的核心价值——建立在个体解放意义上的启蒙主义，就离得更远了。

民初思想与新文化运动的关联

邹小站[*]

谈到新文化运动的兴起，人们也往往只将民初的政治、社会情况看作一般性的历史背景，对其兴起之初的思想倾向、思想议题与民初思想之间的关联少有深度的发掘。本文拟讨论新文化运动的兴起及其初期思想议题与民初思想的关联。

一 从国家主义、强有力政府论到关注个人权利、个性解放

清末以降，西巧中拙、西强中弱的格局逐渐显露，"国步日艰，岌岌然如累卵之不可以顷刻奠"的现实也日趋明了，"悲时之俊，乃相率痛哭流涕，挈挈以富强二字嗥呼于全国"，[①]。王尔敏曾指出，中国近代思想中，"足以纲纪一代思潮而构成一代主流之核心者，实为富强思想"，"近代中国一切学说思想之发轫与移植，均可辗转归其启念图强求富之原始动机"。[②]富强、功利与仁义、王道的关系，一直是晚清思想中反复论及的核心问题。总体上看，面对现实，务实的思想人士不能不肯定寻求富强的必要性。[③]戊戌时期，富强仍是最能概括时代思潮核心意涵的话语。庚子以后，随着近

---

[*] 邹小站，中国社会科学院近代史研究所研究员。

[①] 柯进修：《今原道》，《宗圣杂志》第 2 卷第 1 号，1915 年 3 月。

[②] 王尔敏：《中国近代之自强与求富》，《中国近代思想史论续集》，社会科学文献出版社，2005，第 180 页。

[③] 王尔敏：《中国近代之自强与求富》，《中国近代思想史论续集》。

代政治思想的输入，富强的思想话语逐渐被帝国主义论之下的近代国家主义话语所取代。清末十年的政治思想是在民族生存竞争视野下展开的，国家主义是时代思想最鲜明的特征。其核心理念是，为应对民族竞争，中国必须改变古代国家之下统治者与被统治者分离，国民缺乏国家认同，国家缺乏整合能力的局面，"将国民打成一丸"（梁启超语），以与列强竞争；必须改变传统思想重天下与家族而轻国家，人们知有一身、有一家、有天下而不知有国家的思想状况，突出"国家"的意义，树立"以国家为本位"的思想。

詹姆斯·布赖斯（James Bryce）说："各国民治的运动，即把政权从少数人手里移到多数人手里的运动，其原因大概一部分出于实际痛苦的压迫，一部分则出于抽象主义的鼓吹，如'自然权利'说之类，但是抽象主义的影响总没有像当初提倡者所期望的那样大。无论何国一般的民众决没有纯粹想得政权的希望……凡政治的变迁，其强大的原动力并不在于人民都确信多数的统治一定比少数的或一人的统治好，也不在于人人都希望有参政的权利。从来人要求人民政府，奋争人民政府，估计人民政府的价值，都并不当它本身是一种好东西；却把它当做一种铲除具体痛苦的利器，增进具体利益的手段。"[1] 对一般社会大众来说，这大体符合实情。

如果说欧美近代民主政治形成、发展的主要驱动力是反对专制统治、争取权利的话，那近代中国对民主政治的追求就主要是求国家民族之生存。还在民初，就有人指出，中国由帝制而跻于共和之林，"一原于民之惧亡，一原于民族之见，非由于帝政暴横，亦非由人民政治之知识迫之而然者也（如争参政权之属）（满清之末，虽有请愿国会之举，亦不过出于少数政客活动之手腕，非关于多数人民之意也），其希望于共和者，亦非由何等特别希望使然（如争租税、争土地、痛心于僧侣地主之专横等事），其唯一之目的则曰幸得安宁以免危亡而已"[2]。戴季陶论辛亥革命，说革命中发挥主要作用的是传统的反抗暴君统治的思想以及以"攘夷"为特色的民族主义，而非由欧美输入的"民权自由"以及社会主义思想。又说，辛亥革命"由

---

[1]　〔英〕詹姆斯·布赖斯：《现代民治政体》，张慰慈等译，吉林人民出版社，2001，第41—42页。

[2]　孤翔：《共和真精神与人民之自觉心》，《雅言》第1卷第7期，1914年7月。

外力逼迫者多，由于内力膨胀者鲜"。[1] 这是说革命的发生主要是受外在压力驱动，而非受社会经济发展与旧制度之间的矛盾所引发的内在驱动。杜亚泉也说，辛亥革命的目的是"欲于事实上维持国家之势力，非欲于原理上主张天赋之人权"。[2] 民初的国权主义者也反复强调中国之革命在于求国家之生存与发展，革命后制定共和宪法，就应偏重于国权，而不应趋重于民权。

民国建立后，"凡当路之所提挈，举国之所风从，皆不出伪国家主义之一圈"[3] "欲全国家，首当牺牲个人利益；欲措国家于上理，国民之义务，首当公尔忘私"之类的言论风靡一时。[4] 与此相应，强有力政府论也成为强大的时代思潮。汪馥炎描述民初思想时称："国基初奠，党派鸱张，世风凉薄，民德未纯，议论以意气争持，行事则阴私讦诉，朝野倾轧，不可终日。于是国中号称忧时之士，知放任之不能为治，遂日以强善政府与保育政策相标榜，以为政府达于强善，政策取其保育，始能策驭民治，而起社会之沉疴也。"[5] 这一观察相当准确。民初思想界的关注重心在国家富强，而非个人之自由权利；人们将国家富强的希望寄托于强有力政府的"保育主义"，希望以国家力量推动现代化，而不是寄托于国民的自我发展。

国家主义、强有力政府论、保育主义的盛行，为袁世凯的专制集权造就了舆论氛围。二次革命后，人们发现，当局所提倡，举世所风，皆"谓国家神圣，理不可渎"，谓政苟能致国于富强，则人民牺牲利益，忍受暂时之痛苦，亦无所顾惜，然所得不过人民利益受损，不仅国家富强渺不可及，甚且借亡之叹闻诸道路，有国不优于无国之念且潜滋暗长。[6] 思想界乃开始反思晚清以来的国家主义、强有力政府论。《青年》杂志创刊前，章士钊、李大钊、陈独秀、高一涵、光升、张东荪等就纷纷在《正谊》《中华》《甲寅》等杂志上刊文，批判国家主义与强有力论，讨论国家的起源、目的、职分，讨论个人权利的价值。他们强调，人生之目的在于求自身幸福，社

---

[1]　思秋：《中国革命论》，《民国》第 1 年第 2 号，1914 年 6 月 10 日。
[2]　伦父：《共和国体与国民心理》，《东方杂志》第 9 卷第 5 号，1912 年 12 月 9 日。
[3]　秋桐：《国家与我》，《甲寅》第 1 卷第 8 号，1915 年 8 月 10 日。
[4]　秋桐：《自觉》，《甲寅》第 1 卷第 3 号，1914 年 8 月 10 日。
[5]　汪馥炎：《社会与舆论》，《甲寅》第 1 卷第 4 号，1914 年 11 月 10 日。
[6]　秋桐：《国家与我》，《甲寅》第 1 卷第 8 号，1915 年 8 月 10 日。

会进步的根本在于个人才能的发挥，国家之目的在于保障个人之自由，以便个人发挥才能、追求自身幸福。高一涵指出，人民有自利的本能，国家的职能并非代人民谋福利，而是维持国防与公共安全，鼓起人民之参政能力，引发人民之政治趣味，使其能各谋其利，各得其宜。若以国家代行人民权利，将人民视为心智不全的不完全权利人，其结果必是由国家万能走向政府万能，而使人民之才能无从发挥，社会无从进步。① 张东荪指出，"人格观念"是近代文明的精髓。所谓"人格观念"，一是承认人皆具有独立人格，即认为人皆有同等之自我发展、自我实现的自觉心与能力，二是认为国家是与国民个体处于平等地位、同受法律制限的权利相对且有限的人格主体。由"人格观念"出发，近代文明政治肯定人有自我发展的觉悟与能力，相信国民能以其政治自觉、政治能力使政治运作，建立兼容并包、广大公正的政治架构，保护人的自由权利，树立人的独立人格，使其各得发扬其能力，开展其自觉，求得自我之实现。他强调，判断政治美恶的根本标准，是看它能否使人民"独立自强，自求福祉"，而不在国家是否富强或者政府的效能高低。近代文明国家的立国原则，是区分政治与社会，减少政府干涉，去除政府对人民自由的压制，听人民自由竞争，以得自然发展。而贤人政治论将政治看作选贤择能以为万众谋福利，将人民视同待园丁培育的草木，需父母监护的未成年，不是将国家振兴的希望寄托于人民自身，而是寄托于贤人组成的万能政府，这完全是专制思维。他强调，中国要进入近代文明国家之林，必须彻底抛弃贤人政治论。②

《青年》杂志继续了民初思想对国家主义与贤人政治论的批判，发表了大量的文字，这些文字的言说思路与《甲寅》《正谊》等刊物相近，主要着眼于国家与个人关系，强调人民自由权利、个人人格的意义，强调共和立宪政体成立之唯一条件是国民对于政治能自觉其居于主人的主动地位，而不能将政治良善、社会发展的希望寄托于少数贤人。这些文字主要发表于该刊创刊前一年多一点的时间里。1917年以后，该刊有关政治理论问题的讨论急剧减少，而批判旧伦理、旧道德的思想议题则急速升温，社会与个

① 高一涵：《民福》，《甲寅》第1卷第4号，1914年11月10日。
② 张东荪：《行政与政治》，《甲寅》第1卷第6号，1915年6月10日；《中国之将来与近世文明国立国之原则》，《正谊》第1卷第7号，1915年2月15日。

人的关系问题日益突出。这表明，新文化人认为在国家政治暂时无从解决时，与其空谈政理，不如探讨"人之所以为人"，探讨人们在社会日常生活中寻求自主自立、个性解放、独立思考的意义，使人们能从日常可为之处做起，将自己从旧道德、旧风俗、旧观念的束缚中解放出来。思想主轴已从要求个人自由权利的政治场域，转向了要求个性解放，反对家族制度、传统伦理、传统风俗习惯以及社会流俗压制个人的社会场域。于是，人生意义问题、偶像破坏问题、社会俗见对个人的压制问题、国民性改造问题、婚姻问题、家庭问题、女子解放问题、男女平权问题、青年自立问题等，就成了反复讨论的话题。随着新文化运动的开展，寻求个人对家庭与社会的解放成为一代知识青年的追求，形成了个性解放大潮。

　　与清末以及民元、民二间思想主轴在国家不同，在新文化运动中，个性解放成为思想主轴。这种转变，可从民初思想演变中看出其轨迹。

二　从政治改造到思想文化改造

　　甲午战败之后的二十年间，政治改造优先论是思想主流。这期间的政治改革，基本上是以政治手段改革政治的"政治的政治改革"。[1]

　　政治改造优先论的出现，既与清末民初的民族危机有关，也与中国传统政治思维中以政治为社会枢纽的观念有关。"中国古代的各家各派，从不同的角度出发，几乎一致认为君主在国家治乱中具有决定性的作用。"[2] 不但政治家特别重视政治，一般社会也往往"只知政治力而不知社会力"。[3]在此种观念与急迫的挽救民族危机的心理共同作用下，人们很容易将政治视为"一切生命之总源泉"，将政治改造作为拯救民族危亡的捷径，以为"政治具有万能，凡百施为，舍此无可假手"。[4] 社会条件不成熟，而人们急迫地希望改革政治，乃出现了开明专制论与革命程序论两种政治转型方案。

①　王光祈：《"社会的政治改革"与"社会的社会改革"》，《少年中国》第3卷第8期，1922年3月1日。

②　刘泽华：《中国传统政治思想反思》，三联书店，1987，第67、250页。

③　张梦九：《主义问题与活动问题》，《少年中国》第4卷第10期，1924年2月。

④　梁启超：《政治与人民》，《饮冰室合集·文集之二十》，第7—14页；杜亚泉：《吾人今后之自觉》（1915年10月），《杜亚泉文选》，华东师范大学出版社，1993，第196页。

这两种方案都需要强大的政治权威，辛亥革命后的中国缺乏政治权威，革命程序论被抛弃，开明专制论不被认可。这就使民初的共和政治试验面临着重重困难。丁佛言说，民初有一"最流行、最有价之议论"，即"中国共和不能，不共和亦不可"。一方面，共和招牌已挂，但受社会条件限制，"举凡革命之成绩、宪政之精神，举为有力者利用其名目，袭取其皮毛，以为愚民之具"，故"共和不能"。另一方面，面对20世纪的国际环境，中国非立宪不能生存，且革命之后，已无君主立宪的可能，故"不共和亦不可"。这确是民初中国"惟一无二之大问题"。[①]

为走出"共和不能，不共和亦不可"的困境，人们提出了种种方案。立宪派重提开明专制论，但开明专制的梦想很快破灭。孙中山重提革命程序论，然而，社会条件没有变，革命党人在民元、民二间的表现不令一般人满意，革命程序论得不到一般社会的认可。章士钊等则欲以调和立国论解决"共和不能，不共和亦不可"的困境，然而在袁世凯的专断统治下，调和立国论只能作为远期的方案，不能作为即时的方案。又有联邦论者欲以联邦制为中国开出由人治过渡到法治的路径。联邦论者认识到"立宪国家虽亦以少数有学识经验之分子为政治之前驱，而其成功终必赖多数国民为后援"，而中国国民多缺乏政治知识与政治训练，需要利用现有条件，开辟国民接受政治训练的通道。他们反复强调，自清末以来，省已成为具有相当实力的自治体，可通过法律变革，建立联邦制，一方面以省自治来支持中央立法机构，迫使"特殊势力"在法律轨道内活动，另一方面又通过省自治为地方人士参与政治提供渠道，以训练国民的政治能力，培育其容纳异己力量的调和立国精神，养成社会的"对抗力"。[②]然而中国的省历来是官治机构，而非自治体，行联邦制，也只有省的官治，并不能实现省民自治，也就谈不上养成国民的政治能力、调和立国的精神。况且，在袁世凯专断统治下，欲通过法律变革达成联邦制本为空谈。

为解决"共和不能"的问题，民初思想界还提出了贤人政治论。民国初建，还不具备国民普遍参政的条件，却存在强调国民普遍参政，强调经济平等的平民主义、社会主义。社会主义者强调"以国家之政治作用，预

---

① 丁佛言：《民国国是论》，《中华杂志》（北京）第1卷第8号，1914年8月1日。
② 参阅拙文《民初联邦论思潮探析》，《暨南学报》（哲学社会科学版）2016年第11期。

防将来少数人经济上之专制",平民主义强调平民普遍参政,又主张"于凡有专制遗传性者",能感化者则感化之,不能感化者则排除之,"必使全国人民及言论,皆极健全,绝无专制遗传性存留其中"。① 这引发了精英主义者的恐惧。他们本不信任一般社会公众之智识、能力,担心实行平民主义、社会主义将使革命派占据政治优势,损害社会精英阶层的政治利益与经济利益。他们反复强调,若将"平民政治"理解为"多数政治",理解为国民的普遍参政与取决多数,则"多数政治"将变成"众愚政治""众恶政治""众乱政治"。② 康有为说,一定社会中贤者、智者、富者一定是少数,而愚者、贫者、不肖者则居于多数,若从多数以为治,则政权掌握在愚者、贫者、不肖者之手中,必定出现暴民乱政。③ 穆藕初认为,人民知识德行有差异,"懦弱者多守默","强暴者多嚣张","有知识者方能思精而虑密","愚昧者易动感情而受人煽惑","稍有恒产者类多持重","无恒产者往往为生计所迫易趋极端",因此,政权只能由少数有知识、有恒产者掌握,"主权在民之精义,其实在于人民之有知识、有恒产者之手中"。国民教育普及以前,应确保政权掌握在有知识、有恒产者手中。④ 方宗鳌更明确地说,执行政务需要相当的知识与能力,而"今日中国人民之程度,正如孩提之童,一举一动均须严父慈母相提携",还不能成为事实上的国家主人,只能成为"名义上、精神上"的国家主人翁,政务只能由"寡数人民之代表"执行,"非曰共和告成即人民皆有执行政务之权也"。⑤ 梁启超态度要温和一些,他不否定多数政治的可能性,但强调"多数政治"要通过政党来运作,而政党的中枢在政党领袖。各国的"多数政治"虽表现为多数之集结、多数之表决,但实质上都是少数精英主持其间,本质上仍然是少数宰制多数的政治。⑥ 章士钊也说,"大凡国民程度未熟之国,实不宜于极端之民政",若不

---

① 戴季陶:《民国政治论》,《民谊》第 5 号,1913 年 2 月;岑楼:《责任的国民》,《国民杂志》第 3 期,1913 年 6 月。

② 吴贯因:《平民政治与众愚政治》,《庸言》第 1 卷第 11 号,1913 年 5 月 1 日。

③ 康有为:《中国以何方救危论》(1913 年 3 月),《问吾四万万国民得民权平等自由乎》(1913 年 7 月),《康有为全集》第 10 集,中国人民大学出版社,2007,第 30—37、144—147 页。

④ 穆藕初:《藕初五十自述》,穆家修、柳和城、穆伟杰编《穆藕初文集》(增订本),上海古籍出版社,2011,第 19 页。

⑤ 方宗鳌:《国家与自由》,《谠报》第 1 期,1913 年 4 月 20 日。

⑥ 梁启超:《多数政治之试验》,《庸言》第 1 卷第 12 号,1913 年 5 月 16 日。

顾条件，实行普遍的公民参政，易出现法国革命后的暴民政治与"共和专制"。中国国民程度不高，不宜行极端之"平民政治"，当"以平民之国家而建贵族之政府"，即限制选举权，先由贤能之士按照共和政治的基本规则来运作政治。① 康有为受治人者与治于人者之分的影响较深，恐惧于暴民专制重现于中国，否定"多数政治"的可能性。穆藕初、方宗鳌不完全否定"多数政治"的可能性，但强调现实情形下，应由少数精英掌握政权。章士钊强调立宪政治首在为国民之优秀分子提供政治训练的机会，主张逐步扩大国民参政的范围。梁启超的看法则大体近于"精英民主论"。② 上述几种见解之间虽有差异，但都反对将国民普遍参政、取决多数作为共和政治的本质特征，强调所谓"多数政治"本质上或者说至少在当前阶段还只能是少数政治。

中国传统思想本推崇尚贤政治，历来的政治也都是官治。民初的贤人政治论不但削弱了国人对于"多数政治"的信仰，也在某种程度上为袁世凯排斥国民参政、强化官僚专制提供了借口。③ 随着袁世凯专断统治的强化，思想界开始批判贤人政治论，重新解释"民主""多数政治""民治""平民政治"的内涵，强调自由权利、国民参政、国民自治的意义。批判贤人政治论也就成为新文化运动初期的重要思想议题。陈独秀指出，中国欲图在世界中的生存，"必弃数千年相传之官僚的、专制的个人政治，而易以自由的、自治的国民政治"。国人必须明白，所谓立宪政体，所谓国民政治，"非政府所能赐予，非一党一派人所能主持，更非一二伟人大老所能负之而趋"，其能实现与否，"纯然以多数国民能否对于政治自觉其居于主人的主动地位为唯一根本之条件"，否则其宪政必定是伪宪政。④ 他根本否定

---

① 行严：《答陈君耿夫书》《论平民政治》，《民立报》1912 年 3 月 17 日、3 月 1 日。
② 精英民主论认为，历史上所有的政治制度都是少数人或者精英的统治，精英所以获得统治地位，是因为他们具备掌握政治权力所需的才能和品质。民主政治并非国民直接操持政柄，只是政治精英通过政党运作，在政治权力的市场上竞争国民手中的选票，获胜一方获得有限期的掌握政治权力的资格。这种理论看重政治领袖及其团队的作用，强调政治的精英属性（《精英主义》，《布莱克维尔政治思想百科全书》，中国政法大学出版社，2011，第149—151 页）。精英民主是资产阶级为解决资产阶级民主"多数人的统治"其名而资产阶级统治其实的理论困境而提出的，目的在应对日趋高涨的国民参政的呼声，防止劳工阶级凭借选票的多数威胁资产阶级的统治。
③ 东荪：《行政与政治》，《甲寅》第 1 卷第 6 号，1915 年 6 月 10 日。
④ 陈独秀：《吾人最后之觉悟》，《青年杂志》第 1 卷第 6 号，1916 年 2 月 15 日。

开明专制论、革命程序论、贤人政治论能够带来真正的宪政，而将共和宪政建立的希望寄托于国民自身。高一涵指出，贤人政治的基本理念是将国民分为贤与不肖，认为一般民众智慧、能力不足，不能自谋福利，不能自治，只配居于被治者、被教化者的地位，需贤能之士来治理他们，因此也就不能享有自由权利，不能有政治上之人格。而贤人则是国民的君、师、父，他们有智慧、有能力，也有保民如保赤子之心，担负着统治国民、教化国民、监护国民的重任。这与近代国家观念、自治观念等都截然对立。一般国民既无自由权利，则所谓贤与不肖的标准就掌握于权力之手，权力大小就决定了人们的贤愚，权位越高，就越贤，反之，就越不肖。为维持少数贤人的统治，掌权者必尽量排斥"不肖者"参与政治，不肖者就永无参政机会，永不能享自由权利，永不能提高其能力。所以，贤人政治不过是专制政治的代名词。① 光升指出，中国传统思想的主要缺陷是，缺乏自由思想，缺乏自治思想，缺乏人格观念与个人思想，严厉批评尚贤政治的传统。② 李大钊则试图用"自由政治"的概念来取代"多数政治""平民政治"的概念。

总之，开明专制论、革命程序论、联邦论、贤人政治论等等，都不能解决中国"共和不能"的问题，"政治的政治改造"已陷入断潢绝港。面对日趋黑暗的时局，面对共和只剩虚壳，甚至虚壳将不复存在的政治现实，"全国之人，丧心失图，皇皇然不知所归。犹以短便〔筏〕孤舟驾于绝潢断流之中，粮糗俱绝，风雨四至，惟日待大命之至"。③ 陈独秀甚至怀疑中国人是否有能力建国于 20 世纪。在此情形下，人们不能不对清末以来的政治改造优先论产生严重的怀疑。

1914 年初，梁启超就提出，政治之基础在社会，欲求良政治，需先求良社会。清末以来，国人痴迷于政治改造，日益以制度移植为救亡之捷径，结果社会腐败如故，政治无望如故。应走出"制度试验"的泥淖，转而从事社会改造。④ 后来，他又说，当社会堕落痍败、晦盲否塞之时，中国"举全国聪明才智之士，悉辏集于政界"，不但无成功之可能，而且耽误了改进

---

① 高一涵：《一九一七年豫想之革命》，《新青年》第 2 卷第 5 号，1917 年 1 月 1 日。
② 光升：《中国国民性及其弱点》，《新青年》第 2 卷第 6 号，1917 年 2 月 1 日。
③ 思农：《论人心之枯窘》，《论衡》第 1 卷第 2 号。
④ 梁启超：《述归国一年来所感》，《庸言》第 2 卷第 1、2 号合刊，1914 年 2 月 15 日。

社会的努力。痛定思痛，他决定中止个人之政治生涯，而就"人之所以为人者"以及"国民之所以为国民者"等问题，与国人为学问上之商讨。① 这大体上将改造的路向由政治转向思想启蒙。黄远庸也多次表达类似的意见。1914 年 2 月，黄远庸就提出，政治之基础在社会，而社会是一个古今诸多材料构成的复杂的"大机轴"，不精确、系统地考察社会，而"徒恃政论或政治运动以为改革国家之道"，"无往而非迷妄"。今后当充分关注"社会的理论及潮流与社会事实"，并"力求开拓心胸，放眼以观域外"，使国人了解中国所处的国际环境、国际潮流以及中国当如何学习各国文明并发挥固有文明之法。又称"今日中国乃文艺复兴时期"，当借助文学的力量，激发人们的感情，以助新思想、新观念的传播。② 1915 年 9 月，他又说，当借鉴西方以文艺复兴为中世纪改革张本的经验，通过提倡新文学，使国人与新思潮接触，而促其猛醒。③ 1915 年 11 月，他又说："欲改革国家，必须改造社会，欲改造社会，必须改造个人。社会者，国家之根柢也。个人者，社会之根柢也。……继自今，提倡个人修养，提倡独立自尊，提倡神圣职业，提倡人格主义，则国家社会虽永远陆沉，而吾之身心固已受用不尽矣。"④ 1916 年 1 月，他又说，中国要进于近世文明，须改造国民性，去除"笼统主义"，培育理性、科学、独立自尊的国民。⑤ 至于其他新文化运动主将，如陈独秀、胡适、鲁迅等，在此前后，都发生了类似的"救国方法"的自觉，都认识到救国必须灌输自由、平等、自主、自立的观念，树立国人的独立人格。陈独秀说，共和虽建，而多数国民脑子里"装满了帝制时代的旧思想，欧美社会国家的文明制度，连影儿也没有，所以口一张手一伸不知不觉都带君主专制臭味"。要巩固共和国体，非将君主专制时代的旧思想、旧伦理等"完全洗刷得干干净净不可"，"否则不但共和政治不能进行，就是这块共和招牌，也是挂不住的"。⑥ 胡适后来也说，"在民国六年，大家

---

① 梁启超：《吾今后所以报国者》，《大中华》第 1 卷第 1 期，1915 年 1 月 20 日。
② 黄远庸：《本报之新生命》，《庸言》第 2 卷第 1、2 号合刊，1914 年 2 月 15 日。
③ 黄远庸：《释言——致〈甲寅〉杂志记者》，《甲寅》第 1 卷第 10 号，1915 年 10 月 1 日。
④ 黄远庸：《忏悔录》（1915 年 11 月 10 日），《黄远生遗著》卷 1，商务印书馆，1984，第 134 页。
⑤ 黄远庸：《国人之公毒》，《东方杂志》第 13 卷第 1 号，1916 年 1 月 10 日。
⑥ 陈独秀：《旧思想与国体问题：在北京神州学会讲演》，《新青年》第 3 卷第 3 号，1917 年 5 月 1 日。

办《新青年》的时候，本有一个理想，就是二十年不谈政治，二十年离开政治，而从教育思想文化等等，非政治的因子上建设政治基础"。① 可见，离开政治，转而从思想文化领域着手改造中国，曾是《新青年》同人的共识。

《新青年》的这一思路，得到不少读者的赞许。教育家胡晋接致函陈独秀，称"吾国凡百事业，靡不失败，其大原因，皆由思想未曾革新致然。盖思想为事实之母……今先生所主张之救国主义，独从改革青年思想入手，此诚教育之真精神所寄。必一般青年涤除其数千年来污浊之思想，而发生一种高尚纯洁适于世界二十世纪进化潮流之思想，然后吾国前途之新国民，乃能崭然露头角于新世界，而有以竞存而图强"。② 甚至《新青年》中批评时政的文字稍多一些，还曾引起一些读者的质疑。顾克刚就致函陈独秀，称《新青年》第2、3卷的文字偏重于时事，有些偏离思想启蒙的主旨，希望陈独秀等坚持"尽力吸收西洋文明，将新道德新学说，一一灌输于我青年"的办刊宗旨。③

新文化运动以思想启蒙为改造方向，是在近二十年举国倾全力于政治改造，屡经制度移植的试验，而国家、社会几无改进，人心陷入绝望之时，思想界所发生的"救国方法"的自觉。民初思想界还曾就改造路向问题发生过政治改造与社会改造的争论。所谓"社会改造"，范围本相当宽泛，后来主要表现为对思想文化的改造，主要的原因是：其一，当思想界察觉政治改造的困境，而欲从事社会改造时，正是袁世凯专断的政治权力笼罩社会之时，没有社会改造的空间；其二，鼓吹社会改造的人士本为思想文化人物，他们比较熟悉且能发挥作用的领域在思想文化领域，其选择从思想文化领域入手去改造中国，顺理成章；其三，主张思想启蒙路向的人士认为，没有新思想、新观念的灌输，则圣经贤传、皇皇政令、师儒教诲、父母之命等，都足以使人以安分守己、循规蹈矩为天职，就不会觉得社会有需改造之处，社会改造就无从启动，已经启动的社会改革也极易在庞大坚固的旧势力、旧观念的围堵中夭折。罗家伦曾说，新文化运动主张"以思

---

① 胡适：《陈独秀与文学革命》，欧阳哲生编《胡适文集》第12册，北京大学出版社，1998，第33页。

② 胡晋接：《致陈独秀》，《新青年》第3卷第3号，1917年5月1日，通信。

③ 陈独秀：《答顾克刚》，《新青年》第3卷第5号，1917年7月1日，通信。

想革命为一切改造的基础"，是因为"人类的心理对于一种主义、理论、学说、制度，还正在狂信，没有丝毫怀疑的时候，他决不会感环境的不满足，而发生求往前改进的动机"。① 这在新文化人中颇具代表性。

社会、政治变革的基础在于社会、经济生活本体，思想启蒙所带来的观念变化要扎根于社会，为人们普遍接受，蔚为风俗，需要经济生活以及由此带来的社会组织、社会关系的深刻变化作为支撑。随着新文化运动的开展，尤其是经历五四运动以后，一代青年学生登上历史舞台，他们走出书斋，走入庶民大众，尝试实际的社会组织与社会改造工作，使民初思想界期望的"社会改造"真正变成了社会改造，而不只局限于思想革新。

政治、社会与思想文化关系密切，完全不谈政治，做不到。在黑暗时局的刺激下，新文化人总忍不住要谈政治。号称下定决心二十年不谈政治的胡适也多次忍不住要谈政治，要出来争自由，要呼吁好人出来奋斗，组织好政府。《新青年》内部，"少年中国"学会内部，都曾就政治改造与社会改造发生过争论。新文化运动本以思想启蒙为改造路向，但是随着形势的发展，思想启蒙似乎不能对政治产生实质影响，军阀混战依然持续，国家统一依然遥遥无期，民族独立大业依然悬在空中。独立统一不能实现，国家之现代化也就不可能实现。在此情形下，在对未来之路的探索中，政治革命重新走到前台，再次成为时代思潮的主流。

三　批判孔教——新文化运动的入手点

文学革命与批判孔教是新文化运动最初的两个入手点。本文只讨论批判孔教为何成为新文化运动的入手点。

自汉武帝独尊儒术后，儒学不但主导中国的政治学说、伦理学说，而且发挥了一定的宗教功能。清末以来，儒学受到近代自由、平等、民权思想与西洋宗教的挑战。与制度性宗教相比，儒学主要依托世俗政权、世俗教育来维持、推广其在世俗社会的影响，缺乏宗教的组织性。儒学虽发挥着一定的宗教功能，但并非宗教，儒生主要将儒学看作教化之具、利禄之

---

① 罗家伦：《一年来我们学生运动底成功失败和将来应取的方针》，《新潮》第 2 卷第 4 号，1920 年 5 月 1 日。

途，而非宗教信仰。在西强中弱的格局日趋明显、民族危机日渐加深的形势下，部分国人对儒学产生怀疑，认为儒学应为中国的贫弱负责。与此同时，西方天主教、基督教借助其宗教热情、国家社会的支持以及严密的教会组织，借着不平等条约的支持，在中国的影响日益扩大；教会学校的影响日渐扩大，部分学生"弃中即外，反客为主，除新旧约以外无典籍，除基督耶稣以外无信仰，除崇拜外人以外无思想"。[①] 这些都引发国人的担忧，"保教"的呼声随之而起。康有为试图模仿西方宗教，将儒学改造为宗教，以推动政治改革，使儒学能与西方宗教竞争。康有为将儒学宗教化的努力，在清末虽引发争议，但还未化为大规模的思想文化争论。民国建立后，儒学丧失其官方意识形态的地位，维持儒学社会影响的制度性安排，比如教育宗旨中的尊孔、中小学教育中的读经、官方的祭孔、学生的拜孔、学官体制、孔庙体系等，皆遭破坏，儒学面临空前的危机。尊孔派因此认为，辛亥革命不只是政治革命，更是对中国文化的革命。为挽救儒学，尊孔派成立各种尊孔组织，编印刊物，联络遗老遗少、各地军政长官、国会议员等，鼓吹尊孔，并发起要求定孔教为国教的孔教运动。伴随着国会制宪的进程，孔教运动有两次高潮。第一次是从国会开幕，到1914年1月国会被解散，制宪中断；第二次是从1916年8月国会重开，到1917年6月国会再度被解散。

民初孔教运动引发的思想争论广泛而激烈。争论大体有三层。其一是孔教是否可以入宪，涉及的主要问题有：何为宗教，宗教的功能，宗教是否为人类所不可缺少；孔教是不是宗教，孔子是不是宗教家；历史上孔教是否居于国教的地位；宪法定孔教为国教或国民教育以孔子之道为修身大本是否违背政教分离与国民平等的原则，是否会引发教派冲突与国家分裂，是否有碍于信仰自由、思想自由、良心自由，造成思想文化专制、人心伪诈、道德堕落，是否会妨碍中国吸收世界文明；国家整合主要依靠以自由、民主、平等、人权为原则的政治整合，还是依靠文化整合；等等。第二层，孔教或者孔子之道的历史作用，及其是否适应现代生活，涉及的主要问题有：中国历史上以及今日的世道人心如何，其与孔教之关系如何；晚清以来中国贫弱的原因何在，孔教应否对此负责；共和建立以来，政治、社会、

[①] 王振民：《论中国各宗教之危机》，《尚贤堂纪事》第7期第2册，1916年。

风俗等方面乱象丛生，根源何在，是否抛弃孔教所致，解决之道是恢复孔教，还是进行政治革新、普及教育；孔教与中国历史上的专制政治关系如何，孔子尊君是不是主张专制，儒家重民是否就是主张民权；孔教的政治伦理学说与现代共和政治的自由、平等、人权原则是否相合，提倡尊孔是否会引发帝制复辟；共和政治不能确立，是因为孔教影响太深，妨碍了近代政治思想在中国的发展，还是另有原因；与共和政治相适应的伦理学说、道德秩序如何建立，是用现代的自由、平等、人权的精神去解释孔子之道，从对孔子之道的创新性解释中获得，还是通过输入西方学理，更新国民思想观念来获得。第三层是中国文化的根基以及更新路向，涉及的问题有：儒学能否代表中国过去之文明，批评儒学是否会自毁中国文化的根基，造成中国在文化上的亡国；中国未来的文明，是"以东方之古文明，与西土之新思想，行正式结婚礼"，① 对内发掘各家学说之优长，对外充分吸纳西方文化之优点，弘大中国文明的规模，建立中国的现代文化，还是走"欧化"的道路，"自西洋之基础，从新改造"，② 抑或是固守儒家学说，以儒家学说为中国文明唯一之正宗，从儒家学说中去发掘近代性因素，来实现中国文化的近代转化。

两次孔教运动中的思想争论有一定的延续性，不过因情势变迁，争议的重心有所变化，批评孔教的人士之态度有温和与激烈之别。第一次孔教运动时，孔教运动的反对者大都自承为尊孔之一分子，只是认为定国教非尊孔之正当办法，给共和政治的建立带来不利影响，甚至造成国家分裂，引发教祸与外国干涉。一部分反对定孔教为国教的人士，虽认为儒学的部分学说与自由、平等、人权的原则不相适应，但也承认儒学在养成个人的君子人格方面，有诸多可法之处，不可全盘抛弃。自然，在争论的过程中，难免有人为辩胜起见，对孔子寻疵索瘢，故意贬低。总体上，第一次孔教运动时期，论争各方的态度尚较平和。这与共和体制尚存，有关孔教的争论主要还是关于宪法具体内容的争论有关。

国会第一次解散后，袁世凯试图利用尊孔来为其政治复古提供合法性

---

① 易白沙语，见氏著《孔子平议》（下），《新青年》第 2 卷第 1 号，1916 年 9 月 1 日。
② 庄士敦（R. Flement Johnston）：《中国宗教之前途》，钱智修译，《东方杂志》第 10 卷第 9 号，1914 年 3 月 1 日。

支持。他规复春秋两丁祭孔大典，恢复各地文庙。1914 年 10 月，参政院又通过严复等提出的"建议提倡国民性案"。该案要求将忠孝节义定为中华民国之立国精神，并提出"导扬中华民国立国精神"办法六条：将有关忠孝节义的言行、事迹编入中小学课本，或制成通俗歌曲、戏剧、图画，以供讲诵传习、演唱观览；修整各地方之忠孝节义祠堂坊表，以供游观，并择相关时日举行祭典及开庙会；表彰忠孝节义之人，并由大总统酌予荣典褒章；广举中外古今学说，编纂专书，阐释"效忠于元首，即无异效忠于国家"之"精义"，布在学校，传诸民间，使人民效忠大总统；编译有关宣传忠孝节义事迹的图书。① 随后袁世凯令内务、教育两部，"按照六条办法分别施行，并通咨各省，将此项建议案饬属晓谕人民，一面悬挂各校讲堂，刊登各课本简端，以资儆惕，务期家喻户晓，俾人人激发其天良"。② 教育部即要求各地教育主管部门督饬所属将该案原文悬挂各校讲堂，并刊登各课本简端。随后，教育部又拟定提倡忠孝节义施行办法，并恢复小学读经。

与接二连三的尊孔命令以及恢复祭孔大典相伴随的，是政治上的复古。袁世凯不但全盘废弃民国元二年间的共和建制，甚至"前清光、宣之交，凡所规画所建置，殆无不废变停顿"，用人上则"以前清官历为衡才独一之标准"，大量起用锢蔽龌龊、恬黩偷靡的旧官僚。前清亡国余孽的老官僚、老名士纷纷出山，"侈然俨以道德为其专卖品"，借提倡旧道德排斥新派人物，宣泄其对新学、新政的愤恨之情。③ 一时间"国内复古之声大盛，皇皇策令，无非维系礼教；济济多士，尽属老成硕望"。④ 尊孔与复古并行，刺激了思想界，人们因厌恶复古而厌恶孔教与尊孔，对孔教的态度趋于激烈。

早在 1915 年 1 月，蓝公武就发文激烈批评复古潮流，并激烈批评礼教。他指出，国性、礼教、忠孝节义皆"非亘古不变之性，乃与时迁移之物"。晚清以来的历史表明，尧舜禹汤文武周孔之道"仅属过去之文化"，忠孝节义"无一不与近世国家之文化相背反"，已不能应对"近世列强之科学智识

① 《参政院代行立法院咨大总统请导扬中华民国立国精神请查照施行文（附办法）》，《政府公报》第 899 号，1914 年 11 月 5 日。
② 《教育部拟订提倡忠孝节义施行方法呈并大总统批令》，中国第二历史档案馆编《中华民国史档案资料汇编》第 3 辑《文化》，江苏古籍出版社，1991。
③ 梁启超：《复古思潮平议》，《大中华》第 1 卷第 7 号，1915 年 7 月。
④ 蓝公武：《辟近日复古之谬》，《大中华》第 1 卷第 1 号，1915 年 1 月。

国家道德"的挑战，而成为中国发展必须廓清的障碍。他从五个方面对此进行了阐述。其一，礼教"与近世国家之有机组织不相容"。近世国家以人民之个体为单位，个人不论其才力、德性、职业、阶级，各有其独立之地位；而礼教之精神则是臣、子、妻、受恩顾者为君、父、夫、恩顾者所有，无独立之人格。其二，礼教"与近世之经济组织不相容"。古代经济生活笼罩于行会制、家族制之下，人身依附关系严重，由此，"报恩服役"、忠孝节义就成为社会之纲纪。近世经济以机械生产与资本制度为基础，自由契约的雇佣制度取代了师徒之制，自由竞争的企业制取代了行会制，经济也由家族经济、地方经济，而进于国民经济、世界经济之域，经济活动的参与者之间不是主奴关系，而是法律面前平等的权利主体之间的关系。与之相适应，道德就由报恩服役、忠孝节义变为自尊、独立、自由、明思、合群、公德。其三，礼教"与近世之法治制度不相容"。法治为近世国家、近世文化的基本特征，刑赏之权操诸国家，举国之人无贵贱长幼都平等地受治于法律之下。而礼教则以尊卑长幼而别刑罚之轻重，甚至"亲长操刑戮之权，君上专杀伐之威"，这既侵犯了国家的刑赏专权，也违背了人人平等的法治原则。其四，礼教"与近世之教育制度不相容"。近世教育之权操诸国家，其目的在于培养健全之国民，故一面注重培养国民独立自尊、合群尚公的品德，一面注重社会知识与自然科学知识的学习；而礼教之下，教育之权操诸父兄，其目的在于培育忠臣孝子，教育内容则局限于古代经典，难以培育适应近世经济、文化发展需要的人才。其五，礼教"与今世之人格观念不相容"。人格观念"实今世文化之中核"，盖有独立之人格，而后人民有自由之思想，有发展文化之能力，而后有平等受治之制度。而中国之礼教，"亘古不重人格"，君臣、父子、夫妇之关系为主奴关系，绝无独立人格的观念，不可能有独立的国民。他断言，晚清以来的历史已经证明礼教不足以应对西方文明的挑战，中国的路向"不在复古而在革新，不在礼教而在科学"，尊孔派、复古派罔顾世界潮流，罔顾革命以前纲纪风化已然败坏的事实，将昔日所视为亡国之具者视为今日救国之要道，势必斩绝中国之新机，"自速其亡"。① 蓝公武将"人格观念"看作近世文明的核心，将不重视人格看作礼教的根本缺失，将确立独立人格作为中国文化未来的

---

① 蓝公武：《辟近日复古之谬》，《大中华》第 1 卷第 1 号，1915 年 1 月。

路向，已接近新文化运动的主题。而他试图以经济生活的变迁来说明政治、法律、道德的变迁，并强调礼教、道德都是与时俱进的，也与新文化人的思路接近。与蓝公武否定礼教的现代适用性不同，梁启超试图区分孔子教义的不同部分，只承认其关于个人修养部分可适用于一般国民，而其哲学部分则属专门学问，其"治平理法之精粹者，亦仅从政者所当服膺"，不必尽人而学。这就否定了孔子教义的全面适用性。① 吴贯因也发表文章，讨论家族制度的改良，强调伦理必须与现实生活相适应，反对将孔教伦理神圣化、永恒化。梁启超、吴贯因的态度还比较温和，但蓝公武的论述表明，新文化运动兴起之前思想界对于孔子之道的态度已经趋于激烈化。

新文化人既将共和政治与国家社会进步的希望寄托于一般国民，将唤起国民的自主、自立意识，树立个人的独立人格，使其能自谋温饱，自陈好恶，自崇所信，"一切操行，一切权利，一切信仰"皆"听命各自固有之智能"，而不是盲从依赖他人，② 作为主要目标，就势必批判儒学，势必强烈反对那要求恢复儒学垄断地位的孔教运动。儒家学说重家族而忽略个人，别尊卑、明贵贱、教恭顺而不言平等、自由、独立，崇贤人、盼仁政而不讲自主、自治，与新文化运动所追求的独立、自主、自由、平等的人格理想严重冲突。一般国家由中世纪走向近代大都会经历激烈批判传统的思想启蒙时代。近代中国的思想启蒙在民族危机严重，新旧对立与政治的革新、守旧缠绕纠结中展开，新旧两派都易剑走偏锋。梁启超就指出，民初复古思潮的兴盛与蓝公武等人激烈地反对礼教，是晚清以来蔑古与复古两派思潮"互相搏激"，日趋极端的结果："蔑古论昌，则复古论必乘之；复古论昌，则蔑古论又乘之。以极端遇极端，累反动以反动，则其祸之中于国家社会者遂不可纪极。"③ 庚子事变后，"举世竞言新政、新学"，已引起守旧派的激烈反弹。民国建立后，欧化风潮更甚，各种"废孔"举措纷纷出台，更使守旧派惶惶不可终日。其极端守旧派目睹民初社会、政治的种种乱象，不深求所以然，"而一切以府罪于其所不喜之新学、新政。其意若曰：天下扰扰，正坐此辈横议处士，兴风作浪，造言生事，苟不尔者，吾

---

① 梁启超：《孔子教义实际裨益于今日国民者何在？欲昌明之其道何由？》，《大中华》第 1 卷第 2 号，1915 年 2 月。

② 陈独秀：《敬告青年》，《青年杂志》第 1 卷第 1 号，1915 年 9 月 15 日。

③ 梁启超：《复古思潮平议》，《大中华》第 1 卷第 7 号，1915 年 7 月。

国今日固犹是唐虞三代也。又若曰：吾国自有所以善治之道，可以无所待于外，今特患不能复吾故步耳，苟其能焉，他复何求"。[①] 他们否定清末以来的一切革新举措，主张全面复古。复古派与政治权力相勾结，推动帝制复辟的事实，又刺激新派人物，引发他们的极端排斥孔教。离开这一点，去批评新文化运动的激烈反对孔教，就不是历史主义的态度。

新文化运动批判孔教，起初是民初孔教问题争论的一部分。《青年杂志》创办之初，其核心议题是国家观念，而非孔教。国会重开后，孔教运动再起，《新青年》上才出现大量的专门讨论孔教问题的文字。第二次孔教运动时期，思想界对孔教以及孔教运动的态度趋于激烈，这并不限于《新青年》杂志。国会再度解散后，孔教运动再度走向低潮，《新青年》上针对孔教运动的文字明显减少，但新文化人对于孔教、儒学的批评并未因此结束。相对于民初一般反对孔教的言论，新文化人对孔教的批评，其特别之处在于，第一，他们强调要以历史的眼光看待孔教与中国传统。他们指出，所有的思想学说都是在一定历史条件下发生的，都只能通行于一定的时代，不存在行之四海而皆准、通于古今而皆宜的思想学说。他们努力从社会、经济生活去讨论孔子之道的发生及其在近代的衰落。第二，他们强调评判的态度，主张对于一切思想、学说、制度、礼俗、风俗等，都要拷问其合理性，对于孔子之道亦然。第三，他们强调独立人格、自由思想、个性发展的意义，揭露孔子之道、家族制度与专制政治的关系。此外，对于尊孔派以比附的手法将孔子装扮为万世教主，将孔子之道抽象化以使之永恒化、普适化的做法等，新文化人就宗教、道德的起源、本质、功能，以及儒学的发展史及其历史作用等，进行了探讨，其深度要远超民初孔教运动期间思想界的相关讨论。

重大历史事件对历史进程影响深远，历史研究者也往往依据重大历史事件对历史进行分期。但过分注重分期与重大事件的历史研究，往往忽略历史的延续性，将延续的历史写成断裂的历史。从注重历史分期的历史研究来看，民初思想既不属于辛亥革命，也不属于新文化运动，往往被当作辛亥革命的余波或新文化运动的前奏。实际上，这一段在思想史上是中国思想由辛亥转向五四的重要节点。这一时期的思想有两个重要的转向，即

①　梁启超：《复古思潮平议》，《大中华》第 1 卷第 7 号，1915 年 7 月。

从国家主义、强有力政府论转向关注个人权利、关注国民的自我发展，从侧重于政治改造转向侧重于社会改造、思想文化改造。民初的孔教运动以及围绕孔教问题的思想争论，广泛而激烈，是后来新思想界激烈批评传统的重要缘由。新文化运动兴起之初，其思想倾向、思想议题都与民初思想直接相关，其关注个人权利与个性解放，其思想启蒙的路向选择，其对于儒学（孔教、礼教）的激烈批评态度，都渊源有自，并非凭空而来。

中国哲学与现代学术典范之转移

——以胡适与冯友兰的中国哲学史研究为中心

王法周[*]

在中国现代学术形成与发展的历程中，经典著作对新学术的建立有着十分突出的示范意义。胡适的《中国哲学史大纲》和冯友兰的《中国哲学史》，是学术界比较公认的两部最有代表性的现代学术经典著作。在中国现代学术典范转移与突破的过程中，胡、冯二著的问世，凸显了中国哲学史对于新学科的建立，具有其他学科所不能比拟的十分突出的示范意义。另一方面，清代考据学在中国现代学术典范创立的过程中，也起到了十分突出的作用。

一 西学与中国现代学术的合法性

在中国现代学术的初创时期，引进西学方法成为当然的第一步工作。这是由中国现代学术的合法性决定的。

毋庸置疑，如何处理中学与西学的关系，是中国近代学术思想史无法回避的问题。在一定意义上，近代中国的历史，是中华民族逐步实现救亡与自强的历史，也是西学日益东渐的历史。晚清时期，"中体西用"一直是最公认的时代最强音。严复即曾再三致意，救亡自强之道，"不容不以西学

---

* 王法周，中国社会科学院近代史研究所研究员。

为要图"，① 反复呼吁"大讲西学"②"非讲西学不可"，③ 把处理西学问题放在了至要的位置上。他甚至直言中学之无用。严复说：

> 是故取西学之规矩法戒，以绳吾"学"，则凡中国之所有，举不得"学"名；吾所有者，以彼法观之，特阅历知解积而存焉，如散钱，如委积。④

严复认为中国学术散乱无章，全属无用之学。此说虽不免激进，但却颇具代表性。从严复、康有为、梁启超到蔡元培、王国维等前沿学者，几乎都是毫无二致地充分肯定西学在整合中国传统学术方面的重要性，并能自觉地借鉴西方的学术思想与方法。当时，学习西方一直居于主流思想的地位，借鉴西方学术方法系也成为创建中国现代学术的不二法门。

民国时期，西学东渐更是强势不已。但新知识界对于吸收与融会西学的学界现状并不满意。五四前夕，傅斯年仍感愤真懂西学的人极少，把不能"收容"西学视为中国学术思想"一切误谬"之中的最"基本误谬"。⑤五四新文化时期，西学知识在中国的传播实际上呈现出日益加速之势，傅斯年此说更多地体现了一种对西学的急迫心理。到了30年代，金岳霖仍在感慨西学的这种强势。金岳霖说：

> 以欧洲的哲学问题为普遍的哲学问题当然有武断的地方，但是这种趋势不容易中止。⑥

在西学东渐的大背景下，西学日益笼罩中学久成必然之势。金岳霖之说，实际上也是陈述了西学强势存在的一种客观事实。依金岳霖之说，西学强

---

① 严复：《救亡决论》，《严复集》第1册，中华书局，1986，第50页。
② 严复：《救亡决论》，《严复集》第1册，第43页。
③ 严复：《原强修订稿》，《严复集》第1册，第30页。
④ 严复：《救亡决论》，《严复集》第1册，第52页。
⑤ 傅斯年：《中国学术思想界之基本误谬》，《傅斯年选集》，天津人民出版社，1996，第54—55页。
⑥ 金岳霖：《〈中国哲学史〉审查报告二》，冯友兰：《中国哲学史》（下），中华书局，1961，附录，第2页。

势既成现实态势，就是一个绕不开的问题，对中国学者来说，即便是不得已的心理状况，也需要始终直面西学的存在。

从晚清到民国，西学像大山一样始终横亘在中国学术面前。在这种情况下，中国学术要获得创新与发展，也不容不主动有效地融会西学。傅斯年就把"收容"西学当作消除中国学术思想"一切误谬"的前提条件，主张以坚定的态度，主动有效地"收容"西学。[1] 与傅斯年积极进取的态度相比，陈寅恪的说法多了一层委婉，高调坚持"本来民族之地位"，但却并不含糊，明确指出新学术"创获"的前提条件是"必须""吸收输入外来之学说"。[2] 说到底，如何面对西学，首先就是一个态度问题。傅、陈二人就代表了一种态度，即承认西学的强势并主动地吸收与融合。这样一种态度，五四新文化时期已经成为学界的一种时代认同，无论是早期新儒家还是学衡派，都不能例外，融合中西已成为时代思想的主调。简言之，能否借鉴与吸收西学，在很大程度上就成为能否获得学术合法性的一个前提条件。

清末民初的学术发展史，也十分清楚地印证了这一点。

清末民初是中国传统学术走向现代的一个过渡时期。这是近代学科尝试进行创构的初期，其首要环节是借鉴西学的分科方式，在形式上对传统学术做分门别类的处理。此时编写的一批教科书，自然是近代学术分科的新产物，其中也不乏西方近代知识背景，但中西学术之间的对接大多停滞在简单的形式比附上。较有代表性的著述，如张鹤龄的《京师大学堂伦理学讲义》，称"曾参考各国强盛之由，伦纪与政治相维之法"，[3] 从法与理、权利与义务等关系角度，来阐释伦理与政治、个人道德与社会道德等问题；但书中充斥了天尊地卑的纲常思想，对近代伦理学的学科体系、内容构成以及法理精神亦缺乏相应的了解。[4] 又如，王舟瑶编著的《京师大学堂经学教科讲义》，对经学传授历史亦系全袭旧说，不仅缺乏近代学术眼光，史料使用也是良莠互见，不加择别。该讲义末尾附有《通变篇》《自强篇》，大讲进化论思想，但讲义正文中却充满了法先王之类的观念，显然是犯了皮锡瑞所谓的"六经致用"说的毛病。相比张、王二人，刘师培显得成熟一

---

① 傅斯年：《中国学术思想界之基本误谬》，《傅斯年选集》，第54—55页。
② 陈寅恪：《〈中国哲学史〉审查报告三》，冯友兰：《中国哲学史》（下），附录，第4页。
③ 张鹤龄：《京师大学堂伦理学讲义》，中国社会科学院近代史所馆藏石印本，第1页。
④ 张鹤龄：《京师大学堂伦理学讲义》，第3—8页。

些，其编写的《伦理教科书》《经学教科书》《中国历史教科书》《中国地理教科书》等，借鉴近代学术观念与形式重新整理传统学术，是有意识地以近代学术的著述体裁写成的。但刘著仍停留在中西学术之间的简单比附上，仍是清末"用旧学比附西学以发明'新理'的典型代表"。[①] 大体上说，此一时期的新教材，给人的印象是中西杂糅犹如两张皮，远未达到会通中西的地步。

清末民初，比较成熟的新学术著作，主要有夏曾佑的《最新中学教科书中国历史》、蔡元培的《中国伦理学史》和王国维的《宋元戏曲史》等书。此三书都是借鉴西学方法以创立新学术。夏著原系中学教材，1904年由商务印书馆出版第一册。此书是近代中国第一部尝试用进化论研究中国历史的著作，全书以西方知识视角来改造中国正史系统，以进化论为线索与骨架来探寻国家兴亡盛衰之迹，在中国现代史学史上有开创性的贡献。此书在三十年后仍作为大学教科书重印，亦足以说明其现代学术价值。蔡氏《中国伦理学史》于 1910 年初版。依笔者的眼光，此书语言平实且多有卓见，论断精辟之处甚多，其结构形式与价值系统均以近代知识眼光构建完成，在中国伦理史学史上具有开创性的贡献。王国维的《宋元戏曲史》成书于 1912 年。此书对宋元戏曲的形成和演变过程做了系统阐述，对宋元剧作家与作品的分析与论断，都是全新的拓荒工作，在戏曲史乃至在文学史上有卓越之地位。梁启超说王氏治戏曲"最在条贯"，称其为将来曲学的"不祧之祖"。[②] 傅斯年更是对王书青睐有加，认为其书有"极有之言，且具世界眼光者"，称唯独此书在当时文学界"最有价值"。[③] 的确，《宋元戏曲史》在思想旨趣与新学术规范上，已经相当接近五四新文化时期的新学术水准。总体上，夏、蔡、王三书，在价值层面多张扬平等、自由与理性，在不同程度上展示出西方学术观念以及近代新学科的著述体例与方法。

学术专门化与学科化是近代学术形成的一个基本特征。清末民初的上

---

① 左玉河：《从四部之学到七科之学——学术分科与近代中国知识系统之创建》，上海书店出版社，2004，第 436 页。

② 梁启超：《中国近三百年学术史》，《饮冰室合集·专集之七十五》，中华书局，1989，第 364 页。

③ 傅斯年：《评〈宋元戏曲史〉》，《新潮》第 1 卷第 1 号，1919 年。

述著述，即是中国近代学科专门化的产物。随着学术专业分科意识日益明确，一个个的学术专门史如中国历史、中国伦理学史、中国小说史、中国政治史等相继产生，中国学术在形式架构上实现了与西学的初步接轨，但总体上只能说是粗具规模。以夏、蔡、王三书为例，此三书在不少方面都体现出近代意义上的新学科著作特征，但也未能成功地实现现代学术典范意义上的全面突破。究其原因，与本文主旨相关者主要有以下三方面：第一，方法不够严密。如夏、蔡二书都存在史料处理方面的缺陷。夏书从伏羲、神农到尧舜时期，有大篇幅的神话传说，但明显缺乏可靠史料的支持。蔡书在史料处理上也有明显的漏洞，如以《系辞》《序卦》等战国后期材料来述论唐虞三代的"天之权威""天道之秩序"等问题。① 第二，价值观念模糊。比如，夏书甚至有意忽视材料真伪而曲解史实，如孔子母徵在与黑帝"梦交"，以"古义实如此，改之则六经之说不可通"强为之辞。② 第三，学科属性与范围不够典型。夏书属一般通史类著作，内容太过宽泛。王书为文学史类，且限于宋元戏曲，主体内容又过于狭窄。而蔡书的伦理学史则是传统学术中最独特的学科，是最富中国民族个性的学科，中国传统中重直觉顿悟的德性工夫与西方伦理学的差异过大。以上三个方面反映出，即便是夏曾佑、蔡元培、王国维这样学贯中西的大宗，在不同程度上也都存在一些方法严密性与系统性的缺陷。可见，现代学术的建立，有待于实现方法系统的进一步完善，也有待于历史条件的进一步成熟。

需要强调的是，上述三个方面，在夏、蔡、王三书中表现程度殊不相同。尤其是蔡、王二书，主要是学科属性使其对其他学科的示范意义不够典型，虽有相当高的学术水准，却不足以成为现代学术的标志性典范，使人有可惜之感。但类似学科属性这种极为具体的原因，可能就是现代学术典范转移过程中的微妙之处，其中蕴含着很值得深思与体味的地方，这一点下文还要分析。

总之，中国现代学术进入一个关键的时间节点，新的时代在呼唤方法更加严密系统、价值更加坚挺卓立的新学术经典的诞生。

---

① 蔡元培：《中国伦理学史》，《蔡元培全集》第 1 册，浙江教育出版社，1991，第 472 页。
② 夏曾佑：《最新中学教科书中国历史》，《夏曾佑集》（下），上海古籍出版社，2011，第 829 页。

二　中国哲学史学科的独特示范意义

五四新文化时期，是中国现代学术走向成熟的一个关键时期。此一时期，一批早期庚款留学生相继归国，他们以系统的西学知识方法来研究中国学术，写出了一批高质量的现代学术著作。其中，最引人注目的是中国哲学史学科，这一学科中有两部书在学术界广有影响，一部是胡适的《中国哲学史大纲》，另一部是冯友兰的《中国哲学史》。

胡适的《中国哲学史大纲》，是中国人所写的第一本用现代哲学的系统方法研究中国哲学的书，被公认为是中国哲学史学科的开山之作。

《中国哲学史大纲》的成绩，在最大程度上得益于其方法上的严密性与系统性。

胡适曾受过西方哲学的系统训练，对于有效地会通中西哲学乃至中西学术有着相当明确的自觉意识。《中国哲学史大纲》开宗明义，对哲学做了界定：

> 凡研究人生切要的问题，从根本上着想，要寻一个根本的解决：这种学问，叫做哲学。[①]

此书指出，哲学包含六大内容：宇宙论、知识论、人生哲学、教育哲学、政治哲学和宗教哲学。由此出发，胡适对哲学史进行了界定：

> 把种种哲学问题的种种研究法，和种种解决方法，都依着年代的先后，和学派的系统，一一记叙下来，便成了哲学史。[②]

而中国哲学史学科的任务有三项：（1）明变，即弄清古今哲学思想变迁的线索；（2）求因，即弄清发生这种种变迁的原因，又可以分为三类，即个人的才性不同、所处的时势不同，以及所受的思想学术影响不同；（3）评判，即

---

① 胡适：《中国哲学史大纲》卷上，商务印书馆，1919，第一篇导言，第1页。
② 胡适：《中国哲学史大纲》卷上，第一篇导言，第2页。

在明变、求因之后，对各家学说做出评估与判断，以便弄清每一家学说在当时和后来产生了何种影响。胡适此书是一部出色运用系统化方法的成功之作。他每讲一派哲学，都能清楚地呈现这一派哲学的思想系统。如讲老子，先考其生平时代，再讲他对时世的态度，然后说他的主要哲学观念。在哲学观念中，先讲其天道观，再讲其名实观念，然后讲无为等一些具体的主张，最后讲他对当时和后来所产生的影响。对孔、墨等诸家也大抵如此。在全书中，胡适基本做到了明变、求因、评判的要求，对先秦诸子各家的哲学思想，一一进行梳理，此书成为一部系统运用现代方法的学科经典。

胡适自己确认，此书最重要的是他的方法论，而"名学方法"就是此书的"中心问题"。胡适说："我这本书的特别立场，是要抓住每一位哲人，或每一个学派的'名学方法'（逻辑方法，即是知识思考的方法），认为这是哲学史的中心问题。"[1] 胡适又说：

> 古代本没有什么"名家"，无论那一家的哲学，都有一种为学的方法。这个方法便是这一家的"名学"。[2]

由此，胡适对老子的无名、孔子的正名、庄子的齐物论、尹文子的刑名论等，展开一系列的述学、明变、求因与评判工作，勾勒出一部极具启迪意义的逻辑方法变迁史。梁启超说此书在逻辑方法上是一种"空前创作"，认为此书"凡关于知识论方面，到处发见石破天惊的伟论"。[3]

胡适的方法是一种真正意义上的现代学术方法。其基于实验主义哲学的"历史的方法"，形式与内容都十分丰富，既有技术方法系统，也有价值观念系统，蕴含了怀疑论、中西哲学比较的方法、西方校勘学方法、平等的眼光等更多精神或价值层面的意义。胡适在方法上的成功，在当时学界基本上是公认的，有学者就羡慕"胡适之幸得生在此学术比较开明的二十

[1]　胡适：《中国古代哲学史台北版自记》，《胡适学术文集·中国哲学史》上册，中华书局，1991，第5页。
[2]　胡适：《中国哲学史大纲》卷上，第187页。
[3]　梁启超：《评胡适之〈中国哲学史大纲〉》，《饮冰室合集·文集之三十八》，第51、66页。

世纪"。①

需要注意的是，《中国哲学史大纲》的创新意义并不限于中国哲学史，其对整个中国现代学术思想史都具有开创性的意义，为中国传统学术向现代学术转移树立了一个"全新的典范"。② 故此书在五四前夜问世后，不到两个月即再版，到 1922 年已出至第八版，在当时的学术界乃至整个文化界有极大的影响。此书对中国哲学史方法论体系的成功构架，对其他不少学科都起到了典范的作用。如对中国文学史的影响，胡适自己另外的著作《红楼梦考证》《白话文学史》等，实际上就是对《中国哲学史大纲》的方法系统的再运用，对鲁迅的《中国小说史略》及整个中国文学史都有持续性的影响。又如对整个史学领域的影响，民国时期最据主流学术地位的顾颉刚的疑古派史学，以及傅斯年主导的历史语言研究，都受到胡适十分深刻的影响，这一点下文续有交代。

在《中国哲学史大纲》之后，中国哲学史学科诞生了另一部经典著作，这就是冯友兰的《中国哲学史》。冯友兰是胡适的学生一辈，他的《中国哲学史》在诸多细微方面都受到胡适的影响，细读冯书会有明显的体悟。冯友兰也是傅斯年和顾颉刚的北大同学，他在与顾颉刚等人的一系列学术论争中获益不少。因此，冯著《中国哲学史》虽于新文化运动之后面世，却属于深受新文化运动影响的产物。冯书最出色的地方，也在于方法的严密性与系统性。在《中国哲学史》第一章绪论中，冯友兰也首先借鉴西学方法对哲学的概念与内容进行界定，把哲学分为下列三大部分：

（1）宇宙论——目的在求一"对于世界之道理"（Theory of World），

（2）人生论——目的在求一"对于人生之道理"（A Theory of Life），

（3）知识论——目的在求一"对于知识之道理"（A Theory of Knowledge）。

冯氏指出，"此三分法"③ 是柏拉图以来直至近世西方哲学最常见的分类方法。哲学的内容范围既经厘定，则宇宙论、人生论与知识论，也自然构成中国哲学史的三大内容，这三大内容自此即长期成为中国哲学史学科的三大模块。基于具备方法的系统性，以及对哲学的透彻了解，冯书中有

---

① 曹养吾：《辨伪学史》，《古史辨》第 2 册，朴社，1933，第 413 页。

② 余英时：《〈中国哲学史大纲〉与史学革命》，沈志佳编《余英时文集》第 5 卷《现代学人与学术》，广西师范大学出版社，2006，第 293 页。

③ 冯友兰：《中国哲学史》（上），第 2 页。

不少精辟的创见。比如第一次把名家分为两派，以惠施主张"合同异"为一派，以公孙龙主张"离坚白"为另一派。再如关于二程，历来都把二程视为一家，而冯书第一次揭出程颢代表心学一派，而程颐代表理学一派。书中还有很多精辟的见解，都是发前人所未发。总之，冯书在中国现代学术史上第一次系统、完整地呈现了中国哲学史学科的全貌，成为胡著之后又一部公认的中国哲学史经典著作。

比较而言，胡、冯二人的学术思想确有很多不同之处，甚至于其价值取向更是大异其趣。有关二人的学术公案，一直是 20 世纪学界的一个热门话题，因与本文主题无关，在此自不多言。但学界往往忽略其二人的学术共同点，而正是他们的共同点，反映了中国哲学史学科在中国现代学术建构中的突出重要性，在此不容不多说两句。胡、冯二人至少有一个最基本的共同点，他们都认为，只能以西方哲学的方法体系来重构中国哲学史。或者说，他们都将自己的学术重心，放在中西哲学史的全面系统的对接与融合上。冯友兰试图在"形式上无系统"的中国哲学中"找出其实质的系统"，① 也正是胡适借鉴"西洋的哲学"方法来处理中国古代的材料，从而使先秦各家学说"各成有头绪条理的学说"。② 在具体表现方面，如对于传统学术中的各个人物、派别、范畴以及观念等，他们在各自的著述中都做了大量的中西比较，且其中大多数的比较都很专业，与早期学术著作的简单比附，有云泥之别。这种比较贯穿胡冯二书之首尾，读者一看便知。在这里，有必要把胡、冯二书与谢无量的《中国哲学史》做一简单的比较。谢著出版于 1916 年，是胡、冯二书之前的学科代表作，迄今为止仍然是广为人知的一部传世名作，其中不乏诸多优点。但就最关键的学科方法之严密性与系统性而论，我们可以清楚地看到谢著的粗疏与杂乱，凸显出胡、冯二书在融会中西哲学方法上的卓然。谢书对诸多概念的哲学内涵也无透彻的了解，与胡、冯二书相比有明显的差距。总而言之，胡、冯二人的目标，都是要在中国古代学术中建构一个与西方哲学全方位接榫的中国哲学史学科体系，这一点他们做得都很出色。

总的来说，胡适、冯友兰等人的学术理路，与晚清以来的中西会通之

---

① 冯友兰：《中国哲学史》（上），第 14 页。
② 胡适：《中国哲学史大纲》卷上，第 31 页。

路并无二致，只不过胡、冯二人在方法上更系统、更彻底而已。胡、冯二人把西方哲学的概念、方法以及学科结构形式等融入中国古代学术之中，凸显了新学术方法在现代学术典范转移中的重要性。

说到这里，再结合本文第一部分谈到的夏曾佑、蔡元培、王国维三书，则中国哲学史学科之于中国现代学术典范建立的特殊作用，就应该更清楚一些了。上文说到，夏、蔡、王三书，或因范围太过宽泛，或因内容太过狭窄，在相当程度上受到学科属性方面的限制，从而影响了其新经典的示范意义。而胡、冯二书的成功，在事实上已说明中国哲学史的学科优势。以下我们再从逻辑上进行简单的分析。

为实现中国学术从传统到现代的真正意义上的突破，在理论上应该存在一个更具典型意义的学科。此一学科至少需具备两个条件：第一，此一学科在理论与方法上更便于实现与西方学术的充分对接，且能够更多地涵容方法论的不同层次和丰富维度，只有如此，才能对其他学科的构建形成更广泛的方法示范效应。第二，此一学科最好尽可能多地涵涉经、史、子、集等不同的学术门类，从而可以更有效地实现中西学术之间的对接。

这个最典型的学科，非中国哲学史学科莫属。要明白这一点，应先弄明白哲学的学科性质。众所周知，哲学因其高度抽象的理论特性，在性质上有着所有其他学科无法具备的特殊思想维度。长期以来国内一直沿用着"哲学社会科学"的固定用语，亦能说明哲学相对于其他学科在理论方法上的排他优势，或者说哲学对其他学科领域的独特的统领与辐射作用。哲学作为时代精神之精华，是对政治、经济、文化等领域的广泛而高度的理论概括，最能反映时代的核心问题；与此相应，哲学对其他社会科学领域也有着广泛的渗透力。而中国哲学史既有哲学分支属性，在方法上更便于实现与西学方法的充分对接，又最大限度地关涉到经、史、子、集四大部类，因此其势必就具有其他学科所不具备的典型示范意义。当然，中国哲学史学科的内容与范围也相对适中，既不像夏曾佑的《最新中学教科书中国历史》那样宽泛，也不像王国维的《宋元戏曲史》那样狭窄。

历史与逻辑再次表现出惊人的一致性，中国哲学史理应成为现代学术典型转移过程中的标志性学科，而胡、冯二书在事实上也成为中国现代学术建立的标志性的新经典著作。

三　清代考据学方法的突出意义

在中国现代学术经典创立的历程中，始终存在两大最重要的资源：一是西学的方法系统，一是以清代考据学为重中之重的传统学术方法。西学方法已如上述，以下谈关于清代考据学方法问题。

首先值得注意的是，清代考据学方法对于中国现代学术典范的转移与突破有着十分重要的意义。这一点自然需要从胡适的《中国哲学史大纲》谈起。胡适创作此书之时，正值新文化运动如火如荼展开的年代，也正是新旧思想激烈冲突与争锋的年代，这堪称是一场不见硝烟的文化战争。由此，若把现代学术从传统学术中突围比作一场战役的话，那么胡适异常重视考据方法，就显得是一种巧妙高明的战略选择。因为，此时国内学界的主流仍然集中在经学、子学等与考据学有关的工作上，学界顶尖学者康有为、廖平、崔适、章太炎、刘师培、王国维等也多从事考据一类，故胡适从考据学入手就成为一种策略性的选择。关于这一点，因前辈学者余英时已有相当精辟而系统的论述，[①] 故此不多言。但在此仍要再次郑重地强调，对清代考据学方法的重视，是胡著之所以成为现代学术典范的一个最重要的原因，也是中国现代学术转移中不可忽视的大事。

胡适对清代考据学方法的重视，主要体现在史料处理与史事考证方面。胡适《中国哲学史大纲》一书，考据文字在篇幅上占了三分之一以上，考据学方法成为胡著建构中国哲学史新学科的一个重要部分。胡适之所以对史料特别重视，很大原因还来自此前中国哲学史研究的糟糕状况。在胡适之前有两本影响较大的《中国哲学史》著作，一本是陈黻宸所著，一本是谢无量所著。陈黻宸的《中国哲学史》原系北大哲学门的讲义，内容全属上古神话传说，自伏羲讲起，至姜太公而止，讲了八万多字，尚未言及周公。此外，陈著与谢无量的《中国哲学史》一样，里面罗列的材料都极为杂乱，不规范，无系统，书中根本没有把历代哲学家的哲学思想清理出来，

---

① 余英时：《中国近代思想史上的胡适——〈胡适之先生年谱长编初稿〉序》，沈志佳编《余英时文集》第 5 卷《现代学人与学术》，第 257—261 页。

把经学、史学、文学材料"一锅煮"。陈、谢二书，就是傅斯年所说的"托身西洋学术"，① 若想改变此种状况，自然要先从史料入手，进行一系列的清理工程。

故胡著特别看重现代科学法则和中国古代考据学在方法上的"相通之处"，特别强调史料处理方法的系统性。胡适既首先界定了哲学与哲学史的确定含义，很自然地，他严格限定了哲学史史料的范围。在此基础上，胡适提出了一整套哲学史史料学的基本规范，先把史料区分为原料与副料，再对审定史料进行严格的规定，提出审定史料的唯一方法是依靠证据。此外，胡适还提出整理史料的三种方法，即校勘、训诂和贯通。这样，《中国哲学史大纲》就系统提出了研究中国哲学史的各种必要前提、任务和方法。在史料处理上，胡适总结性地指出：

> 我的理想中，以为要做一部可靠的中国哲学史，必须要用这几条方法。第一步须搜集史料。第二步须审定史料的真假。第三步须把一切不可信的史料全行除去不用。第四步须把可靠的史料仔细整理一番：先把本子校勘完好，次把字句解释明白，最后又把各家的书贯串领会，使一家一家的学说，都成有条理有统系的哲学。做到这个地位，方才做到"述学"两个字。②

需要指出的是，考据学方法是胡适的方法系统中的一个有机组成部分，且是最重要的组成部分——无论是在方法系统组织构成上，还是在对学界影响的实际效果上，结论都是如此。

胡适还有意识地大力表彰清代学术方法，此举影响了梁启超等不少学者。当然，首揭其义的，是现代学术重镇蔡元培，他认为戴震的学术方法有条理、有系统，"非汉宋诸儒所见及，而其立说之有条贯，有首尾，则尤其得力于名数之学也"，并指出"乾嘉间之汉学，实以言语学兼论理学"。③而胡适、梁启超等人，则是深谋远虑地表彰清代考据学，意图在中国本土

① 傅斯年：《中国学术思想界之基本误谬》，《傅斯年选集》，第 54 页。
② 胡适：《中国哲学史大纲》卷上，第 32—33 页。
③ 蔡元培：《中国伦理学史》，《蔡元培全集》，浙江教育出版社，1997，第 579 页。

挖掘出一个科学方法的平台。在《清代学者的治学方法》中，胡适通过列举大量的清代考据方法之案例，结论性地指出，宋明以后中国旧有的学术，只有清代朴学确有科学的精神，朴学的治学方法确能体现一种科学的方法，称赞"有清学者的科学方法的出现，这又是中国学术史的一大转机"。① 但清代考据学缺失科学实验的基础，故胡适主张用科学的方法对清代考据学进行洗礼。胡适说：

> 继续九百年来致知穷理的遗风，用科学的方法修正考证学派的方法，用科学的知识论修正颜元、戴震的结论，而努力改造一种科学的致知穷理的中国哲学。②

胡适的目标很明确，他是要建立真正现代意义上的中国哲学，要建立真正现代意义上的中国新学术。梁启超的结论与胡适如出一辙。他指出：

> 乾嘉间学者实自成一种学风，和近世科学的研究方法极相近，我们可以给他一个特别名称，叫做"科学的古典学派"。③

胡、梁之说虽非定谳，却深中学术方法论之肯綮。

回过头来，我们重回《中国哲学史大纲》一书。此书对顾颉刚、傅斯年等后来的主流学者影响很大。胡适以"扼要的手段"，从《诗经》中的可信材料入手，把建立在传说之上的三皇五帝一概略去不用，雷霆霹雳般地一举打破了人们对儒家古经的千年迷梦，对顾颉刚产生了震撼性的影响。顾氏后来回忆说：

> 他不管以前的课业，重编讲义，开头一章是"中国哲学结胎的时代"，用《诗经》作时代的说明，丢开唐虞夏商，径从周宣王以后讲起。这一改把我们一班人充满着三皇五帝的脑筋骤然作一个重大的打

---

① 胡适：《清代学者的治学方法》，《胡适文存》一集卷二，黄山书社，1996，第285页。
② 《胡适学术文集·中国哲学史》下册，第1103页。
③ 梁启超：《中国近三百年学术史》，《饮冰室合集·专集之七十五》，第22页。

去，骇得一堂中舌挢而不能下……胡先生讲得的确不差，他有眼光，有胆量，有断制，确是一个有能力的历史家。他的议论处处合于我的理性，都是我想说而不知道怎样说才好的。①

后来，顾颉刚领导了轰轰烈烈的古史辨工作，试图把中国古史从神话与传说中剥离出来，以最终建立真正可信的古史系统。这不能不说受到胡适的影响。

至于胡适对傅斯年的影响，我们从下列两段话中即能清楚的看出来。胡适论阮元的治学方法时说：

　　阮元是有历史眼光的，所以指出古经中的性字，与《庄子》的性字不同，更与佛书中的性字不同。这种方法用到哲学史上，可以做到一种"剥皮"工夫。剥皮的意思，就是拿一个观念，一层一层地剥去后世随时渲染上去的颜色，如剥芭蕉一样。越剥进去，越到中心……阮元是一个剥皮的好手。他论性，论仁，都只是要把一个时代的思想归还给那一个时代；都只是要剥去后代涂抹上去的色彩，显出古代的本色。②

傅斯年在《性命古训辨证》中指出

　　阮氏聚积诗书论语孟子中之论性命字，以训诂学的方法定其字义，而后就其字义疏为理论，以张汉学家哲学之立场，以摇程朱之权威。……其方法惟何？即以语言学的观点解决思想史中之问题，是也……语言的观点之外，又有历史的观点，两者同其重要。用语学的观点所以识性命诸字之原，用历史的观点所以疏性论历来之变。③

傅斯年此说，显然是受到胡适的影响。《性命古训辨证》是傅斯年最自得的一本书，实际上也最具现代学术价值。此书系傅氏对阮元《性命古训》的

---

① 顾颉刚：《自序》，《古史辨》第 1 册，第 36 页。
② 胡适：《戴东原的哲学》，《胡适学术文集·中国哲学史》下册，第 1082—1083 页。
③ 傅斯年：《性命古训辨证》，《傅斯年选集》，第 70—73 页。

重新疏证，我们或可理解为：中国现代学术在一定程度上是奠立在清代考据学基础之上之一例。

1924 年初，戴震二百年生日纪念会将戴震与清代考据学研究推向高峰。1 月 19 日，由北大国学门、晨报等单位发起了一场极具声势的戴震生日纪念会，梁启超、胡适、钱玄同、沈兼士、朱希祖、陶行知、高鲁等参会，对国内学界有很大的影响，戴震哲学与科学方法，成为最引人注目的两大热门课题。梁启超称戴震为哲学界的革命建设家，戴震哲学在世界哲学史上也是极有价值的。胡适称戴震是"朱子以后第一个大思想家、大哲学家"。[①] 戴震研究后来成为现代学术重建的一个表征，这也意味着当时学人以清代考据学重建中国现代学术的努力。

说完了胡适，再说回冯友兰。

与胡适相比，考据虽在冯著《中国哲学史》中不占多少篇幅，但冯友兰对材料的把握或史料的处理却相当重视，史料处理也同样构成冯著的一个重要特色。从《孔子在中国历史中之地位》一文中，可以清楚地看出冯友兰对考据方法的重视。此文最有价值的学术见解，在于依据《论语》、《左传》以及《孟子》、《管子》等诸子书的材料，简要地论证了孔子时代只有农、工、商与官僚阶级，当时并不存在一个士阶级。孔子实行"有教无类"，从下层民众中广招学生，使他成为学术民众化的创始者，也使他成为中国历史上第一个靠讲学维持生计的人。此后，相当数量的儒者从事着职业化的文化教育活动，孔子可谓开风气之先者。最后，冯友兰得出他的三个结论：

> （一）孔子是中国第一个使学术民众化的，以教育为职业的"教授老儒"，他开战国讲学游说之风；他创立，至少亦发扬光大，中国之非农非工非商非官僚之士之阶级。（二）孔子的行为，与希腊之智者相仿佛。（三）孔子的行为及其在中国历史上的影响，与苏格拉底的行为及其在西洋历史上的影响相仿佛。[②]

冯友兰对考据方法在心理上的重视，并不下于胡适。笔者始终有一种

① 胡适：《戴东原在中国哲学史上的位置》，《胡适学术文集·中国哲学史》下册，第 1106 页。
② 冯友兰：《孔子在中国历史中之地位》，《古史辨》第 2 册，第 203—204 页。

感觉，冯友兰似是有意无意地掩饰胡适对他的影响，他似是想消除这种痕迹，以区别他与胡适。我们先看以下一段文字。冯友兰曾谈到，他阅读胡适《中国哲学史大纲》以扼要的手段，撇开三皇五帝，径直从老子讲起的情况。他说：

> 这个方法，把三皇五帝都砍掉了。一部哲学史从老子、孔子讲起。这就是蔡元培所说的"扼要的手段"。这对于当时中国哲学史的研究，有扫清障碍、开辟道路的作用。当时我们正陷入毫无边际的经典注疏的大海之中，爬了半年才能望见以周公。见了这个手段，觉得耳目一新，精神为之一爽。①

这一段话是冯友兰在事隔六十多年后的回忆，这么长时间他仍然有如此深刻的印象，可以充分说明他在方法论上受到过胡适的重要影响。

冯友兰的《中国哲学史》完成于胡著的十几年以后，冯氏在创作过程中难免会不断地审视他与胡适的异同，这恐怕是古今学者的一种必然心理。依笔者看来，胡、冯二人对考据方法的重视程度并无不同，不过胡著为明线，冯著为暗线而已。

冯友兰提出的著名的"释古的方法"，也是一种对考据方法之卓见。他说：

> 中国近年研究历史之趋势，依其研究之观点，可分为三个派别：（一）信古，（二）疑古，（三）释古……"释古"一派，不如信古一派之尽信古书，亦非如疑古一派之全然推翻古代传说。以为古代传说，虽不可尽信，然吾人颇可因之以窥见古代社会一部分之真相……吾人须知历史旧说，固未可尽信，而其"事出有因"，亦不可一概抹煞。②

"释古"方法，系借用黑格尔的正—反—合理论来说明，强调在史料辨伪的

---

① 冯友兰：《三松堂自序》，三联书店，1984，第215页。
② 冯友兰：《中国近年研究史学之新趋势》，《三松堂学术文集》，北京大学出版社，1984，第331—332页。

基础上正面阐释古代哲学思想的重要意义。冯友兰认为，疑古派的一味疑古殊不足取，如果能够考出伪书的真实时代，则伪书即可变成真实的史料。比如，冯著《中国哲学史》把向来被学界视为伪书的《列子》，放置到南北朝时期，化腐朽为神奇，使伪书发挥了真实史料的功用，该书中"杨朱"部分也成为最精彩的内容之一。

冯友兰的疑古与释古论，有意识地划分了自己与胡适、顾颉刚等人在考证方法上的歧异，迄今为止仍然构成学术界分析中国历史问题的基本理论框架之一。

当然，我们也不能过分夸大"释古"的方法论价值，不能把疑古与释古截然划成毫不搭界的两极。以顾颉刚为例，顾氏的学术宗旨也是要立，但因未破而无以立，故先破而后立。同时，立中有破，破中有立，破的本身已经包含有去伪存真。① 所以，顾氏之疑古与冯氏之释古，只是名称不同，本质上并非完全不同。顾颉刚有一段话，如果没有署名，一定会被不少人认为是释古派所说。顾颉刚指出：

> 许多伪材料，置之于所伪的时代固然不合，但置之于伪作的时代则是绝好地史料；我们得了这些史料，便可了解那个时代的思想和学术。②

顾氏举例说，把《易传》作孔子时代的材料固然是错误的，但却可以用作汉代的史料。甚至"荒谬如谶纬，我们只要善于使用，正是最宝贵的汉代宗教史料"。所以，利用伪史材料进行适合其时代的真史的建设，并非释古派的独家专利。大体上说，冯友兰、顾颉刚都未突破胡适《中国哲学史大纲》的学术典范。

最后要特别强调一点，并作为本文的结束。本文并非对中国现代学术典范转移的全面论述，而只是针对学界比较忽略的问题做出一个基本的分析。因关涉内容太多，故无以详尽，仅能提纲挈领，撮要删繁，就其主要的学理线索做出简单的勾勒。敬请方家指正。

---

① 顾颉刚：《自序》，《古史辨》第 1 册，第 66 页。
② 顾颉刚：《序》，《古史辨》第 3 册，第 8 页。

五四运动前后"个人主义"兴衰史

——兼论其与"社会主义""团体主义"的关系

杨念群[*]

一 导言

五四新文化运动形成了一个巨大而复杂的舆论场,各种思潮纷繁交织在一起,不断竞争着对知识界的主导权。当时议论最多的时髦名词无疑是"德先生"民主与"赛先生"科学,然而事后经人追忆,五四思想界以青年为生力军,欢迎"莫拉尔小姐"即"道德伦理革命"者同样大有人在,其热门程度实足以和"民主""科学"构成鼎足而三的态势,只不过后来对五四运动的解读有日趋窄化的倾向,关于五四的各类记忆不断经过筛选和修正,最终构成"纪念史学"之一环,学界每年都在忙着向德赛两"先生"欢呼致敬,"莫小姐"却被慢慢疏忽冷落而最终湮没无闻。

多年以后,当我们重新检视五四的文化遗产时就会领悟到,"莫小姐"之所以重要乃是在于开启了冲破传统道德伦理束缚,追求个人幸福和个性解放的风潮。"个人主义""人道主义""人本主义""人文主义"等话题越来越多地被反复加以讨论,五四新青年们不仅聚焦热议个人命运与"国家""世界"之关系这类宏大问题,而且也频繁触碰个人生活中最为鲜活和隐秘

---

* 杨念群,中国人民大学历史学院清史研究所教授。

的部分。

　　与有关"科学""民主"相对抽象和政治化的讨论相比，对"个性自由"的追求其实更切近每个青年的个体生存经验，也最容易生发出相应的共鸣和感慨。[①] 杨国强就认为，五四新文化运动中的"人道主义""人文主义"思潮的张扬跳脱出了此前二十年维新思潮的主流和轨辙，也舍弃了欧洲文艺复兴运动中的其他主题，其对人的"解放"之向往，则已不能全为启蒙运动一路高扬的理性精神所概括。所以，新文化运动里的这一脉，又以其个人主体和个人本位另开一面，为近代中国思想史带来了一个个人主义的时代。[②]

　　本文拟要研判的问题是，曾经如此强势崛起而又风靡一时的"个人主义"思潮为什么在五四以后慢慢边缘化了？为什么"个人主义"再度引起关注时却已经蜕变为灰色丑陋的负面形象遭到彻底批判？为什么"个人主义"一度作为与"无政府主义""社会主义"并驾齐驱的先进思潮捕获了不少青年人的心，最终却只有"社会主义"思想脱颖而出获得了广泛认同？

　　如果从观念史的角度观察，"个人主义"在五四以后的舆论场中遭遇冷落并慢慢销声匿迹，大致不出两个原因：一是中国古典认知体系本身就不具备以个人为本位的思想。"个人主义"是纯粹的西方舶来品，尽管时人在转译过程中对其含义不断做出修正，以尽量适应中国传统的思维习惯，但其西方思想的本义却明显背离中国人的处事原则，终究难逃水土不服，昙花一现的命运。二是在建立现代民族国家的过程中，中国几乎时时刻刻受到外来压迫的威胁，始终在世界格局中处于弱势地位，被肢解瓜分的恐惧感一直盘旋在近代知识分子的脑际，成为挥之不去的阴影，这种持续的心理焦灼势必影响他们对西方思想输入的选择取向。"个人主义"鼓吹个性解放，虽然对年轻人拥有巨大的感召力，却最终难敌"集团主义"在图强御侮方面焕发出的强大凝聚力。

　　要想知晓"个人主义"从风行一时到沦为批判对象的深层原因，首先必须对中国传统中有关"个人"与"公""私"关系的观念略加梳理。一

---

①　以往学界只有个别学者对此有所关注，罗志田曾提到，参加过五四运动的许杰先生曾回忆，五四后期，在欢迎德、赛两先生之外，又提出欢迎"莫拉尔小姐"的口号。罗厚立：《历史记忆中抹去的五四新文化运动研究》，《读书》1999 年第 5 期。

②　杨国强：《论新文化运动中的个人主义（上）》，《探索与争鸣》2016 年第 8 期。

般来说，在中国历史上，只有在与公共事务发生联系时，"个人"的意义才能凸显出来，"个人"本身并不具备独立的价值。一些被今人戴上"启蒙思想家"高帽的古代学者曾经对此表示怀疑，他们竭尽全力从古代文献中发掘"个人"优先于王权或社会的个别言论加以另类释读。人们常常举出晚明李卓吾和清初黄宗羲的相关言论作为例子，证明他们是早期中国"个性解放"的代言人，但均难有足够的说服力。原因在于，在中国的"个人"生活中，与"公"的正面意义相比，"私"从来就被认为是不好的东西，具有毋庸置疑的绝对负面意义。按照沟口雄三先生的说法，这一"公""私"对立的思想具有"原理性"含义。这一原理性肇始于《礼记》"天下为公"的主张，到宋学设定所谓天理之公、人欲之私的二元对立普遍命题之后，"私"乃是人性中积生恶性的来源的意识日益被强化，最终沉淀在中国人的思想和行动之中，成为一种判断是非的准则。

在天理自然的名目下，自私用智，即个人的后天意愿能动性，是被否定的，个人即使有欲望，也被包裹在天理和公意之中，没有自立的可能。晚明以来虽偶有人出来对此观点进行批判乃至矫正，却难免属于小修小补，无法撼动其原义的根基。即使到了清末，反对皇帝一人的利己主义之私，主张民权之私，也不是在摧毁公意的基础上提倡每个人均拥有"自私"的权力，包括处置自己的生活，而是必须与中国国家命运实现一体化的融合之后，对个人权益的追求才具有合理性。换句话说，只有把个人的私权与全民族的公权结合起来，"个人"拥有的"私权"才具有正当性的意义。清末反清志士眼中的民主，是否定少数人（满人）或个人（皇帝）专制的民主，不是为个人自由而是为总体自由的民主。为总体的民主，个人的自由有时必须做出牺牲。按沟口先生的话来说，这样"螺旋式发展的结果，依旧是无个体的天下公"。[1]

考察五四前后"个人主义"思想演变的困难之处在于，除老庄和魏晋玄学鼓吹脱离群体的个体浪漫情调之外，中国人自古就很少把"个人""自我"单独拿出来进行讨论，到宋明以后更是如此。儒家教导我们，"修身"和对"自我""个体"的认知必须放在一个网络里面加以定位和把握，这个网络可能是家庭，也可能是王朝乃至天下。"个人"只能是讨论问题的出发

---

① 参见〔日〕沟口雄三《中国的公与私·公私》，郑静译，三联书店，2011，第10—38页。

点，而不是目的。

晚清以来，中国在屡受西方欺凌的情况下，一些思想先行者开始尝试跃出原有网络的控制，寻求新的发展空间。他们喜欢把"个体"与一些新的团体单位如"国家""社会""党派""团体"等联挂在一起，再赋予其新的意义。甚至对一些新名词如"世界"的理解往往也被诠释为不过是"大同""天下"观念的另一种说法而已。这就说明中国人大多依然习惯于在网络化的层次上认识"个人主义"的价值。

本文拟分六个部分对"个人主义"在中国的兴衰历程做一些初步探讨，我们发现，五四前后确实出现过一种极端肯定"个体""自我"绝对价值的思潮，这种思潮认定，无论周边环境发生了多么大的变化，无论是针对家庭、国家还是针对社会、世界，"个人"的自由发展都具有绝对的优先性和独立性。不过这个激进观点存活的时间并不长，声音很快就淡弱了下去，不少知识分子开始更多思考如何在各类新兴"群体"如"国家""集团""社会"之内安排自己的位置。"个人主义"只喜欢讨论私人生活和精神感受，一战以后爆发于西方国家内部的资本主义财富生产和分配的冲突并不在其关心范围之内，作为一种弥补和替代，"社会主义"思潮迅速兴起，普通民众所遭遇的经济困境及其解决方案日益成为思想界的焦点话题。

1930年代以后，随着抗日战争的全面爆发，救亡图存成为全中国的头等大事，"个人主义"纯粹寻求自我实现的梦想显然不合时宜，青年们要求组织起来共同对敌的愿望与"集团主义"倡扬的宗旨逐渐合流，"个体"必须服从组织，服从集体目标的"社会有机体论"开始大行其道。"个人主义"最终沦为一个负面词，自我对正常欲望的追求在全面对敌的严酷现实面前不仅显得微不足道，而且会被当作反动落后的思想遭到无情清算，五四时期追求自我和个性解放的"个人主义"思潮被彻底污名化了，取而代之的是那种近乎刻板的统一而又纯粹的集体主义思维。

令人深思的是，"个人主义"思潮是以反省民初政治和打倒腐败"国家"为发轫契机的，到1940年代末期却又绕了个大圈子，回到了民初提倡"个人"必须服从国家建设目标这个旧起点，同时也回到了"个人"必须参与集体政治的旧轨辙，只不过在"公意"的"旧瓶子"里装上了社会改造的"新酒"。

我们观察五四时期"个人主义"的崛起与变异，不但要把它置于晚明清初的反专制言论的脉络下进行思考，更要了解五四学人表面上以"个人""自我"为本位提出的"私意"要求，与传统的"公意"原则之间到底有何继承关系，以及"公意"是如何制约着"个人解放"及"自我发现"观念的阐释路径的，同时也要考虑"个人主义"思潮的衰退与五四以后时局变化之间到底构成了怎样的呼应关系。

二　五四前后极端"个人主义"论述的短暂流行

如果追溯"个人主义"在中国的发生史，至少应该从《新民丛报》刊载的一篇短文谈起，这篇文章特别提到，"个人"是组成社会的基本要素，突出了"个人"优先于"社会"的原则，"无个人则无社会。社会由个人而成立，社会者实不过由各个人所成之契约，而所谓社会的意思，决非实有者，故实存于世间之物，唯个人而已，个人的意思而已。社会一切之事物，皆归于个人的意思，发自个人的意思，凡言语风俗法律宗教所有社会上精神的产物，皆随个人的意思自由制作者也"。①

在晚清改革背景之下，如何有效地建立现代国家成为当务之急，也是知识界不断争论的核心议题，大多数舆论认为，"国家"对个人和社会的控制似乎具有当仁不让的优先性。特别是晚清学人出于国势日危的考量，开展了对家族主义的批判，试图唤醒民众尽快建立起国家公民的意识，过度关注"个人"很容易被理解为与"爱国"主张相对立，"个人主义"也时常被诟病为"自私自利"的同义词。鲁迅早在1907年就对此误解提出批评，他说："个人一语，入中国未三四年，号称识时之士，多引以为大诟，苟被其谥，与民贼同。意者未遑深知明察，而迷误为害人利己之义敷？"②

鲁迅的想法是，20世纪文明与19世纪文明有别的地方就是更注重内部精神生活质量的提升，而不是只关注客观梦幻之世界。20世纪的新精神表现为"内部之生活强，则人生之意义亦愈邃，个人尊严之旨趣亦愈明"。内部生活增进的结果是"国人之自觉至，个性张，沙聚之邦，由是转为人国"。道理即在于"角逐列国是务，其首在立人，人立而后凡事举；若其道

① 八木光贯、光益：《个人主义教育》，《新民丛报》第4卷第22期，1906年。
② 鲁迅：《文化偏至论》，《鲁迅全集》第1卷，人民文学出版社，1981，第50页。

术，乃必尊个性而张精神"。和西方列强相比较，中国以往太过注重物质而嫉妒天才，太多依靠外力，那些"小慧之徒""则又号召张皇，重杀之以物质而囿之以多数，个人之性，剥夺无余"。这才导致中国加速沉沦。①

另一位名叫莎泉生的作者则直击时人以爱国公益为名，不惜牺牲私利而使人民安乐，政府尊荣的想法是因为不识"个人主义"的真义。

莎泉生说自己有一种很奇怪的感觉，欧美最为神圣的个人主义学说来到中国后却变成了人人回避不及的洪水猛兽。在他看来，"个人主义"被严重曲解，乃是因为国人误以为其学说就是置国家民族于不顾，只考虑升官发财纳妾，仿佛一切自私自利的丑陋言行都被硬性挂在"个人主义"的招牌下面，而没有意识到"国家之设，原为各个人，国家不得反借群力而干涉个人之自由"。②

不仅对于"国家"，对"社会"而言，"个人"的存在也应该具有足够的优先性，"在社会范围以内，苟个人行为无直接损害于他人者，无论其思想言论如何，社会不得而干涉之，此即按之国家原理亦无所悖"。在个人与国家的关系中，个人并非像建造房屋的木石一样，因为木石对于房屋而言没有独立存在的价值，个人则不是。一个人的一生可能和国家、家族团体或事业团体都会发生联系，与国家的交集程度最高，"然国家亦非时时事事与各个人有直接之关系，其所规定之义务，或限于时或限于事，此外则竟可任我自由"。③

五四新文化运动倡导"个人主义"的言论当然以陈独秀最为著名。在那篇《东西民族根本思想之差异》的名文中，陈独秀首揭东西方"个人本位"与"家族本位"对立之论，说"西洋民族自古迄今，彻头彻尾个人主义之民族也"。举凡一切伦理、道德、政治、法律、社会、国家设置的目的都是拥护个人之自由权利与幸福、思想言论之自由以及个性之发展。所谓"人权"就是载于宪章的个人之自由权利，即使是国法也不能加以剥夺，"此纯粹个人主义之大精神"。④

陈独秀的另一篇文章《一九一六年》则进一步深化了对"个人"重要

①　鲁迅：《文化偏至论》，《鲁迅全集》第 1 卷，第 55—57 页。
②　莎泉生：《个人主义之研究》，《牖报》第 8 期，1908 年。
③　莎泉生：《个人主义之研究》，《牖报》第 8 期，1908 年。
④　陈独秀：《东西民族根本思想之差异》，《独秀文存》卷 1，上海书店出版社，1989，第 37 页。

性的看法，他说"尊重个人独立自主之人格，勿为他人之附属品"，乃是"个人主义"的真精神。个人的人格高尚，国家整体的"国格"才能提高，而不是相反。"集人成国，个人之人格高，斯国家之人格亦高，个人之权巩固，斯国家之权亦巩固。"与西方相比较，中国自古相传的道德准则正好与此背离。陈独秀抨击儒教宣扬的"三纲"是一种"奴隶道德"，说："人间百行，皆以自我为中心，此而丧失，他何足言？奴隶道德者即丧失此中心，一切操行，悉非义由己起，附属他人以为功过者也。"①

　　"个人"固有之特性如何发展，同时又如何与群体协调共处，也是五四时期备受关注的话题。蒋梦麟从教育观念出发对"个性主义"（individuality）和"个人主义"（individualism）做出区分："个性主义"是指发展自身固有之特性，是一种教育方法；"个人主义"是指个人享有自由平等的机会，不为政府家庭所压制。蒋梦麟把中国的老庄思想和无政府主义当作极端的个人主义（radical individualism），不予以采纳。只有欧美的"平民主义"比较平和，应该是中国发展的方向，"平民主义"宗旨介于老庄、无政府主义与德国、日本的"国家主义"之间，主张国家与社会应该保障个人平等、自由的权利，"国家社会有戕伐个人者，个人有权力推翻并重组之"，两者是互助的关系，其核心思想仍然是发展个性。②

　　关于教育的特殊性与普遍性问题，五四以后亦有争论，有人总是习惯把"社会"与"个人"对立起来，如把"社会"看作"一般"，"个性"看作"特别"，"前者要全体一致，后者要领袖的才能"，要想维持社会生活，就不得不压抑个性的发展。针对以上观点，有位作者撰文反对把"社会"与"个性"截然分开，他认为个性发展的结果，固然会发生千差万别的情况，但社会生活正需要这种千差万别个性人格的滋养，实行共和制的社会，人人须各展其才，个个充当起社会的领袖，绝不能像专制国家那样，只要一个领袖（如专制国的皇帝）或专攻一种培育领袖的才能（如科举八股）。有些人误以为教育只是达到社会目的的一种方法，实际上教育与社会是一而二，二而一的，发展个性和社会生活，同为教育目的的基础，同时也是教育方法的基础。就目的而言，个人与社会绝不能分离，解决个人问题，

①　陈独秀：《一九一六年》，《独秀文存》卷1，第45页。
②　蒋梦麟：《个性主义与个人主义》，《教育杂志》第11卷第2期，1919年。

也就是解决社会问题。就方法而论，假如没有社会的刺激，发展个性教育也会成为空谈。①

那么，从结构上分析，"个人"是不是"社会"的一个细胞呢？如果把"社会"当作一个有机体对待，"个人"自然是其中的一个细胞，这好像毋庸置疑，可是有人发现，真正的"个人主义"否认社会是一个真的有机体（a real living organism），而是觉得"个体"是一种个别存在（separate existence），拥有个别幸福和超绝的权利。"社会"不过是为各个人谋求共同生活的一种集合体组织，自身本无生命，既然没有生命，怎么能够把它看作是个有机体呢？把个体当作细胞更属不伦不类，细胞无独立意识，个人则有独立意识，细胞没有独立之幸福感，不能构成和有机体幸福对峙的关系，个人则有独立之幸福，与所谓社会的幸福迥然不同。

这样看来，"个人自个人，社会自社会，个人为一种活的有机体，而社会则不过为此多种有机体谋求共同生活之一种集合的组织而已"。由这个思路可以推知以下观点，"个人者，目的也，社会者，组织也，手段也，方策也"。社会的存在价值关键在于满足各个人之幸福，"舍去各个人自身之是非标准，利害标准或幸福的标准，而别有所谓社会的标准，压迫个人服从，牺牲其个人权利或利益，此为个人主义所绝对否认者"。②

由此又推导出了所谓"经济个人主义"的一系列观点，其中核心理念就是"放任主义"，具体指的是个人要求政府不干涉私人企业的活动，维护真正的自由竞争，把国家干涉的力量缩小到适当的范围。这是对付西洋经济个人主义和物质发达社会的最佳手段。③

在五四前后相当长的一段时间，对于"个人"应优先于"社会"一度达成了共识。下面这段言论就很有代表性，其中说"一切个人的进步，社会的改造，都由于为自己的利益，为群众的利益奋斗而生的，但我还得加上一句，为群众的利益而奋斗也仍然以自己的利益为中心"，这是合理的个人主义。当时还有一种声音要求把"个人主义"与自私自利的行为分开予以评价，因为大多数人认为"人是非牺牲自己以谋求群众的利益不可的，他

---

① 谷文：《社会教育谈（一）教育上个人主义与社会主义之趋势》，《苏岛教育月刊》第 2 卷第 2 期，1921 年。
② 朱亦松：《个人主义之经济的机能》，《科学》第 10 卷第 1 期，1925 年。
③ 朱亦松：《个人主义之经济的机能》，《科学》第 10 卷第 1 期，1925 年。

们以为个人主义是万万说不得，因为那便是自私自利"。可是每个人在工作之余都要求拥有娱乐和研究学术的权利，这就是所谓"人格的个人主义"。

要造就"人格的个人主义"，就须避免极端自利的个人主义和极端牺牲自我两种对立行为。特别是后一种行为要求人人应当清心寡欲，为了他人降低自己的生活质量，牺牲一切为他人谋利，实在违背人的自然天性，是宗教式的道德教条。故有人提出，"我们反对自私自利的个人主义，同时反对看得个人非常渺小，须牺牲了个人去救众人的教训，却希望人们都重视自己的生命权和所应得的利益，但同时也重视别人的生命利益"。①

如果仔细推敲这一时期有关"个人主义"的文字，我们会感觉其极端强调"个人""个体"超越所有团体之上的想法严重偏离了儒家的传统教导，具有一种极端的反叛品格。这种反叛性的产生还有一个近代背景，民国建立以后出现的种种令人不满的现象以及政客们劣迹斑斑的表演都是五四时期"个性"觉醒的重要诱因，陈独秀的个人解放声明与《偶像破坏论》这类"反国家"主张几乎是同步出现的，这也决定了极端"个人主义"思想的短命性，因为这种基于个性感受的文字只能出自某个人一时冲动的激情，与中国人习惯寻究集体认同感的文化传统相脱节，故很难泛化为群体舆论，更不可能构成一种集体共识。

"个人主义"在形形色色的"主义"夹击之下慢慢归于沉寂，但并没有彻底消失，在五四运动过去二十八年之后，有一篇文章仍然在怀念和坚持五四新文化运动所阐扬的"个人主义"价值观，强调"个人主义"就是要解放中国人的活力，只有激发国人活力，才能有效推动法律制度的建设。

这位署名雷声的作者说："欧洲文艺复兴，个人意识的觉醒，是近世一切进步的根源。换言之，我把个人变作为解放人类生命活力的锁钥。"雷声自称在"集团主义"盛行，举世皆以国家社会为着眼点的今天，提出研究"个人主义"是冒天下之大不韪，也可能被骂不识时务开倒车。

雷声提出的是一种"哲学上的个人主义"，而不是经济、政治或伦理上的"个人主义"。这种回避具体问题而偏于抽象学理论证的方式自然引不起多大反响，作者最后总结五四运动意义的一段话倒是颇能昭示出"个人主义"在近代的最终命运。他说："五四运动可说是中国文艺复兴的高潮期，

---

① 开时：《人格的个人主义》，《妇女杂志》第 11 卷第 2 期，1925 年。

打破道统,提倡个人主义,把人从皇权道统名教中,解放出来,这是再正确也没有的事,可惜,终以积重难返,和偏重德赛二先生的介绍,忽略了为其根源的个人主义,而没有完成其应完成的历史任务,不能不说是天大的不幸。"①

三　"群己"界限的重设

前面已经说到,中国人思维的一个基本习惯就是把"个人"放到一个网络里进行定位,古代是家族、王朝和天下,近代则置换成了"社会"、"国家"和"世界",那些单纯讨论"个体""自我"命运的观点往往都是短命的。所以,要探讨"个人主义"问题就必须注意有关"个人"和诸多不同团体之间关系的论述是如何变化的。梁启超的言论就具有相当的代表性。

梁启超是较早提倡"个性"独立与个人解放的先驱者之一。他在《十种德性相反相成义》里面就说过,要想寻求救治之策,唯一的办法就是人人都断绝依赖心理,"如孤军陷重围,以人自为战之心,作背城借一之举。庶可以扫拔已往数千年奴性之堡垒"。他说:"不患中国不为独立之国,特患中国今无独立之民,故今日欲言独立,当先言个人之独立,乃能言全体之独立。"②貌似这段话突出"个人"优先于"群体",实则在梁启超脑中盘旋不去的仍是如何改变中国人的"一盘散沙"状态,他念念不忘的仍是怎样使中国人更加"合群"而不是如何保持"个性"。

在梁启超看来,中国人已有数千年聚族而居的历史,地方自治也较早发达,各省中含有无数小群,同业联盟组织颇为密集,"四民"中所含小民的数量也很多,"然终不免一盘散沙之诮者,则无合群之德故也"。③他讥讽中国人"有自由之俗,无自由之德",有意思的是,梁启超讨论"自由"的出发点似乎仍在大倡"利己"之道,仔细辨析其意,这个"己"并不是"个体"之己,而是"爱国保种"的转义表达。

---

①　雷声:《个人主义研究》,《新动力》第 2 期,1947 年。

②　梁启超:《十种德性相反相成义》,《饮冰室合集·文集之五》,中华书局,1989,第 44 页。

③　梁启超:《十种德性相反相成义》,《饮冰室合集·文集之五》,第 44 页。

他否定中国古义中"为我""利己""自私"是"恶德"的说法，甚至罕见地公开赞赏"人人不拔一毫，人人不利天下，天下治矣"的杨朱哲学与英德诸国哲学大家的思想吻合一致。然而仔细辨析，这里提到的"利己"与"个人"无关，而是为国家竞争权力的意思。因为西国"民权之巩固，由于国民竞争权力，寸步不肯稍让，即以人人不拔一毫之心以自利者利天下"。在这个意义上发明杨朱之学才足以救中国。只守一己之私是"假利己"，只有竞争"国权"才是"真利己"，"故真能爱己者，不得不推此心以爱家爱国，不得不推此心以爱家人爱国人。于是乎爱他之义生焉，凡所以爱他者，亦为我而已"。① 这种由己推人，再推及家族、国家的说法，很容易让人联想起朱熹在《大学》里从"正心诚意"出发，然后绵绵无尽地推导至家国天下的道德教化路径。

在另一处文字中，梁启超阐述自己肯定杨朱"人人不损一毫"的目的是"非争此一毫，争夫人之损我一毫所有权也。（所有权即主权）"，因为"一私人之权利思想，积之即为一国家之权利思想。故欲养成此思想，必自个人始，人人皆不肯损一毫，则亦谁敢撄他人之锋而损其一毫者"。② 梁启超的意思是，所有权即是"主权"，或者说，最初竞争的可能是"个人"权利，最终的目标却应该指向"国权"，而不是个人之权。混淆"个人所有权"和"主权"意味着对"自由"的理解与西方相比出现了重大差异。梁启超所鼓吹的"自由"应该是"团体之自由"高于"个人之自由"，因为"野蛮时代个人之自由胜，而团体之自由亡，文明时代团体之自由强，而个人之自由减"。③

梁启超以为中国古时人民表面上是"自由的"，但这是"野蛮的自由"，不是"文明的自由"，文明的自由是靠法律来调节维系的，否则就是滥用自由，侵犯他人自由而不顾。梁启超看出中国古时之"道德"支配下的放任，有可能对无权势者造成侵害，法律的运作则会使团体与个人之界限得到明确，宜于重建"群己"之间的关系。

在《新民说·论合群》一节中，梁启超进一步指出国人之病在于"无

① 梁启超：《十种德性相反相成义》，《饮冰室合集·文集之五》，第 49 页。
② 梁启超：《新民说·论权利思想》，《饮冰室合集·专集之四》，第 36 页。
③ 梁启超：《新民说·论自由》，《饮冰室合集·专集之四》，第 36 页。

规则"意识，他说："凡一群之立也，少至二三人，多至千百兆，莫不赖有法律以维持之，其法律或起于命令，或生于契约，以学理言，则由契约出者谓之正谓之善，由命令出者谓之不正谓之不善。"① 这是个很精辟的认识。

近代以来的思想家由于纠葛于传统思想的约束，常常混淆"公""私"，每逢遇到伦理困境时，一般的解决办法也是希望用"公德"替代"私德"，祈望于国人的心理自觉。这个办法常常因缺乏外在标准的制约无法真正奏效，结果讨论来讨论去一直难有定论。用"契约"和"法律"来衡定"公私"的界限确实有可能为"群己"关系提供一种制度的保障。针对国人只知服从权势却又缺乏守法习惯的状况，梁启超特别强调"不可服从私人之命令，而不可不服从公定之法律"，"盖法律者，所以画自由之界限，裁抑强者之专横，即伸张弱者之权利，务使人人皆立平等，不令一人屈服于他人者也"。② 至少这套逻辑比简单沿袭儒教推己及人、拘守道德自我完善的教义更为新颖可行。

梁启超这代人正处在中国思想界紧锣密鼓地密集输入西方知识的时期，他们在释读西方经典思想时常常显得随心所欲，曲解矛盾之处比比皆是，某篇文章开始还在大力彰扬"个性"优先，可能只隔几句话就又开始鼓吹"个性"对群体服从的重要性。比如对于"独立"这个词究竟为何义，就时常摇摆不定。梁启超先是说"国者个人之积也，故自治不必责之团体，而当先课之一身"，③ 隔了几行却又说，因为害怕国人沦为散沙，故对"独立"的解释又回归到"群"的意义上来了。"曰独立者谓合众独以强其群，非谓破一群而分为独也。"千百个轮轴必须互相连贯合为一体，才能组成一架机器，所谓"独立"就相当于各个轮轴分别尽其力量，为全机的运转发挥作用。④

近代中国思想史曾经出现过一个奇特的现象，那就是一些表面上政治见解完全对立，乃至站在激进与保守两个极端立场上的人，却有可能在一些传统人生价值观上完全保持一致，甚至共享着一些前提性的看法。比如对中国人自古以来即呈一盘散沙状态的认识，身为保守派的梁启超与属于

---

① 梁启超：《新民说·论合群》，《饮冰室合集·专集之四》，第78页。
② 梁启超：《服从释义》，《饮冰室合集·文集之十四》，第13页。
③ 梁启超：《论独立》，《饮冰室合集·文集之十四》，第9页。
④ 梁启超：《论独立》，《饮冰室合集·文集之十四》，第10页。

激进派的孙中山就趋于同调。孙中山同样认为中国人太过自由，才导致国运的衰败。

在"三民主义"系列演讲中，孙中山反复强调，中国人与欧美人相比过于"自由"，这话猛一听让人觉得奇怪，好像与流行已久的中国人性格中具有太多"奴性"的判断不相吻合。细酌其意，孙中山理解的所谓"自由"与"个人""个体"毫无关系，他恰恰强调的是中国人是在一种"非个体"的情况下，具体而言是在"家族主义"和"宗族主义"的关系网络里拥有高度的"自由"，而没有在"国家"框架下凝聚成一个整体，所以才成为一盘散沙。"一盘散沙"的意思不是说国人是以一个一个的"个体"形式生活着，而是说他们依附于一个个的"家族"或"宗族"，这些"家族"或"宗族"相对于"国家"而言是孤立的零散单位，如果大家都只考虑"家族"或"宗族"利益，就不会顾及"国家"利益了。

孙中山对"中国人何以会呈一盘散沙状态"的回答是："就是因为是各人的自由太多。由于中国的自由太多，所以中国要革命。"更直截了当地说，中国革命和欧洲革命的目的正好相反，欧洲从前因为太没有自由，所以要通过革命去争取自由。我们是因为自由太多，没有团体，没有抵抗力，涣散成一片沙子，所以才遭受外国帝国主义的侵略，列强经济商战的压迫，要有能力抵抗，就要打破个人的自由，结成很坚固的团体，好像把士敏土掺杂到散沙里面，结成一块坚固的石头一样。①

在这个意义上，"家族"或"宗族"虽然勉强算是个群体，但与"国家"比较又相当于一个个过度散漫"自由"的个体，对国家建设和发展不利。孙中山在这里偷换了"个体自由"和"群体自由"的概念，把"个体"置换成了"家族－宗族"单位，并标之以"自由"之名。而且，孙中山显然不承认"家族－宗族"是一种现代团体，只承认它们是在"国家"之下限制个人自由的顽固堡垒，"个人"只有从这些堡垒中破壁而出，加入"国家"之中，才能获得新生，尽管可能以"不自由"做代价。再看孙中山把"散沙"与"石头"做比较时引出的一番话就清楚了："拿散沙和石头比较，马上就明白，石头本是由散沙结合而成的，但是散沙在石头的坚固团体之内，就不能活动，就失却自由。自由的解释，简单言之，在一个团体

---

① 《孙中山全集》第9卷，中华书局，1986，第281页。

中能够活动，来往自如，便是自由。"①

且不说"家族 – 宗族"作为一种传统集合体相对于"国家"的关系来说是否可以用"自由""不自由"加以描述，仅就"自由"概念本身而言，孙中山的理解也与西方的原义大相径庭。以下这段文字也许能表达出孙中山曲解"自由"含义的真实用心："在今天，自由这个名词究竟要怎么样应用呢？如果用到个人，就成一片散沙，万不可再用到个人上去，要用到国家上去。个人不可太过自由，国家要得完全自由。到了国家能够行动自由，中国便是强盛的国家。要这样做去，便要大家牺牲自由。"②

在晚清知识分子眼里，"家族"根本没资格称作"社会组织"，如龙今吾就直言："中国向来没有甚么社会组织，只有家族，没有甚么特别的政治，不过家族制度的扩大，没有甚么伟大的宗教，不过崇拜祖先。"③ 这个判断可以和孙中山的理论相互印证，既然"家族"根本不具备与"国家"相对应的"组织"资格，那么身处其中的个人自然也将处于无所归依的"自由"状态。

对"群""己"之间到底应该如何设限的认识，从晚清到五四有一个明显变化，五四时期以"社会"概念来界定"群体"与"个体"关系的思路开始出现，胡适 1920 年根据杜威在天津的演讲，区分出了"真假"两种"个人主义"，并增加了一种"独善的个人主义"，持此观点者指的是那些对现实不满，试图去寻找理想生活的一帮人，包括宗教家、神仙家、山林隐逸者和近代新村生活的倡导者。胡适的批评矛头集中指向"新村主义"，反对他们把"改造个人"和"改造社会"分作两截，他批评新村主义者"不站在这个社会里来做这种一点一滴的社会改造，却跳出这个社会去完全发展自己个性，这便是放弃现社会，认为不能改造，这便是独善的个人主义"。④

胡适所说的"非个人主义"的新生活是一种"社会的新生活"。他开始频繁用"社会"这个词来限定"个体"，讨论两者的互动关系。他把"旧社会"比喻为"旧村"，与"新村"相对，发现改造"旧村"比提倡"新村"更为困难却更有意义。他呼吁去关注"旧村"里那些亟待解决的弊端琐事：

---

① 《孙中山全集》第 9 卷，第 272 页。
② 《孙中山全集》第 9 卷，第 282 页。
③ 龙今吾：《中国的家族伦理与个人主义：在乐学读书会演讲》，《海天潮》，1924 年。
④ 胡适：《非个人主义的新生活》，《新潮》第 2 卷第 3 号，1920 年。

村上的鸦片烟灯还有多少？村上的吗啡针害死了多少人？村上缠脚的女子还有多少？村上的学堂成个什么样子？村上的绅士今年卖选票得了多少钱？村上的神庙香火还是怎样兴旺？村上的医生断送了几百条人命？村上多少女工被贫穷逼去卖淫？等等现象。① 一望可知，这些"社会"问题与"个人"的独善其身相比更加重要。

一度高扬"个体"应优先于"群体"之观点的陈独秀在1920年发表了与胡适类似的看法，开始突出强调"社会"对"个人"的制约作用。陈独秀发问说："试问物质上精神上那一点不是社会底产物？那一点是纯粹个人的？"适于救济和改造社会的"主义"不是"个人主义"，也不是"虚无主义"、"新村主义"和"任自然主义"，因为这些"主义""都是叫我们空想、颓唐、紊乱、堕落、反古"。②

从晚清到五四，新型知识分子都在致力于清算旧文化的弊端，尝试各种替代方案，最难处理的即是"群己"界限如何设定的问题。如果容忍"个性"太过张扬，鼓励各行其是，不讲或少讲社会责任，就会损耗国家建设的合力，如果过度压抑个人自由，则又会削弱整体国家和社会运行的活力。这是个两难的选择，答案虽有多种，但最终目的只有一个，就是必须千方百计使积弱不堪的中国迅速变得强大起来，为了实现这个压倒一切的目标，不管采取何种手段也在所不惜。

值得一提的是，五四以后仍残留着一些声音，这些声音顽强地反对以"社会"为名彻底消融"个人"作用的主流思想。如有人就认为"社会是缚束天才之牢狱，摧残个性之桎梏；社会所尊崇者，就是势力，所赞美者，就是虚伪。惟能抗此逆流，与社会为敌者，始能有做人之希望"。③

有些知识分子批评家族主义下培养出的"个人"常常表现出的是一种"没我主义"，而不是"个人主义"，坚持"个人主义"常有自己的主张和信仰，"没我的个人主义"缺少独立主见和信仰。"个人主义"会和压迫势力抗争，"没我的个人主义"却比较软性而且服从，是俗语"东倒吃猪头，西倒吃羊头"的主义，很容易变成"薄欧主义"，薄欧意指"boy"，非限于

---

① 胡适：《非个人主义的新生活》，《新潮》第2卷第3号，1920年。
② 陈独秀：《虚无的个人主义及任自然主义》，《独秀文存》卷2，第109页。
③ 华林：《个人主义战胜！社会破产及衰败》，《民铎杂志》第7卷第5期，1926年。

儿童，是指那些西崽或小厮等，他们精神上受侵掠者的支配，不惜为其效劳献媚，借洋人势力压迫别人。[1]

五四时期出现了短暂的极端"个人主义"言论之后，大多数学人开始向兼容"个体"和"群体"的思路转向，要求"个人"必须对"社会"尽责，服从国家整体目标安排的舆论渐渐占了上风。下面这段话即可作为代表："个性只有'在'社会中才能发展，只有'为'社会才能发展。自我实现的过程，便只是我与社会利益同证，为社会进展奋斗的过程。"[2] 在这里，"个人"如何在"社会"中保持一种相对独立品格的问题被有意回避掉了。"国家""社会"联袂并称，把两者看作一而二，二而一的东西在当时绝非个例。下面这段言论从"权利"与"自由"关系的角度讨论"个人"的位置，认为"个人"得到"权利"和"自由"的权限是"社会"和"国家"所给予的。"社会国家"也可保护"个人"权利永不丢失，"人之权利，是因社会国家之保护而生，个人之自由，是因社会国家之规定而有"。[3] 如此一来，"群己"之间的界限就变得完全模糊，难以辨认。这种说法的根据到底是什么呢？在西学里似乎找不到充分的依据，有些论者只好又绕回到中国传统教义里去寻求证据。比如有的论者就把"个人主义"比拟作中国式的"个人修己主义"，认为两者的精神是一致的。

这种"万事万物皆备于我之修己主义"，其目的"非仅限于个人之修养，仍有其国家观世界观"。儒家教义中格物、致知、诚意、正心、修身、齐家、治国、平天下的"一贯之理"即是与现代国家观、世界观的思想相似，其根本在于"修身"。"个人修己主义"主张"以内心控制外物为修养最高标准"。这样既可以抑制士大夫的奔竞之风，也可以使社会秩序赖以维系。自国人思想受西洋个人自由主义的濡染之后，个人享乐主义盛行，群趋发财享福之途，"目道德为迂腐，以浪漫贪黩为能事"。若想"反乱为治"，根本的解决办法"仍应从恢复个人修己主义入手，庶不失为正本清源之道"。[4]

与此相类似的说法，不断变换着面目频频出现，有人还仿照佛家"大

① 克士：《个人主义和没我的个人主义》，《读书生活》第 1 卷第 3 期，1934 年。
② 《个人主义的真铨》，《京沪杭甬铁路旧刊》第 1058 期，1934 年。
③ 温培基：《论个人主义与社会主义之关系》，《沈阳高等师范学校周刊》第 74 期，1922 年。
④ 胡善恒：《个人主义之演化》，《京沪杭甬铁路旧刊》第 963 期，1934 年。

乘"和"小乘"的概念划分"个人主义",分为绝对的个人主义、社会的个人主义、人格的个人主义及超人格主义种种,坚持这些划分都不如"全体主义"这个表述更为恰当。所谓"全体"不是指"家""国""组织"这种"小乘"观念,而应该是以"伦理"为中心扩展开去的"大乘"观念。其范围的扩大没有限制,由个体的健全而齐家治国平天下,由家的全体利益的完成扩及国与世界全体利益的完成,最终目标直指世界大同。[①]

从当时舆论界的整体氛围来看,的确有不少论者或隐或显地流露出了对中国古典思维的赞赏态度,希望在"群己"界限的讨论中回归儒家传统,这种态度并没有大张旗鼓地形成一场运动,更多的是隐匿在西学表述的荫蔽之下。只有当世界时局发生重大变化,舆论界重新肯定群体价值相对于个人具有绝对优先性时,儒教有关集体道德伦理的信念才可能被重新唤醒,最终与西方近代的"团体主义"思想形成合流之势。

四　"个人主义"与"社会主义"的分野与抵牾

"个人主义"在五四新文化运动高潮时期横空出世,风靡一时,五四新青年凭借一腔热血和蓬勃激情,以冲决旧网罗的搏命姿态,高扬个人自由与个性解放的价值,的确为那些长期遭受传统体制压抑的人打开了一扇祈望自由的心门。可是时隔不久,"个人主义"就令人不可思议地遭到了冷遇,出现了水土不服的症状。笔者以为,"个人主义"尴尬遇冷的一个重要原因是,许多论者在解读"个人主义"的内涵时,仅仅集中诠释其在西方文化中的原生意义,而没有考虑西方"个性"自由理念与中国注重群体意识的传统观念之间肯定存在冲突。除此之外,"社会主义"思潮的兴起造成的强劲冲击亦应是"个人主义"渐趋边缘化的重要原因。

从某种意义上说,"社会主义"思潮对"个人主义"的猛烈扫荡在很大程度上是现实孕育的结果,一战以后欧洲资本主义列强内部的急剧分化直接导致了中国国内"社会改造"思想的流行,这已是众人皆知的常识,在此无须多论。笔者这里想要表达的意思是,"社会主义"蕴含的思想内容,从表面上看似乎纯粹是西方的东西,可细究其中的运思逻辑,却又恰恰是

---

① 魏沐:《个人主义全体主义与国际主义》,《建军月刊》第9—10期,1942年。

中国传统思想的题中应有之义。

"社会主义"者所关心的诸如"财产的公平分配""寻求平等正义"等话题，在中国古代思想中亦时有显现。如果从"公""私"分野的角度观察就更加清楚，《礼记·礼运》篇所揭示的"天下为公"思想，从经济上而言就有"平分"财产的意思，与私人占有的邪恶相反，构成公平、公正与私有、奸邪之间的对立。"大同"世界的"公"是指共同体内"平分"的终极状态，具有道义上的终极原理性。①

古代中国人一般遵从个人的自然欲望要服从社会性欲望的教条，"自私自利"的行为因与公共利益相违背而遭到摒弃，这是从"个人"与"社会"伦理秩序的角度立论，还有一个与之并列的经济维度需要注意，因为无论是"公"还是"私"都涉及财富的生产和分配，"私利"和"公益"也是相对立的概念，一个人不能只顾及一己之利，还要想办法为社会贡献力量。所谓"天下之公"本身就包含平等分配经济产品的考量，也可以引申出经济上限制私利的意思。

在政治上，普遍的"公意"不承认个人之"私"的合理性，最终形成反专制的国民自由平等的逻辑。在经济上，对"公意"的强调则导向了平均分配的"民生主义"，由"民生主义"过渡到"社会主义"顺理成章。正如沟口雄三所言："天下之公概念的发展这一思想状况易于朝向民生主义、社会主义；在中国，社会主义易于与传统思想相结合，或者甚至可以说，中国天下之公的传统因其包含着天下整体性，本来就是社会主义的。"②

尽管如此，中国传统中蕴含着的有利于"社会主义"引进和发展的元素如果没有一战的刺激也许很难迅速发挥作用。五四时期学人对此颇有自觉，有人就感觉到，"个人主义"是18世纪的产物，只适合18世纪的情况，到20世纪则会带来痛苦和悲惨，"社会主义"就会应时而生。因为"社会的进步，是要各部分平均发达，分工互助，各不相冲突才好。若是一部分发达过甚，压迫他部分不能同时发达，受了伤害，则不但于社会进化有碍，并且可以制全体社会的死命"。这都是经济上个人主义、放任主义盛行带来的恶果，自由竞争导致"有产阶级"与"无产阶级"相互对抗争斗，

① 〔日〕沟口雄三：《中国的公与私·公私》，第47页。
② 〔日〕沟口雄三：《中国的公与私·公私》，第42页。

而自由竞争的主要原动力就是"自私自利的原则"，最后使得少数资本家获得了自由，大多数人则得不到好的待遇，造成家室离散和身心痛苦，毫无自由可言。

人们担心，"个人主义"流行会使一小撮人谋取最大的利益，大部分人却得不到相应的好处，造成经济分配的不公，诱发社会的不平等状况，资本家和个人的对峙就是最明显的表现。"个人主义"就此成为解决弱势群体不公问题的障碍，必须用"社会主义"取而代之。①

需要在此特别申明的是，与梁启超等人对"群己"界限的讨论主要从"伦理性"角度切入有所不同，"社会主义"思潮之所以能够取代"个人主义"成为舆论新宠，是因为其论述主旨直面经济上的"分配"困境，这类问题貌似源自现代西方理论，其实与古代中国人关于"公"大于"私"的传统见解密不可分。比如不少论者常常会先入为主地对私有制产生一种天然的厌恶感，并持续对之展开批判，就未尝不可以看作是对古代公有观念的致敬。这方面的例子可以举出很多，限于篇幅，这里只选择马寅初的一篇文章做一点讨论。

马寅初在一篇题为《个人主义之将崩溃》的文章里运用经济学理论预言"个人主义"行将消失，表示这是符合人类社会历史演进大势的。马寅初的理由是，个人主义的基础建筑在以下三项条件之上：一是私有财产（private property），二是价格制度（price system），三是自由竞争（free competition）。而资本主义又建筑在个人主义之上，个人主义基础已经动摇，资本主义则不能不另寻出路。②"个人主义"在经济界的表现是自由竞争，自由竞争必然造成独占的结果。中国工业虽然远未发达，却已开始从自由竞争阶段迈入独占之途。自由竞争必然造成两败俱伤，弱者终为强者所兼并，那些势均力敌的人也会合并组成独占组织。当自由竞争达到独占阶段时，分配愈趋不均，革命怒潮逐步高涨，社会随之呈现不安状态。中国的"个人主义"相当发达，将来一旦进入独占阶段，必将造成与欧美类似的情况。

独占的第二个缺点是，劳工与资本不能得到充分利用。资本家垄断生产以获取最大利润为标准，一旦达到这个标准点，虽然仍有余力也不会增

---

① 邓飞黄：《个人主义的由来及其影响》，《东方杂志》第19卷第7号，1922年4月10日。

② 马寅初：《个人主义之将崩溃》，《银行周报》第19卷第41期，1935年。

加生产，容易使社会蒙受极大损失。第三个缺点是，大量生产的结果，"所用资本越多，则劳动被替代者愈多，而劳动者之收入则愈少"。① 两相比较，"在社会主义之国家，生产非为利润，但为满足需要，提高生活程度；在资本主义之国家，生产以利润为目的，故私有财产，价格制度及自由竞争，遂成为个人主义之三大台柱"。②

马寅初从经济学角度对资本主义私有制的批判与"个人主义"在中国的命运息息相关，因为一旦"个人主义"成为私有制的理论基础，就难免被连带成为清算的对象。不过，在五四以后相当长的一段时间内，对"个人主义"与"社会主义"孰优孰劣的评判仍有不少灵活的回旋空间，并没有一个高高悬于头顶之上的绝对权威予以最终裁定。当时有人就对马寅初的观点大唱反调，觉得"社会主义"在中国将来也许有施行的必要，却未必为现实所必需。其理由是，"社会主义"只适合于贫富不均的国家，中国属于生产落伍的国家，社会主义重分配，中国当时的问题是生产。中国数千年来只重均富，不重生产，仓促使用社会主义政策会造成流弊。若想使财富增加，只有实行"个人主义"才能达到目的，换句话说就是鼓励私人获利。

中国并不缺少人工和土地，缺少的是资本，只有增加资本投入，人民才乐于经营企业，民众获利越多越乐意投资，中国要现代化，就必须同时鼓励和兼用国民资本和外国资本。如果实行社会主义，人民获利希望变小，甚而竟灭绝了希望，那么资本来源也会随之减少，新生产方法和新企业的发达均会成为泡影，人民也会陷于贫穷，故"个人主义非恶名也"。那些指斥"个人主义"是罪恶源泉，把它当作"不祥之词"，是中国贫穷之渊薮的看法并不正确。中国既无资本家阶级，更无个人资本主义可言，所以根本谈不上有现代资本主义意义上的自私自利损人利己的行为。③

以上是从经济角度争论"个人主义"与"社会主义"在中国的适应度问题，当时讨论"个人主义"与"社会主义"孰优孰劣的诸多言论，其论证的基本依据仍然脱不开中国古代公私善恶之辨，即把"公"视为应该弘

---

① 马寅初：《个人主义之将崩溃》，《银行周报》第 19 卷第 41 期，1935 年。
② 马寅初：《个人主义之将崩溃》，《银行周报》第 19 卷第 41 期，1935 年。
③ 唐庆增：《中国生产之现代化应采个人主义》，《申报月刊》第 2 卷第 7 期，1933 年。

扬的正面理想,"私"当作理应批判的负面价值。有一篇短文就把"个人主义"定义成"就是为一己谋利益","社会主义"就是为了公众谋幸福。如果人人抱着个人主义以利于一己为目的,那社会一定衰败;如果人人抱着社会主义以利于群众为目的,那社会一定兴旺,"所以社会主义是共同生活的要素,也是发展社会的基础,个人主义是不适宜于共同生活的,也不能够发展社会的事务"。①这些话已明显涂抹上了一层善恶对立的道德评判色彩。也许是因为这篇文章写于五四运动结束后不久的1922年,作者并没有完全取消"个人主义"作用的意思,而是指明要"陶冶各个人有发展社会的才能",只有"个人"在被教育训导成为发展"社会"的"个体"时,"个人主义"才会有意义。除了这个教育取向外,"个人主义"是不应该具有独立价值的,健全人格的养成在于能服务"社会"。

这个时期,为"个人主义"价值辩护的看法也时有出现,有人试图调和"个人主义"和"社会主义",取其主旨相互配合之一面。陈鸿勋就指出,"私欲"是人类社会的根本原动力,到地球毁灭那一天,也不能不承认这种生物性的存在。"再就个性的发展上说,没有得个性的生命力之燃烧,社会文化便要黯然无光了,并且人生也未免太没有意味,成了一种死气沉沉的无数的机器!"这种"私欲横流"的人生不仅"有一种生命力的无限的突进",而且也是"天才之发动力"。只有承认"个人"的价值,才能领悟到"社会主义"是发挥"私欲"的保障条件。"'个人主义'的旨趣是人生的根本原则;'社会主义'的旨趣是维持'个人主义'的根本方针。'个人主义'的象征是'自由','社会主义'的象征是'平等'。"②

陈鸿勋把"自由"和"平等"分属"个人主义"和"社会主义"两端,两者的价值不分高低,应该互相补充,它们不是对立而是连带的关系。"社会主义"被看作人类有史以来调和"私欲"的备选方法之一,"而其调和方针,只是要把'私欲'的单位扩大起来"。③

当时反对"社会主义"的声音虽无法占据舆论的主频道,其微弱的声音却仍有机会在主旋律的缝隙中偶尔交错出现,如有观点认为实施"社会

<hr>

① 健安:《个人主义和社会主义》,《芦墟》第1期,1922年。
② 陈鸿勋:《个人主义与社会主义》,《云南训政半月刊》第9期,1929年。
③ 陈鸿勋:《个人主义与社会主义》,《云南训政半月刊》第9期,1929年。

主义"会遭遇以下困难：一是流血革命导致长时期战乱，增加人民痛苦；二是剥夺人民自由，在专政之下必将使权力集中于极少数人之手；三是造成经济上的供求失调和文化水准的降低。[①]

更多的人则尝试着从政治理论的高度解读为什么"社会主义"更加适合中国，同时也不忘了为孙中山的"民生主义"宣传打一份广告。有一篇文章专门从社会发展史的角度分析"个人主义"为什么具有特殊的"时代性"。

"个人主义"制度发达起来的动机，在于破坏阶级的固定、解放职业的世袭，使能力出众的人们能够自由发挥他们的才能，以帮助社会的进步和发展。然而，建立在"个人主义"基础之上的私有财产及继承制度带来的社会不平等愈演愈烈，"竞争自由"导致社会阶层的严重分化。实行"社会主义"的目的就是使"社会应该先有对于社会个员的生活负责的制度，然后才可以撤废私有财产制度"。"社会主义制度"的方法和步骤有急进和缓进之别，马克思派社会主义是急进的，而中山先生所主倡的民生主义是缓进的，最终目的却是同样的。[②]

当时对"社会主义"的理解可谓五花八门，曲解混乱之处比比皆是。其中用"三民主义"去调和"个人主义"和"社会主义"的提法即不在少数。有一个叫王学孟的作者写文章阐述"个人主义"与"社会主义"在教育观念上各有所长，无所谓优劣好坏，差别只在侧重点之不同。

"个性化教育"与"社会化教育"都是必需的，不必从各自的本位出发进行极端化解释，如仅仅把"个人主义"理解为反抗社会制裁，彻底打倒权威的异端思潮，而是要充分认识到个人人格的形成有赖于社会权威和制度的保障。同时要防止走向另一个极端，比如仅仅把"社会主义"理解成为了健全社会秩序，必须干涉私人生活，压抑个性自由，或者觉得个性分歧是对社会标准的一种危害，必须彻底铲除，而是要认识到社会秩序的建立亦应保证个人自由与个性发展。

每当这个时候，"三民主义"就可以站出来扮演协调"个性化"和"社会化"的角色，以纠正"个人主义"和"社会主义"的拥护者趋于极端带来的偏颇。作者特别提示，侧重"个人主义"还是"社会主义"一定要依

---

① 何若钧：《个人主义与社会主义之协调》，《中央周刊》第 9 卷第 13 期，1947 年。

② 宋斐如：《个人主义制度的兴衰浅说》，《村治月刊》第 1 卷第 6 期，1929 年。

据现实情况做出选择。中国正面临着一个革命的建国的时代，作为建国最高原则的"三民主义"显然是否定"个人主义"的，文章大段引用蒋介石有关牺牲"小我"以实现国家、民族之"大我"的言论，只有国家、民族这个至高无上、超然伟大的"大我"才有独立人格，"小我"并不具备这个资格，必须牺牲。整个教育的理论，一切教育的设施，都应当侧重于民族纪律的培养与民族情操的陶镕，应当着力于国民革命战士的培植与国防建设人才的训练。① 我们注意到这篇文章发表在1944年，由此可以体味到，"社会主义"已被国民党用来作为压抑个人自由倡导党化教育的工具，"社会主义"思想中批判自由竞争和打倒私有制度的内容被悄悄地淡化了。

到了1940年代，有关"社会主义"与"个人主义"的思想论争已慢慢地逾越出了学术本义的讨论范围，而日趋政治化了。我们过去总有一种误解，好像只有共产党才提倡"社会主义"思想，没有看到历史现象呈现出的悖反和多样性的一面。在当时错综复杂的抗战局势下，共产党、国民党甚至日伪政权往往都会扯起"社会主义"的旗帜作为正义的护身符，有针对性、有选择地共享其中部分内容。只是在"阶级斗争""权威主义""私有制度""财产公有抑或私有"等论题上出现分歧时，才会形成截然敌对的态势。"社会主义"思想中所包含的均平正义理想一直是各党派和团体所心仪的原则，尽管其中不乏政治利用的考量。

这里仅举一篇日伪报纸的文章作例子。伪政府报纸《新民报》就把清末政教废弛、人心浇漓、秩序散乱、精神颓堕的现象都归为"离社会主义之个人主义"盛行的缘故，号召用"兼社会主义之个人主义"取而代之。

在这篇题为《个人主义之于新中国》的文章中，作者杨孝苍把"个人主义"与"社会主义"当作新旧中国的分界点，说"主义之有个人与社会，犹中国之有一旧一新，由固陋而陈腐，由陈腐而溃灭，其旧中国乎？由时变而月盛，由月盛而岁新，乃新中国耶？"如此分野乃是因为中国人受物竞天择、优胜劣败、适者生存的功利思想浸染太深，故必须由"离社会主义之个人主义"转变成"兼社会主义之个人主义"。要达此目的，需要认识到个体之自由与国家之自由密不可分，因此必须废除党派、阶级、职业、地域等私利偏见，统一意志，集中力量，以大同团结为旨趣。此外作者还特

① 王学孟：《教育目的上的个人主义与社会主义》，《时代论坛》第3卷第3期，1944年。

意加上了"崇尚东亚传统的道义精神"这个时髦标签。① 如此缺少学术含量的言论看上去就像呆板的意识形态化宣传,完全没有坚实的学理做支撑。

由以上梳理可知,"社会主义"与"个人主义"之间的差异和争论,随着五四以后的时代变迁,越往后越无法仅仅框限在学术意义之内进行讨论,其争议的目标也已越出"群己"的原初限制,在复杂多变的现实政治语境中发生了种种歧变。

五　人生际遇与"个人主义":以文学艺术界的争论为例

以往的大量研究业已表明,五四运动不仅是一次单纯表达政治诉求的广场行动,而且是改变个人际遇和人生价值的一场心灵革命。五四运动的主力是青年,研究五四,不能仅仅把目光投注在那些政界名流提出的各种炫目观点和动人口号上,或者拘限于对群体运动表层演变模式的认识,还须对那些普通青年所思所行的轨迹,特别是他们心理发生微妙变化时掀起的情绪波澜做出细致观察和解释。

作为个体的五四新青年,其寻求新价值的过程大致经过了两个阶段。第一个阶段是他们凭借一腔热血,极力呼吁摆脱旧制度的支配,大量"反礼教"言论的出现就是其激情勃发的表现。在他们的心目中,"家庭""家族"从个人安身立命的温馨之所一变而为禁锢身心的囚笼。巴金的小说《家》、曹禺的话剧《雷雨》把封建"家庭"营造成了一个极度黑暗恐怖的名利场,"家庭"从此成为充满刻毒、压抑和变态人群的地狱魔窟。当青年们冲破家庭束缚,迈入社会时,由于正处在旧有道德观破毁,新型价值观未立的过渡期,其言行难免会进退失据,心理上非常容易产生烦闷彷徨和极度不适的感觉,他们面临的人生问题也会接踵而至。

在传统社会中,"个人"自出生之日起就被妥帖地安置在了一个以家庭为中心的伦理网络之中,在这个网络里,凡是有条件的家庭,从生活、教育到职业安排都会为孩子制定专门的规划,这种人生设计比较容易给人带来安全感。一旦失去传统家庭的庇护,自觉自愿地选择进入一个完全陌生的世界,难免遭遇许多未知的风险。那些家境一般,背后没有多少经济文

---

① 杨孝苍:《个人主义之于新中国》,《新民半月刊》第 5 卷第 17 期,1943 年。

化资本作支撑的五四青年自然容易产生极度的焦虑和恐慌。五四以后许多文学作品都视青年为"苦闷的象征",纷纷把他们的心理状态当作描写主题,郁达夫在《沉沦》中流露出的情绪,即是五四青年经历这一新阶段时心态失衡的表现。因此,五四前后发行的各种报章杂志中出现了大量如何建立新型人生观、价值观的讨论,其中最为重要的理论依据就是"个人主义"思潮。

与自然社会科学界比较习惯关注抽象的"公理""公例"不同,文艺界的创造力更多依赖"个人"天赋和感觉的表达,故五四青年的现实苦闷和对未来的期待也极易通过文学艺术的通道抒发出来。

事实证明,文学艺术界引进"个人主义"思想的首要目的,就是解决"个人"在进入"社会"时所面临的诸多苦恼问题,当时的讨论大致可以划分成两派,一派认为,要解决"个人"苦闷问题,就必须极大发挥个性解放的能量,紧紧围绕个人的际遇洞悉人生的复杂与无常,才能激发出创造性。比较典型的一个观点是,在艺术中,追求"趣味"是占第一位的,可以不顾周边的世界乃至时髦的"社会"。

华林在谈到艺术与无政府主义的关系时就觉得"艺术家"没必要像蒲鲁东、托尔斯泰、克鲁泡特金这些人那样"要将艺术的光明,射到劳动的破屋里",为民众吼出不平之鸣。避免"要求艺术都做了一种主义的工具,这是艺术上不应有的专制"。五四青年的艺术观之所以接近无政府主义,就是因为尊重个人自由,"艺术是由爱情里开出生命的花,并不是仅仅道德上的责任问题",如果感觉不到趣味上的满足,"大可不必克己牺牲!若是勉强做去,定流于虚伪。这非但不是艺术,也不是人生"。至于和民众的关系,艺术家应该是主动"示爱"的一方,"我们爱民众,并不是民众爱我们",只有明白这个道理才能饮到托尔斯泰式的"心泉",感到人生一点"苦趣"。

华林特别反对当时上海艺术界要拿一种"律师""教员""审判官""道德家"的态度来衡量艺术的优劣,坚持用艺术之内而非艺术之外的眼光评价"艺术"。在附文《伟大的个人主义》中,华林列举出艺术家的三个特征,第一,文艺家的目的是创造理想的世界,可以不顾虑社会和道德。他所创造的"美",在艺术上,并不和实际世界相混合,也不和社会相接交。所以伟大的个人富于幻想,富于感情,多半是孤寂的、漂泊的。第二,艺术家、文艺家搞创作是为了逃脱现实的苦闷。他们对现实不满,不安于平庸生活,"他要把情感生命,寄托在伟大的过去,或是理想的将来。……所以真正文艺家,绝不生活在'现在',也不做'现在'的工作,他要把眼光,尽力向远处看"。第三,文艺家要求精神上的充实,不是专要享受物质生活,只要满足他的趣味,虽贵为天子,富有四海,亦不足羡。[①]

这种完全从"个人"出发,认定一切文化运动、社会运动都须建立在坚实的个人基础之上,才能创造出新生命的观点,对于五四新青年确实具有巨大的吸引力,然而这种极端强调个体意志和个人兴趣的想法在艺术界的附和者却相当稀少,推测其中原因,五四新文艺的诞生是广义新文化运动的一个组成部分,寻找内心焦虑的解决办法无疑是新文化运动的主题之一,却远非其终极目标。新文化运动的最终目的还是要建立崭新的群体道德和人格,以服务于现代国家的建设。五四青年在摆脱家庭束缚之后,虽然因为失去了对传统道德伦理网络的依傍,在短时期内容易迷茫无措,但这种状态不可能持续很久,他们很快就会产生寻找新的安身立命之所的要求,在心灵安置的层面上也许体现为某种"主义",在身体安置的层面上则有可能归附在现实"社会"里的某个"组织"或者"团体"之内。

五四青年中的多数人仍然偏向于认为,"个人"应为"社会"所定义,并在"社会"的规训下发挥自身的作用,确立"自我"的位置,只不过他们对"社会"的理解超出了原有"家庭"和乡里组织的范围而试图另寻他路。对于与艺术相关的所谓"个人的趣味",许多人也认为必须从"社会"中汲取营养,是"社会团聚生活"的一种集体反映,而不是纯粹"个人"的表达。

在他们看来,道理似乎并不复杂,"个人的趣味"无疑要建立在"个人的常识"基础之上,"个人的常识"也是从其接触"社会"以后才习得的,因为"个人"出生时根本无常识可言,必须首先学会如何适应社会的方方面面,"个人""以耳之所听,目之所见者,皆为社会之种种彩色,设无社会之种种彩色,则个人不啻于生活不便,且无常识之可得也"。没有"常识",自然就没有"趣味"可言,这也是"个人"依赖"社会"的证据。[②]

---

① 华林:《艺术与无政府主义》,《民钟》第2卷第1期,1927年。
② 温培基:《论个人主义与社会主义之关系》,《沈阳高等师范学校周刊》第72期,1922年。

1926 年已经有人撰文开始宣判"个人主义艺术的灭亡",文章标题即是《个人主义艺术的灭亡》,批评那些抒写"自我""个人"的郁闷及创作之苦的"个人主义作家",并没有对现实权威构成挑战,"群小的自我无论如何激烈,如何猖狂竟无可如何这死样的权威,他们不过在永远的偶像之下侮辱了自己,而把侮辱自己的为自己的艺术,为自己的独创,仅仅满足那个人主义的艺术良心而已"。①

成仿吾在 1927 年发表《文学家与个人主义》,明确把"个人主义"看作五四新文化运动鼎盛时期的过渡产物,并不能作为文化变革的终极目标。他说:"约言之,在旧的破坏了新的没有建设起来的过渡时代,个人主义益发伸着翅膀,在纵横地驰骋,转瞬间我们已经发觉我们在一个无政府的状态。"可是到了 1927 年,以解放个人为主旨的文学革命的精神已经不复存在,成仿吾把"个人主义"文学家称作一些不成器的、在旧文人队伍间摇头摆尾地狂跳的"小文妖",他们满足于浅薄的趣味与无聊的消遣,不知天地间有羞耻之事。他充满激情地宣称:"现在,晨鸡已经高鸣,东天已经薄明,已是我们应该恢复意识——社会的意识的时候。……我们不再为人类中的畸形儿,不再为游闲的同伴者;也不再以过敏的神经纤微的感觉来涂改自然与人类的原形,我们要同感于全人类的真挚的感情而为他们的忠实的歌者。"②

在《非个人主义的文学》这篇文章中,黄药眠也倾向于在"社会"意识中发现"艺术"的存在方式和价值,因为没有"社会"内容的烘托和支撑,"个人"无法对应自己而显得苍白无力。黄药眠认为,用"我"、"个性"或"一个人"来反抗"社会"只是一种不切实际的幻觉,是一种自我欺骗。这种"不惜把自我造成一个偶像"的做法,假设的是每个人都具有特别的心理体系,可以完全不受外界诱惑和恐吓,这类文学"就是 Literature is nothing but unfolding myself,除我以外就没有文艺,文艺不过是我心目中的世界之具象化,不过心的损害时的一种幻象的满足"。③

在私有制度的社会组织之下,个人的充实生活是无法办到的。因为

---

① 何畏:《个人主义艺术的灭亡》,《创造月刊》第 1 卷第 3 期,1926 年。
② 仿吾:《文学家与个人主义》,《洪水》第 3 卷第 34 期,1927 年。
③ 黄药眠:《非个人主义的文学》,《流沙》第 1 期,1928 年。

"社会是整个的，当社会的要求不能够同个人的意愿一致时，则无论个人有多大的魄力，亦仍然不能不受社会的制裁，绝对的完成这个自我。所以如果把这个自我推崇到极致，把整个的社会分为一个一个的人来观察的时候，则全世界的人的生活，没有一个不是空虚的，无聊的存在"。个人主义的文学家反而会感觉到自我分裂的痛苦，辛辛苦苦造来的"自我的偶像"到此又不能不有自趋于破灭之势，心理上"自然会流入于厌世和悲观了"，① "个人主义的文学"到了近世也成了"无依的游魂"，表现得无非是"自我分裂，灵肉冲突的哀吟，而自趋于绝灭"的病态。

黄药眠最后得出"文艺是不能独立的"这个终极结论，因为"现在时代已经变了，大规模的生产已训练出一队一队的工人，我敢断定这一队一队工人联合起来向现有制度革命的团结的精神就是新的文艺的新生命，这种集体化的文学原也不是现在的特创，而只是民众文艺进化上的一种再现Recapitulation罢了！"在社会日渐进化的局面下，个人已不可能做隐士和散人、醉汉，已无鼓励可能，无论逃到哪里，都有一种"社会"的法则在支配你的行动，所以个人自由是"骗人的妄语"。

黄药眠相信，"凡是稍有志气的青年都会感觉到伟大的时代已摆在我们的面前，而且都会愿意同被压迫的民众紧抱在一起，体验出他那种集体的精神来发抒出灿烂的文学。这种民众心里的热情，民众的勇敢的力量，民众的伟大的牺牲的精神如果表现出来时，一定可以洗去从前个人主义文学的颓废的，伤感的，怯懦的，叹息的缺陷，而另外造出一刚强的，悲壮的，朴素的文学来"。② "个人"作为"民众"的对立面，再次被贴上了负面评价的标签，这些一个一个的"个人"有必要被安置在带有现代色彩的集体权威之下，这个集体权威最常见的称呼就是"人民"，它代表着一种新的团体力量，代表着"社会"对于"个人"不容置疑的重新宰制。

1920年代到1930年代的思想界，对"个人主义"思想评价的宽容度呈现出越来越低的走势，用"社会""民众""团体""组织"取代"个人""个体""个性"的倾向日益明显。这个过程的演变经历了比较漫长的时间，到1920年代末期，文学艺术界仍有个别声音为"个人主义"不断进行辩

---

① 黄药眠：《非个人主义的文学》，《流沙》第1期，1928年。
② 黄药眠：《非个人主义的文学》，《流沙》第1期，1928年。

护，尽管这种辩护已经不得不在肯定大众文学价值的前提之下才能得到允许。1928 年，《语丝》杂志发表文章，质疑何畏、黄药眠"个人主义"文学艺术开始走向衰灭的论调，文章表示在艺术中不应该区别"个人"与"大众"，艺术只有"真"与"伪"之别。"艺术家非有高蹈的个性不成，艺术家若也只是普通底一个社会人，他不会有创作的要求，他不会有切要底创作的动力，结果不会产生真底艺术品来。"①

作者一方面反对"硬着脑袋走极端，只表现自我的观察的一部，只表现了自我的偏颇底一部"，同时也反对黄药眠"文学根本就不该表现自我，文学里就不该有自我的成分，表现得目的是应该向着大众的，是应该描写被压迫阶级的"看法。因为"自我"当然不能离开"社会"，当然不能不受现代思潮的影响，"所以一个自我的造成，里边已经含有他的自我的环境的成份，与影响他的现代思潮的成份"，"文学家"比普通人更敏锐敏感，所以"文学家"的"自我"是现代社会、现代思潮、现代的一切的焦点。文学家表现了他的"自我"，便是表现了现代社会、现代思潮、现代的一切。②

"自我"的表达是和大众的共同感相通的，不是一种封闭性的存在。"自表的要求越真切，表白的态度越诚实，这样产生出来的文学作品才越有生命，文学家的自我表现，他的动力是为己的，而他的结果是成了大众的！这是文学上自我表现的意义。"③

对于"个人"自我完善自然延伸出去就能够自觉反映社会真实这个看法，有人明确表示反对，他们说"文学本来是社会生活的反映"，中国现代的社会组织之复杂，在世界上实堪首屈一指，包含着封建生活和资本主义过渡阶段的诸多生态，也有未来新社会的萌芽，好像一座人类历史的大熔炉。社会生活越复杂，反映在文学上的生活样态就越多面，所以描写"社会"而不是"个人"，其丰富的资源是足够使用的。④

如果说 1920 年代文学艺术界还有机会完全摒弃外来影响，专门讨论"个人"自由创作的可能性和前景问题，那么，在 30 年代以后，再讨论"个人""自我"这些话题时，大家开始尽量回避从私人角度切入，而是主

---

① 侍桁:《个人主义的文学及其他》,《语丝》第 4 卷第 22 期, 1928 年。
② 侍桁:《个人主义的文学及其他》,《语丝》第 4 卷第 22 期, 1928 年。
③ 侍桁:《个人主义的文学及其他》,《语丝》第 4 卷第 22 期, 1928 年。
④ 李宗文:《个人主义的克服》,《新中华》第 4 卷第 7 期, 1936 年。

动自觉地把着眼点放大延伸到"社会"层面。1935 年，一位作者对此倾向有一段精辟的概括，他说："从'五四运动'到现在，很有些从事文学的人，把文学的意义和价值，大约的厘订一番，作品的重心，描写的对象，都渐渐趋向社会化，全民化了。"①

到了抗战时期，"文学"中的自我表达已经更加无法和救国的群体目标相脱离，文学艺术界也已无法在超越国家现实危机的层面谈论个体创作的得失，或者纠缠于文学表达形式和审美风格的选择等专门问题。当时的历史氛围是，如果有谁仍然执拗地单纯从"自我"出发谈论"个人"价值往往被视为不识时务，再严重点则会被舆论当作"政治不正确"的典型加以批判。

当时的主流看法是，"文学家"的工作分为"特殊工作"和"一般工作"，凡是在书斋里完成的创作仅属于"特殊工作"，那些理解社会的工作才是"一般工作"。具体的"一般工作"就是"抗战建国"，巴人曾用辩证唯物论的质量互变理论看待"建国"与"抗战"的关系，承认"文化的建国工作还须在抗战工作这一现实的土地上去出发"。换句话说，抗战对于文化建国具有优先性，如果颠倒了次序就是犯了"个人主义"的毛病。②

周作人"性灵说"因表现出"言志"倾向，被巴人看作明末公安、竟陵派的俘虏，和儒家载道文学、老庄思想出于一辙，周作人获封了一个"虚无主义的乏虫"的外号，成了诬陷"集团主义"的彻底的自私自利主义者。巴人在批评梁实秋"要求无关抗战的文字"和沈从文"埋头苦干做事成专门家"的说法时，用了传播"毒素"这类感情化很浓的字眼，咒骂沈从文把"一般工作"和"特殊工作"分开的做法，比梁实秋更加"阴险"。③

巴人曾经引了一首诗作为批判的靶子，这首名为《私事》的诗这样写道："我探问过生，探问过死，探问街头葫芦里卖的药，探问流行文章里说的人事。……如今我虽然学会了字，学会了读漂亮话里论生谈死；可是我知道街头葫芦里都没有药，而流行文章里争的都是私事。"

---

① 淑美：《从非个人主义的文学谈到文人的"行"的问题》，《江汉思潮》第 3 卷第 2 期，1935 年。
② 巴人：《与天佐论个人主义书》，《鲁迅风》第 18 期，1939 年。
③ 巴人：《展开文艺领域中反个人主义斗争》，《文艺阵地》第 3 卷第 1 期，1939 年。

巴人称这首诗里流露的"意识形态"情绪是非常有毒的，是足以消灭千千万万的革命者斗志的瓦斯弹，是"空虚"和"自私"的"虚无主义""个人主义""奴隶主义"，一下子给作者徐玕扣上了一大堆帽子，并表示要与这种倾向做斗争，就要揭露"投降"行为，"把汉奸人物加以形象化的暴露，把新阶段战争的一切必要工作，一切必要改革，必要加强的事物，指示出来，向广大的读者进行宣传教育，激发他们更高的热情去支持战斗，是当前文艺界工作的总则"。① 这套说辞充满了"政治化"的命令式语气，根本容不下平心静气的纯艺术讨论，开了用斗争哲学的逻辑处理文艺争议问题的先例。巴人接着说："在今天，我们要在文艺领域中展开反个人主义的斗争"，首先必须坚信文艺运动要与政治动员相配合，否则就会被现实抛弃，其次必须在抗战第一原则下广泛地建立文艺界的统一战线，使每一个作家，在集团行动下贡献其所优长的，为抗战服务。②

可见，一旦文学艺术界有关"个人主义"性质的争论被迫上升到使用政治意识形态干预的层次，原来那种心平气和的讨论氛围即已不复存在。

六 "社会有机体论"："集团主义"对
"个人主义"的取代

五四前后"个人主义"之所以流行一时，是因为五四新青年迫切需要从传统伦理的桎梏中逃脱出来，尽情释放和张扬"个性"解放的激情，寻求新的发展空间。很快他们就发觉，仅仅依靠"个人"觉醒很难在纷繁复杂的残酷现实中立足，脆弱的"个体"需要寻找新的依托场所和支撑点。最终那些信奉纯粹依靠"个人""自我"就能潇洒行走于世间的观念慢慢沉寂了下来，只剩下一些文学艺术圈里的人还在议论"个人"独立于"社会"发展的可能性，而"个人"如何与"社会"相处，两者对接交集的界限到底在哪里渐渐成为众人瞩目的焦点话题。

大体说来，五四前后有关"个人""个体""个人主义"与其他观念或"主义"的关系，大致经历了三个阶段的变化。第一个阶段是清末民初素持

---

① 巴人：《展开文艺领域中反个人主义斗争》，《文艺阵地》第 3 卷第 1 期，1939 年。
② 巴人：《展开文艺领域中反个人主义斗争》，《文艺阵地》第 3 卷第 1 期，1939 年。

变革主张的知识分子呼吁青年摆脱家庭束缚，努力树立对"国家"身份的认同感，梁启超倡导"新民"即是典型的例子，这个阶段的主要任务是重新厘定"群己"界限。

第二个阶段发生在欧战爆发之后，一些受到"社会发展史"思维影响的学人，把"个人主义"的产生与西方私有制对财产的垄断联系在一起，"个人主义"往往成为资本家不择手段黑心牟利的理论基础，"个人""自我"开始与"自私自利"的贪婪品格建立起联系，其寻求"个人"独立的色彩渐趋淡化，对"个人主义"含义的解释也越来越趋于负面。

第三个阶段是抗战爆发以后，如何拯救民族危亡几乎成为所有阶层共同关注的核心议题，"个人""自我"必须毫无保留地融入抗日救亡洪流似乎成了一个天经地义的事情，不容有任何异议。对"个人主义"的讨论从此彻底"政治化"了。"个人主义"不但是自私自利恶劣品性的思想源头，只关心私事也常常等同于抛弃集体利益。结果是，"个人主义"不但要绝对服从"集团主义"的安排，同时也必须在党组织的规训教育之下肃清单纯从个人出发考虑问题的陈旧思想习惯，努力把自己锻造成适合团体目标的新人。

有关"个人"与"团体"，以及"个人主义"与"集团主义"的言论相当丰富，散见于五四以后的各种报刊之中。这里只选择一些典型言论略加梳理和讨论。

大约在 1920 年代到 30 年代中期，舆论界即频繁出现诸如"团体"、"集团"或"团体主义"与"集团主义"等提法，五四以后，与"个人主义"相对应，"团体""集体""集团"等概念逐渐拥有了正面含义，反之，"个人主义"却渐渐遭遇负面的评价，被挤压出主流舆论关注的视野，即使偶见提及也常常被当作"集团主义"或"团体主义"的对立面。如有人直接指出："个人主义与集团主义是古代思想和现代思想的分野，而从个人主义到集团主义，则是现代思想的一个特征。""集团主义"还是保存民族、复兴民族，与现代各列强相周旋的"不易的铁则"，唯一的道路。①

《中华教育界》杂志发表的一篇文章在标题上就直接划分出"个人主

---

① 聿飞：《从个人主义到集团主义——现代思想的第三个特征》，《现代评坛》第 1 卷第 5 期，1935 年。

义"与"集团主义"两大对立阵营,作者把"儿童本位的教育与民族主义的教育之争论"归结为"个人主义"与"集团主义"的争论。"个人主义(individualism)与集团主义(collectivism)之涵义差别在于,一般言之,凡以单位较其所组合的全体尤为重要者为个人主义,反之则为集团主义。""教育上集团主义,着重教育的群体的目的与效果,具体表现为民族主义的教育,国家主义的教育,社会化的教育。"教育有两个根本含义,一个是要发展(development)个人,另一个是要适应(adjustment)社会。教育要全面发展必须"个人"与"社会"并重,发展与适应并行,但"教育的终极是集团主义的,集团主义实为教育之用"。①

早在 1924 年,就出现过一种"细胞有机体论",在谈到布尔什维克的组织方式时有论者提出,"个人"应该成为"社会"的"细胞","布尔什维克眼光中的个人,不过是社会的细胞,根本的单位罢了。个人不是社会底目的,也不是社会底中心"。布尔什维克"只认他们所承认的社会制度底完成,至于因社会而牺牲个人底生命,财产与幸福,他们是在所不计的,只有社会没有个人"。②

1927 年,还有人提出了一种"躯壳论"的说法,大意是以党治国的一个思想基础是要做到"我"是党的,不是躯壳的。人类的普通心理便是将一个"我"和躯壳连接在一起,"我"只为躯壳谋利益,躯壳只听"我"的主张去运动,别的什么都不管了。于是造成汉奸卖国、奸商投机,野有饿殍无人过问,只顾自己轻车肥马地享受,甚至发生父亲和女儿谈恋爱这类乱伦之事。"所以党员的'我'不离了躯壳,党会被他卖给敌人,党便起了恶化腐化作用,立刻崩裂。"

要做忠实的党员"非把'我'贡献到党里去不可,一个躯壳只认识了党,听党的指挥,受党的支配,再不能受'我'的指挥和支配了"。又说:"故凡属党员,只有服从之行动,而无党员个人之自由,只有以本身之能力贡献于党以达党之目的,断不能反借党之能力以谋党员个人之活动。盖党之成功,即党员个人之成功。"作者大胆地宣告:"革命的党员,忠实的党

---

① 曹树勋:《教育上个人主义与集团主义之消长与协调》,《中华教育界》第 22 卷第 2 期,1934 年。

② 朱枕薪:《布尔什维雪姆与个人主义》,《学汇》(北京)第 443 期,1924 年。

员是要把'我'和躯壳分开，否则便是个人主义者。无论在社会上干什么事，不许有个人主义者，在党的范围内，更不许他容足。"①

在"躯壳论"发布后不久的1928年，一篇题为《个人主义与党的生活》的文章进一步把"个人主义"当作"党的生活"的障碍。文章说："过去数千年的历史，完全建筑在个人主义的基础上边，二十世纪的新文化将转到党的生活（或群的生活）的基础上边了。"因为"个人主义，是事事都站在个人立脚点上去计画活动，也就是事事要从个人作出发点，以言论行动，结果，常流于主观武断，感情用事，刚愎自用，自私自利，专制独裁"。与之相比，"党的生活，是集合多数最觉悟的分子，在同一的主义，同一的行动，严密的组织，铁的纪律，精勤的训练，亲爱的陶养之下的生活"。这就是创造20世纪新生命的一个胚胎。

把"个人主义"视为恶劣习惯和放任行动的渊源，企图用"组织""纪律""教育""训练"去规范"个人"的言行导向，是1920年代末以后思想界出现的一种新趋势。如此一来，五四时期盛行追求的"个性解放""个体自由"慢慢被矮化为"团体生活""集团主义"的敌人。文章还特意提示，现代中国的"党的生活"与中国历史上的某党某会，以及西方两党竞争式的政治运作体制均不一样，与这个论断相配合，有人发明了"机器论"和"螺丝钉论"。

"机器论"揭示的第一条原则就是要在严密的组织里生活，"党的组织，好像一架机器，各级党部，好比动机，每一个党员好比一个齿轮，一个螺钉；必如是，发动起来，才是一个整体的运动"。党员渗透到各个民众组织当中，党的任务是"把国家的权力和社会的权力打成一片，把国家的政治机关和社会的公众机关，连成一个脉脉相通的血流，这样扩大的组织，又好像拿整个的党，作成一个发动机，把民众各团体当作轮子、螺钉，而各团体中之党员，则好像连接发动机与轮子中间的汽管或皮带"。这样就组成一架20世纪的"新机器"。②其次，"党的生活"必须要拥有铁的纪律和"民主集权制"，"党治绝不是一种权利，完全是一种义务"。③

---

① 志方：《打倒个人主义》，《向前进》第6、7期，1927年。
② 寄梦：《个人主义与党的生活》，《雁门旬刊》第4—5期合刊，1928年。
③ 寄梦：《个人主义与党的生活》，《雁门旬刊》第4—5期合刊，1928年。

　　"党的生活"的具体内容就是奉行国民党宣传的"三民主义"思想，要想使"三民主义"获得现代青年的支持，就必须剔除五四时期流行的"个人主义"在他们心里造成的影响。在这个阶段，"三民主义与个人主义更是一个最大仇敌。有了个人主义就不会实行三民主义，反过来说，实行三民主义，决不会容个人主义存在。因为个人主义只知道损人利己，结果，只能造成帝国主义、军阀、资本家的工具，而忘记了个人与社会国家连锁的关系，更想不起来什么叫做民族、民权、民生，什么叫做革命，顶多亦不过假其名以行之"。[①]

　　"团体主义"的规训思路也逐渐渗透扩散到了学校之中，1930年《南开大学周刊》发表一篇文章，内容是针对南开大学某些学生对团体活动兴趣不高，常常以"个人主义"为托词拒绝参加集体活动发表了看法。这位名叫曹汉奇的作者直截了当地说："团体与个人是一件事，团体就是个人，个人就是团体。""所以团体中没有你我他的个体，只有你我他的化合结晶。"譬如一个人身上的养料，也许来自鸡鸭鱼肉菜蔬，"如果有人想在你身上找出一块块的四种不同的东西，那却未免是有意和你开玩笑罢。个人与团体也是如此，鸡鸭肉菜未经入口之先，是四种不同的东西，既入口之后，则其不同的本质都失掉了，而另产生了新的共和性。这共和性既由四者组成，如缺一则失其原形。故一等于四，四等于一"。文章最后宣称："团体是你，你是团体；宇宙间没有单独存在的个体，亦无不依靠个体之存在而生存的集团。故宇宙中无个人，有的只是'团体中的个人'——这是我的新个人主义。"[②]

　　对于曹汉奇的所谓"新个人主义"，在同一刊物上不久即有人撰文反驳，他的观点是：团体和个人的确有极密切的关系，但只能说明这两个东西关系比较紧严，却绝对无法合二为一。"在量上，个人决不是团体，团体也决不是个人。在质上，那个团体底行为不是等于它底所有份子底行为总和，因为每个份子底行为不全是团体的，还有非团体的。"一个人的身份也有很多种，分属不同的团体，且有"私人"空间和活动场所，所以"社会

---

①　张学伊：《个人主义与现代青年》，《民国日报·觉悟》1928年1月9日。
②　曹汉奇：《新个人主义》，《南开大学周刊》第92期，1930年。

有机体说"（organic theory of society）只是一种假说，并不符合事实。①

在这位作者看来，曹汉奇的"新个人主义论"只不过是"社会有机体说"的翻版，没什么新意。当时也有人附和"个人"无法完全融入"团体"的说法，如有以下议论说："社会是有机体，这是一般所承认的，设使有机体中的各份子，不在努力的运动活跃，试问这个有机体能否发达与生存，更进一步说，设若各分子，都生了离心的状态，这个有机体是否还能成立，社会之所以组成，全凭一个群性，社会之所以能够存在，亦全赖这个群性，群性是人类的通性，所以社会主义的存在全凭个人。"②

有关"个人主义"与"集团主义"的争议也渗透到了文学领域，常燕生就撰文批评周作人在《中国新文学的源流》演讲中主张文学"性灵说"，反对周作人把"言志"与"载道"截然分开，认为这种"个人主义文学观"应该用"集团主义文学"加以取代。文学史只宜用"个人主义"与"集团主义"两大潮流进行划分。"文学和其他各种文化产物——如政治、经济、交通、机械等——一样，他的最大的功用不在发舒个人的情感性灵，而在为社会集团效力。文学的功用是在表现社会集团的共同意识。""歌咏集团的共同精神，使集团意识格外明了，集团精神格外奋发，全体社会的各分子都陶醉溶化于集团人格之下，这样的社会才能对外竞争胜利，才能获得生物学上生存竞争的锦标。"③

与"集团主义"相比较，"个人主义"具有打破僵化思维的作用。常燕生同样运用"社会有机体论"分析个人自由与团体组织的关系，他的论证逻辑是这样展开的：从一般意义而言，"这种组织化的趋势结果当然是限制个体的自由，使个体逐渐消灭独立的个性，而化为集团组织（我们通常又叫他做社会有机体）下的一个单位，如单细胞生物之失去独立生命而化为复细胞生物体中之一单位一样。依物理学上的惰性律说来，生物个体常有反抗这种组织化趋势的运动，在文学上表现出来，便是反抗社会集团的共

① 丽水适生：《评"新个人主义"》，《南开大学周刊》第93期，1930年。有学者已指出，"社会有机体论"经严复翻译斯宾塞著作如《群学言》之后，成为许多人的口头禅，成为对社会的想象的方式。参见王汎森《思想是生活的一种方式：中国近代思想史的再思考》，北京大学出版社，2018，第172页。
② 蕴浩：《教育上的个人主义与社会主义》，《乡村改造》第3卷第30期，1935年。
③ 常燕生：《对于现代中国个人主义文学潮流的抗议》，《国论》第1卷第1期，1936年。

同意识和见解，而独抒个人的特见。由此产生了个人主义的文学作品及文学理论……这种个人主义的文学乃是反动，是与生物演化的趋势相反的"。

那么，"个人主义"到底在什么情况下还能发生作用呢？只有在"固有的集团文化已形成尸体，不能与社会生长的本性相适应的时候"，就像蛇需要蜕皮一样，这个时候"个人主义"就承担起了为旧的"集团主义""蜕皮"的功用，但其作用也仅限于此。"一个民族若想不至因旧文化的崩灭而陷入怀疑失望及一切虚无主义的深渊，就必须赶快勇猛地积极地建设一个新的集团主义的文化"，在文学领域，就是要用光明俊伟而又朴素的集团主义文学代替"个人主义"的反动潮流。①

"个人主义"与"集团主义"的论争在 1930 年至 1935 年这个短暂的时期尚能维持均衡态势，随着抗战的全面爆发，"个人"在"团体"中应保持独立地位的看法被彻底镇压了下去。相反，鼓吹个人为团体服务乃至奉献牺牲的言论拥有了绝对的权威。当然也并非没有例外情况发生，有人就反对"仅仅用国家的自由这个大帽子去任意剥夺个人的自由"。反对用"狭隘的国家主义把个人与国家的自由与利益对立起来"，作为牺牲个人的理由。主张要根据具体情况区别对待，"一定要使得一切个人的自由受同等的限制，而原来自由太多的特殊阶级，尤其要多牺牲一点，这才公允，这才合乎新集体主义的精神"。②

个别在五四期间提倡"个人主义"的思想者如鲁迅仍然坚持"个人主义"与"集团主义"并重的原则，他曾这样说道：革命军"在进军的途中，对于敌人，个人主义者所发的子弹，和集团主义者所发的子弹是一样地能够制其死命"。③ 还有一些人持相对模糊的折中态度，表示并不反对欧洲 19 世纪以来流行的"个人主义"，觉得它只是一种限制国家滥用威权侵害个人自由的主张，需要批判的是"低能的个人主义"，"低能的个人主义"是一种侵害他人自由幸福，以形成或巩固个人的存在和幸福的原始活动，譬如国民党里面的派别和小组织的形成并不纯是理论和主张的差别，还是利害位势的争夺排挤，这种心理上的流毒，就是"低能的个人主义"在作怪。④

① 　常燕生：《对于现代中国个人主义文学潮流的抗议》，《国论》第 1 卷第 1 期，1936 年。
② 　伯韩：《个人主义和集体主义：新精神讲话》，《中学生》第 50 期，1941 年。
③ 　鲁迅：《非革命的急进革命论者》，《鲁迅全集》第 4 卷，人民文学出版社，1957，第 177 页。
④ 　陈康时：《低能的个人主义》，《南华评论》第 1 卷第 13 期，1931 年，第 13 页。

尽管有极个别的辩护声音交错出现，"集团主义"最终取代"个人主义"的历史大势已不可阻挡，且越来越具有二元对立的意识形态色彩。

七　对"个人主义"日常生活方式的批判

五四时期的新青年倡扬"自我"解放、"个性"尊严，目的是想摆脱民初乱世中蕴积起来的那些无法排遣的"个人"苦恼，或者从彷徨和虚无的心理状态中解脱出来，寻找一种与旧社会不一样的全新生活方式。由于每个人的思维、阅历和日常经验差异很大，在他们的想象中，"新社会"到底应该是个什么样子，答案可谓千差万别，在追求新生活的过程中，五四新青年并不总是诉诸抽象的理论或高亢的口号，也常常借助于一些相当个体化、零碎化的感受。这些个人化的细微情绪一旦蔓延弥散开来，就会构成一种特别的氛围，这种氛围因与主流思想弘扬的精神气质并不合拍，往往会遭到质疑和批判。

五四以后"个人主义"被边缘化，大致出于两个原因：一是中国正统思想中除佛老这个派别之外，很少给"个体"价值留下独立的位置，儒学一般不单独讨论"个人"，总是要求"个人"必须与更广大的伦理网络连接在一起才能获得自己的位置，五四时期倡导个人自由，其实是专指"个人"从旧家庭家族的约束中解放出来，并不意味着"己"从此可以完全独立出"群"，获得绝对意义上的自由，而是要求"个人"必须重新融入一些新型群落如"国家""社会""团体""组织""党派"之中，才能获得真正解放，这种思路貌似新潮，实则是传统观念的一种变相延续。二是五四青年倡导个性解放的高潮期，恰恰与欧战之后列强重新瓜分中国的历史节点相吻合，提倡"个人"纯粹自由几乎不可避免地与挽救国家危亡的舆论导向相互抵触，1930年代以后中国又面临日本步步进逼侵吞国土的危急时势，倡导"个人"自由与救亡图存的民族主义目标之间更加难以协调，极易形成无法化解的死局。

在救亡图存的宏大话语支配下，"个人主义"被污名化的表现可谓五花八门，多种多样，如有人讥讽"个人主义"是色情狂"遗少"的"瞎三话四"，说他们"紧握着洋大人遗忘了的旧式武器——个人主义，当做机关枪去使用"。① 日常生活中某位朋友有了错误，自己沉默不语没帮着指出来，显得没有良心等这类微妙的情感也是"个人主义"在作怪。还有人干脆自称"我们是渺小的分子"，需要坚决地高呼："参加一个集体，信仰一个主义，把握着修养的真谛去进取，生活才有光荣的归宿。"坚信"集团主义"的信仰可以使"个人"的分子力量扩张至无穷的大，延续至无穷的远，即使是那些能正人心挽颓风的英雄人物如果不能融入集团生活也会终归失败。②

还有人把"个人主义"分成"消极的个人主义"与"积极的个人主义"两种类型。前一种是指那些消极避世的人及行为，他们喜欢过隐逸幽远之生活而独善其身，不愿意为改造恶劣的世界负责，同时也不想从世界中攫取私利。后者只想着个人富贵，占有个人地盘，不顾国家危亡和人民死活，只顾私欲，这一部分人特指"蒋军阀"。③ 有的说法更加直接，在血肉斗搏的全面抗战期，"个人主义"的代表就是"汉奸"。④ 也有论者觉得旧式社会中那些"霸道""讲义气"的性格，比封建性质的"个人主义"更讲理性，公事和私事分别得清楚，只要经过改造训练，也容易转变成有组织的集体生活。可有人又担心，那些封建性的和个人主义坏的自利一面如果结合在一起，就会成为对外柔顺屈服，对内暴戾横行的透彻自利的生物。⑤

即使是"消极的不妨碍别人，对团体无贡献"的"独善其身"的个人选择也被诟病为"自私"。有论者声称，"你不仅不能妨害大家的利益，而且要积极的为大家谋福利"，凡是不符合这个标准的就是"自私"。同样被贴上"自私"标签的各种"主义"还包括：享乐主义，英雄主义，保守主义，清高主义，宗教主义，恋爱至上主义，宗派主义，等等。大到哲学观念，小到日常隐私，似乎都能与"个人主义"扯上关系挂上钩，以至于给人感觉漫天飞舞的大帽子可能随时都会扣到自己头上。

对"个人主义"的批判，在文学艺术界表现得更加情绪化。主张"为艺术而艺术"的朱光潜、沈从文被讽刺为"穿着自由主义者的外衣，借

① 彭：《个人主义》，《社会新闻》第 4 卷第 29 期，1933 年。
② 余焕模：《论集体主义与个人主义的修养》，《中华职业学校职业市刊》第 6 期，1937 年。
③ 李芳柏：《中国文化之来源与个人主义之流毒》，《新亚》第 1 卷第 2 期，1939 年。
④ 孙伟真：《论个人主义与民族主义的冲突》，《崇德年刊》第 11 期，1939 年。
⑤ 李直：《"封建人物"和个人主义》，《大陆》第 2 卷第 2 期，1941 年。

'五四'的玻璃瓶，装下蒙汗药酒使人饮后如醉如痴，晃忽不知所在"。他们的观点都是"帮凶的帮闲文艺""黄色买办文艺""小资产者的劣意识"，文艺在两人的手中成了绅士、公子哥、小姐们的消遣品。断言如果这样下去"我们一直骄傲的五四光荣传统，将会由时间洗刷的干干净净"。又说"在今天，假如离开了人民，离开了人民的正确思想的立场，离开了科学的方法论而谈感受，那就只有苦闷、彷徨、忧郁、感伤的感受，作品的苍白，贫乏的感受"。① 有一篇标题叫《享乐主义的臭虫》的文章专门讽刺那些出身于中等家庭的青年缺乏关心民族国家和大众的"人生观"，是国家的败类，社会的蛀虫。② "英雄主义"也被当作"出风头"的表演遭到批判。③

"个人主义"既然是渗透到每一个青年身体里的毒素，那么就应该全力把它清除掉。当时一些报刊曾集中讨论如何清除掉"个人主义"的危害，如《学生》杂志就专门组织了一期"个人主义"讨论特辑。特辑里有一篇短论就叫《怎样克服个人主义：大家的意见》，其中谈到要"牺牲小我成见，要以大家的意志为意志，多替国家、民族着想，克服自尊自大的个人主义习性，对任何人都虚心相待，对自己却该时常严厉批评反省，多多参加集团活动，按时写日记"等这些扫除"个人主义"的自律举措。④ "恋爱至上主义"和"独身主义"等思想都是应该被诅咒的彻头彻尾的个人主义行为。⑤

有人怀疑一切都集体化之后，个人便被压缩成一粒粒的细胞，一切将归于平凡，归于相同，世上不少天才的人物将消失。一位叫徐如免的作者立刻出来答疑，他承认压抑天才确实是集体化的缺点，却并非不能从别的方面加以弥补。他举苏联的例子解释说，尽管少了大科学家、发明家，文学家也很少出现，但苏联在一切企业集体化之后，大规模的制造计划也确实付诸实现了，人民生活也有了相当改善。作者提出一个二难选择的问题："我们还是愿意个人主义抬头而使大家受到深酷的苦楚呢，还是使大家生活都舒适而稍稍压制个人的抒情呢？"答案是我们宁愿选择后者，"愿大家能

---

① 屈强：《论个人主义文艺思想的排斥与今后新文艺的去向》，《花果山》第2期，1949年。

② 沁云：《享乐主义的臭虫》，《学生》第2卷第6期，1944年。

③ 凌文：《罩着漂亮外衣的英雄主义》，《学生》第2卷第6期，1944年。

④ 胜、芜、心：《怎样克服个人主义：大家的意见》，《学生》第2卷第6期，1944年。

⑤ 古罗：《恋爱至上主义与独身主义》，《学生》第2卷第6期，1944年。

放弃自己而完成大众，完成人类共同生活的目的。我们唾弃特权，宁可缺少奇妙的发明，没有可爱的诗，可不能让人民没有生活"。①

对"个人主义"的清算渗透到了日常生活的方方面面，即使是一种纯属个人隐私的恋爱经历，也可能被当作批判材料公示于众，接受舆论的围观品评。笔者曾发现一篇类似小说的有趣文字，内容是一个人对自己恋爱经历的忏悔和反省。故事的主人公 26 岁谈恋爱时误使一名女子怀孕，随后又抛弃了她，十年以后主人公重返故里，因后悔当年的残忍行为而跟踪这名女子，发现她已嫁人，并带着一个 10 岁大的儿子。这篇文字有三处出现"个人主义"这个词。第一次出现在女子透露自己已怀孕时，主人公颇感不悦，没说一句安慰的话。他感叹自己"真是一个可怕的个人主义者"。第二次是主人公在上海炒股挣了钱后到处挥霍，反思自己"只是被欲望所动的个人主义，太陋劣了"。第三次是主人公不顾女子结婚后的幸福状态，一味想满足自己看望儿子的心理，去搅乱女子的正常生活。主人公忏悔道："我单单只想着自己一人的悲苦，啊！我仍旧是个人主义者。"②

"集团主义"对"个人主义"的成功改造到底深入到了什么样的程度，我们可以举出当年轰动一时的石瑛"断指事件"做一点说明。1948 年，正逢五四纪念日的第二天傍晚，南京中央大学教育系大一学生石瑛挥起斧头砍断了左手小指，这成为当时一件重大新闻。石瑛爱好音乐，业余时间经常练习小提琴，砍断小指意味着终身与小提琴无缘。在不久后发表的断指日记中，石瑛详细披露了自己决心断指的心理动机。他首先自我检讨迷恋拉琴的行为是一种"个人主义"表现。他在日记中写道："在现实不断的考验下，我发现自己向着个人主义的标的一步一步走去。这一种倾向在我的学习提琴上得到了最大的证明。"他承认，自己痴情地要求三伯、六叔和爸爸集资买琴是出于一种感情的冲动，这种感情冲动没有经过理智考虑，"那也只是在个人主义的基础上所下的判断。当时我的判断是这样的：作为一种娱乐，一种个人的娱乐，来享受一点个人的幸福，我学提琴是应该的"。他反省道："当大多数的人民都在水深火热中煎熬时，我却在追求个人的幸福！当同学们都在为反饥饿，反迫害，反帝反封建尽着自己的一份力量时，我却在我的艺术之宫中为

---

① 徐如免：《个人与群：所谓个人主义与集体主义》，《民主周刊》第 1 卷第 19 期，1945 年。
② 卓呆：《个人主义者》，《星期》第 47 期，1923 年。

个人享受的艺术上下着功夫。"他又继续检讨说:"在落后的祖国,当同胞们都在大呼着'要饭吃'的时候,这一种为追求个人的幸福的娱乐是一种奢侈的享受。……这些年来与音乐的接触,一旦别离,恋情是不免的。然而,我应该用理智去克服感情。理智告诉我,我应该赶快在教育上努力,去为人民大众造一点福,尽一个人的义务。"

日记回顾了5月5日晚的断指经过,这天正好是石瑛去老师家上课学习小提琴的日子,有同学邀请他参加纪念五四运动的文艺晚会,日记写道:"两种相反的理智就在我头脑中剧烈地冲突起来。"结果他既拒绝了同学的邀请,也没有去上课,而是回宿舍用斧子斩断了自己的小指。这说明在石瑛的心目中,拉琴虽具有审美的象征意义,却属于放纵感情的负面行为,去参加晚会本应该是一种理智的正面选择,自己却因犹豫而错过了,他最终用断指这个行动表明自己已经从负面感情的泥潭中挣扎了出来,最终做出了明智选择。

我们可以这样解读"断指"行为的象征含义,"拉琴"纯粹是"个人"的孤独爱好,参加晚会或者其他团体活动才是"组织"的迫切需要,"断指"喻示着石瑛勇于放弃个人私利,回到了组织的温暖怀抱。①

断指日记的编者按也强化了这一印象,编者按是这样说的,石瑛断指原因"乃纯为对人民艺术的向往与对贵族艺术的唾弃。以此表示坚决摆脱'孤芳自赏'的个人主义的倾向,而决定走向为群众谋福利的道路"。② 需要特别注意的是,石瑛断指前后正逢纪念五四的特殊时期,南京各高校青年密集组织了各种集会和大游行,刊载石瑛断指日记的《北大半月刊》同期就发表了通讯《任何迫害不能破坏我们的信念:南京五·二一事件》,讲述了为纪念1947年南京珠江路发生的"反内战""反饥饿"大请愿而召开群众集会的情况。与会学生高唱"不答应""放下枪""团结就是力量"的歌曲,据统计到场有一万多人。可知石瑛断指绝非发生在某个人身上的偶然事件,它既是一种个人选择,同时也折射出一种"团体主义"支配下群体

---

① 石瑛:《与个人主义的我告别:断指日记两则》,《北大半月刊》第6期,1948年。不少杂志转载了对这个事件的评论,如《东吴生活》1948年第2期上就刊有《砍指为警,告别个人主义》的文章;《清华旬刊》1948年第9、10期也载有《抛弃个人主义》,对石瑛断指事件予以报道评论。

② 石瑛:《与个人主义的我告别:断指日记两则》,《北大半月刊》第6期,1948年。

意识酿造的结果。

对"个人主义"的批判大多源于一些"个人"疏于参加日益密集的"组织"活动，这种自私行为经常引发不满，1940年代以后，"个人"能否及时融入"组织"经常被提升到是否具有足够政治觉悟的高度加以认识。在中国共产党的整风运动中，党员日常生活的"严肃性"已不仅体现在平常举止大方谨慎、不虚浮、男女关系正确等方面，这只是个人生活修养的一小部分，更为重要的是，每个人都必须通过批评和自我批评的途径，把工作上的一切问题，提高到为革命事业服务的高度来加以检讨和反省。例如有一位党员在学习文件后发表文章，他检讨自己在工作选择上总打自己的小算盘，没有把党员的岗位作为一部机器里面的一颗"螺丝钉"来看，渗着私人的意气用事在里面，没有考虑广大人民群众的利益。①

在解放区，"个人主义"被认为是"旧社会"遗留下来的道德习惯，作为健全的"组织人"必须像消除病菌那样对待思想上残留的"个人主义"习气。一篇署名甦旅的文章明确指出："'自私自利'和'损人利己'是指一个人从旧社会因习而来的一种道德习惯而言。个人主义是属于剥削阶级的思想行为的表现，它是私有经济制度的社会存在所反映的一种'道德'，一种意识。""'个人主义'是社会阶层的产物"，在农村与城市表现并不一样。"从农村里反映来的，多是农民意识，平均思想（当然城市小资产阶级出身的也有这种思想），报复性，极端民主要求等。从城市来的，最普遍存在于小资产阶级思想意识里的，主要的便是个人英雄主义、享乐思想、自由主义和厌世的虚无思想。"②

对"个人主义"实施道德伦理化批判，就必须要求把集体主义意识渗透到个人生活的每一个细节当中。这里仅举一例，曾经参加过解放天津战役的年轻人路又明在入城后发表了一篇题为《彻底斩断个人主义想法》的文章。路又明自称是一名小资产阶级学生，在部队里担任文化教员，文章从一些貌似微不足道的小事开始检讨自己，他说平时帮大家学念生字，读读文件，等一发了津贴，要不了两天，就全部买了糖和花生米。原以为自己工作本分应该记功，结果在集体评议时反而被批评组织性不强，生活过

---

①　曙英：《拿原则精神来代替个人主义：二种文件读后感》，《正报》第2卷第49期，1948年。

②　甦旅：《怎样为人民服务？什么是个人主义？》，《知识》第8卷第2期，1948年。

于散漫，不请假外出的时候多。

路又明听到这些批评是又难过又高兴，难过的是自己感觉不到这个缺点，还幻想着评功。高兴的是，同志们热心指明缺点，把自己从危险的道路上拉了回来，经过几个失眠之夜，路又明觉悟到，还是那个小资产阶级知识分子的尾巴——"个人主义"在作怪。于是在1949年五四纪念日这一天，天津解放后第一个青年人的节日，路又明"立下这个钢铁样的誓言：为革命，我一定会忍受最大的痛苦，把自己个人主义的尾巴，彻底连根斩断"。① 在《新华周报》同一期《我怎样才能进步》的大标题下，还有一些文章如《用自我批评来改造自己》《大胆的暴露自己》等，一看标题就知道是对"个人主义"集中展开批判的文字。

在这股批判"个人主义"的浪潮中，并不是没有异议的声音。有人判断，辛亥革命以后的四十年，中国一直走着与世界潮流相反的解放道路，即不注重心灵的解放，而个人主义是达到个人解放的唯一道路。抗战期间本来是产生民族史诗的时代，却居然没有一个诗人出现。中国社会的道德法律早就具有一种口是心非的伪善性格，署名流金的作者决绝地表示："我常想，与其伪善，不如真恶，我从心里佩服那些男盗女娼而直认不讳的人！"又说："处今之世，与其计较善与恶，不如歌颂那勇于行事儿敢于承担的人们。""伪善，才真正是今日中国的大病，我们这个社会终日蝇营狗苟的都是一群弱者，一群影子……个人主义是唯一的医治这种病症的方剂。""五四运动，虽然喊出了打倒旧的呼声，却来了新的引诱，我们在这新旧交迫之中，迷了道路，失了魂魄。"② 只不过这些抗议声音只能从夹缝中透露出一点微弱的消息，根本无法撼动批判"个人主义"的总体走势和格局，也无法挽救"个人主义"最终沦落的历史命运。

当时，为"个人主义"价值呐喊辩护者毕竟属于极少数，稍不留神就会受到严厉批判。在此特殊氛围中，有些人似乎变得聪明起来，他们即使为"个人主义"做辩护，至少也貌似持有的是一种不偏不倚的均衡立场。周建人在比较中西"个人主义"差异时，其评价尺度就拿捏得较有分寸，他批评中国作为被压迫民族，中上阶级形成了一种畸形媚外或媚上的"没

① 路又明：《彻底斩断个人主义想法》，《新华周报》第1卷第12期，1949年。
② 流金：《论个人主义》，《天风》第5期，1945年。

我之个人主义",这种"没我之个人主义"不像西方"个人主义"那样每个人具有无条件的自由,中国的"个人"自古就是"家族主义"内部的一分子,通行的是"没我主义",这种"主义"是把个人的行动结果都归结到祖宗上面去。个人成功是光宗耀祖,失败是"倒楣",是门楣塌倒,家族失了体面。由此延伸出主奴之间的"主有福将有力"的思想,手下人的成败要看主人福量之大小而定。自我被压抑的欲望一旦遭逢西方科技的刺激和"个人主义"的侵入,"没我主义"就"个人主义"化了,便构成了"没我的个人主义"。

西方虽注重个人的自由与享受,却同时有责任和强烈的捍卫国家利益的精神,"没我之个人主义"因为是没我的,所以它的立场与限度非常广泛,就是"我"的利益可以推到广远无边,只要于己有利,其他可以不顾。这种主义因为没有真正的自我,同时又非常以自己的个体为中心,自己可以无所为而同时无所不为。周建人断言"这种媚帝国主义的没我的个人主义,才是真正毒害人心的东西,真是制造汉奸的东西"。[①]

周建人此论的精辟之处在于,在"集团主义"盛行的压力下,极有洞见地提示出建立一个真正"自我"和个人"主体"的重要性,这与国家面临危亡时必须奉献自我的总体精神导向并不矛盾,应该合一而观,两者兼顾,而不是仅仅强调为实现某个更大目标默默奉献自己,完全丧失了个体的存在。可惜周建人的思想在当时犹如空谷足音,根本无人理解也少有响应。毫无保留地把"个人"奉献给团体组织,奉献给建设国家的宏伟目标仍然是抗战之后的思想主流,并渐渐成为达致个人解放的一条必由之路。

在此笔者想提出两点看法作为本文的结束,第一,"个人主义"完全是西方的产物,在中国找不到任何相似的根基和传承依据。五四时期对"个人主义"的引入和阐说虽喧嚣一时,却不具有任何"原理性"。五四以后的知识分子对个性解放的阐扬,往往针对的是如何冲破传统网络如家庭或家族的束缚,并不是真正倡导"个体""自我"在纯粹意义上的独立解放。

我们发现一个有趣的现象,凡是提倡"个人"解放者,最终都会为个体寻找一个传统网络的新型替代物,这个替代物往往不是"国家"就是"社会",或者是带着改革标签的"团体"或"党派",以作为保障"个体"

---

①   周建人:《论中国的彻底个人主义》,《民主》第 7 期,1945 年。

生存的最终归宿，这恰恰符合儒家从修身、齐家到治国、平天下的推演思路，人生的终极目标指向"国家"和"社会"，与最终指向"王朝"和"天下"的儒家思维方式是基本同构的，并没有根本性的区别。那些最初提倡"个人"解放的激进分子往往最后都成为"集团主义"的狂热拥戴者。

第二，我们对"个人主义"兴衰演变的认识，似不应该仅仅局限在对抽象理论的梳理和研判上，比如仅仅从学理上追究其与西方思想的关系及其在中国的变异。"个人主义"往往会化身为一种微妙的自我情绪和主观感受，在日常生活的节奏里悄悄地弥散传播。从某种程度上说，"个人主义"是五四青年克服精神苦闷和心理压抑的特殊宣泄方式，如果仅仅从思想史的层面上分析其源流和形态是远远不够的，必须深入触摸其个人经验的肌理才能有所感悟。

五四新文化运动发生时恰逢欧战结束，五四青年抗议列强瓜分、呼吁国家振兴的政治主张与民族主义思潮的兴起密不可分，经过这场运动的洗礼，"个人主义"往往被当作一剂解决人生困境的良药，供青年们选择服用，可事实证明，这剂药方仍不过是各种集体政治诉求的副产品而已，不可能像"团体主义"那样升格成一剂救世的主药。对纯粹独立"个体""自我"解放的追求大多只能拘守在文学艺术相对狭小的创作圈子当中，权作释放自我激情的秘方，在现实层面并没有掀起多大的波澜。

五四以后政治局势的变化波谲云诡，已经把大部分青年的注意力完全引向了外界，他们内心萌生的人生困惑如果不与国家社会问题的解决密切关联起来，就不具任何正当性。十四年抗战以后国共两党对中国前途和命运的争论，更是把几乎所有五四期间成长起来的一代青年卷入其中，"个人"是否需要融入"集团"和"组织"已经不是个自选题，而是衡量一个人精神境界高低的大是大非问题。那些平时本属正常的"个人"欲求，在抗御外敌的特殊时势下也会变成"自私""丑陋"的代名词，成为必须扫除清理的对象。

从伦理觉悟到德性启蒙

——以五四时期"打孔家店"为中心的讨论

张昭军[*]

新文化运动在性质上是一个混合了欧式文艺复兴和启蒙运动,又夹杂有宗教改革因素和科学革命意味的综合性事件。作为核心论题之一,学界对"反孔"问题的研究就涉及思想启蒙、宗教人伦、文化复兴等诸多因素。由于这些因素与今天的现实有着千丝万缕的联系,故长期以来备受各界关注。不过,一些学者习惯于用"时代意见"取代"历史意见",[①] "致用"胜过求真,迎合时代需要,结果模糊了历史真相,混淆了是非。这不仅对于新文化运动诸君子不公,也不利于客观地认识中国文化的利弊和进路。

目前研究者较通行的做法,主要是依靠解读陈独秀、胡适等当事人发表在《新青年》等报刊上的文本。这当然很重要,但有其局限性。与传统史学的"实录"不同,报刊体文章带有一定的新闻色彩,要求聚焦社会动态和热点,偏重求新、求异、求变,文字富有宣传力。具体就"新青年"而言,他们这一时期发表的多是政论性文章,有强烈的即时性、针对性和说理性,并常带感情。作为史料,其长处是利于研究者从中认识快节奏的短历史、热历史,其难处是见木不见林,研究者不容易从中看出政论背后的事态、言说的语境和时人的常识。因此有必要拉长时段,重审和反思这

---

* 张昭军,北京师范大学历史学院教授。

① 借用钱穆的提法,详参氏著《中国历代政治得失》,三联书店,2012,前言,第3页。

段历史。一如历史上每一个事件的产生都有它的因缘，一百年前，"新青年""打孔家店"，也有其具体的历史环境和语境。"打孔家店"是先进知识分子文化自觉的产物，如凤凰涅槃，浴火重生，它标志着中国人在自我批判的苦痛中迈出了人伦道德自我提升的实质性一步。今日之是乃建立于对昨日之非的觉悟之上，这一步承前启后，为文化守成主义者的德性启蒙奠立了基石，为中国文化输入了现代性。今天，包括一些否定新文化运动者在内所认同的"国学"，其实是经过"打孔家店"刮垢、锤炼、磨光后的现代性国学。

一　伦理觉悟："吾人最后之觉悟"

我们说"打孔家店"是国人自觉的产物，首先要知道"新青年"为什么要"打孔家店"。

有人说新文化运动"打孔家店"打错了对象，因为"中国要实现现代化最大的障碍其实不在儒表，而是在法里"。也有人认为"打孔家店"失当，指责新文化运动激烈地反传统是一种历史虚无主义。近年来，"国学复兴"论者把国学衰落的原因归到新文化运动身上，批判的声音不绝于耳。这些说法其实有相当大的随意性，且有违历史实际。

到五四前夜，中国传统文化与其说是一笔宝贵的财富，不如说是国人难以承受的负担。其中，儒学作为中国文化的主干，兼具官方哲学和社会意识形态的地位，难辞其咎。关于"打孔家店"的起因，学界从儒学与民国初年的复辟、专制、国教运动等相关联的角度，已做了众多探讨。① 若认为这些理由尚不充分，那么，不妨长时段地来看看儒学的表现。

兹以新文化运动中首当其冲的"礼教"为例。顾名思义，礼教即以礼为教、礼的教育，也称名教（以名分为教），主要是处理人与人之间的社会关系。先秦时期，提倡礼教者不限于儒家，但以儒家最具影响。孔子一生对周礼推崇备至，主张"克己复礼"，"道之以德，齐之以礼"，强调以礼修

---

① 较具代表性的成果如欧阳军喜《五四新文化运动与儒学》，陕西人民出版社，2001；张艳国《破与立的文化激流——五四时期孔子及其学说的历史命运》，花城出版社，2003；林甘泉主编《孔子与20世纪中国》，中国社会科学出版社，2008；杨华丽《"打倒孔家店"研究》，人民出版社，2014。

身，以礼齐家、治国、平天下，以礼教化民众。礼教在中国古代的政治、社会、文化、教育等众多领域，无不占据极其重要的位置。故清代礼学大家凌廷堪总结说："圣人所以教，大贤所以学，皆礼也。"① 客观地说，中国被奉为礼仪之邦，儒学贡献大焉，不可抹杀。

以礼为教，初衷是使人彬彬有礼，由野蛮走向文明，建立一个和谐有序的人伦社会。然而物极必反，礼教在明清时期走上了极端，扭曲了人性，产生了人不如兽、生不如死的恶果。礼教之病态，至近代尤为突出，其主要表现有二。②

礼教病态之一：专制。从源头上说，所谓的君臣、父子、夫妇，对双方都有要求。《晏子春秋》说："君令臣忠，父慈子孝，兄爱弟敬，夫和妻柔，姑慈妇听，礼之经也。君令而不违，臣忠而不二，父慈而教，子孝而箴，兄爱而友，弟敬而顺，夫和而义，妻柔而贞，姑慈而从，妇听而婉，礼之质也。"③《礼记·礼运》将父慈、子孝、兄良、弟悌、夫义、妇听、长惠、幼顺、君仁、臣忠等十项做人的原则称为"十义"，要求人人遵从。④ 正是从原初义上，陈寅恪指出"吾中国文化之定义，具于《白虎通》'三纲六纪'之说"。⑤ 然而在现实生活中，礼教却成了君对臣、父对子、男对女的专制工具，导致君权、父权、夫权绝对化，严重加剧了社会的不平等。即便所谓的明君圣主、名儒贤臣也不例外。康熙帝以尊儒重道著称，重视纲常教化，但他所看中的仅是臣下的忠诚。奕䜣在倡办洋务事业时，也未忘以礼教为本，专门强调："辨上下而定民志者，礼也。上下之分既明，则威福之权皆出自上，君君臣臣，国本固矣。"⑥ 曾国藩被尊为"一代儒宗"，他所理解的纲常也是单向度的，在写给长子纪泽的信中说："君虽不仁，臣不可以不忠；父虽不慈，子不可以不孝；夫虽不贤，妻不可以不顺。"⑦ 他

---

① 凌廷堪：《复钱晓征先生书》，《校礼堂文集》，中华书局，1998，第221页。
② 参见拙文《论礼的近代命运》，《福建论坛》（人文社会科学版）2017年第9期；《国学复兴不能否定新文化运动》，《中国社会科学报》2015年10月29日。
③《晏子春秋·外篇重而异者第七》，廖名春等点校，辽宁教育出版社，1998，第87页。
④《礼记集说》，陈澔注，中国书店，1994，第192页。
⑤ 陈寅恪：《王观堂先生挽词并序》，《学衡》第64期，1928年7月。
⑥ 奕䜣：《礼可以为国论》，《乐道堂文钞》卷1，《近代中国史料丛刊续编》第314册，台北，文海出版社，1976年影印本，第16页。
⑦ 曾国藩：《谕纪泽》，《曾国藩全集·家书》（二），岳麓书社，1985，第936页。

们把"三纲"上升为最高道德原则，强调的仅是臣、子、妻对君、父、夫的绝对服从。《礼记·曲礼》云"夫礼者，自卑而尊人"，然而在现实世界中，礼教却成了制造不平等的渊薮、厉行专制的工具："君之专制其国，鱼肉其臣民，视若虫沙，恣其残暴；夫之专制其家，鱼肉其妻孥，视若奴隶，恣其凌暴。"①

礼教病态之二：愚民。什么样的文化，造就什么样的国民。对于忠臣义士、孝子节妇来说，礼教寄托了人生的信仰，代表了人生的意义。他们甘愿为名教而献身，去世后又进而成为他人教化宣传的榜样。近代社会动荡，战祸频仍，笃守旧道德的普通民众中甘为名教殉身者数目惊人。据同治朝《徐州府志》记载，徐州从清初至同治年间，夫亡守节者达4151人，遇变捐躯者1381人，夫亡身殉者918人，未嫁殉夫守贞者146人。安徽桐城烈女祠建于明代，时祀有93人，至道光中叶，所祀节烈贞孝妇女已达2774人。② 清代中后期，贞节牌坊四处林立。安徽徽州府今天可查的最后一座贞节牌坊，立于光绪末年，坊上骇然刻着："徽州府属孝贞节烈六万五千零七十八名。"③《大清会典》规定，30岁以后居孀者或守节不足20年者，皆无表彰资格。无表彰资格、无案可查的"失语"者不知又有多少位！礼教名目更是五花八门。据俞樾《右台仙馆笔记》，粤东地区，不仅妻子要为亡夫"守节"，而且未婚之妻要为未婚而亡之夫守节，名之"守清"，甚且有人为得贞节之名，故意让女子缔婚于已死之男子，谓之"慕清"。④ 福建地区，有"搭台死节"的陋俗。当地以家有贞女节妇为尚，一些年轻女子丈夫（或未婚夫）不幸去世，父兄便在公共场合搭建平台迫使她悬颈自尽，以博取"礼教之家"的声誉。施鸿保《闽杂记》记载："凡女以字人，不幸而夫死者，父母兄弟皆迫女自尽。先日于众集处，搭高台，悬素帛，临时设祭，扶女上，父母外皆拜台下。俟女缢讫，乃以鼓吹迎女归殓。女或不

---

① 康有为：《大同书》，姜义化、张荣华编校《康有为全集》第7集，中国人民大学出版社，2007，第36页。

② 姚莹：《桐城烈女三祠堂记》，《东溟文后集》卷9，同治六年安福县署刻本。

③ 邹元江：《汤显祖〈牡丹亭〉中杜丽娘的生存场域》，《光明日报》2016年9月1日。按，该坊名"贞孝节烈坊"，今仍存，在歙县（清徽州府治）县城南街，立于光绪三十一年（1905），是集中表彰徽州府贞孝节烈妇女的总坊。

④ 俞樾：《右台仙馆笔记》卷1，齐鲁书社，2004，第4页。

愿，家人皆诟詈羞辱之，甚有鞭挞使从者。"① 女子自尽，自愿者有之，但绝大多数是父兄逼迫。清代诗人描述说："闽风生女半不举，长大期之作烈女。婿死无端女亦亡，鸩酒在尊绳在梁。女儿贪生奈逼迫，断肠幽怨填胸臆。族人欢笑女儿死，请旌借以传姓氏。三丈华表朝树门，夜闻新鬼求返魂。"② 据统计，清代泉州搭台自尽的女性至少有 50 人，福清县有 41 人。③类似的记载，在《清实录》、地方志中不胜枚举。"甚矣！礼之耗人血、消人气，不至于死亡不止也。"④ 礼教已发展到灭绝人性的地步，而多数民众身陷其中，竟浑然不觉！

民国初年，这种状况并无改变。1914 年 3 月，袁世凯政府颁布《褒扬条例》，明文褒扬割股疗亲式的愚孝及烈女殉夫式的节烈。⑤ 其施行细则规定：30 岁以前守节至 50 岁不改节者，或未及 50 岁身故，其守节已满 6 年者，称为节妇；凡遇强暴不从致死，或羞愤自尽，及夫亡殉节者，称为烈妇或烈女；许嫁未婚，夫死闻讯自尽或往夫家守者，且年限达 6 年以上，称贞女。⑥ 这还不包括 30 岁以后孀居者，或守节不足 6 年未及 50 岁身故者。新文化运动前夜，褒扬贞节烈女之风呈愈演愈烈之势，大量贞节烈女的事例登诸报刊，加以颂扬。甚至一些新派的报刊也转以宣传礼教为荣。1914年，《妇女时报》刊登专文表彰孝感一朱姓殉节女子："朱烈女君之死，非特个人交谊上之光荣也，亦非我孝感一邑之光荣也，亦非我全国女学界之光荣也，是我中华古国对于世界上之光荣也。幸记者有以表彰之。"⑦

有学者认为，礼教对人性的扭曲和对人权的压制应由法家、由"秦家

---

① 施鸿保：《搭台死节》，《闽杂记》，《闽小记·闽杂记》，来新夏校点，福建人民出版社，1985，第 106 页。
② 见俞正燮《贞女说》，《癸巳类稿》卷 13，道光年间刻本。
③ 田汝康：《男性阴影与女性贞节——明清时期伦理观的比较研究》，刘平、冯贤亮译，复旦大学出版社，2017，第 58 页。
④ 《权利篇》，《直说》第 2 期，《辛亥革命前十年间时论选集》第 1 卷上册，三联书店，1960，第 479 页。
⑤ 关于近代的割股疗亲，可参见张凤花《近代"割股疗亲"风气探析》，《大家》2012 年第 9 期；吴佩林、钟莉《传统中国"割股疗亲"语境中的观念与信仰》，《史学理论研究》2013年第 4 期。
⑥ 胡适：《贞操问题》，《新青年》第 5 卷第 1 号，1918 年 7 月 15 日。罗检秋《褒扬贞节烈女风勃起》（刘志琴主编《近代中国社会文化变迁录》第 3 卷，浙江人民出版社，1998，第178—180 页）对此也有阐述。
⑦ 陈左明瑛：《妇女谈话会·孝感朱烈女》，《妇女时报》第 19 期，1916 年。

店"负责。儒家真的可以摆脱干系吗？安徽桐城系理学发达之地，妇女的贞节观念较重，入清以后节烈妇女数量增长惊人。愈演愈烈的殉节之风，并未引起理学人士的省思。他们不以为忧，反以为喜。著名学者姚莹作《桐城烈女三祠堂记》予以旌表，并颇为自豪地称："呜呼！吾桐城一邑耳，而贞节之女若妇，宋代以前不过数人，明以后及今乃如此。世谓桐城风俗气节高于江左，非虚语也。旷观史传，忠贞节孝之事古以为难，宋、明至今一若为之甚易者，岂非宋儒讲学之力哉！……然则吾桐贞烈节孝之妇女，吾犹不以为多，必胥天下为妇人者人人知以贞烈节孝为事，然后不负圣人垂教、天子旌名之意，则二千七百七十四人，固多乎哉！"① 数以千计为名教而死去的女性，竟成为理学家津津乐道的对象和大力表彰的楷模。诸如此类的记、传、序、表等，在清儒文集中俯拾即是。"自尧、舜、禹、汤、文、武、周公、孔子以来，只这君臣、父子、夫妇、兄弟、朋友，即只此亲义序别信亘古亘今，此理不能磨灭。中国之所以愈于夷狄，以中国能讲此道理，圣贤之所以异于庸愚，以圣贤能尽此道理。学者学此也，问者问此也，思者思此也，辨者辨此也，行者行此也。"② 陕西名儒贺瑞麟在书院讲学时所强调的这段话很有典型性。即便到了清末，正统儒家士大夫依然较普遍地认为纲常名教代表了儒家文化的全部，是儒家文化的命脉所系，不可变更。所以，他们出于本能，采取各种手段来保护这一最具本质性的东西。

礼教由先秦的文明象征，至此已沦落为社会不平等的渊薮，适同杀人的凶器。有鉴于此，1916 年 2 月，陈独秀发表《吾人最后之觉悟》指出，孔孟礼教贯彻于国民之伦理、政治、社会制度、日常生活者，至深且广。若多数国民伦理不觉悟，共和立宪之大业绝难实现。并断言："继今以往，国人所怀疑莫决者，当为伦理问题。""伦理的觉悟，为吾人最后觉悟之最后觉悟。"③ 陈独秀等以民主与科学为武器，决绝地向儒家学说尤其是礼教发起了前所未有的猛攻："吃人的就是讲礼教的！讲礼教的就是吃人的

---

① 姚莹：《桐城烈女三祠堂记》，《东溟文后集》卷 9，同治六年安福县署刻本。
② 贺瑞麟：《经说三》，《清麓遗语》卷 4，光绪三十一年正谊书院刻本。
③ 陈独秀：《吾人最后之觉悟》，《青年杂志》第 1 卷第 6 号，1916 年 2 月 15 日。

呀!"① 鲁迅的《狂人日记》、吴虞的《吃人与礼教》等文,以"吃人"来形容礼教的罪恶,由上述礼教病态的事例看,难道为过吗?正是从剖析"吃人的礼教"入手,胡适 1921 年为《吴虞文录》作序,正面提出"打孔家店":"何以那种种吃人的礼教制度都不挂别的招牌,偏爱挂孔老先生的招牌呢?正因为二千年吃人的礼教法制都挂着孔丘的招牌,故这块孔丘的招牌——无论是老店,是冒牌——不能不拿下来,捶碎,烧去!"②

二　自知之明:打孔家的"老店"与冒牌

多年来,一直有人指责五四时期"打孔家店"过于激进,系情绪化的产物。不可否认,这场运动声势浩大,自我批判的深度前所未有,但并不能因此就认为整场运动过于偏激,缺乏理性。费孝通在论述文化自觉时曾提出:"文化自觉是指生活在一定文化中的人对其文化有'自知之明'。……自知之明是为了加强对文化转型的自主能力,取得决定适应新环境、新时代对文化选择的自主地位。"③"打孔家店"就是一种"自知之明",是为了实现中国文化的现代转型而采取的理性抉择。

"打孔家店"是现实的、理性的选择,对此,我们可借助钱玄同《孔家店里的老伙计》一文予以分析。作为新文化运动的健将之一,钱玄同于 1924 年发表的这篇文章值得重视。

第一,在对象上,钱玄同提出"孔家店"有冒牌和老店之分,认为陈独秀、易白沙、吴稚晖、鲁迅、周作人等人所打的是冒牌的"孔家店",胡适、顾颉刚等人所打的是"老店"。所谓冒牌的"孔家店",就是说,陈独秀等人所批判的并不是"真孔学"。揆诸历史,陈独秀曾明确表示,"我们反对孔教,并不是反对孔子个人,也不是说他在古代社会无价值"。④ 李大钊也说过,孔子确有不可抹杀的历史地位和价值,他掊击孔子"非掊击孔

① 吴虞:《吃人与礼教》,原载《新青年》第 6 卷第 6 号,1919 年 11 月 1 日,收入《吴虞集》,中华书局,2013,第 42 页。
② 胡适:《〈吴虞文录〉序》,原载《晨报副刊》1921 年 6 月 20 日、21 日,《民国日报·觉悟》1921 年 6 月 24 日,收入《胡适文存》一集,黄山书社,1996,第 584 页。
③ 费孝通:《对文化的历史性和社会性的思考》,《费孝通全集(2000—2004)》第 17 卷,内蒙古人民出版社,2009,第 525—526 页。
④ 只眼(陈独秀):《孔教研究》,《每周评论》第 20 号,1919 年 5 月 4 日。

子之本身，乃掊击孔子为历代君主所雕塑之偶像的权威也；非掊击孔子，乃掊击专制政治之灵魂也"。① 也就是说，作为新文化运动核心内容之一的"打孔家店"，主要是打虚假的病态的孔学，为实行现代民主政治扫清障碍，而对于优秀的传统文化并未曾不加分析地一概予以否定。所谓"老店"，指的是历史上的孔学。不过，钱玄同醒目地指出，胡适等人所打的主要是宝号中过时的货物，"无论在当时是否精致、坚固、美丽、适用，到了现在，早已蛀虫、鼠伤、发霉、脱签了，而且那种野蛮笨拙的古老式样，也断不能适用于现代。所以，把它调查明白了，拿它来摔破，捣烂，好叫大家不能再去用它"。② 径言之，这就是胡适所发起的"整理国故"运动。胡适在《新思潮的意义》一文中曾明确交代，"整理国故，再造文明"，意在还原历史真相，实现传统文化的现代转化。胡适的目标是重建和再造中国文明，打老牌的"孔家店"不是要"厚诬古人"，更不等于全盘反传统。数十年后，胡适接受唐德刚采访，在其口述自传中专门设"并不要打倒孔家店"一节，再次强调他对儒学的批判是有选择的："在许多方面，我对那经过长期发展的儒教的批判是很严厉的。但是就全体来说，我在我的一切著述上，对孔子和早期的'仲尼之徒'如孟子，都是相当尊崇的。……我不能说我自己在本质上是反儒的。"③

　　第二，在态度和方法上，钱玄同反复强调，"打孔家店"者的思想是"很清楚的"，方法是"很严密的"，"是以科学为基础的现代思想"。这并非凿空之言。陈独秀等人打冒牌的"孔家店"，是直面现实、审时度势而做出的抉择。他本人对礼教与民主政治的关系有清醒的认识："吾人果欲于政治上采用共和立宪制，复欲于伦理上保守纲常阶级制，以收新旧调和之效，自家冲撞，此绝对不可能之事。盖共和立宪制，以独立、平等、自由为原则，与纲常阶级制为绝对不可相容之物，存其一必废其一。倘于政治否认专制，于家族社会仍保守旧有之特权，则法律上权利平等、经济上独立生产之原则，破坏无余，焉有并行之余地？"④ 不破不立，不塞不流，不止不

---

① 李大钊：《自然的伦理观与孔子》，原载《甲寅日刊》1917 年 2 月 4 日，收入《李大钊文集》（一），人民出版社，2006，第 247 页。
② XY（钱玄同）：《孔家店里的老伙计》，《晨报副刊》1924 年 4 月 29 日。
③ 《胡适口述自传》，唐德刚整理、翻译，安徽教育出版社，2005，第 272 页。
④ 陈独秀：《吾人最后之觉悟》，《青年杂志》第 1 卷第 6 号，1916 年 2 月 15 日。

行，陈独秀等"打孔家店"所表现出的彻底之觉悟和猛勇之决心，正是一种可贵的理性。就像康德所说，人并不缺乏理智，关键在于"要有勇气运用你自己的理智！这是启蒙运动的口号"。① 胡适等人打老牌的"孔家店"，"整理国故"，同样贯穿了理性精神。在"整理国故"运动中，胡适反复强调，要以"历史的眼光""评判的态度""科学的精神"重新审视中国的历史文化。"'整理'是用无成见的态度，精密的科学方法，去寻求那已往的文化变迁沿革的条理线索，去组成局部的或全部的中国文化史。"② "整理国故"运动是运用科学的原则和方法，把中国历史文化从礼教的统治下解脱出来，赋予新命。

钱玄同发表《孔家店里的老伙计》的 1924 年，新文化运动已告一段落。该文的初衷是揭露昔日"打孔家店的老英雄"吴虞实系"孔家店里的老伙计"，带有总结"打孔家店"的历史、审查和清理革命队伍中败类的意味。文中钱玄同对"打孔家店"的评价应当说是客观和中肯的。他将"孔家店"分为"老店"和冒牌，并指出胡适等所打的主要是宝号中过时的货物，这无异于是说他们对儒家文化的批判是有拣择、有甄别的，并不存在全盘的反传统。他强调"打手"们的思想是很清楚的，并解释说这种思想"便是以科学为基础的现代思想"，可谓一语中的，指明了"打孔家店"的价值和理据所在。"新青年"正是以民主、平等和科学等现代性观念为坐标，才看清了以礼教为核心的儒家文化的顽疾所在，并痛下针砭，大胆解剖。

三　德性启蒙：显现儒家的"真精神"

任何一场大型的运动，都肩负着独特的历史使命。新文化运动亦然，它不可能包治百病，尽善尽美。"打孔家店"对礼教所采取的决绝态度，客观上对国人的道德信仰形成了空前冲击。正是在此处，一些文化保守主义者敏感地察觉到了"打孔家店"的问题，掀起了德性启蒙运动。

德性启蒙以梁漱溟、梁启超肇始。新文化运动后期，梁启超发表《中

① 康德：《答复这个问题："什么是启蒙运动？"》，《历史理性批判文集》，何兆武译，商务印书馆，1996，第 22 页。
② 《研究所国学门第四次恳亲会纪事》，《北京大学研究所国学门月刊》第 1 卷第 1 号，1926年，第 144 页。

国人之自觉》，提出思想要彻底解放，除靠西洋思想和科学方法，还需用内省的功夫，把德性从重重束缚中解放出来，体认出一个"真我"。[①] 针对胡适的"整理国故"运动，1923 年 1 月，梁启超在东南大学演讲时指出，治国学有两条大路："一、文献的学问，应该用客观的科学方法去研究。二、德性的学问，应该用内省的和躬行的方法去研究。第一条路，便是近人所讲的'整理国故'这部分事业。"第二条路非第一条路可替代，"这可说是国学里头最重要的一部分，人人应当领会"。[②] 现代新儒学开山人物梁漱溟 1917 年赴北京大学执教之初，便以讲明孔学自任。他直截了当地向蔡元培宣称："我此来除替释迦、孔子去发挥外更不作旁的事！"[③] 梁漱溟用柏格森的生命哲学等西洋思想来印证和诠释佛学和儒学，揭开了国人道德重建的新篇。在《东西文化及其哲学》一书中，他反复强调，人心、道德、情志、宗教等超越于知识之外，非科学所能解决。他此后撰写的《中国文化要义》《人心与人生》等著作，继续为中国人的道德信仰讨出路，提出以道德代宗教、以美育代宗教等方案。梁漱溟之后，几代新儒家的际遇或有不同，但阐发道德心性之学，重建国人的精神家园，始终是他们孜孜追求的目标。

在此，要郑重强调的是，德性启蒙好像专门针对新文化运动而来，与"打孔家店"形成了截然不同的理路，但细究二者关系，不如说是相反相成、每转益进。对此，熟稔黑格尔哲学的贺麟从辩证发展的角度做出了富有洞见的解释。他说："五四时代的新文化运动，可以说是促进儒家思想新发展的一个大转机。表面上，新文化运动虽是一个打倒孔家店、推翻儒家思想的一个大运动。但实际上，其促进儒家思想新发展的功绩与重要性，乃远在前一时期曾国藩、张之洞等人对于儒家思想的提倡。""新文化运动之最大贡献，在破坏扫除儒家的僵化部分的躯壳的形式末节，和束缚个性的传统腐化部分。他们并没有打倒孔孟的真精神、真意思、真学术，反而因他们洗刷扫除的工夫，使得孔孟程朱的真面目更是显露出来。"[④] 由此说，

①　梁启超：《欧游心影录节录》，《饮冰室合集·专集之二十三》，中华书局，1989。

②　梁启超：《治国学的两条大路》，《饮冰室合集·文集之三十九》。

③　梁漱溟：《东西文化及其哲学》，《梁漱溟全集》第 1 卷，山东人民出版社，1992，第 344 页。

④　贺麟：《儒家思想的新开展》，《思想与时代》第 1 期，1941 年 8 月，第 14 页。按，该文收入贺麟《文化与人生》（商务印书馆，1988），文字略有改动，如此处引文中"乃远在"改为"乃远远超过"。

现代新儒家正是食新文化运动之赐而成长起来的。梁漱溟坦然表示，他完全承认"科学的方法"与"人的个性伸展"。① 以人的个性全面发展为目标，梁漱溟严厉地抨击纲常名教。他指出，"古代礼法，呆板教条以致偏畸一方，黑暗冤抑，苦痛不少"。宋以前礼法对人们的束缚压迫还不十分厉害，"宋以后所谓礼教名教者又变本加厉，此亦不能为之曲讳。数千年以来使吾人不能从种种在上的权威解放出来而得自由；个性不得伸展，社会性亦不得发达，这是我们人生上一个最大的不及西洋之处"。② 不经风雨，难见彩虹。梁漱溟等人的德性自觉，无疑是经过新文化运动的洗礼，吸收了现代民主、自由和科学理念，在反思、批判和扬弃"打孔家店"的基础上向前迈出的一步。

全面地看，即便陈独秀等人，也不乏对"打孔家店"的反省和对德性问题的关注。1920 年 4 月，陈独秀发表《新文化运动是什么?》，提醒人们不要因误解新文化而滋生流弊。他说：人的个性的完全发达，知识和本能缺一不可。利导本能上的感情冲动，美术、音乐、宗教的力量巨大。"宗教在旧文化中占很大的一部分，在新文化中也自然不能没有他。" 现在社会上还需要宗教，我们反对它是徒劳无益的，只有提倡较好的宗教来代替那较不好的宗教，才真是一件有益的事。"现在主张新文化运动的人，既不注意美术、音乐，又要反对宗教，不知道要把人类生活弄成一种什么机械的状况，这是完全不曾了解我们生活活动的本源，这是一桩大错，我就是首先认错的一个人。" 在道德问题上，陈独秀解释说："我们不满意于旧道德，是因为孝弟底范围太狭了"，现代道德的理想"是要把家庭的孝弟扩充到全社会的友爱"。他批评一班青年打着新思想新家庭的旗帜，抛弃了他的慈爱的、可怜的老母，是彻头彻尾误解了新文化运动的意思。"因为新文化运动是主张教人把爱情扩充，不主张教人把爱情缩小。"③ 从时间点上看，这篇文章与梁漱溟、梁启超的相关著述发表在同一个时段。只不过，陈独秀此后重在政治革命，不像梁漱溟等人专注于心性道德等文化问题而已。

---

① 梁漱溟：《东西文化及其哲学》，《梁漱溟全集》第 1 卷，第 349 页。
② 梁漱溟：《东西文化及其哲学》，《梁漱溟全集》第 1 卷，第 479 页。
③ 陈独秀：《新文化运动是什么?》，《新青年》第 7 卷第 5 号，1920 年 4 月 1 日。

四   结语

1916 年，陈独秀在《新青年》撰文："孔教之精华曰礼教，为吾国伦理政治之根本。"[1] 数十年后，钱穆也有类似表达："中国文化论其精深处，一切皆是礼。即就史学言，如为死者作传，为亡国作史，皆是礼。"[2] 仅就字面观之，二人与前引清儒凌廷堪等人的看法并无二致，均承认礼教在中国文化和政治生活中的核心地位。若结合时势、环境和语境具体分析，他们对礼教内涵的理解和对待礼教的态度，可谓有霄壤之别。其间前差后别之转折，恰在五四时期的"打孔家店"。前五四时代之礼教，亦可说是本土本根的原生态礼教，到明清时代已是积衰积弱，积重难返，将中国文化的弊病和弱点暴露无遗。五四时代的"打孔家店"，其高明之处恰在于看到了中国衰弱的病根所系，看到了中国文化的问题，故攻击之不遗余力，欲从根本上加以改造中国的文化土壤。他们依恃的利器是"洋货"，业绩是空前规模地向中国人宣传了民主、平等和科学等价值观念，从而在中国搭建起了一个现代性的文化平台。与"新青年"攻击礼教之病灶相反相成，梁漱溟、梁启超、贺麟等以现代性为平台，从德性的角度启蒙民众，致力于呵护和涵养礼教中积极的方面，实现礼教的现代性转化。就此言之，包括现代新儒家在内的文化守成主义者，他们所提倡的礼教，其实是经过五四"打孔家店"洗礼后的新礼教，而非原生态的礼教了。"伦理觉悟"与"德性启蒙"形似对立，实则是相顾兼容的统一。借用长时段的镜头，五四新文化运动"打孔家店"之价值、地位和意义，至此清楚可见。

笔者以为，钱穆在《中国历代政治得失》一书序言中论政治制度时有关"历史意见"和"时代意见"的辩证思考，移用于分析新文化运动时期"打孔家店"等文化问题，当下仍不失其警示意义。包括礼教、国学、新文化在内的任何一种文化，绝不会绝对有利而无弊，亦不会绝对有弊而无利。钱穆说，所谓利弊，"指其在当时所发生的实际影响而觉出"。因此评价某

---

[1]   陈独秀：《宪法与孔教》，《新青年》第 2 卷第 3 号，1916 年 11 月 1 日。
[2]   钱穆：《中国民族性与中国文化之特长处》，《中国史学发微·读史随札》，《钱宾四先生全集》第 32 卷，台北，联经出版事业股份有限公司，1998，第 216 页。

一时代的文化时，必须重视那一时代的人们切身感受而发出的意见，也就是"历史意见"。此种意见比较真实客观。后代人单凭自己所处时代的环境和需要来批评历史，那只能说是一种"时代意见"。"时代意见"并非全不合理，但我们不该单凭时代意见来抹杀已往的"历史意见"。① 评价新文化运动和"打孔家店"，也需要认清"新青年"所处时代的困境、问题和目标，尊重他们的"意见"；而不能仅从今日之所需出发，由果推因，将今日之问题归咎到"新青年"的反孔非儒。只有这样，才会对新文化运动和"打孔家店"形成一个比较客观、公允的历史认识，进而对国学、对中国文化的未来和方向有一个比较切合实际的判断。

---

① 钱穆：《中国历代政治得失》，前言，第 3 页。

五四前后文化调和论与新文化运动关系再认识[*]

——以《东方杂志》为中心的考察

王代莉[**]

五四前后的文化调和论，因对当时激进的主流思潮有过批评，长期被视为折中派、守旧派，未得以细致的研究。但这种文化主张自有其理论内涵与文化诉求，他们在文化上秉持调和取向，力图取鉴东西，调和新旧，拨正激进主义的偏至，曾与《新青年》派有过激烈论战，人们很自然地会认为他们是在反对新文化运动。[①] 其实，文化调和论与新文化运动的关系需要重新认识。轰轰烈烈的新文化运动，以"民主"与"科学"为核心观念，开启了近代中国思想文化领域的革新之路。近年来，随着研究的深入，学术界已不满足于笼统地提及"民主"和"科学"，而是将"民主"细化为

[*] 本文为国家社科基金项目"西南民族地区传统文化创造性转化的'民间实践'智慧研究"的阶段性成果，项目编号：19XKS035。

[**] 王代莉，中共贵州省委党校教授。

[①] 丁伟志先生在讨论五四前后的文化调和论时，虽肯定了它的一些合理成分，但也认为文化调和论是对新文化运动发起的挑战，是"新文化运动不好对付的劲敌"，杜亚泉、章士钊等人是"反对新文化阵线的主力"，是"抗击新文化运动的一种主要理论形态"（参见丁伟志《重评"文化调和论"》，《历史研究》1989 年第 4 期）。而郑师渠、史革新先生虽然在《近代中西文化论争的反思》一书中，认为杜亚泉的调和论并没有违背对科学和民主的追求，但因是书主要是从反思文化论争的角度提及调和论的，没有对其与新文化运动的关系做进一步的考察与论证。

平民主义与个性主义，把"科学"深化为科学的态度和开放的文化观念，[①]
进一步推进了人们对新文化运动的认知。以这种细化的角度并结合新文化
运动的内容来考察五四前后调和论者与《新青年》派之间的论争，可以发
现它们并不是截然对立的，这在以下几个方面有所体现。

一　提倡个人的觉醒与发现

新文化运动的一个突出功绩就是发现个人，提倡个性解放。这是近代
中国思想现代化的一个突出特征，也是近年来人们研究新文化运动所关注
的一个焦点。从此点考察五四前后的文化调和论，我们发现，一直被视为
新文化运动反对者的调和论代表杜亚泉，在其主编《东方杂志》期间，刊
发了大量提倡个性觉醒与解放的文章，且在时间上比陈独秀、胡适等人提
倡相关主张要早。这是以往学术界未曾注意的。早在新文化运动兴起之前，
杜亚泉就注意到了个人与社会发展的关系，主张人的自觉与反省，强调个
人于国家、于社会的基础作用，触及了"个人的发现"问题。

1913 年，杜亚泉在《吾人将以何法治疗社会之疾病乎》一文中谈到了
个人与社会的关系问题。他说，个人是社会的基础，个人不独立，人格不
健全，必致社会滞后不进，呈衰乱病态。主张治疗社会病态，"不能望之政
府，而当责之于社会之个人，不能委诸政治之机关，而当属诸于社会之全
体"。[②] 强调社会的良性发展需从个人做起。在谈到改造社会积弊时，杜亚
泉则主张，不管时局如何窳败困难，就个人而言，不可消极，应努力于消
极的境况中谋积极的建设，个人"当各随其意志，度其能力，痛自刻厉，
分途致协，或求效用于及身，或期远果于来叶"。[③] 强调个人的作用，主张
个人力量的发抒，着力于进行实效建设。在处理个人与社会的关系时，主
张以平和的方式，最大限度地实现自我，为社会谋发展。所以，在 1914 年
发表的《策消极》一文中，他说道："今日时局，多所牵掣，多所扞格，而
非个人志力所能积极运行者，亦惟国家社会之全体而已。若夫一部分、一

---

① 详见耿云志《近代中国文化转型研究导论》，四川人民出版社，2008，第 157—169 页。

② 伧父：《吾人将以何法治疗社会之疾病乎》，《东方杂志》第 9 卷第 8 号，1913 年 2 月 1 日。

③ 高劳：《策消极》，《东方杂志》第 11 卷第 2 号，1914 年 8 月 1 日。

方隅，其可致吾志力者，为事尚夥。如教育、如实业，纵不能举而大效，岂不能小用而小成？吾人尽可择所能任而自尽厥责也。"① 强调个人对社会负有责任，需在能力范围内尽职尽责，如此必能成就自我与造福社会。

杜亚泉还进一步讨论了个人主义与国家发展的关系。在中国传统的思想体系里，个人消解于"国家""民族""家庭"等宏大观念里，国家为全体，个人为分子，分子当消纳于全体之中，个人附属于国家之内，呈单向度包含关系，绝无界域可以区分。杜亚泉否认这种观点，他认为："个人虽为国家分子，其个人地位，依然存在，未尝消灭，既未消灭，而欲剥除其一切之权利，阻遏其应有之生计，使受支配于国家，势必不可。"② 他的理由是："个人所以为国家效用者，赖有完全之人格，故得发展能力以裨益于国事也。……欲使个人能尽力于国事，必使个人先尽力于自身。当其致力于自身之时，不必悬国家以为标的也。但使各个人均有充实自治之能力，即不难随其材职之高下，学识之深浅，直接间扫以分任国事。"③ 此种观念，强调个人的发展是国家发展的基础，个人与国家应各守其分，以明区分，从而达到个人的发展与国家发展的有机统一。要达到这种有机统一，则需注意几点："第一，当先巩固个人之地位。所谓地位者，非指权位势力言，乃谓各个人所以自立之具，如道德、学问，以及谋生之职业是也。……个人者，建筑国家之材料也。故吾人思为国家造成有用之人才，当先就自己造成有用之人格。人格全而个人之地位固，个人之地位固，则国家自能受裨于无形……其二，个人对于国家，各有相当之责任……其三，毋强个人以没入国家……要审力而行，勿逾分量之为逾……其四，毋强国家以迁就个人。"④ 这些主张都非常明确地强调了个人人格之独立对国家建设的重要性，主张国家应充分尊重个人人格以定分界，不能隐没人的独立性。之后，他又发表了《个人之改革》一文，强调社会的发展依赖于个人的发展，要改造社会首先得改造个人，只有个人得到发现，才能从精神上有所反省，也才能真正解决人心迷乱的问题。他说："是故吾侪今日，不必讨论吾侪之社会，当如何改革，但研究吾侪之个人，当如何改革而已；不必悬想吾侪

① 高劳：《策消极》，《东方杂志》第 11 卷第 2 号，1914 年 8 月 1 日。
② 高劳：《个人与国家之界说》，《东方杂志》第 14 卷第 3 号，1917 年 3 月 15 日。
③ 高劳：《个人与国家之界说》，《东方杂志》第 14 卷第 3 号，1917 年 3 月 15 日。
④ 高劳：《个人与国家之界说》，《东方杂志》第 14 卷第 3 号，1917 年 3 月 15 日。

之社会，当改革之使成如何之社会，惟考念吾侪之个人，当改革之使成如何之个人而已；不必叹社会之病弱，但当求个人之强健；不必痛社会之苶疲，但当期个人之振作；不必悲社会之沉沦，但个人当自求其救济；不必忧社会之堕落，但个人当自高其品格；不必斥社会之不道德无法律，但个人不可不有道德以自养，有法律以自治。吾侪非个人主义者，但吾侪之社会主义，当以个人主义发明之。"① 充分意识到了个人的重要及与社会发展的重要关联。可以说，此时他已经很明确地提及了"个人的觉醒与发现"问题。

新文化运动开展之初，杜亚泉在《东方杂志》上就接连刊发了一系列注重"个人发现"的文章，其中包括黄远庸提倡个性主义的多篇文章。黄远庸此时已经意识到了个人自觉心的重要性，在文中明确表示："自今以往，吾人当各求其能力之发达，而欲自求此，……必先有一种自觉心。"② 在《忏悔录》一文中，黄远庸则表达了一种对挣脱牢笼，追求个性解放，树立独立人格，力图对社会有所建设的渴望之情。他认为建设国家需要的是有主义、有理想、有节操的青年，而不是盲目讲破坏却不学无术的青年，并深自悔恶自己从前的激烈破坏主张太过极端，觉察到社会的建设有赖于个人理性的觉醒，认识到国家要走入正轨，必须从建设上着力，而不能一味地只谋破坏，尤需青年理性的觉醒和国民思想的自由和解放。所以，他强调："欲改革国家，必须改造社会，欲改造社会，必须改造个人，社会者国家之根柢也，个人者社会之根柢也。国家吾不必问，社会吾不必问，他人吾亦不必问，且须先问吾自身，吾自身既不能为人，何能责他，更何能责国家与社会。"③ 主张必须从思想上做批判清理的功夫，摒除国民思想上的笼统"公毒"，为建设开道。在他看来，我国传统教义、学说、政治、历史、文章、语言、小说、戏剧、社会制度乃至输纳外国政治学术，皆患笼统之弊，造成笼统之学问与笼统之国民，这种笼统之习乃"科学之分科""社会之分业""个性之解放""人格之独立""重论理，重界限，重分划，重独立自尊"之文明"公毒"。而这种笼统之毒"必使一切之人格没入于家

---

① 伧父：《个人之改革》，《东方杂志》第 10 卷第 12 号，1914 年 6 月 1 日。
② 远生：《反省》，《东方杂志》第 12 卷第 12 号，1915 年 12 月 10 日。
③ 远生：《忏悔录》，《东方杂志》第 12 卷第 11 号，1915 年 11 月 10 日。

族没入于宗法社会",① 致使个人无从发见,国家民族精神隐没丧失,易生成专制、武断、沉滞、尚形式的文化,只有打破国民的笼统公毒,重个人之发现,重思想之自由,重科学之分科,才能创造新局面。这种认识与其后新文化运动的主旨并没有本质区别,甚至可以说在一定程度上为新文化运动的开场做了铺垫。杜亚泉对这一系列文章的刊发,无疑有助推新文化运动的思想启蒙功效。

《东方杂志》还明确提出"我"与"个位主义"的概念,并将其放入自觉心的觉醒与个人意识的关系中加以论证与阐释。一位叫民质的作者认为,个人要觉醒,需发现"我"的存在,而"我"之内涵,则是一种自我意识的觉醒,要求懂得"上下惟我独尊,世间无我,即无世界,凡事我之所不能为,未有他人能代而为之者也",强调"我者,真万事万物之本也"。这里的"我"并非私我,而是一种自我发现内涵丰富的"公我",以"天下为任"。② 随后,又明确提出了"个位主义"的概念,并对其内涵做了阐释。在家义的《个位主义》一文中,他认为理性的"个位主义",应从对"我"的反省开始,逐渐从"小我"扩展为"公我"。强调个位主义,其"第一天职即在发育其个性使之至于极度也"。主张在承认"自我"的前提下,言论与行动要以个人"性之所长"与"性之所好"为基础,"凡百事以发育个性,主张个位为主"。该文把个人看作社会组织的基础,而非附庸,认为中国传统思想因不明个人之发现而存笼统之弊,缺乏独立人格,不能发现自我,不知个人本位主义在于社会之价值,而致国民迟滞蒙昧,无理性之辨别力,从而主张"力倡个人本位主义,使人恍然知我在社会之位置",③ 方可医治国人笼统之弊。

这种厘定个人与社会、个人与国家之关系,重视"个人觉醒""我之发现""个性之极度发育",主张"个位主义",摒弃笼统公毒,提倡理性的观念,正是新文化运动所追求的基本目标之一,与胡适提倡的"个性主义"在精神主旨上是契合的。而且,这些文章皆发表在1917年新文化运动蓬勃发展之前,比胡适发表《易卜生主义》(1918年)及《不朽——我的宗教》

---

① 远生:《国人之公毒》,《东方杂志》第13卷第1号,1916年1月10日。
② 民质:《我》,《东方杂志》第13卷第1号,1916年1月10日。
③ 家义:《个位主义》,《东方杂志》第13卷第2号,1916年2月10日。

（1919 年）系统提倡"个性主义"要早好几年。可以说，在追求思想文化现代化的诉求上，《东方杂志》是走在启蒙前列的，在一定程度上是新文化运动的先声。这一时期，无论是杜亚泉还是其主编的《东方杂志》，都不是反对新文化运动的。他们要求人的自省、自觉、自醒，提倡个人主义，以作为社会人生的救济之道的思想主张，与《新青年》派并没有根本相违，只是双方在文化建设的方案上存在"先立后破"与"先破后立"的渐进与激进之分而已。

二　文化观上的世界主义趋向

近代以来，中西文化孰优孰劣，虽几经论战，纠缠不清，但国人对于西方文化的态度从要不要已然转变为如何要。诚然，中西文化的生成土壤不同，必然存在性质之异，但人类有大致相同的生活，有共同需解决的问题，文化上也存有相似性。这就为不同文化的交流和涵化整合提供了基础。即在接受中整合，在整合中创化新机，"让不同文化内在分子独特的排列和内在关系得以存在，从而产生一种新的实体"。[1] 五四前后的文化调和论在某种程度上体现了这种向度，它在承认东西文化性质之异的前提下，主张以稳健的改革步骤，谋求东西文化的调剂体合，新旧文化的接续不断，以科学的法则刷新固有文明以创造新文化，强调基于民族情感的文化反省，努力使中国文化成为世界文化之一部分为诉求，欣赏多元并存下的"和谐"状态。[2] 这些主张，有别于固守旧章的守旧论，内蕴的文化观理性而开放，在努力从世界的视野来思考中国新文化的建设问题，其路径与陈独秀、胡适等人努力构建中国与世界文化的密接关系是同向的，体现了他们文化观上的世界主义趋向。[3] 这还可以从《东方杂志》注意世界发展新形势，积极传播世界新知识，介绍世界新思潮上体现出来。

对世界语的介绍和传播，就是杜亚泉等人试图与世界建立密接关系的

---

① 〔美〕露丝·本尼迪克特：《文化模式》，王炜等译，三联书店，1988，第 48 页。

② 参见王代莉《五四前后文化调和论研究——以杜亚泉和〈东方杂志〉为中心的考察》，台北，花木兰文化出版社，2014，第五章。

③ 关于新文化运动在这方面的成绩，详见耿云志《新文化运动：建立中国与世界文化密接关系的努力》，《学术研究》2008 年第 2 期。

一种努力的表现。早在 1913 年，杜亚泉就在《东方杂志》上刊发了提倡世界语的文章。该文认为，世界语乃"大同全球学术文物之媒介物"，[①] 不仅有利于世界和平，有助于国与国之间的交流，对于各国之感情、各国之交通以及世界之学术的发达都具有重要意义，应大力提倡。为给有志于学习世界语的人提供具体的入手路径，该文还详加介绍了世界语的字母及文法。另一篇题为《世界语发达之现势》的文章则认为："方今之世，文明大进，人类思想已有渐趋统一之势，而用以代表思想之语言文字，转不能一致，不可谓非进化之障，故世界语之发生，犹之民主政治与社会主义之勃兴于近世，皆非出于偶然也。"认为世界语集欧洲各国国语而熔为一炉，具有简单、明确、富丽等优点，有利于思想传播和文化交流。相反，中国文字则"最不合于逻辑的法则，数千年来思想之闭塞，学术之退化，未始不由于此"。[②] 这种认知与守旧派视中国一切皆好，特别是语言文字乃中国文化不可动摇之基的心理明显相异。作者认为，文化的发展需进行东西之间的交流和沟通，而文明之进化，思想之发达，全在于学问，学问的传递，有赖于语言，"故语言之不统一，实为世界文化之大障。吾东方国家与西方政治不同，宗教不同，社会不同，思想不同，欲谋沟通东西，非国际语不为功"。[③] 其意在努力从世界发展的趋势来看待自身文化，试图以世界语为工具，努力谋求东西文化的沟通。

关注世界思想发展大势，开拓国人视野，努力使中国与世界的联系更为紧密是五四前后文化调和论者的诉求之一。杜亚泉、钱智修[④]主编《东方杂志》期间，刊发了大量介绍西方学说的文章，涉及国外最新的文学观、法国现代文学批评、柏格森、倭铿的生命哲学、杜里舒的生机主义、杜威的实验主义及哲学、日本的新思潮与新人物、克鲁泡特金的无政府主义及互助论、社会主义等西方学说与思潮等等，为五四前后的思想界打开了与西方交流的渠道。在一篇名为《世界人之世界主义》的文章中，杜亚泉更

---

① 陆式薫：《世界语之世界观》，《东方杂志》第 9 卷第 7 号，1913 年 1 月 1 日。
② 胡学愚：《世界语发达之现势》，《东方杂志》第 14 卷第 1 号，1917 年 1 月 15 日。
③ 胡学愚：《世界语发达之现势》，《东方杂志》第 14 卷第 1 号，1917 年 1 月 15 日。
④ 钱智修在文化观上，与杜亚泉有着共同的取向，也持一种文化调和主张，反对在文化建设上过于激烈。他力图从自由主义的立场出发，平等看待世界之学术思想，反对"特别国情之说"，主张"于世界之学术思想、社会运动，均将以公平之眼光，务实之手段，介绍于读者"。参见坚瓠《本志之希望》，《东方杂志》第 17 卷第 1 号，1920 年 1 月 10 日。

是明确表示:"世界者,世界人之世界,因之而为世界之人开辟世界之门,以图世界的进步,则人类之融合亲和,将日益加厚焉。"同时强调"世界人之世界主义,与国民主义,并不背驰,苟能维持国民之特长,使两主义互相对峙,互相磨砺,亦世界进步之可缺者也"。① 这种融民族主义与世界主义为一体的文化观,有着很明显的开放性。

杜亚泉等调和论者,在五四前后,以《东方杂志》为平台,努力使中国融入世界,使之成为世界体系一分子的思想内含明显的世界主义趋向,这种世界主义正是新文化运动所极力倡导的。所以,就努力沟通中西文化,与世界新思潮接轨,形成中国文化与世界文化的密切关系而言,杜亚泉等人的文化调和论主张与新文化运动在目标上是一致的。正如耿云志先生所言,理性健全的世界主义,即是要"自觉地,主动地参与世界文化的交流与创造,用世界文化来丰富自己的民族文化,又用自己民族的优秀文化去丰富世界文化,两者经常在处于良性互动之中。这只有在开放的文化观念之下才有可能实现"。② 由此可见,杜亚泉等调和论者的文化观是同时考虑到了这种双向交流向度的。他们主张创造新文化,且不惧怕世界新思潮,一直努力以开放心态谋求中西文化的调剂体合,主张新文化的构建应更多地考虑到民族特性,反对以西代中,反对操之过急,力主稳健地先立后破达到中西互补、新旧相续的调和状态。这些理性的主张,虽未能与激进新文化派的节奏合拍,但与新文化运动的主旨和趋向并不相异。

三 反对立孔教为国教

五四前后的文化调和论者,针对当时沸沸扬扬的立孔教为国教一事,也纷纷发表意见,其态度很明确:在承认孔学有其自身价值的基础上,反对立孔教为国教。在他们看来,孔教"二千年来,内蕴屡变,其精神亦大异",倘定孔教为国教,只能得"一躯壳耳"。③

钱智修曾就此问题发文表示,陈焕章等人"非顽固守旧者可比也。其

---

① 高劳:《世界人之世界主义》,《东方杂志》第14卷第12号,1917年12月15日。
② 耿云志:《七十岁生日会上的讲话》,《胡适研究通讯》(内刊)第1期,2008年2月25日。
③ 《评国教》,《东方杂志》第10卷第7号,1914年1月1日。

求进步而图改进，较诸新中国热心爱国之领袖，殆未遑多让，凡西洋之学术经验，有可以为巩固国家及国民道德之助者，陈君等盖急欲输入之。……陈君之所谓孔教，实具宏通公普之理想，通合进化之顺序，而能使政治、经济、伦理、社会生活及宗教上，皆有高尚之观念"。① 从进化观与爱国心的视角把陈焕章等人与顽固守旧者区别开来，但他进一步意识到，当时"中国最要之问题，不在应有国教与否"，② 而在中国新文化之生成的路向问题。在他看来，中国文明自有根基，新文化之生成不可依从西洋文明之设立国教来实现，反对立孔教为国教。五四前后提倡文化调和的常乃惪也曾就如何看待尊孔与反孔的问题与陈独秀商榷道："今之尊孔者，其病在明知孔子非宗教家，又既知孔子之道，未必全适于后者，然因误认今日社会道德之堕落，为亡弃旧学之故，思以孔道为补偏救弊之方，故不得不曲为之说，而以孔子为宗教，以孔教为国教之议遂兴。"认为立孔学为国教，以图补偏救弊，实为"不明道德之真相，不通论理之思辨"，③ 决然不可取。

调和论的另一代表人物章士钊也反对立孔教为国教。辛亥革命时期，他曾对中国传统文化有过尖锐批评，认为中国几千年来的历史、风俗、教育都是培养奴隶的大熔炉，在他看来，中国在"道德上实已亡国"，而罪魁祸首就是所谓的名教。④ 他批评儒学伦理失去了约束世道人心的作用，"今之尊孔者，舍其所习，丧其所守，离学而言教，意在奉孔子以抗耶稣使中华之教，定于一尊，则甚矣无当也"。⑤ 在他看来，西方的宗教自有根基，拥有整合社会的功能，能够凝聚人心，其"奉教之民，颇能守分尽义，勤职有条理，不为伪夸行以及苟且偷惰败德贼理一切之计，奉教愈虔者，修行愈谨"，国人有感"宗教之不可少，而欲立孔教以充之"，其心虽可理解，但"孔子夙非教主……本非教矣，而强以教名之不存之皮，图以毛传，是诚心劳日拙之事耳"。⑥ 因此，反对立孔教为国教。需要注意的是，章士钊反对立孔教为国教并非对儒学一概否定，他批判的是真义被遮蔽的伪孔学，

① 钱智修译《中国宗教之前途》，《东方杂志》第 10 卷第 9 号，1914 年 3 月 1 日。
② 钱智修译《中国宗教之前途》，《东方杂志》第 10 卷第 9 号，1914 年 3 月 1 日。
③ 《常乃德书》，《新青年》第 2 卷第 4 号，1916 年 12 月 1 日。
④ 秋桐：《中国之本拨矣》，《帝国日报》1910 年 11 月 9 日。
⑤ 秋桐：《孔教》，《章士钊全集》第 3 卷，文汇出版社，2000，第 70 页。
⑥ 秋桐：《孔教》，《章士钊全集》第 3 卷，第 75 页。

其目的是追求民主革命而解除国人思想上的束缚。

五四前后，一度提倡调和论的李大钊也反对立孔教为国教。他认为，孔教与宪法精神冲突，不可将孔教入于宪法，在他看来，"孔子者，数千年前之残骸枯骨也。宪法者，现代国民之血气精神也"，"孔子者，历代帝王专制之护符也。宪法者，现代国民自由之证券也"，"孔子者，国民中一部分所谓孔子之徒者之圣人也。宪法者，中华民国国民全体无问其信仰之为佛为耶，无问其种族之为蒙为回，所资以生存乐利之信条也"。强调二者精神气质不同，坚决反对援孔教入宪法。但他并非全然反对尊孔，主张对"一部尊崇孔子之人，尽可听其自由以事传播。国家并无法律以禁止之，社会并可另设法以奖助之"，但没有必要"定欲以宪法之权威，为孔子壮其声势，俾他种宗教、他种学派不得其相当之分于宪法而后快于心"。① 在他看来，"真理"才是"宇宙之本体"。② 孔教中有契合真理之处，对其态度应为"有几分合于此真理者，我则取之；否者，斥之"。③ 可见，孔学在李大钊的眼里并不具有神圣地位，它只是中国文化的一个重要组成部分，且多有不适合时代发展的内容，因此，对孔学应选择取舍，既不能一谓打倒或一谓尊崇，更不可立为国教。

我们知道，由陈独秀等人掀起的新文化运动，一个主要的矛头就是要打倒孔学的独尊地位，强烈反对立孔教为国教。在陈独秀看来，孔学"所心营目注，其范围不越君主贵族之权利与名誉，于多数国民之幸福无与焉"。④ 处理二者的关系，态度很明确，即"倘以新输入之欧化为是，则不得不以旧有之孔教为非；倘以旧有之孔教为是，则不得不以新输入之欧化为非，新旧之间绝无调和两存之余地。吾只得任取其一"。⑤ 很明显，在他的观念里，孔教与现代生活之间没有调和的余地，二者势不两立，立孔教为国教就是违背新思潮，违背社会发展方向，"孔教与共和乃绝对不相容之物，存其一必废其一"。⑥ 可见，在反对立孔教为国教的问题上，新文化派

① 守常：《孔子与宪法》，《李大钊全集》第 1 卷，人民出版社，2006，第 243—244 页。
② 守常：《真理》，《李大钊全集》第 1 卷，第 244 页。
③ 守常：《真理（二）》，《李大钊全集》第 1 卷，第 245 页。
④ 陈独秀：《孔子之道与现代生活》，《新青年》第 2 卷第 4 号，1916 年 12 月 1 日。
⑤ 陈独秀：《答佩剑青年》，《新青年》第 2 卷第 5 号，1917 年 1 月 1 日。
⑥ 陈独秀《复辟与尊孔》，《新青年》第 3 卷第 6 号，1917 年 8 月 1 日。

态度明确，决不含糊。而从上述调和论者对孔教的态度观之，他们虽然并非如陈独秀等人一样对孔学进行全盘否定，但在反对立孔教为国教的问题上却与新文化派同声相应。这也是他们并不反对新文化运动的一个有力证明。

四　对新文学的追求

"文学革命"是五四新文化运动的核心内容，而白话文运动又是五四新文学运动的重要环节，点燃了五四新文学运动的火炬。[①] 以往学术界多以《东方杂志》批评白话文作为其反对文学革命的一个证据。实际上，五四前后，该刊主编杜亚泉对胡适、陈独秀等人掀起的新文学运动一直密切关注。胡适的《文学改良刍议》在《新青年》上发表不久，《东方杂志》很快便在第 14 卷第 10 号的《内外时报》栏予以了转载，表现了对这场运动的高度重视。对于新文学运动中大力提倡的白话文，杜亚泉确曾有过不同意见，他认为世人混淆了"白话文"与"通俗文"的区别，二者实际上存在规范与粗糙之别，通俗文是一种比白话文更符合规范的文体，主张文学革命应提倡通俗文，而不是白话文。在他看来，"白话文以白话为标准，乃白话语而记之以文字者，通俗文以普通文为标准，乃普通文而演之以语言者。以白话为标准者，其能事在确合语调。……通俗文者，不以一般人之白话为标准，而以新闻记者在报纸上演讲时事之白话，与学校教师在讲坛上讲授科学之白话为标准"。因此，他认为通俗文更准确，主张文学改革应以通俗文为标准而不是以白话文为标准，做到文言合一。通俗文与普通文则互为标准，一方面可以使白话文不流于鄙俚，一方面可以使普通文不倾于古奥，"两相附丽，为文言两方趋向之鹄的，文言合一之基础即在于此"。在他的观念里，文化是渐趋繁复的，各种文体皆有其特殊之兴味，各有其表达的特殊性，若以文学改革而专倡白话文，"革新文学者转有灭除文学之虑矣"。[②]

他承认倡导白话文的目的，是"推广新文化，新思潮，使感应快，效率大"，这一点文言文比不上。但是为了达到好的效果，对于语体文也应力

---

① 陈万雄：《五四新文化的源流》，三联书店，1997，第 131—132 页。
② 伧父：《论通俗文》，《东方杂志》第 16 卷第 12 号，1919 年 12 月 15 日。

求做到正确，首先要去土语，遵守一定的文法，有标点、句读；其次要明白晓畅，有系统、有组织；再次语势上要简洁有力，重点突出；最后要流利，句法语法不要过于模仿外国文。只有做到符合阅读者的心理，文字精练，才可增强文章的感应力，收到更好的效果。① 这些主张与胡适在《文学改良刍议》中主张的"八不主义"——须言之有物，不模仿古人，须讲求文法，不作无病之呻吟，务去烂调套语，不用典，不讲对仗，不避俗字俗语，② 以及陈独秀在《文学革命论》中提出的文学革命三大主义——推倒雕琢的阿谀的贵族文学，建设平易的抒情的国民文学，推倒陈腐的铺张的古典文学，建设新鲜的立诚的写实文学，推倒迂晦的艰涩的山林文学，建设明了的通俗的社会文学，③ 两相对照，可见其提法虽有别，改革方向却趋于一致，一些具体的主张也甚为相似。

诚然，杜亚泉对白话文运动也确有一些批评之辞，认为他们把通俗文与白话文混淆为一。但批评并不是反对，只是想做一些认识上的纠正。他认为白话文、通俗文皆是社会发展的产物，并非新创，不应袭"新"之名耸动世人。他也并不一力固守古文，而是承认传达思想更为便捷的"通俗文"，主张文学改革应采更加规范的"通俗文"或是"语体文"，而不是白话文。同时，他能以一种辩证的思维来看待各种语体的存在，反对存此去彼的极端思维，认为文言文固有弊端，但并非一无是处，文言文与通俗文互有短长，可以相与附丽，互相补正，调和趋新，从而实现文言合一，雅俗共存。

钱智修接手《东方杂志》后，也力图与新思潮合拍，主张采用白话文翻译西洋文学，明确表示"能描写自然之美趣，感通社会之情志者，莫如文学，而国人之治西洋文学者尚鲜，即有少数译籍，亦往往不能脱古文词赋之积习，其于西洋文学将弥失其真，故今后拟以能传达真旨之白话文，移译名家之代表著作，且叙述文学之派别，纂辑各家之批评，使国人知文学之果为何物"。④ 可以看出，其主张从自由主义的立场出发，力图以《东方杂志》为平台，开辟一个公共舆论空间，广泛介绍西洋各种思想学说、

---

① 伧父：《修辞学与语体文》，《东方杂志》第 17 卷第 12 号，1920 年 6 月 25 日。
② 胡适：《文学改良刍议》，《新青年》第 2 卷第 5 号，1917 年 1 月 1 日。
③ 陈独秀：《文学革命论》，《新青年》第 2 卷第 6 号，1917 年 2 月 1 日。
④ 坚瓠：《本志之希望》，《东方杂志》第 17 卷第 1 号，1920 年 1 月 10 日。

文学流派、世界新潮以开拓国人视野、启迪民智、调和各家、熔铸新知，为改造中国做切实而稳健的思想铺垫。

对于新旧文学的改良问题，一篇题为《我的新旧文学观》的文章很能表达《东方杂志》的调和论主张与新文化运动无根本相违。作者表示，"新文学不能够遏止，和旧文学不能够废除，是一样的"。① 主张对于文学革命，"单是批评是没有价值的，必须批评之后，再给他想个办法"，这个办法就是要调和二者。因为旧文学本身无论在体裁还是性质上都并非一成不变。就体裁而言，旧文学主要有文选派、经典派、古文派之别，而其中又略有变异，有不少衍体，如古文派中有梁启超的"报纸体"，林纾的"小说体"，严复的"翻译体"。因此，由陈独秀、胡适等人提倡的新文学和白话文，虽然受了西方的影响，但是白话文体，中国自古有之，秦汉以后文言与白话才分为两途。其后，作白话的人从未消失，且有相当成果。所以"白话是早已有的，并不是胡适现在自己的独创"。尽管旧文学与新文学各有其理由和势力，新文学以为白话简单易行，旧文学者担忧自己一生所学被废，所以反对新文学，"这两类人都错了"。实际上，两派的主要人物并没有完全的新旧分别："胡适等不是完全新的，林纾等也不是完全旧的。"胡适的主张与旧文学的主张并没有严格的冲突，胡适与林纾相比，自然很新，林纾虽不懂外国的语言文字，"但他也常作关于时势的文章，并翻译外国许多的小说，这些小说固然是没有什么高尚的价值，然我们不能说他是完全旧的"。从两派的目的来看，也并非直接冲突，"旧学派的宗旨是发明旧的，新文学的宗旨是传播新的。……发明旧的，和那传播新的，他们所希望的，都是求一个'新'——不过由旧的里发明的新，是间接的；由新的里传播的新，是直接的，只有这一点的分别就是了。但是如研究好了，不论间接直接，他的功效都是一样"。因此，新旧文学各有存在的价值，"旧文学存留，可以发明中国旧思想；新文学存留，可以传播世界新思想"，"新派当研究新的，同旧的相合，以求新的；旧派当研究旧的，同新的相合，以求新的——是并立的，是互相帮助的，是一派也不可少的"。从两派的用途观察：白话和文言虽都是表情达意的工具，但"各有各的用途，彼此迥乎不同"，其区别在于，白话是给普通程度的人看的，文言是给高等程度的人看

---

① 蒋善国：《我的新旧文学观》，《东方杂志》第17卷第8号，1920年4月25日。

的，二者各有表达的精妙所在，有时不能彼此代替。所以，文言白话应彼此调和，取长补短。在作者看来，"'新'是进步的代表，我们已经知道新旧文学都是求新的，但是这个'新'字，求好了是进步，如求的不好，那就变成急进，由急进就渐渐的变成破坏。我们按着新旧文学现在的情形看来，已经到了急进的地步"，反而把"新"的目的给"闹得更坏了"，失了原意。所以，文学革命不可急进，新旧应调和，即"主张旧文学的人，应当发挥他固有的特长，保存旧文学的精神，对于新文学，但纠正他们不对的地方，不要摧折他们才是。新派当尽力把欧美新作出来的，献给我们中国的人，以造成一种新思想，如果能做到一个极好的地步，那旧文学自然就淘汰的没有了，又何用去反对他呢？"因此，新旧两派，各有短长，需"用现代的眼光，来看古代的学术，使古代的学术，使古代的教训，适合于新时势，再用外国经验得来的适宜分子，来补助这些古代传下来的知识"。只有摒弃急进的做法，"把这两派调和一处，加以比较，再加以评判，再加以选择，才能出一个真新"。① 很明显，《东方杂志》的调和主张与《新青年》派在文学革命的诉求上都是"求新"而非守旧，从这点来说，两者没有根本的分歧，应花开两朵，而不是存此废彼。

综上，从五四前后杜亚泉等调和论者的相关言论及《东方杂志》的内容来看，虽然在具体的文化观点上与《新青年》派各有所持，但与新文化运动的主要观念和倡导内容并无根本相违。这可以从他们对个人的觉醒与发现、文化观上的世界主义趋向、反对立孔教为国教，以及对新文学的追求主张上得到佐证，甚至在一些观念上要早于《新青年》派，如对个性主义的提倡、对新旧思想冲突的讨论都为新文化运动的开展做了一定的思想铺垫。事实上，他们主张以稳健的方式，先立后破，调和新旧，创造新文化，为新文化运动做了铺垫和补偏救弊的工作，与胡适、陈独秀等人所领导的新文化运动互为补充，他们不是新文化运动的反对者，而是新文化运动中一支稳健的力量。

---

① 蒋善国：《我的新旧文学观》，《东方杂志》第 17 卷第 8 号，1920 年 4 月 25 日。

"国家间的精神纽带":进步主义
与一战前后的中美关系

徐　高[*]

19 世纪末，第二次工业革命的推动使得美国经济得到充分发展，资本主义从自由竞争走向垄断阶段，这给美国社会带来了翻天覆地的变化。由此带来的社会问题使一部分人开始思考如何解决社会矛盾，提出各种各样的改革主张和要求，并对美国国家的各个层面产生了重要的影响，这一系列社会改革的重大成果主要在 1900 年至 1917 年之间取得，研究者称其为"进步主义时代"。对于进步主义时代的认识，学界已有较为充分的讨论。[①]

---

[*]　徐高，北京大学国际关系学院博士研究生。

[①]　美国学者研究进步主义的论著主要有 Arthur S. Link, *Woodrow Wilson and the Progressive Era, 1910 - 1917*, New York, Harpers & Brothers Publishers, 1954; R. Hofstadter, ed., *The Progressive Movement, 1900 - 1915*, Vol. 72, Prentice Hall, 1963; A. Link and R. McCormick, *Progressivism*, Arlington Heights, IL: Harlan Davidson, Inc., 1983; Jerry Israel, *Progressivism and Open Door: America and China, 1905 - 1921*, Pittsburgh: The University of the Pittsburgh Press, 1971; David W. Noble, *The Progressive Mind, 1890 - 1917*, Minneapolis: Burgess Publishing Company, 1981; William E. Leuchtenburg, "Progressivism and Imperialism: The Progressive Movement and American Foreign Policy, 1898 - 1916," *The Mississippi Valley Historical Review*, Vol. 39, No. 3, Dec. 1952, pp. 483 - 504;〔美〕史蒂文·J. 迪纳《非常时代：进步主义时期的美国人》，萧易译，上海人民出版社，2008。国内研究这一时期的代表性论著有李剑鸣《大转折的年代——美国进步主义运动研究》，天津教育出版社，1992；王春来《转型、困惑与出路——美国"进步主义运动"略论》，《华东师范大学学报》（哲学社会科学版）2003 年第 5 期。对进步主义时期中美关系研究相对较少，主要有马建标《"进步主义"在中国：芮恩施与欧美同学会的共享经历》，《复旦学报》（社会科学版）2017 年第 2 期。

著名历史学家阿瑟·林克认为，"进步主义的主要组成部分，来源于十九世纪九十年代人们公认的一些运动。它们是人们对那个时代农业不景气和1893年经济恐慌造成的经济灾难和一些直接反应"；① 约翰·格拉蒂则认为，在很多方面，20世纪的进步主义只是内战后开始的对工业化反思的一种继续，并非20世纪初美国的一个普遍特征。②

从西奥多·罗斯福执政时期开始，进步主义者成为美国政坛的主角，其中一批来自大学的专家学者开始走上进步主义改革的台前幕后。③ 学者出身的威尔逊在1913年就任总统之后，把进步主义时代的学者参政活动推向了高潮。一大批持进步主义观点的政治精英、学者投身于联邦事务。其中，威斯康星州的学者参政模式成为进步主义时代学者参政的典范，所谓的"威斯康星理念"也因此扬名世界。1913年，威尔逊政府派往中国的新任驻华公使芮恩施（Paul Reinsch）就是来自威斯康星大学的政治学教授。芮恩施来华履新，也自然地把"威斯康星的进步主义理念"带到中国。在出使中国期间，芮恩施利用他在美国的学界人脉关系将许多美国学者推荐给北洋政府，充当顾问。

值得注意的是，以威尔逊总统、芮恩施公使为代表的进步主义者在处理中美之间的关系时，他们独特的"学者气质"及其所信奉的"进步主义理念"在以往的研究中是被忽略的。一度卷入袁世凯帝制运动的美国政治学者古德诺，他与威尔逊、芮恩施同属于美国政治学会，也是美国国内进步主义运动的提倡者，他的这种进步主义者身份，在以往的研究中也是鲜有论及。④

在一战前后，中美两国都处于社会政治运动的大变局中。这一时期中

---

① 〔美〕阿瑟·林克、威廉·卡顿：《一九○○年以来的美国史》上册，刘绪贻等译，中国社会科学出版社，1983，第63页。

② John Garraty, *The American Nation since 1865*, New York: Harper & Row, 1966, p. 228.

③ Richard Hofstadter, *Anti-intellectualism in American Life*, Knopf, 1963, pp. 185 – 196, 199. 这方面的代表性论著，详见侯波《学术与政治：美国进步时代专家参政现象研究（1900—1920)》，中国社会科学出版社，2020，第16页。

④ 参见张学继《有贺长雄、古德诺与民国初年宪政体制的演变》，《档案与史学》1997年第4期；田雷《最坏的政体——古德诺的隐匿命题及其解读》，《华东政法大学学报》2013年第5期；张学继《古德诺与民初宪政问题研究》，《近代史研究》2005年第2期；Noel Pugach, "Embarrassed Monarchist: Frank J. Goodnow and Constitutional Development in China, 1912 – 1915," *Pacific Historical Review*, Vol. 42, No. 4, Nov. 1971, pp. 499 – 517。

美两国在政治外交和思想文化方面的交往是史无前例的。其中，进步主义观念一度成为联结中美特殊关系的"精神纽带"。进步主义是此时两国关系中不应被忽视的精神力量，这一视角有助于我们更好地认识一战前后的中美关系。

一　进步主义思想与"门户开放"政策

美国在进步主义时代盛行一种社会信念，就是"相信人类理性可以推动社会进步，美国人必有一个美好的未来"。[1] 这场社会改革运动因而被称为"进步主义运动"，那些持改革立场的人便自称或被称为"进步派"。美国学者赫伯特·克罗利认为，在此之前美国人崇信的是杰斐逊主义，也就是信任政府管理，并在经济事务中采取极端自由的放任主义，是一种消极自由。[2] 但是，在19世纪末20世纪初，杰斐逊主义的自由观已经遭到新个人主义的冲击，曾经认为政府是"必要的恶"的信条开始被抛弃，人们转而认为个人的自由应该由政府来保障。这一时期出现了杜威所倡导的实用主义哲学，即是对美国的社会生活方式加以哲理化的思想产物，并成为美国进步主义运动的重要思想源泉。实用主义哲学主张人们对社会实验持积极的开放的态度，而改革则是社会实验的主要形式，是达成社会进步的必经之路。进步主义者信奉的变革观念也影响到美国对外政策的变化，正是在此时代思潮的影响下，美国国务卿海约翰（John Milton Hay）在1899年9月6日针对中国出现的瓜分危机首次发表"门户开放照会"。

1900年7月3日，美国国务卿海约翰发表第二次"门户开放照会"，主张保存中国的领土与行政主权完整。当时，正值义和团运动期间，列强组成八国联军入侵中国。美国此时提出的门户开放政策，使中国避免陷入被瓜分的危机。对美国而言，门户开放政策的提出，也意味着美国的对外政策发生新的变化，美国开始告别传统的"孤立主义"原则，尝试以新的

---

[1]　李剑鸣：《关于美国进步主义运动的几个问题》，《世界历史》1991年第6期。

[2]　J. A. Marini, "Progressivism, Modern Political Science, and the Transformation of American Constitutionalism," in J. A. Marini and K. Masugi, eds., *The Progressive Revolution in Politics and Political Science: Transforming the American Regime*, Lanham: Rowman & Littlefield, 2005, pp. 221 – 252.

"道义姿态"和"大国形象"积极地参与东亚国际事务。从思想渊源上看，门户开放政策体现了美国在进步主义时代形成的新的价值观。其一，就是新的天赋命运论。所谓"天赋命运"，就是断言美国人肩负着上帝的使命，用美国的"样板"来改造世界。这种使命感，是美国对外扩张的精神支柱。① 其二，就是威斯康星大学历史学教授特纳（Frederick Jackson Turner）提出的"边疆学说"。特纳在 1893 年提出的边疆学说，被称为进步主义时代的"划时代宣言"。进步主义时代，也是美国种族主义甚嚣尘上的年代，美国提出的门户开放政策，也隐含着美国人的种族优越论。这一时期的著名诗人吉普林提出了"白人的使命"，认为传播文明是白人的责任，在当时颇为流行。当时，颇负盛名的美国哥伦比亚大学伯吉斯教授公开宣扬，只有"日耳曼人和盎格鲁－撒克逊人才能控制世界"。② 这些思想是美国在 19 世纪末向海外扩张的精神动力。

美国国内当时也出现反对海外扩张的公众舆论，这种反对声音最终未能成功阻止美国占有菲律宾，却遏制住美国在 19 世纪末的海外扩张势头。③ 1898 年，美国通过美西战争夺取了菲律宾，将其作为向太平洋和中国扩张的桥头堡。在其后的半个世纪中，菲律宾的安危一直牵动着美国外交决策者的神经，在很大程度上促使美国越来越多地卷入东亚国际政治事务中。换言之，菲律宾作为美国向亚太扩张的"新边疆"属地，在心理上大大强化了美国也是"亚洲一员"的国家身份意识。此种身份意识当然有助于美国突破传统的"美洲国家"的孤立主义观念，也是在此过程中几经踌躇，美国终于在二战后真正具备了领导世界的超级大国意识。

申言之，菲律宾成为美国在亚洲传播"扩张性的进步主义思想"和推广"门户开放政策"的试验田和中转站。美国占有菲律宾以及随后门户开放政策的发表，标志着美国从追求"有形帝国"向追求"无形帝国"的转变。也就是放弃对"有形的海外领土"的占有，转而追求"无形的海外商

① William A. Williams, *The Tragedy of American Diplomacy*, Cleveland and New York: The World Publishing Company, 1959.

② 相关论述，详见 Julius W. Pratt, *Expansionists of 1898: The Acquisition of Hawaii and the Spanish Islands*, John Hopkins University Press, 1936, pp. 8 - 10；王玮、戴超武《美国外交思想史：1775—2005 年》，人民出版社，2007，第 161—163 页。

③ E. Berkeley Tompkins, *Anti-Imperialism in the United States: The Great Debate, 1890 - 1920*, Philadelphia: University of Pennsylvania Press, 1970.

业市场"。关于这一点，美国总统麦金利在 1898 年发给美国谈判代表的训令中有明确的阐释：

> 随着我们拥有菲律宾群岛而来的商业机会，是美国政治家所不能漠视的。为扩大美国贸易而使用一切合法手段，是公平合理的……既然只为我们自己要求门户开放，我们也准备以门户开放施诸别人。这个新的开始自然而言、也必不免相联系的商业机会，与其说是有赖于大规模的领土占有，毋宁说是有赖于一个适当的商业基地和一些广泛而平等的权利。①

未来的总统威尔逊此时尚在高校任教，他在美西战争之前对菲律宾也所知甚少。美国占领菲律宾之后，威尔逊也是希望通过在一段时间内统治这一地区，实现文明教化。威尔逊告诉国会，世界的目光都聚焦于美国在菲律宾的试验，而美国也掌握和担负着这个契机和义务，从而指导全世界如何管理人民进行善意的变革。② 威尔逊强调，治理菲律宾以提升原住民的素质，是美国不能推卸的责任，也是证明自身对全球所有地区各个族群人民的公正与善意。美国在菲律宾当地建立自治，是为了实现真正的自由。换言之，尽管学习殖民管理对美国是痛苦的，但是美国的终极目标是让岛民准备好自治，"不能仅仅寄希望于表面文章"，而是要监督他们运作一段时间，③ "鼓励殖民地的人民自由地表达意见"，向菲律宾人证明美国由衷地把他们的福祉放在心上，④ 并最终渐进地实现独立。

菲律宾距离中国近在咫尺，美国占有它之后，自然加强了其在东亚的地位，并在对华关系上拥有更大的发言权，从而对其他西方列强施加影响。

---

① 〔美〕泰勒·丹涅特：《美国人在东亚——十九世纪美国对中国、日本和朝鲜政策的批判的研究》，姚曾廙译，商务印书馆，1959，第 525 页。

② Lloyd E. Ambrosius, *Woodrow Wilson and the American Diplomatic Tradition：The Treaty Fight in Perspective*, Cambridge：Cambridge University Press, pp. 10 – 11.

③ A Report of a Speech on Patriotism in Waterbury, Connecticut, Dec. 14, 1899, Arthur S. Link, ed., *The Papers of Woodrow Wilson*, Vol. 11, Princeton：Princeton University Press, 1971, pp. 298 – 299.

④ A Newspaper Report of a Public Address and Alumni Meeting in Harriburg, Pennsylvania, Feb. 24, 1900, *The Papers of Woodrow Wilson*, Vol. 11, p. 440.

此外，菲律宾的占有，也从感情上强化了美国人与东亚的联系，将美国命运与东亚的命运紧密地结合在一起，这就为美国摆脱根深蒂固的孤立主义观念提供了可能性。自此，19世纪西华德国务卿提倡的"太平洋商业帝国设想"有了实现的可能。美国著名的中国通、在19世纪末长期担任驻华公使的田贝（Charles Denby）为此欢呼雀跃，他说："我们正在世界列强中取得我们应有的地位。我们来到实际上现存的最大市场旁边，连同那些市场将转向我们慈善的制度、人类将祝福我们。"① 这一时期威尔逊的思想也发生了巨大变化，他在1900年再版的《国会政体》一书中写道："值得注意的最大变化，就是对西班牙的战争造成了我国联邦制内部的权力分配和运用。"② 换言之，国际地位的变化应该使美国形成更强有力的政府和总统。

门户开放政策的提出，意味着美国为摆脱孤立主义迈出了重要一步。美国进步主义学者布鲁克斯·亚当斯就认为，以扩张为取向的门户开放政策比孤立主义政策更加符合美国的利益，他强烈批判美国国父华盛顿的孤立主义原则已经束缚了美国向世界大国迈进的步伐："自华盛顿时代起一直为美国的扩张提供场所的西部边疆已经消失，在这种情况下，孤立的主张要比结盟危害更加严重。"③ 在19世纪末，美国已经崛起为世界上首屈一指的工业强国，其过剩的产能需要寻找海外市场，这种变化了的国内外环境迫使美国政府必须出台新的外交政策。1899年，国务卿海约翰首次提出的"门户开放照会"就是在此背景下产生的。这一时期兴起的中国巨大的市场"神话"也强有力地吸引着美国政界人士和商业资本家。门户开放政策不是固定不变的，而是一项因应时势的发展而不断发展变化的外交政策。门户开放政策和进步主义一样，带有不断"革新"的变化特征。简言之，门户开放是美国人兼顾其在中国的"贸易、传教利益以及国家影响"的混合的主义。④

---

① John M. Dobson, *America's Ascent: The United States Becomes a Great Power, 1880 - 1914*, Northern Illinois University Press, 1978, p. 111.

② 〔美〕威尔逊：《国会政体》，熊希龄、吕德本译，商务印书馆，1986，第5页。

③ Foster Rhea Dulles, *America's Rise to World Power, 1898 - 1954*, New York: Harper and Brothers Publishers, 1955, p. 61.

④ 〔美〕韩德：《中美特殊关系的形成——1914年前的美国与中国》，项立岭、林勇军译，复旦大学出版社，1997，第198页。

这一时期美国国内媒体也格外关注其他列强对中国的瓜分行动。美国的报纸报道英、法、德、俄等列强在中国的势力范围，中国处于危机之中。① 国务卿海约翰与远东事务顾问柔克义（William W. Rockhill）共同认为，门户开放的首要目标就是各国在华机会均等。② 在 19 世纪末和 20 世纪初，美国政府提出的门户开放政策，是 20 世纪上半叶美国对华政策的基本原则，也是美国旗帜鲜明地主导"东亚政治"的重要开端。从此之后，门户开放政策将"美国国内政治"、"中国国内政治"以及整个"东亚国际政治"联系在一起。③ 换言之，门户开放政策将推动美国自身利益与东亚政治的"一体化"，同时期在美国兴起的进步主义思想也成为联结美国与中国关系的重要"精神纽带"。

随着门户开放政策在中国的推行，进步主义日渐与其构成一种相辅相成的依存关系。一方面门户开放政策的提出受到美国国内进步主义运动的刺激，另一方面进步主义运动借助门户开放政策而扩展到中国。这一时期的中美关系之所以带有明显的进步主义精神烙印，在很大程度上是由于西奥多·罗斯福总统对东亚事务有着特别的兴趣。西奥多·罗斯福是一位"几乎单方面推进了进步主义运动的大胆开拓者"。④ 作为进步主义者，罗斯福总统受到美国边疆学派领袖特纳的影响，并对其边疆学说推崇备至。⑤ 1904 年 12 月 6 日，罗斯福宣称："西半球国家的恶行，可能要求某个文明国家出面干涉"，在西半球的美国不得不"行使国际警察的权利"。⑥ 这句话凸显了罗斯福一贯标榜的"盎格鲁－撒克逊种族的文明优越论"，而进步主义在中国的传播，本质上就是在传播美国文明。到了塔夫脱总统执政时，美国政府在中国开展"金元外交"，试图借助美国雄厚的金融资本力量来捍卫门户开放政策。然而，塔夫脱政府的"金元外交"受制于英日两国操纵

---

① The Milwaukee Sentinel, January 1, 1898; Morning Oregonian, February 15, 1899.

② Message of the President, *Papers Relating to the Foreign Relations of the United States*, 1898, p. xxii.

③ 关于孤立主义与门户开放政策，以及美国与东亚政治的命运关联，详见 Robert W. Tucker, "Woodrow Wilson's New Diplomacy," *World Policy Journal*, Vol. 21, No. 2, 2004, p. 94。

④ Richard B. Morris, *American: A History of People*, New York: Rand McNally, 1971, p. 503.

⑤ Elting E. Morison, ed., *The Letters of Theodore Roosevelt*, Vol. 1, Cambridge: Harvard University Press, 1951, p. 363.

⑥ 〔美〕詹姆森·查理森编《历届总统咨文及文件汇编》第 16 卷，纽约，1911，第 7053 页，转引自杨生茂主编《美国外交政策史：1775—1989》，人民出版社，1991，第 241 页。

的"六国银行团",而最终归于失败。"金元外交"在捍卫门户开放政策上遭遇严重的挫折,这也意味着塔夫脱政府依靠"资本力量"在中国推行进步主义运动的试验失败。

1913 年民主党人威尔逊担任总统之后,进步主义运动虽然在美国国内开始由盛而衰,但是进步主义对中美关系的影响却是有增无减。威尔逊是进步主义的信奉者,他不仅主张扩大总统的行政权力,还要在外交事务上的决策权。威尔逊认为,"当对外事务在一国的政治决策中起着显著作用时,行政首脑的领导就非常必要",同时,总统应使用其行政权力对国会权力进行"有效的限制"。[1] 威尔逊之所以能够当选总统,在很大程度上是由于他得到了美国民主党和共和党内的进步主义者的支持。[2] 威尔逊的外交政策被认为充满理想主义的色彩,[3] 而进步主义观念对威尔逊政府外交政策的影响,主要表现为该届政府"对自由、公正、道义"等资本主义价值观念格外重视。[4] 正是这种进步主义理念,使得威尔逊政府的外交政策区别于塔夫脱政府的"金元外交",而被称为"威尔逊新外交"。

1913 年 3 月,威尔逊就任总统不久,就宣布美国退出"六国银行团",继而率先承认中华民国政府。威尔逊政府此举是为了向世界证明美国政府在对华政策上的与众不同,体现了其宣扬的"同情弱国,捍卫正义"的价值立场。[5] 当然,"威尔逊新外交"更鲜明地凸显了其维护门户开放政策原则的意志,也就是反对列强干涉中国内政,维护中国的行政主权完整。

到 1914 年一战爆发前夕,进步主义和门户开放政策共同构筑了此一时期的中美关系。在进步主义思潮的影响下,美国的门户开放政策被赋予更多的精神内涵,使得"自由、平等、道义"等精神价值成为美国参与中国和东亚事务的精神动力之一。在此过程中,美国逐步摆脱了传统的孤立主

---

① 〔美〕威尔逊:《国会政体》,第 26 页。

② Arthur S. Link, *Wilson: The Road to the White House*, Princeton: Princeton University Press, 1947, pp. 212 – 213.

③ Ross Kennedy, "'A Net of Intrigue and Selfish Rivalry': Woodrow Wilson and Power Politics During World War I," *Proceeding of the American Philosophical Society*, Vol. 159, No. 2, Jun. 2015, pp. 156 – 161.

④ David W. Noble, *The Progressive Mind, 1890 – 1917*.

⑤ 详见马建标《美国威尔逊政府对华政策转变探源》,《历史研究》2018 年第 5 期。

义思想的羁绊，以崭新崛起的大国形象来影响东亚国际关系。① 一战前后，许多与威尔逊总统志同道合的进步主义者如古德诺（Frank Johnson Good-now）、芮恩施、韦罗璧（W. W. Willoughby）等，② 风尘仆仆地穿梭于太平洋航线上，将美国国内的进步主义改革经验传播到中国。

二　进步主义者在中国的政治改革实践

美国的进步主义者认为，人类知识和理性的力量可以促进社会的进步，③ 也同样可以促进国家之间的和平，消除不同文明之间的隔阂。早在19 世纪末，以威尔逊、芮恩施为代表的美国进步主义学者的作品就已经引起中国知识界的关注。通过翻译渠道，美国的进步主义思想开始在中国传播。1902 年，维新派领袖梁启超出版了《现今世界大势论》一书，其中提到芮恩施在美国出版未久的著作《十九世纪末世界之政治》。④ 当时，梁启超把芮恩施的名字翻译成"灵绶"。梁启超说："美人灵绶氏所著《十九世纪末世界之政治》，洁丁士氏所著《平民主义与帝国主义》，日本浮田和民氏所著《日本帝国主义》《帝国主义之理想》等书，而参以己见。"⑤芮恩施的这本书讨论了民族主义、帝国主义和 19 世纪末的国际政治关系问题，这正是以梁启超为代表的中国知识分子所关心的议题。梁启超与芮

---

① 1913 年威尔逊总统上台之后，他所面临的问题就是清除"孤立主义的幽灵"，也就是华盛顿总统在 1796 年发表的"告别演说"中所提倡的"孤立主义或不结盟的原始观念"。"Farewell Address," September 19, 1776, in John C. Fitzpatrick, ed., *The Writings of George Washington*, Washington D. C., 1931 – 1944, Vol. 35, pp. 233 – 235, 转引自 Robert, W. Tucker, "Woodrow Wilson's New Diplomacy," *World Policy Journal*, Vol. 21, No. 2, 2004, p. 94。

② 古德诺、韦罗璧、芮恩施都是美国政治学会的早期领袖，芮恩施担任一战时期美国驻华公使，古德诺和韦罗璧则担任北洋政府的顾问，他们在 1917 年与北洋政府接触并签订聘用合同，实际经办此事的则是古德诺的学生、时任驻美公使顾维钧。详见《收驻美使馆电》，1917 年 8 月 21 日，台北中研院近代史研究所档案馆藏，外交档案，档案号：03 – 01 – 001 – 04 – 003。

③ Daniel T. Rodgers, "In Search of Progressivism," *Reviews in American History*, Vol. 10, No. 4, The Promise of American History: Progress and Prospects, Dec. 1982, pp. 113 – 132.

④ 〔美〕芮恩施：《十九世纪末世界之政治》，英文书名详见 Paul S. Reinsch, *World Politics: At the End of the Nineteenth Century as Influenced by the Oriental Situation*, New York: The Macmillan Company, 1900。

⑤ 梁启超：《论民族竞争之大势》，《饮冰室合集·文集之十》，中华书局，1989，第 10 页。

恩施所代表的美国进步主义学者"心有灵犀",双方都有着强烈的济世救民的情怀,都关心现实问题。梁启超本人在民国初年创建了"进步党",其中的"进步"一词,很容易令人联想到当时正在美国开展的进步主义运动。

芮恩施深受进步主义运动的影响,他长期生活在美国进步主义运动的重要策源地——威斯康星州,并在该州进步主义运动的精神堡垒——威斯康星大学读书和任教。他求学期间的导师分别是进步主义学派的精神领袖特纳和理查德·T. 伊利(Richard T. Ely),他在他们的指导下完成博士学位论文。正是这种机缘使芮恩施成为进步主义运动的信奉者和实践者。芮恩施的博士学位论文题目是《北美早期殖民时代的英国普通法》,但是在特纳的边疆理念的引导下,他开始关注东亚问题。[1] 芮恩施对东亚事务的关注,体现了美国新一代学人受进步主义运动的刺激,开始将关注的对象转向东亚地区。芮恩施对中国问题的高度重视,在当时的美国也是非常超前的。

作为一名深受进步主义观念影响的学者,芮恩施对中国问题的关注带有一种"让世界更美好"的良好愿望。他的研究也体现了美国进步主义学者的"利他的理想主义"倾向。[2] 这种"利他主义"原则随着进步主义学者在一战前后广泛地参与美国的外交事务,进一步强化了美国在国际关系中的利他主义形象。[3] 芮恩施认为,19 世纪是民族主义的世纪,而 20 世纪则是帝国主义的世纪。列强在中国的利益竞争使得未来的国际矛盾更加尖锐,中国的命运与世界的未来休戚相关。中国问题是影响世界政治的核心问题。芮恩施认为,"虽然民族主义是人类进步的必要条件,但是如果任其走向极端就会破坏和平"。对于人类的前途,芮恩施忧思重重:"人类会成

---

[1] Noel H. Pugach, *Paul S. Reinsch: Open Door Diplomat in Action*, New York: Millwood, 1979, p. 9.

[2] 美国的进步主义学者真诚地相信,凭借他们所掌握的专业知识能够解决工业化时代的种种弊政,为社会造福。此种"理想的利他主义"源自 19 世纪下半叶的自由派神学和基督教中的社会主义思想,并在 19 世纪末的社会福音运动中得到充分体现。详见 James L. Gearity, "The First Brain Trust: Academics, Reform and the Wisconsin Idea," [Dissertation], University of Minnesota, 1979;侯波《学术与政治:美国进步时代专家参政现象研究(1900—1920)》,第 18 页。

[3] Robert E. Osgood, *Ideals and Self-Interest in American's Foreign Relations: The Great Transformation of the Twentieth Century*, Chicago: The University of Chicago Press, 1953.

为历史力量中无助的受害者，还是能够主宰自身的命运？"① 上述芮恩施对19 世纪末国际政治的分析学说直接影响到梁启超。在《现今世界大势论》一书中，梁启超不仅提及芮恩施的论著，还论述了帝国主义已经进入"无形瓜分"的阶段。梁启超认为，美西战争的目的并非在于攻城略地，而是美国需要扩展自身的商业利益，而战争的成功也将是突破旧有宪法体系的关键。美国的扩张行为客观上促使世界文明中心从大西洋向太平洋转移，同时梁启超也认为美国不同于其他列强之处，就在于"美国不徒以己之独立而自足，隐然以南北大陆之盟主自任，以保护他人独立为天职也"。② 尽管此时梁启超认为美国是帝国主义，美国的政治体制也在中国难以实现，但是他对帝国主义抱有"同情之理解"。他说，优胜劣汰成为"天经地义之公德"，"近世列强之政策由世界主义而变为民族主义，由民族主义而变为民族帝国主义，皆迫于事理之不得不然"。③

这一时期，美国进步主义学者的论著引起中国学者的注意，芮恩施绝非孤例。与此同时，芮恩施在美国的政治学研究同行威尔逊的《政治泛论》也由梁启超的同门麦鼎华翻译，并在 1903 年由广智书局出版。梁启超主持的《新民丛报》曾刊登该书的广告。④ 威尔逊此书在清末民初的中国学术界，拥有很大的影响。比如，陈独秀主编的《新青年》就给予高度的评价，认为"英文书籍中国于欧美政治制度之著述，汗牛充栋，而能于数百页中详记列邦政体者，昔惟有威尔逊氏之《国家》一书"。⑤ 以康梁为代表的维新派之所以如此关注美国进步主义学者的政治学作品，在很大程度上是由于威尔逊、芮恩施等人的学说契合了维新派的改革中国的政治主张，比如威尔逊所主张的强化总统行政权、弱化国会立法权的观点，就与维新派鼓吹的"君主立宪制"具有异曲同工之妙。他山之石，可以攻玉。梁启超所代表的维新派就是希望借鉴芮恩施、威尔逊等人对当时国际政治的分析以及关于国家建设的学说来为中国的国家建构寻找理论支撑。在这方面，美

---

① Paul S. Reinsch, *World Politics: At the End of the Nineteenth Century as Influenced by the Oriental Situation*, pp. 79 – 80.
② 饮冰室主人（梁启超）译著《现今世界大势论》，广智书局，1902，第 20 页。
③ 饮冰室主人（梁启超）译著《现今世界大势论》，第 6 页。
④ 孙宏云：《威尔逊的政治学著作〈国家〉在近代东亚的翻译》，《史林》2016 年第 2 期。
⑤ 《书报介绍》，《新青年》第 3 卷第 4 号，1917 年 6 月 1 日。

国政治学界的进步主义者与中国的中央集权论者如袁世凯、梁启超等人，可谓"心有灵犀"。袁世凯执政时期，来华充当政府顾问的美国政治学界代表人物古德诺及其与帝制运动的复杂纠葛，就是美国进步主义学者参与中国政治实践的典型案例，亦为历史学者所津津乐道者。[①] 然而，在以往的历史叙述中，古德诺往往被认为是袁氏帝制复辟的"帮凶"。[②] 实际上，古德诺以袁世凯顾问的身份对中国的"国体设计"提出看法，不纯粹是其个人的行为，也是当时美国国内进步主义改革理念在中国的投射，而古德诺案例不过是美国进步主义运动向中国扩展过程中的连锁反应。

古德诺 1882 年毕业于美国哥伦比亚大学法学院，获法学学位。在美国的进步主义运动中，来自哥伦比亚大学与威斯康星大学的学者都非常热衷于进步主义运动，以学者参政为荣。[③] 从 1884 年起，古德诺长期在哥伦比亚大学任教，讲授历史学和行政法学等课程，是美国公共行政与市政学的重要奠基人和权威。1913 年 3 月，威尔逊就任美国总统之后，与他有学术交往的美国政治学界进步主义学者开始积极地参与中美关系。比如，芮恩施出任美国驻华公使。随后，古德诺受聘担任北洋政府顾问，从表面上看，这似乎是古德诺的个人行为，实际上却是威尔逊政府任期内进步主义者的关注点从美国"国内事务"转向"国际事务"的重要体现。[④]

1913 年 4 月 5 日，古德诺携夫人从纽约出发，5 月 3 日抵达北京，次日古德诺与总统袁世凯初次见面。对于此次会面的情形，时任袁世凯英文秘书的顾维钧有详细的记载："我介绍他时说，他是教我行政法的教授，这是他的专长，但他也是研究美国宪法的学者。因此，第一次谈话主要涉及的是行政：如何组织一个能够在国内保障和平、秩序与安全的有效的政府。

---

① 参见唐德刚《袁氏当国》，广西师范大学出版社，2009，第 152—161 页。

② *Baltimore Evening Sun*, Dec. 14, 1915.

③ 关于美国高校与进步主义运动的关系，详见 Thomas Bender, "Academic Knowledge and Political Democracy in the Age of the University," Thomas Bender, *Intellect and Public Life: Essays on the Social History of Academic Intellectuals in the United State*, John Hopkins University Press, 1993。

④ 1917 年美国参战之后，威尔逊政府很快成立了一个"调查团"，也就是"战后议和筹备会"（The Inquiry），上百名美国学者参与其中，对当时的重大国际问题展开全面调查，为威尔逊政府的战后外交政策提供咨询和服务。详见 Lawrence Gelfand, *The Inquiry: American Preparations for Peace, 1917-1919*, Yale University Press, 1963。

总统很欣赏他的意见。"① 古德诺与威尔逊总统一样，都主张强化总统的行政权力，弱化国会的立法权力。他的这一主张正好契合了袁世凯的独裁愿望。自 1912 年春就任大总统之后，袁世凯领导的北洋政府与国会发生多次权力之争，造成北洋政府内阁动荡不安。在其后的会谈中，古德诺的"中央集权"主张令袁世凯仿佛找到了"知音"。古德诺对袁世凯说，"他研究了中国的国情，中国有帝制的传统，民族主义的观念不像西方那样强烈，所以中国需要一个强有力的中央政府以巩固国家政权，以取代当时存在的那种各省军阀割据的松散局面"。② 他还特别强调，对于目前中国，政局的稳定比其他一切都更为重要，古德诺的这番建议可谓正中袁世凯下怀。要知道，在中国建设一个强有力的中央政府，正是袁世凯梦寐以求的。

民国初年党争不断，但这些党争在很大程度上并非基于"施政理念的分歧"，而是由于彼此之间的私怨。换言之，敌对的政党之间意气之争的成分多，理念的分歧少。当时，党争不是因为政治制度的分歧而是因为对袁世凯的失信和不满。正如李剑农所指出的，"这便是两党对抗的真意义，党纲不过是一种空洞的招牌罢了"。③ 针对中国的政治环境，古德诺在担任北洋政府宪法顾问期间，主要通过《中华民国宪法草案》和《中华民国宪法之评述》对孙中山创立的《临时约法》进行重新规划，以便加强总统的权力，摆脱内阁的约束。

古德诺为袁世凯制定的"强大政府"方案，既基于他对中国历史和国情的观察，也来自他与威尔逊总统共同信奉的进步主义政治学说，以及他对美国政治发展史的深刻认识。古德诺认为，美国政治体制中联邦政府和各州之间过度分权，难以保证行政体制的完整性，因此他提出了"政治与行政二分论"。通过政治与行政的分离，可以实现理性的官僚制。所谓的政治与行政二分，就是确立公共行政学的基本问题，即政府能够成功地进行什么工作，以及政府怎样才能提高行政效率并节约成本。④ 政治与行政二分的思想起源于欧洲，由威尔逊引入美国，奠定了美国现代公共行政学的理

---

① 《顾维钧回忆录》第 1 分册，中国社会科学院近代史研究所译，中华书局，1983，第 110、111 页。

② 《顾维钧回忆录》第 1 分册，第 111 页。

③ 李剑农：《中国近百年政治史》，中华书局，2015，第 355 页。

④ 彭和平、竹立家等编译《国外公共行政理论精选》，中共中央党校出版社，1997，第 1 页。

论基础。古德诺对政治与行政的二分又进行了深入的哲学提炼。对此，他有一个著名的观点："政治是国家意志的表达，行政是国家意志的执行。"其重心是强调行政部门的"执行权"。在美国国内，在州议会层面，立法机关的专横和腐败引起了美国民众的不满，使人们认识到立法机关也可能会出现和行政机关一样的专横，因此必须限制立法机关的权力。在此背景下兴起的美国进步主义运动，其中一个改革诉求就是扩大各级政府的行政权力，如扩大州长的权力。显然，古德诺的"行政集权主张"不是纸上谈兵，而是来自美国国内进步主义运动的成功实践。正是带着这种成功的美国经验，古德诺向袁世凯建议，中国也应建立一个强大的中央政府。

1914 年出台的《中华民国约法》赋予了总统袁世凯极大的权力，古德诺回到美国后在《美国政治学评论》上发表文章，支持中国的政治改革。他认为现代国家的构建需要经历长期的演变，大凡稳固持续的国家，其宪法构造都必须有一个权威性的政治赋权，尤其是国家领导者在宪法结构中具有举足轻重的关键作用，这一制度才能保证政权交替时不发生强烈的震荡。在《中华民国约法》出笼之前，古德诺在给他的好友、美国驻华公使芮恩施的信件中，曾阐明过他的学术观点，并将还在酝酿中的中华民国宪法草案寄给芮恩施过目。这一草案提出，参议院与众议院通过的法案需要大总统认可，修宪的方式不得过于复杂，大总统可以罢免除大法官外所有官吏。在议院不能决定预算时，总统可按上一年度预算施政。这些规定，极大地强化了总统的行政权力。

古德诺最受争议的事件，就是他撰写了《共和与君主论》。此文被鼓吹帝制运动的筹安会所利用，令古德诺在中国的名声一败涂地。1915 年古德诺再度返回中国时撰写了《共和与君主论》。值得注意的是，古德诺并不认为中国的复辟帝制要立即开始，其必须满足三个条件："此种改革，不可引起国民及列强之反对；君主继承之法律，如不明白确定，使嗣位之问题，绝无疑议；使人民知政府为造福人民之机关，使人民知其得监督政府之动作，扩大人民的政治参与。"[1] 古德诺强调加强行政权力的前提必须是"尊重国家意志"，这里的"国家意志"，就是通过宪法所体现的"人民的意

---

① 〔美〕古德诺：《共和与君主论》，章伯锋主编《北洋军阀（1912—1928）》第 2 卷，武汉出版社，1990，第 951—952 页。

志"。筹安会只是片面地利用了古德诺的"行政说"，而忽略了古德诺其实在强调"行政与政治"的辩证逻辑关系。

　　古德诺参与《中华民国约法》的起草工作，得到了驻华公使芮恩施的理解和支持。在给代理国务卿兰辛（Robert Lansing）的信中，芮恩施公使附上古德诺参与起草的宪法草案，[1] 并就中国国内的政治局势向兰辛报告。值得注意的是，芮恩施对中国国会的解散并未感到吃惊："11 月国民党解散后，国会不足法定人数，因而常规的事务无法进行。通过新选举重建的国会也并非令人满意：新、老成员和政府之间难以形成很好的合作"，"当政府对其目的和与之关联的政策不甚明确时，似乎目前的计划应该是让行政会议制定出一份给能代表各省和中央政府的制宪会议的建议，而制宪会议需要形成关于制定永久宪法的方案。现在还没有宣布这部宪法应该由制宪会议采纳，或者是否应该被提交由全民表决或以其他形式正式认可批准。无论做出什么正式的安排，在目前的情况下，政府自身的判断将会决定宪法采用的形式。在众多的对宪法的提议中，古德诺教授的方案收到了很多赞许，我已将其复印件随信附上。毫无疑问，他认为总统制比内阁制更适合中国当前状态这一观点是正确的。强大的总统制的力量加上仅有建议功能的议会，毫无疑问，与目前中国政府的需要相一致"。[2]这段话表明，芮恩施对古德诺加强总统权力的构想是支持的、赞成的。仿照美国的模式，对中国政治进行一场进步主义改革试验，显然威尔逊总统、芮恩施公使和古德诺都是志同道合者。[3]

　　威尔逊是一位历史主义者，他认为，宪制秩序与公共行政都有其自身的历史传统。[4] 同其他进步主义者一样，威尔逊主张加强国家最高行政长官和公共行政的权力来防止腐败及控制垄断企业。[5] 中国有着长期的专制历史传统，中国的历史决定了中国需要强大的中央政府。古德诺对袁世凯帝制

[1]　Doctor Goodnow's Draft of a Constitution for China, reprinted from the Peking Gazette, *Foreign Relations of the United States*, 1914, Vol. 1, p. 44.

[2]　Minister Reinsch to the Secretary of State, January 16, 1914, *Foreign Relations of the United States*, 1914, Vol. 1, p. 42.

[3]　Jerry Israel, *Progressivism and Open Door: America and China*, 1905 – 1921, p. 123.

[4]　Arthur S. Link, ed., *The Papers of Woodrow Wilson*, Vol. 7, 1890 – 1892, Princeton: Princeton University, 1969, p. 142.

[5]　L. S. Dudley, "Enduring Narratives from Progressivism," in T. D. Lynch & P. L. Cruise, eds., *Handbook of Organizing Theory and Management*, Boca Raton: Taylor & Francis Group, 2006, pp. 353 – 374.

方案的认识在很大程度上是进步主义学派本身的观点和他对中国国情判断结合的产物。因此，尽管袁世凯的复辟帝制与美国历来所秉持的民主政治观念存在极大的对立，但也未见美国官方对此有强烈的反对和干涉，其中原因大约如下：其一是一战所造成的东亚国际政治情势使然；其二是与威尔逊政府坚持的进步主义改革主张有关，威尔逊本人就是强大政府的信奉者，故对于袁世凯的独裁统治有某种同情之理解。

即使在袁世凯复辟帝制失败之后，中国的政治改革议题仍然吸引着美国政治学界进步主义学者的关注。1917 年，美国纽约大学政治学教授精琦士（Jeremiah W. Jenks）在《中国社会及政治学报》上发表文章，讨论制宪问题。他说："如果追溯任何一部法律的历史，会发现在其起源上总有一个人们在日常生活中形成的条件、广泛接受的宗教信仰或是政治实践。进步，在任何一个社会中，如果都是正确的，那么其就不会对人的天性采取暴力的行为。"[1] 说到底，人类的一切改革活动，都不是一蹴而就的，只能通过风俗、习惯的缓慢改变而最终成功。辛亥革命之后，新成立的中华民国确立西方议会制政体太过仓促，毕竟中国有着悠久的专制传统。在这个意义上，袁世凯的复辟帝制并非其个人的一时心血来潮，而是自有其客观的历史社会基础。此时，美国威尔逊政府对中国坚持门户开放政策原则，也就是"不干涉中国内政"。袁世凯的复辟帝制行为与美国的民主观念相冲突，却没有使美国人制定新的方案。1915 年 9 月 9 日，驻美公使顾维钧在给北洋政府的报告中，谈到了美国社会对中国帝制运动的态度。他说："金山及芝加高各报重要人物均谓政体为内政，须合本国情势。"[2]

以古德诺为代表的美国进步主义者对一战前后中国政治改革的参与，代表着美国进步主义运动向国际社会推广美国经验的努力与尝试。他们作为"局外人"更清楚地看到了中国的政治改革受到本土社会历史文化因素的强大制约，而不认为中国应该盲目地照搬西方的议会政治。当时的中国与美国在政治观念上还存在很大的差距。比如，古德诺坚持政治与行政的二分，而政治是国家公共意志的体现。但是在中国，政治更多地表现为权

---

①　Jeremiah W. Jenks, "Fundamental Principles of Republicanism," *The Chinese Social and Political Science Review*, Vol. 1, No. 3, pp. 3, 45.

②　《收出使墨国顾公使电》，1915 年 9 月 21 日，北洋政府外交部档案，馆藏号：03 – 13 – 032 – 01 – 001。

贵阶层的意志，在很大程度上属于"人治"，而非"法治"。

三　进步主义者与中国的"现代化"和"文明化"

门户开放政策集中体现了美国人对东亚地区特别是中国的憧憬。门户开放政策意味着美国人要在中国建立一种"现代化"的文明新秩序，届时和平的经济竞争、国际合作、国家进步和社会繁荣将会取代暴力、欺骗、浪费和贫穷。这种新秩序其实也是美国国内进步主义运动的目标在中国的映照，反映了美国人对东亚国际关系加以改革的主观愿望。在美国进步主义者的眼中，改革与扩张之间并不存在矛盾，其源于同一种信念——"进步"。进步主义者自信他们在国内追求社会正义的运动，必然推动美国社会的进步；而向海外的扩张，在他们看来一方面"可以帮助落后的国家摆脱不开发状态从而走向进步，另一方面美国通过对国际事务的参与为世界未来的进步提供推动力"。① 这一时期，进步主义的思想对中国国内的政治、经济、文化等领域均有不同程度的影响。

在推动中国的现代化上，美国塔夫脱总统任期内著名的"金元外交"鼓吹者司戴德（Willard Dickerman Straight）不仅是美国国内进步主义运动的核心人物，也是中国东北铁路国际化的提倡者。铁路是现代工业文明的重要象征，近代中国东北的铁路长期被日本和俄国控制，司戴德认为日俄此举等于把中国东北作为它们控制的势力范围，严重违背了美国的门户开放政策。所以，司戴德主张由美国出面组织国际资本团，将东北铁路收购，实现东北铁路的国际化，从而破除日俄在中国东北的殖民势力。② 日本违背《朴次茅斯条约》，不允许美国公司在日占领区进行贸易，并且垄断南满铁路，司戴德对此强烈谴责，他向罗斯福报告时也指出，应该真正实现门户开放政策。1907 年 11 月 18 日，司戴德与塔夫脱交换了对中国问题的看法，指出日本在东北的行为威胁着中国的主权和门户开放。当中国努力实现现代化时，实际的援助和鼓励比只是道义上的支持更有效。美国投资东北，

① 李剑鸣：《大转折的年代——美国进步主义运动研究》，第 267 页。
② 〔美〕李约翰：《清帝逊位与列强（1908—1912）——第一次世界大战前的一段外交插曲》，孙瑞芹、陈泽宪译，江苏教育出版社，2006，第 76—77 页。

从而证明它不仅乐意坚持门户开放，而且也愿意进入这一门户，这样就能使中国人相信，"美国希望同他们积极合作，这对促进和指导中国今后数年内的发展是大有裨益的"。① 1912 年 8 月，司戴德回到美国后，尽管美国威尔逊政府不久后宣布退出"六国银行团"，他还是通过美国亚洲协会和对外贸易委员会鼓励美国对中国投资。司戴德在 1914 年参与创立著名的《新共和国》杂志，这份杂志的办刊理念就是"发现、发展和运用西奥多·罗斯福在担任进步党领袖时期所宣传的观念"。②

驻华公使芮恩施同样认为，美国国内的进步主义运动与海外经济扩张是联系在一起的，彼时的美国正处于从北美强国向世界大国转型的过渡时代。19 世纪末，美国一跃而成为世界工业强国，大规模的工业生产和市场销售需要庞大而有效的组织来进行系统规划，而这个组织要由联邦政府根据美国的整体利益进行监督。1915 年，芮恩施在参加巴拿马太平洋国际博览会时说，美国组织体系在国内的成功是与美国成功扩大海外市场紧密相连的；他还认为，威尔逊总统深明其理，并将采取行动，他在给威尔逊总统的信中写道："本国政府正在面临为大发展打下基础的机会，而这个基础是我们的现代工业一直所需要的，未来会证明这一点。"③精琦士和司戴德在报告中提到，尽管美国在此时已经宣布向中国出口的商业政策，很多商人仍然因"反垄断"而忧虑自身与政府的关系。威尔逊总统的好友、工业巨头克兰（Charles Crane）也认为，威尔逊总统将"为商业扩张扫清在中国的障碍"，而要实现这一目标就需要政府与商务部的联合，此项积极的运动"既能促进中国的发展，同时也能保障美国的利益"。④ 美国可以向中国出口商品、投资设厂，这一切都需要一个锐意进取、强大的美国做后盾才有保障。⑤ 简言之，中国的现代化和社会发展与美国自身的利益联系在一起，彼此促进，相得益彰。

---

① 吴心伯：《金元外交与列强在中国（1909—1913）》，复旦大学出版社，1997，第 23 页。

② Walter Lippmann，"Notes for a Biography," *New Republic* (New York)，LXIII，Jul. 1930，p. 250.

③ Reinsch to Wilson，March 5，1915，in Arthur S. Link，ed.，*The Papers of Woodrow Wilson*，Vol. 7，*1890 - 1892*，p. 329.

④ Jenks to Reinsch，March 9，1914 and Straight to Reinsch，Sept. 17，1913，Reinsch Papers，转引自 Jerry Israel，*Progressivism and Open Door: America and China*，*1905 - 1921*，p. 125。

⑤ American Manufacturers Export Association and the National Foreign Trade Council to Lansing，Sept. 18，1916，SDDF 793. 94/532.

　　以芮恩施与古德诺为代表的进步主义者还积极推动中国的"文明化"，将美国的文化学术经验介绍到中国。具体而言，就是通过留美学生群体来传播美国的知识、学术与文化。在芮恩施的倡议和指导下，"中国社会政治学会"以美国政治学会为模板创建。1915 年 12 月 5 日，中国社会政治学会在时任北洋政府外交总长陆征祥官邸举行第一次会议，陆征祥被推选为中国社会政治学会会长，芮恩施为第一副会长，外交次长曹汝霖为第二副会长，伍朝枢担任秘书长。尽管这一组织强调以学术为本位，但其核心成员主要是北京外交部的亲美派外交官，显然这不是一个单纯的非官方组织，而是一个致力于沟通中外文化的精英组织。芮恩施认为，"由于一切政治和社会活动以及工商业方面一切有组织的努力都有赖于知识界的力量，因此，无组织和混乱都会很快给中国的生活造成威胁，除非建立一些能够把旧文化和新文化，协调有机地结合起来的中心，以便集中知识界的力量，这种中心将会产生很大影响"。① 芮恩施是这一组织的精神导师，他将进步主义的理念注入学会中。芮恩施说："这个学会的成立，是中国科学化与学术发展的重要一步"，同时，"作为科学成就的核心，作为给人们平等的知识来努力合作的学会，作为应用最严格标准进行科学的学术批评的平台，这个学会应该在中国的学术生活中发挥重要作用"。② 由此可知，中国社会政治学会承担了沟通中国学术、交流知识、推动中国向现代文明转变的伟大使命。

　　在进步主义理念的引导下，中国社会政治学会具有强烈的"经世致用"思想，也就是通过他们的学术研究来推动中国的社会进步。1916 年 10 月 23 日，芮恩施的好友韦罗璧在中国社会政治学会上发表了一篇论文。他认为，中国的共和制固有的软弱性是行政机关的软弱和行政效率的缺失所导致的，如果要真正成为一个既能维持国内秩序，又能进行国家建设的政府，就需要形成有效的行政组织。③ 与美国政治学会刊物《美国政治学评论》相似，

---

① 〔美〕保罗·S. 芮恩施：《一个美国外交官的使华记》，李抱宏、盛震溯译，文化艺术出版社，2010，第 145 页。
② Paul S. Reinsch，"The Chinese Political Science Association，" *The Chinese Social and Political Science Review*，Vol. 1，No. 1，pp. 17 – 20.
③ W. W. Willoughby，"Energy and Leadership in Government，" *The Chinese Social and Political Science Review*，Vol. 1，No. 4，pp. 9 – 10.

《中国社会及政治学报》主要刊登社会科学领域的文章，反映了会员们经世济民的改革情怀。①《中国社会及政治学报》刊登的都是英文论文，在国内外发行，其定位就是"国际性"的学术交流媒介，精英色彩极其浓厚，虽然在中国国内的阅读群体有限，但是在中美两国的学术交流上，具有不可替代的作用。

一般而言，进步主义者过分强调"人类理性"的伟大，相信专业知识在促进国家社会进步上能发挥关键作用。然而，这种理性至上的观念有时则表现为"过度的自信"，美国在门户开放政策的实施过程中，便显示出进步主义信徒的天真。在这方面，最典型的案例就是塔夫脱政府时期，美国国务卿诺克斯（Philander Chase Knox）所推行的"满洲铁路国际化"方案，他希望通过这一计划将满洲铁路置于科学的管理下，保障中国在满洲的政治权利，并"在实施海约翰的政策下促进东三省的发展"。②但是，这一计划险些打破了《辛丑条约》以来列强的在华均势。所以，有论者批评说，这一时期的美国人在中国问题上未免"太天真"了，他们在国内总是积极地防御他们自己的门罗主义，但现在却拿出世界上最天真的面孔向日本人提议，"日本应当为了大家而放弃它的铁路，如果日本人这样做了，他们必将自讨苦吃"。③

四　余论

在19世纪末和20世纪初的美国进步主义时期，美国的对华政策充满浓厚的进步主义观念，这是美国进步主义运动的时代氛围使然。这一时期，美国的进步主义运动超越国界以及太平洋的阻隔，在威尔逊总统、芮恩施公使、古德诺等人的提倡下，进步主义对中美关系施加了无形的精神影响，成为构建中美特殊关系的"精神纽带"。

---

① 马建标：《"进步主义"在中国：芮恩施与欧美同学会的共享经历》，《复旦学报》（社会科学版）2017年第2期。

② 〔美〕李约翰：《清帝逊位与列强（1908—1912）——第一次世界大战前的一段外交插曲》，第72页。

③ 〔美〕李约翰：《清帝逊位与列强（1908—1912）——第一次世界大战前的一段外交插曲》，第89页。

　　进步主义时代所推崇的知识理性以及道德原则成为美国威尔逊政府维护在华门户开放政策、对中国施助的精神动力。美国的外交政策受到理想主义与现实主义的双重影响，而这一时期的理想主义更多地体现为以威尔逊为首的学术精英群体的价值追求，就是用专业知识来推动中美关系的深入发展。威尔逊本人对进步主义的理解是，宗教是推动人类进步的工具，与教育和法律具有同样的作用，事实上，"教育使人处于可以进步的地位，而宗教决定进步的路线"。对威尔逊来说，进步从来不是从物质的聚生的范畴来考虑的，"而更多的应从人们世世代代在人道及相互帮助上原则的进步"来考虑。① 与同时期日本的对华政策相比较，一战前后美国较少给予中国直接的财政援助，表明了威尔逊时代美国外交的特点——重精神而轻物质，也就是以文化扩张和精神输出为主，用美国的政治制度和文化价值观念来改变中国。

　　同时，进步主义在中国的传播，与美、日在中国的对抗这一特定的国际关系背景有关。1905 年以后，日本吞并朝鲜半岛，对中国主权觊觎的野心昭然若揭，日本称霸东亚的外交战略恰恰与美国进军东亚以及捍卫中国门户开放原则发生了直接冲突。因此，衰弱的中国需要一个强大的美国的支持，而威尔逊、芮恩施等进步主义者所倡导的"正义、公理"恰好为美国扶持中国抵抗日本的外交政策增添了道德的光环。这一时期，中美两国"命运与共"的观念被进步主义者信奉和宣扬，就不足为怪了。

---

① 詹姆斯·K. 福尔南斯在威尔逊政治学课堂上的笔记，普林斯顿大学，1904，第 3 讲，藏于普林斯顿大学图书馆。转引自〔美〕罗伊·沃森·柯里《伍德罗·威尔逊与远东政策（1913—1921）》，张玮瑛、曾学白译，社会科学文献出版社，1994，第 28 页。

进化史观、现代民族主义与五四新文化运动

张晨怡[*]

五四新文化运动是中国文化史上一次影响深远的文化激进主义运动，林毓生称之为"激烈的反传统主义"运动。[①] 对于运动的起因，一般认为是受到西方启蒙思想的影响，以胡适、陈独秀、鲁迅等为代表的知识分子高举"人性""立人"的大旗，宣传自由、平等和人性解放。例如陈独秀就宣称"新文化运动是人的运动"。[②] 新文化运动因此被认为是一场以个人主义为本位的思想启蒙运动。笔者以为，这一论断虽然有其合理性，但并不全面，因为它遮蔽了进化史观和现代民族主义话语在其中所起的重要作用。实际上，以思想启蒙为主导的个人主义思想和以进化史观为主导的现代民族主义思想共同构成了新文化运动的一体两面。[③] 如果从民族主义的视角考

---

[*] 张晨怡，中央民族大学历史文化学院教授。

[①] 参见〔美〕林毓生《中国意识的危机——"五四"时期激烈的反传统主义》，穆善培译，贵州人民出版社，1986。

[②] 陈独秀：《新文化运动是什么?》，《陈独秀文章选编》上册，三联书店，1984，第517页。

[③] 已经有一些学者注意到了新文化运动同民族主义思想的内在关联，如张灏就认为"要重新认识五四思想的复杂性，其中一点是五四思想的两歧性；个人主义与群体意识、民族主义与世界主义、理性主义与浪漫主义等等"（张灏：《重访五四——论五四思想的两歧性》，《开放时代》1999年第2期）。汪晖也认为"种族""国家"恰恰构成五四时期"个体意识"的"形成前提和部分归宿"〔汪晖：《预言与危机（下篇）——中国现代历史中的五四启蒙运动》，《文学评论》1989年第4期〕。另外，许纪霖在其新著《家国天下：现代中国的个人、国家与世界认同》中也探讨了新文化运动中个人和民族国家的认同关系（参见许纪霖《家国天下：现代中国的个人、国家与世界认同》，上海人民出版社，2017）。不过，上述研究虽然注意到了新文化运动同民族主义思想的关系，但并未就现代民族主义及其内在的进化史观如何作用于新文化运动的话语实践展开具体深入的分析。

察，就会发现新文化运动其实是现代民族主义对传统民族主义的一次全面进攻。新文化运动者认为，以文化认同为中心的传统民族主义即天下主义是传统史观的产物，因此只有用进化史观否定传统史观、用"国新"和"欧化"替代"国故"，才可以为以民族国家为中心的现代民族主义话语确立合法性，从而建立一个现代化的中国。这一思想，突出体现在以五四文学、"整理国故"运动为代表的新文化运动的话语实践中。

一　传统史观与天下主义

日本学者竹内好说过，"东洋的近代是欧洲强制的结果，或者说是这一结果引导出的后果"。① 竹内好的论断与美国学者 S. 亨廷顿（Samuel Phillips Huntington）的观点正好构成一枚硬币的两面，后者曾经断言："历史上，一个文明权力的扩张通常总是同时伴随着其文化的繁荣，而且这一文明几乎总是运用它的这种权力向其他社会推行其价值观、实践和体制。"② 对于近代中国而言，现代化的扩展同样是一种文化和权力"强制"的结果。作为现代化的他者和对象，近代中国面对这种"强制"，也经历了一个从排斥到认同的转变过程。

这一转变过程，也是进化史观替代传统史观的过程。中国的传统史观主要包括循环史观和天命史观。循环史观把历史的更迭和变化看作一种由乱到治、由兴到衰的循环往复，因此不承认历史的发展和进步。天命史观则将王朝的兴衰、社会的治乱和个人的祸福解释为天道使然，宣扬"君权天授"。尽管在中国传统社会也长期存在一种"通变""变易"思想，但其主张仍然束缚于"天不变道亦不变"的框架之内。而进化史观则是一种受西方现代思想特别是社会达尔文主义影响的历史观念。这一史观以启蒙文明的名义，将历史看作一种线性的和不断进化的过程，并且在整体上有明确的目的和不以人的意志为转移的客观属性。

进化史观在近代传入中国，康有为、严复、梁启超等人都深受其影响，同时他们也成为进化史观在中国的早期传播者。这一时期，也是中国的民

---

① 〔日〕竹内好：《近代的超克》，李冬木等译，三联书店，2005，第182页。
② 〔美〕亨廷顿：《文明的冲突与世界秩序的重建》，周琪等译，新华出版社，2002，第88页。

族主义思想高涨的时期，而进化史观替代传统史观的过程，则为中国的民族主义思想从传统民族主义向现代民族主义转型提供了合法性。

中国传统的民族主义又称天下主义，其实质主要是一种文化认同。杨度在 1907 年发表《金铁主义说》一文，指出："一民族与一民族之别，别于文化，中华云者，以华夷别文化之高下也。即此以言，则中华之名词，不仅非一地域之国名，亦且非一血统之种名，乃为一文化之族名。"① 传统民族主义思想认为，既然华夏是文明之邦，四夷是野蛮之邦，双方就应该遵循由夏到夷的单向度文化传播路径，所以古人常说："吾闻用夏变夷者，未闻变于夷者也。"② 这也导致了华夏文化系统自身的封闭性和排外性。其对"夏"和"夷"的评判主要以对华夏文化的认同与否作为标准。所谓"华夷之辨，其不在地之内外，而系于礼之有无也明矣。苟有礼也，夷可进为华，苟无礼也，华则变为夷"。③ 在近代之初，由于天下主义具备的超稳定性和封闭性，中国传统文化并没有立即失去其原有的优越感，只是由原来强势文化支撑的"以夏变夷"思想变成了弱势文化背景下的盲目排外。当然，一些有识之士也已经开始认识到要从民族文化的内部进行革新，来适应时代变化的需要。例如，郑观应的《盛世危言》、王韬的《变法》和《变法自强》，都曾经提出文化革新的设想。不过，这一时期的文化论争虽然也可以概括为"新""旧"之争，但争论主要是在中国文化内部进行的，"旧"是指旧有的中国文化传统，"新"则是指在肯定和保留中国传统文化整体的基础上，进行局部的思想和形式革新。这是循环史观中"通变""变易"思想的延续。

长期以来，学界都存在这样一种观点，认为天下主义思想是中国近代民族主义的主要思想来源。例如，冯天瑜就认为传统的"华夷之辨"民族观是"中国近世民族主义的历史渊源"。④ 但是实际上，这种以文化认同为核心的天下主义思想，和西方以民族国家为核心的现代民族主义思想有很

---

① 杨度：《金铁主义说》，《杨度集》，湖南人民出版社，1986，第 373—374 页。
② 赵岐注，孙奭疏《孟子注疏·滕文公章句上》，《十三经注疏》下册，中华书局，1980，第 2706 页。
③ 王韬：《华夷辨》，《弢园文录外编》卷 10，中华书局，1959，第 296 页。
④ 冯天瑜：《中国近世民族主义的历史渊源》，《湖北大学学报》（哲学社会科学版）1994 年第 4 期。

大的不同。沈松侨引用美国学者哈里森的观点，将天下主义称为文化主义，他指出："前近代中国所认同的对象，乃是一套以儒家礼教为核心的普遍性道德文化秩序，而未尝具备独立的国家认同与忠诚感，因此，在中国漫长的王朝历史中，汉族之外的异民族如果愿意接受中国文化的浸濡，也可以取得统治中国的合法性地位。这种奠基于共同传统与共同象征系统的文化主义，与植基于现代'民族国家'之上的民族主义，可谓风马牛不相及。一直要到十九世纪末叶，在西方坚船利炮的武力威慑下，中国人才被迫放弃长期抱持的文化优越感，由文化主义开始转向民族主义。"[①]

笔者认为，天下主义同传统史观有着密切的同构关系。因为传统史观强调"天不变道亦不变"，而中国文化作为天下道义的载体，自然不可以改变。这里的中国文明并不被看作是一种具有历史和地域特殊性的区域文明，而是被认为是一种超越时空界限的普世性文明。正如许倬云所言："所谓'天下'，并不是中国自以为'世界只有如此大'，而是以为，光天化日之下，只有同一人文的伦理秩序。中国自以为是这一文明的首善之区，文明之所寄托。"[②] 从这一层面来说，保持文化意义上的中国文明比保持政治意义上的中国更加重要。或者说，作为文化意义的中国文明不可变，政治意义上的中国疆域可以变。这就是列文森（Joseph R. Levenson）所说的"既然中国即是天下，因此，最理想的方式，就是使之成为中国"。[③] 这显然是一种华夏中心主义的视角，同以欧洲中心主义视角为出发点，并且把现代化话语看作普世性文明的现代民族主义思想完全不同。

二　进化史观与现代民族主义

以民族国家为核心的现代民族主义是 20 世纪最重要的思潮之一，也是研究近代世界历史和中国历史的一个出发点。一般认为，现代民族主义

---

①　沈松侨：《近代中国民族主义的发展——兼论民族主义的两个问题》，《政治与社会哲学评论》（台北）2002 年第 3 期。

②　许倬云：《我者与他者：中国历史上的内外分际》，三联书店，2010，第 20 页。

③　〔美〕列文森：《儒教中国及其现代命运》，郑大华、任菁译，中国社会科学出版社，2000，第 87 页。

作为一种较为明确和系统的学术概念，起源于 19 世纪前后的欧洲。① 在诞生之初，这一概念是对现代化过程之中民族国家形成的合法性阐释，因此具有明确的政治含义。英国社会理论家 E. 盖尔纳（Ernest Gellner）就曾经指出："民族主义首先是一条政治原则，它认为政治的和民族的单位应该是一致的。"② 相对于滞后的学术阐释，作为一种话语实践，现代民族主义在中世纪后期西欧的民族国家形成过程中已经出现，因此具有明确的现代性背景，其主要内涵是现代民族共同体和现代政治共同体的统一，也就是在国际关系中，建立具有政治主权的民族国家，在国内民众中，确立不同于封建专制等级制度的现代公民身份。20 世纪前后，随着现代性叙事全球化的扩展，现代民族主义也逐渐影响到包括亚洲在内的世界各地。

现代民族主义同进化史观的关系密切。进化史观强调世界发展时间的差异，并且按照发展时间的差异给世界上各民族贴上进步与落后、文明与愚昧、发展与停滞、开放与封闭等二元对立的标签，于是民族便成了启蒙历史主体。黑格尔（Georg Wilhelm Friedrich Hegel）的《历史哲学》无疑是表达进化史观的代表性著作。在《历史哲学》里，黑格尔强调自由的理性精神构成世界发展和历史进步的内在机制，认为"理性统治了世界，也同样统治了世界历史"。③ 因此，按照理性精神推动世界进步的逻辑，他将东方世界的中国和印度的衰败以及西方日耳曼国家的兴盛看作一个历史进化的必然过程。按照杜赞奇（Prasenjit Duara）的说法，黑格尔将西方的历史看作一种"普遍化的历史"，而将中国和印度的历史界定为"非历史的历史"，其成为"普遍化的历史"之外的他者。他因此评价说："黑格尔的历史也许是 19 世纪占统治地位的进化论话语的最精密的叙述。"④ 与此同时，

---

① 英国民族主义研究专家 E. 凯杜里（Elie Kedourie）即认为，民族主义是 19 世纪初产生于欧洲的一种学说（〔英〕凯杜里：《民族主义》，张明明译，中央编译出版社，2002，第 1 页）。而据英国另一位专门研究民族主义的学者 A. 史密斯（Amthony D. Smith）的考证，民族主义作为术语 18 世纪末已经出现（〔英〕史密斯：《民族主义：理论，意识形态，历史》，叶江译，上海人民出版社，2006，第 6 页）。

② 〔英〕厄内斯特·盖尔纳：《民族与民族主义》，韩红译，中央编译出版社，2002，第 1 页。

③ 〔德〕黑格尔：《历史哲学》，王造时译，上海书店出版社，1999，第 64 页。

④ 〔美〕杜赞奇：《从民族国家拯救历史：民族主义话语与中国现代史研究》，王宪明等译，江苏人民出版社，2009，第 20 页。

杜赞奇注意到了黑格尔的历史话语为西方民族国家兴起和帝国主义扩张的同步性这一历史事实提供了解释，因为按照进化史观"物竞天择，适者生存"的逻辑，只有具有"普遍化的历史"意识的国家"才能够实现自由"，并且"有权摧毁非民族国家，并为他们送来民族之光。这样民族国家又变成帝国。由此，我们便可以理解为什么黑格尔相信英国征服中国是不可避免的，也是必要的"。① 这里，杜赞奇强调启蒙文明、进化史观和社会达尔文主义的逻辑同构性。他认为：社会达尔文主义"代表了启蒙理性阴暗的一面"，"因为它正是在启蒙文明的名义下，把人类划分为'先进'与'落后'的种族，并为帝国主义掠夺提供名正言顺的理由"。② 由此可知，进化史观不仅促成了现代民族主义的发生，同时也为现代化话语和帝国主义的扩张提供了合法性。与此同时，作为这一话语之外的他者，传统的非民族国家要想反抗帝国主义的侵略，只能接受这一话语并且将其内在化，加入"普遍化的历史"叙事之中。而这一叙事的核心，仍然是通过启蒙文明话语，建构作为历史主体的现代民族国家。因此，在现代化的全球扩张过程之中，无论是帝国主义扩张，还是反对帝国主义的民族独立思想，进化史观和现代民族主义都成为其凭借的重要话语资源。

　　对于近代中国来说，反对帝国主义与"强制"现代化是建立民族国家的一体两面，同时它们又与进化史观替代传统史观、现代民族主义替代传统民族主义的话语实践具有内在逻辑上的同构性。在上述过程中，"中华"一词逐渐摆脱单纯的文化含义，成为一个含国家、地域、族类和文化共同体认同意义的综合概念，并进而以外国民族为他者，产生了民族学意义上的"中华民族"一词。正如梁启超所说："凡遇一他族而立刻有'我中国人也'之一观念浮现于脑际者，此人即中华民族一员也。"③ 不难看出，"中华民族"这一称号从一开始，就是以西方民族为他者实现自我界定和身份认同的，是现代性叙事中现代民族主义话语和国家建构的产物。这也意味着中国各民族从"自在的民族实体"向"一个自觉的民族实体"的

---

① 〔美〕杜赞奇：《从民族国家拯救历史：民族主义话语与中国现代史研究》，第20页。
② 〔美〕杜赞奇：《从民族国家拯救历史：民族主义话语与中国现代史研究》，第20页。
③ 梁启超：《中国历史上民族之研究》，《饮冰室合集·专集之四十二》，中华书局，1989，第1—2页。

转变。① 从这个层面上来说，作为民族国家而存在的中国，只能够形成于"中华民族"成为"一个自觉的民族实体"之后。

需要指出的是，在近代中华民族的认同过程和中国建构民族国家的过程之中，除了现代民族主义话语的影响之外，进化史观也发挥了积极的作用。例如，在晚清的立宪运动中，一批留日学生在日本东京和北京分别创办了《大同报》和《北京大同日报》，提倡"五族大同""满汉融和"。一些留学生还用进化史观来区别民族与种族的概念，并且大胆指出，满汉并非两个民族，而是属于同一个民族，因为民族与种族不同，它是"历史的产物也，随时而变化，因世而进化……故民族以文明同一而团结，而种族则以统一之血系为根据，此民族与种族又不可不分也"。所以，他们认定不仅"满汉至今日则成同民族异种族之国民矣"，甚至整个"中国之人民，皆同民族异种族之国民也"。② 中华民族一词的发明者梁启超也深受进化史观的影响。在发表于1902年的《论学术之势力左右世界》中，梁启超甚至专门介绍了达尔文的进化论。他说："前人以为天赋人权，人生而皆有自然应得之权利；及达尔文出，然后知物竞天择，优胜劣败，非图自强，则决不足以自立。"③ 正是受到进化史观的影响，梁启超才写下《论民族竞争之大势》，第一次提出在中国建立现代民族国家的想法。他明确指出："今日欲救中国，无他术焉，亦先建设一民族主义之国家而已。以地球上最大之民族，而能建设适于天演之国家，则天下第一帝国之徽号，谁能篡之？而特不知我民族有此能力焉否也。有之则莫强；无之则竞亡。间不容发，而悉听我辈之自择。"④ 其中，"天演""竞争"等词语，都是当时进化史观的流行词语。辛亥革命时期，进化史观和现代民族主义话语也得到了孙中山等革命党人的赞同。孙中山曾经用"世界潮流的趋势，好比长江、黄河的流

---

① 中华民族的自觉形成与中国现代化进程的关系，目前学界已经有较多的相关研究。其中，费孝通在20世纪80年代提出："中华民族作为一个自觉的民族实体，是近百年来中国和西方列强对抗中出现的，但作为一个自在的民族实体则是在几千年的历史过程所形成的。"[费孝通主编《中华民族多元一体格局》（修订本），中央民族大学出版社，1999，第3页]这一论断不仅表明了中华民族自觉形成与中国现代化进程的重要关系，也成为此后研究"中华民族"问题的一个出发点。
② 乌泽声：《满汉问题》，《大同报》第1号，1907年。
③ 梁启超：《论学术之势力左右世界》，《饮冰室合集·文集之六》，第114页。
④ 梁启超：《论民族竞争之大势》，《饮冰室合集·文集之十》，第35页。

水一样，水流的方向或者有许多曲折，向北流或向南流的，但是流到最后一定是向东的，无论是怎么样都阻止不住的"来形容时代的进化。他还宣称："世界的潮流，由神权流到君权，由君权流到民权；现在流到了民权，便没有办法可以反抗。"① 因此他认为中国应该顺应进化的潮流，建立一个以"三民主义"为基础的现代民族国家。而他在《临时大总统宣言书》中第一次明确提出以"中华民族"作为"民族"单元来建立"民族国家"的宣言，也充分顺应了时代进步和社会进化的历史潮流。

三　进化史观、现代民族主义与五四文学

在现代民族主义话语的主导下，"中华民族"从原来文化认同的"自在"实体向"自觉"的民族国家实体转变。这一转变同时是在帝国主义的外来侵略中进行的，因此救亡图存便成为中国现代民族主义者的首要目标。在这一目标下，信奉"优胜劣汰"的进化史观，批判"天不变道亦不变"的循环史观的思想，得到了越来越多中国人的认同，这也成为新文化运动发生的一个重要的社会动力和其现实诉求。正如朱希祖在《新青年》发文所言："真正的文学家，必明白进化的理。严格讲起来，文学并无中外的国界，只有新旧的时代。"② 这里的"新旧"，也当用进化史观来理解。而用进化史观批判循环史观，也就是用西方"普遍化的历史"目光，重新审视"乡土中国"的传统文化和历史，进而得出"非历史的历史"或者"停滞的历史"这一结论。这一话语实践，成为新文化运动的一个主导思想，并且充分体现在以鲁迅作品为代表的五四文学和胡适倡导的"整理国故"运动之中。

鲁迅在很年轻的时候就读了《天演论》，他曾在《朝花夕拾·琐记》中回忆初读此书的兴奋感觉："哦，原来世界上竟还有一个赫胥黎坐在书房里那么想，而且想得那么新鲜？一口气读下去，'物竞''天择'也出来了，苏格拉底、柏拉图也出来了，斯多葛也出来了。"③ 此后，鲁迅在日本留学的时候，又受到了丘浅次郎《进化论讲话》的影响。而尼采学说中的"超

① 孙中山：《三民主义》，《孙中山全集》第 9 卷，中华书局，1985，第 267 页。
② 朱希祖：《非"折中派的文学"》，《新青年》第 6 卷第 4 号，1919 年 4 月 15 日，第 384 页。
③ 鲁迅：《〈朝花夕拾〉琐记》，《鲁迅全集》第 2 卷，人民文学出版社，1981，第 486 页。

人"形象、"重估一切价值"和文化批判思想，更是促成了鲁迅独特的进化史观，而这体现在他五四时期的文学创作之中。

1921 年，鲁迅在小说《故乡》的开头写道："我冒了严寒，回到相隔二千余里，别了二十余年的故乡去。时候既然是深冬；渐近故乡时，天气又阴晦了，冷风吹进船舱中，呜呜的响，从蓬隙向外一望，苍黄的天底下，远近横着几个萧索的荒村，没有一些活气。我的心禁不住悲凉起来了。阿！这不是我二十年来时时记得的故乡？"①

这是一段著名的风景描写。李杨认为，风景描写出现与否"是现代小说与传统小说的重要区别"，他解释说："在今天，已经充分现代的我们已经习惯认为环境是客观的，不管作家是否去描写它，它都是存在的。但为什么在古代作品中几乎完全找不到这种静态的客观的描写，而在现实主义作品中描写骤然出现，并几乎成为了所有现实主义小说的共同特征呢？可见，环境与景物并不是客观存在的，它只能存在于某一套叙事话语中。只有人不在'环境'与'景物'之中的时候，人才可能去客观描述它，而认为人能够站在环境、历史之外的观点，是一种典型的黑格尔式的现代叙事。环境是历史的象征，在环境中，也就是在历史中，个人性格成长起来，本质成长起来。"② 在这个意义上，风景描写本身就是一种"现代性的叙事话语"，"环境"与"景物"成为静态和停滞的"历史"景观，而观看者则是"站在环境、历史之外"的动态的和"成长起来"的他者。具体到《故乡》开头的风景描写，观看者和发现者是以归来的游子面目出现的他者，而"故乡"则是对于乡土中国的隐喻。美籍华人学者唐小兵在分析《故乡》时指出，"借用雷蒙－威廉斯的话，'故乡'两个字便已构成了一套'情感结构'（structure of feeling），而这个结构捕捉到的，甚至促生催发的，正是层层叠叠内在记忆、想象、欲望与外在环境的差异和异质性"。③ 显然，鲁迅正是通过"故乡"在游子眼中的"差异和异质性"，来凸显乡土中国历史的停滞。

风景描写在被赋予现代性叙事的意义的同时，还在民族国家的建构中具有重要作用。柄谷行人就以"风景之发现"来考察日本现代民族国家的

① 鲁迅：《故乡》，《鲁迅全集》第 1 卷，第 476 页。
② 李杨：《抗争宿命之路——"社会主义现实主义"（1942—1976）研究》，时代文艺出版社，1993，第 98—99 页。
③ 唐小兵：《英雄与凡人的时代——解读 20 世纪》，上海文艺出版社，2001，第 50 页。

建构过程，他在《日本现代文学的起源》中写道："安德森（在其著作《想象的共同体》中）指出以小说为中心的资本化出版业对国民的形成起到了巨大的作用，而我在本书中所考察的文言一致也好，风景的发现也好，其实正是国民的确立过程。"① 这里的"国民"其实就是英文 nation，中文则译为"国家或民族"。柄谷行人还举例说明"风景"在"民族国家"认同中的作用，他以美利坚合众国为例说："nation 的社会契约侧面是以国歌'星条旗永远不落'（Stars and Stripes）来表征的。可是，只有这一点是无法建立起共通的感情之基础的，而作为多民族国家又不可能诉诸于'血缘'，故只好诉诸于'大地'。就是说，这是通过赞美'崇高'风景之准国歌'美丽的亚美利加'（America the Beautiful）来表征的。"② 这里，柄谷行人指出，像美利坚合众国这样的多民族国家作为"想象的共同体"，无法诉诸"血缘"，便只有诉诸"大地"上的"风景"，而"风景"也因此和"文化"一样，成为连接多民族国家共同体的精神纽带。

在柄谷行人看来，日本现代文学中的风景，同样具有"民族国家"建构的作用。但是和"赞美'崇高'风景"的"美丽的亚美利加"不同，日本现代文学中的风景"指的是从前人们没有看到的，或者更确切地说是没有勇气看的风景"，③ 其目的则是"要在打破旧有思想的同时以新的观念来观察事物"。④ 因为同处落后于西方现代化进程的东亚国家这一历史语境，柄谷行人对于日本现代文学中的风景分析同样可以用来解释五四文学中的风景。

美国学者 E. 詹明信（Fredric Jameson）曾经指出："第三世界的文本，甚至那些看起来好像是关于个人和利比多趋力的文本，总是以民族寓言的形式来投射一种政治：关于个人命运的故事包含着第三世界大众文化和社会受到冲击的寓言。"⑤ 这个论断同样适用于对近代中国文学的解读。正如美国华裔学者王德威在其著作《想象中国的方法——历史·小说·叙事》中所认为的，作为近现代中国文学最重要的一种文类，小说"往往是我们想象、叙述'中国'的开端"，小说"记录了中国现代化历程中种种可涕可

---

① 〔日〕柄谷行人：《日本现代文学的起源》，赵京华译，三联书店，2003，序，第 3 页。
② 〔日〕柄谷行人：《日本现代文学的起源》，序，第 4—5 页。
③ 〔日〕柄谷行人：《日本现代文学的起源》，序，第 1 页。
④ 〔日〕柄谷行人：《日本现代文学的起源》，序，第 2 页。
⑤ 〔美〕詹明信：《晚期资本主义的文化逻辑》，陈清侨等译，三联书店，1997，第 523 页。

笑的现象，而小说本身的质变，也成为中国现代化的表征之一"。① 王德威
因此提出"小说中国"的概念。上述论断表明了对以现代化为目标的民族
国家的想象和叙述在近代中国文学叙事中的重要性。这一结论也可以用来
分析五四文学。在五四文学中的风景描写，大多数是让人失望甚至绝望的
意象。这样的风景描写表明，近代"乡土中国"自"遭遇"现代文明的那
一刻起，就在一种他者的视野中重新审视自己，并且试图重新确立自我的
文化定位和民族认同感。这种审视不仅意味着对于西方启蒙精神的"拿
来"，同时包含着一种对于中国历史的"价值重估"。因此，出现在五四文
学中的风景描写不仅是对当时中国的现实写照，还是渴求变革和革命的进
化史观者对于历史停滞的一种隐喻。而要想在近代中国实现民族国家的进
化，首先要打破这种历史的停滞，启蒙的合法性由此而生。正如张旭东所
指出的："历史在鲁迅那里是以寓言的面目出现的……在鲁迅这里，历史的
停滞通过寓言变成了历史运动的革命性前提。"② 因此，鲁迅虽然"用了种
种法，来麻醉自己的灵魂，使我沉于国民中，使我回到古代去"，③ 但是对
于国家与民族的深重忧患让他无可逃避，最终选择在"铁屋子"里"呐喊"
来惊醒沉睡的国民，并寄希望用"拿来"的西方现代思想来拯救传统的乡土
中国。可以说，用进化史观和现代民族主义话语去批判传统中国，成为五四
文学叙事的重要动力和主题。

四　进化史观、现代民族主义与"整理国故"运动

　　五四作家的这一思路，同更早之前胡适发动"整理国故"运动的思想
异曲同工。作为新文化运动的领袖，胡适明确赋予运动以进化史观的立场。
他在《文学改良刍议》中提出："文学者，随时代而变迁者也。一时代有一
时代之文学"，"文学因时进化，不能自止"。④ 不过，在打响文学革命的第
一枪之后，胡适很快就转移阵地，将进化史观用在了稍后的"整理国故"

---

① 王德威：《想象中国的方法——历史·小说·叙事》，三联书店，1998，第 1 页。
② 张旭东：《批评的踪迹：文化理论与文化批评：1985—2002》，三联书店，2003，第 260—
　 261 页。
③ 鲁迅：《〈呐喊〉自序》，《鲁迅全集》第 1 卷，第 418 页。
④ 胡适：《文学改良刍议》，《新青年》第 2 卷第 5 号，1917 年 1 月 1 日，第 2、3 页。

运动之中。1919年，胡适的文章《新思潮的意义》发表。在该文中，胡适提出"研究问题、输入学理、整理国故、再造文明"[①] 的口号。"整理国故"的提法就此出现。这里的"国故"，按照毛子水的说法，"国故就是中国古代的学术思想和中国民族过去的历史"。[②] 胡适在《国学季刊》的《发刊宣言》里也解释说："中国的一切过去的文化历史，都是我们的'国故'；研究这一切过去的历史文化的学问，就是'国故学'，省称为'国学'。"[③]

在《新思潮的意义》的开篇，胡适写道："据我个人的观察，新思潮的根本意义只是一种新态度。这种新态度可叫做'评判的态度'。评判的态度，简单说来，只是凡事要重新分别一个好与不好。……'重新估定一切价值'八个字便是评判的态度的最好解释。"随后，他又写道："现在要问：'新思潮的运动对于中国旧有的学术思想，持什么态度呢？'我的答案是：'也是评判的态度。'分开来说，我们对于旧有的学术思想有三种态度。第一，反对盲从；第二，反对调和；第三，主张整理国故……我们对于旧有的学术思想，积极的只有一个主张——就是'整理国故'。"这里的"整理"，用胡适的话说，"就是从乱七八糟里面寻出一个条理脉络来；从无头无脑里面寻出一个前因后果来；从胡说谬解里面寻出一个真意义来；从武断迷信里面寻出一个真价值来"。[④]

胡适是新文化运动的主将，为什么却在反传统的潮流中提出要"整理国故"呢？对此，"整理国故"的支持者顾颉刚给出了答案。他说："我们要破坏旧社会，不可不先知旧社会的状况。"[⑤] 后来的学者据此认为，这是因为"要提倡新文化，就不能不对旧文化有所认识；要打倒旧文化，更应先明白旧文化为什么要被打倒。所以新文化运动者就不惜用他们的时光，用他们的智力，用他们的新方法，向故纸堆中去研究"。[⑥] 因此，"整理国

① 胡适：《新思潮的意义》，《新青年》第7卷第1号，1919年12月1日，第5页。
② 毛子水：《国故和科学的精神》，《新潮》第1卷第5号，1919年5月，第731页。
③ 胡适：《发刊宣言》，《国学季刊》创刊号，1923年1月，第7页。就"国学"一词的来源来说，胡适将其理解为国故学的简称，这一说法并不符合历史实际。根据郑师渠的研究，"国学"一词，最早见于古籍《礼记》中的"家有塾，党有庠，术有序，国有学"，不过，其含义是指国家办的学校，与近代国学的意义不同。郑师渠：《晚清国粹派的文化观》，《历史研究》1992年第6期。
④ 胡适：《新思潮的意义》，《新青年》第7卷第1号，1919年12月1日，第5—12页。
⑤ 顾颉刚：《与孟真书》，《学术集林》第1卷，上海远东出版社，1994，第256页。
⑥ 伍启元：《中国新文化运动概观》，现代书局，1934，第9页。

故"是新文化运动"不可越过的一种步骤"。① 至于"整理国故"的方法和重估"国故"的标准则来源于进化史观，也就是用西方历史进步的观念，来批判中国循环史观的历史。对此，胡适自己有明确的说明。他在 1914 年的留学日记中就提出："今日吾国之急需，不在新奇之学说，高深之哲理，而在所以求学论事观物经国之术。以吾所见言之，有三术焉，皆起死之神丹也：一曰归纳的理论，二曰历史的眼光，三曰进化的观念。"② 显然，在这里，新文化运动倡导者们已经自觉将西方的进化史观内在化，并且因此让自己变成了传统中国的他者。正如杜赞奇在论及五四时所说："批评传统的自我能力——在此方面，中国知识分子五四时期（1917—1921）做得非常成功——要求与强大的、客观化的'他者'保持一定距离。在缺少与自我直接对立的'他者'的情况下，自我得以把'他者'内化，其方式似乎使之从'他者'获得某种独特的自治。"③ 因此，对"国故"的否定和"评判"在"重新估定"之前已经进行。胡适曾明确指出："我所以要整理国故，只是要人明白这些东西原来'也不过如此'！本来'不过如此'，我所以还他一个'不过如此'。这叫做'化神奇为臭腐，化玄妙为平常'。"④ 在此基础之上，新文化运动的参与者宣布"国故是过去的已死的东西，欧化是正在生长的东西"，因为"学术思想并不是欧洲人专有的，所以'国新'不妨和欧化雷同"。⑤ 这里，新文化运动的参与者断言"国故"已死，并且宣布用"正在生长"的"国新"来替代"国故"，其内在逻辑显然是进化史观的思想，而声称"'国新'不妨和欧化雷同"，则是后来"全盘西化"思想的先声。⑥ 由此可见，

---

① 陈端志：《五四运动之史的评价》，生活书店，1936，第 328 页。

② 《胡适日记全编》第 1 卷，安徽教育出版社，2001，第 222 页。

③ 〔美〕杜赞奇：《从民族国家拯救历史：民族主义话语与中国现代史研究》，第 256 页。

④ 胡适：《整理国故与"打鬼"——给浩徐先生信》，《胡适文存》三集，黄山书社，1996，第 105—106 页。

⑤ 毛子水：《国故和科学的精神》，《新潮》第 1 卷第 5 号，1919 年 5 月，第 731—732 页。

⑥ "全盘西化"（Wholesale Westernization）一词虽然源于胡适 1929 年在《中国基督教年鉴》上发表的英文文章《文化的冲突》（"The Cultural Conflict in China"），但全盘否定中国的传统文化遗产，全盘接受西方的现代思想在新文化运动时期已初步体现，这不仅体现在"整理国故"运动之中，也体现在陈独秀和鲁迅的思想中。如鲁迅在《狂人日记》中将中国传统文化定义为"吃人"的文化，在其杂文《青年必读书》中主张"要少——或者竟不看中国书，多看外国书"，宣传"拿来主义"；而陈独秀以《新青年》杂志为阵地掀起了"打倒孔家店"的狂潮，并因此被列文森称为"热衷西化"的"反传统主义者"。参见〔美〕列文森《儒教中国及其现代命运》，第 108 页。

"整理国故"不过是新文化运动的一种策略，其目标是通过"国新"和"欧化"来"再造文明"，从而为建立一个现代化的民族国家服务，这仍然是进化史观和现代民族主义话语主导的结果。

结　语

本文是概念史研究思路的结果，而福柯（Michel Foucault）的"话语分析"理论，则丰富了概念史的研究方法。所谓话语（discourse），福柯将其界定为"隶属于同一的形成系统的陈述整体"。[①] 在福柯看来，现代性叙事中的许多关键词，如"历史""进步""启蒙"，甚至"现代化"本身都是一种话语的实践和建构。与此同时，福柯还注意到了话语和权力的密切关系，认为话语是权力的一种运行方式，权力必须进入一种特定话语中才可以运行，因此话语分析的背后是隐含的权力分析。按照福柯的思路，我们也可以把进化史观和现代民族主义看作一种话语的建构，而其在近代中国的发生和传播，则无疑是启蒙文明这一文化霸权运行和扩张的结果。以启蒙文明的逻辑观照，则中国文明不仅丧失了"普世性文明"的优越地位，甚至变成了欧洲中心主义这一新的"普世性文明"启蒙的对象和他者。

同样，今天学界已经意识到了进化史观和启蒙文明的局限及其所带来的问题，这也说明我们用唯物史观替代进化史观的必然性。但是，并不能因此而否定进化史观及其主导的现代民族主义话语在近代中国的积极意义。对于近代国人而言，19 世纪末传入中国的进化史观和现代民族主义话语带来了一种全新的历史观念和民族国家认同思想。其宣扬的历史是在不断进步的，以及具有自由的理性精神的主体构成历史进步的内在机制的思想，彻底否定了传统的天命史观和循环史观。而进化史观中蕴含的"物竞天择，适者生存"的观念，也极大地促进了中华民族"自强保种"和变革图强的民族主义思想发展。在民族危机的历史语境之下，进化史观和现代民族主义话语也深刻地促成了以新文学和新史学为代表的近代文化变革。从这个层面来说，五四文学、"整理国故"运动乃至整个新文化运动的发生都可以放在进化史观和现代民族主义话语实践中进行分析。

---

① 〔法〕米歇尔·福柯：《知识考古学》，谢强、马月译，三联书店，1998，第 136 页。

　　与同以文化认同为中心的天下主义者不同，现代民族主义者的目标是建立一个独立富强的现代化中国。与此同时，中国这一概念也从天下主义主导的疆域模糊的文化意识，变成了一个以民族国家为中心的政治和疆域清晰的地域实体。而中国传统文化作为西方现代文明的他者则被现代民族主义者所批判。其中蕴含了启蒙文明和进化史观的内在逻辑。也就是说，中国要想参与到现代化的历史叙事之中，必须以告别之前的非现代化的叙事为前提，这也为现代民族主义替代传统民族主义提供了合法性。

　　从这个意义上来说，新文化运动的发生有其历史必然性，它不是历史轨迹的断裂和突变，而是历史脉络的延续，是启蒙文明和进化史观所主导的现代民族主义在近代中国持续传播的产物。甚至可以说，近代中国对于现代化话语和启蒙文明话语从排斥、"强制"到全面内在化，就是以新文化运动的发生为标志的。① 而我们今天，也只有站在反思进化史观和启蒙文明话语的角度，才可以对新文化运动有更加深入的理解和评价。

　　20世纪后期，在当代中国学术界又一次掀起了文化保守主义的思潮。这次思潮的生成以对五四新文化运动的反思和批判开始，并且肇始于海外，以林毓生等为代表的当代学者认为五四时期宣扬"全盘西化"，是"全盘否定传统主义"。这种声音得到了王元化、陈来等大陆学者的回应，于是五四被看作"激进主义"，并且导致了之后中国"价值失落的危机"，因而成为清理、批判和超越的对象。② 当代中国的文化保守主义思潮实际上是近代中国文化保守主义的继续，二者的共同点在于是对以欧洲中心主义和启蒙文明为出发点的现代性的反思，区别则在于，近代文化保守主义以传统文化为根据来对抗西方的现代性叙事，而当代文化保守主义则是力求从中国的传统文明中挖掘和创新出一种超越西方现代性的东亚现代性甚至中国现代性。因此，当代中国的文化保守主义思潮批判的对象虽指向五四文化激进主义，但是其更深层的目的则在于对中国传统文化进行合理的挖掘和创新，

---

① 黄兴涛就曾经以概念史的方法对五四时期的历史进行考察，他发现"一大批具有现代意义的政治、社会和文化的重要概念"，如"帝国主义""中华民族""现代"等，虽然多兴起于清末，但到了五四时期以后才真正流行，他因此称五四时期是"中国现代思想的奠基期"。参见黄兴涛《"概念史"和"一般思想史"短论二题》，《文化史的追寻——以近世中国为视域》，中国人民大学出版社，2011，第54页。

② 陈来：《人文主义的视界》，广西教育出版社，1997，第80页。

从而在全球化进程中实现中国文化的当代转化与文化自觉，并且从文化政治的角度为当代中国社会的民族认同和个体身份提供核心的文化价值观。从这个层面来看，这次思潮仍然可以放置在民族主义的话语中进行分析，并且同对现代性的思考密切相关。

"象牙塔"抑或"十字街头"

——五四前后社会思潮中"学生"与"政治"对应关系之流变

刘宗灵[*]

自近代教育体制转型与新式学生群体诞生以来，关于学生如何参与政治进程，如何在国家复兴与社会重建过程中发挥应有的作用，一直是一个言人人殊、众口喧腾的时代议题，在某种程度上亦反映着社会时局的走向与国人心态的变化。在这样一个社会舆论及大众心态急剧裂变的潮流中，五四运动[①]是一个公认的重要历史节点，其迸发出来的能量对社会各方面产生的冲击是相当巨大的。关于此一阶段学生的集体认同与政治态度、救国与读书的选择悖论、学生与社会的互动对应问题、学生运动的时代特征、学生生活世界的变迁等问题都已有学者做过专门论述。[②] 因此，本文将另辟

---

[*] 刘宗灵，电子科技大学马克思主义学院教授。

[①] 众所周知，"五四运动"一词的含义有广义、狭义之分。狭义即指 1919 年 5 月 4 日北京学生运动及其所引发的一系列群众性反日爱国运动；广义则包含在此前后数年间（对于时段，学界说法不一）的新文化运动。因应本文的论述主题，本文在使用此一概念时取其狭义内涵，望读者识之。

[②] 相关论述可参阅罗志田《课业与救国：从老师辈的即时观察认识"五四"的丰富性》，《近代史研究》2010 年第 3 期；马建标《学生与国家：五四学生的集体认同及政治转向》，《近代史研究》2010 年第 3 期；刘一皋《"五四"运动中的学生群体行为分析》，《开放时代》2009 年第 10 期；严海建《现代社会政治变迁中的学生群体——以五四运动为论述中心》，《福建论坛》（人文社会科学版）2009 年第 3 期；许纪霖《作为社会运动的"五四"》，《学术月刊》2009 年第 5 期；王汎森《五四运动与生活世界的变化》，《二十一世纪》2009 年

蹊径，稍微拉长时段，截取以五四为中心前后延展若干年的一个时间段，以报刊媒介承载的社会舆论再结合学生自身认知为主渠道，观察时人是如何建构 "学生" 与 "政治" 的对应关系的，是如何在以重整国家为主要诉求的历史大潮中安放 "学生" 这一群体的。①

五四运动爆发后，学生群体以一种前所未有的全国性规模与激烈姿态迅速走向政治舞台的中心，在救国及各种社会活动中，显示出巨大的能量与集体威力。以学生运动为先导的群众运动，更是以一种势不可挡的雄壮声势席卷全国，令亲历者在多年以后仍感叹道："从前我们搞革命虽然也看到过一些群众运动的场面，但是从来没有见到过这种席卷全国的雄壮浩大的声势。在群众运动的冲击震荡下，整个中国从沉睡中复苏了，开始散发出青春的活力。"② 这样一种连运动发起者都始料未及的巨大效果，让社会各阶层和学生自身都注意到了这个群体力量的强大与可资利用以改造社会的可能前景。同时，在新的历史条件下，对学生职责的规划也发生了显著变化，融入了某些重大的时代议题，例如救国使命意识、反抗现行体制、倡导新文化、建构新社会等等。这些因素结构化为学生群体身份的当然内涵，从各方面都要求学生立即行动起来，投身于新的时代潮流。然而，时代舆论不可能都指向同一个方向，在众声喧哗中，有人主张学生直接走上十字街头参与社会革命与政治运动，有人主张学生只需储备基本的政治常识以及接受一般的公民教育，有的则反对学生与政治之间产生任何瓜葛，主张青年应在长远意义上为国家政治奠定一个 "非政治" 的根基。同一个时代有不同话语的颉颃并立，不同时代有相同声音的交融呼应。在此，笔者将结合历时性与共时性，厘清五四前后各种相关叙述的流变、互动与博弈，以呈现不同话语的时代烙印，以及相关历史脉络的丰富性与复杂性。

6 月号；周良书《学生、政党与国家：近代中国发展的特殊逻辑》，《安徽师范大学学报》（人文社会科学版）2008 年第 4 期；周旻《试论 "浙一师风潮" 中的青年问题》，《云梦学刊》2016 年第 3 期；刘宗灵《参与之道：清末民初舆论规划中的 "学生" 与 "社会" 对应关系略论》，《江苏社会科学》2013 年第 6 期；Li Lincoln, *Student Nationalism in China, 1924-1949*, State University of New York Press, 1994；等等。

① 本文论述中所指称的 "学生"，作为报刊舆论关涉对象时主要是指中等学校及其以上的在校生，作为列举材料中的发声主体时，也包括一些刚离开校园不久的知识青年在内。

② 吴玉章：《回忆五四前后我的思想转变》，中国社会科学院近代史研究所编《五四运动回忆录》（上），中国社会科学出版社，1979，第 60 页。

一　"今日之学生，他日之国民"：五四以前的
舆论导向

　　自从晚清救亡运动勃兴以来，维新人士创造民族国家与打造现代国民的努力未曾中断。如梁启超在他广为人知的名文《少年中国说》中，就力图区分"朝廷"与"国家"的概念。他强调数千年来中国只是"一家之私产"的"朝廷"，而不是现代意义上的作为"人民之公产"的"国家"。现代国家的特征是"有土地，有人民，以居于其土地上之人民，而治其所居之土地之事。自制法律而自守之；有主权，有服从，人人皆主权者，人人皆服从者。夫如是，斯为完全成立之国"。①　民族国家的意识从晚清开始逐渐为青年学子们所接受，当然最初多是以反清救亡为出发点的。②　伴随着政治体制的转型，新成立的共和国必然要求在国民与政治间建构一种新的关联，即从族群认同转向制度认同。③　这就需要民众具备一定的公民政治常识。而在民国初建后的中国，一般国民之政治常识状况，却远不尽如人意。学生群体作为一种新知的载体，处于社会中相对的"精英"或未来精英的位置上，自然被时人赋予厚望。

　　在五四以前，强调学生应关注政治现实的论说很是不少。如民初曾短暂任过教育总长一职的社会名流范源濂，就曾强调普通人民政治常识的缺乏及该问题对于一般国民与共和国的双重重要性："吾国承数千年专制之敝，改革以远，而多数民众犹未识政治为何物。夫国危则民无以安，政敝

---

① 梁启超：《少年中国说》，《清议报》第 35 册，1900 年 2 月 10 日。张灏曾指出梁启超的思想代表着世纪之交儒家经世致用的理想与现代新思想方向之间的一个重要过渡纽带。天下大同的理想逐渐被抛弃，国家被承认为最高群体，同时国家的道德目标已转变成为集体成就和增强活力的政治目标。参见〔美〕张灏《梁启超与中国思想的过渡（1890—1907）》，崔志海、葛夫平译，江苏人民出版社，1995，第 211 页。

② 可参看瞿骏《辛亥前后的学堂、学生与现代国家观念普及》，《华东师范大学学报》（哲学社会科学版）2011 年第 5 期，第 72—79 页。

③ 江宜桦曾将国家认同区分为三个层次：首先是族群认同，其次是文化认同，最后是制度认同。从客观的血缘纽带与族裔身份认同，到主观地建构起一种基于特定的政治、经济、社会制度而产生的对于某一政治共同体的主动归属感，这是一种在层次上的向前推进。江宜桦：《自由主义、民族主义与国家认同》，台北，扬智文化事业股份有限公司，1998，第 5—24 页。

则国无以存，既为国民，斯当留心于国政。……今欲图政治之进步，在内不负国民之责，对外能求国势之保持与国力之伸展，舍人民能自增进其政治常识之外，岂尚有他道耶？"而学生在普及政治常识于广大国民的这个过程中发挥着重要的中介作用，因为"学生之于研究政治，既获有至多之便利，而亦实有其责任也"，他们的中介功能不可或缺，"然政治常识非有借于学生不可得也。则为学生者，安可置国事于度外漠不关心而自以为无责耶？"① 这里所呈现出来的学生与政治之间的联系，是一种间接的关系，即对学生不是直接地要求他们参与政治，而是强调其传播有关政治知识的间接媒介作用，希图他们将其所掌握的知识进一步向平民大众普及。不仅一般社会精英有此认知，官方更是力图在学生群体与政治活动间构筑起一道"防火墙"。五四前夕，江苏省教育厅在面向因国势沉沦而激愤躁动的学生进行劝诫时，亦反复强调"今日坚忍求学之士，即他日舍身救国之人"的道理，其指出虽然各个阶层对于国家都有天然不可放弃之义务，但对于"际而论为生徒者"的在校学生来说，其"实处于修学业受教育之地位，本无政治责任之可言"。因此，学生辈爱国精神的展现，应是"惟以致力于学问修养之途……而为未来事业之准备"。不仅如此，"即至国家当存亡危急之际，吾侪生徒亦只能率循其义务与地位，努力奋斗于学术竞争之场……其爱国之忧愈挚，斯形于外者愈为沉着冷静"，而不应当"一有事变则为之奔走呼号，张脉愤兴，甚至出以极浅陋之主张，与无实际之行动"。②

其实，民国初年国家政治结构"失序"造成的局势紊乱不安，亦是政府当局对学生政治行为加以禁抑防范的重要原因。民初共和告成，政局活跃，党会繁多，各种政治活动层出不穷。据学者统计，民初先后出现了 312个政治性的党会，出现了大量报刊及各种宣传出版品，显然富有活动能力的学生也是它们动员的重要对象。③ 而正处求学阶段的青年学生们基于政治

---

① 范源濂：《学生与政治》，《中华学生界》第 1 卷第 5 期，1915 年 5 月。
② 《江苏教育厅奉令取缔留日学生组织救国团等训令》（1918 年 7 月 24 日），中国第二历史档案馆编《中华民国史档案资料汇编》第 3 辑《民众运动》，江苏古籍出版社，1991，第 332 页。
③ 张玉法：《民国初年的政党》，岳麓书社，2004，第 35、178、203 页。

激情也往往乐于加入各种党会，积极活动。① 但对于追求常规秩序的统治者来说，这并非乐见之事，学生群体若为异己派别所操控便会构成一种颠覆性力量。正如美国学者菲利普·阿尔特巴克所言，在政治发展不够成熟的国家，"校园行动主义直接与社会中主要的政治问题相关，并且会导致严重的社会动荡；有时，它会动摇政权本身"。② 随着北洋政府不断努力以确立自身的统治权威，学生直接参与政党政治的行为逐步被禁止。《教育杂志》记载，教育部针对当时"党派纷歧，学生往往入党"，且"因党荒学"现象频发的情况，于 1913 年 8 月 28 日正式发布了训令，禁止学生投身政党："查学生在校，正当修业时期，自应以学业为重，如有投身政党，因党务而荒废学课，非特一己操业，难望成就，且于全校规律，妨害实多。嗣后各校职教员遇有此等学生，务宜切实告诫，使之专心向学。如屡戒不悛，应即按照学校管理规程，予以惩戒，或径令其退学，毋稍姑宽，以重教育。各该校职教员，亦宜本身作则，毋得借学校机关为党略上之作用。"③ 官方话语在此处强调的是"党务"与"课业"之间的冲突矛盾，也对校外党派试图援引学生以厚植己方力量的行为有所警惕。在三年半之后，北洋政府教育部重申了"禁止学生入党令"。不过，这次官方的理由似较为充分，其陈述之语气也比较诚挚恳切。既明确批评学生不应该有"出位之思"，又强调青年应当努力为政治秩序奠定文化学术与社会事业上之根基；尤其是申述"生徒社会"应该超越现实社会，不应让高尚纯洁的学生受繁变复杂的政治之影响，既妨害学业，又贬损自己的地位。此文虽为官方文电，但可说是较充分地呈现了政治立场较温和的一般社会人士对于学生角色的期待与规范。④

细察起来，其实官方的论述策略与新文化运动精英们希图为政治奠定

---

① 如此时尚在中学阶段的顾颉刚就在辛亥革命后加入了江亢虎等人组织的社会党，怀抱着实现"无政府、无家庭、无金钱"的最高理想，在一年半的时间内，做了一个"最热心的党员"。后来终觉悔悟而脱党北上求学。参见顾潮编著《顾颉刚年谱》，中国社会科学出版社，1993，第 28—30 页；《走在历史的路上：顾颉刚自述》，江苏教育出版社，2005，第 19—20 页。

② 〔美〕菲利普·阿尔特巴克：《学生政治行动主义比较研究》，张谦编译，《中国青年研究》1990 年第 6 期，第 38 页。

③ 《大事记》，《教育杂志》第 5 卷第 7 号，1913 年 9 月，第 54 页（栏页）。

④ 《教育部训令重申禁止学生加入政党》，《申报》1917 年 2 月 6 日，转引自李桂林等编《中国近代教育史资料汇编（普通教育）》，上海教育出版社，1995，第 795—796 页。

一个学术文化方面的"非政治"根基的诉求是近似的，虽然其出发点并不一样。看似对立的朝野各界，在某些问题上态度的趋同确是一个耐人寻味的现象。由于民国初年北洋政府官方在此问题上的一再强调，再加上社会、政治环境的变化与制约，除了个别情况之外，在校学生群体与政治行动间的直接瓜葛基本上趋于消失了。杨贤江曾经根据亲身经历（按：杨氏于1912—1917年就读于杭州的浙江省立第一师范学校），对民初学风转变之表现进行了生动的描述。在他眼中，民国肇建之初的学校学风还延续着清末的气象，"民国元、二年的时候，革命余波尚在动荡，所以闹学的风气很是普通。自由和平等这四个字便是一般青年所最乐道的。总之，当时学校内部的气象，一方是发皇，一方是混乱，故和国家政局的气象实相仿佛。若用两个字形容起来，就是浮嚣"。而到袁世凯政府的统治趋于稳定后，一般学风也就开始朴实低沉起来，"到了'袁皇帝'征服'乱党'以后，政治界渐见统一。教育者也能安心从事，于是学生界的空气也从浮嚣而归于静寂。当时的学生，除出'挨毕业'的平庸生活以外，不过举行一次远足会、运动会或者出几本校友会杂志，此外便没有什么可以纷心的事情了。据我在杭州的经验，那时学生的服装，都是朴素的。身上穿着制服，脚上套着布鞋。很少人鼻架金丝边眼镜，手带金戒指，脚穿皮鞋的。无故请假，到剧场看戏，也当作似乎不正当的事情看。至于雪花膏、生发油一类的装饰品，现在视为常事的，当时也不免视为禁物。故可以说，自三年至八年的学风，是比较地朴素的静默的，但是未免有点暮气！"[1] 从另外一位五四前夕进入浙江一师学习的青年梁柏台留下的1918年日记中，我们也可以看到这样一位对国家民族命运甚为关心的学生，思考己身言行多是通过勤习国文、锻炼体格、做事以诚、遵守纪律等修养身心的途径，并未有从"象牙塔"迈向"十字街头"的"出位之思"。[2] 与此相似，就读于南昌二中的江西青年团创始人袁玉冰在1919年初所追求的，仍是努力使自身养成光明之道德、真正之学术、健全之体格三者，以达成修身自治的个人目标。[3]

---

① 杨贤江：《十年来的学生活动情况》，《学生杂志》第10卷第1号，1923年1月，第41页（文页）。
② 中共新昌县委党史研究室、新昌县档案馆编印《梁柏台遗墨》，2007，日记，第15—40页。
③ 中共江西省委党史资料征集委员会编《江西党史资料》第30辑《袁玉冰专集》，中央文献出版社，1994，自治日记序，第117页。

再反观当时的舆论界，即使后五四时期成为中共机关刊物的《新青年》（第 1 卷名为《青年杂志》），在这个阶段亦是以在学业道德方面为青年学生提供指导为中心的。在其第 1 卷第 1 号的"社告"栏中，即曾明示"本志之作，盖欲与青年诸君商榷将来所以修身治国之道"，而其主要方法则是"于各国事情学术思潮尽力灌输，可备攻错。……凡学术事情足以发扬青年志趣者，竭力阐述，冀青年诸君于研习科学之余，得精神上之援助"。陈独秀在第 1 卷第 1 号上答复读者的通信时，又重申了这一宗旨："盖改造青年之思想，辅导青年之修养，为本志之天职，批评时政，非其旨也。国人思想倘未有根本之觉悟，直无非难执政之理由。"① 这样的命意在青年读者中获得了广泛的认同。贵阳一位读者即致信陈独秀表示完全赞同其主张："近年来各种杂志，非全为政府之机关，即纯系党人之喉舌，皆假名舆论以各遂其私。求其有益于吾辈青年者，盖不多觏。……愚以为今后大志，当灌输常识，阐明学理，以厚惠学子。不必批评时政，以遭不测。……若专培养后进之知识，俾其积理渐厚，较为有裨实际。亦符大志斯作之本心。……又青年求学之，似不宜以政谈引起其嚣张之恶习。而真确之学理，又不可不急为阐明，以深树日后不拔之基。"② 甚至后来还有读者来信，批评《新青年》违背初衷，在第 1 卷后开始谈论时事："一卷之文重学说，二三卷之文重时事。述学说者，根本之图也。评时事者，逐末之举也。教诲青年，当以纯正之学说巩固其基础。不当参以时政，乱其思想也。"他认为今日中国重要的是输入新学说、新道德，批评时政尚是不急之务，"今先生尽力吸收西洋文明，将新道德新学说，一一灌输于我青年，惟恐不给。岂暇他骛而道及时政哉！"③ 当然，这种与政治的有意疏离感，主要还是来源于对现实政治混乱情形的失望与时代语境的限制，毕竟此时以"唤醒大众"或"动员工农"为诉求的集体主义政治模式尚未兴起。但时人对于政治、文化与学术关系的重新认识或也是形成这种疏离态度的一个重要原因。

再来看当时最受广大中等学生欢迎的商务印书馆《学生杂志》这个言论场域。在 1920 年前的早期阶段，该刊直接谈及学生与政治关系的文章并

① 《陈独秀答王庸工》，《青年杂志》第 1 卷第 1 号，1915 年 9 月 15 日，通信。
② 《"贵阳爱读贵志之一青年"致记者》，《新青年》第 2 卷第 1 号，1916 年 9 月 1 日，通信，第 4 页（栏页）。
③ 《顾克刚致独秀》，《新青年》第 3 卷第 5 号，1917 年 7 月 1 日，通信，第 5—6 页（栏页）。

不多，这既是由该杂志作为课业辅导、知识传播渠道的自我定位所决定的，也是与时代的政治及舆论环境有关。早期的《学生杂志》虽没有太多联系政治现实的议论，但这并不代表作为杂志主要作者与读者的中等学生群体认为自身无须了解国家的现实处境、认识自身的责任所在。相关论者主要是基于学生作为国家之未来国民的身份而立论的："今日之国民，即囊日之学生；今日之学生，亦即未来之国民。则为学生者，实负促进国家文化之责任者也。"① 因此，学生与国家、政治建立联系，在时人看来更多的应是通过勤勉修学与提升道德，以达到作为社会表率的效果而实现的。因此，相对于实际参与政治的能力，学术常识的涵养与品性人格的修养被认为是最重要的。对于青年学生而言，唯有求得应时急需的学问方是真正有益于国的，"故中学以上，人人当竞谋专门学术之预备。其不能致用，未堪救急者，则毋宁隐忍割舍，无论文学科学皆然"。②

要为未来政治奠定"非政治"的纯洁良好的根基，个人道德的修养与陶铸也是不可忽视的一环。当然，此时在学生中提倡的道德修养仍与传统修己束身的道德规范相差不大。新文化运动中个人伦理解放的思想此时尚未成为潮流，对一般舆论也未形成冲击。而纵观五四以前各地的青年学生，传统修身进德之道仍相当流行。时在武昌中华大学念书的恽代英，进行严格的修身，并在日记中针对自己每天的行为进行评分。③ 而五四前后组织的学生社团也有不少是以道德修养为目标的，1918 年 4 月成立的湖南新民学会的宗旨就是"革新学术，砥砺品行，改良人心风俗"。④ 河南开封二中的学生在 1919 年末成立了"青年学会"，其宗旨即为"发展个性的本能；研究真实的学问；养成青年的真精神"，信条则是"奋斗！诚实！弘毅！勤俭！"⑤ 然而，在后五四

---

① 朱毓魁：《今日国家所要求于学生者》，《学生杂志》第 4 卷第 9 号，1917 年 9 月，第 99 页（栏页）。

② 君言：《今日求学之旨趣》，《学生杂志》第 2 卷第 3 号，1915 年 3 月，第 27—29 页（栏页）。

③ 中央档案馆等编《恽代英日记》，中共中央党校出版社，1981，第 198、200、202、207、208 页。

④ 中国革命博物馆、湖南省博物馆编《新民学会资料》，人民出版社，1980，第 3 页。

⑤ 《青年》第 3 期，1920 年 2 月 16 日，收于张允侯等编《五四时期的社团》（三），三联书店，1979，第 101 页。曾在清华念书的潘光旦回忆道："学生自动结合的小团体，多的四五十个成员，少的七八个人，大都是班级相近，年龄相仿，而所谓志同道合的分子；它们都有章程，章程必有'宗旨'一条，这条一定会写上'砥砺道德、交换知识、联络感情'十二个大字。"参见潘光旦《清华初期的学生生活》，中国人民政协文史资料研究委员会编《文史资料选辑》第 31 辑，文史资料出版社，1980，第 88 页。

时期，因借鉴传统形式的以良心、道德、自治等为基础的修身式社团，已难以满足团结青年起来革新社会以度己救世的组织化、团体化需要，经历了组织意识与信仰意识双重觉醒的青年学生们纷纷转向了"主义"的旗帜之下，终究还是以另一种不同的方式参与到革命政治的时代大潮中。[①]

概而言之，五四以前社会精英与学生自身并不期望学生群体立即在国家舞台上扮演直接参与政治的角色，他们的规划与期待更多的是以"预备""涵养""陶冶"等方式实现的。然而对于五四以前的学生界疏离于政治的"沉闷"空气，也有一些社会人士颇为不满，力图打破，以唤起学生投身政治活动的热情。当然，持这种观点者多以有在野党派背景的读书人为主。如邵力子即针对1918年北方学生群起反对中日军事同盟，而上海学生却无动静一事大发感慨，认为学生不当干预政治之说是袁世凯愚民政策有以致之的："癸丑以后，学生不当干预政治之说大盛，有谓倡之者实揣摩袁世凯愚民政策之心理，而以是媚之。"在他的描绘中，学生不积极干预政治就会沉沦于淫靡小说，或迷醉于社会花边新闻，"盖一般学生既不为爱国之政谈，乃群趋于淫靡之小说。今日各报小新闻、滑稽谈之投稿者，十八九皆青年学生也。此其害为何如乎？愚于数年来颇思打破学生不预闻政治之说，时于执教鞭之某校委屈言之，而辄未于报端大声疾呼。今国事至此，北方学子已奋起，海上各校尤奄奄无生气，乃悔前此之未尝力辩，而又惧后此之流毒无穷！"[②]邵氏未曾料到的是，他所忧心的"沉闷"学风很快就会在即将到来的狂风骤雨般的五四运动中被彻底打破。

二　到"十字街头"去："五四"后呼吁学生"干政"的声音

经历五四运动浪潮洗礼后，社会心态与舆论发生了不可扭转的变化。部分人对于学生群体的角色期待，已经不再停留于当初的仅仅是预备学问、

---

① 参见邓军《从"良心"到"主义"：恽代英与五四时期知识分子的社团组织困境》，《中共党史研究》2016年第4期；于海兵《革命青年的修身与自治——以〈袁玉冰日记〉为中心》，《学术月刊》2018年第5期。

② 邵力子：《学生与政治》，原载《民国日报》1918年5月24日"时评"栏，收于傅学文编《邵力子文集》上册，中华书局，1985，第34页。

陶冶道德的层次之上了，而是要求其担负起远超过读书本职所对应的责任与义务。

五四运动刚刚爆发，老同盟会员朱执信就充满赞赏地写道："现在青年学生的地位，比前几年是大不相同了。前几年所有青年学生的心理，都是以为自己无拳无勇，一点本领都没有。这一年间，差不多都觉得学生在社会上，是很有力量的，有什么事情，要等着学生说话出主意了。本来对于自己的评价过高，或者过低，都不是好事。然而大体上讲，可以算做利多害少，一个可喜的现象。"① 部分新文化人亦受此鼓舞，提出学生应该是当下救国的主力军："……要救今日的国家，也要双管齐下，一方和他们作政治上的奋斗，一方向人民作文化上的宣传。"但这两种事业，全赖有智识者用精锐的眼光和周密的手段，拼命地干去，才能有济于事。关键在于，当时的中国，具备了有智识的资格而人数上又占多数的，"则除了学生与此二条件相符合外，再也找不出第二种的人"。因为"学生对于国家的智识，在中学以上的，固然完备得很；即下至高等小学，也能知道国是共和，政是民主，爱国观念，也很浓厚。统计全国，小学以上的学生，不下两百万人，果能将这两百万人的精神团结起来，其势力的伟大，很可有为"。② 正在寻求民众力量支持的政治人物，也日益将目光投射到学生群体身上。1920年代前期，蒋梦麟代理北大校长时就曾接到孙中山的一封信，孙中山对北大的各种运动大加奖誉，最后还勉励他"率领三千弟子，参加革命"。③

值得注意的是，在日渐激进的时代语境与世风舆论的推动下，采取直接行动干涉政治的行为模式，已内化为部分诉诸群众运动力量以改造社会的激进师生们的群体自觉。1923年5月4日，在北洋政府治下中国政局日益动荡与分裂的背景下，北京学联在女子高师召开"五四纪念会"。此次大会主席韩觉民声称："现在的政府，一天糟似一天，我们应有继续的精神作政治的运动。"接着，北大教授陈启修在会上公开演说，主张当前学生运动的目标，对内在于打倒军阀、裁兵、否认现政府、否认现国会、拥护人权、教育独立，对外应当起来做国民自动的外交，并且"这种政治事业，在中

---

① 朱执信：《青年学生应该警戒的两件事》，广东省哲学社会科学研究所历史研究室编《朱执信集》下册，中华书局，1979，第883页。
② 陈方：《"学生政治"与文化运动（上）》，《新人》第5期，1920年8月，第11页。
③ 蒋梦麟：《西潮·新潮》，岳麓书社，2000，第131页。

国全靠学生来担任"。而李大钊在演说中也强调学生是民国建立以后革命事业的继承人，并认为眼下学生应当做的事可分为两种，即：组织民众，以为达到大革命的工具；将现政局立于弹劾的地位。①

于此可见，在这些老师辈的知识分子眼中，学生干涉政治的正当性已是毋庸置疑的。从"预备"到"实行"的角色转变，说明大众所期待的——或是许多学生自我期待的——"学生"与"政治"之间的关系，也呈现出与五四以前很不一样的状态，即间接性的联系逐步转变为直接性的参与。曾在北大任教的五四运动领袖陈独秀，当初强调"新文化运动要影响到别的运动上面"，到五四后两年已认为"迂远"的文化运动与更为实际的社会运动之间有着不小的距离，并开始批评那种"拿文化运动当做改良政治及社会底直接工具"的行为了。② 最显著的变化，就是他开始直接面向学生进行政治动员，号召青年们认识到自己的力量，与现行体制彻底决裂，参与到国民革命的浪潮中去。③ 此时已成为中共党内青年骨干的北大肄业生张国焘，更是公开号召学生运动应与潜存无限力量的工农大众相结合，走上动员群众的社会革命之路。④

与此同时，专门针对学生的颇具政治动员意味的言说也开始在专门性政治刊物与商业性大众报刊上兴起。⑤ 这些带政治动员色彩的言说，基本上都是从重新梳理学生的身份意义与重建知识的有效性尺度开始的。在部分社会人士的眼中，学生因其"无政治的臭味，无党派的作用，无权利的思想，纯以爱国为前题也"的特点，正可为国家外交等政治活动做后盾。⑥ 时在上海新闻界任职的胡仲持即认为，以学生之特殊的性质与地位而言，其

---

① 《北京之五四纪念会》，《教育杂志》第 15 卷第 5 号，1923 年 5 月，教育界消息。
② 陈独秀：《文化运动与社会运动》，《新青年》第 9 卷第 1 号，1921 年 5 月 1 日，第 4—5 页（栏页）。
③ 独秀：《北京政变与学生》，《向导周报》第 31、32 期合刊，1923 年 7 月，第 235 页。
④ 国焘：《学生运动的我见》，《向导周报》第 17 期，1923 年 1 月，第 139 页。
⑤ 例如共青团（SY）中央就于 1923 年底专门出版了一份针对青年进行政治鼓动宣传的《中国青年》，与此同时，中共党团的其他报刊如《新青年》（季刊、不定刊）、《先驱》、《政治生活》等也先后加入动员阵营中，发表了不少针对青年学生的文字，意欲变"文艺青年"或"知识青年"为"政治青年"；《民国日报》《学生杂志》《东方杂志》《星期评论》等商业类大众报刊的政治色彩在此一时期内也愈来愈浓。
⑥ 龚振黄编《青岛潮》，中国科学院历史研究所第三所近代史资料编辑组编辑《五四爱国运动资料》，科学出版社，1959，第 143 页。

理当积极参与政治运动,"因为学生界的组织,都系纯粹的青年,没有在恶社会的大染缸内染过的,比其他的人头脑要清晰,思想要纯洁,知识要高超"。所以学生就在国家、社会上占了一个重要的地位。"学生之地位既如是,那末,凡为学生者,当然要认清自己的地位,做应做的工作,尽应尽的责任。应做的工作——打倒一切不平等的东西,应尽的责任——改造社会,因之学生就有参加政治运动之必要。"接着,他更明确地提出学生应努力融入"三民主义"旗帜引导下的国民革命进程:"中国现在除广州革命政府外,都是乱七八糟的,都是专制的余孽,都是和我们国民利益相反的,自然他们不会容纳我们,我们也不能同他们合作。我们要想从政治上实行我们的工作,惟有赞助广州革命政府,与革命政府一同实行革命,因为孙中山先生的三民主义,和我们的工作同一轨道,而且不会拒绝我们。"①

1920 年代前期著名的青运领袖恽代英就曾专门以学生如何参与社会与政治活动立论,面向学生进行动员。他表达了对五四运动以来学生活动变化轨迹的不满:"从五四运动以来,有些学生活动得疲乏了,他们的活动亦渐觉流于虚伪、敷衍,于是反动的思想盛行起来。"针对有些人提出的学生应安静求学,不应将精力专注于外务的观点,恽氏认为,学生的力量当受做政治运动者的合理指导,应被充分利用并纳入政治活动的轨道中来,不应理睬所谓"利用学生"的质疑:"不错,做改造社会运动的人,的确要利用学生。未必这不是十分应该的事么?学生未必应该怕受人家利用,去用以改造社会;偏要以为宁可受那些无目的的教育家利用,去用以为他们的学生帮补点人数,加添点成绩品,以为他们骗名声保饭碗,方以为得计么?"② 在恽代英的言说中,即使处在学习过程中的学生,也已在各个方面与社会紧密联系起来了,在重要性上,信仰意识的觉悟也超过了单纯知识的获取。因其在学生界中较高的名望与特殊的人格魅力,恽氏的言说在五四后期影响了相当大一批趋新青年的人生走向。③

就此问题进行论证的青年领袖远不止恽代英一人。另一位中共早期的宣传家陈为人,直接利用马克思主义政治经济学的理论来解释学生在当前

---

① 胡仲持:《学生与政治(谈话)》,《民国日报·觉悟》1924 年 11 月 14 日,第 4 页。
② 恽代英:《学生的社会活动》,《学生杂志》第 10 卷第 2 号,1923 年 2 月,第 1—5 页(文页)。按:该文未收入《恽代英文集》(人民出版社,1984)。
③ 阳翰笙:《风雨五十年》,人民文学出版社,1986,第 59—60 页。

社会面临的窘境。他认为，学生要解决切身相关的重要问题，如求得知识、解决经济困难、得到自由的婚姻、将来到社会上取得相应的地位等等，只有在以马克思主义的政治经济知识武装头脑后，立即参与实际的社会斗争方可。在政治方面的目标就是"组织政党、组织民众，建设独立自由平等统一的国家"。在这样一种整体改造的思路及政治动员的叙述策略里，学生身份所蕴含的"学"那一面的特质被大大淡化，某些知识甚至屡被贬低。①而相应凸显的，是"行"这一方面的能力，"学生"应向"战士"的身份过渡。这种转变趋向的政治色彩自然是相当鲜明的。②

受这种整体社会改造观驱动的还有更为激进的无政府主义者们。五四时期无政府主义倾向较明显的江浙教育界人士沈仲九，就鼓励学生从爱国运动转向人道运动、社会运动、劳动运动、世界运动、革命运动，更要以根本推翻现政府和改造现存一切社会组织为目标。其取向亦甚为激进，"以前的运动，是仅仅对于外交问题的；今后的运动，是为对于社会根本问题的运动，是改造政治组织的运动，是对于全世界掠夺阶级的运动"。③

总之，在部分社会舆论的构画中，学生已不再能简单地着意于学科知识的获取，其理由在整体的社会改造观脉络下更能得到充分的说明。在五四后日趋激进的社会改造声浪中，奠基于社会有机体观念上的分工合作、各自改造一途，已越来越失去说服力了。在某些激进的知识青年看来，专业分工的文学运动、教育运动、社会运动等已不再被认为能最终导向社会整体的改造。④ 在愈来愈澎湃的国民革命运动浪潮中，在严峻的现实语境面前，社会与知识的有机性已然分裂。每个人都必须根据众多事务的轻重缓急序列做出最紧要的选择，因为零碎枝节的社会改造在许多人眼中已于事无补。

值得一提的是在校学生自己的声音。1921—1924 年在四川公立蚕桑专门学校学习的小镇青年邹进贤，在开始思考后五四时期从家乡到国族的建

① 例如中共党人 1923 年底曾在《中国青年》上对单纯的文学运动发起批判。可参看姜涛《革命动员中的文学和青年——从 1920 年代〈中国青年〉的文学批判谈起》，《中国现代文学研究丛刊》2009 年第 4 期。
② 陈为人：《现在学生所受于政治和经济的影响及其解决办法》，《学生杂志》第 10 卷第 8 号，1923 年 8 月，第 1—4 页（文页）。
③ 仲九：《学生运动的过去和将来》，《星期评论》第 46 期，1920 年 4 月 18 日。
④ 秋士：《告研究文学的青年》，《中国青年》第 5 期，1923 年 11 月 17 日，第 5—7 页。

设路径时，就发出了学生应如何"干政"方能有效改造社会的疑问："现在有许多学者和许多青年，均主张学生出而干政。学生处此两重压迫之下：一是内有祸国殃民之军阀；二是外有外国帝国英美资本主义，互相勾引而为乱！学生埋头读书吗？还是一要读书二要干政呢？倘若认定学生有干政之可能，干政应该读那〔哪〕些书？干政从何着手？干政之目的安在？"①而前已述及的南昌中学生袁玉冰，似乎已经在五四后的摸索中找到了确切的答案："要改造中国、改造社会，除照俄国的方法实行社会革命以外，没有别较善的方法。"②

较有代表性的案例是，大革命时期在江浙一带颇为活跃的趋新青年高尔松、高尔柏兄弟，从南洋大学附中毕业后不久，即投身于上海国民党左派的政治活动中。二人于1925年编辑出版了一本小册子——《学生与政治》，集中展现了其时在校学生对于如何参与政治问题的争论。此书编者与执笔者要么是刚从南洋大学肄业，要么是该校的在校学生。这些文章也多是从南洋大学的校刊《南洋周刊》中辑录出来的，颇能表现那个时段一般学生的心理趋向。

也许与编辑者的选择取舍有关，在该书中，倾向于赞成学生从事实际政治运动者占到多数，他们围绕"在工言工"的观点在眼下是否正当合理，是否应引导工科学生关心和参与当下的国民革命浪潮等问题展开了论辩。③在序言中，杨贤江、侯绍裘、高尔松等已离开学校的左翼知识青年，以青年导师的身份对南洋大学部分学生的政治觉醒表示极端欢迎。在他们看来，学生做政治运动不仅是职分以内的事，还是现实环境的要求与自救的法门。之所以如此，是因为专门学者与前辈先生们都不能救国："他们的血是何等的冰冷，他们的精神是何等的消沉，他们所希求，所快心的，不过是多赚几个钱，过过愉快美满而含有诗意的生活，国家不国家，简直不放在他们的心上。……要他们去救国，那简直是笑话了！"④况且，即使科学新知也有着自己的阶级属性。工科学生学习的工程知识，在社会上并不能使其自

---

①　《致霍步青信》（1923年12月20日），中共重庆市委党史研究室编《邹进贤日记》，重庆出版社，1997，第133页。
②　"袁玉冰日记"，1921年3月24日条，《江西党史资料》第30辑《袁玉冰专集》，第144页。
③　高尔松、高尔柏编《学生与政治》，上海新文化书社，1925。
④　高尔松、高尔柏编《学生与政治》，序二，第8页（文页）。

足自治或独立存在。作为追求一技之长的未来工程师，南洋学生们应当先明白现代经济组织和制度上的问题，要先判断自己的专长是为谁服务。因此，"学工程的人对于政治的运动革命的事业，不能不注意，不能不参加的"。①

在这本小册子中，南洋大学的学生们就青年是否应该立即参加政治运动以及是否应该入党（国民党）的问题，进行了激烈的辩论。从这个文本的内容构成来看，持赞成意见的要占到多数，其中的反对意见似乎更多的是作为被批判的靶子出现的。当然，这是与编者的筛选和有意引导分不开的。这份被加工过的文本，虽然不能"如实"呈现学生辩论的原貌，但也能反映出一部分青年对此问题的意见与看法。比如，并不反对国民党的潘世宜提出，学生时代应当以增进学力为异日服务社会做准备为主，而不是即行加入政党，"在学生的时代就研究党义已经是速成教练了。在学生的时代就入政党好比不会放枪就上战场，那是何苦呢！"因此，"学生时代应当取各种党义来研究，和他的学力同时并进，到了在群众里服务的时候，或是本着一种主张，或是加入一种所信仰的群众，去做有益群众的事体。在学生时代入党是不应该的"。② 但这样温和的主张却遭到另外几名学生的批驳，焦点在于青年的纯洁性与加入革命政党的辩证关系。张世凯认为学生正应该趁着此时思想纯洁、人格高尚而入党，避免以后为利益而趋附于政治。③ 另一位更激进的发言者则自称是个信仰国民党的痴人，他坚决赞成学生入党，参加国民革命，并向同学发出热情的呼召："就是说为集中革命的势力，为谋最大的结合，成一个一致的全民运动起见，凡有革新思想的人们，要义不容辞的尽量加入国民党。所以我这篇文字最后的呼声是：加入！加入！加入！"④

再如，当时专门针对普通中等学生立言的商务印书馆旗下期刊——《学生杂志》，在具有共产党员身份的实际主编杨贤江的主导之下，也有逐步"政治化"的倾向。在1923—1924年的该刊"通讯"栏中，曾经发生过关于学生入党问题的大讨论。不少青年学生就是否应该加入革命政党，是

---

① 高尔松、高尔柏编《学生与政治》，序三，第1页（文页）。
② 潘世宜：《对于学生入党之疑难》，高尔松、高尔柏编《学生与政治》，第11页。
③ 张世凯：《辟潘世宜"对于学生入党之疑难"篇》，高尔松、高尔柏编《学生与政治》，第37—38页。
④ 修安：《加入！加入！加入！》，高尔松、高尔柏编《学生与政治》，第113—114页。

否应该参加国民革命，竞相发表自己的意见。参加谈论者有中等学生、大学生、在职青年，但以中等学生为主体。从版面上显示的讨论结果来看，亦是赞成学生加入国民党与革命阵营的意见占了多数。① 于此也可见后五四时期世风舆情日趋激进之一般面相。

三　回归"象牙塔"：后五四时期主张学生疏离"政治"的声音

当然，与直接的政治行动相比，更具"常规性"的言论是强调对青年学生专业能力的培养，以打造能有所贡献于现代国家建设的合格公民。即使到了五卅前后，国民革命呼声高涨，社会动员广泛展开，世风趋于激进似已成不可阻挡的潮流时，也仍有不少论者在肯定学生干预国事之正当性的同时，更主张学生要以读书、研究为主，不应过于逾越本分。其实，对于此问题舆论界也早有争议。五四后不久，部分社会人士就开始对学生的"出位之举"进行反思。如报人杨荫杭认为，"他国学生出全力以求学问，尚恐不及。中国学生则纷心于政治，几无一事不劳学生之问津。而学殖安得不荒？则知中国今日新学风有江河日下之势"。② 有人更发声提醒五四式的学生街头运动可一不可再——因为青年学生行动的作用只能是一种唤醒与前导，在对国事做出自己的态度表达之后，学生就应当捡起书本来专心学业了："学生既有这番举动，有了正当的表示，提倡了我们壮年父老以后，自然应该'安心向学、刻苦用功'；若长久罢课，丢了宝贵的光阴，放弃了学业，专去作政治运动，不惟在青年学生一方面可惜，我们这些壮年父老的国民真要羞死了。"③ 即使是五四运动中叱咤风云的学生领袖，也开始意识到"学生万能"这一观念存在问题："自从六三胜利以来，我们学生界有一种最流行而最危险的观念，就是'学生万能'的观念，以为我们什

---

① 对于相关讨论的描述，可参见吕芳上《从学生运动到运动学生：民国八年至十八年》，台北，中研院近代史研究所，1994，第253—254页。

② 杨荫杭：《学荒》，原刊《申报》1920年12月20日，收于杨绛整理《老圃遗文辑》，长江文艺出版社，1993，第163页。

③ 沧海：《学生运动与国民的责任》，《太平洋杂志》第1卷第12号，1919年7月，第3页（文页）。

么事都可以办，所以什么事都要去过问，所以什么事都问不好；而且目标不专，精力不粹，东冲西突，自己弄得筋疲力尽，而敌人也得乘机而入。"[1] 于是，五四风潮后不久，罗家伦、傅斯年等五四时期学生界的风云人物便纷纷负笈海外，选择从"新学问"的角度为国家与自己寻求未来的出路。[2]

然而，后五四时期校园内外的喧嚣风气仍在不断蔓延，不少社会人士对此忧心忡忡。十多年后，当年的北大校长蔡元培反思道："我对于学生运动，素有一种成见，以为学生在学校里面，应以求学为最大目的，不应当有何等政治的组织。其有年在二十岁以上，对于政治有特殊兴趣者，可以个人资格参加政治团体，不必牵涉学校。"[3] 批阅史料我们可以发现，在五四以后的动荡岁月里，主张学生应离开"十字街头"以致力于科学或学业的精进的声音一直不少。1921 年 4 月 4 日，国立南京高等师范学校植物学教授胡先骕到袁玉冰所在的南昌二中演说，亦反复强调埋首精研学业的重要性："文化运动不是口里讲的，做几篇文章，口上说几句德谟克拉西……不是真正的文化运动，定要自己对于各种科学有切实的研究，有了基本学问，才可以说话。"甚至于青年"大学毕业还要加二三十年的研究"方可谈得上为国效力。[4] 针对当时许多中等学生被卷入政治浪潮中去的现象，教育界人士陈兼善以比较温和的态度劝告中学生不应受人蛊惑，动辄参与政治运动，因为青年学生是还未成熟的主人翁。虽然陈氏也认为"受过教育的人，小的不懂事，大的太懂事。如此分派起来？目下在中国干救国的事业，似乎中等学生为最适宜了"，但他还是坚持中等学生不应当过早卷入政治旋涡中："我想中等学生都是将来国家中兴时代的中坚分子。他们对于国内政治前因后果，自有充分了解之必要，如其拉他们现在就加入政治运动，那真是断送了他们的学业，搅扰了他们的精神。"[5] 当时在商务印书馆当编辑的顾均正即提出，在当时国贫力弱的情况下，"宣战既不可得，交涉也不可恃，而消极的经济绝交也必归于失败"。当前救国唯一的办法在于学生努力研究科

---

[1]　罗家伦：《一年来我们学生运动底成功失败和将来应取的方针》，《新潮》第 2 卷第 4 号，1920 年 5 月，第 860 页。

[2]　欧阳哲生主编《傅斯年全集》第 7 卷，湖南教育出版社，2002，第 402—404 页；陈春生：《新文化的旗手——罗家伦传》，台北，近代中国出版社，1985，第 58—63 页。

[3]　蔡元培：《我在北京大学的经历》，《东方杂志》第 31 卷第 1 号，1934 年 1 月 1 日，第 13 页。

[4]　"袁玉冰日记"，1921 年 4 月 4 日条，《江西党史资料》第 30 辑《袁玉冰专集》，第 140 页。

[5]　陈兼善：《中学生的政治运动》，《民铎杂志》第 5 卷第 4 号，1924 年 6 月，第 5 页。

学，提升自身实力，"所以中国目前最不可缓的工作，便是提倡物质文明，研究科学，振兴实业"。因而学生应离开街头，走进实验室，从事切实的科学研究，以此救国："你如果不愿意做爱国的青年则已，否则你就该走进实验室，站上火酒灯，拭玻璃管，倒药品。切切实实地研究十年科学再说。"①

此外，在后五四时期国民革命的呼声日渐高涨的氛围中，不少青年学生竞相入党，以参与党派政治活动为时髦，"年来中等以上学生入党一事，已成教育上之绝大问题"。这时，便有诸多教育界人士提倡以包含政治常识教育在内的公民教育来替代学生直接的政治参与，以此为国家民族的未来储备人才、培育元气。如陈庆瑜就认为学生时代全无入党的必要："禁止学生入党，当无所用其踌躇。非为学生个人计，实为国家储养未来人才计也。"不过若仅以一纸校方布告禁止学生入党，效力甚微，须有替代方案满足学生对政治参与的渴求方可，"故吾谓一方禁止学生入党，一方即须注重公民教育"。公民教育"乃尽力政治思想之灌输，留心国际时事之考察，注重社会现状之解判，对于人格陶熔，复能为深切之修养"。最终要使学生"对于各类政治问题，俱能凭公正之态度，为深切之研究，研究所得，昭示国人"。② 中等教育界的黄卓也主张政治常识教育重于实际革命运动，因为"国家之成立与健康全恃全体人民是否了解国家的性质与人民的义务为转移"，因此在学校里即应进行有关国家、政府、宪法等概念的政治常识教育，在中等学校里应当每年开设政治知识科，除正课外，"最要注意的就是新闻纸"，并且"从第一学年开设，阅报即应列为必修科，正式功课之一"。③ 再如，在当时颇受一般青年学生欢迎的《学生杂志》上，虽不少人发出了直接干政的呼声，但多数普通读者所关心的，还是该刊如何充分利用自身接近普通学生的优势，面向学生群体进行政治常识教育的议题。在他们看来，这是陶冶现代公民、弥补学校教育之不足的重要渠道。浙江一师毕业生朱文叔就主张刊物应添加"政治常识"一栏，"在理，这种知识是应当由学校供给他们的。可是旧制中学校的课程，只有法制经济科，并不

---

① 顾均正：《从五卅案所得的教训和青年学生的责任》，《学生杂志》第12卷第8号，1925年8月，第5—8页。
② 陈庆瑜：《禁止学生入党与青年政治训练问题》，《东南论衡》第1卷第7期，1926年5月，第5—9页。
③ 黄卓：《政治教育与中国》，《教育杂志》第17卷第3号，1925年3月，第6页。

教授政治原理。就是退一步说，政治原理可以包括在法制里。但我国从前关于政治法制的思想，大半是从那君主万世一系的邻国传过来的，强辞曲解，在在皆是，实在靠不住"。再加之学校里的老师也很少有真正"研究欧美德谟克拉西的政治的"，所以他希望《学生杂志》"把共和国公民应有的政治常识，和欧美最近的政治思想、政治制度，介绍给青年学生，使他们在将来有打破武力的多头政治、建设平民的共和政治的工具。这实在是帮助学校施行公民陶冶的一种紧要事情"。[①] 此类提倡用常规公民训练与政治常识教育来扭转青年学生迅速"党派化"倾向的主张，代表了当时相当一部分政治态度温和的专业人士的思路，虽看似迂远，但也是历史舞台上一种或有其合理性的实践尝试。

就学生自身而言，五四运动后不久，就有人感到学问上的空虚，想在充实学业方面多下功夫。其实在五四前喧嚣一时的新旧之争中，已有不少知识青年力图在纷乱多歧的时潮中保持一种调和或中立的姿态，不轻易随大流。时在北大念书的顾颉刚就在日记中表达了对新旧冲突的看法："现在所谓新旧盲动冲突，故吾辈宜有调和之觉悟。所望以后能将社会学、历史学究心深密，得有完善之体系耳。"[②] 著名史家钱穆日后也如此回忆当年的抉择："时余已逐月看《新青年》杂志，新思想新潮流纷至涌来。而余已决心重温旧书，乃不为时代潮流挟卷而去。及今思之，亦余当年一大幸运也。"[③] 罗家伦也感觉到新文化运动的知识基础太薄弱，需要从"固本培元"上下功夫，要以"思想革命为一切改造的基础"。因为没有深厚学问根基的中国在世界上将站脚不住，尤其是专门学者的培养更是刻不容缓："世局愈乱，愈要求学问。现在是大家分工的时候，不是万能的时候了！……长此下去，不事分工，我们大家的精神都是要破产了！"[④] 作为"少年中国学会"创始人之一的曾琦，也在致会员太玄、幼椿的信中表示："至于求学方针，我本来是学政治的，不过近来觉得政治学是空的，打算研究社会学、人类

---

① 朱文叔：《我希望〈学生杂志〉》，《学生杂志》第 10 卷第 1 号，1923 年 1 月，第 4 页（栏页）。

② 《顾颉刚日记》第 1 卷，1919 年 1 月 20 日条，台北，联经出版事业公司，2007，第 78 页。

③ 钱穆：《八十忆双亲·师友杂忆》，岳麓书社，1980，第 38 页。

④ 罗家伦：《一年来我们学生运动底成功失败和将来应取的方针》，《新潮》第 2 卷第 4 号，1920 年 5 月，第 860 页。

学，从根底上寻个究竟。"①

　　五四青年的这种态度转向之成因相当复杂，既与部分人对喧嚣一时的街头政治运动逐渐疏离厌倦有关，也与当时社会主义、无政府主义乃至科学救国、实业救国等各类思潮的传播关系匪浅。无论如何，五四后一度盛行的非国家、非政治倾向亦是推动学生们排斥具体政治活动与回归书斋的重要因素。"无论拥护己国别国的强权，总是一个拥护强权，因为国家本身就是一种极大的强权。所以爱国运动，就是一种拥护强权的运动。"② ——这样的声音在当时不绝于耳。据时人观察，湖南"新民学会"中则有"多数的会友，都倾向于世界主义，试看多数人鄙弃爱国；多数人鄙弃谋一部分一国家的私利；多数人都觉得自己是人类的一员，而不愿意更繁复的隶属于无意义之某一国家，某一家庭，或某一宗教，而为其奴隶"。③ 五四时期知名的新文化人物李石岑，区分新旧伦理的标准就是其与"政治"的远近关系。在他看来，旧伦理思想"完全是在政治范围里兜圈子"，而"新伦理思想完全在文化范围里讨生活，所以能超出家族国家之上"。因此今后的时代潮流就是从旧伦理观向新伦理观转化。④ 北大新潮社的傅斯年也说："我们原是学生，所以正是厚蓄实力的时候。……在中国是断不能以政治改政治的，而对于政治关心，有时不免是极无效果、极笨的事。"他认为新潮社的事业应是"办'终身以之'的读书会"，而且"《新潮》将来大约也是宣传文艺思想、人道主义的，不是个专研究现日中国社会问题的"。而这种与现实政治的有意疏离，也与傅氏试图超越民族主义而进于"世界人"的趋向有关："我只承认大的方面有人类，小的方面有'我'是真实的；'我'和人类中间的一切阶级，若家族、地方、国家等等，都是偶像。我们要为人类的缘故，培成一个'真我'。"⑤

　　总之，在这样一种疏离于现实政治的气氛中，虽有部分激进青年投身于共产主义运动，希图从下至上施行彻底的社会革命以对国家进行整体改造，但也有许多青年学生做出与新文化领袖早期所提倡的一致的选择，即

① 会员通讯，《少年中国》第1卷第1期，1919年7月15日，第41页。
② 存统：《把爱国运动变为社会运动》，《民国日报·觉悟》1920年4月18日，第13版。
③ 《毛泽东给萧旭东蔡林彬并在法诸会友》（1920年12月1日），《新民学会资料》，第146页。
④ 李石岑：《旧伦理观与新伦理观》，《一般》第2卷第3号，1927年3月，第20—29页。
⑤ 傅斯年：《新潮社之回顾与前瞻》，《新潮》第2卷第1号，1919年10月，第204—205页。

为现实政治奠定"非政治"的根基，在学术、教育、思想、伦理、道德等方面去用力。①

上述这些来自社会人士与青年学生的反思，揭示了被惯常印象所刻画出的"时代主流"所遮蔽的那一面，有助于我们认知历史现象的复杂性。这些思想言论当中，既有针对五四以后喧嚣一时的学生干政浪潮与愈益激进的社会风气的，也有针对1920年代日益勃兴的忽视了个人修养与专业学习的集团政治取向，不能不说上述舆论对这两种取向都有一定的针砭作用与纠偏意义。虽然，五四前后主张学生疏离于现实政治的言论在逻辑上有其相似之处，但二者已体现出不同时代背景下的差异性。最主要的是，民初的相关论述仍是在梁启超从"新民"到"新国"的话语体系中展开的，而五四以后不仅有为国家富强铸造合格国民的声音在延续，更在"非政治"的社会心理氛围下出现了超越"国家""民族"以为世界打造现代公民的思想理路，体现了一种特定的鲜明时代性。

结　语

在近现代中国，社会对学生地位、责任与作用的认知，可以说是一个充满张力与悖论的过程。这既与学生群体自身的特性有关，也与激变时代世人的心态、抉择及个体诉求相关。实际上，作为社会实体而存在的学生与舆论思潮中勾画的"学生"之间，存有相当大的误差与异质性。

从一方面来说，近代以来新式教育逐步开展，培育了一大批受过新知识、新思想陶冶的知识分子，他们具有推动国家迈向现代转型的潜能。② 与此同时，在近代中国所面临的整体性崩溃与全盘性危机阴影笼罩之下，受外来

---

① 随着1920年下半年《新青年》迁沪，陈独秀等人开始左转，渐倾向于"谈政治"了。然而前期"非政治"的思想倾向所产生的影响不会马上消失。再加之，不少青年从五四时期喧嚣的学生运动中得到实际教训，感觉到当今学生的学问肤浅与不足，从而产生强烈的求知欲，重回课堂的举动与呼声也相当常见。参见洪为法《对于本志将来的希望》、陈东原《为什么要学？怎样学？》，《学生杂志》第10卷第2号，1923年2月。

② 据学者周策纵推算，1907年以后的十年间，由于西式教育体制的大规模实施，大约有1000万人受过或正在接受这种或那种形式的新教育。这些新知识分子在与现代西方文明的接触过程中，与传统的思想体系和统治阶级不断疏远，这使他们能够领导其他不安定分子开展一场"救国"的伟业。五四运动正反映了所有这些社会势力的重新改组。〔美〕周策纵：《五四运动：现代中国的思想革命》，周子平等译，江苏人民出版社，1999，第9页。

之新文化、新理念影响、冲击的新式知识分子，又难免对传统中国的诸多价值与当下状况产生严重的怀疑与不满，以至于"现在的学生谈改造社会，已成一种口头禅"。① 但究竟该如何加以改变，尤其是青年学生如何参与改造国家社会的行动，自问题产生以来就是一个言人人殊的状况。但是，这个过程却日益和政治秩序上的动荡变革及社会结构上的革新改造趋势相互交织，由此产生了大量"脱序"的青年，这些终能"自由流动"的青年从家庭、家族、学校、地方、传统伦理等限制性网络中解放了出来，却一时难以被逼仄的社会空间所充分吸纳，升学、就业、婚恋等问题都成为约束学生的因素，使其成为"烦闷"的一代。② 其中除了少数拥有充分社会资源能向上顺畅流动并成为专业精英者外，大多数"新青年"都成为漂浮在社会上无所皈依的散落"分子"，③ 等待着被各种政治结构与运动机制所吸纳，这无疑体现了青年学生"能动"与"难动"两面并存的悖论性特征。

从另一方面来看，自近代新学生群体诞生以来，学生的"国民"身份与责任义务就从不同角度被反复强调论证，他们作为社会普遍想象中掌握着知识与道德的"生力军"，象征着民族的未来，往往被赋予过多的期望，承载了许本不该承载的东西。这个趋势到五四前后更是达到了一个高潮，学生与政治之间的联系也愈来愈紧密。在当时不少世人的眼中，"学生"这一概念无疑蕴含着多元且丰富的内涵特征，但其一定程度上延续了传统"天下士"角色认同而同时又拥有西学新知等文化资本的社会精英身份，却似乎得到了包括学生在内的大多数人的认可与重视。这使得在国族危难、

---

① 《致霍步青信》（1923 年 12 月 20 日），《邹进贤日记》，第 133 页。

② 翻开经历过五四的那一代青年学生的日记、书信、文章、回忆录等材料，切身问题导致的人生"烦闷"确实如影随形、无处不在。关于此类问题的论述已所在多有，可参看王汎森《"烦闷"的本质是什么——近代中国的私人领域与"主义"的崛起》，《思想是生活的一种方式：中国近代思想史的再思考》，北京大学出版社，2018，第 89—137 页；刘宗灵《媒介与学生：思想、文化与社会变迁中的〈学生杂志〉（1914—1931）》，四川大学出版社，2017，第 201—266 页；瞿骏《"没有晚清，何来五四"之再思——以"转型时代"（1895—1925）学生生活史为例》，《学术月刊》2009 年第 7 期；等等。

③ 关于近代以来知识分子的边缘化与自我形象转变问题，可参看罗志田《近代中国社会权势的转移：知识分子的边缘化与边缘知识分子的兴起》，《权势转移：近代中国的思想、社会与学术》，湖北人民出版社，1999，第 191—241 页；王汎森《近代知识分子自我形象的转变》，许纪霖编《20 世纪中国知识分子史论》，新星出版社，2005，第 107—126 页。近代中国包括学生群体在内的知识分子地位演变问题，是一个宏大而牵涉面甚广的问题。上述论者的观点与其说是盖棺论定，毋宁说是揭示了值得继续探讨与商榷的一系列问题。

内忧外患的时代语境下，呼吁学生出来"干政"的声音不绝于耳，并且显得似乎既合理又必要。毋庸讳言，在后五四时期连绵不断的革命浪潮与民族危机中，呼吁在校学生参政的舆论及其实践都在日益凸显。因此，到了1920年代中后期，随着"主义"时代的来临，学生干涉政事似已成为一种影响颇广的言行取向。"学生在社会、政治上既受帝国主义及军阀之压迫，即在学校内亦受一班反动的专制的教育所压迫"，成为部分受时代风潮影响的学生所秉持的流行话语；[1]"除了积极参加革命外，简直没有别的出路"[2]也成为主动投身革命的激进学生的主观认知与理所当然的选择。

　　然而，即使在"革命时代"已然来临，谈革命、干革命都蔚为时髦的时候，仍有不少人从旁冷静地提醒批评学生们，在浮嚣的社会环境下不应忘记本分，以致不知读书为何物。据一位时人观察，五四前后学风迥然相异，致使学生言行风气亦大变，"五四以前，惟知埋首书籍；五四以后，有部分青年学生，专从事社会活动，或做些堕落的事情，竟束书高阁，以致智识非常幼稚，……所以一问题发生，不是盲从，即是暴动。因为他们实在没有智识，可以判别那问题的内包外延。开群众会议的时候，轻于举手，不管他事实上是否困难，做出来是否有利益"。[3]再如，在讨论青年学生救国时应具有的资格与素质时，不少人主张应重新培养学生"读书的嗜好"，以应付社会上的种种复杂事物。学风的"浮夸"和学生的"政治化"，会直接导致青年运动成为"脚痛医脚头痛医头"的零碎活计，没有统一的目标和一致的步骤，不能成功。同时，不学无术高谈主义的学生越来越多，"潜心研究学术的人太少"，关键是"其实谈主义者，毫不懂得一点"。而从事与改造政治间接相关的青年运动，最重要的就是养成"眼光远大，心思缜密"的能力，这些都需要从专门智识的学习积累中得来。[4]不难看出，这些较为温和的主张与前述青运领袖鼓动学生要到实践中"用做去学"的理念，有着较大的区别。这也体现了其时社会思潮的多歧性与混杂性。相关理念

---

[1]　《广州学生联合会第四届执委会改选大会通电》（1926年4月12日），中国第二历史档案馆编《中华民国史档案资料汇编》第4辑（一），江苏古籍出版社，1991，第623页。

[2]　存统：《中国革命与学生运动》，《革命评论》第18期，1928年，第8页。

[3]　何廷槐：《青年学生要怎样才配参预爱国运动》，《学生杂志》第12卷第10号，1925年10月，第12—14页。

[4]　许君武：《今后青年运动应取的途径——从我个人经验的一点意见》，《学生杂志》第12卷第10号，1925年10月，第15—18页。

分歧亦呈现出五四之后，崇尚 "新学术" 与追求 "新主义" 这两种截然不同的时代趋向之间的内在纠结与矛盾。① 这样的矛盾或贯穿于整个近现代中国，"学生" 与 "政治" 之间的关系也就始终在这样一种斩不断理还乱的历史纠葛中踟蹰徘徊，其带来的启示与教训亦值得今人反复咀嚼。

---

① 参见王汎森《"主义" 与 "学问"：1920 年代中国思想界的分裂》，许纪霖主编《启蒙的遗产与反思》，江苏人民出版社，2010，第 221—255 页。

五四新文化运动与性别问题

坂元弘子[*]

一　还是要讲性别问题

"没有晚清，何来五四"（王德威），这种说法实际上长期反复地出现，近年来许多学者尤其是在文学方面的学者更加重视清末的文化转型。没有晚清，没法有五四，确是如此，但是整体来说，不能说所有的五四"新文化"要素在清末都已经有了，也不可否认五四新文化运动有些意义重大的转变，正如王汎森说道："从晚清到五四启蒙是否连续的？整体而言，当然是延续的，但是在延续中还有跳跃、变化。"[①]

十年以前参加纪念五四运动 90 周年的国际学术研讨会时，笔者提及"当然，我们没有必要去过分评价五四的革命性，但不管怎么说，清末阶段没有出现、之后出现了的各种新问题和新主张，这些意见、观点的相互抗争，我认为还是有必要加以澄清的，本稿的目的之一不外乎如此，所以考察当时的妇女解放话语是有意义的"。[②] 当时笔者正在日本编辑《新编原典

---

[*]　坂元弘子，日文名为坂元ひろ子，日本东京一桥大学名誉（退休）教授。
[①]　王汎森：《启蒙是连续的吗？——从晚清到五四》，《近代史研究》2019 年第 5 期，第 20 页。
[②]　〔日〕坂元弘子：《五四时期的女性主义及其思想来源》，中国社会科学院近代史研究所编《纪念五四运动九十周年国际学术研讨会论文集》（上），社会科学文献出版社，2012。其内容是：第一，追悼李超女士；第二，妇女解放的话语和优生思想，（1）周作人与爱德华·卡彭特（E. Carpenter）、哈维洛克·霭理斯（H. Ellis），（2）爱伦凯的介绍——以本间久雄、岛村民藏为例，（3）节制生育、恋爱结婚与优生思想——从数量到质量，（4）模范家庭的样板与优生思想。

中国近代思想史 4　世界大战与国民形成》①，在其解说（序论）中也指出了"包括'文明'上各地有时差的早期全球化，在清末就明显开始了"，但还是想以一战与俄国革命后的"劳工神圣"（打破贱工观念）与男女平等要求分期（正是五四新文化运动时期），不可否认的是，除去（即使是在清末也可以发声）一部分持有特权的男性知识分子，特别是对于女性来说通过与全球化思潮正面遭遇，"参与"生产以及战争、革命才能获得被剥夺了的各种权利。

　　汪晖的《文化与政治的变奏：一战和中国的"思想战"》是非常值得参考的研究。在其序论中汪晖就声明说："我在这里使用'"五四"文化运动'一语，以区别于'新文化运动'的概念。……从'五四'时代的'思想战'的格局来看，'新文化运动'一语特指以上述刊物（《新青年》、《新潮》等）及其追随者为中心的文化潮流，而与之对立或论战的刊物并不在这个范畴之内。文化运动是通过对抗、辩论而产生的，其政治性隐伏在思想和价值的对峙和互动之中。"② 当然他说得有道理，笔者完全同意他对"文化运动"的看法，如果要找《新青年》与《东方杂志》的分歧，那就是，虽然它们都批判 18、19 世纪的"旧文明"，都拥抱 20 世纪的"新文明"，"但政治取舍各不相同"，杜亚泉的"文化调和论""却无法说明由谁来对之进行汲取与调和，使之陷于一种'无主体的方法论循环'，而'新文化运动'则以'运动'界定'文化'，以'文化'创造'运动'，它所召唤的是一个运动的主体，以及这个运动主体的政治"。③ 但是笔者认为太关心在政治取舍上的分歧，也许会导致忽略两派共同的"新"点所带有的意义及其陷阱。比如在公共言论界浮现出来的，与清末有所区别的性别问题，或社会进化论带来的优生思想问题等，不一定能归于政治取舍的分歧。

---

① 坂元ひろ子責任編集『新編原典中国近代思想史 4　世界大戰と国民形成』岩波書店、2010。翻译 1912—1928 年的重要思想文献。

② 汪晖：《文化与政治的变奏：一战和中国的"思想战"》，上海人民出版社，2014，第 13—15 页。

③ 汪晖：《文化与政治的变奏：一战和中国的"思想战"》，第 110 页。

二　脑袋里、嘴巴上的解放与全球"新文化"

——《青年杂志》

汪晖也提到，1915 年 3 月，彭金夷在《东方杂志》第 12 卷第 3 号发表了日本安部矶雄原著《二十世纪之三大问题》的翻译，[①] 其原作者安部以为"二十世纪必须解决之最大问题有三"：第一，男女问题，女子于政治上、社会上，欲与男子占同等地位之问题；第二，劳动问题，资本家对于劳动之问题；第三，殖民问题，国家与国家间之问题，"有一共同之点。即弱者对于强者之问题也"。[②] 因为安部矶雄作为基督教社会主义者一直关心弱者，因此提出了男女、劳动、殖民问题。译者彭金夷则认为中国情况与此有所不同。他说道："译者案：今日吾国对于女子劳动两问题，本无发生之理可言。前虽有盛倡女子参政之说者，然不过因一时狂热，尚无实具之能力。若劳动问题，则今日中国工业，尚属幼稚，市场亦无达资本家垄断利权。吾人所当急急研究之者，惟在生产问题，不在分配问题也。"就是说在中国提及男女、劳动问题有点太早了。

那么同时代的《新青年》如何？原来在其创刊号《青年杂志》第 1 卷第 1 号就刊载了陈独秀翻译的法国 Max O'Rell（1848—1903）的《妇人观》（"Thoughts on Women"）。[③] O'Rell 是个法国男性，"善为讽刺文"，写了不少关于女性的文章，可以说是旧式欧洲女性主义者，分化性别的固定观念很强。其在《妇人观》中强调用性别分化去描绘出女性特性。

大概那时候的陈独秀头脑里想的是男女平等、妇女应该解放，但当时还没有找到合适的理论依据，也没有理解中国妇女的具体情况，所以要给读者（大部分的读者是男性）看看这样的翻译。其实 O'Rell 谈到法国、英国（他妻子是英国人）、美国人的恋爱、结婚的幽默讽刺性作品 *Her Royal*

---

① 汪晖：《文化与政治的变奏：一战和中国的"思想战"》，第 91 页。据笔者的调查，原著应该是安部矶雄「二十世紀の三大問題」『廿世紀』（*The Twentieth Century*）第 1 卷第 1 号、廿世紀社、1914 年 8 月 1 日、8—15 頁。

② 彭金夷：《二十世纪之三大问题》（日本安部矶雄原著），《东方杂志》第 12 卷第 3 号，1915 年 3 月 1 日，第 40 页。

③ 陈独秀：《妇人观》，《青年杂志》第 1 卷第 1 号，1915 年 9 月 15 日。

Highness（London：CHATTO & WINDUS，1901）在欧美受到欢迎，1908 年在日本也出版了的日译本《"女"殿下》①。陈独秀懂日语，他在日本的时候（他 1907 年春天第 4 次到日本，待到 1909 年回国），也可能是偶尔得知，对 O'Rell 的妇人观感兴趣。

　　耐人寻味的是，研究陈独秀的日本学者、庆应义塾大学教授长堀祐造发现其《妇人观》的日语翻译。译者是日本英文学者深泽由次郎（Fukaza-wa Yoshijirō，1872—?）。1909 年深泽选择十几篇欧洲的名文（包括美国小说家 T. 哈代、M. 吐温等的作品）并把它们译成日语编为文集《からたちばな》（见图 1）（*Specimens of Modern Writers*），作为"英语世界丛书 4"由东京的博文馆出版，读者可以跟原作比照欣赏。② 在其序中，他说道：可哀，编译者的能力不够，而使人联想到晏子所谓的"江南为橘，江北为枳"这句话。从他整个翻译工作来看，他好像对于有关女性的古今东西名言感兴趣。③

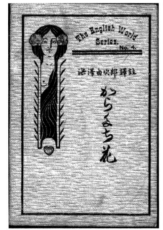

图 1　《からたちばな》

---

① マックス・オーレル：《"女"殿下》，藤井繁译，东京：玄黄社，1908。

② O'Rell：《妇人观》，深泽由次郎译，深泽由次郎译注『からたちばな』（唐橘）（*Specimens of Modern Writers*），英语世界丛书 4，东京：博文馆，1909，第 176—181 页。长堀祐造教授得了该书后向我提供其封面照片（日本国会图书馆数字图书馆本不包括封面，从标题页开始的），在此表示感谢。封面及书背中写的标题是『からたち花』，与标题页的全用平假名字写的有所不同。深泽在编译这本书的时候是日本兵库县立姬路中学校教师（见图 1），后来于旧制第五高等学校（熊本大学的前身）及早稻田大学等任教过，翻译了许多英文作品，另外他给学生写的英语语法书受到了特别欢迎。

③ 深泽的作品也有由其编的英日对照《女・爱・美　Woman, Love & Beauty》（英文周报社，1924），收载古今东西的哲人文豪谈女性、爱情及美的名言。

　　笔者对照过陈独秀的（见图2）和深泽的（见图3）翻译文，知道两者不只标题《妇人观》一样，整个翻译文也相当接近，有些翻译词一模一样。

　　比如陈独秀译："一，妇女，天人也，或化而为夜叉^①[原文 devil]。善女也，或化而为蛇蝎。流萤也，或化为蜂螫。其恒为天人，为善女，为流萤，为芬芳馥郁之花，终其身而不变者，亦往往有之。视护持之者技俩如何耳［原文 It depends a great deal on the gardener.］。"深泽由次郎译："（一）女子，天女也，然而也化为夜叉。施舍慈悲的尼姑也，然而有时为毒蛇。吉丁虫也，而有时变为有针的蜂。然而亦有终生毫不变，为天女，为施舍慈悲的尼姑，为吉丁虫，为芳香美艳之花。此只凭园丁之技俩如何。"

　　陈独秀译："三，夫女子虽非为发号施令而生，然其天赋之权能，足以统驭发号施令之男子。最善良最和乐之伉俪［原文 the best and happiest marriages］，其妇人每最拥有威权，计从而言听也。"深泽译："（三）夫女子虽非为发号令而生，然而其所有天赋之力量，足以操纵发号令之男子。于是最善良最相和之伉俪，其女子最拥有权威，最使多听其言议。"

　　陈独秀译："四，任人之欲若何完善，惟不经女子之纤手所琢磨，只一粗粝金刚石耳。"深泽译："（四）男子或完善如诸子所愿，但不经女子之纤手所切并磨，只一块粗粝金刚石耳。"

　　陈独秀译："十，女子之知男子之爱己也敏于男子。女子之直觉力，锐利过于眼光。实天赋女子之第六感官，其他五种感官合而一之，亦不若是之有力也。"深泽译："（十）女子之知男子之爱己早于男子。女子之直觉力，锐于眼光。实妇人之直觉力是天赋女子之第六感觉，与其他五种感合一之，更有力也。"

　　可以说陈独秀在翻译《妇人观》时参考了深泽由次郎的译文。这篇文章原作者的妇人观与深泽的翻译比较接近，虽然都似有奉承女性的意图，但都免不了用近代科学性话语重新塑造女性的刻板印象。他们认为女性会特别善良也会特别邪恶，而这由男性如何护持决定；女子只有直觉力强，其他感官的能力从根本上就相差甚远。陈独秀给自己创办的新杂志选择这种妇人观，表明其对性别问题的思考还不够深入。

---

　　①　在陈独秀和深泽的译文中下划线为本文作者所标。

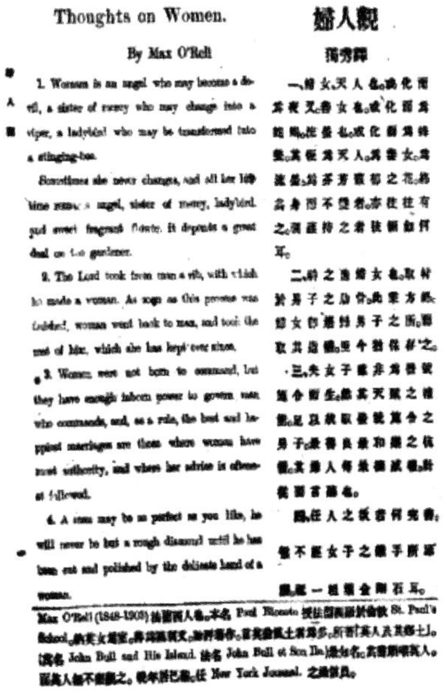
Thoughts on Women.

By Max O'Rell

婦人觀

图 2 陈独秀翻译文

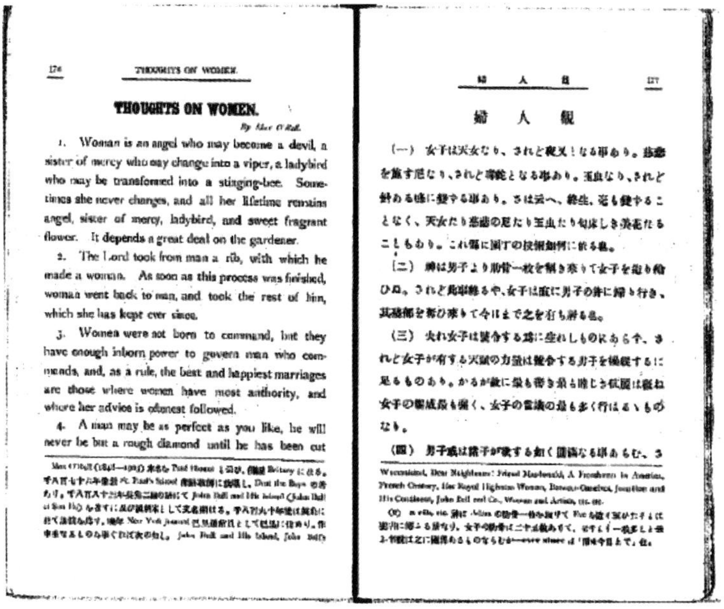
THOUGHTS ON WOMEN.

By Max O'Rell.

1. Woman is an angel who may become a devil, a sister of mercy who may change into a viper, a ladybird who may be transformed into a stinging-bee. Sometimes she never changes, and all her lifetime remains angel, sister of mercy, ladybird, and sweet fragrant flower. It depends a great deal on the gardener.

2. The Lord took from man a rib, with which he made a woman. As soon as this process was finished, woman went back to man, and took the rest of him, which she has kept ever since.

3. Women were not born to command, but they have enough inborn power to govern man who commands, and, as a rule, the best and happiest marriages are those where women have most authority, and where her advice is oftenest followed.

4. A man may be as perfect as you like, he will never be but a rough diamond until he has been cut

婦人觀

图 3 深泽翻译文

接着在《青年杂志》第 1 卷第 4 号到第 6 号上，孟明翻译了日本医学士小酒井光次在《第三帝国》上发表的人生科学一至三。① 人生科学一是《女性与科学》②，这篇文章从生理科学的角度阐述男女的区别。无论日本还是中国的读者，可通过这篇文章了解到关于女性身体生理包括作为"受精之准备"所需要的科学知识，对女性解放也有一定的意义。

小酒井认为"吾人不得不由人类学解剖学之见地以为女人观察之始也"，指出以"头脑发育之程度、多数内脏诸机关言之，女子较男子近于小儿，此事实未有能否认者也"，"所谓小儿者正女子之美之艳柔之表象也"。③这是用"科学"的名义定位女性比男性头脑、身体不发达且近于小儿。这就是所谓"近代科学"创造的男女分化、轻视女性的刻板形象。小酒井的这一看法反复出现，比如也可以在 1919 年君实给《妇女杂志》第 5 期第 7号翻译的病理解剖学教授速水猛的《自医学观之良妻贤母主义》④ 中看到，其倡导了根据"男女之根本的差异"的良妻贤母主义。

孟明也故意加上了他自己的看法，在《女性与科学》一文的最后一段，巴尔特耳斯氏及瓦尔戴谒尔氏说："妇人第一使命，在输灌家庭以文明。"在此插进了小酒井并没有写的"良妻贤母，世所尊重者也"⑤ 这句话。这也反映出了他自己对女性的愿望。

在人生科学三《人口问题与医学》⑥ 一文最后一段劝限制生殖的部分末

---

① 　日本《第三帝国》1915—1918 年由茅原华山、石田友治主编，东京第三帝国社出版。小酒井发表了人生科学（1—4），孟明只翻译了（一）《女性と科学》、（2）《青年と性欲》及（3）《人口问题と医学》，没有翻译其（4）即《疾病と遗传》（上、下）。小酒井光次（笔名小酒井不木）是专攻生理学、血清学的医学博士，后来以另外的笔名鸟井零水发表了侦探小说之类的作品。

② 　孟明译《女性与科学》（人生科学一），《青年杂志》第 1 卷第 4 号，1915 年 12 月 15 日；原文小酒井光次《女性と科学》［人生科学（1）］，《第三帝国》第 52 号，1915 年 9 月 21日。不到三个月就汉译出刊了。

③ 　孟明译《女性与科学》（人生科学一），《青年杂志》第 1 卷第 4 号，1915 年 12 月 15 日，第 2 页。

④ 　速水猛：《自医学观之良妻贤母主义》，君实译，《妇女杂志》第 5 期第 7 号，1919 年。

⑤ 　孟明译《女性与科学》（人生科学一），《青年杂志》第 1 卷第 4 号，1915 年 12 月 15 日，第 3 页。

⑥ 　孟明译《人口问题与医学》（人生科学三），《青年杂志》第 1 卷第 6 号，1916 年 2 月 15日；原文小酒井光次《人口问题と医学》［人生科学（3）］，《第三帝国》第 54 号，1915年 10 月 11 日。

尾，原文提到法国的恒言"一男一女，并有补缺者一人，于愿已足"，之后孟明则又加上了"不识我东方人士，何以必贵多男为也"① 这句话。这表示在翻译这篇时他自己及杂志的意图。

从人生科学二《青年与性欲》一文中，② 我们可以看到作为当时日本医学士的小酒井自己的问题。在这一文中，他主张青年要戒掉自慰，他说："自慰之害，伤害机关，损耗精液"，"自慰者之身体状态，不但神经衰弱也，且诱起其他诸无名症"③ 等。虽然现在除了一些宗教严禁自慰之外，科学家和医生都已认识到自慰是无害的，也是正常健康的行为。但是当时这一说法与 19 世纪的欧洲思潮有关（据说跟近代民族主义有关），日本明治时代包括医学家在内都广泛地相信自慰对人体有害这一偏见。在当时的中国也以科学的名义在先进新文化杂志进行这种没有根据的宣传，导致形成一种新式的、错误的固定观念，这当然也影响到新的性别规范。

以上分析了在《青年杂志》中发表的翻译文：陈独秀参考日本人的工作而翻译的法国现代文人的《妇女观》与日本的性医学者的言说的翻译。由此可知这些都是原作者与译者在近代先进科学性的话语或知识下，所共同形成的一种新式的、不正确的有关性别的固定观念。

进而，当时的新文化不只直接以欧美思想文化为资源，也利用了不少日本的文化以构想全球"新文化"。虽然从前在政治思想方面的研究比较重视这一点，但是在文化方面不够注重。以后应在此方面多加关注。

三　反思并倾听——1919 年以后的《新青年》

到了 1919 年，李大钊在《新青年》第 6 卷第 2 号中发表《战后之妇人问题》④（这篇也许参考日本杂志上的相关介绍），他指出：对于妇人参政的运动，虽然早前有她们奋斗过的历史，可是很多人反对，"到了战争起来的

---

① 孟明译《人口问题与医学》（人生科学三），《青年杂志》第 1 卷第 6 号，1916 年 2 月 15 日，第 4 页。
② 孟明译《青年与性欲》（人生科学二），《青年杂志》第 1 卷第 5 号，1916 年 1 月 15 日，原文小酒井光次《青年と性欲》[人生科学（2）]，《第三帝国》第 53 号，1915 年 10 月 1 日。
③ 孟明译《青年与性欲》（人生科学二），《青年杂志》第 1 卷第 5 号，1916 年 1 月 15 日，第 2 页。
④ 李大钊：《战后之妇人问题》，《新青年》第 6 卷第 2 号，1919 年 2 月 15 日。

时候，那些男子一个一个的都上了战场，女子才得了机会，去作出一个榜样来，让那些男子看看，到底女子有没有能力。……有做了种种的成绩，都可以杜从前轻视女子的口实。所以在战事未了的时候，美英德诸国已经都有认许妇人参政权的表示"。俄国政府里有个女性救济部总长，"这就是妇人参政的一个新纪元"。① 他介绍了欧美日本等的战后跟劳动有关的妇人社会问题后，谈及中国女界时说道："但是我狠盼望我们中国不要长有'半身不遂'的社会。我狠盼望不要因为世界上有我们中国，就让这新世纪的世界文明仍然是'半身不遂'文明。"②

可以看到《新青年》作家们此后开始分析世界上的妇女问题及其情况，想要以它作为中国走向的指针。与此同时高曼（Emma Goldman）的《近代戏剧论》由震瀛（袁振英）翻译，文中也有关于易卜生的介绍："娜拉逃脱其黄金色之藩笼，以独立之新人格，开社会广大之生机；将来男女种嗣自由之真理，发轫于此时矣。"③

《新青年》不仅介绍西欧的新潮，也开始关心中国各地的具体问题。比如介绍广州《华国报》上有一条题目是《较女子缠足与道德》，由迅雷署名的时评，文中曰："近日私娼如林，秘密卖淫之风甚炽。论者皆谓女子道德堕落所致，斯固然矣，而不知尚有一原因焉，则天然足之关系是也。"放足，十余年来之女孩，行动自由，为父母者，管束之所不及，因此近日女子卖淫多起来，"故明知女子卖淫之行为，半由天然足所致，而亦无术可以挽救之也。可胜慨哉"。④ 虽然迅雷从女性的道德角度分析私娼流行的原因并将其归咎于放足，从根本上讲当然是没有道理的，但也会帮助我们去理解为何放足要那么长时间才能做到。

确是这时候文人开始大声谈日本的新村、托尔斯泰的泛劳动主义、手的工作与脑的工作、新村运动（周作人等）、公开交际、自由婚姻、自由离婚（张崧年等）、改良文学（胡适等）、爱伦恺的母性论（沈雁冰）、桑格夫人的产儿制限、优生学（周建人）、霭理士（周作人等）、克鲁泡特金等。

---

① 李大钊：《战后之妇人问题》，《新青年》第 6 卷第 2 号，1919 年 2 月 15 日，第 141 页。

② 李大钊：《战后之妇人问题》，《新青年》第 6 卷第 2 号，1919 年 2 月 15 日，第 146—147 页。

③ Emma Goldman：《近代戏剧论》，震瀛译，《新青年》第 6 卷第 2 号，1919 年 2 月 15 日，第 187 页。

④ 冰弦君寄来的，《新青年》第 6 卷第 2 号，1919 年 2 月 15 日，通信，第 246 页。

包括日本人在内，当时被参照的人差不多与以伦敦为中心传播到全世界的稳定社会主义者的费边协会有关，这大概是五四新知识分子跟优生思想结亲的理由之一。

在以理论为主的杂志中，仍然很难听到男性知识分子或男性文人以外的人的声音。在各方面的压力之下，1920 年 1 月于上海创刊了《新妇女》。据说是五位女子中学教员在与爱国学社、南社有关的文人陆秋心（本名曾沂，字冠春）的帮助下出版的。女作家好像很少见，连广告大部分也是为男性读者设计的。新妇女在哪儿？这杂志上有很多"黑暗""痛苦"等以表现女性的困境，然而仍然是用冷淡的眼光看"时髦女人"，① 但可以感觉到当时觉醒的女性读者怎样苦恼于自己的教育与结婚问题。凌均逸就说：

> 从根本上着想只要极力的去求受平等的教育，要受平等的教育，一定要实行下面两件事。（一）反对早婚；（二）打破妆奁。②

根本没希望受教育的女工也许比需要借助教育来进入中层以上社会的女性还有办法，她们可以通过参加劳动发声。当时不属于最底层的女性，放了足之后，在主观上遇到了没办法发声的困境。这个时候她们还远远看不到娜拉。

小　结

笔者重视在劳动问题及性别问题上的新文化运动的意义，但是并不意味着对其"进步性"表示全面肯定，比如从杜亚泉的"文化调和论"中可以读出对这里看到的现代的各种问题进行批评性指摘的意味，在这个意义上，本文思考了他也参与在内的新文化运动。

另外，有些研究明清时代的学者，如美国高彦颐，并不捍卫父权制，并且批评"五四妇女史观"把前近代的妇女塑造成了没主体的"受害者"

---

① 凌均逸：《大家快奋斗啊！》，《新妇女》第 3 卷第 1 号，1920 年 7 月 1 日，第 11 页。

② 凌均逸：《这两个问题要请觉悟的女子自决》，《新妇女》第 2 卷第 4 号，1920 年 5 月 15 日，第 24 页。

的形象（《闺塾师》）。与中国的二十四史、其他国家的公定国家史一样，要证明当代的正统性，自然要批评前一代。所谓"五四妇女史观"也难免会遇到这个问题——服务于政治议程。李鹤鸣在《女子解放论》中说："世界女子过去一大部分的历史，是被男子征服的历史。"[①] 我们对此难做出学术性的评价。

　　对于历史上的女性随着时代变化到被逼迫自卑的情况，如她们有心发声，但她们能够说什么，值得思考。

---

① 李鹤鸣：《女子解放论》，《解放与改造》第 1 卷第 3 号，1919 年 10 月。

五四新文化人家庭观的分歧与限度

——《浮生六记》的不同解读

李长莉[*]

引　论

　　五四时期，新青年们以反传统相号召，高扬个性解放旗帜，批判旧家庭制度，将以孝为核心的传统大家庭伦理斥为"吃人的礼教"，掀起了家庭革命浪潮。一时间，自由恋爱、婚姻自主、男女平等、个性解放等成为新青年一代的流行口号，宣传这些新观念的各种新书新报、西书译文涌现如潮，直至二三十年代，一直盛行不衰。就在青年们纷纷抛却昔日经籍、争读西学新书的大潮中，却有几本明清时期江南文人的自传体笔记旧文，也被屡屡翻印，流行一时。如江苏如皋人冒襄的《影梅庵忆语》[①]，浙江钱塘人陈裴之的《香畹楼忆语》、钱塘人蒋坦的《秋灯琐忆》，还有江苏苏州人沈复的《浮生六记》等，都被反复印行，成为大受青年喜爱的热门书，其中的人物故事也成了新青年们常常谈论、耳熟能详的掌故。这些几百年前民间文人写下的旧籍小文，所记内容均涉及个人的感情生活。在旧时，这类文字既属闺闱生活琐事，复多不合正统礼教，故皆属文坛末流，为士林所不屑。然而，在西学涌入、新说迭出的二三十年代，这些陈年谷屑却被

---

　　[*]　李长莉，南昌大学人文学院历史系特聘教授。
　　[①]　明末才子冒襄记述与歌妓董小婉婚恋生活的自传体笔记。

翻了出来，成了与西书新著并列流行的文字，此一现象颇值得玩味。更有甚者，当时一些活跃于文坛、负有时名的文人学者，对这类书也很为注意，或撰文推介，或引入著述，以为论述家庭问题之佐证。足见这些旧时文字在此时已不仅仅是引人好奇的昔人逸事，更成为一种与时代思潮有某种契合的文化符号。那么，这种旧文字何以转变成了新符号？其间意义有何变化？对于新观念的生成有何作用？此事关乎传统与现代观念的连续性问题，其中曲折颇值得深究，惜以往史家对此一现象甚少留意。

在这类旧籍中刊印版次最多、流传最广、影响最大的当首推沈复的《浮生六记》。这是一篇乾嘉之际一个苏州无名文人写下的仅3万余字的自传小文，写成后手稿零落，几被湮没，1924年被俞平伯整理标点首次以单行本印行后，据笔者初步统计，直至40年代至少已印行了50余版次，不少出版社在短时间内一印再印，甚至一家出版社在不到10年间就印行8次之多，可见该书受读者欢迎的程度及流传之广。[①] 30年代中期颇有时名的"洋派文人"林语堂又把该书译为英文，并在自己谈论家庭的文章中多次引用。30年代末社会学家潘光旦在关于性学的译著中也引注此书以为例证。他们三位都是成长于五四时期，受新式教育，活跃于当时文坛，积极投身于新文化建设的新一代文化人，但他们对此书的解读，却因各自所持的文化视角和家庭观念而迥然不同。显然，此书所代表的某种传统家庭文化因素，在这三人分别代表的不同观念系统里，有着不同的符号意义，反映了这种传统因素在他们建构的现代家庭观念中具有不同的延续和变异形态。对这一现象深加考察，当会对前述传统与现代观念连续性问题有所回答。

关于《浮生六记》，除了1920—1940年代人们谈论婚姻家庭问题时有所引证之外，此后至1980年代在港台地区还有所续谈，但在大陆地区几乎无人再谈及，只是近十多年来该书才又有重印，也偶尔有人论及，但多将其视为文学作品，从文学角度谈论其价值。[②] 至于将其作为历史资料而论其

---

① 仅现北京国家图书馆注录收藏的这期间印行的就有50余种版本，有的出版社在短时间内印行多次，如1924年北京朴社最早出版了俞平伯校阅本，至1933年不到十年间该社就已印行了八版。此外，上海梁溪图书馆至1928年印行了六版，上海亚光书局至1944年也已印行了六版，桂林综合出版社1944年也出了两版。

② 如齐慧源《神貌绰约　青蓝并辉——谈〈世说新语〉与〈浮生六记〉》，《徐州师范大学学报》2000年第3期。台湾地区则有陈毓罴《沈三白和他的〈浮生六记〉》（台北，大安出版社，1996），记述沈复的生平及关于此书的文学研究。

社会文化史价值者则较少，曾有人对该书作者身世做过考证，① 也有台湾学者在论述明清文人世俗生活时引证过此书内容。② 至于对俞平伯、林语堂和潘光旦三位文化名人的研究，分论各人者虽不乏宏文，但将三位的家庭观念以一线而横做比较，也尚属未见。故此本文拟对《浮生六记》这一代表某种家庭文化传统的文本，以及俞平伯、林语堂和潘光旦三人以各自视角对该书的不同解读进行一番梳理，以求对五四时期新家庭观念建构的不同理路中，这一脉传统因素的延续与变异问题做一探索。

《浮生六记》是一位生活于清中叶乾隆嘉庆年间的苏州读书人写的生活自传笔记。作者沈复虽出身书香门第，自少读书，但并未能学成而考取功名，曾遵父命而学幕学商，但皆无所成，靠其父游幕养家。沈复此书主要记述了他与爱妻芸娘的夫妻生活，以充满感情又生动灵秀的文字，记述了他与才情洋溢的爱妻共同度过了二十多年情投意合、才艺互赏、个性充盈、趣味盎然的夫妻生活，但却因他们个性舒放、不合礼俗的生活方式不被父母大家庭所容，被驱逐离家，终致流离贫病、家破人亡的悲惨结局。这也是在传统家族宗法制度下，不遵守传统礼俗的小夫妻家庭生活的必然结局。实则这种个性化的小夫妻难容于大家族，受到父系家长制大家族的压制，甚至摧残，这在传统时代并不少见，是常态，因此沈复写的这篇文字在当时也并未流传刊印，只是到了晚清时期，其手稿被人从旧书摊上捡到，因其文字之清趣，刊入丛书，但也不为人所注意。然而到了五四时期，知识和观念一新的新文化人发现了其新的价值，遂引起注意，从历史的沉寂中被挖掘出来，经新一代文化人的解读而焕发出新的生命，并在人们的不同解读中折射出多样而丰富的现代意义。

一　俞平伯：新文学青年的启蒙主义解读

——"个性解放"

俞平伯（1900—1990）是五四后第一位向社会推介《浮生六记》并使之流行开来的新文化人。他是沈复的同乡，也生于苏州一个书香世家，15

---

① 江慰庐：《关于〈浮生六记〉作者沈复四事》，《汕头大学学报》1995 年第 1 期。
② 龚鹏程：《中国文人阶层史论》，兰州大学出版社，2004，第 362—364 页。

岁考入北京大学国文门，毕业后在杭州、上海、北京等地大学任教，积极
投身于新文化运动，写作新诗文，后尤以研究《红楼梦》名世。他在1922
年从友人顾颉刚处偶然读到此书，顿感此书"有迷眩人的魔力"，[①] 认为是
"绝妙一篇宣传文字"，[②] 遂加以标点整理，并附以年表，以单行本刊行，还
先后写了两篇序文（其中一篇先于1922年10月在《文学》上发表），该书
1924年由北京朴社首刊，随即广为流传。

　　俞平伯对此书的解读主要反映在他写的两篇序文里。他是积极参与新
文化运动的一名新青年健将，新文化运动的主题之一——由个性解放而促
进民族自强，是他这一时期思考的一个中心，家庭革命和文学革命是他关
注的问题，这本书为他正在思考的这些问题提供了一个十分契合的例证。
俞平伯对此书最为称赏的是沈复夫妇所表现的"个人才性伸展"。在俞平伯
看来，这首先表现为他们夫妇二人不拘礼教而率真任情、个性舒展的生活
态度。俞平伯以赞赏的笔调列举了沈复与芸任情随性的洒脱行为，如他二
人日常生活中不知避人而"同行并坐"的恩爱举止，芸扮男装后"揽镜自
照，狂笑不已"，沈复挽之"逌然径去"相伴出游的逸事等，[③] 在俞平伯看
来，这些"放浪形骸"的举动，无不体现了他们夫妇二人率性任情、使
"个人才性伸展"的个性魅力。[④]

　　受了新文化运动洗礼的俞平伯，曾发表《我的道德谈》[⑤]、《现行婚制底
片面批评》[⑥] 等文章，批评以"男统"为中心的旧礼教和婚姻家庭制度，提
倡恋爱应当作为婚姻的基础，家庭应当有利于"完全发展人性"，[⑦] 他以这
种新家庭观评判此书，以对旧家庭弊端的亲历与洞悉，通过沈复夫妇这一
实例，对沈复夫妇追求个性伸展而受大家庭迫害深表同情，对于中国父系
家长制传统家庭制度摧残个性的危害进行了批判。他在序中批评传统家庭
制度崇尚数代同居、人多家大，使个人缺乏自由的空间，"聚族而居的，人
愈多愈算好，实在愈多便愈糟。个人的受罪，族姓的衰颓，正和门楣的光

①　沈复：《浮生六记·重印〈浮生六记〉序》，俞平伯校阅，第10页。
②　沈复：《浮生六记·重印〈浮生六记〉序》，第3页。
③　沈复：《浮生六记》，第4页。
④　沈复：《浮生六记》，第6页。
⑤　《新潮》第1卷第5号，1919年。
⑥　《新潮》第3卷第1号，1921年。
⑦　孙玉蓉编纂《俞平伯年谱》，天津人民出版社，2001，第30页。

辉成正比例"。① 他指责"中国大多数的家庭的机能，只是穿衣、吃饭、生小孩子，以外便是你我相倾轧，明的为争夺，暗的为嫉妒"。② 在这种家庭制度中，人的个性不得伸展，个人的幸福更无可言，只能像奴隶一样地生活，如稍有违抗，便会引致冲突。他认为沈复夫妇就是"不肯做家庭奴隶"而保持个性、追求个人幸福但却遭受摧残的一个典型。他指出，沈复夫妇"放浪形骸之风本与家庭间之名分礼法相柄凿，何况在于女子，更何况在于爱恋之夫妻，即此一端足致冲突"。③ 他赞赏沈复夫妇在大家庭环境中坚持个性的勇气，指出他们"虽无反抗家庭之意，而其态度行为已处处流露于篇中"。④ 俞平伯认为，传统家庭制度中存在礼法与个性的固有矛盾，因而旧时代家庭悲剧是很常见的，而这些家庭悲剧的主因皆可归于此。他说："大凡家庭之变，一方是个人才性的伸展，一方是习俗威权的紧迫。"⑤ 因此，沈复夫妇的悲惨遭遇并不属偶然，而"是表现无量数惊涛骇浪相冲击中的一个微波的银痕而已"。只是沈复记述下来的这个例证如此真实生动，"已足使我们的心灵震荡而不怡"。⑥ 所以他才顿感这正是自己提倡个性解放新家庭观念的"绝妙一篇宣传文字"。

《浮生六记》被俞平伯作为"个人才性伸展"的典型，作为"个性解放"的同构符号而赞扬，表明了俞氏对于此书所代表的个人本位家庭观念的肯定。由大家庭本位向个人本位的转换，这是五四时期新青年家庭革命观念的一条主线，俞氏显然是认同这一主线的。然而即使在这一主线之内，所谓个人本位的含义也有不同分殊。就俞氏而言，他由解读《浮生六记》所提出的个人本位的家庭观，虽然在总体意义上与西方个人主义类同，但其终极意义却与西方个人主义有所不同。其直接目的首先不在于个人追求幸福，及个人权利意识的确立，而在于民族的自强，是一种群体性的立场。他提倡个性解放与"个人才性伸展"，前提是他认为中国人的个人才性被旧家庭礼教制度所压抑摧残，因而出不了"天才"，造成民族的积弱，在他看

---

① 沈复：《浮生六记·重印〈浮生六记〉序》，第 7 页。
② 沈复：《浮生六记·重印〈浮生六记〉序》，第 8 页。
③ 沈复：《浮生六记·重印〈浮生六记〉序》，第 6 页。
④ 沈复：《浮生六记·重印〈浮生六记〉序》，第 3 页。
⑤ 沈复：《浮生六记·重印〈浮生六记〉序》，第 6 页。
⑥ 沈复：《浮生六记·重印〈浮生六记〉序》，第 8 页。

来，只有打破了旧制度，使中国人都像沈复夫妇这样使"个人才性伸展"，个性得到自由和解放，中国社会才能见"天才挺生"，[①] 使民族产生复兴的活力。个人才性伸展—天才挺生—民族自强，这就是俞平伯将沈复作为符号意义的观念链条，这个链条从个性伸展开始，而以民族自强的群体性目标为终。俞平伯对此书的解读，就是将其作为阐释"个性解放—民族自强"这条五四启蒙思想主线的一个例证。正因为如此，俞氏的解读及对此书的揄扬受到新青年们的认同，使此书很快在青年中流行开来。

二　林语堂：边缘文化人的西方视角解读

——"艺术生活"

《浮生六记》在经俞平伯推介流行约十年后，1935 年，又被林语堂译为英文介绍给西方。他在此书的译序中对此书做了评论，在此前后发表的其他多篇谈论中国文化和中国人生活的文字中也多处引述此书内容。林氏在围绕此书的这些议论中，对于沈复夫妇的生活方式所代表的这一民间传统，做出了与俞平伯颇为不同的一种解读。

林语堂（1895—1976）也是成长于五四时期的新文化人，但他的身世和文化背景却与俞平伯有很大不同。他出身于福建乡村一位基督教牧师家庭，自幼生长于基督教圈子中，稍长即入教会学校读书，由小学而中学，后入上海圣约翰大学。毕业不久他又赴美国及欧洲留学，1923 年获博士学位后回国，在北京各大学教授英文，以"洋派文人"的形象而名于时。他曾积极投身于新文化运动，后在政治高压和个人生活境遇优裕等诸种因素的作用下，立场发生变化，对政治和激进文化活动逐渐疏离，转而提倡幽默、闲适，宣扬"以自我为中心，以闲适为格调"。[②] 他用英文撰写介绍中国文化的文字在美国发表，使他赢得声誉，自诩为"两脚踏中西文化"，即处于中西之间的边缘文化人，且由于其教育背景及职业性质，西方文化在他的知识结构中处于基础和主干的地位，并成为其观察问题的文化底色。

---

① 沈复：《浮生六记·重印〈浮生六记〉序》，第 6 页。
② 《人间世》发刊词，《人间世》第 1 卷第 1 期，1934 年 4 月 20 日。

　　就是在这种背景下，林语堂在 1935 年将《浮生六记》译为英文，送到美国出版。这本书使他感触至深，他将此书列为"足以代表中国生活艺术及文化精神（的）专著"之一，① 还写了一篇充满激情的译序，首先在国内刊物上发表。② 他还在多篇谈论中国文化和中国人生活的文字中屡屡引述该书的内容，如在其后两年写成的英文书《生活的艺术》中，不仅大段摘录《浮生六记》的内容并加以赞许，还专门写了题为"两个中国女子"一节，称赞芸娘和《秋灯琐忆》中的秋芙是两个"最可爱的中国女子"。这些文字表达了他对此书所代表的一种家庭生活方式的看法，反映了他的家庭观念和生活理想。

　　林语堂的视角与俞平伯的有一点相同之处，就是他也赞赏沈复夫妇舒展个性、追求个性自由的生活态度，而反对大家庭制度对个性的压制，因而与俞平伯一样，他也属于当时新青年所倡扬的"个人本位"新家庭观念的阵营，其思想与个性解放的启蒙思潮方向是一致的。但他的视角又与俞平伯的有着根本性的差异，俞平伯对沈复夫妇伸展个性的肯定，重心在批判大家庭制度摧残个人才性的罪恶，强调个人才性伸展与民族群体强盛的相关共生关系，目标在使中国"天才挺生"而致民族自强，从中可以看到传统群体主义观念的某种延续。而林语堂对沈复夫妇生活方式的肯定，则更偏重于对个人幸福的追求，是一种更彻底的个人本位观念，从这一点来说，他更接近于西方的个人主义。

　　林语堂在这种比较彻底的个人本位观念的观照下，所关注的就不是像俞平伯所注重的沈复夫妇个人才性伸展受到大家庭摧残的悲剧，这种悲剧性只在他的文字中一笔带过，他关注的重心并大加赞美的是沈复夫妇充满个性才情和闲情意趣的生活态度。他赞美这对夫妇"爱美爱真的精神和那中国文化最（具）特色的知足常乐恬淡自适的天性"。③ 他在多篇谈论生活艺术的文章中，引述沈复夫妇对庭院房间的布置、插花的艺术、享受大自

————————

① 林语堂：《关于〈吾国与吾民〉》，《宇宙风》第 49 期，1937 年 10 月，转引自《中国人》，沈益洪、郝志东译，第 418 页。
② 英文登于《天下》月刊 1935 年创刊号，中文刊于《人间世》。
③ 林语堂：《〈浮生六记〉英译本序》，远明编《林语堂著译人生小品集》，浙江文艺出版社，1990，第 114 页。

然等种种怡情悦性而富于艺术情趣的记事，赞赏"他俩都是富于艺术性的人"。① 他特别赞美芸具有"爱美的天性"，② 她与丈夫一起赏景联句，亲手制作美食等，使日常生活充满了艺术情趣。所以他认为，既有才识雅趣，又具爱美天性的芸"是中国文学中所记的女子中最为可爱的一个"。③ 赞美她"虽非西施面目，并且前齿微露，我却觉得是中国第一美人"。④ 他同情芸"爱美的天性与这现实的冲突"所造成的悲剧，认为"这悲剧之原因不过因为芸知书识字，因为她太爱美"，⑤ 在林语堂看来，"这对伉俪的生活是最悲惨而同时是最活泼快乐的生活"。⑥ 可见，林语堂所赞赏的沈复夫妇的生活态度和生活方式，与他这一时期所倾心提倡的闲适生活的品位正相契合，甚至沈复的写作态度和写作风格，即"一个不出名的画家描写他夫妇的闺房中琐事的回忆"，⑦ 也与他提倡的被讽为"小摆设"的文字风格颇相类似，反映了他在个人主义生活态度上与沈复有某种相通性。

林语堂对《浮生六记》的解读，表现了他所崇尚的个人主义和闲适主义的家庭观念，反映了他的家庭生活理想。他对芸爱美天性的赞赏，反映了他理想的女子（妻子）形象；他对沈复夫妇情趣相投的赞赏，反映了他理想的夫妇关系；他对沈复夫妇充满艺术美感和闲情逸趣的生活方式的赞赏，反映了他理想的家庭生活样式；他对沈复夫妇知足常乐恬淡自适的生活态度的赞赏，反映了他所推崇的生活态度。因而，沈复夫妇成了他所崇尚的"闲适生活"的一个符号，他的家庭理想的一个例证。

林语堂对《浮生六记》的这种解读，蕴含着多重意义，反映出透过林语堂的眼光过滤后，该书内涵传统元素的某种变异。概而言之，有以下三层：第一，林氏将沈复夫妇作为理想的个人本位家庭生活的一个典型而推崇，体现了西方个人主义人生观的影响。第二，林语堂对沈复夫妇恬淡自适的生活态度的推崇，体现了中国自然主义和乐生主义人生观的影响。第三，林语堂对沈复夫妇"闲适生活"的推崇，体现了他作为一个中西文化

---

① 林语堂：《生活的艺术》，《林语堂文集》第 7 卷，作家出版社，1995，第 272 页。
② 林语堂：《〈浮生六记〉英译本序》，远明编《林语堂著译人生小品集》，第 114 页。
③ 林语堂：《生活的艺术》，《林语堂文集》第 7 卷，第 272 页。
④ 林语堂：《论读书》，远明编《林语堂著译人生小品集》，第 178 页。
⑤ 林语堂：《〈浮生六记〉英译本序》，远明编《林语堂著译人生小品集》，第 114 页。
⑥ 林语堂：《〈浮生六记〉英译本序》，远明编《林语堂著译人生小品集》，第 115 页。
⑦ 林语堂：《生活的艺术》，《林语堂文集》第 7 卷，第 272 页。

边缘人的西方视角和民族主义情结。

由林语堂对《浮生六记》的解读，我们还可以看到，林氏这种理智认同西方与感情依恋中国、西方知识结构与民族主义情结交织的边缘文化人心态，使他在西方工业文明价值与中国人生哲学价值之间，在中西不同的现实需要之间，常常陷于彼此矛盾因而左右失据的状态，在交替使用两种文字与面对中西双方听众之时，也常陷于互混与错位的窘境，有时甚至连他自己也被搞糊涂了，因而他在晚年自传中称自己的一生是"一团矛盾"。他到晚年又回归基督教，也是其文化心理"一团矛盾"的体现。正是这种自我定位上的混淆与矛盾，使他在西方文化坐标下看待民族文化，评判民族文化的价值，而与中国现实需要之间出现错位。应当说，中国现代文化的基本因素多由西方移植而来，很易于造成中国文化人的这种心理"迷失"与认知错位，所以这种"边缘文化人"心态与错位的认知方式，在当时文化人中并不少见，或在许多人身上都或多或少地存在，林氏只是一个突出的典型。而且直至今天，其余脉犹在，仍常见一些向国人讲述着西方话语的"边缘文化人"，也患着与林氏同样的水土不服之症。

三　潘光旦：社会学家的优生学方法解读

——"个人主义家庭观"

在林语堂将《浮生六记》译为英文介绍给西方的数年后，另一位也成长于五四时期，曾留学美国，并且是林语堂主办的《论语》的作者之一的社会学家潘光旦，在他翻译注解的英国人霭理士《性心理学》[①] 一书中，在一处注释中提到了《浮生六记》，作为论证该书论点的一个例子。在他的话语体系里，他对《浮生六记》意义的评判则与俞平伯和林语堂都截然不同，在俞、林二氏那里，沈复夫妇的生活方式都是正面价值的符号，而在潘光旦这里，却是负面价值的符号，反映了这位社会学家所持有的另一路向的家庭观念，及沈复夫妇生活方式在其中的符号意义。这种不同，主要源自

---

① 〔英〕霭理士（Havelock Ellis）：《性心理学》（*Psychology of Sex*），潘光旦译注，原书英国1933 年出版，潘光旦于 1939 年开译，1941 年译完，1946 年在重庆出版。本文据三联书店1987 年版。

他与俞、林二氏的知识背景和学术理路不同。

潘光旦（1899—1967），江苏宝山人，14 岁入清华学校读书直至 23 岁，因而他与俞平伯一样，自少年时起就在北京受五四新文化运动的洗礼，虽然他当时没有像俞、林二氏那样冲杀在文学革命的前线，但五四启蒙思想仍是他思想观念的底色，因而无论是在出国留学期间，还是回国以后，他都一直怀着科学救国、启蒙民众、改造社会、振兴民族的厚重的社会责任感。潘光旦与俞平伯和林语堂最大的不同，是他的知识结构和学术取向具有较强的科学专业性。他比较早地接触了西方心理学专业知识，在 1920 年读清华高等科时，他就阅读了霭理士六大本《性心理学研究录》，及美国学者弗洛伊德的《精神分析导论》等著作，对西方性心理学发生兴趣，并开始尝试运用这种理论方法进行学术研究。他 1922 年于清华毕业后赴美留学，专攻生物学、优生学、社会学，受到了专门系统的西方科学训练，获理科硕士学位。在此期间，他开始运用学到的专业知识进行优生学研究，撰写了多篇文章寄回国内发表。这种教育背景，使他的知识结构和学术视野都具有更明显的西方专业科学色彩。1926 年他回国后，先后在上海、北京等地任教，抗战爆发后又转至昆明西南联大。他一直教授社会学，自我定位为"社会生物学者"，[①]并终生抱持着这一学术专业立场来研究中国的优生、婚姻、家庭、教育等社会问题，积极撰文参加学界有关这些方面的讨论，以优生学家、社会学家而有时名。可以说他是位科学专业型的文化人。

霭理士的《性心理学》一书，就是他在西南联大期间翻译的。在这本书谈到人的恋爱婚姻与家庭和种族关系的问题时，他在进一步申论霭理士论点的注释中，对当时流行的《浮生六记》等书做了评论，所赋予的意义便与俞、林二氏大相径庭，反映了他由"社会生物学者"的立场对于这一类书及其流行现象的解读。潘光旦翻译霭理士批评恋爱时只追求私人性而不顾及社会性的论述时，加了批注道："近代青年，在一部分文人的提倡之下，很喜欢阅读冒襄《影梅庵忆语》和沈复《浮生六记》一类的书，他们应知这一类的书，如果当文艺小品看，固然有它们的价值，但若当恋爱生

---

① 潘光旦：《二十年来世界之优生运动》，《潘光旦文集》第 1 卷，北京大学出版社，1993，第 342 页；原载《东方杂志》第 22 卷第 22 号，1925 年 11 月 25 日。

活的规范与金科玉律看，那是一大错误。"①

潘光旦以一个优生学家、社会学家的立场，对《浮生六记》以及"近代青年，在一部分文人的提倡之下"热读这一类书的现象做了解读和评价，其意义略有以下三层。

第一，认为沈复夫妇所代表的，是一种不适于"种族竞存"的个人主义婚姻模式。

"种族竞存"的理念，是他从一个"社会生物学者"的专业立场，以进化论和优生学为理论基础而提出的，他在多篇谈论婚姻家庭的文章中做过阐述。他的这一观念在求学期间即已基本形成，在美国留学期间，他受到西方优生运动的很大影响，服膺于以生物进化为理论基础的优生学，曾撰写数篇介绍西方优生学，以及运用优生学理论阐述中国优生问题的文章。他于1924年写了《优生概论》② 一书，介绍西方优生学的兴起。同年他还写了《中国之优生问题》③ 一文，提出中国社会在西化东渐以后，观念、社会信仰和社会组织都在发生变迁，其应当确立的新准则就是基于优生学的"种族竞存"。④ 潘光旦以"种族竞存"为核心理念，提出指导中国社会的婚姻家庭观念，其宗旨应是"务使新观念之形成，新组织之产出，与种族图强之大旨不相违反"。⑤ "种族图强"，这就是他提出的新婚姻家庭观念和制度的目标。因此，他对五四以后知识界一直流行的以个人幸福为重心的婚姻观表示不满，而主张婚姻家庭问题的重心，首要的是"为种族治安计，为国家永久计"，故需"在在须别具一副眼光以观察之"。⑥ 这种"种族竞存"理念，贯穿于他的学术生涯，也贯穿于他对恋爱、婚姻、生育、家庭、教育等一系列问题的研究之中。

正是由"种族竞存"的目标出发，他在与家庭相关的个群关系方面，是站在民族群体立场上的，而与俞平伯、林语堂二人所代表的当时启蒙思潮主流偏于"个体"的一方不同，因而他对五四以后流行的个人本位的家庭观念

---

① 〔英〕霭理士：《性心理学》，第 466 页注（17）。
② 潘光旦：《优生概论》，新月书店，1928，《潘光旦文集》第 1 卷。
③ 潘光旦：《中国之优生问题》，《东方杂志》第 21 卷第 22 号，1924 年 11 月 25 日，自美国优生学馆。
④ 潘光旦：《优生概论》，《潘光旦文集》第 1 卷，第 266 页。
⑤ 潘光旦：《优生概论》，《潘光旦文集》第 1 卷，第 286 页。
⑥ 潘光旦：《优生概论》，《潘光旦文集》第 1 卷，第 280 页。

持较多的批判态度。他明确反对五四以后流行起来的偏重个人主义的婚姻家庭观，认为"个人主义末流之弊危及种族"。他指出，"个人主义末流之弊，视生产为畏途，视婚姻为儿戏"，① 直接危害生育后代及社会的安定。他批评当时青年中流行的自由恋爱、独身主义、超贤妻良母等思潮，认为这是过于偏重个人主义而有害于种族的倾向："国内个人主义在在有发展过当之趋势，一端有自由恋爱，一端有独身主义；超贤母良妻之言论，触处皆是；虽未必尽成事实，要皆为种族不祥之兆。"② 他认为，婚姻不能只顾个人眼前的幸福，而是应当顾及社会及种族的长远利益，要"使婚姻生活的效果对于个人、对于社会、以至于对种族，可以更加美满"。③ 在"种族竞存"家庭观念的观照下，《浮生六记》沈复夫妇作为个人主义婚姻观的一个象征符号，自然受到否定性的评价，故被他判定不应当作为"恋爱生活的规范"。

第二，潘光旦对于青年喜读《浮生六记》现象所反映出的混淆理想与现实的恋爱至上主义，对于婚姻缺乏科学态度的倾向予以批评。

由潘氏的注文中我们可以看到，对于"近代青年""很喜欢阅读……沈复《浮生六记》一类的书"，以及青年们把这一类书"当恋爱生活的规范与金科玉律看"这种现象，他明确指出"那是一大错误"。他主张对于婚姻家庭应当以科学的、现实的态度来对待，而不应当以脱离实际的幻想作为指导现实生活的准则。

"恋爱至上"是五四以后青年中盛行的新婚姻观，潘光旦则由社会生物学者的立场，撰写多篇文章反省这一社会思潮，批评这种婚姻观是不科学、不理性、不现实的。他批评青年们热衷于对恋爱至上婚姻生活的浪漫幻想，但现实生活却并非如此，结果往往造成青年的失望和婚姻悲剧，他说："一个人，决没有一生都是在恋爱中过活的。最近，常见一般青年，初恋的时候，是很热烈的，等到结婚以后，恋爱的兴趣渐低，甚至于消失，于是就认为是感情破裂，双方非离婚不可，这是极端错误的。"④ 他以生理学和心

① 潘光旦：《优生概论》，《潘光旦文集》第 1 卷，第 285 页。

② 潘光旦：《优生概论》，《潘光旦文集》第 1 卷，第 281 页。

③ 潘光旦：《〈性的道德〉译序》，〔英〕霭理士：《性的道德》，潘光旦译，上海青年协会书局，1934，第 2 页。

④ 潘光旦：《性与社会——性与青年第二讲》，潘乃谷等选编《潘光旦选集》第 1 集，光明日报出版社，1999，第 118 页，原载《年华》第 4 卷第 43 期《优生副刊》，1935 年 11 月 2 日。

理学为依据，宣传科学的性爱理论，指出："性爱是一个生物的、心理的、与社会的现象。"① 两人的恋爱不可能与社会关系和实际生活割裂开而孤立永恒地保持。恋爱至上主义是把脱离实际的虚幻理想当作了现实的准则，这是一种非科学的态度，以这种观念作用于社会，则会造成种种危害："适用于思想，则成种种玄学观念。若适用于社会改革，则其产果即为各色之乌托邦或各种臆断之主义。"② 所以，他反对青年们热衷于充满恋爱浪漫情调的《浮生六记》一类书，反对将沈复夫妇的浪漫婚姻作为现实生活的楷模，认为这是一种不现实、非科学的婚姻态度。

第三，潘光旦批评"一部分文人的提倡"，造成青年热读《浮生六记》一类书并崇尚个人主义婚姻观，这些文人是以非科学态度误导青年。

潘光旦所主张的"种族竞存"的优生观有一个基本观点，就是认为人类的进化竞存不完全是自然命定、完全被动的，人不应盲从于生物进化律，而是具有一定的主观能动性，人可以依据理智和经验来做出适于优生进化的选择，从而建立符合优生原则的婚姻家庭制度。而承担这种建构新制度、新观念责任的，首先应当是掌握科学知识和科学方法，负有社会责任，特别是负有教育青年责任的文化人。但"一部分文人"向青年提倡《浮生六记》所代表的个人主义婚姻观，这是违背科学精神，也是对社会和青年不负责任的。在他看来，如果说青年还未经过家庭生活的实践，不了解婚姻家庭的真实情况，因而抱有恋爱至上的幻想还有可谅解的一面，那么，经过了家庭生活实践、了解婚姻真实情况，又负有教育和指导青年责任的教育者、文化人，却不以科学的态度对待婚姻家庭问题，而是将不切实际的幻想作为指导青年实际生活的准则来提倡，这则是尤为错误的。

他在1930年对几位教育名人的婚姻家庭观所做的评论中，集中讨论了这一问题。他的这篇评论起因于《申报》的一篇新闻报道，该文报道了国民政府立法院宴请"全国教育会"全体会员，席间主会者向这些教育精英询问当时青年中热烈讨论的对于性、婚姻和家庭存废问题的意见。报道中记述了蔡元培、蒋梦麟、吴稚晖、李石曾、张默君、钟荣光等八人的回答

---

① 潘光旦：《性爱在今日——过渡中的家庭制度之三》，潘乃谷等选编《潘光旦选集》第1集，第175页。

② 潘光旦：《冯小青———件影恋之研究》，新月书店，1929，潘乃谷等选编《潘光旦选集》第1集，第43页。

意见,他们都是当时教育界最有名望和影响力的权威人物。但这八位人士的回答,除了敷衍说笑话及模棱两可之外,有明确意见者可归为两条:一是主张或赞同废除婚姻和家庭,钟荣光和蔡元培即主此说;二是认为由于现实条件的限制而不可能马上废除,但不远的将来必然废除,如蒋梦麟说五十年后必然废除,李石曾说由存向废是必然趋势。潘光旦对于这些教育权威人士的态度和观点十分不满,遂写了一篇评论,对他们的发言提出尖锐批评,并指出"这个批评,并且可以适用于其他切心于社会改革的人"。① 他批评这些教育家对于婚姻家庭问题缺乏科学的认识态度,指出这几位教育界权威人士,"在青年视听集中于少数权威身上的今日的中国",在立法院举行的正式宴会上回答正式询问的公开发言中,极为缺乏教育青年的社会责任感及讨论问题的科学态度,他们回答的"这许多话中间……几乎没有一句像要用科学方法来解决社会问题的口吻"。② 他针对蔡元培主张废除婚姻和家庭,并设计了一个没有婚姻和家庭的理想村的发言,指出蔡氏"论婚姻的理想,真是美满极了,无奈行不通何,无奈与社会的联络性绵续性太相刺谬何?"③ 他批评蔡氏"自己是中央研究院社会科学研究所民族组的组长,谅来决无不了解这一点初步的社会学智识之理"。④ 潘光旦对这些负有指导青年责任的教育界权威人士,以这种非科学的态度提倡废除婚姻家庭,以不负责任的轻率态度向公众谈论这一重要的现实社会问题,表示了极大的愤懑,认为这是误导青年、贻害社会。

由上可见,无论是他批评热读《浮生六记》一类书的青年,还是批评提倡阅读这类书而误导青年的"一部分文人"(其中应当也包括俞、林这样的提倡者),他指出这些人有一个共同病症就是对于婚姻家庭问题,缺乏科学的态度和立足现实的认识方法,因此才会产生错误的婚姻家庭观。他认为,应当用科学的方法来建构有利于"种族竞存"的新家庭观念和制度。那么,这种科学方法是什么呢?他认为:"以言观点,则为生物演化的;以言目的,则种族价值之提高居大半;以言方法,则重事实而轻浮词臆说;以言

---

① 潘光旦:《姓、婚姻、家庭的存废问题》,《潘光旦文集》第 2 卷,第 414 页,原载《新月》第 2 卷第 11 期,继载《人文史观》,商务印书馆,1937。
② 潘光旦:《姓、婚姻、家庭的存废问题》,《潘光旦文集》第 2 卷,第 412—413 页。
③ 潘光旦:《姓、婚姻、家庭的存废问题》,《潘光旦文集》第 2 卷,第 410 页。
④ 潘光旦:《姓、婚姻、家庭的存废问题》,《潘光旦文集》第 2 卷,第 411 页。

实际之兴革，则认旧制度有相当之价值，而宜利而用之。"① 以生物演化为理论，以种族图强为目的，以尊重事实为方法，以现有制度为基础——这就是他所主张的认识婚姻家庭问题的"科学方法"。

那么，由这种"科学方法"，他得出了怎样的婚姻家庭观念呢？他认为，西方由个与群的对峙观念，形成了个人主义"小家庭论"与社会主义"无家庭论"这两个极端形式，② 它们都是偏颇的，都不利于种族竞存。他认为，基于中国现实应取兼顾个群的家庭观，采取折中家庭形式，即包括老、壮、幼三辈的单系主干家庭，其他成年子女分居但也赡养父母。他认为这是社会学家"瞻前则有演化事实为之张本，顾后则抱有循序渐进之志愿"，"不为理想和成见所蒙蔽"而做出的判断。③ 实则这也是当时一般中下之家比较普遍的家庭形式。他认为，折中家庭制度有两大益处：既有利于"种族精神上与血统上之绵延"而具有"生物效用"，又有利于"训练同情心与责任心"而具有"社会效用"。与中国旧家庭制度相比，则"去旧日家庭形式，而无害于其承上起下之推爱精神"。④ 可见，在家庭关系上，他更强调家庭成员间的"种族绵延"和"同情心与责任心"等群体利益的一面，而不是个人幸福的一面。

由今天的眼光看，潘光旦所提出的折中家庭形式，基本适合于当时及此后中国广大农村及部分城镇，即社会福利还不能解决养老与抚幼问题的前现代及不完全现代社会。但潘氏的优生学家庭观，也有过于强调"种族竞存"的群体利益，强调以后代优生为中心，却对个人幸福及利益有所忽视的偏颇，而个人的幸福及利益，毕竟是工业化市民社会的基本要素，是现代社会发展的动力与方向。家庭作为个人与社会之间的基本组织，其观念与制度形态，是在特定社会条件下个人与群体利益协调的结果。就家庭而言，个人幸福与社会和谐、种族繁衍这三者之间的协调，应当是个依不同社会条件而不断调整的。

---

① 潘光旦：《〈中国之家庭问题〉序》，潘乃谷等选编《潘光旦选集》第 1 集，第 130 页。
② 潘光旦：《过渡中的家庭制度》，潘乃谷等选编《潘光旦选集》第 1 集，第 149 页，原载《年华》第 5 卷第 33、34 期，1936 年 8 月。
③ 潘光旦：《关于祖宗父母者》，《潘光旦文集》第 1 卷，第 136 页。
④ 潘光旦：《关于祖宗父母者》，《潘光旦文集》第 1 卷，第 135—137 页。

结语：三种解读理路之比较

由上可见，《浮生六记》这个传统时代几被湮没的民间小家庭生活的平凡故事，到了五四以后，却由于价值系统和话语体系的改换而重新焕发出了生命力，俞平伯、林语堂和潘光旦就是以新的眼光重新解读此书的三位代表人物，而且由于他们各自价值系统和话语体系的差异，赋予了该书不同的符号意义。俞平伯从新文学青年的立场，由启蒙主义的认识理路，将之作为"个性解放"的符号纳入个性解放—民族自强的启蒙主义话语体系中，赋予其正面的意义。林语堂则是从介于中西之间的边缘文化人立场，由西方视角，将之作为"闲适生活"的符号纳入后工业主义及民族主义的话语体系中，从另一个角度也赋予其正面的意义。而潘光旦则从社会学家的立场，由优生学的科学方法，将其作为"个人主义婚姻观"的符号，纳入"种族竞存"的家庭观念体系中而赋予其否定性的意义。他们三位分别代表了五四以后二三十年代新文化人中相当流行的启蒙主义、西方主义和科学主义这三种认识取径，而他们对《浮生六记》一书所做的不同解读，则反映了此书所代表的一种民间传统，在这三种现代家庭观念建构理路中所具有的不同意义，其中蕴含着传统在现代观念中延续与变异的一些特点，下面做一比较分析。

首先，他们三位的解读有两个共同点。

第一，他们都以新的文化视域对《浮生六记》做了一种话语的转换，从而使传统元素转变为某种新观念的符号。

他们三位都生于世纪之交，成长于五四时期，受新式教育，也都程度不同地参与新文化运动，都有新文化思潮的背景，受新文化思想影响，属于新一代文化人，形成了与传统完全不同的新价值系统和话语体系。与前几代文化人相比，他们这一代已经基本完成了由传统向现代的"话语转换"。从价值系统方面他们都已经抛弃了传统儒家观念而代之以现代主义的价值观。从认知立场方面他们也都脱离了文化"卫道"的传统定位而抱有深切的民族振兴关怀，这也是五四一代文化人的共同情结。他们就是在这种共通的新文化视域下对《浮生六记》重新进行解读的，而《浮生六记》的面貌和意义也正因这种"话语的转换"而幡然改观，由旧视域下几无意义的琐屑卑文，一变而为颇有价值的新观念符号。

但也正是由于这种"话语的转换"，此书文本的本来意义在他们的解读中发生了某种误读和扭曲。细察他们的认知思路，都是在新的文化视域下，将该书文本的原来意义体系肢解，从中抽离出某种元素，赋予其新观念的符号意义——个性解放、艺术生活或个人主义婚姻观。一种传统就这样经过元素抽离、话语转换、变质、成为某种新观念符号，最后被纳入新观念体系之中。这就是他们三位对《浮生六记》的解读，给我们勾画了一种传统元素在现代观念中复活并延续的线路图。

第二，他们都将《浮生六记》所代表的民间传统作为建构新观念的内在资源，从而使现代家庭观念接续上了民族传统之根。

他们三人作为五四一代新文化人，其建构新观念的基本知识主要是源于西方的现代知识，而对于传统文化，依我们以往的通见，他们也自然具有与五四一致的决然"反传统"倾向。然而由他们对《浮生六记》的解读可知，他们却非一概地反传统，或非反对一切的传统。实则在他们的传统文化储备中，固然有正统儒学一类已被列于"反对"行列的一脉，但同时还有《浮生六记》一类以往属于异端、居于下位的民间传统一脉，而正是这后一脉是他们所亲近、所包容，甚至加以借助和赞赏的，并且成为他们建构新观念的知识资源。

他们与《浮生六记》的相遇并非偶然，由他们留下的大量文字可以看到，他们都对民间传统文化抱有浓厚的兴趣，都阅读过不少这方面的书。最早推介《浮生六记》的俞平伯，后来以毕生精力专研世俗小说《红楼梦》，显然民间文化成了他的安身立命之所系；洋派文人林语堂由孟姜女故事的"启蒙"，以及专举民间文化将其推许为中国文化的精华，所述文字中常引野史小说，亦足见其对民间文化的偏爱；而坚守科学立场的潘光旦，虽然批评青年热读《浮生六记》一类书，但由他以明清野史作为开始心理学研究的资料，到《性心理学》译注中征引旧时笔记小说竟达百余种之多，[①] 可见

---

① 潘光旦译《性心理学》一书注释中征引的书籍主要有三类：一为西人书籍；二为传统典籍，如《诗经》《左传》《礼记》《周礼》《书》等，以及《后汉书》《晋书》等正史之类，然引此类书内容并非阐释圣贤之道的"佳言警句"，而是关于民风民俗的记述，故亦应属于"民间文化"一系；三为旧时笔记小说，多为明清之作，内容均为民间记事，此类据笔者统计有百余种，为三者中数量之最。

其对民间文化的熟悉与积累。这些都表明，他们三人都有着对民间俗文化的爱好，且民间俗文化是他们建构新观念的重要知识资源。

五四后新文化人对于国学，由旧时的"注经"，转而为"释俗"，这在中国学术史上是一重要的学术转向。此一转向自有其时代趋会之因缘，基于世俗生活的民间文化传统一脉更近于人性，因而与现代文化精神相通，故束缚人性的礼教儒学被抛弃后，作为其对立面的民间文化便成为既与现代性相亲和，又为民族文化一线所系之命脉，其被新文化人启用为建构新观念、新文化的内在知识资源，便是一件顺理成章的事。故五四文化人被后人赋予"反传统"形象，从某种意义上说，实是一种只以正统儒学为传统的误判，实则他们对以往居于下位的民间文化传统多有借助与延续。由此可见，在现代新文化、新观念建构中，除了西方文化这一外在的主要知识资源之外，民间文化传统应是另一支虽地位稍逊，但亦不容忽视的内在文化资源。对于此点以往人们多有忽视。至于这一脉民间传统的元素构成如何，其中何种元素与现代观念如何接续，以及对于中国现代观念建构有何影响等诸问题，更是值得做深入省察的课题。

他们三位除了上述共性之外，还因出身、教育背景、知识结构、社会角色、价值观念及个性爱好的差异，对《浮生六记》的解读有以下两个不同点。

第一，他们三人因关于家庭观念的价值观和视域不同，对《浮生六记》符号意义的认知有差异。

他们三位在解读《浮生六记》时都已形成了比较成熟的新家庭观念，但其价值核心有所不同，并由此形成了不同的视域，在此不同视域下解读此书文本，便各自抽取不同的内容将其符号化，赋予其不同的意义。故此这同一个文本在他们那里便呈现出三种不同的映象：在俞平伯那里是"个性伸展"的例证，在林语堂那里是"闲适生活"的样板，而在潘光旦那里则是"种族竞存"对立面"个人主义家庭观"的标本。由他们对《浮生六记》文本解读所形成的这种不同，可知他们建构的现代观念中传统所承载的符号意义，是由其价值核心及其认知视域所决定的，经过这种"视域"的"过滤"，传统的原文本发生了意义的变异。于此可见，他们对于这一传统的解读和认知的差异，并非出于承载传统信息的文本本身，而是在于他们各自的视域不同。因而欲究传统在现代观念中如何延续，弄清认知者的视域，亦即"过滤网"的构造当是其关键。

第二，他们三人认识方法的不同，导致《浮生六记》符号意义的不同变异。

俞平伯推介《浮生六记》，意在宣传"个性解放"的五四启蒙精神，所以他见到此书便感叹其是"绝妙一篇宣传文字"，他是以启蒙主义认识理路，有意识地将此书比附为"个性解放"的符号，加以阐发，加以宣扬。但是这种比附则混淆了沈复依附性的"个性伸展"与现代人权意识基础上的个性解放观念之间的区别，从而使个性解放新观念的人权意识内核受到遮蔽。林语堂译介《浮生六记》，旨在向西方人展示中国文化的"优点"，他以西方中心的理路，将该书作为中国人"闲适生活"的样板而介绍给西方人，这种解读虽然很合正陷于工业主义忙碌生活之中的美国人的口味，但返销回中国，却出现了语境上的错位。而潘光旦引述《浮生六记》，则是以科学主义的理路，将其作为有害于"种族竞存"的个人主义家庭观的模式，但他的这种解读，也因过于强调科学理性，而导致人文关怀意识淡薄，对个人利益与个人情感的忽视。他们三人分别所执启蒙主义、西方视角和科学方法的认识取径，虽然对《浮生六记》的符号意义各自做出了一定价值的开掘，但也产生了简单比附、语境的错位和工具理性的偏颇三方面的缺陷，代表了这三种认识取径对待传统的得失。这三种理路都是当时比较流行的文化认知方法，其对于传统延续的作用与得失，也是值得我们继续深究的问题。

今天距沈复泪写《浮生六记》已 200 多年，距俞、林、潘三位解读此书也已数十载，而《浮生六记》在中国又经过几十年的再度遗忘之后，近十数年来出现了再度的流行。据笔者初步统计，自 1980 年至 2003 年，全国各地出版社重印此书已达 40 余版次，[①] 也可以说算得上五四以后的第二次热印。不仅在国内，在日本也有译本。[②] 如果说五四那次流行，主要是应和了俞平伯"个性解放"启蒙主义符号意义的话，那么，考虑到这一次林语堂的书同时热印的因素，则此次林氏"闲适生活"的解读，似乎对于现今正陷于工业文明忙碌生活的中国人更合口味。显然，今天的中国人与当时

---

① 据笔者 2003 年在国家图书馆检索馆藏结果统计。
② 沈復著、松枝茂夫訳『浮生六記：浮生夢のごとし』東京岩波書店、1981（岩波文庫）；沈三白著、石田貞一訳『浮生六記』東京筑摩書房、1962。

林语堂所面对的中国人相比，所处之境况已经有了根本性的改变，当时语境的错位，在今天似乎变成了正位。于此可见，存在于后世观念中的传统，会因时过境迁而改变其意义，无论是文本，还是对其的解读，都只在特定的语境中有特定的意义。故而可以说，在后世观念中的传统，只活在当下的解读之中，而其意义则取决于解读的主体、语境与机制。

五四开放时代与婚姻自由思潮

梁景和[*]

五四时期是中国历史上一个重要的思想文化的开放时代，这里所谓的开放时代是指与以往相比思想文化界的有些知识人很少受到某些传统思想和政治的束缚和压制，可以不受钳制而自由地思考思想文化问题，形成了自由探索思想文化的新时期。本文所关注的主要问题是在五四这样一个自由表达思想文化的开放时代，形成了一股影响深远的婚姻自由思潮。正如时人所说，"婚姻问题，几乎成了今日社会上一个中心问题了。许多有志的青年男女，有的为此牺牲了性命，有的因此苦恼了终生。一般学者也都很注意这个问题，作学理的研究，就事实上讨论，以求正当解决的方法。于此更可知这个问题在社会上的影响与重要了"。[①] 本文所谓的五四时期大致是指 1915 年《青年杂志》创刊至 1925 年前后十年的时间。

一 五四时期的婚姻自由思潮

五四时期形成了一股婚姻自由的思潮。所谓婚姻自由思潮是指这一时期比以往任何时代都更加关注婚姻问题，并在更多的报纸和杂志中发表文章探究婚姻问题，人们谈论婚姻的主题主要是婚姻是否自由，而且比以往任何时代都讨论得广泛和深刻；同时有更多的人走上了婚姻自由的道路，

---

* 梁景和，首都师范大学历史学院教授。

① 泳村：《两个女子的婚姻问题》，《共进》第 23 期，1922 年 10 月。

用自己的实际行动践行着婚姻自由的生活。

（一）更多的报纸刊物深入讨论婚姻问题

五四时期有更多的人以极大的热情关注婚姻问题，并在众多的报纸和杂志中发表文章来探索这一问题。当时参加讨论婚姻问题的报纸，比较突出的有上海《民国日报》的副刊《觉悟》《妇女周报》《妇女评论》，上海《时事新报》的副刊《现代妇女》《学灯》《青光》，《晨报副刊》，《大公报》，《申报》，《盛京时报》，《益世报》，《中华新报》，《妇女日报》，《星火》等。参加讨论婚姻问题的刊物，比较突出的有《妇女杂志》《东方杂志》《新青年》《妇女周刊》《解放与改造》《新潮》《女星》《共进》《法律评论》《少年世界》《社会学杂志》《妇女鉴》《广益杂志》《妇女时报》《女学界》《新妇女》《少年中国》《礼拜六》等。当然，当时讨论婚姻问题的报纸和杂志，不仅仅是上述提到的这些，当时涉及的报纸和杂志是相当广泛的，以上不过举其要者。

我们仅以《妇女杂志》和《申报》为例，看一下自1915年至1925年发表过的关于婚姻问题的文章是一个怎样的状况。根据我们的搜集，《妇女杂志》1915—1925年关于婚姻问题的文章共有172篇，《申报》1915—1925年关于婚姻问题的文章共有178篇，可见其数量之大。

这么多的报纸和刊物发表这么多的文章来探讨与人们的生活密切相关的婚姻问题，关注婚姻的内容又如此丰富，而且在各类报刊中有一大批知识分子参加了讨论，其中著名的文化精英就包括胡适、鲁迅、沈雁冰、周作人、陈望道、张竞生、周建人、章锡琛、吴虞、邵力子等一批知识人。从这一视角可以说明五四时期出现了一次婚姻自由思潮。

（二）婚姻自由的思想主张

在五四这一思想文化开放的时代，"独身，结婚，离婚，夫死再嫁，或不嫁，可以绝对自由"① 的婚姻自由思想得以在社会上进行大张旗鼓的阐释和宣扬。这种婚姻自由的新思想主要表现于如下诸多方面，即恋爱自由、婚仪自由、结婚自由、离婚自由、再嫁自由、同姓结婚自由等思想主张，

---

① 沈兼士：《儿童公育》，《新青年》第6卷第6号，1919年11月1日。

与婚姻密切相关的诸如纳妾、试婚（婚前同居）、独身、废婚等也在五四时期得到了讨论，反映了婚姻自由思潮所包罗的诸多面相。所持的婚姻自由思想主要集中于如下的表述。

第一，关于恋爱自由。强调恋爱与婚姻的统一，认为爱情和婚姻之间的关系如同"光色之与绘画""节奏之与音乐"一样是一体关系。① 认为"谋妇女的自由，必先提倡恋爱的自由；教育经济政治道德的解放，无非是谋恋爱自由的手段，恋爱真正自由了，妇女问题也便解决了"。② 婚姻以爱为基础，恋爱而后成婚姻。主张为了自由恋爱，建议要多建公共娱乐体育和休闲场所，为自由恋爱提供条件和机会。③ 第二，关于婚仪自由。中国的旧式婚姻"偏重礼仪不注重实际"，④ "平常的结婚礼节，实在太麻烦"，⑤ 五四时期，有人认为"现在的婚姻，既是出于自己精神的结合，一切事情，都可以直接交涉，自然用不到问名，请期，许多虚文；就是礼帖和致意帖也何必去用他呢！"⑥ 主张"俗例结婚，前后手续，形同买卖，蔑视人格，非革除不可"，⑦ 一些人认为传统的结婚仪式没有什么必要了。⑧ 第三，关于结婚自由。把婚姻完全看成个人的事情，是由个人的情感决定的。婚姻不应该受到外力的干涉，他人无权决定当事人的婚姻大事。所以要废除"父母之命，媒妁之言"的传统婚姻文化，在婚姻上要"完全凭着男女两人自由的意志，互相结合"。⑨ 第四，关于离婚自由。男女结合是共同生活的开始，双方的感情能否持久，能否有变化还不能确定。对于双方失了往日的爱情，是否还要维持既往的婚姻，有人提出了离婚自由的主张，认为"男女有爱情便可共处，爱情尽了，当然走开"，⑩ "夫妇间没有爱情，就可离婚，不必要什么别的条件"，⑪ 认为要解救无爱情的夫妇，"离婚"是拯救

---

① 《自由离婚底考察》，《陈望道文集》第 1 卷，上海人民出版社，1979，第 157 页。
② 王平陵、章锡琛：《关于恋爱问题的讨论》，《妇女杂志》第 8 卷第 10 号，1922 年 10 月。
③ 林长民：《恋爱与婚姻》，《平民教育》第 46 号。
④ 小岑：《改造途上的婚姻——徐姚结婚记》，《星火》1923 年 4 月 3 日。
⑤ 刘天耳：《婚事漫谈》，《妇女旬刊汇编》第 1 集，1925 年。
⑥ 妙然：《婚制改良的研究》（下），《新妇女》第 2 卷第 2 期，1920 年。
⑦ 蒯希圣、莫一飞：《一个结婚的通告》，《民国日报·觉悟》1922 年 11 月 20 日。
⑧ 参见《妇女杂志》第 10 卷第 12 号的几篇文章，1924 年 12 月。
⑨ 汉胄：《对于一个男女结合宣布式的谈话》，《民国日报·觉悟》1921 年 6 月 7 日。
⑩ 张崧年：《男女问题》，《新青年》第 6 卷第 3 号，1919 年 3 月 15 日。
⑪ 易家钺编译《家庭问题》，商务印书馆，1920，第 109—110 页。

双方"幸福的神"。① 第五，关于再嫁自由。寡妇和全社会都要破除对"褒奖条例"和"贞节牌坊"的迷信，是否再嫁完全是"一个个人问题"，②"夫死再嫁或不嫁，可以绝对自由"，③ 不能因为传统舆论而断了再嫁的念头，有了再嫁的意愿，就要"一往直前"。④ 第六，关于同姓结婚自由。中国有同姓不婚的文化习俗，五四时期有人重新研究"同姓不婚"问题，从历史、法例、生理等方面进行探讨，主张抛弃"同姓不婚"的观念，只要没有血缘关系，完全可以"同姓结婚"。第七，关于试婚自由。五四时期有人主张试婚自由，即婚前可以同居。认为通过试婚，考察对方，满意后再结为伴侣，是获得美满婚姻的一个重要途径。⑤

　　五四时期人们还探讨了与婚姻相关的其他问题，诸如一夫一妻与废妾、情人制、独身、废婚等。关于一夫一妻与废妾，五四时期文化精英主张建立小家庭，实行一夫一妻制，认为"小家庭者，一夫一妻制之精神也"。⑥而实行一夫一妻制就要废除传统的纳妾制度，认为"谋享家庭和平幸福者，尤不可不戒纳妾也"。⑦ 关于情人制，张竞生认为一切婚姻制度必定逐渐被消灭而代以"情人制"。所谓"情人制"，就是以情爱为根本条件的男女结合。在"情人制"下，"它或许男女日日得到一个伴侣而终身不能得到一个固定的爱人。它或许男女终身不曾得到一个伴侣，但时时反能领略真正的情爱"。⑧ 关于独身，独身者希望在事业上有所成就，不愿为家庭所累，"过个人的生涯，专力在学问上研究和服务社会，发挥固有的志向"。⑨ 认为"要打算做'女子解放'急先锋的人，最合适的还是抱独身主义的"。⑩ 这类人是抱着"与其留下肉体的子女，无宁留下事业的功绩"的人生态度

---

① 崔溥：《救济无爱情的夫妇惟一的方法："离婚"》，《共进》第 26 号，1922 年。
② 《贞操问题》，《胡适文存》一集卷四，黄山书社，1996，第 670 页。
③ 沈兼士：《儿童公育》，《新青年》第 6 卷第 6 号，1919 年 11 月 1 日。
④ 陆秋心：《婚姻问题的三个时间》，《新妇女》第 2 卷第 2 号，1920 年。
⑤ 金淑英：《我之理想的配偶》，《妇女杂志》第 9 卷第 11 号，1923 年 11 月。
⑥ 魏寿镛：《改良家庭问题之研究》，《妇女杂志》第 2 卷第 10 号，1916 年 10 月。
⑦ 劳人：《戒纳妾》，《东方杂志》第 12 卷第 6 号，1915 年 6 月 1 日。
⑧ 《张竞生文集》上卷，广州出版社，1998，第 151 页。
⑨ 张松云：《婚姻与独身》，《民国日报·觉悟》1922 年 11 月 5 日。
⑩ 三六：《"急先锋"的女子》，《觉悟》（天津）第 1 期，1920 年 1 月 20 日。

的，①"持独身主义"的人，"都一任他们的自然。这种人性的自然，决不可遏抑"。② 关于废婚，废婚派对旧式婚姻（专制婚姻）和新式婚姻（自由婚姻）均表示厌恶，极力主张废除婚姻。他们详细论证自己的废婚主张，阐明废婚的意义。废婚派认为废除婚制"是为世界人类（男女）谋幸福"，③ 人类最大的幸福是每个个体的"自由人格"，而"婚姻制度，是不适合于'自由的人格'的"，故当废弃之。即便是"自由婚姻"，也是"一种专利的结婚。甚么专利？就是爱情专利和性交专利。我们一个人自己是要有一个'自由的人格'，不应当属于谁某所有的。我底爱情……为人家所专利，就是表示我没有'自由的人格'，人家底爱情……为我所专利，就是侮弄人家底'自由的人格'。总之，我专利人，人专利我，都是很不应该的。于'自由的人格'有损的"，④ 他们认为废婚的意义就在于"去束缚而取自由"。⑤

五四时期，关于婚姻自由问题，在上述如此多的婚姻领域里均有讨论，可见，在婚姻几乎不能完全自主的社会环境下，文化精英们大张旗鼓地阐述多种面相的婚姻自由问题，提出了多种婚姻自由的主张，其得以广泛的传播、扩展与蔓延，说明五四时期确已形成了一股婚姻自由思潮。

（三）婚姻自由的践行

五四时期在婚姻自由思潮的影响下，在觉醒的国人中已经有人把自由婚姻与自己的实际婚姻生活紧密地联系起来。

其一，有人开始抗争没有爱情的婚姻，对父母包办的婚姻发出了悲鸣，开始了抵抗。典型的抗婚者如李欣淑、⑥ 郭隆真、⑦ 向警予⑧等。也有为争

① 李宗武：《独身问题之研究》，民国丛书第1编第18册，《中国妇女问题讨论集》第5册，第69页。
② 易家钺编译《家庭问题》，第109—110页。
③ 哲民：《废除婚姻问题的讨论（一）》，《民国日报·觉悟》1920年5月11日。
④ 存统：《废除婚制问题》，《民国日报·觉悟》1920年5月25日。
⑤ 孙祖基：《自由恋爱是什么？》，《民国日报·觉悟》1920年5月26日。
⑥ 热：《长沙第一个积极奋斗的——李欣淑女士》，《大公报》（长沙）1920年2月17日。
⑦ 彭明：《五四运动史》，人民出版社，1998，第641页。
⑧ 戴绪恭：《向警予传》，人民出版社，1981，第35—36页。

取自己的自由婚姻而逃婚的，如唐三郎[①]等。还有为反抗强迫的婚姻而自杀身亡的，如赵五贞、[②] 陈赐端、[③] 王淑贞[④]等都是当年的典型案件。这些抗婚的女性敢于"积极的和环境奋斗，向光明的人的大路前进"。[⑤] 其二，五四时期因自由恋爱而结成的自由婚姻成为新时代的一道风景，诸如李毅韬与谌小岑、[⑥] 瞿秋白与杨之华、[⑦] 赵元任与杨步伟、[⑧] 姚作宾与徐颖溪、[⑨] 刘文端与陆志韦[⑩]等人的自由婚姻堪称典型，"向蔡同盟"和"五四夫妻"[⑪]亦为典范。其三，因恋爱而同居成为"应该有的一回事"，[⑫] 成为"天经地义"的事情，[⑬]"班上女同学，多大肚罗汉现身，也无人以为耻"。[⑭] 而最为典型的以爱情为基础的同居者莫过于鲁迅与许广平了。其四，五四时期出现了大量的主动离婚和解除婚约的现象。诸如商伯益与黄素玉的离婚，[⑮] 傅冠雄与谭永益的离婚，[⑯] 赵正平与周文洁的离婚，[⑰] 褚松雪与前后两任丈夫张传经和张竞生的离婚，[⑱] 这些都是见诸报刊的典型事例。五四时期"离婚的增加，就是向着新社会那条路上快跑"。[⑲] 五四时期有些进步青年主张解除父母包办的婚约，"已有婚约的，解除婚约。没有婚约的，实行不要婚

---

① 《女子临嫁私逃》，《申报》1919 年 2 月 13 日。
② 参见 1919 年 11 月的长沙《大公报》。
③ 紫瑚：《两个自杀的处女》，《妇女杂志》第 8 卷第 2 号，1922 年 2 月。
④ 高山：《一对少年情人的自杀》，《妇女杂志》第 8 卷第 2 号，1922 年 2 月。
⑤ 香苏：《李欣淑女子出走后所发生的影响》，《大公报》（长沙）1920 年 2 月 29 日。
⑥ 李毅韬：《我的婚姻观念的变迁》，《天津女星社》，中共党史资料出版社，1985，第 207—210 页。
⑦ 上海《民国日报》1924 年 11 月 28 日刊载了瞿秋白与杨之华自由结婚的启事。
⑧ 杨步伟：《一个女人的自传》，岳麓书社，2017，第 185—188 页。
⑨ 小岑：《改造途上的婚姻——徐姚结婚记》，《天津女星社》，第 211 页。
⑩ 《两起新人物的新式结婚》，《晨报》1921 年 7 月 9 日。
⑪ "向蔡同盟"指向警予与蔡和森经自由恋爱而缔结的婚姻；"五四夫妻"指上海几对青年男女在学生运动中自由结为夫妻。
⑫ 浪漫：《结婚是否必需相当的仪式三》，《妇女杂志》第 10 卷第 12 号，1924 年 12 月。
⑬ 震寰：《结婚是否必需相当的仪式七》，《妇女杂志》第 10 号第 12 号，1924 年 12 月。
⑭ 转引自余华林《女性的"重塑"——民国城市妇女婚姻问题研究》，商务印书馆，2009，第 67 页。
⑮ 《一封宣布离婚的信》，《民国日报·觉悟》1922 年 10 月 9 日。
⑯ 傅冠雄：《我和谭永益君离婚的宣言》，《民国日报·觉悟》1924 年 2 月 10 日。
⑰ 力子：《赵正平周文洁两君底离婚》，《民国日报·觉悟》1924 年 2 月 21 日。
⑱ 褚松雪：《我的离婚略史》，《妇女评论》第 100 期，1923 年 7 月 18 日。
⑲ 易家钺编译《家庭问题》，第 110 页。

约"。① 可见当时一部分青年已经 "冲破了封建道德的束缚，解除了家庭包办婚约，实现了婚姻自主"。② 其五，五四时期还出现了背离传统婚仪的自由婚礼仪式，其中李怀薪的婚礼、③ 徐颖溪和姚作宾的婚礼、④ 杨步伟和赵元任的婚礼，⑤ 均为人们所称道。当时有人决定打破常规，选择空闲的星期日结婚，希望嘉宾 "赐下训词，或寄些嘉言，用资警勉"，⑥ "对于什么礼物，恕不收受，亦不设筵"，⑦ 实行了婚姻礼仪的改革。

五四时期，有一大批人在思想观念上深刻认识到自由婚姻与传统婚姻的利弊得失，所以他们在行动上勇于践行自由的婚姻，这从另一个侧面说明了当年这股婚姻自由思潮影响之大，其强烈地撞击着人们的精神世界，并直接影响和改变了人们现实的婚姻生活。

二　影响五四时期婚姻自由思潮形成的重要因素

五四婚姻自由思潮的形成并不是偶然的，影响它的因素很多，而其中有两个思想文化因素尤显重要，其一是五四开放时代以来的思想文化新气象，其二是晚清以来出现的婚姻自由思想。

（一）五四开放时代思想文化的新气象

所谓五四时期的开放主要是指思想文化领域的开放。这种开放主要体现在两个方面，其一是中国知识人可以凭借自己的见识自由地引进和宣传西方先进的思想和文化；其二是中国知识人可以凭借自己的学识自由地表白和发表个人思想文化的观点和主张。

---

① 《致罗学瓒信》，《毛泽东早期文稿（1912.6—1920.11）》，湖南出版社，1990，第567页。
② 隋灵璧等：《五四时期济南女学生运动片断》，中国社会科学院近代史研究所编《五四运动回忆录》（下），中国社会科学出版社，1979，第690页。
③ 方珍奇：《观婚记》，《电友》第3卷第1期，1927年。
④ 小岑：《改造途上的婚姻——徐姚结婚记》，《星火》1923年4月3、4、7日。
⑤ 杨步伟：《一个女人的自传》，第185—188页；黄培云、赵新那：《杂忆赵家》，《书屋》2011年第5期；《胡适的日记》，中华书局，1985，第73页；《新人物的新式结婚》，《晨报》1921年6月6日。
⑥ 蒯希圣、莫一飞：《一个结婚的通告》，《民国日报·觉悟》1922年11月20日。
⑦ 蒯希圣、莫一飞：《一个结婚的通告》，《民国日报·觉悟》1922年11月20日。

1. 关注和引进西方先进的思想和文化

晚清以来，中国知识人逐渐关注和引进西方的思想和文化，到了五四时期形成了一次新高潮。这一时期，对西方的哲学、宗教、文学艺术、历史、教育、科学、政治、经济、法律、文化、军事、社会等学说都有大量的报道、介绍、翻译和出版，对西方重要的历史人物也有特别的关注和介绍。我们仅以《新青年》杂志为例，可以大致了解当时的一般情况。[①] 比如译介西方哲学的文章就有《叔本华自我意志说》、[②]《伯格森之哲学》、[③]《马克思学说》、[④]《实验主义》、[⑤]《罗素的逻辑和宇宙观之概说》[⑥] 等；比如译介西方宗教的文章就有《科学与基督教》、[⑦]《德意志哲学家尼采的宗教》[⑧] 等；比如译介西方文学艺术的文章就有《十九世纪文学之主要潮流》（丹麦白兰兑著）、[⑨]《现代欧洲文艺史谭》、[⑩]《文学与现在的俄罗斯》（哥尔基著）、[⑪]《易卜生主义》、[⑫]《日本人之文学兴趣》、[⑬]《日本近三十年小说之发达》、[⑭]《近代戏剧论》（美国高曼女士著）、[⑮]《文艺的进化》（日本厨川白村著）、[⑯]《十九世纪及其后的匈牙利文学》[⑰] 等；比如译介西方历史的文章就有《现代文明史》（法国薛纽伯著）、[⑱]《唯物史观在现代历史学上的价

---

① 参见《五四时期期刊介绍》第 1 集下册，三联书店，1978，第 424—450 页。

② 刘淑雅，《青年杂志》第 1 卷第 4 号，1915 年 12 月 15 日。

③ 刘淑雅，《新青年》第 4 卷第 2 号，1918 年 2 月 15 日。

④ 顾照熊，《新青年》第 6 卷第 5 号，1919 年 5 月。

⑤ 胡适，《新青年》第 6 卷第 4 号，1919 年 4 月 15 日。

⑥ 王星拱，《新青年》第 8 卷第 3 号，1920 年 11 月 1 日。

⑦ 陈独秀，《新青年》第 3 卷第 6 号，1917 年 8 月 1 日。

⑧ 凌霜，《新青年》第 4 卷第 5 号，1918 年 5 月 15 日。

⑨ 《新青年》第 3 卷第 5 号，1917 年 7 月 1 日。

⑩ 陈独秀，《青年杂志》第 1 卷第 3 号，1915 年 11 月 15 日；陈独秀，《青年杂志》第 1 卷第 4 号，1915 年 12 月 15 日。

⑪ 郑振铎译，《新青年》第 8 卷第 2 号，1920 年 10 月 1 日。

⑫ 胡适，《新青年》第 4 卷第 6 号，1918 年 6 月 15 日。

⑬ T. F. C. 生，《新青年》第 4 卷第 4 号，1918 年 4 月 15 日。

⑭ 周作人，《新青年》第 5 卷第 1 号，1918 年 7 月 15 日。

⑮ 震瀛译，《新青年》第 6 卷第 2 号，1919 年 2 月 15 日。

⑯ 朱希祖译，《新青年》第 6 卷第 6 号，1919 年 11 月 1 日。

⑰ 沈雁冰，《新青年》第 9 卷第 2 号，1921 年 6 月 1 日；沈雁冰，《新青年》第 9 卷第 3 号，1921 年 7 月 1 日。

⑱ 陈独秀译，《青年杂志》第 1 卷第 1 号，1915 年 9 月 15 日。

值》① 等；比如译介西方教育的文章就有《近代西洋教育》、② 《苏维埃的教育》（巴黎《人道报》）、③ 《旅欧教育运动》（华法教育会鉴定）、④ 《英国游学指南》⑤ 等；比如译介西方科学的文章就有《近世思想中之科学精神》（英国赫胥黎著）⑥ 等；比如译介西方政治的文章就有《欧洲政体辑要》（美国欧哥著）、⑦ 《德国政潮之萌动》、⑧ 《社会政治学报》、⑨ 《协约国与普鲁士政治理想之对抗》（美国韦罗贝之演说）、⑩ 《最近德国政治变迁》、⑪ 《选举权理论上的根据》（日本吉野作造著）、⑫ 《斯宾塞尔的政治哲学》、⑬ 《美国人之自由精神》、⑭ 《戴雪英国言论之权利论》⑮ 等；比如译介西方经济的文章就有《苏维埃政府的经济政策》（纽约《Soviet Russia 周报》）、⑯ 《过渡时代的经济》（列宁著）（纽约《Soviet Russia 周报》）、⑰ 《废止工钱制度》（英国柯尔著）⑱ 等；比如译介西方法律的文章就有《俄罗斯苏维埃联邦共和国劳动法典》、⑲ 《美国城市自治的约章制度》⑳ 等；比如译介西方文化的文章就有《俄国精神》、㉑ 《柏林之公园及娱乐场》、㉒ 《伦敦之交际社

---

① 李大钊，《新青年》第 8 卷第 4 号，1920 年 12 月 1 日。
② 陈独秀，《新青年》第 3 卷第 5 号，1917 年 7 月 1 日。
③ 震瀛译，《新青年》第 8 卷第 4 号，1920 年 12 月 1 日。
④ 《新青年》第 3 卷第 3 号，1917 年 5 月 1 日。
⑤ 程振基，《新青年》第 3 卷第 6 号，1917 年 8 月 1 日。
⑥ 刘叔雅译，《青年杂志》第 1 卷第 3 号，1915 年 11 月 15 日。
⑦ 《新青年》第 3 卷第 4 号，1917 年 6 月 1 日。
⑧ 记者，《新青年》第 3 卷第 3 号，1917 年 5 月 1 日。
⑨ 《新青年》第 3 卷第 4 号，1917 年 6 月 1 日。
⑩ 陈达材译，《新青年》第 5 卷第 5 号，1918 年 11 月 15 日。
⑪ 张慰慈，《新青年》第 8 卷第 4 号，1920 年 12 月 1 日；张慰慈，《新青年》第 8 卷第 6 号，1921 年 4 月 1 日。
⑫ 高一涵译，《新青年》第 6 卷第 4 号，1919 年 4 月 15 日。
⑬ 高一涵，《新青年》第 6 卷第 3 号，1919 年 3 月 15 日。
⑭ 刘叔雅译，《青年杂志》第 1 卷第 6 号，1916 年 2 月 15 日。
⑮ 高一涵译，《青年杂志》第 1 卷第 6 号，1916 年 2 月 15 日。
⑯ 震瀛译，《新青年》第 8 卷第 4 号，1920 年 12 月 1 日。
⑰ 震瀛译，《新青年》第 8 卷第 4 号，1920 年 12 月 1 日。
⑱ 高一涵译，《新青年》第 8 卷第 6 号，1921 年 4 月 1 日。
⑲ 李泽彰，《新青年》第 7 卷第 6 号，1920 年 5 月 1 日。
⑳ 张慰慈，《新青年》第 7 卷第 2 号，1920 年 1 月 1 日。
㉑ 独秀，《新青年》第 8 卷第 1 号，1920 年 9 月 1 日。
㉒ 李亦民，《青年杂志》第 1 卷第 1 号，1915 年 9 月 15 日。

会》、①《比利时之森林》、②《游丹麦杂记》、③《游欧之感想》④ 等；比如译介西方军事的文章就有《欧战与哲学》、⑤《欧洲战争与青年之觉悟》、⑥《罗斯福国防演说》、⑦《美国之征兵案与军事行动》⑧ 等；比如译介西方社会的文章就有《社会学及社会问题》（爱尔乌德著）、⑨《罗素与人口问题》、⑩《欧美劳动问题》、⑪《美国底社会近况》（任鸿隽致适之信）、⑫《结婚与恋爱》（美国高曼女士著）、⑬《结婚论》（芬兰威斯达马克著）、⑭《美国的妇人》、⑮《列宁的妇人解放论》⑯ 等。

《新青年》对西方重要的历史人物也有特别的介绍。比如介绍相关人物的文章就有《佛兰克林自传》、⑰《马克思传略》、⑱《巴枯宁传略》、⑲《卡内基传》、⑳《托尔斯泰之平生及其著作》、㉑《易卜生传》、㉒《罗素》、㉓《罗丹》㉔ 等。

以上仅以《新青年》杂志为例，介绍了一些相关的文章，这里还只是要举，并非《新青年》杂志有关内容的全部文章。五四时期期刊的数

---

① 李亦民，《新青年》第 2 卷第 3 号，1916 年 11 月 1 日。
② 李寅恭，《新青年》第 3 卷第 5 号，1917 年 7 月 1 日。
③ 国药，《新青年》第 6 卷第 1 号，1919 年 1 月 15 日。
④ 陶履恭，《新青年》第 7 卷第 1 号，1919 年 12 月 1 日。
⑤ 蔡元培，《新青年》第 5 卷第 5 号，1918 年 11 月 15 日。
⑥ 刘淑雅，《新青年》第 2 卷第 2 号，1916 年 10 月 1 日。
⑦ 李权时，《新青年》第 3 卷第 4 号，1917 年 6 月 1 日。
⑧ 记者，《新青年》第 3 卷第 4 号，1917 年 6 月 1 日。
⑨ 《新青年》第 3 卷第 2 号，1917 年 4 月 1 日。
⑩ 张崧年，《新青年》第 7 卷第 4 号，1920 年 3 月 1 日。
⑪ 陶履恭，《新青年》第 7 卷第 2 号，1920 年 1 月 1 日。
⑫ 《新青年》第 7 卷第 5 号，1920 年 4 月 1 日。
⑬ 震瀛译，《新青年》第 3 卷第 5 号，1917 年 7 月 1 日。
⑭ 杨昌济译，《新青年》第 5 卷第 3 号，1918 年 9 月 15 日。
⑮ 胡适，《新青年》第 5 卷第 3 号，1918 年 9 月 15 日。
⑯ 李达译，《新青年》第 9 卷第 2 号，1921 年 6 月 1 日。
⑰ 刘淑雅译，《青年杂志》第 1 卷第 5 号，1916 年 1 月 15 日。
⑱ 刘秉麟，《新青年》第 6 卷第 5 号，1919 年 5 月。
⑲ 克水，《新青年》第 6 卷第 5 号，1919 年 5 月。
⑳ 彭德尊，《青年杂志》第 1 卷第 1 号，1915 年 9 月 15 日。
㉑ 凌霜，《新青年》第 3 卷第 4 号，1917 年 6 月 1 日。
㉒ 袁振英，《新青年》第 4 卷第 6 号，1918 年 6 月 15 日。
㉓ 张崧年，《新青年》第 8 卷第 2 号，1920 年 10 月 1 日。
㉔ 张崧年，《新青年》第 7 卷第 2 号，1920 年 1 月 1 日。

量非常之多，仅《五四时期期刊介绍》就搜集了 157 种，[①]《中国近代期刊篇目汇录》所搜集的 1915 年至 1918 年的期刊就有 128 种，[②] 其中还不包括 1919 年至 1925 年出版的期刊，这就足以说明这个时期出版期刊的数量之大。可以想见，五四时期大量的报刊所登载的介绍西方哲学、宗教、文学艺术、历史、教育、科学、政治、经济、法律、文化、军事、社会的文章，其数量的庞大和内容的广泛恰恰是思想文化开放时代的一种反映，这就充分印证了五四时期确实是一个思想文化的开放时代。这个时代的西方思想文化无论在观念上还是行为上必将给国人带来巨大和深远的影响。

2. 自由发表自己的思想文化观点

五四时期中国知识人可以自由表达自己的思想文化观念，这也是思想文化开放时代的一个重要反映。当时宽松的社会条件、西方思想文化观念的影响以及国人对中国现实问题的深入思考，这些促使中国知识人在这一时期能够自觉发表关于评述中国传统文化，揭露中国社会问题，改革中国政治、经济、法律、科学、教育、社会的文章。无以计数的这类文章比译介西方各种学说的文章要多出十几倍或几十倍。我们还是以《新青年》杂志为例，来大致了解一下当时的情况。[③] 比如阐述政治变革的文章就有《国家、政治、法律》（郑贤宗致独秀信）、[④]《今日中国之政治问题》、[⑤]《我们政治的生命》、[⑥]《实行民治的基础》、[⑦]《平民政治与工人政治》、[⑧]《谈政治》、[⑨]《政治改造与政党改造》、[⑩]《开明专制》（朱谦之致独秀信）、[⑪]《民约与邦

①　参见《五四时期期刊介绍》第 1 集上册"说明"、第 2 集上册"说明"、第 3 集上册"说明"，三联书店，1978、1959、1959。

②　参见上海图书馆编《中国近代期刊篇目汇录（6）》第 3 卷（下），上海人民出版社，1984。

③　参见《五四时期期刊介绍》第 1 集下册，第 424—450 页。

④　《新青年》第 8 卷第 3 号，1920 年 11 月 1 日。

⑤　陈独秀，《新青年》第 5 卷第 1 号，1918 年 7 月 15 日。

⑥　陶履恭，《新青年》第 5 卷第 6 号，1918 年 12 月 15 日。

⑦　陈独秀，《新青年》第 7 卷第 1 号，1919 年 12 月 1 日。

⑧　李守常，《新青年》第 9 卷第 6 号，1922 年 7 月 1 日。

⑨　陈独秀，《新青年》第 8 卷第 1 号，1920 年 9 月 1 日。

⑩　陈独秀，《新青年》第 9 卷第 3 号，1921 年 7 月 1 日。

⑪　《新青年》第 9 卷第 3 号，1921 年 7 月 1 日。

本》、① 《自治与自由》、② 《少年共和国》、③ 《驳康有为共和平议》、④ 《复辟与尊孔》⑤ 等；比如评述或批判传统文化和学术的文章就有《再论孔教问题》、⑥ 《孔子评议》、⑦ 《中国学术思想界之基本误谬》、⑧ 《调和论与旧道德》、⑨ 《老子的政治哲学》、⑩ 《吃人与礼教》⑪ 等；比如批判国民性的文章与小说就有《中国国民性及其弱点》、⑫ 《摆脱奴隶性》（王禽雪致陈独秀信）、⑬ 《野蛮民族的礼法》、⑭ 《暴君与臣民》、⑮ 《中国狗和中国人》、⑯ 《狂人日记》、⑰ 《孔乙己》、⑱《药》⑲ 等；比如改革文学艺术的文章就有《文学改良刍议》、⑳ 《文学革命论》、㉑《我之文学改良观》、㉒ 《我之改良文学观》、㉓ 《对于革新文学之意见》㉔ 等；比如阐述经济变革的文章就有《经济学之总原则》、㉕ 《实行社会主义与发展实业》、㉖ 《组织农民银行驱逐"重利盘剥者"》、㉗

---

① 高一涵，《青年杂志》第 1 卷第 3 号，1915 年 11 月 15 日。
② 高一涵，《青年杂志》第 1 卷第 5 号，1916 年 1 月 15 日。
③ 李次山，《新青年》第 3 卷第 1 号，1917 年 3 月 1 日。
④ 陈独秀，《新青年》第 4 卷第 3 号，1918 年 3 月 15 日。
⑤ 陈独秀，《新青年》第 3 卷第 6 号，1917 年 8 月 1 日。
⑥ 陈独秀，《新青年》第 2 卷第 5 号，1917 年 1 月 1 日。
⑦ 易白沙，《青年杂志》第 1 卷第 6 号，1916 年 2 月 15 日。
⑧ 傅斯年，《新青年》第 4 卷第 4 号，1918 年 4 月 15 日。
⑨ 独秀，《新青年》第 7 卷第 1 号，1919 年 12 月 1 日。
⑩ 高一涵，《新青年》第 6 卷第 5 号，1919 年 5 月。
⑪ 吴虞，《新青年》第 6 卷第 6 号，1919 年 11 月 1 日。
⑫ 光升，《新青年》第 2 卷第 6 号，1917 年 2 月 1 日。
⑬ 《新青年》第 6 卷第 1 号，1919 年 1 月 15 日。
⑭ 仲密，《新青年》第 8 卷第 5 号，1921 年 1 月 1 日。
⑮ 唐俟，《新青年》第 6 卷第 6 号，1919 年 11 月 1 日。
⑯ 孟真，《新青年》第 6 卷第 6 号，1919 年 11 月 1 日。
⑰ 鲁迅，《新青年》第 4 卷第 5 号，1918 年 5 月 15 日。
⑱ 鲁迅，《新青年》第 6 卷第 4 号，1919 年 4 月 15 日。
⑲ 鲁迅，《新青年》第 6 卷第 5 号，1919 年 5 月。
⑳ 胡适，《新青年》第 2 卷第 5 号，1917 年 1 月 1 日。
㉑ 陈独秀，《新青年》第 2 卷第 6 号，1917 年 2 月 1 日。
㉒ 刘半农，《新青年》第 3 卷第 3 号，1917 年 5 月 1 日。
㉓ 方孝岳，《新青年》第 3 卷第 2 号，1917 年 4 月 1 日。
㉔ 张寿镛，《新青年》第 6 卷第 1 号，1919 年 1 月 15 日。
㉕ 章士钊，《新青年》第 3 卷第 2 号，1917 年 4 月 1 日。
㉖ 周佛海，《新青年》第 8 卷第 5 号，1921 年 1 月 1 日。
㉗ 李四杰，《新青年》第 7 卷第 3 号，1920 年 2 月 1 日。

《经济界之危险预防法》、①《工作时间与工资》（章积和致独秀信）② 等；比如阐述法律变革的文章就有《法律与言论自由》、③《我所起草的三法案》、④《省宪法中的民权问题》⑤ 等；比如阐述科学变革的文章就有《科学的起源和效果》、⑥《何为科学家》、⑦《生物之起源》、⑧《性之生物学》⑨ 等；比如阐述教育问题的文章就有《新教育与旧教育之歧点》、⑩《新教育是什么》、⑪《工人教育问题》（知耻致独秀信）⑫ 等；比如阐述社会问题的文章就有《今日中国社会究竟怎样的改造》、⑬《近代文明底下的一种怪现象》、⑭《贫穷与人口问题》、⑮《山东一部分的农民状况大略记》、⑯《汉口苦力状况》、⑰《妇女、青年、劳动三个问题》（费哲民致独秀信）、⑱《论中国卫生之近况及促进改良方法》、⑲《儿童公育》、⑳《论自杀》㉑ 等。

　　同样，以上所举不过是《新青年》杂志中评述中国传统文化，揭露中国社会问题，改革中国政治、经济、法律、科学、教育、社会文章的一部分，还不涉及其他刊物，更没有涉及当时出版的专著和译著。可以想见，五四时期所有报刊发表的有关上述内容的反映中国知识人自己观点和主张的文章会是一个怎样的数量，出版的专著和译著又会是一种什么样的状况，

---

① 马寅初，《新青年》第 7 卷第 3 号，1920 年 2 月 1 日。
② 《新青年》第 8 卷第 1 号，1920 年 9 月 1 日。
③ 独秀，《新青年》第 7 卷第 1 号，1919 年 12 月 1 日。
④ 戴季陶，《新青年》第 9 卷第 1 号，1921 年 5 月 1 日。
⑤ 高一涵，《新青年》第 9 卷第 5 号，1921 年 9 月 1 日。
⑥ 王星拱，《新青年》第 7 卷第 1 号，1919 年 12 月 1 日。
⑦ 任鸿隽，《新青年》第 6 卷第 3 号，1919 年 3 月 15 日。
⑧ 周建人，《新青年》第 6 卷第 4 号，1919 年 4 月 15 日。
⑨ 高铦，《新青年》第 8 卷第 6 号，1921 年 4 月 1 日。
⑩ 蔡元培，《新青年》第 5 卷第 1 号，1918 年 7 月 15 日。
⑪ 独秀，《新青年》第 8 卷第 6 号，1921 年 4 月 1 日。
⑫ 《新青年》第 8 卷第 2 号，1920 年 10 月 1 日。
⑬ 新凯，《新青年》第 9 卷第 6 号，1922 年 7 月 1 日。
⑭ 周佛海，《新青年》第 9 卷第 1 号，1921 年 5 月 1 日。
⑮ 陶孟和，《新青年》第 7 卷第 4 号，1920 年 3 月 1 日。
⑯ 孟真，《新青年》第 7 卷第 2 号，1920 年 1 月 1 日。
⑰ 刘云生，《新青年》第 8 卷第 1 号，1920 年 9 月 1 日。
⑱ 《新青年》第 8 卷第 1 号，1920 年 9 月 1 日。
⑲ 《新青年》第 3 卷第 5 号，1917 年 7 月 1 日。
⑳ 沈兼士，《新青年》第 6 卷第 6 号，1919 年 11 月 1 日。
㉑ 陶履恭，《新青年》第 6 卷第 1 号，1919 年 1 月 15 日。

所以说五四时代是一个思想文化的开放时代可谓不言而喻。而这样一个时代，它会怎样影响中国的知识人，怎样激发中国知识人更为广泛和深刻地观察中国社会现实和社会生活中显而易见的问题和弊端，只要我们翻阅一下当时报刊发表的文章就可以清晰地了解这一点。那么作为人们生活最为重要的内容之一的婚姻问题，它在历史上积淀下来那么多的鄙习陋俗，中国知识人怎么能视而不见呢？因此在这样一个思想文化开放的时代，中国知识人集体探讨婚姻问题也就是情理之中的事了。五四时期之所以在中国社会出现了婚姻自由思潮，是与这个思想文化的开放时代有着密切的联系的。

（二）五四之前婚姻自由思想的影响

中国传统文化不把婚姻视为个体行为，在婚姻上一般不体现个人的意志，将婚姻视为"合两姓之好，上以事宗庙，而下以继后世"之事，[①] 婚姻是两个家庭之间的大事，不是个人的事情，因此采取的方式是"父母之命"和"媒妁之言"，这样一种缔结婚姻的方式基本上沿袭了两千余年。近代国门被打开之后，国人开始观察和了解西方近代文明，此时婚姻问题才开始在少数人中被视为个体自身的大事，中国进而开始出现婚姻自由的思想。五四之前婚姻自由思想主要有如下反映。

1. 早期出国者对自由婚姻的观察

最早观察西方婚姻文化的是中国近代早期的出国者。其中有中国的驻外使节，有赴国外考察游历的文人学者，如容闳、王韬、郭嵩焘、斌椿、张德彝、志刚、孙家谷、黄遵宪、严复等就是最早走出国门的中国人的代表。这些国人走出国门之后，细心观察和思考欧美民众的日常生活及其文化，并将其记录在他们所撰写的游记或日记当中。这些记述涉及欧美日常生活的方方面面，其中就包含婚姻嫁娶的内容，如介绍男女婚配之俗，包括结婚礼仪、教堂婚礼、婚宴、伴郎及旅行结婚等婚礼形式。还有对金婚、银婚、金刚石婚以及终身不嫁等现象的记述。有些内容的记述还比较详细，如对欧美婚姻自主的记录，"西俗男女婚嫁，皆自主之。未娶未嫁之时，彼此爱慕，相交如友。——然后告之父母，复同往官署声明，官以一纸书，

---

① 《礼记·昏义》，《十三经注疏》下册，中华书局，1980，第1680页。

内载某人娶某氏为妻，某女嫁某男为夫，彼此情愿，男不许娶二室，女不许嫁二夫。待迎娶之日，夫妻先入礼拜堂告之牧师，祝于天主。牧师各以金戒指一枚，贯于男女之无名指，以别处女、鳏夫。嫁娶后，众戚属食于男家。女有一饼，名曰嫁饼，众人分而食之。立言数语，以志庆贺。宴毕，次日或越数日，则夫妻偕往外国遨游。富者之游也，其地或千里，或万里，其期或一年，或数年，然后回国。贫者只在本国遨游数日而已"。① 这里对恋爱、结婚、婚礼、婚宴以及婚后旅游做了全面细致的介绍。还有对婚礼之前相关事宜的详细记述，"凡伴新娘之女，或新郎或新娘之亲近姊妹。届时新娘之父偕众先入礼拜堂。其父已故，则叔伯与兄或长亲皆可。后则母女同车。其父衣帽纯黑，其母衣色不拘。新娘与女伴皆一色雪白。新娘执白花束，女伴执红花束。新郎衣黑色，插鲜花一朵于胸前右襟钮孔。女父率众到，其他男女戚谊亦陆续到。女父立候于堂门之外。女伴立于门内，分列两行。余皆分立女伴之后。新娘母女到，女携其父之右腕先入。继而女伴随入堂内偏间。女伴偶数，如六、八、十二，自然骈肩而入；若奇数，如五、七、九，必加三名幼童或幼女同行，以成偶数。女伴之列第一对者，必新郎或新娘未嫁之姊妹，女母随众女伴尾之。其伴伊母者，或子或侄或甥皆可。男女在堂中不许携手同行，若老妪可代为扶持。其他男女戚谊，对对行于新娘之母之后。众入，乃以车往接新郎父子，到乃直入，立于教师台前之右。待新娘由偏屋至，立于新郎左。新郎与新娘之父，及他各男戚，皆立于新娘之左。新娘之母，及其已嫁之姊妹，皆立于众男之后。众女伴又对对立于新郎之后。凡新郎之亲谊，坐教师台左，新娘之戚谊，坐教师台右。此外如有被请者，皆坐于堂中两厦"。② 这里对婚礼前整个过程，包括伴娘伴郎，礼服，进入婚姻殿堂的秩序、人数、行走规则、不同人之位置都叙述得详详细细。如此详细地介绍西方的婚姻文化，一方面反映了西方的婚姻文化与中国的迥异使国人倍感新奇，另一方面反映了国人对西方婚姻的兴趣，并认为其值得效仿。这里国人特别关注的是外国的婚姻自主、婚配自择的情爱婚姻特征。早期出国者对西方婚姻文化的记述是近代以来西方婚姻文化对国人较早的影响。

---

① 张德彝：《航海述奇》，岳麓书社，1985，第581页。
② 张德彝：《随使英俄记》，岳麓书社，1986，第519页。

2. 传教士对西方婚姻的传介

传教士东来，对西方文化的传介成为中国人认识了解西方的一个重要渠道。进入近代以后，西方传教士客观上曾充当过殖民者侵华的工具，但为了传教，传教士通过创办报刊、兴办学校来促进西方文化的传播，为国人了解西方、认识西方提供了条件。正如高理文所指出的，当时中国人对西方国家的"光彩规模，查无闻见，竟毫不知海外更有九州"，所以他"不揣固陋，创为汉字地球图及美理哥合省国全图，又以事迹风俗分类略书"，将西方知识"宣而播之"。① 不仅在传播近代科学知识，传播资产阶级民主、自由、平等思想，给中国知识界输送了反对封建文化专制的武器，而且在传播西方近代婚姻文化习俗方面也做了重要工作。传教士在上海创办的《万国公报》就较多地登载了一些介绍西方国家婚姻制度的文章。诸如，介绍西方"一人不得娶二妻"。②"夫妇离异之律"，"以公道处之"。③ 传教士的这些传介对国人认识中国婚姻陋俗文化是有帮助的。传教士自身严格实行一夫一妻制，亦为改造中国婚姻陋俗做了表率，使某些国人摒弃纳妾之风以及与之相连带的一些婚姻陋俗。

3. 维新派的婚姻自由观

中国近代对传统婚姻文化进行自觉的批判是从早期维新派开始的。早期维新派批判中国实行的一夫多妻制，"几等妇女为玩好之物，其于天地生人男女并重之说不大相刺谬哉"，④ 认为要求中国女子遵从"饿死事小，失节事大"的节欲规范，强逼女子守节，严禁女子再嫁，必然产生"逼死报烈之惨"的后果。早期维新派主张婚姻自主、一夫一妇、男女离异自由、革除童养媳的陋俗。宋恕主张，婚姻除父母做主外，须经男女当事人同意，"于文据上亲填愿结"，"其无亲父母者，悉听本男女自主"，严禁他人"强擅订配"。⑤ 宋恕还认为婚后男女均有权提出离婚，并承认妻子与丈夫、公婆等家人不合，均可为女方提出离异的正当理由，并"宜定三出、五去礼

---

① 魏源：《海国图志》卷59，丙申孟秋慎记书庄石印。
② 《万国公报》光绪二十一年十月。
③ 〔英〕布兰飓：《美女可贵说》，〔美〕林乐知译，《万国公报》光绪二十五年五月。
④ 王韬：《韬园文录外编·原人》，中华书局，1959，第4页。
⑤ 《宋恕集》上册，中华书局，1993，第149页。

律"，^① 以为准绳。他建议把不满 16 岁的童养媳送还母家或送养善堂，成年后再行婚配，取原配或改配听便。^② 王韬主张，欲齐家治国平天下，"则先自一夫一妇始"，认为"一夫一妇，实天之经也，地之义也。无论贫富悉当如是"。^③ 早期维新派的婚姻主张零散而不系统，但这些零星的观点却包含了对婚姻自由的渴望。

维新派的变法思想中也有对传统婚姻文化的批判。这种批判涉及如下具体内容：其一，批判"男女之约，不由自主，由父母定之"；^④ 其二，批判"男为女纲，妇受制于其夫"；^⑤ 其三，批判守寡陋习；其四，批判早婚与童养媳婚。维新派对传统婚姻陋俗文化批判的重点是传统婚姻是不能自主的非自由婚姻。

因此维新派提出了变革传统婚姻的具体主张。其一，"夫妇择偶判妻，皆由两情自愿"。^⑥ "天既生一男一女，则人道便当有男女之事。即两相爱悦，理宜任其有自主之权。"^⑦ 谭嗣同的《湖南不缠足会嫁娶章程》规定，"同会虽可互通婚姻，然必须年辈相当，两家情愿方可。不得由任指一家，以同会之故，强人为婚"。^⑧ 严复也预言"男女自行择配"，"实为天理之所宜，而又为将来必至之俗"。^⑨ 其二，离异自由。"夫妇不合，辄自离异，夫无河东狮吼之患，妻无中庭相哭之忧，得人道自立之宜，无终身相缠之苦"，^⑩ 否定了"嫁鸡随鸡，嫁狗随狗"那种"女子所适非人"的婚姻陋俗。^⑪ 其三，主张聘礼简省，婚礼简便。"无论家道如何丰富，总以简省为宜，女家不得丝毫需索聘礼"，"女家置备嫁奁，亦应简省，男家尤不得以嫁奁不厚，遽存菲薄之意"；主张婚姻之礼"择其简便者用之"。^⑫ 维新派还

① 《宋恕集》上册，第 149 页。
② 《宋恕集》上册，第 52 页。
③ 王韬：《韬园文录外编·原人》，第 5 页。
④ 《实理公法全书》，《康有为全集》第 1 集，上海古籍出版社，1987，第 283 页。
⑤ 《实理公法全书》，《康有为全集》第 1 集，第 283 页。
⑥ 《谭嗣同全集》（修订本）下册，中华书局，1981，第 351 页。
⑦ 《实理公法全书》，《康有为全集》第 1 集，第 281 页。
⑧ 《谭嗣同全集》（修订本）下册，第 396 页。
⑨ 《论沪上创兴女学堂事》，《严复集》第 2 册，中华书局，1986，第 470 页。
⑩ 康有为：《大同书》，中华书局，1956，第 138 页。
⑪ 康有为：《大同书》，第 139 页。
⑫ 《谭嗣同全集》（修订本）下册，第 396—397 页。

希望有志之士，"破除不肯远嫁之俗见"，主张"苟平素两家相得，而两家中有一家力能远就者，即可为婚"。① 维新派的婚姻改革主张是近代国人较为具体的婚姻变革思想，达到了 19 世纪中国进步婚姻观的最高水平。

4. 20 世纪初期国人的婚姻自由思想

20 世纪初特指清末民初时期，这一时期对传统婚姻的批判队伍已经扩展到更为广泛的知识分子群。他们既包括国内的有识之士，也包括大批的出国留学生；既包括名扬遐迩的鸿儒硕学，也包括一批其名不扬的进步青年。其中赫赫声名者既有维新派梁启超，也有资产阶级革命派蔡元培、秋瑾；既有无政府主义者刘师培、何震、李石曾，也有进步学者金天翮、何大谬等。

20 世纪初期，中国知识分子对传统婚姻做了深刻的理论批判，其中梁启超的《禁早婚议》、陈王的《论婚礼之弊》、履夷的《婚姻改良论》堪称重要文献；另外，《中国婚俗五大弊说》《自由结婚议》《文明婚姻》《婚姻自由论》《禁早婚以强人种论》《论婚姻之弊》《再论婚姻》《婚姻自由》《婚姻篇》《婚嫁改良》《婚姻问题》《说中国之婚姻》《婚姻改进说》《文明结婚》《自由结婚》《婚制改革论》② 等均为专门论述变革婚姻习俗的文章；《女界钟》《女界泪》《秋瑾集》对传统婚姻的批判亦着力匪浅。这一时期对传统婚姻的系统批判主要集中在"父母主婚之弊""媒妁之弊""男女不相见之弊""聘仪奁赠之弊""早婚之弊""繁文缛节之弊""迷信术数之弊""礼法婚姻之弊"等诸多方面。

与此同时，提出与之完全相对的婚姻主张，这些新式婚姻主张可以概括为如下几个方面。其一，要婚姻自由。"盖以婚大事，不可不慎重之，而慎重之至，则非自男女自约自结不为功。"③ 故"四百兆同胞齐享幸福，则必自婚姻自由始"。④ 此时还有人主张离婚自由，认为"夫妇以情交，以义合，情义未绝，虽死可守，而情义既绝，虽生可离"。⑤ 主张"男可再婚，

① 《谭嗣同全集》（修订本）下册，第 396 页。
② 分别见《中国新女界杂志》第 3 期，《女子世界》第 11 期，《女学报》第 2、3 期，《广益丛报》第 188、82 号，《安徽俗话报》第 16、18 期，《白话》第 2 期，《竞业旬报》第 24、14、28、40、20、15、30 期，《新世界学报》第 14 号。
③ 陈王：《论婚礼之弊》，《觉民》第 1—5 期合本。
④ 金一：《女界钟》，上海大同书局，1903，第 81 页。
⑤ 亢虎：《忠告女同胞》，《民立报》1911 年 6 月 8 日。

女可再醮"。① 其二，主张晚婚。梁启超根据调查报告得出结论，认为"愈
文明之国，其民之结婚也愈迟；愈野蛮之国，其民之结婚也愈早"，"故吾
以为今日之中国，欲改良群治，其必自禁早婚始"。② 其三，革除买卖婚姻。
中国以居女为奇货而必索要聘钱的婚姻流俗，无异于"贩卖鹿豕牛羊"。人
类婚姻历史要经历掠婚、卖婚、赠婚而进入自由时代，"今世文明各国，其
婚姻之制已入于第四期矣。独中国之婚姻尚在卖婚时代"，主张"欲增进国
民之品格，则卖婚之制必不可不革除"。③ 其四，主张商定婚。即父母子女
双方互相商榷，取得双方同意的折中方案。认为"婚姻之事，必不能以全
权委诸父母；必也，先令子女得自由选择，而复经父母之承认，然后决定，
斯最当矣"。④ 20 世纪初期的婚姻变革主张，其主旨仍然是要废除专制婚姻
而主张自由婚姻。它既是被五四时期婚姻自由思潮直接继承的近代婚姻文
化的变革思想，也是五四时期婚姻自由思潮的前奏。

若是没有早期出国者对自由婚姻的观察，没有传教士对西方婚姻的传
介，没有维新派的婚姻自由观，没有 20 世纪初期国人的婚姻自由思想，想
要出现五四时期婚姻自由的思潮将是困难的。上述近代婚姻文化因子的积
累，为五四时期婚姻自由思潮的形成奠定了基础。

我们看到，五四时期婚姻自由思潮的出现与五四时期思想文化的开放
时代密切相关，与晚清以来婚姻自由思想的影响密切相关。

三　五四时期婚姻自由思潮的特征与价值

五四时期的婚姻自由思潮显现出如下几个特征。其一，讨论婚姻问题
内容的广泛。这一时期不但探讨了恋爱、婚仪、结婚、离婚、再嫁、同姓
结婚以及纳妾、试婚（同居）、独身、废婚、"将来的婚姻"、"征婚问题"、
"订婚问题"等，还对某些既存的丑陋婚俗事项及新生的但又难以令人接受
的性爱观进行了批判，其中包括租妻、同性恋、条件婚姻、多妻式恋爱、

---

① 《男女平等之原理》，《清议报全篇》卷 25，附录 1。
② 《禁早婚议》，《梁启超选集》，上海人民出版社，1984，第 362—363 页。
③ 履夷：《婚姻改良论》，《留日女学会杂志》第 1 期。
④ 履夷：《婚姻改良论》，《留日女学会杂志》第 1 期。

公妻等。认为"租妻"是"婚姻中一件不正当的"和极不道德的方式;[①]
"同性恋"不是"性爱的自然发达,是一种变态心理,是精神的病的现象";[②] "条件婚姻"抹杀了"爱"的真正价值,与自由婚姻格格不入,是男女双方那种"暂时欺骗的婚姻";[③] "多妻式恋爱","从恋爱的出发点上说不能成立",[④] 是一夫多妻制的变种;"公妻"是"剥夺劳动者的一个方法,这不是社会主义,恰恰是社会主义的反面";[⑤] 等等。这里的评述未必都是正确的,但绝大多数是有道理的。其二,不同的婚姻主张相互争辩。在婚姻变革的诸多领域都存在思想论战,如有主张废除"订婚"[⑥] "征婚"[⑦]形式的,也有赞同采用"订婚"[⑧] "征婚"形式的;有主张"自由恋爱"[⑨]"自由结婚"[⑩] 的,也有反对"自由恋爱"[⑪] "自由结婚"[⑫] 的;有主张"晚婚"的,也有主张"早婚"[⑬] 的;有主张"废除婚姻"的,也有反对"废除婚姻"[⑭] 的;等等。对于思想文化问题,有争辩是一个非常正常的现象,不是说有争辩就说明新思想有问题、不正确、应否定。立场不同、视角不同,都可能产生不同的观点和认识,况且有些人是要通过一个相当的过程才能接受新思想。而且有争辩才能渐次显现出某些主张的真理性,否则难辨真伪,故争辩的意义重大。其三,思想主张与行动实践相结合。我们在上文讨论了婚姻自由的主张和婚姻自由的践行,反映了五四时期婚姻自由的思想主张与行动实践的有机结合。思想观念的变革恰恰是要达到行为方

---

① 晓:《"租妻"底风俗》,《民国日报·觉悟》1922 年 1 月 8 日。
② 李宗武:《性教育上的一个重大问题——同性爱之讨论》,《民国日报·觉悟》1922 年 5 月 12 日。
③ 施逸霖:《条件婚姻》,《妇女周报》第 42 期,1924 年。
④ 长青:《"多妻式恋爱"的解答》,《妇女周报》第 52 期,1924 年。
⑤ 力子:《社会主义与"公妻"》,《民国日报·觉悟》1921 年 10 月 21 日。
⑥ 企留:《废止"订婚"的提议》,《民国日报·觉悟》1922 年 9 月 3 日。
⑦ 卞焕章:《征婚与自由恋爱》,《现代妇女》第 29 期,1923 年 6 月 26 日。
⑧ CCT:《废止订婚的误解》,《民国日报·觉悟》1922 年 9 月 14 日。
⑨ 《我底恋爱观》,《陈望道文集》第 1 卷,第 66 页。
⑩ 徐彦之:《男女交际问题杂感》,《晨报》1919 年 5 月 4 日。
⑪ 刘巧凤:《我的婚制解放谈——自由恋爱》,《解放画报》第 6 期。
⑫ 冰村:《两个女子的婚姻问题》,《共进》第 23 期,1922 年。
⑬ 纪裕迪:《对于青年早婚的意见》,《学灯》1923 年 6 月 15 日。
⑭ 1920 年春夏之交,上海《民国日报》副刊《觉悟》开辟了"废除婚姻制度"的讨论专栏,进而掀起了一场史无前例的"废婚"大论战。

式的变化这样一个目的。其四，婚姻自由思潮的影响力还有局限性。五四时期婚姻习俗发生了一定的变化，不少人已经认同没有爱情的婚姻是不道德的。然而在这个婚俗变革过程中，"纯粹恋爱的结合，总还只是少数人敢去尝试。男女双方即使互相了解，有了结婚的程度，他们总还得要求家庭的同意，另外转托人来作媒，行那请庚定亲的各种手续，至于那纯粹由家庭解决的，更不用说了"。① 五四运动以后，在农村，"提倡男女平等，婚姻自主，封建婚姻制度受到一些冲击，但很不彻底，男女双方虽也见见面，说上几句话，而实际上仍是父母包办。男尊女卑的现象，重婚纳妾和童养媳等婚姻陋俗依然存在"。② 直至二三十年代，"有些青年学生争取自由恋爱，婚姻自由，仍受家庭阻挠，成功的甚少，以致抗婚、逃婚、私奔、自杀等婚姻悲剧时有发生"。③ 可见，婚姻自由思潮影响的有限程度。当然，这种有限程度绝不是否定婚姻自由思潮的存在。所谓思潮一般只能是在一部分知识分子中被认同，并通过多种媒介进行传播且影响到某些读者或听者，表现出较强的显示度，这就基本上构成了思潮，当年的思潮还决然不是绝大多数人都能认同的某种思想。

五四时期婚姻自由思潮的价值重大。笔者曾经宏观地讨论过这一问题，认为五四时期包括婚姻自由在内的社会文化的变革蕴藏着人的解放的深刻主题和体现着中国文化的精神进化。④ 那么从新的视域还可以继续探索这个问题。

所谓婚姻是人类在漫长的历史时期内，绝大多数人通过被社会认可的方式而结成的配偶关系。⑤ 人类社会婚姻的出现，是因为婚姻具有人类生活所必要的功能。比如中国传统社会强调的婚姻所具有的"上以事宗庙""下以继后世"、传宗接代、继承遗产、养儿防老等功能。中国传统婚姻观主要是从家庭和家族世代传承的角度来关注婚姻的功能的，事实上若从个人的角度来关注婚姻，婚姻还具有其独特的满足个体情欲的功能，而这个功能

---

① 陈东原：《中国妇女生活史》，商务印书馆，1928，第400页。
② 《许昌县志》，南开大学出版社，1993，第799页。
③ 《许昌县志》，第799页。
④ 参见梁景和《五四时期社会文化嬗变研究》，人民出版社，2010，代序，第17—18页。
⑤ 笔者曾经给婚姻下的定义是"人类两性之间通过被社会认同的方式而结成的一种配偶关系"，参见梁景和《近代中国陋俗文化嬗变研究》，首都师范大学出版社，2009，第29页。

在中国传统社会强调得不够，或者更多的时候是在隐匿和回避。中国社会走入近代和五四以后，中国文化开始了从人伦文化向个性文化的转变，在这个文化转型的历史进程中，婚姻文化与中国文化一道也迈进了这个具有重大历史意义的转型时期。适应家族的婚姻文化开始向适应个体的婚姻文化变化。对于适应家族文化的传统婚姻文化，在五四开放时代，人们用批判的态度逐次批判和否定它。婚姻自由思潮的全部价值就是在否定传统婚姻文化的同时，为每个个体创造主客观条件，改变传统的观念，把婚姻变为满足个体情欲的一种生活方式。中国传统文化讲求"食色，性也"，认为食色是人的本能本性，这是对人性的诠释，具有真理性，但并不完善，更为精准的表述应是"食色情，性也"。情感也是人性的本质之一，它是与"食色"并列的人性反映。婚姻的一个独特的功能就是满足情欲，由于中国传统婚姻的缔结方式和目的不太容易满足人们的情欲，所以中国近代以来，尤其是五四时期，传统婚姻文化被人们否定和批判。五四时期出现的婚姻自由思潮，是与人们关注个体的情欲分不开的。所谓婚姻中的情欲表现为配偶双方的感情，一般称作爱情。五四文化人对父母包办的婚姻，觉得夫妻两人"仿佛两个牲口听着主人的命令：'咄，你们好好的住在一块罢！'"[①] 对如此没有情感的婚姻生活，人们发出了悲鸣，开始了抗争。五四时期人们大谈恋爱，讲求恋爱自由，展开恋爱的大讨论，都是在强调个体人所具有的情欲本能，即爱的本能。"鱼不能绝水而生活，犹之乎人不能绝爱情而生存"，[②] 人绝情而不能生存，这就是对人性中情欲本能的揭示，"宇宙间除了真诚的恋爱之外，什么都是虚幻的，无意识的，只有真纯的爱情，可以上参天地，下感万物"，[③] 真情是宇宙间的唯一，这仍然是对人性中情欲本能的揭示。"食色"与"情"比较，"情"是人更高一个层次的需求，"食色"是生理需求，"情"是心理需求；"食色"是形而下，"情"是形而上。应当说五四文化人看中了情在人们生活中的重要价值，他们所谈的婚姻自由是把关注点集中到个体情欲的本能上，是在强调个体情欲本能在人生中所具有的重要意义，对个体的情欲本能绝不能视而不见或者忽略不计，否则

① 鲁迅：《随感录四十》，《鲁迅全集》第 1 卷，人民文学出版社，1981，第 321 页。
② 冯璘：《两度缔婚的我》，《妇女杂志》第 9 卷第 10—11 号，1923 年 10—11 月。
③ 漱琴：《我之理想的配偶》，《妇女杂志》第 9 卷第 11 号，1923 年 11 月。

就是对人性的否定和践踏。

关注个体情欲，也是五四文化人强调个体文化和个性解放的一种反映。我们若从个体人的生存、个体人的生活、个体人的生活质量的角度看，人活着的一个重要目的就是要尽可能地有一个较高水平的生活质量，所谓生活质量是指"人们客观生活的实际状况以及对生活的满意程度和幸福感受程度"，① 而生活幸福感的一个重要体现就是个体的情欲能得到充分满足，满足了就产生幸福感，不满足就没有幸福感。正是从这个视域，我们认为五四时期婚姻自由思潮是从满足个体的情感需要，满足个体生活幸福感出发，进而达到提高个体生活质量的目的，这是人性的真谛，这是人生的主旨，这是五四时期婚姻自由思潮真正的价值所在。

结　语

五四时期婚姻自由思潮给我们留下诸多影响。只有在一个思想文化开放的时代，才能最大限度地开动人们思想的机器，从而思绪高度运转，并对自身文化和生活进行深刻的反思，辨其优劣。五四时期婚姻自由思潮就是在文化开放时代出现并形成的，人们在这个思潮的激荡下，认识到中国传统婚姻文化存在诸多陋弊之处，需要变革与改造。改造的目的是要满足个体的情感需要，而情感需要是人性的本质之一。五四时期倡导的婚姻自由思潮具有提高个体生活质量、增强个体生活幸福感的功能，故当肯定之。五四时期这股婚姻自由思潮影响深远，对今天的婚姻文化变革仍然具有诸多的启示和借镜。

---

① 　梁景和：《生活质量：社会文化史研究的新维度》，《近代史研究》2014 年第 4 期。

五四启蒙思想家的时空意识

——兼谈新文化运动的三个维度

俞祖华[*]

"空间和时间是一切实在与之相关联的构架。我们只有在空间和时间的条件下才能设想任何真实的事物。"[①] 五四在纵横交错、变化莫测的时空之轴上留下了难以磨灭的深深印痕，它是中国人精神世界发生现代转向的"思想母港"，是中国人命运与世界格局发生深刻联系的关键节点。作为那一场爱国政治运动、那一场思想文化运动、那一场社会改造运动的历史主角，五四启蒙思想家有着深邃的、旷远的时空意识，有着强烈的现代观念与广阔的世界视野，致力于推进中国现代化，致力于追寻世界进步潮流，致力于建构面向现代、面向世界与张扬个性的中国新文化。

一

五四运动是中国现代化进程中的重要环节，尤其是在推动中国思想文化、中国价值体系现代性转型中起了"临门一脚"的关键作用，因而成了中国思想启蒙的重要象征符号。五四启蒙思想家对时间时序、时光流逝、时代变迁，对时间之轴上的古与今或是古代、近世、现代、当代、未来等

* 俞祖华，鲁东大学历史文化学院教授。

① 〔德〕恩斯特·卡西尔：《人论》，甘阳译，上海译文出版社，1985，第54页。

时段概念，对所处 20 世纪的历史方位，有着清醒的认知。他们从时间之维展开，讨论个体意义上的青年与老年，讨论民族整体意义上的少年中国、青春中国与老大帝国，讴歌青春活力，呼唤青春中华，展望中华民族再现生机与活力的民族复兴前景。

时间是由过去、现在、将来构成的连续不断的系统。新文化运动的主要倡导者、"五四运动的总司令"陈独秀有着强烈的时间观、时代感与历史责任感，他尤其注重所处的当下即"现在"。他在 1915 年 9 月创刊的《青年》杂志发刊词《敬告青年》一文中即以时间开宗明义："新陈代谢，陈腐朽败者无时不在天然淘汰之途，与新鲜活泼者以空间之位置及时间之生命。人身遵新陈代谢之道则健康，陈腐朽败之细胞充塞人身则人身死；社会遵新陈代谢之道则隆盛，陈腐朽败之分子充塞社会则社会亡。"他立足"吾民于二十世纪之世界"的生存处境，表示"吾宁忍过去国粹之消亡，而不忍现在及将来之民族，不适世界之生存而归削灭也"。[1] 他在 1916 年初发表了《一九一六年》一文，要求青年认清处在"二十世纪之第十六年之初"的历史方位，认清"人类文明之进化，新陈代谢，如水之逝，如矢之行，时时相续，时时变易"。他认为，从世界的角度，"此一九一六年以前以后之历史，将灼然大变也钦"；预言 1916 年也将是中国历史上划时代的时刻，"当此除旧布新之际，理应从头忏悔，改过自新。一九一五年与一九一六年间，在历史上画一鸿沟之界：自开辟以讫一九一五年，皆以古代史目之，从前种种事，至一九一六年死；以后种种事，自一九一六年生。吾人首当一新其心血，以新人格，以新国家，以新社会，以新家庭，以新民族；必迨民族更新，吾人之愿始偿，吾人始有与皙族周旋之价值，吾人始有食息此大地一隅之资格"。[2]

蔡元培从过去、现在、将来的时间之维阐释文化教育，他要求教育以"担负将来之文化"为高尚理想，"教育为播种之业，其收效尚在十年以后，决不得以保存固有之文化为的，而当为更进一步之理想。中国古代之《盘铭》曰：'苟日新，日日新，又日新。'此其例也"。[3] 他认为人类对时间流

① 陈独秀：《敬告青年》，《陈独秀文章选编》上册，三联书店，1984，第 73、75 页。
② 陈独秀：《一九一六年》，《陈独秀文章选编》上册，第 101—103 页。
③ 蔡元培：《一九〇〇年以来教育之进步》，《蔡元培全集》第 2 卷，浙江教育出版社，1997，第 371 页。

转、过往历史持有着自觉意识，对人类进化至关重要，"人类之进化所以远速于他种动物者，以其有历史。历史者，能缩若干人、若干时之记忆为一组，因得以是为基础，而更求进步"，历史时期的划分可长可短，长者"得画数百年或千年为一时期，如历史学家所谓上古史、中古史、近代史是也"。① 他还于1922年为萧子昇（萧瑜）的《时间经济法》一书作序时批评国人不爱惜时间，他说："'时哉勿可再失''时乎时乎不再来'，吾国爱时之格言如此类者，不胜偻举矣；而吾国人乃特以不爱时著名于世界，应酬也、消遣也，耗时间于无用之地者，不知几何人，其或朝夕力行，每日在八时以上且无所谓休息日者，宜若可以纠浪费时间者之失；而核其效率，乃远不及他国人八时以下之工作。"②

鲁迅在1918年7月出版的《新青年》第5卷第1号上发表了《人与时》的短诗："一人说，将来胜过现在。一人说，现在远不及从前。一人说，什么？时道，你们都侮辱我的现在。从前好的，自己回去。将来好的，跟我前去。这说什么的，我不和你说什么。"③ 这首短诗对由过去（从前）、现在、将来组成的时间之轴做了完整的揭示。鲁迅对时间是非常珍惜的，他说过"节省时间，也就是使一个人的有限的生命，更加有效，而也即等于延长了人的生命"④、"时间就是性命，倘若无端的空耗别人的时间，其实是无异于谋财害命的"⑤ 等强调珍惜时间的话语。对于从前、现在与将来三者，针对有的理想家不是怀念"过去"，就是期望"将来"，鲁迅强调关键是要把握"现在"，过去的已经过去了，"至于将来，自有后起的人们，决不是现在人即将来所谓古人的世界，如果还是现在的世界，中国就会完"，⑥ "'将来'这回事，虽然不能知道情形怎样，但有是一定会有的，就是一定会到来的，所虑者到了那时，就成了那时的'现在'"。⑦

胡适在新文化运动前夕思考过"时间"这一概念，他说："余尝以为Time当译为'时'，Space当译为'间'。《墨子·经上》云：'有间，中也。

---

① 蔡元培：《〈北京大学二十周年纪念册〉序》，《蔡元培全集》第3卷，第306页。
② 萧瑜：《时间经济法》，商务印书馆，1923，"序"，第2页。
③ 鲁迅：《集外集·人与时》，《鲁迅全集》第7卷，人民文学出版社，2005，第35页。
④ 鲁迅：《准风月谈·禁用和自造》，《鲁迅全集》第5卷，第333页。
⑤ 鲁迅：《门外文谈》，《鲁迅全集》第6卷，第99页。
⑥ 鲁迅：《华盖集续编·有趣的消息》，《鲁迅全集》第3卷，第214—215页。
⑦ 鲁迅：《两地书》，《鲁迅全集》第11卷，第21页。

间，不及旁也。'今人以时间两字合用，非也。顷读蔡子民先生旧译《哲学要领》以'宇'译 Space，以'宙'译 Time，又曰空间及时间。此亦有理。按《淮南子·齐俗训》云：'往古来今谓之宙，四方上下谓之宇'，则宇宙古有'间'与'时'之别也。"① 后来，他在与空间相对的意义上使用"时"与"时间"等词，如他在 1926 年《时间不值钱》一文中批评"我回中国所见的怪现状，最普通的是'时间不值钱'"；② 在 1930 年的《麻将》一文中批评国人打麻将是"不爱惜光阴""荒时费业"。胡适主张从"往古来今"的时代变迁视角考察文学改革、思想文化变革，他主张"历史的文学观念"，"一言以蔽之，曰：一时代有一时代之文学。此时代与彼时代之间，虽皆有承前启后之关系，而决不容完全抄袭"。③ 他要求追随时代变迁的潮流，与时势共振，与时代同行，立足现在，放眼未来。他在谈到近代文学时指出："中日之战以后，明白时势的人都知道中国有改革的必要。这种觉悟产生了一种文学，可叫做'时务的文章'。那时代先后出的几种'危言'，——如邵作舟的，如汤寿潜的，——文章与内容都很可以代表这个时代的趋势。"④ 他在上海求学时关注到那时出版的《时报》，自称"从前十四岁到十九岁的六年中——一个人最重要最容易感化的时期——受了《时报》的许多好影响"，后撰写《十七年的回顾》一文以顺应时势相勉励。他希望不要沉醉于《时报》早年的成功，"与其追念过去的成功，远不如悬想将来的进步。过去的成绩只应该鼓励现在的人努力造一个更大更好的将来，这是'时'字的教训"。"我们都知道时代是常常变迁的，往往前一时代的需要，到了后一时代便不适用了。《时报》当日应时势的需要，为日报界开了许多法门，但当日所谓'新'的，现在已成旧习惯了，当日所谓'时'的，现在早已过时了。"⑤

李大钊既是一位革命家、思想家，也是我国早期的马克思主义史学家，对历史过程中的时间、时代有着独特的敏感与自觉。在五四启蒙思想家中，

① 胡适：《留学日记》卷 11《"时"与"间"有别》，季羡林主编《胡适全集》第 28 卷，安徽教育出版社，2003，第 222—223 页。
② 胡适：《时间不值钱》，季羡林主编《胡适全集》第 21 卷，第 351 页。
③ 胡适：《历史的文学观念论》，季羡林主编《胡适全集》第 1 卷，第 30 页。
④ 胡适：《五十年来中国之文学》，季羡林主编《胡适全集》第 2 卷，第 281 页。
⑤ 胡适：《十七年的回顾》，季羡林主编《胡适全集》第 2 卷，第 406 页。

他是对"时间"思考较多、阐释最多的一位，① 其中有多篇文章直接以与时间有关的概念为题，如《〈晨钟〉之使命——青春中华之创造》（1916 年 8 月 15 日）、《"第三"》（1916 年 8 月 17 日）、《青春》（1916 年 9 月 1 日）、《祝九月五日》（1916 年 9 月 5 日）、《青年与老人》（1917 年 4 月 1 日）、《此日》（1917 年 10 月 15 日）、《"今"》（1918 年 4 月 15 日）、《新纪元》（1919 年元旦）、《光明与黑暗》（1919 年 3 月 2 日）、《现在与将来》（1919 年 3 月 8 日）、《时代的落伍者》（1919 年 10 月 26 日）、《时间浪费者》（1919 年 11 月 2 日）、《又是一年》（1920 年 1 月 4 日）、《今与古》（1922 年 1 月 8 日）、《今与古》（1923 年 2 月 12 日）、《时》（1923 年 12 月 1 日）等。李大钊对"时间"的思考是比较全面、深入的。他对"时"的流转及其由此形成的由过去、现在、将来组成的时间链条做了揭示。他指出，"时是无始无终的大自然，时是无疆无垠的大实在"，"时如一线"，"既引的线，确属过去，未引的线，确在未来。然此线之行，实由过去，趋向未来，必有力焉，引之始现。此力之动，即为引的行为，引的行为，即为今点所在。过去未来，皆赖乎今，以为延引"，"时的引线，与空间异。引线于空间，可以直往，亦可以逆返，我们可从北京来到上海，又可由上海返于北京。至于时间，则今日之日，不可延留，昨日之日，不能呼返。我们能从昨日来到今日，不能再由今日返于昨日"。② 由于时间的流转是有退无进的，是一往不返的，所以人们要珍惜时间，不可做"时间浪费者"，"时间就是生命，浪费了时间就是牺牲了生命"。③ 珍惜时间最重要的是要把握住"今"，把握住"现在"，把握住"此日"，因为"世间最可宝贵的就是'今'，最易丧失的也是'今'……昨日不能唤回来，明天还不确实，尔能确有把握的就是今日"，"无限的'过去'都以'现在'为归宿，无限的'未来'都以'现在'为渊源。'过去''未来'的中间全仗有'现在'以成其连续，以成其永远，以成其无始无终的大实在。一掣现在的铃，无限的过去未来皆遥相呼应"；④ "我们不能画清过去与将来，截然为二。完成表现这中间不

---

① 参见刘岸挺《"今"与"新"——论李大钊的时间意识》，《阅江学刊》2010 年第 2 期。

② 李大钊：《时》，《李大钊全集》第 2 卷，河北教育出版社，1999，第 288—290 页。

③ 李大钊：《时间浪费者》，《李大钊全集》第 3 卷，第 360 页。

④ 李大钊：《"今"》，《李大钊全集》第 3 卷，第 10、11 页。

断的关系，就是我们人生的现在"。① 李大钊还鲜明地表达了崇今、尚今，主张今胜于古的价值取向，批评了怀古派"一切今的，都是恶的，一切古的，都是好的"的历史倒退论，表示"很感谢崇今派暗示给我们的乐天努力的历史观人生观"，指出"所谓无怀、葛天、黄、农、虞、夏，不过是些浅化初开的时代，并不那样值得我们的怀思与景仰，我们惟有讴歌现代，颂祷今人，以今世为未来新时代的基础，而以乐天的精神，尽其承受古人、启发来者的责任"。② 他希望国人追随时代，与时俱进，不要成为"时代的落伍者"，"时代是最残酷的东西，时代的落伍者是最可怜的人"；③ "时光似箭，糊里糊涂的又是一年！……我们看许多的朋友们，因为走的步数稍微慢了一点，就赶不上进步的潮流，成了过去的人了。过去的人，看着现在和将来，都和他的生活不合；现在和将来，也没有一点的幸福和希望给他，所以能给他的只是些悲哀、烦闷和苦痛"。④

五四启蒙思想家把时间观与进化观结合起来，他们都表达了今胜于古、迈向现代、放眼未来的思想。"个人有个人之青春，国家有国家之青春"，⑤放眼未来具体到我们国人的生命个体，就是寄希望于青年，就是呼唤激发每个个体的青春心态、青春气息；放眼未来体现在国家民族整体，就是寄希望于恢复民族活力，就是呼唤再造青春中华、再造少年中国。

他们讴歌"个人之青春"、"小我"之青春。陈独秀指出，"青年之于社会，犹新鲜活泼细胞之在人身"，⑥ "幸有一线光明者，时时微闻无数健全洁白之新青年，自绝望消沉中唤予以兴起，用敢作此最后之哀鸣"。⑦ 李大钊指出，"青年之于社会，殆犹此种草木之于田畴也。从此广植根蒂，深固不可复拔，不数年间，将见青春中华之参天蓊郁，错节盘根，树于世界，而神州之域，还其丰穰，复其膏腴矣"。⑧ 鲁迅在《狂人日记》中发出了"救救孩子"的呼声；在《我们怎样做父亲》中提出"以幼者为本位""以孩

① 李大钊：《现在与将来》，《李大钊全集》第3卷，第205页。
② 李大钊：《今与古》，《李大钊全集》第2卷，第176、189页。
③ 李大钊：《时代的落伍者》，《李大钊全集》第3卷，第350页。
④ 李大钊：《又是一年》，《李大钊全集》第3卷，第442页。
⑤ 李大钊：《〈晨钟〉之使命——青春中华之创造》，《李大钊全集》第2卷，第364页。
⑥ 陈独秀：《敬告青年》，《陈独秀文章选编》上册，第73页。
⑦ 陈独秀：《新青年》，《陈独秀文章选编》上册，第114页。
⑧ 李大钊：《青春》，《李大钊文集》上册，人民出版社，1984，第202页。

子为本位";在《"与幼者"》中引述了日本作家有岛武郎《著作集》里《与幼者》这篇小说中的"你们若不是毫不客气的拿我做一个踏脚,超越了我,向着高的远的地方进去,那便是错的"等话语;① 后来又表示"我一向是相信进化论的,总以为将来必胜于过去,青年必胜于老人,对于青年,我敬重之不暇,往往给我十刀,我只还他一箭"。②

他们呼唤"国家之青春"、"大我"之青春。李大钊不满于外人诋毁我们民族为"衰落之民族""老大之邦",多次发出再造"青春中华"的呼唤:1916 年 8 月,他在《〈晨钟〉之使命——青春中华之创造》一文中号召青年以"青春中华之创造"为使命,致力于我"旧民族之复活"。同年 9 月,他在《青春》一文中指出,"吾族青年所当信誓旦旦,以昭示于世者,不在龈龈辩证白首中国之不死,乃在汲汲孕育青春中国之再生。吾族今后之能否立足于世界,不在白首中国之苟延残喘,而在青春中国之投胎复活"。③ 1917 年 2 月,他在《新中华民族主义》一文中打出了"新中华民族"的旗帜,号召"新中华民族之少年"致力于"促进少年中华之投胎复活"。④ 李大钊还参与发起了少年中国学会,该学会于 1918 年 6 月 30 日由他和王光祈、曾琦、陈淯、周太玄、张尚龄、雷宝菁发起筹建,于 1919 年 7 月 1 日正式成立。胡适提出要创造"少年中国",不可不有一种新方法,即注重事实、注重假设、注重证实的科学的方法,不可不有批评的、冒险进取的、社会的人生观;⑤ 李大钊号召大家"沿着那一线清新的曙光,向光明方面走。那光明里一定有我们的'少年中国'在"。⑥

二

空间既指物理学意义上的物质存在形式即物质世界,也指地理学意义上人类社会生活的不同范围、区域。从前一意义上,五四启蒙思想家从哲

---

① 鲁迅:《热风·"与幼者"》,《鲁迅全集》第 1 卷,第 380 页。
② 鲁迅:《三闲集·序言》,《鲁迅全集》第 4 卷,第 5 页。
③ 李大钊:《青春》,《李大钊文集》上册,第 200 页。
④ 李大钊:《新中华民族主义》,《李大钊文集》上册,第 301 页。
⑤ 胡适:《少年中国之精神》,季羡林主编《胡适全集》第 21 卷,第 165—169 页。
⑥ 李大钊:《"少年中国"的"少年运动"》,《李大钊全集》第 3 卷,第 318 页。

学、科学的角度，介绍了对宇宙空间、物质世界的认识；从后一意义上，五四启蒙思想家强调要关注中国之外的外部世界尤其是西方社会。五四时期，中国与世界发生了更为紧密的联系，中外思想界有了更即时、更频繁的同频共振，中国发展道路与世界格局变化有了更密切的关联，中国革命成了"世界无产阶级社会主义革命的一部分"。与此相关，五四启蒙思想家有了更为旷远的空间意识，他们思考着中国以外的亚洲、世界、宇宙，思考着中华文化以外的东方文化、西方文明、人类文明。他们还从空间之维展开，探索推动中国文化走向世界，希望中国再次对人类社会、人类文明做出重要贡献。

　　五四启蒙的主要旗手陈独秀经历了一个成长的过程，从空间之维看，伴随着其走出家乡、走向全国、走出国门，其空间意识也从乡土意识、省籍意识、国家意识到世界意识而不断拓展。在早年，他关心家乡，于1904年开办《安徽俗话报》，"我就想起我们安徽省，地面着实很大，念书的人也不见多，还是没有这种俗话报"，希望通过俗话报让同乡了解"本省、外省、本国、外国的事体"，使"秀才不出门能知天下事了"；[1] 他关心国家，早期的几篇文章多是关于国家的，如《安徽爱国会演说》《瓜分中国》《说国家》《亡国篇》，指出"当今世界各国，人人都知道保卫国家的，其国必强"；[2] 他也开始关注世界，认识到"我们中国也是世界万国中之一国"，常常想"我们中国何以不如外国，要被外国欺负"，注意到"西洋各强国的国民，国家思想，极其发达"。[3] 他越来越认识到中国要发展、进步，离不开与世界进步潮流的接轨，因此绝不能搞闭关锁国。他在1915年9月的《青年》杂志发刊词《敬告青年》一文中力倡"世界的而非锁国的"世界意识，他指出，"立国于今之世，其兴废存亡，视其国之内政者半，影响于国外者恒亦半焉……投一国于世界潮流之中，笃旧者固速其危亡，善变者反因以竞进……各国之制度文物，形式虽不必尽同，但不思驱其国于危亡者，其遵循共同原则之精神，渐趋一致，潮流所及，莫之能违。于此而执特别历史国情之说，以冀抗此潮流，是犹有锁国之精神，而无世界之智识。国民

---

① 陈独秀：《开办〈安徽俗话报〉的缘故》，《陈独秀文章选编》上册，第15—16页。
② 陈独秀：《说国家》，《陈独秀文章选编》上册，第40页。
③ 陈独秀：《说国家》，《陈独秀文章选编》上册，第39—40页。

而无世界智识，其国将何以图存于世界之中？"① 他从世界意识的角度批评了盲目、狭隘的国粹论，认为"学术为吾人类公有之利器，无古今中外之别"，对于学术"只能论其粹不粹，不当论其国不国"。② 他希望同胞有高远的理想，"和各国思想高远的人公同组织大同世界"。③

蔡元培对物理学意义上的物质世界与地理学意义上的外部世界都有所思考。他在 1915 年初写成的《哲学大纲》中介绍了各派对世界本体或物质世界的认识，如"惟物论者，以世界全体为原本于一种原子之性质，及作用，及阅历，而此原子者，即无生活无性灵之质料，而位置于空间及时间之范围者"，"我识论者，言世界本体，不外乎我之意识。我之意识，有情状，有内容，有动作，有附丽于空间者，有超轶乎空间者，是即世界之本体，而为万有所发生也"。④ 对于作为人类社会组成的世界，蔡元培倡导人道主义原则并关注人类整体的命运，主张"夫人道主义，既为全世界共同之关系，则所以达此鹄的者，不能不合全世界而共同经营之"。⑤ 他在法国发起成立世界社，在由其起草的《世界社缘起》中称："读人类进化史，而察其归依鹄的之趋势，殆不外乎欲合人类全体为一团，而相与致力于世界之文化。"⑥ 他主张个体既要关注人生价值的实现，也要关心世界，调和世界观与人生观，"然则以人生为本位，而忘有所谓世界观者，其见地之湫隘，所不待言"。⑦ 他主张中国应当主动了解、走向外部世界，应学习人类先进文明，与世界进步潮流接轨。他指出："夫使立国大地，仅我中华，则率其旧章，长此终古，亦复何害。独念今世界为何等世界，人绝尘而奔，我蛇行而伏。"⑧ 他认为这是很危险的，必须"输入世界文明"，"吾人生于此世界，固不能不与世界周旋。若孤守一隅，则进化常居人后。故同人主张我国人宜多留学于欧洲者，亦欲我国民教育之进行无后于世界也"。⑨

① 陈独秀：《敬告青年》，《陈独秀文章选编》上册，第 76 页。
② 陈独秀：《学术与国粹》，《陈独秀文章选编》上册，第 259 页。
③ 陈独秀：《我们究竟应当不应当爱国？》，《陈独秀文章选编》上册，第 420 页。
④ 蔡元培：《哲学大纲》，《蔡元培全集》第 2 卷，第 322、325 页。
⑤ 蔡元培：《哲学大纲》，《蔡元培全集》第 2 卷，第 337 页。
⑥ 蔡元培：《世界社缘起》，《蔡元培全集》第 2 卷，第 361 页。
⑦ 蔡元培：《一九○○年以来教育之进步》，《蔡元培全集》第 2 卷，第 371 页。
⑧ 蔡元培：《中华职业教育社宣言书》，《蔡元培全集》第 3 卷，第 23 页。
⑨ 蔡元培：《发起成立华法教育会公启》，《蔡元培全集》第 3 卷，第 74 页。

李大钊在《风俗》《政治对抗力之养成》《"第三"》《青春》《今》《新的！旧的！》《调和誉言》等多篇文章中提到了涵盖时间、空间意义的"宇宙"一词，如他在 1916 年 9 月 1 日发表的《青春》一文中指出："块然一躯，渺乎微矣。于此广大悠久之宇宙，殆犹沧海之一粟耳。……宇宙果有初乎？曰：初乎无也。果有终乎？曰：终乎无也。初乎无者，等于无初；终乎无者，等于无终。无初无终，是于空间为无限，于时间为无极。"相对于宇宙的空间上的"广大"与时间上的"悠久"，相对于宇宙"于空间为无限，于时间为无极"，"个体之积，如何其广大，而终于有限。一生之命，如何其悠久，而终于有涯"。① 这种旷远的时空意识，促使李大钊发出了宏阔的青春呼唤。他呼吁"为世界进文明，为人类造幸福，以青春之我，创建青春之家庭，青春之国家，青春之民族，青春之人类，青春之地球，青春之宇宙，资以乐其无涯之生"。② 李大钊认为，宇宙间有引、拒二力相互激荡，社会进步"最宜使二力同时皆有活动之机会"，当"使二力为空间的交互动作，勿使徒为时间的交互动作"，如果不能"使二力为空间的交互动作"，那么其结果是"不能并立于空间，则求代兴于时间"，"恒不容其为空间的对立，然终不能禁其为时间的代兴"。③ 正是基于"为免时间的取代，主张空间的调和"，李大钊主张"主静"的东洋文明与"主动"的西洋文明"时时调和、时时融会"，主张"虚怀若谷以迎受彼动的文明，使之变形易质于静的文明之中，而别创一生面"。④ 李大钊的开放视野、世界眼光与包容精神，为其率先迎受"第三种文明"即社会主义文明奠定了基础。李大钊从地理空间的角度阐释了俄罗斯之精神"具有调和东西文明之资格"，他指出，"由地理之位置言之，俄国位于欧亚接壤之交，故其文明之要素，实兼欧亚之特质而并有之……世界中将来能创造一兼东西文明特质，欧亚民族天才之世界的新文明者，盖舍俄罗斯人莫属"，"吾人对于俄罗斯今日之事变，惟有翘首以迎其世界的新文明之曙光，倾耳以迎其建于自由、人道上之新俄罗斯之消息，而求所以适应此世界的新潮流，勿徒以其目前一时

① 李大钊：《青春》，《李大钊文集》上册，第 195 页。
② 李大钊：《青春》，《李大钊文集》上册，第 205 页。
③ 李大钊：《调和誉言》，《李大钊文集》上册，第 556 页。
④ 李大钊：《东西文明根本之异点》，《李大钊文集》上册，第 561 页。

之乱象遂遽为之抱悲观也"。① 李大钊还表达了走向世界大同的梦想，他在 1919 年元旦发表的《大亚细亚主义与新亚细亚主义》一文中，提出亚细亚的民族要"结成一个大联合，与欧、美的联合鼎足而三，共同完成世界的联邦，益进人类的幸福"；② 在 1919 年 2 月发表的《联治主义与世界组织》一文中，提出"合世界人类组织一个人类的联合，把种界国界完全打破。这就是我们人类全体所馨香祷祝的世界大同"。③

　　如前所述，胡适在 1915 年曾经指出"宇宙古有'间'与'时'之别"，后来他又谈到过"宇宙"这一概念。他提出："'我们的世界有多大？'我的答复是'很大'！……宇宙是中国的字，和英文的 Universe，World 意思差不多，都是抽象名词。宇是空间（Space）即东、南、西、北；宙是时间（Time）即古、今、旦、暮。《淮南子》说宇是上下四方，宙是古往今来。宇宙就是天地，宙宇就是 Time-Space。""古人所见的空间很小，时间很短，现在的观念已扩大了许多。考古学探讨千万年的事，地质学、古生物学、天文学等等不断的发现，更将时间空间的观念扩大。现在的看法：空间是无穷的大，时间是无穷的长。"④ 作为以倡导西化闻名的思想家，胡适的世界意识自然是很突出的。胡适在留学时期醉心大同主义、推崇"世界的国家主义"，⑤ 1919 年 12 月在《新思潮的意义》一文中主张"输入学理，再造文明"，1929 年在《中国今日的文化冲突》一文中使用充满争议的"全盘西化"一词，1935 年在《充分世界化与全盘西化》一文中主张"充分世界化"，都说明他是力主对域外世界开放的。

　　鲁迅晚年写过"心事浩茫连广宇"，这是他的精神世界的真实写照，其深邃的精神内宇宙连接着浩茫的自然与人文的外宇宙，其书写涉及从自然空间的百草园、土场、大地、荒原、月界、天空到人文空间的村庄、鲁镇、故乡、国家、世界。他主张"以人类为着眼点"，⑥ 摆正中国在世界、在人类中的位置。他力主顺应世界现代化发展的潮流，反对以"特别国情""保

---

① 李大钊：《法俄革命之比较观》，《李大钊文集》上册，第 574—575 页。
② 李大钊：《大亚细亚主义与新亚细亚主义》，《李大钊文集》上册，第 611 页。
③ 李大钊：《联治主义与世界组织》，《李大钊文集》上册，第 626 页。
④ 胡适：《大宇宙中谈博爱》，季羡林主编《胡适全集》第 22 卷，第 783—784 页。
⑤ 胡适：《留学日记》卷 7，季羡林主编《胡适全集》第 27 卷，第 531 页。
⑥ 鲁迅：《致许寿裳》，《鲁迅全集》第 11 卷，第 366 页。

存国粹"为名拒绝外来文明。他于1918年11月在《新青年》发表的《随感录三十六》中指出："许多人所怕的，是'中国人'这名目要消灭；我所怕的，是中国人要从'世界人'中挤出。我以为'中国人'这名目，决不会消灭；只要人种还在，总是中国人。……想在现今的世界上，协同生长，挣一地位，即须有相当的进步的智识，道德，品格，思想，才能够站得住脚：这事极须劳力费心。而'国粹'多的国民，尤为劳力费心，因为他的'粹'太多。粹太多，便太特别。太特别，便难与种种人协同生长，挣得地位。有人说：'我们要特别生长；不然，何以为中国人！'于是乎要从'世界人'中挤出。于是乎中国人失了世界，却暂时仍要在这世界上住！——这便是我的大恐惧。"① 后来，他于1936年发表了《拿来主义》一文，提出"运用脑髓，放出眼光，自己来拿"的主张。

当时，毛泽东、郭沫若、巴金等五四时期的年轻一代，也在思考宇宙、世界、中国、故乡等不同层级的自然与人文空间，并表现出世界主义的取向。如毛泽东于1917年提出"夫本源者，宇宙之真理"，② 还强调"吾辈必想一最容易之方法，以解经济问题，而后求遂吾人理想之世界主义"；③ 于1921年与新民学会长沙会员讨论"改造中国与世界"问题，指出"中国问题本来是世界的问题，然从事中国改造不着眼及于世界改造，则所改造必为狭义，必妨碍世界"。④ 郭沫若在《凤凰涅槃》中问茫茫宇宙："宇宙呀，宇宙，你为什么存在？你从哪儿来？你坐在哪儿在？你若是无限大的整块，这被你拥抱着的空间他从哪儿来？你的当中为什么又有生命存在？你是个无限大的整块？你若是有限大的空球，那拥抱着你的空间，他从哪儿来？你若是无限大的整块，这被你拥抱着的空间他从哪儿来？你的当中为什么又有生命存在？"⑤ 巴金向往"世界大同"并为此倡导世界语，他说："今

① 鲁迅：《热风·随感录三十六》，《鲁迅全集》第1卷，第323页。
② 毛泽东：《致黎锦熙信（1917年8月23日）》，《毛泽东早期文稿》，湖南出版社，1990，第85页。
③ 中共中央文献研究室编《毛泽东年谱（1893—1949）》（修订本）上卷，中央文献出版社，2013，第30页。
④ 中共中央文献研究室中央档案馆编《建党以来重要文献选编（1921—1949）》第1册，中央文献出版社，2011，第511页。
⑤ 郭沫若：《凤凰涅槃》，夏传才编《中国现代文学名篇选读》上册，南开大学出版社，1984，第177—178页。

欧战告终，和平开始。世界语（Esperanto）之特点。我们主张世界大同的人应当努力学'世界语'，努力传播'世界语'。"①

需要指出的是，五四启蒙思想家的世界意识并不是单向度的，他们既倡导取材于异域文化，主张中国与世界进步潮流接轨；又主张中国文化应当走向世界，主张中国应当对世界和平与发展、对人类文明进步做出新的贡献。蔡元培主张"我们一方面注意西方文明的输入，一方面也应该注意将我固有文明输出"。② 将中国走向世界与世界走进中国结合起来，才是世界意识与开放视野的完整内涵。

三

"天地之间人为贵"，人类在时间流转与空间变换中进行着文化、文明的创新、创造。五四启蒙思想家认识到人类只能在特定的空间和时间条件下进行历史创造活动，但他们深信在时空面前、在时代与环境面前人并不是完全被动的。因此，他们既关注作为外宇宙的时间与空间，也关注作为内宇宙的人类精神宇宙，尤其是国人的心灵世界。他们希望通过走向现代、走向世界"翻转时空"并以此推动中国人心灵世界的改造，陈独秀所说的"伦理的觉悟，为吾人最后觉悟之最后觉悟"，李大钊"物心两面改造"论中的"改造人类精神的信条"③、"精神改造的运动"④、"以人道主义改造人类精神"⑤，鲁迅在《两地书》中所说的"此后最要紧的是改革国民性"，⑥毛泽东所说的"欲动天下者，当动天下之心"，⑦ 都指向了"翻转人心"，指向了改造国人的心灵世界。因此，我们不妨从外宇宙的时间维度、空间维度与内宇宙的心灵世界三个维度切入，去探寻五四启蒙思想家倡导新文化运动的具体内涵。

① 巴金：《世界语（Esperanto）之特点》，党跃武主编《巴金与四川大学：川大记忆——校史文献选辑》第6辑，四川大学出版社，2015，第178页。
② 蔡元培：《北京大学一九二一年开学式演说词》，《蔡元培全集》第4卷，第423页。
③ 李大钊：《阶级竞争与互助》，《李大钊文集》下册，第18页。
④ 李大钊：《"少年中国"的"少年运动"》，《李大钊文集》下册，第43页。
⑤ 李大钊：《我的马克思主义观》，《李大钊文集》下册，第68页。
⑥ 鲁迅：《两地书八》，《鲁迅全集》第11卷，第32页。
⑦ 毛泽东：《致黎锦熙信（1917年8月23日）》，《毛泽东早期文稿》，第85页。

　　其一，从时间维度看，五四启蒙思想家以时代价值的尺度、以能否适合现代生活的尺度重估古今文化，其所倡导的新文化是一种现代性文化，为此要吸收近世西方文明、当代社会主义文明，同时要传承"东洋文明之较与近世精神接近者"并实现传统文化的现代转换。

　　五四启蒙思想家抨击孔教、批判纲常名教，是因为孔子之道不适合现代生活，纲常名教说教"尤与近世文明社会绝不相容者"。① 陈独秀批评现代社会提倡尊孔是不合时宜的，"其欲独尊一说，以为空间上人人必由之道，时间上万代不易之宗，此于理论上决为必不可能之妄想，而事实上惟于较长期间不进化之社会见之耳"。② 他又指出："本志诋孔，以为宗法社会之道德不适于现代生活，未尝过此以立论也……吾人生于二十世纪之世界，取二十世纪之学说思想文化，对于数千年前之孔教，施以比较的批评，以求真理之发见，学术之扩张，不可谓非今世当务之急。"③ 胡适提出，"对于习俗相传下来的制度风俗，要问：'这种制度现在还有存在的价值吗?'""对于古代遗传下来的圣贤教训，要问：'这句话在今日还是不错吗?'"④ 李大钊指出，孔子为古昔圣哲，其学说"非生于今日世界之吾人所足取也"，"孔子于其生存时代之社会，确足为其社会之中枢，确足为其时代之圣哲，其说亦确以代表其社会其时代之道德。使孔子而生于今日，或更创一新学说以适应今之社会，亦未可知"。⑤ 他们对儒学、孔教、传统文化虽多有批评，但并没有一味抹杀，他们承认儒学等古代学说在当时社会的历史价值，"吾人讨论学术尚论古人，首当问其学说教义尚足以实行于今世而有益与否，非谓其于当时之社会毫无价值也"，⑥ "吾人不满于古之文明者，仍以其不足以支配今之社会耳，不能谓其在古代无相当之价值，更不能谓古代本无其事，并事实而否认之也"；⑦ 他们尝试着对先贤哲理进行现代诠释，致力于实现传统思想的现代性转换，如蔡元培曾经指出："法国之伦理学家以自由、平等、博爱为根本主义，皆吾国古书所已有。自由者，富贵

① 陈独秀：《答吴又陵（孔教）》，《陈独秀文章选编》上册，第169页。
② 陈独秀：《孔子之道与现代生活》，《陈独秀文章选编》上册，第152页。
③ 陈独秀：《答佩剑青年》，《陈独秀文章选编》上册，第186页。
④ 胡适：《新思潮的意义》，季羡林主编《胡适全集》第1卷，第692页。
⑤ 李大钊：《自然的伦理观与孔子》，《李大钊文集》上册，第263—264页。
⑥ 陈独秀：《答常乃惪》，《陈独秀文章选编》上册，第200页。
⑦ 陈独秀：《再质问〈东方杂志〉记者》，《陈独秀文章选编》上册，第354页。

不能淫，贫贱不能移，威武不能屈，义也。平等者，己所不欲，勿施于人，恕也。博爱者，四海之内皆兄弟，民吾同胞，仁也。春秋三世之说，由据乱世而升平世，而太平世，即今日所谓社会进化之例。礼运大同之说，即今日所谓人道主义。"①

　　五四启蒙思想家主张吸收近世文明，创造现代文明；主张传承"十八世纪之文明""十九世纪之文明"，创造"现代二十世纪之文明"。陈独秀在《法兰西人与近世文明》中推崇近世三大文明，称"近代文明之特征，最足以变古之道，而使人心、社会划然一新者，厥有三事：一曰人权说，一曰生物进化论，一曰社会主义是也"；② 在《一九一六年》一文中强调"生斯世者，必昂头自负为二十世纪之人，创造二十世纪之新文明，不可因袭十九世纪以上之文明为止境"。③ 李大钊称赞文艺复兴以来西方近世文明所取得的成就，尤其是"法兰西之革命，非独法兰西人心变动之表征，实十九世纪全世界人类普遍心理变动之表征"。④ 他们认为，即使是对待西方文明，也要以时代性标尺加以审视，"故欧美今日之人心，不但不为其古代圣人亚里斯多德所拘囚，且并不为其近代圣人康德所支配，以其生活状态有异于前也"。⑤

　　五四启蒙思想家主张与时俱进，在借鉴西方文明的同时，敏锐感知世界潮流的变动，以反省现代性思潮为过渡，进而赞美或转向社会主义文明。陈独秀注意到社会主义"可谓之反对近世文明之欧罗巴最近文明"，⑥ "欧洲各国社会主义的学说，已经大大的流行了。俄、德和匈牙利，并且成了共产党的世界。这种风气，恐怕马上就要来到东方"。⑦ 李大钊在 1918 年 7 月发表的《法俄革命之比较观》、11 月发表的《庶民的胜利》、12 月发表的《Bolshevism 的胜利》中预言，"二十世纪初叶以后之文明，必将起绝大之变动，其萌芽即苗发于今日俄国革命血潮之中"，称"俄罗斯之革命"、Bol-

　　① 蔡元培：《发起成立华法教育会公启》，《蔡元培全集》第 3 卷，第 75 页。
　　② 陈独秀：《法兰西人与近世文明》，《陈独秀文章选编》上册，第 79 页。
　　③ 陈独秀：《一九一六年》，《陈独秀文章选编》上册，第 101 页。
　　④ 李大钊：《法俄革命之比较观》，《李大钊文集》上册，第 575 页。
　　⑤ 陈独秀：《孔子之道与现代生活》，《陈独秀文章选编》上册，第 152 页。
　　⑥ 陈独秀：《法兰西人与近世文明》，《陈独秀文章选编》上册，第 80 页。
　　⑦ 陈独秀：《纲常名教》，《陈独秀文章选编》上册，第 373 页。

shevism 是"二十世纪全世界人类普遍心理变动之显兆",①"全世界人心变动的征兆",②"二十世纪全世界人类人人心中共同觉悟的精神"。③胡适在1926 年所写的《我们对于西洋近代文明的态度》一文中指出：18 世纪的新宗教信条是自由、平等、博爱，19 世纪中叶以后的新宗教信条是社会主义。

其二，从空间维度看，五四启蒙思想家以人类文明优秀成果的尺度、以能否适应世界潮流的尺度衡量中外文化，其所倡导的新文化是一种世界性文化，为此要吸取、借鉴西方文明，同时要推动中华文化走向世界，实现中华文明"第二次之大贡献于世界之进步"。④

五四启蒙思想家积极倡导学习西方文明、外来文化，吸收世界文明成果。陈独秀对学习西方文明的态度前后有所变化，新文化运动前期崇尚西方文化立场鲜明、激进，如 1916 年 11 月在答读者来信时称"法兰西人为世界文明之导师",⑤"欧美之文明进化，一日千里，吾人已处于望尘莫及之地位",⑥ 1918 年 7 月在《今日中国之政治问题》一文中提出"一切都应该采用西洋的新法子";⑦ 但在接受马克思主义后，他对西方文明的态度有所保留，在 1924 年的《太戈尔与东方文化》一文中指出"我们并不迷信西方已有的资产阶级文化已达到人类文化之顶点，所以现在不必为西方文化辩护"。⑧蔡元培表示，"对于各友邦之文化，无不欢迎"，"对于共和先进国之文化，尤所欢迎"。⑨李大钊在 1918 年 7 月发表的《东西文明根本之异点》一文中强调"竭力以受西洋文明之特长，以济吾静止文明之穷"，希望青年学者"出全力以研究西洋之文明，以迎受西洋之学说"。⑩胡适提出"输入学理"，"介绍西洋的新思想、新学术、新文学、新信仰",⑪ 认为"新文化运动的根本意义是承认中国旧文化不适宜于现代的环境，而提倡充

---

① 李大钊：《法俄革命之比较观》，《李大钊文集》上册，第 572、575 页。
② 李大钊：《庶民的胜利》，《李大钊文集》上册，第 595 页。
③ 李大钊：《Bolshevism 的胜利》，《李大钊文集》上册，第 603 页。
④ 李大钊：《东西文明根本之异点》，《李大钊文集》上册，第 561 页。
⑤ 陈独秀：《答一民》，《新青年》第 2 卷第 3 号，1916 年 11 月 1 日。
⑥ 陈独秀：《答毕云程》，《新青年》第 2 卷第 3 号，1916 年 11 月 1 日。
⑦ 陈独秀：《今日中国之政治问题》，《陈独秀文章选编》上册，第 270 页。
⑧ 陈独秀：《太戈尔与东方文化》，《陈独秀文章选编》中册，第 455 页。
⑨ 蔡元培：《欢迎柏卜等演说会开会词》，《蔡元培全集》第 3 卷，第 349 页。
⑩ 李大钊：《东西文明根本之异点》，《李大钊文集》上册，第 562、567 页。
⑪ 胡适：《新思潮的意义》，季羡林主编《胡适全集》第 1 卷，第 693 页。

分接受世界的新文明",① 主张"虚心接受这个科学工艺的世界文化和它背后的精神文明",② 表示"希望这个民族在世界上占一个地位"。③

五四启蒙思想家认识到中华文化蕴含着"全人类的共同价值",主张推动中华文化的国际传播。陈独秀指出: "若夫温、良、恭、俭、让、信、义、廉、耻诸德,乃为世界实践道德家所同遵,未可自矜持异,独标一宗者也。"④ 后又重申:"记者之非孔,非谓其温良恭俭让、信义廉耻诸德及忠恕之道不足取;不过谓此等道德名词,乃世界普遍实践道德,不以为孔教自矜独有者耳。"⑤ 李大钊指出,中国古代文明"扩延及于高丽,乃至日本,影响于人类者甚大",中华文明包含着"全人类的共同价值",因此,应该"将吾东洋文明之较与近世精神接近者介绍之于欧人,期与东西文明之调和有所裨助,以尽对于世界文明二次之贡献"。⑥ 蔡元培认为先儒哲理与西方近代精神多有相合之处,他主张将"吾国旧籍译成欧文","择其与最新思潮不相触背者译为西文,使彼国学者洞明我固有之文化,而互相证明"。⑦

其三,从内宇宙的心灵世界维度看,"新文化运动是人的运动",⑧ "民国六七年北京大学所提倡的新运动,无论形式上如何五花八门,意义上只是思想的解放与个人的解放",⑨ 新文化运动的宗旨是"小我"的个性解放与"大我"的社会解放,是国人心灵世界"灵肉一致的改造"。

人的发现、人的解放是五四思想启蒙的主题,而造就新人、培育新青年是其所聚焦的目标,所以陈独秀强调"改造青年之思想,辅导青年之修养,为本志之天职"。⑩ 五四思想启蒙家希望青年将个性解放与社会改造有机结合起来。陈独秀指出,构建新道德应该将"个人人格之自觉"与"人群利害互助之自觉"结合起来。⑪ 蔡元培于 1917 年 3 月在清华的演说中对

---

① 胡适:《新文化运动与国民党》,季羡林主编《胡适全集》第 21 卷,第 440 页。
② 胡适:《试评所谓"中国本位的文化建设"》,季羡林主编《胡适全集》第 4 卷,第 583 页。
③ 胡适:《介绍我自己的思想》,季羡林主编《胡适全集》第 4 卷,第 667 页。
④ 陈独秀:《宪法与孔子》,《陈独秀文章选编》上册,第 148 页。
⑤ 陈独秀:《答〈新青年〉爱读者》,《陈独秀文章选编》上册,第 222 页。
⑥ 李大钊:《东西文明根本之异点》,《李大钊文集》上册,第 561、567 页。
⑦ 蔡元培:《发起成立华法教育会公启》,《蔡元培全集》第 3 卷,第 76 页。
⑧ 陈独秀:《新文化运动是什么?》,《陈独秀文章选编》上册,第 517 页。
⑨ 胡适:《个人自由与社会进步》,季羡林主编《胡适全集》第 22 卷,第 283 页。
⑩ 陈独秀:《答王庸工（国体）》,《陈独秀文章选编》上册,第 82 页。
⑪ 陈独秀:《答 I. T. M（社会道德）》,《陈独秀文章选编》上册,第 204 页。

学生提出"发达个性"、"信仰自由"与"服役社会"三点希望。① 李大钊在《〈晨钟〉之使命——青春中华之创造》《青春》等文中，号召青年以"个人之青春"创造"国家之青春"，以"青春之我"创建"青春之国家，青春之民族，青春之人类，青春之地球，青春之宇宙"。胡适在 1918 年 6 月 15 日发表于《新青年》第 4 卷第 6 号的《易卜生主义》一文中提出，"发展个人的个性"要将"使个人有自由意志"与"使个人担干系，负责任"结合，他欣赏易卜生所说的"你要想有益于社会，最妙的法子莫如把你自己这块材料铸造成器"；② 在 1919 年 2 月 15 日发表于《新青年》第 6 卷第 2 号的《不朽——我的宗教》一文中强调，"我这个现在的'小我'，对于那永远不朽的'大我'的无穷过去，须负重大的责任；对于那永远不朽的'大我'的无穷未来，也须负重大的责任。我须要时时想着，我应该如何努力利用现在的'小我'，方才可以不辜负了那'大我'的无穷过去，方才可以不遗害那'大我'的无穷未来"。③ 傅斯年在 1919 年元旦发表于《新潮》第 1 卷第 1 号的《人生问题发端》一文中提出，"人生观念应当是：为公众的福利自由发展个人"。④ 李大钊、陈独秀等在成长为马克思主义者后，在前期关注个性解放基础上，进一步关注社会解放、民族解放、人类解放。

五四思想启蒙家希望实现人的全面发展，并围绕这一目标呼唤新文化。他们所倡导的人的解放，体现了物质与精神、理性与情感、灵与肉的有机统一。李大钊指出："我所希望的'少年中国'的'少年运动'，是物心两面改造的运动，是灵肉一致改造的运动。"⑤ 周作人指出："我们所信的人类正当的生活，便是这灵肉一致的生活。"⑥ 田汉指出："我们人类最大的职责在为世界创造一种健全的文明，健全的文明一定在灵肉一致的圣域。"⑦ 他们呼唤人的理性，但也强调人的情感、欲望。陈独秀在 1915 年 10 月发表的《今日教育之方针》倡导"兽性主义"教育，提出"强大之族，人性兽性同

① 蔡元培：《在清华学校高等科演说词》，《蔡元培全集》第 3 卷，第 50—52 页。
② 胡适：《易卜生主义》，季羡林主编《胡适全集》第 1 卷，第 613—614 页。
③ 胡适：《不朽——我的宗教》，季羡林主编《胡适全集》第 1 卷，第 667—668 页。
④ 傅斯年：《人生问题发端》，《傅斯年全集》第 1 卷，湖南教育出版社，2003，第 92 页。
⑤ 李大钊：《"少年中国"的"少年运动"》，《李大钊文集》下册，第 45 页。
⑥ 周作人：《人的文学》，《新青年》第 5 卷第 6 号，1918 年 12 月 15 日。
⑦ 田汉：《诗人与劳动问题》，《少年中国》第 1 卷第 8、9 期，1920 年 2 月 15 日、3 月 15 日。

时发展";① 在 1920 年 4 月发表的《新文化运动是什么?》一文中对前期忽视情感做了检讨,指出"现在主张新文化运动的人,既不注意美术、音乐,又要反对宗教,不知道要把人类生活弄成一种什么机械的状况,这是完全不曾了解我们生活活动的本源,这是一桩大错,我就是首先认错的一个人"。② 鲁迅后来在《略论中国人的脸》中也提到"还不如带些兽性"。

总之,五四新文化运动是一场以走向现代、走向世界、走向社会为指向,以宣传科学、民主与新思潮推动人的解放、人的觉悟的思想启蒙运动,是现代性的、世界性的"人的运动",展现了顺应时代潮流、融入世界发展、塑造健全人格、唤起国民觉悟的取向,在实现传统文化现代转型、推动中华文明国际传播上也做了可贵的探索。

---

① 陈独秀:《今日教育之方针》,《陈独秀文章选编》上册,第 89 页。
② 陈独秀:《新文化运动是什么?》,《陈独秀文章选编》上册,第 514 页。

五四运动前后中国先进知识分子
对宗教问题的认识[*]

何虎生　　胡竞方[**]

20 世纪初，随着西方各种思想的不断传入，中国人的认识发生了很大转变，其中站在时代潮流之前的就是中国先进知识分子，他们扛起救亡图存、振兴中华的大旗，在启蒙和变革实践中探寻救国救民的真理，使得"一切寂然不动的中国思想界，忽如雨后春笋的勃发"。郑太朴就曾将当时的中国思想界归为三派，分别为"新潮"派、马克思派和无政府主义派，[①]他们力图通过学习西方来改变积贫积弱的现实，对宗教问题也进行探索并有了新的认识。

第一，五四运动前后，中国先进知识分子能够从新的角度来认识宗教问题，是多方因素合力的结果，既有西方文明外部的冲击，也有中国内部改变的需要，既有客观现实环境的影响，也有作为主体的知识分子意识的觉醒，共同构建了中国先进知识分子对宗教问题认识转变的现实根基。

努力学习西方文明的必然要求。近代以来，随着对西方认识的加深，

* 本文系"北京高校思想政治理论课高精尖创新中心重点项目——改革开放以来党的统战工作的历史进程与历史经验研究"（项目编号：19GJJB001）和"中国人民大学马克思主义研究基地科研项目"阶段性成果。

** 何虎生，中国人民大学马克思主义学院教授；胡竞方，中国人民大学马克思主义学院研究生。

① 太朴：《无政府主义与中国》，葛懋春、蒋俊、李兴芝编《无政府主义思想资料选》上册，北京大学出版社，1984，第 494 页。

中国人开始睁眼看世界。孙中山认为，"现今没有一个国家比英美更为富足，比法兰西更为文明的了"。① 在西方物质文明和精神文明的强烈对比之下，中国显示出落后性，开始反思中西方之间的差距，如陈独秀对东西民族根本思想差异进行了对比，呼吁中国人向西方学习，培养竞争意识、个人本位和法治实利。② 西方的各种思潮在中国开始传播，如自由、平等、博爱的思想，1906年，孙中山与黄兴等人制定的《中国同盟会革命方略》曾指出，革命的责任就是使"一国之人皆有自由、平等、博爱之精神"；③ 又如"实验主义"思想，胡适就曾一度宣传和提倡杜威的"实验主义"，提倡用新教育理论"打破从前的阶级教育，归到平民主义的教育"。④ 五四运动后，无政府主义和马克思主义也日益被更多的人接受，成为中国社会思潮转向的一个分水岭，"用资产阶级民主主义改造中国"，是"近代中国前80年间的一面旗帜"。⑤ 与此同时，外来的宗教思想也被中国的先进知识分子所吸收，如1917年7月黄凌霜在《答思明君》中就指出对方"建立宗教"的想法是"原于托氏"；⑥ 又如1919年5月顾兆熊在《马克思学说》中，在介绍马克思主义唯物史观时，就初步涉及马克思主义的宗教观，认为马克思受了费巴赫哲学的影响，"宗教里头的超于人的神灵也全是人的想象所造成，全是人的本性的影子"，⑦ 表示人是在不知不觉中创造宗教的，宗教是人的反应。中国先进知识分子将其与传统宗教观念相结合，开始探索对宗教的新认识。

力图改变中国积贫积弱的客观实际。鸦片战争以来，中国逐渐沦为半殖民地半封建社会，积贫积弱成为中国现实的代名词。孙中山在《檀香山兴中会章程》之首就描述道，"中国积弱，非一日矣"，究其根本原因，则

---

① 孙中山：《中国革命的社会意义（一九二一年四月一日）》，《孙中山全集》第2卷，中华书局，1981，第325页。

② 陈独秀：《东西民族根本思想之差异（一九一五年十二月十五日）》，《陈独秀文集》第1卷，人民出版社，2013，第126—130页。

③ 孙中山：《中国同盟会革命方略（一九〇六年秋冬间）》，《孙中山全集》第1卷，第296页。

④ 胡适：《实验主义》，季羡林主编《胡适全集》第1卷，安徽教育出版社，2003，第323页。

⑤ 吴雁南、冯祖贻、苏中立、郭汉民主编《中国近代社会思潮（1840—1949）》第1卷，湖南教育出版社，1998，第11页。

⑥ 凌霜：《答思明君》，《无政府主义思想资料选》上册，第355页。

⑦ 顾兆熊：《马克思学说》，张宝明主编《新青年·哲学卷》，河南文艺出版社，2016，第197页。

形成于多个方面，在此情况下有志之士欲"大声疾呼，亟拯斯民于水火，切扶大厦之将倾"。① 从洋务运动到戊戌变法再到辛亥革命，地主阶级改革派、资产阶级改良派、资产阶级革命派等都走向了失败。辛亥革命后，以袁世凯为首的一批人掀起尊孔复古的逆流，意图将孔教奉为国教，封建礼仪和封建文化重新抬头，中国原本就存在的宗教迷信一度猖獗，成为"文明改进之障碍"。加之基督教在中国急速扩张，其传播发展逐渐超出宗教本身的范畴，在外国政治力量的庇护之下，基督宗教及基督教徒开始干涉中国的政治，甚至是直接参与政治活动，部分基督教徒甚至开始欺压非基督宗教的民众，"无数的宣教师都是不生产的游民，反要劝说生产劳动者服从资本家；无一国的教会不是日日向资本家摇尾乞怜，没有财产的新教教会更甚；我们眼见青年会在中国恭维权贵交欢财主猎人敛钱种种卑劣举动，如果真是基督教的信徒便当对他们痛哭；无论新旧教会都以势力金钱号召，所以中国的教徒最大多是'吃教'的人"，② 中国人民与教会中的外国教徒、中国非基督宗教徒与基督宗教徒的矛盾一天天凸显，力图改变现状的决心日益强烈。

知识分子救亡图存的内在动力。五四运动后，人们救亡图存的心情愈发迫切。反映到思想界，就是"自我"和"群体"意识的不断觉醒，一大批先进知识分子涌现出来。他们就是中国的先知先觉者，朱自清说："五四运动划出了一个新时代，一部分人从统治阶级独立，脱离士或读书人的限制，变成了'知识分子'，集体的就是'知识阶级'。"③ 这些先进的知识分子开始反思个人与国家、群体与群体之间的关系，忧心于中国的前途命运，希望能够找到先进的理论和方式改变中国的现状，如陈独秀的《亡国篇》就表达了当时先进知识分子对国家前途命运的深深忧虑，希望中国人能够放弃"听天由命"的消极思想，"振作自强"，拿回自己的土地、主权等。④ 反映到宗教领域，中国的先进知识分子不断思考宗教是否有存在的合理性。

---

① 孙中山：《檀香山兴中会章程（一八九四年十一月二十四日）》，《孙中山全集》第1卷，第19页。

② 陈独秀：《基督宗教与基督教会（一九二二年三月十五日）》，《陈独秀文集》第2卷，第222页。

③ 朱自清：《论气节》，朱乔森编《朱自清全集》第3卷，江苏教育出版社，1996，第153—154页。

④ 陈独秀：《亡国篇》，《陈独秀文集》第1卷，第47—66页。

五四新文化运动中，打倒孔家店、破除迷信、追求民主科学成为运动的主流，中国的先进知识分子认识到，中国不像印度、犹太国家一样是宗教国家，"宗教信仰心，由来薄弱"，[①] 否定当时将"孔教"定为国教的做法，意在通过说明"孔教"不是宗教和批评"孔教"，为其抨击封建统治和礼教迷信提供理论依据。五四运动后，随着时局的变化和认识的深化，中国的早期知识分子掀起了无神论与宗教问题的论战，例如以《新青年》为阵地发表的《基督教与人格救国》，又如《少年中国》专门开辟宗教问题号，发表了一系列的文章，轰轰烈烈的非基督教运动也开展起来。在理论的争鸣和实践的感知中，中国先进知识分子逐渐建立起自己的宗教观，试图为中国的改变做出努力。

第二，中国先进知识分子对宗教问题的认识有三种：一是资产阶级民主主义的宗教观，主张宗教信仰自由；二是无政府主义的宗教观，坚持"无宗教"论；三是早期共产主义者的宗教观，继承发展了马克思主义宗教观。

资产阶级民主主义的宗教论。其实"新潮"派就是资产阶级民主主义的代表，主张向西方学习，实现自由和民主，力图使中国与欧美等国并驾齐驱。资产阶级民主主义者不排斥宗教的存在，1912 年 3 月的《中华民国临时约法》第五条就规定，中华民国"无种族、阶级、宗教之区别"，用具有"宪法"性质的根本大法表明宗教可以存在的事实。

资产阶级民主主义者认为宗教是信仰神的，蔡元培就指出，因为民智和认识的浅陋，对于世间存在的一切惊奇疑异、难以解决的问题，"皆以为出于神意"，"皆得借教义以解答之"。[②] 宗教对社会来说具有双重意义。一方面具有积极作用，贾立言在《基督教史纲》中描述道，"孙逸仙某次曾说：'我们最大的希望，是将圣经和教育，从欧洲输运给我们不幸的同胞，由此令他们得到公平的律法的福祉，并且从这高洁的文字中，得以革除他们的苦痛'"，[③] 表明孙中山认为宗教对人类有利，能帮助人们获得幸福。另

---

①　陈独秀：《驳康有为致总统总理书（一九一六年十月一日）》，《陈独秀文集》第 1 卷，第 174 页。

②　蔡元培：《在信教自由会之演说（一九一六年十二月二十六日）》，张汝伦编选《蔡元培文选》，上海远东出版社，2012，第 292 页。

③　参见陆丹林《革命史谭》，中华书局，2007，第 94 页。

一方面宗教也有不利的影响，"神佛是有害的"。在当时的中国，宗教甚至成为西方侵略中国的工具，教会麻痹青年，外国传教士会干涉内政，"借宗教为前驱之谍者"。① 同时，从长期的角度来看，神是不存在的，是人造出来的，具有虚无性。胡适在《论毁除神佛》一文中就从人的经验方面批判神的虚无性，认为鬼神是全然没有益处的东西，应该毁灭。② 蔡元培则从近代自然科学理论知识来否定宗教神学，他指出，当人智渐开、科学发达和社会进步的时候，"上帝创造世界""上帝监理人类行为"的学说就不能存在。③ 这些关于宗教的基本认识奠定了资产阶级民主主义者处理宗教问题的基本态度：可以但是要有条件的存在，在必要的条件下要进行改良。

因此，在资产阶级民主主义革命和统治的过程中，宗教对于国家来说是不能废弃的，孙中山就认为宗教和政治有连带关系，是相互扶持和互为补充的，"国家政治之进行，全赖宗教以补助其所不及"。④ 在国家和宗教的关系处理上，他主张要坚持政教分离的原则，他在1912年3月的《令教育部准佛会立案文》中指出，"各国政教之分甚严，在教徒苦心修持，绝不干与政治"。⑤ 因此对于宗教信仰，他主张各宗教之间一律平等，人民享有信教自由的权利。但国家不扶持宗教，可以改良宗教，以求宗教能够独立自主，"脱去各帝国主义之羁绊"。⑥ 在此基础上，孙中山提出建立一个全新的宗教，蔡元培提出以美学代替宗教，但都停留在设想的层面，没有真正实现。

无政府主义的"无宗教"论。1903年前后，无政府主义在中国兴起，成为近代中国比较重要的社会思潮之一，强调政治上的个人绝对自由，主张废除国家和政府。1914年7月，师复在《无政府共产主义同志社宣言书》中指出，无政府共产主义"主张灭除资本制度，改造共产社会，且不用政

① 孙中山：《复高翼圣韦亚杰函（一九一二年二月六日）》，《孙中山全集》第2卷，第66页。
② 胡适：《论毁除神佛》，欧阳哲生编《胡适文集》第9册，北京大学出版社，1998，第513页。
③ 蔡元培：《在信教自由会之演说（一九一六年十二月二十六日）》，张汝伦编选《蔡元培文选》，第293页。
④ 孙中山：《在北京基督教等六教会欢迎会的演说（一九一二年九月五日）》，《孙中山全集》第2卷，第447页。
⑤ 孙中山：《令教育部准佛会立案文（一九一二年三月二十四日）》，《孙中山全集》第2卷，第277页。
⑥ 参见陆丹林《革命史谭》，第96页。

府统治者"。① 而对于宗教，要求实行"无宗教"。因此可以看出，无政府主义者对宗教的存在是持否定态度的，一些无政府主义的组织，如心社，加入者不能信奉宗教。

对于宗教是什么，有的无政府主义者指出，宗教是"基以迷信，助以恐惧"，② 这与政府"基以恐惧，助以迷信"的认识是相反的，但二者都不应该存在。关于宗教的起源，无政府主义者认为宗教起源于神。早在1904年，刘师培就提出，"宗教之源起于神教，因祀先而祀人鬼，教字从孝"，③所以在本质上宗教是人的一种信仰。至于为什么会产生宗教，则有认识和实践两方面的原因。在认识方面，人们常把一些难以解释的事实归结到神身上，1913年7月的《社会党纲目说明书》就指明，"随顺常人畏惧之情性，以种种恐吓之词"，④ 也就是民智未开，"凡事之未明者，均以上帝代之"；⑤ 在实践方面，则是出于统治的目的，宗教是强权的一部分，用来压制和控制人民，1913年7月的《无政府之研究》指明，"上帝者，不过欲使人服从，乃强权者之用以欺侮人压制人者也"。⑥

无政府主义者认为宗教的存在是有百害而无一利，是政府和资本家的附属，"助政府之暴虐，教人民以柔顺"，使得人们脱离正常思考问题，将各种强权压迫视为理所当然，进而"不知反抗，阻碍社会之进化"。因此要破除宗教，目的是要"使人思想自由，抵抗强权"，⑦ 这是无政府主义的一种手段和根本要义。无政府主义者认为，虽然破除人们的宗教观念，实现无宗教很难，但中国"素鲜宗教观念"。因此，在中国破除宗教是比较容易的，随着科学的发展，宗教是不能够继续存在的。但无政府主义者忽视了宗教有着大量的信徒，在处理宗教问题方面简单粗暴，不允许宗教存在，脱离了中国的宗教实际，其思想和主张难以在中国发展下去，最终以失败告终。

---

① 《无政府共产主义同志社宣言书（1914年7月4日）》，唐仕春编《中国近代思想家文库·师复卷》，中国人民大学出版社，2015，第148页。
② 绝圣：《排孔征言》，《无政府主义思想资料选》上册，第204页。
③ 《论孔教与中国政治无涉（1904）》，李帆编《中国近代思想家文库·刘师培卷》，第53页。
④ 《社会党纲目说明书》，《无政府主义思想资料选》上册，第253页。
⑤ 声白：《平民革命》，《无政府主义思想资料选》上册，第357页。
⑥ 迦身：《无政府之研究》，《无政府主义思想资料选》上册，第257页。
⑦ 师复：《论社会党》，《无政府主义思想资料选》上册，第297页。

早期共产主义者的"宗教观"。五四运动后，宣传马克思主义成为新文化运动的主流。1919年，李大钊在《新青年》上发表了《我的马克思主义观》，对马克思主义进行了论述。1919年7月，毛泽东在《民众的大联合（一）》中开始用马克思主义的观点支持革命运动，认为平民开始使用联合的手段，"有一派很激烈的，就用'即以其人之道还治其人之身'的办法，同他们拼命的倒担"，这一派的首领"叫做马克斯"。① 在接受马克思主义的同时，这些早期共产主义者也开始用马克思主义宗教观来分析中国的宗教问题。

早期共产主义者在宗教本质上有着一致的共识，信仰宗教必然信仰神。陈独秀较早地指出，宗教的本质在于使人相信神灵的存在，救济世间灵魂，从而让人的精神有所寄托和依靠，即"宗教不离鬼神"。② 李大钊认识到宗教本质上是不平等关系的表现，不仅仅停留在精神的层面、信仰的层面，还是人类的实践活动，受到观念支配，"以信仰的形式示命人类行为的社会运动"。③ 对于宗教的起源，恽代英认为要归结于本能的情感和智识的暧昧，分为恐怖、希望、误认、误解、美感和想象六点，④ 从自然、社会、情感等多方面探求宗教产生和存在的根源。早期共产主义者在肯定宗教的积极方面的同时，认为宗教欺骗民众，阻碍社会进步，应该废弃，以"科学代宗教"。如陈独秀认为，宗教有其"善"的一面，可以教化群众，劝人向善，"宗教之功，胜残劝善，未尝无益于人群"，⑤ 这是因为人类尚处于进化的阶段，对于许多事物难以认识清楚，特别是对宗教常怀有敬畏之情。但是宗教所具有的消极作用更甚，宗教所信仰的是神，神是一种偶像，这种偶像由人所塑造，反过来欺骗于人、压迫于人，对民族的发展和文明的进步危

① 毛泽东：《民众的大联合（一）（一九一九年七月二十一日）》，中共中央文献研究室、中共湖南省委毛泽东早期文稿编辑组编《毛泽东早期文稿（1912.6—1920.11）》，湖南出版社，1990，第341页。
② 陈独秀：《答俞颂华（一九一七年三月一日）》，《陈独秀文集》第1卷，第217页。
③ 李大钊：《宗教与自由平等博爱（一九二二年六月）》，中国李大钊研究会编注《李大钊全集》第4卷，人民出版社，2013，第98页。
④ 恽代英：《我的宗教观（一九二一年二月十五日）》，《恽代英文集》上卷，人民出版社，1984，第267—268页。
⑤ 陈独秀：《法兰西人与近世文明（一九一五年九月十五日）》，《陈独秀文集》第1卷，第98页。

害极大，宗教的消极作用，"事实彰著，无可讳言"。①

　　早期共产主义者关于宗教的认识已经逐渐与马克思主义相结合，开始用唯物主义的观点解释宗教现象。李大钊就指出历史唯物主义用经济的原因解释各种社会现象，从而"宗教革新的运动全是近世资本家阶级自觉其经济的实力的结果"。② 他们认识到宗教在人类历史上特别是对近代中国社会的积极与消极作用，反对宗教的存在，强调"有宗教可无人类，有人类便无宗教。宗教与人类，不能两立"，但基于宗教的客观实际，又强调宗教发展的客观规律，尊重宗教信仰的自由，1922 年 9 月，《本报宣言——〈向导〉发刊词》就明确提出，近代政治的精髓是"市民对于国家所要的言论、集会、结社、出版、宗教信仰，这几项自由权利"。③ 随着宗教问题在革命中重要性的凸显，宗教信仰自由从中国共产党提倡的一项权利转变为一项政策，并在党的政策中充分体现出来，在此政策下，越来越多的人开始抛开宗教信仰的差异，团结到反帝反封建的大旗之下。

　　第三，资产阶级民主主义的宗教论、无政府主义的"无宗教"论和早期共产主义者的宗教观。既包含对宗教认识的相同点，也有对宗教是否存在的不同之处；既有各自对宗教认识的可取点，也有不合时宜之处。在日后的发展过程中，马克思主义宗教观成为开展中国宗教工作的指导思想。

　　宗教是社会文明发展的一种产物，虽然在信仰的对象、教义和教制等方面有所差异，但也有普遍的规律和共同点。因此，当时中国的先进知识分子对宗教的理解存在一致性。对于宗教本质的理解，不论资产阶级民主主义者、无政府主义者还是早期共产主义者，都肯定"神"是宗教信仰的核心。如太虚在 1913 年 8 月的《世界之三大罪恶》中就点明，"强权者必断断拥护乎神道之宗教"；④ 陈独秀同样指出，宗教的根本精神在于信仰神的"最高命令"；章太炎也肯定了基督、吠檀多等都"泛神诸论附焉"。⑤

---

①　陈独秀：《再答俞颂华（一九一七年五月一日）》，《陈独秀文集》第 1 卷，第 238 页。

②　李大钊：《物质变动与道德变动（一九一九年十二月一日）》，《李大钊全集》第 3 卷，第 136 页。

③　《本报宣言——〈向导〉发刊词（1922 年 9 月 13 日）》，中共中央文献研究室、中央档案馆编《建党以来重要文献选编（1921—1949）》第 1 册，中央文献出版社，2011，第 179 页。

④　太虚：《〈世界之三大罪恶〉节录：唤起人类本有之博爱心》，《无政府主义思想资料选》上册，第 267 页。

⑤　《无神论》，姜义华编《中国近代思想家文库·章太炎卷》，第 151 页。

三者都意识到自然根源和社会根源的重要性，蔡元培、区声白和李大钊等指出宗教产生和存在的根源包括自然、社会、情感等多方面因素。对于当时的先进知识分子来说，最终的目的是追求民主与自由，讲求形体、精神、思想、言论等方面的自由和整个社会的进步。在此基础上，肯定宗教的社会作用有积极一面，但大多是持批判的态度，认为宗教对社会的危害极大。李大钊表示，宗教向人们宣传廉价的妥协性的东西，代表着不自由、不平等，难以达到博爱的目的，在宗教的"迷信之下，真理不能昌明，自由不能确保"；[①] 胡适指出，"宗教处处与人类的天性相反，处处反乎人情"，没有精神上的价值，在物质上却是"可以利用的"，可使人发财得意，[②] 甚至提出了评判宗教的标准，宗教的实际作用，即它所"产生的礼法制度"对国民的影响如何。[③] 因此，他们大多对这种"神"的存在和宗教的存在持否定态度，主张"无神论"，都是坚定的无神论者。

在阐释宗教内涵的基础上，三者都对宗教是否应该存在有明确的态度，也是有明显区别的。在无政府主义者看来，宗教是坚决不能存在的，是必须破除的，"欲世界人进于幸福，必先破迷信"。[④] 而对于资产阶级民主主义者和早期共产主义者来说，宗教是有存在的必要的，他们不主张通过外力干涉和消灭宗教。李大钊直接指出，信仰宗教的目的在于安心立命，是出于人类精神上的需求，"非可以人为之力施以干涉"。[⑤] 孙中山也认为，国家不能扶持宗教，否则对于国家和宗教都没有益处。[⑥] 陈独秀进而解释道，反对宗教无益，"只有提倡较好的宗教来供给这需要，来代替那较不好的宗教"。[⑦] 因此，在处理宗教的问题时，三者赞成宗教信仰自由，并将其作为近代政治的基本定则之一，主张政教分离，国家管国家，宗教管宗教。章太炎在《中华民国联合会第一次大会演说辞》中表示，"政教分离，中国旧俗"，甚至提出要建立"无神宗教"。

综合资产阶级民主主义宗教论、无政府主义"无宗教"论和早期共产

---

① 李大钊：《非宗教者宣言（一九二二年四月四日）》，《李大钊全集》第 4 卷，第 79 页。
② 胡适：《易卜生主义》，季羡林主编《胡适全集》第 1 卷，第 605 页。
③ 胡适：《〈吴虞文录〉序》，季羡林主编《胡适全集》第 1 卷，第 762 页。
④ 绝圣：《排孔征言》，《无政府主义思想资料选》上册，第 205 页。
⑤ 李大钊：《宪法与思想自由（一九一六年十二月十日）》，《李大钊全集》第 1 卷，第 405 页。
⑥ 孙中山：《复高翼圣韦亚杰函（一九一二年二月六日）》，《孙中山全集》第 2 卷，第 66 页。
⑦ 陈独秀：《新文化运动是什么？（一九二〇年四月一日）》，《陈独秀文集》第 2 卷，第 3 页。

主义者宗教观的内容以及相互比较，可以说三者大多是坚定的无神论者，对于宗教的危害性和虚无性进行了深刻批判，有的进一步提出以教育、美学和科学等代替宗教，其中的精华和经验教训能被后世所吸收利用。中国先进的知识分子在认识宗教问题的时候，很大程度上是建立在吸收西方先进的自然科学知识的基础上，如达尔文的进化论，并把宗教作用的直观危害性作为认识和评判的标准，导致在宗教是否应该存于社会的问题上，出现无政府主义"无宗教"的极端态度。同时由于当时中国历史的特殊性，这些先进知识分子并不是将宗教作为一种专门的、系统的文化现象来进行研究，甚少用唯物史观和革命史观来分析中国的宗教实际，而是在救亡图存的过程中将其作为一种武器来反对封建主义和帝国主义。因此，在认识宗教和对待信教群众方面，较偏重于直观性和经验性，如在总结国家不能干涉宗教的时候，李大钊表明，从古至今，用政治权力强迫人民信奉一种宗教或者压制其他宗教，"其政策罔有不失败者"。[①]

　　五四运动后，随着先进知识分子对西方资本主义的失望以及马克思主义的进一步传播，马克思主义宗教观被接受和理解，中国人在认识和处理宗教问题上由被动转向主动。把马克思主义和中国实际结合分析宗教问题，认为宗教本身没有历史，宗教受人类社会历史发展的制约，宗教自身的发展有一定的规律可循，在一定历史阶段内将长期存在，也会随着经济基础的变化而变化，甚至走向消亡。因此，必须正视宗教的存在，不能用粗暴的态度对待宗教甚至取消宗教，这也从理论的角度否定了无政府主义"破除宗教"的主张，肯定了马克思主义宗教观的科学性。同时，针对革命形势的发展，中国共产党提出团结全民族最大多数人共同奋斗的革命统一战线，实行宗教信仰自由的基本政策和政教分离的基本原则，保障人民有真正的信教自由和反宗教的宣传之自由，这就将宗教界人士和信教群众作为革命力量的重要组成部分，为党和人民事业凝聚了一支最广大的同盟军，进一步保证了革命事业的顺利进行。表明作为意识形态的宗教必须适应经济基础的变革，发挥对国家和社会的积极作用，从实践的角度否定了资产阶级民主主义忽略甚至漠视宗教的做法。

　　归根结底，中国人选择了马克思主义宗教观，是因为马克思主义宗教

[①]　李大钊：《宪法与思想自由（一九一六年十二月十日）》，《李大钊全集》第 1 卷，第 405 页。

观能够阐释清楚宗教在中国是否能够存在、怎样存在的问题，既不极端取消宗教，也不忽视宗教。关于宗教是否能够存在的问题，认为宗教属于意识形态，意识形态具有相对独立性，把宗教作为社会意识形态的一种独特形式来看待，把民众的宗教信仰限定为思想精神领域的事情，不具有政治性质，不属于政治问题，对待人们的思想问题，包括对待宗教信仰的问题，用简单的强制的方法去处理不但不会收效，反而非常有害；关于宗教怎样存在的问题，从意识形态、上层建筑随经济基础变革而变动做了解答，导向宗教要发挥在社会中的积极作用，从新民主主义革命的角度来说，就是宗教要服从和服务于新民主主义革命总路线和总政策，建立党同宗教界的统一战线，推动革命不断走向胜利。充分体现了马克思主义理论的科学性、实践性、开放性的特质，在这样的情况下，马克思主义宗教观得以不断丰富和发展，成为中国共产党开展宗教工作的行动指南。

五四时期知识精英视域下的海洋问题探析

林建华　李　敏*

自大航海时代以来，海洋的重要性得以迅速凸显，向海则富则强则兴已成为大国崛起的基本规律。相比之下，中国有海无防，海权沦丧，昔日的天然屏障日益成为西方列强入侵中国的通道，以至于孙中山先生发出了"伤心问太平洋海权"的感叹。世界发展潮流与民族生存危机促使五四时期的知识精英对海洋问题给予了极大的关注。他们以《东方杂志》为舆论阵地，对这一历史时期的热点海洋问题和相关海洋知识给予了译介与评析，从而构成了中国海洋思想传播的重要环节。

一　最关心的焦点问题是英德等国之间的海战

在整个五四期间——从 1915 年到 1921 年《东方杂志》刊发的海洋方面有关海军与海战的文章，按照时间先后顺序有《太平洋英属之海军政策》（第 12 卷第 7 号）、《手创德国海军之特匹资上将》（第 12 卷第 12 号）、《英德海上对抗之大势》（第 13 卷第 1 号）、《战争中之英国海军力》（第 13 卷第 5 号）、《海战术之新倾向与造舰政策》（第 13 卷第 10 号）、《英德海战之前途》（第 13 卷第 10 号）、《法国海军近来之增加》（第 13 卷第 11 号）、《美国之海陆军备》（第 14 卷第 5 号）、《美国海防战术之游戏》（第 14 卷第

* 林建华，辽宁师范大学马克思主义学院教授；李敏，辽宁师范大学政府管理学院硕士研究生。

8号）等，与其他海洋方面的文章相比，不仅数量多，而且内容也较为丰富。在马汉海权论被奉为圭臬的年代，巨舰大炮拥有最大发言权的时代，对海军实力的关注是极其自然的现象，这方面的焦点问题概括起来有三个方面。

首先是英德等国海军军力的比较。英国在全球海洋争霸中后来居上，从七年战争后便无可争议地成了世界海洋霸主，海军实力超过其他任何两个国家海军实力之和，即使是全球第二大海军强国德国也难于望其项背，两国海军的实力悬殊。铁血宰相俾斯麦下台后，德国开始走向海洋军事扩张道路，在 1900 年制定舰队法，此后经过多次修正，目标是"竭力修缮军备，以 1920 年为期，练成以战舰四十一艘为基于之大舰队"。英国也毫不示弱，并且以德国为假定之敌，努力保持在海军方面的绝对优势。"关于弩级战舰之制造，必欲较德国增加十分之六。德以 1920 年为期练成有战舰四十一艘之舰队，英则期于是年练成有战舰六十五艘之舰队以备御之。"

然而大战突然爆发，两国造舰计划均没能实现。但仔细比较一下，德国处于更加不利的战略境地。德国海军起步较晚，军舰种类和数量均少于英国，大战爆发后，德国海军不仅要以主力应对北海方面的英国，还要在波罗的海分兵对付俄国的舰队，因为波罗的海对于德国的经济至关重要，"假使德国于北海既不能制压英舰之势力，而于波罗的海又不能握其制海权，则物资输入之通路全行杜绝"。因此，德国不能不分派足以威慑并消灭俄国舰队的兵力在波罗的海。而俄国的波罗的海舰队实不容小视，拥有当时世界最大的弩级战列舰 4 艘、装甲巡洋舰 6 艘，还有巡洋舰 4 艘及其他舰艇。由此造成了"德国在北海对英之兵力当更薄弱"。①

再以战前英德两国正在建造的舰艇比较，英国有弩级战舰 16 艘、巡洋战舰 1 艘，德国有弩级战舰 5 艘、巡洋战舰 4 艘。大战爆发后，"两国均日夜赶造，其竣工者，英国战舰九艘、巡洋战舰一艘，德国战舰二艘、巡洋战舰一艘。德国舰数仅得英国三分之一"。德国海军实力远逊于英国。从舰船建造的潜力上看，英国造船能力远在德国之上。以当时威力最大的战列舰建造为例，英国造成一艘弩级战舰的时间是两年，德国则需要三年。英国船厂能够独力建造各种类型的战舰，德国"则有半数仅能制造船骨，其

---

① 高劳：《英德海上对抗之大势》，《东方杂志》第 13 卷第 1 号，1916 年 1 月 10 日。

船上各项之装备须委诸其他工厂，此德国之缺点也"。① 因此，无论是舰艇数量还是建造水平，德国都远远不是英国的对手。

其次是关于大战爆发以来海战作用的认识。与陆上如火如荼的惨烈战斗相比，一战初期英德海军之间并没有发生引人注目的大海战，而声名显赫的英国皇家海军却没有显著战绩，由此引发了英国国内的指责和非议。为此有人提出开战后英国没有全力以赴与德国海军进行决战的一个重要原因是，德国海军对英国本土安全的威胁非常严重。德国海军基地距英国首都伦敦不到 375 里，距海军基地费斯奥弗不过 560 里，德军侵入英国仅需 16 小时的航程，如果德军海陆协同作战，那么"敌军出发仅 16 小时可奄至城下，破国亡家，且晚间事，此其危险为何如哉"。而大战爆发以来英伦三岛安然无恙就可"知海军防御之功有不可掩者"。②

再进一步说，虽然英德之间的大规模海战没有发生，但海军仍然起到至关重要的作用，"英自开战以来借海军舰队之力运送人民 250 万人，其中自他处回国从军者当得 50 万人，又借海军之保护得输入粮食 300 万吨，运送乘马 80 万匹，协约国粮食军需，赖英海军之力得以安全运输者为值当达 15 万万元，以此旷世之战争，影响偏于全球。而年半以来，各地航路通行如在平时，此尤出英舰队巡逻保护之力，至海军之功尤有不可减者"。这些都是有目共睹的战绩。英国海军利用其全球海洋基地的优势，对分散在世界各地的德奥海军进行了围剿和消灭，对避入各地军港的舰艇给予了集中毁灭，包括避入意大利港湾的 57 艘，避入美国港湾的 66 艘，避入夏威夷的 9 艘，避入南美各地的 38 艘，"此即海军之战绩也，此中情形，苟非海军中人，固未易知之"。③

虽然英国海军开战以来发挥了巨大的作用，但海军部的工作作风和效率却备受诟病和指责。英国海军部办事颟顸，毫无效率，官僚作风严重。譬如英国向美国购买了摩托运货船，但船到达英国港口后海军本部人员"自恃尊大，议价不决，于是空船停泊法港至一月之久，据船业中人云，当此之时，每一空船停泊一日，其损失当在五千元。是则此一月之损失为何

---

① 高劳：《英德海上对抗之大势》，《东方杂志》第 13 卷第 1 号，1916 年 1 月 10 日。
② 胡学愚：《战争中之英国海军力》，《东方杂志》第 13 卷第 5 号，1916 年 5 月 10 日。
③ 胡学愚：《战争中之英国海军力》，《东方杂志》第 13 卷第 5 号，1916 年 5 月 10 日。

如耶"。①

再次是海洋作战战术的改变。虽然一战中的海战只有破坏贸易及保护贸易、封锁敌国舰队、输送陆军及掩护陆军上岸、炮击陆上目标等几种基本作战类型，但具体战法却发生了很大变化，即大型水面舰艇很少参与直接水面作战，多是以巡洋舰、潜艇等小型舰艇为作战工具，"凡集合数舰队共同作战之时，皆使用巡洋战舰以下各舰，战舰概不加入"。这项新的战术集中体现在炮战距离大大延长了。日俄战争时海军炮战的距离一般是从 1 万米左右开始发炮，6000 米左右是战斗最激烈的距离，而一战时军舰对决延长至 1.5 万米以上或 2 万米左右，"一万二三千米酣战之距离，常于一万米以外决定胜负"。② 炮战距离的延长无疑是武器装备更加先进、制作更加精良的体现。

二　最关注的海军装备是潜水艇

第一次世界大战爆发后，潜水艇一战成名，大显神威，成为世界海军武器装备中的"明星"，备受世界各国海军的青睐，这无疑也吸引了中国知识界的关注，《东方杂志》第 13 卷从第 1 号起连续 9 期刊载陆清虔翻译的英国人查尔斯唐·维尔弗夫所著的《潜水艇》一文，对潜水艇进行了全方位的介绍。

首先是第一次世界大战爆发以来潜水艇的广泛使用和巨大威力的发挥。自开战以来潜水艇被大量建造，仅英、法、俄、德、日、奥六国就拥有 264 艘潜艇，官兵人数超过 2 万人，各国海军军港都有浮船坞以供潜水艇修理之用。每个"舰队之组织无不有潜水艇以为奇师游弋之兵，盖此后海军事业之有待于潜水艇者尚多"。自开战以后，世界各海洋航道无不受到德奥水雷的威胁，英国飞行艇终日在天空中从事侦察活动，一旦发现绿波中偶有黑点出现，就可以判断不是水雷就是潜艇，"故绿波一片不啻蜀道千关，巡洋铁舰以及经商船舶之触机陷阱损失生命者时有所闻"。③

---

① 胡学愚：《战争中之英国海军力》，《东方杂志》第 13 卷第 5 号，1916 年 5 月 10 日。
② 许家庆：《海战术之新倾向与造舰政策》，《东方杂志》第 13 卷第 10 号，1916 年 10 月 10 日。
③ 陆清虔译《潜水艇》，《东方杂志》第 13 卷第 1 号，1916 年 1 月 10 日。

其次是潜水艇的使用引发了海军战术的急剧转变。以往海军作战都是以巨舰大炮袭击为上策，海军中重炮口径从 12 寸至 13.5 寸，炮弹重量也从 850 磅至 1400 磅不等，但开战以来潜艇使用鱼雷以先消灭敌方有生力量为主要目标。在海军实力不敌对手的情况下，德国更多使用潜艇作战，避免以主力舰队与英军决战，德国海军"偏埋水雷于北海、波罗的海、阿德里亚海及往来诸孔道，欲于决战以前先减少英法俄日之海军力。联军知不欲以其兆数金磅所成之无畏大舰，冒兹危险也"。而英国海军也采取了针锋相对的措施，以潜艇对潜艇，同时派出巡洋舰、鱼雷艇等与德奥的潜艇相角逐，并以此为诱饵，"俟德舰队之或出北海也则无畏舰等，将如狮子搏兔出全力以制之，英潜艇之大者同时任侦查福利勋海岸之职……凡此战术盖皆由潜艇而发生者也"。①

再次是潜水艇水雷的战绩最为显著。从开战第一个月各国舰队损失军舰数量来看，英国巡洋舰亚姆裴翁号（建造于 1912 年，排水量 3440 吨，有四寸炮 10 尊）触德国水雷而沉，船中人员死亡 131 人。德国潜艇 U 字十五号为英国巡洋舰倍明罕所击沉，奥国鱼雷艇在坡拉外触鱼雷而沉，英国巡洋舰柏斯芬特号为德潜艇所击沉，大型战列舰罗拿号则触水雷而沉，德巡洋舰希拉号为英潜艇 E 字九号所击沉，英国装甲巡洋舰亚普改号、虎格号、克来衰号为德国与荷兰隐于渔船后的潜艇所击沉。由此可见，潜艇和水雷发挥的威力巨大。

最后是对潜水艇的结构、型号和各国海军的潜水艇进行了较为详细的介绍，目的是让中国海军学习和赶超。其中重点介绍了潜水艇的下潜与上浮的操作、动力来源和空气补充，潜水艇携带的武器主要是鱼雷等，目的是通过学习德国改变中国海军弱小落后的面貌。"德国之有潜艇仅十年事耳，今其海军之得力于此者为何如。因取而译之，企好学之士以此自与，或者十年以后我中国其可与德国比烈乎。"②

---

① 陆清虔译《潜水艇》，《东方杂志》第 13 卷第 2 号，1916 年 2 月 10 日。
② 陆清虔译《潜水艇》，《东方杂志》第 13 卷第 1 号，1916 年 1 月 10 日。

三　最关注的大洋是太平洋

地理大发现拉开了大西洋时代的序幕，曾经辉煌一时的地中海文明黯淡了下去，文明的中心转向了大西洋。但随着全球海洋争霸的持续和加剧，尤其是日本和美国的海军崛起，世界海洋争霸的中心由大西洋逐渐转向了太平洋，由此对太平洋的介绍和出版研究也成为中国知识界关注的一大问题。

首先是太平洋的自然环境和人种起源问题。太平洋是世界最大的大洋，面积比其他三大洋和陆地面积加在一起还要大，太平洋之中有无数岛屿，其中很多岛屿在军事和商业上都有着极其重要的价值，譬如北部有夏威夷，南部有斐济与新喀里多尼亚。在太平洋的四周还有日本、菲律宾、新西兰诸大群岛。显然，太平洋的重要性不仅在于它的面积广大，主要还在于它在人类文化上有着最古老的历史。在数千年前，也就是罗马还没有人迹的时候，"太平洋两岸文化已甚发达。中国即其一例也……中国为太平洋岸文化最古之国家，其所言诚非虚妄"。同时日本人也是太平洋中的重要民族之一，"此人种系各人种之混合种。惟其中以蒙古种与马来种占重要成分。降至今日，日本人种在太平洋诸民族中犹翘然独出"。太平洋的西北是美洲中部，有"亚士塔克（Aztec）与因于帝国（Incan Empire）之文化勃然隆兴"，即典型的印第安文化，太平洋沿岸自古以来就是各民族接触、混合、奋斗、融合之地，"即为各人种语言文化之融合点，且为民族移殖之出发地"。①

其次是太平洋争夺的由来。自大航海时代以来，人类开始进入太平洋，从此太平洋变得不再太平，西方国家开始了对海洋的激烈争夺，先是大西洋，后又转向了太平洋。西方进入太平洋的海道主要经由非洲之好望角和南美洲之合恩角，"欧人之由海道入太平洋者多属冒险家，最初至者为葡萄牙人，次为西班牙人。彼时西班牙国力甚盛，国中探险家、侵略家甚众，故海外经营，极为发达，1560年遂征服菲律宾，至16世纪末期，荷兰人始出，17世纪初叶，英国人始抵太平洋焉"。英国最后凭借其强大的海洋实力独占了太平洋。德国崛起后，其势力也开始侵入太平洋，并把目标定在了

---

①　罗罗：《太平洋之今昔观》，《东方杂志》第16卷第3号，1919年3月15日。

中国，"自德国势力东侵以来，富饶广大之中国，久为其所垂涎"。随后西方列强掀起了瓜分中国的狂潮。俄国为了获得温带的出海口，也加入了瓜分中国的行列，"俄人因欲求沿海港之故，由西伯利亚东侵，达太平洋之滨"。相比之下，"中国不能奋力改革，师法日本，以图自强，亦有自取之咎"。[①]

最后是古代太平洋的交通与文明的传播。从考古材料看，太平洋沿岸分布着非常近似的文明，那么古代的太平洋是否如今天这样浩瀚广大呢？这就是所谓的"太平洋哑谜——美洲古代文化多于亚非两洲相类似是也"。具体地说，现在中美南美所发现的金字塔及其他古迹，其规制与埃及古代金字塔非常类似。美洲土著居民的古典传说与亚洲和非洲民族的传说也大多相同。此外，古代美洲文化与亚洲文化相似之处不胜枚举。"假使古代美洲大陆与亚非不相交通，必不至此。东西两半球之两大陆，中间既隔广大无垠之太平洋，古代人类何以能交通乎？"考古学家白利安博士发现太平洋群岛中的软体动物都是相同的物种，这种动物只能生活在淡水中，在咸水中是无法生存的。

由此不难推断出，"古代太平洋既有陆道，则两地人民之交通自显然矣"。古代太平洋上的大陆应当自亚洲东南起，包括澳大利亚、新西兰、爪哇及所谓马来半岛之一部分。大陆的界域在北面到达夏威夷而止，"彼时南美西海岸当无所谓安第斯山脉，其后大陆既沉陷而变为大洋。同时南美西方之平原，则升高而成为安第斯山脉，或亦成于此时，未可知也。故当大陆大部分已变为大海之后，大洋中间或尚留一条连接两大陆之长桥经久始行消减"。还有一个旁证也是值得注意的，在美国海域中，现在还有一条暗流，自夏威夷流至中途岛，自此向西南流至加罗林群岛，又自此向西南流至马来群岛，又自夏威夷至南美西岸及胡安·费尔南德斯群岛，这极有可能是"古代水道之遗迹"。[②]

四 最关注重要海洋知识的传播

随着对海洋争夺的加剧与对海洋重要性认识的提升，世界各国对海洋的探索和研究也在不断深入，相关的海洋学研究也取得了非常丰富的成果，

---

① 罗罗：《太平洋之今昔观》，《东方杂志》第 16 卷第 3 号，1919 年 3 月 15 日。
② 《古代太平洋之交通》，《东方杂志》第 17 卷第 8 号，1920 年 4 月 25 日。

中国知识界对海洋研究的进展和最新研究成果表现出了极大的兴趣，并给予了积极的普及与传播，主要集中在以下几方面。

一是海洋学研究的进展情况介绍。海洋学是一门新学科，该学科研究范围非常广泛，包括物理学的海洋学和生物学的海洋学，其中物理学的海洋学包括静的海洋学和动的海洋学。物理学的海洋学通常称为海洋学，研究人员称为狭义之海洋学者。静的海洋学研究内容包括海的形态、海底的物质、海水的化学成分、物理性质等，动的海洋学研究内容则为波浪、潮汐、海流等。因此，海洋学是一门综合的交叉学科，不能从单一方面进行研究，从事研究时多与其他学科相关联。例如研究海的状态，则与地理学联系密切；研究海底的沉积物，则依赖于地质矿物学；研究海水的多种性质，则有赖于物理化学等；而要研究海水的运动，就不能不以物理学气象学为基础；研究海洋生物学，则又全属于动植物学研究范围。[①]

二是对海洋的认识与利用。地球表面积水体占十分之七，陆地仅十分之三，海水是最大部分，其余陆地上淡水只是一小部分。海洋的作用非常巨大，"盖雨之来源，全赖乎海与陆地气候之调和，输舟之往来，货物之茂迁，食品之供给，均有莫大之关系"。[②]

从物理属性看，海水咸涩，不能直接饮用。海水密度重于河水。海水的密度也不同于空气。空气受压力愈大则密度愈大，海水则不然，海水温度常年没有大的变化，而海水的流动能够引发温度的稍变。海潮每天有两次（每十二时二十六分一次）涨落，这是日月之间的吸引力造成的，"海水流行不息，且有一定之方向，名曰海流，当哥伦布寻出美洲时，已表明还有流，但未知其所以然"。南北冰洋冬季时常结冰，厚度达到50尺，潮涨时海面的冰破裂，潮退时则复合，崩裂的部分有时成冰埠，高达50—100尺，轮船经常因此遇险。海里有无数的微生物，但更多是鱼类，可以为人类提供优质蛋白质。[③]

三是对深海的探索。人类对深海的探索始于18世纪。1720年威廉逊兄弟驾驶英吉利皇家巨舟济能齐号从朴次茅斯港出发，进行了环球航行，共

① 李光业：《海洋学之发达状况》，《东方杂志》第16卷第7号，1919年7月15日。
② 陈奕民：《海洋之研究》，《东方杂志》第13卷第12号，1916年12月10日。
③ 君家：《海洋与其恩惠》，《东方杂志》第16卷第4号，1919年4月15日。

用了三年半的时间，目的就是要考察世界各区域深海状况，同时进行相关博物学的实验。这场航行取得的意想不到的结果就是一个新的研究领域的发现——深海研究。

研究发现，海底包罗万象，"初入其境者，恍似新奇世界，光怪陆离，无可捉摸"。济能齐号进行探海之初首先是"举网捕鱼"，其次是"以网挖泥"，由此发现了海底动物的状况。海洋绝大部分日光照射不进去，也就是说，海底1200尺之下始终昏黑不见天日。仅有少许的光线是来自有磷光的动物。由此可以发现"海底最深之处，以乏阳光故，植物之生涯，几消归无有"。[1] 海底不能受到日光照射，则终日呈现出黑夜状态，由此导致深海动物视力的退化，"深海之鱼多盲，即坐此故，然他种动物，虽居此而体有放射烛光之具，其作用似吾人夜间之灯"。[2]

五　最关心的海洋争夺是日美等国的太平洋争霸

一战后全球争霸的重心由大西洋转移到太平洋，同时也由军事争霸转向商业竞争。

第一，第一次世界大战结束，国际政治格局发生了巨大的变化，国际政治秩序暂时得以恢复，而全球海洋竞争的中心发生了重大转移，但激烈的竞争依然存在，变化的只是由海权争霸转向商业方面的竞争，而且呈现出愈演愈烈的态势。太平洋沿岸"自欧战终了后，此世界之争霸战，将由大西洋而移于太平洋焉"，其中的重要原因就在于太平洋沿岸集中了利益巨大的商业市场，"所谓争霸战者，即争夺市场之贸易战也。现今之外交及政治，皆以商业的见地为其主动，离去商业而言世界之外交政治，犹之不通英文而研究密尔顿莎士比亚之文学也。太平洋之争霸战，无论黄色人种与白色人种，盎格鲁撒逊与条顿，英国与美国，皆不能免"。[3]

太平洋上的列强贸易战将在美日英三国之间展开，中美洲和中国将成为竞争最为激烈的地区。因为澳大利亚、新西兰、菲律宾等地情况有所不

---

[1]　知非：《探海述异记》，《东方杂志》第14卷第8号，1917年8月15日。
[2]　陈奕民：《海洋之研究》，《东方杂志》第13卷第12号，1916年12月10日。
[3]　高劳：《太平洋之将来与列强之贸易战》，《东方杂志》第16卷第5号，1917年5月15日。

同。前二者是英国属地，后者是美国的殖民地，两国互设关税壁垒，即所谓特惠关税之实施，因此他国不能同英美进行有力竞争。"中南美之贸易，因巴拿马运河之开通，与地理上之便宜，故美国得执其牛耳。至中国之贸易，日本本居优胜地位，与美国对于中南美相同。"在激烈竞争中，最终获胜的将是美国。战后的美国发展空前迅速，不仅是因为没有遭受战争的破坏，还在于美国工业的发达，巴拿马运河的开通，给予了美国极大的交通便利，"由是美国经营大西洋沿岸诸州之输出入业者，与经营南北美西岸诸州、澳洲、日本、中国北部之欧洲输出入业者之竞争，两两相较，美国实立于有利之地位"。[1]

第二，日本在亚洲各地加快了疯狂扩张的步伐。第一次世界大战爆发后，日本打着英日同盟的旗号对德宣战，乘机加快了扩张的步伐。先是独占了中国青岛，后是在南太平洋的扩张。日本派遣海军占领德属太平洋领地。该地靠近菲律宾，一旦日美宣战，日本就可以以该地为海军根据地，对菲律宾实行突然进攻，"日人动员令一下，举佐世保吴横须贺之舰队，不出五日，能集中菲律宾。同时赤道以南两群岛之海军，相为策应。运输刍秣，接济无虞，迅雷不及掩耳，恐两军尚未交锋，而菲律宾已非美有矣"。[2]由此可见，日本在南太平洋的扩张极大地威胁了美国的利益和菲律宾的安全。

1920年，日本政府以尼哥莱夫斯基案为借口乘机占领了库页岛。库页岛历来是中国领土，明朝时属奴儿干都司。清代属吉林省将军管辖。1875年全岛被俄政府兼并。1905年日俄战后，俄政府将库页岛南部自北纬50度以南之地割归日本，在北部约占全岛五分之三之地仍归俄国。一战之后，西伯利亚方面纷扰不已，日本趁机占领了全岛。日本的扩张引起了美国的高度关注与不安，为此向日本进行了严重抗议，但日本并没有重视，"日本现虽宣布暂时占领，然观俄国现状，其在东亚势力，一时必难恢复，日本自不难久据"。[3]

第三，日美太平洋海权争夺日趋加剧。自第一次世界大战爆发以来，

---

[1]　高劳：《太平洋之将来与列强之贸易战》，《东方杂志》第16卷第5号，1919年5月15日。

[2]　《日美海军之竞争观》，《东方杂志》第16卷第9号，1919年9月15日。

[3]　《日本之库页岛占领》，《东方杂志》第17卷第19号，1920年10月10日。

太平洋海权就被日本垄断，"虽彼一方受联军国请托，以保护太平洋之安全"。战后日本提出"所捕获太平洋三海岛，则须永归日本所管辖"。虽然国际联盟没有满足日本的要求，但并没有改变日本实际占有的海权。日本的海洋扩张野心尽人皆知。①

美国虽然有门罗主义的传统，但随着美国的强大，门罗主义已经不适合美国海洋扩张的需要，尤其是对于太平洋霸权，"断难容忍第三国之染指，拱手而让诸人者也。其目标所在，固注于素以军国主义自豪之日本"。②美国不能容许日本独占太平洋海权，专门组建了太平洋舰队，并专门驻扎在太平洋海面。太平洋舰队实力雄厚，总共有战舰 35 艘、装甲巡洋舰 4 艘、巡洋舰 15 艘、驱逐舰 125 艘、潜航艇 15 艘、驳舰 10 艘、扫海船 60 艘、潜航驱逐艇百艘、病院船 10 艘、燃料船 12 艘，共战舰以下 416 艘，另有水上飞机 25 架。③

在美国太平洋海军极力扩张的局势下，日本也不甘落后，积极扩大并发展海军。日本山本内阁时代就有所谓八八舰队的方案，战后抓紧落实。由于海军受贿案发生，再加上日本的财力有限，扩军方案有所削减，但原内阁上台后恢复了八八舰队方案。"现海军预算，计年额四亿二千万元新造巡战以下二十二舰。"美日太平洋海权争夺日趋白热化，殊死一战，在所难免，"将来太平洋上，日美海军之角逐，能免爆裂者，亦云幸矣"。④

第四，美日太平洋海权争霸的前景预测。一战结束后日本与英美的矛盾加剧，争夺由欧洲转向东亚，"战争以前德法世仇，英德争长。德国海军之扩张，英人终日不安，其结果遂演进成世界空前之大战"，新的海权争夺将集于太平洋。⑤

美日太平洋海权争夺必将导致战争的爆发，美日必有一战，战争的原因在于日本的军国体制和贪婪的野心。美国要发展其商业及强化在太平洋的地位，就不得不加强海军建设，菲律宾及太平洋各岛都是美日必争的战略要地。美国在中国没有势力范围，"若中国一旦瓜分，各守所得，则美国

---

① 《太平洋海权将谁属耶》，《东方杂志》第 16 卷第 5 号，1919 年 5 月 15 日。
② 《日美海军之竞争观》，《东方杂志》第 16 卷第 9 号，1919 年 9 月 15 日。
③ 《美国太平洋新舰队》，《东方杂志》第 16 卷第 9 号，1919 年 9 月 15 日。
④ 《日美海军之竞争观》，《东方杂志》第 16 卷第 9 号，1919 年 9 月 15 日。
⑤ 何思源：《日美将来太平洋上之战争》，《东方杂志》第 17 卷第 6 号，1920 年 3 月 25 日。

之东亚商业，直无发展之地步"。如果日本占领太平洋及南洋各岛，就扼制住了美国西出的门户，美国太平洋舰队和菲律宾等地会面临极大的威胁，而且日本扩军备战的速度越来越快，由此"美日、英日在东亚利益之冲突，势必演成英日、美日之战争"。由于地理位置遥远，日美相互进攻本土的可能性不大，战争爆发地点将集中在夏威夷和菲律宾。日美一旦开战，彼此直接攻击都将非常困难，"自横滨至旧金山五千五百三十五英里，日本舰队不能到加利福尼亚海岸，而美国之海军亦难直抵横滨，故日美战争之焦点，必在夏威夷及菲律宾"。[①]

六　最关注的国际会议是太平洋会议

第一次世界大战后，俄德两国在远东退却，英、美、日三国，特别是美日的竞争日趋激烈。帝国主义对中国的争夺进入了新一回合，"中国问题"实质上已成为远东问题的核心。谁能夺取中国，谁就能拥有远东及太平洋地区的霸权。为此，美国总统哈定于 1921 年 8 月向英、法、意、日、中发出邀请，倡议召开华盛顿会议。对事关中国生死存亡和根本权益的华盛顿会议，中国知识界给予了极大的关注，《东方杂志》专门推出了"太平洋会议专号"，重点关注了以下几个问题。

一是战后世界格局的变化与极东问题的凸显。第一次世界大战深刻改变了旧有的国际关系体系，战前所形成的英、法、美、俄、德、日六国争霸格局，由于俄国因革命退出，德国彻底失败，已经演变为原协约国与美、日的争夺。日本国势弱小，但凭借其天然的地理优势在亚洲的东部实施自己的"大陆政策"，美国则挟实力、信心和理想主义，远渡重洋，开始取代欧洲霸权。所以，中国知识精英敏锐意识到欧战的结果，既是近东问题的结束，也是极东问题的开端。所谓"近东问题结局者，德俄两帝国皆失败故也。极东问题开幕者，日美两强国渐实际起争端故也。极东问题，以中国为主脑，西伯利亚次之"。但不管怎么说，中国都是美日争夺和瓜分的对象，如果太平洋会议能够成功举办，就极有可能缓和极东的紧张局势，如

---

① 何思源：《日美将来太平洋上之战争》，《东方杂志》第 17 卷第 6 号，1920 年 3 月 25 日。

果失败可能促成日美之间的战争，但"皆与中国有密切关系"。①

太平洋会议无论成功还是失败，中国都不会获得任何实质性好处，始终不会改变受欺凌、受伤害的处境，因此，"太平洋会议为中国生死存亡之关键，稍有识者皆能道之，自今日至于开会日，为时不足三月，各方面尚觉非常冷淡，其故何耶？"弱国固然无外交，但四万万人口之众的中国也不能任人宰割，束手待毙，必须坚决起来抗争，为此，知识精英大声向国人疾呼："然吾人今日不可不从死中求存，然欲度过此难关，非大家齐心协力不可。"②

二是太平洋会议的实质是英、美、日对太平洋海权的争夺。一战结束，美国虽然已经是当时世界上经济实力最强的国家，但要转化为现实的海上军事优势仍然要待以时日，1920年美国将其在大西洋的主力舰队调至太平洋，仍然没有取得对日本海军的优势。此时，英日同盟期满，英日是否续约，关系到太平洋地区力量对比。为了拆散英日同盟，取得太平洋海权优势，避免两洋作战被动局面的发生，美国总统哈定倡议召开华盛顿会议。中国知识精英认为"美日海军之扩张与英美海军之争霸，亦皆促此会议之有力动机"。英国还是要在太平洋海上争霸中分得一杯羹，但绝不愿意在一战后国力疲敝时刻与美国开战，这会极大损害害其在欧洲的霸主地位，因此不如顺水推舟，如授意美国召集此会议，从而示好于美国。

那么，美国又为什么愿意接受英国的暗示而积极出面倡导召集此次会议呢？"亦不外美欲执太平洋海权之牛耳。"日本之所以能够在太平洋海权争夺中处于优势，一个重要原因是得到了英国的支持，因此"美亦趁此英方踌躇考虑之际，先发制人，借限制军备为题，以确定己国在太平洋之前途与命运"。美国此举的目的从消极方面看可以得到英日的谅解而缓和军备的竞争，从积极方面则可以离间英日邦交而孤立日本，"此实美之处心积虑而夙见及此者"。对于日本来说，自中日、日俄战争之后以及欧战以来，日本侵略扩张的野心急剧膨胀，美日在太平洋地区展开了全面竞争且日趋激烈，"日美不仅于太平洋海上争霸，尤骎骎进而于东亚大陆争商战之尾闾"。③ 因

---

① 刘彦：《太平洋会议与我国提案》，《东方杂志》第18卷第17号，1920年9月10日。

② 端六：《为太平洋会议警告全国上下》，《东方杂志》第18卷第15号，1921年8月10日。

③ 陈嘉异：《太平洋会议之观察与其先决问题——中国之新使命》，《东方杂志》第18卷第18、19号太平洋会议号，1921年10月20日。

此，对于日本对中国侵略政策"日肆膨胀"，美国不甘袖手旁观，要坚决阻止。

三是中国在太平洋会议应采取的立场和行动。中国知识精英认为，对于此次太平洋会议中国绝不能持消极冷漠的态度，而是应效仿巴黎会议的做法，不仅要积极参加，而且要精心准备，在国际上"痛陈国际关系，以求列强之同情"。为此，中国应采取的行动可以分为会外和会内两种。会外行动最重要的有三点：一是国内时局的改善，二是向欧美宣传中国的主张，三是联络各被压迫民族。"第一点中国人人都说太平洋会议快开，应当一致对外，我于别的不敢说，各地的战争状态，必须完全停止。此外全国国民最好有一种一致的联络，向外宣言，中国的主张如何，以后太平洋会议的决定，合与此主张的，中国国民承认之，否则反对之"。① 会内行动要涉及许多细节，会上最迫切需要解决两个问题：一是山东问题必须提出，二是应提出一种整理外债计划。山东问题与"二十一条"有不可分离的关系，而"二十一条"对中国侵害更为严重，如果根据"二十一条"换文提出的解决方案，那么"日本的山东之实质，中国得山东之幻影而已。日本乘欧战方酣，于毫无缘故之时，向中国要挟二十一条，并强迫其承认，此而可以有效，则世界弱小国尚有存在之希望乎？此断可以诉之大太平洋会议者也"。②

七　总结与评价

五四时期是现代中国思想空前活跃的时代，各种"主义"和思潮相继涌现，包罗万象。近代以来西方列强对中国的入侵大部分来自海上，因此，海洋问题也自然而然地进入了中国知识精英的视野。

首先，五四时期知识精英对海洋问题的关注呈现出小众化、边缘化的态势。《东方杂志》是五四时期与《新青年》为代表的文化激进主义者相对立的文化保守主义者的舆论阵地，《东方杂志》及其作者群也非常关注现实政治与文化发展等社会问题，经常发表时论对造成当时中国社会病症的各

---

① 刘彦：《太平洋会议与我国提案》，《东方杂志》第 18 卷第 17 号，1920 年 9 月 10 日。
② 孙几伊：《太平洋会议之面面观》，《东方杂志》第 18 卷第 18、19 号太平洋会议号，1921 年 10 月 20 日。

种原因进行深入细致的分析，对如何解决中国社会积贫积弱的时弊，如何实现救亡图存以自立于民族富强之林，以及中国未来向什么方向发展和建立一个什么样的理想社会都进行了深入的讨论，以此来表达他们关注时局、以解决中国问题为己任的思想认识和责任意识。海洋问题事关中国的生死存亡、富强发展，自然受到报刊及其作者群的关注。

虽然五四时期发表的海洋方面的文章大部分为编译之作，主要涉及海军海战、武器装备、太平洋海权争霸以及海洋学及其相关海洋知识，包括太平洋、地中海、亚得里亚海、波罗的海等的介绍，内容也比较浅显，但都反映了编译者的良苦用心。当然其中也不乏像何思源先生《日美太平洋海权争霸》这样的精品力作。何先生准确地预测了日美太平洋霸权的争夺，必然导致一场殊死的战争，他指出，由于日美之间地理位置相对遥远，直接向对方本土攻击的可能性不大，最有可能爆发战争的地点是处于两国之间的战略要地，即夏威夷和菲律宾，美国凭借其强大的经济和军事实力必将获得最终的胜利。何先生的预测几乎与1941年爆发的太平洋战争如出一辙。

但总的来说，海洋问题并不是五四时期知识精英关注的重点，《新青年》杂志在1915—1921年没有发表一篇直接探讨海洋方面内容的文章，《东方杂志》发表的涉及海洋的文章数量不多，且在杂志中所占分量不重，质量也不高，多为简单的拿来之作，而且文章作者的知名度和影响力也非常有限。相比之下，同一时期提倡新文化运动的倡导者大多是那个时代独领风骚的佼佼者，像提倡新文学反对旧文学的新文化运动旗手陈独秀，主张文字改良的实验主义大师胡适，积极传播马克思主义的李大钊，"只手打孔的老英雄"吴虞，提倡"兼容并包、思想自由"的北大校长蔡元培等。正因为如此，五四时期关于海洋问题的介绍才呈现出小众化、边缘化、轻质化的倾向。

其次，五四时期知识精英对海洋问题关注的重点在于舰船等武器装备，认识水平大多还处于器物层面。

如果把一个国家的海洋实力分为硬实力和软实力两部分来看的话，海洋硬实力一般是指一个国家通过武力打击、军事制裁、威胁等强制性的方式，运用全部资源逼迫别国服从、追随，实现和维护国家海洋权益的一种能力和影响力，主要来源于领先的海洋科技、雄厚的海洋经济实力、强大的海洋军事力量；而海洋软实力主要表现在海洋文化、价值观的吸引力、海洋政策和管理机制的吸引力、国民的整体形象等方面。① 将海洋实力的划分应用于海洋问题分析就会清晰地发现，五四时期知识精英投入极大精力的是对海洋硬实力方面的介绍与分析。虽然这一时期也编译了一些海洋知识方面的文章，如《海洋之研究》《海洋与其恩惠》《海洋学之发达》等，但重心还是在于海军舰船、武器装备、海底隧道等，如《英国与欧洲大陆海底隧道》《英法俄三国海军兵工厂》《世界之造船数》《美国海陆军备》《美国未来海上医院》《夏威夷海军部无线电之设置》《日本造船业》《美国之造船业》《直布罗陀海峡隧道》等，尤其是对潜水艇等武器装备表现出了极大的兴趣，在第 13 卷连载了 7 期潜水艇方面的文章，此外还介绍了水雷、海底坦克等。以海洋文化为核心的海洋软实力方面的传播则显得非常匮乏，这两种认识的差别是明显的。

　　甲午战争惨败警醒了国人，许多人从中看到仅有坚船利炮是不够的，于是人们把目光投向了西方，寻找向海图强的思想武器，也就是在这一时期，马汉的海权论在世界各国得到了广泛传播和追捧，海权论也经由日本传入了中国，于是"海权"便出现在了中国的报刊和著作中。1903 年《论太平洋海权及中国前途》一文在《新民丛报》上发表，作者梁启超敏锐地意识到太平洋海权问题将是 20 世纪第一大问题，"所谓帝国主义者，语其实则商国主义也。商业势力之消长，实与海上权力之兴败为缘，故欲伸国力于世界，必以争海权为第一义"。② 此后《论海权》一文也于 1905 年在《华北杂志》第 9 卷发表。随着海权论在中国的初步传播，有人已经开始把中国国家的盛衰与海权紧密联系起来，并且进一步强调海权直接影响国家的强弱："夫权者，无形之物也，视国力之强弱而已。力强则权大，力弱则权小，此一定之势，实无可争。所争者要在其修国政自立耳。国政修则国权盛，而海权乃属推其权也。"③ 从历史上看，马汉海权论的传入对中国产生了两方面积极影响，"一是扩大了海权论在中国民众中的影响。受海权论的影响，中国民众对海军在国防和经济中的重要作用有了深刻的认识。二

---

① 冯梁：《论 21 世纪中华民族海洋意识在国家和平发展中的地位作用》，《世界经济与政治论坛》2009 年第 1 期。

② 梁启超：《论太平洋海权及中国前途》，《新民丛报》第 26 期，1903 年。

③ 海军司令部近代中国海军编辑部编著《近代中国海军》，海潮出版社，1994，第 1126 页。

是促使中国人产生了初步的海权思想"。①

由此可见，五四时期中国知识精英关于海洋的认识还局限在器物层面，与洋务运动时期重视舰船枪炮的建造与购买有相似之处，大有曾国藩所言"轮船之速，洋炮之远，在英、法则夸其独有，在中华则震于所罕见。若能陆续购买，据为己物，在中华则见惯不惊，在英法亦渐失其所恃"之感，与清末时期的海洋意识相比都明显退步。

再次，五四时期知识精英对海洋问题的关注，直接与后期的救亡思潮合流。

百年以来，五四运动被人称道的一个重要原因就在于它是中国近代史上空前的思想启蒙运动，正是这场"冲其罗网而卓自树立中国人民的觉醒，破除了封建主义的精神桎梏，破其勒羁而实自解放"的新文化运动，使人民接受了民主主义的洗礼。② 但五四时期的思想启蒙是在中国积贫积弱，民族危机空前严重的历史条件下发生的，这就使得启蒙不能不与救亡联系在一起，毫无疑问，伴随着中国半殖民地化程度的加深，不甘任人宰割的中国人民进行了不屈不挠的斗争，它们构成了中国近代社会的主旋律——救亡。由此造成了救亡与启蒙互相交织、相互促进的局面，这种交织不但表现为启蒙为救亡提供了思想基础、提供了人员，而且表现为救亡对启蒙的推动，这正是这个时期救亡与启蒙关系的复杂性所在，"只是在新文化运动的浪潮中，启蒙暂时性地超越了救亡"。③

作为同一时期的思想认识，知识精英的海洋启蒙思想显得十分稀缺。这些对海洋问题的关注既没有对传统重陆轻海观念进行反省和批判，也没有对清末初步觉醒的海权意识给予继承和发扬，此时的知识精英对海洋的认识正如黑格尔指出的那样，"尽管中国靠海，并在古代可能有着发达的航海事业"，但中国并"没有分享海洋所赋予的文明，'海洋'没有影响他们的文化"。④ 由此可见，海洋并没有真正走进中国人的心里，由于海洋启蒙的缺失，中国人再次真正感受走向海洋的迫切，从而把目光投向海洋至少

---

① 周益锋：《海权论的传入和晚清海权思想》，《唐都学刊》2005年第4期。
② 张磊、张苹：《划时代的伟大启蒙运动——纪念五四运动90周年》，《学术研究》2009年第5期。
③ 姚满林：《论近代救亡与启蒙的关系》，《荆楚理工学院学报》2011年第6期。
④ 〔德〕黑格尔：《历史哲学》，王造时译，三联书店，1956，第146页。

在时间上又延迟了将近一个世纪。

　　另外也要看到，虽然海洋启蒙思想严重缺失，但海洋救亡思想却非常鲜明、强烈。知识精英对旅顺和青岛的主权、中国海军建设，以及英、日、美三国太平洋海权争霸及其对中国生死存亡的严重影响则表现出了极大的关切，投入了很多精力进行研讨，尤其是对事关中国切身利益的华盛顿会议给予了空前的关注，为此《东方杂志》专门出版了太平洋会议专号，对国人维护中国国家权益，避免重蹈巴黎和会的覆辙大声疾呼，体现出了强烈的救亡意识，这与五四后期的救亡思潮不谋而合，殊途同归，同时也是中国近代以来救亡思想的延续和拓展。可以说，五四时期的海洋认识不是"政治救亡的主题又一次压倒了启蒙的主题"，① 而是跨越了五四时期的思想启蒙阶段，直接与后期的救亡思想合二为一了。

---

　　① 李泽厚：《中国思想史论》下册，安徽文艺出版社，1999，第849页。

"文学"接替"经学"

——论五四新文化运动之"反儒反孔"及对文学思想功能的开发

邱晓丹[*]

　　中国文学之现代转型以注重文学的思想工具和社会效应为显著特征。现代文学的发展呈现出一条明显的社会思想功能表达脉络：五四时期文学致力于"启蒙"，三四十年代在抗战背景下注重"救亡"，新中国成立后致力于塑造合乎社会建设理想的英雄形象，新时期初期用"伤痕文学"疗治社会创伤，直到新时期中期该脉络才逐渐消退。现代文学这一回应宏大时代问题的思想工具，受到了研究者的重视，如洪子诚的"一体化"研究诠释了1950—1970年代文学在政治的规训下的思想工具效用。但是若将现代文学置于整个中国思想史的发展脉络中考察，则会发现其有着更为复杂的生成动因。在近代经学与政治互生关系崩溃的背景下，经学的终结与让位对现代文学最终走上独立的思想功能表达道路有着深刻的影响。目前这一问题框架尚未得到应有的重视。现今学界对于经学与文学关系的研究，以古代文学为主，一般下限为晚清文学。而对现代文学与经学，尤其对两者在社会思想功能承接关系上的问题尚未有足够认识和应有研究。本文将通过对这一问题的探讨，考察现代文学在中国近代思想脉络中的作用，以及它在这一过程中如何成其所是。

---

* 　邱晓丹，浙江工业大学人文学院讲师。

一　文学的"抒情传统"与经学的"思想传统"

中国文学在五四时期经历了一个重大转型，已成学界共识，这也是中国现当代文学学科建立的基础。王德威在《抒情之现代性："抒情传统"论述与中国文学研究》一书的"引言"中不无遗憾地表示："五四以来中国的文学论述以启蒙、革命是尚，1949年之后，宏大叙事更主导一切。在史诗般的国族号召下，抒情显得如此个人主义、小资情怀，自然无足轻重。"①他清晰地指出了五四文学承担"启蒙、革命"等思想功能的"新"面貌。进一步说，与这种"新"形成对照的是中国古典文学"抒情传统"的"旧"面貌。中国古典文学的"抒情传统"理论自提出后，经几代海内外学者的发扬，已经形成了一个颇为壮观的理论体系。中国古典文学有着抒情传统，而现代文学却转向了注重发挥思想工具效应方面，这似乎已经完美地回答了中国文学的"转型"问题。但是由于古典文学中存在"载道文学"这一大重要类别，所以抒情传统理论在受到学界广泛支持的同时，也受到了巨大挑战。如果说新旧对照的存在是中国文学发生转型的必要条件，那么，"抒情传统"能够成为古典文学的代表性面貌，则是探讨现代文学如何"转型"的前提。

根据已有讨论来看，对于该问题的探讨若局限在文学内部视域，则将陷入各执一词的困境而无法得出有效结论。若将其放置在包括经、史、子、集在内的整个中国学术视域，则问题会清晰很多。目前该讨论总的来说是在文学内部进行的，主要着眼于中西文学比较和中国文学内部两个方面。

中国古典文学的抒情传统理论最初便是在中西文学的比较视域中提出的。1971年，陈世骧在美国亚洲研究学会上发表的致辞《论中国抒情传统》是发扬该理论之滥觞。陈世骧将中国古典文学与西方文学做了横向比较，认为"中国文学传统从整体而言就是一个抒情传统"，同时也是它的"特色"与"荣耀"。②该理论的第二个重要发扬者是高友工，他除了探讨文学

---

① 陈国球、王德威编《抒情之现代性："抒情传统"论述与中国文学研究》，三联书店，2014，"引言"，第1页。
② 陈世骧：《论中国抒情传统》，陈国球、王德威编《抒情之现代性："抒情传统"论述与中国文学研究》，第45—51页。

之外，还将绘画、书法等艺术门类包括在内（他将此称为"中国文化史"），从美感经验、审美等美学角度进一步论述，并提出了"抒情美典"论。① 之后的蔡英俊②、吕正惠③等继续沿着比较文学的路径，对抒情传统理论做了补充。

对这一理论的探讨，从中西文学的比较视域发端，然后引入了中国文学的内部视域。如果摒弃比较视角，单从一个复杂的文学机体内部来看，任何文学的面貌都不可能是全然单一的，其不可避免地包含着显著特色之外的异质成分。龚鹏程正是以此对抒情传统说提出了质疑，认为有的学者所讨论的文学类型太过窄化，"论文学，完全不注意中国文章这一大范围，心目手眼只集中在诗经、楚辞、乐府、赋这四个类型……是简化得太过分"。因此，他列举了许多抒情传统说的反例以证明该传统"不存在"。④

如果说龚鹏程不满抒情传统说建构者"以西律中"的比较视角，因而提出要在中国文学内部来探讨这一问题是一大理论贡献的话，那么，他的理论视野也存在两个盲区。其一，他所摒弃的不单是中西文学的比较视角，而是整个比较视角。其二，相对于他所批评的抒情传统说建构者对古典文学的范畴划得太窄的问题，他自己又显得过于泛化。他指出"理学家本身便多是诗人，朱熹就是著名的例子"。⑤ 以理学家的诗为反例证明古典文学的抒情传统不存在，虽不能说全无道理，但有混淆文学与经、史、子等其他学术门类界限之嫌。这里并非说朱熹的诗不能归入文学范畴，而是说在探讨其代表性风貌之前，应先对古典文学的范畴问题进行探讨。

若在中国传统学术体系经、史、子、集四部的比较视野中探讨中国古典文学的范畴，则不难发现，它与现代学科意义下的"古典文学"已非一个对等概念。经、史、子、集分类在《四库全书》中已经非常成熟。经部包括易、书、诗、礼、春秋、孝经、五经总义、四书、乐、小学十类，史部包括正史、编年、纪事本末、别史、杂史、诏令奏议、传记、史钞、载

---

① 高友工：《美典：中国文学研究论集》，三联书店，2008。
② 蔡英俊：《抒情精神与抒情传统》，陈国球、王德威编《抒情之现代性："抒情传统"论述与中国文学研究》，第374—407页。
③ 吕正惠：《中国文学形式与抒情传统》，陈国球、王德威编《抒情之现代性："抒情传统"论述与中国文学研究》，第408—446页。
④ 龚鹏程：《不存在的传统：论陈世骧的抒情传统》，《美育学刊》2013年第3期。
⑤ 龚鹏程：《不存在的传统：论陈世骧的抒情传统》，《美育学刊》2013年第3期。

记、时令、地理、职官、政书、目录、史评十五类，子部包括儒家、兵家、法家、农家、医家、天文算法、术数、艺术、谱录、杂家、类书、小说家、释家、道家十四类，集部包括楚辞、别集、总集、诗文评、词典五类。[①] 关于文学的类属，章太炎已经指出，"我们普通讲文，大概指集部而言，那经、史、子，文非不佳，而不以文称"。[②] 也就是说，探讨古典文学的典型特征，即要探讨集部的典型特征。集部收录的主要是楚辞、诗、词、赋、诗文评等，从这一范围看，陈世骧对古典文学的抒情传统的判断，大体是合理的。当然，这并非要否定龚鹏程认为"中国文章"也应纳入考量的质疑的合理性。因为不管是章太炎、龚鹏程还是陈世骧，他们所探讨的"中国文学"或"古典文学"均已是现代学科分科意义下的概念。对于该意义下的古典文学而言，"抒情"的确不是其唯一面貌。周作人认为，中国文学是言志派与载道派两种潮流交替发展的。[③] 这里的"'志'是感情，'言志'即抒情；而'道'是'思想'、'目的'"。[④] 从唐宋八大家到程朱再到桐城派，在中国文学体系中，载道文学不可谓不繁盛。

本文要探讨的是，载道文学的存在甚至繁盛是否能证伪中国古典文学抒情传统的存在。笔者认为在探讨一个复杂悠久的学术门类某种极其抽象的共相的时候，不能仅用反例去论证某一共相存在或不存在，而应该看该共相是否能成为该学术门类的主体特色。也即是说，传统文学的"抒情传统"是否成立，不是看它里面是否存在"非抒情"的文学，而是要看"抒情"是否能称作主体特色。

回到经、史、子、集的整体视域中，这个问题会清晰很多。章太炎在指出"文学"主要指"集部"而言之后，进一步指出，文学如果要保持其特色和进步的活力，便要"发情止义"，"彼所谓'情'是喜怒哀乐的'情'，所谓'义'是礼义的'义'。我引这语把彼的意义再推广之：'情'是'心所欲言，不得不言'的意思，'义'就是'作文的法度'"。[⑤] "讲文

① 参见张舜徽《四库提要叙讲疏》，云南人民出版社，2005。
② 章太炎：《国学概论》，中华书局，2003，第62页。
③ 周作人：《中国新文学的源流》，华东师范大学出版社，1995，第17—28页。
④ 陈国球、王德威编《抒情之现代性："抒情传统"论述与中国文学研究》，第168页。
⑤ 章太炎：《国学概论》，第85页。

学，只怕无情，不怕无义。"① 由此可见，有"情"才是文学应有之特色。而周作人在提出古典文学是抒情和载道两股潮流交替存在之后，还是认为"凡是载道的文学，都得算作遵命文学，无论其为清代的八股，或桐城派的文章，通是"。② 也即是说，尽管言志派和载道派都很盛行，但是章太炎认为文学应该有情，周作人认为载道文学不佳，二人均认为抒情言志才是文学真正之特色，是使文学成为文学的东西。这里并不是要否认载道文学的存在，也不是说"载道"功能比"抒情"功能等级低，而是说，"载道"不是体现中国古典文学特色的概念，更不是古典文学必须承担的社会功能。

　　在中国传统学术体系里，"载道"向来是一项比"抒情"更被看重，也更具社会性的功能。如果将抒情、载道这些功能放在中国学术整体视域下考察，就不难发现，载道功能早就被赋予了另一个地位更高的学术门类——经学。在传统学术体系中，集部素来备受轻视，它被认为是小道，可以作游戏、怡情和社交之用，其地位之低是不足以承担社会之载道的思想功能的。可以说，载道文学的尴尬在于，它既不足以体现文学本身之特色，也无法企及经学载道之地位，甚至并不传达自身之"道"。在传统社会，载道文学所承载的并非文学之道，而是经学之道。因此，"抒情传统"才是体现出了传统文学之独特性的一面。

　　也就是说，在传统学术体系中，由于经学已经主宰了社会的载道功能，所以古典文学呈现出来的特色是"抒情传统"。但是，现代文学从五四文学至新时期伤痕文学何以出现一条明显的思想功能表达脉络，或者说经学的思想传统对中国文学的这一转型产生了何种影响呢？首先要对经学的思想传统进行探讨。这里的"思想传统"即指一个社会为其运行所面临的宇宙形成、政教之道和人生之道等诸问题提供的具有至高话语权的思想指导之理论范式。

　　经学的思想传统，从汉武帝时代起就已经确立。它范围极广，承担着历代王朝政教之道和人生之道的解释职能，具有优越于其他任何一个学术门类的地位。"经书中的涵蕴，范围极为广大，所有我国古来一切的天地人

① 章太炎:《国学概论》，第86页。
② 周作人:《中国新文学的源流》，第50—51页。

文、学术、政教，统给它包括无遗。"①"经学实是中国的最大权威者，从其内容来说，它是中国哲学、宗教或政治、文学的基础"，②其优越地位连历来发达的史学也望尘莫及。③朱熹在辨经史之区别时指出："史学者记得事却详，于道理上便差；经学者于义理上有功，然记事多误。"④经学重义理，史学重记事，朱熹此处指出的便是经学的思想功能。经学在中国传统社会的作用，从时间上看，孔子"定六经以教万世"；从教化对象上看，"自天子以至于士庶"；从功能上看，"天子得之以治天下，士庶得之以治一身"；从内容上看，包揽了从天道到政教之道再到人生之道的全部解释权。⑤概言之，经学在传统社会拥有无可挑战的"思想传统"的地位。它具有社会运行所需要的解释宇宙、解释政权、解释人生的几乎所有思想功能。

经学的思想传统可以结合经学的历史和内容来看。经学自孔子开创儒学后，"假使我们慎重点说，上追到西汉初年为止，也已经有二千一百多年的历史"。⑥这两千多年来的经学著作虽然数量庞大，"也不过可以归纳为三大派……一、'西汉今文学'，二、'东汉古文学'，三、'宋学'"。⑦经学三大派分别代表着三种不同类型的思想传统。⑧

这三种类型均是基于其时代社会现状发展而来的，内容大体不离政教之道和人生之道两方面，不同时代有不同偏重。西汉初年，王朝尚处于从先秦分散的封建政权模式向中央集权模式的过渡中。王朝面临着对自身政权的合法性、中央集权政权模式的合理性以及新的民生问题做出解释的难题。董仲舒倡导的儒学"力言复古更化，复古乃复周之古，更化则更秦之化……谓六经起自周公而成于孔子之手，故曰孔子为汉制法"，⑨提供了一

① 顾荩臣：《经史子集概要》，金歌校点，上海科学技术文献出版社，2016，第6页。
② 〔日〕本田成之：《中国经学史》，孙俍工译，漓江出版社，2013，第2页。
③ 关于经史在中国学术史中地位之衍变，可参见罗志田《清季民初经学的边缘化与史学的走向中心》，《权势转移：近代中国的思想、社会与学术》，湖北人民出版社，1999。
④ 朱熹：《朱子语类》第6册，中华书局，1986，第2153页。
⑤ 皮锡瑞：《经学通论》，中华书局，1954，第1页。
⑥ 周予同此书作于1928年，所以距今应是2200多年。周予同：《经学和经学史》，上海人民出版社，2012，第1页。
⑦ 周予同：《经学和经学史》，第1页。
⑧ 历史上对经学有多种分类方法，本文采用的是笔者认为比较合理，也是在学界比较主流的分法。关于经学分类或分派说，可参见许道勋、徐洪兴《中国经学史》，上海人民出版社，2006。
⑨ 参见钱穆《朱子学提纲》，三联书店，2002，第4页。

套有效的理论体系应对这些问题，并借助政治权力将儒学升格为经学，即后来所说的"今文经学"。今文经学讲究通经致用，偏重于为王朝政权提供致治之道，形成了以"大一统"理论为核心，[①] 以"天道""天人""阴阳灾异""仁""礼""典章制度"等为重要命题的理论系统，也奠定了经学理论体系的基本框架。

后世所称的"古文经学"兴起于西汉末年。"自王莽变法失败后，（今文经学）通经致用之风渐泯，经学乃渐流为繁碎之考据。"[②] 今文经学陷入章句之学和家法之争。经文被循章逐句具文饰说，一段简短的经文，其章句动辄达数万言，读经变成了一种烦琐、空洞、虚耗精力的文字游戏。通经渐渐不再能致用，而经学各家间门户之争却十分激烈。一批古文经在这时候被刘向、刘歆父子从秘府中整理出来，它因采用汉以前的"古籀文字"书写而得名，与汉时被称为"今文"的隶书相对。古文经学与今文经学在文字、篇章上有所不同，"因之，学统不同，宗派不同，对于古代制度以及人物批评各各不同；而且对于经书的中心人物，孔子，各具完全不同的观念"。[③] 古文经学一方面对今文经学所涉的诸多命题提出了不同见解；另一方面，它尚名物训诂、考证以通大义，对今文经学的具文饰说之烦冗风气有很大纠正。

宋学"最确当之名曰理学。后人尊称之曰道学。清代汉学兴，乃以时代称之为宋学"。[④] 它主要历经宋明两朝。因融入诸多佛道两家学说，学风大变，皮锡瑞称宋朝为"经学变古时代"。[⑤] "宋与其说是经学，宁说是一种哲学或实践道德学。"[⑥] 跟汉儒注重治道与传经相比，宋学更偏重于明道做人，其重要命题"不外两部：一部是属于本体论的，一部是属于修养论的"，[⑦] 因此，"又可称心性义理之学"。[⑧]

---

① 具体参见杨向奎《大一统与儒家思想》，北京出版社，2016。
② 《吕思勉全集》第 16 册，上海古籍出版社，2016，第 230 页。
③ 周予同：《群经通论》，上海人民出版社，2012，第 60 页。
④ 《吕思勉全集》第 16 册，第 240 页。
⑤ 皮锡瑞：《经学历史》，中华书局，2011，第 156 页。
⑥ 〔日〕本田成之：《中国经学史》，第 195 页。
⑦ 钱穆：《阳明学述要》，九州出版社，2010，第 1 页。
⑧ 钱穆：《朱子学提纲》，第 18 页。

两汉经学与清代学术思想主潮也合称为"汉学"。[①] 经学的今文经学、古文经学和宋明理学三大类型，或者说汉学和宋学两大系统经过两千多年的发展，提供了为政治国的政教之道和明道做人的人生之道两大主要内容，包括了中国传统社会从宇宙到政权再到人生三大领域的几乎所有解释权，在中国学术体系中负载着无可争议的"思想传统"功能。经学思想传统在近代的衰落给中国文学转型带来了契机，而五四"打孔家店"是其中重要的一环。

二 "打孔家店"对经学功能的破坏

经学的思想传统在传统社会维持了两千多年之久，但在近代遭受了巨大打击。至五四时期，经学负责解释宇宙、政权、人生的话语权可谓破坏殆尽。五四新文化运动理论家们明确提出了"打孔家店"的口号，[②] 但这绝不意味着"打孔家店"的工作此时才开始。事实上，在五四时期，经学在传统社会所拥有的那种包罗社会人生几乎所有问题解释权的思想权威性已经崩溃了。对经学思想学理的破坏，很大程度上在近代经学内部各学派的相互攻击以及王朝的终结中已经完成。但"证伪并不能毁灭一个理论，只有一个新的、更成功的理论才能取代旧理论"。[③] 五四新文化运动最大的功绩不在于"破"，而在于"立"，即它提供了一种新的替代方案，用一种新形式的文学承接了经学所负载的思想传统功能。从这个层面上可以说，五四新文化运动完成了"打倒孔家店"的最后一道工序。

五四新文化运动以革命之姿对经学旧传统发难，它的主要功绩不在于对经学思想的陈旧和谬误提供了多少学理上的证明，而在于对文学之"立"。而文学在该阶段之所以能"立"起来，从主"抒情"过渡到主"思想启蒙"，是建立在近代以来各类实践对于经学思想功能的不断破坏和经学最后竭力反击以挽回话语权的维新变法的失败两个层面上的。

近代以来对于经学思想传统的破坏从时间上其实可以追溯到明末。前

---

① 周予同：《群经通论》，第159页。
② 胡适：《〈吴虞文集〉序》，季羡林主编《胡适全集》第1卷，安徽教育出版社，2003，第763页。
③ 陈嘉映：《哲学·科学·常识》，中信出版社，2018，第72页。

文提到，经学体系看起来错综复杂，但大体可分为今文经学、古文经学和宋明理学三大类型，或者汉学和宋学两个系统。清代经学十分发达，但主要在尊汉学还是尊宋学间往复。清开国至康熙年间的学术汉宋兼采而"倾向于汉学"，[①] 中期的乾嘉学派主汉学，后期"以'公羊学'为主干的今文经学是近代经学的主旋律"。[②] 其中汉学被学界公认为是清学主潮，它注重训诂语言文字，考证名物及典章制度，崇尚循根由、通大义，恪守经文字义，不多做义理阐发，其流弊在于拘古烦琐和弱于理论建构。如果从经学所承担的思想功能角度论，它应该与时俱进地不断提供思想理论建构，丰富宇宙观、政教观和人生观三大方面内容，以保持理论活力和巩固其话语权地位，而清前中期政治高压下考据学的盛行本身已导致了该功能在一定程度上的停滞。

道咸以后，今文经学的盛行可视作在近代空前世变的局势下，经学为了保住其思想传统地位的最后尝试。今文经学的特色在于为政权提供致治之道。近代今文经学的主体是公羊学，其"首要特征"是"《公羊》贯穿'五经'，核心内容则是'托古改制'，以变应变"。[③] 龚自珍、魏源强调"'通经'以'济世'为目的"，"把'经世'作为治经的归宿"，"利用经学讥切时政，诋诽专制，进而昌言变革"，[④] 而康有为将之推到了极致。

康有为研究经学，意在变法改制，其公羊学理论是维新变法的舆论和思想基础。这不但是为政权变法，同时也是经学利用政权对自身理论的重大变革，是它在新形势下为保住其思想话语权地位的最后实质性尝试。康有为经学思想以《孔子改制考》、《新学伪经考》和《大同书》等为中心，不但对之前的经学做了诸多颠覆，还融入了许多经学框架之外的思想，因此，他"被其敌人斥为'非儒'"。[⑤] 但从经学发展历史看，经学在汉武帝时的确立就是建立在以原始儒家杂糅百家思想的基础上的；而宋时，经学面对释、道两家的强力挑战，再次将其融合而形成新的宋明理学。这些行

---

① 〔日〕本田成之：《中国经学史》，第 222 页。
② 许道勋、徐洪兴：《中国经学史》，第 82 页。
③ 许道勋、徐洪兴：《中国经学史》，第 272 页。
④ 许道勋、徐洪兴：《中国经学史》，第 272 页。
⑤ 〔美〕萧公权：《近代中国与新世界：康有为变法与大同思想研究》，汪荣祖译，江苏人民出版社，1997，第 36 页。

为不但保持了经学理论的活力，也确立或延续了其思想传统的功能和地位。近代经学在西学冲击下，吸收其他内容，修改理论框架，实非没有必要。

康有为经学思想的核心是"托古改制"和"大同三世说"。前者对古文经学进行了彻底的颠覆，旨在仿效孔子"创制立教"，后者则以公羊学的理论框架设计了一套循序渐进的变法纲领。他认为孔子是"托古改制"的第一人。在"六经"之前的上古历史是"茫昧无稽"的，① 周朝末期诸子群起，创立各派教义学说（创教）与修改各种风俗现制（改制）。诸子的创教与改制，一方面都具有托古的特征；另一方面他们彼此论争短长，以争取学术之尊的地位。其中儒教为孔子所创，"六经皆孔子改制所作"，② 那些认为"六经"只是孔子"修述"的说法是"伪古说"。③ 孔子"不救一世而救百世"，实是以后历代天下制法之王。④ "中国义理、制度，皆立于孔子，弟子受其道而传其教，以行之天下，移易其旧俗。"⑤ 孔子"巽辞托先王，俾民信从，以行权救患"，其改制也具有托古的特征。⑥ 他托法的便是尧舜与文王。⑦ 孔子的改制经过了时人弟子和诸儒问难的考验，其中墨、老是攻儒比较强势的两家。⑧ "当诸子之朋兴，天下之充塞，而摧陷廓清，道日光大。"⑨ 儒家击溃了诸子，使"鲁国全从儒教"，⑩ 孔子弟子后学进一步将其遍传天下，使其盛行于战国、秦和汉初，⑪ 并在汉武帝后实现"一统"。⑫ 康有为为了加强今文经学的正统性和权威性，而斥古文经学是为王莽篡汉所建立的"新朝"服务而伪造的"新学"，其"始作伪乱圣制者自刘歆，布行伪经纂孔统者成于郑玄"。⑬ 他的"大同三世说"系统地阐发于《大同书》中，是一个对宇宙、政权、人生三大领域都做出全面阐释和设计的系

① 康有为：《孔子改制考》，中国人民大学出版社，2010，第5页。
② 康有为：《孔子改制考》，第219页
③ 康有为：《孔子改制考》，第145页。
④ 康有为：《孔子改制考》，第172页。
⑤ 康有为：《孔子改制考》，第191页。
⑥ 康有为：《孔子改制考》，第242页。
⑦ 康有为：《孔子改制考》，第257页。
⑧ 康有为：《孔子改制考》，第319页。
⑨ 康有为：《孔子改制考》，第355页。
⑩ 康有为：《孔子改制考》，第386页。
⑪ 康有为：《孔子改制考》，第393页。
⑫ 康有为：《孔子改制考》，第410页。
⑬ 康有为：《新学伪经考》，中国人民大学出版社，2010，第1页。

统性理论。《大同书》定稿于 1902 年前后,但其相关思想见于戊戌变法前。[①]

康有为的经学思想,一方面以其"诡肆"的创新不被当时人接受,另一方面还加重了今古文经学的撕裂和门户之见。"很多康氏同时代的人,特别是反对变法者,都不认他是儒教圈内人。"[②] 保守派苏舆编了《翼教丛编》六卷本对康有为的经学思想进行了全面系统的批判,对康有为一些理论框架支撑性观点,如"古文经学为刘歆所伪造"等观点进行了学理上的驳斥;并用张之洞的《劝学篇》等文章重申了"正统"的经学思想。[③] 经学内部的相互攻击,客观上进一步暴露了经学思想的谬误与陈旧。只有通经的人才能准确地抓住经学的弱点,康有为看到了经学必须进化和古文经学泥古僵化不合时宜的一面,而保守派又成功地指摘出康有为思想超出经学学理范围之怪诞的一面。可以说,近代经学思想在学理上的破坏,很大程度上在经学内部已出现。

康有为的理论事实上是一种对经学超框架的进化。维新变法的失败意味着康有为的经学进化未能赢得现实政治的依托。经学系统性崩溃,意味着它自汉武帝起包括对宇宙、政权、人生几乎所有的解释权的思想传统终结。经学对宇宙问题(天道)、政权问题(政教之道)和人生问题(人生之道)所能提供的见解和指导在此时已显得十分陈旧,来自西方的近代科学似乎能潜在地提供一种更令人信服的理论范式。经学失去了思想的先进性,这是它的思想传统地位终结的根本原因。自此之后,经学回复到作为一种子学门类而存在,失去了从根本上指导现实社会运行的意义。

直至五四时期,经学移位所留下的中国社会的思想传统领域似乎成了一块无人主事的飞地。维新变法失败后,各方思想争鸣,是思想极为活跃和多元的阶段。五四新文化运动激烈地反儒反传统,意在攻占曾经属于经学的中国社会思想传统的高地。五四提供了一种新的系统地接替经学的思想范式,即用一种新形式的文学接管经学所负载的思想传统。这种新型的

---

① 茅海建:《戊戌时期康有为的"大同三世说"》,"北京论坛(2017)文明的和谐与共同繁荣——变化中的价值与秩序:历史和全球视野中的社会转型"会议论文集,北京,2017 年 11 月。

② 〔美〕萧公权:《近代中国与新世界:康有为变法与大同思想研究》,第 36 页。

③ 参见苏舆编《翼教丛编》,上海书店出版社,2002。

文学范式以"科学"为新的思想原点，以"文学"为内容的具体提供者，广泛生产针对政教和人生诸问题的思想内容。在这个范式中，"科学"类似于经学中的"天道"，是思想真理性、合法性和权威性的原点，贯穿在对宇宙、政教和人生等所有问题的解释之中；而"文学"则成为政教、人生诸思想内容的直接提供者，其倡导的思想内容对经学思想进行了彻底的框架性的颠覆。

综上所述，五四新文化运动对经学思想传统的破坏，不在于它指出了经学思想在学理上、践行中的谬误，而在于它同时倡扬了两样东西——"科学"和"文学"。

目前学界虽认为五四曾经高举过"科学"和"民主"两面大旗，但相比之下，"民主这一观念并没有获得与科学同等重要的地位"。[①] 据金观涛、刘青峰的统计，"在《新青年》杂志中，'科学'一词使用了1658次"，[②] 基本属于正面使用；而"民主"使用次数要少很多，且"1923年6月后，负面使用的情况（620次）大大多于正面（64次）"。[③] 新文化运动倡导者对于"科学"的青睐，源于它无可匹敌的思想真理性和权威性。1920年代的"科玄论战"，便是针对科学的思想真理性和权威性的论战。这一时期，科学的真理性和权威性地位已经基本建立。胡适曾说，"这三十年来，有一个名词在国内几乎做到了无上尊严的地位"。[④] 这里的"这三十年"指的是1890年代到1920年代，"有一个名词"便是"科学"。在"这三十年"之前，便是清末洋务运动时期，当时科学已倡，但在经学思想禁锢下的传统士大夫对科学的认识和接受还停留在"器物"阶段，认为科学只是经学"中体"框架下值得吸收和利用的工具。而事实上，"科学"对经学的思想原点"天道"的动摇在明末就已开始。利玛窦等西洋传教士带来了各种西洋知识，哥白尼"日心说"和西方的"地球观"动摇了传统中国人想象的"天圆地方"的宇宙观。很多旧的知识、思想和信仰发生了"多米诺"骨牌

①　金观涛、刘青峰：《〈新青年〉民主观念的演变》，《二十一世纪》（香港）1999年12月号，总第56期。

②　金观涛、刘青峰：《观念史研究——中国现代重要政治术语的形成》，法律出版社，2009，第359页。

③　金观涛、刘青峰：《观念史研究——中国现代重要政治术语的形成》，第286页。

④　胡适：《〈科学与人生观〉序》，季羡林主编《胡适全集》第2卷，第196页。

式的连锁坍塌。① 经学"天道观"的谬误在当时已经显现，但它在政权的支持和思想的惯性下，又维持了数百年之久。到了近代洋务运动时期，科学被勉强接受为"器物"。而在五四时期，经《新青年》的大力宣传，又经"科玄论战"的洗礼，它事实上已经获得了思想原点性的地位。陈独秀在《青年杂志》创刊号中宣称的"举凡一事之兴，一物之细，罔不诉之科学法则，以定其得失从违……凡此无常识之思，惟无理由之信仰，欲根治之，厥维科学"在五四后期成为现实。②

新文化运动对经学破坏的另一重要方面是对"文学"的利用。前文提到，在传统社会，文学主要扮演着"抒情传统"的角色。但近代以来，随着经学被推至腐朽位置，文学试图接替其为政教、人生提供思想资源的功能。陈独秀的反儒与他发起"文学革命"的精神是一脉相承的。他对儒家的反对，不是出于历史或学术的角度，而是从儒家思想对现代社会已经失去了指导意义的角度。他在诸多文章中强调儒家与现代生活的不兼容。如"本志诋孔，以为宗法社会之道德不适于现代生活，未尝过此以立论也"；③"吾人不满意儒家者，以其分别男女尊卑过甚，不合于现代社会之生活也"；④"吾人所不满意者，以其为不适于现代社会之伦理学说，然犹支配今日之人心，以为文明改进之大阻力耳。且其说已成完全之系统，未可枝枝节节以图改良，故不得不起而根本排斥之。盖以其伦理学说，与现代思想及生活绝无牵就调和之余地也"；⑤ 等等。

既然儒家思想已经无法指导现代生活，那么就要寻找一种新的思想范式来指导现代社会和生活。这便是陈独秀发起"文学革命"的目的。传统文学虽然也曾强调"文以载道"的一面，但那只是一种简单地将文学用作宣扬经学价值的工具的倾向，从未像五四的"文学革命"一样，试图让"文学"承担整个社会的思想功能。事实上，陈独秀和胡适都反对"'文以载道'的谬见"，⑥ 而强调文学要有"思想"。因为传统社会的"文以载道"

① 葛兆光：《中国思想史》第2卷，复旦大学出版社，2018，第304—305页。
② 陈独秀：《敬告青年》，《青年杂志》第1卷第1号，1915年9月15日，第6页。
③ 陈独秀：《通信（答佩剑青年）》，《新青年》第3卷第1号，1917年3月1日，第11页。
④ 陈独秀：《随感录（十四）》，《新青年》第5卷第1号，1918年7月15日，第76页。
⑤ 陈独秀：《通信（再答俞颂华）》，《新青年》第3卷第3号，1917年5月1日，第13页。
⑥ 陈独秀：《文学革命论》，《新青年》第2卷第6号，1917年2月1日，第2页。

载的均是经学之道，"余（陈独秀——引者注）尝谓唐宋八家文之所谓'文以载道'，直与八股家之所谓'代圣贤立言'，同一鼻孔出气"。① 而陈、胡眼中的新文学其实也是要载道（思想）的，只不过载的应是不同于儒家的新的思想内容。胡适解释文学的"思想"是指"兼见地、识力、理想，三者而言之"。② "见地"和"识力"可以说是解释世界和人生的能力，而"理想"则是指导人生方向的能力，三者加起来，便是文学要承担的"思想功能"了。陈独秀还进一步指明了文学思想功能的政治功能目的，"今欲革新政治，势不得不革新盘踞于运动此政治者精神界之文学"。③

概言之，五四新范式以"科学"取代"天道"，成为新的思想权威性、真理性和合法性的来源，并以"文学"为思想内容的具体提供者，广泛生产针对"政教"和"人生"诸问题的思想内容，从而完成了近代以来"打倒孔家店"的最后一道工序。

三　五四新文学对经学思想传统的接替

前文已述，经学的思想传统即指经学在传统社会所拥有的向宇宙、政权、人生各领域几乎所有问题提供解释和享有至高话语权的思想地位及范式。而五四新文学对经学思想传统的接替，则指经学范式所涉宇宙、政权、人生三方面内容向文学范式的转移。这一点陈独秀其实已经在《文学革命论》中透露。他斥责"贵族文学、古典文学、山林文学"时表示，"所谓宇宙，所谓人生，所谓社会，举非其构思所及，此三种文学公同之缺点也"，④ 也就是说他认为革新后的文学应该致力于宇宙、人生和社会三个方面。在传统社会，宇宙、社会和人生的思想阐释权由经学所掌管，本非文学"构思所及"，而五四文学革命后便试图将其接管过来。胡适也曾指出陈独秀文学革命的主张实质"就是变成整个思想革命"。⑤

经学对政治和人生的种种解释，是以"天道"作为其思想真理性来源

---

① 陈独秀：《文学革命论》，《新青年》第 2 卷第 6 号，1917 年 2 月 1 日，第 2 页。
② 胡适：《文学改良刍议》，《新青年》第 2 卷第 5 号，1917 年 1 月 1 日，第 2 页。
③ 陈独秀：《文学革命论》，《新青年》第 2 卷第 6 号，1917 年 2 月 1 日，第 4 页。
④ 陈独秀：《文学革命论》，《新青年》第 2 卷第 6 号，1917 年 2 月 1 日，第 3—4 页。
⑤ 胡适：《陈独秀与文学革命》，季羡林主编《胡适全集》第 12 卷，第 229 页。

的原点的。"天道"的概念，贯穿在它对宇宙问题的解释中，但其主要目的并不是致力于宇宙论形而上学方面的探究，而在于给人群治平方面的思想提供真理。整体而言，儒学宇宙论形而上学方面的探究偏少，而人群治平方面的内容偏多。"孔子不言性与天道，庄老始言天道，孟荀始言性。"① 直到宋代理学的"道体"说，对宇宙论才有了较多阐释。它大体是从"天人学"的角度，确立"天道"之于"人道"和"王政之道"的思想权威性和真理性作用。

五四文学对经学思想传统的接替，是以"科学"取代"天道"的思想原点地位为前提的。五四文学从一开始就打出了"科学"的真理性旗帜。陈独秀和胡适都提倡"科学"的真理性地位。傅斯年把文学和科学结合起来，提出现代文学顺应和利用科学是"非人力所能逆从"的"天演公理"。"今后文学既非古典主义，则不但不与科学作反比例，且可与科学作同一方向之消长焉。写实、表象诸派，每利用科学之理，以造其文学，故其精神上之价值有迥非古典文学所能望其肩背者。方今科学输入中国，违反科学之文学，势不能容，利用科学之文学，理必孳育。此则天演公理，非人力所能逆从者矣。"②

五四文学和经学一样也主要致力于阐释政教之道和人生之道。胡适认为从陈独秀开始，"才把伦理道德政治的革命与文学合成一个大运动"。③ 这里实际上点出了，在陈独秀及其五四同人的倡导下，文学经历了由传统文学过渡到现代文学的伦理和政治转向。而这种转向正是五四文学塑造"思想传统"的开始。

总体来说，陈独秀等早期五四理论家为五四文学所塑造的"思想传统"基本没有越出经学传统致力于政治和人生的框架。但具体的思想内容却发生了质的变化。在政教之道方面，它倡导"启蒙""救亡""革命"等主题，呼吁社会改造；在人生之道方面，它提出了"人的文学"，呼吁个体和人性的解放。与经学传统中政教之道和人生之道的内容相通类似，五四文学把"人的文学"与"启蒙""救亡""革命"等主题也联结起来，交错在

---

① 钱穆：《宋代理学三书随劄》，三联书店，2002，第102页。
② 傅斯年：《文学革新申义》，《新青年》第4卷第1号，1918年1月15日，第69页。
③ 胡适：《陈独秀与文学革命》，季羡林主编《胡适全集》第12卷，第229页。

一起。

两千多年的经学传统建构了一套整饬的价值内容体系，贯穿在其政教之道和人生之道的主体内容之中。它以"仁"为中心价值元素，以"孝""忠""敬""和""礼"等为高位价值，构成了一套严密、完整、闭合的体系。而这些价值元素在五四新范式中被洗牌重组。经学体系中处于高位的那些价值元素排序急剧下降，而"民主""自由""平等""个性"等在经学体系中或受到压制或缺失的价值元素上升至新范式的第一等级序列，贯穿在五四文学的政教之道与人生之道两大主体中。可以说，对思想价值重新进行等级编排是五四文学从理论建构到创作实践两大方面的内容生产驱力，同时也奠定了五四文学的现代性基础。

在五四文学理论建构方面，陈独秀、胡适、李大钊、吴虞、鲁迅、周作人、钱玄同、刘半农等一众早期理论家都做出了重要贡献。陈独秀提出"三大主义"，排斥贵族文学、古典文学和山林文学，而倡导与之对应的"平易的抒情的国民文学"、"新鲜的立诚的写实文学"和"明了的通俗的社会文学"。① 这里已经明确了价值顺序重排的目标。相较于经学时代的贵族文学、古典文学、山林文学，五四时期具有平民色彩、致力于现实政治和人生问题的国民写实社会文学获得了更高的地位。

这里须指出的是，文学革命倡导者排斥"载道文学"，提倡"须言之有物"② 的"写实文学"，两者看似颇相矛盾，但实际上是他们为"载道文学"和"写实文学"赋予了两种不同的价值承载，这一点前文已经提及。"载道文学"承载的是儒家的高位价值，而"写实文学"是反映时代新价值元素的，即平民的、社会的、个体性的文学。

提升"个体""自我"等概念的价值是五四文学的主要特征之一。在五四时期，个体优先成了一种正面、高位的价值原则，是五四人生之道倡扬的中心内容。陈独秀指出，"文学革命"的目的是通过革除"盘踞吾人精神界根深底固之伦理、道德、文学、艺术诸端"之黑幕和污垢，以最终达到"革新政治"的目的。③ 这个理论隐含着"先个体人生，再社会政治"的阶

---

① 陈独秀：《文学革命论》，《新青年》第 2 卷第 6 号，1917 年 2 月 1 日，第 1 页。
② 胡适：《文学改良刍议》，《新青年》第 2 卷第 5 号，1917 年 1 月 1 日，第 1 页。
③ 陈独秀：《文学革命论》，《新青年》第 2 卷第 6 号，1917 年 2 月 1 日，第 1 页。

梯性设计。五四文学前期的主要内容是倡导"个体"价值，将其从经学家庭价值中解放出来，以达到革新人的"精神界"的目的。

　　陈独秀、胡适、周作人等均是五四"个体""自我""个人主义"等价值观的提倡者和理论建构者。陈独秀在 1915 年就提出要"以个人本位主义，易家族本位主义"。① 胡适认为新文学要"语语须有个我在"。② 他提倡揭露"社会与个人相互损害"的"写实文学"的"易卜生主义"，提出个人要先"救出自己"，再完成营救社会的目的。③ 周作人用"人的文学"这一术语对五四以来倡导个体关怀优先，再推及社会的文学做了概括性提炼。他说"用这人道主义为本，对于人生诸问题，加以记录研究的文字，便谓之人的文学"。④

　　跟陈独秀、胡适一样，周作人的"人的文学"理论也包含了阶梯递进思想，先顾及自己再惠及他人，先个体再社会。他从人应该如何做一个"个人"说起，感慨中国人"生了四千余年，现在却还讲人的意义，从新要发见'人'，却'辟人荒'"，⑤ 表示"要进人道，爱人类，便须先使自己有人的资格，占得人的位置"。⑥"我所说的人道主义，并非世间所谓'悲天悯人'或'博施济众'的慈善主义，乃是一种个人主义的人间本位主义。"⑦

　　五四之"人的文学"承认个体的欲望，接受个体的有限性，宣扬在个体优先的前提下再惠及他人和社会。这种价值秩序是对经学价值秩序的一大彻底反叛。经学将"天"摆在最高秩序，其次"君主"，再次"家庭"，"个体"在这些前位秩序面前的退让是一种普遍法则。而个体的私欲和有限性，则被当成了需要极力克服的缺陷。因此，如何克己修身成了宋明理学最重要的内容之一。而"人的文学"理论则将之反转过来，它不但提倡先个体再社会，还抨击经学系统中所宣扬的"无我"价值观的虚伪与无效性。"至于无

---

① 陈独秀：《东西民族根本之思想差异》，《新青年》第 1 卷第 4 号，1915 年 12 月 15 日，第 2 页。
② 胡适：《通信（寄陈独秀）》，《新青年》，第 2 卷第 2 号，1916 年 10 月 1 日，第 2 页。
③ 胡适：《易卜生主义》，《新青年》第 4 卷第 6 号，1918 年 6 月 15 日，第 502—503 页。
④ 周作人：《人的文学》，《新青年》第 5 卷第 6 号，1918 年 12 月 15 日，第 578 页。
⑤ 周作人：《人的文学》，《新青年》第 5 卷第 6 号，1918 年 12 月 15 日，第 576 页。
⑥ 周作人：《人的文学》，《新青年》第 5 卷第 6 号，1918 年 12 月 15 日，第 578 页。
⑦ 周作人：《人的文学》，《新青年》第 5 卷第 6 号，1918 年 12 月 15 日，第 578 页。

我的爱，纯粹的利他，我（周作人——引者注）以为是不可能的。"①

　　总体来看，五四文学是理论阐释先行、创作实绩随后的文学。它除了理论建构，也取得了重要的创作实绩，而这表现出了浓厚的创作服务于理论建构的色彩。陈独秀的《文学革命论》和胡适的《文学改良刍议》这样的文学纲领早在 1917 年初就发表了，而《新青年》上最早的现代白话小说《狂人日记》迟至 1918 年 5 月才出现。鲁迅的《狂人日记》批判了经学传统所提倡的那些高位价值的"吃人"本质，其文本内容深刻地应和了五四精神。"七个月后，吴虞《吃人与礼教》一文更将阅读的启示直接指向对'礼教'的批判。"② 也就是说，从创作到阅读，《狂人日记》都被纳入了五四思想话语的建构体系中。

　　五四文学的创作实绩最早出现在诗歌领域。胡适的《尝试集》可视作其滥觞之作。这正是因应当时作为文学革命一部分的"白话文学"理论而生。诗歌本是文言文学创作的最后一块体裁阵地，《尝试集》大胆地用白话文"作诗如作文"，将其争夺过来了。1918 年，《新青年》开始登载白话文，使用新式标点。在白话新文学创作还未大规模涌现的初期，《新青年》采取的策略便是大量刊登译作，如俄国小说、"易卜生专号"和周作人用白话文翻译的欧洲小说等。这均是配合五四思想传统之提升"个体"价值秩序以及服务于现实政治和人生的写实文学等主张。

　　五四文学最重要的体裁是小说，其创作实绩可以从鲁迅的小说算起。紧随而来的即是从 1919 年初始在《新潮》等杂志上发表的一系列"问题小说"。鲁迅将自己的文学理念和主张以及对经学传统价值的批判提升到国民性的高度，纯熟地融化在了其小说文本之中。而一大批新涌现的年轻作家带有习作色彩的"问题小说"创作，则概念化地遵循了五四文学的思想传统的指导，在框架上遵照政教之道和人生之道诸种内容设定，在价值上倡导五四提倡的高位价值、批判低位价值。到了 1920 年代，随着文学研究会和创造社等大量文学社团的涌现，小说创作的多样性和丰富性也大大得到提升，但是五四文学所设定的思想传统依然是其中不可撼动的主潮，这种

---

① 周作人：《人的文学》，《新青年》第 5 卷第 6 号，1918 年 12 月 15 日，第 578 页。
② 李怡：《作为文学的〈狂人日记〉——纪念〈狂人日记〉诞生一百周年》，《中国现代文学研究丛刊》2018 年第 7 期。

影响一直持续到了当代文学时期。中国新文学从一开始就秉承了经学传统的制度性品格，而后也折射了它一步步被制度化的命运。

四　结语

综上所述，中国文学的现代转型是建立在文学对经学的"思想传统"进行接替的基础上的。在传统社会，经学作为一种官学思想形态，以"天道"为其思想权威性、合法性和真理性来源的宇宙依据，提供为政治国的"政教之道"和明道做人的"人生之道"两大主体内容，从而包揽传统社会从宇宙到社会再到人生的几乎所有问题的思想话语权。传统社会的文学是经学的附庸，在思想表达上主要应和经学思想。而五四新文化运动提供了一种新型的文学范式，试图接替经学的思想传统。该范式用"科学"取代"天道"，成为思想真理性、合法性和权威性的新原点，以"文学"为思想内容的具体提供者，广泛生产针对"政教"和"人生"诸问题的思想内容。五四文学倡导在经学体系中受到压制的"个性""平等""民主""自由"等价值元素，将其贯穿在政教之道与人生之道两大主体之中，对以"仁""孝""忠""敬""和""礼"等为高位价值的经学体系重新进行洗牌组合，由此形成了五四新文学的思想传统。尽管中国现代文学并未能真正比拟经学在传统社会的思想工具效应，但它依然呈现出了一条明显的思想功能脉络。因此，五四新文学范式虽然从结果上看未能完成对经学思想传统的接管，但它依然促成了中国文学从传统到现代的转型。

五四学人对桐城派的解构与重构

任雪山[*]

　　五四与桐城派的关系，一直是近现代学术史上的经典论题。以前的研究多停留在批判和揶揄的层面，以彰显五四鲜明的反传统印记。然而，正如伽达默尔所言："即使在生活受到猛烈改变的地方，如在革命的时代，远比任何人所知道的多的多的古老东西在所谓改革一切的浪潮中仍保存了下来。"[①] 事实确乎如此，近年来新发现的文献史料以及延伸研究表明，五四学人对桐城派并非只是一味批判，继承与革新也在同时进行。[②] 换言之，一边在解构，一边在重构。然而，相比于前者，后者的研究总体比较分散零碎，得到学界公认的观点并不多。因此，对五四学人与桐城派关系的系统考察，就显得尤其必要。它既蕴含着现代学人对于传统文学的态度，也体现了现代学术自身发展演进的逻辑理路。基于此，本文希望能够对这一问题有比较全面的探讨。

　　现代学术自身的丰富性和复杂性，使得此论题置于一种较为开放的学

---

[*] 任雪山，合肥学院语言文化与传媒学院副教授。

[①] 〔德〕伽达默尔：《真理与方法》，洪汉鼎译，上海译文出版社，1999，第363页。

[②] 汪春泓：《论刘师培、黄侃与姚永朴之〈文选〉派与桐城派的纷争》，《文学遗产》2002年第4期；关爱和：《二十世纪初文学变革中的新旧之争——以后期桐城派与"五四"新文学的冲突与交锋为例》，《文学评论》2004年第4期；曾光光：《桐城派的宿命与五四新文化运动》，《江汉论坛》2009年第5期；魏泉：《1930年代桐城派的存在与转型——以〈青鹤〉为中心的考察》，《安徽大学学报》2013年第5期；任雪山：《文界革命：梁启超论桐城派》，《学术界》2015年第1期；张器友：《桐城派与"五四"文学革命的认识论和价值理想》，《西部学刊》2016年第12期。

术场域，缺少明确的主线与内核。如何在纷繁的学术场域寻找一条贯通脉络，就显得特别重要。全景展示与局部临摹，没有必要也不太可能。我们选择抽取几位学人为代表，他们分别是胡适和陈独秀、徐复观和朱光潜、周作人和郭绍虞。可以说，他们都熟悉桐城派，是各自领域的大家，并能以现代理念或方法洞察桐城派之得失，在一定程度上推进了现代学术的发展，且给当代学术以启迪。三组人物，虽有时间上的早晚之别，但主要是逻辑的区分，前者的工作是批判清理，中间是承接转化，后者是相对客观地进行文史研究，他们正好构成一个反、正、合的逻辑链条，这也是我们对待传统最基本的三种向度。

一　五四学人对桐城派的解构

五四时期，桐城派受到的最重创伤当属"桐城谬种"之称号，而其背后却是新旧文化你死我活的争夺。新文化运动作为一场思想运动，以白话文运动为先导。

晚清以降，在西方的坚船利炮下，国运危厄，中华民族备受屈辱，国人奋起，救国济民，由最初的器物到政体国体，继而是新文化，再由文化而文字。"独吾中国有文字而不得为智民，民识字而不得为智民，何哉？……此文言之为害矣。"因此"愚天下之具，莫文言若"。[1] "今天文言之祸亡中国，其一端矣。"[2] 语言从未受到如此重视，从清末到五四新文化运动，从遮遮掩掩的半文半白到白话为文学之正宗，文言与白话的争夺进入你死我活的白热化阶段。文白之争发生的时间，约在 1917—1925 年，起于胡适、陈独秀，先后卷入者有钱玄同、刘半农、傅斯年、林纾、胡先骕、方孝岳等人，以《新青年》和《学衡》等杂志为中心。文白双方展开激烈的论争，虽然桐城派不是论争的主角，却成为批判与解构的目标，而其结果直接影响了桐城派的存续。

在白话派眼中，桐城派作为旧文学的代表，是批判与解构的主要目标。

---

① 裘廷梁：《论白话为维新之本》，《无锡白话报》第 1 号，1898 年。
② 陈荣衮：《论报章亦改用浅说》，转引自谭彼岸《晚清的白话文运动》，湖北人民出版社，1957，第 37 页。

最早明确向桐城派开炮的是陈独秀，而非胡适。虽然胡适在《文学改良刍议》一文提及姚、曾，也提及古文家，可连桐城派三个字都未提及，更没有严厉的批判。相比之下，陈独秀的《文学革命论》就毫不客气，把归、方、刘、姚视为"十八妖魔辈"，从进化的角度，称其文学无一字有存在价值，"此等文学，作者既非创造才，胸中又无物，其伎俩惟在仿古欺人，直无一字有存在之价值"。① 钱玄同紧随陈独秀，在《新青年》第2卷第6号的"通信"栏喊出了那句让桐城派痛心疾首的标志性口号——"选学妖孽，桐城谬种"，此后又多次重申这一口号。傅斯年的批判更为彻底，他把桐城派与南社和闽派一起列为剪除的对象："平情论之，纵使今日中国犹在闭关之时，欧土文化犹未输入，民俗未丕变，政体未革新。而乡愿之桐城，淫哇之南社，死灰之闽派，横塞域中。独不当起而剪除，为末流文弊进一解乎。"② 胡适对桐城派算是比较尊重的，也比较慎重，虽然宣扬白话的主张坚决果敢，但在白话派诸家几乎都指名道姓批判桐城派以后，他才正式提及桐城之名，并将其与文选派、江西诗派、梦窗派、聊斋志异派并称，认为它们都是"假文学"和"死文学"，它们之所以存在，恰恰因为"还没有一种真有价值、真有生气、真可算作文学的新文学起来代他们的位置"。③

　　虽然四位文学革命主将所列举的革命对象不尽相同，但桐城派皆必不可少，一方面可以见出桐城派在旧文学中的正宗地位，另一方面也说明革命派对桐城派批判态度之一致。为什么这么多复古的派别，偏偏选择桐城派为革命的主要斗争目标？胡适在《历史的文学观念论》中有明确的解释："吾辈之攻古文家，正以其不明文学之趋势而强欲作一千年二千年以上之文。此说不破，则白话之文学无有列为文学正宗之一日。"④

　　胡适攻击桐城派的理论基础是"历史的文学观"，或曰"文学进化论"，也就是一代有一代之文学，古人有古人的文学，今人有今人的文学，虽然古今有承续，但当代人应该作当代人的文学，而桐城派却主张复古的文学，因此应当予以反对。其实，胡适的理由是站不住的，桐城派确实复古，但复古并非抄袭，而是模仿，这是创作的必由之路，至于能否以古为新，就

① 陈独秀：《文学革命论》，《新青年》第2卷第6号，1917年2月1日。
② 傅斯年：《文学革新申义》，《新青年》第4卷第1号，1918年1月15日。
③ 胡适：《建设的文学革命论》，《新青年》第4卷第4号，1918年4月15日。
④ 胡适：《历史的文学观念论》，《新青年》第3卷第3号，1917年5月1日。

要看个人资禀了，不能因此否认学习前人之必要性，也不能由此得出桐城派不能表达时代的结论。胡适们真正反对桐城派的理由，还是为了白话文。桐城派作为当时的文坛霸主，是白话文推行的最大阻力之一，胡适说"此说不破，则白话之文学无有列为文学正宗之一日"。白话与文言之争，不仅是语言的转换，还是古今文学"正宗"地位之争。有清一代，以方苞、刘大櫆和姚鼐为代表的桐城派一直位居文坛的"正宗"地位，所谓"天下文章，其出于桐城乎"。特别是当曾国藩出现以后，提高了古文的应用能力，适应了时代的要求，扩大了桐城派的影响，成为桐城派中兴的功臣。"姚鼐、曾国藩的古文差不多统一了十九世纪晚期的中国散文。"① 曾国藩之后，桐城派虽然没有之前的声威，但曾门四大弟子薛福成、黎庶昌、张裕钊、吴汝纶等影响依然很大。因此陈平原认为，如果不废除科举制度，今人还是要学习桐城文章。② 不推倒桐城派，白话文实难流行。

白话派的观点虽然是时代的主流，但其不足也非常明显，在当时就遭到古典文言派的反驳，尤其以学衡派对新文化派的驳斥为主，其中以梅光迪、胡先骕、吴宓等为代表，但他们立论大多是与胡适们商榷，而并非从桐城派角度立论，真正以桐城派为视角的是方孝岳。方孝岳（1897—1973），桐城人，桐城派名家方宗诚之孙，方守敦之子。他在《新青年》第3卷第2号发表《我之改良文学观》。方氏对胡、陈之文学改良主张表示赞同，支持白话文为中国文学之正宗的观点，但认为胡适们彻底批判文言，有些"矫枉过正"，比较而言，他提出"姑缓而行"。不难看出，方孝岳虽然没有提桐城派，但由于他独特的身份，某种程度上也可以代表桐城家之声音。他的总体观点是折中的，即支持白话，但不废弃古文，他认为一切应该遵循改良之术，循序渐进，这也基本是当时旧派文人的主要立场。陈独秀在随后的按语中对此文表示赞赏，认为白话文学之推行"本未可一蹴而几者"。可见，革命派也并非没有认识到古文之价值，只是出于革命的需要，才会有当年的激烈批判，非如此不足以打破三千年历史之僵局。

综上所述，文白之争的总体形势，呈现一边倒的局面，即白话派对桐城派的批判与解构。桐城派并没有积极地回应，也没有多少人替他们说话，

---

① 欧阳哲生编《胡适文集》第1册，北京大学出版社，1998，第107—108页。
② 陈平原：《从文人之文到学者之文》，三联书店，2004，第227页。

毕竟革命是整个时代的呼声。虽然他们或许对白话派的批判有所不满，但也无法否认革命派之功。随后白话派又发起"双簧信"事件，把文言派挤到历史的边缘。1919 年 4 月，林纾又在《文艺丛报》（第 1 期）发表《论古文白话之相消长》，在比较古文与白话关系之后，不由感叹："吾辈已老，不能为正其非。悠悠百年，自有能辩之者，请诸君拭目俟之。"① 不由让人倍觉凄凉。紧接着而来的，是轰轰烈烈的五四运动。在革命派的努力下，教育部于 1920 年春天通令全国采用新式标点符号文。与此同时，教育部又正式通令全国，国民小学一、二年级的秋季教材，一律废止文言，完全使用白话文。其他各类学校也随之联动。再加上之前 1905 年施行千年的科举制度终于诏令废止，旧式学堂逐渐转变为新式学校。由此，白话文终于取得了胜利，古文随之衰落。

二　传承转化：五四学人对桐城派的重构

相比于对桐城派激烈的批判与解构，对桐城派的现代重构要显得和缓许多。但激烈未必久长，和缓却显示出踏实的力量。这方面以徐复观与朱光潜为代表，他们二人都不属于桐城派，却又与桐城派有着千丝万缕的联系。

徐复观从小喜欢桐城派文章，被认为是个中能手。② 他的好友胡秋原曾说："新文学运动前，中国文学界是桐城派世界。他在湖北师范与国学馆读书，对桐城文有修养。"③ 尤其是国学馆的古文专家王葆心，对徐复观影响颇深。后徐复观从政，又在熊十力影响下，重返学术之路，曾经摒弃的桐城派也重新进入他的内心。徐复观对桐城派的建构，体现在两个方面：一是沟通桐城派文论和《文心雕龙》，认为两者有"某些地方暗合"；④ 二是以《史记》精神提升古文义法。

桐城文是古文，《文心雕龙》是骈文，两者在文学史上一直以对立的形

---

① 《林纾选集·文诗词卷》，林薇选注，四川人民出版社，1988，第 158 页。
② 徐复观：《中国文学精神》，上海书店出版社，2006，"序一"，第 1 页。
③ 胡秋原：《回忆徐复观先生》，《徐复观教授纪念文集》，台北，时报出版公司，1984，第 32 页。
④ 徐复观：《中国文学精神》，第 223 页。

式出现，徐复观不是第一个提出两者关系的人，却在理论上第一个论证了两者的内在逻辑关联。他主要从文体论和文气论两方面入手。徐复观把《文心雕龙》的文体分为三个层面：体裁、体要和体貌。他首先指出，桐城派的义法理论是对《文心雕龙》"体要"思想的承接："《文心雕龙·征圣》篇首出现'体要'一辞，实际等于桐城派所标'义法'的'义'，指的是文章的内容，此处的'体'字可能是作动词用，'体要'是合于题材所应包涵的要点。"① 方苞义法之"义"，即言有物，源自六经周孔，强调古文的学识涵养，与徐复观的"体要"基本一致。② 其次，徐复观提出，姚鼐的"无体之体"是对《文心雕龙》"体貌"思想的承接。姚鼐在文体论上继承了刘大櫆的"精粗说"，进而提出自己的"八条目"理论，即神理气味、格律声色。徐复观以为，姚鼐所举的为文者八，"神理气味"构成形貌之精，"格律声色"构成形貌之粗。学习古人，要由形貌之粗，通于形貌之精，最后遗粗遇精，舍形存神。徐氏评价姚鼐的观点"与刘彦和的意思并无出入"。③而其不同在于，刘勰所把握的"体貌"，主要是指文章声色方面，而姚鼐更进一步，在声色之外，还提出了神理气味，徐复观称赞其"直凑单微，达到了'无体之体'的极谊，此乃文体论的一大发展"。④ 也就是说，姚鼐在某种程度上完善了刘勰的文体论。

中国传统文论重气，徐复观所理解的气，主要是指"血气"，一种"由生理所形成的生命力"。⑤ 桐城派的文气论，虽然很少言及《文心雕龙》，但多有相合之处。徐复观从三个角度阐述了两者的承续关系：气与声、气与学、气与养。气与声的关系，他认为刘大櫆阐发的最透彻，不仅继承了刘勰的思想，且有所发展，并创造性地论证了神气、音节与文字之间的关系，成为桐城派一脉相传的家法。刘勰论气时，往往是集气、志、才于一体，气受志的统帅，志因才而显。而才学的内容，主要是儒家经典。徐复观认为气与学密不可分，"古文家非常重视气，也无不非常重视学"。⑥ 从韩欧到

---

① 徐复观：《中国文学精神》，第 225 页。
② 具体论证，详见拙著《桐城派文论的现代回响》，安徽大学出版社，2005，第 164—167 页。
③ 徐复观：《中国文学精神》，第 208 页。
④ 徐复观：《中国文学精神》，第 209 页。
⑤ 徐复观：《中国思想史论集》，上海书店出版社，2004，第 122—123 页。
⑥ 徐复观：《中国文学精神》，第 132 页。

曾国藩，再到吴汝纶等皆如此，特别是吴汝纶的观点可以和刘勰的相互印证。① 但他没有提方苞是个缺憾，桐城派最强调学的是方苞，方苞义法理论的基础就是儒家经义。《文心雕龙》重视养气，专设"养气"篇。在刘勰之后，骈文家很少谈气，而古文家却特别关注气，从韩愈到苏辙再到宋濂、侯方域等都有大量论述，清代养气说以桐城派为大宗。姚鼐主张以阴阳刚柔论文，徐氏以为姚鼐文气论"实质上只是风骨说法的扩大"。② 徐氏的梳理分析，使得中国传统的文气论有了一个大致的发展脉络，并从《文心雕龙》到桐城派逐渐走向成熟，因此他说："文气之说，得古文家而大明。"③

徐复观是现代著名思想史家，尤精于两汉思想史，对于《史记》颇为用功。而桐城派作为古文流派，对《史记》亦极为推崇。徐复观对于桐城派与《史记》关系的重构，可以概括为三点。一是《史记》见重于古文家。世间先有《史记》后有古文家，但直到古文家出现，《史记》才真正受到重视。徐复观说："此书之见重，始自韩愈以下的古文家，至明归震川、清方望溪而特著。"④ 这并非一个简单的论断，而是徐复观的自家体认，也得到后世学人的普遍认同。⑤ 事实确乎如此。方苞本人对《史记》颇有研究；⑥桐城派后学对《史记》也颇多研究，比如王兆符的《史记评》、张裕钊的《史记读本》、吴汝纶的《点勘史记读本》、郭嵩焘的《史记札记》等。李长之说："司马迁是被后来的古文家认为宗师的。其中几乎有着'文统'的意味。"⑦ 这与徐复观的观点是一致的。二是义法理论，绾史与文而一之。春秋义法，又称春秋笔法、春秋义例等，其内涵极为丰富。李洲良认为"春秋笔法"包含经法、史法和文法三个层面，三者既相互贯通，又各自独

① 徐复观：《中国文学精神》，第 133 页。
② 徐复观：《中国文学精神》，第 141 页。
③ 徐复观：《中国文学精神》，第 1 页。
④ 徐复观：《两汉思想史》第 3 卷，华东师范大学出版社，2001，第 186 页。
⑤ 张金梅：《"〈春秋〉笔法"与中国文论》，博士学位论文，四川大学，2007；王守雪：《心的文学——徐复观与中国文学思想经脉的疏通》，博士学位论文，华东师范大学，2004；冯耐君：《桐城四祖与〈史记〉》，硕士学位论文，浙江师范大学，2004；禹秀明：《桐城派古文理论与〈史记〉》，硕士学位论文，西南大学，2010；俞樟华：《桐城"义法"源于〈史记〉》，《史记艺术论》，华文出版社，2002。
⑥ 方苞有《方望溪评点史记》4 卷、《史记注补正》1 卷，《方苞集》还收录了 22 篇综论《史记》的专文以及"史记评语"50 多条。
⑦ 李长之：《司马迁之人格与风格》，三联书店，1984，第 343 页。

立。① 所以从源头来说，方苞的古文义法源于春秋义法是毋庸置疑的。方苞的贡献在于，把义法引入文学领域，使得义法不只是经法、史法，还是文法。徐复观认为方苞义法"缊史与文而一之"，② 可谓不刊之论，但称其"不仅无当于史，实亦无当于文"，明显失之偏颇。三是以《史记》精神提升古文义法。徐复观认为最能体现《史记》精神的当属"欲以究天人之际，通古今之变，成一家之言"。古文家虽然也思考天人之际与古今之变，但更关注成一家之言。徐复观理解的"成一家之言"，是史料走向史学的关键因素，这是因为不仅在史料收集时要以历史意识为引导，在材料的辨别和编排上也需要作者的学识和能力。尤其重要的是，徐复观提出，"史学乃成立于今人对古人的邀请之上"。③ 也就是说，史学的成立在于把活着的人和死了的人联结起来，把历史和现实联结起来，以扩充人生存的深度和广度。只有能成一家之言，方可成万家之言、万世之言。史学如此，文学也一样。④ 徐复观所阐发的史传精神，显然已经融入了很多现代元素，比如民主、独立、自由等，确实是方苞及桐城派诸家的薄弱之处。桐城派主要还是在叙事方法上借鉴《史记》多一些，超越于具体事件的大关怀比较欠缺。徐复观毕竟是现代新儒家，这个身份使他不会局限于文学，而能够从历史文化的大格局来解读《史记》，并找到文学和史学的会通之处，以史学精神提升古文义法，且能够在文字背后透视出个体的精神境界和民族文化追求。

如果说徐复观的重构是疏通致远，那么朱光潜的重构则是移花接木。朱光潜和桐城派渊源颇深。他 1897 年生于桐城，从 6 岁入塾，到 20 岁离开家乡到外面读书，其间接受了 14 年纯正的传统教育，尤以桐城派教育为主，在吴汝纶创办的桐城中学读书时，桐城派后人称赞朱光潜"可以接古文一线之传"。⑤ 虽然他后来接受了完整的西方高等教育，但前面十几年的影响更具有根本性和决定性，多年后他高度评价一段研习古文的经历，认为"这种训练造成我的思想的定型，注定我的写作的命运"。⑥ 朱光潜对桐城派

---

① 李洲良：《春秋笔法的内涵外延与本质特征》，《文学评论》2006 年第 1 期。
② 徐复观：《两汉思想史》第 3 卷，第 185—186 页。
③ 徐复观：《两汉思想史》第 3 卷，第 204 页。
④ 徐复观：《两汉思想史》第 3 卷，第 204 页。
⑤ 朱光潜：《从我怎样学国文说起》，《朱光潜全集》第 3 卷，安徽教育出版社，1987，第 443 页。
⑥ 朱光潜：《从我怎样学国文说起》，《朱光潜全集》第 3 卷，第 441 页。

的理论重构，体现在三个方面：一是义法理论的现代语言学论证，二是因声求气理论的生理学论证，三是阴阳刚柔理论的现代美学论证。

义法理论是桐城派文论的起点和基石，方苞首倡"义法说"。义法的含义，简言之，义即言有物，法即言有序，义法相合以成文。朱光潜对义法理论有深入的体认，并尝试去丰富和完善。他主张好文章应当满足两个条件，"第一是要有话说，第二要把话说得好"。① 前者好比"言有物"，后者好比"言有序"，但其内涵又略有不同。"言有物"未必是言心中之意，可能是别人的意旨，比如传统的八股策论，而"有话说"却是自己要说；"言有序"也未必能把"话说得好"，"说得好"自然"言有序"，且要说得漂亮。所以朱光潜的"有话说"和"说得好"比"言有物"和"言有序"实际更进一步，且有好不好的价值判断。"言有物"和"言有序"的问题，实质就是"说什么"和"怎么说"，也就是语言和思想的关系问题。现代语言学于此有不少成果，朱光潜在前人基础上，尤其是他的老师克罗齐语言学与美学理论基础上，结合自己几十年的语言思考与实践，在 1948 年提出"语言和思想的一致性"的重要思想。他认为"思想和使用语言是同时发生的同一件事情"，从思想到传达不是连续的翻译过程，而是在心理构思阶段就已经包含传达。可以说，朱光潜的"言义一致性"理论，打破了五四以来语言工具论的藩篱，把语言作为艺术本体，实现了语言由工具到本体的转变，也是对传统义法理论的现代推进与转化。

"因声求气"理论的真正创始人是刘大櫆，主要是通过音节字句来把握文章的气势神韵。但古人并没有说清楚到底什么是"气势""神韵"，刘大櫆也没有讲清楚，最后落实到每个个体，只有靠资禀与悟性，而缺乏科学的实证性与准确性。朱光潜援引西方现代理论，赋予"因声求气"理论以科学形态，他认为"气势""神韵"只是"不同的声音节奏"，② 领悟声音节奏的有效方式主要依赖诵读，因此诵读不只是纯粹意义上的发声，而是融入生理变化的综合运动过程。朱光潜把诗文引起的生理变化分为三种："一属于节奏，二属于模仿运动，三属于适应运动。"③ 总体来说，诵读时的

① 朱光潜：《从我怎样学国文说起》，《朱光潜全集》第 3 卷，第 445 页。
② 朱光潜：《散文的声音节奏》，《朱光潜全集》第 4 卷，安徽教育出版社，1988，第 221 页。
③ 朱光潜：《从生理学观点谈诗的"气势"与"神韵"》，《朱光潜全集》第 3 卷，第 373 页。

"气势""神韵"与生理变化成正比,生理变化愈显著,文章就愈有"气势""神韵",反之亦然。朱光潜的解释,源于他长期对美感与生理关系的研究,其在《文艺心理学》里设有专门一章。美感生理学的西方代表人物是闵斯特堡、谷鲁斯和浮龙·李。闵斯特堡认为人的知觉与运动是互相依存的,且知觉所引起的运动不限于某个感觉器官,而会扩展至全身。谷鲁斯的理论也强调知觉与运动的关系,但更突出"内模仿",也就是以身体的内在冲动模仿形象的运动。浮龙·李的理论也突出内在的模仿,与谷鲁斯的区别在于,谷鲁斯倾向于筋肉运动,她倾向于呼吸系统的运动。朱光潜综合各家之说,认为美感必有移情作用,移情必然伴随生理运动,而运动的类型,"无论是人物运动或是线形运动,适合身体组织时都可以发生快感"。[1] 不难发现,这三个人的理论,基本与朱光潜解释"因声求气"的三种生理变化相呼应。朱光潜的解释,论证了因声求气的内在科学根据,正是通过身体筋肉的变化实现心灵的会通。劳承万评价说,朱光潜的理论"更新和充实了中国传统诗学,变换其形态,使中国传统诗学更深刻也更真实地获得'人'的性质"。[2]

"阴阳"和"刚柔"都是中国传统文化的基本概念,最初并不用于审美,真正把两者结合起来的是姚鼐。作为一个美学家,朱光潜对此显然更为关注,也有更多思考。他在继承前人的基础上,借鉴西方美学理论,重构了这一理论。他首先把"阳刚"和"阴柔"同西方美学史上的"雄伟"和"优美"进行类比,分析两种美的心理。"秀美"的心境是单纯的,"雄伟"则复杂得多;"秀美"的心境是始终一致的,"雄伟"则基本是先惊后喜;"秀美"让我们立刻感到欢喜和愉快,"雄伟"则是痛感后的喜悦。在探讨"雄伟"的心理时,朱光潜引用康德、博克、布拉德雷等人的理论,认为康德的"雄伟"突出的是"绝对大",是"不可测量",而布拉德雷则强调"未经测量"。"未经测量"而能够感受到"雄伟",主要原因在于"美感经验中霎时的幻觉"。[3] 把"幻觉"引入审美,强调美感经验中的"孤立""绝缘",是朱光潜的一个发明,也可以说是他综合克罗齐与康德美

① 朱光潜:《文艺心理学》,安徽教育出版社,1996,第69页。
② 劳承万:《朱光潜美学论纲》,安徽教育出版社,1998,第231页。
③ 朱光潜:《文艺心理学》,第238页。

学的产物。在探讨"秀美"的心理时，朱光潜主要引用斯宾塞、谢林、柏格森等人的理论，他认为"秀美"既是筋力的节省，也是欢爱的表现，更是两者的融合，是柏格森所谓的"物理的同情引起精神的同情"。① 不仅如此，朱光潜还把两种美与尼采的日神精神、酒神精神相比，认为酒神艺术是刚性的，是醉的产品，日神艺术是柔性的，是梦的产品，而在同一种艺术当中，也有刚柔之分。综上可知，在姚鼐那里，阳刚与阴柔还只是文章的两种审美风格，而经过朱光潜的系列承接转化，已经成为两个内涵丰盈的现代美学范畴。

三　通古适今：五四学人对桐城派的学术史定位

解构者多见其弊，重构者乐观其成。与前两类相比，五四时代还有第三类人，介于解构与重构之间，他们几乎都是读桐城文章长大，对桐城派颇为了解，同时也接触了现代学术思想，能够以相对公允的态度，给桐城派以比较合理的学术史定位，这方面以周作人和郭绍虞为代表。

周作人是五四新文学的代表人物，作为一位散文家，一生著述颇丰，虽然没有一部桐城派专著，但在《中国新文学的源流》一书中有专门阐发，而在《谈方姚文》《古文与理学》《思想革命》等文中亦有相关讨论，周氏对桐城派有自己独特的体认与看法。

第一，桐城派的定位。周作人认为文学都涉及思想和辞章两个方面，他把清代文艺之学分为四类，即宋学、汉学、文学、制艺，文学又分为骈文、散文（古文）和明末文学的余波。桐城派自然归入散文一类，但他也注意到桐城派学者不是单纯的散文家，除了文章，还有义理。自唐宋八大家主张"文以载道"以来，古文与义理便相生相长。从方苞的"学行程朱之后，文介韩欧之间"，到姚鼐的"义理、考据和辞章"，无不彰显桐城派文道合一之理念，所以周作人称"桐城派诸人则不仅是文人，而且也兼作了'道学家'"。② "道学家"这个词，在清末民国多为贬义，常与八股时文联系在一起。周作人基本持这种观点，认为桐城派"文道合一"的主张

---

① 朱光潜：《文艺心理学》，第235页。
② 周作人：《中国新文学的源流》，北京十月文艺出版社，2011，第45页。

"和八股文是很接近的。而且方苞也就是一位很好的八股文作家"。①

　　视桐城派文章为时文化的古文，是学界的一个流行看法，从钱大昕到阮元再到梁启超，都有近似表述，周作人也继承这一传统。其始作俑者是钱大昕，他在《跋方望溪文》与《与友人书》两篇文章中，引用李绂与王若霖之言，以小说笔法，塑造了方苞"知错不改"的形象。张舜徽曾云："自钱大昕跋苞文，颇有轻蔑之辞。世之为朴学者，渐不复重视是集。"② 张先生所言不虚，此文流传久远，在后世被广泛征引，且少有考证。周作人亦如是照搬，借钱氏引王若霖论方苞"以古文为时文，以时文为古文"之语，认为"王若霖的两句话可以算是不刊之论，无怪如《与友人书》所说，方终身病之"。③ 其实，相关文本俱在，钱氏之言与事实完全不符，笔者于此有专文讨论。④ 平心而论，方苞固然熟悉八股时文，但只是当作谋生的手段，他其实更偏爱古文，希望以古文的厚重来弥补时文的空疏。方苞一生专研经史之学，也正是为了加深古文的底蕴，《四库全书总目》称方苞集中说经之文最多，"于经学研究较深"，⑤ 也算是对方苞文史功底的认可。

　　第二，桐城派的统系。古文家之重视统系，自韩愈始，到桐城派更加完善。桐城派本身有自己的统系，从《左传》《史记》到唐宋八大家，再经归有光到方苞、刘大櫆、姚鼐，继之从姚门四杰到曾国藩，最后从曾门四杰到一马二姚。周作人在《中国新文学的源流》一书中给出了自己的理解，他的桐城派统系有四个特点。其一，方、姚为桐城派首领。桐城派首领是谁，有"三祖说""四祖说""五祖说"，而周作人认为只有方、姚二人，"关于桐城派的文献可看《方望溪集》和《姚惜抱集》，该派的重要主张和重要文字，通可在这两部书内找到"。⑥ 周作人自有其道理，刘大櫆在桐城派内亦有"蜂腰"之喻，他的文学影响力显然无法与方、姚相比，但其在两者之间的过渡作用较大，另外刘大櫆弟子钱伯埛与王灼传师说于阳湖，促进了阳湖派的形成，也功不可没。其二，姚鼐是桐城派真正的建构者。

① 周作人：《中国新文学的源流》，第46页。
② 张舜徽：《清人文集别录》，中华书局，1963，第106页。
③ 周作人：《古文与理学》，《知堂乙酉文编》，北京十月文艺出版社，2013，第43页。
④ 任雪山：《钱大昕与方苞的一桩学术公案》，《兰台世界》2017年第8期。
⑤ 永瑢：《四库全书总目》，中华书局，1965，第1528页。
⑥ 周作人：《中国新文学的源流》，第45页。

方姚对于桐城派的重要性，学界公认，但两者地位又完全不同。时至今日，关于桐城派到底谁是创始人，仍然有不同讲法，周作人认为是姚鼐。姚鼐之前不存在桐城派，戴名世因文字狱案早逝；方苞影响虽大，但从无创派之意；刘大櫆一生奔走四方，忙于生计，遑论创派。只有姚鼐真正奠定了桐城派的基础。[①] 其三，曾国藩助推桐城派中兴。曾国藩在桐城派的地位，历来受学界关注。梁启超称他"集桐城派之大成"；[②] 胡适说他是"桐城派古文的中兴第一大将"；[③] 周作人继承前人的观点，认为曾国藩的功劳，主要是扩展了桐城派的纲领，在原有义理、考据和辞章的基础上，"加添了政治经济两类进去"。与姚鼐的《古文辞类纂》相比，曾国藩的《经史百家杂钞》增加了大量经籍的内容，"桐城派的思想到他便已改了模样"。[④] 其四，吴汝纶与严林乃桐城派之殿军。严复、林纾是否算桐城派，正反两种观点参半。周作人显然把他们列入桐城派，认为他们翻译了大量作品，扩展了桐城派的范围，但由于因循古文家之道，终与时代不伍。周作人没有提到马其昶与姚永朴兄弟，显示他对桐城派后期的不同看法。

第三，桐城派与五四新文化运动。周作人一方面说桐城派是载道的，五四派是言志的，后者是前者的反动；另一方面又称赞桐城派后期的功劳，吴汝纶与严、林诸人，引进西方文学，介绍科学思想，扩展了曾国藩以来桐城派的范围，"慢慢便与新要兴起的文学接近起来了"。与此同时，后来参加新文化运动的胡适、陈独秀、梁启超等人都受过桐城派影响，因此他说，"今次文学运动的开端，实际还是被桐城派中的人物引起来的"。[⑤] 在整个五四时期，对桐城派激烈的批判大潮中，周作人能够如此一分为二地看问题，能够承认桐城派的进步意义，在今天看来依然是难能可贵的。虽然胡适提及桐城派从古文学到新文学的过渡作用，但明确称赞桐城派对新文化运动的开端作用，这还是第一次。

当然，从历史发展来看，桐城派在五四时期是受批判的，个中原因，周作人主要揭示了两个方面：一是文学自身演进的结果，也就是他所说的

---

① 任雪山：《"桐城派"之名提出及其流变》，《合肥学院学报》2016 年第 6 期。
② 梁启超：《国学入门书要目及其读法》，《梁启超全集》，北京出版社，1999，第 4241 页。
③ 胡适：《五十年来中国之文学》，欧阳哲生编《胡适文集》第 3 册，第 200 页。
④ 周作人：《中国新文学的源流》，第 50 页。
⑤ 周作人：《中国新文学的源流》，第 50 页。

载道与言志的交替；二是桐城派自身的弊端。周作人认为桐城派的毛病，不是陈独秀所谓的贵族文学，也不是胡适所谓的死文学，而是"古文的模拟的毛病。大家知道文学的主要目的是在表现自己的思想感情，各人的思想感情各自不同，自不得不用独特的文体与方法，曲折写出，使与其所蕴怀者近似，而古文重在模拟，这便是文学的致命伤，尽够使作者的劳力归于空虚了"。① 舒芜认为周作人反对模拟，"是和一定的政治、道德、文化联系在一起的"，② 这是有道理的。周作人说："古文者文体之一耳，用古文之弊害不在此文体而在隶属于此文体的种种复古的空气，政治作用，道学主张，模仿写法等。"③

古文之所以模拟，一与思想有关，二与语言有关。思想上，古文是遵命文学，是载道文章，而且所载之道，持论偏颇，多为溪刻之说，尤其是方苞、姚鼐对于反对程朱者"身灭嗣绝"的诅咒，"识见何其鄙陋，品性又何其卑劣耶"。④ 从书写和说话来看，白话文使用同一语言，文言则是两套不同的系统，"思想自思想，文字自文字，写出来的时候中间须经过一道转译的手续，因此不能把想要说的话直捷恰好地达出，这是文言的一个致命伤"。⑤ 因此，不管从文字还是思想来看，桐城派都不能适应时代的发展，"我们反对古文，大半原为他晦涩难解，养成国民笼统的心思，使得表现力与理解力都不发达，但别一方面，实又因为他内中的思想荒谬，于人有害的缘故"。⑥

比之于周作人的散文创作，郭绍虞则是一位文艺理论家。作为中国文学批评史学科的奠基人，他的名作《中国文学批评史》用八万字左右篇幅，探讨桐城派及其文论体系的流变发展，开创了桐城派文论现代研究的典范，朱自清称赞他"材料和方法都是自己的"。⑦ 郭绍虞笔下的桐城派样貌，具体表现如下。

第一，桐城派何以成立。一个流派何以成为一个流派，或者说，流派

① 周作人：《国语文学谈》，《艺术与生活》，北京十月文艺出版社，2011，第71页。
② 舒芜：《重在思想革命——周作人论新文学新文化运动》，《中国文化》1995年第11期。
③ 周作人：《现代散文选序》，《苦茶随笔》，北京十月文艺出版社，2011，第73页。
④ 周作人：《谈方姚文》，《秉烛谈》，北京十月文艺出版社，2012，第169页。
⑤ 周作人：《国语改造的意见》，《艺术与生活》，第59页。
⑥ 周作人：《思想革命》，《谈虎集》，北京十月文艺出版社，2011，第7页。
⑦ 《朱自清古典文学论文集》（下），上海古籍出版社，1981，第540页。

成立的内在根据是什么，至今没有一个很好的理论规范与标准。艾尔曼说："传统意义上的'派''家''家学'的内涵及界限要比传统学者及现代中国学者力图界定的范围模糊得多。"① 事实确乎如此，但我们要衡量一个流派，还是要有个理论参照。文学流派一般强调创作群体的共同性与通约性，而淡化创作个体的个别性与差异性，因此以文章风格的相同或相近来衡定一个流派，是比较普遍的法则。正如唐弢所言，"艺术风格是划分流派的基础"；② 曹虹先生也说，"风格的特征是文学流派的本质，也是流派的生命所在"。③ 但是桐城派比较复杂，三祖之间的文章风格并不完全一致，姚门四杰风格也不一致，曾国藩与三祖亦有不同，所以这一点虽被广泛采用，但实际执行起来问题颇多，尤其是对于桐城派。也有学者提出，以共同的创作理念来衡量流派，在同一理念之下风格可以有所不同。郭绍虞观点与此相似，他指出桐城文之所以成派，是因为"桐城文人之文论有一以贯之的主张"。④ 不是每个流派都有一以贯之的理论主张，但大的文学流派几乎都在这一点上比较突出。毕竟文论主张是一个文学流派长期进行文学思考的结果，也是文学创作思想的结晶。以此为标准，既显示一个文学流派的学术趣味，也显示其文学思考的成熟。那么桐城文一以贯之的理论主张是什么？郭绍虞以为是义法。桐城三祖虽然造诣学问不同，文章风格各别，但对古文义法一以贯之，桐城派后学也奉为圭臬。与义法相连的，还有雅洁，郭绍虞认为桐城文通古适今恰恰在于此："桐城文素以雅洁著称，惟雅故能通于古，惟洁故能适于今。这是桐城文所以能为清代古文中坚的理由。"⑤

　　第二，义法理论体系与传承。义法理论是桐城派文论的核心，也是郭绍虞桐城派研究的重点。在郭绍虞之前，已经有很多学人研究过义法，比如姜书阁的《桐城文派评述》、钱基博的《桐城文派论》和方孝岳的《中国文学批评》等，与他们相比，郭氏的研究全面、详尽而系统。他不是只把义法当作方苞一个人的理论，而是把义法当作一个主线，把方苞、刘大櫆

---

① 〔美〕艾尔曼：《经学、政治和宗教——中华帝国晚期常州今文学派研究》，赵刚译，江苏人民出版社，2005，第 3 页。
② 唐弢：《艺术风格与文学流派》，《社会科学战线》1983 年第 4 期。
③ 曹虹：《阳湖文派研究》，中华书局，1996，第 10 页。
④ 郭绍虞：《中国文学批评史》，百花文艺出版社，2008，第 484 页。
⑤ 郭绍虞：《中国文学批评史》，第 484 页。

和姚鼐贯穿起来，形成庞大的理论系统，这是郭绍虞的体会和创见，同时他也践行了由文论界定文学流派的主张。

方苞是义法理论的开创者，义法到底如何理解，郭绍虞认为有两个层面意义：一是把它当作合成词，义即义，法即法；一是把它当作单纯词，义与法不可分，是一种行文的途径或方式。当义法作为合成词时，郭绍虞认为"他的立身祁向，即是他的文学观"。方苞的立身祁向，即"学行继程朱之后，文章介韩欧之间"。程朱是文章思想内容，韩欧是行文法度，前者是义，后者是法，两相结合正好是义法。把义法作为一个单纯词，义与法又是不可分离的。古文既然要表达事物之义理，义理总是要以一定的方式呈现，这样义与法便合成一体。因此，义法理论既有学与理的问题，也有文与法的问题。郭绍虞认为，刘大櫆倾向于后者，使得义法理论具体化，姚鼐偏重于前者，使得义法理论抽象化。① 三人各有所长，方重视道，刘偏于文，姚鼐兼善其美。同时三人又一脉相承，重视"文人之能事"，这是桐城派的独到之处，也是他们吸收前代文论思想的结果。就整体而言，义法是内容与形式的统一，这是对道学家和古文家文论的融合；就局部而言，义法是为文之途径，这是对秦汉派和唐宋派的融合，是对他们从声音入手模仿古人语言和从规矩入手模仿古人体式的调剂。正是在这个意义上，郭绍虞称赞桐城派文论是"集古今文论之大成"。②

第三，桐城之学的真相。郭绍虞所言"桐城之学"，并非经史之学，而是文章之学，即桐城派的文学理论。桐城之学，重在有物有序。其实有序之言多，有物之言少，他们所谓"文人之能事"也是指辞章之学。然而如果缺少义理支撑，辞章势必会沦为空疏，这也正是桐城派后学受到诟病之处，然其初始者并非如此。方苞精研《三礼》《春秋》，姚鼐考据《九经说》，方东树作《汉学商兑》等都是努力，可见儒家经典正是桐城文章之根底。但桐城派所言义理，"也不是徒衍宋儒语录为能事；必须适于时，合于用，才尽文之功能"。③ 适用于时，才有自家体会，才能得学问之通。强调义理经世致用，是桐城之学之一面，另一面是为文之法。古文成为专门之

① 郭绍虞：《中国文学批评史》，第 491 页。
② 郭绍虞：《中国文学批评史》，第 488 页。
③ 郭绍虞：《中国文学批评史》，第 503 页。

学，自有其妙处。桐城派所津津乐道的评点之学，在外人看来无聊甚至浅陋，他们自己却视为不传之秘，以为非如是难得古人深妙之心。所谓不传之秘，实在是难以言传，非要传授，也只能不得已为人指示门径。桐城派的传续之法是诵读，后来形成因声求气理论，从刘大櫆、姚鼐到曾国藩、张裕钊等，一脉相承。晚清民国唐文治与钱基博在无锡国专推广的"唐调"，亦源于桐城派诵读之法。方东树云："夫学者欲学古人之文，必先在精诵，沈潜反复，讽玩之深且久，暗通其气于运思置词迎拒措注之会。"①沈潜反复，在常人看来或许神秘，在他们实在是用心体贴而来。综上可知，桐城之学的真相，一是义理之学，一是修辞之功，前者是"有物"，后者是"有序"，合起来就是方苞开创的义法，亦即桐城之学真正不朽之处。

　　桐城派作为一个流派，已然退出历史舞台，但其所倡导的理念与精神依然存在于现代学术界。从五四学人对桐城派的解构与重构，不难发现桐城派的地位与影响。而决定现代学人对桐城派态度的因由，不外乎两点：其一是时代思潮，其二是师承渊源。大致来说，徐复观和朱光潜等人与桐城派渊源颇深，胡适、陈独秀、周作人和郭绍虞诸人则是在五四思想导引下成长。比较而言，时代思潮是思想嬗变的外在驱动，决定着学术发展的趋势与方向，是学术演进的风向标。师承渊源是思想传承的内在谱系，决定学术发展的内容与路径，是学术演进的推进器。两者形成合力，共同决定学术发展的未来。与此同时，不管是解构还是重构，五四学人对于桐城派，都运用了现代的学术理念和治学方法，体现了现代思想对传统文学的发掘与创造。他们既为传统旧学融入新学探索出口，也为现代学术承接传统提供镜鉴。立足传统，融会新知，因时而起，承师之传，是五四学人对桐城派的借鉴，也是现代学术百年历程的积淀，更是发展中国现代学术的必由之路。诚如鲁迅先生所言："纵观古今，横览欧亚，撷华夏之古言，取英美之新说，探其本源，明其族类，解纷挈领，粲然可观。"②

---

① 方东树：《书惜抱先生墓志后》，《考槃集文录》卷6，光绪二十年（1894）刻本。
② 鲁迅：《题记一篇》，《鲁迅全集》第8卷，人民文学出版社，2005，第370页。

五四与近代反帝理论的产生

——从排外到反帝的历史转折

李育民[*]

中国近代反抗列强侵略，摆脱半殖民地屈辱地位的斗争，是中华民族复兴的悲壮序曲。这一斗争贯穿整个近代，经历了从排外到反帝的历史转变，其核心是五四运动。鸦片战争之后，出于对列强侵略的感性认识，中国人民采取了单纯排外的斗争方式，其中又经历了盲目排外到文明排外的转变。排外属于传统的反抗方式，尤其是"盲目"时期，缺乏科学的理论指导，采取了粗陋的手段，其效果往往与初衷背道而驰。经过五四运动的导引，简单的排外升华为科学的反帝，近代中国由此进入新的历史阶段。五四运动作为历史的转捩点，开启了一个新的时代，并将近代民族民主革命引向了新阶段。正是经过这一运动，产生了具有近代性质的反帝理论，且以此为核心，逐渐形成了新民主主义革命的完整思想。作为这一思想体系的枢要，反帝理论的各个要素，诸如推翻帝国主义统治的基本诉求和坚定立场，对帝国主义本质的科学认识，废除不平等条约的反帝内涵，以及与反对封建主义相结合的路线方针等，均在五四运动的启引下，呈现出初步的轮廓，为此后的成熟完善奠立了基础。对此做一系统全面的探讨，不仅可深化对五四运动的认识，而且有助于了解列宁帝国主义理论的传入和重要影响，以及中国革命的基本性质和特点。

一　"反对强权"：反帝宗旨的阐扬

鸦片战争之后，中国社会各阶级阶层便开始了反对外国侵略的斗争，但长时期没有提出明确的口号和纲领。五四运动的爆发，在中国革命史上提出了"反对强权"的主题，促使国人更深入认识了列强的强权本质，阐扬了反帝宗旨。"反对强权"将传统"排外"转为推翻帝国主义统治的基本诉求和坚定立场，并由此开始从感性的反抗走向理性的斗争，为其后反帝纲领的形成和科学理论的产生奠立了基础，起了先导作用。

反帝宗旨的阐扬，是中国对外国侵略认识的科学升华。在此之前，遭受列强侵略的中国社会，对外国侵略的态度及方式经历了几个变化时期。总体来看，基本态度从排外仇外转为惧外媚外，与此相适应，主要方式则从笼统排外转向文明排外。可大体以义和团运动为界，分为两个时期。在前一阶段，民众主要开展了反入城斗争之类的拒约斗争和反洋教斗争，这是最初的表现形式。反入城斗争是民众的早期斗争，时间长，声势大，并取得了显著的成效，体现了民众反侵略和拒约的决心和勇气。同时，这一斗争又反映了民众和官府对中外条约关系的两种基本趋向，既反对其不平等的强权政治，又盲目地抵拒其合理的内容。除了反入城斗争，涉及抵拒条约的民众斗争，规模和声势更大，持续时间更长久，参与的民众更多更普遍，影响更为深远。反洋教斗争逐渐汇聚成为笼统排外的巨大能量。在新的历史背景下，在条约特权种种后果累积的基础上，甲午战争导致其恶性发展，使条约关系陷入空前危机，引起震惊中外的义和团运动的大爆发。

经过八国联军之役，列强迫使清政府签订的《辛丑条约》为"制服"中国提供了"法律"依据，出现了惧外和媚外普泛化的新现象。此前，这一对外态度便已产生，庚子之后进一步加剧，滋长为普遍性和广泛性的倾向。"通海以来，吾国人之崇拜外人思想极深，至甲午庚子以后又加甚焉，间尝有不崇拜而讲抗拒主义者。"① 西方列强的集体暴力，以及《辛丑条约》中的惩罚性和防范性条款，压制了中国社会排外仇外的反抗精神，导致其

---

① 《综论甲辰年大事》，《东方杂志》第 2 卷第 2 号，1905 年 3 月 30 日。

对外态度发生了重要变化。"自此役失败以后,吾国民并仅存之自卫之勇,亦遂丧失净尽","遂使后之人引以为戒","言外人则谈虎色变,中心更无丝毫之勇气"。① "人民反抗帝国主义的心理,减至零度",② "抵抗外人之勇气因之消沉,变排外为媚外"。③ 而对义和团的"排外"之举,朝野上下均予以指责。清政府一再"颁自责之诏",表示"痛心疾首,悲愤交深",公开承认"罪在朕躬",同时又声言此系"拳匪肇祸","决非朝廷本意"。④ 孙中山等资产阶级人士,则批评义和团以"排外之心而出狂妄之举",⑤ "野蛮暴乱,为千古所未闻"。⑥

这些反省和自责,演变为民族自卑感,在某种程度上强化和扩大了惧外和媚外观念。甚至"其视外人也如鬼神,如大帝,如奴仆之服其主,如妾妇之媚其夫"。⑦ 在政府层面,各级官吏"崇拜外人,至于逾乎外交之分","无丑不备"。洋人成了官吏们的"上官之上官","谄事乌可不至"。⑧ 大小各官心怀畏惧,"不顾国体,一听洋夷指挥","畏夷如畏虎"。清政府尽管没有在对外交涉中放弃抗争,但勇气却大为降低,"即当争者亦多钳口结舌,嗫不一言"。⑨ 甚至"外国人出一言,而政府辄唯唯从命,甚且先意承志,若孝子之事父母,岂有他哉,畏之而已"。⑩ 清政府的惧外和媚外,又扩展蔓延,转而成了一种普遍的社会心理。八国联军入京之日,"国民伈伈伣伣,摇尾乞怜,高张某大国之顺民旗,而跪道迎降者,项背相接"。⑪

---

① 叔谅:《九七国耻第二十四周纪念》,《爱国青年》第 9 期,1925 年。

② 世兴:《"九七运动"与"五卅运动"之比较并帝国主义的内幕》,《共进》第 89 期,1925 年。

③ 《阳信县志》,中国社会科学院近代史研究所近代史资料编辑组编《义和团史料》下册,中国社会科学出版社,1980,第 1033 页。

④ 《谕》(光绪二十六年十二月丁未),朱寿朋编《光绪朝东华录》第 4 册,张静庐校点,中华书局,1958,总第 4601 页。

⑤ 孙中山:《支那保全分割合论》(1903 年 9 月 21 日),《孙中山全集》第 1 卷,中华书局,1981,第 223 页。

⑥ 孙中山:《论惧革命召瓜分者乃不识时务者也》(1908 年 9 月 12 日),《孙中山全集》第 1 卷,第 382 页。

⑦ 伤心人(麦孟华):《排外平议》,《清议报》第 68 册,1901 年 1 月 1 日。

⑧ 《论媚外之害》,《外交报》第 141 期,丙午四月十五日。

⑨ 《论禁阻兵舰入湖》,《东方杂志》第 1 卷第 12 号,1905 年 1 月 30 日。

⑩ 梁启超:《中国前途之希望与国民责任》(1911 年),张品兴主编《梁启超全集》第 4 册,北京出版社,1999,第 2398 页。

⑪ 《论中国之前途及国民应尽之责任》,《湖北学生界》第 3 期,1903 年 3 月 29 日。

士农工商，"仰外国人之鼻息，趋承奔走，如游妓之媚情人"。① 此前，中国士民"以仇教为独一无二之大义"，而庚子后，"此事几成偶语弃市之禁，莫有敢挂齿颊者矣！"② 陈天华说：如今"一变而为怕洋人的世界"，中国人"怕洋人怕到了极步"。③ 这个时期的"文明排外"，虽然克服了"笼统排外"的弊端，但某程度上却是惧外心理的反映。如倡言"文明排外"的陈天华、张元济等认为，"现在排外，只能自己保住本国足了，不能灭洋人的国，日后仍旧要和，故必定要用文明排外"，④ 要"忍辱负重，保持现状，使各国无隙可乘"。⑤ 时论说，"以抵制某货为文明对待，谓我国近日民气发达，而不知我同胞不想以武力御侮，而惟从事于怯道，欲以柔术胜人，此正我同胞之弱点"，"实则杀子避兵，可耻之甚"。⑥

　　尤其是帝国主义在 19 世纪最后三十年形成之后，成为议论的中心，并为中国社会所倾慕和肯许。其时，在世界各国，帝国主义之议论颇盛，如在日本，"帝国主义之声，洋溢于国中，自政府之大臣，政党之论客，学校之教师，报馆之笔员，乃至新学小生，市井贩贾，莫不口其名而艳羡之，讲其法而实行之"。⑦ 这一思潮对国内亦产生很大影响，帝国主义被视为物竞天择和文明进化的必然，"自物竞自存之说兴，于是种类盛衰兴亡之故明。进化论者，实民族主义之原泉也。虽当时为一种学说，而不知理想既理解于人脑，则事实即随之而起。'世界为文明人所独有'，实进化论之后文，而新帝国主义之精神也"。⑧ 梁启超看到，"天赋人权"之说不得不让位于"物竞天择优胜劣败之理"。而列强之政策，"由世界主义而变为民族主义，由民族主义而变为民族帝国主义，皆迫于事理之不得然，非一二人之

① 梁启超：《新民说》（1902 年），张品兴主编《梁启超全集》第 2 册，第 690 页。
② 梁启超：《论民族竞争之大势》（1902 年），张品兴主编《梁启超全集》第 2 册，第 898 页。
③ 陈天华：《猛回头》，郅志选注《猛回头——陈天华 邹容集》，辽宁人民出版社，1994，第 29 页。
④ 陈天华：《警世钟》，郅志选注《猛回头——陈天华 邹容集》，第 53、70—72 页。
⑤ 张元济：《上庆亲王手折》（1911 年 8 月），《张元济全集》第 5 卷，商务印书馆，2008，第 184 页。
⑥ 龙腾：《论抵制日货》（1908 年 5 月 6 日），章开沅等主编《辛亥革命史资料新编》第 5 卷，第 324、323 页。
⑦ 梁启超：《论民族竞争之大势》（1902 年），张品兴主编《梁启超全集》第 2 册，第 895 页。
⑧ 余一：《民族主义论》，《浙江潮》第 5 期，癸卯五月二十日。

力所能为，亦非一二人之力所能抗者也"。① 各种势力的代表人物均表达了实行帝国主义的愿望。如梁启超企望吾国"有能扩张其帝国主义以对外之一日"。② 汪精卫说，"我中国实行民族主义之后，终有实行民族帝国主义之一日"。③ 清政府派往日本考察宪政的大臣达寿奏称，帝国主义者"不为人侮而常侮人，不为人欺而常欺人"，"此为今日世界列国之公例，循是者兴，反是者亡，无可逃也"。之所以要实行立宪政体，即在于"厚国民之竞争力，使国家能进而行帝国主义者也"。④

对列强的畏惧和倾慕进而发展为依赖和崇信，甚至陈独秀在 1914 年也说，"海外之师至，吾民必且有垂涎而迎之者矣"，"在急激者即亡国瓜分，亦以为非可恐可悲之事"。⑤ 如果说对帝国主义的畏惧与倾慕，反映了弱肉强食时代对其强权性质的了解和企盼，那么经过第一次世界大战，这一认识有了新的变化，更由于某些国家标榜"公理"而产生某种幻想。或认为"美国地大物博，决无侵噬弱小之野心，而与中国之国际感情，亦复亲密。以美国领袖列邦，公理伸张，弱国小国，皆得吐气，中国有何外患之可言乎？"⑥ 陈独秀在《〈每周评论〉发刊词》中说，第一次世界大战是"公理战胜强权"的结果，说明"强权是靠不住的，公理是万万不能不讲的了"。他称赞美国总统威尔逊"光明正大，可算得现在世界上第一个好人"。在陈独秀看来，帝国主义列强也有公理，协约国也"懂得点点公理"，此时是公理占了上风，于是将《每周评论》的宗旨定为"主张公理，反对强权"八个大字。⑦

巴黎和会的结局引致五四运动的爆发，这一观念被打破，中国对帝国

---

① 梁启超：《论民族竞争之大势》（1902 年），张品兴主编《梁启超全集》第 2 册，第 888—889 页。
② 梁启超：《中国殖民八大伟人传》（1904 年），张品兴主编《梁启超全集》第 3 册，北京出版社，1999，第 1368 页。
③ 汪精卫：《希望满洲立宪者听诸》，《民报》第 5 号，1906 年 6 月。
④ 达寿：《考察宪政大臣达寿奏考察日本宪政情形折》（光绪三十四年七月十一日），故宫博物院明清档案部编《清末筹备立宪档案史料》（上），中华书局，1979，第 29 页。
⑤ 陈独秀：《自觉心与爱国心》（1914 年 10 月），《陈独秀文章选编》（上），三联书店，1984，第 71 页。
⑥ 王星拱：《去兵》（1918 年 12 月 15 日），杨宏峰主编《新青年简体典藏全本》，宁夏人民出版社，2011，第 432 页。
⑦ 陈独秀：《〈每周评论〉发刊词》（1918 年 12 月 22 日），任建树等编《陈独秀著作选》第 1 卷，上海人民出版社，1993，第 427 页。

主义的认识发生了根本变化。陈独秀在五四当天出版的《每周评论》发表文章，指出："巴黎的和会，各国都重在本国的权利，什么公理，什么永久和平，什么威尔逊总统十四条宣言，都成了一文不值的空话。那法、意、日本三个军国主义的国家，因为不称他们侵略土地的野心，动辄还要大发脾气退出和会。我看这两个分赃会议，与世界永久和平，人类真正幸福，隔得不止十万八千里，非全世界的人民都站起来直接解决不可。"① 国民外交协会发表宣言，谓："巴黎会议拟将山东问题置诸议和草约之外，而许以青岛直交与日本"，这是"口仁义而行盗跖"，"睹此优孟衣冠之世界，真令人不寒而栗也！"巴黎会议"直无正义可言"，"使人觉所谓正义云者、人道云者，其实际不过尔尔"。而"人类对于大同之理想，将绝望于今后之世界"，"不特牺牲我国现在之权利，亦断丧人类未来之希望"。② 或谓，威尔逊的所谓"正义"，"成为欺人之语"，③ 现在的世界，"尚不是实行公理的时候"。④ 梁启超也说，今日所适用的，仍是"国际间有强权无公理之原则"，所谓正义人道，"不过强者之一种口头禅"，弱国欲托庇于正义人道之下，"万无是处"。⑤ 李大钊亦撰文指出："我们反对欧洲分赃会议所规定对于山东的办法，并不是本着狭隘的爱国心，乃是反抗侵略主义，反抗强盗世界的强盗行为。"一战结束，我们曾做梦，以为"人道、平和得了胜利，以后的世界或者不是强盗世界了，或者有点人的世界的采色了。谁知道这些名辞，都只是强盗政府的假招牌"。且看巴黎会议所议决的事，"那一件有一丝一毫人道、正义、平和、光明的影子！那一件不是拿着弱小民族的自由、权利，作几大强盗国家的牺牲！"日本的侵略主义之所以在世界横行，"全因为现在的世界，还是强盗世界"。因此，如果不以"民族自决、世界改造的精神，把这强盗世界推翻，单是打死几个人，开几个公民大会，也还是没有效果"。为此，李大钊提出三大信誓："改造强盗世界，不认秘

---

① 陈独秀：《两个和会都无用》（1919年5月4日），任建树等编《陈独秀著作选》第2卷，上海人民出版社，1993，第2页。

② 《国民外交协会宣言》，《每周评论》第21号，1919年5月11日，第4版。

③ 陆才甫：《学生无罪》（北京民国公报），《每周评论》第22号，1919年5月18日。

④ 涵卢：《青岛交涉失败史》，《每周评论》第21号，1919年5月11日。

⑤ 梁启超：《外交失败之原因及今后国民之觉悟》（1919年），张品兴主编《梁启超全集》第5册，北京出版社，1999，第3054页。

密外交，实行民族自决。"① 其后，李大钊更明确指出："压迫亚人的亚人，我们固是反对，压迫亚人的非亚洲人我们也是反对；压迫非亚洲人的非亚洲人，我们固是反对，压迫非亚洲人的亚人，我们也是反对。"②

陈独秀也提出反对所有列强国家而不仅是日本强权的思想，他明确指出，如果仅仅因为山东问题的刺激，才"知道责备日本抵制日本，而且眼光仅仅不出一个山东问题"，"这种观察很浅薄，这种觉悟很不彻底，简直算得没有觉悟"。他认为国人应该有两种彻底的觉悟，其一是"不能单纯依赖公理的觉悟"。巴黎和会，"只讲强权不讲公理，英、法、意、日各国硬用强权拥护他们的伦敦密约，硬把中国的青岛送给日本交换他们的利益，另外还有种种不讲公理的举动"。经过这番教训，"我们应该觉悟公理不是能够自己发挥，是要强力拥护的。譬如俄、德两国的皇帝都是强横不讲公理，若没有社会党用强力将他们打倒，他们不仍旧是雄纠纠的在那里逞武力、结密约，说什么国权国威对于国民和邻邦称强称霸吗？"一个人或一个民族若没有自卫的强力，"单只望公理昌明，仰仗人家饶恕和帮助的恩惠才能生存，这是何等卑弱无耻不能自立的奴才！"由此发生的对外对内两种觉悟，相应地应该抱定两大宗旨。其二是"强力拥护公理"。③随后，陈独秀又明确表示，"像这种侵略的国家主义即帝国主义，我也是绝对厌恶的"。④

在湖南的毛泽东也表示要对抗强权，推翻帝国主义，指出："什么力量最强？民众联合的力量最强。"各种对抗强权的根本主义，"为'平民主义'（兑莫克拉西。一作民本主义，民主主义，庶民主义）"。"国际的强权，丝毫没有存在的余地"，"要借平民主义的高呼，将他打倒"。"国际的强权，迫上了我们的眉睫，就是日本。罢课，罢市，罢工，排货，种种运动，就

① 李大钊：《秘密外交与强盗世界》（1919 年 5 月 18 日），中国李大钊研究会编注《李大钊全集》第 2 卷，人民出版社，2006，第 337、339 页。

② 李大钊：《再论新亚细亚主义》（1919 年 12 月 12 日），《李大钊选集》，人民出版社，1959，第 280 页。

③ 陈独秀：《山东问题与国民觉悟——对外对内两种彻底的觉悟》（1919 年 5 月 26 日），任建树等编《陈独秀著作选》第 2 卷，第 17—19 页。

④ 《陈独秀答郑贤宗》（1920 年 11 月 1 日），水如编《陈独秀书信集》，新华出版社，1987，第 283 页。

是直接间接对付强权日本有效的方法。"① "全世界风起云涌，'民族自决'高唱入云。打破大国迷梦，知道是野心家欺人的鬼话。摧〈推〉翻帝国主义，不许他再来作祟，全世界盖有好些人民业已〈已〉醒觉了。"②

显然，从反对日本的强权开始，五四运动升华为反对所有帝国主义强权的革命运动，进而与世界人类解放运动联系起来。李大钊指出："此次'五四运动'，系排斥'大亚细亚主义'，即排斥侵略主义，非有深仇于日本人也。斯世有以强权压迫公理者，无论是日本人非日本人，吾人均应排斥之！"若仅将其视为我国一国的爱国运动，"尚非恰当"，五四运动"实人类解放运动之一部分"。若"诸君本此进行，将来对于世界造福不浅，勉旃！"③ 毛泽东于当年8月发表的《民众的大联合》一文亦是以世界眼光论及五四运动及其意义，他从世界战争的结果，论及俄、匈、德、奥、英、法、意、美、印、朝等国的变化，然后转入中国的五四，谓："更有中华长城渤海之间，发生了'五四'运动，旌旗南向，过黄河而到长江，黄浦汉皋，屡演话剧，洞庭闽水，更起高潮。天地为之昭苏，奸邪为之辟易。咳！我们知道了！我们醒觉了！天下者我们的天下。国家者我们的国家。社会者我们的社会。我们不说，谁说？我们不干，谁干？刻不容缓的民众大联合，我们应该积极进行！"④

西方列强对中国的侵略和压迫，是强权政治的体现，也最直观地呈现了帝国主义的暴力形象，中国人民首先正是从这一角度走向反帝的。经过五四，传统"排外"转向更高层面的近代反帝斗争，即争取民族解放和民族自决，推翻帝国主义的统治。在五四运动中起草《北京学界全体宣言》的罗家伦在当时便指出："这次运动，是民族自决的精神。无论什么民族，都是不能压制的。可怜我们中国人，外受强国的压制，内受暴力的压制，

---

① 《〈湘江评论〉创刊宣言》（1919年7月14日），中共中央文献研究室、中共湖南省委毛泽东早期文稿编辑组编《毛泽东早期文稿（1912.6—1920.11）》，湖南人民出版社，1990，第292—294页。

② 《湖南建设问题的根本问题——湖南共和国》（1920年9月3日），《毛泽东早期文稿（1912.6—1920.11）》，第504页。

③ 李大钊：《在〈国民〉杂志社成立周年纪念会上的演讲》（1919年10月12日），《李大钊全集》第3卷，人民出版社，2006，第67页。

④ 《民众的大联合（三）》（1919年8月4日），《毛泽东早期文稿（1912.6—1920.11）》，第390页。

已经奄奄无生气了。当这解放时代不能自决，还待何时？难道中国人连朝鲜、印度人都不及吗？这次学生不问政府，直接向公使团表示，是中国民族对于自决第一声。这次运动是二重保险的民族自决运动。"①五四运动以前所未有的"牺牲精神"，撕开了帝国主义国家所谓"公理"的画皮，打破了中国人畏惧、幻想和推崇三大心理，揭示了反帝的必要性和迫切性。中国人由此萌发了反帝思想，陈独秀当时撰文说，国人现已进入"觉悟之时期"，五四运动产生的最普遍的"觉悟"，是"爱国心之觉悟"，即"国民自保及民族自决之精神"。一般国民，均具有此种觉悟，"不独参与'五四运动'者为然"。② 抱着"不可思议的'热烈'"参与五四运动的瞿秋白亦说："当时爱国运动的意义，绝不能望文生义的去解释他。中国民族几十年受剥削，到今日才感受殖民地化的况味。"正是"学生运动的引子，山东问题"等，给中国以"帝国主义压迫的切骨的痛苦"，由此"触醒了空泛的民主主义的噩梦"，③ 将中国最紧迫的问题提了出来。这是近代中国反帝理论的基础，由此中国革命翻开了新的一页，明确提出了反帝纲领。中国共产党成立后，对帝国主义做了深入分析，在二大制定了打倒帝国主义的民主革命纲领，指出："帝国主义的列强历来侵略中国的进程，最足表现世界资本帝国主义的本相。中国因为有广大的肥美土地，无限量的物产和数万万贱价劳力的劳动群众，使各个资本主义的列强垂涎不置，你争我夺，都想夺得最优越的权利，因而形成中国目前在国际上的特殊地位。"提出："推翻国际帝国主义的压迫，达到中华民族完全独立"；"打倒国际帝国主义！"④

孙中山亦重新解读民族主义，在当年所写的《三民主义》中说，"革命之目的，即欲实行三民主义"。推翻清朝，"不过只达到民族主义之一消极目的而已，从此当努力猛进，以达民族主义之积极目的"，⑤ 并规定以"实

---

① 毅（罗家伦）：《"五四运动"的精神》，《每周评论》第 23 号，1919 年 5 月 26 日，第 1 版。

② 陈独秀：《在〈国民〉杂志成立周年大会的致词》（1919 年 10 月 12 日），《陈独秀文章选编》（上），第 426 页。

③ 瞿秋白：《饿乡纪程》（1920 年），蔡尚思主编《中国现代思想史资料简编》第 1 卷，浙江人民出版社，1982，第 656 页。

④ 《中国共产党第二次全国大会宣言》（1922 年 5〔7〕月），中央档案馆编《中共中央文件选集》第 1 册，中共中央党校出版社，1989，第 101、115—116 页。

⑤ 孙中山：《三民主义》（1919 年），《孙中山全集》第 5 卷，中华书局，1985，第 185、187 页。

行三民主义为宗旨"。① 翌年又说，民族主义，"当初用以破坏满洲专制"，现在"即是扫除种族之不平"，因为各国"要压制"我们，"还要积极的抵制"，所以"三民主义缺一不可"。② 其后，在中共和共产国际的影响下，孙中山领导的国民党明确提出反对帝国主义的纲领："国民党之民族主义，其目的在使中华民族得自由独立于世界。"而民族解放之斗争，"其目标皆不外于反帝国主义而已"，民族主义"实为健全之反帝国主义"。③

正是以五四运动为转折，争取民族自决和自由解放的近代反帝纲领取代了传统排外理念，成为中国革命运动的理论基点和中心诉求。此后，人们知道，在 20 世纪的世界上，"最大的问题，就是帝国主义的问题"。而要解决这个问题，"若从正面说，就是民族自决；若从反面说，就是打倒帝国主义"。④ "五四运动，乃是民族自决反抗外力的第一声。"⑤ 各帝国主义共同压迫中国的事实，使得中国人民决不会寄希望于某国会"主持正义"，中国所要对付的不是"某一帝国主义的强国"，而是"一切帝国主义的列强"。⑥ "自民八五四运动后，民族自决之观念，渐形普遍"。⑦ 中国各地的国民运动，"均无一不以争得民族自由、反抗列强压迫为中心"，这已成为"时代趋势"。⑧ 这一时代趋势，正是十月革命之后出现的。"在中国，十月革命之后二年，'五四'运动崛起，排斥当时侵略中国最凶狠最露骨的日本帝国主义。从那时起，以前含糊的不敢得罪外国人的中国民族运动才改变过来，成了明确的自觉的反帝国主义运动。"⑨ 不仅中国共产党人充分肯定五四运动宣扬反对帝国主义的历史伟绩，而且即使是在大革命后国民党亦未否认这一转折地位。1930 年，国民党中宣部为纪念五四运动发布告全国

---

① 孙中山：《中国国民党通告及规约》（1919 年 10 月 10 日），《孙中山全集》第 5 卷，第 127 页。

② 孙中山：《在上海中国国民党本部会议的演说》（1920 年 11 月 4 日），《孙中山全集》第 5 卷，第 392—394 页。

③ 孙中山：《中国国民党第一次全国代表大会宣言》（1924 年 1 月 23 日），《孙中山全集》第 9 卷，中华书局，1986，第 118—119 页。

④ 杨伟能：《废约运动与帝国主义》，《东山》（广东）第 2—3 期，1928 年。

⑤ 代英致楚女函：《对于国家主义的一个观察（通信）》，《中国青年》第 83 期，1925 年。

⑥ 双林：《五四纪念与民族革命运动》，《向导》第 113 期，1925 年 5 月 3 日。

⑦ 《法租界市政概况演讲记》，《申报》1931 年 5 月 18 日，第 14 版。

⑧ 《工学联合会宣言》，萧萧：《汉案交涉近讯》，《申报》1925 年 7 月 13 日，第 10 版。

⑨ 超麟：《十月革命、列宁主义和弱小民族的解放运动》，《向导》第 135 期，1925 年 11 月 7 日。

青年书,谓:"轰烈伟大的五四救国运动,反抗帝国主义的胁迫",是"国家民族复兴的重大关键"。① 其后,反帝运动如火如荼,不可阻挡,1925 年爆发的五卅运动,正是承继五四运动的精神,将反帝运动推向高潮。国民党上海党部在告民众书中谓:"老实说,'五卅'惨案,是受了'五四'运动的影响。"② 对五四运动持有异议的戴季陶也认为,庚子后,中国视西洋人的本事"神圣一样,高妙不可思议",自信力"完全消失","由盲目的排外,变而为盲目的媚外"。③ 然而,"自五四运动以后,才引起普遍的革命运动,因为有了青年运动的力量,才能够普遍而深入到社会的各阶级,汇成为国民革命的运动"。④ 显然,五四运动对帝国主义强权的认识,是走向反帝,并转向具有世界革命意义的人类解放运动的阶梯。在此基础上,中国社会,尤其是中国共产党对帝国主义的认识更为清晰明确,并形成了完整的反帝理论。中国的民族意识"由五四运动而普遍觉醒了",⑤ 这"实为中国民族解放运动的转机",⑥ 是"复兴中国民族的新机运"。⑦

二 "强盗世界":帝国主义内在性质的认识

经过五四,对帝国主义强权性质的揭露更引向对其经济属性的认识。作为资本主义发展的最高阶段,帝国主义不仅仅具有强权暴力行为,而且是新的历史条件下这一经济形态的必然现象。从经济上把握其属性,使得当时对帝国主义的认识进一步升华,从表面深入内在性质,在理论上更具科学性。理论上的这一跃进,又体现了近代反帝与传统排外的本质差异,

---

① 《中央宣传部为纪念五四运动告全国青年书》,《申报》1930 年 5 月 1 日。
② 《中国国民党上海特别市党部临时民众训练委员会为"五卅惨案"纪念告上海民众书》,《申报》1928 年 5 月 30 日。
③ 戴季陶:《国民革命与中国国民党》(1925 年 7 月),高军等编《中国现代政治思想史资料选辑》,四川人民出版社,1983,第 449 页。
④ 戴传贤:《五四运动的功过与今后的趋向》(1929 年 5 月 4 日),中国国民党中央党史史料编纂委员会《革命先烈先进阐扬国父思想论文集》第 2 册,台北"中华民国各界纪念国父百年诞辰筹备委员会",1965,第 1301 页。
⑤ 罗家伦:《从近事回看当年》,《世界学生》第 6 期,1942 年。
⑥ 蔡任光:《五四运动与中国民族运动》,《广大学会五四特刊》1926 年 5 月 4 日。
⑦ 杨幼炯:《复兴中国民族的新机运:纪念"五四"并发表我们的主张》,《社会导报》第 4 期,1932 年。

反映了列宁的帝国主义理论在中国的传播，同时将反帝引向无产阶级革命时代的历史范畴。

帝国主义形成于 19 世纪最后三十年，是资本主义发展的一个历史阶段，除了政治上的含义之外，更有经济上的内涵。对经济内涵的揭示，是列宁的帝国主义论的核心内容之一，也是无产阶级革命的基本诉求所在。以往对帝国主义的揭露，往往停留在反殖反侵略的政治层面，缺乏深入的经济分析，从而未能把握其内在的根本性质及其趋向。帝国主义形成之后，对中国产生了重要的影响，中日甲午战争的发生及结局，正是这一新的历史阶段的反映。作为国际关系中的大变局，在当时引起了广泛关注，中国亦引入了相关的理论。关于其经济内涵，在 20 世纪初年便为人们所注意。如 1903 年《浙江潮》一篇论述民族主义的文章谈及"新帝国主义"，谓："所谓实力的何也？曰经济之膨胀是也。二十世纪中，托竦斯脱（合数小公司而成一大公司）之制度兴，而经济竞争之风潮一大变。夫欲望无穷者也，而经济者资生之具也，故经济竞争实种族存亡之大关键。"① 该文虽看到了帝国主义的垄断组织托拉斯，但对其性质和相关后果，尚无深入的认识。

经过五四运动，随着对西方"强权"的新认知，进而又更深入它的经济根底。毛泽东谈到帝国主义的经济垄断组织托拉斯，谓："美国工党领袖戈泊斯演说曰，'工党决止于善后事业中有发言权，不许实业专制。'美国为地球上第一实业专制国，托剌斯的恶制，即起于此。几个人享福，千万人要哭。实业愈发达，要哭的人愈多。戈泊斯的'不许'，办法怎样？还不知道。但既有人倡议'不许'，即是好现象。由一人口说'不许'，推而至于千万人都说'不许'，由低声的'不许'，推而至于高声的狠高声的狂呼的'不许'，这才是人类真得解放的一日。"② 他指出，托拉斯是"纯然资本家的联合"，近世，"强权者，贵族，资本家的联合到了极点"，国家也因之"坏到了极点，人类也苦到了极点，会社〈社会〉也黑暗到了极点"。③

五四前后，陈独秀对帝国主义经济性质的认识有了重大变化。此前，陈独秀将帝国主义入侵视为一种武力侵略，认为，"为侵犯他人之自由而战

---

① 余一：《民族主义论》，《浙江潮》第 5 期，癸卯五月二十日。
② 《不许实业专制》（1919 年 7 月 14 日），《毛泽东早期文稿（1912.6—1920.11）》，第 321 页。
③ 《民众的大联合（一）》（1919 年 7 月 21 日），《毛泽东早期文稿（1912.6—1920.11）》，第 339 页。

者，帝国主义也"，"帝国主义，侵略主义也"。相应的，爱国主义是"自卫主义也，以国民之福利为目的者也"，不能"误视帝国主义为爱国主义，而供其当局示威耀武之牺牲者也"。他从这一角度反对帝国主义，说："夫帝国主义，人权自由主义之仇敌也，人道之洪水猛兽也。此物不僵，宪政终毁，行见君主民奴之制复兴，而斯民之憔悴于赋役干戈者，无宁日矣。人民不知国家之目的而爱之，而为野心之君若相所利用，其害有如此者。"① 经过五四运动，陈独秀的这一看法发生了重大变化，看到帝国主义内在的经济发展趋势是战争的根本原因。五四期间，陈独秀便说："什么'国际竞争'，什么'对外发展'，什么'强国主义'，什么'强力即正义'都是造成世界大战的根本原因。有因必有果，将来受这痛苦的却不单是我们中国人，希望诸协约国国民都要有点觉悟，别做第二德意志。"② 在《〈新青年〉宣言》中，陈独秀又表示："我们相信世界上的军国主义和金力主义，已经造了无穷罪恶，现在是应该抛弃的了。"③ 他进而指出，因为有生产过剩的恐慌，所以西方资本主义国家"寻找销场的希望比寻找殖民地的希望，更要热烈得万倍。他们用极强大的海陆军保护殖民地还不过是一种手段，扩充销场，拥护商业，才真是他们的根本目的"。④ 由于"各国资本家拼命占据了剩余价值，拼命推广制造业，拼命寻求殖民地，将所有的剩余生产送去销售了，才能够弥缝一时表面上没有十分现出危机来。所以近百年来，甲国与乙国战争，或是直接征服殖民地"。因此，"资本主义便不得不和军国主义结了不解之缘，因为镇压殖民地或与他资本国争夺商场都非有强大的海、陆军不可"。所谓"自卫""爱国"，或"民族的向外发展"，"都是骗人的话，其实都不外销纳剩余的生产品，好免国内的经济危机，好维持资本阶级底权利"。前几年欧洲大战，美其名曰"民治与强权底战争"，"其实只是英国利用各国打倒德国，为保全他的世界海运权及亚、非两洲底商

---

① 陈独秀：《爱国心与自觉心》（1914 年 11 月 10 日），任建树等编《陈独秀著作选》第 1 卷，第 115 页。

② 陈独秀：《为山东问题敬告各方面》（1919 年 5 月 18 日），任建树等编《陈独秀著作选》第 2 卷，第 8 页。

③ 陈独秀：《〈新青年〉宣言》（1919 年 12 月 1 日），任建树等编《陈独秀著作选》第 2 卷，第 40 页。

④ 陈独秀：《马尔塞斯人口论与中国人口问题》（1920 年 3 月 1 日），任建树等编《陈独秀著作选》第 2 卷，第 111 页。

权罢了。这完全和日本硬用武力扩张在中国、朝鲜底商场，还美其名曰保全东亚和平是一样"。①

　　显然，陈独秀已经看到外国侵略的经济原因，除了"军国主义"，还有"金力主义"，其根本目的是"扩充销场，拥护商业"，而不是单纯的土地占领。由此，陈独秀得出结论，资本主义和帝国主义就是战争。他批评许多人"一面反对军国主义，而一面却赞成资本主义"，"真算糊涂极了"。如果"资本主义的生产和分配方法一天不废，侵略的军国主义如何能够废掉"。美国总统威尔逊十四条的失败，正是因为"不懂得资本制度是国际侵略及战争底根本原因，不变因，求变果，岂有不失败底道理"。巴黎和会上，英、法"并不是良心特别比威尔逊坏些"，而是因为"他们的国家组织都立在资本主义上面，若是放弃了侵略主义、军国主义，他们国里的大批剩余生产如何销纳，如何救济经济危机，如何维持他们资本阶级底地位呢？"威尔逊实际上口惠而实不至，不过说得好听点。"如果他美国当真抛弃了军国主义，他美国在国外底殖民地和商场抛弃不抛弃？如果抛弃了，国内的剩余生产怎么样？所以威尔逊总统底主张不但在巴黎和会失败了，并且此时美国底海、陆军备仍然是有加无已"。这也是日本拼命扩军备战的原因，"日本鉴于美国底情势，恐怕失了太平洋西岸商业底威权，也不能不竭力增税扩张海、陆军备到现状一倍以上"。日本当局知道，税重会引起全国的工人、农民、小学教员、下级军官的"困苦和不平"，造成"可恐的危机"。但是，"他们更知道没有充分的武力保护商业，不能输出剩余生产，乃是更大的危机，所以明知道扩张军备是毒药，也不得不吃，明知道扩张军备是陷阱，也不得不从上面走过去"。因此，"资本制度一天不倒，各资本制度的国家保护商业的军备扩张也一天不能停止"。② 显然，陈独秀已经看到，帝国主义之间的竞争和战争，及其对落后国家的侵略，其根本原因便在于维护经济利益和特权。这一看法正是通过巴黎和会与五四运动而成熟完善的。

　　这一时期对帝国主义经济本质的认识，为此后中国共产党人接受列宁的帝国主义理论打下了基础。中国共产党成立后，这一思想观念更为明确

---

①　陈独秀：《社会主义批评——在广州公立法政学校演讲》（1921 年 5 月 1 日），任建树等编《陈独秀著作选》第 2 卷，第 247 页。
②　陈独秀：《社会主义批评——在广州公立法政学校演讲》（1921 年 5 月 1 日），任建树等编《陈独秀著作选》第 2 卷，第 248 页。

全面，成为中国共产党反帝理论的重要基础。《中国共产党第二次全国大会宣言》对帝国主义做了同样的分析："那些资本帝国主义者由竞争掠夺而出于战争……除非把世界资本主义的组织完全铲除，这种惨酷的现状是决不会消灭的。""世界上的个个资本主义国家都必须获得最大的市场，来销售他过剩的商品吸收他需要的原料，而世界上可供掠夺的市场，只有印度、中国、土耳其、摩洛哥、埃及、波斯、高丽、墨西哥、安南、南洋群岛、南部和中部的阿非利加洲等地方，因此夺取那些市场的竞争是免不掉的。竞争的结果，便须诉诸战争。一九一四年到一九一八年的世界大屠杀，便是发源于英德两系资本帝国主义国家争夺近东市场的冲突。"宣言进而分析了帝国主义的经济扩张导致相互争夺和战争的必然性，以及所谓"和平"、"正义"及民族平等、民族自决和人类平等等好听的名词的虚伪性，指出："上次世界大战的成绩，即是屠杀了数千万的劳动群众，瓜分德国的殖民地，毁灭德奥等的经济基础，使他们变为英法的殖民地，并把全世界的经济秩序破坏无遗。战后，那些帝国主义的国家又企图恢复战前经济原状，来挽救资本主义根本覆灭的厄运，便想将战争的巨大损失取偿于全世界的劳动群众；因此，他们先后在巴黎、华盛顿、柔鲁等处开分赃会议，假借'和平''正义'等名词以掩饰全世界被压迫阶级的耳目，但那争夺宰割世界而引起剧烈冲突的真相，已暴露无余。他们那些不可消灭的利益冲突，便是第二次更猛烈的帝国主义战争的导火线。""帝国主义者们还口口声声唱什么民族平等、民族自决和人类平等等好听的名词，想把资产阶级掠夺无产阶级的资本帝国主义的强国压迫弱小民族的行为，轻轻隐瞒过去。"就英国帝国主义而言，其在战后的欧洲市场"日被排斥，生产过剩，经济恐慌，故以发展远东市场为救济的唯一道路，而又陷于与日本冲突日见紧张的地位"。在英国看来，远东问题"是他许多掠夺殖民地问题中间之一个，所以英美战争，或许可以久延时日，但是在日本乃只有这个唯一的大市场，在美国也只有这个唯一可供发展的大市场，所以日美冲突万难减轻，而战争必在最近期间内爆发无疑"。不过在爆发之前，它们"拿远东——特别是中国——的丰富物产和劳苦群众，搁在各国集于华盛顿的外交家银行家的晚餐席上，平均各个的贪欲，从新宰割一次罢了"。对中国而言，通过华盛顿会议，列强制造了一种新局面，就是历来各帝国主义者的互竞侵略，"变为协同的侵略"。这种协同的侵略，"将要完全剥夺中国人民的经济独立，使四万万被压迫的中国人都变成新式主人国际托辣斯的奴隶"。①

随着列宁的帝国主义理论的传入，中国社会对其经济内涵与资本主义的关系的认识更为明确。值得指出的是，列宁的帝国主义理论传入中国，尤其是翻译问世，与五四运动有着直接关系。如五四运动时期，李达意识到"实业救国""科技救国"行不通，开始学习马列主义，②撰写了大量相关文章。随后又对帝国主义做了唯物主义的深入分析，指出，"帝国主义是由资本主义变化而成的，可说是资本主义的最终形式"，"帝国主义的资本主义，资本主义的帝国主义完全是一个东西"。③最早直接译介列宁帝国主义理论的柯柏年（原名李春蕃），也是经过五四运动成为马克思主义者的。他回忆，五四运动爆发时他正在广东汕头中学读书，怀着"满腔爱国热情"，参加了响应北京学生的运动，当年又转学到上海，"有机会直接接触在五四运动影响下迅猛发展的新文化运动"。其时，"新的刊物有如雨后春笋"，"形形色色的学派、思想和主义都被介绍到中国来了"，"介绍马克思主义的文章和书籍也不少"。经过一个时期的学习、对比和研究，他"终于选择了马克思主义"。但他不满足于"介绍性的文章和书籍"，于是直接研读原著，一有所得，便"赶着试译出来"。正是由于经历了五四反帝运动，当看到列宁的《帝国主义论》（即《帝国主义是资本主义的最高阶段》），柯柏年即着手翻译。"当时此书的英译本只有前六章"，因此译文也只有这几章的内容，于1924年5月连载于《民国日报》的副刊《觉悟》。④译文发表后，柯柏年声名鹊起，第二年又将连载译文合为一体，以《帝国主义浅说》为书名正式出版。由于翻译列宁著作，公开挑战帝国主义，柯柏年所在的沪江大学当局"不能容忍"，不允许他在新学年重新注册，变相将他开除。⑤

柯柏年的翻译虽不完整，但介绍了列宁《帝国主义论》的主要观点，

---

① 《中国共产党第二次全国大会宣言》（1922年5〔7〕月），《中共中央文件选集》第1册，第99—100、105—107页。
② 参见李达《沿着革命的道路前进——为纪念党成立四十周年而作》，李达文集编辑组编《李达文集》第4卷，人民出版社，1988，第733—734页。
③ 李达：《何谓帝国主义》，《新时代》第1期，1923年。
④ 柯柏年：《我译马克思和恩格斯著作的简单经历》，中共中央马克思恩格斯列宁斯大林著作编译局马恩室编《马克思恩格斯著作在中国的传播》，人民出版社，1983，第28—29页；列宁：《帝国主义》，李春蕃译，《民国日报·觉悟》1924年5月12—30日。
⑤ 李珍军：《柯柏年与马列主义在华早期传播》，《百年潮》2016年第8期。

使中国社会对其认识更为深入，关于帝国主义的解说便贯注着这一思想。或谓之"资本帝国主义"，谓："我们为什么对外反对帝国主义，这理很简单。因为列强在中国的暴行，其源都由于他们的资本帝国主义。"① 或称为"经济帝国主义"，如进步刊物《共进》载文，从经济上进行了深入分析，说："'帝国主义'在现刻是一个极抽象的名词，与从前所用的'帝国主义'是大不相同。从前的'帝国主义'是'武力的帝国主义'，现刻却变成的'经济帝国主义'了。"较之"武力的帝国主义"，"经济的帝国主义"的"侵略方式是四面八方的，而最后的目的，乃是'经济的'。就是拿'经济的毒针'插入于经济落后国家的血液中，一点一点的吸得干干净净，这种方略是极其惨虐，凶辣的！"它可以引起"国际的战争"，而在经济落后的国家，便使其"互相惨杀，土匪蜂起，灾乱相循"。其侵略弱小国家的步骤，"是极其复杂而令人惊心动魄的"，最初是用基督教打先锋，"作一种根本上毒杀的双重'文化'，'精神'的侵略，其后再继之以'兵'，以为之辅"。总之，"'经济的帝国主义'，是资本主义的国家用以侵略经济落后国家的方式，她以扩充吸收地盘，施其经济毒杀，使被吸收的民众永为她们的经济奴隶而不得翻身为目的"。②

中国共产党人对帝国主义的认识更为清晰。五四前夕李大钊从经济上分析第一次世界大战的原因，找到了症结所在，提出："原来这回战争的真因，乃在资本主义的发展。国家的界限以内，不能涵容他的生产力，所以资本家的政府想靠着大战，把国家界限打破，拿自己的国家做中心，建一世界的大帝国，成一个经济组织，为自己国内资本家一阶级谋利益。"③ 五四之后，经"数年研究之结果"，"深知中国今日扰乱之本原，全由于欧洲现代工业勃兴，形成帝国主义，而以其经济势力压迫吾产业落后之国家，用种种不平等条约束制吾法权税权之独立与自主。而吾之国民经济，遂以江河日下之势而趋于破产"。④ 他更明确地说："帝国主义是什么？就是资本

---

① 泽民：《什么是帝国主义——问申报特约记者心史》，《评论之评论》（上海）第 15 期，1924 年，第 5 页。

② 《"帝国主义"的意义》，《共进》第 67 期，1924 年 8 月 10 日。

③ 李大钊：《庶民的胜利》（1918 年 10 月 15 日），《李大钊选集》，第 110 页。

④ 李大钊：《狱中自述》（1927 年 4 月），中共唐山市委宣传部等编《李大钊诗文选读》，红旗出版社，2004，第 331—332 页。

主义发展之结果。因为他要向海外找殖民地作他自己的贸易场和原料地，因为又要保护，便要武装起来，所以武装之资本主义就是帝国主义。"①

陈独秀也对帝国主义这一概念做了新的解释，将其与侵略主义区分开来，说："侵略别国固然是帝国主义的特性，可是古代罗马及西汉时代的中国，虽然都是侵略别国的国家，然而这种开疆辟土之封建的帝国主义，和现代资本帝国主义不同。"不能认为"帝国主义乃由国家主义扩大而成，或称之为'大国家主义'。这个见解，在帝国主义发展形式上是对的，却未能明了正确的指出帝国主义的性质"。现代所谓帝国主义，指的是"资本帝国主义"，其存在须有两个特性："（一）凡是帝国主义的国家，无论大小强弱，必然是资本主义制度的国家；（二）凡是帝国主义的国家，其国内资本主义必然发展到财政资本主义向国外掠夺压迫殖民地及半殖民地。"由此，陈独秀批驳"赤色帝国主义"谬说，断定苏俄不是帝国主义国家。②列宁总结了帝国主义的五个特征，陈独秀虽然未能全面概括，但他抓住了最本质的内涵。这一见解具有重要意义，为反帝理论奠立了唯物主义的理论基点，中共在反帝问题上的方针路线，均与其密切相关。

此后，中国共产党人也正式从经济上分析各阶级的对外态度与五四运动爆发的原因。如李立三认为，"尤其是日本帝国主义，就在欧战期中，也是中国工业发展的很大的阻力，所以当时资产阶级感觉到要使自己发展，非排斥帝国主义不可，因此资产阶级渐次走向革命的道路。这种思想的反映，便造成空前的五四反帝运动，资产阶级在政治上的影响，因这一运动而得到莫大的进展"。③因为"民族工业相当的发展以后，在市场上与帝国主义的商品发生激烈的竞争，同时也就感觉到帝国主义的侵掠，各种经济政治特权的垄断——如在关税上，原料上，交通上，金融上，都是对于他的莫大的压迫"。五四运动之所以爆发，并以反日为目标，是由于"欧战后前两年，欧洲各帝国主义国家尚未能完全恢复对中国的贸易，因此当时民族工业最大的敌人，就是日本帝国主义。所以'抵制日货，提倡国货'，成

① 李大钊：《大英帝国主义者侵略中国史——在河南开封第一师范的演讲》（1925年8月），《李大钊全集》第5卷，人民出版社，2006，第51页。
② 陈独秀：《什么是帝国主义？什么是军阀？》（1926年4月13日），任建树等编《陈独秀著作选》第2卷，第989—990页。
③ 立三：《目前政治形势的分析与我们的中心任务》，《布尔塞维克》第5期，1929年3月1日。

为当时一般的呼声，因此促起了有名的五四运动"。① 与此同时，经过五四，中国社会更注重从经济上看待外国侵略，而不是将其视为一种单纯的武力强权行为。"我们同胞，在五四以前，对于洋货侵入，漠不关心，现在呢？大多知道提倡国货，抵制外货；从前对于关税自主，向不注意，现在大多知道收回海关，实行保护税则。"因此，用经济的眼光观察，"五四运动间接为中国弥补不少损失，挽回不少利权"。②

五四之后传入的列宁帝国主义理论愈益完善，如毛泽东在《新民主主义论》中亦引用列宁的帝国主义理论，分析帝国主义加强对中国侵略的必然性，指出："现在是帝国主义最后挣扎的时期，它快要死了，'帝国主义是垂死的资本主义'。但是正因为它快要死了，它就更加依赖殖民地半殖民地过活，决不容许任何殖民地半殖民地建立什么资产阶级专政的资本主义社会。正因为日本帝国主义陷在严重的经济危机和政治危机的深坑之中，就是说，它快要死了，它就一定要打中国，一定要把中国变为殖民地，它就断绝了中国建立资产阶级专政和发展民族资本主义的路。"③

由上可见，中国共产党人对帝国主义经济本质的认识，始于中共建立之前的五四时期。在此基础上，五四运动又促进了列宁帝国主义理论的传播，其认识趋向科学化。对帝国主义认识的进一步深化，尤其是对其经济性质的认识，是反帝理论的基本组成部分。它既提供了分析帝国主义的新工具，又更深刻地把握住了帝国主义这一"强盗世界"的本质，从而使反帝理论得以升华。与此同时，通过完整接受列宁的帝国主义理论，进而将中国的反帝斗争导向无产阶级革命时代的历史范畴。由此，不仅共产党人掌握了帝国主义的本质，其他并未完全接受列宁帝国主义理论的各类人物，也在某种程度上采取了经济分析的方法。如蒋廷黻认为，"世界上自有人类以来，即有帝国主义，互相侵略，互相压迫"，④ 将帝国主义视为侵略主义。但另一方面，他又从经济上界定其性质，说："我们简直可以说用政治的势

① 立三：《中国革命的根本问题（续）》，《布尔塞维克》第 4 期，1930 年 5 月 15 日。
② 唐乃炘：《从经济的观点来衡量五四运动》，《时代青年（上海 1930）》第 36 期，1931 年。
③ 《新民主主义论》（1940 年 1 月 9 日），《毛泽东选集》第 2 卷，人民出版社，1991，第 680 页。
④ 蒋廷黻：《何谓帝国主义》，《中央周报》第 411 期，1936 年。

力来达经济的目的就是帝国主义。"① 不论其程度如何，从经济上进行剖析，体现了唯物主义的分析方法，对于科学认识帝国主义的本质具有重要意义。对帝国主义的认识又促进了对马克思主义的接受，瞿秋白说，"工业先进国的现代问题就是资本主义，在殖民地上就是帝国主义，所以学生运动倏然一变而倾向于社会主义，就是这个原因"。②

三　"外争主权"：反对帝国主义的基本内涵

反帝的基本内涵，是反对外国列强的侵略、废弃不平等条约。鸦片战争之后，对这一问题的认识亦经历了一个演变过程。长期以来，从粗陋的笼统排外到简单的文明排外，再到反对某一具体国家及其某项特权，均未提出反帝这一根本诉求。五四运动中发布的《北京学界全体宣言》提出"外争主权"，③ 反映了这一根本诉求，其基本内涵便是废弃不平等条约。此后，反对不平等条约成为中国社会的普遍要求，反帝斗争的目标由此明确起来，转变为革命政党和民众的理念，成为革命纲领的核心内容之一。

晚清时期，中国开始了反对列强侵略的斗争，但未明确提出废除不平等条约的要求。从一开始，清政府便用天朝的观念对待新的条约关系，用一种含有传统权术的特殊方式来抗拒束缚自己的绳索，抵制列强的侵略。尽管在列强压迫下不得不信守条约的清政府，试图摆脱不平等条约的束缚，逐渐注重减轻其危害，谋划并试图收回这些被侵夺的国家权益，但并未提出反对不平等条约的要求和主张。中国社会出现了反对侵略和不平等条约的"排外"运动，其最初表现为反洋教和抵制某一特权的拒约斗争，体现了缺乏科学认识的盲目性，最后演化为义和团运动的大爆发。活跃在思想政治领域的维新派及革命派，产生了修改、废除不平等条约的愿望，先后提出了自己的要求和主张。然而，他们未能全面提出废除不平等条约的整体要求，还有着其他种种局限，并未产生实际效果。

---

① 蒋廷黻：《帝国主义的分析（续）》，《南大周刊》第 32 期，1926 年。
② 瞿秋白：《饿乡纪程》（1920 年），蔡尚思主编《中国现代思想史资料简编》第 1 卷，浙江人民出版社，1982，第 656 页。
③ 《北京学界全体宣言》，《一周中北京的公民大活动》，《每周评论》第 21 号，1919 年 5 月 11 日。

其中反洋教斗争缺乏科学理论，尤其体现了民众反侵略斗争的简单粗陋。这一斗争并非限于传教士，而是延伸到所有洋人，涉及列强在华的种种特权。如抨击传教士"以传教为名，实是禽兽"，"以劝人行善，煽惑愚民"，"上欺官长，下压百姓，谋人田产，破人婚姻"等。如针对所有洋人，"洋人视人命如草菅，被恶逼绝，不可数计"；"洋人想谋我江山……人人共愤，自取其灭"；"谋我中国宝贝，扰我中国百姓。种种恶极〔迹〕，数之不尽，有干天谴，神人共愤"；等等。① 又如，"逆夷入境，希图立官、传教、通市者，随时随地集勇剿杀，不容漏网"。② "逆夷猖獗，要挟中朝，包藏祸心，普天切齿。近闻新定和约，各州府县分设夷官，专主教民交涉事件；又将于湘城创立洋厂，制造洋炮。呜呼！其事一成，则滨海沿江诸郡县之害，又将蔓延我省。"③ 或用华夷之说排斥一切洋人，谓："华夷不可同居，人鬼岂容并域。故王者不勤远略，圣人不治戎狄。"④ 诸如此类，反映他们并非仅仅反教，而是反对所有洋人和所有与洋有关的事物。

义和团运动是一场震惊中外的反帝爱国运动，但同样具有缺乏科学理论指导的局限。它提出了"灭洋"纲领，不仅要"灭尽异教"，还要"杀尽教民"。⑤ 其他诸如"待当重九日，剪草自除根"，"一概鬼子都杀尽，我大清一统太平年"，等等。因此，焚毁教堂，截杀教士、教民，成为义和团的普遍行动，并推动着这一运动向前发展。义和团的认识和主张，内容单调、理论粗陋、手段激烈，体现了那个时代的民众"排外"运动的思想观念，他们处于小生产者地位，不可能有科学的思想理论和行之有效的方法。即如孙中山所说，"义和团观察既有错误，方法更为笨劣"。⑥ 这又在某种程度上决定了它的结局。义和团运动之后，民众运动进入新的"文明排外"阶段，思想理论和实践运作均发生重大变化。但这是在惧外观念普泛化背景

---

① 《遵义城乡合议》（同治八年六月初），王明伦编《反洋教书文揭帖选》，齐鲁书社，1984，第47—48页。

② 《湖南防洋条约》（光绪二年九月十日），王明伦编《反洋教书文揭帖选》，第105—106页。

③ 《湖南匿名揭帖》（光绪三年二月二日），王明伦编《反洋教书文揭帖选》，第107页。

④ 《大名府拒嗼咭唎公檄》（同治九年二月二日），王明伦编《反洋教书文揭帖选》，第154页。

⑤ 中国社会科学院近代史研究所近代史资料编辑室编《庚子记事》，中华书局，1978，第249页。

⑥ 《"九七"国耻纪念宣言》（1924年9月7日），陈旭麓、郝盛潮主编《孙中山集外集》，上海人民出版社，1990，第532页。

下的调整，不仅缺乏反帝的坚定决心，且没有提出废除不平等条约的根本要求和主张。其时，《辛丑条约》以苛厉手段"灰忠臣之心，隳义士之气"，[①] 震慑和消除中国官民的反帝心理，大大加强了对反帝力量的打击，致使条约神圣的观念深深地刻在国人的意识中。

经过五四运动，中国的反帝格局发生深刻变化，尽管运动的矛头是日本帝国主义，但提出了"外争主权"的要求。这一要求的核心便是收回被列强侵夺的主权，解除帝国主义的压迫，实现民族自决和国家的完全独立。而达到这一目标的根本途径是废除不平等条约，因为，如孙中山所说，中国之所以丧失主权国家的独立地位，是深受列强的政治、经济和人口压迫，"最主要的就是受那些不平等条约的压迫"。[②] 五四运动虽然没有从整体上明确提出废除不平等条约的主张，但在承继反对"二十一条"运动的反日斗争精神的基础上，已将这一要求提上了反帝运动的议事日程。不仅运动中提出的"外争主权"口号已揭示了这一主旨，而且在反日主潮中亦发出了这一呼声，并产生了相应的影响。

这一口号所蕴含的反对不平等条约的内涵，在五四运动酝酿及进行过程中均已明确提出。威尔逊宣布"十四条"后，《每周评论》载文评论，倡呼"人类平等主义"，要求"欧美人抛弃从来歧视颜色人种的偏见"。提出"人类平等一概不得歧视"，那么"他种欧美各国对亚洲人不平等的待遇，和各种不平等的条约，便自然从根消灭了"。这样，"较之取消限制移民、取消领事裁判权、改正协约关税等枝枝节节的提议，大方的多，扼要的多"。[③] 而于1919年2月成立的国民外交协会，则提出了撤废势力范围、废弃一切不平等条约、撤销领事裁判权、实行关税自由、取消庚子赔款余额、收回租借地域等主张。[④]

尤为值得一提的是，巴黎和会召开前，梁启超以中国出席巴黎和会代表团会外顾问的资格前往欧洲，作中国代表的外交后援。他自己说目的是

---

① 《都察院御史溥良等折》，《义和团档案史料》下册，中华书局，1959，第856页。
② 孙中山：《在神户各团体欢迎宴会的演说》（1924年11月28日），《孙中山全集》第11卷，中华书局，1986，第412页。
③ 只眼：《欧战后东洋民族之觉悟及要求》，《每周评论》第2号，1918年12月29日。
④ 《国民外交协会成立纪事》，《晨报》1919年2月17日。

以私人资格将中国的"冤苦向世界舆论申诉申诉"，"尽一二分国民责任"。① 抵达巴黎后，他将自己所撰《世界和平与中国》一文向各国散发，提出恢复中国主权的要求，内容包括胶州湾及青岛等应由德国交回中国，中日两国的密约应归无效，修正关税，取消庚子赔款，渐次撤废各国租界，统一铁路外资，各国放弃在华特权，等等。这些要求超出了当时的中日关系，涉及种种收回侵害中国主权的不平等条约特权。如梁启超所说，"非皆与此次议和有直接关系，然于中国民族之自由发展，实有莫大之影响，即世界永久平和之局系焉"。②

显然，五四运动提出"外争主权"的口号，是蕴蓄在中国社会中的要求，并有着废弃不平等条约特权的内涵。如起草宣言的罗家伦所说，"外争主权"，应用起来就是"打倒帝国主义"，其意义方法与"争取国家民族的独立自由平等"是一致的。③ 具体地说，"打倒帝国主义"便是"争取国家民族的独立自由平等"，也就是废弃列强在华实施"准统治权"的不平等条约。

在五四运动中，不仅废弃中日间相关条约的呼声此起彼伏，而且还明确提出了废除所有不平等条约的要求。如国民外交协会针对日本以民四条约为据，视其为"权利之继承"的谬论，发表宣言指出：此约系"以恐吓逼胁取得之"，"依国际法亦应视为暴行，危及国家生存，不能认其契约为有效"。对于英、法、意等国与日本所订密约，许其继承德国在山东之权益，宣言批驳说："事关我国主权，岂容他人视同物品任意交易！"而且按照国际法，此类条约"实无拘束第三者之效力，不啻一纸空文"，"此种侵犯我主权之举动，乃我国民所誓死不敢承者"。④ 再如，北京学界致电巴黎和会，明确揭露中外条约的不平等性质，宣布1915年中日条约"为有约以来最不平等之条约"。⑤ 其他诸如"取销二十一条件，及国际一切不平等之条件"⑥ 之类的要求，随处可见，不一而足。更重要的是，运动没有停留在反对中日不平等条约的层面，还从整体上提出了废除所有不平等条约的主

---

① 丁文江、赵丰田编《梁启超年谱长编》，上海人民出版社，1983，第875页。

② 梁启超：《世界和平与中国》，《晨报》1919年6月10—17日。

③ 罗家伦：《五四运动宣言》附志，《兴国青年》第2期，1941年。

④ 《国民外交协会宣言》，《每周评论》第21号，1919年5月11日。

⑤ 《又致巴黎和会电》，中国科学院历史研究所第三所近代史资料编辑组编辑《五四爱国运动资料》，科学出版社，1959，第271页。

⑥ 龚振黄编《青岛潮》，《五四爱国运动资料》，第143页。

张，或要求"取消中日二十一条密约，及其他不平等条约"，① 或主张将"数年来与二三私人勾结所成立一切不平等之条约，概行取消"。② 尤其是星期评论社同人发表文章，明确提出"废除并修改一切不合自由平等互助精神的条约。撤废外国及外国人在中国所有的一切特权。要求中国及中国人在国际上的平等待遇，开放全国于世界"。③

五四运动虽主要是针对中日间的不平等条约，但体现了"外争主权"的宗旨，即包含反对所有不平等条约的根本诉求。从认识规律而言，对任何事物的认识，包括社会政治运动，都会经历从个别到一般的过程。中国反帝运动也正是循着这一规律发展的，从反对日本侵略，反对中日间不平等条约，进而扩展到反对所有其他列强的不平等条约。"外争主权"宗旨，将自然而然地引导到废除所有不平等条约的诉求。运动中此类主张的提出，正反映了这一趋向。如瞿秋白说，五四运动前，"中国的革命运动往往只是军事的反对北洋军阀的运动，或者是限于士绅阶级的排外的爱国运动，没有群众的反抗，直接要求废除对外条约，收回外国攘夺的领土的"，而五四运动则提出废除"二十一条"、收回青岛等要求。于是，"辛亥以来反动派与革命派争相'保障外人的生命财产尊重条约权利'，而求帝国主义者之援助的局面'为之一变，"义和团失败后之'尊洋主义'的天经地义打破了。这是五四在中国民族运动史上最值得纪念的一点"。④ 尤其是五四运动的洗礼，在这一宗旨的基础上，促使以废弃不平等条约为中心的反帝理论成熟完善。

最早提出反帝废约的中国共产党人也经历了这一过程，在五四运动之后，逐渐形成了以废除不平等条约为主的反帝理论。陈独秀在五四运动中起草《北京市民宣言》，亲自散发，不幸被暗探逮捕。在宣言中，他提出"最低要求"，其中包括"不抛弃山东经济上之权利，并取消民国四年七年两次密约"。⑤ 其后，陈独秀关注帝国主义侵略与条约的关系，谓："近代的国际战争，往往拿出极大的牺牲，所争得的并不是一块土地，不过是几项

---

① 《贵州国民大会要求拒签和约和惩办国贼释放被捕学生电》，中国社会科学院近代史研究所等编《五四爱国运动档案资料》，中国社会科学出版社，1980，第337页。

② 《商帮协会公函》《致欧洲和会电》，《五四爱国运动资料》，第112、141页。

③ 本社同人：《关于民国建设方针的主张》，《星期评论》第2号，1919年6月15日。

④ 瞿秋白：《五四纪念与民族革命运动》（1925年4月），《瞿秋白论文集》，重庆出版社，1995，第147—148页。

⑤ 《北京市民宣言》，《民国日报》1919年6月14日。

有利的通商条约。"① 又说:"各国资本家拼命占据了剩余价值,拼命推广制造业,拼命寻求殖民地,将所有的剩余生产送去销售了,才能够弥缝一时表面上没有十分现出危机来。所以近百年来,甲国与乙国战争,或是直接征服殖民地,消费了许多生命财产,结果所求得的不过是几条通商条约。"② 也就是说,资本帝国主义的侵略战争,其结果是强迫签订对自己有利的条约。反过来说,这些条约对被侵略国家而言,则是损害国家权益的枷锁。中国共产党成立后,陈独秀发表《对于现在中国政治问题的我见》,明确提出反帝废约,主张:"废止协定关税制,取消列强在华各种治外法权,清偿铁路借款收回管理权,反抗国际帝国主义的一切侵略,使中国成为真正独立的国家。"③ 因为"所有条约都是帝国主义控制中国人之奴券"。④ 李大钊看到国家陷入危机,在五四之后经过研究,认为,"今欲挽此危局,非将束制吾民族生机之不平等条约废止不可"。曾与中国有同样遭遇的日本,"不忍见其国运之沉沦,乃冒种种困难,完成其维新之大业,尊王覆幕,废止不平等条约,日本遂以回复其民族之独立,今亦列于帝国主义国家之林"。而中国自鸦片战争开始,"尚困轭于列强不平等条约之下,而未能解脱。此等不平等条约如不废除,则中国将永不能恢复其在国际上自由平等之位置。而长此以往,吾之国计民生,将必陷于绝无挽救之境界矣!"⑤

正是认识到不平等条约对民族独立和国家生存的严重危害,中国共产党提出了反帝废约的政治主张。中共二大提出"推翻国际帝国主义的压迫,达到中华民族完全独立","打倒国际帝国主义!"并详细列举了列强侵略中国的不平等条约的种种危害,阐述了这一政治主张的依据,如"掠取了中国辽广的边疆领土、岛屿和附属国,做他们新式的殖民地,还夺去许多重要口岸,做他们的租界,并自行把中国划成几个各自的势力范围圈,实行

---

① 陈独秀:《马尔塞斯人口论与中国人口问题》(1920 年 3 月 1 日),任建树等编《陈独秀著作选》第 2 卷,第 111 页。

② 陈独秀:《社会主义批评——在广州公立法政学校演讲》(1921 年 5 月 1 日),任建树等编《陈独秀著作选》第 2 卷,第 247 页。

③ 陈独秀:《对于现在中国政治问题的我见》(1922 年 6 月),《陈独秀文章选编》中册,三联书店,1984,第 186 页。

④ 陈独秀:《我们对于义和团两个错误的观念》(1924 年 9 月 3 日),《陈独秀文章选编》中册,第 574 页。

⑤ 李大钊:《狱中自述》(1927 年 4 月),《李大钊诗文选读》,第 332 页。

其专利的掠夺事业。在中国自己领土之内，三分之一的铁路为外国资本家的所有物，其他的铁路也是直接或间接由外国债权主人管理；外国的商轮是在中国的海口和内河里面自由行驶；邮电是受严密监督；关税也不是自主的，是由外国帝国主义者协订和管理的；这样，不但便利于他们的资本输入和原料的吸收，而且是中国经济生命的神经系已落在帝国主义的巨掌之中了"；"又掠得实际统治中国人的领事裁判权，并派遣军队、警察、军舰驻守于中国领土之内"；等等。总之，"中国已是事实上变成他们共同的殖民地了，中国人民是倒悬于他们欲壑无底的巨吻中间"。[①] 1922 年 6 月 15 日，中共在时局动荡中首先提出："改正协定关税制，取消列强在华各种治外特权，清偿铁路借款，完全收回管理权。"[②] 这是中共以党的名义第一次公开表示反帝废约。中共三大通过的党纲草案提出，"反对帝国主义反对军阀"，"取消帝国主义的列强与中国所订一切不平等的条约，实行保护税则，限制外国国家或个人在中国设立教会，学校，工厂及银行"。[③] 此后，在共产国际的指导下，中共始终把反对帝国主义的斗争放在第一位。

中国共产党提出的废除不平等条约的主张，逐渐成为中国社会的普遍诉求，其中又以废除列强的经济特权为首要。认为"中国和外国缔结的不平等条约很多，如片面的关税协议，领事裁判权，租界，驻兵，内河航行权，矿山开采权，铁路建筑权，以及各种特殊条约，都是丧权辱国的不平等条约，然而其中最重要的是片面的关税协议。因为其余的不平等条约，还不是普遍的，是局部的"。即使是领事裁判权，也只是"使外国人在中国便利些能了。他们的害处，还比较的轻"。而看关税不自主的害处，"那外国人民普遍的可以来侵夺中国的利益，中国人民普遍的受了苦痛。因此我们现在的经济，政治，社会，没有一方面，不受其莫大影响"。[④] 大革命后，社会舆论仍然认为，"不平等条约不取消，关税不能自主，都是我商业不能发达的致命伤"。经过五四运动及六三运动，民众"都认识帝国主义者之野

---

① 《中国共产党第二次全国代表大会宣言》（1922 年 5 〔7〕月），《中共中央文件选集》第 1 册，第 115—116、102—103 页。
② 《中国共产党对于时局的主张》（1922 年 6 月 15 日），《中共中央文件选集》第 1 册，第 45 页。
③ 《中国共产党党纲草案》（1923 年 6 月），《中共中央文件选集》第 1 册，第 141 页。
④ 陈启条讲演《关税自主与中国民放解放运动》，《京报副刊》1925 年 11 月 6 日。

心，现在希望关税自主，而后商业才可发达"。① 或指出，"在此打倒帝国主义的声浪当中，最紧要的便是'废除不平等条约'。为什么废除不平等条约便是最紧要呢？因为帝国主义最终的目的是在经济侵略，而不平等条约便是达到经济侵略的护符。他们根据或借口条约上的规定，便可以任意侵略他人的国家，以达其经济底剥夺"。"要想打倒帝国主义，便要废除不平等条约"，"中国废约运动成功，便是帝国主义的末日"。因为帝国主义最终的目的是经济侵略，"而不平等条约又为经济侵略的护符"。如果中国废约运动成功，"帝国主义便失去了经济侵略的护符，而其经济侵略便无所凭借，不能达到其经济侵略的目的"，其过剩商品和过剩资本就"无所销流"。这样，"他们的资本主义底社会，便要根本不能维持"。②

从历史源头来看，中国共产党反帝废约纲领的确立，承接了五四运动"外争主权"的精神。1924 年 4 月 19 日，陈独秀与毛泽东联名发表《中共中央第十三号通告》，要求必须发挥五四运动两个重要的意义，第一项便是"恢复国权运动"。③ 其后，毛泽东进一步阐发了五四运动的这一意义，在《新民主主义论》中肯定其"彻底地不妥协地反帝国主义"，完整地阐释了中共的反帝理论。孙中山及其领导的国民党也在中国共产党和共产国际的帮助下，明确提出反帝废约的主张，将其作为国民革命的基本纲领之一。废除不平等条约无疑是推翻帝国主义统治反帝纲领的核心诉求，并体现了从排外到反帝的实质性变化，这一转折正是通过五四运动的"外争主权"而实现的。"从前中国和列强所订畸形式的条约，很少反对的人，现在大多知道取消一切不平等条约，总之，以前在睡梦中的同胞，自从经过了五四运动，都觉悟了。"④

四　"内惩国贼"：推翻帝国主义统治的国内基础

如何推翻帝国主义的统治，是否仅仅进行单纯的对外斗争，这是近代

---

① 《反日会昨开六三纪念大会》，《申报》1928 年 6 月 4 日，第 13 版。
② 杨伟能：《废约运动与帝国主义》，《东山》（广东）第 2—3 期，1928 年。
③ 中共中央文献研究室编《毛泽东年谱（1893—1949）》上卷，中央文献出版社，2002，第 125 页。
④ 唐乃炘：《从经济的观点来衡量五四运动》，《时代青年（上海 1930）》第 36 期，1931 年。

革命史上反帝反侵略的基本问题之一。鸦片战争以后，中国人民未能认识到反帝反封建的同一性，或将列强作为单一的对象而忽略了其国内基础和依托，或将反对清朝统治与反侵略斗争分离。五四运动的"内惩国贼"口号，完善了反对外来侵略斗争的内涵，为中国反帝反封建的民主主义革命理论的形成提供了极具意义的启示。反帝反侵略斗争开始走出这一迷雾，与反封建紧密结合起来，从而别开生面，取得了前所未有的成效。

由于时代的局限，五四之前的民众反抗斗争未能将反侵略和反帝与反对国内封建统治者结合起来。如张太雷所说，中国民族运动的第一期，"是义和团式的原始的排外运动"。义和团失败后，开始了中国民族运动的第二期，"就是留学外国的中国学生与华侨推翻中国的坏政府而建设欧美式政治制度以谋中国的自强；辛亥革命就是这自强运动的总结"。[①]从鸦片战争开始的民众反侵略斗争，其目标基本是外来侵略者或外国人。从反入城、反洋教到义和团运动等，无不体现了这一特征。如义和团的"扶清灭洋"或"助清灭洋"口号，就是这一思想的反映。反对清朝的斗争也具有同样的特点，从太平天国战争到辛亥革命，则将主要目标放在国内封建统治者身上。虽然较为正规的资产阶级民主主义革命提出了较完整的革命纲领和理论，但亦存在这一局限。革命党人虽将"排外"视为"立国于天地之所极不可缺者"，但又认为"特今日而言排外，当先用之于满洲"。假使清政府"犹岿然在上，则虽拼命于晳人，犹之奴耳"。[②]他们集全力对付清政府，认为"吾人欲救中国之再亡，当以先除满虏后拒列强为不二之法门"。[③]傀儡既覆，民国既立，"彼欧美之列强，见吾民族之实力若此，唯有敛手而退耳"。[④]辛亥革命虽比前几次运动"进步得多了"，但"辛亥革命只成功了一个狭义的民族主义——排满，而未认清中国革命的真正敌人是帝国主义"。孙中山的民族主义没有提出反对帝国主义的口号和纲领，革命党人在反清斗争中，还"以侵犯外人为大戒"。[⑤]清政府被推翻后，孙中山在民国

---

① 张太雷：《五四运动的意义与价值》，《中国青年》第 77、78 期，1925 年。
② 阙名：《仇一姓不仇一族论》，《民报》第 19 号，1908 年。
③ 德如：《中国人之特别思想》（1919 年 1 月），章开沅等主编《辛亥革命史资料新编》第 5 卷，第 439 页。
④ 阙名：《仇一姓不仇一族论》，《民报》第 19 号，1908 年。
⑤ 超麟：《列宁主义——指导中国民族革命的理论》，《中国青年》第 25 期，1927 年。

初年甚至一度放弃了民族主义。

　　五四运动改变了中国革命的这一态势，在反对巴黎和会的同时提出的"内惩国贼"，开启了将解决国内反动势力与对外诉求结合起来的先河，为反帝反封建革命纲领的产生奠定了雏形。在这一思想及其实践的引导下，其后的反帝运动在理论上愈益走向成熟，形成了反帝必须反封建的结论。五四运动爆发后几天，《每周评论》载文对此做了阐释，谓："青岛交涉失败，一半因为各国不讲公理，一半因为我国办外交的人有意卖国。强国的外交无论蛮横狡猾到什么田地，也必定要得弱国的承认，要得弱国里面有人替他帮忙，才能够偿他的心愿。"青岛交涉失败，"没有一处不是我们中国人引虎入室的"，进一步说，"中国外交失败，无一处不是'卖国贼'播弄成熟的"。因此，"实行国民的外交，平民主义的外交，是一刻不容缓的"。① 五四运动通过实践体现这一"社会裁制"的精神，对于身居高位的卖国贼，以往人们"敢怒而不敢言"，而现在他们"神圣不可侵犯"的偶像被打倒了。由此向人们昭示，"想要中国有转机，非实行社会裁制不可！"②

　　中国共产党的先驱陈独秀等也产生了这一思想。五四运动前，陈独秀提出，"对内的觉悟和要求，是抛弃军国主义，不许军阀把持政权"。③ 接着，又主张"除三害"，即军人、官僚、政客，"中国若不除去这三害，政治能有清宁的日子吗？"还提出"扫荡无政见的无良心的依赖特殊势力为后援的狗党"。④ 此时，陈独秀反对军阀把持政权和除三害，还主要是从清除国内弊政的角度，尚未将其与反帝联系起来。五四运动后，随着山东问题内幕的披露，北京政府的丑行也公之于天下，"内惩国贼"与"外争主权"的密切关系亦为人们所认识。在五四运动爆发的当月，陈独秀便发表《山东问题与国民觉悟——对外对内两种彻底的觉悟》，阐发了反对卖国政府的主张。他说："我们国民因为山东问题，应该有两种彻底的觉悟。"除了对外，他还指出对内的觉悟，即"不能让少数人垄断政权的觉悟"。指出：

---

①　涵卢：《青岛交涉失败史》，《每周评论》第 21 号，1919 年 5 月 11 日。

②　毅（罗家伦）：《"五四运动"的精神》，《每周评论》第 23 号，1919 年 5 月 26 日，第 1 版。

③　陈独秀：《欧战后东洋民族之觉悟及要求》（1918 年 12 月 29 日），《陈独秀文章选编》（上），第 308 页。

④　陈独秀：《除三害》（1919 年 1 月 19 日），《陈独秀文章选编》（上），第 325—326 页。

"我们国民的生存权利，被历来政府当局断送的已不知有多少，又何止山东的一个青岛几条铁路。……若没有社会制裁，那自专利己贪得心，谁也不免，这就是一个或少数人专制政治所以不能存在的根本。"而根本救济的方法，"只有'平民征服政府'"。因为山东问题，这是我们应该有的对内"彻底的觉悟"。由这彻底的觉悟，应该抱定"平民征服政府"的宗旨。① 接着，陈独秀就究竟应当不应当爱国的问题，提出"要在大家热心盲从的天经地义之'爱国'声中，提出理性的讨论"。陈独秀更深入阐述了反对卖国政府的思想，指出："要问我们应当不应当爱国，先要问国家是什么。原来国家不过是人民集合对外抵抗别人压迫的组织，对内调和人民纷争的机关。善人利用他可以抵抗异族压迫，调和国内纷争。恶人利用他可以外而压迫异族，内而压迫人民。"而"我们中国是贫弱受人压迫的国家，对内固然造了许多罪恶，'爱国'二字往往可以用做搜刮民财压迫个人的利器，然后对外一时万没有压迫别人的资格。若防备政府利用国家主义和国民的爱国心，去压迫别国人，简直是说梦话"。他的结论是："我们爱的是人民拿出爱国心抵抗被人压迫的国家，不是政府利用人民爱国心压迫别人的国家"；"我们爱的是国家为人民谋幸福的国家，不是人民为国家做牺牲的国家"。② 随后，陈独秀又说，五四运动"实为国民运动之嚆矢，匪可与党派运动同日而语"，国人由此进入"觉悟之时期"，而"此等觉悟之进程，以系由外交而及内政，由内政而至社会组织者"。③ 显然，陈独秀感到五四运动不是一个单纯的对外运动，而是"由外交而及内政"的运动。同时，他看到了这一问题的症结所在，对维护国权与国家政府的善恶之间的关系做了深刻的论析，为推翻国内反动统治者提供了依据。

李大钊则直接从山东问题的视角，斥责国内反动政府的卖国行为和错误的外交政策，提出改变这一状况的信誓。他指出，"强盗政府们要根据着秘密外交拿人类正当生活的地方，当作他们私相授受的礼物，或送给那一

---

① 陈独秀：《山东问题与国民觉悟——对外对内两种彻底的觉悟》（1919 年 5 月 26 日），任建树等编《陈独秀著作选》第 2 卷，第 17—19 页。

② 陈独秀：《我们究竟应当不应当爱国》（1919 年 6 月 8 日），任建树等编《陈独秀著作选》第 2 卷，第 22—24 页。

③ 陈独秀：《在〈国民〉杂志成立周年大会上的致词》（1919 年 11 月），任建树等编《陈独秀著作选》第 2 卷，第 27 页。

个强盗国家、强盗政府，作扩张他那强盗势力的根据。无论是山东，是山北，是世界上的什么地方，我们都不承认，都要抗拒的"。他批评历届政府，"历来对外的信条，总是'以夷制夷'；对内的信条，总是'依重特殊势力'。这都是根本的大错。不知道有几多耻辱、哀痛、失败、伤心的陈迹，在这两句话里包藏"。中国丧权辱国，"这作恶的人，不仅是曹、章、陆一班人，现在的世界仍然是强盗世界啊！日本人要我们的山东，政府答应送给他，都还不算我们顶大的耻辱。我们还是没有自立性，没有自决的胆子，仍然希望共同管理，在那'以夷制夷'四个大字下讨一种偷安苟且的生活，这真是民族的莫大耻辱啊！"①

中国共产党成立后，五四运动的这一精神得以进一步传播，对内反对反动政府或"强盗政府"进一步明确为"打倒军阀"。中共二大提出了民主革命纲领，对军阀与帝国主义的关系做了分析。如吴佩孚是"英、美帝国主义者站在他的后面"，张作霖则"自然是日本帝国主义者为其后盾"，"为日本帝国主义利用做专心掠夺满、蒙的刽子手"，吴佩孚则是"亲美派的官僚"，等等。帝国主义者"利用军阀，阻挠中国资产阶级的发展，造成军阀势力下之有名无实的统一政府做英、日、美的共同工具"。因此，"真正的统一民族主义国家和国内的和平，非打倒军阀和国际帝国主义的压迫是永远建设不成功"。二大宣言提出："打倒军阀"，"推翻国际帝国主义的压迫，达到中华民族完全独立"，"打倒国际帝国主义！"② 陈独秀对此做了更深入的阐释，说：军阀们所以存在，绝非偶然，他们有强大的基础，其中之一便是"国外帝国主义者的后援"，"帝国主义是资本主义发达的最高形式，他是依靠掠夺殖民地及半殖民地而生存而荣华，所以自来各帝国主义者都不愿被他们压迫的民族能够自强，他们在殖民地半殖民地所采用的政策，总是扶助比较黑暗的旧势力，扑灭国民运动的新势力，在中国极力帮助袁世凯、段祺瑞压迫民党，这是以往的明证；现在对于地方的军阀还是明扶

---

① 李大钊：《秘密外交与强盗世界》（1919 年 5 月 18 日），《李大钊全集》第 2 卷，第 337—339 页。

② 《中国共产党第二次全国大会宣言》（1922 年 5〔7〕月），《中共中央文件选集》第 1 册，第 109—110、115—116 页。

暗助"。① 这一分析揭示了军阀与帝国主义的关系,说明两者已结成联盟,必须同时打倒。另一方面,要打倒军阀,就必须打倒帝国主义,"必须做民族独立运动,排除外国势力,造成自主的国家,以根绝军阀之后援"。有的人认为,"只须做拥护民权打倒军阀的运动,不必牵扯到反对帝国主义,多树敌人"。陈独秀批评说:"他们不知道中国在国际地位还不是一个独立自主的国家,军阀自身究竟没什么真实力量,他们的屡次战争背后都伏有列强间势力竞争的意义。所以我们固然要根本上反抗列强在中国政治上经济上的一切侵略,而目前最急的是要抵死反抗他们以各种名义的外债直接或间接供给军阀。"②

在这个时期,其他中共领导人也阐述了同样的看法。瞿秋白指出,五四运动"是中国民族自觉的一大进步","此后的民族革命运动便能有群众的、广大的范围;渐渐的将以前模糊的革命政纲变成很明了的革命口号——反对一切军阀,推翻帝国主义"。辛亥革命时期,"满洲贵族及士绅阶级是帝国主义的工具","孙中山要以农民阶级及游民无产阶级的联盟反抗他们"。辛亥革命以后,"农工阶级及一切平民的仇敌却是军阀阶级及买办阶级"。经过几十年的苦经历,"中国民族革命运动再明白的宣言'今后的革命,目的要在推翻帝国主义'",由此,"'废除不平等条约'的呼声便充实了孙中山的革命事业的内容"。③ 也就是说,经过"几十年的苦经历",推翻帝国主义与反对国内反动阶级,已成为革命的任务和目标。其他中共领导人也对这一历史任务和目标做了阐释。如张太雷说:自五四运动开始,"中国民族运动入了他的第三期。中国的民族运动自从五四运动才渐渐变成近代的民族运动——有组织的群众的反帝国主义与军阀的运动"。"但是无论五四运动如何失败,五四运动实开中国革命的新纪元。"④

从五四时期要惩处的"国贼"到后来要打倒的"军阀",其名目虽有差异,但均秉具与帝国主义沆瀣一气的卖国内涵。进而,中国共产党人又将

----

① 陈独秀:《怎么打倒军阀》(1923 年 4 月 28 日),任建树等编《陈独秀著作选》第 2 卷,第 437 页。

② 陈独秀:《怎么打倒军阀》(1923 年 4 月 28 日),任建树等编《陈独秀著作选》第 2 卷,第 438—439 页。

③ 瞿秋白:《孙中山与中国革命运动》(1925 年 3 月),《瞿秋白论文集》,第 133—134 页。

④ 张太雷:《五四运动的意义与价值》,《中国青年》第 77、78 期,1925 年。

其与封建主义联系起来。1925 年 9 月，瞿秋白将"军阀"定为"封建"性质，撰文指出，"中国国内日趋于死灭的封建军阀，也已经比满清贵族更加丧失了好几倍的独立性；他们的存在和统治已经不能不完全依赖帝国主义，完全做帝国主义的走狗"。当国内民族解放的要求一天天"迫切起来"，"反帝国主义反军阀的运动自然一天一天的普遍起来"，这是"从五四运动以来"发展起来的革命斗争。① 1929 年 3 月，李立三指出，资产阶级在欧战期间便感到，"要使自己发展，非排斥帝国主义不可"，这种思想的反映，"便造成空前的五四反帝运动"。北洋军阀勾结帝国主义共同压迫而导致反帝运动失败，资产阶级也认为，"要反对帝国主义，非打倒帝国主义的工具封建贵族阶级的北洋军阀不可"。② 到 30 年代，瞿秋白更是明确指出，"'五四'的遗产是什么？是对于封建残余的极端的痛恨，是对于帝国主义的反抗"，无产阶级"决不放弃五四宝贵的遗产"，因为"无产阶级是唯一的彻底反抗封建残余和帝国资本主义的阶级"。只有无产阶级，"才是真正能够继续伟大的五四精神的社会力量！"③ 此外还有类似的说法，认为五四运动"一方面是基于'民族'的立场上开始'反帝'运动，一方面是继续予封建势力以掊击，进一步奠定资本主义文化的基石"。④ 这里，瞿秋白不仅进一步提出"彻底反抗封建残余和帝国资本主义"的概念，而且指出只有无产阶级才能承担这一历史使命。

　　瞿秋白和李立三均将革命对象"军阀"定性为封建，可说是此后反封建的先声，随后这一主张被明确提了出来。1936 年，张闻天在延安组织编写《中国现代革命运动史》，作为陕北公学的教材，指出"五四运动是反帝反封建的民族民主的群众革命运动"，因为"五四运动是反对日本帝国主义……的民族独立运动，同时也是主张民主、主张自由平等、反对封建思想与封建势力的一种民主运动"。⑤ 由打倒军阀和打倒国际帝国主义，到"彻底反抗封建残余和帝国资本主义"，再到"反帝反封建"，这一反帝暨民主革命的

① 秋白：《义和团运动之意义与五卅运动之前途》，《向导》第 128 期，1925 年 9 月 7 日。
② 立三：《目前政治形势的分析与我们的中心任务》，《布尔塞维克》第 5 期，1929 年 3 月 1 日。
③ 瞿秋白：《五四和新的文化革命》，《北斗》第 2 卷第 2 期，1932 年 5 月 20 日。
④ 静子：《纪念五四》，《申报》1933 年 5 月 4 日，第 16 版。
⑤ 张闻天编著《中国现代革命运动史》，中国人民大学出版社，1987，第 131 页。

理论经过一段时期的演变，已成了明确的概念。

在此基础上，作为中共领袖的毛泽东更深刻地揭示了五四运动的意义，完整地阐释了反帝反封建理论。1939 年 5 月 1 日，毛泽东发表《五四运动》一文，指出："二十年前的五四运动，表现中国反帝反封建的资产阶级民主革命已经发展到了一个新阶段。"[①] 又特地指出："五四运动所反对的是卖国政府，是勾结帝国主义出卖民族利益的政府，是压迫人民的政府。"并分析中国革命的对象，说"一个是帝国主义，一个是封建主义"。[②] 在随后的《中国革命和中国共产党》一文中，毛泽东再次对中国革命的主要对象或主要敌人做了更具体的分析，说："不是别的，就是帝国主义和封建主义，就是帝国主义国家的资产阶级和本国的地主阶级。"压迫和阻止中国社会向前发展的主要的东西，"正是它们二者"。二者互相勾结以压迫中国人民，"而以帝国主义的民族压迫为最大的压迫，因而帝国主义是中国人民的第一个和最凶恶的敌人"。中国革命的任务，"主要地就是打击这两个敌人，就是对外推翻帝国主义压迫的民族革命和对内推翻封建地主压迫的民主革命，而最主要的任务是推翻帝国主义的民族革命"。对这两个任务的关系，毛泽东做了深入分析，说："中国革命的两大任务，是互相关联的。如果不推翻帝国主义的统治，就不能消灭封建地主阶级的统治，因为帝国主义是封建地主阶级的主要支持者。反之，因为封建地主阶级是帝国主义统治中国的主要社会基础，而农民则是中国革命的主力军，如果不帮助农民推翻封建地主阶级，就不能组成中国革命的强大的队伍而推翻帝国主义的统治。所以，民族革命和民主革命这样两个基本任务，是互相区别，又是互相统一的。"[③]

由上可见，由五四运动的"内惩国贼"发展到"反封建"，即反对"本国的地主阶级"，这一理论更为成熟完善。虽然革命对象的表述或基本概念有所不同，但其内涵是一脉相承的。"反封建"是对"内惩国贼"和"打倒军阀"的本质概括，两者具有同一性，前者是整体的抽象表述，后者是不同时期的具体指向。其中，"反帝"属于"民族革命任务"，"反封建"属

---

① 《五四运动》（1939 年 5 月 1 日），《毛泽东选集》第 2 卷，第 558 页。
② 《青年运动的方向》（1939 年 5 月 4 日），《毛泽东选集》第 2 卷，第 561、562 页。
③ 《中国革命和中国共产党》（1939 年 12 月），《毛泽东选集》第 2 卷，第 633、637 页。

于"民主革命任务"。"反帝反封建"是毛泽东在抗战时期提出的，同时，他又指出此阶段的革命对象，"一个是日本帝国主义，再一个是汉奸。要革命一定要打倒日本帝国主义，一定要打倒汉奸"。① 中国的民族革命任务，"主要地是反对侵入国土的日本帝国主义，而民主革命任务，又是为了争取战争胜利所必须完成的，两个革命任务已经联系在一起了"。两者相辅相成，密不可分，将它们分为截然不同的两个革命阶段的观点"是不正确的"。② 显然，"反帝反封建"的提出，反映了五四运动"内惩国贼"主张的发展和科学化，标志着近代反帝理论的形成。

五　余论

由此可见，中国近代反帝理论的产生，与五四运动有着密不可分的联系，或是其斗争精神和基本诉求的继续与发展，或是在这个时期产生的。这一理论的产生，又与马克思主义在中国的传播密不可分，并为民族复兴提供了思想理论武器。

近代反帝理论内容丰富，涉及政治、经济、文化、社会、外交、军事等方面，以上仅就五四运动所涉部分内容做了阐述。这些无疑是近代反帝理论中的主要内容，反映了中国反帝斗争和革命运动中的基本问题，此外还涉及其他方面。如五四运动是民众反帝革命运动，采取"直接行动"的斗争方式。陈公博说，经过五四运动，"我国便有了真正的民众运动，国民也有了熹微的觉悟"，此后"踔厉发扬，再接再厉"。③ 瞿秋白亦说，"中国民众革命运动的开始，可以说是从五四时代开始的"，"中国国民革命运动的发端，正是在于五四时代"。④ 陈独秀起草的《北京市民宣言》提出："我等学生、商人、劳工、军人等，惟直接行动，以图根本之改造。"⑤ 后来

---

① 《青年运动的方向》（1939年5月4日），《毛泽东选集》第2卷，第562页。
② 《中国革命和中国共产党》（1939年12月），《毛泽东选集》第2卷，第637页。
③ 陈公博：《五四运动的回忆和感想》（1921年5月5日），中共一大会址纪念馆编《中共一大代表早期文稿选编》（下），上海人民出版社，2011，第1277页。
④ 瞿秋白：《国民革命运动中之阶级分化》（1926年1月29日），中共中央文献研究室中央档案馆编《建党以来重要文献选编（1921—1949）》第3册，中央文献出版社，2011，第13、15页。
⑤ 《北京市民宣言》，《民国日报》1919年6月14日。

他进一步解释说，五四运动与前此爱国运动有不同的地方，"就是五四运动特有的精神。这种精神就是：（一）直接行动；（二）牺牲精神。直接行动，就是人民对于社会国家的黑暗，由人民直接行动，加以制裁，不诉诸法律，不利用特殊势力，不依赖代表"。一战后，中国人有两个教训，其一就是"人民有直接行动的希望"，"五四运动遂应运而生"。① 李大钊亦说，"五月四日这一天，是中国学生界的'May Day'。因为在那一天，中国学生用一种直接行动反抗强权世界"。他期望"把这种精神光大起来，依人类自由的精神扑灭一切强权，使正义、人道，一天比一天的昌明于全世界"。② 瞿秋白也说，"五四运动，一方面反对卖国亲日的官僚和军阀——安福系曹章陆等，以革命的群众的直接行动袭击这些反动派，别方面很明显的提出废除二十一条，收回青岛等要求"。③ 此外，五四运动又促进了文化领域的反帝运动，如毛泽东所说，五四以后，中国产生了完全崭新的文化生力军，"这个文化生力军，就以新的装束和新的武器，联合一切可能的同盟军，摆开了自己的阵势，向着帝国主义文化和封建文化展开了英勇的进攻"，"其声势之浩大，威力之猛烈，简直是所向无敌。其动员之广大，超过中国任何历史时代"。"这种新民主主义的文化是民族的。它是反对帝国主义压迫，主张中华民族的尊严和独立的。"④

由上所述，五四运动对于民众反帝和文化反帝的思想理论均具开创推进之功。无论是肯定和赞成与否，五四运动都是"中华民国开国以来第一件大事"，"为中国的社会史上开一个新纪元，为中国的思想史上起一个新变化"。⑤ 五四运动的爆发，把"黑暗和沉寂打破了"，⑥"国民好像才从梦中惊醒"，"才渐渐的将这种救亡图存的责任，担负起来，走上革命一条路上"。⑦ 国人渐多觉悟，"对于内除国贼，外抗强权，以图吾民独立自主之信

---

① 陈独秀：《五四运动的精神是什么——在中国公学第二次演讲会上的讲演》（1920年4月22日），任建树等编《陈独秀著作选》第2卷，第130—131页。
② 李大钊：《中国学生界的"May Day"》（1921年5月4日），《李大钊全集》第3卷，人民出版社，2006，第292页。
③ 瞿秋白：《五四纪念与民族革命运动》（1925年4月），《瞿秋白论文集》，第147—148页。
④ 《新民主主义论》（1940年1月9日），《毛泽东选集》第2卷，第706页。
⑤ 罗家伦：《一年来我们学生运动底成功失败和将来应取的方针》，《新潮》第4号，1920年。
⑥ 《首都各界之五四纪念》，《申报》1928年5月6日。
⑦ 钱竞雄：《五四运动的价值》，《女钟》第14期，1929年。

念，殆归一致，于是打破帝国主义，取消一切不平等条约之运动，遂成风起云涌，无可阻遏之势"。中国社会的目标和诉求，概而言之，"就是废除一切不平等条约！"① 诸如此类，不一而足，说明五四运动作为反帝爱国运动，对近代反帝理论的产生和形成具有重大意义。如李大钊所说，"不要把他看狭小了，把他仅仅看做一个狭义的爱国运动的纪念日。我更盼望从今以后，每年在这一天举行纪念的时候，都加上些新意义"。② 梁启超亦谓，五四运动是"国史上最有价值之一纪念日"，③ 对其予以高度肯定。正因如此，尽管五四运动存在种种局限，但它开启了中国革命史的新时代，并持续不断地给后世以新的启迪。

列强或帝国主义侵略，是近代中国最重要的事件，由此引致了种种问题，反对列强或帝国主义侵略也就成为这一历史时期的根本目标。正因如此，中国近代社会的两大基本矛盾，以及其他各种矛盾中，"帝国主义和中华民族的矛盾，乃是各种矛盾中的最主要的矛盾"。④ 反帝或反对外国侵略，无疑是中国社会的根本诉求，而反帝理论则是中国革命最基本的理论，其他理论或由此衍生，或与此息息相关。这一理论又是中国革命理论的核心，在中国共产党的民主革命纲领中，反对帝国主义列在第一位。因为中华民族的生存和发展，无疑是中国社会最现实最急迫的需要，也由此彰显出中国共产党是代表全民族利益的政党。

纵观近代中国的反侵略和反帝斗争史，经历了从"排外"到"反帝"的变化，而五四运动无疑是这一变化的转折点。在某种意义上，"排外"与"反帝"具有相同的性质，但两者有着根本性差异。前者是一种感性的直观的反侵略斗争，尤其是笼统排外，"切齿外人"，"习攘夷之旧说"，"杀洋人，毁教堂，攻使馆，戕公使"，"其视外人也如毒蛇，如猛兽，如大火，如怨贼"。这一类排外者，并非"痛国势之屈辱，愤主权之见夺，争国民之人权，发愤而起求独立也"。⑤ 同时，排外又反映了各个阶级阶层不同利益

① 柳克述：《自主决非排外》，《学生杂志》第8期，1925年。
② 李大钊：《中国学生界的"May Day"》（1921年5月4日），《李大钊全集》第3卷，第292页。
③ 梁启超：《"五四纪念日"感言》，《晨报》1920年5月4日。
④ 《中国革命和中国共产党》（1939年12月），《毛泽东选集》第2卷，第631页。
⑤ 伤心人（麦孟华）：《排外平议》，《清议报》第68册，1901年1月1日。

的愿望，因此有不同的表现形式和走向。如瞿秋白所说，"满洲贵族，士绅阶级，以及平民阶级——或所谓第三阶级及农民阶级，在民族自觉的初期，本有反抗'外国'的共同倾向"。不过，"在历史的经济的政治的发展过程中，各阶级在总的反抗列强的倾向里，渐渐暴露各阶级自己的本性，各阶级都想利用这一反抗专图自己的利益"。如满洲贵族——尤其是在庚子之役之后，"只有倒到列强的怀中，努力媚外，以求自存"。① 这一源于"攘夷"意识的"排外"，又随着时局变化而转向另一个极端，清政府的惧外媚外正是"攘夷"意识的变转，也可说是传统"排外"的另一种走向。彼在"攘夷"意识下，"必求使外人之足绝迹于吾国之中，一排再排，而势不敌，悚然于排外之可以召祸也，则一变而为服从主义。劫于外人之威，怵于外人之势。知我之必非彼敌，黠者乃急假其威势以自固，资之为保护，椅之为生活。下者思安其生产，上者谋保其富贵"。② 正是由于"昔时排外之策未工，不能有功，而反受其过，故一变其排外之手段，而勉为此媚外之手段，以求旦夕之安而已"。③

与排外不同，"反帝"是一种理性的、科学的反抗外来侵略的理论和方针，反映了新的时代需要，是新的阶级和政党代表中华民族、顺应世界潮流，为实现国家与民族的独立和自由而提出的革命纲领和方案。反帝理论主张产生后，中国的反侵略斗争在思想认识上走出了误区。一方面，粗陋、直观的笼统排外被否定。人们已明白，"中国国家独立与自由的障碍和束缚"，是外国列强在华享有的各种特权，而不是"外国个人在中国境内传教和通商"。我们"所要打倒的是外国商人教士背后的国家势力，并不是要打倒外国商人教士本身"。因此，出于"报复的感情"而"把'洋鬼子'赶走，洋教堂烧毁"等野蛮手段，"决不采用"。④ 另一方面，对于列强仍以"排外"相诬蔑，则予以有力驳斥，指出，这是"为打破帝国主义，废除不平等条约而运动者"，"完全是为着中华民族的自主"，"是本着世界民族平等存在的精神和正义"，"而不是无理取闹的排外"。⑤ 不

---

① 瞿秋白：《孙中山与中国革命运动》（1925 年 3 月），《瞿秋白论文集》，第 26 页。
② 伤心人（麦孟华）：《排外平议》，《清议报》第 68 册，1901 年 1 月 1 日。
③ 《论中国民气之可用》，《时报》乙巳六月十三日。
④ 召：《仇教排外与民众运动》，《现代评论》第 5 卷第 112 期，1927 年 1 月 29 日。
⑤ 柳克述：《自主决非排外》，《学生杂志》第 8 期，1925 年。

论是从"立国的原则"还是"从人道公理"的角度，"全然在于情理之内的"，"须知'排外'与要求'自己独立'是截然两样的"。如果承认一国应有独立自主权的，那么"要求取消各国对于我们的不平等待遇就不应该说是'排外'！"①

反帝主张和理论是对传统排外思想的扬弃，抛开了以往的错误观念，从根本上改变了传统对外立场。中共中央指出："近百年的中国外交史，中国人在民族立场上曾有过两种错误观念。在义和团事变前，排外的观念占上风，其后惧外的观念占上风。"② 以中国共产党为主导，在民族复兴的伟大斗争中提出和建立了反帝主张和理论，使中国革命出现了新的格局和态势。这一主张和理论发轫于反帝实践的五四运动，经过中国共产党人和其他爱国人士的阐发，在总结鸦片战争以来的中国革命斗争历程的基础上最终形成。毛泽东说，"打倒帝国主义的口号和整个中国资产阶级民主革命的彻底的纲领，是中国共产党提出的"。③ 在争取民族自由和国家独立的斗争中，中国共产党继承和发扬五四精神，吸收列宁的民族和殖民地理论，将其融入民主革命纲领之中，创立了自己的反帝理论。这一理论摆脱了传统排外思想的缺陷，建立在对帝国主义的科学分析的基础之上，坚持推翻帝国主义统治的根本宗旨，扣准废除不平等条约的基本内涵，并与反对帝国主义统治的国内基础，即与反对封建主义结合起来，成为摆脱百年屈辱、复兴中华民族、建立新中国的指导思想。

与此不同，国民党在大革命时期，虽在中共和共产国际的影响下接受了反帝主张，但随着右倾化而逐渐偏离了五四运动的精神。中国共产党提出的反帝主张和理论，成为中国革命和中国社会的指导思想。国民党人承认，"从我们开始提倡打倒帝国主义直到现在，在关于这一类的宣传和解释，大概都被共产党包办了。国民党的理论虽和共党的不同，但是对帝国主义的解释，却是跟着他们一路走的"。④ 随着革命运动的深入发展，国民党在统治全国后虽未抛弃"反帝"口号，但对五四运动的态度很快发生变

---

① 樵路：《葛洛生氏口中的中国排外运动》，《民国日报·觉悟》1925年10月8日。

② 《中央关于外交工作指示》（1944年8月18日），中央档案馆编《中国共产党抗日文件选编》，中国档案出版社，1995，第440页。

③ 《新民主主义论》（1940年1月9日），《毛泽东选集》第2卷，第673页。

④ 宙康：《日帝国主义者侵略之特性——土地侵略》，《中国公论》（上海）第4期，1937年。

化，尤其对中共承继五四精神深为忧惧。国民党当政期间，"即在抗战时期，上层人士的惧外观念仍很浓厚"。[1] 国民党上海特别市党务指导委员会宣传部制定的《五四纪念宣传大纲》说，五四运动作为民众对外交事件的直接行动，"现在却不能用而且也用不着了"。现在国民政府"决计不会闹出什么乱子，所以民众的直接行动实在用不着"。大纲诬称，这是"军阀时代的老把戏"，共产党"利用民众做他的猫脚爪来捣乱"，"所以民众的直接行动现在实在不能用"。[2] 国民党候补中央执行委员，后来沦为汉奸的缪斌说，五四以后，学生在社会上占了极重要的地位，"只可惜后来仅有一部分青年加入本党努力革命，而有些竟走到共产的错路上去，因此而起了很大的纠纷"。指责青年学生"走入了共产的歧途，有些坠入了腐化的渊薮，实堪痛心"。[3] 戴季陶指责五四运动"根本上陷于一个大大的错误"，使中国青年由"朦胧的高热""生出许多不正确的思想和信仰"，走向"偏激共产主义"的错路。因此，五四运动虽有成功，但"也有很大的失败"。[4] 国民党中宣部亦称，五四运动以后，青年同胞被共产党"大施其诱惑催眠之伎俩"，"走入反社会反民族利益的歧途"而"被人误会怀疑及漠视"，"何等痛心"。[5] 对于国民党"从前奖励学生运动"，"现在限制学生运动"，蒋介石解释"前后态度两歧"为：打倒帝国主义，"须要有极周密的准备，极刻苦的努力，那就少不了知识和学问"。因此，"青年们分内应尽的责任"，便是"努力求知"，"回归到教室和书本上面"。[6] 他认为五四运动以后青年的倾向造成"不良国民性"，因此"提倡新生活运动，集以挽我将丧亡的民性，为复兴民族的根基"。[7] 蒋介石对五四运动的不满与日俱增，1943 年甚至"称之为'亡国的五四运动'"。[8] 经蒋介石批示，该年三青团第一次全

---

① 《中央关于外交工作指示》（1944 年 8 月 18 日），《中国共产党抗日文件选编》，第 440 页。

② 《五四纪念宣传大纲》，《民国日报》（上海）1928 年 5 月 3 日。

③ 《首都各界之五四纪念》，《申报》1928 年 5 月 6 日。

④ 戴传贤：《五四运动的功过与今后的趋向》（1929 年 5 月 4 日），《革命先烈先进阐扬国父思想论文集》第 2 册，第 1302 页。

⑤ 《中央宣传部为纪念五四运动告全国青年书》，《申报》1930 年 5 月 1 日。

⑥ 《今日青年的地位及其前途》（1929 年 7 月 1 日），叶青编《蒋委员长讲青年之责任》，芷江出版社，1945，第 101—102 页。

⑦ 《黄仲翔致训词》，《申报》1934 年 7 月 13 日，第 11 版。

⑧ 《郑天挺西南联大日记》下册，俞国林点校，中华书局，2018，第 760 页。

国代表大会决定不以五四而以 3 月 29 日为全国青年节。① 随后又指责共产党发动学生运动，是"抄袭五四运动的旧文章"，"完全是文不对题"，"是阻挠革命，破坏抗战，就是汉奸，就是出卖国家的罪人!"②

在近代中国的历史进程中，五四运动无疑具有开启新时代的意义，这是由它本身所蕴含的性质所决定的，而并非因为后人的发掘和阐释。从根本上说，它是中国历史发展的必然要求，中华民族所遭受的外来侵略的种种灾难，在新的历史条件下将引致具有新的性质的反抗斗争，五四运动可说是势所必然和应运而生。胡适曾郑重地说：五四运动由"思想、文化的运动变为政治的性质"，"这不能说是一个错误，而应认为是历史的趋势"。③中国人民对于帝国主义的认识，"第一阶段是表面的感性的认识阶段，表现在太平天国运动和义和团运动等笼统的排外主义的斗争上"；"第二阶段才进到理性的认识阶段，看出了帝国主义内部和外部的各种矛盾，并看出了帝国主义联合中国买办阶级和封建阶级以压榨中国人民大众的实质"，而"这种认识是从一九一九年五四运动前后才开始的"。④ 辛亥革命未能完成它的历史任务，使这一认识发生变化，如黎琴南所指出，在五四结成狂潮，形成"突变"局面，也由此决定了五四运动复杂的历史任务。⑤ 如毛泽东所说，"五四运动是反帝国主义的运动，又是反封建的运动。五四运动的杰出的历史意义，在于它带着为辛亥革命还不曾有的姿态，这就是彻底地不妥协地反帝国主义和彻底地不妥协地反封建主义"。这一评述剖析了五四运动的内在性质，正由于此，它才能产生深远的历史影响，后人也不断发掘出它的价值。作为中国新民主主义革命的开端，五四运动发生于帝国主义和无产阶级革命时代，从这一意义上说，又是"当时无产阶级世界革命的一部分"。⑥

---

① 《三青团始末》，魏宏运主编《民国史纪事本末》第 5 册，辽宁人民出版社，1999，第 371 页；罗福惠、朱英主编《辛亥革命的百年记忆与诠释》第 1 卷，华中师范大学出版社，2011，第 253 页。

② "蒋介石在三民主义青年团第一届中央干事会第三次全体会议上的演讲"，1945 年 4 月 23 日，朱汇森主编《中华民国史事纪要（初稿）》，台北，"中央"文物供应社，1986，第 1166 页。

③ 城北：《胡适先生五四谈》，《雪风》第 3 期，1947 年。

④ 《实践论》（1937 年 7 月），《毛泽东选集》第 1 卷，人民出版社，1991，第 289 页。

⑤ 黎琴南：《"五四运动"史的检讨》，《中国青年》（重庆）第 4 期，1940 年。

⑥ 《新民主主义论》（1940 年 1 月 9 日），《毛泽东选集》第 2 卷，第 699 页。

　　五四运动开启了中国"民族解放运动一条大道",由此为近代反帝主张和理论提供了雏形,其后不断完善。"中国民众之认识反帝国主义和卖国军阀为真正的敌人,是自五四运动开始。"① 如罗家伦所说,"凡是一件历史的事迹,时代隔离得愈远,其意义和影响,看得愈清楚"。五四运动也是如此,"他的意义是愈远愈能明了的"。五四运动虽与新文化运动有着密切联系,但"终究是两回事",就其本身而言,它是一个爱国政治运动,其最重要的意义也正在此。它"不是学潮",而是"国民革命运动",其"'外争国权,内除国贼'两句话","成为支配中国二十三年来一切政治外交的口号"。国民革命时期的"取消不平等条约"和"打倒北洋军阀"两个口号,也正是基于这一意义。② 其后,随着革命运动的发展,对五四运动本质的认识进一步深化、升华,并形成了反帝反封建的新民主主义革命理论。

　　近代反帝理论的产生与完善,伴随着马克思列宁主义在中国的传播,反映了这一过程及其中国革命的基本特点。中国在近代遭受列强的侵略和压迫,反对帝国主义是最重要的历史使命,是中国摆脱半殖民地局面走上民族复兴的前提。正是这一现实需要,促进了马列主义有关帝国主义以及民族和殖民地理论的传入,这不仅反映出马列主义适应了中国社会的需要,而且还体现出其与中国革命实践相结合的特点。五四运动促进了马克思主义在中国的传播,为中国革命最基本理论的形成奠立了基础,并为中国共产党的成立准备了最重要的条件,由此为中华民族的复兴提供了强大的思想理论武器和核心力量。

---

① 《中华民国学生联合会总会五四纪念告全国同学书》,《中国学生》第 25 期五四纪念特刊,1926 年。
② 罗家伦:《从近事回看当年》,《世界学生》第 6 期,1942 年。

五四运动与中国马克思主义
政治哲学的开启

李维武[*]

1919 年发生的五四运动，距今已整整 100 年了。百年之间，岁月沧桑，神州巨变，五四运动对于中国社会历史所投下的巨大影响，在时间的推移中不是被消退、被磨灭，而是愈加鲜明、更为深刻地显示出来。以五四运动为起点，所开启的马克思主义哲学在中国的大规模传播，以及由此而来的中国马克思主义政治哲学的开展，直到今天仍然充满活力地延续着，即是这种影响经久不衰的体现。早在五四运动 20 周年之际，毛泽东就在总结这一运动的文化意义时指出："在'五四'以后，中国产生了完全崭新的文化生力军，这就是中国共产党人所领导的共产主义的文化思想，即共产主义的宇宙观和社会革命论。"[①] 十年之后，在五四运动 30 周年之际，毛泽东面对中国革命的伟大胜利，再次强调了五四运动后中国人精神世界这一新变化的重要意义。他说："从一八四〇年的鸦片战争到一九一九年的五四运动的前夜，共计七十多年中，中国人没有什么思想武器可以抗御帝国主义"[②]；但是五四运动后这种情况就发生了根本性变化，帝国主义及其文化"一遇见中国人民学会了的马克思列宁主义的新文化，即科学的宇宙观和社

---

[*] 李维武，武汉大学哲学学院教授。

[①] 毛泽东：《新民主主义论》，《毛泽东选集》第 2 卷，人民出版社，1991，第 697 页。

[②] 毛泽东：《唯心历史观的破产》，《毛泽东选集》第 4 卷，人民出版社，1991，第 1513—1514 页。

会革命论，就要打败仗"。① 毛泽东所说的"共产主义的宇宙观"和"科学的宇宙观"，是指马克思主义哲学的辩证唯物论和历史唯物论；而他所说的与这一世界观相联系的"社会革命论"，则是指马克思主义政治哲学。在他看来，五四运动之所以成为中国革命由旧民主主义革命转变为新民主主义革命的关节点，不仅在于从那时起中国革命的阶级力量和领导者发生了历史性变化，而且在于从那时以来中国革命有了这种崭新的宇宙观和政治哲学作为指南。正是这样，回溯百年前中国马克思主义政治哲学的开启，考察其进路，发掘其内涵，总结其得失，以此昭显五四运动的文化意义与精神遗产，启示中国马克思主义政治哲学在 21 世纪的新开展，正是对五四运动 100 周年的一个很好纪念。

一　五四运动：新文化运动从"不谈政治" 到"谈政治"的转折点

　　五四运动之所以成为中国马克思主义政治哲学的起点，在于这一运动促成了新文化运动阵营的分化，从新文化运动的领袖人物和投身这一运动的新青年中，走出了一代中国早期马克思主义者。中国早期马克思主义者不再只是致力倡导新文化的文人书生，而是集革命家与学问家于一身的知识精英。作为革命家，他们创建了中国共产党，发起了延续至今的中国共产主义运动；作为学问家，他们为这个党、这个运动提供了指导思想和哲学基础，使这个党、这个运动从一开始就在马克思主义哲学指导下发展起来。与鸦片战争以来向西方寻找救国救民真理的各种先进人物不同，他们开始以马克思主义哲学作为新的世界观和方法论，观察中国的历史与现实，思考中国的困境与出路，来回答"中国向何处去"这一时代大问题，进而以唯物史观作为基础和出发点，对革命、阶级、国家、政党诸政治问题进行了哲学层面的思考和探讨，由此开启了中国马克思主义政治哲学的最初进程。因此，中国马克思主义政治哲学，从一开始就是马克思主义哲学与中国革命相结合的产物，体现了马克思主义哲学所具有的实践性、革命性和批判性的品格。

---

① 毛泽东：《唯心历史观的破产》，《毛泽东选集》第 4 卷，第 1515 页。

　　中国马克思主义政治哲学的开启，是与中国早期马克思主义者推动新文化运动由"不谈政治"转向"谈政治"相联系的。伊始于1915年的新文化运动，本是陈独秀为反对袁世凯复辟帝制、保卫辛亥革命成果而发起的，但由于当时险恶的政治环境，又不得不打出"不谈政治"的旗号，于是这一运动以思想文化运动的面貌出现。胡适等自由主义派学人加入新文化运动后，又按照他们的"中国文艺复兴"构想来塑造新文化运动，进一步强化了原来的"不谈政治"的色彩。陈独秀对此深有体会，曾做过说明和检讨："本志（《新青年》）社员中有多数人向来主张绝口不谈政治，我偶然发点关于政治的议论，他们都不以为然。"① 这里的"本志社员"，指1917—1920年《新青年》北京时期编辑部成员和主要撰稿人，他们大多数人主张"不谈政治"，由此决定了这一时期《新青年》的办刊特点。陈独秀当时对现实政治的态度，与他们既有一致的地方，也有不同的地方。他曾为自己与《新青年》同人"不谈政治"的态度做出辩解："我们不是忽略了政治问题，是因为十八世纪以来的政制已经破产，我们正要站在社会的基础上造成新的政治"②。这些话表明，陈独秀本人还是希望"谈政治"的，只是所要谈的是"站在社会的基础上造成新的政治"。但在五四运动前，"造成新的政治"的社会基础在中国还不具备，因此他对新文化运动的"不谈政治"，没有努力去加以改变。

　　随着五四运动的发生，学生运动唤起了广大民众的觉醒，工人阶级登上了中国政治舞台，"造成新的政治"的社会基础开始在中国形成。中国早期马克思主义者敏锐地把握了这一历史新走向，推动新文化运动由"不谈政治"转入了"谈政治"。陈独秀于1919年与1920年之交转变为中国早期马克思主义者，是新文化运动这一转变的主要推动者。1919年12月，他在《新青年》第7卷第1号上发表《〈新青年〉宣言》，提出《新青年》今后要关注政治，使政治成为"造成新时代一种必经的过程，发展新社会一种有用的工具"。③ 1920年4月，他在《新青年》第7卷第5号上发表《新文化运动是什么？》一文，明确提出建立新文化运动与现实政治的联系，在于

---

① 陈独秀：《谈政治》，任建树、张统模、吴信忠编《陈独秀著作选》第2卷，上海人民出版社，1993，第154页。
② 陈独秀：《谈政治》，《陈独秀著作选》第2卷，第154页。
③ 陈独秀：《〈新青年〉宣言》，《陈独秀著作选》第2卷，第41页。

"创造新的政治理想"，摆脱"现实政治底羁绊"。① 1920 年 9 月，他在《新青年》第 8 卷第 1 号上发表《谈政治》和《对于时局的我见》两文，不仅公然宣称自己必须"谈政治"，而且明确表示自己是"以社会主义者的见地"来谈政治问题的。② 由此，"谈政治"取代了"不谈政治"，成为五四运动后新文化运动的新特点。1920 年底，胡适曾致信陈独秀，提出在《新青年》第 9 卷第 1 号上"发表一个新宣言"，"声明不谈政治"，③ 但这已是徒劳无功的努力了。

当然，在陈独秀这些文章的背后，还有他所直接参与的更为复杂的历史背景：1920 年初，在李大钊护送陈独秀秘密离开北京前往天津以返回上海的途中，二人商讨和确定了在中国创建共产党的目标；这年 8 月，在共产国际帮助下，一个名为"中国共产党"的政治组织在上海成立，陈独秀是这个组织的发起者和领导人。在后来的中共党史书写中，这个组织被称为中国共产党上海发起组，1921 年 7 月在上海举行的中共一大就是由它发起和筹备的。与之同步，陈独秀实行了《新青年》编辑部的改组，陈望道、李达、沈雁冰（茅盾）、李汉俊等中国早期马克思主义者进入并主持编辑部；《新青年》从第 8 卷第 1 号起，成为中共上海发起组实际掌握的理论刊物。这就有了陈独秀在这一号《新青年》上发表的"谈政治"的两篇文章，宣告新文化运动由"不谈政治"转入"谈政治"。特别值得注意的是，在《对于时局的我见》一文中，有多处"吾党"的提法，阐述"吾党"的政治主张。④ 这里的"吾党"，显然不是指某个抽象的政治群体，也不是指《新青年》同人，而是指正在筹建中的中国共产党。这些都表明，五四运动后新文化运动转向"谈政治"，是与中国共产党的创建活动直接相联系的。

陈独秀等中国早期马克思主义者"谈政治"的内容，大体涉及政治问题的两个层面：一为现实政治的层面，主要是对当时国内外的重大政治事件和重要政治问题的观察与衡论，这些内容都是具体的、易变的；另一为政治理论的层面，主要是以唯物史观为基础和出发点，对革命、阶级、国

---

① 陈独秀：《新文化运动是什么？》，《陈独秀著作选》第 2 卷，第 128 页。
② 陈独秀：《对于时局的我见》，《陈独秀著作选》第 2 卷，第 165 页。
③ 胡适：《答陈独秀》，耿云志、欧阳哲生编《胡适书信集》上册，北京大学出版社，1996，第 259 页。
④ 陈独秀：《对于时局的我见》，《陈独秀著作选》第 2 卷，第 166 页。

家、政党诸政治问题所进行的哲学层面的思考和探讨，这些内容带有抽象性、普遍性。正是这些哲学层面的思考和探讨，构成了中国马克思主义政治哲学的最初内容。尽管中国早期马克思主义者没有明确地把这些内容称为政治哲学，但这些内容通过今天哲学史的发掘、梳理和阐释，是完全可以作为中国马克思主义政治哲学开端的。

二　"谈政治"：由"问题"与"主义"之争开始

五四运动后新文化运动由"不谈政治"转向"谈政治"，由此而开启中国马克思主义政治哲学，其间存在很大的阻力和严重的分歧。这种阻力和分歧，表面上看是来自五四运动前新文化运动"不谈政治"的历史惰性力，深入地看则是来自新文化运动中自由主义者在"谈政治"上对马克思主义所持的反对态度。五四运动后不久，当陈独秀还在因散发《北京市民宣言》而被捕坐牢的时候，李大钊与胡适之间就已经发生了"问题"与"主义"之争。这场思想争论就是因"谈政治"而引发的，深刻反映了新文化运动这一转向中的阻力和分歧。

在五四运动前，胡适是新文化运动领袖人物中"不谈政治"的典型，用他自己的话说，曾"打定二十年不谈政治的决心"。[①] 但这并不意味着胡适不关心政治，不思考政治哲学问题。他之所以"不谈政治"，其实是在等待"谈政治"的适当时机。正是这样，在五四运动后不久，胡适面对马克思主义在中国思想界影响的迅速扩大，就很快从"不谈政治"转向"谈政治"了。他后来对自己的这一心路历程有过说明："直到 1919 年 6 月中，独秀被捕，我接办《每周评论》，方才有不能不谈政治的感觉。那时……国内的'新'分子闭口不谈具体的政治问题，却高谈什么无政府主义与马克思主义。我看不过了，忍不住了，——因为我是一个实验主义的信徒，——于是发愤要想谈政治。我在《每周评论》第三十一号里提出我的政论的导言，叫做'多研究些问题，少谈些主义！'"[②] 这一号《每周评论》是在 1919 年 7 月 20 日出版的。在《多研究些问题，少谈些"主义"！》这

① 胡适：《我的歧路》，欧阳哲生编《胡适文集》第 3 册，北京大学出版社，1998，第 363 页。
② 胡适：《我的歧路》，《胡适文集》第 3 册，第 364 页。

篇"政论的导言"里，胡适强调"谈政治"的重心，应放在研究和解决各种现实的"问题"上，而不应放在空谈什么"主义"上，特别是不应倡导社会主义之类的"过激主义"。在他看来，这类"过激主义"危害大得很："这是自欺欺人的梦话，这是中国思想界破产的铁证，这是中国社会改良的死刑宣告！"① 很明显，胡适在这里是主张以自由主义而反对以马克思主义回答"中国向何处去"这一时代大问题。只是他用实用主义的方法，对所主张的自由主义加以伪装，似乎所主张的不是一种"主义"，而只是一种看待"问题"的态度和解决"问题"的方法。

与胡适不同，李大钊在新文化运动领袖人物中，不仅是第一个打破新文化运动"不谈政治"局面的人，而且是第一个以马克思主义为出发点来"谈政治"的人。在1919年1月出版的《新青年》第5卷第5号上，他发表了《庶民的胜利》和《Bolshevism的胜利》两文，热烈欢呼俄国十月革命，高度赞扬布尔什维主义。针对胡适的文章，李大钊在1919年8月17日出版的《每周评论》第35号上发表《再论问题与主义》一文做出回应，指出"谈政治"固然需要研究和解决各种现实的"问题"，但同时也需要积极宣传理想的"主义"。文章说："《新青年》和《每周评论》的同人，谈俄国的布尔扎维主义（即布尔什维主义——引者注）的议论很少。……我可以自白，我是喜欢谈谈布尔扎维主义的。"② 在这里，他明确地主张自己"谈政治"，就是谈布尔什维主义，也就是谈马克思列宁主义。为了阐明自己所主张的"主义"，李大钊集中精力、深入研究，撰写了长文《我的马克思主义观》，连载于1919年9月和11月出版的《新青年》第6卷第5号和第6号。他告诉读者，这篇文章的目的就在于："使这为世界改造原动的学说，在我们的思辨中，有点正确的解释。"③ 李大钊由此在中国思想世界树立起马克思主义的旗帜，确立了中国早期马克思主义者"谈政治"的基础和出发点。

李大钊与胡适之间的"问题"与"主义"之争，规模不大，时间不长，在当时的影响也有限，但意义却是重大的。艾思奇将这场争论称为"五四

①　胡适：《多研究些问题，少谈些"主义"！》，《胡适文集》第2册，第251页。
②　李大钊：《再论问题与主义》，中国李大钊研究会编注《李大钊文集》第3卷，人民出版社，1999，第4页。
③　李大钊：《我的马克思主义观》，《李大钊文集》第3卷，第15—16页。

文化运动中的一个重要争论"，"是中国的马克思主义诞生后一次重要的思想战"。① 这一争论已经预示：中国政治哲学的开展，尽管表现为不同的形态，但总是属于一定"主义"的，总是表现为不同"主义"的政治哲学之间的竞争。那种抽象的不谈"主义"的政治哲学，固然也有人鼓吹，但实际上是不存在的。中国马克思主义政治哲学因其鲜明的"主义"，而与其他"主义"的政治哲学显示出不同的思想特征。

三　从唯物史观出发"谈政治"

在中国早期马克思主义者那里，中国马克思主义政治哲学的最显著特征，莫过于以唯物史观为"谈政治"的基础和出发点。在当时，由于各方面条件的限制，中国早期马克思主义者还不了解辩证唯物主义，因而把马克思主义哲学等同于唯物史观，强调"唯物史观为人生哲学社会哲学的出发点"，② 力主"唯物史观是吾党哲学的根据"，③ 旗帜鲜明地将自己的学派和思潮称为"唯物史观派"。④

马克思创立唯物史观，在人的经济生活中发现了人的政治活动的动因，揭示了政治赖以存在与变动的真实基础，而不再把人的政治活动简单地看作人的观念活动的产物，是由意识形态所最终决定的东西。这对于正确了解政治、反思政治、阐明政治具有基石性意义。在中国早期马克思主义者中，首先认同并强调这个观点的是李大钊。五四运动后，他在《新青年》上发表了两篇文章，一篇是上面已经谈到的《我的马克思主义观》，另一篇是发表在1920年12月出版的《新青年》第8卷第4号上的《唯物史观在现代史学上的价值》，都比较集中地谈到如何依据唯物史观看待政治与经济基础的关系问题。在前一篇文章中，李大钊从唯物史观、阶级斗争理论和剩余价值学说三个方面对马克思主义做了较准确、较系统的阐发，而以唯物

① 艾思奇：《介绍五四文化运动中的一个重要争论》，《艾思奇文集》第1卷，人民出版社，1981，第629页。

② 蔡和森：《蔡林彬给毛泽东》，《蔡和森文集》，人民出版社，1980，第63页。

③ 毛泽东：《致蔡和森》，《毛泽东书信选集》，人民出版社，1983，第15页。

④ 邓中夏：《中国现在的思想界》，蔡尚思主编《中国现代思想史资料简编》第2卷，浙江人民出版社，1982，第174页。

史观作为全部马克思主义的基础。他指出，唯物史观"以'物质的生产力'为最高动因"，① 认为"一切社会上政治的、法制的、伦理的、哲学的，简单说，凡是精神上的构造，都是随着经济的构造变化而变化"。② 在后一篇文章中，李大钊则通过新旧历史观的比较，对这一关系做了更详细的说明。他指出，旧历史观只是把历史认作过去的政治，把政治的内容只理解为宪法的和外交的关系；新历史观则认为历史就是社会生活史，政治的历史不过是广大社会生活的一部分。而对于社会生活变动和发展的根本原因，"唯物史观解答这个问题，则谓人的生存全靠他维持自己的能力，所以经济的生活是一切生活的根本条件"。③

陈独秀对唯物史观的理解和阐释，虽然受到李大钊的很大影响，但同时也有自己的特点。这就是他在领导中国共产党的创建工作和早期活动中，以回答"中国向何处去"问题为中心，着重运用唯物史观对上层建筑进行了探讨，对革命、阶级、国家、政党诸政治问题从哲学层面做出了阐发。这些问题，都是当时中国共产党作为中国革命领导者急需解决的。这一特点，在他开始"谈政治"之初，就已鲜明地表现出来。在他看来，社会主义制度取代资本主义制度，固然有其客观依据，但有待经济发展到一定程度，也不是自然而然发生的，必须发挥革命、阶级、国家、政党的作用。他在《谈政治》中强调："劳动者和资产阶级战斗的时候，迫于情势，自己不能不组成一个阶级，而且不能不用革命的手段去占领权力阶级的地位，用那权力去破坏旧的生产方法"；④ "用革命的手段建设劳动阶级（即生产阶级）的国家，创造那禁止对内对外一切掠夺的政治法律，为现代社会第一需要"。⑤ 这就通过对唯物史观的阐发，引出了中国马克思主义政治哲学。

中国早期马克思主义者之所以主张从唯物史观出发"谈政治"，在于他们认定唯物史观是一种"科学"。陈独秀尤其强调这一点。"科学"本是他在发起新文化运动之初就倡导的一种新价值观，旨在以自然科学的实证精神打破中国人对旧思想旧文化的迷信。在转向马克思主义后，他又进一步

---

① 李大钊：《我的马克思主义观》，《李大钊文集》第3卷，第21页。
② 李大钊：《我的马克思主义观》，《李大钊文集》第3卷，第27页。
③ 李大钊：《唯物史观在现代史学上的价值》，《李大钊文集》第3卷，第317页。
④ 陈独秀：《谈政治》，《陈独秀著作选》第2卷，第163页。
⑤ 陈独秀：《谈政治》，《陈独秀著作选》第2卷，第164页。

扩大"科学"的内容，把实证社会科学，包括唯物史观纳入其中，从而形成了广义的"科学"观念。他特别强调唯物史观的"科学"品格，指出："马克思社会主义所以称为科学的不是空想的，正因为他能以唯物史观的见解，说明资本主义的生产方法和资本主义的社会制度所以成立所以发达所以崩坏，都是经济发展之自然结果，是能够在客观上说明必然的因果，不是在主观上主张当然的理想，这是马克思社会主义和别家空想的社会主义不同之要点。"① 李达则对唯物史观之于马克思主义科学性的关系做了更为全面的说明。他在1921年1月出版的《新青年》第8卷第5号上发表《马克思还原》一文，指出："马克思社会主义是科学的，其重要原则有五：一、唯物史观；二、资本集中说；三、资本主义崩坏说；四、剩余价值说；五、阶级斗争说。马克思的政治学说和经济学说，均详备于此五原则之中。"② 在他看来，唯物史观对于马克思的社会主义具有根基性，马克思的社会主义之所以是"科学的"正在于此。在马克思主义中，唯物史观与政治学说本是关联一体的，可以合而论之、相互阐发。邓中夏把新文化运动时期的主要学派和思潮划分为科学方法派、唯物史观派和东方文化派，并对三派的科学性进行了比较。他在1923年11月出版的《中国青年》第6期上发表《中国现在的思想界》一文，指出从对待"科学"的态度看："东方文化派是假新的，非科学的，科学方法派和唯物史观派是真新的，科学的。"③ 而在科学方法派和唯物史观派之间，由于前者不懂得唯物史观而后者主张唯物史观，因而唯物史观派"尤为有识尤为彻底"，④ 是最具有科学性的。这样一来，中国早期马克思主义者从唯物史观出发"谈政治"，就有了实证科学的可靠性和合理性。

中国早期马克思主义者对唯物史观的这些理解和阐释，使他们的"谈政治"从一开始就以唯物史观作为基础和出发点，也使他们的"谈政治"比其他政治哲学思潮更为合理和深刻。正是立足于这个基础和出发点，中

①　陈独秀：《马克思学说》，《陈独秀著作选》第2卷，第355页。
②　李达：《马克思还原》，《李达文集》第1卷，人民出版社，1980，第31页。
③　邓中夏：《中国现在的思想界》，蔡尚思主编《中国现代思想史资料简编》第2卷，第175页。
④　邓中夏：《中国现在的思想界》，蔡尚思主编《中国现代思想史资料简编》第2卷，第175页。

国早期马克思主义者对马克思主义政治哲学的主要问题进行了阐发，着重探讨了革命、阶级、国家、政党诸问题，由此而构成了中国马克思主义政治哲学最初的基本内容。

四　关于革命问题的哲学思考

中国马克思主义政治哲学发端之时面对的首要问题，就是对改造中国手段的选择：是用革命方式，还是用改良方式？这个问题实是近代中国思想世界所面临的一个老问题，19世纪与20世纪之交就发生过反清革命派与立宪改良派围绕这个问题的激烈争论。五四运动所表现出的彻底的反帝国主义和反封建主义的革命精神，更激化了关于改造中国手段的争论，而争论的中心点就是，中国人要不要学习列宁领导的俄国人，以革命方式改造自己的国家。正是在这个问题上，中国早期马克思主义者和中国自由主义者存在着不同的主张和严重的分歧。

五四运动后李大钊与胡适展开的"问题"与"主义"之争，涉及的一个重要内容就是改造中国应当采取何种手段。胡适主张通过研究和解决各种现实的"问题"，来逐渐改良中国社会；李大钊则针锋相对，认为根据中国的实际情况，只能以"根本解决"的方式来改造中国。① 他指出："若在有组织有生机的社会，一切机能都很敏活，只要你有一个工具，就有你使用他的机会，马上就可以用这工具作起工来。若在没有组织没有生机的社会，一切机能，都已闭止，任你有什么工具，都没有你使用他作工的机会。这个时候，恐怕必须有一个根本解决，才有把一个一个的具体问题都解决了的希望。就以俄国而论，罗曼诺夫家（即俄国沙皇家族——引者注）没有颠覆，经济组织没有改造以前，一切问题，丝毫不能解决，今则全部解决了。"② 这段文字清楚地表明，所谓"根本解决"的方式也就是俄国十月革命的方式。

继李大钊之后，陈独秀亦强调以革命方式而不赞成以改良方式来改造中国。对于梁启超、张东荪等研究系自由主义者提出的中国只可开发实业、

---

① 李大钊：《再论问题与主义》，《李大钊文集》第3卷，第6页。
② 李大钊：《再论问题与主义》，《李大钊文集》第3卷，第6页。

不可进行革命的主张，他通过比较中国与欧美的不同情况指出："由资本主义渐渐发展国民的经济及改良劳动者的境遇以达到社会主义，这种方法在英、法、德、美文化已经开发、政治经济独立的国家或者可以这样办，像中国这样知识幼稚、没有组织的民族，外面政治的及经济的侵略又一天紧迫似一天，若不取急进的 Revolution，时间上是否容我们渐进的 Evolution 呢？"① 他与李大钊一样，认为只有用革命手段改造中国，才符合中国不同于欧美的实际情况。

当时一些人学着日本人的腔调，把共产党称为"过激党"，把马克思主义称为"过激主义"，认为革命本来是不会发生的，而是马克思主义者和共产党人制造出来的。针对这种论调，中国早期马克思主义者努力运用唯物史观，对中国发生革命的客观条件进行具体分析，指出中国共产党在中国进行革命有其客观必然性，并非什么"过激"之举。

李达在这方面的论述尤为细致而深入。在 1920 年 12 月出版的《共产党》第 2 号上，他发表《社会革命底商榷》一文，着重从一般理论上阐明了革命发生的原因，指出："社会构成的基础，成立在支持人类生活的物资生产和生产交换之上的。一切革命的原因，皆由生产交换的方法手段而生，不是人的智力发明出来的，也不是抽象的真理产生出来。"② 他以 1789 年法国大革命和 1917 年俄国十月革命为例，驳斥了那种革命是"过激主义"制造出来的论调："法兰西的大革命，在现代人心理中看起来，都说是发源于卢梭的天赋人权学说。可是我试问当时巴黎数十百万参加革命的人民，都已学会了卢梭的学说吗？俄罗斯的大革命，人都说是受了马克思主义的影响，可是我又问圣彼得堡莫斯科那无数万参加革命的劳动者和兵卒，都已学会了马克思主义吗？他们不过是受了当时绝大的经济上政治上的压迫，他们求生不能求死不得，总想打破现社会的压迫，脱离现政府的铁锁，就是他们想求生存求自由方行革命的。"③ 因此，革命发生的原因，实是现存社会的经济生活及其对民众生存状况的影响。在 1923 年 5 月出版的《新时代》第 1 卷第 2 号上，他发表《马克思学说与中国》一文，进一步将近代

---

① 陈独秀：《关于社会主义的讨论·复东荪先生底信》，《陈独秀著作选》第 2 卷，第 211 页。
② 李达：《社会革命底商榷》，《李达文集》第 1 卷，第 47 页。
③ 李达：《社会革命底商榷》，《李达文集》第 1 卷，第 46—47 页。

中国置于全球性现代化运动的视野，对其经济生活和民生状况进行了分析，指出："自从鸦片战争以后，资本主义便渐渐侵入了中国的内地，中国固有的经济状况，全被破坏，遂发生了重大的变化。从此便进于产业革命时代。直到现在，国际资本主义商品畅销全国，本国产业的状况也进到纺织工业的萌芽时代，手工业大受摧残，大多数人民遂陷于工钱奴隶和失业的地位。"① 他认为，这就造成了在中国发生革命的客观条件："中国无产阶级处在这样的经济的政治的情形之下，中国共产党乘机起来组织无产阶级，企图社会革命，在理论上在事实上并不是没有确实的根据的。"②

　　李大钊还通过对当时新发现的马克思文献《中国革命和欧洲革命》的解读，从 19 世纪中叶以来世界历史总体运动入手揭示了中国革命的原因及其影响，指出："这种英国帝国主义对于中国的压迫，造成了中国革命；中国革命更以其影响还答于英国，经由英国还答于欧洲，造成了英国革命、欧洲革命，乃至世界革命的关系。在马克思生存的时代，就是太平天国动乱的时代，是如此；即在今日，中国全国爆发了反帝国主义运动的时代，亦还是如此；直到世界革命完成的那一天为止，总是如此。"③ 由此可以看出："中国国民革命运动的主潮，自从太平天国动乱以还，总是浩浩荡荡的向前涌进，并没有一刹那间的停止。帝国主义对于中国民族的压迫，只有日益增加；故中国民族之革命运动，亦只有从之而日益强烈。"④ 这就通过帝国主义和中华民族这一近代中国社会的基本矛盾，阐明了中国革命由发生而激烈而愈挫愈奋的深刻原因及其历史趋向。

　　因此，中国早期马克思主义者认为，中国革命的发生，固然离不开马克思主义的传播和指引，离不开中国共产党的组织和领导，但从根本上说，是中国社会历史运动的产物，不是中国共产党作为"过激党"、中国共产党信奉的马克思主义作为"过激主义"制造出来的。这个观点以后一直为中国马克思主义者所坚持。当中国马克思主义者经过近 30 年艰苦奋斗，取得中国革命伟大胜利的时候，毛泽东仍然用这个观点解释这一胜利的根源："马克思列宁主义来到中国之所以发生这样大的作用，是因为中国的社会条

① 李达：《马克思学说与中国》，《李达文集》第 1 卷，第 209—210 页。
② 李达：《马克思学说与中国》，《李达文集》第 1 卷，第 211 页。
③ 李大钊：《马克思的中国民族革命观》，《李大钊文集》第 5 卷，第 105 页。
④ 李大钊：《马克思的中国民族革命观》，《李大钊文集》第 5 卷，第 105 页。

件有了这种需要，是因为同中国人民革命的实践发生了联系，是因为被中国人民所掌握了。任何思想，如果不和客观的实际的事物相联系，如果没有客观存在的需要，如果不为人民群众所掌握，即使是最好的东西，即使是马克思列宁主义，也是不起作用的。"① 中国马克思主义者为什么一直坚持这个观点呢？毛泽东的回答是：因为"我们是反对历史唯心论的历史唯物论者"。② 因此，只有从唯物史观出发，才能对中国马克思主义政治哲学中的革命理论及其实践做出正确的理解。

五　关于阶级问题的哲学思考

与革命问题相联系，阶级问题亦是中国马克思主义政治哲学一开始就面对的重要问题。在近代中国，中国早期马克思主义者不是最早讲革命的人，在他们之前已有反清革命派和无政府主义者开始倡导革命；但中国早期马克思主义者却是最早认同和运用马克思主义的阶级和阶级斗争理论进行革命的人，因而他们从不把革命当作少数先知先觉、敢打敢拼的革命者的活动，而主张这是被压迫、被剥削的广大群众以阶级斗争形式所进行的事业。正如毛泽东在《中国社会各阶级的分析》一文中所指出的，对中国社会各阶级的经济地位及其对革命的态度进行分析，从阶级关系上分清中国革命的敌人和朋友，"这个问题是革命的首要问题"。③

中国早期马克思主义者之所以重视阶级问题，在于通过辛亥革命和五四运动两者经验的比较，发现只有从阶级问题入手，依靠工人阶级和劳动群众，才能找到在中国进行革命的基本力量。吴玉章就曾以自己参加辛亥革命的亲身体会谈到这一点："从辛亥革命起，我们为了推翻清朝而迁就袁世凯，后来为了反对北洋军阀而利用西南军阀，再后来为了抵制西南军阀而培植陈炯明，最后陈炯明又叛变了。这样看来，从前的一套革命老办法非改变不可，我们要从头做起。但是我们应该依靠什么力量呢？究竟怎样才能挽救国家的危亡？这是藏在我们心中的迫切问题，这些问题时刻搅扰

---

① 毛泽东：《唯心历史观的破产》，《毛泽东选集》第 4 卷，第 1515 页。
② 毛泽东：《唯心历史观的破产》，《毛泽东选集》第 4 卷，第 1515 页。
③ 毛泽东：《中国社会各阶级的分析》，《毛泽东选集》第 1 卷，第 3 页。

着我，使我十分烦闷和苦恼。"① 他感慨地说，只有通过俄国十月革命和中国五四运动，才看到了工人阶级和劳动群众的伟大革命作用，认识到 "革命新办法中最重要的一条就是要依靠工人阶级，依靠下层民众"。②

而中国早期马克思主义者真正弄懂阶级问题，还是从马克思主义的阶级和阶级斗争理论中学得的。他们看到，这个理论之所以重要，就在于这是马克思主义创始人运用唯物史观考察人类历史所得出的正确结论。李大钊指出："我们看那马克思和昂格斯（即恩格斯——引者注）的《共产者宣言》（即《共产党宣言》——引者注）中'从来的历史都是阶级竞争的历史'的话，马克思在他的《经济学批评》序文中，也说'从来的历史尽是在阶级对立——固然在种种时代呈种种形式——中进行的'，就可以证明他的阶级竞争说，与他的唯物史观有密切关系了。"③ 陈独秀亦指出："一八四八年马克思和恩格斯共著的《共产党宣言》，是马克思社会主义最重要的书，这书底精髓，正是根据唯物史观来说明阶级争斗的。"④ 李大钊说的"阶级竞争"，陈独秀说的"阶级争斗"，都是当时对"阶级斗争"一词的翻译和表达。

从唯物史观出发，中国早期马克思主义者强调从经济关系入手来理解阶级问题。李大钊指出，在西方思想家中，讲"阶级竞争"的并非只有马克思一人，但只有马克思从唯物史观出发，从经济生活中寻找阶级斗争的最终原因。"马氏所说的阶级，就是经济上利害相反的阶级，就是有土地或资本等生产手段的有产阶级，与没有土地或资本等生产手段的无产阶级的区别：一方是压服他人，掠夺他人的，一方是受人压服，被人掠夺的。这两种阶级，在种种时代，以种种形式表现出来。"⑤ 李大钊列举了欧洲历史上的基督教传布、十字军东征、宗教改革运动、法国大革命等重大政治变动，指出："这类的政治变动，由马克思解释，其根本原因都在殊异经济阶级间的竞争。"⑥

---

① 吴玉章：《回忆五四前后我的思想转变》，中国社会科学院近代史研究所编《五四运动回忆录》（上），中国社会科学出版社，1979，第58页。
② 吴玉章：《回忆五四前后我的思想转变》，《五四运动回忆录》（上），第62页。
③ 李大钊：《我的马克思主义观》，《李大钊文集》第3卷，第29页。
④ 陈独秀：《马克思学说》，《陈独秀著作选》第2卷，第356页。
⑤ 李大钊：《我的马克思主义观》，《李大钊文集》第3卷，第29—30页。
⑥ 李大钊：《我的马克思主义观》，《李大钊文集》第3卷，第29页。

　　中国早期马克思主义者在强调从经济关系入手来理解阶级问题的同时，也注意到无产阶级要形成阶级、展开阶级斗争，还需要实现阶级的自觉，即形成自觉的阶级意识。李大钊在《我的马克思主义观》中就已谈到，属于同一阶级的人们，只有"知道他们对于别的阶级，到底是立于不相容的地位，阶级竞争是他们不能避的运命"，才"有了阶级的自觉"。① 李达更强调了无产阶级的自觉意识是无产阶级与资产阶级进行斗争的重要条件，指出："唯物史观一方面说明资本制度发展的过程，一方面注重现社会中新兴的无产阶级的力量。若忽视这种阶级的心理和阶级的自觉，不去助长阶级斗争的运动，社会革命是不可期待的。"② 陈独秀则撰写了《告北京劳动界》《告劳动》等对劳动群众进行阶级意识启蒙的文告，引导他们形成自己的阶级意识，指出："免除困苦之唯一根本方法，只有各地各行的劳动都有了阶级觉悟，大家联合起来，用革命的手段去组织劳动阶级的国家政府国会省议会县议会，去解决劳动自身的困苦。"③ 毛泽东在组织和领导湖南工人运动的过程中，提出劳工会组织要以培养工人群众的阶级觉悟为其根本目标。他说："劳动组合的目的，不仅在团结劳动者以罢工的手段取得优益的工资和缩短工作时间，尤在养成阶级的自觉，以全阶级的大同团结，谋全阶级的根本利益。"④ 这样一来，在中国早期马克思主义者那里，中国无产阶级实现阶级的自觉，形成自觉的阶级意识，就由理论而走向了实践。

　　中国早期马克思主义者对于阶级问题的探讨，对于马克思主义的阶级和阶级斗争理论的理解，有一个逐渐与中国实际相结合的过程。在马克思主义创始人那里，主要基于近代西欧的现实，强调的是工人阶级的力量。俄国十月革命的胜利，首先依靠的也是支持革命的工人和士兵。中国早期马克思主义者对中国革命的阶级力量的发现和认识，最初也是按照马克思主义经典著作和俄国十月革命成功经验，从组织、动员工人阶级和领导工人运动开始的。但中国的具体国情不同于西欧，也不同于俄国，中国是一个以农民为主体的农业大国，工人阶级的人数很少、力量有限，因此在中国进行革命，就有一个把最广大的农民群众纳入进来的问题。1925 年，李

---

① 李大钊：《我的马克思主义观》，《李大钊文集》第 3 卷，第 30 页。
② 李达：《马克思还原》，《李达文集》第 1 卷，第 36 页。
③ 陈独秀：《告劳动》，《陈独秀著作选》第 2 卷，第 286 页。
④ 毛泽东：《所希望于劳工会的》，《毛泽东文集》第 1 卷，人民出版社，1993，第 6 页。

大钊在《土地与农民》一文中指出："中国的浩大的农民群众，如果能够组织起来，参加国民革命，中国国民革命的成功就不远了。"① 1926 年，毛泽东在为《农民问题丛刊》所写的序中更强调："农民问题乃国民革命的中心问题，农民不起来参加并拥护国民革命，国民革命不会成功。"② 然而，中国早期马克思主义者真正看到并把握农民加入中国革命的现实可行性，还是在毛泽东 1927 年初深入考察农民运动高潮中的湖南农村、撰写出《湖南农民运动考察报告》之后。这篇考察报告通过实地的具体调查指出，随着农民运动的兴起，"农民成就了多年未曾成就的革命事业，农民做了国民革命的重要工作"。③ 报告进而对农民中的富农、中农、贫农的革命态度进行了分析，指出："这个贫农大群众，合共占乡村人口百分之七十，乃是农民协会的中坚，打倒封建势力的先锋，成就那多年未曾成就的革命大业的元勋。"④ 这就通过对农民的阶级分析，从中发现了支撑中国革命的最基本的阶级力量。以后的中国革命历程证明了这一分析的正确性。

　　值得指出的是，中国早期马克思主义者不仅重视阶级和阶级斗争，而且还看到阶级和阶级斗争并不是永远存在的。李大钊指出："马氏并非承认这阶级竞争是与人类历史相终始的，他只把他的阶级竞争说应用于人类历史的前史，不是通用于过去、现在、未来的全部。"⑤ 依马克思所论，阶级的出现及阶级之间的斗争，是经济发展到一定程度的产物；资本主义生产方式的出现，成为阶级之间相互敌对的最后形式；无产阶级夺取政治权力后，将使这种斗争成为过去。只有在这时，马克思理想的人类真正历史才从此开始。因此，"马氏所谓真正历史，就是互助的历史，没有阶级竞争的历史"。⑥ 正是这样，在中国早期马克思主义者那里，就已经提出了通过阶级斗争达到消灭阶级的目标，由此来把握人类历史发展的总趋势。在他们看来，只有这样才是从唯物史观出发对阶级问题的完整理解。

---

① 李大钊：《土地与农民》，《李大钊文集》第 5 卷，第 78 页。
② 毛泽东：《国民革命与农民运动——〈农民问题丛刊〉序》，《毛泽东文集》第 1 卷，第 37 页。
③ 毛泽东：《湖南农民运动考察报告》，《毛泽东选集》第 1 卷，第 18—19 页。
④ 毛泽东：《湖南农民运动考察报告》，《毛泽东选集》第 1 卷，第 21 页。
⑤ 李大钊：《我的马克思主义观》，《李大钊文集》第 3 卷，第 30 页。
⑥ 李大钊：《我的马克思主义观》，《李大钊文集》第 3 卷，第 35 页。

六　关于国家问题的哲学思考

　　与革命问题和阶级问题相联系，中国早期马克思主义者对国家问题进行了着重阐发。这是因为，工人阶级和劳动群众以革命手段改造中国，必然有一个如何对待国家权力的问题。换言之，国家问题是"谈政治"的题中应有之义。陈独秀在《谈政治》中就说："强权、国家、政治、法律是一件东西底四个名目。"① 然而，正是在这个关键问题上，五四运动后中国思想世界的不同政治哲学思潮间存在严重的分歧：自由主义认为，现存的国家权力尽管存在弊端，但也不可从根本上推倒，只能用改良的手段来加以修补，逐渐完善；无政府主义则认为任何国家权力都是对人民的压迫和危害，主张立即废除一切国家权力；而中国马克思主义政治哲学则主张通过无产阶级革命，打碎旧的资产阶级国家权力，建立新的无产阶级国家权力。正是这样，对于俄国十月革命后建立的苏维埃国家，自由主义和无政府主义都持否定态度，而中国马克思主义政治哲学则持认同态度，主张走俄国人的路。很显然，这些不同的国家观不仅是关于国家问题的不同学理，而且形成了对"中国向何处去"这一时代大问题的不同回答，因而国家问题在五四运动后成了不同政治哲学思潮争论的焦点。正是这样，在中国早期马克思主义者那里，国家问题成为他们在"谈政治"时思考和探讨最多的问题。

　　五四运动前，新文化运动虽然打出了"不谈政治"的旗号，但实际上陈独秀、李大钊已对国家问题十分关注。当时陈独秀所倡导的新价值观，与"科学"并重的是"民主"。这个"民主"观念，以及据此由陈独秀所提出、李大钊所赞成的"惟民主义之国家"构想，② 其实就是以西方资产阶级民主政治制度为标本来阐明国家问题。而当他们成为中国早期马克思主义者后，就开始以马克思主义重新解释"民主"观念。李大钊首先提出，对"民主"的追求必须由资产主义民主转化为社会主义民主。他指出："资本阶级或中产阶级的 Democracy 若已获得，紧接着社会主义，就是 Democracy

---

　　① 陈独秀：《谈政治》，《陈独秀著作选》第 2 卷，第 155 页。
　　② 陈独秀：《今日之教育方针》，《陈独秀著作选》第 1 卷，第 144 页。

中的一个进程，不要把他看作与 Democracy 是两个东西。"① 陈独秀进而提出，要顺应时代发展更新"民主"的主体，使之由 18 世纪的资产阶级转换为 20 世纪的无产阶级。他指出："十八世纪以来的'德莫克拉西'是那被征服的新兴财产工商阶级，因为自身的共同利害，对于征服阶级的帝王贵族要求权利的旗帜。……如今二十世纪的'德莫克拉西'，乃是被征服的新兴无产劳动阶级，因为自身的共同利害，对于征服阶级的财产工商界要求权利的旗帜。"② 通过对"民主"观念的这些新解释，他们开始重新考虑国家问题。

由此而进，中国早期马克思主义者提出了建立无产阶级国家以取代资产阶级国家的奋斗目标。陈独秀在开始"谈政治"时，就把国家区分为"资本阶级的国家"和"劳动阶级的国家"两大类型，③ 旗帜鲜明地反对前者而赞成后者，指出："我们要明白世界各国里面最不平最痛苦的事，不是别的，就是少数游惰的消费的资产阶级，利用国家、政治、法律等机关，把多数极苦的生产的劳动阶级压在资本势力底下，当做牛马机器还不如。要扫除这种不平这种痛苦，只有被压迫的生产的劳动阶级自己造成新的强力，自己站在国家地位，利用政治、法律等机关，把那压迫的资产阶级完全征服，然后才可望将财产私有、工银劳动等制度废去，将过于不平等的经济状况除去。"④ 他由此向中国劳动群众发出夺取政权、组织政府的号召："我们希望中国人民能够快快起来夺得政权，而且能够组织一个真能代表人民的政府。只有这样，才能将侮辱中华民族，压迫中国民众，掠夺中国富源等事实，一概消灭。"⑤

围绕国家问题，中国早期马克思主义者与中国无政府主义者展开了激烈争论，这一争论成了五四运动后重要的思想论战。五四运动刚过不久，李达就在 1919 年 6 月 18 日出版的《民国日报》上发表了《什么叫社会主义？》一文，从国家问题入手对社会主义与无政府主义进行了明确的划界。他指出，"无政府主义全然不承认有'国家的组织'"，而"主张社会主义的

---

① 李大钊：《〈国体与青年〉跋》，《李大钊文集》第 2 卷，第 248 页。
② 陈独秀：《告北京劳动界》，《陈独秀著作选》第 2 卷，第 49 页。
③ 陈独秀：《谈政治》，《陈独秀著作选》第 2 卷，第 156 页。
④ 陈独秀：《谈政治》，《陈独秀著作选》第 2 卷，第 158 页。
⑤ 陈独秀：《丧尽利权之鲁案协定》，《陈独秀著作选》第 2 卷，第 401 页。

人，虽然也是不承认现在这样的国家，这样的政府，但是也要设一种代表社会的中央机关，用着他统一社会产业"，由此可见，"社会主义也是要组织一种社会主义的政府，和那无政府主义根本打破政府组织的是不一样的"。① 1921 年 5 月，李达在《共产党》第 4 号上发表《无政府主义之解剖》一文，对无政府主义的起源与流变进行了系统考察，着重对当时在中国思想世界最有影响的克鲁泡特金无政府主义进行了批判。针对克鲁泡特金反对一切国家的主张，李达强调必须区分两种类型的国家并持不同的态度："资本主义机关的国家、法律、政治，本是劳动阶级所痛恨的；若是社会主义的国家、政治、法律，劳动阶级就会欢迎之不暇了。"② 陈独秀在《谈政治》等文中，运用唯物史观对国家政权的作用问题进行了阐发。他指出，政治的强权尽管带有"恶"的性质，但并不能因此否定它在人类历史进化中的积极作用；在争取人类进步的阶级斗争中，国家政权对于相互斗争阶级的胜负盛衰起着关键的作用："从前有产阶级和封建制度争斗时，是掌了政权才真实打倒了封建，才完成了争斗之目的；现在无产阶级和有产阶级争斗，也必然要掌握政权利用政权来达到他们争斗之完全目的，这是很明白易解的事。"③ 他进而指出，对于推翻了资产阶级的无产阶级来说，绝不能立即取消国家政权；相反，无产阶级只有建立起自己的国家，实现无产阶级专政，才能有效地维系已经掌握的政权，保障以劳动群众为主体的新型民主制度。他以十月革命后的苏俄为例指出："此时俄罗斯若以克鲁巴特金（即克鲁泡特金——引者注）的自由组织代替了列宁的劳动专政，马上不但资产阶级要恢复势力，连帝政复兴也必不免。"④

　　蔡和森与毛泽东也通过法中两国间的书信来往，在政治哲学层面探讨了马克思主义国家观与无政府主义国家观，从两者的比较中揭示了前者的合理性和后者的不合理性。蔡和森在 1920 年 8 月 13 日致毛泽东的信中指出："我现认清社会主义为资本主义的反映。其重要使命在打破资本经济制度。其方法在无产阶级专政，以政权来改建社会经济制度。"⑤ 他进而指出，

① 李达：《什么叫社会主义？》，《李达文集》第 1 卷，第 2 页。
② 李达：《无政府主义之解剖》，《李达文集》第 1 卷，第 86 页。
③ 陈独秀：《马克思学说》，《陈独秀著作选》第 2 卷，第 359 页。
④ 陈独秀：《谈政治》，《陈独秀著作选》第 2 卷，第 159 页。
⑤ 蔡和森：《蔡林彬给毛泽东》，《蔡和森文集》，第 50 页。

无产阶级革命后不得不实行专政的理由有二：一是"无政权不能集产，不能使产业社会有。换言之，即是不能改造经济制度"；二是"无政权不能保护革命，不能防止反革命，打倒的阶级倒而复起，革命将等于零"。① 他的结论是："我以为现世界不能行无政府主义，因为现世界显然有两个对抗的阶级存在，打倒有产阶级的迪克推多（即专政——引者注），非以无产阶级的迪克推多压不住反动，俄国就是个明证。"② 毛泽东在 1921 年 1 月 21 日致蔡和森信中与自己的好友相呼应，也指出了无政府主义的理论错误："我现在不承认无政府的原理是可以证实的原理，有很强固的理由。一个工厂的政治组织（工厂生产分配管理等），与一个国的政治组织，与世界的政治组织，只有大小不同，没有性质不同。……况乎尚有非得政权则不能发动革命，不能保护革命，不能完成革命，在手段上又有十分必要的理由呢。"③ 之后蔡和森继续深入研究国家问题，撰成《社会进化史》一书，由上海民智书局于 1924 年出版。在这部书中，他吸取了恩格斯《家庭、私有制和国家的起源》的思想，从人类学古史研究视域入手，对国家的产生、本质、演变、消亡诸问题做出了哲学层面的系统说明。这部书成为中国早期马克思主义者系统阐述马克思主义国家理论的重要文献。

在与无政府主义者进行争论的同时，中国早期马克思主义者还批判了第二国际领袖人物伯恩施坦、考茨基等人的国家理论。这些第二国际领袖人物的国家理论，也是以马克思主义的面貌出现的，却在根本精神上立足于自由主义而背离了马克思主义。他们从这种国家理论出发，以维护"民主"的名义对苏俄无产阶级专政加以指责。陈独秀把他们统称为"马格斯（即马克思——引者注）修正派"。④ 这种来自马克思主义内部的思想分歧，尽管在当时中国思想世界影响不大，但仍然引起了中国早期马克思主义者的警觉。1921 年 6 月，李达在《新青年》第 9 卷第 2 号上发表《马克思派社会主义》一文，指出："非社会主义的人反对社会主义，乃是必然的道理，我们可以不必计较。只是最奇怪的地方，莫如社会主义者反对社会主

---

① 蔡和森：《蔡林彬给毛泽东》，《蔡和森文集》，第 51 页。
② 蔡和森：《蔡林彬给毛泽东》，《蔡和森文集》，第 51 页。
③ 毛泽东：《致蔡和森》，《毛泽东书信选集》，第 15 页。
④ 陈独秀：《谈政治》，《陈独秀著作选》第 2 卷，第 161 页。

义，尤莫如马克思社会主义者反对马克思社会主义。"① 针对来自马克思主义内部的反对意见，李达肯定了列宁的国家观与马克思、恩格斯国家理论的一致性，指出："据马克思说：国家是阶级支配的一个机关，是一阶级压迫他阶级，因此造出法律，使这种压迫继续持久，借以缓和阶级冲突的机关。又据恩格斯说：国家是一定发展阶段之中的社会的一个产物；是阶级的冲突和经济的利益不能和协的一个证据。列宁因此引用他两人的说话，演出自亡〔己〕的国家观。"② 陈独秀作为新文化运动中"民主"观念的首倡者，则对第二国际领袖人物所主张的"民主"进行了反驳。他在《谈政治》中尖锐地指出："他们天天跪在资产阶级特权专政脚下歌功颂德，一听说劳动阶级专政，马上就抬出德谟克拉西来抵制，德谟克拉西倒成了资产阶级底护身符了。我敢说：若不经过阶级战争，若不经过劳动阶级占领权力阶级地位底时代，德谟克拉西必然永远是资产阶级底专有物，也就是资产阶级永远把持政权抵制劳动阶级底利器。"③

由于各方面条件的限制，中国早期马克思主义者对国家问题的哲学思考还只是初步的，但他们毕竟已经开始运用"共产主义的宇宙观和社会革命论"作为观察国家命运的工具，认识到中国共产党领导的中国革命就在于打碎旧的"资本阶级的国家"、建立新的"劳动阶级的国家"，从而在与其他政治哲学思潮的激烈竞争中，为"中国向何处去"指明大方向。中国共产党正是沿着这个大方向领导中国人民长期奋斗，在五四运动 30 年后使一个新中国诞生于世界的东方。

七　关于政党问题的哲学思考

中国早期马克思主义者在对革命、阶级、国家等政治问题进行探讨的同时，还对政党问题，特别是中国共产党建设问题进行了最初的哲学思考。在此之前，不论是中国古代哲学家，还是中国近代哲学家，都未曾把政党问题作为政治哲学问题；只有中国早期马克思主义者，才结合他们所致力

---

① 李达：《马克思派社会主义》，《李达文集》第 1 卷，第 100 页。
② 李达：《马克思派社会主义》，《李达文集》第 1 卷，第 102 页。
③ 陈独秀：《谈政治》，《陈独秀著作选》第 2 卷，第 163 页。

的中国共产党创建工作，开始把政党问题作为一个重要的政治哲学问题来加以思考，使之成为中国马克思主义政治哲学的题中应有之义，构成了中国马克思主义政治哲学的一大特色。

今天所见中国早期马克思主义者从理论上对建党意义做出阐发的文献，是蔡和森1920年8月13日和9月16日从法国写给毛泽东的两封信。在前信中，蔡和森把党、工团、合作社、苏维埃合称为"无产阶级革命运动之四种利器"，① 认为四者中最重要的是共产党。他说："我以为先要组织党——共产党。因为他是革命运动的发动者、宣传者、先锋队、作战部。以中国现在的情形看来，须先组织他，然后工团、合作社，才能发生有力的组织。革命运动、劳动运动，才有神经中枢。"② 因此，他力主在中国"旗鼓鲜明成立一个共产党"，③ 认为这个党必须是一个"主义明确，方法得当，和俄一致的党"。④ 在后信中，蔡和森进一步联系中国实际阐明了建党的重要性，提出了建党的基本步骤："（1）结合极有此种了解及主张的人，组织一个研究宣传的团体及出版物。（2）普遍联络各处做一个要求集会、结社、出版自由的运动，取消治安警察法及报纸条例。（3）严格的物色确实党员，分布各职业机关、工厂、农场、议会等处。（4）显然公布一种有力的出版物，然后明目张胆正式成立一个中国共产党。"⑤ 对于蔡和森的这封信，毛泽东深表认同，在复信中说："你这一封信见地极当，我没有一个字不赞成。"⑥ 毛泽东把这封信收入了他所编的《新民学会会员通信集》第三集，并在信前加了一个提示性小标题"共产党之重要讨论"。⑦ 这一讨论当时只是在新民学会内部进行，严格来说主要是在毛、蔡两人之间展开，但由于毛、蔡及新民学会对中国共产党创建所起的重要作用，因此完全可以称得上是一次影响中国历史的"重要讨论"。回首中国共产党的近百年历程，历史早已证明此言非虚。

① 蔡和森：《蔡林彬给毛泽东》，《蔡和森文集》，第49页。
② 蔡和森：《蔡林彬给毛泽东》，《蔡和森文集》，第51页。
③ 蔡和森：《蔡林彬给毛泽东》，《蔡和森文集》，第52页。
④ 蔡和森：《蔡林彬给毛泽东》，《蔡和森文集》，第52页。
⑤ 蔡和森：《蔡林彬给毛泽东》，《蔡和森文集》，第71页。
⑥ 毛泽东：《致蔡和森》，《毛泽东书信选集》，第15页。
⑦ 《新民学会会员通信集》第3集，中国革命博物馆、湖南省博物馆编《新民学会资料》，人民出版社，1980，第153页。

　　具体到中国共产党如何建设的问题，发起和领导党的创建工作的南陈北李，从政治哲学层面做了更多的思考和阐发，为这个党从一开始就区别于其他资产阶级政党而成为无产阶级革命党，奠定了最初的理论基础。

　　李大钊在1921年3月出版的《曙光》第2卷第2号上发表《团体的训练与革新的事业》一文，对近代中国政党和政治团体的得失成败进行了历史的考察和总结。他首先对清末民初的政党兴衰进行了论述，指出："中国自满清道、咸海禁大开之日，就有受些欧化洗礼的两个大党产生，一是同盟会，一是强学会。强学会的成绩是戊戌变法。同盟会的功业，是辛亥革命。他们都自有他们的价值。既入民国以来的政党，都是趁火打劫，植党营私，呼朋啸侣，招摇撞骗，捧大老之粗腿，谋自己的饭碗，既无政党之精神，亦无团体的组织，指望由他们做出些改革事业为人民谋福利，只和盼望日头由西边出来一样。"① 他进而对五四运动时期出现的学生团体提出了批评，指出："五四运动以后，学生团体发生，俨然革新运动中之惟一团体。其实学生虽有几许热心侠气，究竟还是团体的训练不大充足，其中缺憾正多。到了现在又有'强弩之末'的样子，令人正自伤心无极。"② 他由此提醒中国早期马克思主义者，要求他们在创建中国共产党的时候一定要从历史中吸取教训。他说："中国现在既无一个真能表现民众势力的团体，C派的朋友若能成立一个强固精密的组织，并注意促进其分子之团体的训练，那么中国彻底的大改革，或者有所附托！"③ 他所说的"C派的朋友"，就是指正在从事建党大业的中国早期马克思主义者。他希望即将诞生的中国共产党，成为"一个真能表现民众势力的团体"，成为"一个强固精密的组织"，只有这样，这个党才能成为"中国彻底的大改革"的坚强领导者。

　　陈独秀在1921年7月1日出版的《新青年》第9卷第3号上发表《政治改造与政党改造》一文，明确地提出在中国进行政党改造的目标，在于创建与资产阶级政党截然不同的无产阶级政党，即"无产阶级的共产党"。④ 他指出："有产阶级各政党底过去的成绩，造谣、倾陷、贿卖、假公肥私、争权夺利、颠倒是非、排斥异己，不分东方西方都在五十步之间。以

---

　　① 李大钊：《团体的训练与革新的事业》，《李大钊文集》第4卷，第78页。
　　② 李大钊：《团体的训练与革新的事业》，《李大钊文集》第4卷，第78页。
　　③ 李大钊：《团体的训练与革新的事业》，《李大钊文集》第4卷，第79页。
　　④ 陈独秀：《政治改造与政党改造》，《陈独秀著作选》第2卷，第289页。

这班狐群狗党担负政治的责任，政治岂有不腐败之理。"① 在这种情况下，政党如不彻底改造，中国的政治绝没有改造的希望；而中国共产党的诞生，使中国人民看到了新的希望。然而，中国共产党能否不负中国人民的希望呢？陈独秀指出："我以为共产党底基础建筑在无产阶级上面，在理论上，自然要好过基础建筑在有产阶级上面用金力造成的政党；但是天下事'无征不信，不信民弗从'，旧政党底腐败诚然是信而有征，新的共产党究竟如何，全靠自己做出证据来才能够使人相信啊！"② 这一号《新青年》上，还刊登了张申府的法国来信和陈独秀的复信。张信谈道："留法勤工俭学的学生中相信马克思的很有，但未必真懂得、真感着非革命不可，真肯以生命来换。"③ 陈信则强调"革命事业非以生命来换不可"。④ 当时的张申府正着手中共旅欧支部的创建工作。陈信所强调的，正是革命年代作为一个共产党员的起码要求。后来，从中共旅欧支部中果真走出了一批"以生命来换"中国革命胜利的无产阶级革命家。

值得重视的是，中国早期马克思主义者还富有远见地探讨了中国共产党的哲学基础问题。这个讨论是在蔡和森与毛泽东的通信中展开的。蔡和森在1920年9月16日致毛泽东的信中提出："我以为现在世界显然为两个敌对的阶级世界，学说亦显然划了鸿沟。……马克思的唯物史观，显然为无产阶级的思想。以唯物史观为人生哲学社会哲学的出发点，结果适与有产阶级的唯理派相反，故我们今日研究学问，宜先把唯理观与唯物观分个清楚，才不至堕入迷阵。"⑤ 毛泽东则在1921年1月21日的复信中指出："唯物史观是吾党哲学的根据，这是事实，不象唯理观之不能证实而容易被人摇动。"⑥ 在中国早期马克思主义者中，毛泽东对于唯物史观的论述并不多，但他的这一论断却精辟而深刻地揭示了中国共产党与马克思主义哲学的关系，强调了马克思主义哲学之于中国共产党的重要性，抓住了中国共产党建设中的一个极关键的问题。在以后的中国革命中，正是毛泽东高度重视党与哲学

① 陈独秀：《政治改造与政党改造》，《陈独秀著作选》第2卷，第289页。
② 陈独秀：《政治改造与政党改造》，《陈独秀著作选》第2卷，第289页。
③ 张申府：《英法共产党——中国改造》，《张申府文集》第1卷，河北人民出版社，2005，第20页。
④ 陈独秀：《答张崧年（中国改造）》，《陈独秀著作选》第2卷，第291页。
⑤ 蔡和森：《蔡林彬给毛泽东》，《蔡和森文集》，第63页。
⑥ 毛泽东：《致蔡和森》，《毛泽东书信选集》，第15页。

的关系，为确立中国共产党的哲学基础做出了最为重要的思想贡献。

以上引述的这些文献，都是中国早期马克思主义者在 1921 年 7 月中共一大召开前所撰写发表的。从中可以清楚看出，中国早期马克思主义者在创建中国共产党时，就已经对这个党进行了最初的哲学思考，使这个党从创建时起就是一个有组织、有纪律、有哲学基础、有奋斗理想的无产阶级革命党，既不同于旧式的农民起义，又不同于近代的资产阶级政党，由此而昭显出中国共产党创建者们的"初心"。

八　回溯历史中需要把握的问题

在纪念五四运动 100 周年之际，回溯百年前中国马克思主义政治哲学的开启，上述内容固然重要、值得重视，但还有三个关键性问题尤其需要加以把握。

第一个问题：中国马克思主义政治哲学开启的意义。五四运动后中国马克思主义政治哲学的开启，有其具体的主体，这就是在五四运动影响下从新文化运动中走出的中国早期马克思主义者。这个集革命家与学问家于一身的特殊群体，在创建中国共产党、发起中国共产主义运动的同时，开始以马克思主义哲学作为新的世界观和方法论，观察中国的历史与现实，思考中国的困境与出路，回答"中国向何处去"这一时代大问题，从而开启了中国马克思主义政治哲学的最初进程。尽管他们所理解和阐发的"共产主义的宇宙观和社会革命论"还有比较大的局限性，特别是他们尚不懂得运用辩证唯物主义的认识论和方法论，从理论与实践、一般与特殊的关联上说明马克思主义基本理论与中国实际的结合问题，但其开创之功是不可磨灭的。"其作始也简，其将毕也必巨。"毛泽东、习近平都引用过《庄子》书中的这句名言，来评价中国共产党创立的意义；对于中国共产党创建者们对中国马克思主义政治哲学的开启，其中的意义也可以这样看待。

第二个问题：中国马克思主义政治哲学作用的评价。中国马克思主义政治哲学的作用，在本文开头所引毛泽东的论断中早已有了明确的评价；但由于近年来在中国思想世界重新出现了多种思潮相激互动的局面，因而又产生了与之不同的评价。在一些自由主义者和文化保守主义者看来，中国马克思主义政治哲学讲政治、讲革命、讲阶级斗争，只是破坏有余、建设不足的"激进主义"或"反传统主义"。他们由此贬抑中国马克思主义政治哲学的合理性与正义性，遮蔽中国早期马克思主义者的哲学贡献和思想价值，进而否定五四运动的文化意义与精神遗产。为了回应这种历史虚无主义，就需要对中国马克思主义政治哲学的开启及其作用予以历史主义的考察、梳理和讨论，阐明其思想内涵、理论贡献和历史影响，进而昭显五四运动的文化意义与精神遗产。

第三个问题：中国马克思主义政治哲学的传统与资源。自五四运动以来，中国马克思主义政治哲学在百年发展中，形成了自己的传统，积累了丰厚的资源。进入 21 世纪后，政治哲学研究再度成为中国哲学界的一大热点，许多人在研究马克思主义政治哲学。但是今天中国马克思主义政治哲学应当从哪里去寻找自己的传统和资源，则是一个有待深入思考和探讨的问题。有的研究者只注重从马克思主义经典著作中去寻找，有的研究者力图从西方马克思主义那里去求得，还有的研究者认为中国古代儒家思想中就有这些东西，因而只需在传统文化上下功夫即可。而五四运动后由中国早期马克思主义者发展起来的中国马克思主义政治哲学，则往往在他们的视野之外。他们探古问今、东寻西找，却看不到只有这些先驱者的思想与志业才是自己要找寻的活水源头，其中正有着 21 世纪中国马克思主义政治哲学所需要直接承续的传统、所需要认真吸取的资源。这样一来，在纪念五四运动 100 周年之际，回溯中国马克思主义政治哲学的开启，昭显这一传统，发掘这一资源，对于推进中国马克思主义政治哲学在 21 世纪的开展，就有重要的意义了。

五四运动
与民族复兴

纪念五四运动一百周年国际学术研讨会论文集

下册

中国社会科学院近代史研究所◎编

社会科学文献出版社
SOCIAL SCIENCES ACADEMIC PRESS (CHINA)

目　录

蔡元培与五四时期中国现代大学制度的创建

左玉河[*]

中国现代意义上的大学及其大学制度，是清末民初从西方移植而来的。五四时期主掌北京大学的蔡元培，根据自己所理解的现代大学理念，仿效德国研究型大学体制，率先在北京大学建构了一套由教授、院系、学科、评议会、研究所、图书馆、实验室、学术社团、学术期刊等元素构成的现代大学制度。这套大学制度，不仅为现代知识生产和知识传授提供了体制性保障，而且为现代大学作为现代学术研究中心地位的确立提供了根本性保障，当然也由此奠定了北京大学作为民国时期全国学术研究中心的独特地位。

一　建构大学院系体制

"大学"一词来自拉丁文，原义为行会、社团、公会。德国学者洪堡在《柏林高等学术设施的内部与外部组织理念》一书中，详细阐述了德国近代大学的办学理念，认为大学应是以获取最高形式的纯粹知识作为终极目标，师生双方通过共同教学与科学研究活动培养严谨的治学态度，掌握科学研究方法，故近代大学是为了蓄养研究人才、促进学术研究之需要而产生的。

---

[*]　左玉河，中国社会科学院历史理论研究所研究员。

对于近代大学理念的变化，蔡元培有着深刻的认识。他认为中国所要建立的理想的近代大学，是德国式的研究型大学。而这种大学理念，在他改造北京大学过程中得到了集中阐释。

蔡元培在就任北京大学校长演说中，重点阐述了他的大学理念：一要学术研究，二要学术独立。其云："诸君来此求学，必有一定宗旨，欲知宗旨之正大与否，必先知大学之性质。今人肆业专门学校，学成任事，此固势所必然。而在大学则不然，大学者，研究高深学问者也。"① 大学为研究学术的最高机关，是蔡元培反复强调的核心理念。他在《北京大学月刊》发刊词上对此做了集中阐述："所谓大学者，非仅为多数学生按时授课，造成一毕业生之资格而已也，实以是为共同研究学术之机关。"②

学术自由为西方现代大学的核心理念，亦为蔡元培改革北大的基本目标。他指出，大学为各种学说荟萃之地，应该兼容并包："大学者，'囊括大典，网罗众家'之学府也。"他创办《北京大学月刊》，即为实现此原则的表现："今有《月刊》以宣布各方面之意见，则校外读者，当亦能知吾校兼容并收之主义，而不至以一道同风之旧见相绳矣。"③ 关于大学学术自由的主张，蔡元培在《答林琴南的诘难》中再次予以阐述："（一）对于学说，仿世界各大学通例，循'思想自由'原则，取兼容并包主义，与公所提出之'圆通广大'四字，颇不相背也。无论为何种学派，苟其言之成理，持之有故，尚不达自然淘汰之运命者，虽彼此相反，而悉听其自由发展。此义已于《月刊》之发刊词言之，抄奉一览。（二）对于教员，以学诣为主。在校讲授，以无背于第一种之主张为界限。其在校外之言动，悉听自由，本校从不过问，亦不能代负责任。"④

按照蔡元培的设想，中国现代大学应以德国式大学之自治权和学术自由为创建的基础。蔡元培在民初负责起草的《大学令》，明确将学术研究定为大学的主要职责："大学以教授高深学术，养成硕学闳材，应国家需要为宗旨。"⑤ 此

---

① 蔡元培：《就任北京大学校长之演说》，中国蔡元培研究会编《蔡元培全集》第3卷，浙江教育出版社，1997，第8页。
② 蔡元培：《〈北京大学月刊〉发刊词》，《蔡元培全集》第3卷，第450页。
③ 蔡元培：《〈北京大学月刊〉发刊词》，《蔡元培全集》第3卷，第451—452页。
④ 蔡元培：《答林琴南的诘难》，《蔡元培全集》第3卷，第576页。
⑤ 《教育部公布大学令》，中国第二历史档案馆编《中华民国史档案资料汇编》第3辑《教育》，江苏古籍出版社，1991，第108页。

项宗旨，成为民国时期大学建立之基本目标，也是五四时期蔡元培改造北大并尝试创建中国现代大学制度的基本原则。

学科设置及院系体制，是现代大学制度的重要组成部分。现代大学所设置的课程及所设立的学科，体现着现代学术研究的基本科目，主导着学术研究的范围及研究趋向。尽管清末在引入西方大学体制时引入了西方近代学科体系，并以"分科设学"的理念规划设立"学科""学门"，但这种制度设计多停留在纸面上，尚未能真正付诸实施。1913 年初，北京政府教育部颁布《大学规程》，对大学所设置的学科及其门类做了原则性规定：大学分为文科、理科、法科、商科、医科、农科、工科等七科（简称"七科之学"），文科分为哲学、文学、历史学、地理学四门；理科分为数学、星学、理论物理学、实验物理学、化学、动物学、植物学、地质学、矿物学九门；法科分为法律学、政治学、经济学三门；商科分为银行学、保险学、外国贸易学、领事学、税关仓库学、交通学六门；医科分为医学、药学二门；农科分为农学、农艺化学、林学、兽医学四门；工科分为土木工学、机械工学、船用机关学、造船学、造兵学、电气工学、建筑学、应用化学、火药学、采矿学、冶金学十一门。[①] 然而，真正将这种大学学科体制付诸实施并确定中国现代大学以院系体制为主者，当是 1917 年初出任北京大学校长的蔡元培。蔡元培主政北大后所进行的学科改革，在中国现代大学学科设置及院系体制建构中有着重要的意义，其中最有特色并产生深远影响者，乃为"注重文理"，停办工、商两科，"废门设系"，"废科名"等。

蔡元培改革北京大学的基本思路，是将其办成以文理两科为主的研究型大学，其学科设置主要以德国大学模式为蓝本。1918 年 1 月，蔡氏在《大学改制之事实及理由》中对此设想做了详细阐述："窃查欧洲各国高等教育之编制，以德意志为最善。其法科、医科既设于大学，故高等学校中无之。理工科、商科、农科，既有高等专门学校，则不复为大学之一科。而专门学校之毕业生，更为学理之研究者，所得学位与大学毕业生同。普通之大学学生会，常合高等学校之生徒而组织之。是德之高等专门学校，实即增设之分科大学，特不欲破大学四科之旧例，故别列一门而已。我国高等教育之制，规仿日本，既设法、医、农、工、商各科于大学，而又别

---

① 《教育部公布大学规程令》，《中华民国史档案资料汇编》第 3 辑《教育》，第 114 页。

设此诸科之高等专门学校，虽程度稍别浅深，而科目无多差别。"① 可见，蔡氏改变了清季模仿日本学制的做法，转而效法德国研究型大学。

在大学课程设置方面，蔡元培深受德国学术教育体制的影响。他先是提出"学为基本，术为支干"的主张，进而提出"注重文理"的主张。蔡氏严格界定了"学"与"术"之区别："学与术可分为二个名词，学为学理，术为应用。各国大学中所有科目，如工商，如法律，如医学，非但研求学理，并且讲求适用，都是术。纯粹的科学与哲学，就是学。"他解释保留文理两科之原因云："鄙人之意，学与术虽关系至为密切，而习之者旨趣不同。文、理，学也。虽亦有间接之应用，而治此者以研究真理为的，终身以之。所兼营者，不过教授著述之业，不出学理范围。法、商、医、工，术也。直接应用，治此者虽亦可有永久研究之兴趣，而及一程度，不可不服务于社会；转以服务时之所经验，促其术之进步，与治学者之极深研几，不相侔也。鄙人初意以学为基本，术为支干，不可不求其相应。故民国元年修改学制时，主张设法、商等科者，不可不兼设文科。设医、农、工各科者，不可不兼设理科。"这就是说，文理两科是"学"，其他五科则是"术"，大学既然是研究学问之最高机构，那么应当研究"学"，而非传授"术"，故应该保留文理两科，而将其余五科从大学分离出去，成立分科大学或独立专门学院，以与真正之综合性"大学"区分开来。蔡氏强调，大学是研究高深学问之机关，要达到研究目的，大学必须优先办好文理两科："拟竭力办理文理两科，完全其科目，因此两科乃法工农医诸科，原理原则所由出，而入是两科者，又大抵为纯粹讲学而来，既不想做官，亦不想办大实业也。"② 故拟通过学科调整，将北京大学办成以文理两科为主的学术研究中心。其云："子民之意，以为大学实止须文理科，以其专研学理也。而其他医、工、农、法诸科，皆为应用起见，皆偏于术，可仿德国理、工、农、商高等学校之制，而谓之高等学校。其年限及毕业生资格，皆可与大学齐等。惟社会上，已有大学医科、大学工科之习惯，改之则必启争端。故提议文理科为本科大学。以医、工、农、法、商为分科大学。所谓分科

---

① 蔡元培：《大学改制之事实及理由》，《蔡元培全集》第3卷，第255页。
② 蔡元培：《对大公报记者谈话》，《蔡元培全集》第3卷，第36页。

者，以其可独立而为医科大学、工科大学等，非如文理科必须并设也。"①

　　注重大学文理两科，是蔡元培进行大学学科调整的重要举措。他改革大学学科的具体办法有二。一是大学专设文理两科。法、医、农、工、商五科，别为独立之大学，名为法科大学、医科大学等。其理由有二："文、理二科，专属学理；其他各科，偏重致用，一也。文、理二科，有研究所、实验室、图书馆、植物园、动物院等种种之设备，合为一区，已非容易。若遍设各科，而又加以医科之病院、工科之工场、农科之试验场等，则范围过大，不能各择适宜之地点，一也。"二是大学分为三级，预科一年、本科三年、研究科两年。蔡元培的改革方案经过修正后得到北京各高校校长赞同，并呈教育部核准，将大学预科定为两年、本科四年。北京大学评议会亦赞同蔡氏"文理两科之扩张""法科独立之预备""商科之归并""工科之截止""预科之改革"等主张，认为"今既以文理为主要，则自然以扩张此两科，使渐臻完备为第一义"。"拟仿美、日等国大学法科兼设商业学之例，即以现有商科改为商业学，而隶于法科。""与教育部及北洋大学商议，以本校预科毕业生之愿入工科者，送入北洋大学，而本校则停办工科。"② 蔡氏后来回忆："我那时候有一个理想，以为文、理两科，是农、工、医、药、法、商等应用科学的基础，而这些应用科学的研究时期，仍然要归到文、理两科来。所以文、理两科，必须设各种的研究所；而此两科的教员与毕业生必有若干人是终身在研究所工作，兼任教员，而不愿往别种机关去的。所以完全的大学，当然各科并设，有互相关联的便利。若无此能力，则不妨有一大学专办文、理两科，名为本科；而其他应用各科，可办专科的高等学校，如德、法等国的成例，以表示学与术的区别。"③

　　注重大学文理两科的同时，蔡元培主张"文理通融"："文科的哲学，必植于自然科学；而理科学者最后的假定，亦往往牵涉哲学。"④ 故文理两科应互相渗透、互为补充。其云："孑民又发见文理分科之流弊，即文科之史学、文学，均与科学有关，而哲学则全以自然科学为基础，乃文科学生，因与理科隔绝之故，直视自然科学为无用，遂不免流于空疏。理科各学，

---

① 蔡元培：《传略》，《蔡元培全集》第 3 卷，第 671 页。
② 蔡元培：《大学改制之事实及理由》，《蔡元培全集》第 3 卷，第 256 页。
③ 蔡元培：《我在北京大学的经历》，《蔡元培全集》第 7 卷，第 503 页。
④ 蔡元培：《我在北京大学的经历》，《蔡元培全集》第 7 卷，第 503 页。

均与哲学有关，自然哲学，尤为自然科学之归宿，乃理科学生，以与文科隔绝之故，遂视哲学为无用，而陷于机械的世界观。又有几种哲学，竟不能以文理分者，如地理学，包有地质、社会等学理。人类学，包有生物、心理、社会等学理。心理学，素隶于哲学，而应用物理、生理的仪器及方法。进化学，为现代哲学之中枢，而以地质学、生物学为根底。彼此交错之处甚多。故提议沟通文理，合为一科。"① 其后来复解释道："那时候我又有一个理想，以为文、理是不能分科的。例如文科的哲学，必植基于自然科学；而理科学者最后的假定，亦往往牵涉哲学。从前心理学附入哲学，而现在用实验法，应列入理科；教育学与美学，也渐用实验法，有同一趋势。地理学的人文方面，应属文科，而地质地文等方面属理科。历史学自有史以来，属文科，而推原于地质学的冰期与宇宙生成论，则属于理科。所以把北大的三科界限撤去而列为十四系，废学长，设系主任。"②

"废门设系"与"废科名"，是蔡元培改革北大学制的重要举措。所谓"废门设系"，就是将"七科之学"下各"科"所属之"门"改称"学系"。在蔡元培的努力下，到 1919 年，北京大学共设数学、物理、化学、地质学、哲学、中国文学、英国文学、法国文学、德国文学、俄国文学、史学、经济学、法律学等 14 个学系。所谓"废科名"，即是将原来"七科分学"中之文、理、法、农、工、商、医等"科名"废止，重新根据"学系"进行组合。蔡元培解释"废科名"的原因说："从理论上讲，某些学科很难按文、理的名称加以明确的划分。要精确地限定任何一门学科的范围，不是一件轻而易举的事。例如，地理就与许多学科有关，可以属于几个系：当它涉及地质矿物学时，可归入理科；当它涉及政治地理学时，又可归入法科。……根据这些情况，我们决定不用'科'这个名称，尽管它在中国曾得到广泛的承认，但我们却对这个名称不满意。"③

蔡元培初于大学与学系间设立"部"以归并之。1920 年，北大将按旧体制建立之文、理、法三"科"改组为五"部"：第一部包括数学系、物理系、天文系；第二部包括化学系、地质系、生物系；第三部包括心理系、

---

① 蔡元培：《传略》，《蔡元培全集》第 3 卷，第 672 页。
② 蔡元培：《我在北京大学的经历》，《蔡元培全集》第 7 卷，第 503 页。
③ 蔡元培：《中国现代大学观念及教育趋向》，《蔡元培全集》第 5 卷，第 311 页。

哲学系、教育系；第四部包括中国语言文学系、英国语言文学系、法国语言文学系、德国语言文学系，以及将要设置之其他国家语言文学系；第五部包括经济系、政治系、法律系、史地系。蔡氏解释道："当时之所以有这样的改变，其着眼点乃是现行大学制度急需重新厘订，以便适应国家新的需要。"① 后来，蔡元培采用"学院"以代替"部"，来统领各学系。这样，"废科名"之后，逐渐形成了大学、学院、学系三级学科建制，中国现代大学院系体制日趋完善。

二　实施"教授治校"原则

西方近代大学制度不仅体现在学科分布、学院设置上，而且体现在"大学独立"之制度设计上。德国大学制度多倾向于评议会，由教授组成评议会，校长一般由评议会选举产生。该制度的核心理念为"大学独立"。学生自治、教授治校、学术自由，均系其在不同层面的反映。蔡元培看到了西方大学独立之特性及"教授治校"之制度化设计，故在建构中国现代大学体制时，亦注重引入并贯彻"教授治校"原则。

所谓"教授治校"，乃是由大学教授、学者自己治理大学。"教授治校"的制度设计，主要体现在大学设立评议会及教授会，并赋予其重大权力上。设立大学评议会及教授会，最初在1912年蔡元培起草的《大学令》中得以体现。《大学令》规定，大学实行校长制，校长总辖大学全部事务，各科设学长主持一科事务。为了制衡大学校长及学长的权力，大学设立评议会，作为最高的权力机构和立法机构，"以各科学长及各科教授互选若干人为会员，大学校长可以随时召集评议会，自为议长"。《大学令》所规定之评议会权力很大，其审议事项主要有："一、各学科之设置及废止。二、讲座之种类。三、大学内部规则。四、审查大学院生成绩及请授学位者之合格与否。五、教育总长及大学校长咨询事件。凡关于高等教育事项，评议会如有意见，得建议于教育总长。"② 不仅大学设立校级评议会，而且各科也相应设立教授会，以发挥教授之自治力。

---

① 蔡元培：《中国现代大学观念及教育趋向》，《蔡元培全集》第 5 卷，第 311 页。
② 《教育部公布大学令》，《中华民国史档案资料汇编》第 3 辑《教育》，第 109—110 页。

设立大学评议会及各科教授会，实为大学"教授治校"原则的集中体现，亦为学术自由与学术独立精神之制度性保障。但遗憾的是，尽管民初《大学令》做了上述规定，但当时主要大学，尤其是作为全国大学之首的北京大学，并没有设立评议会，"教授治校"原则并未付诸实施。真正将"教授治校"原则付诸实施并确立者，当为蔡元培在北京大学创设评议会之尝试。

为什么要设置大学评议会与教授会？因为评议会是在大学落实"教授治校"理念的组织保障。蔡元培在介绍德国大学制度时说："德国大学学长、校长均每年一换，由教授会公举，校长且由神学、医学、法学、哲学四科之教授轮值，从未生过纠纷，完全是教授治校的成绩。北大此后亦当组成健全的教授会，使学校决不因校长一人的去留而起恐慌。"[1] 蔡氏任北京大学校长后，援引德国大学设立评议会之成例，将民初《大学令》中有关规定付诸实施。其改革思路为："首先是组织了一个由各个教授、讲师联合会组成的更大规模的教授会，由它负责管理各系。同时，从各科中各自选出本系的主任；再从这些主任中选出一名负责所有各系工作的教务长。再由教务长召集各系主任一同合作进行教学管理。至于北大的行政事务，校长有权指定某些教师组成诸如图书委员会、仪器委员会、财政委员会和总务委员会等。每个委员会选出一人任主席，同时，跟教授、讲师组成教授会的方法相同，这些主席组成他们的行政会。该会的执行主席则由校长遴选。他们就这样组成了一个双重的行政管理体制，一方面是教授会，另一方面是行政会。但是，这种组织形式还是不够完善，因为缺少立法机构。因此又召集所有从事教学的人员选出代表，组成评议会。这就是为许多人称道的北京大学'教授治校'制。"[2]

蔡元培于1918年主持制定的《国立北京大学评议会规则》，对设立大学评议会的具体细则做了规定：评议会以校长、学长、各科教授每科二人自行互选，以一年为任期，任满可再被选；设议长一人，以校长任之；书记一人，由会员中推举；选举于每年暑假日第一个月内举行；评议会讨论事项有各学科之设立与废止，讲座之种类，大学内部规则，关于学生风纪事项，审查大学院生成绩及请授学位者之合格与否，教育总长及校长咨询

---

① 蔡元培：《我在北京大学的经历》，《蔡元培全集》第 7 卷，第 505 页。

② 蔡元培：《中国现代大学观念及教育趋向》，《蔡元培全集》第 5 卷，第 312—313 页。

事件，及关于高等教育事项将建议于教育总长者；评议会每月开常会一次，由议长指定日期于三日前通知；遇有特别事件，由议长或过半会员之提议召集临时会议；非有过半人数以上列席不得议决事件；评议会议决事件，凡关于校内者，由校长分别交该管职员办理。①

同时，蔡元培制定的《国立北京大学学科教授会组织法》，对大学各部教授会组织办法及职权亦做了原则性规定：各重要学科合为一部，每部设一教授会，其附属各学科或依类附属诸部，或各依学科之关系互相联合组成一个部，每一个部设一教授会。例如国文部、英文部、哲学部、史学部、数学部、物理学部、化学部、经济学部、法律学部、政治学部，皆可各自成部，自设教授会；又如生物学、社会学、人类学等，可依类附属诸部；又如德文、法文、拉丁文等可联合组成合部，设立部教授会。该办法还规定，每部教员无论其为研究科、本科、预科教授还是讲师、外国教员，皆为本部教授会会员；每部设主任一人，任期两年，由本部会员投票选举；每部有事务所一处，为主任与各教员接洽之所；部教授会每月开会一次，商议本部应办事宜，开会时由主任担任主席；本部遇有要事，可随时由主任召集临时会议。凡关于下列诸事本部教授会皆有讨论议决之责：本部教授法之良否，本部教科书之采择。凡关于下列诸事本部教授会皆有参与讨论之责：本部学科之增设及废止，本部应用书籍及仪器之添置。每部应编纂本部学科课程详表一册，列举各学科为有统系的编纂，并略说各科之内容，及应用之课本和参考书。②

蔡元培本着"教授治校"的宗旨，重新建立了北京大学行政组织体制。到1920年，北京大学内部组织分为四部：一是评议会，司立法；二是行政会议，司行政；三是教务会议，司学术；四是总务处，司事务。评议会与教务会议会员，由教授互选；行政会议及各委员会会员，由校长推举并经评议会通过；总务长及总务委员为校长所委任。③根据《北京大学章程》对评议会职权的规定，"评议会以校长及教授互选之评议员组织之，校长为议

① 《国立北京大学评议会规则》，吴惠龄主编《北京高等教育史料》第一集，北京师范学院出版社，1992，第22页。
② 《国立北京大学学科教授会组织法》，吴惠龄主编《北京高等教育史料》第一集，第23页。
③ 《北京大学现行组织》，王学珍、郭建荣主编《北京大学史料》第2卷，北京大学出版社，2000，第118页。

长。凡左例之事项须经评议会之议决：各学系之设立废止及变更。校内各机关之设立废止及变更。各种规则。各行政委员会委员之委任。本校预算及决算。教育总长及校长咨询事件。赠予学位。关于高等教育事件将建议于教育部者。关于校内其他重要事件。"① 北京大学评议会会员由全体教授互选（讲师、助教不在内），约每五人举一人。到 1920 年，北京大学评议员有 17 人，校长为评议长。凡校中章程、规则、预算均须评议会通过。大学各科分若干学系，各系主任由教授互选，任期两年。各系主任合组教务会议，操全校学术之大政。教务处为教务会议所组织，各系主任互选教务长一人掌全校之学术，任期一年。行政会议由 11 个委员会委员长及教务长、总务长组成，会员资格以教授为限。北京大学还设置了各种委员会，委员由校长推举，评议会通过，操部分行政之权。有人评论道："教务会议仿欧洲大学制。总务处仿美国市政制。评议会、行政会议两者，为北大所首倡。评议会与教务会议之会员，由教授互选，取德模克拉西之义也。行政会议及各委员会之会员，为校长所推举，经评议会通过，半采德模克拉西主义，半采效能主义。总务长及总务委员为校长所委任，纯采效能主义，盖学术重德模克拉西，事务则重效能也。"②

1920 年 9 月，蔡元培对北京大学的组织建设回顾道："一年以来，行政会议与各种委员会均已次第成立。就中如组织委员会、聘任委员会、预算委员会、图书委员会等，都已经办得很有成效，与从前学长制时代大不相同。其余若仪器委员会、审计委员会等，也想积极进行。"③ 这种情况说明，北京大学"教授治校"制度逐步形成。教授治校，保障了大学的真正独立，使其免受教育行政部门之过分干涉，堪称近代大学学术独立的标志。北京大学率先设立评议会及教授会，将"教授治校"理念付诸实施，对全国各地大学产生了重大示范效应，其他大学纷纷加以效仿。

三　创办北京大学研究所

蔡元培强调："大学并不是贩卖毕业证书的机关，也不是灌输固定知识

---

① 《北京大学章程》，王学珍、郭建荣主编《北京大学史料》第 2 卷，第 83 页。
② 《北京大学新组织》，王学珍、郭建荣主编《北京大学史料》第 2 卷，第 81 页。
③ 蔡元培：《北京大学第二十三年开学日演说词》，《蔡元培全集》第 4 卷，第 188 页。

的机关，而是研究学理的机关。"① 如何提高大学研究水平而将大学切实建成学术研究中心？为推动北大学术研究，蔡元培采取了许多办法，如特筹经费扩充大学仪器设备及图书、组织师生研习学问的学术社团、聘请专家来校任教并举办学术讲演、创办学术刊物、举办学术会议等。其中最重要的举措，乃为创办大学研究所，为已毕业与将毕业学生从事专精研究提供研究场所，吸收师生专门从事学术研究。

蔡元培对近代西方大学设置研究所之举极为关注，并力图加以效法。其云："外国大学，每一科学，必有一研究所；研究所里面，有实验的仪器，参考的图书，陈列的标本，指导的范围，练习的课程，发行的杂志。"② 故蔡氏倾向于在大学创建供师生研习学问之研究所。早在民初制定公布的《大学令》及据此制定的《大学规程》中，蔡元培就对大学研究院制度做了最初设计，但并未付诸实施。而将这种设想真正付诸实施并有成效者，为蔡元培1917年出掌北京大学以后。蔡氏以德国研究型大学为蓝本对北京大学进行改造，开始筹设北大研究院。他后来承认："清季的学制，于大学上，有一通儒院，为大学毕业生研究之所。我于大学令中改名为大学院，即在大学中，分设各种研究所。并规定大学高级生必须入所研究，俟所研究的问题解决后，始能毕业（此仿德国大学制）。"③ 故蔡氏改造北大的基本思路，即为以大学及其研究所等现代学术建制推进学术研究。

本着大学当研究高深学问之理念，蔡氏在北大创办了各学科研究所。1917年底，文、理、法三科各学门分别成立了研究所，由校长于各所教授中推举一人为研究所主任。北大研究所规则规定，凡本校毕业生均可自愿入所研究；本校高年级学生，取得研究所主任认可后亦得入所研究；与本校毕业生有同等程度的学者，自愿入所研究者，经校长认可后得入研究所。同时规定：凡具备上述条件而不能到所研究者，经过校长或研究所主任特许可为通信研究员。1917年11月，北京大学公布《文科研究所办法》，对文科研究所的研究办法做了更详细的规定。④

蔡元培所拟办的北大研究所，"为教授留校毕业生与高年级学生的研究

---

① 蔡元培：《北京大学第二十二年开学式演说词》，《蔡元培全集》第3卷，第700页。
② 蔡元培：《北京大学国学研究所一览序》，《蔡元培全集》第5卷，第341页。
③ 蔡元培：《我在教育界的经验》，《蔡元培全集》第8卷，第509页。
④ 《文科研究所办法》，《北京大学日刊》第13号，1917年11月30日。

机关",① 故特制定诸多相关章程以规范其学术活动。从上述研究办法看,北大各科研究所确为师生共同研究学术之处所,而非后来的专业研究所;研究员多为毕业生或高年级学生,并非专职研究者。到 1918 年初,北京大学文、理、法三科研究所有研究员 148 人(其中毕业生 80 人,高年级生 68 人),另有通信研究员 32 人。其中理科研究员仅 18 人,文科 71 人,范文澜、冯友兰、叶圣陶、俞平伯等均为文科研究员。1919 年 2 月,因地质学系已有三年级学生,又决定增设地质学研究所,由何杰任主任。蔡元培对各科研究所推动学术研究的作用给予赞扬:"本校所办的研究所,本为已毕业与将毕业诸生专精研究起见","除了各种学科必须专门学者而又热心教育的担任外,如有名人讲演的机会,我们也不肯放过"。他肯定道:"以上各种设施,都是为便于学生研究学问起见;但学生一年以来,不但有研究学术的兴趣,兼且有服务社会的热诚,这也是可喜的事。"②

　　1920 年 7 月,为了办好北大各科研究所,蔡元培公布的《北京大学研究所简章布告》强调:"研究所仿德、美两国大学之 Seminar 办法(Seminar:研究班或专家讨论会),为专攻一种专门知识之所。"正式声明创办大学研究所主要是效法德、美大学之举。他重新调整了研究所的设置布局,打破科系限制,将北大研究所分为四大门类:一是国学研究所,凡研究中国文学、历史、哲学之一种专门知识者属之;二是外国文学研究所,凡研究德、法、英、俄及其他外国文学之一种专门知识者属之;三是社会科学研究所,凡研究法律、政治、经济、外国历史、哲学之一种专门知识者属之;四是自然科学研究所,凡研究物理、化学、数学、地质学之一种专门知识者属之。研究所研究课程均列入各系科内;研究所之阅览室并入大学图书部;各学系之学科有专门研究之必要者,由教员指导学生研究之,名曰某科研究,并规定单位数;各种研究工作在图书馆或实验室内举行。③

　　为了吸收北大师生专门从事学术研究,蔡氏加快改组各门研究所。1921 年 12 月 14 日,北京大学评议会第二次会议通过的《国立北京大学研究所组织大纲》规定:"本校为预备将来设大学院起见,设立研究所,为毕业生继

---

① 蔡元培:《整顿北京大学的经过》,《蔡元培全集》第 8 卷,第 276 页。
② 蔡元培:《北京大学第二十三年开学日演说词》,《蔡元培全集》第 4 卷,第 189 页。
③ 蔡元培:《公布北京大学研究所简章布告》,《蔡元培全集》第 4 卷,第 175—176 页。

续研究专门学术之所。"研究所分设自然科学、社会科学、国学和外国文学四门；所长由大学校长兼任，各门设主任一人，经理本门事务，由校长于本校教授中指任之，任期两年；此外，设助教及书记若干人，由所长指任，受本门主任指挥，助理一切事务。各门研究的问题与方法，由相关各系之教员共同商定。该大纲还规定："本所原为本校毕业生有专门研究之志愿及能力者而设，但未毕业之学生曾作特别研究已有成绩者，经所长及各该学系教授会之特许，亦得入所研究。"①

由于当时学校经费和人力条件的限制，北大仅开办了国学门研究所。1922 年 1 月，国学门研究所正式成立，研究对象包括中国文学、史学、哲学、语言学、考古学等众多领域，内设编辑室、考古研究室、歌谣研究会、风俗调查会、明清史料整理会、方言调查会等机构，研究科目为文字学、文学、史学、哲学、考古学等类。由蔡元培兼任研究所国学门委员会委员长，委员有顾孟余、沈兼士、胡适、马裕藻、钱玄同、李大钊、朱希祖、周作人等，沈兼士任国学门主任。聘请王国维、罗振玉、陈寅恪、朱希祖、马衡、刘复、沈兼士、周作人、钱玄同等人担任导师。改组后的国学门研究所比原来的研究所更趋于正规化：研究题目及研究方向由教授自由选定；有些研究课题由教授随时提出，有兴趣之学生可自由报名，经导师同意即可入所研究。

除了指导研究生从事研究外，研究所国学门主要开展了三项工作。一是出版定期刊物。蔡元培将学术刊物视为研究者发表论著之园地，倡议以研究所各学门为基本，每学门出版一种杂志。经国学门委员会议决，由研究所四学门分任编辑，每年每学门共分配负责三期；外国文学、自然科学和社会科学三门未成立以前，编辑由各相关学系分组担任。《国学门季刊》由胡适任主任编辑，发表了许多关于中国文学、史学、哲学、语言学以及考古学等方面的研究成果。该研究所先出版《歌谣周刊》，后改为《研究所国学门周刊》，不久改为月刊。二是考古调查和纂著考古方面书籍。研究所国学门成立时曾设立考古研究室及陈列室，后又组织古迹古物调查会。三是征集和刊印歌谣。经整理、研究汇集成书者有《吴歌集》《北京歌谣》

---

① 蔡元培：《北京大学评议会一九二一年第三次会议议决事项通告》，《蔡元培全集》第 4 卷，第 495 页。

《河北歌谣》《南阳歌谣》等八种歌谣丛书，有《看见她》《北京歇后语》等四种歌谣小丛书，及《孟姜女故事歌曲甲集》《孟姜女故事研究集》两种故事丛书。这些成果对推动采集、整理及研究民谣民歌和民间故事起了重大作用。蔡元培对研究所国学门之成绩给予充分肯定："三年以来，赖主任沈兼士先生的主持与国学门委员会诸先生的尽力，搜集、整理、发表，均有可观的成绩，我们虽然自己不满意的点，还是很多，然而这种研究，决不是徒劳的事。我们已经可以自信，若能广筹经费，多延同志，来此共同研究，将来学术上的贡献，一定可以增进。"①

　　北京大学研究所之创办，为全国各大学创办研究院所提供了示范性样本。对于蔡元培创办北京大学研究所之尝试，金耀基给予很高评价："蔡先生重视研究的功能，重视研究所、研究院的发展，都是因为他要纠正大学'专己守残'的学风，要长远地为中国学术建立自主性、独立性。我以为蔡先生之改革北大较之艾略特、吉尔门之改革哈佛及约翰·霍布金斯大学的贡献是毫无逊色的，而他之创立中央研究院，与佛兰斯纳（Flexner）之创立普林斯顿高级研究所也是同样有远见与抱负的。"② 这样的评价是公允的。

　　由此可见，五四时期的蔡元培不仅对西方现代大学制度有着深刻的体认和理解，而且将这种现代大学理念付诸实施，仿效德国研究型大学体制，率先在北京大学创建了包括院系、学科、评议会和教授会、研究所、学术社团等诸多元素在内的体系完备的现代大学制度。如果说古代中国学术研究中心在官学及书院的话，那么现代学术研究中心则移至现代大学。现代大学之所以能够确立中国现代学术研究中心的地位，则与蔡元培率先在北大建立的这套以德国研究型大学为蓝本的现代大学制度密切相关。以北京大学为代表的现代大学，是迥异于中国传统太学、国子监、翰林院的新式学术文化机构，是现代知识生产与知识传播的专门组织。现代大学与专业研究院所一起，赫然成为近代以来中国学术研究的中心。蔡元培率先在北大创建的这套大学制度，不仅为现代知识生产和知识传授提供了体制性保障，而且为现代大学作为现代学术研究中心地位的确立提供了根本性保障，当然也由此奠定了北京大学作为民国时期全国学术研究中心的独特地位。

---

① 蔡元培：《北京大学国学研究所一览序》，《蔡元培全集》第 5 卷，第 342 页。
② 金耀基：《大学之理念》，三联书店，2001，第 83 页。

疑古视域下钱玄同的《说文》观

刘贵福[*]

众所周知，钱玄同是疑古辨伪运动的领袖之一。在疑古辨伪运动中，他提倡对经部文献的辨伪，与胡适、顾颉刚等做经史上"探本穷源之工作"（钱穆语），对当时学术研究和思想革新都产生了重要的影响。在疑古辨伪过程中，钱也将怀疑的目光投向《说文解字》，对之提出诸多批评。关于这一问题，目前研究尚少。[①] 本文以钱玄同日记为主要资料，并结合其他史料，对钱玄同的《说文》观进行讨论，并讨论围绕这一问题钱玄同与王国维的一段学术交集。

一 "以《说文》为万能"

《说文解字》是中国第一部系统地分析汉字字形和考究字源的字书，也是世界上最早的字典之一。对于《说文》，历代皆有研究，至清代而臻极盛。钱玄同自幼就接受了较好的文字学教育。钱父振常先生深受乾嘉学术影响，"湛深经学，精于考据。治小学，能究文字之变迁"，[②] "于俗体之书

---

[*] 刘贵福，辽宁师范大学历史文化旅游学院教授。

[①] 目前所见的相关研究多为从语言文字学方面所做的阐述，如何九盈《中国现代语言学史》，广东教育出版社，1995；刘坚主编《二十世纪的中国语言学》，北京大学出版社，1998；张标《二十世纪〈说文〉学流派考论》，中华书局，2003；李学勤《王国维〈桐乡徐氏印谱序〉的背景与反响》，《清华大学学报》2005 年第 2 期。

[②] 王森然：《近代名家评传二集》，三联书店，1998，第 331 页。

深恶之"。钱振常"每到晚间，常以《文字蒙求》及时命检许书某部某字之字教之"。[1] 他督令钱玄同写字"不准做破体、俗书及无根之古字"。[2] 故钱玄同 8 岁时就识说文部首。1900 年，钱玄同读了段玉裁、王筠、严可均诸人关于《说文》的著作，"粗谙六书大义及篆隶变迁"。[3] 1908 年 4 月初到年底，钱玄同在东京师从章太炎，参加了大成中学、民报社两个讲授《说文解字》班的学习，系统地学习了《说文解字》。[4]

钱早年对于《说文》的认识深受章太炎的影响。关于对《说文解字》的研究，章太炎在自定年谱中说："自三十九岁，亡命日本，提奖光复，未尝废学。……始治小学音韵，遍览清世大师著撰，犹谓未至。久乃专读大徐原本，日翻数页，至十余周，以说解正文比较，疑义冰释。先后成《小学答问》《新方言》《文始》三书。"[5] 章太炎参加反清革命，主张以国粹激励种姓，语言文字作为民族文化的重要组成部分自然受到他的重视。他继承、发展了许慎、段玉裁的学说，以之为基础，创新性地开展各个方面的

---

① 钱玄同：《钱德潜先生之年谱稿》（自编），杨天石主编《钱玄同日记》（整理本）上册，北京大学出版社，2014，第 2 页。

② 钱玄同：《钱德潜先生之年谱稿》（自编），杨天石主编《钱玄同日记》（整理本）上册，第 3 页。

③ 钱玄同：《刘申叔先生遗书序》，刘师培：《刘申叔先生遗书》，江苏古籍出版社，1997，第 30 页。

④ 钱玄同先后参加两个班学习《说文解字》。第一个班是大成中学班，由钱玄同、龚未生及四川人董特生发起，1908 年 4 月 4 日在清风亭上第一次讲课，4 月 8 日在帝国教育会第二次讲课，4 月 11 日后改在大成中学，每周 5 小时，星期三、星期六讲。听者中浙江籍有 5 人：钱玄同、龚未生、朱逖先、朱宗莱、沈复生。沈只听了一次，4 月 14 日离开东京。据朱希祖日记，该班说文课在 7 月 25 日讲完。其后该班讲《庄子》《楚辞》《尔雅》《汉书》《文心雕龙》《毛诗》《文史通义》等。第二个班是从 7 月 11 日（星期六）开始，其后每周星期二、星期五讲。先讲音韵，28 日开始讲说文。这一班由周树人、周作人和许寿裳等请太炎所讲，钱玄同、龚未生、朱逖先、朱宗莱又参加，加上周作人、周树人、许寿裳、钱家治共 8 人，地点在民报社。钱玄同日记所记最后一次民报社班讲课时间为 11 月 1 日（11 月 2 日至次年 1 月 21 日钱无日记）。故该班最后结束时间不确定。钱后来回忆说，此三月中，大概民报社之说文未讲完（因《民报》被封也）。另外，在 1909 年 2、3 月，又有沈兼士、张传铭等人请章讲《说文》，是为第三个班。钱日记记载 1909 年 3 月 4 日为第三次课，当日课因故未讲。钱回忆自己大概没有参加这个班的学习，龚未生则继续听讲。参见《钱玄同日记》、《朱希祖日记》及钱玄同晚年从日记中所摘出之《我与章君、左庵之关系》（杨天石整理，载于《关东学刊》2019 年第 2 期）。后者虽从日记摘出，但亦有少量钱回忆的内容，可帮助理解相关问题。另外，由钱玄同、朱希祖、周树人所记录的《章太炎说文解字授课笔记》也由中华书局于 2010 年出版。

⑤ 章太炎：《章氏丛书三编·太炎先生自定年谱》，章氏国学讲学会校印，1912，第 15 页。

语言学研究。可以说，没有对《说文》全面系统的研究，就不可能有其后来《文始》《新方言》《小学答问》等一系列小学著作的出现。① 何九盈先生指出，"章黄都以《说文》为语言文字学的基础，他们对《说文》的研究不再像清朝人那样，只停留在对材料的考证上面，而是以《说文》为依据，进而研究汉字形体结构的历史演进和同源关系，也就是'求本字'，'寻语根'。章太炎的《文始》《新方言》都具有这样的性质"。② 钱玄同 1908 年入章门学习文字声韵，对章太炎这一研究特色有强烈感受，他认为，"章先生讲《说文》，最重明本字，此乃昔贤所未经意者（朱允倩未精，李富孙过于拘滞，且所诠明亦甚少）"。③ 章太炎在东京讲学时，对于《说文》也有批评。有学者根据对朱希祖、钱玄同和鲁迅的听课笔记统计，得出章太炎明言许说误、段说误就不下百处，通过细致的分析来说明许、段之误者，亦为数甚多。④ 章太炎对许、段的批评给听课的钱玄同等学生以深刻印象，朱希祖在听讲之初就感到章太炎讲假借、转注与许书稍异。⑤ 而钱玄同则感受更为强烈，他说章太炎讲《说文》的主要方法是，"乃取许书各部之字其有关于训诂者（转注、假借等），或炎师意见有与前人异说者说之"。⑥ 这段时间的学习，使钱打下了扎实的基础，也培养出他最初的批判意识。

章太炎在语言学研究方面成绩斐然，但仍属于"传统派"，是"超越前代的传统派"。⑦ 当时，学者已经开始使用钟鼎金文来订正《说文》。对此，章是明确反对的。他也与钱玄同讨论过这方面的问题。他在 1911 年 1 月给钱玄同的信中写道：

> 萰友以钟鼎改说文，勿论彝器真伪难知，且古文一字数体，形相仿佛者甚多，纵令彼形审正，宁知此形必讹？又古文亦有讹体，《艺文

---

① 朱乐川、董志翘：《〈章太炎《说文解字》授课笔记〉学术价值初探》，《南京社会科学》2013 年第 10 期。

② 何九盈：《中国现代语言学史》，第 463 页。

③ 《钱玄同日记》，杨天石主编《钱玄同日记》（整理本）上册，第 244—245 页。

④ 朱乐川、董志翘：《〈章太炎《说文解字》授课笔记〉学术价值初探》，《南京社会科学》2013 年第 10 期。

⑤ 《朱希祖日记》上册，朱元曙、朱乐川整理，中华书局，2012，第 61 页。

⑥ 《钱玄同日记》，杨天石编《钱玄同日记》（整理本）上册，第 127—128 页。

⑦ 张标：《二十世纪〈说文〉学流派考论》，第 15 页。

志》引正名阙文之说，云"伤其浸不正"，此则春秋时古文已有俗误，钟鼎所刊，能保其必无缪体乎？……及遗文灰灭，而欲以钟鼎改易《说文》，则只为多歧亡羊而已。……菉友盖《说文》之莨莠也。今之妄托古籀者，虽承阮伯元、庄葆琛末流，亦以菉友为之冯翼，不然，言钟鼎者自钟鼎，言《说文》者自说文，犹不至妄相弹射，腐肉召蝇，必自菉友始矣。朱允倩虽好改作，但与若膺同病。未至如菉友辈，二人同时未尝识面，假令朱获见王，犹可为其诤友，每义必求本字，可云卓识。自今以后，小学恐分裂为二家，一主说文，一主款识，如水火之不相容矣。①

钱玄同赞同章氏的观点。他在 1911 年给章的信中就曾批评小学研究中的"穿凿"现象，并得到章的肯定：

来书谓小学失之穿凿，无迎拘滞，此在今日，诚为对证发药。高者如孙仲容之伦，已不免摭拾铜器，擅改形声；下者如王壬秋辈，或以私意更定六书，乃至新学妄人若严复、梁启超辈，滕口恣言，无疑荆舒字说。②

钱玄同在这一时期完全接受了章太炎的文字观念。1909 年 9 月 23 日，钱玄同给友人汪旭初信中写道：

中国文字自颉籀以来时有增益，至小篆出而功用大备，许氏集古籀秦篆之大成，以作《说文》，实中国文字之矩矱，故今日所有之文，无论借字、俗字，稽诸《说文》，无不各有其本，断无有凭空突起无本可求之假借字也（有之，必宋元以后之俗音、俗义，治正名之学者所当屏绝也）。除草、木、虫、鱼之本名无义可稽，止取其声音外，其他名、代、动、静诸词必有语柢可寻。③

---

① 章太炎：《与钱玄同》，马勇编《章太炎书信集》，河北人民出版社，2003，第 134 页。
② 章太炎：《与钱玄同》，马勇编《章太炎书信集》，第 136—137 页。
③ 《钱玄同日记》，杨天石主编《钱玄同日记》（整理本）上册，第 177 页。

在给汪旭初的另一封信中，钱玄同还批评了刘师培在文字学研究上采用国外观点的做法，"申叔籀书，骛博而无主，故观其所著率多影响浮夸之谈，兼情钟势耀，凡遇一字一名之近译籍者，必多方附会。……而邹生简字、新字之说，尤为彼所赞同。故言新党之谓，固推申叔，而附和新党以破坏国学者，亦申叔也"。① 1910 年钱玄同在他与章太炎所办的《教育今语杂志》发表《中国文字略说》，系统阐述了他对《说文》的看法：

> 共和九百四十一年（汉和帝永元十二年），有一个许慎，他据《仓颉篇》以下的小篆，《史篇》里的大篆（那时候《史篇》虽然缺少，却还没有亡完），壁中书（古文在秦朝时期已经亡灭，前面已经说过了。但是孔子用古文写的《六经》，还藏在孔子家里，汉朝的时候有一个鲁恭王，毁掉孔子的房子，于是《六经》便发见了出来，古文又重复被人家看见了）和钟鼎上面刻的古文，这三种东西合拢来，做成一部《说文解字》。照字的形，分做五百四十部。……这五百四十字部的分法，精确之至，后来无论再做什么字书，一部都不能加减他的。这是甚么缘故呢？因为中国的文字，到小篆时候便完全无缺，现在所用的字，总逃不出《说文解字》这一部书，虽然有许多现在用的字，《说文》（就是《说文解字》简称就叫《说文》）里边没有，但是这个是后来人没有学问，随意乱造的，要知道无论文言白话，书上写的，嘴里说的，到《说文》里去寻，总有一个正体字在里边。……《说文》里边所收的字，既然完全无缺，不能加减，自然他分的部，也一部都不能加减的了。②

在该文中，钱依据许慎《说文解字》对文字的产生和发展的历史做了介绍，如伏羲八卦是文字起源，黄帝时仓颉造字，汉字六书等，对字形变化做了详细解释。但在汉字六书中，钱玄同先述象形，后述指示，③ 则与许

---

① 《钱玄同日记》，杨天石主编《钱玄同日记》（整理本）上册，第 182 页。
② 浑然：《中国文字略说》，《钱玄同文集》第 4 卷，中国人民大学出版社，1999，第 9—10 页。
③ 关于这一观点，五四时期胡适曾与钱讨论。1917 年 10 月 26 日，胡适致函钱玄同说："今天忽然想起先生的文字学说的六书进化论，先生以为象形应在指示之前。我当时听了也以为然，后来一想，以为许慎的次序似乎不错。并提出自己的证据。"参见姜义华主编《胡适学术文集·语言文字研究》，中华书局，1993，第 136 页。

慎序中所述不同，转注与假借则依太炎观点。并且钱玄同在文章中激烈地批评程邈造隶书，破坏六书精义。① 其后，钱玄同又在《教育今语杂志》上发表了《说文部首今语解》，用白话解释说文部首。在应用上，钱玄同主张写《说文》正体字。"余主张废楷用篆说，炎师不甚许可，意其难行也。惟谓《说文》所无之字，作宋体之楷书太不佳，无已，则作隶或八分，庶稍雅观。"② "作致太炎师信，拟请其将全书悉改正字，让我来誊一遍，将来石印，以为正名之始耳。"③ "余惟字必以篆为正，若必作隶，必宜改从隶古。"④ 他在1912年一篇日记中说：

> 中国字以《说文》为大备，故九千余文以外，万勿劳再有他字，凡刊刻古书遇有《说文》所无者，确知其正体为某字者，便当更正，而以旧本俗字注明其字，若江声刻《释名例》。其未能遽改者，可作□于其字外，如昔时避帝王名讳，则于其字外作□。……用此符号以志俗字，俾人一览而知其字非《说文》所固有，似乎可以也。又如疏证小学书籍，如《尔雅义疏》《方言笺疏》之类，最好用篆书，其《说文》所无之字，则用隶书（汉隶、今隶皆无不可），否则用方□亦可。此似细故，然于正名之道似亦稍有裨益也。⑤

1910年3月，钱从日本回国，到浙江嘉兴中学堂讲授《说文》，同时还在秀水小学堂教《尔雅》。其日记云：其时学堂监督范梦耕"颇欲振兴小学，予亦欣然，因遂积极进行，专以提倡写本字，守古体为务"。⑥ 从钱所保留的章太炎的早期信函看，这一时期二人讨论的内容多是考本字、寻字源的问题。在晚年，钱回顾自己早年对待《说文》的态度时说自己是"以《说文》为万能"。⑦

---

① 参见浑然《中国文字略说》，《钱玄同文集》第4卷，第1—11页。
② 《钱玄同日记》，杨天石主编《钱玄同日记》（整理本）上册，第145页。
③ 《钱玄同日记》，杨天石主编《钱玄同日记》（整理本）上册，第146页。
④ 《钱玄同日记》，杨天石主编《钱玄同日记》（整理本）上册，第190页。
⑤ 《钱玄同日记》，杨天石主编《钱玄同日记》（整理本）上册，第241—242页。
⑥ 《钱玄同日记》，杨天石主编《钱玄同日记》（整理本）上册，第316页。
⑦ 《钱玄同日记》，杨天石主编《钱玄同日记》（整理本）下册，第1359页。

二　思想转变

前文谈到，在钱玄同向章太炎学习《说文》时，学者已经开始使用钟鼎刻辞来补充订正《说文》。新材料的使用，为《说文》研究开辟了新的道路，也开启了对《说文》在文字学上的神圣地位的怀疑。吴大澂在1883年所辑的《说文古籀补》中就指出，"百余年来，吉金文字日出不穷，援甲证乙，真赝厘然，审择既精，推阐益广，穿凿附会之弊，日久自彰，见多自确。有许书所引之古籀不类《周礼》六书者，有古器习见之形体不载于《说文》者"。吴认为，此因许慎"不获见古籀真迹也"。[①] 因吴的研究，"于是治此学者，遂起怀疑"。[②] 进入20世纪，学者对《说文》的批评更加激烈。成书于1920年的林义光的《文源》，利用金文材料系统地论证《说文》并从中总结出古文字构形演变规律，对传统《说文》研究中严重的"崇许"思想并不赞同。他认为，小篆字形在很大程度上已经反映不出造字的本旨，故许慎就秦篆立论多不通，在对字的形义关系的说解上，许慎又常常"断以名理""杂以阴阳"，又或"望文生训"。[③] 林义光批评道：

> 顾许氏叙篆文，合古籀，而所取古文由壁中书及郡国所得鼎彝。时未有椠书之业、拓墨之术，壁经彝器传习盖寡，即许君睹记，亦不能无失其真，故于古籀造字之原，多阙不论，但就秦篆立说，而遂多不可通。既讥俗儒鄙夫以秦之隶书为仓颉时书，乃猥曰马头人为长、人持十为斗，而自为书亦适以周官之六书，说省改之小篆，庸渠愈乎！[④]

林义光的研究非常重要，有学者指出，在当时字源学研究陷入困局的情况下，《文源》上承清人《说文》学的余绪，下启利用金文等古文字材料来纠正《说文》的新道路，在研究思路、方法及文字学理论上，都能跳出

---

① 吴大澂：《说文古籀补吴序》，吴大澂辑《说文古籀补》，中华书局，1988年影印版。
② 郑师许：《近三十年来中国治文字学者的派别及方法》，《学艺》第12卷第1期，1933年。
③ 田胜男：《林义光与〈文源〉》，《新疆教育学院学报》2012年第2期。
④ 林义光：《文源·叙》，林志强标点，上海古籍出版社，2017年。

《说文》的局限，提出了不少创见。但林书并未在全国发行，在当时影响很小。①

1898 年甲骨文的发现及研究对于《说文》研究来说更具有革命性的意义。1922 年，沈兼士在其《文字学讲义》中写道："清朝末年，'钟鼎''甲骨'出土渐多，阮元、吴大澂、孙怡让、罗振玉、王国维诸家锐志精研，以其刻辞校验《说文》，参验古书，用实证的方法发明许多字形字义，……于是学者才恍然知道墨守《说文》，或徒凭臆测之不能探得古文的奥妙了。"② 容庚于 1923 年在北京大学《国学丛刊》上发表的《甲骨文字之发现及其考释》中也论道："甲骨刻辞乃殷墟遗文，较之许慎所见大抵为姬周文字，宜称更古。"对甲骨文研究在文字学研究上的意义，容总结道："（甲）象形文字多恍若图画。（乙）会意文字有体殊字同者，例如牢或从牛，或从羊，其义则一。（丙）斠正《说文》：《说文》中形体之讹者，因此证明者甚众。（丁）斠正经文……（戊）参证金文：甲骨文中足为金文参证者甚多。（己）参证古籀：甲骨文字有与大篆小篆相同者，可见大小篆非出一时之创造。又甲骨文为《说文》所无者几千字。"③ 钱穆在《国学概论》一书中在论及晚近学术思潮时也谈到甲骨文发现及研究的意义。他说：清儒治经，首本字义。《说文》遂为必治之书。余波流衍，及于钟鼎古籀。最近殷墟书契出，罗王二氏之考释，而龟甲古文之学，遂掩《说文》而上之。据之以考证古礼古史，有非清儒穷经所能到者。④

除金文和甲骨文研究对《说文》产生冲击以外，清末对《说文》的另一种批评来自今文经学。章太炎就曾对钱玄同等说："王、廖、吕三人，皆不信《说文》（治今文故），而未能昌言排斥，惟谓《说文》序中言：'汉时称隶书为仓颉时书'之语，实在不错，许君惑于刘歆之古文云。然近来廖季平固昌言排斥《说文》矣。"⑤ 康有为著《新学伪经考》专列"小学"一节，认为汉时所出壁中古文为刘歆所伪。康虽非专门批评《说文》，但这一观点却将怀疑的矛头直接指向《说文》中所收古文的可信性。

① 李学勤：《古文字初阶》，中华书局，1985，第 62 页。
② 沈兼士：《文字形义学》，《沈兼士学术论文集》，中华书局，1986，第 382 页。
③ 容庚：《甲骨文字之发现及其考释》，《国学丛刊》第 1 卷第 4 号，1923 年 12 月。
④ 钱穆：《国学概论》，商务印书馆，1997，第 325—327 页。
⑤ 《钱玄同日记》，杨天石主编《钱玄同日记》（整理本）上册，第 152 页。

1911 年 2 月，钱玄同在家乡湖州谒今文经学家崔适请业，得读康有为的《新学伪经考》。受今文经学思想影响，钱玄同开始全面怀疑古文经，同时对《说文》的怀疑也开始了。他在 1933 年给黎锦熙的信中对自己的这一学术历程描述道：

> 弟在二十年前乃至十年前亦是信《说文》者。自读甲骨文金文以来，对于《说文》信仰之心乃大减。（实则弟自读康南海《新学伪经考》以后〔事在辛亥年，亦已在二十年前〕，对于《说文》已大怀疑，因其为刘歆之伪古文学也。惟彼时仅知《说文》之不合于今文，尚不知其又不合于真古文之甲骨金文。）①

由此段表述看，钱先是受康有为的影响，由怀疑古文经，进而怀疑《说文》，然后阅读金文甲骨文，更强化了怀疑。1913 年 7 月的一段日记可以透露出钱玄同在接受了今文说后对钟鼎文字的价值的认识。当时，《古学汇刻》第 5 期上的镇海吴善述的《六书约言》于象形字不能酷肖者，多所更易，钱玄同虽认为武断，但也肯定其不无可取。当时单不庵和朱逖先皆痛诋之。钱玄同认为他们持论似过，并认为这是二人不信钟鼎之故，遂以为仓颉初文已如许书所作也。② 钱玄同集中研读甲骨文是在 1917 年后。1917 年日记多有他购买、阅读甲骨文图书的记载：

> 10 月 7 日　午后至青云阁富晋书庄购罗叔蕴所撰著之龟甲文书，因其价无不奇昂，只得先购《殷墟书契考释》一种。
>
> 10 月 9 日　归舍后取罗振玉之《殷墟贞卜文字考》第二篇 "正名" 者点阅……罗氏所考精当者多，吾尝谓清代考金文者以王筠及孙仲容丈为最精，以其能援据六书而不抛荒《说文》也。阮元、吴荣光已鲜精采，且多谬妄。若庄述祖之《说文古籀疏证》直是痴人寐语耳！罗氏此书颇足媲美王、孙。
>
> 10 月 15 日　向夷初借得孙仲容先生之《名原》。此书新近刻

---

① 钱玄同：《与黎锦熙论 "古无舌上、轻唇声纽" 问题书》，《钱玄同文集》第 4 卷，第 79 页。
② 《钱玄同日记》，杨天石主编《钱玄同日记》（整理本）上册，第 268 页。

成……孙氏此书所择文字似不逮罗氏考释之精，其中分象形字为原始象形、省变象形、后起象形三种，则至当不易之论。据此可知《说文》所载确是小篆，郑知同《说文本经答问》所说实在不对。

10 月 16 日　晚取龚半纶批本阮氏《钟鼎款识》迻录。……购《铁云藏龟》。

10 月 19 日　课毕至富晋书庄购《流沙坠简》《殷墟书契菁华》。观罗刻《吉石庵丛书》……此丛书中尚有孙仲容《契文举例》《原章》（讲龟甲之书）及周伯奇《说文字原》，亟购以归。

10 月 23 日　富晋书庄《殷墟书契前编》一部，亟购以归。①

在研读的基础上，钱玄同建立起甲骨文可靠性的认识，② 在《说文》研究上与使用甲骨文订正《说文解字》的"订许派"逐渐接近，而与章太炎的学术观点则产生了不同。③ 1917 年后，钱在应用上改变了以《说文》之字为正字的做法。他在 1922 年 12 月 8 日④给沈坚士写的信中说：

我以为所谓本字者，决不要再以《说文》为限，亦无所谓不合六

---

① 《钱玄同日记》，杨天石主编《钱玄同日记》（整理本）上册，第 321—323 页。
② 钱玄同在 1918 年 12 月 12 日致沈坚士的信中曾询问沈："那龟甲同钟鼎你现在相信不相信？请你告诉我。我觉得钟鼎里容或有假的，若龟甲，似乎靠得住也。"见汤志辉《钱玄同致沈坚士未刊信札四封考释》，《现代中国文化与文学》2018 年第 3 期。
③ 1919 年，章太炎在浙江图书馆刻《章氏丛书》中所收《国故论衡》中写了《理惑论》，对龟甲文的可靠性加以抨击。后来朱希祖批评章太炎因钟鼎甲骨有一部分作伪而不信，是"因噎废食"。朱认为虽有作伪，然"究能辨别"。见《朱希祖日记》（下），第 1036 页。陈以爱在《胡适对王国维"古史新证"的回应》一文中提出，在甲骨文出土渐多，罗、王也做出成绩后，北大掌门弟子如沈坚士、钱玄同诸人已不能固守乃师"宗许"立场，与根据甲骨"订许"的罗、王两氏渐进合流。见陈以爱《胡适对王国维"古史新证"的回应》，《历史研究》2008 年第 6 期。这一说法是正确的，但需要指出的是，钱受今文经学怀疑壁经思想的影响，其主张与"订许"派也有不同。
④ 原函只署"12.8 夜"，未署年代。整理者判断写信时间与前两封信，即钱在 1918 年 12 月 22 日和 1919 年 1 月 1 日致沈坚士信相差不远。这一判断尚不具体。根据该信第一句"近日因病足，非枯坐即挺尸，闷损极矣"所表达的钱玄同身体状况信息，查阅钱玄同日记，可见 1922 年 12 月 2 日钱足病发作，一直到 3、4、5、6、7、9 日均有足病记载。其中 7 日记有"足疾如故，闷闷"，8 日有"足仍未愈，还是不能行动，心中烦闷之至"，9 日有"足痛稍愈，还是不良于行"的记录，此后一直有足疾的记录，直到 22 日有"足之痛痒渐减，殆渐可愈矣"的记载。由此判断，该函写于 1922 年 12 月 8 日。

书无从下笔之类……总之凡为某字专制之字即为本字。但亦有永无本字，则老实说"尚未制字"……断不可用似是而非者勉强附会也。……又，一字引申为数义而化为数字者，即各为本字。如……而一字为数言而化为数字者，亦各为本字，如……①

他在1934年为《辞通》作序时，谈到自己对"本字和假字"的认识：

> 我于戊申年（一九〇八）从太炎师问字，最注意此事，虽识惭梼昧，毫无发明，然曾坚决主张今后文字必应统一，统一之道在乎正名，正名之事不止一端，而以复用本字为最要。……二十年来，读书略多，见解渐变，对于所谓"本字"之解释颇生疑问。……自来语言文字学者之考求本字，皆以《说文》为据，然《说文》有专字者，甲骨刻辞及彝器铭文诸古器物多写假借字，可知《说文》中之专字多出后造，……局于《说文》以求本字，实未得其本也。且自来学者对于一个假借字所考得之本字，彼此往往不能相同，而不相同之数字，其义与彼假借字之义皆能相通。我以为此数字只是与彼假借字同出一个语源而非即其本字，彼假借字乃是依声托事，只有语源，并无本字也。因此，我现在以为本字是不必考求的。但本字虽不必考求，而专字之诠释，语源之探索，古今字之说明，这三件事却是应该做的。专字不当以《说文》为限，凡古今专字都应该一律平等看待。②

1922年、1923年后，钱玄同对《说文》观念发生进一步变化。在与胡适、顾颉刚酝酿疑古辨伪的过程中，在今文经学怀疑古文经为伪的思想和强烈的五四反传统思想影响支配下，钱逐渐不满足于使用钟鼎、甲骨订正《说文》的王国维等"订许"派，强调文字学研究要"抛开《说文》"，并将古文字学研究与"打倒六经"相结合。他在1922年7月15日的日记中写道：

---

① 见汤志辉《钱玄同致沈坚士未刊信札四封考释》，《现代中国文化与文学》2018年第3期。

② 钱玄同：《辞通序》，《钱玄同文集》第4卷，第85—86页。

访叔平，与谈甲文、金文，谓王遗少固佳，但若不将六经打倒，则无办法。我以为"应用甲、金二文推求真古字、真古史、真古制，以推倒汉人之伪古字、古史、古制；不应该用汉儒之伪文、史、制来淆乱甲金之真字、史、制也。宋人不足道，阮以来至孙皆淆也。吴大澂、刘心源稍好，王尤好，但仍未彻底"。[①]

1923 年 1 月 1 日的另一篇日记也谈到此一问题：

与叔平谈及近人研究甲文、金文之得失。我以为吴大澂、罗振玉、王国维三人最精。但他们都还有两种毛病：

（1）好引汉以前的假书以证真正古文（孙诒让专用《周礼》附会，尤谬）。

（2）总不能抛开《说文》，所以常常要引许慎种种支离之说。

现在我们应该在甲文、金文中求殷代的历史，在金文中求周代的历史，以匡正汉儒（兼今文家、古文家）之胡说。凡国名、地名、礼制、礼器……等等，汉儒大概都是闭着眼睛胡说；前人根据这些胡说来证金文，是谓"以伪乱真"，实可嗤笑。[②]

在批评王国维和罗振玉的同时，钱赞同主张"推翻说文"的龚橙的观点。1923 年 3 月 19 日，钱玄同读到龚橙《理董许书》手稿后，在日记中写道：

龚自珍的思想见解、学问本已过人，其子橙更远胜乃父，这是推翻《说文》的著作，他不但推翻《说文》，而且推翻六书。[③]

从对孙仲容研究甲骨文"能援据六书而不抛荒《说文》"的赞扬，到"总不能抛开《说文》，所以常常要引许慎种种支离之说"的批评，再到对龚橙"推翻《说文》""推翻六书"的赞扬，反映出钱从 1917 年到 1923 年

---

① 《钱玄同日记》，杨天石主编《钱玄同日记》（整理本）上册，第 422 页。
② 《钱玄同日记》，杨天石主编《钱玄同日记》（整理本）中册，第 493 页。
③ 《钱玄同日记》，杨天石主编《钱玄同日记》（整理本）中册，第 521 页。

对《说文》态度的进一步变化，走向了极度否定《说文》的另一个极端。实际上，尽管《说文》有许多的缺点，但完全离开《说文》去认识甲骨金文也是不可能的。此后，对《说文》的强烈批判一直贯穿在钱玄同对《说文》的认识中。1934年11月12日，钱玄同读清人时庸劢著《声说》［按：《声说》刊于光绪十八年（1892），共2卷］后在日记中写道："觉颇有见地，能不尊信《说文》，惟彼于金文之学尚太浅，故不能多所引据耳。然用金文驳《说文》以定古音者，时氏实为第一人也。"[①]

三　对《说文》的批评

1919年钱玄同发表《中国字形变迁新论》，文章对《说文序》及其他古籍所言之仓颉造字、史籀造大篆、李斯造小篆、程邈造隶书的观点提出批评。钱玄同提出，"文字不是一个人创造的"。对于字形的变迁，钱玄同也用进化、发展的观点予以解释。他认为："这纯是任自然的趋势，逐渐改变的。改变的缘故，必定因为旧字有不适用的地方。所以总是改繁为简。改奇诡为平易，改错落为整齐，改谨严为自由。但旧字虽因有不适用的地方而改变，却并非全体不适用。所以字形虽然时有变迁，而当变迁的时候，决不是把旧字完全改易，那平易适用的，还是因仍旧贯；——断没有旦暮之间能够尽弃旧字，改写新字的道理；更没有一个人重造一种新字，就能够同法律一样，限定期日，强迫全国遵用的道理；尤其没有特造一种新字，专限用于某方面的道理。"在该文章中，钱玄同提出要用实物来研究文字。他说："不必依据伪书，学痴人说梦，但就着现有的古代实物来考字形的变迁，庶几真相渐出，不至于再给古说蒙住。"[②]钱所指实物，即钟鼎甲骨。

钱玄同全面批评《说文》是在1923年后。在1923年《跋汪荣宝〈歌戈鱼虞模古读考〉》一文中，钱玄同对于汪荣宝使用《说文》引孔子"乌，吁呼也"，来证明"乌"在汉代读丫音是对的，但不能证明孔子时代也读丫音。进而钱玄同批评了《说文》，写道：

---

①　《钱玄同日记》，杨天石主编《钱玄同日记》（整理本）下册，第1049页。
②　钱玄同：《中国字形变迁新论》，《钱玄同文集》第4卷，第43页。

　　因为汉儒也是爱造谣言的，东汉的"古文经师"尤其爱造谣言，许慎的《说文》是一部集伪古字、伪古义、伪古礼、伪古制和伪古说之大成的书，他引孔丘的话，决不可信为真是孔丘的话，但决可信为真是汉儒说的话。①

　　"爱造谣言"是钱玄同接受康有为"托古改制"说的一种戏称。钱曾对顾颉刚说："我在十二年前看了康有为的《伪经考》和崔觯甫师的《史记探源》，知道所谓'古文经'是刘歆这班人伪造的，后来看了康有为的《孔子改制考》，知道经中所记的事实，十有八九是儒家的'托古'，没有信史的价值。"② 所以，钱提出，"战国时人如庄周、墨翟、孟轲、荀况、韩非、左丘、屈原等人，都是造谣言的能手，他们常常要杜撰历史。杜撰的原故，或是要'托古改制'，或是做他的文学上的材料。无论如何，决没有'信史'的价值"。③ 1923 年 5 月，顾颉刚在《读书杂志》上发表《与钱玄同先生论古史书》这一"轰炸古史的原子弹"时附一启示，希望钱玄同多发表辨《说文》的意见。其后，钱玄同回应顾颉刚，在全面阐述自己关于六经的意见的同时，进一步阐述了他批《说文》为"集伪古字、伪古义、伪古礼、伪古制和伪古说之大成的书"的原因：

　　　　许慎是表彰"壁中古文经"的文字的。"壁经"之出于刘歆"向壁（即孔壁）虚造"，经康有为和崔觯甫师的证明，我认为毫无疑义了。壁经既伪，则其文字亦伪。许慎所记篆文，所释形体，大都与甲金文不合，而《说文》中所谓"古文"，尤与甲文金文不合。依我的研究，甲文最古，金文次之，石鼓文及大篆又次之（石鼓文为秦文，从马叔平说；大篆为秦文，从王静安说），秦之金石刻及小篆又次之。《说文》所列小篆，已多汉人传讹之体；近见龚橙《理董许书》稿本，他说《说文》中的小篆还不如汉隶的较为近古，极为有见。至于《说文》中

①　钱玄同：《跋汪荣宝〈歌戈鱼虞模古读考〉》，《钱玄同文集》第 4 卷，第 45—46 页。
②　钱玄同：《答顾颉刚先生书》，《钱玄同文集》第 4 卷，第 238 页。
③　钱玄同：《跋汪荣宝〈歌戈鱼虞模古读考〉》，《钱玄同文集》第 4 卷，第 45 页。

所谓"古文"，所谓"奇字"，乃是刘歆辈依仿传误的小篆而伪造的，故与甲文金文的形体相去最远。因为小篆是传误的，"古文"是伪造的，所以说是"伪古字"、"伪古义"，如"告，牛触人角着横木，所以告人也"，"射，弓弩发于身而中于远也"之类。"伪古说"，如"楚庄王曰，止戈为武"，"孔子曰，一贯三为王"之类。至于"伪古礼"和"伪古制"，这是从伪经上来的，若将伪经推翻，则《说文》中这两部分便不攻而自倒了。①

钱玄同这一时期批评《说文解字》的主要方法是使用甲骨文、金文证明刘歆伪造古文经的同时伪造了文字，进而否定《说文》在文字学研究中的神圣性和绝对的权威性。钱玄同认为顾颉刚引用《说文》来解释"禹"，疑禹为虫的观点不准确，他以甲骨文和金文为证，提出此为"殆汉人据讹文而杜撰的字"。② 顾颉刚接受了钱的批评，放弃了"疑禹为虫"的假说。

顾颉刚使用《说文》证禹的做法遭到柳诒徵等的批评。柳批评道："以《说文》证经考史，必先明《说文》之谊例，不明《说文》之谊例，刺取一语，辄肆论断，虽曰勇于疑古，实属疏于读书。""即以文字言，亦宜求造字之通例，说字之通例。"③ 柳氏认为这是清代经师治经小学之法。1925年，钱玄同发表《论〈说文〉及壁中古文经书》，反驳柳诒徵。钱玄同认为《说文》中假字误体不知凡几，据《说文》以求造字通例，比据颜元孙的《干禄字书》、张参的《五经字书》、唐玄度的《九经字样》等书，以求造字通例高明不了多少。钱玄同写道：

甲骨跟钟鼎上面的文字，现在还未经整理，但据王筠、吴大澂、孙诒让、罗振玉、王国维、容庚诸人所释，足以订正许书之违失的已经不少；今后更用新方法去研究整理，我敢预断，许老爹的胡说八道，瞎三话四，一定还可以揭穿出许许多多来。他们守着一部《说文》，以为足以"求造字之通例"，多见其"疏于读书"也，至于"说字之通

---

① 钱玄同：《答顾颉刚先生书》，《钱玄同文集》第4卷，第251—252页。

② 钱玄同：《答顾颉刚先生书》，《钱玄同文集》第4卷，第237页。

③ 柳翼谋：《论以说文证史必先知说文之谊例》，顾颉刚主编《古史辨》第1册，上海古籍出版社，1982，第218页。

例"那更无谓了;求了出来,与造字之本何关!……"清代经师治诸经治小学之法",确有可取的;"清儒著述",确也有值得"潜心"的。但他们正因为缺乏"勇于疑古"的胆量,所以"创获"未免太少了,正因为太"熟读许书",对于假字误体不敢"议疑古",所以承误袭谬的解说又未免太多了。咱们正想改变那"信而好古"的态度,不料反有人来劝咱们做许老爹的忠奴。这种盛情,只好"璧还"他们了。①

在反驳柳诒徵的信古而不敢疑古的同时,钱玄同批评许慎没有历史眼光,没有辨伪的识力,将小篆、大篆及壁中伪古文混杂在一起,以至于后人难以理析:

《说文》"说字"之不"通",是由于许老爹的瞎三话四。但《说文》中所列的文字是有合于古的吗?不合的很不少,这是什么缘故呢?一般的说法,总以为《说文》根据的是小篆,小篆是秦时李斯所改作的,故不合于古;古文跟籀文是合于古了,可惜又太少。这话是很错误的。小篆虽不可以道古,但它确从真古文中变来,所以拿他跟甲骨跟钟鼎的真古文比勘,可以探得辗转变迁之迹。对于小篆的形体而"望文生训",固然不对,但它是自然演变的,不是"向壁虚造"的,所以还是真字。要是《说文》所列都是小篆,虽不足以穷文字之本,而这书自有它的价值,跟《汉隶字原》、《隶辨》、《隶篇》、《楷法溯源》、《草字汇》等书一样,是文字变迁史上一段信实的史料。可惜许老爹既没有历史的眼光,又没有辨伪的识力,竟把不全的《史篇》中的大篆,《仓颉篇》等中的小篆,跟刘歆他们"向壁虚造"的伪经中的古文麤在一处,做成一味"杂拌",于是今字跟古字,真字跟假字,混淆杂糅,不可理析,不但不可以道古,就是小篆也给他搞乱了。所以《说文》中所列的文字,其价值还比不上《隶辨》、《楷法溯源》、《草字汇》等,只堪与《汗简》跟《古文四声韵》相比耳。②

---

① 钱玄同:《论〈说文〉及壁中古文经书》,《钱玄同文集》第4卷,第268—269页。
② 钱玄同:《论〈说文〉及壁中古文经书》,《钱玄同文集》第4卷,第270—271页。

钱玄同继承了清末以来今文家对《说文》的批判和金文及甲骨文研究的"订许"的成果，将对《说文》的批判发展到极端。钱的观点影响了顾颉刚。顾颉刚在《答柳翼谋先生》中直接引用了钱玄同在跋汪荣宝文中关于《说文》"集伪古字、伪古义、伪古礼、伪古制和伪古说之大成的书"的观点，并进一步发挥：

> 我觉得这是不能怪许慎的，他所处的时代原是一个"伪古字、伪古义、伪古礼、伪古制和伪古说"昌行的时代……他也正恨着"伪古字、伪古义……"的猖狂妄行，想做一番肃清的工夫。但他生在这个时代之中，终究没法摆脱，无意中不免受到许多熏染，留下许多误谬，正似韩非子骂人信伪古史的为"非愚即诬"，而他自己书中却引用了多少伪古史一样。我们现在在《说文》里，可以看见许多荒谬话……①

1931 年，钱玄同发表《〈左氏春秋〉考证书后》，对孔壁古文为伪的观点做了进一步论证：

> 我从读《新学伪经考》及《史记探源》以后，深信"孔壁古文经"确是刘歆伪造的，康、崔二君所辨，伪证昭昭，不容否认。我近来取殷之甲骨刻辞及殷周两代之钟鼎款识与《三体石经》中之"古文"相较，更了然于"孔壁古文经"中之字体（《三体石经》中之"古文"即系根据"孔壁古文经"者），一部分是依傍小篆而略变其体势，一部分是采取六国破体省写之字，总之决非殷周之真古字。由此更知"孔子书《六经》，左丘明述《春秋传》，皆以古文"之为谰言；而"孔壁古文经"本无此物，全是刘歆所伪造，实为颠扑不破之论也。②

在这里，钱玄同对自己关于壁经文字来源的观点有所修正。此前钱认为壁经完全是刘歆依靠小篆而伪造的，在这里钱提出孔壁古文也有一部分是采取六国破体省写，这是在王国维"秦用籀文，六国用古文"的"东土

---

① 顾颉刚：《答柳翼谋先生》，《古史辨》第 1 册，第 228—229 页。
② 钱玄同：《〈左氏春秋〉考证书后》，《钱玄同文集》第 4 卷，第 298—299 页。

西土"说影响下的一个改变。钱在接受"东土西土"说后（关于钱玄同在《说文》研究上与王国维学术观点的交集及相互影响，下一部分将讨论），将之纳入自己的疑古体系，对壁经来源做出新解。此后，他在《重论经今古文学问题》一文中，对这一问题做了进一步的说明：

> 或曰：壁中古文经既是用六国文字写的，则经虽可目为刘歆之伪经，然字却不可目为刘歆之伪字。曰：不然。刘歆的"古文"虽源出于六国的兵器、陶器、玺印、货币上的文字，但那些东西上的文字，为数一定很少，拿来写经，是决不够用的。……说刘歆的古文源出于六国文字，不过考明它有来历罢了。实际上壁中经的字用真六国文字写的，不知有没有百分之一，而拼合偏旁的假古字一定占了最大多数，这是无疑的。所以说刘歆的古文源出于六国文字是对的；若说它就是六国文字，那可大错了。然则目壁中古文为刘歆之伪字，不但可以，而且是应该的。①

钱玄同这些观点是对康有为和崔适观点的发展。康有为痛诋《说文》都是泛论经文伪造，鼎彝亦伪造，崔适对此也没有新见。钱玄同在康、崔疑古的基础上，用钟鼎甲骨做了进一步的论证，同时又部分地吸取了王国维的秦用籀文、六国用古文的观点，进一步论证《说文》中古文为伪文。这是钱玄同研究《说文》的一个创见。②

---

① 钱玄同：《重论经今古文学问题》，《钱玄同文集》第 4 卷，第 206—207 页。
② 朱希祖论经持古文学观点，他从根本上认定钱的经学观点和文字学观点为误，但也承认这是钱在文字学上的一个创见。他在日记中写道："玄同根本错误以为孔壁古文为殷周之真古字。须知文字体式随时代而变改，孔子、左丘明之文字，乃春秋末战国初之文字，非殷周（西周）之文字，其体式当然有异。现孔壁之古文经及张苍所献之《左氏传》，未必为孔子、左丘明所亲写，辗转移录，至战国末年，离孔子、左丘明又二百余年，其文字体势必又不同。本为六国之古文，非殷周之古文，王国维《汉代古文考》中有'战国时秦用籀文，六国用古文'说最为通达。……玄同误解孔壁古文为殷周古文。彼见殷周之甲骨刻辞、钟鼎款识与孔壁不类，不特疑孔壁古文经记为刘歆所伪造，即孔壁古经之文字亦为刘歆所伪造，较康、崔二氏又进一步。数年前余至北平，玄同亲为吾言'《说文》中之古文全为伪文'，此实玄同之创见也。"《朱希祖日记》（下），第 1035 页。

四　与王国维的一段学术交集

围绕对《说文》的批评，在孔壁古文经文字真伪问题上，钱玄同与王国维之间发生了一段学术交集。王国维是著名的文字学家，关于他在《说文》研究上的卓越成绩，如学者所论：

> 千余年来，《说文》一书成为研究文字学的经典，无人敢向这部权威之书提出质疑或挑战。钟鼎彝器等文字研究，虽始于赵宋，中衰于元明，复盛于清代，但大多重在古物的玩赏，而纯粹作为文字形体的研究者则自先生始。先生训释"古文"一词，详见《史籀篇疏证叙录》及《战国时秦用籀文六国用古文说》，《史记》所谓古文说，《汉书》所谓古文说，《说文》所谓古文说，《说文》今序篆文合以古籀说，科斗文字说诸文，其意以为古文为先秦文字的总称。史汉说及其他古籍上所说的古文，其含义当包括（一）殷周古文，（二）六国古文和（三）孔壁古文。从近出土的殷墟甲骨文和赵宋以来出土的钟鼎彝器的款识，用为研究殷周古文的材料，根据这些材料可以纠正或补充《说文》及其他旧日研究文字学著作的缺失，史汉《说文》所谓之"壁中书"，就是用当时六国通行的文字写成，用古文不用大篆。六国通行的文字和西秦通行的文字虽同由殷周古文递变而来，然以政治因素和地理环境的不同，乃成为对峙的形势。所以古文和籀文是战国时东土（六国）与西土（秦）同时所各自通行的两种文字。此先生对《说文》提出的质疑者之一。

我国文字的起源，如《说文序》说："黄帝之史仓颉，见鸟兽蹄迹之迹，知文理之可相别异也，初造书契。"又说："及宣王大史籀著大篆十五篇，与古文或异。"段氏注说："凡言古文者，谓仓颉所作古文也。""名之曰籀篇——籀文者，以人名之。"似此造字说，两千年来入于人心，根深蒂固，直到清季古文字勃兴，孙诒让、吴大澂两前辈提出疑义，但尚未完全打破造字说。先生根据籀字的读音，证明《史籀篇》乃是秦人取当世文字编纂章句以为教授学童诵习的课本，用大篆写成，并不是周宣王时太史籀所作。旧以为《仓颉篇》为黄帝时仓颉所作，实则为李斯取史篇大篆稍加简化而成。则造字之说，不攻而破。此其二。①

钱、王当时皆在北京，但很少直接交往。钱玄同对王国维的政治态度并不赞同，私下称之为"遗少"。但在学术上，钱玄同却对王国维始终称赞有加，认为他研究甲骨文、金文最为精确。1937 年为刘师培遗书作序时，钱玄同将王国维列入最近五十年来中国学术思想革新时代之最卓特的"十二子"之一，予以表彰，更可见一斑。王国维研究《说文》不墨守成规，而是批判怀疑，与钱玄同并无二致。钱玄同对于罗、王二氏使用甲骨文订正《说文》的方法也完全赞成，但在具体学术观点上二人却又不同。钱玄同对王国维关于《说文》的观点，有赞同也有反对。他在 1922 年 9 月 13 日抄录王国维的《史籀篇序》和罗振玉的《仓颉篇残简考释》时写道：

王君（王国维——引者注）谓《史籀》是春秋战国间秦人所作，不是周宣王时候的书，《史籀》也不是作者的名字，极有见地。但是他说这书的第一句大概是"大史籀书"四字，又引《周礼》、《逸周书》等书，来证明他所谓"古者读书皆史职"之说，不但证据靠不住，而且大可不必如此附会。《周礼》、《逸周书》都是秦汉以后的人所伪造，决不足信。《史籀篇》之为秦书，但看他的字体，较远于钟鼎而近于《诅楚文》及石鼓（马叔平证石鼓为秦物，证据极确，可为定论），便是晚周时代秦文的铁证。至其何以名为《史籀篇》及句首是否"大史籀书"四字，固然无可考征，实在也无关弘旨，不必穿凿求之也。至王君叙录中说"籀文"是西土文字，壁中古文是东土文字，他别有《汉代古文考》一篇畅发此论，其实大错。我以为"籀文"较"小篆"略古，"钟鼎文"较"籀文"略古，"龟甲文"又较"钟鼎文"略古，而实一体相承，为殷、周、秦三代的真字。那壁中古文则刘歆诸人所伪造者，其价值等于东晋伪《古文尚书》《汗简》《古文四声韵》中之古字而已，决不可以迷古。②

---

① 《王静安的贡献》，《文学周报》第 5 卷第 1 期，转引自袁英光、刘寅生编著《王国维年谱长编（1877—1927）》，天津人民出版社，1996，第 488—489 页。
② 《钱玄同日记》，杨天石主编《钱玄同日记》（整理本）上册，第 435 页。

钱玄同发表文章称赞王国维的大篆为秦文说"甚确",认为王国维怀疑史籀非人名的说法"极为有见",① 对于王国维《说文》的文字来源于籀文、古文和壁中文字的说法也极为赞同。钱玄同对《说文》序中"今叙篆文,合以古籀"的解释,比较了王国维与段玉裁、郑知同的研究,认为王国维的观点"最为合理",并在自己的文章中加以征引。② 但如在日记中所表达的观点那样,钱玄同对于王国维的"东土西土"说并不赞同,也不赞同王国维用"东土西土"说解释壁中古文与殷周古文不合的观点。在《论〈说文〉及壁中古文经书》一文中,钱玄同对"东土西土"说予以驳诘:

> 秦之同一文字,是用专制的手腕,所以要"罢其不与秦文合者"罢了。秦所要"罢"的,系专指形式"不与秦文合者"而言,大不合的固然要罢,小不合的也要罢,因为目的在于使文字统一。六国的文字究竟比秦差了多少,这个我们固然不能臆断,但就现存的钟鼎看来(连秦国的),则可以说这样几句笼统话:要说异,似乎各国文字彼此都有些小异,要说同,也可以说是彼此大体都相同;《ㄨㄟㄌㄅㄠㄗㄨㄟ一句话,大同小异而已。若区为"东土"、"西土"两种文字,则进退失据之论也。而况今所存齐、鲁、邾诸国的钟鼎文字,跟壁中古文距离之远,正与秦文跟壁中古文距离之远一样呢? ……③

钱玄同在文中也提到了罗振玉。与王国维一样,罗振玉也意识到壁中古文与籀文等的不同,但罗振玉将其解释为"晚周文字","是列国诡更正文之文字"。针对罗氏所谓列国诡更正文之文字是依据《说文》序所言:孔丘死后,诸侯力征,不统于王,恶礼乐之害己而皆去其典籍,分为七国;田畴异亩,车途异轨,律令异法,衣冠异制,言语异声,文字异形。对此,钱玄同反驳道:

> 这是说,战国七雄毁坏旧章,改易新法,连言语文字都改变了。

---

① 钱玄同:《重论经今古文学问题》,《钱玄同文集》第 4 卷,第 197、202—203 页。
② 钱玄同:《论〈说文〉及壁中古文经书》,《钱玄同文集》第 4 卷,第 271 页。
③ 钱玄同:《论〈说文〉及壁中古文经书》,《钱玄同文集》第 4 卷,第 276—277 页。

其实哪有这回事？周代旧章的毁坏，匪伊朝夕矣，不统于王亦不自战国始；并且周天子的政令是否曾经统一全国过，实在很是疑问。各国的制度不同于周，彼此也不相同，这种状况也决非始于战国。至于言语文字，岂能在短时间之内要改就改，有这样容易的？还有一层，七雄之中，政俗一切最特别，最有她自己特殊的面目的，就是秦国；罗氏说别国文字都变古，反是这秦文与周为一系，这话我觉得很难相信。此说之无征者也。①

总之，钱玄同认为，罗、王两氏都是精研甲骨钟鼎文字的，他们看到《说文》中的古文与甲骨钟鼎文字差得太远，知道它不古，这是他们的卓识；但总因为不敢怀疑壁中书之为伪，于是如此这般曲为解释，或目它为"列国诡更正文字"，或目它为晚周文字，或目它为"东土文字"，其实皆无稽之谈也。② 钱玄同因为接受了今文家以古文经为伪的考证结果，故在这一问题上观点与王、罗有异。

钱文发表后，随即收入《古史辨》第一册于1926年出版。王国维读到钱玄同的文章后，对自己的观点进行进一步解释，他对容庚说："鄙意谓秦用籀文，六国用古文，乃指战国时说，钱君据春秋时东方诸国文字以驳斥鄙说，似未合论旨。"③ 王并未否认钱的批评，而是认为两人讨论的问题的时间不一致。并且，王国维用历史演进的方法对自己的说法进行论证，"许书古文出壁中书，乃六国末文字，自不能与殷周古文合，其谬误无理亦如后世隶楷，乃自然演变之结果。而正误与真伪，自系两事。如二十四史，其牴牾谬误何处无之，然除《史记》一部分外，虽钱君与兄绝不谓二十四史为厶厶所伪作也。因许书古文之误谬或与殷周古文不合，而谓为伪字，与因二十四史之误谬牴牾或与近世之碑志不合，而谓之伪史何异？"对于钱批评其不敢疑古，王国维反驳道："今人勇于疑古与昔人之勇于信古，其不合论理正复相同。"④ 王国维进而说，"至秦用籀文，六国用古文之说，虽不敢自谓确实，然不失为解释六国时各种材料，秦文如大良造鞅戟、重泉量、

---

① 钱玄同：《论〈说文〉及壁中古文经书》，《钱玄同文集》第4卷，第274页。
② 钱玄同：《论〈说文〉及壁中古文经书》，《钱玄同文集》第4卷，第277—278页。
③ 王国维：《致容庚》，《王国维全集》第15卷，浙江教育出版社，2010，第885页。
④ 王国维：《致容庚》，《王国维全集》第15卷，第886页。

新郪虎符、诅楚文等，六国文字如陶器、玺印、货币及壁中书等，之一方法"。他认为钱玄同"似未注意于战国时代多量之事实，且于文字演变之迹未尝注意也"。①

其后，王国维积极搜集资料，并借为桐乡徐氏清原所撰印谱作序之机，于1927年撰写《桐乡徐氏印谱序》一文，再次阐述自己"战国时秦用籀文六国用古文"的观点。该文从大量的古文字材料出发，称：三代文字，殷商有甲骨及彝器，宗周及春秋诸国并有彝器传世，独战国以后，彝器传世者唯有田齐二敦一簠以及大梁上官诸鼎，寥寥不过数器，幸而任器之流传乃比殷周为富。王所谓之"任器"，是指近世出土的六国兵器、货币、玺印、陶器等，其数量以百千计，字体与秦之文字都不相同，而与《说文》和魏三体石经所载的壁中古文相似。为了证明壁中古文与六国古文字材料字体相似，王国维在《桐乡徐氏印谱序》中使用许多实例，"以上所举诸例，类不合于殷周古文及小篆，而与六国遗器文字则血脉相通"。六国文字和汉人传述的壁中古文一样，"并讹别简率，上不合殷周古文，下不合小篆，不能以六书求之"。接着，王国维反驳了钱玄同等人的观点：

> 世人见六国文字，上与殷周古文、中与秦文、下与小篆不合，遂疑近世所出兵器、陶器、玺印、货币诸文字并自为一体，与六国通行文字不同；又疑魏石经、《说文》所出之壁中古文为汉人伪作，此则惑之甚者也。夫兵器、陶器、玺印、货币，当时通用之器也；壁中书者，当时儒家通用之书也。通行之器与通行之书，固当以通行文字书之；且同时所作大梁、上官诸鼎，字体亦复如是，而此外更不见有他体。舍是数者而别求六国之通行文字，多见其纷纷也。②

王国维的"东土西土"说在当时学人看来，亦有不尽善之处。弟子容庚就对老师的观点有不同的看法。容当时著文字学讲义，对王国维的秦用籀文、六国用古文的观点颇献所疑，以示先生。王国维写信与之讨论。容庚接信后，对王国维所下的结论难以接受。他后来回忆说："余即作复书，

---

① 王国维：《致容庚》，《王国维全集》第15卷，第886页。
② 王国维：《桐乡徐氏印谱序》，《国学论丛》第1卷第1期，1927年。

讨论此事。第念此为事实问题，非口舌所能强征，意欲征集陶器、兵器、货币、玺印与古文为异同之比较。忽忽经年，书终未发。后先生复作西吴徐氏印谱序，举正曰五十字以证四者之为一系，余谓先生于此但求证其同而不求其异。未足为定谳。先生卒后，无意中检出余之书稿，私恨当时何竟不寄去。"① 虽然如此，但如王汎森所指出，王国维所提出的"战国时秦用籀文，六国用古文，一东一西，便打破了由古文而籀文，由籀文而篆，由篆而隶一脉相承之说"。"传统的一元系谱被他空间化、多元化了。"② 《桐乡徐氏印谱序》发表后，对钱玄同产生了很大的影响，使钱在一定程度上接受了这一学说，将其纳入自己的疑古体系中。

1926 年 12 月 1 日，王国维将《桐乡徐氏印谱序》及《古籀篇疏证》和《汉代古文考》寄给马衡，并言："石经古文或靠不住，而印玺、兵器等并为当时通行文字，此说当可成立，愿与同人共讨论之。"③ 1927 年 1 月 3 日，钱玄同访问马衡，与之交流对王国维驳自己之言的看法。钱日记云："他（王国维——引者注）说，《三体石经》之字见于六国之玺印、钱币、陶器，不能斥为伪造。我谓此说适足证我之言。盖此实钟鼎正体之简体耳。文始于六国，而又出于玺印……，（原文如此——引者注）则孔子写经不用它可知。汉人所见秦以前的古字，除大篆外，唯见此种，故伪造古文经，即用此字耳。"④ 钱虽如此说，但此后却开始部分地接受王国维的观点，他在孔德学校讲课时说：对于壁中古文，"我认为不能说全书伪造，盖即依据晚周玺印货币之文而为之者，刘歆们所见小篆大篆以外之古字，大约也不过这个东西，这是周代文字（金文及大篆）之破体小写了（用王说，但不信他东土西土之说）"。⑤ 1930 年，钱玄同在《〈章草考〉序》一文中讨论字体的演变，直接采用了王的"东土西土"说。他写道：

> 甲骨文实为最近于原始的字体。甲骨文又变为周之金文，则形体

① 容庚：《王国维先生考古学上的贡献》，袁英光、刘寅生编著《王国维年谱长编（1877 - 1927）》，第 492 页。
② 王汎森：《一个新学术观点的形成》，《中国近代思想与学术的系谱》（增订版），上海三联书店，2018，第 334 页。
③ 吴泽主编《王国维全集·书信》，中华书局，1984，第 448 页。
④ 《钱玄同日记》，杨天石主编《钱玄同日记》（整理本）中册，第 685 页。
⑤ 《钱玄同日记》，杨天石主编《钱玄同日记》（整理本）中册，第 695 页。

渐趋画一，大小渐趋齐同，结构渐趋方整，这是一大改良，一大进化，盖图书象形之意渐少，而符号文字之意渐多也。自东周以迄秦末，字体又呈一大变化，可分为东西两大支。东支自春秋时齐鲁诸地之金文，变为战国时六国之兵器、货币、玺印、陶器之字体。西支自春秋时之秦金（如秦公敦盄和钟）石（如石鼓，用马叔平先生说）文，一变而为战国时及秦统一后之字体（如商鞅造铜量，诅楚文，新郪虎符，峄山刻石，泰山刻石等），再变而为秦权及诏版之字体。

钱玄同自谓"东西两支略采王静安先生说"，但又言"王氏所谓东土西土本有两种文字，此说吾所不信"。①　其后，钱氏在1931年《重论经今古文学问题》一文中，再次肯定王国维《桐乡徐氏印谱序》对刘歆写古文经所用"古文"来源的考证，认为"极为精确"。钱玄同认为王国维证明了：（1）壁中古文经的文字与殷周秦的文字都不相合；（2）这种文字，与六国的兵器、陶器、玺印、货币四种文字为一系；（3）这种文字的字体讹别简率，不能以六书求之。根据这三种事实，更可证明"孔子用古文写六经之说确为伪造，足为康氏考辨伪经加一重要证据。盖刘歆伪造古经，当然要用古字来写。但他那时甲骨固未发现，尊彝也极少极少，而六国的兵器、陶器、玺印、货币，时代既近，当时必有尚存者"。②　这样，王国维的"东土西土"说就被钱玄同吸收，成为其证明刘歆造伪的论据。钱玄同还感慨王国维"识虽甚高，胆实太小，他石决不敢'疑古'、'惑经'的。所以有那么明确的好证据，他还要说'世人……疑《魏石经》、《说文》所出之壁中古文为汉人伪作，此则惑之甚者也'这样一句话，这实在太可惜了！这实在太可惜了！"③

五　结语

钱玄同晚年对自己研究《说文》的历史做过一个总结：

---

① 钱玄同：《〈章草考〉序》，《钱玄同文集》第4卷，第52—53页。
② 钱玄同：《重论经今古文学问题》，《钱玄同文集》第4卷，第204页。
③ 钱玄同：《重论经今古文学问题》，《钱玄同文集》第4卷，第206页。

　　自戊申（一九〇八）从蓟汉问学，至丙辰（一九一六），此数年中以《说文》为万能，不但以《说文》中字为正体，凡群籍之字为《说文》所无者，辄好向《说文》中求正体（最初数年，更主张依篆改隶，师戏名为隶古）……又好求本字如……。丁巳（一九一七）以后，虽不注意此事，但《说文》万能及求本字之心未甚变迁。犹忆彼时以为（一）《释名疏证》、（二）《尔雅义疏》、（三）《广雅疏证》即以其正字本字为高下也。丁巳以后在应用上不再求复古，但以考古仍宜如此也。今则大变矣。以为说文不过一部不古不今之字典而已，绝对不再讲求什么正字，而对于本字、借字，以为本字宜称正字，凡为某义而造之字，皆为正字，不问古今。……凡假借三类［（a）引申；（b）借音；（c）同意假借］皆借字也。字决不以《说文》为限，又以为凡字皆可作篆体……

　　以《说文》为绝对之是，绝对之完备，以外之字为俗字，始于宋之张谦仲，李肩吾？（戴侗、杨桓、周伯琦三人不在此列。）清代则江声、严元照、李父孙、杨△△诸人。喜求本字，宋代已有此风，至清代江声而渐盛。钱大昕以后朱骏声专务此，而章太炎、刘申叔晚年亦然。吾昔走此路，今后则恕不矣。①

　　钱玄同在这段日记中，总结了他以《说文》为万能，"求正字""求本字"思想的发展变化过程，从中也可以看出他晚年对《说文》认识思路更加开阔，甚至彻底打破"本字"观念，但在这段叙述中钱玄同没有述及他在1923年后对《说文》的强烈批评，没有谈及他对《说文》由崇信到怀疑转变的原因。通过上面的讨论，我们可以进一步了解钱玄同亲炙章太炎先生系统学习《说文》，打下《说文》研究的基础并形成最初的"宗许"意识；认识钱玄同在民初受今文学怀疑壁经思想的影响及甲骨文研究的影响而一步步由"宗许"走向"订许"进而批许的思想历程；认识钱玄同在疑古思想的大背景下对《说文》所做的全面批评的思想内涵。

　　在清末怀疑批评《说文》的两大思潮中，今文学派怀疑壁经为伪的观点对钱的《说文》观产生的影响更早，也更大。钱系因受康有为怀疑古文

---

① 《钱玄同日记》，杨天石主编《钱玄同日记》（整理本）下册，第1359页。

经典的影响，进而全面怀疑《说文解字》。相对今文学的影响，甲骨文、金文的作用是进一步强化了今文经学已经开启的怀疑，如钱玄同在1930年所说的那样，"近年来浏览甲骨文和金文，更证康说之精确不易"。① 这也是他与王国维产生学术分歧的一个根本原因。在疑古的思想背景和框架下，钱玄同把近代以来对《说文》的批判发展到极端。

从《说文》研究史看，清末以来对《说文》的权威性和神圣性的怀疑与批判是近代《说文》研究进步的一个前提。钱玄同与王国维二人对于《说文》怀疑的态度和批判的精神是一致的，二人在打破《说文》权威性、神圣性上都做出了贡献，推动了《说文》学的研究。钱谓王识大胆小，不敢疑古，王谓钱疑古过勇，实际是对彼此疑古程度的不满而已，皆非否认疑古本身。从研究的结论上看，二人都力图为《说文》中的古文来源给予合理的解释，二人间的相互批评促进了彼此观点的进一步完善，钱玄同更是在相当大程度上吸取了王国维的"东土西土"说，对自己的观点做了一定的修正。可以说，在《说文》研究上，钱玄同与王国维之间并没有绝对的鸿沟，因此对二人在学术上的分歧不宜夸大。

---

① 钱玄同：《〈章草考〉序》，《钱玄同文集》第4卷，第52页。

五四时期恽代英国家观念的养成及其救国实践[*]

马建标[**]

五四运动是 1914 年一战爆发以来中日关系日益恶化的自然结果。1919年，中国兴起了声势浩大的反日运动。根据日本东京商业会议所的调查结果，中国的反日运动造成日本直接商业损失多达 1500 余万元。在北京、天津、上海、汉口等地，日本商品遭到烧毁；中日两国的商业贸易由于学生的抗议和民众的暴力行动而遭受严重影响。虽然日本驻华公使小幡酉吉屡次向北京政府抗议，要求取缔排日运动，但其抗议如同"水上之画字"，毫无作用。在中国发生的排日运动汹涌澎湃，势不可挡，日本在一战期间在中国形成的垄断优势地位受到重创，此种严峻局面促使日本政府开始反思其对华政策的成败得失。1920 年初春，日本国会议员和政府官员就中国排日运动的原因展开深入的讨论。在一次讨论会上，日本国会议员江木千之质问外相内田康哉："中国之排日运动，其原因之由来者，深且远矣，然日本政治家委之于自然思想，而其所取之方法颇极疏虞，此日本外交失败之一大关键也。"江木千之认为，中国的"反日思想"并非"自然形成的"，而是"中国自清末以来就奉行的反日教育的产物"。[①]

---

　* 本文系国家社科基金项目"'五四'时期的反日运动研究"（13CZS026）阶段性成果。

　** 马建标，复旦大学历史系教授。

　① 《日本国会对华问题及青岛问题、借款问题之讨论由》，1920 年 3 月 25 日，台北，中研院近代史研究所档案馆藏，外交档案，档案号：03－33－157－01－013。关于清末民初的教科书研究，详见毕苑《建造常识：教科书与近代中国文化转型》，福建教育出版社，2010；刘超《历史书写与认同建构：清末民国时期中国历史教科书研究》，社会科学文献出版社，2016。

前述日本政府和国会议员把中国的排日思想和排日运动归结为清末民初中国流行的"反日教育"产物，显然是失之偏颇的，因为日本自明治维新以来所奉行的侵华政策以及历次侵华行动才是造成中国人排日的根本原因。不过，日方认为，五四时期中国的排日运动与中国青年所受的"排日教育"有关。确如日本的中国观察家所言，清末民初以来，中国教科书就出现了"排日观念"。根据日本国会议员高桥作卫的叙述，"一本成书于宣统元年（1909）的教科书《国耻小史》，就记载日本吞并琉球记，以及日本攻掠台湾东部和朝鲜独立记，其文意则莫不出于憎恶日本"。江木千之也注意到，一战时期的中国小学教科书读本，"修身历史，则莫不鼓吹排日思想，而青岛问题亦已编入于读本中一节……盖中国教科书之排日鼓吹如斯，故中国之人，自孩提之时，莫不习成排日思想"。① 那些出生于甲午战争之后的中国人，他们所接受的学校教育大体属于"国民教育"，其目的是"制造国民"。② 反映日本侵华历史的相关教育内容，具有"国耻教育"的警示意义。如李帆所言，"在清末民初之时所编纂的历史教科书中，两类话语的表达较为充分：一是'国耻'话语，二是'亡国'话语。一般说来，'国耻'话语主要存在本国史教科书中，'亡国'话语主要存在于外国史教科书中"。"国耻"与"亡国"话语之所以出现在教科书中，反映了清末民初中国人急于建立近代民族国家，摆脱列强欺凌的急切心理，具有强烈的现实诉求。③ 在清末民初，恽代英接受了小学和中学教育，教科书中的反日思想对他造成潜移默化的影响，并影响了他在五四时期的国家观念和对日态度。

如果要了解五四时期反日运动亲历者的思想和感受，那么恽代英无疑是一位恰当的人选。他的成长经历，从一个侧面彰显了近代中国"转型时代"（从甲午到五四）读书人的生命历程，以及个体的命运与国家命运如何结合在一起的微观历史。此外，如恽代英所生活的华中城市武汉是如何响

---

① 《日本国会对华问题及青岛问题、借款问题之讨论由》，1920 年 3 月 25 日，台北，中研院近代史研究所档案馆藏，外交档案，档案号：03 - 33 - 157 - 01 - 013。1911 年，也就是清朝宣统辛亥年间，直隶教育图书局就编印了《朝鲜亡国史》，记载日本侵略朝鲜的历史，详见直隶教育图书局编《朝鲜亡国史》，宣统辛亥（1911 年）九月出版。

② 李孝迁：《制造国民：晚清历史教科书的政治诉求》，《社会科学辑刊》2011 年第 2 期。

③ 李帆：《浅析清末民初历史教科书中的"国耻"与"亡国"话语》，《人文杂志》2017 年第 2 期。

应京沪等中心城市的反日运动，相关研究是不足的，有待进一步的探讨。

一　一战时期的中日冲突与恽代英国家观念的养成

一战时期东亚的中日冲突，特别是 1915 年中日两国"二十一条"交涉的历史记忆，不仅有力地形塑了此后数十年的中日关系，而且极大地刺激了当时中国青年的国家观念。[①] 在这方面，恽代英就是一位典型。1916 年 3 月 7 日，恽代英在中华大学《光华学报》第 1 年第 3 期发表《原分》一文，这篇文章是考察恽代英关于"个人与国家关系"思考的重要材料。他认为，中国时局"大乱不治"，是由于国人没有"各尽其权利义务"。欲使国家兴盛，人人应各尽其权利义务，"天下自然日安"。[②] 换句话说，只有国民有了明确的国家意识和主权意识，认识到自己之于国家的权利与义务所在，中国才有拯救的希望。同年 8 月 12 日，恽代英撰写了《自讼语》，在这篇文章中，恽代英对他 20 余年来的生活、品性和交友诸方面做了明确的自我批判和总结。他写道："如我之孽根重矣，岂尚冀回头是岸，惟欲自今改辙易行，以少补昔日之过。我今二十余耳，中寿五十，则犹可以三十年之力补赎之，我岂可以不自勉哉。"[③]

接着，恽代英自责过去"于世事，少所谙练……只知读书"，认为人生在世，必须了解"人情世故"，因为"夫生而为人，自然不能不治人事……人不能不与世人来往，即凤凰翔于千仞，亦不能逃向天地以外；则人事岂有不当留心之理"。恽代英表示，必须改正自己"过去交友异常疏忽"的毛病，而"不可不取君子和而不同之旨，借他人品性为吾刚克柔克之资"。[④] 由是，恽代英开始积极地参与学校公共活动，当年，恽代英参加了《光华学报》的编辑工作，并担任光华学报社副社长。[⑤] 依靠《光华学报》这一平

---

① 美国学者江文汉（Gerrit W. Gong）就认为，关于过去冲突的记忆一直在塑造着东亚的国际关系。详见 Gerrit W. Gong, ed., *Memory and History in East and Southeast Asia*, Washington, D. C.: The CSIS Press, 2001。

② 李良明、钟德涛主编《恽代英年谱》，华中师范大学出版社，2006，第 16 页。

③ 恽代英：《自讼语》，《学生杂志》第 3 卷第 8 期，1916 年，第 111—120 页。

④ 《恽代英文集》上卷，人民出版社，1984，第 21—22 页。

⑤ 李良明、钟德涛主编《恽代英年谱》，第 18 页。

台，恽代英开始积极培养他的"善势力"。①

结社与培养"善势力"，是恽代英朴素的"组织思想"的表现，也是恽代英为之奋斗一生的目标。1919 年 9 月 9 日，恽代英在致王光祈的信中这样写道："我很信要做事是少不了一种势力的，我已往、现在、将来，便都是以养成一种善势力为目的。……我的职业是最便于养成善势力的事业。我很信靠我同我的朋友的力量，一定可以养成更大的善势力。很信这善势力是中国各方面欢迎的，很信中国一定可以靠他们得救。"② 由此可知，此时的恽代英已经意识到"发展组织力量"对于"拯救中国"的政治意义。

恽代英关于"善势力"的思想来源，主要有两方面。其一是中国传统伦理思想，特别是宋元理学对他的思想影响很大，在这方面恽代英和好友余家菊是非常相似的，他们"对于宋元理学颇有所闻，如不要做第二等人，又如范文正公为秀才时，便以天下为己任"。③ 早在 1915 年，恽代英在《文明与道德》一文里探讨善恶势力消长之关系，指出善恶两种势力是息息相关的，"使天下为善之人多，而为恶之人少，则道德进化之处多，退化之处少；使天下为恶之人多，为善之人少，则道德退化之处多，进化之处少"。④ 其二是基督教青年会提倡的道德价值观影响。如美国学者夏海所言，"恽不但对自我反省的概念极有兴趣，而且以儒学的措辞来理解它，使得本国的传统与外国的实践联系起来，同时外国的实践也有助于加深对儒学概念的理解。这点，加上他把老子和耶和华合而为一的愿望及努力，说明恽的思想里采用本国的措辞来理解'进口的'概念——至少对于那些有关自修、救世以及精神性的概念"。⑤

培养"善势力"的一个简捷途径就是联络志同道合者组织团体。早在

① 恽代英强烈的道德自觉，在很大程度上与他和基督教青年会的交往有关。这时期，恽代英的阅读书目主要是基督教青年会提供的道德修养类图书。比如，5 月 2 日，恽代英阅读的书目是《完人之范》和《圣经新约》。5 月 3 日，继续读《完人之范》。恽代英所读之书主要是武汉基督教青年会提供的。5 月 4 日，恽代英到青年会，将《完人之范》还给伯平，又重新借得《祈祷发微》与《中国圣贤要道类编》。

② 《恽代英文集》上卷，第 107—108 页。

③ 章开沅、余子侠：《余家菊与近代中国》，华中师范大学出版社，2007，第 242 页。

④ 恽代英：《文明与道德》，《东方杂志》第 12 卷第 12 号，1915 年 12 月 10 日。

⑤ 夏海：《从教条到实践：西方学者对于恽代英研究的简介以及我对于互助社的来源与实践的看法》，何祥林、李良明主编《纪念恽代英诞辰 110 周年学术讨论会论文集》，华中师范大学出版社，2006，第 66 页。

1917 年初，恽代英就同几位好友组织过一个"我们的俱乐部"（our club）小团体，以"巩固交谊、共同行乐为宗旨"。[①] 俱乐部成员有恽代英的妻子沈葆秀、弟恽子强以及后来的合作者梁绍文、冼伯言等 6 人。接着，他又发起组织"步行会"。这两个小组织偏重娱乐、体育锻炼和道德修养，而不带有任何政治色彩。这是恽代英组织团体的初次尝试。[②]

恽代英对"善势力"的培养，受到基督教青年会的很大启发。恽代英创立的第一个真正成功的社团——互助社，最初就是在参加基督教青年会的夏令营活动时获得的灵感。1917 年 8 月 21 日，基督教青年会要在江西庐山举办一个夏令会，恽代英给基督教青年会办的刊物《青年进步》写过不少文章，因而被邀请参加。[③] 同日，恽代英等人离开武汉赴庐山。[④] 在庐山与青年会基督徒的连日聚会，令恽代英"颇有受益"。他在日记中写道："彼辈虽宗教徒，终不失为善人，嘉言懿行，颇多可观感者。"[⑤] 受此影响，恽代英计划在返回武昌中华大学后组织一个"好学生社"（Good Student Society）。尽管恽代英与基督教青年会往来密切，但是他并不希望创办的学生社团具有"基督教精神"。[⑥] 的确，基督教人士"办事的活泼、立言的诚挚、律己的纯洁、助人的恒一"等优良品格令恽代英"自问极为内愧"，但恽代英并没有因此皈依基督教，只想"做一个最好的非基督徒"。[⑦]

1917 年 9 月 11 日，恽代英与冼伯言商量发起"Good Student Society"，中文取名为"学生会"。10 月 8 日，恽代英与梁绍文、冼震（伯言）、黄负生等人议定学生会的最终名称为"互助社"。[⑧] 当时，中国各地学生界内部的交流还是非常有限的，即使同校，不同班级之同学的交流也是很少。

---

① 《恽代英日记》，中共中央党校出版社，1981，第 22 页。

② 田子渝等编《恽代英传记》，湖北人民出版社，1994，第 13 页。

③ 1917 年 6 月，恽代英就给青年会刊物《青年进步》（上海）投了三次稿。详见《恽代英日记》，第 220 页。

④ 李良明、钟德涛主编《恽代英年谱》，第 54—55 页。

⑤ 《恽代英日记》，第 136 页。

⑥ 《恽代英日记》，第 138 页。美国学者夏海认为，恽代英对青年会的兴趣，一部分是组织性的，另一部分不可否认是宗教性的。因为恽代英几次强调他创立的学生社团的独立性，避免基督教的影响，似乎反映了恽代英的这种矛盾心理。见夏海《从教条到实践：西方学者对于恽代英研究的简介以及我对于互助社的来源与实践的看法》，何祥林、李良明主编《纪念恽代英诞辰 110 周年学术讨论会论文集》，第 66 页。

⑦ 张允侯等：《五四时期的社团》（一），三联书店，1979，第 118 页。

⑧ 张允侯等：《五四时期的社团》（一），第 118 页。

在此情况下，互助社的成立对于加强武汉各校学生之间的交流意义重大。武昌中华大学中学部学生郑兴焕进入互助社之前，根本不知道恽代英是何许人，其时"校中各班之隔阂"，于此可见一斑。①

恽代英发起的互助社是武汉地区第一个进步团体。互助社是恽代英及其同辈好友培养"善势力"的初步尝试，也是他们"舍弃化小团体为大团体的意思最初一步"。② 互助社扩大社团影响力的办法就是"如法复制"同类社团，也就是"劝人组织与本社同性质的团体，名义、办法全可不拘"。③ 从更广阔的时代层面看，互助社代表着晚清以来中国读书人日益向"群体的"和"国家的"方向靠拢的历史轨迹。这种朴素的"国家主义"和"集体主义"给苦闷且彷徨中的有志青年提供了有意义的生活方案，从而调动"零碎的力量成为革命的洪流"。④

1918 年 10 月 22 日，恽代英的内弟沈仲清和林育南到互助社参观。他在日记中称赞林育南为"颇有志之士，不易得"。随后林育南和沈仲清加入互助社。10 月 24 日，林育南、沈仲清二人成立了第二组互助社。10 月 29 日，林育南与汤聘三等人又成立了第三组互助社。林育南的加盟对于互助社会务工作的开展与社团力量的壮大提供了很大助力，恽代英称赞他说，"香浦（林育南）为人颇足与有为，其自知之明，待人之恰当，该笃实而又高明，非吾之所及也，得此良友，甚为自慰"。⑤ 在众人的努力下，恽代英领导的互助社到 1918 年底发展到 5 组 19 人。⑥ 互助社以自助和助人为宗旨，社员每日开会一次，报告本人当天自助助人的情况，讨论一切事毕后，诵《互励文》，表示要"立一个决心，当尽我们所能尽的力量，做我们所应做的事情"。⑦ 因此，恽代英"颇获同人信仰"。⑧ 恽代英苦心孤诣地组织的互助社，表面看是为了培养"善势力"，其根本目的还是"救国"。如《互励

---

① 《恽代英日记》，第 420 页。
② 张允侯等：《五四时期的社团》（一），第 119 页。
③ 张允侯等：《五四时期的社团》（一），第 119 页。
④ 王汎森：《思想是生活的一种方式》，北京大学出版社，2018，第 97—98 页。
⑤ 李良明、钟德涛主编《恽代英年谱》，第 63 页。
⑥ 他们是恽代英、黄负生、梁绍文、冼震、林育南、冼光耀、陈弓礼、杨礼恒、汤济川、肖鸿举、刘仁静、潘安定、鲁斌、郑兴焕、郑遵芳、喻进贤、周杰、绍洵、竞华。详见章开沅、余子侠《余家菊与近代中国》，第 265 页。
⑦ 《恽代英日记》，第 123 页。
⑧ 《恽代英日记》，第 333 页。

文》所宣示的那样："我们都晓得：今日我们的国家，是在极危险的时候，我们是世界上最羞辱的国民。……不应该忘记伺候国家、伺候社会。"①

互助社的成立，是恽代英实践其爱国理想的重要举措，由此恽代英在武汉学生界的领袖地位开始确立。余家菊回忆说："武昌学生界的运动中心，就在我们班上几个人的身上……领导中心就是他（指恽代英）了。"②互助社还是武汉地区传播新思想新文化的重要团体。1918 年 6 月 6 日，互助社成员在中华大学门口办起了启智图书室，展览国内宣传新思潮的刊物，如《新潮》《新青年》《新教育》《北京大学月刊》等，供当地青年学子阅读。③互助社的成立对武汉各校学生产生了很大的示范效应。不久，武昌湖北外国语专门学校和湖北省立第一师范学校的三个学生慕名前来参观。他们返校后在武昌湖北外国语专门学校成立了学生团。④

为了加强各学校分散的学生团体之间的沟通，恽代英和好友余家菊、廖焕星、黄文清等商议筹建统一的学生组织。1918 年 4 月 26 日，恽代英与好友余家菊商量"学校间结会"事。⑤这里的"结会"就是指恽、余二人新组织的仁社。作为一个跨校学生组织，仁社成立于 1918 年 4 月 27 日。恽代英在当日日记中写道："饭后八点邀景陶、伯言至青年会，学校间之会社成立，议决之事如左（夜十时回，以成己成人为宗旨，定名仁社）。"⑥仁社成员有来自武汉各学校的学生代表，其中有湖北省立第一师范学校的何定国、张素武、张师孔、柯毓材、姚世辉、刘文、朱有澂，湖北外国语专门学校的黄道、陈之任、廖焕星，中华大学的余景陶、冼伯言、恽代英，基督教青年会的汪强。⑦仁社的成立，使互助社和其他学校的学生团体联系得更加紧密，为日后的反日运动提供了组织基础。如余家菊所言："仁社集武昌各校同志青年而成，以做人为互勉。"⑧

① 《恽代英日记》，第 160 页。

② 余家菊：《余家菊景陶先生回忆录》，台北，惠炬出版社，1994，第 14—15 页。

③ 《恽代英日记》，第 94、112 页。

④ 田子渝等编《恽代英传记》，第 18 页。

⑤ 《恽代英日记》，第 356 页。

⑥ 《恽代英日记》，第 357 页。

⑦ 《恽代英日记》，第 357 页。

⑧ 余家菊：《疑是录》，《余家菊景陶先生回忆录》，第 210 页。另见章开沅、余子侠《余家菊与近代中国》，第 267 页。

　　仁社成立不久，恽代英又和余家菊商讨发起"进德会"。此前，蔡元培领导的北京大学"进德会"刚刚成立。因此，恽代英组织的"进德会"很可能是受到北京大学的影响。需要注意的是，这里的"德"并非一般意义上的"道德"，而是指"积极进行的事情"。① 1918 年 5 月 26 日，恽代英在日记中记载："此后与景陶商发起进德会事……进德会事，景陶本拟为一统笼的发起。余以去年学生会情形颇劝其慎重，借此会或可收罗三五同志亦未可知。余于此会戒约不嫖，不赌，不娶妾，不吃酒，不吃烟，自能做到。"② 此种"戒约"与北大"进德会"的会规如出一辙，由此可见，北京与武汉在新文化运动上是"声气相通"、遥相呼应的。

　　1918 年 6 月底，恽代英从武昌中华大学毕业，应陈时校长之聘，担任中华大学附中教务主任，恽的好友余家菊担任附中学监，冼伯言为附中教员。③ 恽代英在中华大学继续任教，为其培养"善势力"提供了极大的方便。1919 年 3 月 1 日，恽代英的四名学生、互助社成员林育南、胡业裕、魏以新、汤济川创办了《新声》半月刊，《新声》是"武昌第一个新文化出版物，是全国响应北大新思潮的先驱者"。④《新声》发刊词写道："我们要晓得世界的潮流，是怎样的趋向，我们所处的是什么地位，这是很要紧的。因为是这样，我们才晓得要用什么方法去做，我们所做的才合于适宜的轨道，不至于走错路。……我们做学生的得了这个觉悟，所以要奋起直进。……望我做学生的大家，抖擞精神，来做这种事业，切不要自暴自弃枉做个人。"⑤《新声》发刊词不仅显示出新文化运动对武昌学生的启蒙影响，也表明了武昌学生强烈的集体身份认同意识。

　　《新声》的创办，其意义在于武汉学生界有了自己的新闻出版物，为在学生中间传播新文化提供了有力的宣传媒介，也为恽代英在学生中间培养"善势力"提供了舆论动员的武器。《新声》出版后，或因其言论激烈，传播新思潮，《新声》编辑林云南等大受攻击。为此，恽代英旗帜鲜明地支持

---

① 高平叔：《蔡元培年谱长编》第 2 卷，人民教育出版社，1999，第 100—101 页。
② 《恽代英日记》，第 387—388 页。
③ 李良明、钟德涛主编《恽代英年谱》，第 96 页。
④ 张允侯等：《五四时期的社团》（一），第 125 页。
⑤ 章开沅、余子侠：《余家菊与近代中国》，第 269 页；张允侯等：《五四时期的社团》（一），第 125 页。

林云南等，并鼓励他们说，"然细思之，殊可为彼等贺。……做事岂有不挨骂者。有如此反响，亦可为百练此身之资料矣"。① 1919 年 3 月 8 日，恽代英还对《新声》的编辑方针和宣传策略提供指导，他一方面称赞胡业裕、魏以新、林育南等人"头脑清洗，空谷足音，可喜"；一方面建议他们"当见得高远，说得平实，总从世人易领会处说起。再与其说枯燥无味的逻辑理论，不如从感情上下手，用自身做个榜样与看"。② 此亦可知，恽代英是一位出色的宣传家。

总之，恽代英在五四运动之前先后创立学生会、互助社、仁社和进德会等学生团体，其目的都是培养"善势力"，以期改造社会、振兴国家。如互助社成立第一周年的报告总结说，"互助社最大的发展，是助人方面、爱国方面"。③ 所谓"助人"是为了团结改造社会的同道中人，积蓄爱国的力量。恽代英及其友人成立的这些小团体，为日后大团体的创建提供了组织基础。

二　五四运动前后恽代英的社会关系网络及其救国实践

新文化运动在武汉学生界的传播与恽代英的积极推广有直接关系。因为恽代英向来最爱看杂志，亦爱投稿，所以他与"杂志界有些来往"。《新潮》出版的时候，托他代售，后来《新青年》也托他代售。④ 新文化运动促进了武汉学生界的集体认同，如利群书社成员所说的那样："我们最急的是求团体意识的形成。"⑤ 恽代英自身拥有的外界关系网络，使他自然地成为武汉新文化运动的领袖，使其在学生界享有足够的号召力。

一战时期日本对中国的扩张政策，激发了中国知识界的"国家主权"意识，恽代英的国家观念和救亡意识也主要因日本的侵华政策而产生。从现存不多的几篇文章中，我们即可看出恽代英对日本的观感。1917 年 4 月 11 日，恽代英在《对于欧战之大建议》一文中谈到对日本人的看法。恽代

---

① 李良明、钟德涛主编《恽代英年谱》，第 110 页。
② 李良明、钟德涛主编《恽代英年谱》，第 110 页。
③ 张允侯等：《五四时期的社团》（一），第 125 页。
④ 张允侯等：《五四时期的社团》（一），第 125 页。
⑤ 张允侯等：《五四时期的社团》（一），第 132 页。

英认为应把日本人民与日本政治家分开来看。普通日本人"不宜一概诬蔑之",但日本政治家不讲道德者,"颇不乏人"。①

恽代英和他的同辈人一样,对日本的认识基本上是负面的,这与时人关于日本侵略中国的集体国耻记忆印象太深刻有关。特别是日本在 1915 年 5 月 7 日以最后通牒的形式强力逼迫中国政府在 48 小时内对"二十一条"做出答复。因此,5 月 9 日被称作国耻纪念日(有的地方把 5 月 7 日作为国耻纪念日)。恽代英时年 20 岁,他在武昌组织学生走上街头,检查日货,抵制日货,参加反日爱国游行。② 此后,日本侵略中国的国耻记忆时时萦绕在国人心中,当时的热血青年大都怀着报国雪耻的斗志而发奋读书。中国被日本帝国主义凌辱的历史成为青年学子立志报国的精神动力。时在湖南第一师范读书的毛泽东曾奋笔写道:"五月七日,民国奇耻。何以报仇? 在我学子!"③ 五四时期在浙江第一师范学校读书的陈范予在日记中写道:"扶桑野心勃勃,垂涎我之青岛久矣。"④ 恽代英与同辈人一样,也是时刻牢记 5 月 7 日的国耻,时刻警惕日本侵略中国的野心。1919 年 5 月 5 日和 6 日,恽代英接连向各处友人寄去了 40 张"勿忘国耻"明信片,同时拟定有关五七国耻的传单内容,传单写道:

> 四年五月七日之事。有血性的炎黄子孙,你不应该忘记四年五月七日之事。现在又是五月七日了。那在四十八点钟内,强迫我承认的二十一条协约的日本人,现在又在欧洲和会里,强夺我们的青岛,强夺我们的山东,要我们四万万人的中华民国做他的奴隶牛马。你若是个人,你还要把金钱供献他们,把盗贼认做你的父母吗? 我亲爱的父老弟兄们,我总信你不至于无人性到这一步田地。⑤

单从这份传单的内容来看,恽代英对日本的认识似乎仍停留在一种雪耻报国的情感层面,好像缺乏更深入冷静的思考。然而,恽代英发表的仇

---

① 《恽代英日记》,第 68 页。
② 李良明、钟德涛主编《恽代英年谱》,第 14 页。
③ 李锐:《三十岁以前的毛泽东》,广东人民出版社,1997,第 120 页。
④ 《陈范予日记》,坂井洋史整理,学林出版社,1997,第 94 页。
⑤ 《恽代英日记》,第 535—536 页。

视日本的公开言论并不能代表他对日本的真正认识，他发表这些反日言论，只是调动国人仇日、凝聚人心的权宜之计。一方面恽代英努力要把日本在中国人心中塑造成一个十恶不赦的"敌国"形象，以达到激发国人爱国情怀的效果；另一方面他内心也为这种刻意的宣传而深感不安，因为此举会使学生"趋于极端，因为真理常不是在极端上面，而且趋于极端容易失败"。① 尽管恽代英对日本政府的侵略政策极为仇视，但是他并没有因此仇恨日本人民。比如，对武汉《学生报》的宣传宗旨，恽代英特意强调要"注意国民外交的联络，连日本国民在内，不持伤人家国民感情之语"。②

恽代英的反日情绪主要受两种因素的制约：其一是中日关系的不平等，日本对中国推行侵略政策；其二是中国国内政治的长期不稳定。排外情绪是"国内政治与国际关系两者的共同产物"。③ 以恽代英为代表的五四青年的反日意识，表面上看是"对外的"，实际上却隐含着对中国内政的严重不满。恽代英在日记中时常流露出的对北洋武人、政客的批评，就很好地证明了这一点。1917 年 5 月 21 日，恽代英记载："现今政潮危及，人怀私谋，殊非国家之福。'北洋系'三字，名不正言不顺，而居然成一名词。谁使至此？谁纵之至于此？彼拥兵自重，使国家法纪荡然者，虽百口不能逃其责者也。……民党自己无信用，无能力，乃借他人之信用之能力。然以暴易暴，徒乱国事耳。今日政客，一不宜假重军人，二不宜假重官僚，三不宜假重外人。然今日政客皆无实力，其假重完全在上三者，而亦无人知其非也。"④

国内政治的黑暗腐败以及中日两国的不平等关系，使中国人从受害者的情感立场来审视中日关系，也由此决定了中国人对日本的认识带有深刻的民族救亡的烙印。反日与救国紧密地联系在一起。日本作为一个"敌国"存在，具有"明耻教战"的宣传价值，恽代英以此作为启蒙国人的一种手段。要使中国人认识到日本是中国的"敌国"，就必须唤起中国人对日本侵略中国历史的集体记忆。于是，恽代英决定搜集日本侵略中国的各种历史材料，详细叙述"日本对我屡次之交涉及其用意所在，以儆醒吾侪辈"，从

---

① 《恽代英日记》，第 536 页。
② 《恽代英日记》，第 560 页。
③ 廖光生：《排外与中国政治》，三民书局，1988，第 1 页。
④ 《恽代英日记》，第 87 页。

而使国人明白中日之"真关系"，进而由此产生"真感情"。① 所谓的"真关系"就是日本"侵略中国的关系"，至于"真感情"，就是由明了中日"真关系"而激发的爱国之情。在五四时期，日本在中国人心中的"敌国"形象是经过知识分子的刻意宣传而形成的。知识分子之所以刻意夸大日本侵略中国的危险，极力强调日本侵略中国的历史，其目的无非是借此来激发中国人的忧患意识，凝聚国人的团结力。恽代英在五四运动期间所制作的反日传单《呜呼青岛》，颇能说明恽有意宣传日本"敌国"形象的良苦用心，传单这样写道：

> 贪得无厌的日本人，没有一天忘记了我这地大物博的中华民国。他知道我们的同胞是没有人性的，是不知耻的，是只有五分钟爱国热心的，是不肯为国家吃一丝一毫亏的。所以，对于中国的土地，夺了台湾，又夺大连、旅顺，现在又拼命的来夺青岛了。对于中国的主权，夺了南满的主权，又夺福建的主权，现在又拼命的来夺山东的主权了。国一天不亡，我们一天不做奴隶，日本人总不能餍足。我受日本人欺侮，还要把日本人当祖宗看待的人，我不责你是黄帝不肖的子孙，我看你有一天打入十八重地狱，任你宛转呼号，没有人理你，象朝鲜人一样。②

用如此激烈的言论来形容日本人，只是为了唤醒国民的爱国心。恽代英在日记里表达了他的救国苦心："故劝人阅报纸，又劝排日货，此虽调拨感情语，然亦利用机会以提倡国货之一法也。"③ 这意味着恽代英的排日主张并非完全出于对日本的"仇恨"，而是为了救国和启蒙国人的需要。像恽代英一样，五四学生大都以中国民族救亡的"先觉者"自居，他们自认为是中国社会的中坚力量，肩负着唤醒国人的历史使命。如浙江第一师范学生陈范予所说，"愚民蠢蠢无知，固不足与言国家之大事，惟学生志尚节高"，"吾人当砥行踔之，以国家为前提"。④ 以恽代英为代表的五四青年知

---

① 《恽代英日记》，第538—639页。
② 《恽代英日记》，第546页。
③ 《恽代英日记》，第544页。
④ 《陈范予日记》，第85—86页。

识分子之所以如此"激发"中国民众的反日情绪，借此来唤起国人的国家意识，实在有其不得已的苦衷。盖因他们意识到中国的"国民性"存在诸多弊端，这些弊端阻碍中国的统一与中国人民的团结。时人感慨最深的是，中国人如同一盘散沙，只有"五分钟热心"。[①] 换言之，中国人做事缺乏团结精神，缺乏恒心毅力。恽代英指出中国人的国民性存在两大弊端：其一是依赖心理，其二是相互倾轧。[②] 当然，知识精英所批判的普通民众的民族弱点，也有过度要求之嫌，毕竟普通国人无法达到民族精英的思想境界。

因此，要救国只有改造中国人的国民性。以五四事件为契机，五四学生找到了激发国民爱国之情的手段，即通过把日本宣传成一个"敌国"，以此来激发中国人的民族耻辱感，唤醒国人的民族意识。对于日本在中国人心中"敌国"形象的建构，则是通过唤醒中国人对日本侵略中国的历史记忆而实现的。

恽代英的第二次反日运动经历是参与1918年的反对中日军事协定运动。1918年5月下旬，北京大学、北京高等师范学校的学生组织成立了学生救国会，暑假期间许德珩、易克嶷作为南下代表，联络各地学界。在武汉，许德珩会见了恽代英。他们虽然是初次晤面，"但彼此神交已久，一见如故"。恽代英立即在武汉发动了提倡国货、抵制日货运动。[③] 此次反日运动发起之时，正值五七国耻纪念日前后，故而有利于学生反日情绪的调动。自然，国耻纪念成为恽代英及其友人的谈话内容。5月7日，恽代英与仁社成员、武昌湖北外国语专门学校学生廖焕星（雯初）谈论国耻问题，又在青年会召集互助社、仁社成员魏以新、廖焕星、黄绍谷等十余人，报告其"以前以后对于国耻之感想及行事"。[④]

值得注意的是，中国基督教青年会领导人余日章和艾迪此时正好在武昌基督教青年会发表演说，恽代英及其好友是积极的听讲者。余日章和艾迪的演说意义在于进一步强化了恽代英培养"善势力"的观念。5月5日，恽代英偕众至青年会听余日章演说，是日恽代英记载余日章的演说内容有

---

① 《恽代英日记》，第552页。
② 《恽代英日记》，第545页。
③ 李良明、钟德涛主编《恽代英年谱》，第92页。
④ 《恽代英日记》，第366—367页。

"一人不能胜恶势力而欲胜之者，必多结同志友人共胜之"之语。① 5 月 7
日，恽代英再次摘录艾迪的演说内容，其中写道："故今日救国亦宜站拢
Keep together，keep together，O，men，one man cannot save China（站拢，站
拢，人们呵，一个人不能救中国）。"② 5 月 9 日，恽代英总结了听余日章与
艾迪演说的感想，共计五条，其中较重要的前三条是："（一）确见社会之
改良为短期间可能之事，苟能维持善良之少年，扶掖可与为善良之少年，
则其胜恶势力甚易。（二）自信对于困难之预备，死之预备颇臻完善，此皆
近一年奋斗之结果也。（三）求友以胜敌，并为友求友，此皆已经进行之
事。"③ 恽代英的这段记载揭示了三个要点：第一，他的培养"善势力"的
观念主要受到基督教青年会的影响；第二，恽代英对社会改造过于乐观，
认为"为短期间可能之事"；第三，恽代英认为青年学生是中国社会改造的
基本力量。应该说，正是在余日章和艾迪演说的启发下，恽代英进一步坚
定了他培养"善势力"的决心与行动。

三　五四期间恽代英的反日意识和民众动员

恽代英的反日实践是与其弘扬国家观念的目标融合在一起的。

在提倡国货、反对日货问题上，恽代英是一个身体力行者，互助社、
仁社等学生社团给恽代英领导的反日运动以有力的支持。1918 年 6 月 17
日，恽代英在病中完成《力行救国论》。④ 6 月 18 日，恽代英与友人商定协
助救国团之事："以御日救国为唯一之目的。同志各就朋友中之有志者互相
汲引，结为某会。最好不用救国团支部名义，亦不必请愿。盖请愿一事阻
力大，同意难，而成效少也。"恽代英还草拟了《湖北学生态度表明书》，
以便学生"暑假归里，各向其里人演讲中日国际情形，日人谋我实况，亡
国惨状等。利用小印刷品，唤起国民对日敌忾之心"。关于救国团组织，恽
代英的办法是在该会设立"干事部，评议部。调查股，调查国货日货。编

---

① 《恽代英日记》，第 364 页。
② 《恽代英日记》，第 367 页。
③ 《恽代英日记》，第 369 页。
④ 《恽代英文集》上卷，第 69—75 页。

辑股，编辑国货录及一切常日对于社员之通告，编辑演说材料及小印刷品"。① 6 月 20 日，恽代英对提倡国货、抵制日货的经历进行了深刻反思，他写道：

> 余前拟用国货会一事，惜上星期余未能到仁社，因议不果行，余思此会不成。社会非有一班人先决定牺牲一切，以实行其用国货主义，以为社会先倡，将欲借纸上谈兵之国货调查录，以提倡国货，则人以难能，而自处于易，以此求其有效，不亦诬乎？然一言身体力行，以提倡国货，则素以切实爱国自命者，皆色然难之。然而，一则曰经济制人死命，在 [再] 则曰借以提醒国人，呜呼！制人何事妄想耳，痴梦耳。②

恽代英的这些反思冷静而深刻。因为国货质量不如日货，所以要让国人为了爱国牺牲自己的物质生活，是一件困难的事情，由此也凸显出近代中国经济民族主义软弱无力的艰难困境。6 月 20 日上午，恽代英到中华大学与江涛等谈话，恽代英对他们说，"非牺牲不能成一爱国者，非吃亏不能成一好人"，其好友雷尧（纪堂）若有深悟。同日下午，恽代英即拟为救国团作激励学生回乡传播对日各情之责任的文稿，及通知各校开会。③ 6 月 22 日，恽代英和同学去取国货调查录 100 份。6 月 23 日上午，恽代英到武汉公立法政学校谈成立自强会之事。恽代英主张 "此会暂不成立，一切事以救国团人主持之，大抵如是决议"。恽代英记载："自留日同人回鄂，濬生（王安源）、务初（方毅）等大受其感动。"④

1918 年国内学生反日运动，政府对学生运动严厉取缔。在武汉，恽代英的同学方毅因参与留日归国学生的反日运动，被校方得知后，遭勒令退学。此外，留日归国学生也以 "外间流言太甚，亦拟暂不作种种进行而改为国货公司"。恽代英闻此，得出结论："过度之热心，结果每每如此终，何如切实进行之为愈耶？然务初切实之事，即留日诸君此来，亦题目

---

① 《恽代英日记》，第 411 页。
② 李良明、钟德涛主编《恽代英年谱》，第 95 页。
③ 《恽代英日记》，第 412—413 页。
④ 《恽代英日记》，第 414—415 页。

甚正大，终以机事不密至于如此。是亦可惜也。"① 1918 年 6 月 29 日，恽代英到中华大学，将国货调查录费用全部结清，此外尚有余款。② 6 月 30 日，上午，恽代英所在班级举行茶话会；午后，恽代英与汤济川计算印传单及国货出入，做报告公布之；晚 8 点，恽代英到湖北省立第一师范学校，并携带 100 本《国货调查录》，原拟送给该校，后不能与，沿街散数十册。是日，恽代英做第九次仁社报告，恽代英自称"为国货调查录作五事，收束尚清楚"。另外，互助社同人议决国货，恽代英本人坚持用国货完全成功。③

1918 年的反日经历，使恽代英对组织学生社团、培养"善势力"的重要性有了切身的体会。恽代英感触最深的是，中国"大事业之百无一成，有最大两因：一国民彼此无信用可言，一国民无处群能力（即协同作事之习惯）"。④ 中国人如同"一盘散沙"，这是中国人的劣根性，也是束缚中国发展的重要因素。恽代英时刻在思考着如何改变中国人一盘散沙的局面。

自 1918 年 6 月从中华大学毕业之后，恽代英即留校任教，担任中华大学附中教务主任。虽然从事繁重的教学管理工作，但是恽代英依然不忘关心国事。1919 年初，中日两国代表在巴黎和会上为山东问题进行激烈的交涉。中国代表顾维钧、王正廷在和会上主张宣布中日密约，令日人大窘。恽代英闻此，称赞顾、王此举"英雄哉！愿祝二氏之成功也！"⑤

武汉学生界的反日运动是在北京学生界五四事件的直接刺激下发生的。当五四事件在北京爆发时，远在武汉的恽代英仍若无其事，像往常一样生活。5 月 4 日，恽代英记载了他一天的主要活动："自省，此数日已入运动会筹备期，我因借以休息。早阅报，午至校一逛，归作岳溯初先生挽联。"⑥ 像恽代英一样，浙江第一师范学生陈范予在 5 月 4 日这一天也是相当平静，陈范予当日的日记这样写道："天晴。上午与宗文（中学）比球。下午到抚宁巷与金水详谈，暇摄画。晚，得（俞）庆赉言葆亭叔来杭。因昨日开校友大

① 《恽代英日记》，第 418 页。
② 《恽代英日记》，第 420 页。
③ 《恽代英日记》，第 422 页。
④ 《恽代英日记》，第 476—477 页。
⑤ 《恽代英日记》，第 481 页。
⑥ 《恽代英日记》，第 535 页。

会，故不得见。但家中平安，育蚕颇盛，喜至。"①

　　京外学生获悉五四事件发生的基本信息渠道是各地媒体的报道。媒体对五四事件的报道对于五四运动在全国范围内的展开起到关键作用。1919年5月6日，武汉《大汉报》和《汉口新闻报》报道了北京五四事件的消息，其中《汉口新闻报》报道称："五月五日北京电：昨下午京校学生游行，对山东问题要求各使馆维持，过曹汝霖宅，冲突至曹西院，章宗祥被殴至受伤。"② 同日，《大汉报》不仅刊载了北京五四事件的经过，而且发表短评，评论说："国势危急之秋，人心尚未死绝，攘臂一呼万山响应，中国或可不亡，此又可喜之事也。"③《大汉报》这则短评的意义在于将五四事件定性为一次伟大的"爱国行动"，中国可以因此"不亡"。应该说，《大汉报》的正面评论基本反映了时人对五四事件的评价。5月7日，恽代英从其学生魏以新那里得知北京大学学生黄绍谷的来信内容，黄的来信叙述了"京校学生示威及各界骚动事"，恽代英"读之泣下"，并认为"卖国贼万死不足以蔽其辜。吾等懦夫固不欲为示威事，亦中情不敢为也"。④ 5月8日，恽代英在日记中记载了他对五四事件的看法："读报载北京学界事，但觉感情偾兴，恨不躬逢其盛。此役总可痛惩卖国贼，不至使无忌惮也。"⑤ 同样，浙江第一师范学生陈范予也是通过阅读上海《时报》而了解五四事件的。5月6日，陈范予在日记中记载："膳后有《时报》来，据云：月之四日下午二时，北京大学生等五千人往各国使馆求归还青岛并诛卖国贼陆（宗舆）、曹（汝霖）、章（宗祥）等。警察督过之，及有烧火伤人之行为。"对于北京学生界"烧火伤人"的过激行为，陈范予认为"此种学生诚足取法，吾人寄旅此间，岂不知国事之紊乱、民生之涂炭，特以才少学寡，不敢效揭竿之首事耳"。⑥ 总体看来，媒体报道和京外学生对五四事件的反应，基本上是支持北京学生的抗议行动，认为他们痛击"卖国贼"是大快人心之举，甚至恨不躬逢其盛。

①《陈范予日记》，第84页。
② 参见田子渝《武汉五四运动史》，湖北人民出版社，1999，第122页。
③《北京快电》，《大汉报》1919年5月6日；《中国可以不亡》，《大汉报》1919年5月6日。
④《恽代英日记》，第537页。
⑤《恽代英日记》，第537页。
⑥《陈范予日记》，第85—86页。

　　北京学生界首先发起五四运动，打破了国内沉闷的政治氛围，为各地学生界的反日举动提供了一个可以效仿的"范例"。在武汉，恽代英作为中华大学附中教师，也在酝酿发起当地学生界的反日运动。5月6日，恽代英拟定了《四年五月七日之事》传单，并与其学生林育南一起油印了600份，这份传单随后刊登在1919年5月9日的《大汉报》上。① 恽代英起草这份传单的目的，就是借助五七国耻纪念日，来激起中国人对日本的"仇恨之情"，为武汉学生界反日运动的开展制造舆情。

　　由于恽代英是中华大学附中校长，身份敏感，因此他只能在幕后参与和指导武汉学生的反日运动。恽代英能够成为武汉学生反日运动的幕后指导，有其得天独厚的优势。如前所述，恽代英在中华大学读书期间，为了培养"善势力"，曾组织了互助社、仁社等学生社团。现在，恽代英所创办的这些学生社团已经成为武汉学生运动的核心组织。此外，恽代英的学生、时在中华大学读书的林育南已是武汉学生联合会的重要代表。由于这种组织和人事关系，恽代英可以在幕后运筹帷幄，指导学生的反日运动。已有学者指出，恽代英的社会改造思想影响了武汉学生界的一批进步学生，这批人是武汉五四运动的骨干分子。同时，武汉学生联合会的重要文件，几乎均出自恽代英之手。根据恽代英日记的记载，由他起草的文件有《武昌学生团宣言书》《呜呼青岛》《提倡国货办法大纲》《武昌中等以上学生放假留言》《武汉学生联合会宣言书》《武汉学生联合会提出对于全国学生联合会意见书》等，此外学生团、学生联合会致社会各界、政府等的许多公函、电文也多半出自他手。② 由此可见，一场复杂的社会运动如要持续下去，总是少不了"舆论领袖"的号召，而恽代英就是这样的人物。

　　5月9日，武昌各校代表齐集中华大学，筹备成立"武昌学生团"。③此次会议发出的通电文稿由恽代英起草。恽在日记中记载："至校，诸友因同学拟拍电，为北京学界声援，余遂为拟电稿。"④ 同日，恽代英接到北京清华学校学生李飞生的来信，告诉恽"八日北京学界本拟有三万人之大游

① 《恽代英日记》，第536页；田子渝：《武汉五四运动史》，第123页。
② 田子渝：《武汉五四运动史》，第131页。
③ 李良明、钟德涛主编《恽代英年谱》，第118页。
④ 《恽代英日记》，第538页。

行，惜因阻力中止"，这一消息令恽代英"且快且愤"。① 是日傍晚，恽代英的好友淡斋（姓氏不详）等人联络各校，武汉学生界决定向国内发表宣言书，并向巴黎和会发表通电。恽代英负责宣言书的起草，直至次日凌晨 1 时，完成宣言书初稿，约"三千言"。② 就这样，媒体报道和异地亲朋的"书信往来"，共同构成了武汉地区与其他地方的"信息网络"，地方的反日运动汇聚成全国的反日运动洪流。

5 月 10 日，武昌高等师范学校、湖南中学、湖北省立第一师范等 15 所大、中学校代表在中华大学举行茶话会，会议一致决定与北京学生采取一致行动，"外争国权，内惩罚国贼，不达目的，誓不罢休"。③ 此次会议发至北京政府及各机关的电报，亦由恽代英负责起草。是日，恽代英完成《武昌学生团宣言书》，这份宣言书着重叙述日本侵略中国的历史，借以唤起学生的"国耻记忆"，其中写道："日人之谋我久矣……从来以不平等国待我，民国四年二十一条之交涉，以我遇事退让之。凡可允诺者皆允诺之，而五月七日加我以最后通谍［牒］。"④

关于这份宣言书的目的，恽代英说："此书之作，余意欲人明中日之真关系，让其由此发出真感情。"⑤ 所谓真感情，即激发国人的爱国之情。此亦可见，恽代英是在有意识地借助"日本侵略中国之史"来唤起国人的"历史记忆"，以此达到两种目的：其一，激发国人的对日仇恨；其二，使国人将对日仇恨转化成爱国的动力。记忆是对过去的一种"回想"，而日本侵略中国的历史则是中国人国耻记忆的基本内容。恽代英的宣言书是五四知识分子书写日本侵略中国历史的心理写照，这种文本一旦被大众接受，很容易转换成一种强烈的反日情感力量。日本侵略中国的"敌国"形象也由此在中国公众心中得以强化。

日本侵略中国终究属于民族的"外侮"，而皖系军阀段祺瑞和新交通系主导的亲日政策则被视为"内耻"。"内耻"加剧了"外侮"，故而恽代英自然地将此"外侮"与北京政府内政的"腐败"联系在一起。于是，恽代英在宣

---

① 《恽代英日记》，第 538 页。
② 《恽代英日记》，第 538 页。
③ 田子渝：《武汉五四运动史》，第 123 页。
④ 李良明、钟德涛主编《恽代英年谱》，第 118—119 页。
⑤ 《恽代英日记》，第 538 页。

言书中将攻击的矛头指向了为千夫所指的"亲日派"曹汝霖、章宗祥和陆宗舆。宣言书指出，曹、章（在五四事件中）受惩，其原因是：

> 盖其误国之罪，妇孺皆恨之入骨。北京学生加以痛惩，亦无异为全国学生代表……亦无异为全国国民代表……欲绝祸根，惟去恶务尽之一法。①

恽代英起草的这份《武昌学生团宣言书》是鼓吹学生干预政事的号角，代表了五四学生的政治激进走向。多年来，恽代英对北京政府内政外交举措的不满，由此得以发泄，用他的话说，"惟吐尽我无从吐泻之气，且愤且快"。② 在社会动员上，恽代英是一位务实主义者。他认为："理性化人，不如感情有力。盖以情动者，上智下愚皆有桴鼓之应。以理动者，虽死守真理之人，亦不能动。……且苟能以情感，即理上有些说不过去，仍能得人原谅。"③ "情感"对于群众运动的发动确实比"理性"更有效，恽代英的这些真知灼见发人深省。

五四运动期间，学生曾借助政党势力来扩大学潮影响，但恽代英反对学生与政客长期"打成一片"。他认为，学生如果与"政客打成一片"，即无"善势力"可言。④ 毕竟善恶两种势力无法调和。

四　结语

一般而言，人的思想观念都是学校教育或社会教育塑造的产物。就恽代英成长的时代环境而言，他的早期国家观念的养成很大程度上与清末民初中国教育界所宣扬的"亡国意识"和"国耻意识"有关。所不同的是，恽代英丰富而敏锐的内心世界使其所接受的"国家观念"比寻常人要强烈得多。作为在这种国耻教育观念影响下成长起来的爱国青年，恽代英从一战后期开始有意识地利用已经获得的国家观念去启迪其他同胞，以达救亡

---

① 李良明、钟德涛主编《恽代英年谱》，第118—119页。
② 《恽代英日记》，第539页。
③ 《恽代英日记》，第556页。
④ 《恽代英文集》上卷，第103页。

之目的。"二十一条"交涉之后,教育界和广大社会团体都提倡反日教育,此种反日教育的影响非常深远,甚至反过来限制了北京政府的对日政策。如日本人所注意到的那样,"中国人排日鼓吹之教育,不可以寻常视之者。……中国人自孩提之时受排日教育,而莫不有切齿痛心之恨于日本,故袁世凯氏若不以排日,则到底不能完其地位"。①

在五四运动中,恽代英深刻感受到一般国人的麻木不仁。他痛感"今日实在之人心,只配做亡国奴"。② 恽以先觉者的使命感决心要使"全国觉悟",他说:"若英、若美、若日,全国初何曾觉悟? 不过少数先觉之倡率而已。若待全国觉悟,然后活动,则世间一切革新之事,皆不应有。"③ 这种迫不及待地改造中国的强烈愿望,说明恽代英已经具备了一位革命者应有的思想品格,也就是"强调革命行动优先于一切"。孙中山也说过相似的话。1905 年,孙中山在与严复交谈时说:"俟河之清,人寿几何。君为思想家,鄙人为执行家。"④

对于青年学生在反日运动中暴露的诸多弱点,恽代英后来批评说:"我们中国已成的势力,没有一种可以靠得住。因为他们是由几千年谬误的教育学说、风俗习惯传下来的,你凭借他,他便利用你。所以南北军阀,新旧议员,以做官为营业的官僚同留学生,以闹场面为唯一目的的政客同学生联合会代表,以出风头为惟一主义的国粹学者同新思想家,我们只好把他们看做一丘之貉。"⑤ 因此,要改造中国,必须改造学生。至于办法,恽代英也无系统的主张,只是说,"积极的活动,平民切实肯负责任",当务之急,应使广大国人快速养成"能负责之能力"。⑥ 换句话说,应该启迪广大国民。

恽代英作为武汉地区学生组织的最早创建者,享有崇高的威望。在中华大学读书时,他就有目的地培养"善势力",以作为改造中国社会之准备。所以,当五四运动的浪潮波及武汉时,恽代英自然而然地成为该地区

---

① 《日本国会对华问题及青岛问题、借款问题之讨论由》,1920 年 3 月 25 日,台北,中研院近代史研究所档案馆藏,外交档案,档案号:03 - 33 - 157 - 01 - 013。

② 《恽代英日记》,第 581 页。

③ 《恽代英日记》,第 582 页。

④ 王遽常:《严几道年谱》,商务印书馆,1936,第 74—75 页。

⑤ 《恽代英文集》上卷,第 106—107 页。

⑥ 《恽代英日记》,第 583 页。

学生运动的实际领导人。在学潮期间，恽代英更是一位务实主义者，为了扩大学潮的影响，达到最大限度动员民众的目的，他甚至使用煽动性的文字，激发民众的反日情绪。运动结束以后，恽代英对学生运动的弱点做了批判性反思。他反对学生与旧式的政党为伍，因为这样会损害学生自身的势力。可是，当恽代英后来接受了马克思主义的信仰之后，便全身心地加入中国共产党。因为中共是一个新式的有理想的政党，用恽代英的话说，中共是一个凝聚"善势力"的新党，只有这样的政党才可以拯救中国。

五四时期杜威政治哲学讲演中的
意涵与理解[*]

彭姗姗^{**}

1919 年 9 月 20 日至 1920 年 3 月 6 日，在胡适的建议和策划之下，杜威（John Dewey）在北京大学公开讲演"社会哲学与政治哲学"（十六讲，以下简称"政治哲学"讲演）。① 这是杜威生平头一次就政治哲学做出系统的论述，也是诸多在华讲演之中杜威唯一考虑过出版英文版的讲演。② 据胡适

---

   * 本文曾在学术会议上得到耿云志、夏春涛、王晴佳、杨念群、许纪霖、李维武、刘贵福诸位先生的批评和指点，并得到学友李政君、王波、彭春凌、王鸿莉、赵妍杰、冯淼的指教。两位匿审专家及《近代史研究》的编辑老师们亦提出了宝贵的修改意见。谨致以诚挚谢意。

  ** 彭姗姗，中国社会科学院近代史研究所助理研究员。

  ① 据《晨报》、《北京大学日刊》及 The Correspondence of John Dewey（Vol. 3，edited by Larry Hickman，Barbara Levin，Anne Sharpe，and Harriet Furst Simon，Carbondale：Southern Illinois University Press，1999 – 2004；Electronic edition，Charlottesville，Va：InteLex Corporation，1999 – 2004. 包括 Volume 1，1871 – 1918；Volume 2，1919 – 1939；Volume 3，1940 – 1953），可知各讲演时间为：第一讲，1919 年 9 月 20 日；第二讲，9 月 27 日；第三讲，10 月 4 日；第四讲，10 月 18 日；第五讲，10 月 25 日；第六讲，11 月 1 日；第七讲，11 月 15 日；第八讲，11 月 22 日；第九讲，12 月 6 日；第十讲，12 月 13 日；第十一讲，1920 年 1 月 17 日；第十二讲，1 月 24 日；第十三讲，1920 年 2 月 14 日；第十四讲，1920 年 2 月 18 日；第十五讲，1920 年 2 月 28 日；第十六讲，1920 年 3 月 6 日。其间，1919 年 10 月 6—14 日，杜威赴太原；11 月 2—11 日，赴奉天；12 月 24 日至 1920 年 1 月 2 日，赴山东。回程时在天津停留。1 月 14 日前后，回京。

  ② 1920.04.22（04884）：John Dewey to John Jacob Coss Dewey，The Correspondence of John Dewey，Vol. 2. 下引杜威相关英文信件，俱出于此，不再一一注明。杜威在此信中询问 John Jacob Coss 是否有兴趣出版《社会哲学与政治哲学》，得到了后者的热烈回应 [1920.06.10（04885）：John Jacob Coss to John Dewey]。但此书英文版最终并未出版。

回忆，在每次系列讲演之前，杜威会用打字机打出一份英文讲稿，并提前交给口译者参考，口译者在讲演现场进行口译，记录人记录下来后，再参照原稿校对一遍，继而发表至报刊上。① 长期以来，研究者一直认为杜威在华讲演的英文原稿已全部散佚，仅有中文记录稿留存。直到前几年，江勇振才首次发现了"政治哲学"讲演八次完整的英文原稿，即第一至第四讲、第十至第十二讲、第十六讲。② 最近，笔者又新发现了第五、六讲的四页残稿。③ 第五、六讲集中论述了"共同生活"理论。这一理论反映了杜威对于民主的独特理解，是其民主思想从《民主与教育》（1916 年）发展至《公众及其问题》（1927 年）的中间阶段，对于理解杜威的政治哲学来说至关重要。

　　杜威的政治哲学讲演，经由胡适口译，才以不同版本中文记录稿的形式进入了五四论域之中。在杜威的英文原稿被发现之前，胡适是否误译了杜威，一直是海外学界争论的焦点之一。④ 通过英文原稿和中文记录稿的对比，江勇振首次为胡适误译杜威提供了确凿的证据。他解释说，由于未臻成熟的白话文本身在词汇和句型结构方面的限制，无法精确传达英文的原意，也由于"翻译不是胡适之所长"，因此胡适译得不够精当，有不少误译、漏译。此外，胡适误译的另一个原因是他未能真正理解杜威的思想，"是一个进入了杜威门槛，但一直未能窥其堂奥的实验主义者"。⑤

---

① 胡适：《杜威在中国》，欧阳哲生编《胡适文集》第 12 册，北京大学出版社，1998，第 425、426 页。
② 原稿名"Social Pol Phil"，收入 Articles and Manuscripts, Surname Remain to be Verified, 中国社会科学院近代史研究所藏胡适档案，档案号：E0087 - 001。美国最权威的《杜威全集》（*The Collected Works of John Dewey*, Vol. 38, edited by Jo Ann Boydston, Electronic Resource, Charlottesville, Va: InteLex Corporation, 1996）也未收录这份讲演稿。
③ 第五讲两页残稿，见 Articles and Manuscripts, Surname Remain to be Verified, 中国社会科学院近代史研究所藏胡适档案，档案号：E0088 - 001。第六讲两页残稿，见胡适档案中同名文件，档案号：E0087 - 001。以下所引英文原稿，或以夹注标出"原稿第某讲"，或注出英文原文。原稿有不少拼写错误和缩写，本文将拼写错误改正，缩写则一仍其旧。
④ Cecile B. Dockser, *John Dewey and the May Fourth Movement in China: Dewey's Social and Political Philosophy in Relation to His Encounter with China (1919 - 1921)*, Ph. D. Thesis, Harvard University, 1983, pp. 91 - 98.
⑤ 江勇振：《舍我其谁：胡适》第 2 部《日正当中（1917—1927）》，浙江人民出版社，2013，上篇，第 136—137、161 - 178 页；下篇，第 237—257 页；引自第 137、161 页。

本文将尝试从另一角度来处理这些新发现的英文原稿。胡适翻译过杜威多个系列的讲演，或多或少存在一些误译，"政治哲学"讲演也是如此。然而，比起语词、句型层面不够精当的误译，更值得注意的是"政治哲学"讲演的英文原稿与中文记录稿所呈现出的结构性差异，即大段的删减、明显的增添和自相矛盾的修改。① 无论杜威当年在现场的讲演是否完全与其英文原稿一致，也无论胡适当年在现场的口译是否完全与中文记录稿一致，换句话说，无论从英文原稿到中文记录稿经历了多少已无法确知的变化，仍能确知的是杜威原本打算讲述的"政治哲学"（英文原稿），与经胡适口译、真正在历史中以大多数中国读者所能广泛接触到的形式发表出来的"政治哲学"（报纸刊载的不同版本的中文记录稿）之间存在结构性差异。通过确定、分析乃至理解这些结构性差异，本文尝试揭示杜威生平首次关于实验主义政治哲学的系统论述，以及胡适对于此一政治哲学的理解与翻译、选择与扬弃，进而丰富我们关于五四的认知。

双重的历史语境为理解这种结构性差异提供了切入点。这次讲演与杜威其他讲演的关键区别在于，这次的主题是政治哲学。如同昆廷·斯金纳（Quentin Skinner）所揭示的，政治哲学的独特性就在于，关于它的言说总是与特定的历史语境结合在一起。② 就本文的个案而言，尤其如是。实验主义哲学的特性——思想的起点是现实的疑难，而解决方案亦因特殊情境而定——使得杜威及胡适对于政治哲学的上述特征尤具自觉。杜威和胡适虽同处于五四时期的中国，但二者所处的历史语境却并不完全一致。这自然会反映到杜威关于政治哲学的论述及胡适的策划和翻译之中。

---

① 笔者还新发现了杜威另一讲演的英文原稿残稿，即"思想之派别"（Types of Thinking）系列讲演（1919 年 11 月 14 日至 1920 年 2 月）。英文原稿名"TT"，见 Articles and Manuscripts, Surname Remain to be Verified, 中国社会科学院近代史研究所藏胡适档案，档案号：E0087-001。现存 4 页残稿。这一讲演仍由胡适口译。对比原稿和发表在《新潮》上的中文记录稿（吴康、罗家伦记，《新潮》第 2 卷第 2 号，1919 年 12 月；第 2 卷第 3、4、5 号，1920 年 2、5、9 月。另一版本的记录稿由郭绍虞记，发表于《晨报》1920 年 11 月 16 日至 1921 年 1 月 30 日）可知，确实存在一些误译，但没有"政治哲学"讲演中的那种结构性差异。

② 〔英〕昆廷·斯金纳：《观念史中的意涵与理解》，任军锋译，丁耘主编《什么是思想史》，上海人民出版社，2006，第 95—135 页。

一　讲演的缘起与胡适的策划

杜威 1919 年 4 月 30 日抵华，9 月 20 日开始"政治哲学"讲演。若非胡适的建议，杜威很可能根本不会写下这份"政治哲学"讲演稿。对杜威来说，到中国做长期的讲演是一次计划外的偶然事件。因而，他对于要在中国讲些什么，并无太多准备。很大程度上，杜威是顺应着邀请者们期待和规划的主题来发表讲演。[①] "政治哲学"讲演的题目，正是由胡适提出的。胡适解释说："杜威先生这一派的实验主义，心理学一方面有詹姆士以来的新心理学；名学一方面有杜威和失勒诸人的名学；人生哲学一方面有杜威与突夫茨（Tafts）诸人的人生哲学；教育一方面更不用说了。独有政治哲学一方面至今还不曾有系统的大著作出世。……我们至今还不曾有一部正式的'实验主义的政治哲学'。所以今年杜威先生同我商量讲演题目时，我就提出这个题目，希望他借这个机会做出一部代表实验主义的社会哲学与政治哲学。"[②]

杜威与胡适商定讲"政治哲学"，当在 1919 年 4 月 30 日至 9 月 20 日。杜威抵华数日后，也即 5 月 5 日，《晨报》即推出了"马克思研究"专栏，而《新青年》原本也计划在 5 月中旬推出"马克思研究"专号（第 6 卷第 5 号）。虽然由李大钊负责编辑的这期专号因故推迟至当年 9 月 10 日前后才出版，但其全面系统地介绍马克思主义的文章《我的马克思主义观》的主体部分在 5 月前已经完成了。[③] 7、8 月间，就发生了著名的"问题与主义"之争。如前人所述，这仍是发生在新文化阵营内部的一场朋友之间的论争。论争双方的思想虽有差异，但也不乏相近、相通之处。[④] 但思想的分歧毕竟存在。据《钱玄同日记》，在 1919 年初，"《新青年》为社会主义的问题，

[①] Shanshan Peng, "A Journey to Mars: John Dewey's Lectures and Inquiry in China," *Journal of Modern Chinese History*, Vol. 12, No. 1, 2018, pp. 63 – 81；彭姗姗：《五四期间杜威与中国的一段"交互经验"》，《近代史研究》2019 年第 2 期。

[②] 高一涵记，胡适引言《杜威博士讲演录：社会哲学与政治哲学》，《新青年》第 7 卷第 1 号，1919 年 12 月 1 日，第 121 页。

[③] 参见杨琥《李大钊〈我的马克思主义观〉一文若干问题的探讨——兼谈〈新青年〉6 卷 5 号的编辑和印行》，《"五四的历史与历史中的五四"学术讨论会论文集》，北京大学，2009 年 5 月 6 日，第 393—401 页。

[④] 参见罗志田《因相近而区分："问题与主义"之争再认识之一》，《近代史研究》2005 年第 3 期，第 44—82 页。

已经内部有了赞成和反对两派的意见"。① 同年 6 月，陈独秀入狱后，《新青年》同人公推胡适接编《每周评论》。他随即在《每周评论》上发表了《多研究些问题，少谈些主义!》，引发了"问题与主义"之争。8 月 30 日，《每周评论》被封，胡适所写《四论问题与主义》刚在第 37 号上排版，尚不及发表。9 月 20 日，在胡适的建议下，杜威开始就"实验主义的政治哲学"展开系列讲演。1922 年，胡适回忆如何谈起政治来，说是因接办《每周评论》而不得不谈，"那时正当安福部极盛的时代，上海的分赃和会还不曾散伙。然而国内的'新'分子闭口不谈具体的政治问题，却高谈什么无政府主义与马克思主义。我看不过了，忍不住了，——因为我是一个实验主义的信徒，——于是发愤要想谈政治"。② 可见，胡适在五四时期谈政治，确实有意以实验主义与"马克思主义""无政府主义"等社会思潮竞争，以传播另一种不同的思想文化路向。③

这样，"政治哲学"讲演需要面向更广大的社会，而不能局限于北大校园，故而，胡适将它定位为公开讲演，而非学校课程。"政治哲学"讲演被安排在北京大学法科大礼堂，自 9 月 20 日起每周六下午四时开讲，并注明为"公开的、不需听讲证，并由本校胡适之教授用国语译述"。④ 胡适显然就公开讲演与学校课程的区别和杜威进行过沟通，因为杜威在 9 月 15 日给密友的信中专门强调了这一点。⑤ 对比作为学校课程的"思想之派别"系列讲演，可见二者在组织上有两大区别：其一，公开讲演不需要听讲证，而后者不仅需要听讲证，哲学系以外的本校学生及其他听众尚需报名经哲学教授会许可后才可能领到听讲证；其二，公开讲演的时间安排在周六下午，而后者在周三或周五的晚间。⑥ 这两个讲演都是由胡适策划的。⑦ 由这种组

---

① 杨天石编《钱玄同日记》（整理本）上册，1919 年 1 月 27 日，北京大学出版社，2014，第 344 页。
② 胡适：《我的歧路》（1922 年 6 月），欧阳哲生编《胡适文集》第 3 册，第 364 页。
③ 此一时期，所谓"马克思主义""无政府主义""社会主义"等"主义"的内涵并不清晰。而这也正是胡适反对空谈主义的缘由之一。
④ 《杜威博士讲演之时间地点广告》，《北京大学日刊》1919 年 9 月 18 日，第 2 版。
⑤ 1919.09.15（04103）：John Dewey to Albert C. Barnes.
⑥ 《教务处布告》，《北京大学日刊》1919 年 10 月 23 日，第 1 版。"思想之派别"讲演后因索证人数过多，改为不需听讲证的公开讲演。见《今晚之杜威博士讲演——思想之派别》，《晨报》1919 年 11 月 14 日，第 2 版。
⑦ Barry Keenan, *The Dewey Experiment in China*, p. 23. 资料来源于秦博理（Keenan）1968 年 5 月 2 日对陪同访华的杜威女儿露西的访谈。

织方式，亦可见出胡适期望扩大"政治哲学"讲演的社会影响。

那么，"政治哲学"讲演有多少听众？虽然没有准确的数据，却有一个可靠的参照。1919 年 11 月 13 日，杜威在致哥大同事的信中谈到"思想之派别"讲演时说："尽管是这样的主题和时间，还是有 300 名学生出席——我在国内讲类似的课程，大约有 15 名学生。"① "思想之派别"讲演的地点与"政治哲学"讲演相同。考虑到主题、时间以及听讲证的限制，"政治哲学"讲演的听众应不少于 300 人，甚或远多于 300 人。

很大程度上，正是为了向这些背景迥异、人数众多的听众宣讲实验主义的政治哲学，使得这一系列讲演只能以一种较为通俗的语言进行"译述"（正如该讲演的广告所明言的），而不太可能用学术语言进行精确的翻译。杜威天性腼腆，不善言辞，并非一个好的讲演者。他的讲演是枯燥、单调而乏味的："他边讲话边思考，'语速很慢，语调平稳，停顿很长'，爱往窗户外看或看天花板。如一位学生所说的那样，'看起来，他似乎压根儿没有意识到学生的存在'。"② 潘光旦回忆他听杜威英文讲演（无口译者）的感受时说：杜威"说话声音很低，又单调，不但听不清，还起了'摇篮曲'的作用，一起讲五次，我在座入睡过四次"。③ 胡适以明白、晓畅、通俗的语言进行译述，自然为讲演增添了许多魅力，有助于听众理解，也有助于扩大讲演的影响。但另一方面，当杜威的演说变得通俗、明晰时，也就过滤掉了杜威论述问题时的那种缜密、细致、灵活、有弹性以及实验主义的姿态。对于胡适而言，这层过滤可能也是需要的，因为面向一个社会宣传时，采用某种响亮、集中、简单、坚定的言辞无疑是更合适的。时人也注意到了杜威演说的独特性。《字林西报》的通讯记者当年就评论说，杜威演说最大的优点是"宣传"。④ 梅光迪也评价杜威和罗素的讲演是"以群众运动之法使其讲学"。⑤

---

① 1919. 11. 13 (05022)：John Dewey to Wendell T. Bush.
② 〔美〕斯蒂文·洛克菲勒：《杜威：宗教信仰与民主人本主义》，赵秀福译，北京大学出版社，2010，第 279 页。
③ 潘光旦：《清华初期的学生生活》，潘乃穆、潘乃和编《潘光旦文集》第 10 卷，北京大学出版社，2000，第 581 页。
④ "Education in China, Our Own Correspondent," *The North-China Herald and Supreme Court & Consular Gazette* (1870 - 1941)，Shanghai，May 17，1919，转载于 "Prof. John Dewey's Visit to China," *Millard's Review of the Far East* (1917 - 1919)，Shanghai，May 17，1919。
⑤ 梅光迪：《评今人提倡学术之方法》，《学衡》第 2 期，1922 年 2 月，第 8 页（文页）。

据目前所知，"政治哲学"讲演的中文记录稿有四个版本。其一，前四讲由毋忘记录，后十二讲由伏卢（即孙伏园）记录，发表于《晨报》，得到《国民日报》《学灯》《教育部公报》等诸多报刊转载，并经伏卢修订后收入北京晨报社编《杜威五大讲演》（1920 年），因而也是流传最广的版本。其二，前九讲由高一涵记录，后七讲转载了孙伏园的记录稿，发表于《新青年》。① 其三，黄绍谷记录，第二讲至第十四讲，发表于《北京大学日刊》。其四，盛势逼（间或署名为"势逼""世弼"）记录，第二讲至第十六讲（中缺第六讲），发表于北京《益世报》。从时间上看，《晨报》版于演讲后一日或几日即刊出，可能是即席记录稿；《北京大学日刊》版与北京《益世报》版稍晚；而《新青年》版是最晚出的。② 从语言上看，北京《益世报》版的文字近于浅显文言，而其余三个版本都使用了白话文。从内容上看，《北京大学日刊》版很可能参考了《晨报》版，北京《益世报》版是相对独立的版本，而高一涵所记录的《新青年》版最准确，是又经核校过一遍的。③ 除了中文记录稿，还有少量的英文记录稿发表于《北京导报》（*The Peking Leader*）。

二　与其他思潮争锋及其两难

在"政治哲学"讲演中，杜威对马克思主义和无政府主义都展开了批评。胡适较为忠实地译述了杜威对于无政府主义的批评，而在译述杜威对于马克思主义相关学说的批评时，则处理得相当微妙。在第一讲中，杜威在讨论政治哲学对于实际社会的影响时，批评"所谓关于制度和社会演变

---

① 杜威进行第十次讲演，在 1919 年 12 月 13 日。《新青年》发表第十讲，在 1920 年 3 月 1 日的第 7 卷第 4 号。1920 年 2 月，陈独秀就将《新青年》带至上海编辑了。或许因此之故，自第十讲起，《新青年》所载"政治哲学"讲演不再由高一涵记录，而是转载《晨报》孙伏园的记录稿。

② 但最末几次讲演，《晨报》版反而晚于北京《益世报》版，这说明《晨报》对杜威"政治哲学"讲演的关注度逐渐降低了。

③ 胡适回忆，杜威在北京系列讲演的记录稿，在发表前会由"作记录的人"对着杜威的英文原稿再"校对一番"。（胡适：《杜威在中国》，欧阳哲生编《胡适文集》第 12 册，第 426 页）由于杜威的讲演通常有好几个版本的记录稿，应当不是每个版本的记录人都能拿到英文原稿去校对。胡适所指，应当仅限于"我们"所挑选的"几位很好的记录员"。就"政治哲学"讲演而言，显然《新青年》版是经过校对的。以胡适对此讲演的重视，很可能他本人亦参与了校对，或在发表前审读过校对稿。

的唯物主义解释"（the so-called materialistic explanations of institutions and so-cial changes）是说不通的。胡适的译述则多次将矛头直接指向了"唯物历史观"。《新青年》版记录为："依这派唯物历史观的眼光看来，这回欧战可以完全作经济竞争解释。"《晨报》版记录为："这一派人无论批评什么都应用惟物史观的。""这回大战，依惟物历史观的一派看去，完全不是思想的冲突，是物质上的冲突。"① 而在英文原稿中，杜威从未明确使用过"唯物历史观"这个概念，虽然他的批评很可能确是对此而发。②

　　在第二讲中，杜威批评"政治经济科学"（science of pol economy），重点在于它"并非一门科学，而是特殊历史条件下在某一有限时期占据着主导地位的某些趋势"。③ 在胡适的译述中，重点发生了偏移，变成了"这都不过是十九世纪欧洲一个地方经济的情况，不想那些经济学家拿这种情状来做成通例，说是古今中外一定不变的经济原理，说是经济学中天经地义，全世界都可以适用的"。北京《益世报》的记录中更明确地指出，此种经济学的实际研究对象是英国。④ 而杜威原稿中既未提到 19 世纪的欧洲，更未

---

①　《杜威博士讲演录：社会哲学与政治哲学》，《新青年》第 7 卷第 1 号，1919 年 12 月 1 日，第 124 页；毋忘记《杜威博士之讲演：社会哲学与政治哲学（一）》，《晨报》1919 年 9 月 21 日，第 2 版。北京《益世报》版也有记录："此亦足证明唯物历史观派之错误矣。"但北京《益世报》上的第一讲是后补的，盛势逼记《杜威博士之讲演：社会哲学与政治哲学（补第一次）》，《益世报》（北京）1920 年 2 月 14 日，第 3 版。《北京大学日刊》上刊发的第一讲（1919 年 9 月 24 日，第 3 版）是转录自《国民公报》，与《晨报》同。

②　早在 1915 年，杜威就批评过"极端形式"的"历史的经济解释的学说"了。参见杜威《德国的哲学与政治》，《杜威全集·中期著作（1899—1924）》第 8 卷（1915），何克勇译，华东师范大学出版社，2012，第 107 页。

③　原稿为"We are not dealing with a science but with certain tendencies predominating at a certain limited portion of time under peculiar historic conditions"。

④　《杜威博士讲演录：社会哲学与政治哲学》，《新青年》第 7 卷第 1 号，1919 年 12 月 1 日，第 128—129 页。"而如经济学在十九世纪为最盛，考其起源乃为西欧（英国）一部经济之状态，就是时出产、销路、信用等研究之而成为经济学之原质，不知此种大误即在认一时一部之状况而为各部普通之状况。"盛势逼记《杜威博士之讲记（二）：社会哲学与政治哲学》，《益世报》（北京）1919 年 9 月 28 日，第 2 版。《晨报》版记录为："科学的经济学发生很近，时代是十九世纪，地域是西欧，它们把当时当地的经济状况找出条理来，做了经济学的原则，以为上下古今都可适用。"毋忘记《昨日杜威博士之讲演：社会哲学与政治哲学（二）》，《晨报》1919 年 9 月 28 日，第 2 版。《北京大学日刊》版更笼统："经济的发生，既多根据此等事实，后来也就根据此等事实而定出许多定理了。并且把这种定理当作天经地义，以为无论古今、无论西东，都是适用这种定理的。这未免太笼统了一点。"《社会哲学与政治哲学（二）（续）》，《北京大学日刊》1919 年 9 月 30 日，第 2 版。

提到英国。基于 19 世纪英国经济情况发展出的政治经济学指的是什么，听众们应当能够心领神会了。

在第十六讲中，杜威讲道，"有时候，危险的新思想像流行病一样传播开来。但这是思想以外的其他情境造成的。饥饿、绝望的人会听从任何承诺能带来解脱的东西。打动人们的是绝望之中的疯狂，而非思想。情感、希望、复仇是真正的推动力，而非思想——就像布尔什维克的情形那样。"①胡适译述为："激烈思想传播所以如此迅速，其原因不在思想本身，而在思想以外的情境。例如最近俄国过激派传播这样迅速，我们可以断定，许多小百姓决不见得了解他们领袖人物列宁的主义学理；故其原因不在他的思想本身，而在俄国人没有饭吃，没有衣穿，没有屋住。他们大多数人的衣食住都为少数贵族资本家霸占去了，正在饥寒困苦的时候，自然只要几个字就可以使他们了解了。所以原因不在思想本身，而在旁的情境造成激烈思想传播的机会。"②自第十讲起，《新青年》和《晨报》采用的都是孙伏园的记录稿。孙稿时有不通、难解之处。此处"自然只要几个字就可以使他们了解了"就语焉不详，北京《益世报》的记录则更清楚："故一旦适逢激烈思想，只需风闻其主义中土地公有、财产平均等几个名词，遂乐为传播。"③

在上述这些地方，胡适的译述在杜威英文原稿中都有所本，并不算是篡改了杜威的意思，但他通过修辞的改变显著强化了对于马克思主义相关学说的批评。

胡适最为看重的一点大概是杜威批评从前的社会政治哲学自以为是普遍适用的"通则通例"，采取了一种总体性的思想作派。因为这一点恰好呼应了他此前在"问题与主义"之争中的主张，可用来批评他所反对的学说。杜威在论述这一点的时候并未特别针对某一种学说，但胡适在译述中，却

---

① 原稿为 "At times new and dangerous ideas spread like an epidemic. But this is because of other conditions besides the ideas themselves. Men that are hungry and desperate will listen to anything that promises relief. It is the madness of despair that moves men rather than the ideas. Emotions, hope, revenge, not ideas are the real moving forces—as with the Bolshevik"。

② 伏卢记《社会哲学与政治哲学（第十六次续）》，《晨报》1920 年 3 月 29 日，第 5 版；《杜威博士讲演录：社会哲学与政治哲学》，《新青年》第 8 卷第 1 号，1920 年 9 月 1 日，第 156 页。

③ 世弼记《杜威博士之讲演：社会哲学与政治哲学（十六）》，《益世报》（北京）1920 年 3 月 12 日，第 3 版。

特别挑明了这种笼统的学说即"社会主义""共产主义"等："从前是笼统的，抽象的，理想的，或想出一个笼统的名词，如个人主义，社会主义，共产主义，不是笼统说政府无用，就是笼统说政府有用，不然就笼统说私有财产制是怎样坏。"①《北京导报》的记录更直截了当："共产主义和其他主义全都赞赏通则通例，却不关心特定形势下的特定运动。"《晨报》此一时期正着力于宣传社会主义，竟完全漏载了第二讲后半段的全部内容，包括关于"零售"式改革的阐述。稍后晨报社编辑的《杜威五大讲演》虽然重新收录了这一段演说，却仍然删去了上面这句话。②　正是为了反对其他主义所倡导的那种整体改造的思路，胡适不惜将实验主义政治哲学的阐述重点放在了"零售"式改革上面，而忽视了杜威对于改造之目的性的论述。广受诟病的"批发"（wholesale）与"零售"（retail）的比喻在杜威原稿中的确存在，但杜威将"零售"式的改革置于关于目的的论述之下。在杜威看来，实验主义的政治哲学是针对一种特殊的情境，为了达到改善现状的特定目的，而利用科学的方法去找到一种具体的变革计划，并在实践中对此计划进行不断的调整，以最终实现改善现状的目的。故而，杜威强调变革是从需要进行改组的、明确的点开始的，而不是同时到处发生的；变革计划是针对特定环境的，而不是普遍适用的；变革计划是需要经过试验的，而不是确保准确无误的。也只有这样，变革才会是真正有效的。（原稿第二讲）有目的、有针对性的变革虽然只是针对某些明确的点进行的，但其最终影响却不会囿于局部，而可能会扩展得相当广泛。如果将中文记录稿连贯起来思考，仍能看出杜威上述思想的某些脉络。然而，胡适对"零售"式改革的过分强调，仍然极大地干扰了杜威原本所阐述的那种政治哲学。

　　胡适将杜威批判的焦点转向了"唯物史观"、"俄国过激派"、"社会主

---

①　《杜威博士讲演录：社会哲学与政治哲学》，《新青年》第7卷第1号，1919年12月1日，第132页。《北京大学日刊》与北京《益世报》的记录类似，见《社会哲学与政治哲学（二）（续）》，《北京大学日刊》1919年9月30日，第3版；盛势逼记《杜威博士之讲演（二）：社会哲学与政治哲学（续昨）》，《益世报》（北京）1919年9月29日，第2版。

②　《北京导报》记录为 "Communism and other 'isms' all eulogize in general without giving attention to the specific movement on specific situations"。参见 "Social Science and New Philosophy: Scientific Revolution Gives Men New Attitude Towards Life and World Prof. John Dewey," *The Peking Leader*, Oct. 10, 1919, p. 3。

义"和"共产主义",但实际上,杜威对从前政治哲学的批判同样包括了胡适所珍爱的自由主义政治学说。① 紧接着是对政治经济科学的批评,杜威继续写道:"<u>政治科学</u>或许亦是如此。事实上,这是对过去几个世纪中西方所发展出来的,尤其代表了十九世纪欧洲特色的某种制度形式的描述,即有一个基于某种选举权的受宪法限制的代议制政府的、<u>民族</u>主义的<u>领土主权国家</u>。考虑到人类事务的整体时,宣称这一制度形式是普遍的就属荒唐了。它不过是神化了一种地方的、可能是暂时的境遇罢了。"② 《晨报》、《北大日刊》和北京《益世报》的记录稿都完全漏译了这一段。而《新青年》的译述为:"照历史家的眼光看来,某种通例是根据某种事实发生的,历史上的事实是变迁不息的,事实变了,通例也跟着改变。譬如欧洲的国家,当初从市府制度时代渐变到封建制度时代,再从封建制度时代变到实业制度时代。市府时代的通例,到封建时代当然不能用了,封建时代的通例,到

---

① 胡适在这一时期并未明确谈过自由主义,而一直以实验主义自许。但大致而言,自由主义是胡适一生政治思想的底色。作为一名实验主义者,胡适在不同时期的具体政治思想及主张会表现出不同的倾向,遵循着应时论事的"相对性原则"。(杜威致胡适信,1939 年 10月,中国社会科学院近代史研究所藏胡适档案,档案号:E0176 - 001;杜威致胡适信,1940 年 3 月 6 日,中国社会科学院近代史研究所藏胡适档案,档案号:E0177 - 001;胡适致杜威信,1930 年 3 月 11 日,中国社会科学院近代史研究所藏胡适档案,档案号:E0092 - 007)罗志田曾讨论胡适在 1926—1941 年对社会主义的推崇和向往,但这种社会主义仍与自由主义关系密切,一度被胡适称为"自由的社会主义";罗还指出,"不过胡适对社会主义虽推崇备至,主要还是从西方文明正变为世界文明的角度出发。一旦回到中国时,他的立场还是踏在自由主义之上"。罗志田:《胡适与社会主义的合离》,《民族主义与中国近代思想》,台北,东大图书公司,1998,第 239—284 页。在自由主义思想家中,胡适最推崇密尔(1806—1873)。留美后期,胡适已接受了密尔的学说(江勇振:《舍我其谁:胡适》第 1 部《璞玉成璧(1891—1817)》,新星出版社,2011,第 423—426 页)。据前引罗志田文,胡适 1926 年准备编写的《西洋文明》一书中,讲自由主义就拟从密尔而非洛克讲起。1940 年,胡适写作论文《作为政治概念的工具主义》,阐述了他认为与杜威的"工具主义"哲学连贯一致的政治哲学,即政治工具主义。在其未刊草稿中,胡适甚至直接将密尔在《论代议制政府》中提出的学说称为"政治制度的工具主义理论"(胡适:"Instrumentalism as a Political Concept,"打印稿,中国社会科学院近代史研究所藏胡适档案,档案号:E0017/55)。详细分析参见彭姗姗《政治工具主义的内在张力:胡适对杜威政治哲学的理解与阐释》,《广东社会科学》2015 年第 2 期。

② The same may be said of <u>pol science</u>. It is in fact a description of certain forms of institutions which have been developing in the west during the last few centuries and which especially characterized the Europe of the 19th century, <u>the nationalistic</u>, <u>territorial state</u> with a constitutional and representative govt based on a certain kind of suffrage. Claim to universality is absurd when the whole range of human affairs is taken into account. Only a deification of local and possibly temporary circumstances. 第二讲。下划线为原稿所有,应为胡适所加。下同。

实业时代当然又成了废物了。"① 杜威的意思很明白，代议制民主制乃至民族国家这一形式也并非普遍的"通则通例"。这段话出自第二次讲演。胡适此时非常重视这一讲演，原稿的下划线也表明他并未看漏这一句。由此，《新青年》上那段言不及义却又委婉相通的译述恐怕并不是胡适没能读懂这段话。那么，胡适是完全不认同这一观点，还是他不愿将这一观点公之于众呢？关于前一个问题，后文将会论及。关于后一个问题，答案较为明确。胡适显然不会愿意向公众宣讲这一观点，因为在胡适看来，"一个基于某种选举权的受宪法限制的代议制政府的、民族主义的领土主权国家"，正是当时的中国所亟须建立的。师生二人的不同选择揭示出其立身及语境的差异：杜威的原稿完全是基于学理的推演，不失为学者的本分；而胡适意图面向特定社会宣讲，不得不有所取舍。

胡适对自由主义政治学说的维护异乎寻常的坚决。在第十二讲"政府的问题——英国系学者的答案"中，杜威以三分之一的篇幅论述了自由主义学说的谬误，认为其大谬有三。其一，它"认为国家起源于孤立个人的选择，其目的是保护他们作为个人的权利"，"他们倾向于把政治组织当作纯粹个人福利的工具，离开社会的纽带和联系来构想个人的权利，但唯有通过社会的纽带和联系，个人才能够获得一种完满的生活"。② 其二，它最初（以洛克为代表）误认为政府只是一种必要的恶，是为了保障安全和财产而不得不放弃一些个人权利和自由而创建的，后来（以密尔、边沁等功利主义者为代表）又误认为政府是保障最大多数人的最大利益的工具，但在杜威看来，政府本该是一个实现公共利益的机构或工具，而公共利益并不是基于孤立的个人所能设想得知的。其三，"假定个人是其自身利益的合格评判者，并且可以指望靠着每个人的一己私利来确保顾及所有人的净福

---

① 《昨日杜威博士之讲演：社会哲学与政治哲学（二）》，《晨报》1919 年 9 月 28 日，第 2 版；《社会哲学与政治哲学（二）》，《北大日刊》1919 年 9 月 29 日，第 3 版；盛势逼记《杜威博士的讲演（二）：社会哲学与政治哲学》，《益世报》（北京）1919 年 9 月 28 日，第 2 版；《杜威博士讲演录：社会哲学与政治哲学》，《新青年》第 7 卷第 1 号，1919 年 12 月 1 日，第 129 页。

② 原稿为"The error in liberalism in thinking that the state originated in the choice of isolated inds and aims to protect them as inds in the rights"；"The great error in the theories of liberalism is they tended to make political organization a means of purely individual welfare, the rights of inds conceived apart from the social ties and connections through which alone the ind can attain a full life"。

利"。然而,"现代社会是如此错综复杂,如此流动易变,以至于大多数的政治活动、立法和行政措施都超越了基于个人利益的判断所能达到的范围"。① 毫不意外,杜威对自由主义的这些批评在四个版本的中文记录稿中都消失殆尽了。②

删去这些批评是简单的,但胡适仍无法避免理论上的两难。一方面,他希望利用杜威实验主义政治哲学对"通则通例"的批判来批评他的竞争对手——"马克思主义""社会主义""共产主义"等学说;但另一方面,在杜威实验主义政治哲学的理论框架之中,他所珍视的以密尔为代表的自由主义政治学说不得不循着同样的逻辑沦落为一种对于"地方""境遇"的"神话",而这是他所不愿公之于众的。

三 胡适对于杜威学说的选择与扬弃

表面看来,胡适在译述时彻底删去了杜威对自由主义的公开批评,但实际上,胡适在五四时期的主张就已经部分吸收了杜威的意见。首先,胡适接受了杜威对于自由主义"个人"观念的批评,同意不能离开社会联系来构想"个人",而认为"个人"是社会上无数势力造成的,"这个'小我'不是独立存在的,是和无量数小我有直接或间接的交互关系的;是和社会的全体和世界的全体都有互为影响的关系的;是和社会世界的过去和未来都有因果关系的"。③ 胡适坦承,他阐述这一观点的重要文章《非个人主

---

① 原稿为 "The other great mistake of liberal philosophy was in supposing that the ind is an adequate judge of his own interest, and this self-interest of each may be counted upon to secure a regard for the net welfare of all. Modern society is so complex and so mobile, changing, that most measures of political activity, legislative and administrative are beyond the reach of judgment on the basis of personal interest"。

② 伏卢记《社会哲学与政治哲学(第十二次)》,《晨报》1920 年 1 月 31 日,第 3 版;1920 年 2 月 1 日,第 3 版。孙伏园记《杜威博士讲演录:社会哲学与政治哲学》,《新青年》第 7 卷第 4 号,1920 年 3 月 1 日,第 667—671 页。黄绍谷记《社会哲学与政治哲学(十二)》,《北京大学日刊》1920 年 1 月 27 日,第 3 版;1920 年 1 月 29 日,第 2 版;1920 年 1 月 30 日,第 2 版;1920 年 1 月 31 日,第 3 版。盛势逵记《杜威博士之讲演:社会哲学与政治哲学(十二续)》,《益世报》(北京)1920 年 1 月 28 日,第 3 版;《杜威博士之讲演:政治哲学与社会哲学续(十二)》,《益世报》(北京)1920 年 1 月 30 日,第 3 版。

③ 胡适:《非个人主义的新生活》,欧阳哲生编《胡适文集》第 2 册,第 568—570 页;胡适:《不朽——我的宗教》,欧阳哲生编《胡适文集》第 2 册,第 529 页。

义的新生活》与杜威 1920 年 1 月 2 日晚在天津的讲演《真的与假的个人主义》有着密切的关系。这样，作为政治基础的就不再是那种脱离了社会的、孤零零的个人（individual），而是与他人、与整个社会有着密切联系的个体（private）。① 新文化运动所裹挟的个人主义是一股庞杂的思想潮流，是一组既有"家族相似性"（维特根斯坦语）又彼此抵触的多种理论因素的混合。其中，胡适的"个人"观念显然表现出了对那种不受任何限制的个人主义倾向的反省和警惕。但与此同时，自由主义中那种泾渭分明的公私界限就有些模糊不清了，其神圣不可侵犯的私人领域的概念也在某种程度上被削弱了。

其次，胡适同意杜威，政府并非只是必要的恶，而是一个实现公共利益的机构或工具。如前所述，公共利益不能基于孤立个人的标准来予以判断，那么，公共利益要如何才能辨识呢？杜威的看法是，公共利益是在共同生活中通过自由交流而逐渐被意识到的。我们将在后文看到，胡适对于"共同生活"理论在中国的适用性是颇有疑虑的。他似乎也不太在意公共利益如何才能被辨识出的问题，而只是强调国家或政府要为实现公共利益而有所作为。杜威评价德国系国家学说的优点称："值得赞扬的是，这派哲学激发了作为一个文化机构、而非仅仅是一个政治秩序之工具的国家概念。"（原稿第十一讲）胡适翻译之后，又进一步发挥说："但他（指德国系的政治哲学——引者注）有一部分真理是永远胜了，不会磨灭的：就是说国家不仅在保护财产、履行契约，还要做精神上的文化教育的事业，使国人有精神上的发展。我希望自由主义的政治哲学家也把此派有价值的贡献收入，成为更完美的政治哲学。"② 这段杜威原稿中并不存在的话表明，胡适对国家/政府寄予厚望，并期望将德国系政治哲学的"部分真理"纳入自由主义政治哲学。

然而，假如国家发展至政治、经济、文化乃至国民的精神无所不包的程度，有什么东西能保证这种权威不会被滥用呢？这一杜威在批评德国系国家学说时反复论及的问题似乎被胡适忘却了。一个可能的解释是，杜威

---

① 杜威在《公众及其问题》（1927 年）中区分了"个人"（individual）与"个体"（private）的概念。参见 Dewey, *The Public and Its Problems*, In The Later Works, *1925 - 1953*, Jo Ann Boydston, ed., Carbondale and Edwardsville, Ill : Southern Illinois University Press, 1985, Vol. 2, pp. 244 - 245, 289 - 303. 中译本见杜威《杜威全集·晚期著作（1925—1953）》第 2 卷（1925—1927），张奇峰、王巧贞译，华东师范大学出版社，2015，第 200—201、235—245 页。中译本中视情况将"private"译成了"个体"或"私人"。

② 伏卢记：《社会哲学与政治哲学（第十一次）（续）》，《晨报》1920 年 1 月 23 日，第 3 版。

及胡适对中国形势的判断使得这一问题不会被提出来。杜威认为，"现在中国的政治难题在许多方面都与变迁最剧烈时期——十七世纪——的欧洲相似，而另一个事实则让情况变得更加复杂。欧洲在十七世纪的变革和试验能够在不受其他民族干扰的情况下没有风险地进行；这些民族已经经历了政治组织的转型阶段，变成了一个一体化的国家。"（原稿第十一讲）① 而"在十七世纪的欧洲，出现了制度的普遍瓦解、宗教战争和频仍内战。在这种险恶的混乱和文明的崩解之中，人们很自然地会重视秩序（order），指望依靠有能力巩固秩序的当权者（authority）。这种环境支持统一和集权（unification and centralization）"。（原稿第二讲）胡适忠实地译述了这句话。由此，胡适强调国家要在政治、经济、文化、教育等方面都大有作为，就可以理解了。换句话说，在胡适看来，中国的问题正在于国家无所作为或者说缺乏能够有所作为的权威和能力，尚无须担忧国家权威过度发展的弊端。杜威亦有一个类似的判定："粗略而言，可以说中国苦于缺乏组织，而西方（以及受到西方影响的日本可能）则苦于过于依赖组织。"（原稿第五讲）

也正是因此，胡适所期望宣讲的政治哲学的中心是国家/政府，是既能够保障人民的自由，又能够为公共利益积极作为的国家/政府，就像20年后他亲自撰写的阐述实验主义政治哲学的论文那样。② 国家与政府当然是两个概念。杜威指出："国家经由政府所表现出来的重要性是如此巨大，以至于总是存在混淆这二者的倾向。"③ 胡适的译述却将重点放在区分"国家"（state）与"国"（country）之上："'国'只要有土地人民就够了，'国家'的重要成分却不仅在土地人民，而在行使职权和能力的机关。……这便是国家的特性。"④ 他强调国家的重要成分在于政府，在于"行使职权和能力的机关"，正是出于同样的判定和考虑——中国苦于缺乏组织。1922年，当

---

① 大约是同一时期，杜威在给朋友的信中有类似判断。参见 1920.01.15（04091）：John Dewey to Albert C. Barnes。

② 详见彭姗姗《政治工具主义的内在张力：胡适对杜威政治哲学的理解与阐释》，《广东社会科学》2015年第2期。

③ 原稿第十一讲为 "The importance of the expression of the State thru Government is so great that there is tendency to confuse the two"。

④ 伏卢记《社会哲学与政治哲学（第十一次）》，《晨报》1920年1月21日，第3版。另两种记录稿见《杜威博士之讲演：政治哲学与社会哲学（十一）》，《益世报》（北京）1920年1月18日，第3版；《社会哲学与政治哲学（十一）》，《北京大学日刊》1920年1月21日，第2版。

"社会改造"已成为舆论焦点之时，胡适仍然强调政府要有作为，提出了"好政府主义"，亦是循着同样的思路。

于是，在政治哲学的中心问题上，胡适与杜威的侧重点就有所不同了。与胡适不同，杜威思考政治哲学的主要背景是美国乃至整个西方世界，而不是中国。1919 年 9 月下旬杜威开始讲政治哲学时，对中国的情况还比较陌生。他做出中国类似于 17 世纪的欧洲的判断时，已是 1920 年初的事了。在杜威看来，政治哲学需要应对的主要问题是"当前世界的危机"（the present crisis of the world，原稿第十六讲），即共同生活乃至人类联合的问题。杜威阐述说："最高的社会原则即联合本身（association itself），即以下述方式共同生活（living together）在一起：共同生活为社会成员增添了意义、价值，增强了其情感、思想和行动的力量——合作、分享、共同体和思想及意图的交流（community and communication of ideas and purposes）、同情。"（原稿第五讲）紧接着的一段被杜威划掉的草稿揭示了他如此看重共同生活的深层关切："阶级的区分、地区的差异、文化与传统的多样性、为了地位及权力而展开的竞争限制了真正的交流和联合，使得交流和联合的边界比起公共利益的真实范围来说狭窄得多了。这些障碍造成了社会的不平等、不正义，使得个人的发展变成单面向的、偏颇的。"① 简言之，一方面，不同阶级、地区、国家的人们之间的经济联系日益增强，交流与交往也日益密切；另一方面，"国家、民族、阶级、家庭"等却也"设置了障碍"，"使得各种群体彼此不同，彼此漠视、冷淡或敌对"（原稿第五讲），不仅限制了交流和联合的边界，甚至会引发前所未有的敌对与冲突。考虑到刚刚结束的一战以及战后在欧洲和美国同时蔓延的、充分暴露了工人与资本家的矛盾的"社会革命暗潮"，② 就不难理解杜威为何将共同生活乃至人类联合视为政治哲学的中心问题了。

共同生活，实即杜威所理解的"民主"。在《民主与教育》（1916 年）中，他曾认为民主"首先是一种联合生存的模式、一种共同沟通经验的模式"。③ 在

---

① 杜威划掉了这段草稿，随后用更加积极的笔触改写了这段话。

② 梁启超所言欧洲的情形，参见梁启超《欧游心影录》，商务印书馆，2014，第 12—13 页。关于美国此时的骚乱，参见刘祥《第一次红色恐惧研究（1919—1920）》，《近代国际关系史研究》2013 年第 2 期。

③ 〔美〕杜威：《民主与教育》，《杜威全集·中期著作（1899—1924）》第 9 卷（1916），俞吾金、孔慧译，第 74 页。

后来的《公众及其问题》（1927 年）中，杜威进一步发展了"共同生活"
理论，认为"共同体生活这一概念本身"（the idea of community life itself）
就是民主，以此来应对美国民主的危机。[1] 故而，"共同生活"理论可能包
含两个层次：其一，为民族国家内部的共同生活；其二，为人类联合意义
上的共同生活。然而，在"政治哲学"讲演中，杜威并未明确区分两种层
次的"共同生活"。当胡适在 1939—1940 年读到《公众及其问题》时，仍
然认为前一层次的"共同生活"理论"太过消极和模糊"，[2] 不适用于中
国。至于后一个层次的"共同生活"，更是一个太过高远的政治理想。并
且，在中国于巴黎和会外交失利不久的语境中，公开宣讲这一理想甚至是
有些反讽意味的。[3] 正如杜威也隐晦暗示的，中国当时的变革和试验，是在
其他民族的干扰和威胁下进行的。杜威阐述以共同生活作为评判标准："对
任何社会安排、习俗、制度、法律等的最高检测标准是它在多大程度上促
进了共同生活，促进了联合、交往、交流——使经验得以共同（共享、交
流、共同体）的感情与观念交换。"[4] 胡适译述为："拿什么做标准来批评社
会的编制组织和风俗习惯？简单的答案，就是要看这种编制风俗习惯能不
能发展共同生活。共同生活便是自由交际，互相往还，交换感情，交换种
种有价值的东西。"[5] 在杜威看来，自由交往、交流仅仅是共同生活的形式，

---

① Dewey, *The Public and Its Problems*, p. 328.

② 胡适：《The Political Philosophy of Instrumentalism》，周质平编《胡适英文文存》第 2 册，台
　　北，远流出版公司，1995，第 801—802 页。

③ 罗志田曾深刻剖析胡适的"世界主义"主张背后隐藏着的"民族主义"的一面。见氏著
　　《近代中国民族主义的特殊表现形式：以胡适对世界主义与反传统思想为个案》，《乱世潜
　　流：民族主义与民国政治》，中国人民大学出版社，2013，第 19—54 页。

④ 原稿第六讲为 "The supreme test of any social arrangement, custom, institution, law etc is its
　　relationship to promoting living together, association, intercourse, communication-exchange of feel-
　　ing and ideas that makes experiences common（common, communication, community）"。

⑤ 《杜威博士讲演录：社会哲学与政治哲学》，《新青年》第 7 卷第 2 号，1920 年 1 月 1 日，
　　第 177 页。着重号为原文所有。《晨报》版为："答案就是看他能否发生共同的生活。人与
　　人的中间互相自由交通一切，思想、感情、学说及种种有价值的东西都互相交换。这样的
　　便是好的，否则不好的。"伏卢记《杜威博士之讲演：社会哲学与政治哲学（六）》，《晨
　　报》1919 年 11 月 2 日，第 2 版。《北京大学日刊》版增加了自由交流的主体是"个人"。
　　"'我们批评社会上的制度组织和风俗的最后的标准是甚么?'这个最后的标准，自然是看
　　他能不能够发展共同生活。——使个人与个人或一份子与他一份子间容易交通、且得自由
　　交换情感与各种有价值之学问的生活。"《社会哲学与政治哲学（六）》，《北京大学日刊》
　　1919 年 11 月 3 日，第 2 版。北京《益世报》缺此讲。

更重要的是要通过这种交换，使感情、观念及经验得以逐渐"共同"，从而能够自然地结合成为一个"共同体"。在当时中国的语境下，胡适毅然截去了更重要的目的——自然结合成一个"共同体"，而止步于自由交往、交流的形式。

"政治哲学"讲演终结于对智识自由（intellectual freedom）的探讨（第十六讲）。杜威把这一主题放在最后，是有其深意的。在杜威看来，智识的自由才是社会生活的真正顶点。一方面，只有享有智识的自由，才可能真正形成"公共意见"（public opinion），进而识别出公共利益，从而才能为"共同生活"的真正实现奠定坚实的基础。"在世界发展的当前阶段，共同或类似的思想并不能通过抑制或直接的灌输，通过把一系列的观念勉强贴到类似观念之上的企图来实现。意见的分歧对进步来说是必须的，真实的统一只能来自于基于容忍的交流。"（原稿第十六讲）而只有整个社会乃至全体人类都借助智识的交流而在精神上成为一体，才能颠覆私人、地方和阶级的利益对人们行为的统治。另一方面，只有在存在智识自由的地方，个性才能在畅通无阻的相互交流中得到最好的表达，每个有意识的生命才能得到发展，所有劳动者才能都分享到一小群科学家和艺术家所享有的那种精神境界，社会生活也才会在充分的自由中臻至完满，真正的社会民主才会产生。对于杜威来说，智识的自由是达成共同生活的关键一步，也是共同生活所能给予每个生命的最大馈赠。如前所述，中国的社会现实和舆论状况，使胡适不能无所顾忌地大讲"共同生活"，故而，他将"智识的自由"译为"知识思想的自由"，主要强调它作为一种民主权利的重要性，实际上仍是在自由主义理论的框架下来进行探讨。这样，前引杜威关于"公共意见"的阐述，在胡适这里，竟变成了论述"有许多思想家政治家，希望把全国人的思想信仰归于统一"的问题。胡适自己展开论说，这"事实上实在做不到的。社会是变迁的……想用一个思想来范围全社会全国是做不到的"。①

当杜威认为交谈展示了民主的"至深之意"（the deepest thing in democ-

---

① 《杜威博士讲演录：社会哲学与政治哲学》，《新青年》第 8 卷第 1 号，1920 年 9 月 1 日，第 156—157 页。北京《益世报》的记录漏掉此段。世弼记《杜威博士之讲演：社会哲学与政治哲学（十六）》，《益世报》（北京）1920 年 3 月 11、12 日，第 3 版。

racy）时，他已经非常接近于哈贝马斯商谈民主的观念了。对杜威来说，自由表达、自由交谈之所以重要，是因为思想的产生与语言密切相关，思想只能活在交流之中，活在观念的施与受之中。进而，思想/交流构成了每个有意识的生命能够发展的起点。胡译则没能传达出交流之于思想、思想之于个人的这种本体性特点，而只是认为，思想通过交流才能变得更好更有用。这样，杜威关于真正的社会民主的论述也就被淡化了。

胡适基于对中国形势的判断所选择及坚持的政治主张处于以密尔为代表的自由主义与杜威的民主主义之间的某个位置上。① 重要的是，这一位置并非固定不变的，而是随着语境的不同，可能偏向于密尔——当其需要反抗强权和专制或当其需要为个人的自由权利辩护时，又可能偏向于杜威——当其需要强调社会的重要性或当其需要平衡不受限制的个人主义倾向时。② 显然，胡适并不追求理论内部的连贯一致。他接受了杜威对于自由主义哲学之"个人"概念的根本性的批评表明，他在一定程度上是认可杜威的前述主张的，即19世纪欧洲的政治制度只不过是一种对于"地方""境遇"的"神话"。因此，中国在引入这种政治制度乃至政治文化时，必须根据中国的语境予以调整。

四　杜威政治学说的内在缺陷及胡适的不满

杜威明确将实验主义的政治哲学定义为一种"技术"、一种"应用科学"："我们第三种理论的首要特征就是……它旨在成为一门技术（an art），一项应用科学（an applied science），一种社会工程学（a form of social engineering）。""它可以变成一种性质上——如果不是程度和数量上的话——类似于工程学技术的技术（an art like the art of engineering）。工程学——铁路和桥梁的修建，运河与电动发电机的建造——不像数学或物理学。它承认人的目标和欲求

---

① 杜威的政治哲学思想一般被笼统地称为"民主主义"。需要注意的是，他关于自由主义的批评与当代最有影响的政治思潮之一——社群主义非常类似，并成了后者的重要思想源泉之一。参见俞可平《社群主义》，中国社会科学出版社，1998，第21—32页。郝大维、安乐哲从社群主义的角度对杜威的民主思想做过深入阐述，参见〔美〕郝大维、〔美〕安乐哲《先贤的民主：杜威、孔子与中国民主之希望》，何刚强译，江苏人民出版社，2004，第55—73页。

② 此一主题在此无法展开，需另文论述。

的优势地位。它［是］应用科学。"①（原稿第二讲）它与之前所有政治哲学的根本性区别亦在于此。

胡适一方面承认社会哲学是应用科学，"社会的哲学不是纯粹科学，乃是应用科学"；但另一方面，他又自行发挥，说作为"应用科学"之一种的社会哲学对其他作为"技术"的社会科学起指导作用。② 这样，在杜威那里作为同义词使用的"应用科学"和"技术"在胡适这里似乎就有了区别，但这一区别是胡适硬加的，与上下文格格不入，显得自相矛盾。

胡适做此补充说明，似乎是不愿将实验主义政治哲学归为"技术"，而只愿意承认它是"应用科学"。这或许是因为在中文语境中，"学"与"术"虽紧密相关，但"学"从来都处在一种更本体性的位置上，如同梁启超所言，"学者术之体，术者学之用"。③ 而其时北大正在进行的学科调整，又使"学"与"术"的区别成了社会舆论的焦点之一。北大的学科调整，是为了落实蔡元培关于"学术分校"的主张，以纠正"吾国人重术而轻学"的弊病，将北大转变为研究学术之机关，澄清"全校之风气"，使文、理诸生免受法、商各科求升官发财之陋习的影响。蔡元培认为，"学与术虽关系至为密切，但习之者旨趣不同"；文、理是学，而法、商、医、工为术；前者以研究真理为目的，后者以应用为目的。故而，必须"以学为基本，术为支干，不可不求其相应"。④ 在这样的语境中，"学"相较于"术"的本

---

① 按杜威的用法，"art"可以是一个相当广泛的概念，包括科学、美的艺术和地方艺术。如杜威所言，"曾经有过一个时期，'art'和'science'实际上是具有同一意义的两个名词"。Dewey, *The Quest for Certainty*, *The Later Works*, *1925 – 1953*, Vol. 4, 1929, Charlottesville, Virginia, USA: InteLex Corporation, 2003, p. 60. 胡适当年将"art"译为"技术"。今天通用的"art"译词"艺术"在中文语境中的所指与杜威所指相差甚远，反不如胡适的译法贴切。故而，笔者仍译为"技术"。关于杜威对于"技术"的理解，可参〔美〕拉里·希克曼《杜威的实用主义技术》，韩连庆译，北京大学出版社，2010。

② 《杜威博士讲演录：社会哲学与政治哲学》，《新青年》第7卷第1号，1919年12月1日，第131页。其他三个中文记录稿类似，见布忘记《昨日杜威博士之讲演：社会哲学与政治哲学（二）》，《晨报》1919年9月28日，第2版；《社会哲学与政治哲学（二）（续）》，《北京大学日刊》1919年9月30日，第3版；《杜威博士之讲演（二）：社会哲学与政治哲学（续昨）》，《益世报》（北京）1919年9月29日，第2版。

③ 《学与术》（1911年），梁启超：《饮冰室合集·文集》第10册，中华书局，2015，第2610页。

④ 蔡元培：《读周春岳君〈大学改制之商榷〉》（1918年4月15日），高叔平编《蔡元培全集》第3卷，中华书局，1984，第149—150页。

体性地位进一步凸显了。于是，胡适试图在译述中对"技术"和"应用科学"进行区分，以模糊杜威关于实验主义政治哲学就是一种技术的判定。

胡适的这种努力当时即被人看出了破绽。施天侔对这种"新的社会哲学"究竟是学还是术提出了质疑，胡适博士"似乎认这种'新的社会哲学'乃一种'术'罢了。……那么，这'新的社会哲学'是立在监督-指导底地位……当就是一种'学'了。但是博士并未说清楚"。[①] 经由蔡元培转达，胡适收到了施天侔质疑的文章，但并未像蔡元培所建议的那样"加以辨证"。[②]

胡适试图赋予作为"技术"的实验主义政治哲学某种指导性的作用，虽然未必是经过深思熟虑而仅仅是直觉性的，却一针见血地点明了杜威政治学说的内在困境，即技术与伦理之间的疏离。换句话说，如果一项政治哲学主张没有一定的伦理目的，而仅剩下一套技术手段，岂非可以被用来为任何目的服务？如前所述，杜威所提出的实验主义政治哲学可以被精练地视为一种以实现共同生活为目的的技术。这种技术能够针对特定的社会情境而提出特定的科学革新方案。然而，在"共同生活"的目的与科学的革新方案之间并不存在内在的、紧密的逻辑联系，故此，胡适才可能在译述中将"共同生活"这一目的进行淡化处理而不会令人生疑。

胡适凸显了杜威政治哲学作为应用科学或方法的面相，但与此密切相关的、杜威关于社会冲突的原因的分析却又引发了新的难题。在第三讲中，杜威展开讨论了如何找到社会冲突的原因，以便有针对性地制定出科学的革新方案。杜威认为，造成社会不安的不是像权威与自由、个人与社会这样的抽象概念之间的对立，而是"群、阶级、派系、党派、民族之间的冲突"。简言之，是群与群之间的冲突使社会动荡不安。在此，群成了最基本的概念。杜威阐述说：

> 一个群是为了某种目的而联合起来的一些人，共同的活动维系着他们。人性有着多种多样的兴趣/利益（interests）需要发展/维护，多种类型的冲动需要表达，源于本能的需求需要满足。每一种根本性的

---

① 施天侔：《杜威博士底讲演志疑——第二讲》（手稿），中国社会科学院近代史研究所藏胡适档案，档案号：0307-002。

② 施天侔：《杜威博士底讲演志疑——附蔡元培信》（手稿），中国社会科学院近代史研究所藏胡适档案，档案号：0307-001。

兴趣/利益、冲动和需求［都会带来］某种形式的联合、共同生活以及持续、反复、有规律的共同行动（区别于只是偶然和短暂的接触）。①

最初，在《晨报》版的记录稿中，胡适将之译述为："人群是人类有公共的目的去共同活动，小而至于一个游戏的组合，像球队；大而至于国家种族。……有一种需要和兴趣自然会有一种人群发生。"interests 兼有兴趣和利益的意思，胡适在此将之译为"兴趣"。北京《益世报》版记录为"兴趣"，《北京大学日刊》版记录为"兴趋"。② 但在《新青年》更成熟的版本中，上段改译成了：

> 群是有公共目的公共利害团结在一块的。人类只要有一种兴趣利益的关系，自然会团结成群。譬如有打球的兴趣，自然会结成球会。社会成立的原因既是这样，所以社会上的冲突，是阶级和阶级行业和行业民族和民族的冲突。③

显然，这一译述更接近杜威的原意。可能是随着杜威论述的推进和展开，胡适或高一涵意识到，interests 不仅仅指兴趣，也指不同人群所有的"利益"。这样，杜威将社会冲突的原因追溯到群与群之间的冲突，与马克思主义关于阶级斗争的理论就有了相通之处。虽然杜威不仅仅将群的基础奠定于利益之上，也强调兴趣、冲动、需求等因素，但利益作为构成群之基础的首要因素，仍不能不令人联想到马克思主义的"阶级"。北大学生朱

---

① 原稿为 "A group is a number of people associated together for some purpose, some common activity that holds them them（原文如此）. Human nature has a variety of interests to be served, a number of types of impulses that have to be expressed, or instincts that form needs to be satisfied, and about each one of the more fundamental of these some form of association, of living together asor（原文如此）of acting together continuously or repeatedly and regularly（as distinct from mere chance and transient contacts）"。

② 毋忘记《杜威博士之讲演：社会哲学与政治哲学（三）》，《晨报》1919 年 10 月 5 日，第 2 版；盛势逼记《杜威博士之讲演（三）：社会哲学与政治哲学》，《益世报》（北京）1919 年 10 月 5 日，第 2 版；《社会哲学与政治哲学（三）》，《北京大学日刊》1919 年 10 月 6 日，第 2 版。

③ 《杜威博士讲演录：社会哲学与政治哲学》，《新青年》第 7 卷第 2 号，1920 年 1 月 1 日，第 164 页。

谦之就明确说："象那滑头的杜威博士，把'阶级'二字换个'社会'，有人译纳〔为〕'群'，说一个群同他个群冲突，又说甚么革命要经济，这都是骗人。"① 换句话说，在社会分析的具体方法上，杜威的学说与马克思主义颇有相通之处。胡适自然不愿强调这一点，也从未在他自己的著述中引用或阐述过杜威的这一观点。

在杜威的理路中，这种社会分析的具体方法应从属于"共同生活"的目的。但在此时的"政治哲学"讲演中，这一技术方法与伦理目的之间的联系既不内在，也不紧密。试图弥合技术与伦理、工具与价值之间的裂缝，是杜威哲学的一贯思路。从哲学史的角度来看，杜威所试图挑战或回应的是休谟和康德关于事实与价值截然不同的论证。此一任务的艰巨性是可想而知的。直至杜威八十岁才出版的扛鼎之作《逻辑：探究的理论》（*Logic: The Theory of Inquiry*, 1938）中，这一思路才得以完全展开。

1940 年 9 月 19 日，胡适在日记中写道，实验主义政治哲学"是我廿年来常在心的题目"。② 倒推二十年，这正是从杜威讲演"政治哲学"开始的。二十年后，胡适自己撰文阐述工具主义的政治哲学，劈头就批评说："多年以来，我一直强烈地希望看到实验主义学派发展出一套政治哲学。遗憾的是，我的这个期望落空了。"杜威"从未有意识地去发展出一套一般的、系统的政治哲学，而这套政治哲学可以被视为一般意义上的实验主义或他本人的特殊意义上的工具主义的一个必不可少的组成部分"。③ 可见，胡适并不满意于杜威 1919 年的"政治哲学"讲演。

五　结语

本文的标题冒昧地模仿了昆廷·斯金纳的名篇。这首先是因为实验主义与斯金纳在"历史环境"或"社会语境"之于政治哲学的重要性上有着极为类似的看法，故而，斯金纳所倡导的那种方法特别适宜用来处理本文

① A. F：《为甚么反对布尔雪维克？》，原载《奋斗》第 8—9 号，1920 年 4 月，收入高军等编《无政府主义在中国》，湖南人民出版社，1984，第 390 页。
② 曹伯言整理《胡适日记全集》第 8 卷，台北，联经出版事业股份有限公司，2004，第 66 页。
③ Hu Shih, "Instrumentalism as a Political Concept"（打印稿），中国社会科学院近代史研究所藏胡适档案，档案号：E0017-55。

的个案。在第二讲的英文原稿中，胡适特别以波浪线画出了一句话，即"历史环境可能会使得在一个时代需要强调一种因素，在另一个时代又需要强调另一种因素——即，两种哲学都并非真正可以普遍、抽象言之，而要适用于特定的环境"。哲学要适应环境的需要，正是实验主义的根本信条之一，也是杜威与胡适共同的信条之一。也正因为这一共同的根本信条，"政治哲学"讲演的英文原稿与其中文记录稿之间出现了种种结构性差异。胡适期望宣讲实验主义政治哲学，与其他思潮竞争，以引领一种自由主义倾向的思想政治路向。基于中国的现实环境，胡适吸收了杜威政治哲学的某些观点，其政治主张处于以密尔为代表的自由主义与杜威的民主主义之间的某个位置。另一方面，美国及一战后的世界在杜威本人的视域中占据着更重要的位置，由此，杜威提出了"共同生活"理论。在胡适看来，这一理论与中国有些格格不入。因而，他淡化了这一理论，突出了杜威政治哲学中方法的面相。然而，由于"政治哲学"讲演未能真正弥合技术与伦理之间的裂缝，它基于"群"的概念来探讨社会冲突的原因在一定程度上反而与马克思主义的阶级斗争理论有了相通之处。

斯金纳的另一洞见同样深富启发意义，即"为了理解一个文本，我们至少必须理解考察对象的意图，以及与之相伴随的意欲的沟通行动（intended act of communication）"。[1] 对中国不甚了解的杜威与对中国有所理解的胡适，在面对同一群中国听众讲演政治哲学时，其意图也是不尽相同的。杜威更多是立于一种旁观的学术立场，而胡适更多是立于一种主动的宣传立场。从学理而言，杜威的英文原稿自然是更缜密、更深刻，也更富原创性，但胡适的译述却并不能因此而简单予以否定。即使是对于某一具体问题，胡适所公开讲出来的主张，也往往只是他全部思想的一个侧面——针对当时情境的需要所选择的一个侧面。并且，胡适似乎并不在乎他的全部思想是否连贯一致，他更在意的是其主张在那一情境下所产生的结果。于是，关于政治哲学的言说，便成了伴随着一定意图的沟通行动。言说即行动，因而，预期听众、演讲风格、修辞方式等表达维度亦构成了政治内容的一个部分。对于杜威而言，他欣然接受胡适的建议，他令人昏昏欲睡的演讲风格，乃至他学说中那种与中国语境的格格不入，都与他的学术立场协调

---

[1]　〔英〕昆廷·斯金纳：《观念史中的意涵与理解》，第 132 页。

一致。而对于胡适来说，从建议杜威就"实验主义的政治哲学"这一主题发表系列讲演，到对讲演形式的精心安排，乃至关于此讲演的不拘执于原文的译述，都是他"处处顾到当前的问题""处处顾到思想的结果"所有意而为。① 至少就胡适本人而言，对作为新思潮之重要组成部分的"输入学理"，并非不分青红皂白地"全盘西化"，而是一种处处顾到当前问题的自觉选择和尝试。

当传统经典在近代中国逐渐丧失其地位时，在西方文明的巨大影响之下，各式各样的西学逐渐被引入，开始角逐这一位置。到 1905—1911 年，"西方理论代表普遍真理的观念"已"深深地植根于中国知识分子的心中"了。② 胡适的译述表明，到五四时期，至少部分深知西学的知识分子已经意识到了西学的地方性，不再把它视为理所当然的普遍真理了。③ 不仅传统中国的文明秩序不再被视为当然，而且某一西学所代表的文明秩序亦不再被视为当然，而需要就此展开持续的论争。按照艾森斯塔德关于现代性的定义，只有当一种文明的秩序不再是想当然的，而成为持续论争的目标时，这种文明才有资格被称作是现代的。④ 在这个意义上，五四时代确实可以被视为是现代的。而吊诡的是，很大程度上是由于胡适等人所领导的新文化运动的影响，从整体的社会舆论来看，西学之经典地位仍然深入人心。以胡适在 1919 年前后所享有的巨大声望，当其试图向马克思主义等新引进的"西潮"发起挑战时，仍期望借重于杜威的名望，就可见一斑。胡适的两难在于，他已经清醒而深刻地意识到了西学之于当前中国的异质性；但对于他所试图影响的普通听众和读者来说，西学之经典地位仍难以动摇。在中国宣讲实验主义政治哲学的两难亦在于，实验主义本身并不承认存在普遍有效的政治革新方案，但向五四时期的普通听众和读者彻底挑明这一点却未必明智。

---

① 胡适：《介绍我自己的思想》，欧阳哲生编《胡适文集》第 5 册，第 508 页。
② 余英时：《中国知识分子的边缘化》，《二十一世纪》（香港）1991 年 8 月号，总第 6 期，第 23 页。
③ 亦参罗志田《西方的分裂：国际风云与五四前后中国思想的演变》，《中国社会科学》1999 年第 3 期。
④ 于尔根·科卡：《多元的现代性与协商的普遍性》，庞冠群译，《中国学术》第 10 辑，商务印书馆，2012，第 283 页。

辞职的教育总长

——论政治与教育激荡中的傅增湘

王　静[*]

"藏书塞破双鉴楼，如讨蜀中千万釜。"[①] 历史上的傅增湘以丰富的藏书和文献整理贡献而闻名，但他还有一个重要却被忽略的身份——教育总长。1917年冯国璋出任北洋政府总统，王士珍署国务总理，任命傅氏为教育总长。随后段祺瑞、钱能训先后组阁，傅氏皆留任，直到五四运动爆发。然而，五四时期，这位教育总长却多次提出辞职，甚至出走"失踪"。傅氏为何辞职，其对学生运动的态度如何，辞职后对政界与学界造成了怎样的影响，又该如何看待这一辞职行为，笔者认为仍有继续探讨的空间。

关于五四运动时期傅增湘的研究，在宏观性的五四运动历史书写中多被一笔带过，[②] 仅作为叙事的一个要素，很少会探究其行为的系统变化、原因及影响，且一些评价有待进一步商榷。涉及傅增湘的微观研究较少，仅《傅增湘——突然消失的教育总长》[③]、《傅增湘和蔡元培在五四运动爆

---

[*] 王静，北京大学历史学系博士研究生。

① 汪辟疆：《光宣诗坛点将录笺证》下册，中华书局，2008，第530页。

② 中国社会科学院近代史研究所近代史资料编辑组编《五四爱国运动》，中国社会科学出版社，1979；彭明：《五四运动史》，人民出版社，1984；〔美〕周策纵：《五四运动史：现代中国的知识革命》，陈永明、张静等译，世界图书出版公司，2016。

③ 参见陈平原、夏晓虹主编《触摸历史：五四人物与现代中国》，广州出版社，1999，第235—239页。

发时的出走》① 两文关注到傅之辞职，但所用史料较为片面，对一些史实的把握亦有偏差。此外还有一些研究成果虽不以五四期间的傅增湘为研究重点，但提供了丰富的史料线索。②

因而，对于五四期间的傅增湘仍有系统考察的必要。此外，五四时期各界多有辞职之举，辞职俨然成为一种流行。理解不同人的辞职行为，对傅增湘的研究亦能提供些许借鉴。

一　傅增湘与清末民初的教育发展

傅增湘（1872—1949），四川江安人，字润沅，号沅叔，光绪二十四年（1898）戊戌科进士。尝肄业保定莲池书院，受业于古文大师吴汝纶。1902年春入袁世凯幕府佐事，得识王士珍、冯国璋、段祺瑞等人。1903 年，受袁世凯之命主理女学教育，创办天津女子公学、高等女学，袁世凯赞其"女学进步甚速，非办事之勤曷克臻此"。③ 课业方面，教授理化算学体操等科，亦添请国文教员注重文字，诚如王森然称其"学术主调和新旧，而训育则力趋严格"。④ 后主持开办京师女子师范学堂，赴江浙招考学生时奉电传谕旨得授直隶提学使。⑤ 在废科举兴学堂的转折期发展新式学堂教育，尤其开中国女子学校教育的先河。

辛亥鼎革之际，傅增湘以参议身份同唐绍仪南下议和，后和议中梗奏请开缺。先留居上海，与著名校刊学家杨守敬、沈增植、缪荃孙往来。1914年担任四川约法会议议员，后任肃政使一年，1917 年起出任教育总长。⑥ 关于傅增湘任教育总长的缘由及作为，田正平、阎登科《民国三任教育总长傅增湘》一文已有揭示，除上文已提及的丰富的教育行政经验外，还有深

①　邱士刚：《傅增湘和蔡元培在五四运动爆发时的出走》，李建强主编《文化名流名脉：百年河北师范大学》，三联书店，2012，第296—300 页。

②　孙荣耒：《近代藏书大家傅增湘研究》，博士学位论文，山东大学，2007；田正平、阎登科：《民国三任教育总长傅增湘》，《浙江大学学报》（人文社会科学版）2012 年第 6 期；孙英爱：《傅增湘年谱》，硕士学位论文，河北大学，2012。

③　《总理天津女学事务傅编修增湘禀办女学情形暨条陈整顿事宜并批》，《北洋官报》第 1291 册，1907 年，第 5 页。

④　王森然：《傅增湘先生评传》，《新东方》第 2 卷第 7 期，1941 年，第 50 页。

⑤　傅增湘：《戊申十月勤政殿召对恭记》，《艺林月刊：游山专号》第 5 期，1934 年。

⑥　柴汝新：《莲池书院研究》，河北大学出版社，2012，第 255—259 页。

厚的政治背景——傅增湘是与北洋派有密切关系的人物，虽在民国成立后备受袁世凯重用，但并没有为袁氏复辟帝制摇旗呐喊，而是选择了远离是非中心。[①] 关于他在任期间的行政作为，作者分析指出"傅氏秉承蔡元培、范源濂的执政路向，采取稳中求进的人事调整策略，秉承召开教育会议、筹划教育事业的施政路向，集中全国智慧，促成相关法令规程的细化和完善，把教育部管理和领导全国教育事业的水平推进到了一个新的阶段，形成了民国前期教育事业发展的第二个高峰"。[②] 如傅任内先后召开全国高等师范学校校长会议、专门以上学校校长会议、中学校校长会议，颁布《省视学规程》和《县视学规程》以贯彻教育监督，推行国语运动——公布《注音字母表》和成立国语统一筹备会等，有条不紊地推进各项教育事业。

当然，对于伴随《新青年》杂志的编辑出版兴起的新文化运动，傅增湘作为教育总长亦感到较大压力，但基本保持着和协新旧、平衡渐进的态度。北京大学学生傅斯年、罗家伦等人创办的《新潮》杂志因太过激进引起政府反对时，傅增湘曾致函蔡元培：

> 吾国伦理道义，人群纪纲，镌于人心，濡于学说，阅数百千年。其间节目条教，习惯蜕衍，或不适于现代，亦属在所不免。然而改革救正，自有其道。以积渐整理之功，行平实通利之策，斯乃为适。凡事过于锐进，或大反乎恒情之所习，未有不立蹶者。[③]

在傅氏看来，"改革救正，自有其道"，应以和平渐进的方式整理旧文化，发展新文化，以期适应时代需求。然而，这一主张却被淹没在风起云涌的"打倒孔家店"的浪潮中，既不为学界接受，又不为政府谅解，[④] 傅氏已感无能为力。直到五四运动爆发，彻底打乱了傅氏教育行政的节奏。

---

① 田正平、阎登科：《民国三任教育总长傅增湘》，《浙江大学学报》（人文社会科学版）2012年第6期。

② 田正平、阎登科：《民国三任教育总长傅增湘》，《浙江大学学报》（人文社会科学版）2012年第6期。

③ 高平叔编《蔡元培教育论著选》，人民教育出版社，2011，第213—214页。

④ 安福俱乐部唆使议员张元奇在参议院提议查办蔡元培、弹劾傅增湘。阴法鲁：《北洋军阀对进步刊物的摧残》，中国人民解放军政治学院党史教研室编《中共党史参考资料》第2册，1979，第148页。

二 教育总长的辞职风波

（一） 重要的时间节点

在此期间，对傅增湘的行为考察必须关注到以下几个重要的时间点。首先是 5 月 5 日，傅增湘明确向总统府递交辞呈。① 其次是 5 月 8 日，以钱能训为首的内阁提出总辞职。② 同日，北大校长蔡元培提出辞呈，③ 并于 5 月 9 日离京赴津。④ 再次是 5 月 11 日，报载傅增湘潜行出京，"于前日（按：11 日）下午乘车到琉璃厂，忽然下车，嘱御者驱空车而返，谓吾将散步此间，遍观书肆也。御者既去，傅遂另雇一车，径往东站购票，乘车向天津而去"。⑤ 需注意的是，在同日（按：11 日）内阁总辞职问题"已有完全打消之说"。⑥ 最后是 5 月 15 日，大总统令准免傅增湘教育总长本职，并令教育次长袁希涛暂行代理部务。⑦ 至此，傅增湘得以辞职，淡出政界、学界。

在关注这些时间节点的基础上，可以将这一时期对傅的行为考察分为两个阶段：第一阶段为 5 月 5 日至 11 日，傅在京之时；第二阶段为 5 月 11 日至 15 日，傅出走并最终辞职之时。

（二） 傅氏在京之举

5 月 4 日学生运动发生后，据曹汝霖回忆，当天傅增湘曾赴六国饭店看望他，"傅沅叔（增湘）总长来慰问，他说我听得消息，即到北大劝说，但已预备出发，阻挡不住，请你原谅，想不到学生竟如此大胆荒唐"。⑧ 当天

---

① 《学生界事件昨闻》，《晨报》1919 年 5 月 6 日，第 2 版。
② 《内阁辞职消息》，《晨报》1919 年 5 月 9 日，第 2 版；《阁员总辞职说》，《大公报》（天津）1919 年 5 月 9 日，第 2 版。
③ 《校长辞职呈文全文》，《北京大学日刊》1919 年 5 月 17 日，第 3 版。
④ 高平叔：《蔡元培年谱长编》第 2 卷，人民教育出版社，1999，第 203 页。
⑤ 《雨黯风悽之北京教育界》，《晨报》1919 年 5 月 13 日，第 2 版。
⑥ 《内阁问题之昨闻》，《大公报》（天津）1919 年 5 月 12 日，第 2 版。
⑦ 《大总统令》，《政府公报》1919 年 5 月 16 日。
⑧ 《曹汝霖一生之回忆》，中国大百科全书出版社，2009，第 208 页。

晚上，国务院总理钱能训在其私宅开紧急会议，商讨善后问题，参加会议的有教育部总长傅增湘、农商部总长田文烈、陆军部总长靳云鹏、司法部总长朱深、外交部次长陈箓、步军统领李长泰、京畿警备司令部司令段芝贵、京师警察厅总监吴炳湘等。① 《晨报》谓会议中各员对傅增湘多有不满之词，《时报》《民国日报》甚至报道会议上有解散大学之议，"傅坚持学校万难解散"，并于5日提出辞职。② 各报所载未必完全真实可靠，但体现出傅氏当时面临来自政府的较大压力。这也不难理解，发生如此规模的学生游行且涉及暴力事件，教育总长理应首先负起责任。

5月5日，傅虽提出辞职，但因未得总统允准，实际仍主持部务。面对不断高涨的学生风潮，作为教育总长，傅秉承政府旨意发出多道命令，要求各校严尽管理之责，学生务当照常上课。如5月4日当天，教育部训令"各校对于学生当严尽管理之责，其有不遵约束者，应即立予开除，不得姑宽，以敦士习而重校规"。③ 再如蔡元培辞职出京后，5月10日教育部下发批令，"此次蔡校长辞职出京，本部已去电并派员挽留，该生等务当照常上课"。④

另一方面，在被捕学生保释问题上，傅增湘与各校校长的交涉流露出同情与无奈的迹象。5日午后，总统徐世昌曾邀傅增湘与交通总长曹汝霖集会商议对待学生之办法。⑤ 到6日，傅始接见各校校长，一种消息称北京专门以上学校十三校校长在北大开校长会议，午后同至教育部谒见傅总长，请傅设法保释被捕学生，"傅总长允向钱总理商之，惟能否有效则不可而知"。⑥ 另一种消息称北京各校校长在北大开会商讨保释被捕学生问题，邀请傅增湘到场，"傅增湘当众表明，略谓保释学生一节，鄙人竭力维持，如今晚不能办到释放，明日当可办到。但有一层，现在各校之学生务必持冷静之态度，不可再生枝节为是，否则恐将发生困难云云"。⑦ 该两条发生之先后顺序、是否都属真实尚待考察，但都透露出傅增湘允诺竭力保释学生之意。该日晚各校校长复至警厅请求保释学生，总监吴炳湘偕京兆尹王达、

---

① 许恪儒整理《许宝蘅日记》第2册，中华书局，2010，第669页。
② 《国内专电》，《时报》1919年5月6日，第2版。
③ 《训令》，《教育公报》第6卷第6期，1919年。
④ 《蔡校长辞职后所闻》，《晨报》1919年5月11日，第2版。
⑤ 《学界争青岛之昨闻》，《大公报》（天津）1919年5月6日，第2版。
⑥ 《学生界大事件昨闻》，《晨报》1919年5月7日，第2版。
⑦ 《学生界大事件昨闻》，《晨报》1919年5月7日，第2版。

教育总长傅增湘来厅与诸校长开会商议,双方磋商的结果是 7 日不准学生赴国民大会且必须全体上课,"校长能担保办到,则学生即可保释"。① 7 日,在校长劝说下学生同意上课,随后被捕学生得到保释。在此一系列的交涉过程中,各校校长为被捕学生之保释竭力奔走、不遗余力,政府方面则主张先将学生移交法庭再行保释,而傅作为教育总长则起到了疏通协调的作用。②

保释学生之事刚告一段落,北大校长蔡元培便于 5 月 8 日提出辞职,并于 9 日离京。9 日当天,各校学生虽照常上课,但商拟公推教职员代表及学生代表,"谒教育部请求挽回校长维持校务,如不获准,将于今日停课,以校长辞职出京系因学生滋事引咎,故学生拟停课待罪云云"。③ 可见蔡元培之辞职离京在学界引起了非常大的波动。随后 10 日下午 1 时,北大所推举的八位教职员代表马叙伦、李大钊等赴教育部谒见傅增湘,请其设法挽留。《晨报》登载,傅增湘"对各代表宣明自己诚恳挽留蔡校长之态度。各代表复问总统、总理之意如何,傅总长默然有间,谓总统、总理之意见余未深知,故余亦无从代为宣布云"。④ 而据该日北大干事会发出的第三十三次通告,则称"(一)顷据教育部专员到校报告,谓教育总次长已谒见总理(未晤总统)。总理表示竭力挽回蔡校长之意,请同学安心上课云云。(二)昨晚各校联合会由每校各推代表一人齐谒总长,总长意与总理答复相同……"⑤ 因此,学界实际将傅增湘视为与政府沟通、探知政府态度的桥梁。作为教育总长,傅一方面表明坚决挽蔡,并去电派员挽蔡,一方面仍令学生务当照常上课。⑥

这一时期的傅增湘周旋在政府与学界之间,既要秉承政府之意平息学潮、维护京师秩序,又在保释被捕学生、挽留蔡元培等事件中力图体谅学

---

① 《学生被捕与释放经过详情》,《晨报》1919 年 5 月 9 日,第 3 版。

② 5 月 7 日北京和天津的《益世报》均报道称,总统徐世昌要发命令把被捕的学生送交法庭,傅增湘已署名,但又随同前教育总长范源濂、张一麐谒见徐世昌,请求缓发此令,并请将学生释放。《国民大示威之第三日》,《益世报》(北京)1919 年 5 月 7 日,第 2 版;《国民力争外交之三记》,《益世报》(天津)1919 年 5 月 7 日,第 2 版。

③ 《昨日学界之动静》,《大公报》(天津)1919 年 5 月 10 日,第 2 版。

④ 《蔡校长辞职后所闻》,《晨报》1919 年 5 月 11 日,第 2 版。

⑤ 《蔡校长辞职后所闻》,《晨报》1919 年 5 月 11 日,第 2 版。

⑥ 《蔡校长辞职后所闻》,《晨报》1919 年 5 月 11 日,第 2 版。

界，实在进退两难、充满无奈。

（三）傅氏出走

政府方面发现傅氏出走是在 5 月 12 日，当天教育部办事人员因公事待傅批决，已过办公时间傅仍未到，于是电话询问傅宅，得知傅又上辞呈出京，派次长袁希涛赴津挽留。① 但关于傅的行踪尚成谜团。报纸方面，《晨报》登载为傅氏乘车赴天津，天津《大公报》亦报道为"惟教育傅总长前晚赴津即表示绝决求去之意"。② 但 14 日天津《大公报》则称"傅总长实在西山，总统已派人前往挽劝回京云"。③ 同日《晨报》也登载傅出走后教育部派佥事两人分赴西山、天津两处寻找，但未能找到。④ 此外还有一种说法为傅氏家人已四五日不见傅氏，正在寻找，15 日"有人见自汤山回宅，昨日（按：指 14 日）批留蔡校长，今亦由傅氏亲笔署名云"。⑤ 由这些报纸消息来看，傅氏可能去过天津和北京西山、汤山等地。

傅增湘的长兄傅增淯的日记稿本近日全部影印出版，这一时期，傅增淯担任政府政治谘议，正在北京，从日记中可隐约窥探傅增湘的行踪。傅失踪的前一天即 5 月 10 日，傅增淯的日记记有："晡前，三弟⑥来，谈将为西山之游。"⑦ 5 月 13 日这天，傅增淯日记记载了袁希涛来访，"日晡，教育次长袁观澜希涛来见，询三弟何往，予以游山告之"。⑧ 如此看来，傅增湘"失踪"期间应该到过北京西山。其具体踪迹虽无法还原，但 11 日至 15 日其离部出走之举是确定无疑的，直到 15 日大总统下令允准傅氏辞职。

三　傅氏请辞的原因分析

五四运动爆发后，多方均提出辞职。政府方面从傅增湘、曹汝霖、钱

---

①　《雨黯风悽之北京教育界》，《晨报》1919 年 5 月 13 日，第 2 版。

②　《内阁问题可解决》，《大公报》（天津）1919 年 5 月 13 日，第 2 版。

③　《内阁问题解决矣》，《大公报》（天津）1919 年 5 月 14 日，第 3 版。

④　《教育界之人心皇皇》，《晨报》1919 年 5 月 14 日，第 2 版。

⑤　《昨日之教育界消息》，《晨报》1919 年 5 月 15 日，第 2 版。

⑥　傅增湘排行第三。

⑦　傅增淯：《澄怀堂日记》，清华大学图书馆编《清华大学图书馆藏稿钞本日记丛刊》第 19 册，国家图书馆出版社，2018，第 399 页。

⑧　傅增淯：《澄怀堂日记》，《清华大学图书馆藏稿钞本日记丛刊》第 19 册，第 401—402 页。

能训到全体阁员，学界方面从蔡元培到多校校长，掀起一股辞职风潮。当然，不同方面辞职的原因不尽相同。

（一）报界之解释

关于傅氏辞职，报界曾从多角度加以推测解释。除前文已写的 5 月 4 日当晚会议时傅不同意解散大学之说，政府要人对傅氏多有不满外，《晨报》5 月 13 日报道傅氏辞职出走之原因如下：

> 教育总长辞职不获，竟于前日下午亦已潜行出京矣。当其未行也，备受某某方面之责备，以为傅氏有袒庇学生之嫌，且咎其平日对于某校太执宽大之手段。傅亦以此次风潮发生，己身责任所在，颇觉不能自安。兼以大学校长辞职无法挽留，而当局对于学生又始终无宽谅之意，是目前既难于处置，前途又极可悲观……①

该日北京《益世报》论其出京原因为"系以大学校长蔡子民去后各学校职教员屡请傅总长挽留蔡子民回校，傅总长难于措置，三十六着走为上计，遂突然出京矣"。② 天津《益世报》则分析称："有知其内幕者谓因蔡校长辞职赴津，大学各生纷纷向傅索留校长，颇有不达目的不止之势，而傅对于政府又有一种难言之隐，兼之各校职教员亦均向傅表示辞职，目前现状即恐不易维持，故傅迫不得已，始挂冠而去。"③

总体来看，以上报纸分析傅氏辞职出京，主要有以下三点原因：第一，傅氏作为教育总长对 5 月 4 日学潮及暴力事件负责，引咎辞职；第二，政府不满傅氏袒庇学生、措置宽大，对傅多有责言；第三，傅氏无力挽留蔡元培回任，力不从心。这些进步性的报纸大多视傅增湘为时任政府的一股清流，渲染其同情学界却无力应对的公众形象。

此外，进步性报纸还利用傅氏来宣传学生运动、揭露政府黑暗。如 5 月 7 日北京《益世报》在讨论政府对被捕学生的态度时，就声称"教育总长

---

① 《雨黯风悽之北京教育界》，《晨报》1919 年 5 月 13 日，第 2 版。

② 《风雨飘摇之学界》，《益世报》（北京）1919 年 5 月 13 日，第 2 版。

③ 《国民力争外交之九记》，《益世报》（天津）1919 年 5 月 13 日，第 2 版。

傅增湘早就拿定个主意，要是不把学生放了，不但是总长辞职，就是该部职员也要全体辞职，这还不算，并且要联合北京所有大小学校职教员给他个完全罢教。他曾说这一次学生运动是我们教育界的成绩"。① 傅氏是否表明过这样的态度还无确凿的史料可以证明，但笔者是表示怀疑的。执全国教育之牛耳的傅氏恐怕不太可能鼓动北京所有学校教职员罢教。更何况，北京《益世报》于 5 月 24 日被查封后，被逮捕的总编辑潘智远在申诉书中提及该报部分言辞不免偏激过当，② 由此亦可推论该报对傅增湘的报道未必完全可信，主要是借傅来营造要求政府释放被捕学生的舆论效应。

更甚者，5 月 10 日《晨报》报道，"闻数日以来阁议对于教育总长责言交集，且多嘲词。钱并谓傅云：'汝谓蔡鹤卿地位不可动摇，若蔡鹤卿死则又如何？'"③ 13 日《民国日报》对此评论如下：

> 　　钱能训难傅增湘曰：若蔡鹤卿死，则又何如？泼辣妇之声调，不图乃出诸自称总理之口中！蔡之去不去，乃天下之是非；蔡之死不死，乃蔡之运命。傅增湘之力持留蔡，为徐、钱谋者至忠。不图钱氏泥塞了窍，竟以恶口相报也。呜呼！傅犹如此，而况蔡耶？而况爱国之学生耶？而况不欲亡国之国民耶！④

报纸何以探知内阁高层人物如此私密的对话？且曾为同榜进士⑤的钱能训是否会对自己的同年如此恶语相加，都是有待商榷的。但从报纸编辑出版的角度来分析，则很容易理解其报道用意，傅增湘作为政府与学界沟通的纽带，被这些报纸借以宣传五四运动，激励民众，揭露政府腐败。

（二）傅氏之自述

傅增湘虽为近代史上出名的藏书家，个人著述亦较丰富，但关于五四时期的这段经历，却鲜有提及。通过爬梳史料，笔者发现傅氏先后在 1923

---

① 《国民大示威之第三日》，《益世报》（北京）1919 年 5 月 7 日，第 2 版。
② 北京市档案馆编《档案中的北京五四》，新华出版社，2009，第 250 页。
③ 《学界又发生大问题》，《晨报》1919 年 5 月 10 日，第 2 版。
④ 《钱能训抢白傅增湘》，《民国日报》（上海）1919 年 5 月 13 日，第 7 版。
⑤ 钱能训、傅增湘同为光绪二十四年（1898）进士。

年《傅增湘仲兄学渊先生家传》、1931 年《藏园居士六十自述》、1936 年《侧室如兰君小传》中对此有所述及，可表明他无奈复杂的心迹：

> 自兄之殁十有余年，国事益不可为，时会变迁，莫知纪极。余忝窃高位，于国家无毫厘之益，而颠踬随之。今者闭门却扫，追维畴昔，艰难谁与相扶，危疑谁与相决，过失谁与相规？①

> 在职一年有半，总统一易，总理三易，而余连任如故。频年政争，干戈屡动，竭国帑以养兵，行省据地自王，而于教育根本之计，咸漠视无睹。自审材力短绌，无裨于时，私计欲和协新旧，使平衡渐进，以俟时会之至，且保持教育之尊严，自画鸿沟，不为政潮所推激，以免摧伤侵轶之害。耿耿寸心，守之不改。不意五四之役起，调停无术，遂不得不避贤而远引耳。②

> 未几，群帅称兵，复辟变起，畿甸震惊，入秋津门复被水厄，楼居淹没，转徙流离，艰勤共励，秋后挈家入都，适正定王公，新任内阁，邀余出长教育，参列阁席，连任三载，擘画焦劳，退食之余，赖君藉慰，少息鞅掌。己未五月四日，学潮勃起，政局荡摇，余亭平其间，欲与某公同时罢退，以弭纷争，正论极言，当局终不见谅，愤而出走，自武汉以抵扬苏，惟凌夫人及君与闻其谋，亲朋侦讯四出，始终慎密不泄……③

据傅所言，担任教育总长以来，他主张和协新旧、平衡渐进，保持教育尊严。五四学生运动爆发后，他亦奉行和协渐进的原则调停解决争端，目的在于使教育不受政潮推激，免遭摧伤侵害。然而效果不佳，他不想尸位素餐，遂退而远引。傅氏以短短几语揭示出当时社会的积弊——"频年政争，干戈屡动，竭国帑以养兵，行省据地自王，而于教育根本之计，咸漠视无睹"，教育为政治牺牲，哪里还有尊严可言？

在这样的大背景下，傅身为教育总长，认为学生的天职本是学习，不

---

① 傅增湘：《傅增湘仲兄学渊先生家传》，民国《江安县志·江安文征》卷上，1923 年铅印本。
② 傅增湘：《藏园居士六十自述》，卞孝萱、唐文权编著《辛亥人物碑传集》，凤凰出版社，2011，第 377 页。
③ 傅增湘：《侧室如兰君小传》，《实报半月刊》第 23 期，1936 年。

应该从事"轶出教育范围"之外的学生运动。当1918年留日学生因抗议中日军事协定废学回国时，傅即表明："吾人对于国家各自有天然不可放弃之义务，然就国民之分际而论，为生徒者，实处于修学业、受教育之地位，本无政治责任之可言，职是之故，生徒爱国之精神，惟有致力于学问修养之途……爱国有道，救国有术，今日坚忍求学之士，即他日舍身救国之人。苟违兹义，于学日荒，于国无益。"① 爱国、救国应取之有道，作为学生应该专心修学，日后才能以沉着冷静的心态救国。在傅看来，学生运动不免冲动浅陋，未必明了"爱国之真诠"。

这样克制甚至较为保守的想法固然与其担任教育总长，在其位谋其政有很大关系，但也一定程度上反映出他秉持和协渐进原则，希望教育在和平理性的环境中有所成长和发展，即他所说的"维护教育尊严"。然而，当五四学生运动爆发且学生被捕后，他又非常同情为国奔走的学生和教职员，无法完全做到镇压学生，抑或牺牲教育而蝇营狗苟。既无法令学界满意，又多受政府诟病，无力之余只能辞职告退。

（三）政府之态度

政府对待傅增湘辞职的态度如何呢？目前笔者尚未发现确切的史料，但总统徐世昌、总理钱能训、参战督办段祺瑞以及斗争激烈之各党派各怀鬼胎，加之当时国内学潮、国外外交时时变化，故笔者认为政府亦无统一决策，或者也可以说在不断变化。

5月5日傅增湘提出辞职未获允准，报载徐世昌当日曾派总统府大礼官黄开文劝慰傅，"对于各校校务及学生之现状仍须照常维持，勿萌退志"。② 从5月5日到11日傅在部活动来看，这一阶段政府并没有做出同意傅氏辞职的决定。5月6日曹汝霖提出辞职，③ 5月8日钱能训内阁提出总辞职，此后各报开始连篇累牍地报道内阁更易的消息，如钱能训先后拜访段祺瑞、王揖唐等请其组阁，安福俱乐部与己未俱乐部暗自运作争夺权力，总之传

---

① 《咨内务部、各省省长抗约之留学生仍有集合等事应严切诰诫文》，《教育公报》第5卷第11期，1918年。
② 《学界争青岛风潮之昨闻》，《大公报》（天津）1919年5月7日，第2版。
③ 中国社会科学院近代史研究所、中国第二历史档案馆史料编辑部编《五四爱国运动档案资料》，中国社会科学出版社，1980，第301—303页。

言遍布、扑朔迷离。这几天，因内阁已经提出总辞职，傅氏自是与内阁同进退，如若获批他就可以顺理成章地离职，所以笔者认为这段时间里他应是在静观其变。

然而，5月11日报纸传出内阁辞职取消之说，[①] 北京《益世报》探得消息，"学商各界反对曹汝霖极烈，总统将允曹氏辞职，余如教育傅增湘因学界风波未靖，急欲求去，亦将准其辞职，余皆留任"。[②] 同一天，傅增湘离部出走，杳无音信，这很难说是巧合。如果上述消息有可信度，身处权力旋涡的傅氏对高层权力秘辛应该更为了解，内阁辞职取消，但局部改组不可避免，教育、交通两部首当其冲。傅氏想随内阁总辞职的愿望既然无法实现，党派斗争又如此激烈，自己离开总比被罢免好。再联系上文所述傅氏无力解决学界诉求、进退两难之状，或许才有了当天离部出走之举。既然傅氏坚决地表明了自己的辞职态度，政府也就无意执意挽留，遂有15日获得总统批准免职的结局。

四　傅氏辞职对政界、学界的影响

（一）政界之争夺

傅增湘辞职后部务暂由次长袁希涛代理。袁希涛（1866—1930），字观澜，江苏宝山人，学界已有研究揭示出袁氏实为江苏省教育会的重要领导者与参与者，但遗憾的是均未利用《袁观澜先生手编年谱》这一一手史料，使得种种内幕细节尚不完全清楚。借助该年谱，可以更深入地呈现袁希涛与傅增湘的关系，亦可窥见傅增湘与江苏省教育会的人脉关系。

据年谱记载，清季傅氏提学直隶时，袁希涛应傅之召，赴津任学署总务科科长兼图书科科长。值得注意的是，袁特别提到的介绍人之一董懋堂（即董瑞椿）实与江苏省教育会有密切联系。1905年江苏学务总会成立，袁、董两人均任干事，该会即为江苏省教育会的前身。从年谱来看，傅增湘应与董懋堂熟识，与江苏省教育会早期同人亦可能有密切关系。1911年

---

① 《内阁问题之昨闻》，《大公报》（天津）1919年5月12日，第2版。
② 《阁员总辞职后之形势》，《益世报》（北京）1919年5月11日，第2版。

武昌起义后，袁氏辞职回江苏实是受傅增湘影响。1912 年，袁又应教育总长蔡元培之召，赴京任教育部普通司司长（后转视学）。1914 年，袁辞职回南，曾任中华书局编辑，负责江苏省教育会调查演讲等。到 1915 年，袁、傅再次联系，时任肃政厅肃政使的傅增湘受袁世凯之命召袁希涛北上，任政事堂教育谘议。后张一麐、范源濂、傅增湘掌教育部时，袁均为次长。①可见，从清末到民国，袁氏多次在傅氏手下工作，两人关系密切。此外，因袁氏与蔡元培交谊亦深，且是江苏省教育会的重要力量，傅辞职后袁代理部务，应是得到南北学界的认可。

　　然而，学界虽认可，杂象丛生的政界却不完全认可。15 日傅增湘真正离职后，关于教育总长与次长的人选问题便引起了激烈的争论。有安福系为田应璜力争教育总长之说，并拟定在众议院投票决定。② 复传安福系为本派黄云鹏、吴文瀚争夺次长，且内定胡钧为北大校长。此外，亦有己未俱乐部为程克争次长之说。③ 一时间，总次长的角逐充斥着激烈的党派斗争，变得扑朔迷离。

　　5 月 21 日，张謇致电徐世昌，痛斥安福系出钱收买议员，扫荡国人廉耻，煽播政争酷毒，"若以此派人主持教育，岂将夷全国于牛马襟裾之列乎，抑将薰学子以犬豕盲躁之臊也"。④ 同日，袁希涛给黄炎培的密电证实政府已声明撤回安福系之议案：

　　　　上海林荫路省教育会黄副会长：会密。今日政府已声明撤回田教长之同意案（初稿此句下有"以息学界反对风潮"语，定稿时删去）。特密闻。涛。篠。⑤

　　田应璜出任教育总长最终化为泡影，安福系势力未能伸入教育，袁希涛得以次长代理部务。由此可见，报纸报道并非空穴来风，傅之离职时刻

①　袁希涛自订，袁希洛增辑《袁观澜先生手编年谱》，《新中华》复刊第 4 卷第 10 期，1946 年。
②　《教育总长之逐鹿》，《晨报》1919 年 5 月 17 日，第 2 版。
③　《教育总长问题之波折》，《晨报》1919 年 5 月 19 日，第 2 版；《又一个教育次长》，《晨报》1919 年 5 月 20 日，第 3 版；《教育总长问题》，《大公报》（天津）1919 年 5 月 20 日，第 2 版。
④　《张南通之两要电》，《申报》1919 年 5 月 25 日，第 8 版。
⑤　《五四爱国运动档案资料》，第 237 页。

牵动政局波动，引发党派纷争。

（二）学界之"挽傅"

所谓学界，其实是一个非常复杂的概念，既包含学生，也包含以北大为核心的北方高校教职员，及以江苏省教育会为核心的南方教育界。关于后两者，已有研究分析详深，何树远《五四时期北京教职员联合会的挽蔡驱傅运动》从北京教职员联合会、江苏省教育会角度切入，认为留傅主要是反对田应璜任教育总长。[①] 陈以爱《五四运动初期江苏省教育会的南北策略》专辟"留傅拒田——教育总长之争"一目，从江苏省教育会的视角剖析，表面看留傅是反对田应璜，实质是担心田氏就职造成次长袁希涛去职，"袁若去职，再加上蔡元培辞职，江苏省教育会在北京顿失台柱，其对教育大局的经营内局，将一下子退回长江流域"。[②] 以上研究均表明北方高校与江苏省教育会当时都赞同挽留傅增湘回任，但需要注意的一点是，两文所论留傅的时间点均在 15 日傅真正辞职之后。尤其是陈文分析《晨报》报道，认为记者敏锐地发现教育部慰留辞职诸人中挽蔡态度似比挽傅更积极，同时提出疑问，"检视袁希涛发往上海的密电，5 月 15 日之前未有一语涉及教育总长问题，其中原因颇费人寻思"。那么，在 5 月 11—15 日傅离部失踪的这短短几天，南北双方是否因傅氏辞职、政局变化尚不明朗而不便表态？

而北京学生界则旗帜鲜明地表示挽留傅增湘。就在傅增湘真正离职的前一天（14 日），北京中等以上学校学生联合会致各团体电中陈述组会原因时，特别提及"曹、章之徒国贼也，要津稳踞，则清议不足以除奸；傅、蔡诸公国士也，群浊涛张，则清流仅足以贾祸"。[③] 此语颇有趣味，学生以"国士"和"清流"称傅增湘和蔡元培，一方面可看到他们对傅、蔡二人的尊重和认可，但另一方面言"清流仅足以贾祸"，"贾祸"者，自招祸患也，暗含傅、蔡二人无力扭转时局，辞职是受政府迫害。"国贼未除，哲人逼

---

① 何树远：《五四时期北京教职员联合会的挽蔡驱傅运动》，《中山大学学报》（社会科学版）2011 年第 3 期。按："驱傅"指驱逐教育次长傅岳棻，并非傅增湘。
② 陈以爱：《五四运动初期江苏省教育会的南北策略》，《国史馆馆刊》第 43 期，2015 年，第 25 页。
③ 《档案中的北京五四》，第 65 页。

去，外交失败，国势飘摇……今我不作，后悔何如!"① 因此，学生们才要联合起来继续斗争。

此后，傅氏辞职获批以及安福系对于教育总次长的争夺使"挽蔡"与"挽傅"风潮合流，北方高校教职员和江苏省教育会均发声挽傅，形成新一轮的学界运动高峰。5月17日，因傅增湘、蔡元培未能返京回任，学生界全体召开会议，主张罢课，并向政府提出条件数项："（一）切实挽留蔡校长；（一）教育总长不予更动；（一）准许学生自由集会；（一）惩办曹汝霖……"② 但政府未能给予满意回复，加上政府未表示山东问题不签字之明决态度，恳切挽留曹、陆，却对挽蔡、挽傅虚与委蛇，且逮捕爱国运动之留日学生，下令禁止学生集会、言论及发行印刷品之自由等，各校学生公决19日一致罢课。③ 北京学生联合会全体学生在《上大总统书》写道："教育总长傅公、大学校长蔡公，学问道德中外推重，近来教育界有发皇振励之气，皆分二公之赐。而傅公则无端免职，蔡公则被迫远引，以致各校校长联翩辞职，日内复盛传政府将以品卑学陋之田应璜继傅公之后，似此摧残教育，国家之元气可伤，此不解者三也。"④ 可见，蔡、傅之先后辞职而政府挽留不力成为学生罢课的重要原因之一，而挽蔡与挽傅成为学生联合的重要力量，也从侧面反映出学界对傅氏担任教育总长的支持与肯定。5月30日天津《益世报》还发表评论《傅蔡宜早回京》，认为解决时局的关键是"惩办曹章，召回傅蔡，各界心气亦可渐平"。⑤

综合分析这一时期学界各方势力的表现，不可否认一定程度上"五四前后的所谓'学生运动'，其实幕后都有'推手'在'运动'学生"，⑥ 北京高校教职员如汤尔和、沈尹默，江苏省教育会如黄炎培、蒋梦麟等对学生运动有所主持、把握。然而，仔细爬梳史料，在挽傅这一问题上最先由学生界发声，南北教育界则随时势转变审慎应对，从中亦可观察到细微的差别。

---

① 《档案中的北京五四》，第65页。
② 《酝酿中之学界大波澜》，《晨报》1919年5月18日，第2版。
③ 《北京学界罢课之大风潮》，《晨报》1919年5月19日，第2版。
④ 《学生联合会上大总统书》，《益世报》（北京）1919年5月21日，第3版。
⑤ 《傅蔡宜早回京》，《益世报》（天津）1919年5月30日，第2版。
⑥ 马勇：《"挽留蔡元培"与现代中国知识人的心理纠结》，《纪念五四运动九十周年国际学术研讨会论文集》下册，社会科学文献出版社，2012，第508页。

（三）"挽傅"之结果

从"挽傅"的结果来看，5月21日，北京22校校长齐集北大，与警备总司令处虞科长一同谒见总理钱能训，钱氏声称"蔡孑民已允回京，国务院并有电催促之矣。傅决不干，田应璜之教育总长政府决定收回提案，断无投票之事，一时只得由袁次长暂行代理……"① 也就是说，对于"挽蔡"，政府无论出于真心还是假意，起码仍有派人赴沪、赴杭挽留之举，而对于"挽傅"，则以"傅决不干"为由，并未发现政府后续诚挚挽留之行为，因而也就不了了之，其实亦不难看出政府当局放弃傅增湘的用意。

有趣的是，因钱能训答复政府无法惩办曹、陆、章等人未令学界满意，学生罢课、讲演愈演愈烈，次长袁希涛虽秉承调和维护之意但实在力不从心，22日曾亲赴北大演说，希望学生即日上课、停止游行讲演以防危险，但结果并不如意，于是亦萌生了辞职之意，"谓事势如此，实无转圜妙策……"② 6月3日学生讲演被捕送北大法科监视，袁氏当晚再次提出辞职，最终于6月5日，总统徐世昌批令准免袁希涛本职，并任命傅岳棻署教育次长及代理部务。

结　语

> 增湘恂恂儒雅，不隶党派。尝管津门诸校，北省学者多其弟子，师张百熙所为，以奖借收众心，且家于直，北洋军官半联乡谊，交冯国璋至密，而段氏亦颇引重之，诚善处挽近之世者矣。③

傅增湘崛起于袁世凯幕府，清末时即与北洋要人相交，与各方关系密切。但沃丘仲子称其"恂恂儒雅，不隶党派"，可谓一针见血，这便是傅氏的过人之处。正是因其"不隶党派"，才能在波诡云谲的北洋政界得到各派认可，从而得任教育总长，且当总统一易、总理三易时能够连任如故。在

---

① 《昨日二十二校长与钱总理谈话情形》，《晨报》1919年5月22日，第2版。
② 《昨日教育界重大会议》，《晨报》1919年5月23日，第2版。
③ 沃丘仲子：《近现代名人小传》下册，北京图书馆出版社，2003，第64页。

任期间，傅氏亦秉持和协新旧、平衡渐进的原则，其行政作为被称为"形成了民国前期教育事业发展的第二个高峰"。

五四运动爆发后，傅氏于5月5日、8日两次请辞，因未得允准，傅氏仍主持部务，协助各校校长保释被捕学生、挽留离京之蔡元培，实际上成为政府与学界沟通的纽带。然而，学生爱国运动不断高涨，北洋政府党派斗争激烈，政策扑朔迷离，傅氏深感调停无效，遂有11日离部出走之举，直到15日总统徐世昌批令准其辞职。

傅氏请辞，固如其言希图维护教育尊严却调停无术，退而远引，但究其根本原因，笔者认为其于1923年为仲兄写的传记中称"余忝窃高位，于国家无毫厘之益"，已有所揭示。在当时的政治环境中，"不隶党派"的傅增湘实则自认为什么都做不了。一方面，政治干预教育，教育权力受到各派政争的影响极为弱小，成为刀俎上之鱼肉；另一方面，教育亦企图影响政治，在校学生的罢课运动不断扩大，与傅氏"生徒爱国之精神惟有致力于学问修养之途"的教育理念背道而驰。傅氏希望教育不被政潮推激，但五四新文化运动期间，这样一位欲和协新旧、渐进发展的"中间派"人物往往进退两难，既无奈又无力。

而笔者认为，作为教育总长，出现学生风潮及暴力事件时引咎辞职是可以理解的，但当学生运动尚未平息、教育界尚有波澜时执意辞职，于个人固然是一种解脱，某种程度上也算消极地应对。吊诡的是，在当时北洋政府党争激烈、外交困窘的大背景下，傅氏的辞职出走客观上反而得到了学界的广泛同情，促进了"挽蔡"与"挽傅"运动的合流。学生界在傅氏离部失踪期间首先发声表示挽傅，体现出学生对傅氏人品学识及担任教育总长的肯定，亦展现出学生的先锋作用。北京高校教职员、江苏省教育会则是在15日傅离职后，安福系田应璜将掌教育的消息出现后开始声明挽傅，虽仅隔几天，却深刻反映出后两者随时势变迁审慎应对的态度，挽傅背后实则蕴含着对教育行政权力的布局和争夺。

五四启蒙运动时期张謇的思想取向

卫春回[*]

20世纪初期的五四启蒙运动在中国现代转型中具有里程碑的意义，各种新思潮纷至沓来，对中国传统的价值体系形成巨大冲击。首先，这个时期围绕儒学的争议几乎在各个层面上都表现出来，非儒学化倾向是五四启蒙运动的主流选择。其次，以1919年五四为标志的政治运动席卷全国，大规模的罢课罢工罢市用实际行动动摇着已有的社会秩序。大半生与时俱进的改革者张謇（1853—1926）对思想领域和现实政治中的新动向基本不认同，表现出强烈的反对和抵触。学术界对张謇的研究主要集中在他的政治活动、实业教育以及与之相应的政治、经济、教育思想等，这当然体现了张謇最主要的社会和思想成就。而对他晚年的思想状态，尤其是对新文化运动的态度少有涉猎，笔者没有看到相关的专门论文。实际上，张謇晚年的思想状态不仅是全面了解张謇不可或缺的，在中国社会转型过程中也是很具代表性的。本文探讨张謇这一时期对儒学的坚守和维护，从一个侧面展现中国现代转型及其转型人物的复杂性。

一

以"民主""科学"相号召的五四启蒙运动，其理论基石是西方的人本

* 卫春回，华东理工大学马克思主义学院教授。

主义和个性解放，这与儒学意识形态产生严重冲突，因而批判和攻击儒学传统，尤其是纲常礼教，成为五四启蒙运动的突出特征。而张謇对此几乎是本能地反对和抵制，他不仅在南通组织发起尊孔会，而且在许多场合对孔孟之道大加赞赏。总体上看，张謇对儒学的强调主要是在伦理层面。

首先，张謇对三纲所强调的人伦关系深表肯定。他指出，孔子学说乃做人之道，而人道之核心，就是三纲所规定的君臣、父子、夫妇的人伦关系："人各有伦，各安其生，乃各有其性情之位。"① 正因为有了圣人所定之人伦，人类才由蒙昧走向文明，这不能不说是儒学的重大贡献："若如儒之言乎，则衣衣食食、居居处处、夫夫妇妇、父父子子、兄兄弟弟、朋朋友友、君君臣臣，范以礼而安于常，事至平淡而理极高深，愚昧者易忽而黠桀者务坏。"② 因此，维护君、父、夫的固有地位是十分必要的。由此他指责新文化运动倡导自由、民主、人权、平等等观念，实在是毁坏人伦，"毁弃道义"，对青年学生的影响尤为恶劣，"于是提倡男女平权不已，又提倡男女同学，提倡男女学生自由，提倡父子平权，提倡共产，提倡公妻，左提右絜，此唱彼和，必使人非人，国非国"。③ 他甚而认为，蔡元培在北大招收女生为"教育界之玷"，因为"必男女有别，而后人禽有别也"。④ 就男女有别而言，中国传统的夫妇关系也至为合理："不知经传所云伦理皆兼两义，如夫夫妇妇云者，夫有所以为夫，妇有所以为妇。夫，扶也，妇，服也。义至平允。"⑤ 他以自己的家庭生活为例，不仅说明夫人一心主内，妻妾可以相安无事，而且夫人用积蓄赞助办学，成绩不小："不知男子治外，女子治内，权未尝不平，父母并号严君，权未尝不平。"⑥

比较先秦诸种学说，儒学伦理的高明也是显而易见的。张謇指出，孔孟之道主五伦，"有伦，故有君臣父子"；杨氏（道家）之学主张人人自了，不靠人管，虽有可取的一面，但结果必定是没有人统治，"充其说可至无

---

① 《沙健庵六十生日序》，李明勋、尤世玮主编《张謇全集》第 6 卷，上海辞书出版社，2012，第 556 页。后未注明版本者同此书
② 《沙健庵六十生日序》，《张謇全集》第 6 卷，第 557 页。
③ 《致黄炎培函》，《张謇全集》第 3 卷，第 1249—1250 页。
④ 《致黄炎培函》，《张謇全集》第 3 卷，第 1250 页。
⑤ 《复人论夫妇函》，张謇研究中心等编《张謇全集》第 4 卷，江苏古籍出版社，1994，第 594 页。
⑥ 《致黄炎培函》，《张謇全集》第 3 卷，第 1250 页。

君", 这是要不得的; 而墨家主张兼爱, 与佛教中的平等观念相通, 很有道理, 但 "充其说, 则看得父亦路人, 可至无父",① 实不成体统。如此看来, "循杨子之说而过, 则必至于无君", "循墨子之说而过, 则必至于无父"。② 唯有孔孟之说 "有杨墨之偏好处, 而无其弊",③ 无弊的缘由是强调了君臣、父子的合理秩序, 是最完善的圣人学说。

其次, 张謇笃信和推崇以 "五常" 为主的一系列儒家道德准则。在他的言论中, "儒者立身大本, 曰'智仁勇'",④ "成己之大要, 曰忠曰孝",⑤ "处处要以仁、礼、忠三字为的",⑥ "温良恭俭让"⑦ 等说法实非鲜见。在这些相互关联的品质中, "仁" 处于重要的地位。张謇说: "人之心, 仁是也。原一己之仁而施及人人, 是之谓人之仁; 反是者, 虽即耋老而期颐百年也, 何多焉?"⑧ 广施于众, 可谓有仁, "聚财散财, 是曰能仁",⑨ "贫其始而不恤人之贫, 是谓尤不仁"。⑩ 可见, 具有博爱意义的 "仁" 是一种基本的品质。

与 "仁" 同样重要的是礼, 世风日下和社会秩序混乱, 使张謇更突出强调 "礼" 的作用, 先秦诸子有关 "礼" 的言论被他不断引用发扬, "孟子之言曰: 上无礼, 下无学, 贼民兴, 丧无日。乌呼! 何其言之痛而迫也"。⑪《易传》的表述让张謇更感到切中要害: "礼者, 人之大防。《传》亦有言, 人有礼则安, 无礼则危, 为一人言之耳。一人且不可无礼, 而况于十人、百人、千人、万人之众欤?"⑫ "盖一人无礼则身危, 千万人无礼则国危。"⑬ 可见礼是规范个人和维持社会秩序的重要规则, 不仅如此, 人之有礼, 乃是区别于禽兽的标志: "禽兽尤有仁者, 礼则止于人。故谓之不仁, 无宁谓

---

① 《家书》, 张謇研究中心等编《张謇全集》第 4 卷, 第 646 页。
② 《释惑》,《张謇全集》第 4 卷, 第 632 页。
③ 《家书》, 张謇研究中心等编《张謇全集》第 4 卷, 第 646 页。
④ 《海门长兴镇创建无量寺祔祀节孝记》,《张謇全集》第 6 卷, 第 540 页。
⑤ 《宁河齐太公墓表》,《张謇全集》第 6 卷, 第 599 页。
⑥ 《师范学校暑假散学演说》,《张謇全集》第 4 卷, 第 96 页。
⑦ 《四川忠县秦太公墓表》,《张謇全集》第 6 卷, 第 510 页。
⑧ 《施翁八十寿序》,《张謇全集》第 6 卷, 第 524—525 页。
⑨ 《吴江淑康传》,《张謇全集》第 6 卷, 第 573 页。
⑩ 《刘君墓志铭》,《张謇全集》第 6 卷, 第 461 页。
⑪ 《宁河齐太公墓表》,《张謇全集》第 6 卷, 第 599 页。
⑫ 《告六校营教练诸生》,《张謇全集》第 4 卷, 第 499 页。
⑬ 《南通中等以上学校联合运动会演说》,《张謇全集》第 4 卷, 第 512 页。

之不礼。"①　做不到有礼的人，根本谈不上有仁。

如何能够做到"礼"呢？张謇引用孔子对子贡说的话："舜用中，孔子时中，中之施于事与物，礼义之制裁也。中而时，则用礼义之权度也。语曰：'礼者，履也，义者，宜也。'"②　就是说为人处事一定要把握适当的尺度。忠与孝是礼义的最基本原则："夫君子之道，始于成己，而终于成物。成己之大要曰忠曰孝。"③　正如孔子所言："'出则事公，入则事父兄'。言出仕朝廷，则尽忠顺于公卿；入居私门，则尽孝悌于父兄。"④　为国尽忠、在家尽孝是君子的必备品质，张謇总结为"子臣弟友忠信笃敬"八字："子为孝亲，臣为卫国，弟为敬长，友为爱人，此属于分际也。忠则不贰，信则不欺，笃则不妄，敬则不偷，此属于行为也。人能明分际而谨行为，斯尽人道矣。"⑤

由上可见，要完善为人之道，需要加强自重、自律和自我反省，即使遇到不公之事，也要首先追问自己是否做到了无违于仁、无违于礼、无违于忠："不是教人做缩手缩脚没气性的人，只是要人将来横逆当作红火熔淬金铁，借以熔淬我积成君子之资格。"⑥　他以自己的经历现身说法，说自弱冠以来的 30 年中，受人轻侮何止千百次，但自己却不动声色，"受人轻侮一次，则努力克制一次"，⑦　权作鞭策自己发愤前进的动力。"不竞意气、好小勇。""处竞争之地，而于己能自见，与人能自克。"⑧　自见自克的极致，就是服从："且服从者，公理之事，礼法之事，弟之于师，子之于父，军士之于将帅，国民之于国君，能服从，然后能结团体，非是则角立而离矣。"⑨

总之，仁义礼智信、温良恭俭让诸品质均是为人之道所不可或缺的。他不仅将其视为自己立身处世的信条，也一再规劝学生和家人都需切实遵行。五四学潮中，张謇谆谆劝导学生："学生须知：以正轨言，政府犹父兄

①　《告六校营教练诸生》，《张謇全集》第 4 卷，第 498 页。
②　《释惑》，《张謇全集》第 4 卷，第 632 页。
③　《宁河齐太公墓表》，《张謇全集》第 6 卷，第 599 页。
④　《顾生谷先生六十寿序》，《张謇全集》第 6 卷，第 244 页。
⑤　《尊孔会第一次演说》，《张謇全集》第 4 卷，第 397 页。
⑥　《师范学校暑假散学演说》，《张謇全集》第 4 卷，第 96 页。
⑦　《师范学校年假演说》，《张謇全集》第 4 卷，第 75 页。
⑧　《南通中等以上学校联合运动会演说》，《张謇全集》第 4 卷，第 512 页。
⑨　《师范学校年假演说》，《张謇全集》第 4 卷，第 76 页。

也，学生尤子弟也。国而幸父兄之教先，子弟之率谨，国必昌；不幸而父兄有过当之举，子弟补救，亦当有小雅怨悱而不怒之心，国庶安。非是则危。夫至危己之国而分人之过，学生何取焉？"①学生对政府要有敬畏之心，维护政府权威是应尽的义务。张謇进一步说明，爱国雪耻别无他策，只需坚守传统三法，即静心、耐苦、多看书，少发议论即可。在各种新思潮不断影响年轻人的时代，张謇一直以儒家最传统的价值观念要求和教育学生，从未有所动摇。张謇坚信，社会无论如何发展演进，儒学的纲常伦理以及由此衍生的一系列道德规范乃如"日月经天，江河行地"，是永久的真理。所谓"孔子之道，顺时而适中，非一世一时一事之言"，②"所谓《论语》《孟子》信得一二语，便终身受用不尽也"。③

二

各种新思潮及激进的政治运动对传统秩序形成强烈冲击，促使张謇竭力寻求其他思想资源，以救传统儒学之困。近代以来，思想文化发生的急剧变化，使佛教的处境甚是微妙，由于其固有的丰富性和兼容性，吸引了许多像梁启超、杨文会、章炳麟、欧阳竞无、梁漱溟、熊十力等人士的关注和重新挖掘。与此同时，佛教界借此时机，力倡追随时代潮流的佛教改革和复兴运动，使佛教界气象日新，著名的佛教改革领袖太虚法师（1889—1947）提出教理改革、教制改革、教产革命三大方面的内容，深得新兴市民和青年佛教徒的拥护，在国内产生了重要影响。

张謇晚年对佛教的关注正是这一社会背景下的产物。在张謇看来，乱世之下救世为本，就此言，儒佛之间似乎比其他宗教有更多的关联，互为辅助的可能性也较大："世变未有艾矣，儒言佛言共相维救，本末、缓急、上下、浅深，或各有取也乎？"④他进一步分析儒佛的共通性："儒者立身大本，曰智、仁、勇。释氏成佛精义，曰慈悲，曰解脱，曰大无畏。慈悲，仁之施也；解脱，智之极也；大无畏，勇之端也。故儒与释，其名家也不

---

① 《敬告全国学生书》，《张謇全集》第4卷，第438页。
② 《孙征君墓表》，《张謇全集》第6卷，第490页。
③ 《家书》，张謇研究中心等编《张謇全集》第4卷，第643页。
④ 《沙健庵六十生日序》，《张謇全集》第6卷，第557页。

同，而致力之处，入德之门，所以裨世道而范人心者，一而已。"① 儒佛尽管说法不同，但追求的人性目标相似，彼此颇有相通暗合之处。在强势的西学面前，儒佛应该联合起来，以补新文化运动所造成的精神真空，并约束礼义混乱不堪的当今社会。

晚年的张謇和佛教界的许多僧人保持着友谊和交往，尤其是太虚、印光、谛闲、冶开、弘一等，并有许多热心佛教的举动。首先，在南通扩建狼山观音院，请名僧讲经。张謇认为，普度众生的观世音，在中国民间影响最大，应给予重视："我敬观音者，观音主现在。其与儒不同者，观音必言报，儒者不言报。我意正与此证合，以为上智则宜儒，下愚则宜观音。"② 与儒学相比，观音有更广大的群众基础。为扩大影响，他曾希望延请弘一（李叔同）或太虚主持狼山观音院，未获结果。但观音院的讲经室中，确有名僧光临，最著名的是刘录华居士和太虚法师。据称，由浅入深的讲经方式经过了精心安排。张謇本人倾听治佛颇有新意的太虚讲经，并赋诗云："爱俗应尊佛，饭僧为讲经。坛边休聚石，我老尚能听。"③

其次，张謇积极支持持戒活动和简便易行的佛教宗派。所谓持戒是佛教最基本的修行方法之一，其戒律由粗之五戒到最细的三百四十八戒层层递进，目的在于防止恶行，修善积德。张謇认为这种戒律对社会安定很有好处："夫人之能如所谓十戒、五戒者，不必为非常之人也。而人与人处，则能五戒，已无害于人。今亦但求人人无害人之心耳，而已难之又难，则夫佛之戒岂得已乎？"④ 对于一些简便易行的佛教宗派，张謇极表赞同。净土宗号称无须通达佛经，只要一心念佛，辅以广行众善，便能往生净土。张謇以为这种贴近百姓生活状态的劝善宗教，当具有更大的号召力。而且在他看来，佛教与世俗是很可通融的，海门长兴镇创建净土宗无量寺时，专辟一室祀奉乡里节孝，有人认为节孝入寺是不伦不类，张謇却认为此种融合如"泥于迹、不会其通之过也"，"夫正法在心，佛何有法？心地光明，即是净土。若节孝者无恐怖，无挂碍，以一念之精进，求得其心之所安，在儒为成仁，在佛为正觉。世界微尘，果有净土，则节孝者之往生，必在

---

① 《海门长兴镇创建无量寺袝祀节孝记》，《张謇全集》第6卷，第540页。
② 《致江谦函》，《张謇全集》第2卷，第724页。
③ 《九月十八日观音院落成新筑延太虚讲经三日》，《张謇全集》第7卷，第227页。
④ 《法轮禅寺同戒录序》，《张謇全集》第6卷，第488页。

众生先，无可惑也。"① 节孝之人与佛之相通不言而喻，何必非受戒菩萨方可入佛门？

可以看出，张謇对佛教的关注和宣扬，主要是出于实用的目的。他力图挖掘佛教中积极于人事的有关内容，借此端正世道、稳定人心，对已经衰微的儒学起到某种程度的辅助和补充作用，"济孔孟之教之术之穷"。正因为如此，张謇对佛教在处事态度上"五蕴皆空"的出世观决不赞同。他曾劝说作居士的门人江易园（江谦）不可对佛学之空过于迷恋，并请转告太虚法师，反对三位居士来南通之后无所事事，闭关修行三年。

在张謇心目中，以孔孟之道为核心的儒学是最完善、最尊贵的学说，非任何宗教所能比拟："孔道并非国教，孔子本无宗教性质。彼佛教、道教为上等人说法，清净寂灭而失之于空；耶教、回教为下等人说法，洗礼膜拜而失之于固。我孔子取中庸主义，不偏不易，纯为人道。所谓日月经天，江河行地，初不借国教而始重。如必以孔子为教主，与佛道耶回争无谓之权，反觉小视孔子。盖孔子所说，足以包括佛老耶回诸教而熔冶于一炉者也。"② 既然孔子之道是囊括各种宗教的经典学说，其地位自然无可撼动。对张謇而言，热心和关注于佛教，实在是儒学衰微下的无奈之举。

三

要理解张謇晚年的思想状态，须着眼于近代中国的社会转型。很明显，张謇与五四启蒙时期的旗手们在对待传统的问题上，持有大不相同的态度，这反映出转型进程中社会精英们在价值取向上日益严重地走向分化。

启蒙者们选择以反传统来瓦解中国的政治结构与文化价值，促使一系列代表现代文明的新价值得以确立。启蒙者批判传统儒学的理由主要有两点：第一，儒学以秩序、服从为核心，以至于"存天理，灭人欲"的价值观有悖于人性，中国民众的臣民性格在很大程度上因此而生，因而提倡独立、自由、进取等公民价值观是现代社会所必需的；第二，更重要的是，批判儒学价值是对封建专制体制的有力瓦解。政治统治与伦理文化的高度

---

① 《海门长兴镇创建无量寺祔祀节孝记》，《张謇全集》第 6 卷，第 541 页。
② 《尊孔会第一次演说》，《张謇全集》第 4 卷，第 397 页。

合一，是中国社会结构的特殊所在。换言之，中国社会高度发达的伦理文化有高度政治化的特点，因而无论是强调等级的"三纲"，还是讲求服从的"五常"，均与封建专制有着强烈的"亲和力"，封建的政治统治正是通过思想层面的伦理教化而变得天经地义。将攻击的矛头直指孔孟儒学的核心内容，其深意便在于从根本上动摇专制统治得以根植的思想伦理的合法性基础。总之，启蒙者们认为，无论是从人本主义的价值角度讲，还是从社会变革的实际需要说，清扫与破除儒学障碍都是中国走向现代所必须做的。

而面对同样的现实，文化保守主义者则在社会变革中找到了与上述相反的依据。首先，他们认为儒学的价值正是体现在它所强调的秩序与和谐，这不仅是为人之学的核心，也是社会稳定延续的最基本原则。儒学提倡的种种劝人为善的道德准则，体现了高尚的人格追求与人生境界，以此来约束和要求社会成员，是无可厚非的。因而从人文价值的角度讲，儒学具有"日月经天"的永久性。其次，对社会现实言，儒学的功用同样不容忽视。在保守主义看来，社会转型出现的危机与失序，主要是激进主义的各种新思潮与反传统所致，挽救道德危机、规范人心的唯一办法依然要从传统中去寻找，儒学固有的维护秩序的功能应该被充分地重视和利用。他们认为复归与强化传统价值是抗衡由于激进主义冲击而导致文化失范的最基本手段。

究竟如何对待传统，这是20世纪初期社会精英们难以逃脱的困扰。自由主义大师哈耶克对传统价值曾有如下一段论说："在人类进化的任何阶段，我们生而面对的那些价值体系，不断地向我们提供着种种我们的理性必须为之服务的目的。价值框架的这种给定性意味着：尽管我们必须不断努力去改进我们的制度，但却从来不能够从整体上对它们做彻底的重新构建，而且即使在我们努力改进这些制度的过程中，也还是必须把诸多我们并不了解的东西视为当然。这就意味着，我们必须始终在那个并非我们亲手建构的价值框架和制度框架内进行工作。尤其需要指出的是，我们绝不能假设我们有能力建构出一套新的道德准则体系"。[①] 在哈耶克看来，想在

---

① 〔英〕弗里德利希·冯·哈耶克：《自由秩序原理》（上），邓正来译，三联书店，1997，第73—74页。

整体上构建一个价值系统几乎是不可能的，人们新价值的确立总是与原有的价值体系有着某种继承与联系。

20世纪初期，中国传统价值的状况与处境异常复杂。价值系统与世俗政治的高度结合，使其利用和继承的可能性大大降低，五四启蒙者们采取激烈的方式冲破束缚，却形成与传统的割裂，致使他们很难将一套新的价值系统完全建构起来并被国人接受，道德失范和心灵无所归依成为必然的事实，这正是启蒙者所面临的困境。而对于保守传统的人来说，虽然道德上依然有所归依，却失去了社会变革的理由。在社会需要进步、需要转型的历史时期，他们显得与社会大潮格格不入，其困惑与悲凉也是无以言述的。张謇曾这样描述自己："吾欲用世之心，犹之孔子也；皇皇而不获效，亦犹孔子也。"① 实际上，摆在近代国人面前的传统，成了一个两难选择：反对传统，在道德上便无所凭借；遵从传统，又无法找到社会变革的动力。这种难以调和的困境是中国特有文化的产物，我们很难对当事人的选择求全责备。就此而言，我们不仅应该赞赏和肯定那些反传统的斗士，对于坚守传统的人，同样应该给予足够的同情和理解。

需要注意的是，对启蒙运动有异议的保守主义者们其思想状态并非完全一致。杜亚泉、严复、张君劢以及后来学衡派的梅光迪等人，他们保守的儒家理论都借助了西方思想家的思想资源，并且大都不排斥自由民主理念，承认中国文化的不足。可以说，他们的文化主张有着鲜明的时代烙印。与这些更具现代色彩的保守主义不同，张謇对中国传统的认知，不仅是文化意义上的，更具有生命哲学的内涵，因而张謇对传统的坚守中多少透露着一些卫道者的意味。他对新文化运动推崇的一系列人文主义价值观基本持否定态度，对科学的理解也多停留在"声传电吸、汽震机翔"的技术与应用层面，未能触及科学精神的实质。在精神文化范畴中，张謇基本上保持着封闭保守的心态，儒学是其内心深处安身立命的根基，它不会因为接纳和吸收其他学说而改变，更不会因儒学的艰难处境而有所动摇。

时光荏苒，五四启蒙运动距离我们已经一个世纪了，然而它凸显的传统与现代的话题依然延续至今。文化保守主义者们对传统儒学的坚守和思考，在今天获得了越来越多的关注，人们更多地注意到现代与传统之间的

① 《致徐隽函》，《张謇全集》第3卷，第971页。

联系，并强调传统也可以构成现代性的资源。儒家伦理讲究的人格意识、品德修养、社会责任等价值理念，只要做出合乎时代的解释，都有其存在的合理性。如何挖掘儒家伦理的现代意义，化解它与现代性的紧张，是五四运动留下的悬案，也是我们这个时代亟待解决的问题。

孙中山与五四运动成说探疑

王　杰[*]

一　孙中山与五四运动关系勾勒

五四运动由"外交"事件引发，突如其来，以青年学生为尖兵，工商阶层以"罢工"潮为后援，助推了运动波澜壮阔的发展，旗帜鲜明地彰显了比较彻底的反帝反封建爱国运动的内涵。孙中山作为民主革命的先行者、中华民国的缔造人，在这次爱国运动中，他没有以主动的姿态投身潮流前沿：运动伊始，孙氏抱持极大的兴趣关注；随着运动的深入，他尝试介入；后期，略有参与运动的行为。

孙中山对五四运动的"迟缓"反应，事出有因：运动本身具有偶发特性，孙氏长期从事军事政治斗争，特别是护法战争失败伊始，并未先知先觉该场运动的到来；五四运动以学生打头阵，工商阶层以"罢工"作后援，推动了运动发展，这表现出与孙氏之前的历次革命运动不同的特点。对孙中山而言，可谓是从未预见：学生、工人运动的兴起，孙中山并没有料及，更谈不上事先有预见性的方案或引领性的指导。其时，深受护法运动失败刺激的孙中山正苦苦思考"中国出路何在"的问题——护法运动失败，孙中山蛰居沪上寓所，带领朱执信等一批具有新思维的青年志士，以著述为要务，描摹和探索中国的出路，思考"革命党人"如何才能担当起救国拯

＊　王杰，广东省社会科学院研究员。

民的重任。其时，著述《心理建设》（后改名《孙文学说》）、《会议规则》（后改名《民权初步》）和《实业计划》（三本书合成《建国方略》出版），筹划改组"中华革命党"为中国国民党，成为孙氏工作的重中之重。因而，即使五四运动席卷到上海的家门口，孙中山也并没有主动直接参与其中。只是，运动所彰显出来的时代新力量给予孙氏振聋发聩的启迪时，他才有所行动。

　　自五四运动爆发始，孙中山就关注运动的发展，5 月 6 日，孙中山接到邵力子汇报北京学生运动情况的电话，当时，他就嘱托"《民国日报》要大力宣传报道北京学生开展的反帝爱国运动，立即组织发动上海的学生起来响应"。① 关注和鼓励青年学生反帝爱国运动是孙中山最早对五四运动的直接态度，随着运动的不断发展，特别是工人政治力量凸显出来之后，北洋政府无奈做出"让步"，孙中山尝试介入且略有参与政治抉择。孙氏的介入和参与主要表现在两个层面：（1）鼓励学生参加运动，策划多种渠道和方法保持与学生之间的联络；（2）营救被捕学生和陈独秀。

　　孙中山尝试多种方式以保持与参与运动的学生之间的联络，大致有如下几方面。（1）通过回复信函的方式，支持和激励学生参与爱国运动，同时对学生运动提出指导意见。8 日，在回复陈汉明上书时明确表示，"代答奖励，云此间有一分之力，当尽一分之力也"。② 为了鼓励青年学生，孙氏于 12 日再次派人"代答"："此次外交急迫，北政府媚外丧权，甘心卖国，凡我国民，同深愤慨。幸北京各学校诸君奋起于先，沪上复得诸君共为后盾，大声疾呼，足挽垂死之人心而使之觉醒"，激励学生诸君"坚持不懈，再接再厉，唤醒国魂"。③（2）委派国民党同人专门负责与学生的联络工作，建立起自己与学生沟通的桥梁。当时被孙中山委派具体负责与学生联络的是从比利时留学归来的黄大伟，他在协助孙中山著述《建国方略》的同时，又负责与参与运动的学生保持沟通联络，既将孙中山的心声传达给学生，又将学生的吁求呈报孙中山，保持信息畅通。（3）频繁接见学生，耐心倾听学生呼声，同时寄予深切期望。接见学生来访，孙中山比较耐心，主动

---

① 陈锡祺主编《孙中山年谱长编》（下），中华书局，1991，第 1172 页。
② 罗家伦主编《革命文献》第 48 辑，台北，正中书局，1958，第 354 页。
③ 孙中山：《复陈汉明函》（1919 年 5 月 12 日），《孙中山全集》第 5 卷，中华书局，1985，第 54 页。

接见并关注其诉求，"在他最忙碌的日子里，他也从不拒绝那成群跑来找他谈话的男女青年们"。① 运动爆发之后，孙中山多次接见参加游行示威的学生，鼓励并给予深切的希望。5 月 29 日，孙中山接见许德珩、黄日葵等北京学生代表，听取他们对北京学生运动及北洋军阀政府罪行的汇报，孙中山对其"抚慰有加，表示同情和支持学界的斗争"。② 6 月 2 日，孙中山接见何葆仁、朱承洵等学联代表，详细了解上海示威游行情况，对沪上学生团结一致反帝爱国的斗争精神表达了热烈的褒扬。6 月初，孙中山在接见学联负责人朱仲华时，鼓励学生再接再厉，提示学生"要扩大阵线，尽可能使上海商界参加到爱国行动中来，要敢于向帝国主义盘踞的租界进军"。③

在营救被捕学生方面，主要体现于"致电北洋中央政府""敦促广东地方军阀释放被捕学生"两份电报。5 月 9 日，孙中山和岑春煊等人联合致电北洋总统徐世昌，称"青年学子以单纯爱国之诚，逞一时血气之勇，虽举动略逾常规，要亦情有可原"，④ 并警示他要"洞明因果，识别善恶，宜为平静之处置"。7 月中旬，致电广东军政府，要求立即省释被捕之工学界代表，指出："盖民气以愈激而愈烈，若专恃威力，横事摧残，不惟为粤人之所公愤，亦即全国之所不容也。"⑤

为了营救陈独秀，孙中山直接让许世英带话给北洋中央政府，敦促其尽快释放陈氏。1919 年 9 月，孙中山在上海会见许世英，强调陈独秀被捕之事，严正指出："你们做了'好事'（——逮捕陈独秀事），很足以使国人相信，我反对你们是不错的。"并斥责许氏说："你们也不敢把他杀死，死了一个，就会增加五十、一百个。你们尽管做吧！"⑥ 其时许世英唯唯诺诺。及至 9 月中旬，坐了 98 天牢的陈独秀被释放，这与孙中山强硬表态应有一定关系。

对商人罢市，孙中山洞观全局，所表现的"策略性"不失为理智的体现，他不主张坚持长久"罢市"，担心商人从斗争阵营退出。孙中山对来访

---

① 宋庆龄：《青年与革命》，《宋庆龄选集》（上），人民出版社，1992，第 65 页。
② 许德珩：《为了民主与科学》，中国青年出版社，1987，第 47 页。
③ 朱仲华：《回忆孙中山先生》，《团结报》1981 年 5 月 30 日。
④ 郝盛潮主编《孙中山集外集补编》，上海人民出版社，1994，第 232 页。
⑤ 广州青年运动史研究委员会编《五四运动在广州资料选编》，第 96 页。
⑥ 《沈定一给胡适的信》，《胡适来往书信选》（上），中华书局，1979，第 77 页。

的学生说："你们发动罢市，很好。但是，能发也要能收"，"罢市已将近一星期了，你们知道商人不做生意要有损失吗？如果商人们支持不了，自动开市，那时学生会的威信就大大的减少了，不如由学生会主动劝商人开市，这样，商人以后就更能听你们的话了"。① 这表明孙中山对"大局"走势有自己的思考和主见。

二　过往成见引发商榷的要点

考察历史事件的发生与结局，应该注重与事件可能产生的多种关系。其中，因果是较为重要的考量。如何判断五四运动和孙中山之后的政治举措有无直接关系——历史不能假设如果。如果没有五四运动的发生是不是意味着孙中山就没有之后的政治举措？不言而喻，答案是否定的。

毋庸讳言，不少学人经常引用孙中山说的一段话，以论证五四运动对孙中山的影响，曰：

> 自北京大学学生发生五四运动以来，一般爱国青年，无不以革新思想，为将来革新事业之预备。于是蓬蓬勃勃，抒发言论。国内各界舆论，一致同倡。各种新出版物，为热心青年所举办者，纷纷应时而出。扬葩吐艳，各极其致，社会遂蒙绝大之影响。虽以顽劣之伪政府，犹且不敢撄其锋。此种新文化运动，在我国今日，诚思想界空前之大变动。推其原始，不过由于出版界之一二觉悟者从事提倡，遂至舆论放大异彩，学潮弥漫全国，人皆激发天良，誓死为爱国之运动。倘能继长增高，其将来收效之伟大且久远者，可无疑也。吾党欲收革命之成功，必有赖于思想之变化，兵法"攻心"，语曰"革心"，皆此之故。故此种新文化运动，实为最有价值之事。最近本党同志，激扬新文化之波浪，灌输新思想之萌蘖，树立新事业之基础，描绘新计划之雏形者，则有两大出版物，如《建设》杂志、《星期评论》等，已受社会欢

---

① 何世桢：《对孙中山先生的片段回忆》，《20 世纪上海文史资料文库》第 1 辑，上海书店出版社，1999，第 97 页。

迎。然而尚自憾于力有不逮者，即印刷机关之缺乏是也。①

　　胡适也经常引用孙中山这一说法，强调"他的评判，我们认为很公允。他的结论'吾党欲收革命之成功，必有赖于思想之变化'，这是不可磨灭的名言"。胡适晚年仍坚持说："他的看法到现在我认为是很公允的"，"至少孙中山先生说，因为思想运动，文学运动在前，所以引起五四运动。至少他承认归功于思想革新"。② 胡适的话语，蕴含着借孙中山的赞誉为新文化运动贴金的意思。

　　应该指出，孙中山这份写于1920年1月29日的《致海外国民党同志函》，一是对五四运动的回应，看到学生群体奋起与新思想迸发，抒发了从五四运动得到教益的心声；二是向海外同志通报自己对五四运动的态度，从而强调将宣传本党思想、促进国民觉醒作为国民党今后的努力方向。其重心应是在强调后者——"最近本党同志，激扬新文化之波浪，灌输新思想之萌蘖，树立新事业之基础，描绘新计划之雏形者，则有两大出版物，如《建设》杂志、《星期评论》等，已受社会欢迎"。事实正是如此，在6月5日上海工人开始大规模罢工响应学生运动的前两天，即1919年6月3日，受孙中山指派，戴季陶等人已联名在《民国日报》上发表《星期评论》出版公告，说：

　　　　中国人渐渐的觉悟起来了，中国人渐渐知道从国家的组织、政治的内容、社会的里面、思想的根底上去打算了。但是人的究竟、国家的究竟、社会的究竟、文明的究竟，是甚么样，究竟怎么样，好像大家还不曾有彻底的思索、明白的理会、切实的主张。我们出版《星期评论》就是把我们所自信的彻底的思索、明白的理会、切实的主张，写了出来，供天下人研究，求天下人批评。

　　为此，胡适于6月29日在《每周评论》做出比较快速的反应，阐明了

---

① 孙中山：《致海外国民党同志函》，《孙中山全集》第5卷，第209—210页。

② 胡适：《新文化运动与国民党》，季羡林主编《胡适全集》第21卷，安徽教育出版社，2003，第448页；又，《纪念"五四"》《五四运动是青年爱国的运动》，季羡林主编《胡适全集》第22卷，第276、806—807页。

《星期评论》的特质与杀伤力："上海现在新出了一种周报，名叫《星期评论》。因为他的体裁格式和我们的《每周评论》很相像，所以我们认他是我们的兄弟。《星期评论》的第一期出世时，我们看了虽然喜欢，但觉得这不过是'《每周评论》第二'罢了。到了《星期评论》第二期出版，我们方才觉得我们这个兄弟是要另眼看待的了！为什么呢？因为《每周评论》虽然是有主张的报，但是我们的主张是个人的主张，是几个教书先生忙里偷闲凑起来的主张，从来不曾有一贯的团体主张。《星期评论》可就不同了……这种特色，分开来说是：（一）有一贯的团体主张；（二）这个主张是几年研究的结果；（三）所主张的都是'脚踏实地'的具体政策，并不是抽象的空谈。"①

《建设》杂志于1919年8月创刊，由朱执信、廖仲恺等主编，亚东图书馆出版。孙中山亲自撰写《发刊词》，开宗明义："中国有世界上最多的人口，至大的富源，经过现代最文明的革命洗礼却仍然不能成为世界强国，人民仍处水深火热之中，其原因是革命破坏之后而不能建设，也不知如何建设。他创办这部刊物就是希望通过鼓吹建设思潮，展明建设原理，使人人知道建设为今日之需要，号召人们万众一心，将中国建设成为世界上最富强、最快乐的国家。"与致海外同志函一脉相通："吾党欲收革命之成功，必有赖于思想之变化，兵法'攻心'，语曰'革心'，皆此之故。"

以上罗列在于说明，笔者并不赞同一些学者所谓从"深层次"挖掘五四运动和孙中山晚年政治举措的思维。拙以为，过分强调五四运动对孙中山的影响，或者夸大五四运动与孙中山的直接联系，势必将两大历史事件之间的史实予以人为抹杀。如众所知，1917年护法战争失败以后，孙中山对国情有了新的认知，提出了"一丘之貉"说和"陈土"论。"一丘之貉"说是孙中山在护法运动失败后对南北军阀的深刻感悟和鲜明总结。② 南北方的新旧军阀以自我利益为追逐对象，置国家和人民利益于不顾，孙中山对此甚为愤慨。"陈土"论并非某一时某一事的总结，它根源于孙中山对革命运动屡遭失败的反思："八年以来的中华民国，政治不良到这个地位，余〔实〕因单破坏地面，没有掘起地底陈土的缘故。"③ 自武昌首义以来，革命

---

① 胡适：《欢迎我们的兄弟——〈星期评论〉》，《民国日报》（上海）1919年6月29日，"每周评论"。

② 邹鲁：《中国国民党史稿》第3编，民智书局，1929，第1085页。

③ 孙中山：《改造中国中之第一步》，《孙中山选集》，人民出版社，1956，第424页。

党人的浴血奋斗并没能达到建立真正"共和国"的目的，从袁世凯复辟、二次革命、中华革命党讨袁、护国战争，到护法战争，革命党人为了捍卫共和，抛头颅洒热血，但是，志士仁人始终没能走到政坛核心，国家权柄沦为北洋军阀的玩物，痛定思痛的孙中山百般思考"共和"何以不得立的根源，最后才有了"陈土"论的思考，由是才有了与儒学传统"知易行难"相对的孙氏"知难行易"学说，并开始探索对国民性的改造，以"三民主义"来武装民众。

一言以蔽之，孙中山此间"专事著述"，"闭门著书，不问国事"，[①] 矢志以"兵法'攻心'，语曰'革心'"来"唤起民众"，他在缺乏强力依托的背景下，希冀通过著书立说从思想上改造国民，从而达到革命成功的目的，其用心之良苦，由来已久。

三　五四运动对孙中山直接影响辨析

如上所述，绝对不能将孙中山晚年对"三民主义"做出修正和调整与五四运动直接联系起来，因为两者之间存在较长的时间差，再者，这期间还有许多重大政治事件左右或影响孙中山"三民主义"的修正和调整。孙中山晚年的新三民主义乃是接受苏俄与中国共产党的理念和帮助最终形成的一种新的理论体系，国民党一大的召开是新三民主义产生的重要政治事件。关于国民党一大，既往研究忽视了一个细节，即孙中山曾在一大会议中有用《建国大纲》代替《国共合作宣言》的举动，之所以如此，是国民党一大期间大多国民党元老对于孙中山修正理论体系的做法大为不满，以致会议期间争吵不休，很多次决议都是孙中山以个人威望强力压服。[②] 在国民党元老看来，要不要共产党加入并不是矛盾核心，关键在于为了迎接共产党人加入就必然要修改国民党党纲，党纲修改意味着国民党元老代表的资产阶级利益会遭受损失，这是他们所不愿意见到的。因此，笔者认为，很难将孙中山晚年修改"三民主义"和五四运动联系起来，这将人为抹杀

---

① 孙中山：《批马逢伯函》，《孙中山全集》第5卷，第64页。
② 全国政协广东省委员会文史资料研究委员会编《中国国民党"一大"史料专辑》第42辑，广东人民出版社，1984。

国民党一大国共合作所产生的成果和影响。

五四运动对孙中山的直接影响，究竟表现在哪里呢？

从上文孙中山关注和介入五四运动的基本情况来看，埋头著述并已形成自己思想体系的孙中山，当时并没有意识到这场运动能带给中国的是什么，所以，作为旧民主革命政治家，孙中山并没有成为无产阶级爱国运动的领导者，开始不是，结束时也不是。五四前后，孙中山虽然在爱国情感上与青年学生们有共鸣，但当时对运动并不完全认同，甚至对学生其时的一些过激主张还有过批评。纵观孙中山所作所为，五四运动给孙中山的启迪，最直接的思想启迪可概述为三点：开始关注马克思列宁主义，对工人阶级的崛起印象深刻，坚定"唤起民众"的意识形成。

宋庆龄在1962年曾撰文回忆孙中山和共产党的关系，文中有一句话较为重要："正当他在寻找新的出路的时候，马克思列宁主义思想在中国的最早代表接近了他。"[①] 宋庆龄此言较有分寸，并没有直接将孙中山和马克思列宁主义联系起来，而是说"最早代表"接近了他。这里"最早代表"指代的是谁？1917年俄国十月革命胜利后，马克思主义传入中国，以李大钊为首的革命党人开始在中国传播马克思主义以及宣传俄国十月革命的胜利，李大钊供职于北京大学，其时北大学生是最早接受马克思主义理论宣传的，应该说他们是较早接受者。五四运动爆发后，孙中山接见的学生代表就有马克思主义的接受者，因此，这里"最早代表"所指就比较明确了。

要之，五四运动对孙中山产生的重要影响，主要表现为：一是打破了孙中山对帝国主义尤其是对日本帝国主义的幻想；二是促使他进一步看到了民众的力量，激发了他矢志唤起农工，奋起救国的情怀；三是促使他对科学社会主义产生向往，坚定确立联俄政策、与共产党合作。

护法运动失败，孙中山赴沪蛰居，"革命依靠力量"[②] 以及"如何促进

---

① 宋庆龄：《孙中山和他同中国共产党的合作》，《人民日报》1962年11月25日。
② 孙中山对"革命依靠力量"问题的认识，大致经历过三个阶段：辛亥革命时期，新军、会党以及华侨，是支持革命党人开展武力暴动作业的三股源源不断的力量；民元之后，下迄护法运动失败，在此时段粤孙拉拢和依靠国内各势各派的军事力量，"借力打力"是孙惯用的政治谋略；护法运动爆发后，粤孙积极投入，但是，遭到南北军方要人联合排挤而致使运动以流产告终，失败的教训给了孙中山思想上以较大触动，于是，他才发出了"南与北如一丘之貉"的时代感悟；第三个阶段就是护法运动和五四运动之后，孙中山看到了新的政治力量——无产阶级。

革命进步"成为孙中山关注的重点。五四运动的中心转移到上海,工人阶级蕴含和爆发出来的政治能量,"虽以顽劣之伪政府,犹且不敢撄其锋",[①]使得处于苦闷之中的孙中山"眼前一亮"——"我受到罢工风潮的感动"。[②] 短时间内,五四运动让政府做出让步,孙氏从中看到了无产阶级斗争所具备的强大的政治力量,"现象看来,工人直接参与政治社会运动的事,已经开了幕"。[③] 当时孙中山虽然看到了工人阶级蕴藏的力量,并且表示要"热切地关注工人运动",但是,对于如何管控和掌握工人力量,孙中山并没有完整清晰的考虑,换言之,以"改组国民党"为手段,以"吐故纳新"的党派整合方式,将工人阶级纳入国民党,并没有出现在孙氏的战略思考之中。国民党一大上孙中山做出国共合作的决策,其目的之一就是借助共产党"工运"的方式方法,将更多的无产阶级吸引到国民党。自此,国民党开始重视农民运动,开办农民讲习所,共产党注重工人运动,双峰并峙、齐头并进的革命大好形势出现。

"唤起民众"思想并非源于五四运动,虽然孙中山于1920年发信函向海外华侨捐款创办报刊,"强调对青年们宣传的重要",赞许"竟能化新观念为力量,便赤手空拳的使反动的北京政府对他们让步",团党各界"都认识到吸收青年学生为新政治力量的可能性而寄以希望"。[④] 但是,孙中山于1917开始撰写《心理建设》时,已经在思考如何用他自己的主义"三民主义"攻破国民的心理,启迪民众构建民主政治的心理。毋庸讳言,五四运动促使孙中山深入思考,给孙中山深化认识、坚定信念的动力。应该指出:辛亥革命的成功,实质上是全国各界"反满"情绪的掀动所致,孙中山长时间没能意识到"反满"的民众并不等同于"民主主义"民众,因此,"反满"成功之后的民国,缺失了"共和"的成色,成了一块空招牌——军阀林立,专制仍旧,社会无太多"民主"和"共和"可言。武昌首义后将近十年,民众仍有"他们自己看待,还不是国民,完全是遗民!因为他们自己还是以遗民自待,所以总是待真命天子出现,预备好做太平臣子,和奴

① 孙中山:《致海外国民党同志函》,《孙中山全集》第5卷,第209—210页。
② 戴季陶:《与孙先生的谈话》,《星期评论》第3号,1919年6月22日,第3版。
③ 《与戴季陶关于社会问题之谈话》,胡汉民编《总理全集》(下),上海书店,1930,第584页。
④ 《胡适口述自传》,季羡林主编《胡适全集》第18卷,第347—348页。

隶的百姓"① 的心理。五四运动的爆发是一个重要节点,在开展和推动爱国主义运动进程中出现的新的政治力量给予了孙中山重大启迪,之后孙氏委派戴季陶创办《建设》杂志,指令朱执信、廖仲恺、朱和中等人深入工农,联络和组织工农,逐步建立起国民党和工农之间的沟通渠道,为之后国共合作背景下"工会"和"农会"运动蓬勃发展打下了坚实的基础。

① 《三民主义——对中国国民党特设办事处讲演》(1921年6月),沈云龙编《孙中山先生演说全集》第1编,台北,文海出版社,1966,第40页。

蒋介石与五四运动[*]

马克锋^{**}

需要预先说明的是，本文所说的五四运动是广义的五四运动，包括反日爱国的学生运动与思想启蒙的新文化运动。2019 年是五四运动 100 周年。五四运动作为改变中国政治、社会、思想文化等诸多领域的重大历史事件，深刻影响了 20 世纪中国历史的发展进程。相关研究成果极为丰富，几乎达到了天量的程度，短时间内根本无法全部阅读。几乎能够想到的题目，都有大量相关研究论文。几轮检索下来，令人有心灰意冷之感。但是论文必须要写，怎么办？我的研究习惯是喜欢写前人没有写或者写的很少的议题。于是决定从影响中国深远的大人物与大事件的关系入手，进而探讨孙中山、毛泽东、蒋介石与五四运动的关系。初步检索发现，有关孙中山、毛泽东与五四运动的研究不少，而有关蒋介石与五四运动的研究相对较少，在知网输入相关关键词，还没有发现同类题目。因此，本文试图尝试对此问题做一探讨。

一

1919 年 5 月 4 日，北京爆发学生运动，史称五四运动。是年，蒋介石

* 研讨会上，黄克武、王建朗、臧运祜几位教授均对本文论点、资料提出批评与建议。会后在系统阅读《蒋介石日记》的基础上，结合大家所提意见，对本文做了一些修改。
** 马克锋，中国人民大学历史学院教授。

32 岁。蒋本人没有参加五四运动，既没有在五四现场，也没有与五四运动代表人物有亲密接触。五四运动发生时，蒋介石正在广州永泰，担任粤军第二支队支队长。经过新文化运动的理论洗礼与五四运动的实兵演习，民主、科学等观念已经深入人心。任何思考、关心并致力于中国未来发展的人物，都必须对此有一明确表态。蒋介石对五四运动的表态，仅仅只是停留在其民族主义的层面。身为军人，戎马倥偬之余，蒋介石依然在读书、思考，密切关注着中国的政治与社会事件。对于五四运动，蒋介石在 1919 年 9 月 24 日的日记中写道："至今尚有国内各代表辏集总统府门首，要求力争山东各权利。各处抗排日风潮亦未止息。此乃中国国民第一次之示威运动，可谓破天荒之壮举。吾于是卜吾国民气未馁，民气未死，中华民国当有复兴之一日也。"① 这段材料是比较少见的体现蒋介石关于五四运动的言论，表现出其强烈的民族主义取向。对此，杨天石先生有一评论："五四运动给了蒋介石以强烈震动。他高度评价中国人民在运动中表现出的斗争热情和爱国精神，视为中华民族复兴的希望所在。"② 随后，关于五四运动，蒋介石在日记中时有零星呈现，如 1925 年 5 月 4 日 "十一时在公园参加五四运动，讲演半小时"。③ 遗憾的是，这篇讲演没有保留下来，无法全面了解蒋介石对五四运动的评价。1943 年 5 月 4 日，"研究'五四'运动各报影响甚切"。1943 年 5 月 5 日，"下午研究'五四'运动史实，所得甚少"。1947 年 5 月 4 日，"本日五四节，共匪煽动各大学教授，要求加薪，学生反对内战为名希图搅乱社会，皆为我青年团事前阻止，故未得逞也"。从这些保留下来的不多的信息中，我们大致也可以看出，蒋介石对五四运动经历了肯定、欣赏到批评、否定的变化过程。

　　1928 年 5 月 3 日，日军突然进攻北伐军，枪杀蔡公时等 17 人，制造了"济南惨案"。当时，蒋介石就在济南。对此奇耻大辱，蒋介石铭刻在心。其后每逢此日，蒋介石日记几乎都有记载。1929 年 5 月 3 日，"上午六时，往中央党部纪念国耻，报告去年济南惨案，约一时半。……下午，到军校纪念国耻，约讲两小时"。1930 年 5 月 3 日，"中正汝忘二年前济南近日之

① 转引自杨天石《蒋介石与南京国民政府》，中国人民大学出版社，2007，第 7 页。
② 杨天石：《蒋介石与南京国民政府》，第 7 页。
③ 《蒋介石日记》，1925 年 5 月 4 日。

国耻乎？"1931年5月3日，"今日何日，非日本残杀我济南军氏之纪念日乎？"1934年5月3日，"此日此时，乃六年前，余在济南，被倭寇压迫包围，身受国耻之初也，今尚何如。雪耻：身受之耻，以'五三'为第一，倭寇与中华民族结不解之仇，亦由此而始也"。1937年5月3日，"济南耻辱至今已至九年，身受其耻之中正，将何以自解也"。1938年5月3日，"身受国耻，至今已足十年，何以自解"。1940年5月3日，"十二年前之今日，此时正被倭寇挟迫，非人所能忍受之时，奇耻大辱何时湔雪"。1941年5月3日，"十三年以前之今日，与倭寇斗争之开始，迄今尚未能获得最后胜利，愧愤无已"。1943年5月3日，"本日为济南蒙辱之第十五周年纪念日，瞻前顾后，党政干部之低下无能，但有悲伤而已"。1945年5月3日，"十七年前之今日，即为抗战开始之日也"。1946年5月3日，"十八年前之今日，究为何如之日耶，今日革命之环境岂不胜于十八年前乎，勉旃"。同年5月4日追记："昨'五三'节济南被日寇（在十八年前）无故攻袭之国耻日，而今竟在其东京陆军部将东条、土肥原、板垣等重要战犯开始审判，为我'五三'雪耻报仇之纪念矣。"1947年5月3日，"本日五三国耻节是余十九年前所身受者，今果已湔雪乎？"除最后两条外，基本反映了蒋本人的民族主义情结。在此不厌其烦地引述蒋介石5月3日日记，并与其5月4日日记做比较，旨在说明两个日期在蒋介石心中不同的地位，民族主义的五三纪念远远高于民主主义的五四纪念。

蒋介石肯定五四运动的民族主义意识及精神，认为从五四运动到国民革命是一种历史的逻辑的发展。他说："清末以来，中国的国际贸易，常为入超，至此却转为出超。社会经济的好转，更加增强国民的希望与自信。然而军阀政客，不识现代政治与经济为何物，更不能顺应国民的要求，不能发扬国民的意志，竟造成更大的国耻。这就是日本帝国主义者初则利用袁世凯帝制自为的野心，提出所谓'二十一条'，继又迎合北洋派的武力政策，成立政治借款，更缔结所谓《中日军事协定》，向中国的领土进兵。日军复擅自攻取青岛，并要求继承德国在山东的路矿权利。这些国耻，违背我国民的希望，侮辱我国民的自信，激起我国民强烈的革命要求。五四运动就是这种要求最鲜明的表现。在国民强烈的革命要求之下，军阀官僚的政治，只有没落的一途。就是白纸黑字的各种宪法运动，也不值国民的一顾。皖系的势力既倒，直系、奉系的势力也得不到国民的支持。贿选事件，更不啻直系军人自掘坟墓。事实发展至此，除中国国民党领导的国民革命以外，再没有第二条道路，可以顺应国民的希望，代表国民的要求，集中国民的信心了！"① 也就是说，五四运动所掀起的民族主义思潮，直接或间接与国民党主导下的国民革命相融合，成为国民党统一中国的民意基础。但是，蒋介石对五四运动的肯定仅仅停留在民族主义层面，对于五四运动的其他新元素，几乎都予以否定。在蒋介石看来，五四运动所倡导的民主与科学也曾经给后来的大革命注入了动力，但实际上他对于何谓民主、何谓科学其实不大理解。他说："大家都知道，从前五四运动是以民主与科学为口号的，这民主与科学的口号，当然是我们国民革命的需要。只可惜我们过去，很少有人去深切研究其内容，民主的基础究竟是什么？科学的精神究竟在那里？当时我们虽以民主与科学，推翻了北洋军阀和封建势力，但是以后就没有真实的民主与科学运动继起，来充实这个民主与科学的内容，以巩固我们国民革命的基础。"② 正因为如此，蒋介石极力排斥其他主义与思潮，迷恋三民主义。蒋介石说："以言坚定主义信仰。现在世界各国所揭橥之主义，最主要者，不外法西斯主义，共产主义，与民主主义而已。今日所谓民主主义者，本为资本主义国家之产物，历史环境已经变迁，决不能如三民主义之民权主义之彻底，与民权问题以真实圆满的解决；共产主义偏重经济，且其理论出发于一个阶级之利益，亦不能对整个民生问题为完善合理之解决；至于法西斯主义，只注重自己民族之利益，而忽视其他民族之利益，更非吾人理想进步之民族主义所可比拟。凡此皆偏而不全，各有缺点；惟我总理所手创之三民主义则不然，发之于至诚，行之于至公，以民生哲学博爱济众为原理，以世界大同互助共享为目的，内容完备，具体可行，足以解决今日世界所有之民族、民权、民生三大问题，而毫无偏颇不全，本末颠倒之弊。"③ 作为国民党的主要领导人，迷恋与维护本党主义本无可指责，但是，在一个已经完全开放的新的时代，依然试图实现思

---

① 蒋介石：《中国之命运》，张其昀主编《先总统蒋公全集》第1卷，台北，中国文化大学出版部，1984，第137页。
② 蒋介石：《教育与革命建国的关系——并说明什么是民主与科学》，张其昀主编《先总统蒋公全集》第2卷，第2165页。
③ 蒋介石：《三民主义青年团成立二周年纪念告全国青年书》，张其昀主编《先总统蒋公全集》第3卷，第3204页。

想上的一尊与独大，就有点违逆时代潮流与历史大势了。

二

对于五四运动，蒋介石更多的是批评与责难。1929 年 7 月 9 日，蒋介石在北平发表演讲，公开阐述了国民党对学生运动的看法。蒋介石公开宣称，中国国民党的青年政策已经从支持学生运动转变为限制与反对学生运动，并解释了转变的原因。他说："近来常听得人说，本党从前奖励学生运动，要青年们革命，现在限制学生运动，要青年们求知，前后态度两歧，甚不可解。其实这是很明白的。这个原因，就是因为革命的阶段不同，对象不同。在前期革命中，我们急切的对象是军阀，我们周围是黑暗沉沉的死环境。我们要打倒军阀，首先要冲破这个环境，我们社会中间每一个人员，都要暂时抛弃了本身的地位和职分，一致进行破坏的工作，这也不止是青年学生要如此。但现在军阀已经打倒了，环境情势，已经变迁了，接着第二步我们就要和帝国主义者相接触，来争回我们中华民国的独立自由，可是这就不是很简单的工作，也不是一蹴可成的事情。"①

后来，蒋介石还对此做了系统解释。他说："我们可以明白的告诉一般学生和文化界人士，五四时代的政府是北京政府，因为北京政府是反革命的，腐败泄沓，对内抑制革命的力量，对外丧权夺国，签订不平等条约，所以本党要领导教育界人士和学校青年，起而反抗，竭其全力与之斗争！现在的政府是国民政府，国民政府是革命的政府，是领导全国同胞，对敌抗战，废除不平等条约，争取国家民族的自由的。现在抗战尚未胜利，敌人尚待驱除，如果有谁在政府对外抗战的时期起来扰乱社会的治安，破坏政府的威信，那就是阻挠革命，破坏抗战，就是汉奸，就是出卖国家的罪人！政府对于汉奸和罪人，当然要依法制裁，毫不姑息！"② 在前次演讲中，蒋介石还对时论的国民党不民主做了回应。他说："现在还有些人提倡空洞的民主的口号，而诬蔑中央为不民主，这尤其是不知事实的经过和理论的

---

① 蒋介石：《青年底地位及其前途》，张其昀主编《先总统蒋公全集》第 1 卷，第 602 页。
② 蒋介石：《对于青年团一届三次全会之感想》，秦孝仪主编《先蒋公思想言论总集》第 21 卷，台北，中国国民党党史会，1984，第 89 页。

基础。他们以为本党第三次全国代表大会代表的指定，是中央反民主的行动，殊不知第一、第二两次代表大会的代表，事实上也是指定的。第三次代表大会除指定的代表外，大部分还是选举的，这都是事实。为什么抹煞这种事实，独指第三次代表大会为不民主？而且本党在第一、二、三次代表大会时期，正是革命环境险恶，我们要集中力量与军阀叛逆苦斗的时候，为适应事实需要，全党同志信仰总理，信托中央，所以采用权宜指定的办法。至于要实行真正的民主，则当中国的人民，事实上大都是知识缺乏、思想都是复杂不纯的时候，无论在党内或党外实行民主，非经长期训练不行。一定要人民受了相当的训练，能够运用四权，党外才能实行民主；全党同志也要都受了相当的训练，知识能力有了相当的程度，团体生活有了相当的培养，纪律观念有了坚定的基础，然后民主精神才不致成了空名。如果不经这个训练，徒骛民主之名，使破坏纪律、破坏秩序者，有所借口，不独真正的民主不能实现，而且社会将引起莫大的纠纷，革命将发生莫大的障碍。过去的事实，可为明证。"① 蒋介石对青年学生提出警告："总而言之，中央是不断的在求进步，中央决不是放弃民主的原则，而正是审慎小心，为实行真正民主而努力，这是北方青年同志所应该认识的。我们切不宜以捏造的事实，和空洞的口号来攻击中央，动摇中央。我们要晓得，本党目前这种局面，不是容易得到的，乃是牺牲数十万将士，和无数先烈的生命，所得的结果。这种不容易得到的结果，决不容许轻易的推翻。如果要推翻现在的中央，另辟局面，那就等于自杀！"②

在蒋介石看来，五四运动存在诸多缺点与不足。比如空洞、不实在。蒋介石说："从五四运动以来，我们青年爱国运动与新文化运动，有一个最大的缺点，就是不实在，不彻底，大家都是仅凭一时的热情，动一下子就算了事，所谓'只有五分钟的热度'。中国过去一切事情，都是如此，这就是因为我们没有中心的思想与理论来领导，更没有根本哲学作基础，所以不能做持久一贯的努力；结果在时效方面，不过是昙花一现，而流弊所及，反而使一般青年彷徨无主，害了国家，也害了自己。"③ 蒋介石认为，新文

①　蒋介石：《青年底地位及其前途》，张其昀主编《先总统蒋公全集》第 1 卷，第 600 页。
②　蒋介石：《青年底地位及其前途》，张其昀主编《先总统蒋公全集》第 1 卷，第 600 页。
③　蒋介石：《哲学与教育对于青年的关系》，张其昀主编《先总统蒋公全集》第 2 卷，第 1539 页。

化运动除了提倡白话文外，其他一无是处，几乎全盘否定了这一思想文化运动。蒋介石说："我们试看当时所谓新文化运动，究竟是指的什么？就当时一般实际情形来观察，我们实在看不出他具体的内容。是不是提倡白话文，就是新文化运动？是不是零星介绍一些西洋文艺，就是新文化运动？是不是推翻礼教，否定本国历史，就是新文化运动？是不是只求解放自身，不顾国家、社会，就是新文化运动？是不是打破一切纪律，扩张个人自由，就是新文化运动？是不是盲目崇拜外国，毫无别择的介绍和接受外来文化，就是新文化运动？如果是这样，那我们所要的新文化，实在是太幼稚，太便易，而且是太危险了！"① 又如，发展个性贻害无穷。蒋介石指出："我还记着当时的新文化运动有一句口号，盛行于教育界的，就是说要发展学生个性。这种学说，本来不是西洋教育哲学中才有的，我们中国历代的教育家，都是这种主张；我们教育要能发展青年个性，这是当然的道理，但我们青年运动与教育界负责人士，一定要懂得怎么样才能发展青年学生的个性，而一般十几岁与二十岁的青年，他们的个性究竟是什么？这个道理，我们如果不懂得，而只讲发展个性，那一定要贻青年以无穷的祸害！"②

更有甚者，蒋介石气愤之余，竟然称五四运动为"亡国的五四运动"，简直比军阀还坏。郑天挺1943年日记记载："三时矛尘来，偕从吾、莘田同往金碧别墅谒孟馀先生，今甫继至，谈至六时始出。所谈有可注意者数事：一、委员长对现行教育深为不满，尤不满于'五四运动'，尝称之为'亡国的五四运动'，并谓'五四运动'较之军阀尤甚，每谈及教育现状，莫不痛惜。"③ 对于中央党部及行政当局在应对学运方面的不力，蒋介石提出严厉批评。他说："我在几个月以前，就有几次指示，但现在我们宣传方面，并无改进，还是处处属于被动，处处受人攻击！而且最近我听说共产党在各学校鼓动，说他们要发动'新五四运动'。"④ 在蒋介石看来，五四运动是完全失败的，五四运动不仅彻底毁灭了中国传统历史文化，而且彻底

---

① 蒋介石：《哲学与教育对于青年的关系》，张其昀主编《先总统蒋公全集》第2卷，第1539页。

② 蒋介石：《哲学与教育对于青年的关系》，张其昀主编《先总统蒋公全集》第2卷，第1539页。

③ 《郑天挺西南联大日记》下册，俞国林点校，中华书局，2018，第760页。

④ 蒋介石：《对于青年团一届三次全会之感想》，张其昀主编《先蒋公思想言论总集》第21卷，第89页。

毁灭了中国现代化的进程。他说："老实说，当时除了白话文对于文学与思想工具略有所贡献以外，其他简直无所谓新文化。当时所有的新文化运动，在他所标揭的'民主'与'科学'两大目标来说，其本身简直是完全失败；不仅失败，而且将我们中国固有高尚的民族道德与伦理哲学，完全鄙弃。由是不三不四的思想，与各种异端邪说，一齐传布出来，反而使中国真正的文化，有陷于无形消灭的危险！"①

三

蒋介石如此责难、否定五四运动及新文化运动，原因固然很多。在我看来，主要有以下几方面内容。

其一，蒋介石是一个民族主义者，缺乏民主自由思想与观念。蒋介石只是肯定了五四运动反对外来入侵的民族主义的一面，但对其一以贯之的民主与科学思想以及五四运动所引发的中国社会大变动的潮流，缺乏深刻的领悟与理解，而且始终持反对态度。他说："北京大学发起五四运动，提倡民主与科学口号以来，学校教育当局只限于科学的讲习，对于人生处世的意义，和革命立国的道理，让教师们随意闲谈胡说；尤其是大专学校里，充斥了共产主义的国际思想，否则就是自由主义的个人思想，而对于国家观念和民族意识几乎消失净尽；其对于三民主义和民生哲学，不但讽刺讥笑，而且破坏反对惟恐不至。于是个人自由主义者，以及实为匪谍而剽窃自由主义分子之名者，一直嚷着政府少一分干涉，便是学术思想多一分自由；更认为本党退出了学校，学术思想才有自由。"② 一般而言，民主是按照平等和少数服从多数原则来共同管理国家事务的国家制度，科学是一个建立在可检验的解释和对客观事物的形式、组织等进行预测之上的有序的知识系统。蒋介石却将民主解释为纪律，将科学解释为组织。他说："今后对于这民主与科学的口号，必须有明白的解释，和有具体的内容。所谓民主的精神就在纪律，而其具体的意义就是法治。科学的解释，在中国旧名

---

① 蒋介石：《哲学与教育对于青年的关系》，张其昀主编《先总统蒋公全集》第2卷，第1539页。
② 蒋介石：《对第七次全国代表大会政治报告》，张其昀主编《先总统蒋公全集》第2卷，第2245页。

词上所说的就是'穷理致知',亦可以说求精求实,而其应用在社会科学上的意义,就是组织。"① 这种解释,依然停留在中国传统政治的范畴,显然不是近代民主的主流思想,比较牵强、生硬,不但与民主是一种政治制度、"民主是一种生活方式"不在一个层面,而且与民主是"人民当家作主"也在理论上有很大差距。对于五四运动没有提出民族主义的口号,蒋介石也深表"遗憾"。他指出:"不过当时五四运动,只有替代民权主义的'民主',和替代民生主义的'科学'两个口号,而没有提出替代民族主义的一个口号;民族主义是我们国民革命最基本的问题,他反而忽略遗忘了,这是一个最大的缺点,更是我们国民革命时期一个最大的弱点。所以我们今后革命,除了这'民主'与'科学'二个口号之外,还需要增加一个'救国'的口号,来替代民族主义;就是'民主'、'科学'与'救国'三个口号,以补充五四运动不足的缺点。"②

其二,蒋介石对近代青年及青年运动批评多于赞扬,影响了其对五四运动的正面评价。阅读蒋介石言论,其中也有肯定青年的话语,如"没有青年就没有革命。近半世纪的中国民族革命史,可以说就是一部青年救国运动史。历史证明,每当国家面临狂风暴雨,存亡危急的时候,必定是爱国青年共同一致,团结奋斗,来挽救国家,扭转时代。中国每一次历史的复兴,和时代的更新,无不以青年救国运动为其动力,为其先锋"。③ 但是,值得注意的是,这段充满正能量的话语,是蒋介石失败后退居台湾、沉痛反思后说的,不能代表蒋介石总体的青年观。民国时期,蒋介石对青年学生总体持批评、指责态度。在蒋介石看来,中国广大青年充满了"悲观、消极、浇薄、侥幸、浪漫、怨恨、残忍、堕落的习气",缺乏"乐观、积极、笃实、仁爱、敦厚、奋勇、冒险、进取的品性与精神"。"因为截至现在为止,我国向来的教育与青年运动,多是消极的、被动的、凌乱的、涣散的、怨恨的、自私的,所以我们造就一般青年消沉、颓废、散漫、自私

① 蒋介石:《教育与革命建国的关系——并说明什么是民主与科学》,张其昀主编《先总统蒋公全集》第 2 卷,第 2165 页。
② 蒋介石:《教育与革命建国的关系——并说明什么是民主与科学》,张其昀主编《先总统蒋公全集》第 2 卷,第 2165 页。
③ 蒋介石:《中华民国四十一年青年节告全国青年书》,张其昀主编《先总统蒋公全集》第 3 卷,第 3356—3357 页。

的风气"。① 蒋介石指出："中正观察吾今日中国之青年，以下述两种病态，最足以断送吾青年之前途：一为忽视本身之基本工作，忘却自身对于革命与社会所负之责任与义务，从而舍近图远，见异思迁，甚至为虚荣所炫耀，以名利为目的，而存依赖侥幸之心理，希图躐等以幸进；又其一对于现在环境并无真切之考验与认识，而徒怀忿恨与怨望，形成一种偏激操切之偏见，一受引诱煽惑，即不免决心动摇，盲从附和，而失理智之制裁。"② 青年时期其实是一个充满变动的时期，每个人都会经历青年时代。青年人虽然有这样或那样的缺点与不足，但不可否认的是，青年时期是人生最富有朝气、活力与创造力的黄金时期。动辄批评与指责青年，其实是领导人的大忌，特别是面对经过五四运动洗礼的广大青年，尤甚！

对于近代以来方兴未艾的青年运动，蒋介石充分肯定了同盟会、国共合作及北伐运动、抗战三个时期的青年运动，却把五四运动、一二·九运动排除在外。他说："自从我们总理组党革命以来，五十余年间，我们中国青年，有三度伟大的结合。第一次是从兴中会的成立，到同盟会统一全国革命的组织；这一次结合，经过多少次失败和挫折，终于创造了黄花岗轰轰烈烈的光荣历史；接着辛亥革命，推翻了满清二百余年的专制，建立了五千年未有的民国。这是我们本党第一次青年大结合的光荣成就。第二次全国青年的大结合，是在民国十三年本党举行第一次全国代表大会之后，总理一方面着手于健全党的组织，一方面创办黄埔军校，使全国青年集中在黄埔的旗帜之下，共同奋斗；这一次全国青年的大结合，肃清了广东省内一切革命的叛逆，完成了北伐与全国的统一，奠立了我们今日取消不平等条约的基础。这是我们全国青年第二次大结合的最光荣、最伟大的成就，值得我们今天特别的珍重和感奋。我们青年团的组织，原是为集中全国青年，完成国民革命；这一次代表大会主要的目的就是要号召全国革命青年作第三次的大结合。"③ 由此可以看出，蒋介石喜好带有军事冒险与牺牲精

① 蒋介石：《哲学与教育对于青年的关系》，张其昀主编《先总统蒋公全集》第2卷，第1538页。
② 蒋介石：《三民主义青年团成立二周年纪念告全国青年书》，张其昀主编《先总统蒋公全集》第3卷，第3206页。
③ 蒋介石：《号召全国青年第三次大结合》，张其昀主编《先总统蒋公全集》第2卷，第1684—1685页。

神的青年运动，厌恶带有思想文化启蒙与民主诉求的学生运动，扶植与奖掖前者，否定并打压后者。蒋介石认为，"青年团之组织以职业分子、大中学毕业生与官兵、警察、工人、保甲长为基础"，[①] 将在校学生排除在青年团外。蒋介石进而指出："学生不准许参加任何政治团体，颁行禁律，无论任何团体，如有此学生运动，应作内乱罪处置。"[②] 国民党将青年节定为3月29日，而不是5月4日，很大程度上出自蒋介石的意旨。在青年团所提供的7个时间点上，蒋最后批示："三月二十九日可也。"[③] 反映了蒋的偏好与喜恶。

其三，蒋介石个人的帝王思维。蒋介石虽然身处民主、共和逐渐深入人心的历史巨变时代，但其个人的思想依然停留在帝王时期。五四新文化运动前后，甚至在北伐战争期间，蒋介石也曾经阅读诸如《新青年》等介绍与传播新思潮的报刊、图书，似乎已经具备一些近代新思维，但是，蒋介石最终没有完成这个转变，即从传统意识到现代意识，或者说从传统思维到现代思维的转变。纵观蒋介石的言论，表面上似乎使用了不少现代新的名词，诸如民主、科学、法治等，但骨子里仍然是传统的"四维八德"等固有观念，缺乏与时俱进的勇气。以民本替代民主，用"格致"指代科学，以纪律代替法治，畏惧与回避现代民主政治制度，怀念传统的秩序。五四运动以后，自由主义、共产主义等思潮兴起，犹如余英时所形容的"巨石滚山"，势不可挡。二者之间尽管也有这样或那样的分歧与矛盾，但都共同将批判与否定的矛头指向了中国专制统治的理论基础——传统儒学。对此势头，蒋介石不是顺应时代潮流，顺势而为，而是站在传统卫道士的立场，对其大加挞伐。蒋介石指出："五四以后，自由主义与共产主义思想，流行国内。……这些学说和政论，不仅不切于中国的国计民生，违犯了中国固有的文化精神，而且根本上忘记了他是一个中国人，失去了要为中国而学亦要为中国而用的立场。其结果，他们的效用，不过使中国的文化陷溺于支离破碎的风气。"[④] 北伐成功，南京国民政府建立后，蒋介石表现得颇为自信。其中之一就是发誓要做"一世师"。他在日记中写道："道

---

① 《蒋介石日记》，1938年4月21日。
② 《蒋介石日记》，1938年5月4日。
③ 《中国国民党三民主义青年团第一次全国代表大会提案笔录及该会第7次大会记录》，转引自刘世昌《三·二九与青年节史述》，《新时代》1973年第9期。
④ 蒋介石：《中国之命运》，张其昀主编《先总统蒋公全集》第1卷，第144、145页。

德为事业之基础。余为一代领袖，言行举动皆系一世之风化，所关人心，所系立品敦行，不可一时忽也。必须言不妄发，行不妄动，而后乃可为一世师也。"① 蒋介石深知，以自己的知识与实力，自然无法与孔子的"百世师"相比肩，但凭借自己的领袖地位，一定程度上在特定环境还是能够引领时代、影响社会风气。20 世纪 30 年代，蒋介石在江西发起新生活运动，强调以"礼义廉耻"为基本准则，其实就是公开反对五四新文化运动，试图恢复传统伦理与秩序的一种无效努力。其结果自然是以失败而告终。蒋介石逆五四运动潮流而动，直接导致了其政治失败。败退台湾后，蒋介石恼怒之下，一会儿将失败归结为政治，一会儿归结为经济，一会儿归结为党务，甚至归结为五四运动。② 蒋梦麟是系统经历了"西潮"与"新潮"冲击和洗礼的新式知识分子，他对五四运动的观察无疑是犀利而准确的。他说："1919 年北京的学生运动，北大教授所强调的科学和现代民主观念，以及胡适教授所提倡的文学革命，只是自觉地致力吸收西方思想的开端，这种努力在过去只限于工业和政治方面。这次自觉的努力比较更接近中国文化的中心，同时中国文化史也随之转入新页。因为中国正想借此追上世界潮流。中国文化把罗盘指向西方以后，逐渐调整航线，以期适应西方文化的主流。在今后 50 年内，它在保持本身特点的同时，亦必将驶进世界未来文化共同的航道而前进。"③

　　蒋介石否定与批评五四运动，造成了其政权与知识精英的疏离，造成了其在思想文化界的孤立。

---

① 转引自沈成飞《蒋介石对"九·一八"事变后学生运动的态度——兼论影响其处理方式的主客观因素》，《学术研究》2018 年第 4 期；《蒋介石日记》，1928 年 9 月 13 日。

② 蒋介石：《解决共产主义思想与方法的根本问题》，张其昀主编《先总统蒋公全集》第 2 卷，第 2438 页。

③ 蒋梦麟：《西潮·新潮》，吉林出版集团股份有限公司，2018，第 268 页。

东亚史上的五四运动

——以五四运动与三一运动之间的关系为中心

裴京汉[*]

引 言

五四运动是中国近代反帝运动的出发点。[①] 有部分观点认为把五四运动视为反帝运动有一定的问题，因为在五四运动的过程中未能对"所有的帝国主义列强进行反对"，而且五四运动领导人的言论中也没有明确体现反帝的字样，因此主张不能把五四运动视为反帝运动。[②] 当然把五四运动视为反帝运动是在把反帝提升到首要目标的 1920 年代国民革命以后的事情。[③] 但是，五四运动基本上是从反对日本帝国主义侵略的抵抗运动开始的，通过运动中"外争国权"、废除"二十一条"等口号，也可以看出以恢复国家主权为目标的反对帝国主义，成为示威运动过程中最重要的政治主张。[④] 另外，在五四运动爆发前，人们提出了积极赞同威尔逊的"民族自决"主张，取消领事裁

---

[*] 裴京汉，韩国釜山大学教授。
[①] 李育民：《"五四"与中国近代的废约反帝运动》，《中共党史研究》2009 年第 6 期。
[②] 李新宇：《五四"反帝反封建"辨析》，《齐鲁学刊》2009 年第 3 期。
[③] 张艳：《五四运动阐释史研究（1919—1949）》，博士学位论文，浙江大学，2005；商昌宝：《五四运动："反帝"的由来及确立》，《西南大学学报》（人文社会科学版）2007 年第 2 期。
[④] 《一周间北京的公民大活动》，《每周评论》第 21 号，1919 年 5 月 11 日，第 1 页；《北京国民大会协会关于山东问题决议四项电（1919 年 5 月 7 日）》，中国社会科学院近代史研究所等编《五四爱国运动档案资料》，中国社会科学出版社，1980，第 186—187 页。

判权和废止协定关税制等要求。在巴黎和会中，中国代表团也提出了取消领事裁判权、恢复关税自主权、废止租界等正式的反帝主张。[①] 同时，国民外交协会等民间团体也提出废止不平等条约、恢复关税自主等政治要求。[②] 从以上事实可以看出，把五四运动视为中国近代反帝运动的出发点没有任何疑问。笔者认为，五四运动作为近代的反帝运动，已经超越中国一国史的范畴，而应该从东亚史乃至世界史的角度，更加明确地探讨五四运动所具有的国际作用和性质。特别是通过对五四运动与之前两个月在韩国爆发的全国性的反日运动——三一运动的关系，以及对这两场运动之后在东亚地区形成的反帝连带问题的研究，五四运动的反帝性质和意义可以得到明确的展现。

　　对于三一运动与五四运动的关系，中韩学界都有不少研究。中国学界较少着眼于三一运动对五四的影响，而是更加侧重于五四运动自身的性质，尤其是五四运动作为1915年开始的新文化运动延长线上的思想文化运动的性质，对三一运动则没有多少强调其思想文化运动的性质。而韩国学界主要着眼于两个运动发生的前后关系，较多强调三一运动对五四运动的影响。最近有些研究是探讨两个运动之间的内在关系，着眼于同一历史范畴中相同的历史脉络的视野，即以东亚视角对两个运动进行研究。[③]

---

① 李育民：《"五四"与中国近代的废约反帝运动》，《中共党史研究》2009年第6期。

② 《国民外交协会宣言》，《每周评论》第21号，1919年5月11日，第4页；易丙兰：《巴黎和会时期研究系的国民外交活动研究》，《大连大学学报》2008年第2期；许冠亭：《"五四"前后国民外交协会活动述论》，《江海学刊》2007年第4期。

③ 从比较史角度研究三一运动与五四运动的有很多。韩国学界更多是从时间角度出发，强调三一运动对五四运动的影响。代表性的研究有：郑世铉《从学生运动看三一运动与五四运动》，《三一运动五十周年纪念论文集》，1969；闵斗基《五四的历史性质》，《东洋史学研究》第4辑，1970；李圣根《韩国对中国近代爱国（国家）主义的形成所起的作用》（一）、（二），《明大论文集》第7、8辑，1974、1975；张世胤《三一运动对中国五四运动的影响》，《殉国》1998年第3期；金喜坤《从世界史角度看三一运动与韩国临时政府之间关系的意义》，《三一运动与1919年的世界史意义》，韩国东北亚历史财团，2010；等等。中国学界代表性研究有：张德旺《"五四"运动国际背景研究两题》，《求是学刊》1992年第5期；崔志鹰《朝鲜三一运动和我国五四运动的比较研究》，《史林》1995年第4期；曾业英《中国人民对"三·一"运动的支持和声援》，《当代韩国》1998年夏季号；辛虎雄、林能士《略论韩国"三·一"运动对中国"五四"运动的影响》，《历史教学问题》1999年第2期；白基龙《中国五四运动与韩国三一运动的比较》，硕士学位论文，湖南师范大学，2007；张小梅《朝鲜三一运动与中国五四运动之比较》，硕士学位论文，延边大学，2007；孙科志《近代中国人对三一运动的认识》，《东北亚文化研究》（13），韩国东北亚文化学会，2007；等等。

本文以最近研究中强调的东亚这个视角为基础，考察三一运动和五四运动的历史脉络，对东亚地区反帝运动的意义，以及两个运动之间的关系，这两场运动之后在东亚地区形成大规模反帝连带的过程，依次进行论述，从而对五四运动爆发100周年的历史意义进行考察。

一　1919年巴黎和会与三一运动、五四运动的爆发

众所周知，东亚的国际秩序在1894年甲午战争后发生了巨变。在中日战争之前，东亚是以册封朝贡关系为基础的中国中心型国际秩序。甲午战争中日本获胜，东亚的主导权也落入日本手里，结果日本帝国主义开始大举展开对外侵略，而朝鲜就是日本外侵的第一个目标。之后，在1905年爆发的日俄战争中获胜的日本，成功地阻断了俄国在东亚的进出通道，开始正式展开对朝鲜的侵略，最终于1910年8月强制合并了朝鲜。把朝鲜纳入殖民地后，日本帝国主义的下一个目标就是中国东北地区，接着是对长城以南的中国领土的侵略。

对于日本来说，1914年7月欧洲帝国主义列强之间爆发的第一次世界大战，是其对外侵略扩张的一个极好机会。众所周知，1914年7月，奥匈帝国对塞尔维亚宣战，开始了第一次世界大战。英国、法国和俄国组成协约国（Entente Powers）为反对以德国、奥匈帝国为中心的同盟国（Central Powers）进行国际性扩张和掌握主导权而与之对抗。一战波及了参战帝国主义列强的殖民地，因此发展为世界性的大战。[1]

战争爆发后不久，日本在1914年8月23日以与协约国主要成员英国是同盟（英日同盟）的名义向德国宣战，从而正式加入了一战。众所周知，在甲午战争结束后，德国与俄国、法国曾合力劝日本还辽东半岛给中国，即所谓的三国干涉还辽。可见德国一直坚持牵制日本对中国侵略的立场。从这一背景考虑，在一战爆发后，日本对德国宣战是可以预想到的事情。实际上，日本与德国的战争在9月中旬发生于以青岛为中心的胶州湾一带，日本海军攻击并击退德国军舰，青岛战斗开始。之后在11月初，日本成功

---

[1]　臧运祜：《20世纪前期中国与东亚国际关系》，《南开学报》（哲学社会科学版）2010年第6期。

地侵占了青岛，摆脱了帝国主义列强对日本侵略中国的牵制，从而把青岛作为大举侵略中国的桥头堡。[①] 之后在 1915 年 1 月，日本向袁世凯的北京政府提出"二十一条"，其内容实际上露骨地展示出要把中国纳入殖民地的意图。[②] 就这样，19 世纪末开始的日本帝国主义的对外侵略，是通过朝鲜扩张到中国的。因此日本对朝鲜和中国的侵略可以说从一开始就系于一脉。

　　一战爆发后北京政府参照日俄战争时期清政府的外交政策，宣布采取"中立"政策。但是不久日本宣布参战并占领了青岛，提出"二十一条"。中国就再难以坚持中立立场了。结果，中国在 1917 年 8 月 14 日加入协约国行列，对德国宣战。[③] 宣布参战后，其实中国并没有真正投入战争，而是考虑到一战结束后，要以战胜国的身份参加讲和会议。[④] 中国政府知道日本占领青岛一带，是为了获得德国在山东半岛的利权，所以中国政府也是为了阻止日本的这种野心而宣布参战的。

　　1917 年 11 月（俄历十月）俄国爆发社会主义革命，对资本主义制度提出挑战，但同时为结束一战提供了决定性的契机。十月革命后，苏俄提出国际和平宣言，与德国单独签订停战协议——《布列斯特 - 立托夫斯克条约》，从而脱离了战场。接下来，苏俄对内规定各民族平等，对外强调各国的平等和弱小民族的独立，从而给予那些沦落为帝国主义列强殖民地的弱小民族以巨大的鼓舞。[⑤] 尤其是布尔什维克政府在 1919 年 7 月发布了卡拉汉（L. M. Karakhan）宣言，宣称放弃俄罗斯帝国对中国的所有利权，从而

①　金春植：《青岛战斗与第一次世界大战》，《德国研究》（26），韩国德国史学会，2013。
②　日本与袁世凯政府以秘密签约形式提出了"二十一条"，其内容是，日本接手德国在山东的利权，袁世凯政府承认日本在"南满洲"和内蒙古地区的特殊利权，转让汉冶萍铁厂的利权，派遣日本顾问到中央政府，中日共同管理警察系统，因此会严重损害中国的内政、外交与经济上的主权。虽然条约一部分内容得到了修正，但是袁世凯政府于 1915 年 5 月 9 日承认了条约。结果如后述，民众对"二十一条"的批评成为五四运动爆发的重要契机。关于"二十一条"的协商过程和袁世凯的立场可参见张忠绂编著《中华民国外交史》，华文出版社，2011，第 130—149 页；管书合《袁世凯对日外交述论》，《史学集刊》2007 年第 1 期；尚小明《"二十一条"交涉的另一条管道——总统府相关活动透视》，《安徽史学》2017 年第 2 期；等等。
③　关于中国参战决定的过程，参见张忠绂编著《中华民国外交史》，第 208—217 页；臧运祜《20 世纪前期中国与东亚国际关系》，《南开学报》（哲学社会科学版）2010 年第 6 期。
④　中国的这一立场包含美国为了牵制日本而督促中国参战的事实。田上淑：《巴黎讲和会议与弱小民族的独立问题》，《韩国近现代史研究》第 50 辑，2009，第 15—16 页。
⑤　田上淑：《巴黎讲和会议与弱小民族的独立问题》，《韩国近现代史研究》第 50 辑，第 18 页。

引起中国进步知识分子对俄国革命的高度关心。[①]

1918 年 10 月，德国军部内发生抗命事件后，皇帝体制崩溃，11 月承认一战战败，第一次世界大战结束。接下来从 1919 年 1 月 18 日开始，在巴黎近郊凡尔赛召开了讲和会议，此会被称为巴黎和会。主导这次会议的是通过参加一战而成为第一列强国家的美国。美国总统威尔逊（T. W. Wilson）在巴黎和会之前的 1918 年初发表了所谓的"十四点原则"，其中第 5 条是关于解决弱小民族主权的内容，认为要着重考虑住民的利益。[②] 也就是说威尔逊的一战解决方案中，包括承认弱小民族的自决权的条款。这其实是为了对抗苏俄提议的民族自决主张。

威尔逊的民族自决原则是针对一战爆发时成为导火索的欧洲弱小民族而提出的，但是也给予了亚洲和非洲其他地区的弱小民族巨大的希望。这是不争的事实。[③] 尤其在中国问题上，对日本要获得对中国的主导权持反对意见的美国，[④] 不但督促中国参战，也积极劝诱中国参加一战结束后的讲和会议。因此，中国政府和人民对巴黎和会给予了巨大的期待，即希望其能阻止日本从德国手里夺取对山东半岛的利权。[⑤] 韩国当时的状况与这种情形很相似。以海外的韩人志士为中心的韩人社会，对巴黎和会能够为民族独立提供重要契机寄予了很高的期望。[⑥]

尤其是美国在参战后不久，从 1917 年 4 月开始，为了对威尔逊对外政策的基调即威尔逊主义进行大力宣传，设立了公共情报委员会（Committee on Public Information），并在各国设立分支机构，以获得国际舆论的支持。在中国是 1918 年 9 月，在上海设立分支机构展开宣传活动。作为回应，一

---

① 韩贞淑：《世界史中的俄罗斯革命》，《韩中关系研究》第 4 卷第 1 期，2018，圆光大学韩中关系研究院；车泰根：《五四运动时期的文明转换论与社会主义》，《中国现代文学》第 53 期，2010 年；赵文亮：《加拉罕的对华外交活动》，《史学月刊》1998 年第 5 期；薛衔天：《十月革命与苏俄对华"人民外交"》，《俄罗斯学刊》2018 年第 3 期。

② 美国史研究会：《威尔逊的 14 条》，《通过史料读美国史》，穷理出版社，2006，第 285 页。

③ 田上淑：《第一次世界大战后的国际秩序再编与民族指导者的对外认识》，《韩国政治外交史论丛》2004 年第 1 期。

④ 美国认为保全中国的独立有利于美国的利益，从而一贯主张门户开放主义，也就对"二十一条"持坚决反对的立场。Roy W. Curry, *Woodrow Wilson and Far Eastern Policy 1918 – 1921*, New York（Bookman Associates），1957, pp. 114 – 115。

⑤ 张德旺：《"五四"运动国际背景研究两题》，《求是学刊》1992 年第 5 期。

⑥ 田上淑：《第一次世界大战后的国际秩序再编与民族指导者的对外认识》，《韩国政治外交史论丛》2004 年第 1 期。

些知识分子团体以上海代表性的《东方杂志》和有影响力的江苏省教育会为中心，积极展开支持威尔逊主义的活动，从而使中国年轻的知识分子对威尔逊和美国产生巨大的期待。①

巴黎和会召开前不久，威尔逊总统的幕僚克莱恩（Charles R. Crane）于1918年11月访问中国的活动，也是威尔逊主义国际宣传的一环。他根据威尔逊防止日本独占对中国特权的意图，积极劝诱中国参加巴黎和会。中国对克莱恩的访问给予了极大关注。11月28日在上海圣三一教堂举行的感恩节活动中，孙文、唐绍仪、孔祥熙等当时中国高官大举参与。②

11月27日，在上海宁波路卡尔顿咖啡馆（Calton Cafe）举办的欢迎克莱恩的聚会上，上海韩人社会的主要领导人吕运亨通过中国外交家王正廷的引荐，会见了克莱恩，并讨论了韩国代表参加巴黎和会一事，从而提出韩国独立请愿的问题。吕运亨对巴黎和会和威尔逊的民族自决主义的期待应该说与中国人的期待是相同性质的。

之后吕运亨为了派遣韩国代表团参加和会，组织了新韩青年党，选拔当时在天津的韩人志士金奎植为韩国代表团的负责人，并派遣新韩青年党成员去日本和韩国等地募集必要的经费，同时为使代表团获得民众的支持大力开展宣传活动。新韩青年党通过克莱恩和美国驻北京大使馆向威尔逊总统递交了独立请愿书。巴黎和会参会代表金奎植与上海的韩人志士领导者申圭植等，积极向韩国国内和美洲、西北间岛、沿海洲和日本的韩人社会发出了支持韩国独立请愿的邀请。③ 以东京的韩国留学生为中心，发表了二八独立宣言。接下来的韩国全国性的反日运动即三一运动，就是在这种背景下爆发的。

与之相比，中国在威尔逊主义和美国的鼓动下出席了巴黎和会，但是结果令人失望，由此导致了五四运动。从这一点看，与对巴黎和会的期待成为爆发原因的三一运动是有所不同的。但是这个差异只与在巴黎和会之前和之后有关，两个运动的本质是相同的，即都对巴黎和会抱着期待。

---

① 马建标：《塑造救世主："一战"后期"威尔逊主义"在中国的传播》，《学术月刊》2017年第6期。
② 郑秉峻：《三一的起爆剂——吕运亨给克莱恩信函及请愿书》，《历史批评》第119期，2017年，第226—228页。
③ 郑秉峻：《1919年金圭植的巴黎行》，《韩国独立运动史研究》第60期，2017年，第109页。

众所周知，中国在克莱恩访问上海之前就已着手准备参加巴黎和会。北京政府外交总长陆征祥于 1918 年 12 月经由美国去了巴黎。[①] 而在他之前，中国方面就已派遣驻英国公使（施肇基）、驻法国公使（胡惟德）、驻美国公使（顾维钧）等人去了巴黎，准备参加会议工作。[②] 为了阻止日本索要对山东半岛的特权，北京政府确定了积极与美国合作的外交方针。这是中国基于威尔逊的"十四点原则"和克莱恩访问上海，以及对美国是牵制日本的唯一"友邦"的认识而制定的外交战略。尽管中国方面付出了如此的努力，但在巴黎和会中，中国提出的收回德国在以胶州湾为代表的山东地区的特权的主张没有得到采纳，反而日本的要求得到了列强的承认，由此日本取得对山东的特权。[③] 随着中国唯一期待的美国妥协，站在了日本一方，中国人的失望达到了顶点。[④]

仅从外因而言，中国民众对巴黎和会和美国的失望及愤怒[⑤]与随之而来的对北京政府内部亲日派官僚的辞退的要求，最终导致全国性的反日示威运动即五四运动。1919 年 1 月，巴黎和会召开伊始，中国舆论界就对山东问题极度关注。待到 4 月，和会出现对青岛实行"国际共管"的主张，而

---

① 唐启华：《1918 年 12 月陆征祥的美国之行》，第七届近代中外关系史国际学术研讨会论，武汉，2018 年 10 月。

② 把吕运亨介绍给克莱恩的王正廷，后来加入了代表南方政府（孙中山的护法政府）的巴黎和会中国代表团的行列。护法政府于 12 月 12 日决定派遣王正廷跟随孙文、伍廷芳、汪精卫、伍朝枢等作为南方政府的代表参会，但是南方政府没有得到国际上的承认，因此其代表团难免从参会开始就面临困难。参见陈锡祺主编《孙中山年谱长编》上册，中华书局，1991，第 1137 页；王践《王正廷与巴黎和会》，《档案与史学》1997 年第 2 期；周建超《顾维钧与巴黎和会》，《民国档案》1997 年第 1 期。从王正廷与吕运亨的关系来看，韩国参会代表团有可能与王正廷见过面或有过协作，但是这方面没有得到证实，还需要后续研究。

③ 没能阻止日本取得对山东的特权，被认为是中国方面巴黎和会外交的失败。但是台湾的外交史学者唐启华认为，在日本事先定价的脚本下，中国不得不面临无力的局面，最后中国代表拒绝签字的事实也说明中方尽了最大的努力，因此他不主张中国巴黎和会外交失败。参见唐启华《巴黎和会与中国外交》，社会科学文献出版社，2014。

④ 林伟：《奢望与失望：巴黎和会前后留美中国学生的期待与抗议》，《理论月刊》2017 年第 5 期。关于美国与日本达成协议的问题，可参见俞辛焞《巴黎和会与五四运动》，《历史研究》1979 年第 5 期。

⑤ 五四运动的主要领导人之一李大钊在五四运动后不久写了一篇论评，猛烈批判威尔逊的和平主张"没落为强盗的世界"。李大钊：《秘密外交与强盗世界》，《每周评论》第 22 号，1919 年 5 月 18 日，中国李大钊研究会编注《李大钊文集》第 2 卷，人民出版社，1999，第 320—321 页。

后又出现日本取得德国在山东的特权的消息，结果中国爆发了全国性的抵抗运动。[①]当时代表进步舆论的上海《民国日报》连日发表了"国民的警报"，[②]要求"国民的觉醒"和"蹶起"；5月4日，北京出现学生示威运动，到6月初扩大为全国性的示威运动。所以可以说，中国的五四运动与韩国的三一运动都是由对巴黎和会的期待到对其结果的失望引发的，进而发展为全国性的反日、反帝运动。

二　三一运动以后中国人对韩认识变化与上海韩国临时政府的成立

在亡国的过程中，韩国人对日本侵略的抵抗从东学农民战争开始，经过义兵运动等不断扩大，但是正式的独立运动则发生在日本强制合并后的1911年，受到中国辛亥革命的刺激，独立运动志士大举亡命中国。这些流亡韩国独立志士的基本目标是借助中国，实现韩国的独立，并学习中国革命的经验，建立独立后的新国家体制。当然，初期亡命中国的韩人志士中，对于韩国的独立运动有小部分人过于依赖中国的"事大主义"，[③]也有人在一战爆发后对激烈变化的国际形势进行错误判断，寄希望于德国战胜而日本败亡，从而出现了支持德国立场的犯了时代性错误的人。[④]比起这些人，以吕运亨为中心的新韩青年党的成立与其派遣巴黎和会代表，以及发动民众支持独立请愿等活动，代表着上海地区韩人志士的更新换代。[⑤]更值得瞩目的是因他们的活动而爆发的三一运动，展现出觉醒的民众主导下的独立运动的全新局面。因此可以说独立运动出现了历史性的巨大转变。对三一

---

① 叶楚伧：《我之日德密约破露观》，《民国日报》（上海）1919年4月20日，第1张第2版；湘君：《五国共管青岛说》，《民国日报》（上海）1919年5月2日，第1张第2版。

② 《山东问题大警报》（要闻），《民国日报》（上海）1919年5月3日，第1张第2版。

③ 裴京汉：《孙中山与韩国》，首尔，한울出版社，2007，第234页。

④ 1915年3月，以李相禼、李东辉、朴殷植、成乐馨、柳东说等人为中心在上海成立的新韩革命党（或称新韩革命团），预想德国会在一战中获胜，在德国的保证下与袁世凯北京政府签署了中韩谊邦条约，强行推进对日的军事作战计划。参见姜英心《新韩革命党的结成及其活动》，《韩国独立运动史研究》1988年第2期；朴杰淳《李相禼的民族运动与后人论纂》，《中原文化研究》2006年第10期。

⑤ 郑秉峻：《1919年金圭植的巴黎行》，《韩国独立运动史研究》第60期，2017年，第121—125页。

运动的这个意义，同病相怜的中国民众应该能够理解。中国舆论对韩国三一运动的报道是在三天后的 3 月 4 日，最初由上海的中美合作英文日报《大陆报》（China Press）报道，内容引用日本报道。3 月 6 日，《大公报》也引用了日本的报道。① 3 月 9 日，上海国民党系统的《民国日报》也登载了相关消息。② 之后诸多报刊连续登载了相关的报道。③

三一运动一直持续到五四运动爆发前后，通过中国的舆论报道，可以确认三一运动的反日主张与围绕山东问题的中国人民的反日主张是一脉相承的。比如三一运动爆发后不久，3 月 14 日《大公报》在第 1 版登载了要闻"对于讲和会议的路透社报道"的同时，引用了北京的英文报刊《京津泰晤士报》（Peking and Tientsin Times）的报道，登载了《韩人独立运动之余闻》一文。④ 当看到两篇相邻版面的报道后，读者会很自然地把中国的山东问题与韩国的独立问题相联系，产生两者都与日本的侵略有关的联想。《大公报》把三一运动及韩国的独立运动与巴黎和会及山东问题并列报道的情况在之后也经常出现，如 3 月 26 日、28 日、29 日，4 月 13 日、14 日等的报道。也就是说在五四运动前后，三一运动可以说成了展示"抵抗日本侵略，收回山东半岛"的中国人民呼声的一个窗口。

对三一运动的关注，使中国人对韩国乃至韩国独立运动的认识或态度发生了巨大变化。在三一运动之前，中国人虽然对韩国的亡国命运抱以同情和怜悯态度，但可以说，只是站在"韩国因无能而不得已灭亡"的批判性立场，并认识到中国不能步韩国之后尘，把韩国作为他山之石而提高自身警戒。

三一运动后，这种认识发生了巨大变化。陈独秀高度评价韩国独立运动："朝鲜的独立运动非常伟大，非常迫切，依据民意不是依靠武力，开启

---

① 《高丽乱事之西讯》，《大公报》1919 年 3 月 6 日，第 1 页。

② 《朝鲜之革命运动》《朝鲜人之独立宣言》《西报对于朝鲜之论调》，《民国日报》（上海）1919 年 3 月 9 日，第 1 张第 3 版。

③ 关于中国舆论界对三一运动的报道，参见张世胤《20 世纪初期主要言论对韩国独立运动的认识——以香港〈华字日报〉、天津〈大公报〉、〈上海时报〉、〈申报〉等为中心》，《韩国民族运动史研究》第 75 期，2014 年；金周溶《中国言论中体现的三一运动的展开与影响——以长沙〈大公报〉记事为中心》，《史学研究》第 97 期，2010 年；姜秀玉《近代中国人对朝鲜三一运动的认识与五四运动》，《朝鲜韩国历史研究》第 17 辑。

④ 《紧要纪事：和议沉寂中之西讯》《韩人运动独立之余闻》，《大公报》1919 年 3 月 14 日，第 1 页。

了世界革命史的新纪元。"① 北京大学示威运动的主要领导人之一傅斯年说:
"朝鲜的这次革命是非暴力性革命,是把明知不可能的事情付诸于实行的革命,是纯粹的学生革命。(从这个角度上)看当今中国的现实,可以说不得不令人叹息。"② 他还说中国的学生应该把三一运动作为学习的对象,即学习朝鲜的学生运动。因此,经过三一运动,中国人认识到中韩双方都是日本帝国主义的受害者,应站在同志的立场来看待韩国和韩国的独立运动。这种观点的变化可以说成为对韩国从前的"中华主义"视角瓦解的转换点。③ 经过三一运动,中国人对韩国和韩国独立运动态度的变化为韩国临时政府在中国成立提供了首要的条件。

三　五四运动以后东亚反帝连带的正式开始

1919 年 4 月 11 日在上海成立的大韩民国临时政府,成为韩国独立运动史新的出发点。上海韩国临时政府是把当时许多地区的多种势力整合为一而成的。不仅如此,临时政府还成为韩国独立运动精神性和实质性的支柱。④ 如后述,临时政府树立了明确目标,要为新的国家建立民主共和体制,从而为解放后成立的国家奠定基础。即使经历无数的困难,其仍成为维持国家命脉的最后一个堡垒。对于临时政府的成立,首先要注意的是其成为东亚弱小民族独立运动的一个模范,也成为东亚地区反帝民族运动互相结成连带的出发点。

临时政府在中国上海成立,是因为辛亥革命后韩人志士大举逃到上海和南京,上海成为海外韩人社会的中心。武昌起义爆发前,在上海居住的韩人有 50 多人,他们大部分从事人参、服装和药品贸易,也有一些是留学生。1919 年 10 月武昌起义爆发后,开始出现大量的政治性流亡人口,在华

---

① 陈独秀:《这回朝鲜的独立运动》,《每周评论》第 14 号,1919 年 3 月 23 日,《陈独秀著作选》,上海人民出版社,1993,第 509—510 页。
② 傅斯年:《朝鲜独立运动中之新教训》,《新潮》第 1 卷第 4 号,1919 年 4 月 1 日,上海书店合订影印本,1986,第 887—689 页。
③ 金璟硕:《三一运动后中国的朝鲜认识——以傅斯年的"朝鲜独立运动中之新教训"为中心》,《中国人文科学》2009 年第 42 期。
④ 慎镛厦:《上海大韩民国临时政府的成立过程》,"上海临时政府与尹潽善"学术大会论文,2018 年 11 月 23 日,第 9—23 页。

韩人数量快速增长,[1] 如以申圭植、李泰俊、金奎植、赵素昂等为代表的韩人志士亡命中国。开始,他们主要在南京活动,1913 年讨袁运动失败后转移到上海。到 1917 年,韩人志士已有 300 多人,1919 年 3 月达到 345 人。[2]

在上海韩人数量又一次增加的契机是三一运动。在三一运动后以青年为主的韩人志士前仆后继地亡命中国,其中相当一部分是到上海和南京的留学生。1922 年底,到上海和南京的留学生有 100 多人,到 1923 年 6 月,已经有 170 多人[3]。光是在上海,1920 年 4 月韩人已经有 530 多人,1921 年更是有七八百人。[4]

韩人数量之所以能以上海为中心急速增长,其原因应该是上海具有国际性、开放性和相对自由的政治环境。[5] 虽然上海在开放港口以后成为帝国主义列强侵略中国的门户,但另一方面,上海也成为西欧文明和革命思潮涌进的开放性门户,因此占领了上海主要社区的列强的租界,也成为开放和革命的象征。[6] 韩国临时政府是在上海的法国租界内设立的,利用了租界所具备的"保护膜"作用。法国租界当局对韩国独立运动持比较友好的立场,因此给临时政府的成立和活动提供很多便利。[7]

因为临时政府在中国成立,所以不只是在中国活动的独立运动家,实际上整个韩国独立运动群体都与中国人有众多的交流与协作。从中国的立场看,与韩国独立运动家的交流和连带是必要的。如前所述,日本在 1910年强制合并朝鲜后,渐渐开始迈出大举侵略中国的步伐。因此中国人不但对韩国独立运动予以同情和关注,对日本的侵略也认为有必要与韩国形成共同对应(连带)。众所周知,韩国独立运动群体与中国人的交流和连带活

---

① 孙科志:《上海韩人社会史(1910—1945)》,首尔,한올出版社,2001,第 38—41 页。

② 裴京汉:《从韩国看的中华民国史》,社会科学文献出版社,2004,第 191—193 页。

③ 裴京汉:《从韩国看的中华民国史》,第 193 页。

④ 朝鲜总督府警务局编《国外在住朝鲜人口分布一览表(1921 年 4 月)》,《日本外务省文书》SP‑141 之附件文书。

⑤ 金明燮:《为什么大韩民国临时政府成立在上海法国租界?》,《国际政治论丛》第 58 卷第 4期,2018 年。

⑥ 熊月之:《上海租界与文化融合》,马长林主编《租界里的上海》,上海社会科学院出版社,2003,第 41—54 页。

⑦ 金喜坤:《韩国独立运动史中上海所含有的历史意义》,《韩国近现代史研究》第 75 期,2015 年,第 157—165 页;韩时俊:《大韩民国临时政府与法国》,《韩国近现代史研究》第77 期,2016 年,第 129—138 页。

动在 1919 年临时政府成立之前就很活跃。最具代表性的例子是 1912 年前后，在上海和南京，以申圭植等人为中心成立的新亚同济社组织的活动。① 但是在这一阶段，韩中连带很有可能主要是从韩方的依赖性立场为出发点的。

临时政府成立后展开的韩中之间的连带活动具有与之前不同的面貌。临时政府方面是把与中国方面的外交交涉作为基本的外交策略推进，至少从形式上是为体现出相对平等的国家与国家、政府与政府之间的外交而努力。比如在临时政府成立后不久发表的"施政方针"中五项基本外交政策之一，就是为了对中国进行宣传，还组织"韩中亲睦会"。在与各国进行交涉的具体的外交方案中首条就包含负责对中国外交的成员名单。② 1920 年 3 月公布的"临时外交员制"，规定向海外各地派遣临时宣传员。这一政策是针对中国。1920 年冬，韩国派遣宣传员到中国南方各地，展示日本侵略的罪状和殖民地韩国的惨状，同时为了争取中国人对韩国独立运动的支持展开了宣传活动。③ 临时政府的政策，如前所述，是在三一运动以后，中国人对韩国乃至韩国独立运动的认识发生变化后才实施的。

临时政府对中国外交的结果中最引人瞩目的，是 1920 年 10 月国民党人吴山（1876—1936）、徐谦（1871—1940）与临时政府要人见面讨论新建组织，即从 1921 年春开始正式向全国发展的中韩互助社。临时政府方面任命外务部所属的黄永熙担任临时宣传员，于 1921 年 3 月中旬去四川、云南、贵州等地，任命赵重九为临时宣传员，于 3 月下旬去湖北。据报告，他们在 3 月末去了湖南活动。④ 结果，在大体相同的时间（3—4 月），在湖南（长沙）、安徽（安庆）、湖北（汉口）等地成立了中韩互助社。⑤ 到了 5 月，

①　裴京汉：《孙中山与韩国》，第 61—66 页；李炫熙：《1920 年代韩中联合抗日运动》，《国史馆论丛》1989 年第 1 期。

②　此外还包括与中国的南北政府及各省省长、督军等人士的交往，各地方群体给予韩国独立运动的便利，以及韩国青年就读中国士官学校等外交交涉方案等内容。金正明《朝鲜独立运动》（Ⅱ），东京，原书房，1967，第 117—118 页。

③　李永春：《长沙中韩互助社述论》，《湖南师范大学社会科学学报》2007 年第 6 期。

④　《朝鲜民族运动年鉴》，《大韩民国临时政府资料集》别册 2，果川（国史编纂委员会），2009，第 106—107 页。

⑤　以下有关中韩互助社的成立及活动，参见裴京汉《孙中山与韩国》，第 76—83 页。

在上海成立了中韩互助总社，负责联系和管理各地的互助社组织。① 同年9月，申圭植访问广州护法政府时在广州成立了中韩协会。这个协会也是性质相同的韩中连带组织。② 此外，虽然日期无法确认，在四川、重庆也成立了中韩互助社（支社），在东北哈尔滨等区也可能成立过中韩互助社。③

各地中韩互助社的目标是通过形成中韩两国国民之间的连带，追求共同的利益等一般范畴的内容，但是实际上其首要目标是获得中国人对在华韩人的支援。④ 比如在上海的中韩互助总社，为韩国留学生举办汉语讲习所，并且为了给讲习所募集资金，举办过规模不小的游艺公演。⑤ 但是这些活动重点是针对日本的侵略，采取共同的应对措施，并根据实况的变化或当时的需求，制定具体的对应策略。各地互助社的成立本身就是为了揭露日本侵略韩国，实行殖民统治的不当行为，并带有抵抗日本侵略、加强中韩连带的集会的性质，而举办的有关讲演会、茶话会等都含有批判日本的蛮行，支持和支援韩国独立的意味。因此，中韩互助社的活动虽然意味着中国人对韩国独立运动的支援，但针对中国民众"抗日""反帝"的目标，也有形成连带的意义。中韩互助社所创办的不仅有针对韩国人的汉语讲习所，也有针对

---

① 《东亚日报》1922年10月30日的报道说，1921年春在上海，中韩双方共同发起了中韩互助社，决定在上海设置总社，在中国主要城市设立支社（《扩张内容的互助社》，《东亚日报》1922年10月30日）。另外，中韩互助总社确切的成立日期虽然不清楚，但是《独立新闻》上有关中韩互助总社第二次大会（1922年9月5日）的报道中有"去年5月在上海组织"的字样，由此可以确认总社应该是1921年5月初创的事实。《中韩互助社大会》，《独立新闻》1922年9月11日，第2页。

② 金正明：《朝鲜独立运动》，第474页。当时在上海发行的《四民报》在介绍广州地区的团体时，把中韩协会作为第七个团体进行介绍，"（至今）成立不到两周"。《广州社会之里面观（续）》，《四民报》1921年10月15日，第2—8页。有关《四民报》的发刊过程及其对韩国独立运动的支持立场，参见裴京汉《亡命中国时期（1910—1925）朴殷植的言论活动与对中国的认识——对〈香江杂志〉〈国是报〉〈四民报〉的分析》，《东方学志》第121期，2003年。

③ 1922年10月中旬《独立新闻》中有"中韩互助社重庆支社多次发行社报"的报道，还有"韩人侨居者比较多的东三省地区，为建立中韩互助社，拜托过中方人士汪剑农（中韩互助总社中方人士）"的记载。《中韩互助社消息》，《独立新闻》1922年10月12日，第2页。

④ 中韩互助总社第二次大会中所确定的（进一步强调的）新业务是，对日益增加的韩国留学生进行指导以及打造振兴中韩两国贸易之策等。参见《扩张内容互助社》，《东亚日报》1922年10月30日。

⑤ 《中韩互助社语学讲习所经过情况纪略》，《中韩语学讲习所游艺大会特刊》1923年3月2日，第4页。

中国人的"劳动夜学"（平民讲习所）等,① 这体现出中韩互助社不是单方向的，其具有互惠连带的双向形态。

中韩反帝连带，使得1920年代中国的国民革命即北伐中有大量的韩国青年参与，其中不少人牺牲。在1931年九一八事变后的14年间，中国的抗日战争也有许多韩国人参与。在此过程中，中国政府和民间社会对韩国临时政府和韩国独立运动团体在经济上、军事上、政治上予以大力支援。当然，也常常有日本的干涉或中韩两方破坏连带的负面事情发生，但是这并不能阻挡反帝连带的巨大潮流。

不仅如此，反帝连带超出了中韩两国的范围，扩大到了整个东亚地区。这虽然与共产国际的支援有一定关系，但也与国民革命时期形成的诸多形态的亚洲联盟中的成员，包括越南、菲律宾、印度尼西亚、印度等国家的广泛参与分不开。比如1925年7月成立的被压迫民族联合会是由中国、印度、韩国、越南的革命人士参与的。② 按照其中起过主导性作用的韩人志士吕运亨的观点，这一组织是为了扩张以往的中韩互助社而成立的。③ 另外，参加1926年1月在广州召开的中国国民党二大的吕运亨与越南代表（胡志明）和印度代表进行了强调反帝连带的演说。之后，连带举办了支援北伐的活动。这些都是从三一运动、韩国独立运动和五四运动开始的，可以说亚洲反帝连带一脉相承。④

因此，韩国的三一运动与中国的五四运动超越了韩国或中国单一国家的反帝运动，刺激了东亚乃至整个亚洲的反帝运动兴起，进而把亚洲各国的反帝运动联合起来，形成统一的连带的根据地。如此可以说，韩国的三一运动和中国的五四运动不仅在各自国家的历史上，而且在包括中国和韩国的东亚的历史上，成为反帝运动正式的出发点。

---

① 周霁光：《平民语学讲习所之希望》，《中韩语学讲习所游艺大会特刊》1923年3月2日，第1页。

② 《被压迫民族宣言》，《工人之路》1925年7月9日，转引自广东革命历史博物馆等编《胡志明与粤港》，世界知识出版社，2010，第44页。

③ 吕运亨：《关于违反维持治安法嫌疑者的报告》，《梦阳吕运亨全集》第1卷，한울出版社，1991，第404页。

④ 裴京汉：《国民革命与东亚地区的"反帝连带"——以韩人志士吕运亨的在华活动为中心》，《近代史研究》2015年第4期。

结　语

从短期的视角和对外因素来看，可以说五四运动是近代反帝运动的出发点。这一点通过对五四运动及与其处于同一历史脉络上的韩国的三一运动两者之间关系的研究可以进一步得到认证。三一运动是韩国在为终结一战而召开的巴黎和会上提出独立问题未果而引起的，而五四运动是中国通过巴黎和会收回德国对山东特权的理想破灭而引起的，时间上两者有巴黎和会前后的差异，但是本质上因为都是为了反日即反帝这一恢复国家独立的共同目标，所以三一运动和五四运动是具有同一历史脉络的事件。

五四运动的反帝性，通过之后正式开始的东亚地区的反帝运动进一步明确地体现出来。三一运动后中国人对韩国和韩国独立运动的同志认同和支持，为中国的韩国独立运动基地即韩国临时政府的成立提供了基础。以韩国临时政府为基础，1920 年代形成了中韩互助组织和反帝连带活动。不仅如此，这种中韩连带扩散到了整个东亚地区的弱小民族。这也成为 1924 年以后中国国民革命把反帝运动作为首要目标的一个连接点，具有相当的意义。因此五四运动不仅是中国近代反帝运动的出发点，在东亚历史上，也成为反帝连带正式形成的一个重要的出发点。

活力东亚的 1919：作为革命起点的 "三一"与"五四"

白永瑞[*]

一 问题意识之所在

一百年前的 1919 年，韩国发生了三一运动，中国发生了五四运动。[①]这两个事件如镜子般互相映照。因此，这两个民族运动的关系很早就受到关注，主要焦点在于前者对后者的影响或两者的关联性。笔者期待可以用全球化历史中的"同时性"（simultaneity）观点重新定位两者在世界史上的意义，同时也关注在比较"三一"及"五四"的同时性时所显现的个别性。

为此，本文拟从"连动的东亚"视角重新解读这两个事件。所谓连动是"互相深具关连性的东亚在叙述以多方向相互作用的空间（即结构）的同时，指称主体性连带活动的用语"。[②]连动意指结构上的关联性及行为主体的互相参照，后者除了运动之外，也包括思想、制度等领域。随着被卷入世界体系，作为"帝国"的日本、作为半殖民地的中国和作为殖民地的韩国在世界体系的等级结构中各自处于不同的地位却又相互作用。作为

* 白永瑞，韩国延世大学。
① 以下视情况称为"三一"与"五四"。简称有其便利性，同时也是为了强调与"运动"相比，笔者更想将"三一"和"五四"称为"革命"的问题意识。
② 白永瑞：《横观东亚：从核心现场重思东亚历史》，台北，联经出版事业股份有限公司，2016，第 45 页。

西方列强代理人的日本帝国扮演了规范两国（半）殖民性[①]的角色。通过对照半殖民地中国的反日民族运动——"五四"与殖民地朝鲜的反日民族运动——"三一"，可进一步探讨半殖民地和殖民地的差异所具有的意义。

重视这一点是为了透视打着"文明化"旗帜的帝国主义造成的（半）殖民地现代的复杂性，从中找出超克现代的契机。这意味着同时完成"现代适应及现代超克"（adapting to and overcoming modernity）的"双重课题论"是非常有效的方法。[②] 由此来看，中国虽然在1911年共和革命成功，但隔了八年才发生"五四"，韩国则在1910年被日本强制合并后，过了九年才发生"三一"，笔者期待这种过程上的异同所具有的结构性意义可以变得更清晰。

这两个事件从1920年代开始，在社会历史的变化中被不断地重新诠释，在2019年一百周年之际迎来重新思考的契机。如何（再）记忆两者不只是历史问题，更是现实问题。有趣的是，两国学界的研究方式最近呈现共通的倾向。韩国自1990年代以来就脱离了过去以民众史观来解读"三一"的方式，经历"文化史的转型"，使其成为多元化的研究题材；中国也自1980年代开始出现对"五四"的多元解读，尤其是在社会文化领域的研究，有很大的进展。[③] 笔者想要提醒的是，尽管这样的潮流在解读"三一"和"五四"方面创造出多元成果，在活用这些成果时，对于以（半）殖民性为媒介的世界体系的规范性、固有的运动及思想经验的重构，以及对现在性反应迟钝的结构性认识的不足，也应加以批判。现在正是需要重新摸索解读

[①] 如果说殖民地是指受到某个国家的直接支配而丧失主权，半殖民地则是指虽然未受到直接支配，但列强通过不平等条约及势力圈的分割发挥其影响力，主权也受到列强制约。然而近代中国社会结构的"半殖民地"之"半"并不是单纯的中间形态，而是意指世界资本主义的规范性，并且意指帝国主义带有结合封建残留物进行支配的资本主义性质的过渡阶段。

[②] "双重课题论"是想要超越将现代的特性视为必须成就的正向价值（如现代主义）或必须扬弃的老旧遗产（后现代主义）的二分法圈套的创意理论，期待由此克服"侵略和抵抗"这种单向式的历史理解。参见 Nak-chung Paik, "The Double Project of Modernity," *New Left Review*, Septmeber/October（2015）。

[③] 最近对"三一"研究史的整理有徐东日《走出中央史与国家主义的框架：2010年代三一运动研究倾向》，《韩国社会学报》第38期，2018年；郑容郁《三一运动史研究的最近动向及方向性》，《历史与现实》第110期，2018年。最近对"五四"研究史的整理参考收录于 *Chinese Studies in History*, Vol. 43, No. 4, Summer 2010 的 Q. Edward Wang, "The May Fourth Movement: Ninety Years After" 和 Zhao Qian, "A Review of Studies of the May Fourth Movement in China over the Past Decade"。

两者方法的转捩点，因此本文拟以将两事件称为"三一革命"和"五四革命"的方式来尝试挑战这个课题。

这个新的记忆化方式当然也反映在社会、政治的情况变化上。笔者参与了由韩国的"烛光革命"① 所引发的重新解读"三一"的一系列潮流，② 对于 1919 年与 2019 年的对话有着浓厚的兴趣，问题是这个新的记忆化方式能对共有领域（commons）③ 起到多大的作用。

将这一新的记忆化方式（不卷入特定政权的合法性争论）转化为共有领域，这是通过烛光革命重新"看见天"④ 的普通市民和历史研究者作为共同主体需要在文明转型期付诸实践的世界史课题。期待这个工作能对重新审视今日韩国和中国的现实以及东亚过去百年的历史有小小的贡献。

二　活力东亚：1919 年，新时代的到来

第一次世界大战作为开启"漫长的 20 世纪"的事件，引发全球对于互连（interconnection）的意识，其结果是得以在世界的层次上共享"全球性瞬间"（global moment）⑤。通过报纸或电报等近代媒体，"近乎同时近距离经历世界大战的'经验'是让人们意识到'世界的世界性'，并且形成'同时代性'感觉的事件"。⑥

---

① 白乐晴：《创造"烛光"的新世界与南北关系》，《创作与批评》2017 年春季号。英语圈读者参考 Nak-chung Paik，"South Korea's Candlelight Revolution and the Future of the Korean Peninsula," *The Asia-Pacific Journal*，Vol. 16，No. 3，2018。

② 《创作与批评》2019 年春季号《三一运动的现在性：记一百周年》之外，李基勋编《以烛光之眼来看三一运动》（首尔：创批，2019）也回应了这样的时代要求。

③ commons 可以译成公有地、共有财、共有资源及共有领域等。通过共同体成员的共有及共同管理，超越国家和市场的"共同之物"，即是为了创造出共有模型的认知和运动的统称，最近受到关注。为了强调在"三一"或"五四"的解读上创造新价值的共同创造（commoning）过程的重要性而使用。

④ 参考白乐晴着眼于申东晔在东学农民起义叠合"4·19"所写的诗《谁说看见了天》，而将烛光革命的主体称为"看见天的市民"的用语。白乐晴：《看见天之后要做什么》，《创批周刊论评》2018 年 12 月 27 日。这里所说的"天"源自参与东学农民运动的主体"替天行道"及"人乃天"的主张。

⑤ Sebastian Conrad and Dominic Sachsenmaier，*Competing Visions of World Order：Global Moments and Movements，1880s-1930s*，London：Palgrave Macmillan，2007，p. 13。

⑥ 车承基：《废墟的思想："世界大战"与殖民地朝鲜，或关于"不在意识"》，《文化与社会》2014 年夏季号，第 411 页。

　　这一点也清楚地展现在韩中日对待为处理战后问题而举行的巴黎和会的态度差异上。当时的殖民地朝鲜揭露了日本的和平论①所内含的矛盾——一面批判维持现状国的"英美本位的和平主义",一面却主张以日本为中心改组东亚秩序;并且指出,处于"双重周边"的朝鲜的独立既是"世界和平所必需的",也是"作为世界和平重要组成的东洋和平中不可或缺的一部分"(《独立宣言书》)。朝鲜没有独立外交权,无法派遣官方代表参加巴黎和会,主要依赖"由下而上的和平"。相反,作为半殖民地的中国,政府虽然派遣代表团参加巴黎和会,但因为会议没有贯彻中国的要求,民间也出现了对于新的国际秩序与"由下而上的和平"(非依列强政府之间的协定而来的和平)的要求。

　　让我们再深入分析这样的差异。首先,日本成为亚太地区第一次世界大战最大的受益国,以战胜国的资格接收了战败国德国过去在这个区域所享有的权利,尤其确保了在中国山东的权利,打下了全面侵略中国的基础。②中国方面,第一次世界大战的爆发是使中国全面卷入世界体系的第一件世界性事件,中国期待通过参与战争获取重新定位对外关系的机会。因此,为了直接参加世界大战,中国政府派遣劳工到法国,协助当时苦于人力不足的协约国。战争一结束,中国政府和民间就以战胜国自居,举办官民同欢的胜战庆祝活动(1918 年)。③但众所周知,在巴黎和会上,中国的权利遭到漠视,群情激愤的中国民众展开民族运动,要求罢免三位有关官员,并且拒绝签订协议,这就是五四运动。若走出中国的外交失败而从更大的脉络上看,中国至少参与了战后和平协商,在打造新的战后世界秩序上,拥有了可以注入自己想法的平台,这点也是有意义的。④但是中国人基于希望国家富强的愿望,想要改变帝国主义的秩序,即看起来是将重点放在适应现代上。与此同时,中国人目睹了战争期间表现出的西方现代性极具破坏力的可能性,加上对巴黎和会感到失望,当然也会期待另一种文明

---

①　入江昭:《二十世纪的战争与和平》,首尔,燕岩书架,2016,第 105、106 页。

②　魏格林、朱嘉明主编《一战与中国——一战百年会议论文集》,东方出版社,2015,"序言"。

③　白永瑞:《中国现代大学文化研究:认同感危机与社会变革》,首尔,一潮阁,1994,尤其是第一章。

④　关于中国与第一次世界大战的叙述,参考 Xu Guoqi, *China and the Great War: China's Pursuit of a New National Identity and Internationalization*, NY: Cambridge University Press, 2005。

及另一种世界秩序。① 五四时期爆发的"由下而上的和平"为此提供了推动力，俄国革命当然也产生了一定的影响。一言以蔽之，在半殖民地中国，是通过"由上而下的和平"与"由下而上的和平"的双轨（track）并行，② 展现了完成双重课题的可能性。

不同于中国，朝鲜在 1910 年就已经被日本强制合并，殖民当局强制推行武断统治（military policy），即以宪兵、警察、官吏为媒介，将总督府暴力的支配秩序贯彻到民众全部生活的殖民地现代化方式。到 1919 年，民众的不满已达到"内含爆发力"的境地。然而强制合并才九年就发生了"三一"这个全民族的抵抗运动，是无法仅以仇恨心和反抗心来说明的。在此首先有必要探讨将 1919 年解读为"人类的新纪元、解放的新气象"的时代氛围。

让人们如此解读 1919 年的事件正是第一次世界大战。尽管战争本身是一个悲剧，但其结果导致以正义和人道为中心的"建设新社会"的认知扩散到全世界，"改造"几乎成为流行语。朝鲜人通过第一次世界大战，在某种程度上克服了自开港（即被迫开放通商港口）以来对西方文明及文明开化的自卑感，对包含日本在内的当时世界秩序的根本性改组和改造怀有憧憬，同时也在这种世界秩序改组的过程中梦想民族的未来。③ 可以说，朝鲜人通过共享"全球性瞬间"（global moment），第一次有了迎接文明转型的新时代的感觉。

然而与中国可以派官方代表参加巴黎和会不同，殖民地朝鲜能否有机会参与世界史上的转型，这种焦虑感对当时朝鲜人的思维和实践起了作用，

---

① Dominic Sachsenmaier, "Alternative Visions of World Order in the Aftermath of World War Ⅰ: Global Perspectives on Chinese Approaches," in Sebastian Conrad and Dominic Sachsenmaier, *Competing Visions of World Order*: *Global Moments and Movements*, *1880s – 1930s*, Palgrave Macmillan, 2007.

② "由上而下的和平"与"由下而上的和平"，参考权宪益访谈《需要重新思索 1919 年的世界史意义的"和平研究"》，《韩民族日报》2018 年 9 月 20 日；《汉娜·鄂兰（Hannah Arendt）与三一运动》，延世大学金大中图书馆主办国际会议"民主共和一百年，世界市民一百年：朝向普遍和平"（首尔，2019 年 2 月 25—26 日）论文集。

③ 金泰勋：《1910—20 年代初第一次世界大战的介绍样貌与讨论形态》，《社会研究》第 105 期，2012 年，第 213 页。

成为重要的变数。① 虽然有部分精英对当时威尔逊提出的民族自决论持乐观态度的风潮心存警戒，同时也预料到朝鲜问题根本不会被提到巴黎和会上讨论，也没有参与"三一"，但做出行动的并不是基于正确知识而悲观的人，而是仰赖意志乐观且挺身而出的人。他们（并未误解国际秩序变动的意义）利用国际秩序变动的缝隙，共同参与了"全球性瞬间"，希望让本国的社会变革也能呼应全球变革。如同《独立宣言书》所集中体现的，对现在"新天地将在眼前展开"怀抱着期待的时代认识及对国际情势的理解，再加上殖民当局压迫的强度，共同构成引发"三一"这个集团性抗争的原因。

综上所述，第一次世界大战让全世界紧密相连，并使革命气氛高涨，东亚的 1919 年成为活力变化的起点。当年发生的"三一"及"五四"是被压迫民族对帝国主义列强主导的世界秩序提出异议、在世界史上具有"同时性"的事件，在东亚层次上彼此的相关性非常明显。"三一"对"五四"产生了直接的影响，自 1920 年代以来，朝鲜不仅对中国的新文化运动有共鸣，中韩连带运动也很活跃，如这些事实所呈现的，两国有密切的连动。② 但是殖民地的"三一"是在巴黎和会举行之际，以向巴黎和会表明韩民族独立意志为目的而发生的民族运动，而半殖民地的五四运动则是以战胜国身份参加巴黎和会的中国的要求遭到背弃而引发的民族运动。这些世界体系内结构上条件的异同也对"三一"和"五四"的主体、目的和意义产生了一定的影响，接下来探讨这一点。

---

① 车承基：《废墟的思想："世界大战"与殖民地朝鲜，或关于"不在意识"》，《文化与社会》2014 年夏季号，第 411 页。

② "三一"与"五四"的关联从 1920 年起就受到韩国人的关注。例如《独立新闻》1922 年 7 月 1 日的报道"我们的三一运动与中国的五四运动"认为中国和朝鲜的课题是类似的，并对中国青年的革命运动表示支持。从 1920 年代就已经出现"五四"受到"三一"影响的解释（春艇生：《纪念中国的五四纪念》，《东亚日报》1925 年 5 月 13 日），这种视角一直持续至今。另外，五四时期中国的知识分子对"三一"表示支持，同时也将其作为促进中国人民觉醒的素材，两国的研究者已经多次阐明这个事实。对此详细的研究成果，参考 Rudolf G. Wagner, "The Canonization of May Fourth," Milena Doleželov-Velingerov and Oldřich Kral, *The Appropriation of Cultural Capital*：*China's May Fourth Project*, Cambridge：Harvard University Asia Center, 2001, pp. 82 – 95。

三 "三一"及"五四"体现的民众集结样貌：
新的主体及民主共和

首先必须核查这两个事件的时期设定。一般而言，"五四"在狭义上是指从 1919 年 5 月 4 日开始到 6 月 28 日为止的爱国运动（五四运动）；广义上是从 1915 年《青年杂志》创刊、新文化运动开始展开，到 1923 年或 1924 年第一次国共合作前为止。"三一"在狭义上是指从 1919 年 3 月 1 日开始到 4 月底示威被殖民当局镇压为止的独立运动；广义上是从 3 月（或 2 月）开始到 1922 年初华盛顿体系确立前为止。[①] 虽然对于广义的时期区分没有被讨论过，笔者认为广义的"三一"是从 1919 年 3 月 1 日开始到 4 月 11 日临时政府成立，以及经过 1920 年 5 月起持续至 9 月下旬的第二朝鲜独立运动（美国议员团事件），到 1922 年初华盛顿体系成立之前为止，重视利用国际秩序流动的缝隙，民族主体挪用"全球性瞬间"的过程。

虽然这样做了整理，但事实上，在狭义和广义的关系设定上，"五四"是提出"外抗强权、内除国贼"口号的爱国运动，还是以"民主和科学"为目标的新文化运动，这是持续论战的争议点。由于这个争议点是了解五四的性质和历史意义的关键，也与本文主要的关注对象，即主体的问题有直接关联，因此有必要进行深入探讨。在此一个事实值得重视，那就是以经过五四在青年学生之间急增的杂志和社团为主轴来扩大"新文化"的"运动"，不只是在北京和上海，而是在全国主要城市展开，"新文化运动"这个用语也开始流行。[②] "运动"这个从日本传入的词语有如表现民众心愿的"魔术咒语"（magical incantation）被学生指导层活用，[③] 文化运动和民族运动也结合在一起。如德里克（Arif Dirlik）所指出的，新文化与五四之

[①] 5 月中旬总督府正式宣布在 579 个地方发生的"骚乱"经过 58 天终于完全平定。《各地骚乱的经过（1）》，《每日新报》1919 年 5 月 18 日。

[②] 王奇生：《革命与反革命：社会文化视野下的民国政治》，社会科学文献出版社，2010，第 24—30 页。

[③] Milena Doleželová-Velingerová and David Der-wei Wang, "Introduction," Milena Doleželov-Velingerov and Oldřich Kral, *The Appropriation of Cultural Capital：China's May Fourth Project*, p. 9.

间通过以学生组织为主轴所进行的实践过程展现了辩证法方式的结合。[①] 笔者想要在他强调组织重要性的观点上再补充一个事实,那就是当时学生们的成就感也为两者的结合提供了动力。

是爱国运动还是新文化运动?或者(借用李泽厚的话)"救亡和启蒙的双重变奏"?这种二分法式的构图是无法完整捕捉当时全貌的,尤其是五四的新主体的形成过程。五四运动以后,国家主义思想衰退,"社会改造"思潮成为时代潮流,"个人解放"逐渐弱化。[②] 中国知识分子和青年学生并非否定国家或政党政治,而是想要改造新文化运动的社会基础(家庭、个人、阶级、劳动、教育),实现新的政治。既非个人也非国家的自发组织连带的经验特别受到重视。五四时期期待个人(当时的用语为"小我")融入社会及世界、人类("大我")的新人生观风靡一时,这是很有趣的现象。笔者曾对学生们的日常生活进行分析,得出他们是想借由"社会改革的自我"(the selfhood for social reformation)的形成来克服认同危机的结论。也就是说,以个人融入社会为媒介,找出"社会改革的自我"。[③] 自由主义派认为五四运动是以"个人的觉醒"为骨干,新左派则将重点放在"社会的发现",笔者提出的这个事实可以成为超越两者之间观点差异(或偏向)[④] 的线索。同样,在朝鲜"三一"时期,由"文化"引领"运动"的理念扩散,创造了"民族(运动)-社会(运动)-文化(运动)"的概念联结网,这具有很大的启发意义。[⑤]

这种变化的趋势展现出,五四时期形成的所谓民众的小组织("小联合")这种新潮流如何与既有的大组织("法团")合流,发展成中国民众的"大联合",其可能性和必要性是当时众人关注的焦点。[⑥] 在笔者看来,

---

[①] Arif Dirlik, "Ideology and Organization in the May Fourth Movement: Some Problems in the Intellectual Historiography of the May Fourth Period," *Republican China*, Vol. 14, No. 1, 1988.

[②] 王奇生:《革命与反革命:社会文化视野下的民国政治》,第43—49页。

[③] 白永瑞:《中国现代大学文化研究:认同感危机与社会变革》,参考第二部分"大学生的认同感危机:日常生活的经验"。

[④] 属于自由主义派的许纪霖,以及批判许纪霖的杨念群的五四运动观的对立,在吉泽诚一郎「五四运动から読み解く現代中国:ラナ・ミッター『五四運動の残響』を手がかりに」(《思想》第1061号,2012,第147页)上有介绍。

[⑤] 金贤珠:《作为三一/五四接点的文化(运动)》,《东方学志》第182卷,2018年,第17页。

[⑥] 1919年夏青年毛泽东发表的《民众的大联合》,《毛泽东集》第1辑,东京,苍苍社,1984。

这两个潮流在民族危机状况下，合流产生了自发性的民意代表机构。五四时期出现了"各界联合会"，并且从 1923 年开始推动国民议会运动。所谓国民议会运动，是 1920 年代的职业集团在基于各自日常生活的利害关系组织化的同时，与共产党及国民党互相合作，有时也互相竞争的竞技场（are-na），换言之，是新的民意代表机构的组成及实践。① 这个"代表"的正当性因为一连串的民众示威而在事后获得追认，并且在拒绝（日本）帝国的支配且在为国民的理解发声时得到认同。朝鲜的三一运动过程中也有相似的情况，这个事实将在下面提出来讨论。

在这种民众的"大联合"，即新的民意代表机构的实验中，也有一部分是从（五四以前）长久以来的民众自治及集结经验中继承而来的。首先值得注意的是辛亥革命的连续性。闵斗基认为，从 1911 年前后的第一次共和革命开始呈现的许多特性仅止于形式，是经由"第二次共和革命"即五四运动才确保其实质性，达成共和革命的名与实融合的过程。② 尽管辛亥革命作为亚洲第一次共和革命成功了，共和政治却未能启动，对此感到失望的中国人转而讨论国民心理改造和对抗势力的组织化，以此作为落实共和之路。③ 在此过程中，通过对共和制度（现存的政体或政党）甚至对其理念本身的批判性认识，迈向通往新的政治、扩大民众直接参与这一复合且渐进的发展过程。

其次，民间力量的上升及分权化面向的重构也受到关注。沟口雄三关注 16、17 世纪以后民间力量的上升导致王朝"制度"崩溃的过程，也就是从"中央集权制到地方分权化"的长期历史过程。④ 明末清初以县级规模存

---

① 白永瑞：《中国现代史上的民主主义与国民议会运动》，《人文科学》（延世大学）第 84 辑，2002 年。在此笔者认为关注国民会议运动的东亚研究者具有想要"在各自所处的现实，尤其从批判现有代议制民主主义出发，追求另一种民主主义模型"的动机（第 169 页）。韩国学界则有以职业代表制划时代地提高代表性及直接性而更符合民主共和的原理为主轴来重新解读中国民主主义的见解。柳镛泰：《二十世纪中国的民主主义构想》，《绿色评论》第 158 号，2018 年。

② 闵斗基：《中国的共和革命（1901—1913）》，首尔，知识产业社，1999，尤其是"结论"部分。罗志田也强调辛亥革命与五四运动的连续性，不过他关注的是当时将新文化运动视为超越仅改朝换代的辛亥革命的真革命（"精神革命"）的论点。参见罗志田《体相和个性：以五四为标识的新文化运动再认识》，《近代史研究》2017 年第 3 期。

③ 白永瑞：《从共和到革命：从民初争论看中国国民国家的形成》，《东洋史研究》第 59 辑，1997 年。

④ 沟口雄三『中国の冲击』东京大学出版会、2004。

在的"乡里空间"到清末成长为省级规模，他所说的"民间"力量指的就是这个历史脉络。再加上清末以来推动分权化趋势的动力正是既有的大组织（"法团"）的变化，其结果是有了20世纪初以省为单位建设共和国的构想，也出现了通过联合以省为单位的共和国，建设联邦国家的构想（联省自治运动）。当然也有对于中央集权式的国民革命的构想，但若思考地方分权化这个漫长的历史脉络，"联邦共和国的构想也许是最具现实性的构想"。[①] 然而众所周知，帝国主义侵略所带来的民族危机意识在其后日益加重，由于担心军阀们勾结外来势力将中国分割统治，对于联邦的构想没能实现。但1920年代之际，由来已久的分权化潮流与民众的小组织（"小联合"）这种新潮流所汇聚而成的国民会议构想，是非西方代议制的新型民主主义的探索，同时作为超克现代的契机值得重视。

　　若将上述五四新主体的形成过程和目标与"三一"进行比较，两者的不同特点将更加清晰。五四的主体是以主要城市为中心的各阶层民众联合，尤其是以学生、劳工和商人为中心的运动（罢课、罢工、罢市的"三罢"斗争），其中"新青年"即学生在五四运动及新文化运动中担任主导角色。与此相比，"三一"中虽然学生无疑是催化剂，但其是具有更多层次主体的（泛阶级、泛民族的），尤其是以宗教团体和农民为直接原动力的全国性运动。中国在半殖民地状态下，政府的自律性相对受到制约，但以自己的力量适应现代，同时在第一次世界大战期间西方列强专注于自身问题时，中国获得了短暂喘息的机会，民族产业也达到盛况，大城市有所发展，商人或劳工基于自身的利益积极地参与运动。但是，五四不仅没有扩散到农村，也未扩散到中小城市。[②] 相反，在殖民地朝鲜，总督府采取将暴力支配秩序贯彻到民众全部生活的殖民地现代化方式，对此怀抱不满的多层主体，以包括城市和农村在内的全国性规模参与了民族运动。

　　参与"三一"的多层主体的目标集中体现在现场高呼的"万岁"中。"万岁"的口号包含个人和民族获得解放的愿望，以及对新国家的期待。那么，他们向往的新国家是共和政治吗？尽管存在爱国就是忠君的惯性，但

---

①　沟口雄三：《辛亥革命新论》，《中国现代文学》第59号，2011年，第373页。

②　1922年10月24日的北京大学招生考试，国文科有一道作文题"述五四以来青年所得的教训"，据说考生中也有人问"五四"是什么，是什么时候发生的。唐小兵：《"五四精神是一股真实的历史动力"——"五四"百年之际专访余英时先生》，《思想》第37期，2019年。

是显示大众力量的"三一"示威者利用朝鲜高宗的葬礼这个传统的仪式（ritual），"算是为高宗和王朝秩序的历史举办了葬礼"，这个解释值得注意。[①] 朝鲜在 1919 年前后虽然并非没有复辟运动，但因为被强制合并，君主制事实上已经形同被废。在这样一个君主制几乎被废而与过去产生断层的空白期，人们很容易把对共和制的向往扩散成不可回头的展望，在此辛亥革命也起到了一定作用。这一点和中国通过辛亥革命在形式上终结皇帝制度，再历经五四追求共和实质是不一样的。

关于共和主义这个争议点，笔者要对"三一"展开过程中出现的"国民代表"口号的使用赋予特别的意义。在构想新国民国家的过程中，国民拥有主权并将主权委任给代表的思想，清楚地呈现在"国民代表"这个认识上。4 月 23 日以钟路普信阁为中心进行的盛大的示威是"国民大会"，在这里出现了"地区的代表组成国民代表"的设想。由国民代表组成共和国的理想，迅速地扩散到民众当中。在"三一"过程中，也出现了许多没有组成团体或组织而自任民族代表或国民代表的个人。在无法通过选举顺利选出地区代表的当时，这被当作实现民主主义的方式。这里内含的代表性及直接性的意义，值得再三思索。在"三一"及（如上述的）"五四"中，这些代表并没有经过正式且合法的选举过程，"代表"的正当性因随之而来的民众示威在事后获得了追认，在他们反对（日本）帝国主义的统治且为国民的利益代言时得到了认同。[②] 在殖民地朝鲜，后者变得更明显，在此可以解读为，这是超越由地区代表组成的代议制民主主义，是一种更新的民主主义实验。

内含"三一"所表现出的对共和制的渴望，大韩民国临时政府于 1919 年 4 月 11 日在上海成立，"三一"的精神也反映在这天宣布的由十个条款组成的"大韩民国临时宪章"中。对于上海临时政府的合法性所具有的政治性意涵，以及对其的期待感和过度代表性，学界还有争论。[③] 与其参与这

---

① 金兴圭：《走出近代的特权化》，首尔，创批，2013，第 179 页。
② 李基勋：《日帝时期共和论述的扩张——以"民族代表"的观念为中心》，首尔大学国际学研究所苏天韩国学中心主办学术会议"近代韩国与东亚共和（Republic）的论述及进化"（2018.11.30）论文集。
③ 金正仁：《三一运动与临时政府法统性认知的政治性及学问性》，《首尔与历史》第 99 号，2018 年，第 234 页；孔任顺：《有关三一运动的历史记忆、背叛与继承的理念政治：三一运动的普遍（主义）的视域与过小/过剩的代表性》，《韩国近代文学研究》第 24 号，2011 年，第 221 页。

个讨论，笔者认为应该铭记一点，那就是包含临时政府的面相在内，主张"三一"独立正当性的内在逻辑，是在追求立足于自决而实现民主与平等的实质，换言之，应该重视其作为重新构思民主主义的原则所具有的意义。① 从其超越代议制民主主义且追求平等的目标这点来看，其"表面上看似追求现代政治模型，但内容上却可以当作包含超克现代意志"的资产。②

对此，笔者想强调的是，绝不能将对于新国家的渴望缩小理解成单纯在制度上是否实现共和政治。应该关注的是，出现在"三一"的对于可称为"宗教的渴望"这个乌托邦的期盼，也就是融合个人利益、民族独立、世界解放的"现世的乌托邦主义"，③ 或者被压抑而潜藏的民众变革意识一举爆发的"解放主体意识"。④

以东学为首的许多民间信仰所传承下来的开辟"后天"的愿望与大同思想，⑤ 为对新世界的渴望注入力量，持续至3、4月的"三一"成为涵盖阶级和阶层、城市和乡村的全民族性抗争，把部分地区变成"人民自治的解放区"。⑥ 不同于经历过1911年和1919年两阶段共和革命的中国，在朝鲜，被压缩的能量一次性释放出来，因而产生了巨大的影响力。

由"三一"获得的解放体验也呈现在对时间观念的影响上。当时"己未以后"成为惯用语，"三一"成为区分当代民族运动或"社会运动"时期的重要单位，担当了测量个人时间的尺度、"时间上的"基准点的角色，⑦

---

① 金正仁：《与今日面对面的三一运动》，首尔，与书同行，2019，第202—208页。

② 李南周：《三一运动、烛光革命与"真理事件"》，《创作与批评》2019年春季号，第69页。

③ 权 bodeure：《"万岁"的乌托邦：三一运动中的复国及新世界》，《韩国学研究》总第38辑，2018年，第212页。

④ 赵景达：《民众与乌托邦》，首尔，历史批评社，2009，第230页。

⑤ 也有见解认为以作为理想社会的大同社会思想为基础的儒教普遍主义，即"文明主义"与民族自决主义的结合，正是"三一"的意义所在。宫岛博史：《民族主义与文明主义：为了对三一新的理解》，朴宪镐、柳俊弼编《向1919年3月1日提问》，首尔，成均馆大学出版部，2009，第67页。

⑥ 金正仁：《三一运动的民主革命性问题》，民族问题研究所主办"三一革命95周年纪念学术会议"（2014.2.26）论文集，第139页。当时民众抗拒总督府的审判、警察和行政制度，提出了施行以"面"为单位的自治的主张，实际上在部分地区，示威大众曾控制了面办公室，自行处理了几日的行政业务。权 bodeure：《"万岁"的乌托邦：三一运动中的复国及新世界》，第212—213页。

⑦ 柳时铉：《1920年代关于三一运动的记忆：时间、场所及"民族/民众"》，《历史与现实》第74号，2009年，第183—185页。

共享这一体验的是"三一运动世代"。他们中一部分自 1920 年代以来，除各地青年会之外，还主导了全国规模的农民、劳工和女性团体的组建，另外也参与了许多迁往中国的移民建立的跨境团体（尤其是抗日武装组织）。

在追求另一种文明的文化运动中也可找到"三一"的影响。处于殖民地地位的朝鲜人，对世界时间和朝鲜时间之间的不一致反应敏锐，[①] 进而认识到"后进者"朝鲜不会被适应现代埋没，反而能找出到达另一种文明的捷径。他们所提倡的文化运动，特点是"一次就飞跃起来，结合社会革命论，呈现后现代的、后资本主义的面相"。另外，因为在殖民地的现实上无法介入或动员自己国家的权力或政治领域，与其将"文化"与"社会"分离，不如在文化上赋予其革命的意义，并且将"文化"政治化。[②] 这个认知扩散到结合作为世界史潮流的文明批判论（尤其是批判资本主义弊病的改造论）的天道教的开辟思想（意指"开辟新天地"），也就是文明转型运动上。宣传这个内容的综合杂志《开辟》非常符合当时朝鲜民族在穷困日常生活中的感受，因此成为 1920 年代"时代的宠儿"。[③]

四　将"三一"与"五四"视为革命的意义

上述"三一"与"五四"中出现的民众集结样貌，是支持笔者以"革命"来概括理解这两个事件历史意义的问题意识的根据。事实上，狭义的五四运动要求罢免三名官员和拒绝签订《凡尔赛和约》，运动主体并未付出重大牺牲就达成了目的。相反，"三一"不仅造成人员伤亡，[④] 也未达成建设独立国家的目标。那么，"五四"成功而"三一"失败了吗？若从短期成就来看也许如此，但从长期分别来看，两者都获得了堪称"革命"的成就。

---

① 许守：《第一次世界大战终战后改造论的扩散与韩国知识分子》，朴宪镐、柳俊弼编《向 1919 年 3 月 1 日提问》，第 151 页。
② 金贤珠：《作为三一/五四接点的文化（运动）》，《东方学志》第 182 卷，2018 年，第 22、26 页。
③ 崔守一：《"开辟"研究》，首尔，昭明出版，2008，第 399—403 页。
④ 根据朝鲜总督府的统计，朝鲜人死亡 400—600 名，受伤 900—1400 名；根据大韩民国临时政府统计，死亡人数 7492 名，受伤人数 15146 名。金刚山：《三一运动的镇压及残杀，以及种族灭绝（genocide）》，韩国历史研究会、三一运动一百周年企划委员会编《三一运动一百周年（2）：事件与目击者》，首尔，Humanist，2019。

这里所谓革命的意涵并非通常意义或教科书、字典上的意思，所指的不止于颠覆政权，而是思想、文化的颠覆性变化与民众主体力量的增强（西欧的"六八革命"即为其例）。

将上述革命概念适用到"三一"时，被称为"三一运动世代"的新主体的形成，还有君主制的急剧断裂与对共和制的追求，以及文明转型的认知，这些都是革命层次的重大变化，因此也充分具备革命的条件。而从其结果展现为"渐进的、累积性的成就"（incremental achievement）的意义上，可以称之为"持续学习的革命"或"现在进行的革命"，这是因为在韩国起始于"三一"的根源性动向，能够一直追求其实质至今。自东学农民起义（1894）内含对新世界变革的努力结下三一运动这个成果以来，延续到四一九革命（1960）、五一八民主化运动（1980）、六月抗争（1987）以及"烛光革命"（2017），但是，由于在殖民地的条件下，其制度化之路受到制约，无法像中国一样历经国民革命的阶段，因此只能将重心更多地放在运动和思想上，承受重复反转、曲折递增的过程。一系列"渐进的、累积性的成就"延续了韩国近现代史的活力（dynamic）。①

那么，可以将这一"革命"概念适用到五四上吗？笔者认为，五四时期已实现思想、文化的颠覆性变化及民众主体力量的增强，因此将五四运动称为"五四革命"是恰当的。"五四世代"的形成是广受认同的事实，不仅如此，如众所周知，在中国将五四视为新民主主义革命"伟大的开端"是主流意见，其他观点至少也承认存在五四文学革命。因此，五四时期以来在思想、文化上发生了颠覆性的变化，这是很容易得到认同的事实。当然也有观点认为革命并非一定意指一次性的政治革命，而是在时间上历经许多阶段，完成根源性变革的持续性"大革命"（其核心是广义的文化）的系谱。② 总之，称其为"五四革命"应该是不陌生的。

然而"五四"可以像"三一"那样被称为"持续学习的革命"吗？曾

---

① 对于"三一"的文明转型，更详细的讨论请参考白永瑞《连动的东亚与三一运动：持续学习的革命》，《华东师范大学学报》2019年第6期。文中讨论了要成为三一革命必须具备的三个要素：第一，三一革命的目标和今日我们的历史课题之间是否有明显的连续性；第二，在这样的目标上，是否有想要从根本上改变历史潮流的"革命性层次"；第三，必须确认从"三一"开始的本质性的变化有一直确保其实质至今。笔者主张三一运动已有相当程度具备这三种"革命的要素"。

② 罗志田：《与改良相通的近代中国"大革命"》，《社会科学研究》2013年第5期。

是半殖民地的中国（和曾为殖民地的朝鲜不同），通过自己的政府，尤其是在制度层次上，部分成就了各个阶段中华民族的自主和民主。尤其是对于一面基于民众的自治和集结看穿国民国家解放与压抑的两面性，一面想要重新建构国家的中国人而言，接续辛亥革命的五四就是他们在理论上、实践上努力的根源。在这种意义上，五四是维持想要同时履行"双重课题"的张力的阶段，正因为如此，五四得以成为在"中国现代思想史开辟了一个全新的时代"的重要运动。① 当然，五四之后，因为在半殖民地条件下无法维持这种张力而发生了文化和政治（或革命）的分离，即所谓启蒙和救亡的分离，乃至前者被解释为从属于后者的现象。但是，如果认为五四的历史意义是从"一个层累地叠加和扩展的过程"中显现出来的，② 那么，它是可以和"三一"一样被称为"持续学习的革命"的。不过，笔者认为五四的历史意义不单单是因为具有"多层次性"（multidimensionality）和"多方向性"（multidirectionality），③ 而在于以"社会改革的自我"为媒介，使融合个人和社会的这种辩证法，成为社会改革的实践过程所成就的主体的经验，尤其是在共和的扩充实质化这种新型民主主义的实验运动上。超越狭义的政治，将朝向根本变革的社会与文化相联结，将文化（再）政治化，这就是"五四"的"运动"。正因如此，五四在之后的一百年一直在中国现代史上居于"价值高地"，至今仍被一再召唤并与现实相比较。这正是"第二度的五四"被拿出来讨论的原因，④ 这也正是它被称为"持续学习的革命"的意义所在。

五　余论：连动的东亚与全球本土学

在中国学界，当前更关注的是清末的改革，五四的热度似乎一度冷却

---

① 唐小兵：《"五四精神是一股真实的历史动力"——"五四"百年之际专访余英时先生》，《思想》第 37 期，2019 年，第 156 页。

② 唐小兵：《"五四精神是一股真实的历史动力"——"五四"百年之际专访余英时先生》，《思想》第 37 期，2019 年，第 158 页。前述罗志田的"大革命"观也可视为与"持续学习的革命"这种认知相通。

③ Yu Ying-shih, "Neither Renaissance nor Enlightenment: A Historian's Reflections on the May Fourth Movement," Milena Doleželov-Velingerov and Oldřich Kral, *The Appropriation of Cultural Capital: China's May Fourth Project*, Harvard University Asia Center, 2001, p. 320.

④ 参考余英时《试释五四新文化运动的历史作用》，《思想》第 37 期，2019 年，第 150 页。

不少。当然，从辛亥革命的连续线上来重探五四也是重要的工作，[①] 本文也指出五四所传承的民间力量或分权化面相的历史脉络。但是（作为辛亥革命连续体的）五四所呈现的民治（民众自治）的经验，即共和扩充的实质化所具有的革命意义，是不能被遮盖的。在这种知识氛围中，充满活力的1919年的东亚呈现出三一运动和五四运动的世界史"同时性"，笔者称其为"革命"，期待能在方法论上开启一条重探五四现代意义的出路。

笔者想要提醒的是，"三一"与"五四"虽然是两个国家国别史的一部分，但同时也是与东亚区域史及全球史产生互相作用的一部分，应该关注"三一"和"五四"的世界史的"同时性"。将"全球性瞬间"挪用到东亚地区，憧憬着民众自治和由下而上争取和平的"新世界"，韩国人和中国人这种对于重层性世界空间的集体经验，具有区域史（超越国别史）意义，也呈现在与日本连动的样貌中。如何应对三一运动及五四运动是决定日本的"运动与体制双方未来的试金石"。[②] 当时由于（由本国和殖民地组成的）重层的日本帝国圈内存在内部矛盾及相互作用的条件，"三一"为日本原敬内阁利用权力层内部的派系、改革殖民地经营战略提供了契机。另外，也存在像吉野作造（或像他所领导的黎明会这种启蒙团体）那样，努力想要理解两个运动且具有主张帝国改造必要性的"容忍他者的国际感觉"的运动势力，对这种事实的历史意义也应该在某种程度上给予认同。[③] 然而大正民主时代（1905—1932），不论是运动方还是体制方都无法积极地加以应对，日本的大势终于发展为"对外帝国主义，对内立宪主义"。[④] 结果，日本（借助于中日战争和日俄战争的胜利）于1910年强制合并朝鲜，经过三一运动，对朝鲜的支配有所让步，在适应现代上似乎是成功了，但忽略了其应该克服的课题，长远来看，在国家利益上非全体日本人之福，这种局限性是很清楚的。

---

① 为找寻对五四新的理解典范，将五四去中心化（decentering），并从其与清末的连续性来探讨的倾向，参考 Kai-Wing Chow, Tze-ki Hon, Hung-yok Ip, and Don C. Price, eds., *Beyond the May Fourth Paradigm: In Search of Chinese Modernity*, Lexington Books/Rowman & Littlefied, 2008（尤其是"introduction"）。
② 松尾尊兊：《大正民主时代与三一独立运动》，耿云志等编《三一运动与1919年的世界史义》，首尔，东北亚历史财团，2010，第126页。
③ 武藤秀太郎「三一、五四運動と黎明会」『アジア太平洋地域におけるグローバリゼイション、ローカリゼイションと日本文化』卷3、2010；钱昕怡「"一国史"から"帝国史"へ：大正デモクラシー研究の史学史的考察」『吉野作造研究』14号、2018。
④ 赵景达「シベリア出兵と米騒動」『歴史地理教育』2018年6月、8頁。

相较于此，中国受三一运动影响，发起了五四运动，参与了引发历史变革的 "全球性瞬间"。因此殖民地韩国的某家报纸比较 "日本国会的丑态"，认为在中国发生的 "政治改革" 动态是 "社会改革" 的一部分而表示欢迎，将中国文化运动的社会革命性面相视为可以颠覆东亚历史发展路线的新希望。①

如此，"三一" 与 "五四" 具有让人重思连动的东亚过去百年史的颠覆性意义。为了完整掌握这个历史意义，笔者想要提倡坚持全球本土学（Glo-calogy，全球在地学或全球本土学）的视角。全球本土学是将在地的、区域的、全球的事物的重层性集结在一个层次上加以分析的学问，这是一个视角，也是一个方法，同时也规范研究领域，此意味着对于重层的世界体制和区域秩序的批判性认知。尤其是在东亚殖民与冷战重叠的影响下，有必要强调空间上大幅分裂、纠葛凝聚的场所即 "核心现场" 的经验。我们所居住的生活现场不论何处都可能成为核心现场，但前提是清楚认识到历史矛盾凝聚的事实并且坚持克服的实践性姿态。如果说那里是 "世界体制的微弱环节"，那么涉足这个部分的全球本土学的完成，将更具有变革性的意义。② 作为核心现场之一的韩国 "烛光革命" 引发重新诠释 "三一"，本文在其延长线上比较五四，可说是应用全球本土学观点的一例。③ 由此，一方面批判西方中心的普遍主义，另一方面期待能在赋予日本、韩国和中国各自脉络上互相理解可能性（非例外主义）的个别性沟通过程中产生改变，开启一条创造（另类）普遍性的道路。

完成朝向这个新的普遍性的全球本土学的过程，坚持从不偏重于 "现代适应" 或 "现代超克" 任何一边的 "双重课题" 的视角，并应伴随不断地进行评价和省察的紧张感，才会更有效。当我们肩负这种高度的紧张感时，可以在历史中确认从 "三一" 和 "五四" 开始的根源性变革的动态是否完整确保其实质至今，也可以获得在今日现实中实现其面相的满足感。朝向未来更美好东亚的发展动力，也将由此衍生。

---

① 《中国的新希望》，《东亚日报》1920 年 8 月 6 日。金贤珠：《作为三一/五四接点的文化（运动）》，《东方学志》第 182 卷，2018 年，第 21 页。

② 白永瑞：《横观东亚：从核心现场重思东亚历史》，尤其是 "导论" 与第 1 辑第一章。

③ 白永瑞：《横观东亚：从核心现场重思东亚历史》，尤其是第 3 辑第二章。另外从另一个脉络指出 glocal 观点重要性的文章有李智媛《三一运动期的 "和平" 思想》，《精神文化研究》第 41 卷第 4 期，2018 年；强调五四爱国运动中存在 "区域的" 或 "全球的" 要素的文章有黄东渊《从区域视角看五四运动》，《亚细亚文化研究》（嘉泉大学）第 22 期，2011 年。

勾画在地方的五四运动

瞿　骏[*]

　　五四运动与各省、各地方之间如何交错互动是五四运动史研究的一个重要方面，这从诸如《五四运动在上海》《五四运动在江苏》《五四运动在江西》《五四运动在山东》等大量或厚或薄的资料集编撰和出版中就可见一斑。同时，这些资料集的书名和编纂模式也反映出这类研究的一个惯常思路是"五四运动在××"，即无论是作为思想文化运动的五四运动还是作为反日爱国运动的五四运动，都是一个从北京特别是从一校（北京大学）、一刊（《新青年》）延展出去，然后扩散到各个地方的运动。由此在各省、各地方开展的五四运动通常成为北京中心的延伸版、影响版和缩微版。[①] 这样的研究思路当然可以帮助我们厘清一些问题，但也造成了相当多研究的不见之处和讨论暗面，特别表现在：我们以往在讨论新文化时，或更侧重留存于书籍、报刊里的"抽象方面"的思想，而稍忽视围绕在书籍、报刊前后左右的"具体方面"和一段又一段随时潮起伏辗转的"实际人生"。而五四运动的历史除了"抽象方面"的思想，不乏林林总总的"具体方面"，[②]更影响了大量的"实际人生"。这些关乎"具体方面"和"实际人生"的

---

* 瞿骏，华东师范大学历史学系暨中国现代思想文化研究所教授。

① 当然，北京"中心"内部也有值得进一步研究的复杂性和分歧性，如北大与北高师之间的微妙关系，国立八校之间的关系，国立八校与其他类型学校的关系，等等。此点蒙北京大学姜涛教授提示。

② 关于"具体方面"研究的落实，可参看袁一丹《"书房一角"：周作人阅读史初探》，《现代中文学刊》2018 年第 6 期。

史事"毁弃更易，追究无从"，却夹杂着时代洪流底下千万人的欣喜、无奈和悲伤。[1] 正因如此，学者对它们或需更多地加以关注和考量。限于篇幅，本文将从新文化如何"到手"，探索地方读书人的"主体性"，怎样从地方返观"中心"这三个问题入手，初步展示出勾画在地方的"五四"有哪些可能性。

一　新文化如何"到手"

五四运动与地方的联结很大程度上表现在新文化的传播和接受上。但目前我们对传播和接受的一个重要机制，即新文化究竟如何让地方上的读书人获得（"到手"）仍然不太清楚。[2] 而若能从新文化"到手"的角度多加审视，则在地的五四运动能看得更清晰丰富一些。下面先举几个例子，第一个例子是江苏苏州角直小镇的五四运动。

角直小镇虽不起眼，但五四时期设立了《新潮》杂志的"代卖处"。据此有学者称："'五四运动'的影响极其深远，已从城市扩大到偏僻的水乡古镇。"这话大致是不错的，但值得进一步分析。我们如果考察《新潮》各个代卖处的实际位置就会发现，在大城市、省城、县城、"镇"这几个层次中属于"镇"的只有角直这一处，苏州地区其他的《新潮》代卖处如振新书社、国民图书馆、文怡书局都在苏州城内。因此在角直之所以能设立《新潮》杂志代卖处，并不是因为《新潮》杂志真的已经能通过振新书社那样沟通苏沪京的市场销售网络传递至角直。北京大学的《新潮》能让小镇的读书人"到手"和一个具体人物密切相关，他就是叶绍钧（圣陶）。

叶绍钧与顾颉刚是从幼年就开始交谊的挚友，通过顾颉刚的介绍，他向《新潮》投稿，并在 1918 年底加入了新潮社：

---

① 　钱穆：《八十忆双亲·师友杂忆》，三联书店，2005，第 135 页。钱穆谈的是史事不存的相对悲观的一面，在罗志田看来，"某事有无史料保存，只影响我们的历史知识，却无关于历史本身。一件事的史料消亡，或不被记忆、认知，既不意味着史无其事，也不能说该事件'对于我们当前的生活与思想就无影响'"。见氏著《中国的近代：大国的历史转身》，商务印书馆，2019，第 199 页。

② 　本文的关注点在地方读书人，若推广言之，中心地域读书人的"到手"亦值得关注，且也不是那么容易。而且究竟何为"中心"、何为"地方"可能需要在每个具体个案中仔细辨析，此点承蒙北京大学王风教授提示。

前天京校同学徐君彦之来信：说《新潮》杂志社已经正式成立了。寄来《日刊》一份，内有该社的详章，嘱寄于叶（绍钧）、王（伯祥）二先生，甚是要约你们做社员，我想千里之外，有个同声相应的机关，也很是乐事。惟依章须投稿三次；请你们再投二次，由孟真同我作介绍，正式函约入社。[①]

而从 1917 年 3 月开始，叶绍钧任教于角直镇上的吴县第五高等小学。正是通过在角直的叶绍钧、时常在苏州的顾颉刚与在北京的新潮社联系，《新潮》杂志才有了在小镇传播，让当地读书人"到手"的可能性。但和商务印书馆、中华书局、《申报》等在各地已成熟的市场销售网络相比，这种由私人关系维持的"点对点"传播方式并不具有持久性，因为他们的资本不够充足，不能"在各地自立分号"，一旦叶绍钧离开角直，《新潮》可能在那里就再无踪迹了。

第二个例子关于钱穆与梁启超。1925 年 12 月，梁启超的《要籍解题及其读法》在"《清华周刊》丛书"系列中出版，同月商务印书馆的"国学小丛书"中出版了钱穆的《论语要略》。细读两书会发现，钱穆书中有不少对着梁书讲的地方，有不少顺着梁书讲的地方，还有不少参考梁书的地方。但两书又同时出版，这是何故呢？原因在于，梁书正式出版前早已有以《群书概要》为题目的讲义本和讲义材料的经年传播，在边远省份如云南也通过省教育会有所流传。因此站在新文化"到手"的角度，对一个读者来说，出版本、讲义本和讲义材料是在同等位置上的，我们若不去仔细追索那些讲义本、讲义材料，而仅是以出版本为研究对象，不少问题就难以解释清楚。

第三个例子和著名学者金克木的回忆有关。金克木生于 1912 年，1919 年不过 7 岁，1925 年才 13 岁，但他却自认是一个"五四青年"，这种认同的形成和 1927 年金克木的一段下乡经历有关。据金克木说，1927 年，北伐军打到长江流域，家里把他送下乡到亲戚家暂住，躲避兵灾。在乡下，金

---

① 《顾颉刚致叶圣陶》（1918 年 12 月 11 日），《顾颉刚书信集》第 1 卷，中华书局，2011，第 45 页。

氏遇见了一个从县城教会中学回来的学生，名叫"警钟"。正是在警钟家里，他读到了《新青年》一至五卷的合订本，这是警钟从学校图书馆借来的。金克木说：

> 我（当时）已经读过各种各样的书不少，可是串不起来。这五卷书正好是一步一步从提出问题到讨论问题，展示出新文化运动的初期过程。看完了，陆续和警钟辩论完了，我变了，出城时和回城时成为两个人。①

综合这三个例子不难看出，地方读书人对新文化的"到手"并非如以往想象的那么"顺理成章"。它来自个人独特的机缘，如顾颉刚与叶绍钧的特殊关系；有出乎意料的途径如讲义本和出版本的同时传播，乃至讲义本的提前传播；更有超乎想象的时间落差和信息完整度的落差。金克木的经历说明，到1927年，一些读书人才有了完整"到手"前五卷《新青年》的可能性，能把这一个"提出问题到讨论问题"的过程看得相对通透。而之前数年不少地方的读书人甚至大都市里的读书人不少只能零敲碎打，断断续续地阅读《新青年》和其他日后耳熟能详的报刊。1919年1月，《国民公报》的记者就对傅斯年说："本年的《新青年》，坊间已残缺不全。"

随着时间推移，报刊从零散到完整只是一种情况，另一种情况则是从相对完整到零散直至消失。1922年，顾颉刚对胡适说《五十年来的中国文学》中应补进"（辛亥）革命时的文学"。不过增补的困难在于辛亥革命时《民呼》报和《民吁》报登此类悲壮慷慨的诗歌最多，"可惜现在没法找了"。如果说《民呼》《民吁》报还是隔了十年左右才消失，那么五四著名刊物《星期评论》的消失就更快了。《星期评论》在其出版期间深受欢迎，销量在江浙地区经常排在《新青年》之前。因此在1920年6月停刊后，很多人希望它再版，不过终究未能实现。到1922年，邵力子特别强调松江景贤女校有"一全份"《星期评论》，大概正因为其未能再版，存世不多。而景贤女校能有"一全份"《星期评论》实和学校主持者侯绍裘、朱季恂等与国民党有千丝万缕的联系有关，他们很早就注意搜集保存国民党史料了。即使如此，到1928年国民党执政后仍有不少人在报上发广告要征集全套

---

① 金克木：《游学生涯》，东方出版中心，2008，第88—90页。

《星期评论》。

以上说明后见之明经常也代表着后见之盲。[①] 我们在阅览室或电脑上一期接续一期翻阅《新青年》的方式与金克木的阅读方式较为接近，而与真正在五四前后那几年读《新青年》之人的方式已相差太远。我们通常以为鲁迅的《阿Q正传》是很多人都读过的，阿Q代表何种人物是很多人都知道的，但其实不少地方读书人并未读过，读过也并不知道，需要详加询问、仔细回复和细密解释。同时我们又依赖于电脑检索系统，受制于题目范围，经常对已消失在图书大库和读秀网海中的图书、报刊缺乏敏锐感觉，而更年轻一代甚或完全没有感觉。因此，重寻五四读书人即时的阅读方式、"不知道"的状态和浸染于时代氛围中的认知感受大概正是日后研究的突破口，具体有以下两个方面。

第一，重视地方读书人新文化"到手"的条件。这些条件除了前文已述的个人机缘、获得途径和各种时间与信息完整度的落差外，还包括经济能力、交通状况、商业布局、学风偏好、生活习惯、阅读速度、沟通方式等，其中尤其要意识到重视条件不是去看他们"到手"新文化的便利，而是发现他们"到手"新文化的限制。

像舒新城就提到，五四前后卖书"上海定价一元的，长沙要四五元，而外国书尤贵"，这种因地加价的情况迄今未得到更多关注；目前研究也多爱谈地方读书人谋生与向报刊投稿之关系，舒氏的回忆提示我们："投稿到上海可以换光洋，所以看作最便利，事实上未免看得太简单。"胡适则记述1922年第八届全国教育会联合会会议开会，教育部特派员向与会代表代读总长汤尔和的致辞，但因文稿事先未曾印刷，又是用文言作的，致辞者是江苏口音，遂导致代表"都听不懂！"试想如果连全国性会议的致辞都会有这样的状况，遑论地方上那些基于不同口音，缺少合适扩音设备，包纳着对在地读书人来说极度"深奥"的名词、概念的致辞、报告和演讲。

除了书价高、投稿难、口音难懂等具体问题外，连对五四运动历史的掌握，地方读书人也会遭遇无从了解的困境，1923年有人写信到《学生杂志》说："我从前每到书坊，要买一种关于'五·四运动'的详细情形的书，却都没得买到。现在恰巧有一篇朱文叔先生做的《五·四运动史》，我

---

① 关于"后见之盲"，蒙王奇生教授提示。

真侥幸极了！但不知道这书的发售处是什么地方和什么书局，以及定价若干。请先生把这书详细地介绍出来，我真感激得很呢！"① 其实朱文叔的《五·四运动史》是一篇文章，不是一本著作，这位地方读书人的提问大部分属于"无的放矢"，但这正说明他们在地方上必须拨开重重迷雾，才能获得零星半点的信息，很多时候还是不准确的，何况拨开迷雾本身就已困难重重。因此，钱穆在《刘向歆父子年谱》中基于刘歆作伪之"限制"的一些提问至今仍极具启发性：

> （刘）向未死之前，歆已遍伪诸经，向何弗知？不可通一也。向死未二年，歆领校五经未数月，即能遍伪诸经，不可通二也。……且歆遍伪诸经，将一手伪之乎？将借群手伪之乎？一手伪之，古者竹简繁重，杀青非易，不能不假手于人也。群手伪之，又何忠于伪者之多，绝不一泄其诈耶？

第二，虽然地方读书人"到手"新文化有很多限制，但不应将他们的"到手"过程看作一个简单获取过程，而是应看作一个努力"再创造"的过程。作史者观察地方读书人时当努力破除五四时巨型知识分子着眼于"提高"，而看低地方读书人之"努力"的成见，平心静气地观察他们对新文化的模仿、攀附、重组和改写。

顾颉刚就观察到在苏州有师范教员"曾君"，他把报纸剪开，分类粘贴成册，已有数百册之多。又把杂志分类编目，亦极可观。这是地方读书人从清末开始就已有的读报、读杂志后做"再创造"的习惯。在山东，年幼的李长之亦会把叶绍钧发表在《儿童世界》上的童话"分别撕裂下来，另订为一册"，再用其中一篇《玫瑰和金鱼》作为自编新本的题目。这种私人自编"叶绍钧童话选本"的出现要早于1923年叶氏在商务印书馆出版的童话结集名作《稻草人》，它或许正代表着一种不再定《稻草人》为一尊的五四儿童新文化的"再创造"。

进而言之，这种"再创造"的意义在于，它不仅令五四具有了高低错

---

① 《杨贤江全集》第4卷，河南教育出版社，1995，第360页。

落的多个声部，或许也同宋代文人对于唐代的"回望"一样，[①]亦能催生和重构对于"近代中国"、"明清时代"乃至"中国传统"的新理解。[②]比如在疑古、疑经的风气下，胡适购读了清代云南读书人方玉润撰的《诗经原始》，进而希望向从云南到北京来读书的杨鸿烈了解此人著述，这才知道方氏著有《鸿濛室诗文集》、《鸿濛室文钞》和《鸿濛室诗钞》，"说经"的著作，《诗》《书》《易》《礼》都有，只是"大多数已散失，残缺不全"。而杨鸿烈也被这一"重新发现"驱动，遍访在京的云南乡贤，研读方氏著作，写了一篇《一件关于表彰本省文化可以报告于我们读者的话》在报上发表。在杨氏眼中，其实方玉润"碌碌一生，只有遗下的几本残书"，不料他竟引起了胡适的注意。杨氏期盼胡适能为方玉润"重新估价"，"那么不惟方先生和他的后人感激先生，就是我们云南全省的人，也是感激先生的！"

杨鸿烈所期盼的云南"全省人"的感激或正意味着在五四运动促生的"回望"之下，云南的"清代学术"正在被大幅度改写，同时也预示着这并不会一帆风顺，而是一轮又一轮激烈书写竞争的开始。而要再现这一个个"重新召唤"叠加"众声喧哗"的过程就需要探索地方读书人的"主体性"。

二　探索地方读书人的"主体性"

当我们用"北京中心"和"启蒙扩展"的眼光看五四运动的时候，地方读书人的"主体性"是不容易凸显的。若借用一个词"开眼看世界"，《新青年》和北大师生在以往的一些研究路径里扮演的是一个近乎上帝的角色，他们启蒙了地方读书人，使得地方读书人开眼看了世界，了解了新潮并获得了新知，甚至在他们的引领下变成了"新人"。这样一个引领—启蒙的解释模式模糊了地方读书人的样貌，忽略了他们的"能动"之处，导致不少问题实需进一步讨论。

---

①　参看夏丽丽采访《田安谈选本文化与唐宋文学研究》，《上海书评》2019年2月17日。

②　杨国强就敏锐地注意到"戊戌后二十年间先后出现于中国的民权观念、科学观念、白话报刊，以及随时论中'世界公理''世运进步'一类滔滔陈说而来的'欧化'之想，便都因置于'德先生'和'赛先生'以后来的声光回照从前之下，被读出了其中所含的启蒙运动前史的本义"。杨国强：《新文化运动中的个人主义（上）》，《探索与争鸣》2016年第8期。对此王德威亦有精彩论述，参看王德威《没有五四，何来晚清？》，《南方文坛》2019年第1期。

　　首先在五四时期无数地方读书人早已开眼看了世界，只不过对于不同地方的读书人来说，不同地方除了意味着同一时间刻度下的不同空间，也同样意味着同一时间刻度下并不相同的"时间"。在 1919 年前后，他们有的仍停留在清末民初的"世界"，以广东、福建、江浙地区为多；有的仍在同光乃至道咸的"世界"，以中国广袤的内陆地区为多；大多边疆地区则是"不知有汉，无论魏晋"。1921 年，胡适就把中国分作了四条线，即四个空间与"时间"都不相同的"世界"：第一线为南方与西南三省，第二线为长江流域，第三线为东三省与北五省，第四线为边疆——蒙古到西藏。在胡适看来，"这四线代表四种文化程度，又可代表四种历史的区分。第一线与第四线的文化程度相去至少有一千年！"

　　进一步说，当时很多读书人其所"身处"与其内心之认同也不完全一致。比如不管处于何种"时间"，在激进新青年的认同中大概少有清末民初、同光或道咸时代之分，他们看中国基本只是一个傅斯年所言的"二千年前之初民宗法社会"而已。而对不少地方上的一般读书人来说，五四运动不过是一场持续数十天乃至数月的"热闹"或"风波"而已。他们或心中漠然，或好奇打探，进而以此为谈资和消遣，思想与行事则基本还是依照延续了数百年的规矩和准则。

　　1919 年 5 月，顾颉刚就"五四"之事在苏州与几个读书人讨论，就深感失望。其中一个是"笑而不答，或者别有会心"；一个劈头就说："现在北京大学正在出锋头啊！"另一个则纯从势力和法律上思考，认为"段派与交通系联合处分学生，学生必然无幸；如在法庭起诉，听说曹宅守门警察曾开数枪，有此一事，或未必学生全败"。[1] 1920 年，夏衍从浙江公立甲种工业学校毕业，当时他已深入地参与了在杭州的五四运动，自认为是个"小头目"，回家却发现正厅当中贴着一张黄榜，上写："捷报：沈府少爷乃熙，民国九年庚申八月高中第一名毕业……"还有人煞有其事地对夏衍的母亲说，中学毕业，等于考中秀才，"甲工"比一般中学好，因此此次"高中"可能相当于秀才和举人之间。[2]

　　由此，我们在探索五四时期地方读书人的"主体性"时当转变以往

　　①　《顾颉刚致叶圣陶》（1919 年 5 月 9 日），《顾颉刚书信集》第 1 卷，第 62 页。
　　②　夏衍：《懒寻旧梦录》，三联书店，1985，第 51 页。

"一刀切"的认知，注重他们各自"前史"的丰富性。因为地方读书人有的是作为清末的老新党与五四互动，有的是作为民初的新人物与五四相碰撞，有的作为道咸、同光遗老压根就和五四毫无关联，有的则作为道咸、同光遗少直接跳入了五四洪流之中，不一而足。①

其次，当然有一部分地方读书人是以"五四人物"的身份进入了五四运动，但仅从这一横剖面来说其"主体性"问题也不简单，因为五四运动对地方读书人而言是多个的、羼杂的、暧昧的和分裂的。

从五四运动是多个的来说，当时读书人认知中的"西方"早已不是一个浑然一体的"泰西"。"公理"接近不存，"公例"已然破碎，"泰西"分裂为一个个具体的国家——英、法、美、俄、德、日。在这一个个具体的国家中，各个群类的读书人又有各自信奉的思想流派。在各自信奉的思想流派中，每个读书人更有各自倚重的西人，如杜威、罗素、皮尔士、詹姆士、倭铿、柏格森、欧立克、杜里舒、克鲁泡特金、巴枯宁、考茨基、马克思、列宁、马修·阿诺德、白璧德、孟禄、克伯屈、易卜生、托尔斯泰、莫泊桑等。据周予同形容，当时对这些西人学说的介绍是"东鳞西爪地乱拉"，毫无系统！而且更早前的驰名西人如斯宾塞、赫胥黎、达尔文等一直未失去其影响。因此，无论是"东西之争""中西之别"，还是"西与西战"，都不意味着两军对垒或是三足鼎立，而代表着一团乱麻般的多方"混战"。地方读书人既被高层级读书人混战的陀螺牵引不止，却也是推动混战继续和扩大的重要动力。

从五四运动是羼杂的来说，李长之曾言："五四这时代，是像狂风暴雨一般，其中飞沙走石，不知夹了多少奇花异草的种子，谁也料不到这些里头什么要萌发，以及萌发在那儿的！"罗志田也特别提醒说："（五四运动）本不是一场谋定而后动的运动，故既有超出预想的成分，也有根本未曾想到的成分，后者远大于前者。"② 因此，什么是新文化、何为新文化运动在

---

① 关于这部分的讨论可参见许纪霖《五四新文化运动中"旧派中的新派"》，《华东师范大学学报》2019年第1期；瞿骏《老新党与新文化：五四大风笼罩下的地方读书人》，《南京大学学报》2017年第1期；徐佳贵《"五四"与"新文化"如何地方化——以民初温州地方知识人及刊物为视角》，《近代史研究》2018年第6期；徐佳贵《湖畔风云——经亨颐与浙江五四新文化运动》，《杭州师范大学学报》2019年第2、3期。

② 罗志田：《中国的近代：大国的历史转身》，第187页。

这数年的历史进程中"含义颇为广泛，解释亦不一致"实属正常，① 连五四巨擘如李大钊、陈独秀、蔡元培自己都不一定讲得清楚，很多时候是各自表述、模糊表述与前后矛盾的表述。其中陈独秀的《新文化运动是什么？》大概就是一篇具有代表性的前后不一又前后交叠的羼杂文本。如果巨擘之间都有相当大的分歧，那就更不用说地方读书人对"新文化"多重和多样的理解了。《五四时期期刊介绍》就说向甘肃介绍"新文化"的《新陇》杂志是"仿佛迷离、眼花缭乱、不分东西"。任鸿隽则说四川学界是"学生以闹风潮反对教员、校长为新文化，一般旧式的先生们，也就拿他们这种行为来代表新文化"。杨荫杭则认为："新文化何物？或答曰一为白话，一为男女同学。"以上的多重理解源于交汇羼杂本是历史过程中的常态，更何况其中经常还包含有作者文字之本义、引申义与读者阐释义的天然差别。

从五四运动是暧昧的来说，身无"落脚处"、心无"安顿处"大概是五四时代读书人的普遍感受。他们的身心所及经常是一片暧昧与混沌，其中尤以地方读书人所感知的"国家"为甚。

1929 年，胡适写过一篇名文——《新文化运动与国民党》，说道"在徐世昌做总统，傅岳芬做教育总长的时代，他们居然敢下令废止文言的小学教科书，改用国语课本"。胡适意在以北京政府的尚且"开通"来对比国民政府的如此"反动"，但"居然"一词实际反映出在国民政府统一全国之前，北洋时代的地方读书人感知的"国家"是更为多重的。它可以是教育部，可以是省议会，可以是地方军阀，可以是省教育厅，可以是省教育会，也可以是县政府、县教育会，甚至是本校校长、当地名流。

这林林总总的"国家"代表一方面让地方读书人莫衷一是，感到迷惘，因为它们彼此之间的政策、言论、表现经常有不一致处乃至完全相反处。有时是"上面方说自由研究，下面即定为邪说"。有时是官厅虽不把新文化直接视作"邪说"，但对其置若罔闻或加以排斥。有潮安读书人就抱怨从县立师范学校毕业后，"竟因不懂文言文闹出许多笑话！"他做国民学校校长，做了一篇白话存案文章，就被县长大加申斥。他还有一个兄弟，亦因不懂文言文失掉了一个很好的机会。有时则是地方名流一片叫好，而政府机构

---

① 可参看周月峰《五四后"新文化运动"一词的流行与早期含义演变》，《近代史研究》2017年第 1 期。

则满纸批评。

但另一方面正因谁代表"国家"都是暧昧的，地方读书人遂有了不少腾挪施展、借力使力的空间，表现为五四时期思想言论上处处批判"国家"，而实际中处处与"国家"为伍的奇景。

简单来说，这些空间一是表现在"国家"有时能成为地方读书人传播新文化的秉持与护符。五四时期无论是中心地带的新旧之争还是地方上的新旧之争，新派经常不能依靠"愈来愈新"来压倒"旧"，反而是"新"要与各种"国家"代表和"国家"象征相结合方能与"旧"来抗衡。1920年，《白话文做法》一书的作者即强调"从去年（1919）文化运动以后，白话文的成效大著，社会上大多数人都要留意去研究，教育当局也要采做学校的教材，这是文化运动的效果"。因此此书到"订正九版"时广告特别强调是"教育部审定的"。

因此在地方上由那些看上去与"国家"相联系的人物来传播新文化经常会有不错的效果。在四川新繁，当县劝学所所长召开教学观摩会时出了白话文题目，原先反对白话的高等小学教师"便沉默下来一声也不响了"，原来喜欢白话的学生则"越发大胆做起白话文来"。在山东济南，当省立第一师范附小校长王世栋（祝晨）贴出白话文布告时，学生们"大哗"！为何"大哗"呢？据当时在附小就读的学生回忆：一面是他们非常震动，因为这布告竟不说"明日"，而说"明天"，"旁边还有像麻将牌里的么饼似的一串东西"；另一面是他们第一次被惊醒了，"白话文原来也可以有登大雅之堂的资格！"①

由此，五四时期济南的著名新人物王世栋以白话文布告"惊醒"了学生，他进一步的行动就是要减少学生内心种种难以接受的"震动"。而要减少人心之"震动"，王世栋的办法是让学生们认识到新文化除了"新"，而且"合法"，它和一条条国家"部令"有关。所以他编的《文化新介绍》（后改名为《新文学评论》出版）除了选入大量《新青年》《新潮》等报刊的名文外，与其他白话文选本不同，他还将《通令采用新式标点符号义》《请颁行新式标点符号的议案》《正式公布注音字母以便各省区传习推行》

————————

① 关于山东五四运动的研究可参看季剑青《地方精英、学生与新文化的再生产——以"五四"前后的山东为例》，《现代中国文化与文学》2009 年第 2 期。

《公布注音字母次序》《通令国民学校改国文为语体文》《咨各省采用练习言语办法文》等"部令""通告"也都收入了进来。

二则表现在地方性"学客"的生成。1919 年后，地方上的读书人特别是学校教员、学生与政治有着越来越深的纠葛，此即所谓"政潮、学潮相互为表里"。政治人物利用学生，学生也同时利用各类政治人物，遂导致有无数依附于各种"国家"代表的地方性"学客"产生。易家钺即指出这些"学客""在卢永祥底下倡联省自治，在孙文部下倡社会主义，甚至一边当校长，一边又当督办，一边当咨议，一边又当教员，直把一个神圣庄严的教育田地，变成一个乌烟瘴气的鬼窟"。

从五四运动是分裂的来说，陈旭麓先生曾言：

> 辛亥革命后的山重水复是"五四"运动兴起的背景，"五四"运动促进马克思主义的传播和中国共产党的诞生，而后有国共合作，而后有五卅运动，而后有国民革命的北伐战争，它的伟大意义将这样历史地表达出来。[1]

陈先生的话意在不固化五四运动为一个历史分期的"定点"，而是把它看作一个在一连串重大历史事件中既特殊又普遍的"高速公路出口"。在这个"出口"处，纷繁的即时思想牵动的是林林总总的"未来理想"。不同的未来理想使得有人怀念着前一个"出口"，有人惦记着下一个"出口"，有人在五四"出口"游移不定，有人则或满心欢喜或愤愤然地离开了这一条高速公路。

这种分裂状态既证明了，自清末开始虽然"合群"一直被读书人热衷提倡并积极实践着，但中国读书人却因此而愈来愈趋向分裂的吊诡事实，又提示了在此愈来愈趋向分裂的事实之下，读书人会期盼结合成为更大之"群"的愿望和盼望。[2] 此正如林同济所言："对家庭自由，必须向国家与民族皈依。越是不为小家庭的一分子，我们灵魂深处越要渴求做大社会的一员。而我们于是乃发现了一条微妙的真理：有所皈依的慰藉，竟乃是追求

---

① 陈旭麓：《关于中国近代史线索的思考》，《历史研究》1988 年第 3 期。
② 关于读书人从"群"到"大群"曲折性演进的思考得益于杨国强教授的提示。

自由的前提，无皈依不足谈自由！"

三　怎样从地方返观"中心"

王汎森曾在《中国近代思想文化史研究的若干思考》这篇名文中强调："对于重要思想家的著作进行慎密的阅读，仍然是思考思想史的未来发展时最优先、最严肃的工作。"[①] 这个"强调"提示我们，勾画在地方的五四运动并不意味着对五四简单的"去中心化"，而是要细密地从不同角度和不同位置去重新审视何为五四之"中心"。对此笔者曾在一篇文章中指出："如果我们能转换研究的主题词，透过地方读书人的眼睛去讨论这些巨型读书人的文章，而不是用'自由主义''启蒙先声'等后设逻辑去串联分析，也一定会有和从前不一样的结论。"[②]

上面是一个简单概括，在本文我会就两个问题做一些更具体的阐发。第一个问题是如何从地方上的"联结型人物"出发审视"中心"，第二个问题是身处"中心"的巨型知识分子有可能被地方读书人影响、调动吗？先来看第一个问题。

在众多与五四运动相呼应互动的地方读书人中，那些沟通北京、上海与省城、省城与县城、县城与广大基层社会的"联结型人物"的确值得我们特别加以注意。[③] 相比那些巨型知识分子和地方上的普通读书人，这些人物上下联通的眼睛能帮助我们从既定"中心"开始层层扫描，进而发现不少以往稍被忽视问题的新切入点。比如，1920 年 3 月有化名"钓叟"之人对芜湖地区的"新文化"书报做了一个销量统计。从他的眼睛看去就与我们的既有印象不太相同。芜湖一地，每月销量最多的是《新生活》（80份），第二是《解放与改造》（60 份），第三是《少年中国》与《新中国》（50 份），其后才是《新青年》（30 份）和《新潮》（28 份）。这既说明了

---

① 王汎森：《中国近代思想文化史研究的若干思考》，许纪霖、宋宏编《现代中国思想的核心观念》，上海人民出版社，2011，第 731 页。
② 瞿骏：《追寻过去的不确定的答案——〈天下为学说裂〉补言》，《探索与争鸣》2018 年第 3 期。
③ 王汎森：《思想是生活的一种方式：中国近代思想史的再思考》，北京大学出版社，2018，第 290—292 页。

《新青年》在地方上的销量不能小觑，但也说明有些"新"刊物或许还未得到充分关注。

另一个例子在江西，中共早期党人袁玉冰曾在《新江西》第1卷第3号中写过一篇名为《江西的出版界》的文章。如果没有袁氏这篇文章，我们大概很难知道1920年代初，江西地区原来有那么多的地方性杂志、周刊、日报。我们若能以这篇文章为向导按图索骥，而文中所提报刊中的一部分又有幸保存下来的话，则江西五四运动的版图将得到相当程度的改写。

但另一方面，从袁氏这篇文章我们看到的不仅仅是五四时期江西报刊的名称、期数和内容，而且以此文为渠道，我们能更加理解在"既定中心"看地方的视野里这些地方性报刊是如何被分类、定性，然后被一一摆放在被"既定中心"所规划和认定的位置的。比如袁玉冰谈江西教育厅发行的《江西教育行政月刊》，说它"专载毕业学生名单以及各种表格、文件、命令"。由此他觉得它就是罗家伦说的"官家档案汇刻"，不能叫作"杂志"。

明明是"月刊"，为何不能（其实在袁氏看来是不配）叫作"杂志"？这种反差说明"联结型人物"深受"中心人物"之文化态度和新旧认同的影响，袁玉冰一定熟读罗家伦的名文——《今日中国之杂志界》。不过这种"影响"若要真正地显现，则又和这些"联结型人物"把思潮的搅动转换为真正的行动密切相关。

"联结型人物"带来的是中心大城市的思想资源和思维方式，但他们进入的地方世界却不是"一刀切"的，反而有着盘根错节的"既存状态"，又有千差万别的发展状况。

从前一方面来说，"联结型人物"的那些趋新言论和文化宣传不能仅仅看作思想的传播，而且经常是一种以思想来做"行动"的方式，这种凭借来自"中心"强势言论的"行动"要破坏打散地方上盘根错节的"既存状态"。这从1923年南昌地方团组织的工作计划中能看得特别明白，工作计划在"文化运动"项下就说：

> 江西的文化幼稚，固然不错，所有的原因，并非江西青年不肯容纳新文化，实因江西军阀压迫太甚，没有受文化之机会。江西自"民二"以来即陷在北洋军阀政策之下，所有教育当局，也不过是军阀袋里的官僚，他们和新文化取在绝端反对的地位。因此江西各校教职员

除了一班前清的"举人""秀才"以外，便是那十年前的留东学生和十年前所谓高等学堂的毕业生。我们要做文化运动，非将这班东西拒〔驱〕逐了不可。因此本地方团以后的工作便是——唤醒各校学生，拒〔驱〕逐这班混蛋教员——促进各校学生组织研究新文化学术团体和发行宣传文化的刊物——改良各地图书馆和增添书报社。①

从后一方面来说，因为各地方有千差万别的发展状况，所以不同"联结型人物"所映照出的"中心"至少就具有"多元"和"部分"这两大特征。

"多元"指的是对地方读书人特别是江浙的读书人而言，五四是北京、上海"双中心"。②北京有学界，上海则有舆论界。顾颉刚即说："《时事新报》实在是现在南方最有力的一种报纸……北方的日报似乎没有这力量，所以有待于学界的杂志。"这里需要特别指出的是："双中心"并不意味着仅有京、沪两个中心，而且代表着京沪间的复杂互动，京沪与其他城市比如南京、杭州的联动，以及各城市与周边县、镇、乡递嬗与共震的"多层级"中心。③

"部分"则指《共产党宣言》《新青年》《新潮》这些来自北京、上海中心的图书、报刊对地方读书人而言，很多时候不是以"一套""一本"为认知单位的，而是如前文所指出的是"一期""一篇"，乃至是一篇文章中的一段文字、一期杂志中的篇目摘要、一场演讲中的零星引用、一本书中的点滴转述和一次朋友聚谈中的片言只语。

如吴玉章就指出："我那时渴望能够看到一本马克思或列宁的著作，但是我东奔西跑，忙于应付事变，完整的马列主义的书又不易得到。所以只好从一些报刊杂志上零星地看一点关于马克思主义的介绍。"艾芜则说："那时候并不注意刊物是哪年哪月出的"，只要是"新"的拿来就读。杨贤江主持的《学生杂志》也被各地读者强烈要求把"时论要目"栏改为"时论摘要"栏。在外埠读者看来，"在上海的读者虽然很容易得参考书，但在

---

① 《南昌地方团工作计划》（1923年），《五四运动在江西》（《江西文史资料选辑》1988年第4期），1989，第252页。
② 五四运动是北京、上海"双中心"，蒙许纪霖师提示。
③ 关于大、小城市与县、镇、乡的递嬗与共震，蒙华东师范大学周健教授提示。

外埠的读者是有点不容易，因为如新闻纸之类，出了一次就不能有再版的，其次因要参考某杂志或某书籍的一件问题也得将全部买来，如此，是很不经济"。因此地方读书人视野里的所谓"中心"不是囫囵一个的，而是一部分一部分的，是由"一期""一篇""一段""一场""一本""一次"错综交融地构成的。

来到第二个问题——身处"中心"的巨型知识分子有可能被地方读书人影响、调动吗？回答是有这样的可能性。我们以往比较关注的是巨型知识分子如何影响、调动、改变地方读书人的思想与生活，用上海《时报》主持人狄楚青（葆贤）评价胡适的话来说是"从此敝报仗先生法力，将由九渊而登九天矣！"这当然是相当凸显和易见的历史面相。不过当你凝望深渊时，深渊中也可能有异物正在凝望着你。在时代的变迁中，巨型知识分子与地方读书人经常是梁启超所说的"互缘"关系，一起因时俱变，与时俱变。①

比如读书人对层累古史和白话文学的大规模关注虽是由顾颉刚、胡适等巨型知识分子而触发，但也让巨型知识分子"礼失而求诸野"。顾颉刚研究孟姜女故事就颇得益于"各地同志投赠的材料甚多"，②而要建构以"白话文学"为主流的文学史就更加要依靠各种地方性脉络的重新串联和地方性材料的重新发现。顾颉刚就特别遗憾于苏州"女说书"的时调"没有留心的人为他们记出，终于无名"，同时甚感在地方上搜集曲本的困难，因为收藏曲本的地方读书人把少见之本看作秘本，不肯轻易借出或卖出，"没有流通的观念，只有秘密的观念"。③而任教东吴大学的陈天一则特别提醒胡适，如到苏州要搜罗江湜的《伏敌堂集》，因为此人曾遭洪杨之乱，其诗"造语遣词颇近昌黎，多写实，可为作白话诗取镜"。④

因此，巨型知识分子同样有被地方读书人影响、调动，甚至改变的可能。1928 年，胡适谈五四的影响时说道：

---

① 关于此可参看王德威《现当代文学新论：义理·伦理·地理》，三联书店，2014，第 108 页。

② 《顾颉刚致胡适》（1926 年 5 月 16 日），《顾颉刚书信集》第 1 卷，第 430 页。

③ 《顾颉刚致胡适》（1922 年 1 月 16 日、1923 年 6 月 13 日），《顾颉刚书信集》第 1 卷，第 372、399 页。

④ 钱穆：《八十忆双亲·师友杂忆》，第 140 页。

为此运动，学生界的出版物，突然增加。各处学生皆有组织，各个组织皆有一种出版物，申述他们的意见。单说民国八年一年之内，我个人所收到的学生式的豆腐干报，约有四百余份之多。①

四百余份"豆腐干报"，以往论者多据此强调五四运动引发的报刊数量激增，但除了《湘江评论》等少数"豆腐干报"因特定原因而史事相对清楚，其他"三百余份"少有人能对它们一一做复原。这当然是一项有难度的工作，但若能致力于此，应能进一步发现地方上的这些学生出版物如何影响了胡适等巨型知识分子对五四运动的整体性感觉和判断。此外，在《胡适日记》和《胡适来往书信集》里也有一些类似的信，比如吴虞在信中谈论四川五四运动推衍的情形，毛泽东、舒新城则描绘了湖南五四运动展开的情形，李霁野等陈述了安徽五四运动进行的状况。如能将这些信里建构的地方情势和当时实际处于四川、湖南、安徽的另一些读书人留下的记录如易家钺谈湖南、安徽等地学生运动的文字相对照，我们就能更多地发现和区分地方读书人为了影响、调动巨型知识分子而呈现出的特定"事实"，不同巨型知识分子各自接收的不同"事实"，以及因为不在特定影响、调动和接收之范围内，而未被呈现乃至不能呈现的另一些"事实"。

五四运动之伟大在于，既是一场"大风起兮云飞扬"的运动，又是一场"润物细无声"的运动。我们的眼光若盯着北京大学和《新青年》，看见的就只是"大风"如何"起兮"，而不见大风的"飞扬笼罩"，更看不到五四运动在各处润物无声却又滴水穿石的巨大影响。由此，勾画在地方的五四，重绘五四运动的整个舞台正是我们学术推进的需要，也是进一步凸显五四运动之大意义的起点。

---

① 文浒记《五四运动——胡适在光华大学之演词》，《民国日报·觉悟》1928 年 5 月 10 日。

从"国家"到"地方":中国现代国家改造中的"战略退却"[*]

——对五四运动和联省自治运动关系的一种考察

王续添[**]

从 1919 年的五四运动到 1949 年中华人民共和国成立整整 30 年,这是中华民族风云激荡、政治剧变的 30 年,也是中国现代国家经过初创后的改造、再造到重建的 30 年。其中的第一个十年是经过五四运动洗礼后中国政治重新分化和组合的十年,也是由五四运动发轫与提供的各种改造国家方案的设计并存、比较和选择的十年。总体上说,如何打造真民国、建立真共和,通过何种方式和途径构建什么样的现代国家基本制度尤其是国家结构制度,即建立联邦制暨地方自治制的现代国家同建立单一制暨中央集权制的现代国家,构成了事实上的两大意见分野。大体上,前者体现为五四运动前后有关这一问题的一系列论争和政争特别是 1920 年代前半期张张扬扬的联省自治运动,后者则体现为 1920 年代后半期轰轰烈烈的国共合作即国民革命运动,并以后者取代前者而告结束。但长期以来,国内学术界对于这两大历史事件与五四运动的关系,一般只谈国民革命运动与五四运动之间的承继性,而不谈联省自治运动与五四运动的相关性。这就造成一种错觉,即五四运动与联省自治运动在时间上虽有所重合与交替,空间上也

* 中国人民大学科学研究基金重大项目"中国现代国家史研究"(19XNL002)的阶段性成果。

** 王续添,中国人民大学国际关系学院教授。

具有广泛的地域性，但没有任何干系，历史的真实性和复杂性已然被遮蔽和忽略了。究其原因，或许是对五四运动和联省自治运动两大历史事件在宏观认知层面上简单化、概念化的结果，也可能是一种囿于"事件史"的研究习惯以及立足于此的"常识"所造成的不自觉的忽视。因为五四运动一般被认为是一场爱国政治运动和思想文化运动，而联省自治运动往往被定义为是一种改良运动乃至地方割据运动，两者之间如何能有历史的联系呢？而实际上，准确地阐释五四运动和联省自治运动之间的关系，揭示其内在的历史因果，不仅有利于全面认识五四运动这一划时代的大事件对现代中国的重大影响和意义，而且对厘清 1919 年甚至是 1912 年直至 1949 年中国政治的演变和走向无疑具有十分重要的意义。值得注意的是，关于这两大运动的关系问题，个别学者在相关著述中虽略有提及，[①] 但均未加以专论和详论。鉴于此，本文拟做专门的探讨。

一　关于论题、概念和边界的阐释

（一）关于论题

辛亥革命的政治成果就是 1912 年成立的中华民国，这一般被视为中国现代国家历史的起点。但是，辛亥革命以后，人们对这个新国家的欢喜和期待很快就消失了。这个不稳定和混乱的新国家及其内政外交着实让人失望、担忧和焦虑，并随着混乱和失序的加剧而愈加令人不满。可以说，不满意并谋求改造这个名不副实的现代国家，是辛亥革命后到五四运动前知识精英一种比较普遍的心理状况。从这个意义上说，五四运动就是这种不满意的一个总爆发。但五四运动后这种不满意的情绪不仅没有减弱和缓和下来，人们反而感到需要解决的问题无穷无尽，但在整个国家的层面上，

---

① 法国学者谢诺（Jean Chesneaux）在《联省自治运动（1920—1923）》一文中，在梳理联省自治运动的背景时，认为"联治运动同时又自另一源头获注活水——五四运动"，并将地方"五四"期刊上关于改造本省的主张看作五四运动的"战略性撤退"。参见张玉法主编《中国现代史论集》第 5 辑，台北，联经出版事业公司，1982，第 323—324 页。此外，蒋永敬在给胡春惠《民初的地方主义与联省自治》（该书大陆版本由中国社会科学出版社于2001 年出版）一书所写的代序即《孙中山与联治》一文中，对五四运动与联省自治运动及其研究略做比较，但未涉及二者之间的关系。

一时又难以做到。于是，五四运动后迅即发生了声势浩大的、波及全国多数省区的联省自治运动。那么，让人不得不联想和思考的问题就出来了：就现代国家的改造来说，五四运动在"国家"层面上的意义及局限是什么？它带给联省自治运动什么意义？联省自治运动如何在这一点上展现了五四运动在地方层面的变化抑或深化？今天，我们又该如何加以理解和阐释？如此等等，无疑都是令人深思、值得深究并需要回答与解决的重大历史和理论问题。

（二）概念界定

依据研讨的主题，本文涉及和使用的主要概念有"国家""地方""中国现代国家""改造""战略退却"等。为便于讨论，笔者拟对这些概念及具体所指略加阐释和说明。

本文语境下的"国家"和"地方"都是特定的概念。"国家"一是指1912年成立的中国现代国家——中华民国的整体，二是指当时代表这个国家的中央政府。论题中一般主要是指后者，包括制度、机构及机构中的人。"地方"则与"国家"相对应，主要是指与整个国家和"中央"相对应的各省，尤其是当时五四运动和联省自治运动波及的各省，同样包括制度、机构及机构中的人，当然也包括省以下的区域。在此，"国家"和"地方"都是"改造"的对象和场域。

"中国现代国家"作为一个特定的概念，一般是指与清朝及以前的传统中国相对应的1912年中华民国成立以来具备了现代国家属性和形态的中国，本文则主要是指论题中特定时段（1915—1923）的中华民国，既包括中央和地方，也包括经济、政治、文化和社会。

所谓"改造"，从一般语言学上说，就是改变和打造。它具有两层含义：一是指人们对原事物进行修改或变更，二是指人们从根本上改变旧事物、建造新事物。人类生产和生活的历史，就是不断改造自然、社会和自身的历史。在这些改造活动中，对国家的改造最复杂、最艰巨也最富有挑战性，可谓是人类智慧尤其是政治智慧的体现。

所谓国家改造，简单地说，就是对国家的改变和打造。在"改造"的内涵上，广义上既包含了对一个国家经济、政治、文化和社会及人自身等各个方面的改造，也包括了对中央和地方的改造；狭义上则主要是指对国家的政治改造，当然包括对中央和地方的政治改造，有时则专指对中央政府的改造。就"改造"内涵的区隔来说，去除原事物中的负面要素和因素属于消极性的改造，创制和增添新内容则属于积极性的改造。在改造的程度上，既包括局部性和一定程度上的改变，即改良性、修补性的改造，也包括全部性和彻底性的改变——再造或重建，即根本性、革命性的改造。

中国现代国家改造的整体意义，在内涵和程度上，毫无疑问地包括了上述全部的意蕴，但在本文讨论的基本时间段中，虽然也出现了根本性、革命性改造的思想、主张甚至是初步的行动，但主要还是前一种程度为主的改造。因此，这里的"中国现代国家改造"，主要是指这一时期对中央和地方的局部性和一定程度上的政治改造，包括消极性改造和积极性改造。

"战略退却"在本文中是一个借用的概念，它应属于军事学和战略学的概念。① 在军事上，它一般是指较大规模以上的军事力量在全局处于劣势或不利地位时进行后撤的军事决策及其行动。在政治上，它可以是指大的政治主体尤其是政党和政府等当客观条件不具备或时机不成熟时，在无法直接达成总目标的情况下，采取迂回、分阶段或局部解决问题的办法、举措及其过程。显然，这两个意义的"战略退却"都有顶层设计或者说就是顶层设计的结果。而本文所使用的"战略退却"，虽然大体上涵盖了这一概念上述的基本意义尤其是第二层面的意义，但并不指一种"顶层设计"，当时没有也不可能有这样一种"顶层设计"，而是指一种总体的趋势，一种知识精英和地方政治精英不约而同的选择和顺势而为以及在国家改造问题上不约而同地退而求其次，具体是指五四运动高潮退却的过程中一种自然的历史发展，即在五四聚集起来的能量和精神以及对国家层面的改造努力也只能暂时到此为止的情况下，即使继续努力也不会再有大的进展和目标的实现，这种能量和精神的释放在较小的社会和政治空间内或许更易于见到实实在在的效果，而这些实在效果的累积才会使最终的总目标即国家和整个社会层面的改造得以实现。在五四运动的组织发动和思想传播的基础上，北京爱国运动的高潮和中心地位退去后，大家眼睛向下，把目光投向地方

---

① 经笔者检索若干中英文一般语言学和相关专业辞书，仅见《辞海》收录了"战略退却"条目，意指"劣势军队处在优势军队的进攻面前，有计划地向后撤退的战略行动"。参见《辞海》，上海辞书出版社，1999，第1633页。

寻求突破和实效。因为国家是由地方构成的，在国家层面无法继续实现的目标，或许在地方甚至也只有在地方才能实现。

"战略进攻"和"战略退却"就像潮汐一样，潮起潮落，一波接着一波，一波下去了，一波又起来了。在中国现代国家改造的意义上，五四运动和国民革命运动之间的联省自治运动恰好处于两个波峰中间，显现为一种"战略退却"。换言之，本文将从五四运动到联省自治运动所体现的国家改造走向地方的总体过程视为一种"战略退却"。

（三）题域边界

需要指出的是，本文的主旨虽在探讨五四运动与联省自治运动的关系，但又不是全面和一般性的探讨，并不涉及两个运动的全部及其关系的全部，而是从二者关系中最集中体现出来的一个问题抑或一个最主要的维度即"中国现代国家改造"，来梳理和展现二者之间的历史关联及其基本脉络，揭示和阐释二者之间的历史因果。

就讨论基本题域的时限而言，之所以限定在 1915 年至 1923 年，是因为这两大运动总体的时间段大体上主要处于这个区间。五四运动作为中国现代国家初始阶段的大事件，一般意义上有两种：一种是指大体从 1915 年到 20 年代前期这近十年的新文化运动，即文化的"五四"；另一种则是指从 1919 年 5 月到 1920 年夏季一年左右的爱国运动，即政治的"五四"。联省自治运动则是指从 1920 年下半年开始到 1923 年底持续两年多，由改造省区地方制度进而改造国家结构制度的运动。运动从湖南开始，迅速扩展到四川、贵州、浙江、陕西、广东、江苏、福建、安徽、江西、云南、广西、湖北、山东、山西、直隶、奉天等大部分省区，"所谓联治运动，含有两方面的意义。第一，是容许各省自治由各省自己制定一种省宪（或各省自治根本法），依照省宪自组省政府，统治本省……第二，是由各省选派代表组织联省会议，制定一种联省宪法，以完成国家的统一——就是确定中国全部的组织为联邦制的组织；如此既可以解决南北护法的争议，又可以将国家事权划清界限，借此把军事权收归中央，免去军阀割据之弊"。[①] 当时的主要活动实际上集中于前一个内容上，即各省倡导、传播省自治和联省自

---

① 李剑农：《中国近百年政治史》，复旦大学出版社，2002，第 487—488 页。

治的思想与主张进而制定省宪和推行省自治等。

二　五四运动对中国现代国家改造的努力、成效及其局限

五四运动以文化重构和政治参与的双重意义，确立了在中国现代国家史上的独特地位。两个方面相互促进，思想文化运动催生了爱国政治运动，爱国政治运动则进一步推动了思想文化运动的发展和深化，两个方面及其互动共同彰显着五四运动对当时整个国家的改造。

（一）　五四运动对"中央"和整个国家层面改造的努力及成效

从 1919 年 5 月 4 日开始的为期一年左右的爱国政治运动，以青年学生为先锋，以工农各界民众为主体，通过和平而又激烈的"直接行动"，实现了对中央政府和整个国家的某种改造，这是中国现代国家史上前所未有的成就。五四运动以"外争主权""内除国贼"为号召，以解决当时的国家外交问题为核心，在国家改造的意义上主要是对中央政府而言的。1919 年 6 月 9 日，由陈独秀起草的《北京市民宣言》对北京政府"提出最后最低要求"，包括"（1）对日外交，不抛弃山东省经济上之权利，并取消民国四年、七年两次密约。（2）免徐树铮、曹汝霖、陆宗舆、章宗祥、段芝贵、王怀庆六人官职，并驱逐出京。（3）取消步兵统领及警备司令两机关。（4）北京保安队改由市民组织。（5）市民须有绝对集会言论自由权"，并警告指出："我市民仍希望和平方法达此目的，倘政府不顾和平，不完全听从市民之希望，我等学生、商人、劳工、军人等，唯有直接行动，以图根本之改造。"①

对这样一个力图从多方面改造国家和中央政府的要求，北京政府虽然没有也不可能"照单全收"，但五四运动也的确取得了一定的实际效果。其一，迫使中央政府罢黜了负责对外事务的主要官员曹汝霖、陆宗舆、章宗祥等，钱能训内阁辞职，改组了政府，这是一种对国家机构实体和人员的直接改造。其二，一时扭转了国家的对外政策，使北京政府最终没有在和约上签字。对此，北京政府《对德和约中国专使拒绝签字之情形》中写道：

---

① 任建树等编《陈独秀著作选》第 2 卷，上海人民出版社，1993，第 25—26 页。

"自专使来电，对德草约于交还胶澳一层未能列入，全国舆论鼎沸，愤懑达于极点。各界合词请愿政府，对于和约毋得签字……政府以民意所在，既不敢轻为签字之主张，而国际地位所关，又不敢轻下不签字之断语……会巴黎方面各专使，亦迭接国内数十处去电，对于签字保留，一致呼吁，异常愤激。各使鉴于全国舆情，不敢拂逆众意，对于保留办法，坚持益力，顾会中仍不允认，于是不签字之局遂以实现。"① 这种对国家对外政策的及时性扭转和改变，捍卫了国家主权，暂时解决了国家危机问题，实现了直接目标。

值得注意的是，这种改变中央政府对外政策的努力持续收到实效。当山东问题传出中日之间"直接交涉"的消息后，1920 年 4 月 10 日，中华民国学生联合会总会发表《反对鲁案直接交涉代电》指出："吾侪自五四以来，牺牲神圣之学业，从事于奔走呼号，无非为救国自卫计。今鉴时机急迫，国势颠危，用本初衷，作最后之忠告：兹限四日之内，先将日本通牒原封驳回，通告军事协定无效，以固吾领土，而保主权。倘再推诿延宕，是公等甘作石敬瑭、李完用第二，吾侪学生断不忍令庄严灿烂之中华民国，断送于吾公等之手，纵极孱弱，誓以赤手空拳与公等周旋。公等勿以外援至为可恃，勿以为暴力可凭，勿以人民为可欺，勿以学生为可屈。传曰：时日曷丧，予及汝偕亡！语曰：宁为玉碎，勿为瓦全。愿公等熟审之。"在青年学生和各界民众的强大压力下，5 月 22 日，北京政府外交部致电日本驻华公使："无如中国对于胶澳问题在巴黎大会之主张未能贯彻，因之对德和约并未签字，自未便依据德约径与贵国开议青岛问题。且全国人民对于本问题态度之激昂，尤为贵公使所熟悉。本国政府基于以上原因，为顾全中日邦交起见，自亦未便率尔答复……惟根据目前事实上之情状，对德战争状态早经终止。所有贵国在胶澳环界内外军事设施，自无继续保持之必要，而胶济沿路之保卫，从速恢复欧战以前之态状，实为本国政府及人民最所欣盼，自当为相当之组织以接替贵国沿路军队，维持全路之安宁。此节与解决交还青岛问题纯为两事，想贵国政府必不迟延其实行之期，致益滋本国人民及世界观听之误会也。贵国政府如将战时一切军事上之设施从事收束，以为恢复和平之表示，本国政府自当训令地方官与贵国领事官等

---

① 《五四爱国运动档案资料》，中国社会科学出版社，1980，第 356—357 页。

接洽办理。"7 月 19 日，江苏省教育厅将外交部这一文件节略转发，其中外交部给江苏省长公署信函的内容是这样写的："相应将该项节略稿印送尊处查照，借资接洽，并请酌量宣布，以免人民误会。"① 所有这些历史文献都显示北京政府的确是出于对民众和舆论力量的忌惮而不与日本"直接交涉"的。

以上两点实效初步实现了陈独秀在运动初期提出的"平民征服政府"的宗旨，② 这在中国现代国家史上是空前的。陈独秀由此将五四运动视为"国民运动的嚆矢"。③ 1921 年 12 月，梁启超也就此谈道："'五四运动'是民国史上值得特笔大书的一件事，因为他那热烈性和普遍性，的确是国民运动的标本。"④

进一步而言，五四运动对国家的改造虽主要体现在扭转国家的对外政策方面，但这场"平民征服政府"的运动，却使北洋军阀统治的弱点得以充分暴露，权威尽失，直接导致了安福系政客集团和皖系军阀统治的崩溃，既给直系军阀问鼎中央创造了良机，也给地方军阀反对武力统一、维系自身统治创造了有利环境，更直接催生了联省自治运动。从根本上说，皖系军阀并非被直系军阀武力所击败，实为五四运动掀起的政治风暴和文化风暴所摧垮。1920 年 8 月，直皖战争皖系失败后，李大钊发表《要自由集合的国民大会》一文指出："我们认定这次战争的胜利者，究竟是民众；这次战争的失败者，究竟是败于民众的面前。这次战争，完全是五四运动的精神动荡中的过程，也就是辛亥以还革命运动的持续，方将日进而未已，断断不可仅认作军阀自残的战争，没却自己的势力。"⑤

所以，与其后的国民革命运动相联系，国民党政要黄季陆把五四运动看作"另一种形式的首都革命"，也是不无道理的。他说："五四运动的真实意义是国民革命的发展和继续，是固蔽的思想、文化的突破！亦即是另一种形式的首都革命，把当日旧势力集中的北京沉闷的局势翻造过来，影

---

① 《五四爱国运动档案资料》，第 547、573—574、572—573 页。
② 任建树等编《陈独秀著作选》第 2 卷，第 19 页。
③ 任建树等编《陈独秀著作选》第 2 卷，第 27 页。
④ 汤志军、汤仁泽编《梁启超全集》第 15 集，中国人民大学出版社，2018，第 265 页。
⑤ 《李大钊全集》第 3 卷，人民出版社，2013，第 262 页。

响及于全国, 使国民革命获得蓬勃便利的发展。"①

(二) 五四运动对国家改造的局限

五四运动对"中央"和整个国家层面改造的努力, 虽然取得了上述成效, 但如果将这些成效与当时国家与民族面临的需要解决的问题和困境相比, 局限性也是显而易见的。

首先, 五四运动对国家的改造的确是局部的、一定程度上的。关于这一点, 1919 年 8 月, 高一涵曾在《民众运动的目的》一文中做出如此总结: "我国五四运动不用说是乘民治潮流而起的, 不过据我个人观察, 觉得很有几种缺点: (一) 是消极的一时的运动, 没有积极的、永久的要求。(二) 是单反对政府和一时的外交政策, 不是主张改革外交制度。(三) 只想唤醒人民的自觉, 不想得到法律上的保障。"② 应当说, 这个总结基本是正确的, 揭示了作为政治运动的"五四"对国家改造的有限性。从前述陈独秀起草的《北京市民宣言》中可以看出, 后三项主张都涉及制度改革, 但不是在外交制度上, 且未能也不可能实现。所以, 这种改造的目标及其成效的局限是一种历史的局限。1923 年 3 月, 邵力子撰文分析说: "五四运动和六三运动, 在驱除曹陆章这一点, 看似成功, 其实是失败。如果那时北京政府顽强到底, 始终庇护着曹章陆, 不肯罢斥他们, 我想推翻北京政府这个议案, 早能在北京学生界提出, 而全国知识阶级也早能实行合作了。"③ 这是一种事后的可能性和或然性分析, 更是一种期望, 而在当时, 就是如此, 也只能如此, 一次群众运动不可能解决所有的问题。

其次, 五四运动对国家改造的局限性, 在时间和空间维度上则主要体现为五四运动在北京的退潮和空间转移。北京作为当时中国的首都和五四运动的发源地, 决定了五四运动对"中央"和整个国家层面改造的成效在空间上主要集中于北京。但北京毕竟是北洋军阀统治的中心, 统治力量最为集中, 当运动的直接目标实现和皖系军阀加强控制与镇压后, 五四运动在北京就呈现出明显退潮之势, 无论是文化运动还是政治运动都陷入了某

---

① 黄季陆:《蔡元培先生与国父的关系》,《传记文学》第 3 期, 1964 年。
② 郭双林、高波编《中国近代思想家文库·高一涵卷》, 中国人民大学出版社, 2015, 第 173 页。
③ 傅学文编《邵力子文集》下册, 中华书局, 1985, 第 836 页。

种程度的沉寂。对此，鲁迅后来回忆说："北京虽然是五四运动的策源地，但自从支持着《新青年》和《新潮》的人们，风流云散以来，一九二〇年至一九二二年这三年间，倒显着寂寞荒凉的古战场的情形。"① 但毫无疑问，这恰恰为五四运动在各地的继续和联省自治运动的兴起创造了条件。

最后，这种局限性还体现在五四运动的引领者和主体力量之一——知识精英对国家改造所抱持的态度、方向和路径选择等方面。在五四运动高潮尤其是直接目标实现后，人们发现这个新国家的问题不是少了而是更多了。在整个国家和社会层面上，作为一个由新旧力量妥协而成、处处受制于列强的尚处幼年孱弱的"现代国家"，依然内外交困，问题成山。1919 年9 月，沈定一在为"问题研究会"起草的章程中所开列的该会"研究之问题"，仅国家和社会大问题，就列出了从第一项的"教育问题"一直到第七十一项的"联邦制应否施行问题"。② 所以，此时的五四知识精英，一方面固然有改造国家的喜悦感和成功感；另一方面，面对如此之大国又如此繁多的问题，颇有受挫感和无力感。他们对国家改造显现了或消极或积极的态度以及由此带来的不同方向和路径选择。消极者对当时国家和社会的乱象感到无奈，因改造无方而感到悲观和气馁。1920 年9 月，费哲民在给陈独秀的信中这样写道："现在最足动人听闻的声浪，便是'解放'和'改造'这些名词。试问这些名词，这些声浪，时时在我们耳朵里经过，要说到底实践了多少，这个怀疑我实在解决不下。——新中国，新社会，固然很好，不道那背后的'军阀''政客''官僚'，和那肮脏的空气，究竟用什么方法能够铲除这种障碍的东西呢？我说现在的国家，只有悲观，那里有乐观？现在的社会，只有黑暗，那里有光明？现在的小民，只有痛苦难堪，那里有享共和的幸福？我思量了一回，什么解放，什么改造，都觉得麻烦够了。"③

积极者则仅对整个国家层面的改造感到无力和无奈，谋求退而求其次或另辟蹊径，当时的毛泽东就属于这种对国家改造退而求其次的积极者的代表。1920 年6 月，毛泽东发表《湖南人再进一步》一文，明确表达了在

① 中国社会科学院近代史研究所编《五四运动回忆录》（上），中国社会科学出版社，1979，第 151 页。
② 陶水木编《沈定一集》（上），国家图书馆出版社，2010，第 141—147 页。
③ 周月峰编《新青年通信集》，福建教育出版社，2016，第 577 页。

对整个国家改造无望的情况下致力于改造地方（本省）的思想："依我的观察，中国民治的总建设，二十年内完全无望。二十年只是准备期。准备不在别处，只在一省一省的人民各自先去整理解决（废督裁兵、教育实业）。假如这回湖南人做了一个头，陕西、福建、四川、安徽等有同样情形的省随其后，十几年、二十年后，便可合起来得到全国的总解决了。"同月，他在《湖南改造促成会复曾毅书》一文中进一步指出："以现状观察，中国二十年内无望民治之总建设。在此期内，湖南最好保境自治，划湖南为桃源，不知以外尚有他省，亦不知尚有中央政府，自处如一百年前北美诸州中之一州，自办教育，自兴产业，自筑铁路、汽车路，充分发挥湖南人之精神，造一种湖南文明于湖南领域之内。非欲自处于小部落也，吾人舍此无致力之所。中国四千年来之政治，皆空架子，大规模，大办法，结果外强中干，上实下虚，上冠冕堂皇，下无聊腐败。民国成立以来，名士伟人，大闹其宪法、国会、总统制、内阁制，结果只有愈闹愈糟。何者？建层楼于沙渚，不待建成而楼已倒矣。吾侪缩小范围，讲湖南自决自治，吾侪大胆昌言，湖南者湖南人之湖南也。"① 与当时的毛泽东相比，张东荪则属于国家改造的另辟蹊径者的代表。1920 年 12 月，张东荪在致俞颂华的信中就表达了这种认识："今当局不可恃，各界不可恃，则惟有约少数同志自办……弟以为苟此种人士而能多，各分头进行，既不问中央政治，复不问地方政治，亦不谭何种主义，行之数年以后，再谋大同盟，以商定一种具体之主义，不为迟也。"② 这也可以视为另一种更为极端且略显消极的退而求其次的策略。

三　从"五四"到"联省"：中国现代国家改造走向地方

无论是作为爱国政治运动还是作为思想文化运动，五四运动都发端于北京，之后向全国各地扩散和发展。进入 6 月，伴随着爱国运动迅速席卷全国各地，上海成为继北京之后的又一个运动中心。当爱国运动的直接目标实现尤其是 1920 年下半年后，与北京的相对沉寂相比，其他各省特别是长江、珠江流域和西南各省则呈现一种新景象，即从"五四"到"联省"的

① 《毛泽东早期文稿》，湖南人民出版社，1990，第 484、488—489 页。
② 周月峰编《新青年通信集》，第 615—616 页。

变化，显现了中国现代国家改造走向地方的历史趋势，这种演变通过主体参与、思潮和舆论传播、制度平台等途径得以实现。

（一）"五四"知识精英的地方化与地方"五四"社团参与省自治、联省自治运动

"五四"知识精英的地方化，是指五四运动高潮消退后，知识精英从五四运动的发源地——北京和另一中心——上海逐步分散到全国各省区的历史过程。1919 年下半年，随着五四运动高潮的退却，聚集在北京的以《新青年》《新潮》等主力为代表的"五四"知识精英包括一些青年学生及其"导师"开始"风流云散"，除学生领袖段锡朋、罗家伦、康白情等人赴美留学外，陈独秀出狱后去了上海，《新青年》杂志也随后迁沪，在北京和上海读书、参加五四运动的各省籍的青年学生也纷纷返回原籍。而与此同时，6 月下旬以后，一波一波的各省来京请愿代表（多为各省的青年学生及省议会议员）和赴上海参加运动的各省学生代表陆续返回本省。他们的地方化和回归及其与当地知识精英的会合，壮大了各地传播新文化、新思想的力量，不仅推动了五四新文化运动在各地的开展和深入，而且使各省区的"五四"社团得到进一步繁荣和发展，一些新的社团纷纷成立，原有的社团亦得到发展和壮大。1920 年后，这些"五四"知识精英及其社团开始投入省自治和联省自治的宣传与鼓动，甚至有的"五四"社团以原有会员为基础组建起直接推动省自治和联省自治的组织，如湖南的新民学会会员发起建立的"湖南改造促进会"，就是当时推动"湖南自治"的一个重要组织。李维汉在《回忆新民学会》一文中对此写道："张敬尧被逐出湖南后，进驻长沙的湖南军阀谭延闿、赵恒惕为了巩固他们的统治，发出一个宣布实行'湖南自治'的通电，虚伪地表示要'施行地方自治''以湘政分之湘省全体人民'。"1920 年 4 月，毛泽东"为驱张事从北京到上海时，就和彭璜等讨论过驱张之后如何在湖南造就一个比较好的政治环境，促进湖南向较好的方向发展，并曾拟过一个《湖南建设问题条件商榷》的文件，提出废除军阀统治，保障人民集会、结社、言论出版自由等资产阶级民主主义的要求。谭、赵通电的发布，带来一个复杂的局面。谭、赵以驱张实力派的身份顺利地取得了湖南全省的统治地位，好像理所当然地也取得了代表三千万湖南人民的发言权，这是一。一九一三年反袁独立失败以来，湖南

人民受尽军阀战争和北洋军阀暴虐统治的痛苦，张敬尧赶走后，唯恐北军再来，于是，'湘人治湘'的呼声四起。谭、赵举起的'湖南自治'的旗帜，正是利用人民的这种愿望，这是二。谭、赵的'以湘政分之湘省全体人民'的口号，本质是欺骗，但是为了装饰'自治'门面，在民众压力下，也将不得不采取某些极为有限的民主措施，这是三。所有这些都表现出事情的两重性，新的军阀统治形式的矛盾性。面临这种复杂局面，应该采取怎样的态度和方针来对待谭、赵提出的'自治'呢？"对此，毛泽东"不赞成采取笼统的反对态度，也不赞成消极的抵制态度，而主张采取积极态度，参加到'自治'运动中去，利用矛盾进行斗争，启发民众，揭露统治者，尽可能地争取扩大民主因素。新民学会会员们发起建立一个'湖南改造促进会'，提倡'湖南人民自决'，自下地发动争取真正'民治'的群众运动，同谭延闿、赵恒惕的'官治'相对立……赵恒惕赶走了谭延闿，独揽湖南政权之后，炮制了一个'省宪法草案'，并于一九二二年一月正式公布施行。赵恒惕统治集团迫于民众自治运动和舆论的压力，不得不把某些资产阶级性的民主、自由权利写进省宪里"，这部"省宪法"也被毛泽东和中共湖南党组织"作为进行合法斗争的武器"，但当时新民学会中也有会员曾对这类运动有怀疑，"认为我们既相信世界主义和根本改造，就无需顾及这些当前的问题"，毛泽东就此解释说："类似驱张和自治运动，都不是我们的根本主张，都不是我们的根本目的，它只是我们'应付目前环境的一种权宜之计'。但是它又是我们'达到根本改造的一种手段'。"①

在"五四"社团繁荣发展的大背景下，1920年后，各地开始不断涌现出参与和推动省自治和联省自治的专门的"自治"组织，既有各省的自治联合会、自治运动同志会等，也有各省区之间相应的自治联合组织等。吴玉章后来在谈到他参与四川省自治运动的情况时说："一九二〇年底，我们开始了组织活动，一九二一年四月一日成立了'全川自治联合会'，一百多个县每县都有一、二个代表来参加，我们通过这个组织系统，了解了四川各县的许多情况。我也借着这样一个公开的讲台，开始宣传马克思主义，经常写文章，做讲演。'全川自治联合会'的宣言和十二条纲领就是由我起草的。其中以'建设平民政治，改造社会经济'为总目标。强调民主政治

---

① 《五四运动回忆录》（上），第102—104、126页。

以反对军阀专制；提出'不作工，不得食'以反对社会寄生虫；提出'民众武装'以反对军阀武装；提出'合作互助'以改善工农生活。十二条纲领是：'全民政治'、'男女平权'、'编练民军'、'保障人权'、'普及教育'、'公平负担'、'发展实业'、'组织协社'（即合作社）、'强迫劳动'、'制定保工法律'、'设立劳动机关'、'组织职业团体'等，每一条纲领都详加解释，许多观点开始摆脱了旧的束缚，初步反映了马克思、列宁的一些主张。这个宣言和纲领曾经登载在当时创刊的《新蜀报》上，各县进步青年看了，十分欢迎。我从前许多老朋友看了，也感到我的见解变得更新奇了。"①

可见，"五四"知识精英的地方化和地方"五四"社团的发展，无疑是推动省自治和联省自治运动的重要因素，体现了五四运动和联省自治运动之间的某种主体同一性与连接性。

（二）地方"五四"期刊的涌现及其对省自治、联省自治思潮的传播

此处所言的地方"五四"期刊，是对五四运动和联省自治运动期间各省各地方创办的以传播新文化、新思想、新知识等为主要内容的地方性期刊的总称。五四运动尤其是北京的运动高潮过后，各省期刊如雨后春笋般大量涌现。这些期刊大都具有鲜明的地方特色，或以省名直接命名如《湖南》等，或在地名（省名或省名简称等）前面加上"新"字，以凸显其"新"意，如《新湖南》《新江西》《新山东》《新陇》《新安徽》《新浙江》《新四川》《新海丰》等，此外，还有《越声》《秦钟》《湘潮》《闽星》《浙江新潮》《自治》《民心》等。当然，需要指出的是，上海成为宣传新文化的中心后，不少地方期刊是在上海创办的。

这些期刊的最大特色，就是对省自治（地方自治）和联省自治的主张和强调，其论说逻辑和基本观点主要包括以下几个方面。

第一，这种主张是受五四运动新思潮的影响并发轫于此。1920 年 1 月 20 日，《秦钟》发刊词就非常明确地写道："五四运动，即吾侪觉悟之表示，彻底改革之发轫也。各省之闻风兴起，纷纷响应者，亦日有所闻。独吾陕人，则犹在大梦中……吾敢大声疾呼于我父老兄弟诸姑姊妹之前曰，

---

① 《五四运动回忆录》（上），第 65 页。

吾民国之人，有人格之人也，无论何人，不得利用之，奴隶之，草菅吾人之生命，而牺牲吾人之权利也，故本刊之第一任务为唤起陕人之自觉心。"①1920年5月20日，《新陇》发刊词也谓："说者谓去年五四运动，实吾国国民觉悟之表征，自觉之发轫也。"② 这就将省自治和联省自治同五四运动在源头上连接了起来。

第二，这种主张的基本目标是改造地方，实行地方自治尤其是省自治，从而实现"德谟克拉西"即民主主义，使地方由"旧"变"新"、由"黑暗"变"光明"。前述《新陇》发刊词就直言："《新陇》杂志之责任，其在输入适用之知识及学理，俾陇人有所比较而采择焉；传播社会之状况于外界，俾国人知其卑污而投之以剂也。然后可望陇人之觉悟奋兴，及污浊社会之改良也。"③ 1920年6月创刊于漳州、由福建省立第二师范学校自治会出版的《自治》半月刊强调，"要促进社会的进化和国家的兴盛，就不可不行地方自治"，该刊"把自治看成是解决一切问题的万应灵药"。1921年2月在上海创刊的《新浙江》"是一个纯地方性的刊物，这个杂志较强烈地表达一个思想：浙江是浙江人的浙江，以浙江人治浙江，以浙江平民治浙江……该杂志的倾向，反映了当时各省大倡地方自治，反对军阀专横、绅董作恶的浪潮"。④ 1920年9月创刊的《新湖北》也大倡"湖北者，湖北人之湖北也。湖北地方行政，应归湖北人民自主"，提出"省民自决""联邦共和"等八项主张，并谓："《新湖北》出版之日，即'新湖北'的运动之开始。"⑤ 1921年5月，《新江西》的宣言则主张"发展'德谟克拉西'的真精神"，"我们最终的目的在使这个'黑暗的旧江西'变成一个'光明的新江西'"。⑥ 可见，这些地方期刊一致认为，省自治就是改造地方的"德谟克拉西"的实践。

第三，这种主张进而认为，改造国家只有从地方做起，才易于见到实效，改造国家与改造地方是统一的，后者是前者的第一步，只有改造好地

① 《五四时期期刊介绍》第2集下册，三联书店，1959，第610页。
② 《五四时期期刊介绍》第3集上册，第483页。
③ 《五四时期期刊介绍》第3集上册，第484页。
④ 《五四时期期刊介绍》第3集上册，第167、427页。
⑤ 《五四时期期刊介绍》第3集上册，第531、532页。
⑥ 《五四时期期刊介绍》第3集上册，第447、448页。

方，才能最终改造好整个国家。1920 年 11 月，《越声》发刊词写道："我们合作，向本乡努力；本乡底情形是素来明白的，努力起来，自然'事半功倍'——这就是'自治'：世界各部底人能各治各部底事，那是再好没有的了。"① 1920 年 12 月创办于上海的《新安徽》发文指出，"要改造'新中国'，就不能不从各省改造起"，而改造各省的办法就是实行各省的自治，只有实行了各省的自治，才算得"尊重民主政治之真谛"，才能够"巩固国家基础"，"一省改造，省省改造，联省宪法成立之日，即我中华民国改造大业成功之时"。1921 年 3 月创刊于上海的《新四川》月刊刊文指出，"土地被督军割据，政治被官僚垄断，社会经济被资本家操纵，他们在在都起扼制平民的运动，若集全国的平民起来，与他们抵抗、奋斗，中国地方太大，人数太众，进行上不易收团结的效力"，"我们是四川人，就以四川作'策源地'，去改造那旧四川，建设我们理想的新四川，预备将来与我们全国的新地方结合"。② 1921 年 7 月创办于济南的《新山东》杂志在宣言中主张"我们对于山东的政治，要收归我们山东人自己管理"，但又申明："大家不要说我们只顾及到山东一域，眼光过于狭小，要知登高必自卑，行远必自迩，我们一方面建设新山东，一方面联合国内的同志，建设新中国。"1921 年 9 月，《新海丰》发刊词也有类似表达："有人说：君等用世界眼光，鼓吹新文化，无所谓国界的限别，'新海丰'是限于地方主义的，何不名为新世界或新他处呢？这话是错的，我们做事，有一定的次序。大学说，'行远必自迩，登高必自卑'……我们欲新他处，必先自新海丰始"，"因进化的阶级，是由近及远的。还有一层，我们是海丰人，生长于海丰，于地方的情形怎样，社会状况怎样，较他处为明白，是新海丰比新他处为容易些"。③ 五四运动之后，各省"五四"知识精英如此一致地把改造地方、改造本省作为努力的目标，的确非常清晰地显现了一种不约而同的、退而求其次的国家改造的"战略退却"。

　　第四，这种主张呼吁各省各地方相互激励与促进、学习和帮助，共同推进省自治和联省自治。1919 年 12 月，《闽星》发刊词就这样写道："闽

① 《五四时期期刊介绍》第 2 集下册，第 604 页。
② 《五四时期期刊介绍》第 3 集上册，第 429 页。
③ 《五四时期期刊介绍》第 3 集上册，第 482—483、443—444 页。

星！闽星！我有一句话勉励你：你虽起在闽南，但是你的星光还射着国内，国内愈黑暗，你的星光愈亮！"① 1920 年 2 月，《湘潮》特刊号发刊词指出："想要中华民族在世界上还有一线生路，便不可不急起自救。救的方法，有'对外''对内'二项：对内便是拿出'国民自决''民治主义'的精神，与卖国贼奋斗，务要扫除内奸，建设一种崭新的真正的共和国家，这件事与上面所说的湖南问题很有关系，如果湘人驱除了张敬尧切实建设，实行自治，做成一个共和的民治的湖南。各省都照样起来，四面八方，一齐做去，一齐成功，真正的中华民国自然实现了！我们做去张运动的时候，还希望福建的'去李'，天津的'去杨'并辔齐驱；也希望各省都拿出自救自治自决的精神，努力去干。"② 1920 年 11 月，毛泽东在给罗章龙的信中也表达了同样的观点："我主张湖南人不与闻外事，专把湖南一省弄好，有两个意思：一是中国太大了，各省的感情利害和民智程度又至不齐，要弄好他也无从着手。从康梁维新至孙黄革命（两者亦自有他们相当的价值当别论），都只在这大组织上用功，结果均归失败。急应改途易辙，从各省小组织下手。湖南人便应以湖南一省为全国倡。各省小组织好了，全国总组织不怕他不好……全国各省也可因此而激励进化。"③ 同年 12 月，《新安徽》发刊词则有一种不甘人后的危机感和奋发感："方今湘、粤、苏、鄂、鲁、豫各省，群竭力以从事自治运动，设吾人犹不乘时急起，以图振拔，驱当路之豺狼，建自治之规模，诚恐祸水方长，流毒益普，岂徒见讥于邻封，遗玷于全国而已哉？"④ 一时间，全国形成了一种各省对省自治和联省自治相互支持与呼应、相互推动与追赶的强大声势。

第五，这种主张自认为顺应世界潮流，具有进步性与合理性。1919 年12 月在上海出版的《民心》杂志发文指出，"采何种方法以促民治之进步乎。以二十世纪民本主义之趋势，中国自不能外法治以建国。然法治非可空谈也。其基础全建筑于地方制度之上……诚宜提倡门罗主义，鼓起自治精神，使本地之人，治本地之事"，理由是"地方自治，本吾国国民性素具之特质，又适合各省风俗习惯之国情。益以年来内而政制纷更，徒增人民

---

① 段云章、倪俊明编《陈炯明集》上卷，中山大学出版社，2007，第 390 页。
② 《五四时期期刊介绍》第 2 集下册，第 575—576 页。
③ 《新民学会资料》，人民出版社，1980，第 96—97 页。
④ 《五四时期期刊介绍》第 3 集下册，第 534 页。

疾苦，外而世界潮流，已非顺应不能。采行自治政制，实为救济良法"。①
1919 年 7 月，《湖南》发刊词中也有相近言说。② 显而易见，这种论述为省
自治和联省自治确立了正当性。

以地方"五四"期刊为主要载体的省自治和联省自治思想的倡导和传
播，明显是在五四运动地方化的过程中展开的，具有一哄而起的特点，一
起鼓噪，一起发声，形成集体和规模的效应。就此来看，五四运动和联省
自治运动基本是在同一历史背景和同一舆论场中生成与展开的。联省自治
运动不是平地而起的，显然是舆论先行的结果，与五四运动形成了"无缝
衔接"，是一个自然顺延的过程。

对于一场政治运动来说，思想传播、制造舆论是基本前提，是首要的。
当宣传和鼓动形成一个统一的舆论场，民众和政治精英也都要跟着舆论走。
舆论制造的这种先导作用在某种意义上具有决定性，地方军政当局也不得
不顺"势"而为。

（三）支持和参与五四运动的地方民意机关省议会是制定省宪、推行省自治和联省自治运动的主要制度平台与力量

如果说省议会在五四运动中的表现，③ 还仅仅是其恢复后的一种从旁支
持和参与的话，那么省议会在联省自治运动中的组织和鼓动，就是其本位
和主体性的行为了。1916 年 8 月开始恢复的省议会，经过五四运动的洗礼，
在随之而来的联省自治运动中更加活跃，成为省自治、联省自治运动最直
接的组织者、参与者和推动者之一，凸显了地方民意机关的自主性。

第一，省议会基于五四精神而鼓动省自治和联省自治运动。在五四新
文化运动深入发展尤其是"德先生""自治""自决"高唱入云的大背景
下，作为民意机关的地方省议会站出来强烈呼吁实行省自治和联省自治。
早在 1919 年 9 月，贵州省议会就多次致电广州军政府，呼吁尽快恢复地方
自治，要求将"自治章程公布，抑或由本会暂将旧章修正"。④ 同年 12 月，

---

① 《五四时期期刊介绍》第 3 集上册，第 379—380 页。
② 《五四时期期刊介绍》第 2 集下册，第 572—573 页。
③ 参见王续添《论五四运动中的省议会》，《中共党史研究》1999 年第 4 期。
④ 桑兵主编，谷小水编《各方致孙中山函电汇编》第 5 卷，社会科学文献出版社，2012，第
57 页。

浙江省议会通电指出："南北政争，相持累岁，民穷财尽，时局阽危。海内渴望和平，甚于望岁。乃沪会一再停顿，人民呼吁，充耳无闻，循此以往，国亡无日。应请当轴诸公本互让之精神，谋国家之统一。期于三个月内从速开议，解决纠纷，倘仍迁延误国，唯有联合各省另组国民自觉会，以谋解决。"《浙江制宪史》为此评价该省议会"首倡国民自决之议，以促政府觉悟，求为省自治之张本耳。然浙省之运动制宪以谋自治，则实导源于此"。四川省"倡议制宪自治最早者"也是省议会。1920年11月，该省议会"通电主张川省自治，并经各将领各法团各县人民表示极端赞同，并促早日制定省宪。本会现定期本年三月一日召集开会，讨论宪法问题，并经通电在案"，宣布"四川省于中华民国合法政府未成立以前，完全独立自治，不加入南北政争，无论何种良吏，亦不受南北政府任命"。① 1921年3月，湖南省议会致广州军政府各总裁等电称："现在内审时势，外观潮流，实以联省自治为救国之唯一良法。既主张联省自治，必以省为基础，有各省自治，而复各省可以联合，有联省自治，而后联省政府可以组成……民族自决，势不可遏。"②

这些呼吁和主张与地方"五四"期刊的自治主张形成呼应，构成地方舆论的重要组成部分，给地方军政当局造成了压力。

第二，省议会组织制定省宪，并使其合法化。省宪及其制定是实行省自治的基本前提，也是省自治和联省自治运动的主要标志和最根本的一环。对于省宪来说，省议会多为主要创制的发起者，也是其合法化的一个重要机构。各省省宪制定的实情各不相同，但一般由省议会负责组织宪法起草委员会或宪法会议等机构，省议会也是议决通过或公布省宪的主要机关。如广东省宪即由该省议会通过，福建省宪是由该省议会公布的。在推行省自治和联省自治的过程中，组织制定省宪是最重要的活动。1921年6月，陕西第二届省议会议决省宪法会议组织法，咨请省长公布，咨文概述了该省议会组织制定省宪的缘由及过程："查约法总纲规定，主权在民，是凡属国民，皆有自主权，亦即有自治权。且积省成国，未有省治不良，而国政可臻完善之理……南北统一无期，东西列强环视，各省若不急图自存，国

---

① 李贵连编《民国北京政府制宪史料二编》第18册，线装书局，2008，第9、71页。
② 桑兵主编，谷小水编《各方致孙中山函电汇编》第6卷，第33页。

家前途，何堪设想。迩来远如川湘滇黔，近如苏浙鄂赣，皆有省宪之制定。借图自治之实施，潮流所趋，一日千里。此盖本约法主权在民之旨，亦图自治即谋统一之道。本会前请开临时会筹备制定省宪……省议会即设立筹制省宪特务处，筹备进行，并于六月二十一日发出通电如左：秦省本主权在民之约法、民族自决之精神，筹制本省宪法，图地方之乐利，促国家之统一。"同月，山东省议会开会"议决积极筹备制订省宪，并通电府院略云：南北分裂，沸羹蜩螗。言法律则互有是非，难衷正义；言事实则利权竞执，罔肯降心。故兵戈徒顿于前，玉帛虚将于后，统一和平，终成泡梦……抑知省治潮流，潴而后泻，已居瓜熟辞蔓之候，断无花落返树之方。与其违众孤行，徒堕中央之威信，孰若因势利导，借维内外之感情，诚能俯顺民心，早颁明令。先以省宪植自治之基础，再以国宪复统一之旧规，式合众之宏谟，符共和之真谛"。① 实际上，联省自治运动的成果也仅在制定省宪上，恰如杨幼炯评论说："所谓联省自治者，在使省得制宪而已。但自九年下期至十二三年间，'联治'之呼声，虽已普及全国，然其成就，仅限于省宪。"② 省议会在整个运动中的地位和作用也可由此明了。

省议会之所以能够发挥这样的作用，不仅缘于它在当时省级政治体系中的位置和五四运动所创造的政治环境，而且与当时各省区代表联合组成的全国性的省自治和联省自治的专门组织——各省区自治联合会的推动有直接关系。1920 年 11 月，各省区自治联合会敦促各省制定省自治法，"以树民治之基"，并在致各省议会函中说："民治运动，举国一致。各省区人士，慨宪法九年而未成，觉根本法不能一日无。约法虽与宪法有同等效力，而于地方制度，则付缺如，是以有主张由各省人民自制各省区自治法之议。潮流所趋，全国认为急务，唯各省或有早已着手制定者，或有尚未着手者。本会于十一月二十八日，由各省区代表决议，函请各省省议会，自行制定各省区自治法案，以蕲全国一致。"③

第三，省议会与地方其他组织和社团合作，推动省自治和联省自治运动。作为地方最高民意机关的省议会，在地方社会"动起来"的情况下，

---

① 李贵连编《民国北京政府制宪史料二编》第 18 册，第 73、76 页。
② 杨幼炯：《近代中国立法史》，中国政法大学出版社，2012，第 188 页。
③ 李贵连编《民国北京政府制宪史料二编》第 18 册，第 84 页。

一般都谋求与其他组织、社团合作，以壮大力量，共同推动省自治和联省自治。如1921年5月，贵州省议会就联合该省教育会、省农会、总商会等共同"发出主张制宪之马电"。①

省议会在联省自治运动中的所作所为，不仅延续了其在五四运动中的立场，而且进一步发挥了地方民意机关的功能和作用，成为联省自治运动中至关重要的组织、协调和联络的机构与平台。当然，各省的政治生态不同，省议会与军政当局的关系也各不相同，省议会的作用发挥各有差异。比较而言，江苏、江西、湖北、陕西等地省议会更加主动和积极，发挥的作用也更大。

四　"五四"后何以有"联省"？
——历史逻辑与历史意义

从中国现代国家改造的维度考察五四运动和联省自治运动的历史关联后，如何梳理二者之间的历史逻辑，分析历史因果，阐释历史意义，就成为必须解决的问题。

（一）"五四"与"联省"之间的历史逻辑

从中国现代国家改造的意义上看，显然是"德先生"将"五四"和"联省"两者串联了起来，从而实现了改造国家和改造地方的连接。五四运动使中国"动"起来了，不仅是思想"动"起来，而且行动也"动"起来。思想"动"，表现为各种新文化、新思想尤其是"德谟克拉西"的传播；行动"动"，就包括了五四运动后各省通过各类组织和既有的制度平台如省议会等推动"德谟克拉西"的实现，即省自治和联省自治。

"五四"传播的民主与科学观念，风靡一时，不可阻挡。无论是"五四"知识精英还是支持和参与五四运动的省议会的议员，他们当时传播的思想都是"五四"所倡导的"德谟克拉西"。从这个方面看，联省自治运动的发动充分显现了"五四"的文化运动、政治运动和民治主义思潮对中国政治社会的影响。在五四新文化的传播中，知识精英往往把"德谟克拉西"

---

① 李贵连编《民国北京政府制宪史料二编》第18册，第80页。

和联省自治作为新文化结构中两个紧密关联的内容，乃至形成了"德谟克拉西（民主主义）＝平民主义＝民治主义＝联省自治"的认知逻辑。1919年2月，李大钊在《新潮》上发表《联治主义与世界组织》一文指出："现在的时代是解放的时代，现代的文明是解放的文明。人民对于国家要求解放，地方对于中央要求解放"，"现在人群进化的轨道，都是沿着一条线走，——这条线就是达到世界大同的通衢，就是人类共同精神连贯的脉络，民主主义、联治主义都是这一条线上的记号。没有联治的组织，而欲大规模地行民主政治，是不能成功的"。他还结合当时中国的情况进一步论证说："联治主义不但不是分裂的种子，而且适于复杂、扩大、殊异、驳杂生活关系的新组织……我们中国自从改造共和以来，南北的冲突总是不止，各省对于中央，也都是不肯服从……依我看来，非行联治主义，不能改造一个新中国。"① 1921年12月，李大钊又撰文指出："由专制而变成共和，由中央集权而变成联邦自治，都是德谟克拉西的表现。"② 当时面向普通大众宣传的《湖南制定省自治根本法筹备处敬告全省公民白话文》也这样说道："德谟克拉西（Democracy）的主义一唱百和，大有风靡全世界之势。他的内容，是'民本主义'，就是平民政治，平民政治的精神，就是自治。我们中国近年以来，受了'军阀''政阀'的害，弄得民不聊生，加以外交的危害，国权的丧失，于是一般先觉的人，就大声疾呼，提倡'自觉''自决''自治'种种运动，造成一种绝大的新潮流，冲击于长江黄河珠江流域一带。我们湖南因为受了张敬尧的害处最大，所以这种潮流，越加激烈，这就是自治问题发生的原因。"③ 1921年7月，时人曾勾描民治主义到省自治和联省自治的演进轨迹："欧洲大战以后，民治主义的潮流，一日千里，虽有大力，莫之能御。这种潮流，由西方东渐，流到中国，变成一种地方自治的新潮。"④ 也正是因将民治主义与省自治、联省自治做出这样一种论述和连接，有西方学者才认为"联省自治"这个新名称本身就是"省自治和自治的民主意识形态的相结合"。⑤

① 《李大钊全集》第2卷，第395、396、397—398页。
② 《李大钊全集》第4卷，第2页。
③ 李贵连编《民国北京政府制宪史料二编》第14册，第31—32页。
④ 李贵连编《民国北京政府制宪史料二编》第17册，第314页。
⑤ 杜赞奇：《民国的中央集权主义和联邦主义》，《二十一世纪》1994年10月号。

各省军政当局主张省自治和联省自治，同样是受这种潮流所驱、环境所迫。1920年9月，湖南督军谭延闿通电指出："现今各省自治之说，呼声甚高，将成事实……当此世界潮流，趋于民治，对于民族自决，已无反对之余地……当迎机利导，借各省人民自保之力，以保其国家。"① 时人也分析其缘由和目的是"外激于民治潮流之趋势，内审于生活状态之不安，而提倡所谓省自治者，以图自救自保，且以达共救共保焉"。② 在此，各省军政当局的自保取向和对联省自治的不真诚性无须回避，他们是地方最有实力的集团，对于这场运动的主导性也毋庸讳言。但地方当局的态度和作为，不仅不能成为否定联省自治运动受五四运动影响和两大运动历史连接的理由，反而恰恰说明了五四运动尤其是其传播的"德谟克拉西"对联省自治运动的强大影响力。至于当时的政党和精英出于政治环境和政治斗争的需要，揭穿地方当局者的假借和利用，否定联省自治运动，更不提其与五四运动的关系，对于人们认清这场运动的实质及其无法解决当时中国政治根本问题的事实是有利的，也是正确的。但作为历史研究，站在今天的历史高度来看，就不能再简单化了，要更注意它的全面性和各种历史关联。这或许就是历史的复杂性和历史的辩证法。

在当时，"德谟克拉西"可以说是一面无往不胜的旗帜，一时风头无两，以致原来的反对者都不得不附和这一主张。过去坚决反对中国实行联邦制的梁启超，此时不仅为湖南起草省宪，而且于1920年9月在《改造》发刊词中表达了这样的认知和主张："同人确信政治改造，首在打破旧式的代议政治，故主张国民总须得有组织的自决权"，"同人确信国家之组织，全以地方为基础，故主张中央权限当减至必要范围为止"，"同人确信地方自治当由自动，故主张各地方皆宜自动地制定根本法而自守之，国家须加以承认"。③ 梁启超过去常常是以舆论引领者的身份活跃于政治、社会和文化的舞台上，此时却受到舆论的显著影响。

当然，在此还应一提的是，美国哲学家杜威和英国哲学家罗素先后来华讲学，所传播的思想主要集中在民主与科学两大方面，与五四新文化的

---

① 桑兵主编，谷小水编《各方致孙中山函电汇编》第5卷，第413页。
② 李贵连编《民国北京政府制宪史料二编》第17册，第304页。
③ 汤志军、汤仁泽编《梁启超全集》第10集，中国人民大学出版社，2018，第196—197页。

主要精神相一致。尤其是杜威，历时两年，足迹遍及中国十余省，大力宣传民治主义和教育思想等，演讲深入浅出，通俗易懂。1920 年 7 月，他在《民治的意义》一文中说："近今一般社会盛倡民治问题，诸君闻之想必疑为哲学上之问题，深邃而不易了解。其实不然，即就此尚友堂中所办理慈善、卫生、教育各项事业推之，即为民治。民治问题亦甚切近，并非高远难企者也。"① 可以说，这对当时中国社会尤其是知识精英和政治精英的思想影响不容忽视。

这种观点和逻辑促成人们对省自治和联省自治较为普遍的接纳和认同，改变了过去将联省自治与破坏统一画等号的简单化认知。1921 年 1 月，邵力子在《都可作如是观》一文中即谓："从前有人主张联邦制，一般人便哗然斥为破坏统一；现在讲联省自治，讲省自治根本法，讲省宪，听者也就不以为意，并且多认为促成统一的唯一途径。"② 可见，到这时，通过五四对"德谟克拉西"的广泛传播，尤其是将其与省自治、联省自治相联系，并视其为省自治、联省自治的理论来源和内在支撑，"联省自治"才在中国知识精英和政治精英的观念里获得了前所未有的正当性，可以一时抵抗住来自传统大一统观的强大压力和否定，大张旗鼓地鼓噪甚至进入实践层面。这与五四前因没有"德先生"广泛传播而导致联邦制的主张缺少正当性并被传统大一统观所打压直至销声匿迹的局面，形成了鲜明对照。因此，这正体现了五四运动与联省自治运动的历史连接和历史逻辑。

那么，何以形成从"五四"到"联省"这样一种历史逻辑和链条？总体上看，是主观和客观、历史与现实、内部和外部共同作用的结果。从主观上来说，大致有以下几方面因素：其一，五四运动的偶发性，就主体力量而言，五四运动的发生从根本上说是青年学生赤诚的爱国之心和牺牲精神使然，但就当时的环境和条件来看，又具有某种被动性，可以说是不得已而为之；其二，主体力量的分散性，参加五四运动的各类知识分子是一个追求思想和精神解放并具有多元意识形态的知识精英群体，并不是一个由单一明确的意识形态所主导的具有高度凝聚力的组织，而出现这样的群体和组织恰恰是在五四之后；其三，这个主体力量对辛亥革命以来的新国

---

① 袁刚等编《民治主义与现代社会——杜威在华讲演集》，北京大学出版社，2004，第 124 页。
② 傅学文编《邵力子文集》上册，第 502 页。

家还仅仅处于不满或者是非常不满的状态，"改造"就成为他们对这个新国家的基本诉求，更明确地说，还仅限于"改造"阶段，并没有真正进入"再造"和"重建"阶段；其四，关于如何改造，当时不仅没有一个统一而明确的目标和方向，而且主张非常多元和参差不齐；其五，他们拥有的改造工具尤其是意识形态的力量，虽然有了更多更新的选择，但也仅限于此，并没有结合自身与中国实际加以更新和创造，主要还是简单的"借助"和"拿来"，如"德先生"等。1920 年 10 月，邵力子在《民治的将来》一文中指出："民治二字现在成为极时髦的名词了。君没听见鄂人治鄂、苏人治苏……种种声浪，真是一天高一天吗？这种种声浪都是从一只'民治'的'留声机'中发出来的。我说'留声机'，或者有人疑我含着讽刺的意味，说他们不是了解'民治'真意义的，但是他们肯捧着这个'留声机'来唱，许多听的人也不讨厌这'留声机'，就不能不说是'时代迫着他们进步'了。"① 就此意义而言，五四时期民治主义和联邦主义思潮的传播为省自治和联省自治提供了思想基础，做出了舆论准备。

从客观上说，总体上还是五四时期中国政治和社会（地方）的结构使然。其一，在国家层面，一方面，尽管五四运动对以北洋派为主体的中央政府造成了很大冲击，暴露了其对内保守和对外软弱的缺陷，但北洋政府也不得不顺应民意，拒绝在和约上签字，罢免曹汝霖、陆宗舆、章宗祥，使"五四"聚集起来的力量得到了相当释放；另一方面，在当时国内政治力量的格局中，以孙中山为首的国民党还处在革新和重组的伊始阶段，新的政治力量尤其是中国共产党还处在酝酿至多是刚刚诞生的状态，以梁启超为代表的原立宪派力量依然游移于北洋派和国民党之间，北洋派仍旧是当时国内最为集中和强大的力量，其他力量一时还难以撼动其统治地位。诚如蔡和森在 1922 年 9 月《统一、借债与国民党》一文中分析的那样："中国现在政治问题，实在去真能解决之时还远，因为全部政权还在北洋军阀手里，北洋派的武力依旧是政治舞台上的主人。在这个时候谋政治上的统一，除彼此把他当作一种暂时的政策之外，真正的统一是不可能的。"同年 9 月，他又在《武力统一与联省自治——军阀专政与军阀割据》一文中进一步指出："十年以来的内乱与战争，既不是'南''北'地域之争，又

---

① 傅学文编《邵力子文集》上册，第 419 页。

不是'护法'与'非法'之争，更不是'统一'与'分离'之争，乃是封建的旧支配阶级与新兴的革命阶级之争"，"只缘新旧支配阶级同时并立，旧势力反占优势而握得政权，所以元二年间总统制、内阁制、中央集权、地方分权，以及同意权之争，才成为北洋派与国民党爆裂的导火线。所以这些政制上的争执，不过为内乱的导火线而已，新旧势力之不能两立，才是内乱的真实根源"，"一切政治问题，不是创法改制可以解决的，换过说，就是非继续革命，完全打倒军阀，解除封建阶级的武装不能解决"。①

其二，在地方层面，辛亥革命后地方社会的"变"与"不变"是主要因素。所谓"变"，就是形式上已是民国的地方了，有了一定程度的开放性和新气象；所谓"不变"，就是地方依旧是以传统的社会结构和观念结构为主，政治上也是在地方军政势力的控制之下，辛亥时期的革命力量这时也越来越趋于保守。当然，各省间的差异也是明显的，整体来看，受过去革命思潮影响较大的长江流域和西南各省因与北洋派的矛盾，更趋向于捍卫自己的权力，甚至不惜借助新的社会力量和新的理念，这为五四运动后新力量的崛起和观念的扩散提供了契机与条件。

从总体上说，当时中国所处的历史时代和社会状况，造成了两大运动的多元主体、多层内涵、尚未分化和重新组合的历史连接与历史复杂性。

（二）"五四"与"联省"相衔接的历史意义

从"五四"和"联省"这前后相连的两大历史事件可以看出，"五四"为"联省"提供了基本的背景和条件，做了思想传播和舆论准备，集聚了力量，"五四"知识精英参加了省自治和联省自治的运动；而"联省"则是五四新文化背景下改造国家的思潮在地方社会层面的延续，是五四运动在某些方面的深化，是五四运动衍生出来的社会政治变动。当然，在此必须指出的是，五四运动并不是联省自治运动的全部背景和条件。地方自治的思想和某些实践酝酿发端于晚清，只不过是得到"德先生"的有力支撑，以省自治和联省自治的形式勃兴于"五四"后。在某种意义上，这体现了经过"五四"洗礼的知识精英转向关注现实，参与实际，开始从事一些具有某种操作性的社会（地方）改造活动。对于地方当局来说，联省自治运

① 《蔡和森文集》，人民出版社，1980，第96、102、103页。

动是一种顺势而为的自保，但对于"五四"知识精英及其他参与者而言，则是改造国家的地方化，是一种在地方层面上改造国家的试验，是五四运动地方化的一种形式和内容，参与省自治、联省自治是年轻知识分子对国家和社会改造从理想主义（空想）迈向实际行动的第一步。在各省成立的各类职业团体和自治组织，成为中国社会实现初步组织化的重要组成部分。如果说，"五四运动是中国人民革命的方法与组织形式的一个重大的转变"，[①] 那么，联省自治运动就是这一转变过程中紧接五四运动而兴起的具有正、反两方面经验的又一次重大实践。

五四运动后，知识精英的地方化和相关社会思潮的地方化及其与地方政治社会力量的进一步结合，加上民治主义的传播，最终在当时的历史条件下形成一场无疾而终的联省自治运动。从联省自治运动的直接目标看，说它是无果之花也并不为过。在地方实行所谓"民治"，不仅在当时不具备基本的社会条件，而且设计一种什么样的制度能够有效运行，其实时人也不清楚，基本上还是观念上的想当然，或者说是一味模仿。在当时的中国社会历史条件以及内外部环境下，用民治主义改造国家不成，用民治主义改造地方也不成，但仍可以看作一种试验。这一步的失败是必然的。联省自治运动的无果而终，使"五四"知识精英加深了对中国社会和政治的认识。没有这一步，没有省自治、联省自治的破产，就不可能推动年轻知识分子从对地方官僚、军阀的某种幻想中醒悟过来，没有这种进一步的觉醒，也就没有不断聚集于革命政党旗帜下的国民革命运动。1920 年下半年，回川后的张澜推动熊克武实行地方自治，在给后者的一封信中，张澜对省自治和联省自治后中国政治的演进做了非常清楚的预判："民治之说日张，群众亦多觉悟，人民自决、省区自治之潮流，勃不可遏。窃计不出三年，中国必将起政治革命之大变，此军阀、官僚之政府与人民将来之战争也。"[②] 国民革命不同于辛亥革命的最大之处就是工农大众的参与以及知识分子与工农的初步结合。吴玉章对此回忆说："一九二〇年南方各省掀起的'自治运动'的潮流，给我提供了初步宣传马克思主义的机会"，"使我有了一个

---

① 博古：《五四运动（节选）》，杨琥编《历史记忆与历史解释：民国时期名人谈五四》，福建教育出版社，2011，第 252 页。

② 《张澜文集》，四川教育出版社，1991，第 41 页。

面对广大人民讲话的机会，使我把新近体会到的一些想法得以倾吐于广大人民之前，而且得到了热烈的反响，这不能不说是一个重大的收获。而且通过'自治'的失败，使我又有了两个教训，第一是进一步体会到在军阀统治下毫无民主可言，要拯救中国，必须首先用武装的革命来推翻封建军阀统治。第二是自治联合会那种地域性的临时的组织极容易为敌人破坏，必须要有一个坚强的、革命的、战斗的组织，来领导革命。这时候我心里非常强烈地要求组织像布尔什维克那样的政党。其实恰恰在这个时候，我们伟大的中国共产党正在上海秘密召开第一次代表大会，不过我远在被封锁的四川，并不知道"。①

从"五四"到"联省"，也表明了辛亥革命以来中国政治运动的中心由华北南移至华中和长江流域，并有进一步南移的趋势，显示了1920年代前后中国政治变动的地域和空间特征，即从"五四"到"联省"再到国民革命是辛亥革命后中国政治在空间和地域上南向演进的结果。

从"五四"到"联省"，实现了中国现代国家改造由"战略进攻"到"战略退却"的演进，但无论是"进攻"还是"退却"，都是对中国现代国家改造的不同尝试，这两种尝试都证明在当时的历史条件下，不发动民众，不进行更高组织化的政党建设，进而通过政党组织和武装民众，是不可能最终实现国家的根本改造——"再造"或"重建"的。早在1917年4月，李大钊就在《中心势力创造论》一文中指出："国家必有其中心势力，而后能收统一之效，促进化之机。否则，分崩离析，扰攘溃裂，无在不呈兀臬之象，久而久之，且濒于灭亡之运焉。"② 1923年5月，李大钊又撰文指出："为了要进行举国上下的根本改造，光靠打倒军阀、埋葬政客这种表面上堂皇的口号，那是很不可靠的事情，而且也是非常危险的。这种根本性的改造，无论哪个国家都必须有其中心不可，我们首先要创造出作为中心的东西，然后再采取进行改造的程序才可以，单单凭靠堂皇的口号，是为真正的行动家所不取的。"③ 这种和平的根本改造国家的尝试，是五四传播的民主思想的一种实践。正因联省自治运动试验的失败，才有了国民党的改组

---

① 《五四运动回忆录》（上），第63、66页。
② 《李大钊全集》第2卷，第174页。
③ 《李大钊全集》第4卷，第222页。

和中国共产党对发动和组织工农的进一步重视。中国政治问题从地方是"统"不起来的，必须是纵向的，而不是横向的。解决中国政治的全局问题，首先在于纵向轴的努力和建设，尤其是社会中心力量即中心主义政党的建设和锻造。在中国现代国家初创和改造或"再造"和"重建"的整个过程中，都得主要从纵向轴去努力。

无论是当时还是现在，仅从直接结果孤立地看联省自治运动是不科学的，既要看到在它之前发生的五四运动，又要看到在它之后发生的国民革命运动。发现和理解这个历史链条的逻辑脉络，对全面准确地理解和认识联省自治运动尤其是其与五四运动和国民革命运动的关系以及从1912年到1949年中国政治的演进至关重要。日本学者坂野良吉把"向集权论的转折"看作对"五四隐形的纪念"，是自己"对五四再研究意外的成果"，"如将五四看作由分权、分省论向集权论整合的转机的话，辛亥革命与国民革命的相互关系、国民党政权开始实施的'党治'的构造便不言自明了"。[①] 但从严格意义上说，所谓的"转机"是在联省自治运动失败后才真正开始的。五四时期有两条改造国家的演进脉络：一条脉络与辛亥革命相联系，与五四时期的民治主义、联邦主义相联系，这条脉络延伸到五四运动后就是联省自治运动；另一条脉络是学习苏俄的社会革命，政党发动民众、组织民众、武装民众，夺取政权，走"以党建国"的道路，这是联省自治运动遭受挫败后的必然选择，国共两党在此期间的政治主张都充分说明了这一点。1923年8月，中国共产党在发表第二次对于时局之主张时就非常明确地指出："中国号称民主国家已经十二年了，而与民主政治绝对不能相容的北洋军阀势力依然存在，是以有洪宪之变、复辟之变、安福之乱以及此次曹党之乱……所以当时吾党对于时局主张，曾说过恢复国会、联省自治、黎元洪复位、吴佩孚得势，都不能解决时局；曾说过只有以民主的联合战线，继续革命，打倒军阀及军阀背后的外国势力，才是救济中国的唯一道路。"[②]同样，1924年1月，中国国民党第一次全国代表大会宣言也指出，联省自治"不过分裂中国，使小军阀各占一省，自谋利益，以与挟持中央政府之

① 坂野良吉：《关于"五四"的再思考——共识的达成及其伟业》，牛大勇、欧阳哲生主编《五四中的历史与历史中的五四》，北京大学出版社，2010，第54—55页。
② 中央档案馆编《中共中央文件选集》第1册，中共中央党校出版社，1989，第174—175页。

大军阀相安于无事而已，何自治之足云？夫真正的自治，诚为至当，亦诚适合吾民族之需要与精神；然此等真正的自治，必待中国全体独立之后，始能有成。中国全体尚未能获得自由，而欲一部分先能获得自由，岂可能耶？故知争回自治之运动，决不能与争回民族独立之运动分道而行。自由之中国以内，始能有自由之省。一省以内所有经济问题、政治问题、社会问题，唯有于全国之规模中始能解决。则各省真正自治之实现，必在全国国民革命胜利之后，亦已显然"。①

综上所述，从辛亥革命到国民革命，是中国现代国家史上的一次重大转变：中国政治演进从分散走向集中，从精英政治走向大众政治，从国家结构制度上单一制与联邦制的变换不定转到重新走向现代单一制。在这一转变过程中，五四运动及其后的联省自治运动发挥了关键性的作用，表明中国现代国家从"改造"开始进入"再造"乃至"重建"新的历史阶段。

---

① 荣孟源主编《中国国民党历次代表大会及中央全会资料》（上），光明日报出版社，1985，第14页。

五四时期东南集团的"商战"舆论和抵制运动

陈以爱[*]

向来对 1919 年五四风潮的考察及研究，莫不注意抵制日货运动的波澜壮阔。即如《五四运动在上海史料选辑》和《五四运动在江苏》二书，所收史料便多是学商两界参与抵制运动的原委经过。[①] 就时间性言，抵制运动比罢课、罢市、罢工（统称"三罢"）更为持久。就效果言，对日本在华经济的打击也更为深远。圣约翰大学前教授雷默（C. F. Remer）指出，五四抵制运动以学生为主力。[②] 近年李达嘉进一步认为，"五四抵制日货运动，学生从一开始便企图掌握主导权，并且积极地进行全面性的动员"。[③] 本文着重探讨抵制运动弥漫上海及江苏省之前，在舆论界声势高涨的"商战"舆论如何形成并落实到行动；五四前后在东南地域享有崇高声望的张謇及其相关集团，在这一抵制浪潮中扮演什么角色；他们提出的"商战"观点，对五四时期的学商两界有什么影响。

---

[*] 陈以爱，台湾东海大学通识教育中心副教授。

① 上海社会科学院历史研究所编《五四运动在上海史料选辑》，上海人民出版社，1960；中共江苏省委党史工作委员会、中国第二历史档案馆编《五四运动在江苏》，江苏古籍出版社，1992。

② C. F. Remer, *A Study of Chinese Boycotts*, Baltimore：The Johns Hopkins Press, 1933, p.55.

③ 李达嘉：《罪与罚——五四抵制日货运动中学生对商人的强制行为》，《新史学》第 14 卷第 2 期，2003 年。

本文首先提出的一个论点是，考察五四前后上海及东南地域的抵制运动，需要格外重视以张謇为领袖的"东南集团"之作用。这一集团以江苏人为主，浙江人次之，涵盖上海教育界、实业界、银行界、报界诸要角。从清末以来，这一集团渐渐以上海为基地，凝聚成一个具有观念和策略、组织力和行动力的集团。五四前夕，他们秉持鲜明的"商战"意识，以联美制日为方针，有计划地制造舆论及教育学生，在长江流域形成一股不可轻忽的力量。白吉尔对此集团的实业家曾有研究，[1] 近年马建标也指出江浙资本家政治集团的影响力，[2] 但这一集团在五四运动中到底起了什么作用，则犹有待发之覆。过去讨论五四时期的中国政治版图，多只注意北洋政府和广州政府之对峙角力，却忽略了雄踞长江流域下游的东南集团之潜势力。对东南领袖张謇在此一时期的行止，尤多误解或皮相之谈。事实上，欧战结束的五四前后正是这一集团的黄金时代。他们享有传统士绅的社会声望，兼具经营实业累积的财力资本，积极吸收日本、欧美的新知识、新技术，尤获美国朝野支持合作，成为北洋政府不敢轻忽、广州政府难与相抗、地方军阀（尤其是长江流域直系军人）积极拉拢的一大势力。这一集团人士与五四的关系，是五四运动研究的题中应有之义。本文聚焦于"商战"这一概念的提出，进而探讨其如何演变为抵制运动及提倡国货的行动，借以评估东南集团与五四运动的关系。

一　敲响"商战"锣鼓

近代中国，"商战"这一概念的提出其实颇早。[3] 欧战发生后，"商战"一词，近乎人人能道。江苏省教育会兼华商纱厂联合会会长的张謇，江苏省教育会的黄炎培、沈恩孚，江苏教育厅实业厅长张轶欧，华商纱厂联合会的聂云台、穆藕初，《银行周报》社的徐沧水，等等，无不依据数字立

①　〔法〕白吉尔：《中国资产阶级的黄金时代（1911—1937年）》，张富强、许世芬译，上海人民出版社，1994。
②　马建标：《民族主义旗号下的多方政争：华盛顿会议期间的国民外交运动》，《历史研究》2012年第5期。
③　王尔敏：《商战观念与重商思想》，氏著《中国近代思想史论》，台北，华世出版社，1977，第233—379页。

说，详论痛陈"商战"之重大意义。他们指出根本救国之道，舍此并无他途。他们出版专书译著、发行刊物，公诸报端，制造舆论，使抵制日货运动成为五四时期的重要内容。

（一）张謇

东南集团领袖张謇提出的著名口号"实业救国"，以"棉铁主义"为核心，即"商战"的具体表现。1913 年，张謇出掌北京政府农工商部门，公布其"棉铁主义"：

> 謇对于实业上抱一种主义，谓为棉铁主义。以为今日国际贸易，大宗输入品以棉为最……铁需用极大，而吾国铁产极富……为捍卫图存之计，若推广植棉地纺织厂……开放铁矿扩张制铁厂；是惟为之左右前后者，尚宜有各种之规画……总之，政治能趋于轨道，则百事可为，不入轨道，则自今以后，可忧方大。①

张謇之"棉铁主义"，主要针对强邻日本。其子张孝若谓："我父对于农商向来有棉铁政策的抱负，认为基本农商在此二事；国家富强，更在此二事。"②

欧战发生后，张謇身为农商部总长，积极提倡国货。1915 年中日"二十一条"交涉后，提倡国货之声不绝。如《申报》之《杂评》指出：

> 我国提倡国货之声，何自起乎？起之于欧战初起。时农商部劝告之，各界鼓吹之，以为此乃推广国货之时机也。③

当时受日本对华交涉刺激，上海商界发起救国储金运动，各界捐输热烈。④ 张謇认为言救国无用，唯有实业救国，才是根本之道。对于抵制之声，他指出"抵制云者，犹必我有可以相当之物，我而无斯物也，是所谓

---

① 张謇研究中心等编《张謇全集·经济》，江苏古籍出版社，1994，第164—165 页。
② 张孝若：《南通张季直先生传记》，台北，文海出版社，1958，第 195 页。
③ 《提倡国货之根本法》，《申报》1915 年 3 月 25 日，第 10 版。
④ 《提倡储蓄大会纪事》，《申报》1919 年 3 月 1 日，第 10 版。

空言抵制"。①

1918 年，中日军事密约披露，中国 2000 多名留日学生愤而退学，引起社会震动。6 月 29—30 日，学生代表王兆荣前往南通恳请张謇主持办学，张謇对日本及国内亲日派"侧目重足，声色俱厉"，痛加批判，但认为救国仍须图根本之计。②"根本之解决，相当之势力"，不在退学罢课，而在兴办实业。因此，他虽有三户亡秦之志，仍婉拒王兆荣邀请；唯允可在办学之提倡及金钱之帮助上向留日学生救国团提供帮助，函请江苏省教育会及沪上人士磋商筹款与安置之法。③

当时南北多有抵制日货之说，张謇一再提醒人们：发展实业才是根本之道。直言：

> 若徒空言抵制抵制，则彼一物而我无物，抵且不能，制于何有？④

张謇的务实论调，得到商界中人共鸣。1919 年 7 月 3 日，上海《新闻报》刊出《棉纱事业之亡羊补牢策》，引用张謇冷静论调，以为"就今日全国论，须更自有一百万锭，始可言抵制"。

考察五四前后提出"商战"概念者，都呈现出一个特征，即依据海关册数字立说。通过实际调查和统计资料，上海学商界普遍意识到，日本已隐然操纵中国经济命脉。1919 年 3 月 4 日，北方教育巨擘严修在《致张季直信》中便深为感慨：

> 欧战以来吾国出口之货，悉供东邻操纵，我所沾溉者，残膏剩馥耳！然据任君言，一九一七年海关贸易所册载出口之货，竟与入口相

① 《张謇对于救国储金之感言》《张謇对于救国储金之感言（续）》，《申报》1919 年 5 月 23—24 日，第 11 版。
② 《与留日归国学生救国团代表之谈话》，中国人民政治协商会议江苏省海门县委员会、文史资料委员会编《海门县文史资料》第 8 辑《张謇——故里征稿专辑》，1989，第 96、97 页。
③ 《与留日归国学生救国团代表之谈话》，《海门县文史资料》第 8 辑《张謇——故里征稿专辑》，第 96、97 页。
④ 张謇：《复北京国民协会发展棉业说》（1918），《张謇全集·实业》，第 799—800 页。

抵，为数十年来所未有。可见吾国物产之丰，愈惜吾国商术之拙。[①]

严修此函显示出"商战"概念之深植人心。1917 年进出口货价相抵，则使人心一振，认为中国应有一战之力。

（二）黄炎培、沈恩孚

江苏省教育会领袖黄炎培、沈恩孚，也是大力倡导"商战"者。1915 年，黄炎培将随游美实业团出发考察教育，为了解 1876—1915 年中国进出口贸易历史及现况，委托浦东中学及南京高等师范学校毕业的庞淞调查统计海关册，历两个暑假而成。[②] 黄炎培题书名为《中国商战失败史——中国四十年海关商务统计图表》，深具警世之意。书前冠以沈恩孚序及黄炎培自序，痛陈"商战失败"之原因及急起直追之法。沈恩孚序：

> 窃谓吾国自中外互市以来，商则有之，战则未也。商与商自战则有之，与外商战则未也。然则吾国之有进口货，彼外商以吾为市场，捆载彼之国货来耳。彼且如入无人之境，何胜败之可言。吾国之有出口货，彼外商因市场之所需要，捆载吾之国货去耳。彼且如出无人之境，又何胜败之可言。夫彼之商以农工为大本营，既骎骎入吾不战而并不守之国，吾之商方日为彼商乡［向］导，或略分其刍秣以为饱，而绝未知其大本营之所在。徒仰彼前锋之鼻息，彼东则导之东，彼西则导之西而已。以云战败，其谀词乎。虽然，吾国之商人其奋哉！吾既有为人用之出口货矣，则吾国固有可战之器在。吾器不自用，而人用之，可耻孰甚。吾愿吾国商人注意国外贸易之调查，侦知其市场之所需要，避实击虚，以为前锋。吾尤愿吾国工人日以研究艺术为事，俾有多数精良之人造品，为商人后盾。吾尤愿吾国农人日以研究种植为事，俾有多数精良之天产品，为工人后盾，为商人后盾之后盾。如是吾商人之大本营固，庶乎可言战矣！吾知后此数十年，有重检海关

---

① 严修自订，高凌雯补，严仁曾增编，王承礼辑注，张平宇参校《严修年谱》，齐鲁书社，1990，第 407 页。

② 黄炎培：《自序》，黄炎培、庞淞编纂《中国商战失败史》，台北，文海出版社，1982，卷首，无页码。

进出口货价比较表者，其感想必大异于今可知也。今欧战逾二祺，欧商困矣。彼予吾以从容之准备，而吾弃其时乎？吾国之商人其奋哉！①

沈恩孚序文重点有三：第一，中国商人应奋起与外商一战；第二，工人、农人应成为商人后盾，使其可与外商一战；第三，欧战期间欧商困顿，中国商人可把握时机从后赶上。此书之刊布，即为鼓舞商人，号召社会人心。

（三）穆藕初、聂云台

黄炎培和上海实业家穆杼斋、穆藕初兄弟是南洋公学同学，情谊深厚。② 穆藕初早年任职海关，颇有爱国心。1905 年，抵制美货运动发生，穆藕初适"任（上海）海关总会董事之职，邀集海关、邮政司一切人众，开全体大会，合力抵制"。从此他认定抵制运动有效，以为"即此最文明、最有效之经济绝交一举，足以制强邻之死命，虽曰消极抵抗，他方面并能唤起国民自求多福之觉悟，开改良国货、仿效外货之动机，于消极的主张中实含有无限积极的作用也"。穆藕初后得友人资助，赴美习农。③ 回国后，他在沪创办德大纱厂、厚生纱厂，被誉为棉业巨子，声望甚隆。

穆藕初爱国意识之浓厚、排日思想之激烈，在商人中极为突出。沈恩孚在其逝世后赋诗挽之，有"爱国如君今有几"之语。④ 穆藕初翻译、尤惜阴校《中国布纱花业指南》，有自序及按语三十五则，揭示"商战"意义及方法，提醒读者注意日人谋我之策略。⑤ 兹举两则为例。

第十六则：

夫商战二字，恐我国商人知者尚鲜。既知矣，又恐不能熟筹商战方法，如何方收实效。然商战无他，其外面则为最进步之交易手段，

---

① 沈恩孚：《中国商战失败史叙》，黄炎培、庞淞编纂《中国商战失败史》，卷首，无页码。
② 《〈藕初五十自述〉之〈黄（炎培）序〉》，穆家修、柳和城、穆伟杰编《穆藕初文集》（增订本），上海古籍出版社，2011，第2—3页。
③ 《藕初五十自述》，穆家修、柳和城、穆伟杰编《穆藕初文集》（增订本），第7—8页。
④ 沈恩孚：《挽穆藕初》，转引自穆家修、柳和城、穆伟杰编著《穆藕初年谱长编》下卷，上海交通大学出版社，2015，第1356页。
⑤ 穆藕初：《〈中国布纱花业指南〉按语三十五则》，穆家修、柳和城、穆伟杰编《穆藕初文集》（增订本），第483—503页。

其里面实与争战时秉同一之性质,即进退有序,动变有方,在在受主任者之指挥,万不得自由行动,以破坏团结上应分确守之范围。①

第二十三则:

> 我国近十年来,抵制外货之声,愈唤愈起。然多数愚民尚未确知抵制外货之重要。即知之,而不知提纲挈领之抵制方法,则其抵制能生几何效力?夫亦徒托空言耳!提纲挈领抵制之方法奈何?……棉铁两大事业,为杜塞漏卮之最大事件。振兴此两大事业,实为万急之务,而棉业尤为重要。②

综观全书按语,对日本深怀戒备。其主张棉铁事业,则又响应张謇之号召。贝润生为穆译撰序,谓"他日排斥外货,畅销国货,胥于是编操其券也",③亦其抵制日货之同志。

穆藕初深感日人深谋远虑,呼吁华商团结,遂有1917年华商纱厂联合会创设。《穆藕初年谱长编》1917年12月4日条下记:

> 华商纱厂联合会开第一次议董会。聂云台转达(穆藕初)先生意见,一是本人不愿任议董,二是会长必推张謇,三是会所必须迁移。(华商纱厂联合会档案)会议采纳先生意见。1918年2月12日华商纱厂联合会开会决议:(1)定期阴历二月二日召集选举会。(2)举张謇为名誉会长。(3)会址迁至申报馆二楼。(4)推聂云台为总董。(5)创办《纱业杂志》月刊。

由此可知:其一,聂云台、穆藕初为纱业领袖,两人关系良好;其二,穆藕初建议会址设在申报馆二楼,可见他和史量才的关系;其三,华商纱厂

---

① 穆藕初:《〈中国布纱花业指南〉按语三十五则》,穆家修、柳和城、穆伟杰编《穆藕初文集》(增订本),第492—493页。
② 穆藕初:《〈中国布纱花业指南〉按语三十五则》,穆家修、柳和城、穆伟杰编《穆藕初文集》(增订本),第496页。
③ 转引自穆家修、柳和城、穆伟杰编著《穆藕初年谱长编》上卷,第159页。

联合会同人推举张謇为会长，聂云台为副会长。①

白吉尔指出"中国华商纱厂联合会从成立之日就显示出全国的广泛性，但在其中起主导作用的却是上海纱厂主，特别是聂云台和穆藕初——他俩起了不可低估的作用。聂云台是中国华商纱厂联合会的创办者和第一任会长，而穆藕初则是个坚定的支持者和推动者"。②此二人，又都是张謇"棉铁主义"的追随者。1919 年 9 月，该会机关刊物《华商纱厂联合会季刊》出版，卷首冠以张謇题签、弁言一篇、照片一张。张謇《弁言》谓："余持棉铁为中国近世要务之说，几三十年。先我、后我事乎此者，亦肩背相望矣。"他充分肯定联合会的成立，以为"豪杰所萃，结合斯起。前年成纱厂联合会，今年又由会辑季刊，以通此业之邮，夫非欲举世界纺织之智识以诏中国之事纺织者乎？"

1919 年《华商纱厂联合会季刊》的创刊，适值五四风潮之后，穆藕初《振兴棉业刍议》一文揭示"工战""商战"之义。宣称："欧和告竣，铁血之战争甫闭幕，经济之奋斗已开场。"全面分析中日工商业竞争态势：

> 自中日、日俄战后，日本乘战胜余威，竭力振兴其商工业，推广销路于我国，以我各市场为其尾闾。……即此进口棉货一项，已足竭我膏血，绝我命脉。是以振兴棉业不但于平民生计上有密切关系，而于全国经济上亦生莫大影响。③

文末慷慨陈词："世有抱棉主义救时之宏大主张，为国家谋公福，不为个人营私利者，玥虽鲁愚，深愿执鞭担镫，追随左右，向工战商战场里，作冲锋陷阵之一战员也。"④

在穆藕初的"工战""商战"论述中，始终视日本为头号敌人。1920 年，他撰《今后东方纺织业竞争之大势》分析战后局势，仍以日本为心腹大患：

---

① 华商纱厂联合会的创设过程，参考王子建《华商纱厂联合会创立经过》，全国政协文史资料委员会编《中华文史资料文库·经济工商编·工业》第 12 卷，中国文史出版社，1996，第 696—699 页。
② 〔法〕白吉尔：《中国资产阶级的黄金时代（1911—1937 年）》，第 146 页。
③ 穆藕初：《振兴棉业刍议》，穆家修、柳和城、穆伟杰编《穆藕初文集》（增订本），第 46 页。
④ 穆藕初：《振兴棉业刍议》，穆家修、柳和城、穆伟杰编《穆藕初文集》（增订本），第 50 页。

欧战告终……其为我国纺织界心腹大患者，其惟日本乎？日本在欧战时得千载一时之机会……处心积虑，希图扑灭我国纺织业而握东方纺织界霸权，并在我国境内，遍设纱厂，与我纺织界接触益近，而竞争愈烈。①

总之，1919 年前，中国实业界咸知"我国最大之实业为棉业，棉业唯一之劲敌为日本"。② 这是五四运动中，实业家如穆藕初等力主抵制日货之大背景。

华商纱厂联合会副会长聂云台是曾国藩外孙，同样是著名的爱国实业家。抵制运动声势浩大时，他发起大中华纱厂，与日商争夺市场。1919 年，上海《银行周报》刊出《大中华纺织股份有限公司招股简章》，助其宣传招股。该报还刊出《抵制日货与中国工业之关系》，介绍聂云台棉业计划，首从抵制运动说起。③ 编者称，"恒丰纱厂聂云台发起大中华纺织股份有限公司，拟纺双线细纱以供社会需要各情，已志前报。惟此公司内容详情尚未尽悉，兹承聂君以其棉业计划书见示，爰知该公司之发起大有研究"。④

《聂云台之棉业计划》一文写于五四风潮后，其中心主旨为"棉业救国"。开篇叙述爱国运动：

迩者国人痛外交之失败，激起爱国之热诚，群议提倡国货，固矣。然而外货入口之大宗，吾人日需次用品，国货能否供给以应其求，不可不急事研究，速谋准备，否则终不免贻人以五分钟之讥矣。吾国漏巵最巨者厥为棉货，每岁出口之银二万万余，积极计为数不堪设想。……愚以为今日提倡国货，当务之急，莫重于棉业矣。⑤

大中华纱厂设立于五四高潮后，以为商战之重要一着。在五四抵制风潮中，

① 穆藕初：《今后东方纺织业竞争之大势》，穆家修、柳和城、穆伟杰编《穆藕初文集》（增订本），第 53 页。
② 《藕初五十自述》，穆家修、柳和城、穆伟杰编《穆藕初文集》（增订本），第 29 页。
③ 《抵制日货与中国工业之关系》，《银行周报》第 3 卷第 27 期，1919 年 7 月 29 日，第 57 页。此篇未署姓名，应是编者手笔。
④ 《聂云台之棉业计划》，《银行周报》第 3 卷第 27 期，1919 年 7 月 29 日，第 58 页。
⑤ 《聂云台之棉业计划》，《银行周报》第 3 卷第 27 期，1919 年 7 月 29 日，第 58—59 页。

得到多人积极响应。[1]

(四) 刘厚生、张轶欧

当江苏省实业界、金融界相通，实业界、教育界合作之际，江苏省实业厅也大力支持。1919 年五四风潮前，江苏省实业厅在厅长张轶欧的主持下，编辑《江苏省纺织业状况》，提供详确的调查报告，鼓励成立新厂改进旧厂。全书相关论述，大力为"商战"摇旗呐喊。

张轶欧早年就读于南洋公学，受教于刘厚生。刘厚生是张謇大生纱厂的得力助手，被梁启超誉为"张季直（謇）手下第一健将"。[2] 张謇任农商部总长时，即以刘厚生为次长。刘厚生推荐留学比利时返国的张轶欧任矿政司长，为落实张謇棉铁政策之"铁"的部分。张轶欧设置地质调查所，先后延揽丁文江、章鸿钊、翁文灏入所，他们成为中国矿产调查事业的骨干。[3] 刘厚生卸任后投资探矿，"誓以将来之钢铁大王自命"。[4] 其人虽"隐于货殖，不复仕进"，[5] 却绝非不过问政治之人。1913—1917 年，张轶欧在前后几任农商部总长的支持下，为北洋政府农商部矿政司长。1917—1925 年初，转任江苏省实业厅长。[6] 此一职务调动，自负有重要任务。1918 年 6 月，刘厚生偕张轶欧至南通，张謇置酒款待。[7] 张轶欧主持江苏省实业厅期间，对张謇相关事业尽力扶持。

1919 年，江苏省实业厅出版《江苏省纺织业状况》，即据"商战"意识而编辑。全书以数字为依据，不发空论，又制成图表，呈现调查统计结果。开篇《江苏各纺织厂资本比较图》，列明华商和外商（英、日两国）之资本数，予人以深刻印象。"内编"题为《华商纱厂之自卫计划》，收录《华商纱厂联合会略史及其现状》等资料。"附编"收载《张总长季直经理

---

① 中国科学院上海经济研究所、上海社会科学院经济研究所编《恒丰纱厂的发生发展与改造》，上海人民出版社，1959，第 24 页。

② 梁启超：《致娴儿书》（1920 年 7 月 20 日），胡跃生校注《梁启超家书校注本》，漓江出版社，2017，第 560 页。

③ 胡适：《丁文江的传记》，季羡林主编《胡适全集》第 19 卷，安徽教育出版社，2003，第 401、405 页。

④ 梁启超：《致娴儿书》（1920 年 7 月 20 日），胡跃生校注《梁启超家书校注本》，第 560 页。

⑤ 赵叔雍：《我所认识的张謇父子》，氏著《人往风微》，台北，独立作家，2016，第 99 页。

⑥ 刘寿林等编《民国职官年表》，中华书局，1995，第 246—251 页。

⑦ 《张謇全集·日记》，第 738 页。

大生纱厂十二年之历史》，摘录大生、德大、厚生诸厂章则。全书推崇张謇及其大生集团，许为江苏一省之楷模。总之，张謇"商战"之说，实为全书指导思想。

又《江苏省纺织业状况》不断提醒读者：中国的头号商敌是强邻日本。欧战期间，日本已取代其他列强，成为中国最大的竞争对手。张轶欧亲为此书撰序，勉励华商奋起应战：

> 自欧战发生，吾国工商业之直接间接受影响者，几不可偻指。惟纺织一途，则岁有增进。……盖外货之来既减，有识者应时势之要需急起直追，生机乃日呈其活泼，此不可谓非国家经济上之好现象也。所惜者，（吾省纱业）三十四厂者，华商只占三分之二，余悉英、日诸商所经营。而就上海一隅计，华厂且仅得其半，锭数尤以华商为最少，喧宾夺主，相形见绌，不能无叹于吾国商民能力之弱，与夫资本之不充。虽然，九层之台起于累土，千里之行始于足下，矧吾苏纱厂已占全国锭数百分之七十四以上，上海亦占全国锭数百分之五十六以上，由是积极进行，安见华商成绩终久居人下！①

总之，欧战以来，中国人的"商战"观念愈益强烈而明确，尤以棉纺业者为首。江苏为产棉地，又是纱厂集中处。商民在五四运动中奋起反日，实有经济上的原因。

（五）银行周报社

五四风潮中，以商战意识鼓吹抵制运动之专业刊物，更有上海银行公会之《银行周报》。该刊 1917 年创办，是现代中国第一份金融界言论机关报，由中国银行上海分行副经理张公权提议创办，也是上海银行公会的机关刊物。据徐沧水《上海银行公会事业史》，可知《银行周报》和上海银行公会之筹设皆由张公权创议。② 外界视张公权为"江浙财团"之核心人物，确有依据。

---

① 张轶欧：《序》，江苏省实业厅第三科编《江苏省纺织业状况》，商务印书馆，1919，第 1 页。
② 徐沧水编《上海银行公会事业史》，台北，文海出版社，1987，第 1 页。

按，张公权、张君劢兄弟是江苏宝山人，和江苏省教育会要角袁希涛、沈恩孚、唐文治有师生之谊，自云终身服膺袁、唐师教。民国后，张氏兄弟和东南集团及进步党关系密切，张公权被委以中国银行上海分行副经理职，再被擢升为中国银行副总裁。他重视言论机关，聘徐沧水任《银行周报》编撰。[①] 1917 年张公权北上后，仍为《银行周报》筹款；其经费缺乏之数，由挚友陈光甫以上海银行透支弥补。[②]

综合来看，1917 年银行周报社的创办，以留日学生为主，加上留美的陈光甫。支持社务之相关银行，也是上海银行公会的最初成员。十年后，此一团体被日本人呼为"江浙财团"，其集结实在五四之前。银行公会机关刊物《银行周报》创刊于 1917 年，自始密切留意及报道国内外贸易及金融状况，随时公布调查结果，并聘有东西翻译二员，译载欧美及日本消息。

《五四运动在上海史料选辑》摘录徐沧水 1919 年 5 月发表的《欧战以来日本在我国之贸易》一文，宣述商战概念。[③] 徐氏作为《银行周报》编撰，每期提供论说或调查一篇。1918 年，上海银行公会聘其为驻日通讯员，定期供稿。[④] 徐氏根据日本大藏省最近五年统计数字，分析中日商战之激烈，感愤之情跃然纸上。[⑤] 他指出，1915 年对日抵制运动为一有效武器。[⑥]上海银行公会成员对徐沧水倍加欣赏，认为他"文笔极佳"，"对于银行界各种调查材料又极丰富"，除了对其给予加薪待遇外，[⑦] 后更聘其出任总编辑兼发行主任，[⑧] 此恰可反映上海银行家对日本的态度。就抵制运动而言，他们认为持久的抵制日货运动，乃是打击日本的有效武器。

---

① 姚崧龄编著《张公权先生年谱初稿》上册，台北，传记文学杂志社，1982，第 7—19 页。
② 《1919 年 4 月 12 日会员大会》，万立明编选《上海银行公会·机构卷》，上海远东出版社，2016，第 22—23 页。
③ 《五四运动在上海史料选辑》，第 38—48 页。
④ 《1918 年 7 月 20 日第二次董事会议决事件》，万立明编选《上海银行公会·机构卷》，第 9 页。
⑤ 沧（徐沧水）：《欧战以来日本在我国之贸易（上）》，《银行周报》第 3 卷第 16 期，1919 年 5 月 13 日，第 9 页；沧（徐沧水）：《欧战以来日本在我国之贸易（下）》，《银行周报》第 3 卷第 17 期，1919 年 5 月 20 日，第 7 页。
⑥ 沧（徐沧水）：《欧战以来日本在我国之贸易（上）》，《银行周报》第 3 卷第 16 期，1919 年 5 月 13 日，第 10 页。
⑦ 《1919 年 11 月 29 日会员会议事录》，万立明编选《上海银行公会·机构卷》，第 37 页。
⑧ 徐寄庼编《最近上海金融史》，台北，学海出版社，1970，第 163 页。

1930 年代，陈光甫委托宋春舫等编纂的《上海商业储蓄银行二十年史初稿》进一步指出，抵制运动确为一有效武器，以日本为主要对象：

> 至少我们已发现了一种新武器，一种民族运动的表示，所谓抵货运动便是。最早的抵货运动，远在清代，那是对付美国的。第二次是光绪三十四年二辰丸案，结果日本对华输出贸易，减少了二千五百万元。第三次是宣统元年安奉铁路案，减少了日本对华输出贸易八百万元。可是这几次，范围都没有四年五月九日那一次的广泛，组织也没有那一次的严密。要晓得二十年来的国际交涉，全是对日的争持。欧洲战事，恰好给日本一个自由行动的好机会，各国战时的创伤，更使日本得实行其露骨的侵略政策。……到了二十一条件，提出之后，人民刺激，一天深似一天一天。这一次抵货运动的结果，竟减少了日本对华输出贸易二千万元，证明了抵货的真实力量。同时我们又发起了救国储金，国人正忙着捐输巨款。在本行开幕以前六十二天之内，中交两行，实收进了六十万余元。《申报》上更逐日登载着国货调查表……①

宋春舫等指出五四运动以前的四次抵货运动，第一次是针对美国，后三次都是针对日本，更重要的是确有效。抵货运动的成功，造成日商受损；救国储金的发起，扶助了国货发展。此二者，为五四期间"商战"的两大面相。

（六）报界鼓吹

宋春舫等提及《申报》在"二十一条"交涉中对抵制运动起着推动作用，是值得注意的信息。罗志田考察"二十一条"交涉后，也指出上海报界的作用。他特别注意到《时报》的积极性，"民初上海报人如陈景韩（冷血）、包公毅（天笑）、张蕴和（默）、戈公振等，不仅对当时的舆论有相当的影响，且与江苏实力人物张謇、赵凤昌、黄炎培等，有亲疏不等的关系，

---

① 宋春舫等编纂《上海商业储蓄银行二十年史初稿》，何品、宣刚编注《上海商业储蓄银行》，上海远东出版社，2015，第 5 页。

其言论亦有一定的代表性"。[①] 其实，民初《申报》和江苏元老的关系同样
密切。[②] 黄炎培在史量才死后所撰《史量才先生之生平》，详述江苏诸老和
史量才及《申报》之关系，是尤为值得重视的局中人语。[③]《时报》和《申
报》这两大上海报纸，足以左右沪上舆论，甚至造成更大范围的影响。

当时日本人对中国各大城市的报刊调查资料（见表 1），可以告诉我们
沪上华人报章的影响力。

表 1　1918—1919 年上海重要华人报纸每月的发行量

单位：份

报纸	主义	持主	主笔	发行量（1918 年底调查）	发行量（1919 年底调查）
《申报》	中立派	史家修	陈景韩	22000	25000
《新闻报》	实业派	汪龙溪	李寿熙	24000	27000
《时报》	中立派	狄楚青	包公毅/刘芗亭	10000	10000
《时事新报》	研究系	张　烈	张东荪	6000	6000
《民国日报》	旧国民党派	邵仲辉	叶楚伧	4000	3000

资料来源：许金生主编《近代日本在华报刊通信社调查史料集成（1909—1941）》第 2 册，线装书局，2014，第 240—241、340—341 页。

就 1918 年来看，《申报》和《时报》每月销量共达 32000 份。[④] 1919
年五四风潮过后，总量更上升到 35000 份。其在沪上的影响力，超过研究系
办的《时事新报》及国民党的《民国日报》。五四之年，《申报》和《新闻
报》的销量都有增加，而《民国日报》竟不增反减，这一现象值得注意。
如果这个数字大致准确，则我们对孙中山派的影响力不宜高估。而知张謇、
赵凤昌等江苏元老，以及和他们关系密切的狄楚青、史量才（家修）等报

① 罗志田：《救国抑救民？"二十一条"时期的反日运动与辛亥五四期间的社会思潮》，氏著《乱世潜流：民族主义与民国政治》，上海古籍出版社，2001，第 79 页。
② 章士钊：《〈申报与史量才〉书后》，《文史资料选辑》第 23 辑，第 244—245 页。严独鹤：《辛亥时期上海新闻界动态》，中国人民政治协商会议全国委员会文史资料研究委员会编《辛亥革命回忆录》，中华书局，1962，第 83—84 页。
③ 黄炎培：《史量才先生之生平》，《人文月刊》第 5 卷第 10 期，1934 年 12 月，第 1—2 页。
④ 《张元济日记》1918 年 2 月 25 日条下记上海五大家报馆销量："《新闻报》销二万六千余，《申报》一万九千余，《新申报》一万三千余，《时报》九千余，《时事新报》八千余。"其记录的销量与日人调查数字稍有距离，但比例却相符。参见张人凤整理《张元济日记》上册，河北教育出版社，2001，第 489 页。

人，更能左右沪上舆情动向。如此，《五四运动在上海史料选辑》对学生及商人抵货运动的报道主要摘录自上海《申报》，[①] 也就主要反映了东南集团的观点。从五九国耻纪念后，《申报》逐日长篇累牍地报道上海、江苏等地抵制情形，另《新闻报》也逐日以近半个版面报道商学各界抵制消息。至于《时报》《民国日报》，篇幅虽不如前面两报，同样逐日刊载相关消息。抵制运动得到这些沪上报业的配合，声势极为浩大。

二　国耻纪念与抵制运动

前面关于张謇等东南名流的论述，以教育家、实业家、银行家为对象；《银行周报》等机关报的发布，则以专业从业人员为读者。彼等言论通过《申报》《时报》，又复向社会大众鼓吹宣传。唯五四运动时期尚有一现象，即以学生为社会运动主力，在街头户外演讲劝说。[②] 本节将说明这一现象的背景，从远的来说，必须注意江苏省教育会长期推动的国耻教育；从近的来说，复有江苏省教育会、上海县教育会之推动训练。江苏省教育会和基督教青年会的合作，更提升了学生公开演说的动员能力。

（一）"五九国耻"与抵制浪潮

过去对五四时期抵制运动的考察，多聚焦于学生运动的波澜壮阔，忽略了江苏省教育会和各校教职员的策动鼓励，这却是仔细考察报章不难发现的事实，应该充分重视。

首先，五七及五九国耻纪念，在江苏省教育会的大力推动之下，成为国民教育的重要环节，并在 1919 年成为上海响应北京学生爱国运动的开端。罗志田《救国抑救民？"二十一条"时期的反日运动与辛亥五四期间的社会思潮》，追溯国耻纪念日的制定，说明穆藕初及江苏省教育会的关键作用，他们通令江苏全省各级学校必须推行国耻教育。罗志田所提出的几个面相，值得更进一步说明。

其次，国耻纪念日的制定，与江苏省教育会密切相关。罗志田注意到

---

① 《五四运动在上海史料选辑》，第 195—222 页。
② 李达嘉：《商人与共产革命（1919—1927）》，台北，中研院近代史研究所，2015，第 60 页。

1915年"二十一条"交涉发生后，穆藕初是首先提出国耻纪念及国耻教育的人。江苏省教育会致各县教育会函，通告五九为国耻纪念日。[①] 还通令江苏全省及上海各校，教职员须承担国耻教育责任，每年于是日在校集会，向学生灌输"发愤自强之计"。[②] 查1919年上海各报章对五九国耻纪念日学界动态的报道，均贯彻教育会决议。[③] 此一每年讲述国耻、纪念国耻的仪式，切不可轻忽视之。从1916年到1919年，它塑造了各级学生的国耻感，对日本人的痛恶感也根深蒂固。五四反日情绪之爆发，不过为瓜熟蒂落而已。

　　此外，罗志田还察觉到五七和五九国耻纪念的差别。他指出："值得注意的是在江苏教育会的决定之前，一般都将5月7日即日本提出最后通牒之日为国耻日。在该决定之后，则越来越多的人将5月9日即袁世凯政府决定接受'二十一条'之日为国耻日。另外，无论是在北京、上海或其他地方，商界通常都取5月7日为国耻日，而学界则通常取5月9日。"[④] 罗志田此说尚待进一步详考。唯1919年上海商学各界在"五九国耻"当天，多宣布停业停课。江苏、浙江二省，商学两界也大体纪念五九。据此来看，江苏省教育会对江浙的影响兼及学商两界。就1919年学界而言，北京、济南、武汉纪念五七，[⑤] 上海、南京、杭州纪念五九。[⑥] 这种差别造成了步调不一致，因此五四风潮后穆藕初提出以五九永为国耻纪念日，理由是"五月九日为我国屈服于彼势力之一日，鄙意永宜以五月九日为国耻日，全国一致，

---

① 罗志田：《救国抑救民？"二十一条"时期的反日运动与辛亥五四期间的社会思潮》，氏著《乱世潜流：民族主义与民国政治》，第76页。

② 《毋忘国耻纪念日之通函》，《申报》1915年5月20日，第10版。

③ 检1916—1918年上海报章，鲜见记载各校国耻纪念日活动。此当不是教育界未曾落实，只是未刊诸报端。

④ 罗志田：《救国抑救民？"二十一条"时期的反日运动与辛亥五四期间的社会思潮》，氏著《乱世潜流：民族主义与民国政治》，第76页。

⑤ 北京国民外交协会定五七"国耻纪念日"召开国民大会，电请各省商会、省议会、教育会响应。《国耻纪念日之国民大会》《昨日国民外交协会两要电》，《晨报》1919年5月8日，第2版。张影辉、孔祥征编《五四运动在武汉史料选辑》，湖北人民出版社，1981，第46—47页。

⑥ 龚振黄编《青岛潮》，中国社会科学院近代史研究所、近代史资料编辑组编《五四爱国运动》上册，中国社会科学出版社，1979，第192—205页。

以免歧异"。①

　　1915 年政府对国耻纪念日的法律制定，既反映了江苏省教育会对教育界的影响力，也涉及北洋政府教育部的态度。马建标注意到北京教育部对国耻教育的重视，1915 年 5—6 月教育部有几个积极行动。5 月 12 日，教育部总长汤化龙在全国各省教育联合会上做闭幕讲话，提出此后教育应务使学生能"卧薪尝胆，期雪耻于将来"。6 月，教育界向全国各省发出"国民教育"咨文："知耻乃能近勇，多难足以兴邦……普败于法，乃以其事日诏国人，厥后战胜。论者咸归功于国民教育。"6 月 20 日，江苏省校长会议做出决定，未来要使用一切教育手段，"务使人人知有此辱也"，即是为了贯彻教育部的咨令。② 唯此说有倒因为果之嫌，其实江苏省教育会（穆藕初为会员之一）是发动国民教育之团体，并非被动配合教育部才推行国耻教育。罗志田指出"从（1915 年）4 月 20 日到 5 月 21 日在天津召开的全国各省教育联合会上，代表们着重讨论了如何使下一代不忘此次的国耻。他们要求将这次的国耻经历写入教科书，这个建议被纳入全国教育计划并在参政院通过"。③ 也就是说，国耻纪念列为教育内容是全国各省教育联合会主动提出，再获得教育部支持而下令贯彻。至于 1915—1919 年始终担任教育次长的袁希涛，则为江苏省教育会驻北方中坚分子，必然扮演推动促进的角色。④

　　更值得注意的是，1915 年中日"二十一条"交涉，引发了抵制日货运动及提倡国货的运动。罗志田指出"二十一条"引起的国人反应，也包括了抵制日货运动。正如许多观察者注意到的，抵制日货运动有难以为继的困难。唯罗志田认为，1915 年"抵制日货的行动渐渐衰落，但是提倡国货的活动在各地'劝用国货会'的推动下仍然持续活跃了相当长的时间。抵制日货的时间从 2 月起基本持续到是年年底，其中最为活跃的是 3 月到 7 月

① 穆藕初：《永久抵制劣货之方法》，穆家修、柳和城、穆伟杰编著《穆藕初年谱长编》上卷，第 60 页。
② 马建标：《历史记忆与国家认同：一战前后中国国耻记忆的形成与演变》，《近代史研究》2017 年第 2 期。
③ 罗志田：《救国抑救民？"二十一条"时期的反日运动与辛亥五四期间的社会思潮》，氏著《乱世潜流：民族主义与民国政治》，第 76 页。
④ 袁希涛在北京教育部的角色，参考陈以爱《五四运动初期江苏省教育会的南北策略》，《国史馆馆刊》第 43 期，2015 年 3 月。

的五个月。在此期间日本对华贸易损失甚大"。① 旅沪商帮协会正、副会长马乙棠、邹敬斋，对提倡国货进行鼓吹。② 虞洽卿出任"劝用国货会"会长，鼓吹抵制日货。③ 当时上海总商会正、副会长周金箴、朱葆三，也支持储金运动。④ 江苏省教育会去函救国储金团表示赞同之意，且"分函各县教育会，属其广为提倡，共策进行"，复派该会驻员蒋季和参与救国储金团会议。⑤ 1915 年的经验对 1919 年有很大启示，抵制日货和提倡国货成为五四风潮的重要内容，非仅罢课罢市罢工而已。

事实上，中日"二十一条"交涉后，江苏省教育会在常年大会中就讨论把抵制日货和提倡国货纳入国耻教育，穆藕初再次作为推手。1915 年 8 月，江苏省教育会在南京召开常年大会，穆藕初以会员身份演说，大声疾呼提倡国货、振兴实业之重要，期许江苏省教育会负起责任。⑥ 以穆藕初和黄炎培的情谊，自必熟商密议，谋求教育家和实业家充分合作。从积极面来说，"提倡国货，振兴实业"；从消极面来说，抵制日货，防堵强邻。此两项要事，即是五四前后江苏省教育会及其所属各级学校爱国运动之两大主轴。

（二）"国民教育"之"演说竞进"

1919 年北京五四风潮发生后，上海各界迎来了五七和五九国耻纪念。当时号称国民大会，实即国耻纪念大会。由江苏省教育会领导的上海五七国民大会，在前一日召开的各校校长筹备会上把"提倡国货"列为目标之一，更提出"（中日）交涉未了以前，抵制日货，先从调查入手"。⑦ 当天晚上，由江苏省教育会主持的上海各界筹备会也议决："提倡国货一项……于国民大会开过以后，仍决议继续进行，不达交还青岛，废去密约及二十

① 罗志田：《救国抑救民？"二十一条"时期的反日运动与辛亥五四期间的社会思潮》，氏著《乱世潜流：民族主义与民国政治》，第 67 页。
② 《旅沪商帮提倡国货大会纪事》，《申报》1919 年 3 月 25 日，第 10 版。
③ 冯筱才：《政商中国：虞洽卿与他的时代》，社会科学文献出版社，2013，第 72—92 页。
④ 《提倡储蓄大会纪事》，《申报》1919 年 3 月 1 日，第 10 版。
⑤ 《救国储金纪要》，《申报》1915 年 5 月 3 日，第 10 版。
⑥ 穆藕初：《致江苏省教育会劝办高等化验分析所》，穆家修、柳和城、穆伟杰编《穆藕初文集》（增订本），第 128 页。
⑦ 《国民大会筹备纪事》，《申报》1919 年 5 月 7 日，第 10 版。

一条款以前不止云。"① 可见江苏省教育会把提倡国货、抵制日货列为国耻纪念的重要内容。五九国耻纪念日当天，沪上各校上午先召开国耻纪念会，全体教职员、学生参加。纪念会上，由各校校长、教职员演说国耻由来，兼及抵制日货、提倡国货。据报载，学生听讲时情绪激动，至于泪下者不少。纪念会后，有些学校发给学生宣传品，学生则出校沿途分发。②

再观 5 月 9 日国耻纪念日南京的集会游行，同样是在各校教职员领导下进行，且先征得军民两长同意。③ 5 月 11 日《申报》之《江浙之纪念国耻与争青岛》及 5 月 14 日《新闻报》之《宁波禁阻国民大会详情》，报道江浙各地消息，知南京、苏州、无锡、扬州、嘉定、嘉兴、绍兴、宁波各地的纪念活动，也大致以 5 月 9 日为国耻纪念日，举办各种形式的纪念活动。④

当时北京、天津商学各界也有抵制日货呼声。⑤ 5 月 16 日，江苏省教育会接待由京津到沪的学生联合会代表团，邀集上海各中等学校以上校长开茶话会，由黄炎培主持。北京学生代表方豪陈述代表团三大任务之一，为"筹议抵制日货"。黄炎培最后宣布："中等学校以上学生，利用暑假组织讲演团，赴各地劝导人民抵制日货。"⑥ 事实上，组织中等学校以上学生利用暑假到各地劝导抵制日货，是江苏省教育会原有的教育规划。他们此前已与基督教青年会商议合作，在青年会全国协会总干事余日章支持下，开展江苏全省中等以上学校学生演说竞进活动，训练提升学生演说能力。许多五四研究者已指出，五四时期学生户外演说是一大特色，也达到了很好的动员效果。这一现象与教育会提倡演讲训练，又获青年会演讲部主任余日章协助有关。

基督教青年会在五四运动中的参与，包括对抵制日货运动的高度涉入，

---

① 《国民大会筹备纪事》，《申报》1919 年 5 月 7 日，第 10 版。
② 《国耻纪念日闻见》，《时报》1919 年 5 月 10 日，第 3 张第 5 版；《神州女校国耻讲演纪》，《时报》1919 年 5 月 11 日，第 3 张第 5 版；《国耻纪念余闻》，《时报》1919 年 5 月 12 日，第 3 张第 5 版。
③ 《南京快信》，《申报》1919 年 5 月 10 日，第 7 版。
④ 《江浙之纪念国耻与争青岛》，《申报》1919 年 5 月 11 日，第 7 版；《宁波禁阻国民大会详情》，《新闻报》（上海）1919 年 5 月 14 日，第 2 张第 2 版。
⑤ 龚振黄编《青岛潮》，《五四爱国运动》上册，第 176—190 页。京津抵制日货运动的起因及过程，需另撰文讨论。
⑥ 《省教育会茶话会纪事》，《时报》1919 年 5 月 17 日，第 3 张第 5 版。

是五四运动研究的一个重要面相。五四运动中遍及全国的户外演说，与青年会亦有关系。王成勉指出"自 1913 年 1 月 1 日（青年会）委请余日章出任讲演部主任干事，经理全部事宜。余日章的讲演部在一年之内举办数百次演讲，听众达到几十万人。他更协助江苏省教育会训练讲员，编为巡回讲演团，到各县去演讲，使得社会教育之目的更为普及。他在任的三四年来往南北各省，所做演讲均造成轰动。第一位来华的美国干事来会理曾赞誉讲演部为中华基督教青年会事业最重要之工具"。① 王成勉未把余日章之讲演训练及其产生的社会影响，和五四时期学生运动直接关联。然而，基督教青年会和江苏省教育会在上海、南京的合作，却是五四前后的重要事件。此两大系统的互渗合流，为美国在华影响力提升的表征。其领袖黄炎培和余日章的个人交往，使一个新的社会教育网络形成。

从江苏省教育会文牍及月报，可知最迟在 1916 年，湖北籍的余日章已加入江苏省教育会任交际部干事。② 1916 年，江苏省教育会附设教育讲演练习所，以余日章为主任。是年，毕业学员正额四十名，其中江苏省二十二名，北京、天津、浙江各二名，山东五名，自费生七名，另有旁听十三名。学员受训四个星期，授课与实习兼重。③ 从学员地域分布看，江苏以外特重山东，兼及邻省浙江及北方重要城市。江苏省教育会的眼界和策略，由此可大致知悉。五四时期青年会成员及青年会中学，乃至上海各校学生出外演讲，宣传抵制日货及提倡国货，甚或其他更为激烈的演说劝请，都与这些演说训练不无关系。

近年桑兵发表《"新文化运动"的缘起》一文，注意到 1919 年五四风潮后，江苏省教育会发出致本省中等以上各学校函，在南京举办第二届演说竞进会，意图运用现有教育机构，引导学生讨论"新文化运动之种种问题及推行方法"。④ 事实上，从 1918 年起，在上海举办的第一届演说竞进会就开始对江苏全省中等以上各学校学生展开演说竞进训练，积极提升学生的演说热情和技巧。这对翌年上海及江苏全省学生投入抵制日货、提倡国

---

① 王成勉：《中华基督教青年会初期发展之研究》，氏著《教会、文化与国家：对基督教史研究的思索与案例》，台北，宇宙光全人关怀机构，2006，第 88 页。
② 《交际部干事名单》，《江苏省教育会月报》1916 年 9 月号，第 13 页。
③ 《教育讲演练习所举行毕业式》，《申报》1916 年 5 月 7 日，第 10 版。
④ 桑兵：《"新文化运动"的缘起》，《澳门理工学院》2015 年第 4 期。

货运动或有相当的影响。而此演说竞进训练，从一开始就是余日章主持。

兹检《江苏省教育会月报》收录 1918 年教育会订定《演说竞进会简则》，它说明这一演说训练的范围，涵盖江苏全省中等以上学校及各县高等小学全体学生。① 值得注意的是，这一演说竞进活动把教会学校纳入 1918 年 12 月 21—22 日在上海举办的首届演说竞进会，题目为"毕业后前途之预计"，与国家大事无关。21 日预赛，与会者有中等十八校、高等四校（包括金陵大学、沪江大学），"由沈商耆君主席，张叔良、顾荫亭、吴和士评判"。22 日决赛，"由穆藕初君主席，黄任之、蒋梦麟、沈信卿三君评判"。最后，"余日章君演说演说时关于态度、音调种种必须注意之点，末由沈商耆君给奖散会"。②

综合来看，江苏省教育会推动的演说竞进训练，是余日章主持策划的。它不仅有助于提升学生的演说能力，也拉近了江苏全省教会学校和国立私立学校的距离。黄炎培和余日章私谊既睦，政治见解尤为契合。余日章逝世后，黄炎培撰写《余日章君纪念碑》，推崇其爱国热忱及演说才能：

> 君姓余氏，名日章。少岁为文，尝自署新中国之国民……年十三，入武昌文华中学，每试必第一，课外运动、演说、辩论皆冠其曹……民国二年，主中华基督教青年会全国协会演讲部……五年，受任青年会全国协会总干事。善用模型图表演讲普及教育之重要，输入民众国家观念。江苏省教育会设演讲传习所，君为之师……君善以雄辩阐发真理，尤善感化青年，阔远其襟怀，而笃实其践履。服务青年会二十年，认定基督教最高尚旨趣，扩大青年会使命。③

他更摄录余日章的著名讲词，以阐明其人生理想及政治主张：

> 君尝演讲：凡真实之基督教徒，应是最完美之公民，最高尚之爱

---

① 《演说竞进会简则》，《江苏省教育会月报》1918 年 3 月号，第 7—8 页。
② 《演说竞进会预赛纪》《演说竞进会决赛纪》，《申报》1918 年 12 月 22—23 日，第 10 版。预赛主席，原定由聂云台担任。《演说竞进会预纪》，《申报》1918 年 12 月 21 日，第 10 版。预赛和决赛主席原定由聂云台及穆藕初担任，估计是二人出资赞助活动。
③ 黄炎培：《余日章君纪念碑》，《人文月刊》第 7 卷第 9 期，1936 年 11 月，第 1—2 页。

国者。君尝演讲：吾人须向一国人民明析指示对国家应负之责任，协助发展其国民性，尽辟其天然利源，此不仅为己享用，须使其国家对世界文化有绝大贡献。君尝演讲：吾人须指导并感发各民族，俾咸循正义公道以行，同时鼓励诸强国，俾联合援助较弱小民族，用其全力为困苦无告之国家请命，虽蒙重大牺牲，所弗顾。君尝演讲：吾人应深切地觉悟世界任何民族，凡彼所得较大较多之知识、经验、才干、力量，举不得用以自私，乃至用以欺压较弱小民族，须用以为全人类服务。君尝演讲：吾人为公众利益，为国家幸福，虽丧生命非所宜恤。①

细按余日章上述言论，就外在政治处境而言，他处处针对中、美、日三国关系立论。就人生理想而言，则表现出黄炎培所说"最完美之公民，最高尚之爱国者"之人格形态。

（三）训练学生校外演说

在这样的背景理解下，研究者对 1919 年上海学生参与抵制运动的行为，可以有更为清晰的把握。5 月 11 日，上海学生联合会成立，学生产生主体性的追求之后，人们往往视其所做决议为独立行为。其实，上海学联便有各校教职员参与。学联也常常请校长演讲，并备咨询顾问。从圣约翰退学到复旦的章益后来说道，五四时期"师生互为表里，所生影响尤巨"，② 此语道破这一时期的师生关系。种种迹象表明，江苏省教育会和上海学联之间一直存在微妙的联系，绝非各行其是。总体来说，江苏省教育会从未放弃对学生施加影响力，意图主导或控制学生运动的方向。5 月 26 日上海学生总罢课首日，江苏省教育会要角蒋梦麟写信给胡适："上海今日罢课，弟等已将舵把住，不至闹到无意识。"③ 此语透露出来的消息，可供研究者重估学生运动的实情。

---

① 黄炎培：《余日章君纪念碑》，《人文月刊》第 7 卷第 9 期，1936 年 11 月，第 2 页。
② 章益：《追慕腾飞夫子》，刘家平等编《中华历史人物别传集》第 82 册，线装书局，2003，第 475 页。
③ 蒋梦麟：《致胡适函》（1919 年 5 月 26 日），耿云志主编《胡适遗稿及秘藏书信》第 39 册，黄山书社，1994，第 420 页。

上海学联筹备成立之际，立即将抵制日货列为任务之一，订定切实办法。其行动方案包括"露天宣传抵制日货"，① 上海学联决议罢课时，即附带有两项决议，都和抵制日货有关：第一，"要求各商店不卖日货，此项由交际员担任"；第二，"罢课后，除宣讲、发传单、调查日货、介绍国货、组织义勇团等事外，每人应自修三小时"。② 当时学生组成义勇团，把"不买日货志愿书"送各商店填写，将表示同意之商号名字送报刊登。③ 5 月 30日，报载："上海学生联合会交际部在罢课后进行异常迅速，对于联络商界尤为积极。……前次议决之联络商店、学校及组织宣讲等，已由各团续报告，成绩优著。并由书记周正辉收集调查日货名单及商店志愿书，以备将来刊本查考云。"④ 这些办法，即使不是由校长及教职员提议制定，至少也得到他们的鼓励支持。

学生积极发起抵制运动之际，上海基督教青年会会员及青年会中学的表现也值得注意。先是五七国民大会召开，青年会成员和青年会中学学生列队参加。五九国耻纪念日后，5 月 10 日，上海《新闻报》报道："昨为国耻纪念日……有青年会会员昨日午后在城内邑庙演说，略谓政府原为国民之代表，乃畏该国之势力不敢与争，则政府既不能代民办事，现我同胞只有自谋抵制之法，誓不购用日货。务请爱国者共同挽救，以免亡国之惨祸云云。"⑤ 又报道："昨有青年会学生数人手执小旗度浦前往浦东一带各乡镇学校等处演讲，大致谓朝鲜何以亡于卖国贼。欲救中国，先除国贼，永久坚持不用日货，则日亡可待云云。声泪俱下，听者感动，乡间农民称之为好学生云。"⑥ 青年会会员及青年会中学学生在宣传抵制日货中，最先出动也最为积极。

与此同时，南京方面的国耻纪念活动也获得青年会积极响应，且取得官方认可。5 月 9 日，《新闻报》之《苏省学生力争山东问题》载：

---

① 《五四运动在上海史料选辑》，第 191 页。
② 《酝酿中之罢课风潮》，《时报》1919 年 5 月 22 日，第 3 张第 5 版。
③ 《学生联合会开会纪事》，《申报》1919 年 5 月 22 日，第 11 版；《上海学生联合会之进行》，《申报》1919 年 5 月 23 日，第 11 版。
④ 《罢课后之沪上各校》，《时报》1919 年 5 月 30 日，第 3 张第 5 版。
⑤ 《商学界之国耻纪念》，《新闻报》1919 年 5 月 10 日，第 3 张第 1 版。
⑥ 《商学界之国耻纪念》，《新闻报》1919 年 5 月 10 日，第 3 张第 1 版。

在北京学生风潮未发生之前数日，此间即闻有人组织国耻纪念会，其时教育界有识之士，深以山东问题外交将次失败为可虑，正在筹思挽救之方。忽闻某校接得京电，历述风潮始末情形，众情不胜愤骇。未及半日，全城各学校均已知之，遂由某某等校学生与青年会及各教会学校学生发出传单，约定于 7 日上午就青年会开国民大会。嗣因来者甚众，地方容纳不下，临时改在北城鸡鸣寺开会。由发起人检查，到会者签名，并须注明校名。当场举定青年会干事温世珍君为会长，金陵大学职教员应尚德君为副会长。第一条即讨论北京 4 日风潮事。……其次即以 5 月 9 日为国耻纪念日，亟应表示人心未死，各发热忱，以为政府及和会代表之后盾。议定是日各校学生聚集小营大校场中演讲国耻纪念历史，列队执旗环行街市，齐赴军民两署请求力争山东问题，共请惩治卖国奴某某等。……此次全城中等以上学生有万余人，而秩序尤应特别注意。……请各校校长在省教育会事务所开会，筹商料理学生列队游行，并赴两公署请愿事。①

这则报道表明了两个事实。第一，南京以五九为国耻纪念日，与上海相同。南京五九国耻纪念会，由各校教职员指导进行。筹备国耻纪念日的集议之所，即为江苏省教育会事务所。第二，青年会和教会学校均积极参与国耻纪念活动，筹备国耻纪念会的正、副会长都是青年会成员。报载温世珍是青年会干事，也是江苏督军署顾问；副会长应尚德为金陵大学教授，又是南京青年会会长。南京五四运动和青年会的密切关系是毋庸置疑的。

至于上海及江苏全省的抵货运动，包含教会学校在内的各校教职员参与尤多。只要细心阅读相关史料，就不难发现教职员的身影。《五四运动在上海史料选辑》选录的"上海学生抵制日货和提倡国货运动"部分，显示有些活动是在校方组织下进行的；有些学校由学生组成抵制日货、劝用国货团体，却不易看出是学生自主成立，抑或校方教职员鼓励推动。②兹举一例，浦东中学似是最早成立劝用国货会之沪上学校，该团体通函沪上各校：

---

① 潭溪：《苏省学生力争山东问题》，《新闻报》1919 年 5 月 9 日，第 2 张第 2 版。
② 《五四运动在上海史料选辑》，第 195—201 页。

> 泣启者，青岛问题危在旦夕。青岛亡，则山东亡；山东亡，是中国亡；其势诚急。抵制无法，惟不用某国货而已。某国出产品，销行我国占其大半。凡我学界，热胆照人，即希贵校发起抵制某国货会，或劝用国货会。如有购某国货，与以相当之对待。并希印刷广告，张贴通衢，以使我国四万万同胞，一律抵制日货，终至不用一矢，不伤一士，致彼倭奴于死地上。以上所述，谅亦贵校诸同学所赞成也，上海浦东中学劝用国货会启。①

从措辞来看，浦东中学劝用国货会似以学生为主。但浦中是江苏省教育会大本营，黄炎培、秦汾、朱叔源相继出任校长，此会成立或是校长默许或受到鼓励。披览《五四运动在江苏》一书选录史料，更可知各地各校教职员在鼓吹抵制日货、提倡国货上，往往起带头作用。

此外，《五四运动在上海史料选辑》未收录的《申报》报道，也有一些值得注意的信息。首先，五七国民大会以来上海各校学生之对外讲演活动，多在校长、教职员鼓励或指导下进行。徐家汇工业专门学校（即南洋公学）、上海公学、寰球学生会日校、两江公学都是如此。② 其次，上海县教育会（会长贾季英）尝以社会教育为名，请各校教职员预备提倡国货演讲资料。5 月 19 日，上海县教育会通函各校："本会于去年 7 月间职员会提议实行社会教育事宜……现值外交失败，青岛告急，宜乘此时机提倡国货，唤醒国民，或于国事稍有裨益。至演讲数据，可由贵校职教员自行酌用，总期达到同人救国之热诚，是所至盼。"③ 可见省县教育会在提倡国货、唤醒国民的倡导活动中，扮演着积极鼓吹的角色。

又《江苏省教育会月报》收录的淞沪护军使卢永祥 1919 年 6 月函，从侧面反映出江苏省教育会作为官府和学生的沟通桥梁，获得官府同意抵制运动的推动，保证"文明抵制"的政治空间。卢函说：

> 径启者：自青岛问题发生以来，群情愤激，骇汗相告。莘莘学子，

---

① 《国民一致对外之态度》，《时报》1919 年 5 月 15 日，第 3 张第 5 版。
② 《各界对外之消息》《并纪各界对外之表示》，《申报》1919 年 5 月 18—19 日，第 10 版。
③ 《关于提倡国货之消息》，《申报》1919 年 5 月 20 日，第 11 版。

激于爱国之热诚，牺牲学业，奔走呼号，以劝告不用日货为文明之抵制，其行可敬，其志可嘉。本使同属国民，敢忘此义？惟查近日风潮所荡，渐有越轨之行动发生。闻租界捕房日前逮捕因抵制日货而扰乱秩序者二人，其一为某处补习英文之学生，其一且并非学生，似此难保无不逞之徒，厕身其间，无理取闹。万一酿生事故，外人有所借口，则不但有违吾人爱国之初心，且尤贻国家无穷之隐患。本使为保卫国家维持秩序起见，嗣后如有扰乱公众安宁，作为无意识之举动者，亦不能问其孰为学生，孰非学生，惟有行使职权，依法惩治，以儆效尤。尚希贵会转告各学生热心爱国，务为合法之行动，庶无害于治安，且益宏其效力。慎勿为奸人利用，自贻伊戚，是所至嘱，此请台安。①

卢永祥函不知出自哪位书记手笔，措辞颇为巧妙。他一方面请江苏省教育会警告学生，嗣后若有扰乱秩序之举，便会依法惩治；另一方面却表示同情且允许学生继续"以劝告不用日货为文明之抵制"。卢永祥的审慎措辞，因其深悉学生抵制运动背后，教育家乃至其他有力人士为后盾。五四时期，教育界和学生界互为表里，所收效果颇巨。

上海学商各界声援北京学生的"三罢"风潮平息后，江苏省教育会系统又积极鼓励学生把抵制运动作为任务，转入长期宣传劝说的阶段。6月12日上海开市之日，江苏省教育会发函各学校应偕工商界共同恢复原状，并联合上海县教育会及上海县劝学所公布三条办法，其第二条为：

> 所有提倡国货、调查讲演、注重体育等事，各学校学生应于课余后一律进行，暑假期内尤应注意。②

这一条清楚显示：江苏省教育会、上海县教育会、上海县劝学所三个团体，积极主张学生宣传抵制日货，提倡国货，更组织学生到校外调查讲演，以期把抵制运动继续下去。1920年1月，黄炎培到南通之江苏省代用师范

---

① 《卢护军使请转告各学生热心爱国务为合法之运动书》，《江苏省教育会月报》1919年6月号，第2页。
② 《致各学校即偕工商各界共同恢复原状书》，《江苏省教育会月报》1919年6月号，第8页。

（即通州师范）演讲，面对 600 多名学生，犹以"抵制日货、学生自治、社会服务、教育方针"为说，[①] 可见省教育会的侧重点，始终以抵制日货、提倡国货为打击日本的利器。

三　上海和江苏商界的抵制运动

1919 年五四风潮的观察者，就已认为学生是爱国运动之领袖，但"彼等之背后，现有银行家、商人、实业家、教育家"。[②] 本节要进一步指出上海及江苏实业家对抵制运动的响应，主要以东南集团成员为研究对象，以了解他们对学生运动的态度。

（一）上海华商纱厂业主之抵制行为

北京学生运动消息初传到上海时，穆藕初就参与了黄炎培宅中的讨论。[③] 上海五四运动的扩大，穆藕初始终关切且积极参与。五七上海国民大会中，他作为商界名人列名领队之一，[④] 相当引人注目。《穆藕初年谱长编》的编著者归纳其在五四风潮中之表现，列为五个面相：

（1）组织德大纱厂救国十人团，研究改良国货、抵制日货；

（2）与各团体致电美、英、法领袖，呼吁主持公道；

（3）与各界开会商讨应对"三罢"办法；

（4）撰文肯定五四运动的意义，希望今后各界各尽责任，力谋发展；

（5）就上海总商会"佳电"事件撰文，指出改革总商会之必要。[⑤]

兹就第一项言之，《时报》登载德大纱厂救国十人团以永久抵制日货为宗旨，显然得到了穆藕初支持。[⑥]

华商纱厂联合会的聂云台、徐静仁等实业家，也都积极支持抵制日货。《五四运动在上海史料选辑》引用上海报纸，记聂云台任经理的恒丰纱厂抵

---

① 陆柏生：《黄炎培五次来南通》，江苏省政协文史资料委员会、南通市政协学习、文史委员会编《江海春秋：南通文史资料精选》（下），江苏文史资料编辑部，1998，第 85—86 页。
② 《五四爱国运动》上册，第 435 页。
③ 中国社会科学院近代史研究所整理《黄炎培日记》第 2 卷，华文出版社，2008，第 62 页。
④ 《国民大会纪详》，《时报》1919 年 5 月 8 日，第 3 张第 5 版。
⑤ 穆家修、柳和城、穆伟杰编著《穆藕初年谱长编》上卷，第 271 页。
⑥ 穆家修、柳和城、穆伟杰编著《穆藕初年谱长编》上卷，第 277 页。

制日货表现突出。5月11日,《时报》之《商界对外之热忱》报道:

> 杨树浦路恒丰纱厂向与某国某洋行订有定货合同,兹缘青岛问题发生各路风潮,该经理聂君以此事恐为热心爱国之士所反对,自愿先将所订合同即日取销,损失数额约计五千余金。并标示本厂前通告声明,凡有某国人交易,无庸来厂进门云。①

《五四运动在上海史料选辑》的编者以为,抵制日货有利华商,故表示支持。其实,毁弃合同也带来损失,不应低估一些商人的爱国热忱。当时国民党人办的报纸,就肯定了聂云台的表现。② 科学出版社《五四爱国运动资料》选录恒丰纱厂的表现,便作为"农工各界爱国"的例证。③ 刘明逵、唐玉良主编,刘明逵著的《中国工人运动史》,更以之为工人阶级政治意识觉醒的例证。④ 其实恒丰纱厂工人的举动,毋宁说是经理聂云台及高级主管进行政治启蒙的结果,而非工人本身的政治觉悟。

上海社会科学院历史研究所编《五四运动在上海史料选辑》选录《时事新报》记载,举恒丰纱厂例,则以为"民族资本家利用工人抵货机会,准备扩大生产"。它引用5月11日《时事新报》报道:

> 此次青岛问题发生,适值国耻纪念。杨树浦恒丰纱厂,特于5月7日,大书白纸黑字二大张,贴于厂之大门,左曰"国耻纪念日",右曰"禁止日本人进厂"。又于8日晚八时开一全体大会,研究抵制办法,并宣告自今以后永与日本人断绝工商关系,前与日商某某等洋行所订之一切交易合同,概行废止。兹将开会情形略述如下:(一)由卢天牧君报告开会宗旨;(二)推定周如波君为临时书记;(三)首由黄首民君略述日人屡次与中国人交涉,无不如愿以偿,实由汉奸之甘心卖国,

---

① 《商界对外之热忱》,《时报》1919年5月11日,第3张第5版。
② 《恒丰纱厂之爱国表示》,《民国日报》1919年5月11日,第10版。
③ 中国科学院历史研究所第三所近代史资料编辑组编辑《五四爱国运动资料》,科学出版社,1959,第129—130页。
④ 刘明逵、唐玉良主编,刘明逵著《中国工人运动史》第2卷,广东人民出版社,1998,第53页。

而汉奸之得肆行无忌，实由国民之爱国心薄弱以养成之故。今日之会实欲提起国人之爱国观念，且尤贵其能自实行，始能令人感动。故本厂此次预备扩充，加纱锭万锤，所需一切机器本拟购英国货，因该货系由某洋行经理，决意改用美国机器也。其次马子静、伍惠渠、朱晦霖、徐树滋、周如波、卢天牧诸君各有主张，旋即议定办法数条：（一）推举黄首民君为代表与外界联络，一致进行。纱厂方面亦由黄君代表与华商联合会，磋商办法积极进行。（二）组织干事会，监督厂员及工人之购办日用器皿，凡以前所买就者，由干事检查识别，如系日货予以标记，并将物主之姓名、件数一一登记簿中，以免以后之误购及借辞推诿免罚。散会后，闻该厂之学生及职员中之热度高者，立即返室将所有之日货全行毁弃，叮当之声同时并作云。①

事实上恒丰纱厂从厂长黄首民到职员的行动，都是在聂云台的支持下进行的。《五四运动在上海史料选辑》编者指出："恒丰纱厂职工反日爱国斗争只是一般职员在资方同意下领导进行的。据上海经济研究所调查恒丰纱厂历史，1919 年获利最多，可见民族资产阶级对抵制日货有积极性，他们为了自己的利益，参加了五四运动。"② 这一判断是合理的。

五四风潮中由资方鼓励的抵制运动，还有徐静仁开设的上海溥益纺织厂。徐静仁和穆藕初、聂云台同为华商纱厂联合会董事，和张謇也有密切关系。他先是大生集团董事，后来被张謇以纺织管理处付托之。③《五四运动在上海史料选辑》选录 6 月 2 日《时事新报》报道：

> 小沙渡溥益纺织厂全体同人，自青岛问题发生后，即组织十人团。近更公议牺牲端午节筵资，以半价收买日货，当众毁弃，以示决心。并印发传单，唤起国人提倡国货。④

---

① 《五四运动在上海史料选辑》，第 216—217 页。
② 《五四运动在上海史料选辑》，第 216 页。
③ 张謇：《设纺织管理处致徐静仁函》（1922）、《再致徐静仁函》（1922），《张謇全集·实业》，第 812—814 页；章开沅、田彤：《辛亥革命时期的张謇与近代社会》，华中师范大学出版社，2011，第 281 页。
④ 《五四运动在上海史料选辑》，第 223 页。

溥益纺织厂同人在运动中对端午节筵资之牺牲，必蒙资方同意乃至支持。全厂同人组织十人团，其形式类似穆藕初之德大纱厂。

就同业公会而言，华商纱厂联合会在上海各商业公团中表现积极。5月18日即集议谋商抵制日货具体办法。5月22日，上海《申报》载，该会通函同业：

> 自巴黎和会失败，国人激于爱国热忱，群起抵制日货。凡吾同业，当无不赞同。惟抵制之初，必求相代之国货。空言抵制，终难持久。例如本国各纱厂所用之包纱纸、纱管两项，大都皆仰给日货。兹查上海宝源纸厂之包纱纸及维大公司之纱管，出品精良，久著闻誉。不特本埠各厂争先购用，即英日各厂亦多采办，本会为提倡国货起见，特举所知代为介绍。①

当时中国纺织业和日本竞争激烈，故华商纱厂联合会为抵制日货，在罢市期间各界联合大会上，派穆藕初、聂云台代表出席，坚持北京政府未有令人满意之答复之前，不应贸然开市。②

更有意思的是，6月5日上海罢市首日，上海学联会长何葆仁主持上海商学工各界联合大会，他建议发电北京，表达上海各界意见：

> 取今午华商纱厂联合会致北京请除奸电展诵一过，而以各领袖意见付表决。③

所谓"华商纱厂联合会致北京电"，其重点声明"学生与国人所争者首在锄奸"，要求"迅释逮捕学生，罢免曹章陆"。④

又罢市期间，沪上风传实业家出资支持学生。北京学生代表许德珩在回忆录中就说，上海商人中简照南、穆藕初都曾向学生提供活动费，被学

---

① 《汇纪提倡国货之消息》，《申报》1919年5月22日，第11版。
② 《商工学报各界联合开会纪》，《申报》1919年6月7日，第9版；《昨日之三大会议》，《时报》1919年6月8日，第3张第5版。
③ 《纪卡尔登之各界茶话会》，《申报》1919年6月6日，第12版。
④ 《汇纪请惩国贼援救学生电》，《申报》1919年6月6日，第12版。

生婉拒。① 但事情未如许氏所说那样简单。6 月 7 日罢市高潮中,《申报》
载《学生联合会消息》:

> 顷闻本埠某大实业家已发起向商界为(学生)联合会募集经费,
> 指定某银行为存款机关,并允将自用汽车供会中使用云。②

《申报》隐去商人商号名,商务印书馆的张元济 1919 年日记中却透露出
实情:

> 6 月 9 日,昨日在发行所商议……拟略出捐款送学生会。众意多则
> 一千、少则五百,后决议五百,由梅生转托李登辉。
> 6 月 10 日,聂云台来信劝捐(学生会)。允照前日决定办法,送去
> 洋五百元,交陈光甫君代收。③

张元济日记提及的复旦大学李登辉校长,是上海学联顾问;聂云台,是华
商纱厂联合会副会长;陈光甫,是上海银行公会副会长。④ 此数人皆沪上教
育界、实业界、银行界代表人物。当时聂云台劝捐范围未悉多广,陈光甫
代收捐款也未悉是上海银行抑或银行公会决议。但此一史料向我们透露出,
实业家和银行家对学生的直接支持是五四运动中不可忽略的面相。

(二) 江苏一省抵制浪潮

关于抵制运动在江苏全省的情形,《五四运动在江苏》一书收录上海及
各地报纸消息,揭示 1919 年江苏全省普遍发生抵制日货的浪潮。值得注意
的是,各地抵货运动之起,皆以五九国耻纪念为开端,涉及的地点包括:
常州、苏州、南通、江阴、常熟、武进、无锡、南京、扬中、镇江 (含丹
徒、溧阳)、徐州、扬州、淮阴、泰州等。唯编者编选报纸材料后,列入
"学生抵制日货""商界抵制日货""工人抵制日货""各界联合会商学联合

---

① 《许德珩回忆录——为了民主与科学》,中国青年出版社,2001,第 65 页。
② 《学生联合会消息》,《申报》1919 年 6 月 7 日,第 3 张第 10 版。
③ 张人凤整理《张元济日记》下册,第 790—791 页。
④ 徐沧水编《上海银行公会事业史》,第 5、12 页。

会抵制日货"，各节标题可能造成误导，使读者忽略各校教职员及省县教育会的角色。然而一些学校是在校长讲演之后，学生始分团出外演说。至于商学两界联合情形，亦时时见之。① 唯商界一节，则充分显示出商会或同业公会（尤其是纱业、钱业）对抵制日货有主动积极的响应，如苏州总商会（会长庞天笙）、扬州总商会（会长周谷人）、通崇海泰总商会（会长张謇），都是鲜明例子。

我们若考察江苏一省的抵制运动，大致可以分为三个阶段。第一波抵制运动，自5月9日至6月4日（上海罢市前），上海及无锡纱业商人表现突出。1919年5月13日，《新闻报》记上海及无锡纱业商人抵制日货之表现：

> 日本横滨、正金银行及台湾银行分设上海，发行钞票甚多，前年抵制日货后，该行钞票国人相率抵制勿用，近来又有该行钞票发现。迩日因吾国外交失败，日本割据我国青岛山东（疑应为"山东青岛"——引者注），并履行前次要挟条件之讯传来，锡邑商界遂痛愤交集，决定抵制日货，将正金、台湾两银行钞票，特派人至沪持向兑现。乃上海不用日币亦极坚决，持票向兑者络绎于道……未能兑取者尚属不少。又上海纱业公会集议不与日商交易，以抵制日货。至昨日，上海日本取引所日本棉纱绝无交易，每件跌价五六元至七八元，尚无成交。本邑纱业亦有不售日本棉纱之提议。又有某君发起商界以镇静的坚决的积极进行方法，以期永久抵制。调查日本出品货物清单印表分送，以便周知，勿致误购……②

无锡是纺织业兴盛之地，荣家为一大巨商。南京省议会无锡籍议员荣鄂生、薛育津、荣德生，"群谋抵制之法，相戒不用日货"。他们由宁电锡，请无锡商会设法劝导各商店，一致提倡，"以二十一条款及各项密约废除之日为止"。③

---

① 《五四运动在江苏》，第55—80页。
② 《无锡：商民之爱国热》，《新闻报》1919年5月13日，第2张第2页。
③ 《新无锡》1919年5月17日，转引自《五四运动在江苏》，第65—66页。

6月5日上海罢市后，造成江苏全省震动为另一个阶段。此一阶段中，通崇海泰总商会表现突出。[①]《五四运动在江苏》记6月6—8日通崇海泰总商会召开特别会议，分别就洋货业、杂货业、纱业制定详细抵制方案。纱业办法如下：

（一）纱业一致自民国八年（1919）六月八日起，一律永不定买日本棉纱，为全国创。

（二）由通总商会函请大生纱厂及上海德大、溥益等中国各纱厂，添纺四二线，添纺二十支纱，以应市面。

（三）嗣后如有违背私买日纱，一经查获，送请总商会公议处分。[②]

这一抵制方案显示出通崇海泰总商会会长张謇的影响力。第二条办法，又涉及南通大生纱厂（总经理张謇）、上海德大纱厂（总经理穆藕初）、上海溥益纱厂（总经理徐静仁），上述纱厂皆华商纱厂联合会核心成员。

第三波抵制运动，在拒签《巴黎和约》运动后。《五四运动在江苏》记各地抵制情形，渐渐以"某货""劣货"取代"日货"之称，避免日本干涉，引起外交纠纷。[③] 其后，更以国货维持会名义，兼行抵制日货之实。该书在这一阶段中，特辟"江苏民族资产阶级在抵制日货中发展民族工业"一节，追记五九以来无锡、南通等地情形，[④] 并有"江苏人民反对高徐等路借款及提倡储金赎路"一节，收录张謇两封电文及各地筹备储金救国状况。[⑤] 从抵制日货到提倡国货的重点转移，亦因国人从五九开展抵货运动后，逐渐认识到"抵制日货，务以提倡国货为前提，方可持久。否则，托诸空言，无补事实"。[⑥]

（三）规划长久抵制

6月10日，《申报》刊出穆藕初化名"我亦爱国者"《永久抵制日货之

---

① 《五四运动在江苏》，第151—167页。

② 《通海新报》1919年6月10日，转引自《五四运动在江苏》，第159—160页。

③ 《五四运动在江苏》，第228—251页。

④ 《五四运动在江苏》，第257—265页。

⑤ 《五四运动在江苏》，第270—276页。

⑥ 《锡报》1919年5月28日，转引自《五四运动在江苏》，第259页。

方法》一文。① 此文把抵制日货与国耻纪念挂钩，筹谋一长久之计。文称
"民国四年间，因'二十一条'苛酷条件之要求，曾有抵制日货之举"，可
惜"主持其事者仅空言抵制，而无实际之救济方法"。于是，他向商学两界
提出积极面和消极面之法。希望学商两界合作，以彻底抵制日货，振兴国
货。他提出的学生协助商界调查日货，是欲延续学生已进行之事业。最末
复郑重宣示个人立场："呜呼！此次抵制日货之伟举，实关系我中华民国之
存亡绝续者至大，愿我全国人士，尽力做去。仆不惜牺牲所有之精力财力，
暗随诸君子之后，愿我举国爱国人士交相勉策之。"②

　　当时《申报》也是抵制日货的鼓吹者，认为中国资本家应负起振兴国
货之责。③ 此时穆藕初及友人已发起"中华劝工银行"，以辅助小工业为宗
旨。1919 年 8 月，劝工银行筹备处设于华商纱厂联合会中。④ 穆藕初年谱
1919 年 10 月 3—4 日条下，记《申报》公布《中华劝工银行有限公司章程》
与《中华劝工银行招股简章》，说明："本银行以辅助工业之发达或改良为
目的；本银行资本总额定为一百万元，计分五万股……"列名发起人为穆
藕初、聂云台、黄炎培、沈信卿、经子渊等十五人，赞成人为宋汉章、陈
光甫、钱新之等十五人。⑤ 江浙实业家及教育家一同列名倡议，而获银行家
赞成支持。⑥

　　当时穆藕初撰《劝工银行与各小工业之关系》，呼吁实业界和银行界联
合一致是以抵制运动为背景的。11 月 11 日，《申报》刊出穆藕初这篇文章：

　　　　自五四运动以来，民气日盛，抵制劣货，全国响应。乃为时无几，
　　锐气骤减。呜呼！岂我国民缺乏决心与毅力有以致之乎？夫亦以家常日
　　用品中国货稀少，故不能不仰给于人，而作此饮鸩止渴之举耳。世不乏
　　热心远识之士，持百年长久之计，以求国内各小工业之发达，而后外来
　　之劣货无可乘之隙矣。共计维何？即尽力促成此劝工银行，作各小工

① 此文收入《穆藕初文集》，改题《永久抵制劣货之方法》，穆家修、柳和城、穆伟杰编《穆
　　藕初文集》（增订本），第 60—62 页。
② 我亦爱国者（穆藕初）：《永久抵制日货之方法》，《申报》1919 年 6 月 10 日，第 12 版。
③ 默（张蕴和）：《只做其半》，《申报》1919 年 6 月 4 日，第 8 版。
④ 《会务日志》，《华商纱厂联合会季刊》，1919 年，第 266 页。
⑤ 穆家修、柳和城、穆伟杰编著《穆藕初年谱长编》上卷，第 303 页。
⑥ 徐寄庼编《最近上海金融史》，第 48 页。

业之补助机关，维持之而发达之，起点虽小，收效自宏焉。……况乎此劝工银行成立后，其同类银行之接踵而起者，固属意计中事。①

中华劝工银行，确是抵制运动后为振兴国货而创设之金融机构。1919 年以后，创设银行蔚为沪上风潮，皆为抵制运动之副产品。②

中国实业界和银行家的携手合作，标志着"商战"进入一新阶段。1917 年，穆藕初尝以军队比喻日人之商战布局：

> 日人思深虑远，出其锋利之眼光，鼓其勇猛之精神，争向工商场里，扩展其领域。视各工团、各商贩团为各师团，视纱业公会为大本营，视公会会议处为参谋部，刻刻进取，步步为营，遂占有今日之地位。……玥羡慕彼邦工商业之孜孜勇进，以军队方之，岂过语哉！③

两年后，《银行周报》刊出"沧水"（徐沧水）《中华劝工银行之前途》，以相近概念分析中国银行业和实业界之战略关系：

> 军队有战斗将校与参谋将校之区别，战斗将校之则统率军队以从事战斗，而参谋将校虽未直接以从事战争，但必赖其运筹帷幄以为进行，其战斗之方法不同，而所效力于疆场者则一也。一国之实业亦复如是，从事于农工业及贸易者，则直接以发达实业，犹之战斗将校也。如银行业处于活动金融之地位者，则间接以发达实业，犹之参谋将校也。从严格以论之，银行业对于实业界之任务，非仅融通资金借出资本而已，大凡实业界，其财政的基础倘不能巩固，则其事业将倒闭随之，吾国实业界既往之失败悉由于此，近世所以将公司财政学独立为一学科也。譬如实业界之活动如同战斗，而银行业之职务则如兵站，使前进军队不论其如何活动以得莫大之胜利，倘兵站不随其活动以一

---

① 穆藕初：《劝工银行与各小工业之关系》，穆家修、柳和城、穆伟杰编《穆藕初文集》（增订本），第 87 页。
② 徐寄庼编《最近上海金融史》，第 48—63 页。
③ 穆藕初：《〈中国布纱花业指南〉按语三十五则》，穆家修、柳和城、穆伟杰编《穆藕初文集》（增订本），第 487 页。

致进行，则其结果必不免于失败。故欧美实业家视银行家殆如同参谋，其公司财政上之计划及整理，必常就银行家协商并受其指导，其财政的基础所以能预防破绽于未然。而银行家因与其事业上资金之融通，具有相互之利害关系，故亦乐于赞助而不厌倦之。今吾国实业界所以未能发达者，即譬如开往前敌之军队，战斗自战斗，参谋自参谋，战斗者既不屑服从，参谋者亦无从指臂，故银行与实业之关系，在他国则二而一，在我国则一而二，此其故可深长思也。①

由徐沧水所设譬喻，五四之际中国实业界和银行已形成战略布局：银行公会譬如"参谋将校"，为一运筹帷幄之组织；华商纱厂联合会譬如"战斗将校"，为统率作战之团体。"其战斗之方法不同，而所效力于疆场者则一也。"

1920 年 1 月，针对日本指称抵制运动是英美人士煽动之说，江苏省教育会领衔的上海九公团（江苏省教育会、上海县商会、上海县教育会、寰球中国学生会、中华职业教育社、上海欧美同学会、华侨联合会、基督教联合会、上海救火联合会）用英文发表宣言，"声明华人抵制日货之理由，乃基于严正之爱国立场，而非由英美人士煽动"，更称：

> 抵制者，并非如日本报纸有时所说，由在华英美人所鼓煽，亦非由中国官吏，并非由中国学生。学生虽然热心，然皆年少，且仅全国人民之一小部分，不能使此种运动得有如此之影响，在如此短时期遍于如此大国。
>
> 抵制者，乃中国人民对于近年以来日本对于中国之侵略与非公理之一种同时而起之反抗。此种侵略与非公理，曾明白表现于二十一条款，于山东事件，于新近之福州暴动，于彼国不断之全力扶助及利用中国武人及腐败政客害中国以为彼利，又于种种之事使中国人民深怒强抗者……因其为同时而起之运动，所以传播极速而无可抵御，不久即得全国之赞助。②

---

① 沧水（徐沧水）：《中华劝工银行之前途》，《银行周报》第 3 卷第 48 期，1919 年 12 月 23 日，第 21 页。
② 《九公团发表抵制宣言》，《民国日报》1920 年 1 月 24 日，第 10 版。

以江苏省教育会为首的上海九公团作此宣言，可证明本文所说，此一集团为抵制运动之中坚分子。借用徐沧水的譬喻，若把实业家和银行家喻为战斗将校和参谋将校，江苏省教育会可譬诸新闻部门，时时为鼓舞士气发反击敌方文告。"其战斗之方法不同，而所效力于疆场者则一也。"

结　语

五四前后以张謇为领袖的东南集团之内外方针，非本文有限篇幅所能描述论析。本文聚焦五四时期中外瞩目的抵制日货运动，以上海及江苏为考察对象。从各种史料综合来看，上海及江苏地区抵制运动的原动力及执行者，需在学生以外去寻找根源和结构：教育界、实业界、金融界、报界巨子共同策动，相互声援。具体而言，本文指出了几个现象。第一，五四时期上海及江苏全省抵制运动的鼓吹者，包含商教两界领袖人物。他们具有鲜明的"商战"意识，主张及落实张謇"棉铁主义"，以数字为据，通过报纸灌输给社会大众。五四前，"商战"一语成为商界及社会共识，为抵制运动提供了思想背景。第二，五四时期上海各校师生的抵制运动，发端于五七和五九国耻纪念。江、浙二省教育会对国耻教育的推动，对学生的反日意识有绝大影响。该年上海及江苏学生的国耻纪念之集会游行，其爱国情绪被强烈鼓动。随后各校师生把提倡国货、抵制日货之理由及办法，对商家店户演讲劝说，其调查日货及提倡国货之工作，有师长之指导鼓励。五四风潮平息后，这一活动持续到翌年，对日商造成相当打击。第三，五四风潮发生后，上海及江苏全省实业界借此推动抵制日货运动，更捐款学生联合会资助宣传活动。他们力谋根本救国及长远之计，期使爱国意识不留于空论，而是转化为振兴国货之行动。综上所论，考察五四运动，若不审视这一集团所起的历史作用，仅止于描绘学生的串连行动，恐将误判五四运动的潜在动力。

武汉学界与商界在五四运动中的互动

齐远飞[*]

21世纪以来，五四运动区域史的研究呈现京沪、沿海、内地和海外等几个区域范围"多点开花"的现象。[①] 其中，五四运动内陆地区展开的研究涉及湖北、安徽、江西、河南等地，显得较为分散和薄弱，仍然具有很大的学术空间，急需历史学界的进一步关注和开掘。武汉是内陆地区迅速响应北京五四运动并在全国产生较大影响的中心城市之一。关于武汉地区五四运动的研究，以往研究多就武汉地区学界、商界等不同社会群体和社会力量的表现分别加以叙述，虽然取得了一些成果，[②] 但未就他们之间的互动关系、效果及其深层次原因等展开深入探讨。

武汉地区的五四爱国运动以学界为先锋，接连举行了集会、游行、演讲等一系列活动。继而，商界明确表态，尤其是中后期举行了规模较大的抵货运动和罢市活动，从而给予学界以强有力的支援。在此过程中，学界与商界之间存在诸多交集，保持了较为紧密的互动关系，并对这场运动的

---

[*] 齐远飞，武汉理工大学马克思主义学院讲师。

[①] 郭若平、徐文彬：《新世纪以来五四运动研究综述》，《中共党史研究》2019年第4期。

[②] 其中以田子渝的《武汉五四运动史》（湖北人民出版社，1999）为代表，该书打破了地方五四运动研究中没有专门史著作的状况。该书第四章第二节比较详细地介绍了武汉五四运动中学生游行、集会演讲的情况；第三、四节对商界及其他各界的反应进行了简单叙述。除此之外，曾成贵《武汉商界在五四运动中的角色表现再探》（《中国现代社会民众学术研讨会论文集》，2003）、周瑶《五四运动在武汉商业广告中的体现》（《武汉文史资料》2011年第8期）、张玉菡《包惠僧与武汉五四运动》（《党史研究与教学》2015年第3期）等都或多或少地梳理了五四运动中武汉商界、学界等各社会群体的表现及影响。

开展和结局有着直接影响。本文拟在考察武汉学界与商界在五四运动中的表现的基础上，进一步厘清二者之间的互动关系，以求更加全面客观地评价此时期武汉学界和商界的作用。

一　学界作先锋，商界明确表态

武汉是辛亥革命首义之区，富有优良的革命传统。武汉亦是著名的工商业城市，且沪汉经济关系密切，上海商号在汉口分布较多分号，沪总号有何行动，汉分号往往能够迅速掌握信息，跟随响应。五四运动中的武汉与京津沪等城市一同处于全国反帝爱国运动的第一方阵，和这些大城市一样举行了诸如集会、游行、演讲、抵货和罢市等一系列活动。但是，武汉地区的各界爱国运动从一开始就受到鄂军政当局的严酷镇压，并发生了震惊全国的"六一""六三"学生惨案。

1919年5月6日，《汉口新闻报》刊登了汉口中华通讯社关于北京学生举行五四游行示威的消息。① 一时间，武汉各大报纸以不同寻常的热情对此进行报道和评论，全鄂"群情哗然，学界愈形愤激"。② 当时，中华大学等校正在积极筹备"五七"纪念活动，北京五四运动的消息传来，进一步点燃了学生们的热情。5月7日，虽然有军警重重围困，但中华大学仍以开运动会的名义举行了集会。③ 会场上，恽代英所拟的《四年五月七日之事》被广泛散发。"有血性的黄帝的子孙，你不应该忘记四年五月七日之事情……现在又在欧洲和会里，强夺我们的青岛，强夺我们的山东，要我们四万万人的中华民国做他的奴隶牛马。"④ 这是五四运动爆发后武汉地区第一份呼吁民众铭耻爱国的传单。会后，学生们发表《中正和平宣言》，并将"四年五月七日"总商会之通电印成邮片，通告全国。⑤

汉口各团联合会较早地给北京国民外交协会致电，要求专使不可在和

---

① 《汉口中华通讯社五月五日北京来电》，《汉口新闻报》1919年5月6日。
② 《武汉十五校代表召开会议》，《汉口新闻报》1919年5月12日。
③ 《国耻日之中华大学》，《大汉报》1919年5月8日。
④ 《国耻之纪念》，《大汉报》1919年5月9日。
⑤ 《中华大学五·七运动会上散发之传单〈国耻之纪念〉》，《大汉报》1919年5月9日。

约上签字，"如不得和平，当退出欧会"。① 5 月 10 日，武汉总商会通电北京国务院、广州军政府、上海和会总代表、济南六十二团体总代表等，称巴黎外交失败是国内南北争权夺利所致，提醒政府"务请诸公速弭内患，而外患自息矣"。② 12 日，汉口各团联合会、总商会等各绅商联合表态称"人心未死，不可不争"。③ 汉口总商会也致电北京国民外交协会，要求"凡所谓以威胁之条约、非正式之密约务须一律撤消，至于胶湾则更宣布交还中国之言犹在耳也"。④ 由此可见，各团联合会和总商会代表武汉商民反对巴黎和会外交结果的态度是强硬的。

五四运动初期，武汉商界仅仅明确表达反帝立场，未有实际行动。但学界举行了一系列活动，给当局造成了较大压力，成为当时鄂当局眼中之大患。军政两署采取了若干镇压政策，颁布《特别戒严法规》，禁止学生干涉国事，并通令各校严格约束学生。⑤ 一时间，武汉笼罩在恐怖的政治氛围中，"凡军探、警探各奉命令，几于全部出发，皆着便服，分布该管区之旅栈、茶楼、酒肆及公共屋宇，探刺有无妄谈国事、造谣煽惑、聚众聚会之举。至各学校除重嘱各校长遵照前议办法，取缔请假、劝慰安心功课、禁止结队出游、检查出入邮件外，昨日起由省署指令省视学，并派社会专门两股六员，担任分途视察各校情形，以辅各校长之不逮"。⑥

针对鄂当局的阻遏行径，学界希望联合商界共同斗争。武昌学生团发表宣言书，强烈呼吁当局释放北京被捕学生，"举国学界乃至商民，咸翘趾以俟政府处置此事之结果"，并威胁称"吾鄂亦将有如北京学生之举动"。⑦ 5 月 17 日，武汉学联致电北洋政府参众两院，请求他们"向政府务达我国主张"，⑧ 还派代表赴省署请愿，要求承认学联，准予印刷提倡国货、鼓励

---

① 《汉口各团联合会致北京国民外交协会电》，《汉口新闻报》1919 年 5 月 6 日。

② 《商界致全国电》，《大汉报》1919 年 5 月 11 日。

③ 《各团联合会和总商会会议》，《大汉报》1919 年 5 月 13 日。

④ 《汉口总商会函》，《国民公报》1919 年 5 月 15 日。

⑤ 《湖北当局之防范（一）》，《汉口新闻报》1919 年 5 月 12 日；《湖北当局之防范（二）》，《汉口新闻报》1919 年 5 月 14 日。

⑥ 《湖北当局之防范（二）》，《汉口新闻报》1919 年 5 月 14 日。

⑦ 《武昌学生团宣言书》，《大汉报》1919 年 5 月 17 日。

⑧ 《武昌学联力争青岛致参众两院电》（1919 年 5 月 17 日），中国社会科学院近代史研究所、中国第二历史档案馆史料编辑部编《五四爱国运动档案资料》，中国社会科学出版社，1980，第 223 页。

爱国思想的传单。省署立即向北京政府和巴黎和会去电，争回青岛，准予学联向各地拍发电文，准予学联组织游行大会，露天演说，伸张民气。另外，公立法校自印《提倡国货浅说》2000份，分发给武汉各团体、各商号，"以唤醒中国人知用中国货"。① 当局迫于压力，对学联前三项要求表示"赞许"，却以"恐生事端"为由否决了第四项。最终，学生代表以"愿负完全责任"做担保，才被勉强允许。18日下午，武汉3000余名学生"由阅马场动身，首为高等师范，次则一校接续一校，中华大学列于队末。行经武昌路出府院街，经察院坡至司门口，转长街至督军署，转保安门正街，穿大朝街复至阅马场"。② 他们一面游行，一面散发传单、宣言书等印刷物。学生们相继演说，声泪俱下，现场听众喝彩不止。学生呼吁国民抵制日货从生活琐事做起，"如有本国商船，虽价昂而亦必会搭，如属他国船只，纵价贱而亦勿乘"。③ 当时报纸评论道："于青岛讨论最大最充分、举动最文明者，厥惟学界。"④ 学界已然作为先锋，将武汉地区五四反帝爱国运动推到了一个新阶段。⑤

5月31日，鄂督军王占元、省长何佩瑢就镇压学生运动和保护日人在华利益等事向内务部致密电，称已严派军警阻止和监控学商界行动，且"所有各商埠日商店铺，皆饬警察加警，极力保护"。⑥ 6月1日，王占元下令封锁各校，并对"违令"出校学生进行镇压，被枪击、刀刺、殴打、逮捕的学生不计其数。⑦ 3日，中华大学数十名学生在劝业场演讲时与保安队发生冲突，数名手无寸铁的学生被打伤在地。⑧ 以上即为当时震惊全国的"六一""六三"惨案。除此之外，武昌中华大学学生李鸿儒、第一师范学生吴用霖还在这场运动中殉难。

学生惨案彻底激怒了武汉学界、商界、律师界等各界人士，他们纷纷

① 《武汉学生联合会成立概况》，《大汉报》1919年5月19日。
② 《十八日三千余学生大游行》，《大汉报》1919年5月20日。
③ 《武汉学生联合会成立概况》，《大汉报》1919年5月19日。
④ 《外交紧迫中之鄂州潮（五月十三日武昌通信）》，《新申报》1919年5月19日。
⑤ 《五四运动在武汉》，《江汉论坛》1979年第1期。
⑥ 《王占元等报告镇压鄂省学生运动及保护日侨密电》（1919年5月31日），《五四爱国运动档案资料》，第223—224页。
⑦ 《学生游行演讲之热潮》，《汉口新闻报》1919年6月4日。
⑧ 《学生游行演讲遭军警追捕残杀》，《汉口新闻报》1919年6月5日。

对鄂当局行径表达抗议和谴责，声援学生。学联向湖北省议会递交请愿书，悲愤写道"哀莫大于心死，痛莫痛于国亡"，[1] 他们严正要求惩治"卖国贼之流亚"的警务处长崔振魁。[2] 6 月 7 日，武昌高师全体学生致电总统府、国务院和国会痛斥鄂当局横杀学生的残径，要求予以罢斥，以谢国人。[3] 同日，学联会、律师公会、商会等 16 个团体决定成立武汉各团联合会，各界代表如商界马刚侯、律师界施洋、教育界任启珊、学界曾觉先等 30 余人参会，推选马刚侯为主任，施洋为实际负责人，以便更加广泛团结各方力量，开展爱国民众运动。[4] 汉口总商会连日开会，一再致电北京当局说明 6 月 1 日武汉学生仅是游行，却遭军警残酷镇压，"窃见公理日亡，强权日肆，他无所顾，独以人心为御捍之援。政府方当格外维持，曲加保护，乃竟至如此。在学生等热忱爱国逞恤其余，第恐当局生发愤之心，路人作不平之慨，积薪厝火一发难收，我商民殃及池鱼，亦大非国之福也……人心不死，国事可为，道不他求，公好公恶而已。急不择言，伏祈钧鉴"。[5] 电文明确为学生鸣不平，控诉鄂当局的残暴行径，但措辞比较温和，意在言外。湖北旅沪同乡会不忍再有这种"始皇坑儒"捕杀学生的事件发生，致电北京当局请求罢免王占元，"以慰人心，以杜后祸"。[6] 7 月 3 日，武汉十八团体联合会为殉国学生举办追悼大会，陆续到场者有几千人，现场散发数十种提倡国货传单。武昌律师公会副会长施洋到场宣读祭文并发表演说，他"泪随声堕，继则咽不成声，与祭者亦均呼咷痛哭，声振全场"。汉口市面店铺挨户悬挂追悼殉国学生的白旗，门首还为他们张贴吊唁纸条。更有黄陂道士邓金甫等邀集同业数十人"设坛在五常街后首，建醮超度"，一切费用悉由道教人士捐助。[7]

武汉五四运动初期，学生本着天然的朝气和纯粹的爱国理想，成为这

① 《武汉学生联合会向鄂议会请愿书》，《汉口新闻报》1919 年 6 月 2 日。
② 《武汉学生联合会向军民两长提出质问》，《汉口新闻报》1919 年 6 月 6 日。
③ 《武昌高师学生要求罢斥王占元等及国务院查询电》（1919 年 6 月 7 日），《五四爱国运动档案资料》，第 225 页。
④ 武汉文史资料编辑部编《武汉大事选录（1898—1949）》，武汉市政协文史资料委员会，1990，第 108 页。
⑤ 《汉口总商会致政府电》，《时报》1919 年 6 月 11 日。
⑥ 《湖北旅沪同乡会要求罢免王占元电》（1919 年 6 月 12 日），《五四爱国运动档案资料》，第 226 页。
⑦ 《追悼殉国学生参观记》，《汉口新闻报》1919 年 7 月 4 日。

场运动的先锋队伍。商界虽表态较早，但基本未采取实际行动对北京和武汉学界予以回应。商界的这种表现本无可厚非，他们重在经贸营利，最不愿看到正常的经济秩序被扰乱，故前期除了给当局发电报表明态度外，基本没有其他实质性举动。针对商人在五四运动前后期表现出的复杂性，过去的研究多归结为资产阶级的软弱性和妥协性，但这似乎是强加给当时商人的一顶"道德帽子"。正如有学者分析的那样，在一次政治运动中，如果某个群体获利甚少却又要付出最多的代价，那么很难做到自始至终在这场政治运动中保持高昂的热情和积极表现。商界在此次爱国运动中便处于类似困境，无论是抵货运动还是罢市包括由此带来的一系列后续影响，商界遭受的经济损失较其他社会阶层更为明显。因此，商界的政治态度和表现在运动的前后期有所不同和变化是正常的，不应过多地一味指责。① 事实上，武汉商界在这次爱国运动初期虽未有实际行动，但其在中后期抵货运动和罢市中所表现出来的对学界的支持与甘愿牺牲利益的爱国精神仍是可圈可点的。

二　抵货运动中的学界与商界

武汉地区五四运动中抵制日货、提倡国货的主张是由学界首先提出来的。5 月 10 日，恽代英在学校课堂上为学生讲国事，首次提出"提倡国货"之说。② 当天，武昌 15 个学校代表召集会议，突有工校学生萧世杰持一纸上台，当场将右手中指咬破，大书"提倡国货"四字，现场学生掌声雷动。③ 19 日，学生们分途散发恽代英所作的《呜呼青岛》传单，该传单指出："莫买日本货，亦莫卖日本货，把日本商业来往排斥个永远干净。"④ 有些家境比较富裕的学生约同将存储于银行的钱全数提取，用以"振兴国货"，亦得到了商界的认可与支持。⑤ 推动提倡国货和抵制日货是学界在这

---

① 朱英：《关于近代中国商会领导群体几个问题的再探讨》，《江汉论坛》2006 年第 8 期。
② 中央档案馆等编《恽代英日记》，中共中央党校出版社，1981，第 538—539 页。
③ 《武昌十五校代表召开会议》，《汉口新闻报》1919 年 5 月 12 日。
④ 《恽代英日记》，第 546 页。
⑤ 《外交紧迫中之鄂州潮（五月十三日武昌通信)》，《新申报》1919 年 5 月 19 日。

一时期的工作重点之一，也是运动从学界发展到商界的重要步骤。①

当时，武汉大多数商民对学界"提倡国货"的主张较为热心。仅从1919年5月7日至12月31日《大汉报》《汉口新闻报》等报纸上的众多国货广告，便可看出当时汉商是如何趁机将爱国热情和销售牟利结合在一起的。② 这一时期提倡国货类广告作为一种营销手段的同时，也注定被打上了时代的烙印。

5月中旬，武昌学生提出在阅马场焚毁日货，学联就此想法与汉口总商会接洽，得到了积极响应。另外，上海各阜抵货运动的消息不断传到武汉，致使武汉商界均有此心。于是，由汉口各团联合会会长马刚侯发起开会讨论救济方法。③ 17日，汉口商界30余团体聚集商讨"提倡国货进行办法"，决定"大凡已购之非国货，属于消费品者均经抛弃倾覆，而属于常用品者，多以钱为重，暂行留用，惟誓不再购云"。④ 18日，学生在阅马场举行游行演讲，各商民表现激动，他们被学生们的文明举动和畅利演讲所震撼，现场"无叫嚣之气，尤多感化之功"，纷纷表态接下来不再代销日货，将倾全力支持学生。附近商民还往会场输送水果和茶水慰劳学生，但皆被婉辞璧谢，学生们纷纷表示："救国属于国民天职，只要诸君齐力进行，胜于茶果之酬报万万。此次集合之举，出于天良非为邀誉而来，务请诸君谅察。"⑤在学生抵货运动精神的感召下，由裕顺昌货号发起，武汉商界于19日在西社街举行160多人的会议，响应提倡国货运动号召。⑥

当时，学界认为提倡国货可以达到提振实业、救国救穷等目的。5月20日，学联召开特别会议，决定成立湖北救国团，筹设一个国货公司来提倡国货。⑦ 会上，学联对提倡国货、抵制外资做出决定：加派胡乐、兰芝浓二人与商会及劝业场会商抵制外货、提倡国货办法；派人赴汉口各报馆接洽疏通，要求不登日本广告；发行印刷品劝告武汉各商号及富户不存款外国

① 皮明庥：《武汉近百年史（1840—1949）》，华中工学院出版社，1985，第179页。
② 周瑶：《五四运动在武汉商业广告中的体现》，《武汉文史资料》2011年第8期。
③ 《外交紧迫中之鄂州潮（五月十三日武昌通信）》，《新申报》1919年5月19日。
④ 《商界提倡国货》，《国民新报》1919年5月18日。
⑤ 《武汉各界支持学生游行演讲》，《大汉报》1919年5月20日。
⑥ 皮明庥：《武汉近百年史（1840—1949）》，第180页。
⑦ 《武汉学生联合会召开特别会议》，《大汉报》1919年5月21日。

银行，不使用各种钞票；等等。① 上午9时，26所学校的学生代表赴省署表达抵货主张，当局同意"酌定期限，全售国货"。② 文华等校学生在游行过程中执三大旗，上书"力救危亡""提倡国货""唤醒同胞"等醒目字样，并且随处购取洋货，当地毁碎，"以为提醒商民之一种直接作用"。还有报社记者道经阅马场，看到某校小学生二人，年龄稍大的学生指着另一学生所携的天然墨汁称"此非国货，为某某制造品"，该学生听后即弃之于途，路人见之，称赞不已。由于提倡国货声浪愈唱愈高，便有商店行取巧之法，将滞销洋货减价拍卖，然而购者仍"不以廉价而变其心也"。③ 21日，恽代英帮学生拟《提倡国货团办法大纲》，规定入团者如非不得已不能使用外货，包括外国原料制造之物品，尤其是日货；对社会于提倡国货尽调查劝告扶助之责，未经申明购买外货将被罚办。④ 25日，学生组织十人团分途进行以"唤醒国民爱国知识"为宗旨的演说，"劝中国人将中国原料制造完全国货售与中国人，不得以外国货代者"。⑤

　　除向当局请愿、举行演说外，武汉学生团还分途调查内销货物来自哪个国家，如发现日货，则集中销毁，"凡属同人平昔购用要物，如有日货，概行汇弃一隅，准定于本星期（即十八号）令人担赴阅马场，当众毁销，以资观感"。⑥ 学生上街劝告商人不要贩卖日货，有些商人借口称不知道哪些是国货。于是，学联组织调查国货员"分途（每四人约一组）赴武、阳、夏实地调查国货"。⑦ 他们把调查国货结果印成小册子，上面标明品名、商标、规格、制造工厂、价格等，无偿送给商人参考。⑧ 5月28日，学联派四名代表到武汉总商会接洽抵货运动事宜，然而没有见到王琴甫会长，商会接待人员还表示抵制日货须缓缓进行。话虽委婉，实为不赞同学生们的抵货方案。学生们似乎也对会谈结果不甚满意，离开前决定让其把几条意见转达给王会长，"（一）乘此时机无论如何绝对不可涨国货之价值；（二）此

① 《学生联合会二十日会议》，《大汉报》1919年5月22日。
② 《学生联合会近状》，《大汉报》1919年5月24日。
③ 《文华等校学生演讲详情》，《大汉报》1919年5月22日。
④ 《恽代英日记》，第547页。
⑤ 《学生组织十人团分途演说》，《汉口新闻报》1919年5月25日。
⑥ 《日货之销毁》，《国民新报》1919年5月18日。
⑦ 《积极进行之学生联合会》，《汉口新闻报》1919年6月1日。
⑧ 《武汉文史资料文库》第1卷，武汉出版社，1999，第163页。

时决不可收买外国贱价之货物；（三）请转知汉上各商行号遇有各学生前往调查国货时切不可发生误会"。① 29 日，26 所学校的代表决定"即日起至少派十人（多多益善）分赴武汉各街商店，拜会各店东、管事经理，劝告各发天良，提倡国货"。当学生们分赴各店号宣传国货时，店东、伙计大多自愿配合，如司门口福昌广货号的老板盛端桥立即将数十顶平顶草帽拆毁，并道歉，类似做法并不少见。②

除了联合商界抵货，还有学生亲身实践者。例如女子职业学校学生"因刻下系急谋提倡国货之秋，查汗衫乃暑天人必需用之衣，吾国对于此物，向未深求改良，市上行销者，概系舶来之品"，于是她们按外货之造法及样式，在校内自制。③ 女子师范毕业生吴素贞"将所有某国匹头制成的衣服十余件，当众焚毁，用斧头把磁盆砸碎示众"。④

武昌、汉口两商会为响应学生号召，连日筹划提倡国货之法，派员到各商帮游讲，宣传国货，"刻因各帮有烧焚某国货之说，两商会查已购者，业去资本烧之，适以自损，以再不购买为要"。⑤ 5 月 24 日，武昌造币厂、修理厂工人和一部分店员、店东于洗马池开会商讨如何抵制日货。⑥ 汉口洋广杂货摊户有不下数千，他们响应商会号召，"约集同志在该同业公会组织十人团，禁止买卖外货"，参与者有 1000 余人，陆续加入者尤不乏人。⑦ 车商决定将各行的外国货车进行开单点存，以后不准添置，如果需要更换，须购买国产车辆。⑧ 贫民厂织机部工人赵锡洲集合一班同志组织贩卖团，定于端午节后每日派遣十人将该厂出品的 80 余种货品挑往各街巷售卖，零售与批发同价，不多加一文。⑨ 还有鄂商向总商会提议自造洋纱，"组织洋纱机器有数十种……目下如有爱国之士视资本之多寡采买机器一部由家人纺织之，久之普传全国，则期年不用外货云"。⑩ 汉口花商"各缴证金五百两

① 《武汉学生联合会与商会接洽抵制日货问题》，《大汉报》1919 年 5 月 30 日。
② 《提倡国货调查》，《大汉报》1919 年 5 月 31 日。
③ 《女子职业学校倡造汗衫（湖北）》，《救国日报》1919 年 6 月 1 日。
④ 《吴素贞焚毁日货》，《国民新报》1919 年 6 月 5 日。
⑤ 《商界联合会之召集》，《国民新报》1919 年 5 月 21 日。
⑥ 皮明庥：《武汉近百年史（1840—1949）》，第 180 页。
⑦ 《广货摊组织十人团》，《国民新报》1919 年 5 月 30 日。
⑧ 《车商提倡国货》，《国民新报》1919 年 6 月 1 日。
⑨ 《贫民厂组织贩卖团》，《汉口新闻报》1919 年 6 月 2 日。
⑩ 《鄂商提议自造洋纱》，《新申报》1919 年 6 月 20 日。

存入花业"，保证不引进外国货，以增加土产之销路，证明其抵制外货之决心。① 更有富商刘旭堂在汉口黄陂街组织国货陈列所，专门经营国货。②

目睹学生惨案后，武昌劝业场场长张朔元誓以提倡国货为职志，支援学生斗争。对于一些商民仍贩卖洋货的做法，他于 6 月 29 日发布警告称："限二十天务将所售非本国制造货品，一律全行移出场外销售在案……各场商倘仍淆狃于积习不重国货者，实属违反定章，有害全体，从速出场营业。如欲仍在场贸易，即将外货速为移出，免得限满查封积压货物，亏累资本，是亦体恤商人之意。各商等早自为计，慎勿观望，致干查封，勿谓言之不予，其各遵照切切。"③

然而，由于连日提倡国货，不免有商家抬高国货价格销售的情况。学联对商民发出严正警告："此次提倡国货于商人关系尤为密切……万不可乘势居奇抬高价值，致灰国人之热心。现已调查各货市价，仍不免有抬高情事，实于推广国货前途发生绝大障碍。人之爱国谁不如我，须知此次提倡国货，直接在求利工商之发达，间接在挽回国家之富强。明达如诸公必能洞观世界之大势，共奋救国热忱。对于各货价值，但期无耗真本，幸勿任意抬高。省垣为省市会萃之区，尤宜格外平价以为先导，挽回权利，发达商工，呼吸存亡，稍纵即逝，我爱国商人祈三思之。"④ 除此之外，还有无良商家以外货假冒国货出售，学联查出后，强制将冒牌国货进行焚毁。比如，花布街大丰匹头号以某某单蝶牌斜纹布改换天宫牌，上面还写着"中国人造，提倡国货"等字样，但经调查，实为"在玉成公司转运，计共十五包（每包二十四，价钱一百二十两）"。最终经大布公会出面调停，将其中四包于 8 月 2 日在大智门铁路外地点焚毁，剩余货物暂存大布公会，由该号出具愿书，邀同业裕源昶作保，等到山东问题解决后，方能领出，并警告该号倘若再有假冒国货之事，学联将随时从大布公会取出剩余部分进行焚毁。⑤

武汉地区抵制日货、提倡国货的活动，在一定程度上达到了预期效果，

---

① 《汉口花商之抵制热》，《新申报》1919 年 8 月 9 日。
② 皮明庥：《武汉近百年史（1840—1949）》，第 184 页。
③ 《场长提倡国货》，《大汉报》1919 年 6 月 30 日。
④ 《国货切莫抬价》，《大汉报》1919 年 6 月 30 日。
⑤ 《焚毁假冒国货》，《汉口新闻报》1919 年 8 月 6 日。

给日本在华商业造成不小冲击。日本驻汉总领事为保护在汉商业和日侨，向鄂当局发函施压，"据日清公司禀称，自北京学生发生暴动之后，中国各地遂有排日之运动，今日以来益见剧烈。因此之故，本公司轮船承装华商货物，日渐减少……本公司所受损失难以数计"，还要求鄂当局转致长江沿岸各地方官宪"将此等不法之徒，严重取缔，以免扰乱而保商旅"。①

三　罢市大潮中的学界与商界

作为进一步对学界号召的响应与支持，汉口、武昌商界相继举行了较大规模的罢市活动，将武汉地区五四反帝爱国运动推向了高潮。

实际上，在武汉商界罢市前，学界已做了很多准备工作，他们从学生惨案的教训中意识到必须打破自己的小圈子，联合商界等各界力量掀起更大规模的斗争，才能取得最终胜利。"六三"惨案当天，恽代英便到汉口拜访武汉巨商刘子敬、马刚侯等人，表示学界希望得到商界的有力支持。6月7日，他再赴汉口参加各团联合会会议，提出学生渴望商界继起，呼吁商界应该以举行罢市的方式支援学生，"以为国家，虽死伤亦所甘心"。② 10日，他还专门作《为什么要罢市》，同时印制要求罢市的传单"分街分段挨铺挨店传递"。③

上海商界于6月5日业已罢市，但武汉迟迟没有举动。于是，学联致信汉口总商会王琴甫会长："天祸中国……而商界之受其害应尤深重，乃事至今日，武汉商会未见有何举动。先生领袖群伦，熟视无睹，岂中华民国只为学生所有之国家耶！前两日同人因罢课游行演讲，横遭军警干涉，捕拿砍伤以数十人计，出入自由已完全剥夺，同人何辜受此不堪之待遇！侧闻道路之人均加哀悯，恨不能奋一臂之力以为救援。岂先生等独无所闻，知而寂然不动……同人等惟有于万不可望之中存一线希望之心，倘肯联合商界以实力为同人后盾，同人幸甚！中华民国幸甚！"④ 字里行间可感知到学

① 《提倡国货之反响》，《大汉报》1919 年 6 月 22 日。
② 《恽代英日记》，第 554—555 页。
③ 伯林：《回忆恽代英》，中国社会科学院近代史研究所编《五四运动回忆录（续）》，中国社会科学出版社，1979，第 375 页。
④ 《学生游行演讲遭军警追捕残杀》，《汉口新闻报》1919 年 6 月 5 日。

生们自知力量有限，渴望商界倾全力支持之愿。在汉口罢市前夕，学界多人"环集商会集议演说，公然以指明惩办、停办日货、全镇罢市三事为要求"，① 罢市之举有难以遏止之势。

武汉商民目睹学生惨案的经过，部分商店主的子弟也被殴伤，② 他们深感"公理日亡"。6月10日，汉口商民突然举行罢市，闭门不贸。镇守使杜锡均得知消息后，急忙给军省两署去电，并要求各防营营长亲率军士赴各商号劝导开市，但仍"有十分之二未曾开市"，③ 说明大部分商户当日已接受劝导而相继开市。由于此次罢市之前未有集议，故全镇罢市活动不能一致，这与上海有密切关系。有的商号得知上海于10日开市，因而"多怀观望，故呈现似罢市非罢市景象"。④ 这种现象表明当时汉口商界在政治倾向和经济活动上多与上海亦步亦趋。

对于汉口商民10日突然罢市之原因，一说是罢市前市面所现传单之宣传效果；一说是由于汉口大半商店与金融有密切关系，"良以沪市影响汇划骤滞月半"。《大汉报》称："本埠与申江汇款及存款之交易共有六百余万元往来，本埠存在上海银款与上海汇来之存款两相抵称，尚有一百余万存在上海方面。自昨日罢市风潮发生，本埠存根略见紧滞，当电达上海方面将存在银款一百余万完全提归，今日（十一）谅可到汉。"⑤ 可见沪汉金融关系密切。上海金融业对10日的汉口罢市确有一定影响，但影响应并不是很大。

10日晚，仍有罢市传单在汉口市面继续流传，加上已有商民带头罢市，于是次日汉口市面上"各铺店均于阴历度岁，各将铺门窗户门牢牢紧闭，桥口华景街、歆生路、后城马路正街、黄陂街、后花楼、河街等处莫不皆然。钱店、布店、帽店、匹头店、油盐、杂货店亦皆如是。惟各门生意多将正门一合半掩，仍留二三人或四五人在柜上贸易，手艺生意亦有照常工作者。除边街小巷尚无若何行迹外，凡正当街道铺店未闭门者不过百分之

① 《汉口交通银行报告武汉罢市罢工金融危急函》（1919年6月9日），《五四爱国运动档案资料》，第289页。
② 《武汉大事选录（1898—1949）》，第107页。
③ 《汉口罢市》，《国民新报》1919年6月10日。
④ 《汉口交通银行报告武汉罢市罢工金融危急函》（1919年6月11日），《五四爱国运动档案资料》，第290页。
⑤ 《汉口罢市第二日》，《大汉报》1919年6月11日。

一二。洋货、杂货摊亦未见有排列街心者。警察厅镇守使多派军警上街逡巡外，知众商民非压力所能解决，并无迫胁举动。然各署长警官东跑西窜，中、下两级军官亲自上街布置，颇形忙碌"。本来大多汉口商民经商会和各帮帮董劝导答应于 11 日正常开市，然而商店中的一般店伙由于爱国情深，宁愿牺牲薪俸，不约而同一致歇事，以致 11 日汉口"罢市情状较昨日整齐，气度极为文明"。① 恽代英在当天的日记中写道："市面罢市者已从少数转为多数，军警已无法干涉。"他认为罢市对政府起到了震慑作用，曹汝霖才被免职务，然而"'准免本职'四字，实由'徐图登用'的出产。惟愿吾国国民能善用此民气，以一扫政治界之妖气耳！"②

鄂当局对 11 日汉口大罢市的情形颇感紧张，鄂省议会会同官厅商议决定增加军警力量，责成警察厅长周际芸同商会会长一同劝导开市，官钱局拨发现款 100 万两维持市面。③ 汉口总商会和各团联合会亦多方劝导开市，但商民多置若罔闻，不予开市。在得知北洋政府罢免曹汝霖、章宗祥、陆宗舆等人之后，汉口总商会立感欣喜，12 日晨便发要求开市通告："政府对于人民要求各事已经容纳。如惩办国贼……逮捕学生现已一律释放。至于上海、南京、天津、镇江现已一律照常开市……是人民所要求于政府者，目的既已达到，自应一律照常营业，务祈诸位爱国君子见此传单，转相劝告一律开市。"④ 汉口各团联合会也致电各保安会要求他们对于各休业商号"妥为劝导"，并担保"与总商会负完全责任"。⑤

综上可知，汉口大罢市多是商店主或一般店员响应学界号召的自愿爱国行为。汉口总商会和各团联合会在商民罢市过程中不但不起主导作用，反而和当局持相同立场，"到处派人发布劝勉开市传单"，⑥ 劝导商民开市。这与天津等城市"由总商会出面发布通告，组织商人统一举行罢市"⑦ 的情况实属不同。汉口商民举行大罢市，一方面是由于他们目睹了当局镇压学生的残径，内心之悲愤被彻底激起，另一方面罢市可分为三种情形：一是

---

① 《汉口罢市第二日》，《大汉报》1919 年 6 月 11 日。

② 沈葆英：《重读恽代英一九一九年的日记》，《五四运动回忆录（续）》，第 382—383 页。

③ 《议长向官厅请命维持》，《大汉报》1919 年 6 月 14 日。

④ 《汉口总商会劝告开市通告》，《大汉报》1919 年 6 月 13 日。

⑤ 《汉口罢市第二日》，《大汉报》1919 年 6 月 11 日。

⑥ 《两日来之汉口》，《大汉报》1919 年 6 月 13 日。

⑦ 朱英：《五四运动期间的天津总商会》，《华中师范大学学报》1997 年第 6 期。

汉口本埠许多商号是"由申分来者","接申号来信请汉号照申办理";二是商店店伙自发的爱国行动,宁愿牺牲薪俸,"各自外出不事";三是店东自行主张罢市,允许各店伙外出并贴罢市标语于店门首,以示其因国事而停业。①

经当局拨现维持和商会等多方劝导,12 日至 13 日,汉口市面陆续开贸,"往来交易与平时无异,尚有一二未启户之家,大都系有别原因"。然而,隔江相望的武昌商界于此时段举行了大罢市。汉口当局担心商民复有罢市之举,当晚即与商会联合发出布告,"务希商界同人一体查照,安心营业"。②

对于武昌商界罢市,学生们认识到部分商民对于罢市仍持观望态度。于是,他们赶印罢市传单,深夜分途向各商店的门缝内插入。③ 还有学生在武昌长街察院坡街上露宿,居民深夜中以热水、热稀粥来慰劳疲倦饥冻的学生。④ 6 月 11 日晚间,一种劝告罢市传单在武昌市面流传开来:"我们看这些各镇商埠都罢了市,都是要达到目的方止……难道说我们商家不是中华民国的国民吗?何以不罢市咧?若说怕军警干涉,我不情愿做生意,不情愿赚钱,他又其奈我何?我们想想武昌学生受的苦,是我们所亲眼得见的。照良心上说我们早就该罢市的,还等到现在,各处罢市我们还未罢市……说我们武昌人没心肝,顶好是我们赶早罢市,可以尽国民一份天职云云。"⑤ 这些传单抓住了商民在罢市前夕既悲愤又纠结的心理,起到了鼓动商民抓紧时间罢市的作用。

6 月 12 日,武昌罢市之风复起,自司门口起若横街头、察院坡、南楼前街、芝麻岑、百寿巷与夫兰徒街、大都司巷、望山门正街,除油米杂货而外,全体罢市。⑥ 各店铺门首张贴罢市标语,但"因警察随时扯去,不克完全得见"。中华书局门首张贴"救国耻心"四字,府街兴发衣庄贴出"保中国领土""禁敌国货物""除卖国奸贼""挽爱国学生"等。志成眼镜公司当日将门紧闭,以示拒绝劝导,公司门口所贴字条被保安队扯去,但转

---

① 《汉口罢市第二日》,《大汉报》1919 年 6 月 11 日。

② 《武汉商民全体开市》,《大汉报》1919 年 6 月 14 日。

③ 董楙平:《五四会议散记》,中国社会科学院近代史研究所编《五四运动回忆录》(下),中国社会科学出版社,1979,第 728 页。

④ 廖焕星:《武昌利群书社始末》,《五四运动回忆录(续)》,第 369 页。

⑤ 《十二日武昌罢市情形》,《大汉报》1919 年 6 月 13 日。

⑥ 《鄂省罢市第三日记》,《新申报》1919 年 6 月 16 日。

瞬又贴出"你扯我贴越扯越贴"八字宣言,成为当日之趣谈。[①] 是时,市面又现一种印有"罢市宗旨,唤醒政府,不惩国贼,决不回心,抵制某货,坚持到底"等语的传单,武昌大多商民罢市的决心由此可见一斑。学生们看到水陆街口有一家规模不小的橱窗中摆满仇货的商店仍在营业,先派人前往交涉,但店主不愿闭门,学生们便往商店里面扔石头,店主见势不妙,才闭门歇业。[②] 当日中午,武昌商会代表商民向鄂当局提出开市条件,即查办镇压学生的警务处长崔振魁和警察长杜杰及军警、恢复学生自由权及电请中央释放北京学生、电请惩办卖国贼等四项。[③] 下午,武昌各商帮帮董30余人赴省议会递交请愿书,称"武昌罢市现已如响斯应,且因本其良心之主张,即商会亦不便过于劝阻,要意希望之点则在惩办卖国贼,不仅免职便算了事",并要求严惩伤害学生的行凶军警。[④] 他们代表武昌商民表达了较显强硬的保护学生、惩治镇压学生凶手的态度。

武昌商民罢市之举萌芽于当局镇压学生之时,后来受到汉口罢市的直接刺激。武昌商界罢市虽迟,但态度比较坚决,"停业商户互相坚持",使"地方长官劝谕棘手",[⑤] 还威胁当局称若不答应条件,则不开市,并且实行不纳税主义。[⑥]

商民罢市决心越大,当局越显恐慌。6月13日上午,警务处长崔振魁、武昌知事王绳高、商会代理会长王干臣暨各商帮三方面沿街以"恳切"之意劝导开市。当时开门者已有十分之三,据《大汉报》,当日午后"大约市面原状完全恢复"。[⑦] 罢市活动持续两日便匆忙结束,在一定程度上反映出商民急于复贸的心情。商人的首要目的即为趋安图利,罢市会使他们经济上遭受损失。正如有研究者在分析五四运动中天津商人罢市问题时指出的那样,大多数商民在罢市过程中的内心是挣扎与纠结的,甚至在罢市的同时便做着开市的准备,当北洋政府仅做出极有限的表示,罢市要求并未被

① 《揭帖之趣闻》,《大汉报》1919年6月14日。
② 董枞平:《五四会议散记》,《五四运动回忆录》(下),第728页。
③ 《鄂省罢市第三日记》,《新申报》1919年6月16日。
④ 《武昌商董向省议会请愿》,《大汉报》1919年6月14日。
⑤ 《汉口交通银行报告武汉罢市罢工金融危急函》(1919年6月13日),《五四爱国运动档案资料》,第292页。
⑥ 《武昌商民罢市之宣言》,《大汉报》1919年6月14日。
⑦ 《恳切劝导开市》,《大汉报》1919年6月14日。

完全答应之时，他们便着急停止了罢市。①

汉口、武昌商界在罢市要求未能得到完全满足的情况下匆忙开市，遭到了学界的批评。学联发表宣言书称商界罢市之解决应从大局计，不可草率求一结局，呼吁武汉商界再次举行罢市。对于商界要求"任命警察总长须由总商会及地方议会同意"一项，学联认为此事事体重大，将来应作为宪法上的一个重要问题，不应作为开市之条件。学联还指责武汉商界领袖没有发挥应有作用，且传闻有乘机私囤某货之嫌疑，批评其为武汉全商界之羞耻。② 另外，武昌商会会长徐荣廷在运动高潮阶段竟离开武汉，明显持消极躲避态度。除了谴责商界开市过早、呼吁二次大罢市之外，学联还为商民制定了不与日人交易之方针，包括调查各商店现有日货，盖出戳记卖尽后不准再行贩卖，如再行贩卖，查出后将没收并罚款；各商店招牌上须贴一某年、月、日起永久不贩卖日货；通告同人不得向各日商所设之水火、人寿等公司投保；等等。③

不管罢市过程如何复杂，五四运动中商人罢市源于商人对政府卖国求荣政策的不满和对政府摧残学生的愤慨以及他们的爱国之心。④ 武汉商界的罢市活动给当局施加了巨大的政治压力。鄂当局硬软兼施，派大批军警、保安上街进行严密监控，又派官员联合商会和各团体商董多方劝导开市。王占元、何佩瑢也明白了"民气不可遏抑"，委派陈定远、李如棠调查"警务处长措置失当之案"，⑤ 最终将"督察长撤差，警务处长一并记过"。⑥

四　结语

整体来看五四运动中武汉学界与商界的表现及互动，不难发现青年学生是武汉这场反帝爱国运动的主体和灵魂，学生活动贯穿始终。政府、商界等其他各界的表现及政治倾向往往是围绕学生的活动表现出来的。武汉

---

① 李学智：《五四运动中天津商人罢市、抵制日货问题考察》，《近代史研究》1995年第2期。
② 《武汉学生联合会宣言书》，《新申报》1919年6月21日。
③ 《学生通知商界》，《新申报》1919年6月23日。
④ 扈光珉：《新论五四运动中的商人罢市》，《石油大学学报》1989年第2期。
⑤ 《武汉商学界之近况》，《新申报》1919年6月21日。
⑥ 《何佩瑢报告杀害学生之军警已分别核办密电》（1919年6月27日），《五四爱国运动档案资料》，第229页。

地区的学生在进行斗争的同时，主要寄希望于商界的响应与配合，对其抱有巨大的信心和期待。在目睹学生惨案后，汉口、武昌商界接连举行了较大规模的抵货运动和罢市活动，对学界予以了强有力支援。

学界作为武汉地区五四运动的先锋队伍，在前期举行了集会、游行、演讲等一系列活动，同时不断呼吁商界以实际行动予以支援和配合。各团联合会和商会较早地代表武汉商民，明确地表达反对巴黎和会上帝国主义强行将德国在山东的权益转让给日本之不公结果，但未采取除表态之外的其他行动对学界予以回应。

"六一""六三"学生惨案发生后，武汉地区的五四爱国运动随即进入一个新的阶段，学界和商界之间的联系与互动也进入"蜜月期"，彼此间的交集越来越大。学界经过血的教训，意识到必须把商界动员起来，共同进行斗争直至最终胜利。商界痛心当局镇压学生的残忍行径，一再向政府为学生鸣不平，要求释放被捕学生，保护学生的安全。

武汉学界在持续与商界接洽的过程中认为，唯有抵制日货、提倡国货，使日人在经济竞争中失败，方能制止其"侵我"之野心，方可实现救国救穷之目标。于是，经武昌、汉口两商会竭力筹划，频频提倡，大多商民亦意识到在当时条件下，抵制日货诚乃自救之必要途径，故而汉口洋广杂货摊户、车商、花商等行业商户均以实际行动响应"抵制日货"号召，表现十分活跃。当然，在抵货运动中也出现了一些奸商趁机牟利的现象，比如有商家抬高国货价格、用外货假冒国货出售等。武汉学生联合会扮演起监督角色，对于抬价商民进行严正警告，将冒牌国货进行销毁，使得那些无良商家有所忌惮，不敢再明目张胆地在外侮日甚之际谋不义之财。在此过程中，学界和商界之间保持了相当默契。武汉地区的抵货运动达到了冲击日本在华商业的效果，在一定程度上也给国货发展提供了有利时机。

随着武汉地区和国内其他大城市五四爱国运动的深入开展，武汉商界掀起了规模较大的罢市运动，对学界活动予以了进一步配合，虽然罢市过程复杂且持续时间不长，但在保护学生、给当局施加政治压力等方面发挥了重要作用，同时将武汉地区的这场反帝爱国运动推向了高潮。

五四爱国运动再探讨

——以江西为中心

曾　辉[*]

毫无疑问，五四运动[①]是中国近代史上一个里程碑式的重大事件，它引起了学界经久不息的探讨。近百年来，各种纪念、研究五四运动的论著不断涌现，可谓纷呈迭现，不计其数。仅在中国知网上，以"五四运动"为篇名，即能检索到将近 2000 篇论文。这些研究，涉及五四运动的方方面面，有力地推动了五四运动研究的深入。不过，毋庸讳言，已有的研究论著中存在不少重复研究，创新不够。另外，这些研究中，泛论的不少，基于翔实资料的具体个案研究和区域研究仍较欠缺。比如江西省的五四爱国运动，目前所能检索到的学术论文只有几篇，其余多是通俗性的简短介绍性文章或党史通史中类似大事记的记述。[②] 这些文章对了解江西的五四爱国运动，

---

* 曾辉，江西行政学院（中共江西省委党校）党史党建教研部副教授。

① 关于五四运动的含义和起止时间，学界多根据李新、胡绳等人的观点，将五四运动分为五四爱国运动（狭义）和五四新文化运动（广义）两个方面。一般而言，"五四爱国运动"大致从 5 月 4 日北京学生发动游行示威开始算起，至 6 月 28 日中国代表拒签和约结束（或者至 1919 年底"闽案"止）。"五四新文化运动"则大致从 1915 年《青年杂志》创刊起，直到 1921 年 7 月中共创立前后止（或者到 1923 年 12 月科玄论战）。本文主要探讨狭义层面的五四运动，时间从 1919 年 5 月至 1919 年底，文中一般以"五四爱国运动"来指称，有时也会使用"五四运动"这一称谓。

② 目前能检索到的关于江西五四运动的学术论文有以下几篇：一是殷丽萍的《五四运动在江西》（《江西社会科学》1993 年第 6 期），该文对江西的五四运动进行全景扫描，简单梳理五四运动的经过，分析了江西五四运动的特点和历史意义；二是陈立明所写《五四爱国运

自有其价值和贡献，但是还有不少问题有待探讨，比如：江西五四爱国运动程度如何；在全国处于什么地位，有何影响；江西五四爱国运动又是如何"运动"起来的；五四爱国运动与马克思主义在江西的传播有何内在逻辑关联。本文拟围绕这些问题，以江西为个案做一较为深入细致的探讨。

一 江西五四爱国运动的程度和影响

五四爱国运动是一场席卷全国的群众性爱国运动，参与者甚众。当然，各省响应的时间有先有后，规模有大有小，范围有广有狭，因此运动的程度和影响也会有所不同。北京和上海先后作为五四爱国运动的中心，其重要性和影响力自然不用多加论证。但是北京和上海之外，其余各省情况如何？江西五四爱国运动进行程度如何，产生了什么影响？需要从响应速度、规模、范围等方面进行考察。

第一，从响应速度上来看，江西对发源于北京的五四爱国运动积极响应，反应极快。1919 年 5 月 6 日，江西九江各界就得知消息，九江市南伟烈学校等院校当即致电北京政府，要求释放被捕学生，拒签和约。5 月 8 日，九江县总商会致电北京，主张"速电欧会代表抗争"。[1] 5 月 7 日，当消息传到省会南昌，学生代表就在百花洲集会，讨论声援办法。5 月 9 日，南昌全体学生举行

动在江西》（中共江西省委党史资料征集委员会、中共江西省委党史研究室编《江西党史资料》第 9 辑，内部发行，1989），该文对江西五四爱国运动的背景、过程及后续活动有更为深入细致的梳理；三是刘善庆所写《陈光远与江西五四运动》（《江西师范大学学报》1991 年第 1 期），专门论述了江西督军陈光远在五四运动中的所作所为，论述较为深入；四是詹细佐的《报刊舆论与江西五四运动》（硕士学位论文，南昌大学，2012），分析了报刊舆论与江西五四运动的关系；五是李健所写《论南昌的五四运动》（《江西社会科学》2000 年第 1 期），该文简单梳理了南昌的五四运动，也论及陈光远的态度，较为简单，无甚新意；六是赵全聪所写《有关五四运动中南昌几个史实的辨正》（《江西师范学院学报》1980 年第 4 期），该文对游行日期、路线、人数等细节问题进行了辩证。除此之外，江西省、市、县革命史或党史中，也会对五四运动进行梳理。这些论著，在梳理史实等方面自有其价值和贡献，但或因为体裁篇幅，或因写作年代久远，或因资料有限，或因角度问题，对诸如江西五四运动是如何发动起来的、五四运动与江西青年转向马克思主义的内在逻辑关联等很多问题都没有探讨。

[1] 中共九江市委党史工作办公室编《九江人民革命史》，新华出版社，2010，第 21 页；《赣省各团体电争青岛》，《申报》1919 年 5 月 15 日，第 7 版。

总罢课，南昌19所中等以上学校的学生和市民共6000多人举行集会。5月12日，省立农业专科学校、南昌一中等17所学校的3000多名学生又在公共体育场进行示威，其后进行游行。①

在各地的重重压力下，北京政府被迫释放了被捕的学生，但是对学生的其他政治诉求置之不理，下令禁止学生干预政治活动，扬言要严厉镇压学生运动。为此，5月19日，北京学生再次宣布总罢课，并上街讲演、宣传，向各省发表宣言，以求支持，此后形成了学生运动的第二波热潮。在这一波热潮中，据统计，全国有超过200个城市响应。在这些城市中，九江最早响应，在次日（20日）就发动了学生罢课，天津、济南、太原、上海、杭州、南京的学生都在九江之后响应。②

6月3日、4日北京大逮捕后，五四爱国运动发展到了以上海为中心、以"三罢"为特征的新阶段。在这个阶段，江西人民响应也非常迅速。6月5日，南昌各校一律罢课。但是原定于6月6日举行的罢课宣誓大会未被江西当局允许，因此此后一个阶段南昌未出现大规模的学生游行示威活动。但是九江的"三罢"活动却如火如荼地展开。6月6日，九江南伟烈学校学生罢课，并很快蔓延至九江市其他学校。6月12日，九江的商人、码头工人也举行罢市、罢工，九江港口的运输因此中断。"六三"后，国内有的地方只是进行罢市或罢课，没有罢工，但是九江的"三罢"活动进行得很彻底。

可以说，在五四后的第一波学生运动中，江西反应极快，和天津、上海、山东、江苏、广东等是全国最早响应的一批省份。这些省份，在五四爱国运动发生后的几天之内，就拍发电报，并举行大规模的集会和游行示威进行响应，比其他很多省份要快得多。比如湖北省，5月18日，武汉3000多名学生才举行第一次大规模游行示威；四川成都30多所学校的学生于5月17日举行集会游行声援；陕西省则到5月下旬各校才举行集会，部分学生游行。而东北很多地方，比如辽宁沈阳，因为政府限制，则未能集会响应。③另外，

---

① 中共南昌市委党史工作办公室：《南昌人民革命史》，新华出版社，1999，第207页。

② 〔美〕周策纵：《五四运动史》，陈永明等译，岳麓书社，1999，第210页。

③ 中共湖北省委党史研究室：《中国共产党湖北历史（1919.5—1949.10）》，湖北人民出版社，1999，第32—44页；中共四川省委党史研究室编《中国共产党四川历史》第1卷，中央文献出版社，2009，第21—31页；中共陕西省委党史研究室编《中国共产党陕西历史》第1卷，陕西人民出版社，2009，第20—25页；中共辽宁省委党史研究室编《中国共产党辽宁历史》第1卷，辽海出版社，2001，第22—26页。

5月12日，南昌各女子学校也向北京致电致函，① 这是五四运动中最早发声的少数女性团体之一。江西省议会5月13日就向北京转陈学生意见，也是最早的几个以省议会名义表达支持学生的省议会之一。②

第二，从范围和规模来说，江西的五四运动涉及范围广、规模大。五四爱国运动爆发后，除了南昌、九江等较大城市，东至黎川、北至湖口、西至修水、南至大余，全省各地均群起响应，并且乡村也有波及。比如吉安新干，除了县城学生，还有圩镇师生及工农群众参加示威游行。③ 赣西北的偏僻小县铜鼓县，除了县城的师生和各界人士参加，三都、大塘等乡村的群众也进行了示威游行。④

参与运动的人群范围也非常广泛，无分阶层、无分男女、无分年龄，均参与其中。比如5月12日南昌学生大游行，12岁的熊式一登台演说，"语语痛切，闻者无不感动，鼓掌叫好之声，震荡耳鼓"。⑤ 另外，除了直接参加集会游行者，还有很多旁观者，他们虽然不直接参与，但是对壮大声势、鼓舞士气、营造氛围也功不可没。

在江西省举行的集会游行接连不断，而且规模不小。5月9日，南昌有6000余人集会。5月12日的游行共有3000多人。5月14日，豫章中学等师生2000余人又在葆灵书院开爱国大会。⑥ 江西各地千人以上规模的示威也并不少见。比如5月20日，新干县城及圩镇有1000多名师生和工农群众参加示威游行。⑦ 5月14日，抚州市学生、群众共1200余人在抚州府学举行集会，其后南城县城有2000多人的集会游行。⑧ 6月1日，赣州市区有3000

① 《女界爱国不让须眉，江西女学生之游行警告》，《民国日报》（上海）1919年5月18日，第6版。
② 中国社会科学院近代史研究所、中国第二历史档案馆史料编辑部编《五四爱国运动档案资料》，中国社会科学出版社，1980，第210页。
③ 中共吉安市委党史工作办公室编著《中国共产党吉安历史》第1卷，中共党史出版社，2011，第5页。
④ 宜春市党史地方志工作办公室编《中共宜春地方党史》第1卷，中共党史出版社，2011，第15页。
⑤ 《赣垣学生之爱国运动，全城学生之游行会》，《民国日报》（上海）1919年5月18日，第6版。
⑥ 《江西商学界之爱国思潮》，《申报》1919年5月19日，第7版。
⑦ 《中国共产党吉安历史》第1卷，第5页。
⑧ 中共抚州市委党史办公室：《中国共产党抚州历史》第1卷，中共党史出版社，2016，第13页。

多名中小学生参加的集会游行，另宁都、于都、兴国、大余等县城都有千人以上的集会举行。①

现在我们已经无法准确统计五四爱国运动中江西究竟有多少人参与其中，但是从以上情况来判断，并与一些省份略做比较，可以发现，江西的五四爱国运动，其规模尽管不能与上海、广东动辄几万人乃至近十万人的规模相比，但是南昌学生的行动，"以京沪学生之行动为标准"，② 相比其他很多省份，江西的五四运动参与人数之众、范围之广、规模之浩大并不多见，难怪有人在报道九江的爱国运动时称"九江排日运动之烈，与上海无殊"。③

第三，江西五四爱国运动时间持续较长，内容丰富。江西的五四爱国运动，从 5 月 6 日起，此后高潮迭起，直至 1919 年底方才真正告一段落。首先是抵制日货、提倡国货运动。1919 年 5 月就由学生提倡实施，后来发展到社会各界。学生们也都知道，抵制要产生效用，就必须避免"三分钟热度"，贵在"精神坚持持久"。④ 从实际情况来看，这项抵制日货运动确实坚持了半年以上。到 1919 年底甚至次年，仍时有抵制日货的报道出现。由于持续时间长，媒体也夸赞赣人爱国运动的持久，并以《赣人爱国热之耐久》做专门报道。⑤

除了抵制日货运动，1919 年下半年，江西和其他地方一样，还发动了声援济南惨案和福州血案遇难同胞的爱国运动。尤其是福州血案发生后，南昌各界在 12 月 7 日举行了 5000 多人参加的大规模示威游行，以作声援。另外，从 1919 年 6 月到 12 月，江西还开展了禁止米谷出口，⑥ 以及其他省份没有的反对省议员加薪运动⑦、救济南浔铁路⑧等爱国运动。这些运动，

① 中共赣州市委党史工作办公室编著《中国共产党赣州历史大事记》第 1 卷，中共党史出版社，2013，第 2 页。
② 《南昌学生活动之西讯》，《民国日报》（上海）1919 年 9 月 5 日，第 6 版。
③ 《九江爱国潮之西讯》，《民国日报》（上海）1919 年 5 月 31 日，第 6 版。
④ 《浔商会大会纪》，《申报》1919 年 5 月 29 日，第 8 版。
⑤ 《赣人爱国热之耐久》，《民国日报》（上海）1919 年 8 月 22 日，第 6 版。
⑥ 1919 年，日本发生米荒，从中国大量收购米谷，引起米谷短缺，米价暴涨。于是，在救济南浔铁路的同时，江西人民群众发起了禁止米谷出口的斗争。
⑦ 1919 年 5 月 16 日，江西省议会擅自在预算中给议员加薪一倍，引起各界的不满和抗议。
⑧ 南浔铁路原由商家集股兴建，由于资金不足，先后向日方贷款 750 万元。假如无法归还，该路即要由日本代管。由于经营不善，路局无法偿还。于是从 1919 年 6 月到 12 月，江西各界发起成立南浔铁路救济会，期望能够筹款赎买。

均是江西五四爱国运动的延续和有机组成部分。

江西在历史上无论经济、文教都曾极为辉煌，引人瞩目，但是近代以来逐渐衰落，各项事业均默默无闻。不过，五四爱国运动中赣人的突出表现一定程度上改变了外人对江西的观感，让舆论界颇为惊讶。有媒体称："赣省教育向来黯然无闻，此次外交失败，乃有国民游行之事，闻者诧为创举。"① 外人所办的《大陆报》也称："江西人性质素来保守，今乃有此举动，殊不容轻视。"② 江西的女界同胞不甘人后，活动频繁，成为最早响应的妇女团体之一，这点着实让外人惊呼："近日京津沪汉各地学生，因青岛交涉举行游行警告，即为爱国思想之表示。然此学生不过为四万万同胞之半数也。乃不料江西城内各女学亦定以十三日举行游行警告矣。"③

因为江西的爱国运动轰轰烈烈，媒体给予了极大的关注。南昌 5 月 12 日大游行后，很多报纸进行专门报道，其中《民国日报》的报道篇幅超过了 2000 字。④ 北京政府的反应也很能反映江西的爱国运动在他们心目中的地位。1919 年 5 月 15 日，国务院在一封答复电文的抬头称呼中，竟将江西省长置于浙江、福建等八个省长之首，将江西省议会放置于浙江等四个省省议会之前，将南昌总商会放置于上海、烟台等四个总商会之前，并且专门单列了南昌、九江教育会。⑤ 这些省份顺序的排列，并不是完全按照各省向北京发电的先后顺序来确定。因此，将江西省长、江西省议会、南昌总商会放在首位，可以理解为因江西的爱国运动反应较快、动静大、社会反响也较大而做此处理。

二　江西五四爱国运动是如何"运动"起来的

江西的爱国运动开展得如此热烈广泛，令人刮目相看。那么，背后的

---

① 《程孝芬女士断指血书，赣省各界大为感动》，《民国日报》（上海）1919 年 5 月 23 日，第 7 版。

② 《南昌学生游街会西讯，可敬可爱之爱国行动》，《民国日报》（上海）1919 年 5 月 18 日，第 6 版。

③ 《女界爱国不让须眉，江西女学生之游行警告》，《民国日报》（上海）1919 年 5 月 18 日，第 6 版。

④ 《赣垣学生之爱国运动，全城学生之游行会》，《民国日报》（上海）1919 年 5 月 18 日，第 6 版。

⑤ 《五四爱国运动档案资料》，第 188 页。

原因是什么呢？很多论著论及帝国主义的入侵和北洋政府的黑暗统治所导致的严重的民族危机、新文化运动的影响、民族工业的发展、无产阶级的壮大、巴黎和会的直接刺激是五四爱国运动爆发的原因。除此之外，有人分析了1918年留日归国学生发动的反对"中日军事协定"的斗争与五四爱国运动的关联；有人分析了朝鲜"三一运动"对五四爱国运动的影响。[①]

这些原因，也是江西五四爱国运动爆发的原因。不过，这些更侧重于分析运动产生的社会、历史和国际原因，而对运动主体尤其是学生自身在运动中的主动作为分析不够。其实，学生作为有知识的领导者，他们对五四爱国运动并不只是一个单纯的接受过程，也是一个主动参与的过程，他们并不只是简单地请愿申诉，而且要动员群众。正如郑振铎所说："这个学生运动可以说是空前的。和南宋时代陈东们的伏阙上书情形完全不同。他们并不是请愿。他们是要唤起群众。"[②] 可以说，江西的五四爱国运动其实也是在多方合力下"运动"起来的。

江西五四爱国运动之所以能够成为江西历史上规模最大的群众运动，与组织者正确的动员方式有关。五四爱国运动的一大特点是运动主体的组织化。清末民初，新式学校取代私塾大量出现。新式学校本质上是工业化的产物，大工业需要采取班级授课制等方式批量培养人才。新式学校与分散于乡村的私塾不同，它们主要集中在城市。五四运动之前，大量新式知识分子聚集于城市。当然，这些新式知识分子一开始并未组织化，真正大量组织化是在五四运动中。正如郑超麟回忆所说："这两个月间风气的变化是十分显著的……阅报室拥挤了，对于时事的知识普遍了，重要的是有个学生自己组织的学生会。"[③] 五四运动时期，北京的学生最早成立联合会，全国性的学生联合会则于6月16日在上海宣布成立。在此前后，江西的学生也开始组织联合会。九江学联在5月20日正式宣布成立。其后，九江学联派代表到抚州，帮助成立了临川学生联合会。[④] 5月25日，江西省学生联

① 陈春梅：《"五四"运动爆发原因再探》，《北方论丛》1991年第4期；张德旺：《"五四"运动国际背景研究两题》，《求是学刊》1992年第5期；孔凡岭：《五四运动爆发原因的再探讨》，《中共党史研究》1996年第3期。
② 中国科学院历史研究所第三所编《五四运动回忆录》，中华书局，1959，第79页。
③ 《郑超麟回忆录》，东方出版中心，2004，第161页。
④ 《中国共产党抚州历史》第1卷，第13页。

合会正式成立。江西其余地市也普遍成立了学生联合会。这种以一个城市或一个地方为单位，统合所有学生的团体，在江西历史上是前所未有的。另外，五四运动期间，江西还成立了女界联合会等团体。

学联、政党等作为中国晚近以来出现的新型事物，一经出现便广受欢迎。因为社团和政党是各种政治势力、政治人物争夺有限政治资源，进行社会动员的极好形式。只有形成组织，才能扩张组织力，进而增加行动力，最终实现自己的政治目标。江西五四爱国运动的组织者很自然地利用这种新式组织进行发动和动员。无论在街头演讲，还是印发刊物，无论是罢课、集会、游行，还是抵制日货等活动中，乃至罢市、罢工，都能发现学联的身影。学联或通电发声，或精细谋划，或组织实施，或沟通串联，或募捐救济工人，在运动中发挥了枢纽的作用。如江西学联，除了加强与全国学联和其他省份学联的沟通，还加强了对各县市的指导，如曾专门派人到抚州、吉安、赣州、萍乡等地联络。① 另外，在南昌读书的学生暑假回家乡时，学联往往会发给徽章，发动他们在家乡广为演讲。②

江西爱国运动的组织者和参与者善于利用新式传播载体和传播技术进行宣传动员。首先是白话文的大量使用。五四新文化运动，实际上影响世人最大的并不是"德先生"和"赛先生"，而是伦理革命和文学革命。白话文的大规模使用有一个过程，胡适早在1916年就主张白话文，但1919年五四运动后，白话文才以一日千里的速度快速传播。③ 可以发现，江西五四爱国运动的组织者特别注意使用新文体来宣传介绍自己的观点主张。南昌5月12日大游行前，学生就"印刷各种醒目白话演说传单"，向路人分发。④ 在游行过程中所举白旗上写的"诛卖国贼""力争青岛""抵制日货""同胞速醒""救被捕之北京学生"等都是通俗易懂的白话文。⑤ 在修水县，学生

---

① 《赣学生议决进行事件》，《民国日报》（上海）1919年7月1日，第6版。
② 《赣属学生两大会》，《民国日报》（上海）1919年7月13日，第6、7版。
③ 王奇生：《革命与反革命：社会文化视野下的民国政治》，社会科学文献出版社，2010，第30—38页。
④ 《赣垣学生之爱国运动，全城学生之游行会》，《民国日报》（上海）1919年5月18日，第6版。
⑤ 《南昌学生游街会西讯，可敬可爱之爱国行动》，《民国日报》（上海）1919年5月18日，第6版。

游行时"印刷传单数百份，散布各界"。① 江西省学联成立后，专门创办白话报刊《警告》，以方便向社会广为传播和动员。② 九江学联也办有白话周刊，"罢市之日，正周刊发行之第一天，于是各校学生皆手持一束沿街分送，并随送随讲"。③ 白话文与面向少数精英的文言文不同，它一开始就定位为面向普罗大众和全体国民，方便进行最广泛的宣传动员。

民国初年，国内开始大规模使用机器活字铅字印刷技术，取代了原来的雕版印刷和石印技术。原来每小时印刷几百份，采用先进工艺后，每小时可印刷几万份，而且印刷价格并不特别昂贵。江西五四爱国运动的组织者很好地利用了新式印刷技术。在运动中，他们动辄印刷几百份、几千份甚至上万份宣传资料，然后广为张贴和散发。南昌学生 12 月 7 日大游行前，就派袁玉冰等到印刷所定印传单 1000 张，共费 2 元。④ 又如江西商会决定抵制日货后，就决定刷印通告书 1 万张，挨户散发。⑤

五四时期，江西九江、南昌等较大城市已经有了有线和无线电报。电报在五四爱国运动中的作用，以前一直被人忽略。近年有论者通过分析，指出电报在五四爱国运动中发挥了关键的作用。京沪之间，原来骑马传递需要 20 多天，乘船需一个多星期，火车也要两天多。假如没有电报，消息很可能被封锁在京津地区。⑥ 江西的五四爱国运动中，电报的作用也是毋庸置疑的。根据商务印书馆 1919 年发行的日记本附录页所列举的"电报章程摘要"，江西当时设有电报局的城镇包括南昌、九江、牯岭、乐平、萍乡、进贤、南安（大余）、安源、樟树、抚州、湖口、饶州（上饶）、赣州、袁州（宜春）、吉安、万载、吴城、景德镇。⑦ 所以，在运动中，学生们能充分利用电报这种当时最先进的信息传播技术，频频发电，将自己的声音发出省外，以获得声援，并且利用外省发回的电文，广为宣传，以动员民众。

自从 1896 年清政府开办近代邮政，经过快速发展，民初邮政局所超过

---

① 《赣属学生两大会》，《民国日报》（上海）1919 年 7 月 13 日，第 6、7 版。
② 《赣学生之两联合会》，《申报》1919 年 7 月 7 日，第 7 版。
③ 《九江罢市之经过》，《申报》1919 年 6 月 16 日，第 8 版。
④ 《袁玉冰日记》，1919 年 12 月 6 日。本文所引用《袁玉冰日记》均为未刊影印稿，其电子版可见抗日战争与近代中日关系文献数据平台。下文不再另注。
⑤ 《赣商会议决一律抵制》，《民国日报》（上海）1919 年 12 月 20 日，第 6 版。
⑥ 熊玉文：《信息传播技术与五四运动》，《社会科学动态》2018 年第 7 期。
⑦ 《中华民国八年学校日记》，商务印书馆，1919，附录。

6000 个，邮路长达 38 万多公里。[①] 1919 年，江西省的快信邮政网点有 50 多处，包括僻远的赣南各县，如会昌、信丰等县，也包括吴城、河口等大镇。[②] 而这些邮政点又有自己传递信息的方式。五四运动时期，南昌的不少商人自发翻印了万余份宣传资料，邮寄到乡村，以让"人人得知国家现状危亡，以力图自救"，[③] 可知当时近代邮政已覆盖很多乡村。近代邮政往往依托铁路或机船等运输网络进行运输，传送时间也大大缩短。比如南京到九江，所有邮件几天之内都可到达，所以九江商会称南京的"一切章程三数日内可以寄取参考"。[④] 此时还有快速邮件和特快邮件。这种快速邮件，费用比拍发电报低廉，因此紧急程度稍低的文书往往采用电报的格式交付快速邮递，俗称快邮代电。五四运动中，运动的组织者也频频使用这种方式传递信息。比如江西绸缎洋货业大会为了停止贩卖销售日货一事，向上海商帮协会发送快邮代电，以较快速度向他们表达了诉求。[⑤] 5 月底，九江转运所向上海商团发出快邮代电，要求其严行查禁上海输入日货。[⑥]

　　五四爱国运动的组织者也十分注意动员策略。在五四爱国运动爆发之前的 20 年，中华大地上也发生过义和团反帝爱国运动。不过，义和团运动有暴力血腥、盲目排外的一面，在外人及很多民国知识人眼中，义和团是落后和不文明的代名词。面对汹涌而来的五四爱国运动，外界、政府难免有所疑虑，学生自己也担心"秩序之难维持，更恐有无知之徒，乘此滋事"。[⑦] 因此，江西五四爱国运动的组织者对此特别注意，一切行动均尽量避免与政府发生正面冲突，争取政府的认可和支持。比如江西省学联成立前，本来拟称为江西省学生爱国联合会，考虑到"爱国"两字可能让官厅误解为有政党的意味，所以最终还是取消了"爱国"两字。[⑧] 在集会、游行时，则非常重视秩序。在 5 月 12 日的大游行前，有的学校即提醒"各学生

---

① 杨海荣主编《邮政概论》，北京邮电大学出版社，2005，第 7 页。
② 《中华民国八年学校日记》，附录。
③ 《赣人爱国热之耐久》，《民国日报》（上海）1919 年 8 月 22 日，第 6 版。
④ 《浔商会大会纪》，《申报》1919 年 5 月 29 日，第 8 版。
⑤ 《江西绸缎洋货业大会纪》，《申报》1919 年 5 月 23 日，第 8 版。
⑥ 《各界提倡国货之一致》，《申报》1919 年 6 月 2 日，第 11 版。
⑦ 《赣垣学生之爱国运动，全城学生之游行会》，《民国日报》（上海）1919 年 5 月 18 日，第 6 版。
⑧ 中共江西省委党史资料征集委员会、中共江西省委党史研究室编《江西党史资料》第 9 辑（五四爱国运动在江西专辑），内部发行，1989，第 107 页。

宜遵守秩序，不得违法"，同时每校选举纠察队员多人，以"预备一切"。①游行中，学生们"饱餐整肃，制服预备"，以军乐队为前导，列队出发，"秩序井然"；到了省议会门前，则"排班止步"，派代表入内；到了督署，学生代表到大堂与督军相见，先由军乐队奏乐，然后"互致三鞠躬礼"，学生代表逐次发言。整个过程整齐有序，进退有度，文质彬彬，给外界以良好的印象，连江西督军陈光远也深表钦佩，夸赞学生"举动之文明，秩序之整齐"。② 在江西整个五四爱国运动过程中，官民之间基本上没有发生暴力冲突，一方面固然是因为陈光远等人的默认同情，但也与学生们的克制理性有关。

在抵制日货运动中，学生们注意将日货与其他洋货做区别。比如南昌绸缎洋货业工会要求停办一切日货，但并不反对贩卖其他国家的货物。③ 即使是抵制日货，有时也避免出现日货的字眼，以"仇货""劣货""外货""该货"指代。④ 他们将行动控制在经济抵制范畴，避免肉体伤害引发外界猜忌和外交争执，认为"总在出于文明，无滋外人口实为最坚决、最稳健之抵制"。⑤ 九江工人罢市时，学生在路上演说，遇到有日本人经过，学生还伴随左右保护日本人。当部分齐聚在英租界内的九江罢工工人想殴打日本人时，又有"学生对东洋人妥为照料"，以避免发生意外，招致巡捕干涉。⑥

学生们正确的动员策略，取得了良好的社会效果。5月12日大游行之后，"长官赞同，赣人称颂"。⑦ 在学生罢课游行时，警察毫不干涉，而且在抵制日货时，警察还协助学生查禁日货。⑧ 不少外国人对五四运动持理解与

---

① 《袁玉冰日记》，1919年5月10日、12日。
② 《赣垣学生之爱国运动，全城学生之游行会》，《民国日报》（上海）1919年5月18日，第6版。
③ 南昌市史志办公室：《中国共产党南昌历史》第1卷，中共党史出版社，2017，第21页。
④ 《赣学生会焚货之详情》，《时报》1919年8月11日，第4版；《赣学生会之抵货办法》，《民国日报》（上海）1920年2月6日，第7版；《九江商会致总商会函》，《民国日报》1919年5月25日，第11版。
⑤ 《浔商会大会纪》，《申报》1919年5月29日，第8版。
⑥ 《九江罢市之商讯》，《申报》1919年6月18日，第8版。
⑦ 《袁玉冰日记》，1919年5月13日。
⑧ 《赣学生之近举》，《申报》1919年8月9日，第7版。

同情态度。比如袁玉冰出门演讲，就遇到"二美国女士举手行礼表示赞成"。① 甚至九江学联成立集会时，不但有九江各校学生、教职员参加，还有外国人士参加。②

五四爱国运动是在多方合力下运动起来的。学生、商人、工人及其他群众的积极动员参与固然是重要原因，以陈光远为代表的江西执政当局的默认、同情及支持也是运动顺利开展的一个重要原因，这点刘善庆先生已论及。③ 确实如此，陈光远对 5 月 12 日大游行并未阻止，整个过程警察并不干涉。陈光远还接见了学生代表，表明了不让"寸土与人"、"誓以争回主权"的态度。其后，陈光远及省长戚杨联名向北京致电转陈学生们的诉求。5 月 16 日，陈光远又向北京发电主张力争青岛，对巴黎和会采取强硬态度。17 日，陈向各省军民两长致电，呼吁速息内争，一致对外。后期，当江西女界准备开办国货公司，向外界募捐时，陈光远、戚杨各捐赠 100 元以示支持。④ 7 月 19 日，江西各界发起救济南浔铁路运动，陈光远和戚杨担任救济南浔铁路会的名誉会长。陈光远和戚杨的态度，使江西五四爱国运动得以大规模展开。在整个运动前后，江西基本上未发生流血事件，也未发生逮捕事件。相比其他省份，这点是难能可贵的。在陕西西安，陕西总督陈树藩禁止学生运动，极力阻扰，后来迫于压力，允许学生上街演讲、散发传单，但是仍然不允许示威游行。⑤ 在湖北武汉，6 月 1 日至 3 日，政府殴伤学生 38 人，逮捕学生数十人。⑥ 山东、湖南、江苏也发生了冲突和流血事件。

陈光远为什么支持同情五四运动？刘善庆先生等主要从派系斗争去理解，这点当然不错。当时直皖矛盾日趋激烈，作为直系骨干的陈光远与当时执政的皖系政府采取不一致的态度，也在情理之中。所以，五四运动实际上不能简单地理解为一场单纯的爱国运动，其背景颇为复杂，一些政治势力试图借机实现自己的政治目的，或反对打压，或赞成参与，或纵容默

① 《袁玉冰日记》，1919 年 12 月 10 日。
② 《九江学生联合会纪事》，《民国日报》（上海）1919 年 5 月 31 日，第 6 版。
③ 刘善庆：《陈光远与江西五四运动》，《江西师范大学学报》1991 年第 1 期。
④ 《赣人爱国热之耐久》，《民国日报》（上海）1919 年 8 月 22 日，第 6 版。
⑤ 《中国共产党陕西历史》第 1 卷，第 22 页。
⑥ 《中国共产党湖北历史（1919.5—1949.10）》，第 36 页。

许。陈光远在江西五四爱国运动中的表现，可以作此理解。但是笔者认为，对陈光远及吴佩孚、冯玉祥等直系军阀在五四运动中的积极正面表现，也不能完全从派系斗争去考虑。应该承认，陈光远等虽然是军阀，和别人有派系之争及利益之争，但是他们同时也是民族主义者，有相当的爱国心。比如抗战全面爆发后，吴佩孚坚守民族气节，坚决拒绝日本人的利诱，拒不合作。陈光远其实也是如此，其失势后在天津专心投资，全面抗战时期也并未像一些人一样出任伪职，其个人心志由此可窥见一斑。

三　五四爱国运动与马克思主义在江西传播的内在关联

1919 年底，江西的五四爱国运动告一段落，但是，五四爱国运动的影响和意义却是划时代的。马克思主义的传播是最重要的影响和意义之一。关于马克思主义在中国的传播，不少人强调"十月革命一声炮响"对于马克思主义在中国传播的作用。但是，一些学者经过深入考察，认为十月革命并没有立即使马克思主义在中国的传播状况发生大的变化，五四爱国运动才真正开启了马克思主义在中国传播的新局面。[①] 那么，为什么五四爱国运动后"学生运动倏然一变而倾向社会主义"[②] 呢？对于这个问题，已有很多剖析，不过略显笼统。[③] 笔者无意面面俱到，仅拟以在江西经过五四爱国运动洗礼的方志敏、袁玉冰等为例，[④] 具体分析江西的青年是基于什么原因接受马克思主义的。

长期以来，五四新文化运动都是以 1915 年《青年杂志》（《新青年》）的创刊为起点。但是实际上，正如王奇生教授等人所指出的那样，《新青年》刊物在最初几年其实影响十分有限。到了 1919 年五四爱国运动前夕，

[①] 刘晶芳：《五四运动与马克思主义在中国的传播》，《史学集刊》2009 年第 2 期。

[②] 瞿秋白诗文选编辑小组选编《瞿秋白诗文选》，人民文学出版社，1982，第 35 页。

[③] 于海兵在《革命青年的修身与自治——以〈袁玉冰日记〉为中心》（《学术月刊》2018 年第 5 期）一文中，试图以袁玉冰为个案，尝试在思想史和生活史之间勾勒青年走向革命的内在线索。于的论文给笔者以启发，但像这种颇有新意的详细个案论述仍不多见。

[④] 方志敏、袁玉冰都是五四爱国运动的积极参与者。方志敏当时在弋阳县立高等小学堂读书，五四爱国风潮到来时，方志敏自称是"最爱国的一分子"，"抵制日货，向群众讲演和示威游行，我都是忘餐废寝的去做"（见方志敏《可爱的中国》，江西人民出版社，1984，第 58 页）。袁玉冰当时是江西省立第二中学（旧址在今南昌一中）学生，是江西学联的代表，五四运动中大小活动都参加了，也比较活跃。

《新青年》才逐渐走进读书人的视野。文学革命亦然，白话文是五四爱国运动后快速传播的。[①] 因此，某种程度上，五四爱国运动在新文化运动中更具有界标意义，包括马克思主义在内的新思想、新文化实际上是在五四爱国运动后喷涌而来，并进而影响全国广大青年的。这点在袁、方的日记和回忆中可见一斑。在1919年5月以前，袁玉冰埋头于功课，偶尔阅读《学生杂志》《中华教育界》等刊物，未见阅读过《新青年》。但是五四以后，所读的杂志日渐增多，5月24日，袁开始读到《新青年》，评价称"系白话体，诚新青年之宝筏也"。[②] 到1921年，其阅读的报纸杂志更是大为增加，有《劳动界》《国民》《改造》《高师月刊》《觉悟》《布尔什维主义的心理》《共产党》《新潮》《新青年》等20多种。这些报刊，很多是五四运动以后创刊、以宣传介绍马克思主义为宗旨。方志敏也是在五四后接触到马克思主义刊物的。他在1921年秋考入九江南伟烈学校，在苦闷之时，读到上海朋友寄来的中国社会主义青年团机关报《先驱》，非常佩服其主张，为其所动。[③] 因此，是五四爱国运动为马克思主义在江西的传播打开了大门。这是袁、方等人接受马克思主义的前提条件。

当然，当时新思潮喷涌勃发，马克思主义只是众多新思潮之一。袁、方最终主动选择马克思主义，还另有深层原因。近代以来，列强纷至沓来，中国面临瓜分豆剖的危重局面。甲午战争、八国联军侵华诸役对出生于世纪之交的袁玉冰、方志敏来说，感受不深，而"五七国耻"，尤其是1919年日本在巴黎和会上的蛮横无理、在"闽案"上的残暴让他们对国难有了切身感受。袁、方均是炽热的爱国者。在五四时期的日记中，袁玉冰时常为国事忧心忡忡，诸如"国权丧失，殊堪痛恨！""闽省已矣！中国已矣！予不禁为我数百万黄帝之子孙一哭！""宁做断头鬼，毋为亡国奴"[④] 之类的记载甚多。袁、方在为国事长吁短叹的同时，亦在反复思考如何救亡。辛亥鼎革之后的政治乱象和社会破败已经让袁玉冰等对欧美制度产生了怀疑，标榜"公理战胜强权"的列强在巴黎和会上的所作所为，更让袁玉冰等对

---

① 王奇生：《革命与反革命：社会文化视野下的民国政治》，第2—30页。
② 《袁玉冰日记》，1919年5月24日。
③ 方志敏：《可爱的中国》，第65页。
④ 《袁玉冰日记》，1919年5月18日、12月1日、5月26日。

英美等国毫无好感。袁玉冰即愤然说"人道耶？公理耶？实强权耳！"[①] 而恰在五四爱国运动时，即1919年7月，苏俄发表对华宣言，宣布要废除沙俄在中国攫取的权利。这自然使得袁、方把目光投向了苏俄及马克思主义。本来，马克思主义者提倡"工人无祖国"，奉行"国际主义"，很多时候阶级认同高于民族认同和国家认同，马克思主义与爱国救亡之间不无张力。但是1920年列宁所做《民族和殖民地问题的提纲（初稿）》，确定了东方殖民地半殖民地国家的民族解放运动也是无产阶级革命的有机组成部分。这些理论为方志敏等汲取，认为它们很好地处理了国际主义与民族主义之间的内在张力。方志敏就说："真正为工农阶级谋解放的人，又正是为民族谋解放的人。"[②] 这样，方志敏等就将工农阶级的利益与全民族的利益统一起来，进而将马克思主义作为救国之道。

　　五四爱国运动，总体上仍然是属于体制内的斗争，这点在江西尤为明显。五四以后，学生表达意见最惯常的做法就是罢课、演讲及游行示威。袁、方等也都置身其中，经过努力，中国代表在巴黎和会上拒绝签字。但是6月28日后，国难仍接踵而来，而内政也正如方志敏所描述的那样，贪官污吏对工农群众的压榨、光怪陆离的选举把戏、苛捐杂税的重症、重租重利的盘剥、帝国主义对农村的经济侵略等现状毫无改变，工农群众的痛苦日益加深。方志敏、袁玉冰两人的家庭都不算特别穷困，但是在外求学的费用超出了一般家庭的经济承受力。方志敏靠借贷才在南昌甲种工业学校及九江南伟烈学校读书，到后来连本带息，"变成一笔七百元的巨额借款"，最后只能无奈地选择辍学。[③] 袁玉冰中学毕业前夕，也为经济所困，十分苦恼，"想起将来升学的经济问题，真是难过万分"。[④] 袁玉冰一度想学织袜子，以解决经济问题。总之，五四运动以后社会、政治黑暗腐朽依旧，加之个人的困境，他们对社会的黑暗腐朽感同身受。他们意识到罢课、游行解决不了问题，解决这一系列问题终究要谋求根本的改造。袁玉冰就说："现在的社会制度，非根本改造不可，不然无论怎样觉得谈的天花乱坠，都

---

①　《袁玉冰日记》，1919年12月8日。
②　方志敏：《可爱的中国》，第5页。
③　方志敏：《可爱的中国》，第50—54、58页。
④　《袁玉冰日记》，1921年5月12日。

是空谈梦想。"① 又说"应该有真正彻底的觉悟、牺牲奋斗的决心，把那些阻碍前途的荆棘一刀斩去，尽力去寻找出一线光明的道路来，一步一步向前进！"② 这里所谓"根本改造""牺牲奋斗的决心""一刀斩去"等思想，早已脱逸出了五四爱国运动体制内斗争的范畴，而走向暴力打倒的重建之路。马克思主义的暴力革命、阶级斗争学说恰恰就暗合了他们根本改造的思想。所以方志敏说："只有苏联，因为无产阶级革命成功，实行了无产阶级专政，才把全国农村，不是改良而是彻底的改造了，千千万万的农民都得到完全的解放，这是我们应该走的一条正确路线。"③

五四爱国运动的最大特点之一，就在于其群众性和广泛性。正如吴玉章回忆所说："以前我们搞革命虽然也看到过一些群众运动的场面，但是从来没有见到过这种席卷全国的雄壮浩大的声势。在群众运动的冲击震荡下，整个中国从沉睡中复苏了，开始散发出青春的活力。"④ 经过动员的群众广泛参与所展现出来的威力，震动了各界，也让袁玉冰等改变了对群众的看法。在当时，中学生无疑是国民中少数之少数，社会各界均对他们寄予厚望。省立二中有老师就曾对袁玉冰说："全国人民之受教育者仅占千分之六七，而诸君又受教育中者七人之一。是诸君之责任，何等重大，可不时时勉励乎。"⑤ 袁玉冰等也是以"社会中坚人物""吾国之一线希望"自况，认为"我国各界均无希望，而前途有一线之光明决为吾青年学生"。⑥ 可见袁玉冰等青年学生身上这种传统士大夫式的精英意识颇为明显。在这种思想支配下，他们对普罗大众的态度可想而知。但是，五四爱国运动中工人等迸发出的那种前所未有的力量，不能不让袁玉冰等开始意识到群众和劳动者身上潜藏的力量。当袁玉冰看到南昌街头满街都是拖车、卖菜者，就感叹"好热闹的劳动世界！"在家目睹叔叔及二哥砌墙造桥，又感叹"劳工万能"。⑦ 五四运动后，袁玉冰还在校内办校工夜校，他亲自担任班主任，就是因为认识到了劳农的重要。意识到了民众的重要性后，一旦马克思主

① 《袁玉冰日记》，1921 年 11 月 23 日。

② 袁玉冰：《我的希望——新江西》，《新江西》第 1 卷第 1 号，1921 年。

③ 方志敏：《可爱的中国》，第 56—57 页。

④ 《五四运动回忆录》，第 11 页。

⑤ 《袁玉冰日记》，1919 年 11 月 17 日。

⑥ 《袁玉冰日记》，1919 年 5 月 27 日、6 月 10 日、5 月 28 日。

⑦ 《袁玉冰日记》，1921 年 1 月 16 日、2 月 22 日。

义传来，袁玉冰等人很快就与之形成同频共振。因为，普罗大众性是共产革命的一个基本特征，维护劳苦大众利益的人民立场是马克思主义的一个根本立场。

1921年3月24日，袁玉冰在日记中说："我觉得一种学说，要彻底的研究；不可于没成熟的时候，轻易发表。社会主义，今后应该极力研究。不能还不知道是什么东西，就去运动。"[1]由此可见，袁玉冰等选择马克思主义的态度是审慎的。应当说，五四爱国运动与袁、方等接受马克思主义有较为密切的关系。五四爱国运动为马克思主义在江西的传播打开了大门，五四爱国运动让袁玉冰等意识到马克思主义才是救国之道。五四爱国运动体制内斗争的局限又让他们觉悟到了暴力革命和阶级斗争的必要。当然，还有一个很重要的方面是，五四爱国运动让他们意识到了社会根本改造的依靠力量——劳农大众。当进行社会根本改造的目的——挽救民族危亡，手段——暴力革命，依靠力量——劳农大众都从马克思主义那里找到答案后，袁玉冰等就毅然选择了马克思主义。1921年5月16日，袁玉冰就下了结论："我们改造社会，非从下层社会做起，实行俄国式的'破尔塞维克'（'布尔什维克'）不可。"是年底，袁玉冰又再次坚定地说："我觉得要改造中国的社会，除照俄国的方法，实行社会革命以外，没有别较善的方法。"[2]至此，袁玉冰从思想上已经成为一个马克思主义者了。1922年，袁玉冰加入中国共产党。紧随其后，方志敏也在1922年基本上成为一个马克思主义者并加入中国社会主义青年团，1924年初正式加入中国共产党。在自我觉悟的基础上，袁玉冰、方志敏等以改造社、文化书社、明星书社等为平台，大力宣扬马克思主义，成为在江西传播马克思主义和创建中共江西地方党团组织的先驱。

四　结语

本文以江西为个案对五四爱国运动进行考察，首次集中探讨了江西五四爱国运动发展的程度及在全国的影响，也尝试分析江西五四爱国运动是

[1]《袁玉冰日记》，1921年3月24日。
[2]《袁玉冰日记》，1921年5月16日、12月15日。

如何"运动"起来的，并利用未刊《袁玉冰日记》等珍贵资料，对五四爱国运动与马克思主义传播之间的内在逻辑关联进行探讨。通过上文较为细致的梳理，可以发现，江西的五四爱国运动响应极早，规模较大，范围很广，持续时间较长，内容很丰富，影响也很大，是江西有史以来规模最大的一场群众性运动，也是北京、上海之外最重要、影响最大的爱国运动之一。江西的五四爱国运动之所以如此广泛与热烈，原因很多。从组织者和参与者的角度分析，可以发现，运动的热烈与广泛跟组织者充分利用学联这种新型组织，积极使用白话文作为传播载体，运用电报、邮政、印刷等新技术以及采取正确的动员策略密切相关。当然，五四运动也是在学生、商人、工人及江西执政者的多方力量"合力"下共同推动而成的。这场运动的影响和意义是重大的，它为马克思主义在江西的传播打开了大门，让袁玉冰等意识到马克思主义才是救国之道。五四爱国运动体制内斗争的局限又让他们觉悟到了暴力革命和阶级斗争的必要性。当然，还有一个很重要的方面，那就是五四爱国运动让他们找到了进行社会根本改造的依靠力量——劳农大众。

舞台与革命[*]

——以五四时期私立春晖中学教员冲突为切入点

邵钢锋^{**}

一 问题的提出与回顾

1920 年代中期，刘薰宇就总结五四运动为什么值得纪念，是因为它给了教育界改造的机会。^① 刘薰宇认为五四给教育界的影响有三。第一，五四以后，一方面教育界干涉政治，另一方面政治界利用教育。第二，学校内部的纷扰。因为五四的原动力是新旧的冲突，结果胜利属于新的一面，反动便随之而起，对于旧的一切都有了疑问，由是而发生学校升格问题、男女同学问题、学生自治问题、考试问题等。第三，最显著的就是思想的变化，学生有了"人的觉醒"。为此，在某一时期，大家顿觉知识的恐慌，而求知欲特别旺盛。所以那时期出的书报也极多，内容也极复杂：无政府主义、工团主义、基尔特社会主义、马克思主义，无一不谈；劳动问题、妇女问题、宗教问题，无一不讨论；工读互助团固有人组织，而新村运动也

---

* 本文系国家社会科学基金重点研究项目"近代中国社会环境历史变迁研究"（16AZS013）的阶段性成果。在"纪念五四运动一百周年国际学术研讨会"期间，笔者衷心感谢香港中文大学陈方正教授、武汉大学李维武教授、中国人民大学何虎生教授与华东师范大学瞿骏教授四位专家的精辟意见。

** 邵钢锋，南京大学中华民国史研究中心博士研究生。

① 刘薰宇：《"五四"以来的教育》，《教育杂志》第 18 卷第 5 期，1926 年，第 11 页。

有人实行。① 倘使翻起 1920 年以前的出版物一看，我们便可知那时思想界的盛况。流风所及，当年刘薰宇任教过的私立春晖中学虽身处浙江上虞驿亭乡下，但却恰恰可佐证刘氏的这一论点。私立春晖中学也是为数不多至今仍在办学的乡村教育之一，并在中国文学史上形成了以清谈散文著称的知识分子群体"白马湖派"。

近年来研究春晖中学的学术成果多以教育史视角切入。有学者认为它是春晖学人用理想与教育理念共奏的一曲田园牧歌，是乡村办学成功的典范。② 有从比较教育学的视野出发，以春晖中学和南开中学为研究对象，主要探讨民初这两所著名中学的学校管理实践经验的。③ 通过个案分析，试图较为全面地呈现春晖中学 1920 年代的教育特色，用微观聚焦以深入刻画当时中国乡村教育发展状况和时代命题的探索历程。④ 以私立春晖中学为研究对象，以学校发展为主线，主要探讨私立春晖中学如何将"纯正教育"思想植入办学实践，并通过怎样的管理手段促进学校教育效能的发挥。⑤ 以 1922—1924 年私立春晖中学教师群体为考察对象，分析这一特殊时期一批特殊乡村教师的专业生活。⑥ 更有学者以民国时期私立春晖中学为研究对象，对其语文教学进行专题研究，分析其现实意义。⑦ 这些研究均在不同方面构成了本文的学术基础。

笔者深入浙江上虞档案馆、浙江省春晖中学校史馆、春晖文化研究中心以及浙江省档案馆，通过对私立春晖中学的早期史料爬梳比对以及对春晖离休教师的访谈，将民初私立春晖中学办校由来、私立春晖中学早期教员的构成来源、校长经亨颐政治主张的转变以及"乌毡帽事件"的前因后果等史实基本廓清。希冀通过重点考察 1920 年代私立春晖中学教员群体，深入分析他们在革命信仰与教育理念诸方面的具体冲突与分歧由来，由此

---

① 刘薰宇：《"五四"以来的教育》，《教育杂志》第 18 卷第 5 期，1926 年，第 5 页。
② 刘铁芳、刘佳：《春晖中学：现代教育的田园牧歌》，《江苏教育研究》2008 年第 7 期。
③ 柏荣：《民国初期著名中学管理实践研究》，硕士学位论文，华东师范大学，2010。
④ 吴臻：《第一阶段的春晖中学（1922—1925）》，硕士学位论文，华东师范大学，2009。
⑤ 李媛媛：《经亨颐和春晖中学："纯正教育"思想关照下的办学实践》，硕士学位论文，华东师范大学，2011。
⑥ 周晓燕：《民国乡村教育的骊歌：以 1922—1924 春晖中学教师群为考察对象》，《当代教育科学》2017 年第 7 期。
⑦ 晏旭晖：《民国时期春晖中学语文教学考论》，硕士学位论文，华中师范大学，2017。

来重新审视一直被忽略的以民国中学教员为代表的广大中小知识分子，进而重新理解新文化与五四精神如何地方化。

二 私立春晖中学与旅沪绅商之关联

社会心理学认为，具有高成就动机人格的人，通常具有对于人类、民族的一些使命，随着他们性格的不断成熟，金钱在他们心中的地位逐渐减弱，而对于成就的追求与实现，能给他们带来深刻的幸福感、宁静感以及内心生活的丰富感；并且也只有对越来越高的成就的追求才更有益于公众社会，并能生成更伟大、更坚强以及更真实的个性。[①] 正如经亨颐早年所说的"因为我一向的理想，因为只好公益发达，社会所能健全"。[②] 有别于近代知识分子如陶行知、梁漱溟、晏阳初、黄炎培、余家菊、黄质夫等乡村教育思想家，五四时期，商人捐资兴学亦是司空见惯，尽管各自的出发点各不相同，但基本遵循着惠及桑梓，先家族、后乡里、再社会国家的发展路径。尤其是在东南沿海地区，乡村教育特别是高等、初等、两等小学堂，多由地方士绅捐资兴建。

浙江上虞地处杭州湾南部，介于宁波与绍兴之间，紧邻全国经济中心上海。自近代开埠以来，浙江上虞籍的旅沪浙商非常多，尤以从事钱庄业最为盛行。近人王孝通《中国商业史》因此云，绍兴帮钱庄"性机灵，有胆识，具敏活之手腕、特别之眼光。其经营商业也，不墨守成规，而能临机应变，故能与票号抗衡，在南中别树一帜"。绍兴帮金融家中尤以上虞籍为盛。钱庄业对于信任要求的特殊性，往往父子、叔侄相承，并且出现了以经纬、经元善等为代表的经氏家族，以陈春澜、陈一斋为代表的陈氏家族，以田祁原、田时霖为代表的田氏家族等金融业家族。陈春澜作为私立春晖中学的捐资兴学者，对曾担任上海钱业公会主席的秦润卿有过说明，他说："以言各庄之股东，当时绍帮诸庄大都为别庄资本家的投资，宁波帮则本帮资本家投资比较略多。此盖当地人士之才力不同使然。宁波如慈溪

---

① 〔美〕马斯洛（Maslow, A. H.）：《动机与人格》，许金声等译，华夏出版社，1987，第115—116页。
② 经亨颐：《演讲录》，《春晖》第48期，1928年5月31日，浙江省档案馆藏，档案号：X116-192801-02。

董氏，自明末即以投资称雄，至有清光绪季叶始见式微。而镇海李氏、方氏继而兴之，秦徐诸氏，先后济美。至绍帮当时如上虞陈氏，其资力亦不相伯仲焉。"① 其实陈春澜的事业并非一帆风顺，在经历了做学徒、搞贩卖、当"跑街"之后，直至清光绪十三年（1887）才真正步入正轨。② 正是由于陈春澜少年失学，他老迈以后，适才萌发创办一个独立学校春晖初小，进而捐资创办私立春晖中学的念想。"此事约在民国十二、三年间，首推经亨颐先生为校长，手订规章，加置校产，遂成千秋事业。"③

经亨颐出身于旧式绅商家庭，在日留学期间又结识了国民党诸元老，过往的经历造就了经亨颐后来的人生际遇。经氏祖父经芳洲为沪上钱业绍帮领袖；其伯父经元善，为清末民初沪上著名的慈善家与绅商代表人物。"先生后与许寿裳（字季茀，鲁迅好友）、钱家治（字钧夫，钱学森氏之尊翁）、陈衡恪（字师曾）等同入东京高等师范学校，专攻教育与数理。计时八年，始告毕业。留日期间曾与孙中山、廖仲恺等诸革命前辈相识，并与同乡友蒋百里、高子白、范高平、叶墨君称莫逆交。"④ 经亨颐政商两栖的家族身份与社交圈层，为本文后面涉及的其革命主张转变以及与私立春晖中学部分教员的冲突，埋下了种子。

私立春晖中学早期实行校董负责制，贯彻"反对旧势力，建立新学风"之主张。由浙江上虞档案馆藏 1919 年陈春澜的授权委托书档案可知，陈春澜前期捐资 15 万元，除去购地建筑等一切开办经费约 4 万元外，余款作为基本金，并请王佐、经亨颐、田世泽、俞士麟、王承昌、田冰、李品方、朱鸿儒暨侄永清、松、侄孙炳照为校董，掌管学务、财政全权，并筹办建筑一切事宜。⑤ 陈春澜欲捐资创立春晖中学校，特别嘱托经亨颐为之计划。经亨颐认为此事"不独邑人受其赐，而吾浙又多一个最新式、最完备之中学。其宗旨之如何，规划之当否，既承委托，余应负完全之责任。而数年来抱中学教育理想之研究，亦得见诸事实，一洗从来铸型教育之积弊，亦

① 孙善根、邹晓昇编《秦润卿史料集》，天津古籍出版社，2009，第 56 页。
② 杨铁清：《浙商通论》，浙江工商大学出版社，2014，第 19 页。
③ 《姜丹书艺术教育杂著》，浙江教育出版社，1991，第 253 页。
④ 范岳年、范岱年：《怀念民主主义教育家子渊公公》，中国人民政治协商会议浙江省上虞县委员会文史工作委员会编印《上虞文史资料·一代师表》（纪念经亨颐专辑），1987，第 24—25 页。
⑤ 陈春澜：《谨托校董书》，1927 年，浙江省绍兴市上虞区档案馆藏，第 56 页。

当世教育家所乐闻，父老子弟所欢迎也"。① 私立春晖中学根据校长经亨颐之意见，不向军阀政府立案。由 1924 年制定的《春晖中学校董会规程》可知：由故创立人陈春澜先生请定王佐等 11 人为会员；嗣后如有因特别事故出缺时，由本会开会公推，经创立人继承人之同意补充之；校内部事件，概由校长负责，对外由本会负责。② "所有予愿捐之前数银元，亦完全交付。嗣后春晖中学校办得成绩如何，统惟诸校董负其责任。"③ 由此观之，私立春晖中学虽系旅沪浙商陈春澜全额出资兴建，但后面具体运营仍有赖于校董会，学校内部事宜由校长负责。

三　私立春晖中学教员背景、来源及去向

私立春晖中学开学不久，1923 年，经亨颐便被任命为宁波浙江省立第四中学校长。④ 1923 年，中国共产党特派员张秋人（诸暨人，后与私立春晖中学早期教员叶天底一起英勇就义）从上海回甬，找同学、老师、朋友筹建党组织，于 1924 年经上海江浙区委批准建立。其中以四师和四中人数最多，如卓恺泽（雪花社成员，后任中共北京地委青年部负责人、团中央特派员）、卓兰芳（雪花社成员，后任浙江省委书记）、冯定、王叔任（雪花社成员，后去私立春晖中学任教）、潘念之（雪花社成员，共青团宁波地委书记）等。"当时浙江省教育厅为了稳住这所浙东名校，选择经亨颐出任四中校长，以缓和四中的学潮。当时宁波士绅、土豪与进步师生展开了激烈斗争，前者通过联名电省，请求收回成命。宁波青年一面电省表示对经欢迎和拥护，一面驳斥豪绅谬论。结果，经亨颐没有被宁波的豪绅们吓到，最终来宁波四中。"⑤ 于是，经亨颐常往来于浙江省立第四中学与上虞春晖中学之间，经亨颐在《六十述怀》中写道："浙潮一声起，今日尤怆然。别

① 经亨颐：《春晖中学校计划书（节选）》，《上虞陈春澜先生之委托》，《浙江教育周报》第 235 期，1919 年 10 月，第 9 页。
② 《春晖中学校董会规程》，1927 年，浙江省绍兴市上虞区档案馆藏，第 70 页。
③ 《陈春澜受托书》，1927 年，浙江省绍兴市上虞区档案馆藏，第 56 页。
④ 经亨颐：《本校底男女同学》，《春晖》第 16 期，1923 年 10 月 1 日，浙江省档案馆藏，档案号：X116 - 192307 - 01。
⑤ 毛翼虎：《"五四运动"在宁波》，中国人民政治协商会议浙江省委员会文史资料研究委员会编印《浙江文史资料选辑》第 4 辑，1962，第 100 页。

了西子湖，自南而阻北。所思更不遂，归矣怅行役。山间得此心（创办春晖学校），江上偶涉足。（兼任浙江省立第四中学校长，往来于两校之间，常以明月清风勉励两校学生。）明月与清风，而以求自助。"① 将春晖比作山间明月，将四中比作江上清风，可见两校在经亨颐心中的分量。经亨颐竭力在两校提倡动的教育和人格教育，要求时时有改革精神，时时过改革生活，即所谓"自动、自有、自治、自律"，用他的话来说就是"眼光放得大，度量放大得宽，切勿妄想自由——要知道自由是成立于共同生活，决不能成立于个人理想"。②

根据浙江上虞档案馆所收的民国时期私立春晖中学卷宗与春晖中学校史资料，我们可以具体分析早期私立春晖中学教员的构成状况（见表1）。第一，早期私立春晖中学的教员学历层次以浙江一师与北京高师毕业居多，其中浙江一师毕业的有 6 个（其中含 1 个早期的浙江两级师范学堂），北高师毕业的有 4 个，日本东京高师毕业的有 3 个，东京帝国大学毕业的有 1 个，其他毕业院校如北京大学哲学系、香港大学文科教育系、国立东南大学、武昌中山师范大学、大同大学等院校各 1 人。我们知道，浙江一师是经亨颐和夏丏尊多年执教之地，因此单凭经亨颐的名声和夏丏尊的人缘自然会吸引一群人来到春晖。1921 年至 1922 年，经亨颐受北高师校长邓萃英之邀，担任该校总干事兼学生自治指导委员长，加之匡互生、刘薰宇等都是五四时期北高师的同学，所以北高师毕业的教员人数仅次于浙江一师。

第二，从教员的籍贯来看，其中浙江上虞籍贯的有 5 个，其他还有余姚、邵阳、贵阳、义乌、诸暨、东海、桐乡、嘉善、桐城、镇海、衢县、奉化、温岭、金华、宁波、浦江等地，其中上虞、奉化等周边邻县居多。从教员的毕业院校的城市来说，也主要是杭州、北京、上海，另有南京、武汉、香港及日本东京等地方。

第三，教员中除经亨颐、夏丏尊等个别教师有旧学科举的底子外，其他都以接受新学教育的"90 后""00 后"为主，尤以浙江一师与留日的进

---

① 经亨颐：《颐渊诗集》，浙江古籍出版社，1984，第 66 页。
② 经亨颐：《勘白马湖生涯的春晖学生》，《春晖》第 32 期，1924 年 9 月 16 日，浙江省档案馆藏，档案号：X116 - 192409 - 01。

步知识分子为主。经亨颐旧学的观念，也为与匡互生等多位五四学人的理念冲突埋下了伏笔。

第四，教员中党派信仰多元，加之地缘、业缘影响，部分教师的信仰中间又有变化，情况更为复杂。其中含中共早期共产党员 3 人，雪花社成员 3 人，左翼作家 2 人，国民党中央执行委员 1 人。[①] 同时，教员之间又有师生、同乡关系夹杂其中。比如叶天底（上虞人）是中共早期党员，又是夏丏尊（上虞人）、经亨颐（上虞人）在浙江一师的学生与同乡；杨贤江（余姚人）是早期共产党员，浙江一师毕业，与夏丏尊、经亨颐也是师生，又是绍兴同乡；楼适夷讲过学，但并非教师；张孟闻是宁波地区的雪花社骨干，但"经亨颐又是他在杭州一师读书时的校长，又是我父亲葆灵先生留日同学和好友，教务长范允臧（寿康）既是父亲的学生又是世伯范高平的哲嗣，都是原来熟悉的旧人"。[②] 春晖学人来春晖的目的也是各不相同，例如，当时共产党员叶天底将筹备国民党上虞支部作为中心工作之一，并身体力行地深入春晖中学发展国民党党员。

私立春晖中学早期教员夏丏尊作为一个"中间人"，其中不少朋友，像朱光潜先生、丰子恺先生，由于他的介绍，在春晖当了教员。"有的甚至把家都搬到了白马湖，这样才好跟他朝夕相共。朱自清就是这样被夏先生拉到白马湖去的。"[③] 在朱自清看来，经亨颐"似乎将学校的事全交给了夏先生"。[④] 王文川认为，"实际上那时候母校是集体领导的，老师都是当家人，特别是夏丏尊先生，他为了春晖中学，真可谓呕心沥血，鞠躬尽瘁"。[⑤] 经考证，笔者发现夏丏尊主要通过如下途径招揽教员。其一，聘请浙江一师时期同事或学生。1922 年初秋，应夏丏尊之邀，丰子恺离开上海专科师范，

---

① 国共合作期间，经亨颐先后担任国民党中央执行委员（1926 年）、国立中山大学代理校长（1926 年）。参见董郁奎《一代师表——经亨颐传》，浙江人民出版社，2007，第 306—309 页；梁山、李坚、张克谟《中山大学校史（1924—1949）》，上海教育出版社，1983，第 12 页。

② 张孟闻：《白马湖回忆》，春晖中学六十周年校庆纪念委员会编印《春晖中学六十周年校庆纪念册》，1981，第 29 页。

③ 叶小沫、叶永和编《叶至善集·散文卷》，开明出版社，2014，第 238 页。

④ 朱自清：《教育家的夏丏尊先生》，政协上虞县委员会文史工作委员会编《上虞文史资料·纪念夏丏尊专辑》，1986，第 97 页。

⑤ 王文川（执中）：《怀念母校》，《春晖中学六十周年校庆纪念册》，第 36—38 页。

表 1　私立春晖中学部分教员情况一览

姓名	籍贯	年龄	出身	入校时间	离校时间	任课	专长	去向	成就	备注
经亨颐	上虞	45	日本东京高师毕业,浙江一师前校长,浙江省教育会会长,北高师总务长（1921年）	1919年	1924年	遥领校长衔	教育管理	浙江省立第四中学校长（1923年），国民党中央执委（1926年）	开创浙江新式教育 曾任全国教育委员长	国民党浙江临时省党部首届执行委员（1924年）
夏丏尊①	上虞	35	1920年因"浙一师风潮"离开浙江,到湖南一师任教	1921年秋	1924年底	国文	国文	浙江省立第四中学全职,上海立达学园（1925年）	文学家、出版家和翻译家	翻译《爱的教育》,兼宁波省立四中国文
杨贤江②	余姚	28	浙江一师毕业,南京高师工作	1923年	1926年	兼教务主任	兼职	国民党上海市党部青年部长,中共中央文化工作委员会委员,《民国日报》编辑,上海临时市政府委员	马克思主义教育理论家,最早用历史唯物主义研究教育史	中共早期党员,《新教育大纲》作者
匡互生③	邵阳	34	北高师毕业,湖南一师教务主任,吴淞中国公学任教	1924年2月	1924年底	含各主任	教育家	创办立达学园（1925年）	参加五四运动、教育家	夏氏湖南一师同事

① 钟子岩:《回忆夏师执教在春晖》,政协上虞县委员会文史工作委员会编印《上虞文史资料纪念·夏丏尊专辑》,1986,第80页。

② 潘懋元:《杨贤江传略》,晋阳学刊编辑部编《中国当代社会科学家传略》第2辑,山西人民出版社,1982,第162—163页。

③ 薰宇:《互生年谱》(未定稿),《立达·追悼匡互生先生专号》,1933,第17—19页。

续表

姓名	籍贯	年龄	出身	入校时间	离校时间	任课	专长	去向	成就	备注
刘薰宇①	贵阳	26	北高师毕业，湖南一师任教	1922年夏	1924年底	数学	高等教育	巴黎大学数学系留学	参加五四运动，教育家	匡互生北高师同学
朱少卿②又名朱兆莘	绍兴		浙江一师毕业，留学日本	1922年12月	1923年5月	兼代理校长	法制经济兼英文课	绍兴女子师范学校校长，国民政府浙江省教育厅长	教育心理学家	国民党浙江省党部监察委员（1926年3月）③
陈望道④	义乌	32	留学日本，浙江一师任教	1922年7月	1922年8月	兼职	国文	《新青年》编辑，复旦大学兼职教授，《民国日报》副刊《觉悟》编辑	教育学家、语言学家	参与创建上海共产主义小组
陈兼善⑤	诸暨	28	浙江一师毕业，北高师博物部毕业	1926年8月	1927年3月⑥	代理校长	鱼类分类学	广东第一中山大学任教	动物学家、鱼类学家，教育家	南社成员，丁文江高足
叶天底⑦	上虞	24	浙江一师毕业	1922年9月	1923年秋	教务员	非正式教师，负责刻蜡纸、印讲义	《民国日报》副刊《觉悟》的"艺术评论"编辑	社会主义青年团创始人之一	社会主义青年团发起人，中共早期党员，兼代艺术科教员

① 《鞠躬尽瘁的教育家刘薰宇》，贵阳市政协文史委员会编印《贵阳文史资料》总第46辑，1995，第62—65页。
② 朱少卿《忆大白先生》，萧斌如编纂《刘大白研究资料·中国现代文学史资料汇编·乙种》，天津人民出版社，1986，第48页。
③ 浙江省中国共产党志编纂委员会编《浙江省中国共产党志》，浙江人民出版社，2007，第286页。
④ 陈道望《从鸳鸯蝴蝶到白马湖》，复旦大学语言研究室编辑《陈道望文集》第1卷，上海人民出版社，1979，第523—526页。
⑤ 钟山：《鱼类学家陈兼善》，中国人民政治协商会议浙江省诸暨市委员会编印《诸暨文史资料》第4辑，1989，第69—73页。
⑥ 冯双编著《中山大学生命科学学院系科史（1924—2007）》，中山大学出版社，2007，第6页。
⑦ 上虞县志编纂委员会编《上虞县志》，浙江人民出版社，1990，第794页。

续表

姓名	籍贯	年龄	出身	入校时间	离校时间	任课	专长	去向	成就	备注
朱自清①	东海	25	北京大学哲学系毕业	1924年9月23日	1925年8月	国文	文学	清华学校大学部	文学创作	夏丏尊推荐人春晖，后由俞平伯推荐人清华，但家眷仍留白马湖②
丰子恺③	桐乡	25	浙江一师毕业，后留日	1923年	1924年底	英文	美术、音乐	立达学园	漫画	夏丏尊介绍，是其浙江一师学生
赵廷为	嘉善	25	北高师英语科预科，后转教育科毕业	1925年		英文	教育学	温州第十中学，《教育杂志》	教育学家	
朱光潜④	桐城	27	香港大学文科毕业，上海吴淞中国公学任教	1924年	1925年春	英文	美术	立达学园，后出国留学法国	美学	夏丏尊介绍
刘叔琴⑤	镇海		东京高师毕业，浙江省立第四中学任教		1924年春	历史、日语	作家	立达学园	作家	朱自清前同事，夏丏尊介绍
方光焘⑥	衢县	26	东京高师毕业，浙江省立第四中学教员	1924年		英文	语言学	上海大学、立达学园兼任，暨南大学讲师，国立劳动大学教授，后留学法国里昂大学	语言学	创造社成员，后加入左翼作家联盟

① 朱光潜：《敬悼朱佩弦先生》，《文学杂志》（上海1937）第3卷第5期，1948年，第6页。
② 蒋明礼，马宏柏，张王飞：《怀念母校》，《春晖中学六十周年校庆纪念册》，扬州师范学院学报编辑部编《朱自清研究论文集》，1988，第244页。
③ 王文川（执中）：《敬悼朱佩弦先生》，《春晖中学六十周年校庆纪念册》，第36—38页。
④ 朱光潜：《敬悼朱佩弦先生》，《文学杂志》（上海1937）第3卷第5期，1948年，第6页。
⑤ 陈玉堂编著《中国近现代人物名号大辞典》，浙江古籍出版社，1993，第195页。
⑥ 斯而中：《忆二十年代的春晖中学》，浙江省政协文史资料委员会编《浙江文史集粹·教育科技卷》第5辑，浙江人民出版社，1996，第109页。

续表

姓名	籍贯	年龄	出身	入校时间	离校时间	任课	专长	去向	成就	备注
王任叔①	奉化	27	浙江省立第四中学毕业，广州北伐总司令部机要秘书处秘书	1928年初	1929年初	国文	国文	留日	政治活动家、作家	中共党员，雪花社社员，由张孟闻介绍，左翼作家
毛路真②	奉化		武昌中山师范大学（武汉大学）数学系毕业	1927年		数学	高中代数	立达学园	浙江大学数学系教授	与张孟闻同乡，王任叔是同乡，也是雪花社社员
林子仁③	温岭	30	大同大学数学系毕业，海门水产学堂任教	1929年	1937年	数学	数学	黄岩中学、温岭县中	服务桑梓	时浙江学产学校总务主任张葆灵系张孟闻之父，由他推荐加入春晖中学
吴梦非④	金华	33	浙江两级师范学堂毕业，上海艺术师范专科学校校长	1926年		音乐、美术	音乐	上海美专、《民国日报》副刊《觉悟》编辑，国民党中央党部宣传干事	五四新文化运动开拓者之一，近代音乐教育家、理论家	1919年与丰子恺、刘质平创办上海艺术师范专科学校，担任校长，同时创办中华美育会，1920年创办会刊《美育》，担任总编辑

① 北京语言学院中国文学家辞典编委会编《中国文学家辞典·现代》第 2 分册，四川人民出版社，1982，第 48—49 页。
② 郑小明、郑造桓主编《杭州大学教授志》，杭州大学出版社，1997，第 132 页。
③ 舒平：《追忆岳父林子仁先生》，温岭县政协文史资料委员会编印《温岭文史资料》第 2 辑，1986，第 69 页。
④ 浙江省人物志编纂委员会编《浙江省人物志》，浙江人民出版社，2005，第 828 页。

续表

姓名	籍贯	年龄	出身	入校时间	离校时间	任课	专长	去向	成就	备注
张孟闻①	宁波	24	国立东南大学生物系、浙江省立第四中学生物教员兼教国文	1927年秋	1928年冬	自然课、博物、英文	动物学家	北平大学农学院，巴黎大学	动物学家	雪花社成员，张葆灵之子
张同光②	浦江	29	京师高等师范学堂史地系毕业，开明书店编译，任安定中学	1925年	1927年	国文	国文	嘉兴省立第二中学，杭州师范、浙江大学龙泉分校	教育学家	
范寿康	上虞	31	东京帝国大学毕业，后在商务印书馆编译所做编辑，任中山大学秘书长	1927年	1930年	校长	哲学	安徽大学	教育学家	其父亲范高平与经亨颐系留日同学
章育文③	上虞	26	留日	1923年	1933年	代理校长	机械制图、数学	江苏省立上海中学，上海纺织工业局	机械专家	系夏丏尊的妹夫，由夏丏尊引介到春晖

资料来源：笔者通过读秀、全国报刊索引数据库引及浙江上虞春晖中学校史史资料综合比对汇编而成。

① 张孟闻：《白马湖回忆》，朱惠民选编《白马湖散文十三家》，上海文艺出版社，1994，第241—251页。
② 芳洲：《张同光传略》，浙江省浦江县政协文史资料研究委员会编印《浦江文史资料》第7辑，1991，第104—123页。
③ 欧阳文彬：《朗月照长风——夏丏尊的足迹》，《欧阳文彬文集·散文卷》，三联书店，2012，第99—119页。

赴白马湖执教。此前，夏丏尊给丰子恺写过邀请信。信中说"知你已于去年底归国，目下正在上海任职。你若乐意，不妨举家白马湖。春晖中学乃经亨颐先生创办，学生也老实。加上白马湖环境幽静，人间烟火极少，谅亦合你口味。三思尔后，盼速回玉。这里已替你觅得建屋之地，与吾家毗邻也。春晖中学规模虽不比一个师，但也颇为可观"。① 其二，延请湖南第一师范时期同事。如 1924 年 2 月 17 日，匡互生到春晖任教，兼任舍务主任，负责具体的训育工作。其三，文艺界的友人推荐与自己出击"忽悠"拉拢。1924 年 3 月 2 日，在夏丏尊的动员下，朱自清离开温州十中，到宁波四中和春晖中学兼课。自 3 月起，夏丏尊应浙江省立第四中学邀请，兼任该校中学部国文教师，首任文科组长。9 月 16 日晚，朱自清接夏丏尊信，嘱其去白马湖，商议在春晖中学编书及担任国文课教师事。夏丏尊在信中说要和他"计划去吃饭办法"，并且"已稍有把握"。朱自清估计时春晖有专聘之意。9 月 23 日，朱自清携幼儿至白马湖。在这一时期，朱光潜也经中国新诗杂志《诗》主编刘延陵介绍与夏丏尊认识，由上海吴淞中国公学进入春晖中学任教。朱光潜曾回忆："1922 年夏天我在香港大学毕业后，就到上海吴淞中国公学中学部教英文，才开始接触到'五四'运动在知识分子中间的巨大影响以及左右两派在政治、文艺和教育等问题上的激烈斗争。我听说过李大钊、恽代英诸位先烈的讲话，我还在当时由左派支持的上海大学里兼课，和左派青年也有些来往。我因受过长期的封建教育和帝国主义教育，一时还不能转过弯来。总的说来，我在不满现状方面和进步青年是心连心的，但由于清高的幻想妨碍我参加党派斗争。不多时，中国公学中学部在江浙战争中被摧毁了，我由文艺界老友夏丏尊先生的介绍，转到浙江上虞白马湖春晖中学。在短短的几个月之中，我结识了后来对我影响颇深的匡互生、朱自清和丰子恺几位好友。"② 夏丏尊当时担任的是国文教师，但他对学校里的事什么都管。当时春晖学生回忆："我走过他的寝室门口，常见他被朱、丰、刘几位老师围着，坐在椅子上讲话。不消说是在商讨学校大计或教育措施。先生生性率直，心里怎么想，口里就怎么说，从

---

① 何家炜、葛晓燕编著《夏丏尊年谱》，中国文史出版社，2012，第 44—49 页。

② 朱光潜：《忆上海立达学园和开明书店》，《朱光潜全集》第 10 卷，安徽教育出版社，1993，第 520 页。

不虚伪造作，所以有时也要难免得罪人（如我目睹有一次他在向总务主任发脾气）。"但他绝不是为了自己，也绝不计较个人得失，只是怀着一颗火热的心在为学校的教育事业操劳。

四　"乌毡帽事件"的来龙去脉

这一时期的私立春晖中学代理校长频繁更迭，这与校长经亨颐的人事调动、价值主张转变以及国共合作的时局都紧密相关。1922 年 12 月到 1923 年 5 月，代理校长朱少卿（绍兴人）执掌春晖。朱氏为浙江一师宣中华（诸暨人）同学，当时经亨颐在京担任北高师总务长，所以由朱氏执掌，后朱氏由其同乡刘大白（绍兴人）邀请，去绍兴女子师范学校担任校长，不久与刘大白一道加入中国国民党。1923 年 6 月至 1926 年 8 月，代理校长系章育文（上虞人），系夏丏尊妹夫，也正是这一时期发生了"乌毡帽事件"。经亨颐当时正在浙江省立第四中学担任校长，用他的话来说须经常往返于"山间明月""江上清风"之间。就在"乌毡帽事件"发生之后不久，经亨颐基本上告别浙江，也告别了教育界，全身心投入政界。

"乌毡帽事件"发生的关口也正是国共合作的关键节点。1924 年 1 月 20 日，中国国民党第一次全国代表大会在广州开幕，30 日下午闭幕。大会期间，由于列宁逝世休会三天。当时会议确定了孙中山的"联俄、联共、扶助农工"三大政策，承认共产党员和社会主义青年团员以个人资格加入国民党；通过以反帝反封建为主要内容的宣言以及新的中国国民党党纲、党章和改组的各项具体办法。大会选出执行委员 24 人（其中，共产党员 3 人），候补执行委员 17 人（其中，共产党员 4 人），组成中央执行委员会；并选出监察委员、候补监察委员各 5 人，组成中央监察委员会。中国国民党第一次代表大会的召开标志着国共第一次合作关系的正式建立和国民党改组的完成。经氏虽然表示"我是向来不注意政治的人，今年本省有自治法会议之举，我滥竽充数地由省教育会选出充代表"，[①] 但经亨颐拥护新三民主义，敬仰孙中山，加上他与国民党左派、中共党员都有较深的交往，就

---

① 经亨颐：《我最近的感触与教育方针》，《春晖》第 33 期，1924 年 10 月 1 日，浙江省档案馆藏，档案号：X116 - 192410 - 01。

毅然申请加入中国国民党。同年 3 月 30 日，在中共党员宣中华的努力筹划下，浙江省国民党党部成立，经氏被推举为首届执委。经氏与中共保持了良好的合作共事关系，这点在早期春晖中学教员的成分信仰备注一栏中可见一斑。经亨颐成为与廖仲恺、陈树人齐名，知名度很高的国民党左派（其后经亨颐女经普椿与廖仲恺之子廖承志喜结连理）。

私立春晖中学校内当时已有一股不协调的暗流潜在，学生黄源也已感到教职员工中有保守和改革两股力量并存。教师都有真才实学，对待学生有一个共同特点，不以训斥而以感化为主，颇受学生拥护。"校长经子渊不在校，学校的行政实权却落在一班正规的保守派手中，对学校的生动活泼的气象时予冲击。"① 另据朱光潜回忆："匡互生是私立春晖中学的教务主任，他和无政府主义者有些来往，特别维护教育的民主自由，而春晖中学校长是国民党的中央委员，作风有些专制。匡互生向校长建议改革（其中有让学生有发言权、男女同校等），被校长断然拒绝了。匡互生就愤而辞去教务主任职，掀起了一场风潮。"② 1946 年，朱自清撰写《教育家的夏丏尊先生》一文，文中记载："但是理想主义的夏先生终于碰着实际的壁了。他跟他的多年的老朋友校长经先生意见越来越差异，跟他的至亲在学校任主要职务的，意见也不投和。他一面在私人关系上还保持着对他们的友谊和亲谊；一面在学校政策上却坚执着他的主张、他的理想，不妥协，不让步。他不用强力，只是不合作；终于他和一些朋友都离开了春晖中学。"③ 这里提及的至亲，应指当时的代理校长章育文。

1924 年 12 月，春晖学生黄源在上早操时戴着一顶乌毡帽，体育老师看到后，勒令除去。黄源不服，师生之间发生了冲突。如何处理"乌毡帽事件"，教师中形成两种不同的意见。一种是站在体育教师一边，认为黄源及跟着"起哄"的学生非处分不可。"他们的意思也就是以为这种责任是要作舍务主任的一人去负责，是呀！这些事实都可证实一般人都以为训育的责任只须一二人去担负，而且只是一二人所应担负的见解的。"④ 另一种以舍

① 黄源：《"最使我感激、给我鼓励的"老师匡互生》，北京师范大学校史资料室编《匡互生与立达学园》，北京师范大学出版社，1985，第 144 页。
② 朱光潜：《忆上海立达学园和开明书店》，《朱光潜全集》第 10 卷，第 520—521 页。
③ 朱自清：《教育家的夏丏尊先生》，《上虞文史资料·纪念夏丏尊专辑》，第 97 页。
④ 匡互生：《中等学校的训育问题》，《教育杂志》第 17 卷第 8 期，1925 年，第 2 页。

务主任匡互生为代表，认为处分大可不必。夏丏尊、丰子恺、朱自清、朱光潜等都赞成匡互生的意见。代理校长章育文不想使矛盾激化，为了维护体育教师的面子，决定开除黄源等学生。"而校长某君事后闻之（因为当时校长某君不在校内），竟大说抗议的教员不是！他说这样的学生非开除不可！"① 学校的这种"消极制裁"和"整齐划一的苛求"让匡互生感到失望和伤心，于是他提出辞呈。根据当事人黄源回忆："学校行政上坚决要处分，匡先生愤而辞职，立即离校，乘火车，去了上海。全校师生挽留不住，匡先生走出校门，沿着湖边煤屑路前往驿亭火车站，同学们紧跟在他身后挥泪送行。群情激愤，送行回校后，不知谁宣布罢课，学校当局也立即采取对策，宣布提前放寒假，师生陆续离校了。"② 匡先生的行动对教师也产生了深刻的影响。1925 年 1 月 5 日，匡互生、丰子恺、刘薰宇、刘叔琴、朱光潜、陶载良等离开了私立春晖中学。"在大风雪中离开白马湖，去上海创办了一所新型的学校——立达学园。我班许多同学随之而去。我因经济关系未能同去，一直读到初中毕业，成为春晖第一届毕业生。"③ 不久，夏丏尊也只任浙江省立第四中学的课了。1925 年 6 月，浙江省教育厅撤去经亨颐浙江省立第四中学校长之职。朱自清由于刚到春晖不久，家累太重，一时无法离开，又过了半年，于 1925 年 7 月也离开春晖，任北京清华学校大学部教授。

同年 10 月，经亨颐离开浙江省立第四中学。关于这一时期经亨颐的政治主张与人事动向，我们从当时浙江省立第四中学当事人的回忆里可见端倪："1925 年 1 月 21 日列宁逝世，经校长立即举行追悼大会，并主持报告'列宁的生平和伟大的功绩'，号召师生学习列宁的精神。自此以后，《新青年》《向导》《中国青年》《共产主义宣言》《共产主义 ABC》涌进四中，因此触动了顽固派的神经，他们打出'驱经讨赤'破旗。……6 月，军阀孙传芳下令撤经亨颐校长职。……教育厅无奈，施出两全之计，拿出 1500 银圆

---

① 匡互生：《中等学校的训育问题》，《教育杂志》第 17 卷第 8 期，1925 年，第 3 页。
② 黄源：《"最使我感激、给我鼓励的"老师匡互生》，《匡互生与立达学园》，第 145 页。
③ 钟子岩：《回忆夏丏尊执教在春晖——纪念夏丏尊先生诞辰一百周年》，《上虞文史资料·纪念夏丏尊专辑》，第 81 页。

赴日考察教育，遭经断然拒绝。10 月经校长愤然离校。"① 可见，经亨颐一方面密切关注当时国内国共合作的政治风向，对广州召开的国民党一大情形了如指掌，另一方面对国外如苏联列宁的思想与精神也有一定的理解与认识。所以，当他从浙江省立第四中学离开后，马上赶赴粤省参加国民党第二次全国代表大会。1926 年 1 月 1 日至 20 日，国民党第二次全国代表大会在广州召开，到会代表 256 人，共产党员有 100 人左右，共产党员和国民党左派占优势。浙江省代表由蒋中正、经亨颐、宣中华三人组成，此番经氏当选为中央执监委。② 1926 年 8 月至 1927 年 3 月，私立春晖中学代理校长陈兼善（诸暨人），因当时校内人事复杂，仅一学期后也到广东中山大学任教。关于陈兼善到达广东中山大学的时间，有"1925 年"说和"1926年"说。"1925 年"说指的是，陈也在 1924 年底发生的私立春晖中学"乌毡帽事件"中出走，遂于 1925 年抵达广东中山大学。"1926 年"说指的是，1931 年 7 月 17 日，《国立中山大学日报》刊登《理科陈达夫教授日间放洋》一文，该文记载"陈达夫教授于民国十四年（1925 年）来校担任教习，十五年（1926 年）因事离开，十六年（1927 年）回任"。经考证，陈兼善"十五年（1926 年）因事离开，十六年（1927 年）回任"，指的是"1926年 8 月陈兼善离开中大回到浙江上虞春晖中学担任代理校长，当时春晖校长是不久成为中山大学代理校长的经亨颐，1927 年 3 月陈返回中大任教"。因此，"1926 年"说的时间与在春晖的任期刚好对上，也与私立春晖中学的后继者范寿康校长关联起来。1927 年 8 月至 1930 年 7 月的代理校长范寿康（上虞人），系经亨颐的"贤侄"（其父范高平与经亨颐系留日同学，经氏担任中山大学代理校长期间，范氏担任中山大学秘书长）。1927 年，广州国民政府任戴季陶为国立中山大学（由前广东大学改称）首任校长。第一次国共合作期间，戴氏因参加北京西山会议不敢赴粤就职，乃更经亨颐为副校长，代行校长职务，当时经氏已当选为中国国民党中央执行委员。"抵粤后因张人杰氏专横反动，遇时掣肘，不久即行去职。乃出韶关，越庾岭，循

---

① 余天虹：《教育改革的先驱——纪经亨颐校长二、三事》，《上虞文史资料·一代师表》（纪念经亨颐专辑），第 88 页。
② 荣孟源主编，孙彩霞编辑《中国国民党历次代表大会及中央全会资料》上册，光明日报出版社，1985，第 94—172 页。

赣江，转武汉，回归故里。"① 在蒋介石疯狂反共之后，浙江一师"以共产党招牌而惨死的历历有十余人之多"，② 其中浙江省立第四中学的共产党员、共青团员也惨遭迫害。"当时正值先祖父六十岁。经亨颐书赠一副对联：'十六年，年六十。''人难做，做人难。'表达了他当时的悲愤心情。"③ 这些血淋淋的事实，不能不给爱学生如子弟的经亨颐带来巨大的内心创伤。

　　从 1919 年到 1927 年，经亨颐所一贯提倡的人格教育其实是当时德国教育界流行的一种思潮。经氏采这一学说，伸张人格的意义，要求教育上的民主与自由，反对军阀政府对进步教师进行压制和迫害，用他的话来讲就是"希望春晖里我直接负责的最关切的学生，将来出去社会上做事，顺顺利利不受打击，现在对家庭、对学校欢欢喜喜不生烦恼"。④ 不难看出，经氏一直对现实有着强烈关怀，他希冀通过教育培养理想人格，振兴祖国，以达改造现实社会之目的。匡互生认为"他们对学生的行动，只知道消极的制裁，而不注重积极的指导；只知道以画一的规则去责备学生，而不知道注重自身的修养去实行人格的感化"。⑤ 匡互生不主张使用记过、开除等惩罚办法，至于体罚更是严厉反对。他主张跟学生以谈心的方式互相交换意见，务必使犯错误的学生自己认识到错误，决心痛改前非。"他常常深更半夜巡查宿舍，替学生盖棉被，倒茶水，问暖嘘寒，以身作则等行动，使学生感到他真象父母一样爱护备至，心里充满着温暖。"⑥ 正如马克思所说"环境是由人来改变的，而教育者本人一定是受教育的"。⑦ 朱自清等新青年教师也一向认为"教育者须对于教育有信仰心，如宗教徒对于他的上帝一样；教育者须有健全的人格，尤需有深广的爱；教育者须能牺牲自己，任

---

① 范寿康：《经亨颐先生传》，《上虞文史资料·一代师表》（纪念经亨颐专辑），第 4—5 页。
② 经亨颐：《杭州回忆》，《越风》第 2 卷第 1 期，1937 年，第 27—29 页。
③ 范岳年、范岱年：《怀念民主主义教育家子渊公公》，《上虞文史资料·一代师表》（纪念经亨颐专辑），第 28—29 页。
④ 经亨颐：《对待人生的关系》，《春晖》第 13 期，1923 年 6 月 1 日，浙江省档案馆藏，档案号：X116 - 192306 - 01。
⑤ 匡互生：《中等学校的训育问题》，《教育杂志》第 17 卷第 8 期，1925 年，第 2 页。
⑥ 潘秋敏：《初创时期的春晖中学》，绍兴市政协文史资料研究委员会编印《绍兴文史资料》第 2 辑，1986，第 155 页。
⑦ 马克思：《关于费尔巴哈的提纲》，《马克思恩格斯选集》第 1 卷，人民出版社，2012，第 134 页。

劳任怨。我排斥那班以教育为手段的人！"[①] 夏丏尊认为"我国办学校以来，老在制度办法上变来变去，好像挖池塘，有人说方的好，有人说圆的好，不断地改来改去，而池塘要变成池塘必须有水，这个关键问题反而没有人注意"。[②] 所以，夏丏尊也认为办好的学校必须有感情，必须有爱。而这种教育源于爱，教育施爱，学生被爱，在无尽的爱的诱导中，学生才能拥有独特而有理想的人格：谦卑忘己，爱党爱国。概言之，匡互生等与经亨颐所主张的人格教育、英才教育有很大的不同。以匡互生在私立春晖中学做舍务主任的理念来说，第一，他主张训育并不只是训育主任一人之事，训育二字的内涵也并非只指导学生的行为规范；第二，学校的训育工作要有一个"完人"的方针，并非只有开除手段，也并非靠一两个训育老师就够了。[③] 经亨颐认为"自来论学校教育之性质，研究学制系统，自上而下，自下而上，中学校为其焦点。……余为倡人格教育、英才教育、动的教育之一人，即主张中学毕业生宜多式而不宜一式也"。可见，经亨颐一直抱有现实情怀，希冀一洗从来铸型教育之积弊，推行"新教育"理念与教育主张来兴办私立春晖中学。匡互生等教师主张师生关系要像一家人一样，像兄弟姐妹一样亲切，见面时亲切地笑笑，自自然然地相互打招呼，不要太呆板的敬礼。经亨颐则认为"学生碰到先生没有恭恭敬敬的鞠躬行礼，是没有礼貌，不行"。匡互生等"主张校中教职员的薪水，不要相差太多；但是经亨颐却说这样不行，不合事实"。

五　结语

私立春晖中学是风起云涌的新文化运动造就的。五四以来所提倡的"民主"与"科学"，当时被称为"德先生"和"赛先生"，让以夏丏尊、匡互生、杨贤江、朱自清、丰子恺、朱光潜、刘薰宇、叶天底为代表的一批有识之士聚集在浙江上虞乡下一隅。作为乡村教育的私立春晖中学一时间被众人寄予了厚望。校长经亨颐一贯提倡人格教育、英才教育、动的教

---

① 佩玄：《教育的信仰》，《春晖》第 34 期，1924 年 10 月 16 日，浙江省档案馆藏，档案号：X116 - 192410 - 02。
② 叶小沫、叶永和编《叶至善集·编辑卷》，第 507 页。
③ 觉悲：《由春晖中学至立达学园》，《南侨校刊》第 5 期，1949 年，第 4—5 页。

育，主张教育与国家之命运、个性之解放，确切地说与民主和自由紧密相关，与当时"救亡"的时代主题如影随形。虽然经氏后来离开浙江省立第四中学，步入政坛，但其现实关怀自始至终是一致的。与此同时，以匡互生为代表的年轻教师一贯主张爱的教育，认为教育必然是受教育的，教师不光是知识的传授，甚至主要不是知识的传授。教师是教育者，应当以身作则，使受教育的学生潜移默化，受到道德的熏陶，得到能力的锻炼。"乌毡帽事件"，从表面上来看，是因为教员间的新旧教育理念冲突，如从根源上来思考，更多的是与新文化运动以来"救亡"的时代主题紧密关联。国共合作形势的变化，让大家又回归到之前（特指加入私立春晖中学之前）各自的发展路径。作为浙江一师前校长，经亨颐一步步向政坛走近，由国民党中央执行委员进一步成为国民政府委员。匡互生等五四学人走向了无政府主义，他们到上海创办了立达学园。那是一所不设校长，由导师、教师、职员、学生四部分人员组成，并明确规定学生与导师、教师、职员"地位同等"的学校。①

---

① 薰宇：《立达中学校——它底创设现状和未来的计画》，《教育杂志》第 17 卷第 6 号，1925年，第 3 页。

《星期评论》对马克思、恩格斯
及其学说的介绍

杨宏雨[*]

《星期评论》是学界公认的五四时期宣传新文化、提倡社会主义的重要刊物。对于该刊在介绍马克思、恩格斯及其学说中的贡献,有一些学者做过研究,[①] 但由于多种原因,这些研究大多比较疏阔,有的还包含了一些错误。有鉴于此,笔者拟对这一问题做些新的探索。

一 正名

孔子曰:"名不正则言不顺。"笔者在写作这篇文章时,对用什么题目颇费一番思索,最后决定不用《星期评论》与马克思主义或社会主义在中国的传播这一类题目,改用本文这样的题目,主要原因有三。

---

[*] 杨宏雨,复旦大学马克思主义学院教授。

[①] 学界专门研究该刊与马克思主义在中国早期传播的文章有:张忠山、费讯《〈星期评论〉与五四时期的马克思主义传播》,《扬州大学学报》2011 年第 1 期;邓亦武、魏少伟《〈星期评论〉与马克思主义在中国的传播》,《湖南工程学院学报》2011 年第 1 期;滕峰丽《关于五四时期〈星期评论〉、〈建设〉对马克思主义传播的评析》,《信阳师范学院学报》2012 年第 4 期;张忠山《论〈星期评论〉从民主主义向马克思主义的转轨》,《社会科学论坛》2014 年第 6 期;江巍《中共创建时期传播马克思主义主要刊物的比较——以〈新青年〉和〈星期评论〉为中心》,《现代哲学》2016 年第 3 期。

　　第一，马克思主义有广义和狭义之分。从狭义上看，马克思主义是指马克思、恩格斯所创立的科学社会主义的基本理论。从广义上看，马克思主义不仅包含马克思、恩格斯的学说，还包括马克思、恩格斯去世之后继承者们对它的发展。在十月革命的影响下，五四时期，中国的知识界对列宁、布尔什维克等名词已是耳熟能详，列宁的暴力革命学说在中国已有不小的影响。马克思主义、列宁主义、俄式革命是三个有一定联系同时又有很大区别的概念。在以往的研究中，一些学者不注意概念之间的区别，在研究中造成了不少错误。如张忠山、费讯把"颂扬世界工人运动和俄国十月革命"，[①] 作为五四时期马克思主义在中国传播的重要内容；邓亦武、魏少伟直言《星期评论》上"专门宣传马克思主义的文章有50篇左右，占其总数的九分之一"，[②] 估计也是把上述内容纳入了马克思主义传播中。

　　第二，与马克思主义相比，社会主义是一个更大的概念。无论从历史还是从现实看，社会主义都是一个非常复杂的概念，并不特指马克思、恩格斯创立的科学社会主义。孙中山说社会主义"流派极多"，[③] "有五十七种，究竟不知那一种才是对的"。[④] 陈独秀也说："社会主义，理想甚高，学派也甚复杂。"[⑤] 民国初年，特别是十月革命和第一次世界大战以后，各种社会主义思潮在中国风行一时。据不完全统计，1918—1922年，公开发表过同情社会主义主张观点的约有240人，发表过介绍或同情社会主义主张文章的报刊多达220余种，约占这一时期280余种重要社科杂志、报纸的80%。[⑥] "现在社会主义的一句话，在中国却算是最时髦的名词了。"[⑦] 以

[①] 张忠山、费讯：《〈星期评论〉与五四时期的马克思主义传播》，《扬州大学学报》2011年第1期。

[②] 邓亦武、魏少伟：《〈星期评论〉与马克思主义在中国的传播》，《湖南工程学院学报》2011年第1期。

[③] 孙中山：《在东京〈民报〉创刊周年庆祝大会的演说》，《孙中山全集》第1卷，中华书局，1981，第327页。

[④] 孙中山：《三民主义·民生主义》，《孙中山全集》第9卷，中华书局，1986，第359页。

[⑤] 陈独秀：《答褚葆衡（社会主义）》，《陈独秀文章选编》（上），三联书店，1984，第170页。

[⑥] 转引自杨奎松、董仕伟《海市蜃楼与大漠绿洲》，上海人民出版社，1991，第193页。

[⑦] 转引自杨奎松、董仕伟《海市蜃楼与大漠绿洲》，第127页。

《星期评论》而言，全部54号76张报纸①中，出现"社会主义"这一名词的就达45张，以内容相关论则更多。《星期评论》上宣传的社会主义，固然有马克思、恩格斯的学说，也有托尔斯泰、克鲁泡特金的主张，还有民生主义、基尔特社会主义、工读互助主义等，可谓五花八门，名目繁多。

《星期评论》对社会主义的理解是广义的，介绍也是广泛的。现在有些学者有意无意地忽视这一点，从"高举反帝反封建旗帜""热情歌颂十月革命后的俄国""闪现马克思主义的光芒""广泛报道国际共产主义运动""热切关注劳工运动""勾画社会主义蓝图"等角度来勾勒其作为"五四时期的社会主义阵地"的意义，②这显然是一种带倾向性的选择。换言之，《星期评论》是五四时期宣传社会主义的重要阵地这一结论没有错，但不少学者对这一结论的理解和真实的历史之间是有偏差的，而这一偏差主要是由于他们对社会主义这一概念的误读。在错误的认知影响下，有些学者对资料的运用带有选择性屏蔽的特点。

第三，从内容上看，《星期评论》在宣传马克思、恩格斯学说的同时，还对马克思、恩格斯的生平、社会活动做了不少介绍和评说。

二　《星期评论》对马克思、恩格斯、马克思主义的介绍和评说

一般研究者都知道《星期评论》刊登过威廉·李卜克里希（旧译里布列希）的《马克斯传》（戴季陶译、注），但对其他提及马克思、恩格斯的文章，往往语焉不详。为了全面了解该刊介绍马克思、恩格斯及其学说的情况，笔者把54号《星期评论》整理成电子文本，统计后得到表1。

---

① 《星期评论》为上海《民国日报》副刊，每周一号，逢周日出版（第31号、48号例外）。从1919年6月8日第一号出版到1920年6月6日，先后出版正刊53号，外加1919年10月10日的"双十纪念号"增刊1号，合计54号。《星期评论》一般每号1张四开四版。例外的有1919年10月10日的"双十纪念号"增刊（5张）、1920年1月3日"新年号"特刊（6张）、1920年5月1日"劳动纪念号"特刊（10张）以及第34号（2张）、39号（3张）、41号（2张），合计76张。

② 韩部善：《五四时期的社会主义阵地——评〈星期评论〉》，《徐州师范大学学报》1999年第2期。

表 1　《星期评论》提及马克思、恩格斯及马克思主义的情况

篇目	作者	马克思	恩格斯	马克思主义	期号	出版日期
对付"布尔色维克"的方法	季陶	3	0	2	第 3 号	1919 年 6 月 22 日
白乐天的社会文学	季陶	1	1	0	第 4 号	1919 年 6 月 29 日
竞争与互助	玄庐	1	0	0	第 6 号	1919 年 7 月 13 日
德国社会民主党的政纲	季陶译	2	2	0	第 10 号	1919 年 8 月 10 日
怎么样进化	先进	1	0	0	第 11 号	1919 年 8 月 17 日
可怜的"他"	季陶	11	1	4	第 14 号	1919 年 9 月 7 日
"世界的时代精神"与"民族的适应"	季陶	15	0	8	第 17 号	1919 年 9 月 28 日
唯物史观的解释	云陔	19	10	0	双十纪念号（第 1 张）	1919 年 10 月 10 日
英国的劳动组合	季陶	5		1	双十纪念号（第 3 张）	1919 年 10 月 10 日
改造日本的奇论	季陶	1	0	0	第 23 号	1919 年 11 月 9 日
新旧文学一个大战场	玄庐	2	0	0	第 24 号	1919 年 11 月 16 日
I. W. W. 的沿革	先进	2	0	1		
意大利的"赤色化"与其反动	季陶	2	0	1	第 28 号	1919 年 12 月 14 日
介绍"工读互助团"	玄庐	1	0	0	第 29 号	1919 年 12 月 21 日
美利坚之宗教新村运动	李大钊	1	0	0	第 31 号（新年号）第 1 张	1920 年 1 月 4 日
马克斯传	威廉·里布列希著，季陶译、注	65	19	1	第 31 号（新年号）第 2 张	1920 年 1 月 4 日
马克斯逸话一节	T. T. S.	30	0	0		
新年告商界诸君	季陶	5	0	0	第 32 号	1920 年 1 月 11 日
I. W. W. 概要	北泽新次郎著，汉俊译、注	1	0	0	第 33 号	1920 年 1 月 18 日
中国劳动问题的现状	季陶	3	0	0	第 35 号	1920 年 2 月 1 日
劳农政府治下的俄国	季陶	4	0	1	第 39 号（第 1 张）	1920 年 2 月 29 日
主义的研究与禁止	仲九	4	0	0	第 40 号	1920 年 3 月 7 日

篇目	作者	马克思	恩格斯	马克思主义	期号	出版日期
国家论（七）	克鲁泡特金著，苏中译、跋	4	0	0	第 42 号	1920 年 3 月 21 日
德国革命的因果	季陶	7	1	4	第 43 号	1920 年 3 月 28 日
"五一" May Day 运动史	李大钊	3	0	0	第 48 号（劳动纪念号）第 1 张	1920 年 5 月 1 日
关于劳动问题的杂感（一）	季陶	2	0	0	第 48 号（劳动纪念号）第 4 张	1920 年 5 月 1 日
国际劳动问题的现势	森户辰南著，苏中译	1	0	0	第 48 号（劳动纪念号）第 5 张	1920 年 5 月 1 日
强盗阶级底成立	汉俊	1	0	0	第 48 号（劳动纪念号）第 10 张	1920 年 5 月 1 日
兵的变态心理	执信	1	0	0		
《新青年》的"劳动节纪念号"	季陶	1	0	0	第 49 号	1920 年 5 月 9 日
劳动者与"国际运动"（上）	汉俊	14	0	0	第 51 号	1920 年 5 月 23 日
劳动者与"国际运动"（中）	汉俊	3	0	2	第 52 号	1920 年 5 月 30 日
合计		216	34	25		

从表 1 可以看出：（1）《星期评论》共有 32 篇文章提及马克思、恩格斯的名字，约占《星期评论》文章总数（490 篇）的 6.5%；（2）在这 32 篇文章中，提及马克思 216 次，[1] 恩格斯 34 次，马克思主义 25 次；（3）该刊提及马克思频次在 5 次及以上的文章有 9 篇，作者是戴季陶、T. T. S.、林云陔和李汉俊，其中戴季陶 6 篇，T. T. S.、林云陔和李汉俊各一篇；（4）戴季陶先后在 15 篇文章中共提及马克思 127 次，恩格斯 24 次，马克思主义 22 次，是《星期评论》上述说、评论马克思、恩格斯文章篇数最多的人；（5）《唯物史观的解释》和《马克斯传》是《星期评论》上介绍马克思、恩格斯及其学说

---

① "马克思主义"这一名词中的"马克思"也统计在内。

分量最重的两篇文章，前者由林云陔撰稿，后者由戴季陶译、注；（6）沈玄庐、李汉俊是《星期评论》社的重要成员，也是中共上海早期组织的成员，但从《星期评论》上的发文数量看，他们对马克思、恩格斯及其学说的宣传力度远不及戴季陶。江巍认为"该刊传播马克思主义的核心人物是李汉俊"，① 可能是受杨之华的误导。②

下面我们来具体看看《星期评论》对马克思、恩格斯以及马克思主义的介绍和评说。

《星期评论》提及马克思的名字共216次，如果除去"马克思主义"这一固定名词中"马克思"的频次，还有191次。《星期评论》对马克思的介绍和评说主要包含以下几个方面。

其一，马克思的生平和活动。由戴季陶译、注的《马克斯传》介绍了马克思的生卒日期、家庭和婚姻状况、办报活动、参加共产主义同盟、组织和领导第一国际、声援巴黎公社，以及写作《共产党宣言》《资本论》《法兰西内战》等著作的情况。《马克斯传》原著者为德国著名社会主义者威廉·李卜克里希，原文近8000字。为了让中国读者更好地理解该文，戴季陶在正文前为著者李卜克里希写了500多字的小传，又在正文中加了1500多字的注释。

其二，马克思的人格。在《星期评论》上，林云陔和T. T. S. 都高度赞扬了马克思的人格。林云陔说："当马克斯竭心著述的时候，也历尽许多辛苦磨折和困乏，本来他要财富或名誉，尽可以由他自取，但他偏偏不要财富，有人说当时俾士麦曾拿最高的俸金来买马克斯的著作，但是他当时只管在那最困苦的境遇，他亦不肯卖去。那马克新［斯］自己，总已晓得个人的理想主义，一定比物质的利益和各级的环状，更有力了。马克斯究竟拿着他这不屈的意志，成功了一个大社会家。"③ T. T. S. 在《马克斯逸话一节》中称赞马克思是"富贵不淫，贫贱不移，威武不屈"的大丈夫。④

其三，马克思与德国文化。马克思和恩格斯都出生在德国，这使得当

---

① 江巍：《中共创建时期传播马克思主义主要刊物的比较——以〈新青年〉和〈星期评论〉为中心》，《现代哲学》2016年第3期。

② 杨之华在1956年的回忆中把李汉俊称为《星期评论》社的"思想领导中心"［参见《杨之华的回忆》，《"一大"前后》（二），人民出版社，1980，第25页］，显然和当时的时代背景有关，经不起推敲。

③ 云陔：《唯物史观的解释》，《星期评论》双十纪念号，1919年10月10日。

④ T. T. S.：《马克斯逸话一节》，《星期评论》第31号（新年号），1920年1月4日。

时的中国学者开始关注德国文化。戴季陶认为："德国的民族，是一个科学的民族，也是一个哲学的民族。"① 科学的本质是求真，因而具有客观性和实证性的特点；哲学一词源出希腊语 philosophia，意即"爱智慧"，其特点是自由、思辨、深邃。重科学和哲学的德国给人类贡献了不少伟大的人物，"康德、赫格儿、赫克儿这些哲学家、科学家不用说了，支配近代思想界、政治界及一切社会生活的社会主义，在科学上、哲学上集大成的马克司、因格尔都是德意志民族里产生出来的"。②

其四，马克思对社会主义运动的贡献。戴季陶对马克思在社会主义运动史上的地位和作用做了非常肯定的评价。他认为马克思主义的诞生实现了社会主义从空想到科学的转变，"马克斯以前，许多社会主义的河流都流到'马克斯'这一个大湖水里面。有许多时候，好像说起社会主义，就是指马克斯主义，讲马克斯主义，就无异是说社会主义。所以大家都承认这马克斯是社会主义的'集大成者'，是社会主义的'科学根据'的创造者"。③ 林云陔高度评价由马克思、恩格斯创立的科学社会主义的意义，指出："社会主义在于近世，有科学的意味，系社会进化的最高原理。此原理的应用，所以使将来世界安静，人类互相提携，不互相陵轹。"④ 马克思去世以后，他在世界社会主义运动史上的崇高地位得到了各国社会主义者的一致认同。1893 年各国社会民主党人在瑞士的苏黎世召开第二国际第三次代表大会时，代表们"先对马克斯的像唱了'万国的劳动者！团结起来！'之后才入议事"。⑤ 十月革命以后，俄国的布尔什维克党人把马克思的肖像和自己的领袖列宁的"一同悬挂起来"。⑥ 1918 年 5 月 1 日，俄国莫斯科盛况空前，非常热闹，布尔什维克党人在这里隆重地"举行马克思铜像除幕式"。⑦

其五，马克思的历史地位。在《星期评论》上对马克思的历史地位做过评价的有沈玄庐、T. T. S. 和戴季陶三人。沈玄庐在《竞争与互助》一文中，把马克思和"果苦鲁泡金、勒氏肯"等世界社会主义运动史上的重要

①　季陶：《德国社会民主党的政纲》，《星期评论》第 10 号，1919 年 8 月 10 日。
②　季陶：《德国社会民主党的政纲》，《星期评论》第 10 号，1919 年 8 月 10 日。
③　季陶：《"世界的时代精神"与"民族的适应"》，《星期评论》第 17 号，1919 年 9 月 28 日。
④　云陔：《唯物史观的解释》，《星期评论》双十纪念号，1919 年 10 月 10 日。
⑤　汉俊：《劳动者与"国际运动"（中）》，《星期评论》第 52 号，1920 年 5 月 30 日。
⑥　季陶：《劳农政府治下的俄国》，《星期评论》第 39 号，1920 年 2 月 29 日。
⑦　李大钊：《"五一"May Day 运动史》，《星期评论》第 48 号（劳动纪念号），1920 年 5 月 1 日。

人物称为"大学问家"、发明了"互助""这种造福世界的主义"的"先觉"。① T. T. S. 在《马克斯逸话一节》中称他是"十九世纪后半的大思想家、大革命主义者"。② 戴季陶是在《星期评论》上对马克思的历史地位评说最多的一个。他先是在第 14 号称马克思"是一个近代经济学的大家""近代社会运动的先觉",③ 接着在第 17 号称颂他"是社会主义的'集大成者',是社会主义的'科学根据'的创造者",④ 后来又在第 43 号上说:"学问上的马克斯、因格尔,实际运动上的拉萨尔、威廉·里布奈希、奥鸠斯特·伯伯尔这五个人,都不仅是德国一国的人,实在是世界社会运动史上的人物!"⑤ 大思想家、大学问家、科学社会主义的创始人和社会主义运动的先觉者,这大体上就是五四时期进步知识分子对马克思的历史定位。

在《星期评论》上,戴季陶和沈玄庐都用社会主义运动的"先觉"来评价马克思。这个评价可能来源于恩格斯。马克思去世当天,恩格斯在给威廉·李卜克里希的信中称颂马克思的功绩说:"我们之所以有今天的一切,都应当归功于他;现代运动当前所取得的一切成就,都应归功于他的理论和实践活动;没有他,我们至今还会在黑暗中徘徊。"⑥ 恩格斯的这封信被威廉·李卜克里希收在《马克斯传》中,作为该文的结尾。后来,恩格斯在马克思的葬礼上发表讲演,高度评价马克思的历史功绩,"正像达尔文发现有机界的发展规律一样,马克思发现了人类历史的发展规律"。⑦ 林云陔把恩格斯的这段话翻译为马克思"在历史上用如此工夫来做,就像达尔文原理有造于博物学一样"。《在马克思墓前的讲话》很短、很精彩,五四时期不少中国知识分子可能阅读过这篇文章。

《星期评论》上提及恩格斯名字的文章共 6 篇,频次 34 次,著译者为戴季陶、林云陔。其中戴季陶 5 篇,林云陔 1 篇。对恩格斯的介绍主要集中

---

① 玄庐:《竞争与互助》,《星期评论》第 6 号,1919 年 7 月 13 日。
② T. T. S.:《马克斯逸话一节》,《星期评论》第 31 号(新年号),1920 年 1 月 4 日。
③ 季陶:《可怜的"他"》,《星期评论》第 14 号,1919 年 9 月 7 日。
④ 季陶:《"世界的时代精神"与"民族的适应"》,《星期评论》第 17 号,1919 年 9 月 28 日。
⑤ 季陶:《德国革命的因果》,《星期评论》第 43 号,1920 年 3 月 28 日。
⑥ 《恩格斯致威廉·李卜克内西》,《马克思恩格斯选集》第 4 卷,人民出版社,2012,第 558 页。
⑦ 恩格斯:《在马克思墓前的讲话》,《马克思恩格斯选集》第 3 卷,人民出版社,2012,第 1002 页。

在戴季陶译、注的《马克斯传》一文中。该文介绍说恩格斯比马克斯小两岁，在《德法年鉴》停刊后不久与马克思相识，"以后他们两个人结极可羡慕的友情"。他们两人一起起草了《共产党宣言》这一社会主义运动史上划时代的文献。宣言"那一部分是马克斯作的，那一部分是因格尔著的"无从知晓也无须知晓，因为"马克斯和因格尔这两个人，是一心同体的，和他们两人的事业计画至死是一体一样，在这《共产党宣言》上，也是一体的"。马克思去世的时候，他的名著《资本论》只出版了第一卷，"其他一卷，虽是马克斯死的时候，还没有完成，但是已经到了勉强可以付印的程度，为他的半身又是他遗言执行者的因格尔，校订之后，公之于世"。①

戴季陶在《星期评论》第 10 号为自己翻译的《德国社会民主党的政纲》写的介绍和第 31 号为威廉·李卜克里希的《马克斯传》所作的注释 7 中，都说恩格斯在 1891 年为德国社会民主党起草了《爱尔福特纲领》，但证诸史实，这是一个错误。该纲领在起草过程中虽得到过恩格斯的指导，但具体起草者为德国社会民主党著名理论家考茨基和伯恩斯坦。

《星期评论》上提及"马克思主义"的文章共有 10 篇，著译者为戴季陶、李汉俊，其中戴季陶 8 篇，李汉俊 2 篇。这些文章对马克思主义的述评主要包括以下三个方面。

其一，马克思主义是科学的社会主义。此内容已包含在前文"马克思对社会主义运动的贡献"中，此处不再重复。

其二，马克思主义与无政府主义截然对立。戴季陶说："马克斯的社会主义，自来就是与无政府主义立于不两立的地位。"②"马克斯一生一世一面和资本家阶级奋斗，一面和巴枯宁奋斗。"③ 李汉俊介绍了马克思和巴枯宁在第一国际里的斗争情况，他援引威廉·马尔的话说"革命家只在否定的方面能够一致"。马克思主义和无政府主义的分歧不在推翻现存制度和现存阶级的统治上，而在于如何建设未来社会。"马克斯派说：由'综合的财产'与'共同劳动生产组织'而成的社会主义的社会，如果没有万能的中央政权，一定是不能建设、不能维持的。……巴枯宁派说：'这就是古专制

---

① 威廉·里布列希希著，戴季陶译、注《马克斯传》，《星期评论》第 31 号（新年号），1920 年 1 月 4 日。

② 季陶：《劳农政府治下的俄国》，《星期评论》第 39 号，1920 年 2 月 29 日。

③ 季陶：《关于劳动问题的杂感（一）》，《星期评论》第 48 号（劳动纪念号），1920 年 5 月 1 日。

制度及奴隶制度底再生，而更具得有更极端的形体的。'……他们只希望以劳动者底群众或团体底共产组织占有财产，实施生产。但是这个团体，是不能用社会的或政治的强制使他集合的，是要他们自由任意集合的。"①

其三，马克思主义需要与具体国情相结合。戴季陶在《"世界的时代精神"与"民族的适应"》一文中说："马克斯主义是世界的，不是国家的。"因此，"信奉马克斯主义的人遍布全世界"。在马克思的故乡德国，信奉马克思主义的社会民主党人在 1898 年的选举中得票数"加到二百十万"，此后德国的社会民主党虽发生分裂，"发生了'修正派'和斯巴达加斯团"，但两派都尊奉马克思为鼻祖；在法国，马克思的学说和法国的国情相结合"产生出劳动组合主义（Syndicalism）"；在英国，马克思主义和"他传统的惯习主义和自由主义"结合起来，"造成'组合社会主义'（Guild Socialism）"；在俄国"有多数派（Bolshevism）的发展，把马克斯的教义变成'苏域'（Soviet）的组织"。戴季陶认为，马克思主义在世界各国的发展、演变，"可以叫作'马克斯主义的分化'"，他探讨这种分化的原因说："这就是各民族历史的精神及现代境遇不同的结果了。"② 戴季陶所说的马克思主义的分化其实就是今天所说的马克思主义与各国具体国情相结合。戴季陶肯定"马克斯主义的分化"即马克思主义与各国国情结合的意义，指出：

> "社会主义"这个主义，照我看来并不是一个严格的主义，只是一个世界的时代精神。这一个时代精神，是普遍的照住全世界。全世界的民族，各有各的历史的精神，各有各的现在境遇，于是便各有各所理想的世界。这各民族特殊的质性，在世界的时代精神笼照下面，都各自自由发展起来，去迎合这世界的时代精神。所取的趋向，虽是在世界的协同进化，所用的方法——就是进行的途径——却是都现出一种差别的形体。……全时代精神的进化，是社会进化的真意义。一民族适应全时代精神的进化，是社会进化部分的过程。离开了全时代的精神，便失却向上的反射力。除却了适应的方法，一切动作都变成无

---

① 汉俊：《劳动者与"国际运动"（上）》，《星期评论》第 51 号，1920 年 5 月 23 日。
② 季陶：《"世界的时代精神"与"民族的适应"》，《星期评论》第 17 号，1919 年 9 月 28 日。

意识的盲动。①

戴季陶的"马克思主义分化说"，直接的思想来源是日本社会主义者堺利彦的文章。② 堺利彦对李大钊的马克思主义观也有很大的影响。③ 李大钊被学界公认为是倡导马克思主义中国化的先驱，他在 1920 年就明确说：社会主义的理想"因各地、各时之情形不同，务求其适合者行之，遂发生共性与特性结合的一种新制度（共性是普遍者，特性是随时随地不同者），故中国将来发生之时，必与英、德、俄……有异"。④ 他的这一思想，可能也受到了堺利彦《马克思主义的分化》一文的影响。

三 《星期评论》对马克思、恩格斯学说的介绍

《星期评论》对马克思、恩格斯学说的介绍主要集中在以下五个方面。

第一，唯物史观。在该刊介绍和阐发马克思唯物史观的主要是林云陔和戴季陶。

（1）林云陔的文章题为《唯物史观的解释》，约 8400 字，分两期刊登在《星期评论》双十纪念号和第 20 号上。

林云陔指出，唯物史观的基本观点就是承认经济活动即"产出物质上主要的生活"，"是人类进化上最要的推动力"。"凡一切历史的演成、社会的进化，都不能逃出这一定的公例。"但唯物史观并不是"经济福命主义"，它反对那种只重视生产力和经济发展而忽视社会其他方面同步前进的做法。

有人认为对人类历史影响最大的是思想，什么革命呀，造反呀，都是思想影响的结果。林云陔说唯物史观不否认思想对社会变革的影响，但何以某一时期某一思想兴盛，"仍可以追踪于物质的根源"。"因思想亦有历史，而思想的所以使然者必须一一令人明白。然后思想自身，方能用以解

---

① 季陶：《"世界的时代精神"与"民族的适应"》，《星期评论》第 17 号，1919 年 9 月 28 日。

② 戴季陶发表在《星期评论》双十纪念号第 3 张上的《英国的劳动组合》一文，在文末的参考文献中提及堺利彦在日本《社会主义研究》杂志上发表过的题为《马克思主义的分化》一文。

③ 参见李海春《浅谈堺利彦与李大钊思想的关系》，《湖北社会科学》2010 年第 1 期。

④ 李大钊：《社会主义与社会运动》，《李大钊文集》（下），人民出版社，1984，第 376 页。

明事物。"只有弄清思想变更的缘由，才能正确解释思想、解释历史。

有人认为历史是伟人创造的，"在欧洲有所谓'伟人原理者'"。唯物史观不否认杰出人物的历史作用，但反对那种完全忽视社会历史发展条件的英雄史观。林云陔以路德创立新教为例阐述说，一方面我们应积极肯定路德的伟大贡献，另一方面"则又不能忽略那个最大的经济变更之结果。因为封建破坏、工业勃兴在历史上很有势力"，所以才会有新教的建立。

唯物史观是马克思、恩格斯的一个重大发现，但这种发现并不是没有任何思想资源的独创，亚里士多德、哈灵顿、圣西门等西方思想家零星的慧语、片段的思考，都给了马克思、恩格斯极大的启示。"马克斯和因格尔的学说，要有人开其端，不过马克斯与因格尔集其大，或来发挥他罢了。"

唯物史观，在欧洲有人称其为"历史的物质论"（Historical Material-ism），有人称其为"经济的解释之历史"，更有人称其为"经济决定论"。林云陔明确表示自己不赞成用"经济决定论"来概括唯物史观。"这个名词，似乎过于张大其理论，有自然而然之性质。如果用这思想，就要误会到经济的势力是单一的判定要因。"他认为相比较而言，"历史的物质论"一词比较妥帖。因为这一名词"既不深奥"，又能涵盖气候、禽兽、草木等"经济"一词无法包含的因素。①

林云陔在文章中还引述了恩格斯晚年在和布洛赫的通信中对把唯物史观误读为"经济决定论"的两段批评：

> 马克斯与我，对于此事应负一半的责任。其余后进，有时亦趋赴经济的一边，是不应该的。所以如果要设法子去攻击我们的敌人，在我们最要紧的，就是表扬他们不承认的重要原理。因为我们常常设[没]有时候、地方、机会，将种种要因和互相原动、反动有相关的事来讨论，使他们自行退却。
>
> ……依据物质的见解的历史，那要因在于历史中最后时间的判断，就是真是真确的生活之产物和再造物。非马克斯亦非我可以能够插多一些的。但如有人把这一句说话扭转去读，说经济的要因是独一原质，他就是将这句话改成无意晦滞背理的语句了。须知物质的状况，虽是

---

① 以上引文均来自林云陔发表在《星期评论》双十纪念号第 1 张《唯物史观的解释》一文。

历史的基础，然而仍旧要各种原料，方能成为历史构造模型——政治制度之等级竞争，和他结果，他的构造，如同其他一切政治上、宗教上、哲学上，种种皆有影响于历史竞争的发达。所以一定经多数的演进，才能够定他们的形体。

恩格斯致约·布洛赫的信收在 1995 年版《马克思恩格斯选集》第 4 卷（第 695—698 页）。近一个世纪过去了，我们对比这些译文可以看出，林的翻译虽然有点晦涩，但观点基本是正确的。

提倡用唯物史观去观察历史，并不是否定历史发展中人的努力的意义，"马克斯最早的论文，曾说及吾人不是像一个机械，就被他蒙昧的经济势力所驱动，至于总不能抵抗如此容易。"

马克思承认历史是人创造的，但这种创造是受历史条件所束缚的。"人能制造他们的历史。但他们制造，是不属于他们自己的心志，与依自己选择的景况，只依于外来与经过的景况，所以一切以往祖宗的口碑，在生者脑中，就像山岗这样重。"林云陔评说道："这种议论虽指明人类意志有限制，但对于人类意志的势力，仍没有不承认。"①

（2）戴季陶的《旧伦理的崩坏与新伦理的建设》，约 8200 字，分两期刊登在《星期评论》第 20、25 号上。戴季陶指出：从唯物史观看，"人类的一切进行，都从经济的进步来的。一个时代的思想，受那一个时代经济组织的影响很大"。② 他很希望中国的学问家能注意"中国史之唯物的研究"，③《旧伦理的崩坏与新伦理的建设》就是他用唯物史观探索中国伦理变迁的初步尝试。

伦理是什么？戴季陶指出："伦理是'人类之社会生活'的共通规范。"他进一步阐发说，人是社会的动物，"群体是个体的总和。……在这一个群体的生活当中，各个体相互间、个体与群体间、一群体与他群体间的共通生活规范，就是伦理"。中国有"先圣之制礼也"的说法，把道德伦理看作古代圣贤治国理民的杰作，这种讲法显然太"浅薄"了。④

---

① 云陔：《唯物史观的解释》，《星期评论》双十纪念号，1919 年 10 月 10 日。
② 季陶：《经济发展史》，《星期评论》第 11 号，1919 年 8 月 17 日。
③ 季陶：《一个新研究》，《星期评论》第 11 号，1919 年 8 月 17 日。
④ 季陶：《旧伦理的崩坏与新伦理的建设（上）》，《星期评论》第 20 号，1919 年 10 月 19 日。

戴季陶指出，用唯物史观来考察伦理问题，一方面要看到伦理是变化的，"人是进化的，社会也是进化的，所以伦理的规范，也一定是进化的"。另一方面要认识到伦理进化的主因是社会组织形态的变化，"伦理的规范，一定要合于社会的生活，倘若社会的组织形体变化了，伦理的规范，也就随着变化"。

中国古代的伦理主要包括君臣、父子、兄弟、夫妇、朋友五个方面。"这五个关系当中，父—子、兄—弟、夫—妇这三个关系，是构成中国的家族关系。维持这普遍的家族关系的道德标准，就是孝慈、爱敬、倡□这些尊卑齿叙的道理。"然后，以此为基础，"在个人与团体的交涉上面，便发生出一种大家长制的君臣关系，在个人对个人的交涉上面，便形成朋友的关系"。为什么中国古代的伦理是以家族主义为核心的呢？戴季陶解释说：这是因为中国古代"农业是为主的生产事业，工业不过是农业的副业，一切生产都是家族的生产，分配也是家族的分配，工业用的器具，都归各家族的自己所有。这一种经济组织的时代，就叫做家族自给经济时代。只是各人能孝他的亲，各人能爱他的子，各家的兄弟能够互相爱敬，各家的夫妇能够和睦，社会的秩序就能够确立，生活的目的就可以达了。再说到全社会的关系，交通是很不方便的，物产交换的范围是很狭隘的，所以有家长权变的君权来维持全社会的消费分限，再加上很狭小的范围内的友谊关系，在智识上、物质上互相帮助，群体的生活更可以较为圆满了"。

但是中国古代的这些伦常并不是亘古不变的真理，所以不会像董仲舒所说的那样"道之大原出于天，天不变，道亦不变"。真实的情况是"等到这一个社会组织的基础动摇，伦理的基础，也就根本动摇了"。从中国古代的历史看，春秋战国时期以家族主义为核心的道德伦理就开始趋于解体，"孔子作《春秋》，就是在这个时代"。[1] "三纲五常这些伦理规范，在古代关系很清楚、很真实的时候，并不须政治家的特别拥护和学者的特别提倡。到了政治家特别用力拥护、学者特别提倡的时候，已是古伦理失了规范力的时候。"[2] "孔子当时如果伦理的基础没有动摇，他也用不着作《春秋》、删《诗》《书》。孔子那个'伦理的宗教'，如果是可以行得通，也就不会

---

① 季陶：《旧伦理的崩坏与新伦理的建设（上）》，《星期评论》第 20 号，1919 年 10 月 19 日。
② 季陶：《旧伦理的崩坏与新伦理的建设（二）》，《星期评论》第 25 号，1919 年 11 月 23 日。

由春秋变成战国，由战国变成秦，而汉，而魏晋六朝，而唐，而五代，而宋元明清，经过这许多经生所不齿的'后世'。"①

戴季陶还简单地讨论了中国农耕文明时代夫妻、亲子、兄弟、朋友这四种关系的道德规范在商业经济时代崩坏的原因。他说古伦理之所以会失去规范力，是因为"随着工业的进化、交通的发达"，建立在"私有财产制"和"商业竞争"原则上的种种制度日益发达起来，"古伦理的规范力，便和这些经济制度的发达，刚巧成一个反比例，一天一天的低落下去"。②用唯物史观来观察中国的道德变迁，戴季陶得出结论说，在近代中国提倡用古代道德来拯救人心是一定没有出路的，"拿着一张孔子在二千五百年前已经感受不能兑现痛苦的古伦理支票，走到今天这个科学发达的机器生产时代的世界上来，要叫人家给他兑现，这那里做得到呢？"③"我们既然不能把世界人口的数重新减到三千年前的数，不能够把近代的一切生产器具都重新改为三千年前的样式，把人类的智识回复到三千年前的程度，那么，我们今天就万不能够恢复三千年前的旧伦理。"④"古伦理的破坏，是他本身的奔〔崩〕坏，并不是因我们的破坏。我们的责任只是在新伦理的建设。"⑤

戴季陶的《旧伦理的崩坏与新伦理的建设》一文，在今天看来比较简陋、浅薄，且有些生搬硬套，但在五四时期已属不易。

第二，剩余价值理论。剩余价值理论和唯物史观被恩格斯称为马克思一生中最重大的两个发现。恩格斯高度评价剩余价值学说，认为马克思"发现了现代资本主义生产方式和它所产生的资产阶级社会的特殊的运动规律。由于剩余价值的发现，这里就豁然开朗了，而先前无论资产阶级经济学家或者社会主义批评家所做的一切研究都只是在黑暗中摸索"。⑥

在《星期评论》上介绍马克思剩余价值学说的主要是戴季陶和李汉俊。

戴季陶对剩余价值学说的介绍主要包括两个方面。一方面区分劳动和劳动力两个概念，指出剩余价值产生的前提是劳动力成为商品。"今天资本

---

① 季陶：《旧伦理的崩坏与新伦理的建设（上）》，《星期评论》第 20 号，1919 年 10 月 19 日。
② 季陶：《旧伦理的崩坏与新伦理的建设（二）》，《星期评论》第 25 号，1919 年 11 月 23 日。
③ 季陶：《旧伦理的崩坏与新伦理的建设（上）》，《星期评论》第 20 号，1919 年 10 月 19 日。
④ 季陶：《旧伦理的崩坏与新伦理的建设（二）》，《星期评论》第 25 号，1919 年 11 月 23 日。
⑤ 季陶：《旧伦理的崩坏与新伦理的建设（上）》，《星期评论》第 20 号，1919 年 10 月 19 日。
⑥ 恩格斯：《在马克思墓前的讲话》，《马克思恩格斯选集》第 3 卷，第 1002—1003 页。

家生产法下面的商品是'劳动力',不是'劳动'。劳动只是一个商行为。这个科学的严格分析,是马克斯著《资本论》时候的创见。"① 另一方面阐明剩余价值的来源是劳动者的劳动。"没有劳动者,剩余价值是无从出的,所以,资本家管理劳动者,到底是要劳动者的生产能力进步。"②

李汉俊在《强盗阶级底成立》一文中也指出,资本家发财致富的秘密就是剥削工人的剩余价值。"到了近代,工业的集中发生出来之后,劳动力的商品化完成之后,商人的地位就利害起来了。……他们出钱去买来一种货色,这个货色一进了资本家底工场,便自自然然地长大起来,长一倍,长两倍,无限量长大下去,于是乎资本家卖出这个货色底时候,就可以照他长大底价值卖出去,买进来底货是小的,卖出去的货是大的,商品长大是一件事,照货卖钱是一件事,二点都没有对社会不起。这是商人底进化,这是资本家的神通。"为什么资本家能有这样的神通? 就是因为他获得了"劳动者的'劳动力'""这一个奇妙不可思议的商品"。剩余价值的来源就是工人"作工时间内所造的价值,超过所得工银的价值"。③

第三,阶级斗争学说。在十月革命和世界劳工思潮的影响下,五四时期,阶级斗争学说在中国风靡一时。《星期评论》上论及阶级斗争的内容颇多,主要有以下四个方面。

(1) 阶级斗争是两大对立阶级利益冲突的结果。戴季陶指出,在资本主义社会,"经济是资本家的经济",④ 不是全社会的经济,社会上两大阶级的欲求是不一致的。"在经营的地位的资本家心中、目中,只是要想用很少的工资叫工人做长时间的工作。在劳动地位的工人,却只是想多得一点工钱,少流一点血汗。两方的希望,是绝对不同的。"资本家"靠着工人劳苦的结果,一天富似一天,骄傲奢华的程度,一天高似一天。在社会的生活上面,形成两种贫富苦乐'天壤悬殊'的阶级来。……工人对资本家的不平,也就渐渐发生起来了"。⑤ 廖仲恺也认为,在资本主义社会,工人"整天劳动求不得一个温饱",资本家"独占社会经济的利益,坐享其成不劳

---

① 季陶:《中国劳动问题的现状》,《星期评论》第35号,1920年2月1日。
② 季陶:《国家主义之破产与社会的革命》,《星期评论》第47号,1920年4月25日。
③ 汉俊:《强盗阶级底成立》,《星期评论》第48号(劳动纪念号),1920年5月1日。
④ 季陶:《国家主义之破产与社会的革命》,《星期评论》第47号,1920年4月25日。
⑤ 季陶:《国际同盟和劳动问题》,《星期评论》第2号,1919年6月15日。

而得"，"被欺的阶级，渐渐地不服，常要奋起来抵抗。这就是阶级战争的起点"。①

（2）阶级斗争是阶级社会的必然现象。沈仲九说："资本家对待劳动家，都不当做人看待，就是不承认他们的人格。无论他们如何生活困苦，资本家还是要他们增加作工时间，还是想减轻工资，他们真可谓只顾自己的利益，不管别人的死活了。"所以劳动者通过怠工、罢工等手段反抗资本家的剥削，要求缩短工时、"增加工资"，这是"劳动者向资本家夺回自己的权利，并不是求资本家赐给特别的恩惠，乃是最正当的"。"阶级斗争是阶级的社会里必然的趋势。"②

戴季陶用"必然的恶"来阐发阶级斗争的必然性。"阶级斗争是阶级的社会组织下面不可免的运命。倘若说他是善，他固然是当然的善。如果要说他是恶，他也是就是一个必然的'恶'。……要想免去阶级竞争，只有废除阶级的压迫，只有废除阶级。"③

（3）工人阶级在反抗资本家的斗争中要团结一致。沈仲九指出，在资本家掌握生产资料和国家机器的社会里，工人单枪匹马反抗资本家的压迫，是绝对无法取得胜利的。"工人要和资本家争斗，必须要有阶级的自觉和阶级的团结。凡是一个人的利益，决不能离开阶级的利益而独自保全的。所以要谋各个人的利益，必须和利害相同的同一阶级的人，联合起来，才能得到效果。"④ 戴季陶也认为团结是劳动者在资产阶级社会维护和实现自己利益的前提："要想增进劳动者的地位，改善劳动者的生活，主张劳动者的权利，革新产业界的组织，这些目的，只有靠劳动者的团结，方才能够做得到。"⑤

（4）阶级斗争学说的应用要考虑所在国的国情。如前所述，五四时期戴季陶已有马克思主义应与具体国家的国情相结合的思想。在马克思阶级斗争学说的应用上，他也持这一观点。他说："研究社会问题，是要切切实

---

① 廖仲恺：《革命继续的工夫》，《星期评论》双十纪念号，1919 年 10 月 10 日。
② 仲九：《香港机器工的同盟罢工》，《星期评论》第 48 号（劳动纪念号），1920 年 5 月 1 日。
③ 季陶：《必然的恶》，《星期评论》第 47 号，1920 年 4 月 25 日。
④ 仲九：《香港机器工的同盟罢工》，《星期评论》第 48 号（劳动纪念号），1920 年 5 月 1 日。
⑤ 季陶：《国际劳动会议与日本劳动委员资格问题》，《星期评论》第 24 号，1919 年 11 月 16 日。

实的在本国的社会状态上去研究，不好只是在外国的社会状态上去研究。比方劳动问题，工钱、时间及待遇三者，是先进国劳动问题的主要题目。但是中国目前的最大问题，还是在失业者过多。所以现在中国阶级斗争的主要原因，是在无业者的生活要求上面。现在我们研究中国社会问题，应该分作两个题目。一个是无业者的就业问题，一个是劳动者的生活改善问题。第一问题如果不先解决，第二个问题的解决，是很难满足的。"他观察到阻碍中国社会进步的主要力量是"不劳而食的土匪流氓"，他们"透过兵的组织，取得治者阶级的地位，造成新阶级的压迫。使现在从事企业及劳动的人，同陷于生活不安的境遇，更加多生活上落伍者的数量"。这是影响中国发展的症结。"我们如果不在这一点去下切实研究的工夫，得来的答案，在解决中国目前困苦境遇上，便很少实际的效用。"①

在《星期评论》第32号，戴季陶高度称赞马克思说：阶级斗争"这历史上的一个重大事实被马克斯的灵心炯眼认识了，从一切历史的社会关系里面，抽象了出来"。② 证诸历史，这却是对马克思的谬赞。马克思在1852年给魏德迈的信中曾明确说："无论是发现现代社会中有阶级存在或发现各阶级间的斗争，都不是我的功劳。在我以前很久，资产阶级历史编纂学家就已经叙述过阶级斗争的历史发展，资产阶级经济学家也已经对各个阶级作过经济上的分析。我所加上的新内容就是证明了下列几点：（1）阶级的存在仅仅同生产发展的一定历史阶段相联系；（2）阶级斗争必然导致无产阶级专政；（3）这个专政不过是达到消灭一切阶级和进入无阶级社会的过渡。"③

第四，劳动价值论。在《星期评论》上介绍劳动价值论的主要是戴季陶和李汉俊。

戴季陶在《星期评论》第41号上发表《劳动运动的发生及其归趣》一文，介绍了不少劳动价值论的有关知识。

金银为什么能充当商品交换的价值尺度和交换媒介呢？"因为他又贵重，又分得开，又不容易磨损。"

---

① 季陶：《中国现在社会问题的意义》，《星期评论》第13号，1919年8月31日。
② 季陶：《新年告商界诸君》，《星期评论》第32号，1920年1月11日。
③ 《马克思致约瑟夫·魏德迈》，《马克思恩格斯选集》第4卷，第425—426页。

不同的商品能够交换，因为"一切东西，都是由人工造成……人所作的工种类不同，作成的东西，用处不同，但是，'人作工''人作有用于人的工'这一点是同的"。

不同的东西价格不同，因为"'人工'虽是一切货物所含有的普遍性，但是人工是有大小、有精粗、有多少的。所以，工作大小、精粗、多少不同所造出的货物，价值的质虽然同，价值的量是不同的"。

同样是作工、"卖力气"，不同的人所得的工钱不一样，因为"工作有熟练不熟练，熟练的工人，他学习到这个熟练的程度，已经是要费许多时间，或者要费许多的材料。把这些时间和材料加算上去，或者他作的工应该要（比）寻常不熟练的工贵的"。

脑力劳动者是"以'知识'去和金银交换的人"，他们的收入一般要比体力劳动者高，因为"他们学习一种基本知识的时候，所费的时间、所消费的材料也很多"，"他们工银的计算是把这些时间和材料，都加算上去的，所以他们所得的报酬也很多"。①

李汉俊在《强盗阶级底成立》一文中也对劳动价值论做了不少介绍。

李汉俊首先对什么是商品做了界定。他说商品是用来交换的劳动产品。一方面，商品必须有用，"商品是人能够作为衣食住的资材的东西"；另一方面，商品是经过交换的劳动产品，普通的自然物"即使加下劳力去，如果是加劳力的人自己使用，这就只能谓之物品，不能谓之商品"。

李汉俊还进一步解释了商品交换的秘密。他说：商品"是人将劳力用到自然物上得来的"，"是物质与劳力的结合体"。"物质是属于自然的，是不发生经济上的价值的，但是到人力加上去的时候，他才发出经济的价值来。这个价值，又要到交换的时候，才发生商品的价值。所以商品的价值，不是对于物质的价值，是对于物质量的价值。不是对于物质与劳力相合的价值，完全是对于劳力自身的价值。物质的质是绝对的，所以使用价值是绝对的；物质的量是相对的，所以交换价值是相对的。因为是绝对的，所以能使用；因为是相对的，所以能交换。"

李汉俊还简单地介绍了货币的起源。"在物物交换底时代，并没有甚么钱，都是以物换物。……人类渐渐蕃殖，欲望渐渐增加，社会的关系渐渐

---

① 季陶：《劳动运动的发生及其归趣》，《星期评论》第 41 号，1920 年 3 月 14 日。

复杂。物物交换，不能适应人类需要的时候，才有货币这个东西，发生出来。货币的起原是甚么呢？就是社会对于共同等价物的要求。"

货币产生以后，有钱仿佛就有了一切，于是"在交换经济社会里的人，心理上都生了一种变化……就是甚么东西的使用价值，都被人看得很轻，只是作交换媒介、作价格中准的货币，被人看得很重。由这个心理状态结晶而成的迷信，就是拜财神"。拜财神是商品拜物教的一种表现。

李汉俊还介绍了简单商品流通与商业资本流通的差异，指出前者"是为买而卖"，"他的目的是在得消费的东西，并不是在得钱"，其流通公式是"商品—货币—商品"；后者的流通公式是"货币—商品—货币"，或者更准确地说是"货币—商品—（货币+货币）"。"商人有的只是钱，拿了钱去买货，买了货来再卖钱。他的目的并不是商品，还是在货币。""但是他这一个行为，如果只是以同等价值与同等价值作交换，他自己岂不是得不着一点好处，连自己的生活费也无从出么？所以他这个交换最后的货币总非加上一些利子不可。商业资本的形成，就是在这一点。"

在《强盗阶级底成立》中，李汉俊一方面谴责商人"操纵供给与需求"、唯利是图的掠夺行为，另一方面也积极肯定商业资本活动的价值。他说商业"也是一种分工"，"是一种必要的社会行为"。商人的买卖活动"虽说不是直接生产底劳动，也是为联系生产与消费的劳动，既然是社会的必要劳动，就应该由社会得着相当的生活资料。所以这一个行为，在一定范围内，本是有益于社会的"。[1] 在素有仇富、贱商传统的中国社会，作为一个社会主义者，李汉俊的这一认识实属不易。

除戴季陶、李汉俊的文章外，《星期评论》第38号登载的《报馆的排印工人告读新闻者》（未署名）一文，也对马克思的劳动价值论做了一些介绍。文章指出，一张报纸要经过撰述、编辑、校对、排印等多项劳动"才可以达到阅者诸君的面前"。这些劳动"虽是种类不同，各自成为一个特殊的劳动，但是在'社会的劳动'方面看来，在'劳动'上面的价值，应该是一样的，是平等的。决不能说主笔的做文章，和排字房排字，价值上有高下。更不能说经理房的先生和印字的工人，人格上有什么高下"。该文第二节的末尾说："使用价值的性质是不同的。价值——即由人类之社会的劳

---

[1] 汉俊：《强盗阶级底成立》，《星期评论》第48号（劳动纪念号），1920年5月1日。

动而产出的价值——的性质是同的。'使用价值'是由各个人之特殊的劳动产出的。'价值'是由人类之社会的劳动产出的。"① 从这段话看，作者对马克思的劳动价值论已经非常熟悉。

第五，其他思想。《星期评论》上还零星地提及了马克思、恩格斯的一些其他思想，包括以下内容。

（1）共产主义分配原则。戴季陶的《政治问题应该研究不应该研究?》《旧伦理的崩坏与新伦理的建设（二）》、沈玄庐的《谁是师？谁是敌?》《工人应有的觉悟》和沈仲九的《我的人生观（下）》都提及了"各尽所能，各取所需"这一共产主义分配原则。《星期评论》还在第48号（劳动纪念号）第9张第2—3版中缝用特大字体刊登这八个字。

（2）全世界无产者联合起来。李汉俊说："工人呵！你们的阶级就是你们的国!"② 戴季陶认为在现代社会，"全世界的经济组织已经联成不可分的关系"，"社会革命不是一国单独做得来的。倘若全世界不能一致实行同一主义的破坏和建设，这个革命一定不能完成"。③ 沈仲九指出："现在的时代，是阶级斗争的时代。"在这个时代，"应该合各国劳动阶级的力量和本国资产阶级斗争，才能打破资本阶级。所以劳动阶级当中，决不当再分什么种界、国界"。④ 可见，当时中国不少激进知识分子对《共产党宣言》中"工人没有祖国"⑤ 这句话的含义已经有了比较正确的认识。

（3）经济危机的成因。李汉俊指出资本主义的经济危机是生产过剩的危机。在资本主义社会，大资本家垄断了生产机关和交易市场，"不但是形成一种跛子社会，并且生产的数量，也不是为适当需要的程度，是为的膨胀资本的富力"。"浪用劳动力的结果，'生产过多的大恐慌'，也就发生出来了。"⑥

（4）社会发展简史。戴季陶说："一切动物的本能发挥，都受他自己的官能限制，无论如何，总不能作超出官能以外的行动。"人与动物的区别，

---

① 《报馆的排印工人告读新闻者》，《星期评论》第38号，1920年2月22日。
② 先进：《国民是不是应该分家的?》，《星期评论》第36号，1920年2月8日。
③ 季陶：《国家主义之破产与社会的革命》，《星期评论》第47号，1920年4月25日。
④ 仲九：《为什么要赞同俄国劳农政府的通告?》，《星期评论》第45号，1920年4月11日。
⑤ 《共产党宣言》，《马克思恩格斯选集》第1卷，第419页。
⑥ 先进：《怎么样进化》，《星期评论》第11号，1919年8月17日。

就在于人能"靠着两只手制造工具，再应用这些工具来制造物品，供给人类的需要"。① 李汉俊承认"马克斯（应为恩格斯——引者注）说，人类能够制造器具，这就是人类进化的最大要素，这就是人类和禽兽渐渐脱离的起点……这一说是合理的"。他说："动物的形体，到了能两足直立、两手握物的时代，已经进步到人类的区域里面来，再到了能够用人力制造器具，这就是人类进化的第一步要件。以后的一切文明，都从这里面生出来。"他还认为火的利用对人类的进化有非常重大的意义。"上古的原人，他们发明一个发火的事情，利用火来取热取光，真是不晓得经了多少年代，遇着了多少次的偶然发现，才会得到一个正规的取火方法。这火力的作用，更是人类的极大幸福了。"② 沈玄庐认为人类社会组织的进化是一个从血族到部落再到国家"层层扩大"的过程。③

四　讨论

至此，我们或许可以得出结论：《星期评论》是五四时期宣传和介绍马克思主义的重要刊物。这结论不是不对，但显然把复杂的事情简单化了。

毫无疑问，《星期评论》的确对马克思主义在中国的早期传播起了非常重要的作用，但它并没有突破该刊对自己的两个定位："社会主义论坛""新文化运动的言论机关"。④ 换言之，《星期评论》是把马克思主义作为社会主义思潮的一种、作为新文化新思潮的一个组成部分来介绍的，并没有给予马克思主义特别的关注。

《星期评论》对社会主义的介绍是很广泛的，并不限于马克思的科学社会主义。据笔者粗略阅览，起码还有托尔斯泰的泛劳主义、克鲁泡特金的互助论、孙中山民生主义、基尔特社会主义、工读互助主义。对于这些主义，《星期评论》的态度大体上是一碗水端平。该刊对各种主义和学说秉持"研究的态度"。《星期评论》的同人相信："文化的进步，只有从研究批评

---

① 季陶：《文化运动与劳动运动》，《星期评论》第48号（劳动纪念号），1920年5月1日。
② 先进：《怎么样进化》，《星期评论》第11号，1919年8月17日。
③ 玄庐：《竞争与互助》，《星期评论》第6号，1919年7月13日。
④ 本社同人：《〈星期评论〉刊行中止的宣言》，《星期评论》第53号，1920年6月6日。

可以得来，盲从和武断，都是阻碍文化进步的。"① "现在世界的思想界，已经震荡到了极点，中国的思想界，迎着这个潮流，也就震荡起来。'布尔札维克'咧！'阿拉奇士姆'咧！社会共产主义咧！种种的新制度、新思想，乘着这个'思想的震荡'，都萌芽起来。" "这些个新思想，我们非研究他不可。"② 与研究的态度相对应，《星期评论》把"自由批判"——"对于哲学、文艺、社会、政治的自由批判"作为自己的任务，不盲从、不迷信，一切遵从自己的理性判断。不少学者对该刊"研究的态度"颇有微词，笔者却对此持肯定的态度，并在 2010 年和 2012 年的两篇文章中回应过这个问题。③

译介国外社会思潮是《星期评论》的一个重要内容。《星期评论》上刊登过周颂西翻译的托尔斯泰的两篇作品《只有两手所做的工是自己的》《靠自己劳动所得的生活是真的快乐》，先后七期连载徐苏中翻译的克鲁泡特金的《国家论》。《星期评论》社虽也物色人翻译《共产党宣言》，但截至该报停刊，未专门登载过马克思、恩格斯的任何作品。

如果我们把《星期评论》上刊登的涉及马克思、恩格斯及其学说的作品，按相关程度分成"基本相关"、"部分相关"和"相关度不大"三类，然后用辑录的方法整理出第二、三类文章中介绍马克思、恩格斯及其学说的相关内容，那么连同第一类文章全文，合在一起，总字数不超过 4.5 万字。《星期评论》一共 54 号 76 张，约 90 万字，其中介绍马克思、恩格斯及其学说的内容至多占 5%。

考察 1919 年 5 月至 1920 年 5 月的《新青年》（第 6 卷第 5—6 号和第 7 卷第 1—6 号），从目录上就可以看出，直接介绍和评说马克思、恩格斯学说的有《我的马克思主义观（上、下）》（李大钊）、《马克思学说》（顾兆熊）、《马克思学说批评》（凌霜）、《马克思的唯物史观与贞操问题》（陈启修）、《马克思的唯物史观》（渊泉）、《马克思奋斗的生涯》（渊泉）、《马克

---

① 徐苏中为克鲁泡特金的《国家论》所作的跋，附在《星期评论》第 42 号（1920 年 3 月 21 日）《国家论（七）》之后。

② 本社同人：《关于民国建设方针的主张》，《星期评论》第 2 号，1919 年 6 月 15 日。

③ 参见杨宏雨、肖妮《试析新中国成立以来对〈星期评论〉的评价》，《中共党史研究》2010 年第 4 期；杨宏雨、肖妮《〈星期评论〉——"五四"时期舆论界的明星》，《同济大学学报》2012 年第 5 期。

思传略》（刘秉麟）、《由经济上解释中国近代思想变动的原因》（李大钊）。这些直接介绍、述评马克思、恩格斯及其学说的文章总字数已经远远超过了《星期评论》上所有相关文章的总字数。有学者认为："《星期评论》在传播马克思主义、参与中共筹备建党及当时的影响力等方面，并不比《新青年》逊色。"① 根据笔者的研究，把《星期评论》作为五四时期"《新青年》领导的新文化阵线的一支重要力量"② 较妥，把它与《新青年》等量齐观则有拔高之嫌。1990 年以后，学界逐步摆脱《五四时期期刊介绍》一书对《星期评论》不客观的负面评价，对该刊的研究越来越多，评价也趋于肯定，这一进步是可喜的，③ 但要防止另一种倾向，即对该刊不做深入细致的研究，简单地选择某些自己合意的零星材料，不恰当地抬高该刊的地位。过犹不及，真理多迈出半步就变成了谬误。

说《星期评论》对马克思、恩格斯的学说仅是作为新思潮的一个部分来介绍是不是符合客观实际呢？如前所述，从篇目上看，该刊提及马克思、恩格斯名字的文章仅占全部篇目的 6.5%；从内容上看，介绍和宣传马克思、恩格斯学说的内容至多 4.5 万字，约占该刊文字总量的 5%。从这两个百分比看，这个结论是客观的。

那么，这是否贬低了该刊的地位呢？笔者在 2010 年曾说："五四时期，自由主义、实用主义、基尔特社会主义、无政府主义、马克思主义、世界主义、民粹主义等等各种西方思潮大量涌入中国，形成一股合力，冲垮了中国封建文化的万里长城。它们相互辩论、激荡，大大解放了人们的思想，为马克思主义的传播和中国进一步的社会变革创造了条件。倘若不是一股巨大的合力，单凭某一种思想或思潮，要达到这样的效果是难以想象的。"④

学界有一种传统的说法："五四运动后，马克思主义的传播成为新文化运动的主流。"证诸史实，一方面，五四时期，很难说哪一个刊物对马克

① 江巍：《中共创建时期传播马克思主义主要刊物的比较——以〈新青年〉和〈星期评论〉为中心》，《现代哲学》2016 年第 3 期。

② 杨宏雨、肖妮：《〈星期评论〉——"五四"时期舆论界的明星》，《同济大学学报》2012年第 5 期。

③ 杨宏雨、肖妮：《试析新中国成立以来对〈星期评论〉的评价》，《中共党史研究》2010 年第 4 期。

④ 杨宏雨、肖妮：《试析新中国成立以来对〈星期评论〉的评价》，《中共党史研究》2010 年第 4 期。

思、恩格斯及其学说的介绍占绝对地位。以新文化运动的旗帜《新青年》而言，"五四运动至中共上海早期组织成立期间，《新青年》共出版了第6卷第5号、6号；第7卷第1、2、3、4、5、6号……从内容来看，这一时期的《新青年》可谓兼容并包，刊登各种社会新思潮，马克思主义、无政府主义、工读互助主义、新村运动、杜威实用主义等社会思潮的文章都曾经在这一时期的《新青年》上刊登过、出版过"。"尽管《新青年》第6卷第5号刊登了《马克思研究专号》，但是，马克思主义并没有马上成为《新青年》研究和讨论的重点，也还不是社会思潮的中心。"[1] 1920年10月，为配合英国哲学家罗素来华讲学，《新青年》把第8卷第2号改为"罗素著作介绍和评论"专号，还打破自第2卷以来不在封面刊登人物照片的传统，刊登了罗素的肖像。《新青年》没有突出宣传马克思主义，其他诸如《每周评论》、《星期评论》、《建设》、《晨报副刊》、《民国日报》副刊《觉悟》等过去被我们界定为五四时期传播马克思主义的重要刊物更是如此。另一方面，即使有个别刊物，如《新青年》，可能在五四以后到中共建党以前介绍马克思、恩格斯及其学说的文章分量略多一点，马克思主义的传播也没有在众多宣传新文化、新思潮的杂志中占主导地位。《新青年》有"马克思研究专号"不假，但《民铎》有"现代思潮号"，《新教育》有"杜威号"，《建设》杂志偏向介绍"全民政治"，其他诸如《时事新报》《解放与改造》《民风周刊》等也是各有各的侧重点，更有很多宣传新文化的期刊并无什么重心，只要是新的、西方的，一股脑儿地拿来鼓吹。"我们现在研究'五四'有套框架。但其实'五四'本身非常复杂。它是各种思想力量、各种西方思潮云集起来构成的。现在把它简单化了。"[2] 所谓"五四运动后，马克思主义的传播成为新文化运动的主流"之说，就是简单化、想当然的结果。如果我们稍微严谨一些，哪怕仅是粗略地翻检一下五四时期各种宣传新文化、新思潮的期刊目录，就不难发现，起码在1920年8月以前，各种西方学说在中国的传播仍是百舸争流、齐头并进，而非某种学说一马当先、一家独大。

---

[1]　徐信华：《〈新青年〉功能的演进与变迁——以〈新青年〉（1919年5月—1926年7月）刊载文章类型为分析对象》，《上海党史党建》2012年第11期。

[2]　陈思和、李存光主编《五四新文学精神的薪传——巴金研究集刊卷六》，上海三联书店，2014，第685页。

《星期评论》只是把马克思主义作为社会主义思潮的一种来介绍，这一说法，一没有否定该刊介绍马克思、恩格斯及其学说的贡献，二也比较符合当时中国先进分子的思想状况。五四以后，瞿秋白曾和郑振铎、耿济之等人在 1919 年 11 月创办《新社会》旬刊，介绍新思潮和新文化。后来他在《饿乡纪程》中回忆说：五四以后，"社会主义的讨论，常常引起我们无限的兴味。然而究竟如俄国十九世纪四十年代的青年思想似的，模糊影响，隔着纱窗看晓雾，社会主义流派、社会主义意义都是纷乱，不十分清晰的"。① 邓颖超是五四时期天津觉悟社的重要成员，她回忆说："五四运动是思想解放运动。……那时是百家争鸣，各种思潮都有。"② 我们向往光明，"平常交谈的范围很广，无政府主义、基尔特社会主义都接触到了，但对这些我们都没有明确的认识，也不了解什么是马克思主义"。③ 无须再多列举，以上资料足以证明，在五四以后一年左右的时间内，对当时中国绝大多数激进知识分子而言，马克思主义只是众多社会主义思潮中的一种。马克思主义在中国先进知识分子的思想中获得特殊的地位，成为他们的行动指南，进而促进在中国建立共产主义组织，是与此后的理论争辩、实践探索，特别是共产国际的帮助分不开的。

五　结语

《星期评论》是五四时期国民党人创办的宣传新文化、新思潮的刊物。在《星期评论》的作者群中，戴季陶是该刊宣传马克思主义的重量级人物，其贡献超过了沈玄庐、李汉俊，历史的事实就是如此，毋庸讳言。正确的态度首先是承认史实，然后合理地解释这个史实。五四时期是中国思想解放的年代，此时马克思主义是作为西方新思潮的一种进入中国的，因而受到了中国追求进步、要求变革的知识分子的极大欢迎。当时中国共产党尚未成立，代表中国社会进步力量的知识分子不仅有陈独秀、李大钊等后来成为中共早期党员的革命者，而且还包括孙中山、戴季陶、胡汉民、林云

---

① 瞿秋白：《饿乡纪程》，《瞿秋白文集·文学编》第 1 卷，人民文学出版社，1985，第 26 页。
② 中国社会科学院近代史研究所编《五四运动回忆录（续）》，中国社会科学出版社，1979，第 10 页。
③ 邓颖超：《回忆天津"觉悟社"等情况》，《"一大"前后》（二），第 233 页。

陔、朱执信等辛亥革命事业的维护者，以及胡适、傅斯年为代表的自由主义者，此外，梁启超、张东荪、张君劢等研究系知识分子也不是落伍者。大家都在探索、找寻中国的出路。"那时，求进步的中国人，只要是西方的新道理，什么书也看。"① 正是当时中国知识界这种"什么书也看"、什么书都译、什么学说都介绍的态度，促成了"各种西方思潮大量涌入中国"，并在此基础上逐渐形成了马克思主义传播的春潮。学者蔡丽指出："马克思主义的春潮正是在共产党人、国民党人与其他进步知识分子共同推动下，才形成了澎湃汹涌之势。"② 这是一个符合历史实际的结论。

① 《论人民民主专政》，《毛泽东选集》第 4 卷，人民出版社，1991，第 1469 页。
② 蔡丽：《马克思主义在中国初期传播的多元性探索——以共产国际、国民党人为对象的分析》，华中师范大学出版社，2014，第 141 页。

上海共产党早期组织主要筹建者的苏俄观研究[*]

——以《星期评论》之群为讨论中心

马先睿[**]

一部五四政治思想史中，中国人关于苏俄的认识史占据了相当重要的篇幅。特别是随着"新文化运动发展成为马克思主义思想运动"，[①] 以报刊为主要活动阵地的中国知识分子开始在引介马克思主义的同时，积极刊载大量有关十月革命的文献资料，考察苏维埃俄国的真实情况。这种努力，直接促成了"上海马克思主义研究会"的诞生，加速了陈独秀等人在中国创立俄国式革命政党的进程。在上海共产党早期组织酝酿期间，其主要筹建者关于苏俄认知的变化，为透视后五四时代中国政治思想界的发展走向提供了重要窗口。这一时期，中国知识分子的苏俄观较为复杂，不仅表现在同一时间不同人对于十月革命以及苏俄的不同态度，而且表现在同一人在不同时间段对其做出的不同评价。这些态度与评价，在一定程度上影响了上海共产党早期组织的创建进程，对后续不同政治阵营知识分子对于中国社会发展道路的选择也具有深远作用。正因如

[*] 本文系国家社科基金青年项目"五四时期进步刊物对中国马克思主义者建党思想形成的影响研究"（20CDJ001）阶段性成果。

[**] 马先睿，西南交通大学马克思主义学院讲师。

① 《毛泽东选集》第1卷，人民出版社，1991，第297页。

此，从参与筹建上海共产党早期组织的知识分子群体出发，厘清其苏俄观的具体内容，在继续深化中共创建史及五四运动相关研究的今天，就显得尤为重要。

在问道苏俄的过程中，《星期评论》周围所聚拢的上海及江浙地区的知识界精英扮演了重要角色。作为协助陈独秀创立上海共产党早期组织的主要筹建者，他们不仅为组党提供了关键的组织基础和理论支持，被李立三、瞿秋白称作"和党的产生最有关系"[1] 的团体、筹建中共的最初"细胞"[2]，同时积极介绍十月革命与新生苏俄政权的真实情况，在总结国际共产主义运动经验得失的基础上，分析了中国"走俄国人的路"的可能性。其所产生的舆论回响，与北方的《新青年》《每周评论》等形成呼应之势，极大拓展了中国知识界对于北方新生社会主义政权的认知，向中国人展示出一条全新的革命道路。有鉴于此，本文试以《星期评论》之群为讨论中心，对其苏俄观做一深入考察，冀望通过此一研究，进一步明确五四时期中国知识分子眼中的苏俄形象，揭示其以俄为师的心路历程，并从一个侧面廓清建党思想形成的嬗递脉络。

一 《星期评论》之群的概况

五四运动展现出的摧枯拉朽之势，让苦于探寻中国救亡之路的先进知识分子看到了人民群众中暗含的无穷潜能以及思想陶融所蕴藏的巨大威力。他们敏锐地意识到，迎接和顺应这一新的时代形势，是进一步推动社会改造、完成革命未竟事业的关键一环。在这一情况下，五四运动结束后的短短半年内，全国便出现超过 400 种以研究各种社会主义思想为主题的进步刊物。[3] 1919 年 6 月，孙中山的追随者戴季陶、沈玄庐等人仿照陈独秀、李大钊在京主办之《每周评论》模式，在上海创办了《星期评论》杂志。从发刊算起，该刊总共出版 54 期计 76 张报纸，其销量自五四以来独领风骚，

---

① 中央档案馆编《中共党史报告选编》，中共中央党校出版社，1982，第 209 页。
② 《中共党史报告选编》，第 200 页。
③ 郑大华：《民国思想史论》（续集），社会科学文献出版社，2010，第 112 页。

"销到十几万份"。① 在刊行过程中,《星期评论》始终以"新文化运动的言论机关"自居,在知识界产生了广泛的舆论影响。② 蔡和森就曾在致陈独秀的信中感慨,"感国内言论沉寂,有主义、有系统的出版物几未之见……惟《星期评论》差善"。③ 周恩来在回忆自己五四时期的思想经历时也表示,"当时戴季陶在上海主编的《星期评论》,专门介绍社会主义……对我的思想都有许多影响"。④ 1919 年底,伴随苏俄《加拉罕宣言》的友华消息辗转传至国内,国内部分报刊开始关注北方邻国诞生的崭新政权。作为五四舆论界重要阵地的《星期评论》亦在其列。特别是自第 45 号开始,《星期评论》对苏俄情况进行了大量介绍,并在全国首译了《加拉罕宣言》的全文内容。

得益于《星期评论》的社会影响力,该刊周围迅速聚集了一群具有革新理念的进步知识分子,他们构成了该刊的编辑和撰稿班底。据杨之华回忆,"在当时,这一刊物是革命思想的中心,而其办公室则成了大罢工后许多青年学生着迷般争赴上海会见沈定一和戴季陶的圣地……直到 1920 年 6 月杂志停办,这里一直是中国青年讨论变革的中心,不管是在办公室还是在杂志上"。⑤ 在《星期评论》的众多撰稿者中,着力介绍和研究十月革命与苏俄情况的代表性人物主要有戴季陶、沈玄庐、李汉俊、周颂西、徐苏中等。如表 1 所示,上述诸人皆为 19 世纪"80 后""90 后"一代的年轻人,正处于年富力强、思维活跃的人生阶段。另就学历背景而言,这批人全部具有留学经验,使其在借助海外资料讨论十月革命和苏俄情况时显示出较强的语言优势。⑥

---

① 《中共党史报告选编》,第 209 页。另据施存统所说,"第一师范是当时浙江文化中心,全校共四百多人,订阅《新青年》一百多份,《星期评论》四百来份"。以此估之,该校师生几乎人手一份《星期评论》。参见中国社会科学院现代史研究室编《"一大"前后》(二),人民出版社,1980,第 33 页。

② 从《星期评论》中缝处的广告来看,该刊在全国设立了多个代理发行机构,遍布各省市。其中,当时地处偏远的兰州等地亦设有代派所,可见该刊影响之大、发行范围之广。

③ 蔡和森:《马克思学说与中国无产阶级》,《新青年》第 9 卷第 4 号,1921 年 8 月 1 日。

④ 中共天津市南开区委党史资料征集委员会编《南开党史资料汇编》第 1 册,内部发行,1991,第 41 页。

⑤ 〔美〕萧邦奇:《血路:革命中国中的沈定一(玄庐)传奇》,周武彪译,江苏人民出版社,2010,第 52 页。

⑥ 仅李汉俊一人就通晓日、英、德、法四国语言,《星期评论》主编戴季陶的日文功底亦十分深厚。其留日同窗谢铸陈曾描述,戴对日语的熟稔达到了"能够在隔壁房里听不出是中国学生"的程度。参见《谢铸陈回忆录》,台北,文海出版社,1961,第 25 页。

表1　《星期评论》介绍十月革命与苏俄情况的代表性人物情况

姓名	笔名	出生年	时龄	留学经历
戴季陶	季陶	1891	28	留日
沈玄庐	玄庐	1883	35	留日
李汉俊	汉俊、先进、李人杰	1890	29	留日
周颂西	颂西	1883	35	留日
徐苏中	苏中、徐苏中	1886	33	留日

在《星期评论》之群开始关注苏俄的同时，陈独秀的意外到来使这群知识分子将对苏俄及十月革命的理解与参与组党的实践融合起来。1920年初，在李汉俊的牵线下，戴季陶结识了避居上海的陈独秀。两位新文化运动干将一见如故，相谈甚欢，如多年未见的老友般交换对时局的看法。在此后的互动中，双方"过从颇密"，[1] 思想交融日益深入。陈独秀与戴季陶等《星期评论》社成员的密集活动，很快引起列宁和共产国际的关注。1920年4月下旬，俄共（布）远东局代表维经斯基一行悄然来到上海，方一抵沪便立即与《星期评论》取得联络。在白尔路三益里17号的编辑部内，维氏接触到了戴季陶、陈独秀等当时中国舆论界的多位领军人物。在其间举行的多次会谈中，维经斯基虽未具体谈到马克思主义学理的相关问题，但在详细介绍苏俄革命经验的基础上，反复提到在中国成立共产党组织的可能性。在同维经斯基会晤以后，"一些当时的马列主义者，更加明白了苏俄和俄共的情况，得到了一致的结论，'走俄国人的路'"。[2] 正是在此一动机影响下，《星期评论》之群在陈独秀的组党活动中扮演越来越重要的角色。他们一面观察和比较苏俄政权所奉行的主义与其他思潮的区别，一面在国际共产主义运动的启迪下探讨在中国开展社会主义革命的问题。伴随研究的深入，《星期评论》之群积极响应陈独秀发起上海"马克思主义研究会"，并最终协助陈独秀创立"社会共产党"。上海共产党早期组织的五位发起人中，有三位来自《星期评论》之群。

---

① 张国焘：《我的回忆》第1册，现代史料编刊社，1980，第82页。
② 《"一大"前后》（二），第7页。

二　关于俄国革命的讨论

毛泽东曾指出，"一九一七年的俄国革命唤醒了中国人，中国人学得了一样新的东西，这就是马克思列宁主义"。① 十月革命的消息在国内广泛传播后，中国有识之士进一步认清北洋政府的腐败颠顶，并加快了探索俄国式革命道路的步伐。在参与筹建上海共产党早期组织的过程中，《星期评论》之群始终"热心研究马克思主义，设法去了解俄国革命，相信这里面包含有救国救民的良方"。② 正如日本学者佐藤慎一所言，当时的中国知识分子"不是因为被马克思主义所吸引而去关心俄国革命，而是被俄国革命所吸引而关心马克思主义"。③ 随着北洋政府压迫日深以及苏俄《加拉罕宣言》内容在国内不胫而走，《星期评论》之群围绕十月革命诸方面情况展开了深入讨论。

《星期评论》之群首先揭示了所谓"过激党"与"过激主义"的真相。他们发现，国内知识界长期流传的"'过激派'这个名词，本来是日本那些因为怕布尔色维克便生了'胆怯病'的人制造出来的。传到中国来以后，中国也有害'胆怯病'的人，也跟了用'过激'两个字"。④ 事实上，"布尔色维克"并不能与"过激党""过激主义"等同起来，其俄语原意不过是"多数派"的意思。戴季陶等人指出，"俄国的布尔塞维克，是纯正的马克斯主义"，因为"就列宁、脱罗刺奇他们所主张的理论和他们所作的事看来，就可以晓得，完全是一种信奉马克斯主义的党派了"。⑤ 正是由于布尔什维克的革命实践，才"把马克斯的教义变成苏域（Soviet）的组织"。《星期评论》特别强调，在研究十月革命问题时，切忌"胡里胡涂""瞎害怕"，要在厘清全部真相以前做一番细致的研究。"盲从的、假借的自身，也没有实利可得，都是很危险的。"⑥

---

① 《毛泽东选集》第4卷，第1514页。
② 《"一大"前后》（二），第122页。
③ 〔日〕佐藤慎一：《近代中国的知识分子与文明》，刘岳兵译，江苏人民出版社，2014，第287页。
④ 戴季陶：《对付"布尔色维克"的方法》，《星期评论》第3号，1919年6月22日。
⑤ 戴季陶：《劳农政府治下的俄国》，《星期评论》第39号，1920年2月29日。
⑥ 沈仲九：《主义的研究与宣传》，《星期评论》第40号，1920年3月7日。

　　《星期评论》之群进一步分析了俄国革命发生的原因。他们看到，"布尔色维克"革命"不是空空洞洞忽然生出来的，他是由社会上、政治上种种不平等、不自然的恶制度、恶习惯激动出来的"，而造成这种"不幸结果"的原因主要有三个方面："一、政府专事助长阶级压迫，使社会运动的进行，不能健全发育……二、主张改造国家、改造社会的人，不肯用渐进的忍耐工夫，专用反抗的手段，加增阶级压迫的程度。以为压迫越甚，反抗力越增，目的可以速达。不晓得感情的运动，只能加增群众的反拨力……三、一般下级人民智识程度太低下，没有接受合理思想的能力。兼之种族、语言种种隔阂，社会运动更不能够发生普遍的效果。"[1] 显然，此时《星期评论》之群对于俄国革命发生原因的分析仍停留于表层现象，尚未认识到革命背后深刻的社会根源以及人类社会历史发展的必然性。不过，针对当时部分刊物宣扬的"中国不具备发生俄国革命条件"的观点，《星期评论》之群予以了严词反驳。他们明确指出，当人们在生活与精神上同时不安到极点时，布尔什维克革命随时都有发生的可能。中国人"如果不图'急激的进化'，在世界文化生活当中，将要失了存在的地位"。[2]

　　此外，《星期评论》之群还详细考察了俄国在十月革命后面临的国内国际形势。主编戴季陶翻译了美国陆军情报局长的报告，并附注了数百字的评述。文章对外界流传的"苏俄是无政府主义国家"的说法进行了辟谣，指出"俄国布尔塞维克的主张和无政府主义者的主张，相去不可以道里计……马克斯的社会主义，自来就是与无政府主义立于不两立的地位"。至于国内纷传的涉及苏俄社会情况的消息，如"劳农俄国人民怎样困苦，而政府里面的人如李宁、脱罗茨基怎样奢侈"等，"十九都是浮说"。[3] 他认为，面对俄国革命的果实，欧美各国虽然表示强烈反对，但实际背后各怀心思。譬如"美国对俄的政策……与其说是压迫劳农政府，还不如说他是在援助捷克的名义下，监视日本在满洲及西比利亚的行动。日本政府不用说……压迫劳农政府，不过是借来达局部侵略目的的手段"。[4] "今后只要俄国在商业关系恢复后……这一个最初的社会主义国家建设的成绩，我想一

① 戴季陶：《社会民主化的英国政治》，《星期评论》第 4 号，1919 年 6 月 29 日。
② 戴季陶：《学潮与革命》，《星期评论》第 39 号，1920 年 2 月 29 日。
③ 戴季陶：《劳农政府治下的俄国》，《星期评论》第 39 号，1920 年 2 月 29 日。
④ 戴季陶：《俄国的近况与联合国的对俄政策》，《星期评论》第 26 号，1919 年 11 月 30 日。

定蒸蒸日上。"①

三　对于新生苏俄政权的考察

五四运动后不久，新生苏俄政权在《加拉罕宣言》中释出的友华态度，推动中国知识分子群体在情感上向俄国骤然倾斜。特别是 1920 年共产国际代表维经斯基一行来华以后，这种情感得到进一步释放。《星期评论》即在国内首次译登了《加拉罕宣言》的全部内容，盛赞"任何民族、任何国家，在历史上从来没有这样伟大的事业，没有这样清洁高尚的道德"。② 与此同时，苏俄度过列强武装干涉的艰难时期，分裂出去的远东西伯利亚地区相继回归，一些过去未曾出现的苏俄资料经由远东新路的传播逐渐呈现在中国知识分子面前，给了该刊学人一个得以更加清晰认识苏俄政权的机会。

在政治上，《星期评论》之群肯定了俄国人民在新政权下翻身做主、各民族平等联合的崭新状态。他们看到，"一切政治的权柄都归了工人、农民手里去了，那些不做工的寄生阶级当中的人一律不准参与政治"。③ 这从根本上彰显了苏俄"劳农政权"的实质。新政府成立以后，布尔什维克党将人民生活放在首位，尤其注重保障妇女和儿童的权益。除了在住房、食品分配、学校设置、工作时间等方面给予优待外，苏俄劳动委员会还替少年工人制定了一个月带薪的假期。④《星期评论》赞许道，"现在俄国的德谟克拉西，可以算世界上发达到极度了。不是那准许不认识对于他们的同辈有工作义务的人有政权的假德谟克拉西，但是是一个社会的真正的德谟克拉西"。究其原因，"李宁氏的政治，是以稳和的社会主义做原则，非常投合民意"。⑤ 得益于劳农政府同人民群众之间的鱼水关系，新生的苏维埃政权才能够屹立不倒、坚如磐石。

在经济上，《星期评论》之群围绕苏俄的"共有制度"展开了深入分

---

① 戴季陶：《劳农政府治下的俄国》，《星期评论》第 39 号，1920 年 2 月 29 日。
② 戴季陶：《俄国劳农政府通告的真义》，《星期评论》第 45 号，1920 年 4 月 11 日。
③ 周颂西：《俄罗斯社会党联邦苏域共和国新纪元两年的故事》，《星期评论》第 49 号，1920 年 5 月 9 日。
④ 周颂西：《苏域俄罗斯教育谈》，《星期评论》第 45 号，1920 年 4 月 11 日。
⑤ 周颂西：《俄罗斯社会党联邦苏域共和国新纪元两年的故事》，《星期评论》第 49 号，1920 年 5 月 9 日。

析。他们发现，布尔什维克党将银行、土地、工业全部收归国有，交由劳动者自己管理。在这一制度下，"经济的生活之一切要素，尽其力所能致，利用到最大限度"。[1] 结合苏俄经验与中国实际，周颂西等人特别强调，"工业由工人自己管理和收归国有的事，是社会共产制实现的必须的初步"，因此，工业的国有化"必先经改造"，使其能够"为真正生产者的消费和使用而生产"。[2] 此外，李汉俊还详细分析了苏维埃最高国民经济会议的构成情况，指出正是得益于这种机构的监督，"俄国的贸易已经归了国民手里，由劳动政府自行管理……目下在莫斯哥的中央消费组合的职员，多数都不是共产主义者，同组合的事业，是在劳农政府管理下面来行的"。[3] 由于公有经济的实施，苏俄境内"死刑执行很少，善良的秩序确实成立"。而随着南俄与西伯利亚地区的回归，《星期评论》之群也乐观地认为，"本来煤油、木材号为世界第一二位的俄国，一定很容易免除燃料和木材供给的缺乏，所以产生经济的恢复及发展，可以想象他决非难事"。[4]

在对外关系上，《星期评论》之群特别关注了新生苏俄政权与中华民国的外交发展情势。主编戴季陶认为，中国与俄国有"一万余里的国境线"，且"两国都是农业国，正在近代文化史上努力的时代都在一个水平线上"，中俄"关系密切"的程度"没有一国能够比得上"。[5] 正因为如此，他呼吁北京政府应当主动接受并亲善新生苏俄政权。在他看来，"劳农政府的政策，从俄国国内的政治上讲，姑无论好不好。他已经宣言抛弃从前的罗马诺夫王朝时代对中国的侵略政策，废除一切密约，我们应该认识他在这一点，已经是可以和中国相容的"。而放眼国际，伴随自身政权的愈益稳固，苏俄在世界上的地位将不断提高。各资本主义列强"看到这种情形，所以〔有〕都想抛弃从前的干涉政策，和劳农政府讲和……而且事实上，除讲和而外，也别无可以对付他的方法"。在这种情况下，"我们就中国的国家利

---

① 周颂西：《俄罗斯社会党联邦苏域共和国新纪元两年的故事》，《星期评论》第 49 号，1920 年 5 月 9 日。
② 周颂西：《俄罗斯社会党联邦苏域共和国新纪元两年的故事》，《星期评论》第 49 号，1920 年 5 月 9 日。
③ 李汉俊：《强盗阶级底成立》，《星期评论》第 48 号（劳动纪念号），1920 年 5 月 1 日。
④ 戴季陶：《劳农政府治下的俄国》，《星期评论》第 39 号，1920 年 2 月 29 日。
⑤ 戴季陶：《俄国的近况与联合国的对俄政策》，《星期评论》第 26 号，1919 年 11 月 30 日。

益及亚洲的和平幸福上着想，我们所要亲善的是平和的俄国，是民主的俄国"。① 不难看出，《星期评论》之群最初是从一种实用主义态度出发，将中俄亲善视为中国外交战略的重要一环。

四 关于国际共产主义运动史的介绍

关于国际共产主义运动史的介绍和解读，是《星期评论》之群在参与筹建无产阶级政党过程中进一步了解马克思主义及其实践活动的一扇重要窗口。实际上，与《共产党宣言》的东渐过程类似，五四运动以后，伴随马克思主义在中国传播的日渐深入，中国知识分子已开始告别过去那种片段式的零散介绍，尝试对国际共产主义运动的面貌进行整体勾勒。《星期评论》之群不仅详细介绍了第一、第二、第三国际斗争发展的历史，同时具体评论并分析了德、英、意、美诸国的共产主义运动，丰富了中国人对于苏俄领导下的国际共产主义运动的理解和认知。

为了说明社会主义的必然趋势，《星期评论》之群借助俄国舶来的相关材料，首先对国际共产主义运动的发展演变进行了细致描述。他们看到，1848 年欧洲革命失败后，资本主义在"欧罗巴诸国"得到迅速发展，无产阶级力量亦随之成长。至 19 世纪后半叶，波兰等国相继爆发起义，不仅唤起了世界无产阶级的广泛自觉，同时促使国际无产阶级运动迎来新的高潮。如 1864 年 9 月"万国劳动者同盟"即"第一国际"的成立、1889 年 7 月"万国社会党大会"上"第二国际"的建立以及 1919 年 3 月"红旗万国同盟"即"第三国际"的诞生等，都是这一运动的结果。李汉俊揭示了其中蕴含的"世界的社会主义底主要原理"，即"劳动者之对于劳动机关掠夺者的经济的服从，是一切束缚底原因……'劳动阶级底经济的解放'，是超越各种政治运动的大纲目。劳动阶级底解放，不是一地方的问题，不是一国家的问题，是只有最进步了的诸国民族，一致努力，才能解决的社会的问题"。② 也就是说，资本主义压迫的普遍性与世界性，决定了无产阶级解放事业的国际性质。无产阶级必须团结一致、消除"种界国界"的隔阂，彼

① 戴季陶：《俄国的近况与联合国的对俄政策》，《星期评论》第 26 号，1919 年 11 月 30 日。
② 李汉俊：《劳动者与"国际运动"（上）》，《星期评论》第 51 号，1920 年 5 月 23 日。

此联合起来，与一切资本势力展开斗争，才能在解放全人类的同时，获得自身的真正解放。

1920 年夏，上海"马克思主义研究会"发起后，《星期评论》之群围绕无产阶级政党的宗旨、纲领、组织原则等内容，开始进行建党的最初探索。对于缺乏经验的陈独秀、李汉俊等人而言，欧美各国社会党的发展及活动，无疑是筹建中国共产党的重要参考。《星期评论》遂以德、英、意等国为研究重心，详细考察了这些国家的共产主义运动情况。其中，作为马克思、恩格斯故乡以及欧洲内部政党斗争最为激烈的地方，德国最先进入《星期评论》之群的视野当中。戴季陶全文翻译了恩格斯为德国社会民主党所起草的《爱尔福特纲领》，并结合德国社会民主党内部的斗争情况，指出"马克斯的社会主义，由学理的发明与实务的努力，两相配合，经过许多困难，打破许多偶像，在德国里面竟自得了政治上、社会上的优胜旗……胜利的结果，便产生出德国社会民主党的修正派"。[1] 他把这种现象称作"马克斯主义的分化"，将之视为马克思主义"时代精神"进化的结果。戴季陶认为，"全世界的民族，各有各的历史的精神，各有各的现在境遇……这各民族特殊的质性，在世界的时代精神笼照下面，都各自自由发展起来"。[2] 可见，他已从德国党的事例中初步认识到马克思主义的精髓，即必须同各国实际相结合。

除德国外，《星期评论》之群还详细考察了老牌工业国家英国与意大利的共产主义运动情况。据其观察，英国无产阶级不仅规模庞大，而且具有极强的行动能力。《星期评论》指出，尽管"马克斯派的社会主义输入英国是很早的"，但英国的无产阶级运动"并不是由于思想上、理论上的指导，是由于实际的必要所逼迫"。[3] 就在不列颠工人运动如火如荼展开之时，与之毗邻的意大利也掀起了"赤色化的趋势"。该国社会党不仅在同年的国会大选中赢得了半数以上的席次，而且在胜选后宣布"与俄国劳农共和政府，取完全的一致行动"。[4] 不过，对于意大利社会党的"和平革命"，《星期评论》之群也提出了若干不同看法。他们认为，意大利的共产主义运动受限

---

① 戴季陶：《"世界的时代精神"与"民族的适应"》，《星期评论》第 17 号，1919 年 9 月 28 日。
② 戴季陶：《"世界的时代精神"与"民族的适应"》，《星期评论》第 17 号，1919 年 9 月 28 日。
③ 戴季陶：《英国的劳动运动与三角同盟》，《星期评论》第 18 号，1919 年 10 月 5 日。
④ 戴季陶：《意大利的"赤色化"与其反动》，《星期评论》第 28 号，1919 年 12 月 14 日。

于该国社会党的"最小限度的政纲",而这个纲领"去马克斯的精神还很远"。① 此外,针对当时"美国不可能出现社会主义革命"的论调,《星期评论》之群也用事实予以了反驳。李汉俊以较大篇幅详细介绍了美国"世界产业劳动者同盟"(I. W. W.)的相关情况,认为这一组织的出现,是资本主义"总崩坏"的开始。②

五　关于"走俄国人的路"的展望

在参与筹建上海共产党早期组织的过程中,《星期评论》之群通过将俄国革命经验运用于分析中国社会问题,借助无产阶级世界革命理论重塑救国之路,越发倾向于"应用俄国式的方法去达到改造中国与世界的目的"。③这一颇具意义的转变,加快了《星期评论》之群协助陈独秀创立俄国式无产阶级政党的步伐。对此,陈独秀亦表示赞同:"我们不必做中国的马克思和恩格斯,一开始就发表一个《共产党宣言》。我们只是要做边学边干的马克思主义的学生,现在可以先将中国共产党组织起来。"④

《星期评论》之群率先从理论层面对"走俄国人的路"的合理性和可能性展开了深入分析。沈仲九指出,十月革命开辟了社会主义运动的"新趋向"。在这种情况下,中国应紧随俄国之后,以"布尔塞维克的主张"作为"切实的模范","协同全国全世界的被掠夺者,共同参加这大运动"。⑤ 主编戴季陶和沈玄庐在谈到无产阶级出路时强调,中国人要想改变被奴役和被压迫的现状,就必须像俄国人民那样,"生出一种'人'的觉悟"来。只有在这种觉悟下,中国才能"合起几万万在重重奴隶境遇里面的人民,振起一个很大的革命精神……建设一个全人类自由劳作、自由管理、自由享用的互助世界"。⑥ 中国人若不认清这一点,不图俄国式的"进化",就永远无法"切断工人颈子上的锁链,打破资本家所建筑的牢笼"。⑦ 为了进一步

①　戴季陶:《意大利的"赤色化"与其反动》,《星期评论》第 28 号,1919 年 12 月 14 日。
②　北泽新次郎著,李汉俊译、注《I. W. W. 概要》,《星期评论》第 33 号,1920 年 1 月 18 日。
③　《蔡和森文集》,人民出版社,1980,第 57 页。
④　张国焘:《我的回忆》第 1 册,第 95—96 页。
⑤　沈仲九:《学生运动的过去和将来》,《星期评论》第 46 号,1920 年 4 月 18 日。
⑥　戴季陶:《俄国劳农政府通告的真义》,《星期评论》第 45 号,1920 年 4 月 11 日。
⑦　沈玄庐:《起劲》,《星期评论》第 45 号,1920 年 4 月 11 日。

说明俄国布尔什维克党在革命后建立"劳农联合"政府的重要意义，《星期评论》之群特地与《新青年》编辑部一南一北串联，在"劳动纪念号"上张贴了整幅"工农共同劳作、携手改变世界"的宣传画。《星期评论》号召包括工人、农民在内的各阶层劳动者联合起来，"反抗占领生产机关的非劳动者……由劳动者自己劳动、自己管理、自己享用"。[1]

《星期评论》之群认为，"走俄国人的路"的核心就在于开展俄国式的阶级斗争，行无产阶级之专政。布尔什维克之所以能够成功，关键就在于革命党切实发动了"占社会比例最巨"的无产阶级，对反动阶级采取了"充分的无情的斗争"。李汉俊指出，"自从私有财产制度产生以后，社会就截然分成掠夺与被掠夺底两大阶级"。而作为人类社会必经阶段之一，"阶级斗争是阶级的社会组织下面不可免的运命……要想免去阶级斗争，只有废除阶级的压迫，只有废除阶级。阶级存在一天，阶级的压迫继续一天，阶级斗争就要支持一天"。[2] 俄国革命的发生，实际上是阶级斗争激化到一定程度的结果。因此，对于中国的无产阶级来说，"为实现这个（社会主义）理想，与恶势力争斗就不能不有违反这个理想的行为。像俄国波尔色维克这回革命，就不能不芟除反波尔色维克的克伦斯基……这是为达目的的手段，是正当的"。[3] 换言之，无产阶级取得政权后，必须用"铁的手腕"镇压反动阶级的抵抗。以上论述中所蕴含的无产阶级专政思想，反映出《星期评论》之群对于科学社会主义的理解已达到一定水平，这在当时已属难得。

值得一提的是，《星期评论》之群在探索"走俄国人的路"的过程中，特别强调中国革命道路必须结合中国情况来开拓。主编戴季陶指出，在"世界的时代精神"笼罩下，"全世界的民族，各有各的历史的精神，各有各的现在境遇"。有鉴于此，各民族"所取的趋向，虽是在世界的协同进化，所用的方法——就是进行的途径——却是都现出一种差别的形体"。[4] 造成这种差异的原因，实际上是各国不同的国情。在他看来，所

---

① 戴季陶：《上海的同盟罢工》，《星期评论》第 48 号（劳动纪念号），1920 年 5 月 1 日。

② 李汉俊：《我的"考试毕业"观》，《星期评论》第 44 号，1920 年 4 月 4 日。

③ 李汉俊：《强盗阶级（The Robber Caste）——萧伯纳赞美波尔色维克》，《星期评论》第 46 号，1920 年 4 月 18 日。

④ 戴季陶：《"世界的时代精神"与"民族的适应"》，《星期评论》第 17 号，1919 年 9 月 28 日。

谓"世界的时代精神",就是人类社会向社会主义社会过渡的必然趋势。为了顺应这一趋势,包括中国在内的世界各国只能根据自身情况对"时代精神"加以改造,结合本国实际开展社会主义革命。戴季陶劝慰正苦苦逡巡于救国道路上的中国人,"你们还是自己开自己的路罢"。《星期评论》之群关于各民族必须结合自身国情走自己的社会主义道路的论述,可以说初步蕴含了"马克思主义中国化"的思想萌芽。考虑到该刊与上海共产党早期组织以及陈独秀、李汉俊等中共早期领导人之间的密切关系,这种对待马克思主义的全新视角,或许可以视为马克思主义中国化的理论源头。

六　结语

五四时期正值中国现代社会思想的重要转型期。在这样一个特殊年代,无论是十月革命还是新兴的苏俄政权,都给正在转型中的中国思想界以极大的冲击。在筹建中国第一个无产阶级政党的过程中,中国知识分子对于苏俄的态度、认知和理解,在相当程度上决定了后来中国政治思想领域的发展变迁,同时也深刻影响了此后中国革命发生和发展的历史进程。作为上海共产党早期组织的主要筹建者,《星期评论》之群的苏俄观是同现实环境以及客观实践活动密切联系的,反映出如下几个方面的问题。

其一,中国知识分子从关注苏俄到筹建无产阶级政党,是直接受到俄国革命鼓舞的结果。从《星期评论》之群的讨论内容可以明显看出,中国先进知识分子在社会变革问题的态度上已较五四以前更趋激进。他们对过去那种试图以一般性的原理阐释来启迪民众的做法感到越发怀疑,从而在宣传研究上越来越倾向于鼓动一场彻底的政治变革。以这种变化为契机,戴季陶、李汉俊、陈独秀等人开始将研究重心放在如何开展革命的问题上,寄希望通过对俄国革命以及苏俄诸方面的讨论,从中攫取可资借鉴的革命经验,找到一条既能救国又能赶上世界前进步伐的便捷之路。正是怀抱对中国社会主义运动的展望,一种崭新思想在先进知识分子的热切讨论中呱呱坠地了。

其二,《星期评论》之群对新生苏俄政权的褒扬,揭示了中国知识分子选择问道苏俄的情感动因。该刊主要撰稿人沈仲九就曾公开宣称，他对于苏维埃俄国政权的宣传和介绍，不仅仅是"为其势力"，更重要的是"为了俄国劳农政府所根据的真理"。[1] 这无疑蕴含了五四知识界对于俄国革命模式以及作为其指导思想的马克思主义的高度认同。而在《加拉罕宣言》感召下，《星期评论》之群更是第一次看到有别于过去列强对华侵略的姿态，看到了一个全新的人民当家做主的新政权的建立。不管是从政治层面、经济层面还是对外关系层面，他们给予了苏俄政权毫无保留的讴歌。随着中国无产阶级政党的酝酿和诞生，这种对于俄国社会主义制度本质的高度青睐，在一定程度上预示了中国必将"以俄为师"、在马克思主义指导下走十月革命道路的历史趋势。

其三，中国先进知识分子对于国际共产主义运动史的宣传，与其当时的组党活动是密切关联的。《星期评论》之群对各国共产主义运动情况的介绍，涵盖了当时压迫中国最深的几个主要帝国主义国家，这不仅加深了中国知识界对欧美先进国家无产阶级革命斗争的了解，而且从帝国主义国家内部的反对声浪中获得了抗争与前进的希望。此一时期正值陈独秀与《星期评论》之群筹组上海共产党早期组织之际，《星期评论》中关于各国无产阶级政党组织活动、内部分歧等情况的介绍，尤其是对工人群众在各社会党领导下开展斗争过程的考察，无疑具有借鉴意义。实际上，这一借由宣传他国共产主义运动来推动自身政治活动的情况，同样出现在《新青年》等报人团体中。这从一个侧面证明了中国共产党的创建绝非偶然，而是历经了一个相对长期的思想准备阶段。

其四，《星期评论》之群关于"走俄国人的路"的展望，初步蕴含了将马克思主义与中国实际相结合的思想元素。实际上，就在主编戴季陶提出"自己开自己的路"的"时代精神"说的同时，《星期评论》撰稿团队中的部分人士也已注意到了理论"本土化"的问题。如该刊撰稿人李大钊就曾表示，"马氏的学说，实在是一个时代的产物"，因而对于马克思主义传播者来讲，"为使它的主义在世界上发生一些影响，必须要研究怎么可以把他的理想，尽量应用于环绕着他的实境"。[2] 这些表述说明，以《星期评论》

---

① 沈仲九：《为什么要赞同俄国劳农政府的通告？》，《星期评论》第45号，1920年4月11日。

② 《李大钊文集》第4卷，人民出版社，1999，第376页。

之群为代表的中国先进知识分子在确定"以俄为师"的前进道路时，对于中国革命必须适合中国国情的问题，已经有了较为清醒的认识。可以说，中国共产党的创建和诞生，乃至后来整个新民主主义革命进程的发展，都基本延续了这一逻辑理路。

编读互动与革命动员：五四时期《觉悟》"通信"栏研究

朱文哲[*]

从晚清至五四时期，由报刊所催生的新型言说平台，为知识人聚合以及思想传播提供了区别于传统社会的路径，由此形成了新型社会人际关系网络和社会公共意见表达机构。这一"公共空间"的特点就如 1902 年梁启超所言："报馆者非政府之臣属，而与政府立于平等之地位者也。不宁唯是，政府受国民之委托，是国民之雇佣也，而报馆则代表国民发公意以为公言者也。"[①]在这一历史阶段，由报刊所构筑的社会意见表达之"公共空间"，推动了社会及思想文化的剧烈变化。对此，1920 年 1 月 29 日，孙中山在《致海外国民党同志函》中说："自北京大学学生发生五四运动以来，一般爱国青年，无不以革新思想，为将来革新事业之预备。于是蓬蓬勃勃，抒发言论。国内各界舆论，一致同倡。各种新出版物，为热心青年所举办者，纷纷应时而出。扬葩吐艳，各极其致，社会遂蒙绝大之影响。虽以顽劣之伪政府，犹且不敢撄其锋。此种新文化运动，在我国今日，诚思想界空前之大变动。推原其始，不过由于出版界之一二觉悟者从事提倡，遂至舆论放大异彩，学潮弥漫全国，人皆激发天良，誓死为爱国之运动。"孙中山将新文化运动所引发的"思想之变化"，视为"最有价值之事"，也是"欲收革命之成功"的前提。[②] 梁启超

---

* 朱文哲，南方医科大学马克思主义学院副教授。
① 梁启超：《敬告我同业诸君》，《饮冰室合集·文集之十一》，中华书局，1989，第 38 页。
② 孙中山：《致海外国民党同志函》，《孙中山全集》第 5 卷，中华书局，1985，第 209—210 页。

和孙中山的论断，可以说较为准确地概括了清末民初由报刊所构建的"公共空间"之功能及特点。这与哈贝马斯所说的西方"公民社会"所构成的"公共领域"有较大不同，尽管两者具有相似之处，[①] 但清末民初的报刊媒介所形成的"公共空间"，更侧重报刊在表达社会公意及知识人共同体构建方面的作用。

报刊要成为"公共空间"，需要构建起反映社会公意的议题以及扩展这些议题的途径，并获得读者认可。自晚清开始创设的"通信"形式，至五四时期成为诸多报刊普遍常设的专栏，既推动了报刊编读往来的思想交流，也是沟通思想与社会互动的重要方式，构成了五四时期报刊发展极具特色的内容之一，也是了解报刊构筑"公共空间"的重要方面。而研究报刊的"通信"栏，特别是读者阅读及参与报刊论题的讨论，有利于丰富和深化传统报刊史研究内容。[②] 学界对五四时期报刊通信栏的研究已有较为丰富的成果，其中王玉春系统梳理了五四时期报刊通信栏的设置、功用等详细内容，[③] 对《新青年》《甲寅》《妇女杂志》等杂志通信栏也都已有关注。[④] 作为五四时期四大副刊之一的《民国日报·觉悟》，其"通信"栏（1920 年 9 月 6 日前名"通讯"）刊登的"来信"之多、议题之丰富，远超同时期的其他报刊，但相关研究还比较零散，为后续研究留下了空间。[⑤] 本文在以往研究的基础上，以 1920 年至 1925 年《觉悟》副刊的通信栏为对象，侧重分

---

① 许纪霖：《近代中国的公共领域：形态、功能与自我理解——以上海为例》，《史林》2003 年第 2 期。

② 卞冬磊：《从报刊史到报刊阅读史：中国新闻史的另一种视角》，《国际新闻界》2015 年第 1 期。

③ 王玉春：《五四报刊通信栏与多重对话研究》，人民出版社，2018。

④ 刘震：《〈新青年〉与"公共空间"——以〈新青年〉"通信"栏目为中心的考察》，《延边大学学报》2003 年第 3 期；杨琥：《章士钊与中国近代报刊"通信"栏的创设——以〈甲寅〉杂志为核心》，《安徽大学学报》2012 年第 4 期；叶韦君：《个人经验与公共领域：〈妇女杂志〉通信栏研究（1915—1931）》，《近代中国妇女史研究》第 29 期，2017 年。

⑤ 以往对《民国日报·觉悟》的研究较为关注《觉悟》与文学的关系、《觉悟》与政局变动、《觉悟》与马克思主义的传播等内容，部分代表性成果可参见《觉悟——上海民国日报副刊》，中共中央马克思恩格斯列宁斯大林著作编译局研究室编《五四时期期刊介绍》第 1 集，三联书店，1978，第 182—220 页；晨朵《〈觉悟〉副刊对传播马列主义的贡献》，《复旦学报》1983 年第 2 期；史建国《〈民国日报·觉悟〉研究》，博士学位论文，南京大学，2009；杜竹敏《〈民国日报〉文艺副刊研究（1916—1924）》，博士学位论文，复旦大学，2010；孙旭红《〈觉悟〉与社会主义在中国的传播》，《东方论坛》2014 年第 6 期；岳亮《〈觉悟〉与社会主义在中国的早期传播》，《科学社会主义》2014 年第 6 期。

析编者如何与读者互动这一问题，探讨《觉悟》副刊如何成功地构筑了思想交流与革命动员的"公共空间"，并达到对青年"觉悟思想"和"觉悟能力"的目标。

一 "思潮前驱"与"青年挚友"

《觉悟》是五四运动直接催生的产物，而邵力子创办《觉悟》副刊则是多种因素推动的结果。① 对于刊物的宗旨，邵力子在《觉悟》副刊创刊宣言中说："我们现在要改造社会，就不能不先把各种可疑的古训，教各人都能用新思想去观察，那真理越发明白，社会就越发进步。"② 不同于学术性的期刊，也不同于同人性的期刊，《觉悟》以启蒙青年思想为目标，对此有论者认为："《学灯》与《晨报副刊》学术性比较强，带有经院气息，看上去学理比较深；《觉悟》的战斗性较强，政治色彩较浓，内容比较通俗，更加接近青年群众。"③ 正是由于邵力子的定位，《觉悟》副刊形成了独有的风格，也在后五四时期的青年群体中产生了很大影响。

而作为沟通青年学生重要方式的通信栏，即于1920年2月6日设立，成为《觉悟》副刊内容分栏之后较早设立的栏目之一。④ 邵力子主持《觉悟》期间，通信栏几乎每期都刊登读者来信，少则1篇，多则6篇。研究者经过统计发现，自1920年2月《觉悟》通信栏创立至1924年12月，每月刊登的来稿平均38篇。其来稿量之大，作者之多，反映社会问题之广，远远超过其他报纸副刊的此类栏目，由此也使得《觉悟》的通信栏在五四时期报纸副刊的通信栏中算是"办得较有特色"。⑤ 特别是在1920年至1922年，作为《觉悟》主持者的邵力子，耗费了很大的精力回复读者来信，极大地推动了编者和读者的往来沟通，吸引了青年学生的关注。如1920年5

---

① 史建国对《觉悟》副刊创办的经过做了较为深入和系统的研究，可参见史建国《〈民国日报·觉悟〉研究》，第13—29页。

② 邵力子：《古训怀疑录》，《民国日报》1919年6月18日，第2张第8版。

③ 姚福申、管志华：《中国报纸副刊学》，上海人民出版社，2007，第106页。

④ 《觉悟》副刊创立之初没有分设栏目，详见《觉悟——上海民国日报副刊》，《五四时期期刊介绍》第1集，第183页。

⑤ 谢庆立：《在编读互动中寻求创新——五四时期报纸副刊编辑艺术探析》，梅仁毅、孙有中主编《北外英文学刊（2007）》，外语教学与研究出版社，2008，第263页。

月的通信栏，总计96封读者来信，邵力子回复了其中的74封。对此，邵力子夫人傅学文说，他"特别重视青年学生来稿，热情接待来访，认真答复来信，使青年学生把《觉悟》当作自己的喉舌"。[1] 邵力子的学生黎碧石也说："《觉悟》副刊，确实名副其实，唤醒人们的觉悟。特别是青年，把《觉悟》副刊作为良师益友和不可缺少的精神食粮。"[2]

正是由于《觉悟》定位于传播新思潮的前驱和觉悟青年的挚友，因而通信栏成为青年读者与编者互动往来的"公共空间"，也是杂志"觉悟青年"和"青年觉悟"的展示地，被编者与读者称为"觉悟"栏，[3] 以与"评论""谈话""讨论""随感录"等带有强烈"个人意见"的栏目相区别。[4] 为了让青年人把"《觉悟》当作自己的喉舌"，大量登载青年读者的来信就成为编读互动往来最直接的方式。从1920年7月《觉悟》通信栏的内容来看，在56封读者来信中，既有讨论时政问题的来信（18封），如白话文问题、工人自救、乡村文化运动、乞丐问题、婢女解放等，也有遇到难题向编者求助的来信，如"赤膊是否野蛮""促进女子求学应从那里做起""怎样使未婚妻读书"等，但更多的是与青年人密切相关的婚姻、恋爱、学业等看起来生活化问题的来信，光是讨论女子剪发的来信就达到8封之多。尽管有些内容如"恋爱与学问"的讨论并无新意，但恰恰是这些与青年密切相关论题的交流，使他们形成了情感和思想上的共鸣，[5] 成为《觉悟》塑造"觉悟青年"的重要方式。

值得注意的是，《觉悟》副刊作为邵力子等"觉悟青年"的工具，最终的目标是要实现对社会的改造。这一定位也就决定了杂志必然与时局产生紧密的关联。正如读者所说的那样："死神已经临头了，死的人也已经不少

---

① 傅学文：《邵力子生平简史》，傅学文编《邵力子文集》，中华书局，1985，第17页。

② 黎碧石：《我的老师邵力子》，中国人民政治协商会议全国委员会文史资料委员会编《文史资料存稿选编·文化》，中国文史出版社，2002，第687页。

③ 《通信》，《民国日报·觉悟》1921年11月11日，第4版。

④ 《宣言》，《民国日报·觉悟》1921年7月1日，第1版。

⑤ 现有对《觉悟》副刊读者来信的统计尚不能做到完全准确，主要原因是现存《觉悟》副刊的部分刊期缺失。研究者根据已有的资料统计发现，在《觉悟》的通信栏中，关于婚恋问题的通信达到412篇，占到《觉悟》通信栏上千篇通信的四成，其中对旧式婚姻不满和要求废除旧婚制的内容又居多数。相关研究参见刘长林主编《自由的限度与解放的底线——民国初期关于"妇女解放"的社会舆论》，上海大学出版社，2014，第175页。

了，赶紧多研究点方药吧。"① 不过《觉悟》初期邵力子并未采取激烈的
"革命"手段，而是从文化启蒙入手，以"觉悟思想、觉悟能力"。有论者
也指出，《觉悟》副刊的创刊，预示着《民国日报》副刊从单纯的政治救亡
中走出来，并且开始致力于从事长期的文化运动。②《觉悟》始终关注社会
现实问题，这突出地反映在《觉悟》栏目设置的变化上。1919 年，《觉悟》
不分栏，内容以论文为主，其中译文占很大的比重。1920 年后篇幅扩大一
倍多，开始分专栏，常设各栏为评论、讲演、选录、译述、诗歌、小说、
通讯（后改为"通信"）、随感录等，此外还有参考资料、劳动问题、社会
调查、平民血泪、旅东随感录等栏。1924 年 2 月改版后，论文比重增加，
而原来占很大篇幅的文艺作品、通信和随感录则大为缩减。③ 就栏目内容的
变化来看，早期译文篇幅较大，这是因为邵力子希望通过更多输入国外最
新的思想论著从而达到革新国内思想界的目的。1924 年 2 月国民党改组后，
《民国日报》成为国民党的机关报。④ 而《觉悟》作为《民国日报》的副
刊，也受到这种变化的影响，适应国民革命发展的需要宣传革命主张，就
成为当时的重要任务。而"通信"作为众声喧哗的一种方式，对某些问题
的讨论并无助于宣传政党的政治主张。这从 1924 年元旦邵力子的《民国十
三年的新觉悟和新努力》一文就可看出此种转变，他抄录《东方杂志》的
《我们竟不如土耳其》，作为新一年《觉悟》的努力方向，在文末加了自己
的解释，其中说："我们真诚地希望读者诸君细细地读，读了以后，细细地
想，想一个'我们究竟怎样'的确实不移的答案，答案有了以后，就该和
土耳其大学生与俄国大学生一样，继续不断地为民主政治和排斥列强压力，
努力奋斗。"⑤ 可见，在编者的心里，革命的方案实际上已经有了，需要读
者在思想上"确实不移"，并且起而奋斗。在这种情况下，已经不需要更为
多元的声音，曾经内容丰富的通信栏式微便是"自然而然"的事情了。

　　更需要强调的是，通信栏作为编读互动往来的重要平台，编者的思想

---

① 玄：《觉悟的第一步》，《民国日报》1919 年 9 月 29 日，第 2 张第 8 版。
② 史建国：《〈民国日报·觉悟〉研究》，第 28 页。
③ 《觉悟——上海民国日报副刊》，《五四时期期刊介绍》第 1 集，第 184 页。
④ A. B. 潘佐夫：《共产国际档案中的邵力子文件》，中国共产党创建史研究中心编《中共创
　建史研究》第 1 辑，上海人民出版社，2016，第 123 页。
⑤ 力子：《民国十三年的新觉悟和新努力》，《民国日报·觉悟》1924 年 1 月 1 日，第 1 版。

主张和观点会对读者产生较大影响。而作为《觉悟》主要创办者的邵力子，又是投身社会政治的革命者，政局及社会思潮变动对他会产生很大的影响，这些影响又会投射在《觉悟》副刊上。这一特点在通信栏的读者来信和编者回复中也有极为突出的反映。由此也决定了《觉悟》的易变性，即邵力子个人的思想观念和社会关系等因素的变化不断影响《觉悟》的内容。如《觉悟》创办与国民党内部的左右之争有较大的关系，而邵力子属于国民党左派阵营，以至于《觉悟》常发表与《民国日报》社论唱反调的社论，造成大家不看《民国日报》正版，争看副刊的现象。① 邵力子在中国共产党成立前后大力宣传马克思主义，1924 年之后又大力宣传新三民主义，这都在很大程度上影响了《觉悟》，也对通信栏产生了连带影响。②

二　阅读："觉悟后的痛苦与奋斗"

对比其他报刊的通信栏，《民国日报·觉悟》也具有自己的特色。与《新青年》通信栏侧重思想性的论题不同，也与《少年中国》通信栏仅限刊登少年中国学会会员之间的通信不同，③《觉悟》通信栏涵盖的内容十分广泛，而通信者则多为青年学生。④ 尽管通信论题的思想性不够，但正是通过这些广泛且与青年密切相关论题的反复讨论，《觉悟》副刊成为读者思想交流的"公共空间"。正如论者所指出的那样，《觉悟》上发表的宣传马克思主义的文章，就理论的系统性和明确性来说，远不及《新青年》，但是《觉悟》是每天和读者见面的日刊，文章简短，作者多半是社会上还不知名的

① 祥钧：《参加筹备中共一大的邵力子》，中共一大会址纪念馆编《中国共产党创建史研究文集（1990—2002 年）》，上海人民出版社，2003，第 433 页。
② 1926—1927 年，邵力子作为国民党的共产国际代表，在莫斯科中山大学任教期间应校长要求写了自传。相比其他内容，他对自己主持《民国日报》的工作介绍较多，特别是对担任《民国日报》主编以及加入中国共产党，甚至受到国民党右派排挤的情况都有提及。这对理解邵力子的社会活动与《觉悟》的变化及关联有一定的帮助。参见 A. B. 潘佐夫《共产国际档案中的邵力子文件》，《中共创建史研究》第 1 辑，第 122—123 页。
③ 王玉春：《五四报刊通信栏与多重对话研究》，第 100—103 页。
④ 有论者指出，《觉悟》选择了非同人性质的办刊方式，既与它追求社会性、新闻性的商业报纸媒介定位有关，也与它创办之初没有充裕时间建立自己的同人群体有关。但恰恰是这种定位和处境，使得《觉悟》作者群的分布范围更加广泛。参见王烨《国民革命时期国民党的革命文艺运动（1919—1927）》，厦门大学出版社，2014，第 37—49 页。

青年学生或教员，一般是联系自己的思想感情，以朴实、亲切的口吻来发表见解和讨论问题，鼓动性较大，因此，很受广大青年的欢迎，宣传效果也很好。[①] 这可以从《觉悟》通信栏的读者来信得到验证，1920 年 12 月，一位读者来信就说："我读《觉悟》不上一个月，不但使我底知识增进，还令我旧时的麻木身体，忽然变了一个精神觉悟的人。这样看来，《觉悟》真有改造社会之能咧！我从前对于宗教，阶级制，忠君爱国说，法律咧，政府万能论，都是很相信的，如今觉悟了，总知道这些全是阻碍人类进化的东西，一切都破除了。这不是忽然变了个精神觉悟的人底明证吗？但'觉悟栏'近来常登有一两篇通信，竟至说厌读《觉悟》和许多颓丧的话，以为读了《觉悟》是痛苦的。我想想他们是同我从前一样，在初进觉悟之门的时候，思想未得圆满，觉悟又未得彻底，所以才有这种悲观的表示。我预料不久他们能彻底觉悟，不但不会说这样的话，还要说'努力奋斗'咧！"[②] 读者的现身说法，证实了《觉悟》对个人从"觉悟后的痛苦"到"彻底觉悟"蜕变的影响，也凸显了《觉悟》读者参与的鲜明特色，因而使它能得到青年学生的广泛关注，并且使得通信栏成为这一群体参与《觉悟》社会论题讨论的重要平台，进而在传播社会新思潮方面发挥自己独有的作用。

1920 年 2 月至 1924 年《觉悟》通信栏的近千封读者来信，大体可分为如下几种类型：一是因为遇到了自己感到困惑或难以解决的事情，求助于编辑，期望编者能够给出解决方案；二是就某一问题及观点进行评析，或赞成，或反对；三是介绍国内外政情思潮。在前两种类型的读者来信中，编者会选择登载并加以点评，有些则会以书信的方式与读者沟通。值得注意的是，编者在通信栏的点评与读者来信的内容相应和，构成了洞察《觉悟》思想变迁的丰富材料，甚或对于了解《觉悟》的读者群都极有帮助。而在第三类的来信当中，编者多不点评，其内容侧重于对某方面情况做较为深入的解读。据不完全统计，谢晋青以"晋青"之名，先后在《觉悟》发表文章 150 多篇，其中通信 20 余篇，主要介绍他在留学日本期间对日本社会的观察，如《日本劳工底新战略》《日本社会主义同盟底大成功》《日

---

① 《觉悟——上海民国日报副刊》，《五四时期期刊介绍》第 1 集，第 188 页。
② 长恨：《读〈觉悟〉者底觉悟观》，《民国日报·觉悟》1920 年 12 月 5 日，第 4 版。

本学生界底新潮》《日本劳工底急进派》等文。另外，1920 年 6 月至 1922 年 1 月，施存统在东京期间，先后在《觉悟》通信栏发文 10 余篇。尽管他们的某些文章看起来与《觉悟》通信栏的其他论题关系不甚密切，但通信所介绍的国外社会政情及思潮变动等内容，也构成了《觉悟》通信栏内容多样性和丰富性的重要面相。

从社会身份来看，《觉悟》通信栏的来信读者大多是具备一定知识水平的青年学生。他们的社会阅历尚不丰富，因经历、思想和情感的大体相似而呈现出同质化的特点，这也决定了他们关注的焦点大体相似，比如主要集中于恋爱、婚姻、学业等问题。这些问题表面上看似与社会变革关系不甚密切，却是青年在新旧思潮激荡下最直接的困惑，① 因而编者赋予了这些论题极为独特的"意义"，通过编者与读者、读者与读者的反复讨论，引起青年对他们自身"重要问题"的关注。以婚姻问题为例，1920 年 5 月通信栏的 96 封通信中，讨论"婚姻"问题的达到了 49 封，其中围绕"废除婚姻制度"的讨论极为集中，5 月 23 日通信栏关于此问题刊登的读者来信达到 6 封之多。在很多青年人看来，这一问题对他们影响甚巨："现在的青年，因为旧式婚姻制度的关系，以致堕落的、自杀的……实在是不少！所以我们一朝和朋友谈到这个问题，他们没有一个不是'长吁短叹''顿脚捶胸'的！我想这个问题，的确是我们青年最大的问题！"② 这种与个体关系密切的问题，与五四时期的新旧思潮激荡、新旧伦理道德冲突直接相连，自然也具备了丰富的社会意义。反过来看，这些蕴含了时代巨变的论题也给受此影响的"觉悟青年"以极大的精神折磨，而对这些问题的解决也具有了革新思想和改造社会的内涵。正如一位读者来信所说："我是中下产阶级一个读书的子弟，自幼受母亲的恩惠，得有入学的机会，如今尚称粗识文字。可是由于这粗识文字的缘故，精神上也不知受了多大的折磨。"③ 在这种情况下，参与《觉悟》论题的讨论，也是他们抒发苦闷、寻求精神慰藉及现实生活解脱的重要途径。有些读者正是在《觉悟》的影响之下走向社会，寻求理想，投身社会改造。如前文所说的谢晋青，因"极力提倡社

① 杨联芬：《新伦理与旧角色：五四新女性身份认同的困境》，《中国社会科学》2010 年第 5 期。
② 《"救济旧式婚制"底一个商榷》，《民国日报·觉悟》1920 年 11 月 18 日，第 4 版。
③ 尉代：《致国民党一封公开的信》，《民国日报·觉悟》1925 年 7 月 24 日，第 4 版。

会主义和白话文"，1921 年从日本回国"在徐州创办民生日报馆，想借此鼓荡民气，输入文化；嗣又独立创办助仁木工厂，去提倡工业"，"愤社会贫富阶级的悬殊，想努力打破它"。① 傅学文也说，正是在《觉悟》的影响下，她对马克思主义有了初步了解，促发她前往苏联学习，最终投身革命。② 由此可见，《觉悟》通信栏问题的讨论，尽管呈现出同质化的倾向，但恰恰彰显了由《觉悟》所构造的公共空间特性，也成为《觉悟》区别于其他刊物的重要特点，诸多看似与政治革命并无关联的话题，却恰恰蕴含着强烈的"革命"意味。

当然，除了论题贴近学生之外，《觉悟》通信栏内容的开放性，也有助于读者对《觉悟》讨论问题的参与。有论者指出，通信栏的开辟显示出重要的意义，它为普通读者提供了提出疑问或意见的平台，使读者角色从"接受者"成为"参与者"。③ 就《觉悟》的通信栏来看，读者不仅提出疑问，甚至一些读者来信可以解答其他读者的疑惑，从而实现了对报刊话题的深度参与。1920 年 11 月 17 日的《觉悟》通信栏，以《觉悟青年的苦痛》为题刊登一位名为"痛之"的读者来信，诉说其阅读《觉悟》之后"痛苦"的感受。12 月 2 日，他再度就此问题来信，《觉悟》编者以《觉悟后的痛苦与奋斗》为题刊登此信，在这一题目之下同时还刊登另一位名为"文生"读者的来信。文生的来信说："我是一个觉悟的人，却处在资本势力范围之下，须每日仰承资本家及其手下的阔绰者色笑，月中才有衣食住的开销。经济压逼的惨状，真使我无泪可挥，只有长声一叹！"在他看来，"人生斯世，多一点知识，即多增许多烦闷，我觉得看了《觉悟》，精神上反多受痛苦。我又觉得愈彻底觉悟，愈不可以求生，真是求死却容易，求生却极难了！"而"痛之"的来信，则针对觉悟的青年们的苦痛，提出建议，说他之所以感到痛苦是因为自己的手段失败，但是"奋斗的青年们！不要因为所取的手段，不能达其目的而自弃啊！"④ 而编者将两者都视为"觉悟者"，在刊登他们来信时将通信栏的题目定为《觉悟后的痛苦与奋斗》，可以说反映了读者阅读《觉悟》后的思想蜕变，更重要的是，编者期

① 耿光：《谢晋青君行略》，《民国日报·觉悟》1924 年 2 月 20 日，第 4 版。
② 傅学文：《永恒的纪念》，团结出版社，1990，第 18—25 页。
③ 王玉春：《五四报刊通信栏与多重对话研究》，第 149 页。
④ 《觉悟后的痛苦与奋斗》，《民国日报·觉悟》1920 年 12 月 2 日，第 4 版。

望通过这两封来信的对比，以读者之口呈现青年觉悟的过程及痛苦，作为塑造"觉悟者"的生动范例。从实际效果来看，也确实达到了编者的期望，后续就有读者来信针对"觉悟青年的苦痛"提出自己的看法。12 月 7 日，《觉悟》通信栏又以《觉悟后应取的态度》为题，刊登读者傲霜和朱瘦桐的来信。傲霜以邵力子之言来安慰文生："力子常勉励我们须奋斗、努力、忍耐，这并不是骗人的话，勿借口忍耐而便不奋斗，勿因奋斗失败而不再努力！"而朱瘦桐的来信则更为"深入"："'觉悟'这名词的意义，就是我们觉着从前做的不合，现在要改变态度，向正义的路上走去；不是说觉悟后立即可得幸福的。或者因觉悟之后，见社会上种种黑暗而更加痛苦，亦情理中所必然的。所以我们切不可受了刺激，就发生厌世观念或实行自杀，当接续地努力奋斗，总能得着一些光明来。"① 在这些来信读者中，他们俨然已是"觉悟者"，并利用自己的感悟或者得自《觉悟》的启发，鼓励受到困扰的读者。这恰恰是通信栏开放性的一种体现。当然，杂志编者对通信的选择以及所期望塑造的"觉悟"者形象，也激励了有同样困惑的读者参与话题讨论。这种隐含的编读互动，通过读者与读者真切情感的碰撞，实现了思想和情感的传递，甚至比编者与读者的互动交流更具有示范的效果和作用。

三　回信："觉悟思想"与"觉悟能力"

《觉悟》副刊在五四时期能赢得青年读者的高度关注，青年读者的参与及报刊编者与读者互动往来是一个重要因素。与邵力子有师生之谊的焦雨亭回忆说，《觉悟》的青年来信，大都由邵力子署名答复，他颇受青年们的欢迎。邵力子在与青年学生的交往中，注重引导他们认识黑暗社会的本质，从而唤起他们坚定革命的信心。② 尽管"坚定青年革命信心"之论有后见之嫌，但《觉悟》对青年思想的影响则毋庸置疑。读者对此有深刻的感悟："五四运动以后，以提倡文化、昌明学术自任的报纸，虽不止一种，而能如

---

① 朱瘦桐：《觉悟后应取的态度》，《民国日报·觉悟》1920 年 12 月 7 日，第 4 版。
② 焦雨亭：《邵师力子的事业》，全国政协文史资料和学习委员会编《回忆邵力子》，中国文史出版社，2016，第 40 页。

《觉悟》这样能说能话，不怕一切权威，始终奋斗到底的，却是少见。这固是本刊记者力子先生倡导之力，但未始不由一般爱护本刊的男女青年朋友，尽力贡献，多方帮忙，有以致此。"① 另一位读者则生动地展示了自己的《觉悟》阅读体验："我底案头放了几册《觉悟》，就随时想一想我自己底行为，能否合于《觉悟》底精神。惟恐偶一不慎，有堕落的倾向，才时时看《觉悟》；借以提起我底'觉悟'能力、'觉悟'思想，以养成一个完全'觉悟'的人格。"② 这两个来自《觉悟》读者的评论无疑能够说明《觉悟》的编读往来是十分成功的，且青年读者感到在《觉悟》阅读中实现了"觉悟能力"和"觉悟思想"的目标。其中值得追问的是，相对于《新青年》等，《觉悟》作为一份不以思想性见长的副刊，何以能够对青年读者产生如此大的吸引力？邵力子是如何成功实现编读的有效互动，并使得青年读者参与报刊的言论空间，从而使《觉悟》形成自己的特色的？

　　《觉悟》"集思广益"的办报方针，是其通信栏内容多样性和丰富性的前提。1921 年 7 月 1 日，《觉悟》的"宣言"指出，"本刊抱定'集思广益'底方针，极力采取各方议论，已经过了两年了"。③ 8 月 4 日，邵力子在回复一位读者的来信时，又重申《觉悟》博采众长的取稿原则："《觉悟》栏原是取公开的态度，但无论怎样公开，总不能把所有的来稿一齐登出。篇幅有限，而来稿很多，编辑人于此，当然不能没有选择；有选择，当然不能没有去取。我们底去取，固然不敢自许为绝对平允，但也断不至于只登我们少数人自己做的东西，或者只看签名的人是否我友。像你所说这样，你说，'我只看见你们少数人——记者——的议论和诗词'，是否如此，只请你再复看每月《觉悟》总目下面的人名，应可释然。我们不敢自居为已觉悟者，但极愿与一般青年同志向觉悟方面进行。所有'努力……'等等的话，当然勉人即以自勉。惟关于'实行'方面，有时意在言外，有心人必能自行领悟，不用我们细说。"④ 正是这一取向使得《觉悟》有了相当广泛的读者群和作者群，也形成较为广泛的话题讨论。如名为陈鼎元的读者来信说，他的同乡创办乡村学校，本为使乡下人受到教育，却碰到了极大

① 颂皋：《对于〈觉悟〉的新希望》，《民国日报·觉悟》1924 年 2 月 16 日，第 4 版。
② 伯焜：《读〈觉悟〉的利益》，《民国日报·觉悟》1921 年 10 月 20 日，第 4 版。
③ 《宣言》，《民国日报·觉悟》1921 年 7 月 1 日，第 1 版。
④ 力子：《"来稿不能尽登"的说明》，《民国日报·觉悟》1921 年 8 月 4 日，第 4 版。

的困难，求助于《觉悟》编者："劳动者不肯受教育，可有什么方法？"①名为高翔的读者来信说，自己的哥哥被父母逼婚，哥哥的反抗和自己的劝说均归无效，求助编者"如何能拒绝早婚"。② 有读者求助编者"要怎样去养成一般人的读书力"，甚至有读者提出有什么办法救济"一般的穷苦人"。③ 这些问题甚至是编者也无法给出确切答案的社会难题，但这恰恰就是《觉悟》集思广益办刊方针带来的效果。除此之外，《觉悟》为日刊，通信栏创办初期刊登了大量的读者来信，既形成了对某些重要问题的持续关注，保持了对问题讨论的敏感性，形成了讨论的焦点问题，同时，通信栏较大的容量也吸纳了对其他社会问题甚至个人问题感兴趣的读者来信，促进了青年读者对通信栏的参与。

《觉悟》通信栏对同一来信论题的集中讨论和持续关注，不仅使得问题讨论更加深入，还激发了读者对该问题讨论的参与。以名为"翠英"的读者与《觉悟》通信栏读者和编者的互动为例，1920 年 5 月 16 日，翠英致信邵力子、施存统和哲民，就"结婚到底是什么"与编者进行讨论。5 月 23 日，名为"一海"的读者致信翠英，就"废除婚姻制度问题"进行讨论。5 月 25、26 日，施存统和李绰又致信翠英就废除婚姻制度问题进行辩论。6 月 1 日，翠英又先后致信李绰和施存统，就废除婚姻问题再度提出自己的主张。而除了翠英与编者和读者的互动讨论之外，其他读者也先后来信讨论婚姻问题，如"青年最烦闷的'婚姻问题'""关于婚姻问题的信""婚姻问题中很烦闷的男子""婚姻问题中有觉悟的女子"等，《觉悟》通信栏每期刊登两封以上相关的读者来信，几乎每封信都有邵力子的回复。这些论题的讨论对于一段时间内读者聚焦某一问题，形成某种大体相似的认识有很大帮助。随着讨论的成熟，编者就会减少刊登这一论题文章，转而聚焦其他论题。以婚姻问题的讨论为例，《觉悟》通信栏对此问题的讨论在 1920年 5 月达到高潮，此后日渐减少。对此，邵力子说："近来不甚讨论婚姻问题，正因为在理论上早已说了又说，若决心的有无，则全非讨论范围所

---

① 《劳动者不肯受教育怎样？》，《民国日报·觉悟》1920 年 11 月 1 日，第 4 版。
② 《怎样能拒绝早婚？》，《民国日报·觉悟》1920 年 9 月 29 日，第 4 版。
③ 《怎样养成一般人底读书力？》，《民国日报·觉悟》1920 年 10 月 4 日，第 4 版；《穷人只好苦到底吗？》，《民国日报·觉悟》1921 年 1 月 17 日，第 4 版。

及。"① 若仍有读者来信讨论婚姻问题，邵力子的回复则极为简略，甚至只有一两句话。② 正是编者通过对论题的选择、设置和回复，引导着读者对问题讨论的参与，特别是对同一问题的持续互动，增加了读者对报刊的关注度和参与度，这种互动的示范效应比单纯的编者回信更具有感染力。

更为重要的是，在《觉悟》的编读往来中，邵力子回信主张青年要"个人觉悟"，也要"群体联合"。在《觉悟》创办初期，尽管有编者认为"旧式婚姻已经日暮途穷"，③ 但邵力子更多主张"个人觉悟"对反抗旧式婚姻的重要性。如针对读者来信对旧式婚姻之讨论，邵力子就认为，"在现今社会里，要使凡受痛苦的人各得圆满的结果，本是没法做到的事。关于婚姻问题，凡已铸成大错的，正当的方法，只有离婚。离婚做不到，只有忍受痛苦，不能勉强相爱，也可用其爱于'男女'以外——学问或社会事业"。④ 不过在他看来，要做到这些只有"本人真正觉悟，坚决反抗，才可以发生效力。不论家长怎样顽固，有什么权力，总不能硬把男女拖到一处"，除此之外，"千方百计也无用"。⑤ 对于婚姻自决问题，邵力子也认为："只能使人明白现社会中家庭底黑暗，我们可以借此唤醒一般人去努力改造社会，却断乎没法满足各个人底希望。"⑥ 一位自称来自劳动界的读者抱怨，《觉悟》对劳动者问题的关注，使得资本家对工人的限制更多。邵力子回复说："劳动界没工夫看报，大多数不识字，这都是实情，提倡劳动问题的人不会不知道。正因为知道了，才格外要替劳动界呼吁，促劳动界自觉。""时代潮流是不能抗御的，劳动问题也是时代底产物，不是哪几个人提倡出来的，也不是哪几个资本家能够防止的。你总是一个已有自觉的劳动家，就请你努力进行，不要太悲观了。"⑦ 读者来信求助编者解答"怎样扶助女子求学"，邵力子则说："我们能承认男女在同等的地位，各有各独立的人格，那就一切问题都易解决了。"⑧ 由此可见，面对五四时期新旧思想激荡

① 《青年学子底婚姻问题》，《民国日报·觉悟》1921年5月15日，第4版。
② 《甘受婚制束缚的恶果》，《民国日报·觉悟》1921年6月9日，第4版。
③ 《"救济旧式婚制"底讨论》，《民国日报·觉悟》1920年11月25日，第4版。
④ 《"救济旧式婚制"底一个商榷》，《民国日报·觉悟》1920年11月18日，第4版。
⑤ 《怎样能拒绝早婚?》，《民国日报·觉悟》1920年9月29日，第4版。
⑥ 《婚姻问题与自决精神》，《民国日报·觉悟》1921年4月8日，第4版。
⑦ 《劳动界底苦痛》，《民国日报·觉悟》1920年12月3日，第4版。
⑧ 《怎样扶助女子求学?》，《民国日报·觉悟》1921年11月4日，第4版。

的现实，邵子力希望通过真正的个体觉悟，实现对旧思想和旧制度的冲击。这与《觉悟》初期试图通过新文化革新青年思想的定位也是相匹配的。不过针对社会问题讨论时，邵力子"群体联合"的主张也极为鲜明。一位叫沈文奎的读者来信谈及自己作为排字工人的艰难生活，邵力子回信说："学徒底痛苦，像你所受的怕还是很浅的呀！"对于此，编者描绘了未来社会的情况以及提出摆脱此种痛苦的根本途径："我们理想中的社会，是要使青年自由求学，自由选习职业，都不需什么费用，更没有什么限制；学成而后，再各尽所能，效力社会，社会亦能自由满足各人底需要。到那时，自然没有这种痛苦。其次，同业能有完美的组织，或可戒除种种不合人道的举动。除此以外，怕再没有相当的方法；你是受过苦楚而又能看《觉悟》的人，应努力为你同业除此苦痛！"①而在回复张辛生《怎样促小学教员觉悟?》的来信时，邵力子说："教育界不觉悟，从觉悟者一方面看，不是他们底罪，是自己宣传未力之过。你底志愿，很可佩服，只望你切实地做些宣传的功夫。'联合就是势力'，当然更要希望有觉悟的南浔人同起努力！"②这种"个人觉悟"与"群体联合"的主张，尽管论题内容不一，表面上看似矛盾，却存在内在的必然关联："个人觉悟"无法实现对社会的改造，"群体联合"也就成为必然。对此，王汎森在述论五四时期青年的转变时也指出，他们从关心个人的生活与解放的"新青年"，慢慢转向关心整个社会解放的"进步青年"，在此过程中，青年也"由原先指导、教诲人民者变成努力想成为工、农中之一分子"。③

《觉悟》副刊作为言论的"公共空间"，邵力子在通信栏中通俗易懂、亲切随和的语言风格，营造了《觉悟》"全新"的面相，这也是《觉悟》吸引青年读者的重要因素。尽管五四时期白话文的使用范围逐步扩大，但不少报刊仍用文言。而《觉悟》立场鲜明地提倡白话文，1919年8月10日，《觉悟》刊出《本栏欢迎投稿》，其中就要求文章"体裁概用白话"。在讨论"劳工神圣"问题时，就读于日本京都大学的安体诚在来信中用文言文专解"神圣"二字的含义。对此，邵力子说："本栏对于文言底稿子，

---

① 《"学生意"底苦痛》，《民国日报·觉悟》1920年12月20日，第4版。

② 《怎样促小学教员觉悟?》，《民国日报·觉悟》1920年11月26日，第4版。

③ 王汎森：《思想是生活的一种方式——中国近代思想史的再思考》，北京大学出版社，2018，第79页。

向不登载；今因安君此篇，解释'神圣'二字底意义，非常透彻，文笔也很浅显，故特破格附登于此。"① 一位读者来信谈及他对鲁迅《中国小说史略》的观感，认为"本文和序全用文言"极不必要，"更何况提倡白话之人喜做旧体，流弊更甚"，因为"文字的影响，每发生在作者所不及料处，因此非常可贵，也便非常可怕"。邵力子回应道："我底意见正和先生相同，我也总觉得鲁迅先生此种旧体的序文可以不作。"② 从这两个例子就可以看出，《觉悟》以"觉悟思想"和"觉悟能力"为目标，编者试图通过使用白话文，为新思想的传播提供便利，从而展现《觉悟》全新的面貌以及"弃旧从新"的坚定决心。不过也有让邵力子感到左右为难之事，有两封读者来信都谈及是学古文还是学白话文的问题，因为古文在学生升学考试中占据重要地位，对此邵力子说："两君底信，我竟不知道应怎样回答！我自然不忍劝青年去学死文字，但也怎忍遮断青年升学底途径？所以我今天竟不能下一句断语，暂让青年们自己决定吧！"③ 尽管其中包含无奈之意，但这并不妨碍编者求新之形象，反倒因为能体谅"世情"，而让编者和《觉悟》"为青年挚友"的形象更加丰满。邵力子塑造的《觉悟》通信栏的独特风格，促进了编读双方的良性互动，对此时人深有体会：《觉悟》"因困于经济，不能多收精美的文稿，亦为当时青年界最欢迎的一种读物；询问的事，独多于婚姻问题，每日满纸刊着'力子呀！力子呀'的因婚姻不自由的青年的呼声"。④

四　蜕变：从"众声喧哗"到"走向革命"

《五四时期期刊介绍》一书在介绍邵力子主持《觉悟》时期的情况时说："《觉悟》很自然地带上了'兼容并包'的色彩。除了基本上马克思主义的文章外，还发表了不少宣传唯心主义和旧民主主义的文章以及一些与政治斗争无关的一般学术著作。"⑤ 此说虽受观察问题的角度影响而显得有

① 《"神圣"二字底意义》，《民国日报·觉悟》1920年11月8日，第4版。
② 《提倡白话文者也喜做旧体》，《民国日报·觉悟》1924年2月8日，第7版。
③ 《文学革新底障碍》，《民国日报·觉悟》1920年10月22日，第3版。
④ 张静庐：《中国的新闻记者与新闻纸》，光华书局，1930，第34页。
⑤ 《觉悟——上海民国日报副刊》，《五四时期期刊介绍》第1集，第214页。

些偏狭，但也确实反映了这一时期《觉悟》内容多元的特点。作为更具有"公共性"的通信栏，也极易受到时局变化的影响。有论者指出，1924 年国共合作正式确立后，《觉悟》便逐渐呈现出向政党性、同人性刊物转型的趋势，旨在为国民革命运动进行社会宣传和社会动员。① 这种变化也在读者来信中有最直接的呈现，1924 年名为"颂皋"的读者来信建议《觉悟》要"防止学潮发生"，在他看来"《觉悟》暗中已变为青年们视线底集中点，已变为不得意青年发泄牢骚的公共的地方了"。② 如果反过来看，我们会发现恰恰是因为青年"走向革命"的趋向日渐明显，才引起一些人的忧虑。不过，如果从《觉悟》通信栏问题讨论转向及外部时局变化角度考察，《觉悟》取向的变化也就有迹可循了。

首先，《觉悟》自创刊以来，以"觉悟青年"、启蒙思想为目标，在开放的通信栏中呈现了丰富多样的通信内容，但都着眼于改造社会这一核心议题。1919 年 5 月 24 日，邵力子在批评民初以来一般学生"不为爱国之政谈"时指出，"愚于数年来颇思打破学生不预闻政治之说，时于执教鞭之某校委曲言之，而辄未于报端大声疾呼"。③ 所以之后邵力子创办《觉悟》副刊，希望通过对社会问题的关注推动社会改造，这一取向也影响了青年读者。一位名为"梅生"的青年学生，受到新文化运动的影响，在暑期自办白话周刊，但因经费捉襟见肘不得已停办，他在来信中说道："现在的文化运动，完全是贵族式的，平民没有得着一些益处。要知贵族式的文化运动，是很靠不住的。现在的世界，是平民底世界、劳动者底世界，我们底文化运动，也应该在他们身上着想。同志呀！我们要大家想些方法出来，去替那般钻在乡下底人造些福，才好呀！"对此，编者也不由感叹："你们牺牲的精神、彻底的见解，都足令人佩服。"但"改革社会，本非一朝一夕所能为功；各人能按自己的地位和环境，尽最善的努力，总可使社会一天进步一天。希望你们在求学的时候，仍不忘为社会服务；更努力求高深的学问，加增为社会服务的效率"。④ 邵力子以"个人觉悟"来"促进社会改造"的取向，实际上与孙中山所说的"欲收革命之成功，必有赖于思想之变化"

① 王烨：《国民革命时期国民党的革命文艺运动（1919—1927）》，第 34 页。
② 颂皋：《对于〈觉悟〉的新希望》，《民国日报·觉悟》1924 年 2 月 16 日，第 5 版。
③ 邵力子：《学生与政治》，傅学文编《邵力子文集》，第 34 页。
④ 梅生：《到乡间办白话报的经验》，《民国日报·觉悟》1920 年 9 月 9 日，第 4 版。

是一致的。来信的读者也期望通过"个人觉悟"进而与"民众联合"，实现对社会的改造。一位自称佣工的读者来信说："佣工的人们，我们也应该有点觉悟，要顺着世界潮流走，不要专想做那专制时代的佣工人了。东方快亮了，佣工人们赶紧起来，和这一般恶主人奋斗，奋斗。"① 一位叫朱采真的读者来信说："当俄国未革命以前，俄国少年震天动地的呼声，就是'去与平民为伍'，我以为这才是劳动者底同情者，也是现在彻底想改造社会家底正当生活。设使不能这样——去与劳动者为伍——也必须替劳动者想法哪，指导哪，不离劳动者底本位，自己设身处地底为劳动者计划。"② 邵力子在回答纺织工人吴一容针对资本家压迫工会的来信时说道："组织工会，是你们工人自己底事：你们自己真要组织，断不是什么资本家底'压迫'所能消除的；或者因了资本家底压迫，反能促进你们底决心。你们不必以'知识薄弱'自谦。"③ 如果说青年读者个人的婚姻、恋爱等问题，尚可以通过"个人觉悟"来实现，但是劳工问题、平民教育等社会问题，只能通过社会变革甚至彻底的社会革命来实现，1920 年代前期文化运动与政党政治的日渐结合，④ 又加速了青年读者转向革命的进程。

　　其次，从外部环境来看，马克思主义思潮传播日广，政治革命渐成趋势，《觉悟》也不能置身事外。1922 年 5 月 14 日的《努力周报》刊发蔡元培、陶行知、胡适等学者的《我们的政治主张》，提出要建立"好人政府"的目标。对此，邵力子直言："要实现'好政府'，我以为远非经过革命不可，远非自命好人的都起来革命或赞助革命不可。不破坏，不能建设，本是很浅明的理，蔡、胡诸先生是希望好人共同来建设，我却希望好人先共同来破坏。"⑤ 正是在邵力子思想的影响下，《觉悟》读者来信也写道："我们平素相信政治的彻底改革在平民革命。""我们主张的革命，不是革哪一系的革命，是要革不良制度、革不良政治的革命；不是利用哪位军阀拉拢哪系政客的革命，是要老百姓自觉自决的革命；不是同恶势力调和苟求速

① 《"佣工人"也应有点觉悟》，《民国日报·觉悟》1921 年 5 月 30 日，第 3 版。
② 采真：《怎样做"劳动者底同情"？》，《民国日报·觉悟》1920 年 11 月 29 日，第 4 版。
③ 《压迫工会的疑问》，《民国日报·觉悟》1922 年 5 月 16 日，第 4 版。
④ 汪晖：《文化与政治的变奏——战争、革命与 1910 年代的"思想战"》，《中国社会科学》2009 年第 4 期。
⑤ 力子：《读蔡子民胡适之诸先生底"政治主张"》，《民国日报·觉悟》1922 年 5 月 18 日，第 1 版。

成的革命，是要先全盘破坏后分工建设的革命。这是我们组织的信条、努力的目标。更进一层，我们相信平民革命的兴奋剂，一面是'到民间去'，一面是手枪炸弹。"① 而邵力子此前已经持有此种论断："我们要排斥与民众的战争，而达到为民众的战争，应当从什么地方入手呢？爱罗先珂氏也说得明白，他说'对于这个只有一条路——人类的团结——民众的团结'。马克斯早已全都说过了：'世界无产阶级联合起来罢！'"② 而对于如何根本解决中国的一切社会问题，邵力子认为："打倒国际帝国资本主义，是医治我们中国唯一的好方剂，是在一切零碎解决的工作中的必须觉悟到的根本解决的方法。"③ 从这些言论可以看出，以革命的方式对社会进行根本改造，已逐渐成为《觉悟》论说的主要取向。

另一方面我们看到，1924 年之后《觉悟》通信栏刊登的读者来信越来越少。这是因为随着国共合作和国民革命的兴起，政治革命的前景已经逐渐清晰，在此背景之下，"众声喧哗"的通信无助于"革命动员"。因而，以往《觉悟》上讨论极多的论题，如婚姻、教育等，甚至成为读者非议的内容。一位名为"月兰"的读者来信说："现在有很多吃教育饭的教员们，都是关了门讲个人的生活，拿'学生应专心读书，不应与闻政治'这一句话来愚弄一般青年学生，而谋他们自己饭锅的平安，我不知道这等教员如何糊涂到这样！"④ 1925 年，一位名为谭伯夔的读者说："此时不是讨论恋爱问题的时候，更不是解决恋爱问题的时候。喜欢谈恋爱问题的青年们，我们要讨论的问题正多着呢！何不暂时放下恋爱问题，用全副的精神、宝贵的光阴，赶快将恋爱问题的障碍——帝国主义、军阀一一铲除尽净，那时又何患恋爱问题不迎刃而解决呢！"⑤ 随着国民革命的兴起，《觉悟》读者的革命意愿也变得极为强烈。吉安第六中学的罗愚夫作为当地国民会议促成会的宣传员，致信《觉悟》编辑问道："人民的热血潮涌似的，但是国民会议几时才能实行？工农几时才能够握取政权？如果中华民国的政权是民

① 《和平改良欤？激烈革命欤？——讨论政治主张的一封信》，《民国日报·觉悟》1922 年 5 月 29 日，第 4 版。
② 力子：《随感录》，《民国日报·觉悟》1922 年 4 月 7 日，第 4 版。
③ 力子：《根本解决》，《民国日报·觉悟》1924 年 8 月 17 日，第 2 版。
④ 《学生加入国民党问题》，《民国日报·觉悟》1924 年 3 月 22 日，第 7 版。
⑤ 谭伯夔：《现在是辩论恋爱问题的时候么？》，《民国日报·觉悟》1925 年 8 月 6 日，第 5、6 版。

有的，又是否实行孙中山先生的三民主义、五权宪法？"而编者的回答则是："历史不久就会告诉我们。我们目前最紧要的责任，是在于唤醒民众实行国民革命，以达到国家独立、民族解放之目的。"① 而另一篇读者来信所表达的对革命急迫之心情则溢于言表：在宣传革命的过程中，看到民众大多抱持"知难行易""欲行无力"的念头，"焦急极了"，"日读革命的报章，也只有论及革命的必要，找不出切实的方法。我急得无法可想，再待又不能，只得想从事'手枪炸弹主义'实行与我们的敌人拼命，并且希望本党五十万同志都同我一样。我想这样的干，效果一定很大呢！"不过编者以为，"耐心努力于唤醒民众的革命工作"才是"革命正途"。② 从以上材料可以看出，在国民革命风潮日盛之际，《觉悟》读者参与革命的愿望也变得十分强烈。此时此刻"通信"已经变成读者"走向革命"的宣言书。"我们要革命"，③ 当这种呼声起自《觉悟》读者之时，《觉悟》通信栏所设定的"觉悟青年"之历史使命也就完成了。

五　余论

正如戴安娜·克兰在述论媒体文化生产的作用时所说："传送意义的方式与被传送的意义同样重要。"④《觉悟》通信栏相比思想性更强的"评论""译述"等栏目，内容更贴近青年读者的日常生活，诸如他们对婚姻、恋爱、求学等问题的讨论，都是源自个体在新旧思潮激荡之下所面临的现实困境。从这个意义上说，《觉悟》通信栏刊登的来信看似意义不大，甚至多有重复述论，但其同质化的表象之下则是阅读者"共有"社会经验与困境的重现。青年读者对《觉悟》的参与则将个体体验及困境与《觉悟》的论题相连接，从而形成最为直接的思想传递。在通信栏中，青年读者通过对话辩驳，"引发了他们自己心中的对话、思想的对话，从而形成自我启蒙。

---

① 《我们要革命》，《民国日报·觉悟》1925 年 3 月 30 日，第 7 版。
② 《甚么是革命的正途？》，《民国日报·觉悟》1925 年 5 月 19 日，第 7 版。
③ 《我们要革命》，《民国日报·觉悟》1925 年 3 月 30 日，第 7 版。
④ 〔美〕戴安娜·克兰：《文化生产：媒体与都市艺术》，赵国新译，译林出版社，2001，第 80 页。

这也正是启蒙的真义，即启蒙不是自上而下的灌输，而是自我觉悟的过程"。① 换言之，相较于单向的思想传输，《觉悟》通信栏在传递五四新文化运动的新思想、新道德、新伦理等内容时，由编读互动传递的个体经验和情感，是激发读者群体思想蜕变更直接的因素。另一方面，《觉悟》读者阅读和参与报刊论题的过程，也是将"问题"嵌入"主义"的过程。1920年，邵力子说，"主义的可贵，正在能疏导时代底潮流"。② 《觉悟》通信栏的读者来信所关注的问题极为多样，特别是在通信栏初创时期。曾经受到《觉悟》影响的傅学文就说："在通信中讨论了'五四'时期青年男女关心的问题，如反对包办婚姻、女子争取求学的机会、女子剪发与尼姑解放、守节应该废止、寡妇的自由、知识分子与劳动者的关系等，相当全面地反映了江浙一带要求进步的青年文化水平和觉悟程度。其中有些想法虽然简单，却真挚动人，充满了对美好生活的热烈向往，对社会灾难和不幸的深切同情和愤慨。"③ 值得注意的是，这些青年关注的问题也是在他们从个体觉悟转向改造社会的过程中凸显的，他们更加深刻地认识到只有找寻能够彻底改造社会的思想主张，且打破社会旧习及制度的限制，才可能真正解放自我；只有群体的联合，才能实现对社会的改造。尽管这些趋向未必能直接导向革命，但可能是走向革命必须经历的一个阶段和过程。④ 如王汎森所说，在近代中国，"主义"之所以吸引人是因为它形成一张蓝图、一张沟渠网，把各种零散的力量最后都汇向一个出路，联合成共同的行动。它照顾到的范围不只是政治——即使它的最终目标是政治，还包括人生观、世界观、日常生活中的烦闷与挫折。它提供了一套新的认知框架来解释烦闷与挫折的情绪，使得一切飘荡的资源可以循着"主义"所提供的认知框架而得到新的位置与秩序。⑤ 由此看来，1920年至1925年《觉悟》通信栏的问题讨论以及最终的革命转向，即是"问题"嵌入"主义"的生动展现。

　　"'五四'时期的报刊通信栏容纳并培养了知识分子之间的多元互动与

① 金立群：《论通信栏在五四新思想生成中的意义》，《文学评论丛刊》2006年第1期。
② 力子：《主义与时代》，《民国日报·觉悟》1920年12月21日，第1版。
③ 傅学文：《邵力子生平简史》，傅学文编《邵力子文集》，第18页。
④ 罗志田：《整体改造和点滴改革："问题与主义"之争再认识之二》，《历史研究》2005年第5期。
⑤ 王汎森：《思想是生活的一种方式——中国近代思想史的再思考》，第133页。

对话，并借助现代报刊的传播优势形成广泛的公共舆论，从而促进了'五四'思潮的传播。"① 与此同时，接受了新思潮影响的"新青年"，又反过来支持五四新文化运动，进而推动了五四时期新思潮的扩展。丁玲曾回忆说，在五四运动之后，《觉悟》副刊给她的"影响最大"，而在解除自己与表哥的旧式婚约时，"把平时在《觉悟》等报刊杂志上读到的那些反封建、反豪绅文章中的字句"，写进文章，并最终在上海《民国日报》上发表。之后，丁玲前往上海进入中国共产党创办的平民女校和上海大学，接受了马克思主义并实现了个人思想的根本转变。② 这些个人经历与丁玲对《觉悟》的阅读、参与关系极为密切，也可视为《觉悟》与五四青年互动影响的典型案例。

如果说《新青年》觉悟了当时青年人的思想，那么后《新青年》③ 时代，更多如《觉悟》副刊之类的思想启蒙刊物，则将这些新思想传播到更大的范围。读者通过阅读及与杂志的编者互动，真切地参与思想交流，最终实现了思想蜕变，并完成从"觉悟思想"到"觉悟能力"的转变。不过，1920 年至 1925 年《觉悟》的通信栏更多呈现的是缓慢蜕变，甚至是普通读者面对旧伦理与新思想的激烈交融挣扎求变的"普遍"现状。相较于《新青年》思想传播的"革命""激变"特点，《觉悟》所展现的，可能是另一个层面上"真实的"新思想传递以及青年走向革命的个案。

---

① 王玉春：《五四报刊通信栏与多重对话研究》，第 205 页。
② 丁玲：《我景仰的邵力子先生》，中国人民政治协商会议全国委员会文史资料研究委员会办公室编《和平老人邵力子》，文史资料出版社，1985，第 70—71 页。
③ 此处的"后《新青年》"是指 1922 年 7 月休刊之后转变为中共理论刊物的《新青年》杂志。《新青年》从同人刊物转变为中国共产党的理论刊物，其政治性更加凸显，与一般的思想启蒙刊物已有较大不同。

《共产党宣言》李泽彰译本新论[*]

陈长安^{**}

一 问题背景及李泽彰其人、《共产党宣言》李泽彰译本概况

毛泽东关于马克思主义在中国的传播有一个著名论述："十月革命一声炮响，给我们送来了马克思列宁主义。十月革命帮助了全世界的也帮助了中国的先进分子，用无产阶级的宇宙观作为观察国家命运的工具，重新考虑自己的问题。走俄国人的路——这就是结论。"①

中国共产党成立前，马克思主义在中国的传播，既有经由日本的转播，也有径自德欧②的直播，但都没有将之"作为观察国家命运的工具"，十月革命才真正促成它们与苏联传播一起在五四新文化运动及其中心北京大学合流（简称为"德欧直播、日本转播、苏联传播五四北大合流"或"三流合一"），得以扎根中华文化和中国大地综合创新，孕育中国共产党，使得

* 本文是国家社会科学基金一般项目"马克思《危机笔记》（MEGA IV/14）与《大纲》比较研究"（15BZX011）阶段性成果。本文在写作过程中曾得到北京大学历史学系欧阳哲生教授、台北中研院近代史所黄克武特聘研究员的指教；北京大学档案馆、图书馆为笔者查阅相关档案提供方便，特此一并致谢。本文删减版发表于《新闻与传播研究》2022年第2期，题为《"日本中介"抑或"三流合一"：从〈共产党宣言〉"李节本"看中国早期马克思主义传播》。
** 陈长安，中山大学马克思主义哲学与中国现代化研究所暨哲学系讲师。
① 《论人民民主专政——纪念中国共产党二十八年》（1949年6月30日），《毛泽东选集》第4卷，人民出版社，1991，第1470—1471页。
② 在与苏联传播和日本传播不同而与德欧相近的意义上，本文将美国传播纳入德欧传播范围。

马克思主义与中国国情相结合，在思考中华民族命运意义上广为传播和实践。如果忽视德欧直播，过度强调日本转播，就不能全面认识马克思主义传播史、马克思主义中国化的历程和中国共产党的诞生。其可能的后果之一，是怀疑乃至否定"十月革命一声炮响，给我们送来了马克思列宁主义"。这在《共产党宣言》翻译传播史及相关的中国马克思主义传播史、马克思主义中国化和中国共产党成立史等研究中，是不可取的。例如，日本京都大学石川祯浩教授认为："对于中国共产党的成立，不能用'马克思列宁主义同中国工人运动相结合'这样的一种狭窄的观点来考察，而必须从东亚的共产主义运动的宽阔视野来把握。这一点同样适用于探讨中共成立的必要条件即马克思主义的传播。无论在哪个国家，马克思主义传播都是成立共产党的最重要必要条件。而就中国而言，马克思主义是何时从何地传来的呢？毛泽东说：'中国人找到马克思主义，是经过俄国人介绍的。在十月革命前，中国人不但不知道列宁、斯大林，也不知道马克思、恩格斯。十月革命一声炮响，给我们送来了马克思主义。'毛泽东的这段话，作为受俄国革命鼓舞而参加共产党的当事者的感性认识，应该得到尊重；但是，马克思主义并不是因为俄国革命成功而一下子就传进中国的。当时的毛泽东恐怕也知道，中共成立以前，中国的马克思主义思想大部分是经由日本传进中国的。上述李汉俊就是这样的代表人物之一。他通过阅读日文社会主义文献接触并接受了马克思主义，也进行了大量的翻译工作。可以说，马克思主义在中国的传播，与马克思主义在日本经过'社会主义严冬时期'之后再次高涨的形势是分不开的。这些都表明，必须把中国的共产主义运动置于整个东亚的社会主义思潮范畴之内来把握。进一步地讲，日本和中国在共产主义思想方面结成的链条，应该视为东亚各国以日本为中介接受近代西方思想的历史的一环，甚至应该将其置于世界规模的思想交流这样的背景来理解。"[①]

这种中国早期马克思主义传播日本中介说，在日本广为流行。这样的日本中介说，是石川祯浩教授《共产党宣言》陈望道译本（简称"道本"）日文底本说（见该书第31—32页）的来源之一，也是他在中国马克思主义

[①] 〔日〕石川祯浩：《中国共产党成立史》，袁广泉译，中国社会科学出版社，2006，"序章"，第6页。

传播史及《共产党宣言》翻译传播史研究中，忽视李泽彰译本（简称"李本"）参考德文本（简称"德本"）的事实及其代表的日本转播之外的德欧直播的原因之一。此外，对于日本中介说的基础之一中日同形词，正如日本成城大学陈力卫教授的研究所示，中日间近代语词的漂移是一种双向的互动与交流，并非日本向中国单向传播。①

李泽彰，号伯嘉，湖北蕲春人，中国公学预科毕业，1916 年入国立北京大学法科学经济门（后改为经济系），1920 年毕业，时年 27 岁（见图1）。毕业后曾任商务印书馆经理，抗战期间负责迁港；主要工作是编教材和刊物（《新学制公民教科书》《读书指导》《出版周刊》）、译书（法国查理季特《经济思潮小史》）、出书（与冯友兰等著名学者有出版业务联系）。②

1919 年 11 月，大四上学期在读的李泽彰在《国民》杂志第 2 卷第 1 号发表了《共产党宣言》第一章的译文（见图2）。③ 根据《国民》杂志编辑许德珩的回忆，李本"是《共产党宣言》介绍到中国来的第一个译本"。④许德珩的回忆、中共淮南市委党校杨德勇先生考证毛泽东初读《共产党宣言》的版本只能是李本的论文，⑤ 是关于李泽彰的重要史料、论文。

在大四上学期，李泽彰和另外 21 位同学一起修张祖训开设的"社会主义研究"课程并获得成绩。这个学期，经济系设有"译书"这门课，但1920 年 5 月时李泽彰尚未获成绩登记。⑥《国立北京大学八年至九年度学科

---

① 参见陈力卫《东来东往：近代中日之间的语词概念》，社会科学文献出版社，2019，"序章：语词的漂移"，第 1—14 页。

② 主要参考国立北京大学总务处文牍课编《国立北京大学学生一览表（八年度）》，1920 年 5月，北京大学档案馆藏，编号：1MC191902 - 1，第 137 页；孔夫子网喜书人友谊书店介绍，网址：http://book.kongfz.com/10772/399750446；肖伊绯《信札中的迁港史话》，《北京晚报》2017 年 4 月 5 日，第 33 版；孔夫子网：http://book.kongfz.com。本文李泽彰相关档案的查阅，是根据评议环节中欧阳哲生教授的意见展开的。

③ 详见《马克斯和昂格斯共产党宣言》，李泽彰译，《国民》第 2 卷第 1 号，1919 年 11 月，第 45—53 页。

④ 许德珩：《纪念"五四"话北大——我与北大》，《北京大学学报》1979 年第 2 期；《回忆五四运动》，中国社会科学网，http://www.cssn.cn/zt/zt_xkzt/zt_lsxzt/hywshsxzgm/slhg/qlz-ks/201404/t20140424_1083848.shtml。

⑤ 详细考证见杨德勇《毛泽东初读〈共产党宣言〉的版本和时间》，《毛泽东思想论坛》1989年第 3 期；《毛泽东初读〈共产党宣言〉的版本及翻译史实考辨——兼与陈家新研究馆员商榷》，《毛泽东研究》2015 年第 1 辑，湘潭大学出版社，2015。

⑥ 据《国立北京大学八年至九年度学科课程一览》经济系本科第四年级课程，北京大学档案馆藏，编号：BD1919029，第 25 页。

图1　李泽彰本科毕业像

资料来源：北京大学图书馆胡适藏书之《国立北京大学民国九年毕业同学录》，第47页。

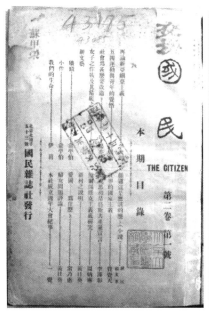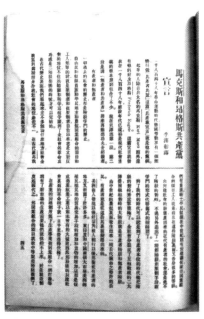

图2　李本封面及首页

课程一览》经济系本科第四年级课程记载"译书译名作报告照研究所定章办理"。《北京大学日刊》中华民国七年十一月二十二日第三版记载："四年级经济门学生译书译名之事业经公布在案，各人志愿担任何项者，务请于本星期内到所签名。译书译名攸关各生毕业成绩，望勿迟误。再，每周六上午八时至九时为聚会时间。诸生务各按照时间到所，若有不到者即作旷课论。此布。十月十六日。"可见"译书"课程之严格，李泽彰翻译《共产党宣言》，可能与"译书"课有关。发表《共产党宣言》的《国民》杂志，邓中夏、许德珩、张国焘等人为编辑，李大钊受邀请为指导老师。

李泽彰发表《共产党宣言》所在学期修的张祖训开设的"社会主义研究"课程，早于李大钊开设的马克思主义课程。[①] 李本不同以往的节译本根据日文转译，而是根据英语、德语翻译。李本堪称中国共产党成立前德欧直播、日本转播、苏联传播五四北大合流的缩影。李泽彰翻译发表《共产党宣言》，但并没有成为马克思主义者。这些都为中国早期马克思主义传播相关研究提出了新的课题。对这个译本的忽视，难免令人担忧。在近百年的马克思主义传播史研究中，学术界虽经常提及，却分析很不够，长期无专门论文、论著。因此，实在很有必要为此先写一篇专门的论文以引起学界的关注。本文就是这样一个抛砖引玉的尝试。

二　李本的译本价值

为了探讨其译本价值、在传播史上的地位等问题，本文选取《共产党宣言》第一章德本[②]，英文译本（简称"英本"）[③]，1906 年幸德秋水、堺利彦日译本（简称"幸本"）[④]，1912 年《民生日报》陈振飞节译本（简称"飞本"）[⑤]，1919 年李本，1920 年道本[⑥]，1938 年成仿吾、徐冰译本（简称

---

① 参见巩梅《马克思主义理论课在中国大学讲授的最初开端——1920 年至 1925 年的北京大学马克思主义理论课程》，《思想政治研究》2020 年第 1 期。

② 见 Marx-Engels-Werke（MEW），Band 4，Berlin：Dietz Verlag，1977，Band 4，S. 462 – 474。

③ 见 Marx-Engels-Collected Works（MECW），volume 6，New York：International Publishers，1976，pp. 482 – 496。

④ マルクス、エンゲルス著，幸德秋水、堺利彦合訳「共産党宣言」『社会主義研究』第一号、東京：由分社、明治 39 年（1906）3 月、6 – 17 頁；労働運動研究会編『明治社会主義史料集・補遺（1）』東京：昭和 38 年（1963）、8 – 19 頁。

⑤ 陈振飞译《绅士与平民阶级之争斗》，《民生日报》1912 年 9 月 20 日、9 月 21 日、9 月 23 日、10 月 10 日、10 月 17 日、10 月 19 日、10 月 24 日连载。该译文校注可见邱捷《1912 年广州刊载的〈共产党宣言〉译文》，《中山大学学报》2011 年第 6 期；《1912 年广州的〈共产党宣言〉选译本研究》，《红广角》2017 年第 Z6 期。

⑥ 〔德〕马格斯、安格尔斯：《共产党宣言》，陈望道译，社会主义研究社，1920，第 2—22 页；《共产党宣言（汉译纪念版）》，中华书局，2011，第 10—30 页。

"成本")①，1949 年谢唯真译本（简称"谢本"）②，编译局通行本（简称
"局本"）③ 进行比较。

本文所选例句，按德本章节－段落－句子进行编号，具体是：前言编
为 0，一、二、三章编为 1、2、3；每段④及每段中的每个句子按阿拉伯数
字顺序编号，例如 0－1－1 表示前言第 1 段第 1 句，1－1－1 表示第一章第
1 段第 1 句，以此类推。带问号的句子，不以问号而以其后的句号编号。章
标题则只列章编号。本文涉及的例子主要来自第 1 章。希望这样的章－段－
句编号方式能为学界接受和采纳，为建立在更加深入细致的文献及译本比
较研究基础上的《共产党宣言》研究凝聚共识。

本文所选例句的《共产党宣言》版本依次为：德本、英本、幸本、飞
本、李本、道本、成本、谢本、局本。例句的页码不一一标明。若有未翻
译的句子或内容，则一律用破折号表示。

（一）李本是海内外第一个参考德本的中译本，是东亚第一个参考德本专门发表的译本

提到李本，学者都会不约而同地认为它是以英文本为底本的。然而，
李本参考了德本的特征及意义却长期被忽视。

以下是李本参考德本的几条文本证据。

例一：1－25－3，李本翻译了英本无而德本增加的句子。

Sie hemmten die Produktion，statt sie zu fördern.

——

——

——

① 〔德〕马克思、恩格斯：《共产党宣言》，成仿吾、徐冰译，乔冠华校译，解放出版社，
1938，第 14—28 页；《共产党宣言（汉译纪念版）》，第 208—222 页。
② 〔德〕马克思、恩格斯：《共产党宣言（百周年纪念版）》，莫斯科，外国文书籍出版局印
行，1949，第 35—51 页；《共产党宣言（汉译纪念版）》，第 299—315 页。
③ 〔德〕马克思、恩格斯：《共产党宣言》，中共中央马克思恩格斯列宁斯大林著作编译局编
译，人民出版社，2018，第 27—40 页。
④ 关于段落编号，可参考韦正翔《共产党宣言探究（对照中德英法俄文版）》，中国社会科学
出版社，2013。

> 此等关系，如今不仅不能奖励生产，还会防阻生产，
>
> ——
>
> 它们妨碍生产而不是促进生产。
>
> 这种关系已不是促进生产而是阻碍着生产。
>
> 这种关系已经在阻碍生产而不是促进生产了。

英本、幸本、飞本、道本均没有这句话。中文版直到 1938 年成本才将这句话译出，谢本则基本定型，为局本沿用至今。显然，对这句话的翻译，李本只能是根据德本翻译的，而其翻译，也基本传达了原文的意思，显示其德文水平达到翻译程度。这是李本参考德本最为有力的文本证据。

例二：1 - 27 - 3，李本根据德本准确翻译了重要概念术语"生产关系""所有关系"。

> Seit Dezennien ist die Geschichte der Industrie und des Handels nur die Geschichte der Empörung der modernen Produktivkräfte gegen die modernen Produktionsverhältnisse, gegen die Eigentumsverhältnisse, welche die Lebensbedingungen der Bourgeoisie und ihrer Herrschaft sind.
>
> For many a decade past the history of industry and commerce is but the history of the revolt of modern productive forces against modern conditions of production, against the property relations that are the conditions for the existence of the bourgeois and of its rule.
>
> 最近数十年間に於ける商工業の歴史は，近代の生産力が近代の生産方法に対し，紳士閥及び其統治権の存在に必要なる財産関係に対し，之に背叛を試むるの歴史なり。
>
> 最近十数年間，商工業之历史，即生产力对于生产方法，并对于资本家财产存在之关系等，试行背叛之历史也。
>
> 几十年来，一部工商史只是现代的生产力，对于现代的生产关系，对于那不外有产者的生活条件，及其支配力的所有关系宣战的历史。
>
> 数十年来的工商史，只是近代生产力对于近代生产方法，对于有产阶级的生存和统治权的财产关系谋叛底历史。
>
> 几十年以来，工业与商业底历史不过是近代生产力反抗近代生产

关系与财产关系底历史，这种财产关系正是资产阶级及其统治底生存
的条件。

所以，数十以来的工商业史不过是在现代生产力反叛现代生产关
系，即反叛作为资产阶级及其统治地位存在条件的所有制关系的历史。

几十年来的工业和商业的历史，只不过是现代生产力反抗现代生
产关系，反抗作为资产阶级及其统治的存在条件的所有制关系的历史。

在这句话中，德本 "Produktionsverhältnisse" 和 "Eigentumsverhältnisse"
均为复合名词，且结构相同。英文本 "conditions of production" 和 "property
relations"，既无法将其翻译为一个词，两者的结构也不相同。幸本据此翻译
为 "生产方法" 和 "财产関係"，飞本、道本均是如此，可知此处是以幸本
为底本的。但是李本则译为 "生产关系" 和 "所有关系"。这里的
"Verhältnisse" 显然应该理解为关系，"conditions" 是误解。李本能纠正这
个误解，必然是依据德本进行翻译的。"Eigentum" 此处翻译为 "所有" 更
准确。谢本则在 "所有" 后加了一个 "制" 字，局本亦然。从原文结构相
同的对称性而言，李本和成本的译法更佳。当然，谢本和局本突出制
（度），也是可以理解的。这个例子说明，李本准确翻译了原文的核心概念，
抓住了生产关系和所有关系的理论意义，是以德本为底本的中译应有的选
择。这个例子再次说明了底本的重要性，直接根据原文翻译，要比根据译
本转译更接近原意。

例三：1 - 49 - 3，李本根据德本准确翻译了重要概念术语 "私有财产"。

Die Proletarier haben nichts von dem Ihrigen zu sichern, sie haben alle
bisherigen Privatsicherheiten und Privatversicherungen zu zerstören.

They have nothing of their own to secure and to fortify; their mission is
to destroy all previous securities for, and insurances of, individual property.

彼等は之を保護防衛すべき一物を有せず。彼等の使命は，個人
財産に対する一切従来の防護と保険とを破壊するに在り。

彼等既无保护防卫之物，而对个人财产，一切防护保险，俱归破坏。

他没有财产去保护，他没有财产去巩固；他的使命就是破坏私有
财产的种种保护种种巩固。

他们并没有甚么自己的东西要保卫防护；他们的使命，只是破毁从前对于个人财产的一切防护和保险。

无产者没有什么要保护自己的东西，他必须破坏一切直到现在所存在的私产安全与私产保护。

无产者自己没有什么必须保证的东西，他们必须打破迄今所有一切保护和保障过私有财产权的东西。

无产者没有什么自己的东西必须加以保护，他们必须摧毁至今保护和保障私有财产的一切。

这句话中的"Privat"被英本意译为"individual property"，幸本根据英本意译为"個人財產"，飞本和道本均译为"个人财产"，而李本则译为"私有财产"。成本译为"私产"，直到谢本才翻译为"私有财产"，也为局本所沿用。可见，李本的这一翻译，根据德本，纠正了英本的误解，准确理解了原文。这个例子足见英本对幸本、道本及幸本对飞本、道本的影响，也说明翻译底本的重要以及直译与转译的差别，当然更说明李本基于德本翻译，比成本早了约20年，也比谢本早，是中文《共产党宣言》翻译传播史之首创。其在东亚《共产党宣言》直译传播史中的地位也很高。

这三个例子，足以说明李本参考了德本，德本是其底本之一。

然而，在李本中，也能看到沿用英本错误而未根据德本纠正的例子。

例四：1-43-2，李本未根据德本原文"Bildungselemente"，而是根据英本"fresh elements of enlightenment and progress"翻译为"文化和进步的新材料"。

Auch sie führen dem Proletariat eine Masse Bildungselemente zu.

These also supply the proletariat with fresh elements of enlightenment and progress.

平民は亦是れに依りて智識と進歩との新要素を供給せらる。

——

并这产业的发达供给他们种种文化和进步的新材料不少。

无产阶级也因此得了智识和进步底新种子。

他们也给无产阶级输进了一些教育底成分。

他们也给无产阶级带来大量的知识原素。

他们也给无产阶级带来了大量的教育因素。

这句话中，幸本将英本"fresh elements of enlightenment and progress"翻译为"智識と進步との新要素"，道本沿用了"智识和进步"的译法，将"要素"改为"种子"。李本的翻译"文化和进步的新材料"显然来自英本。问题在于，英本将德本的"Bildung"意译为"enlightenment and progress"，存在误解。成本"教育底成分"、谢本"知识原素"、局本"教育因素"都是根据德本"Bildungselemente"翻译的，尽管译词略有差异。这个例子说明，李本并非处处根据德本翻译或者说有些句子即使参考了德本仍根据英本翻译。这可能与其作为经济系本科生的德语水平有一定的关系。

例五：1－10－1，李本未依据德本"große Industrie"翻译为"大工业"，而根据英本"modern industry"翻译为"近代的产业"。

Die große Industrie hat den Weltmarkt hergestellt, den die Entdeckung Amerikas vorbereitete.

Modern industry has established the world market, for which the discovery of America paved the way.

而して此の近世産業は即ち世界的市場を建設せり。此の世界的市場や，米國の發見，實に之が先を為せる者にして。

而此近世产业，即建设世界之市场。此世界之市场，实米国发见而先为之者。

近代的产业造出的世界市场，那美洲的发现，便是这市场的引线。

近代产业，建设了世界的市场，这世界的市场，引线全在美国底发见。

大工业建立了世界市场，美洲底发见早把它准备好了。

大工业建立了由美洲底发现准备好了的世界市场。

大工业建立了由美洲的发现所准备好的世界市场。

在这句话中，英本将德本"große Industrie"意译为"modern industry"，幸本的"近世産業"为飞本沿用。李本据此翻译为"近代的产业"。道本

"近代产业"既可能是根据英本对幸本的调整，也可能属于根据术语演变翻译的幸本，但与李本相同的"引线"比喻，则可佐证其参考了英文本，不是全然根据幸本翻译的。此句中的"美国"，同飞本"米国"一样，确是对幸本"米國"的翻译。而李本"美洲"才是根据英本的正确译法。道本"美国"的译法，可能是对照英本、幸本时采取了幸本的理解，并根据中国当时的习惯，改"米国"为"美国"，也可能是直接根据幸本翻译的。这个例子说明道本的底本情况很复杂，需要做具体的分析，而李本无疑具有重要的译本比较价值。成本、谢本、局本共同的"大工业"译法，才是根据德本的中译，李本此处显然没有参考德本。

类似英本将德本"große Industrie"意译为"modern industry"并影响到幸本、飞本、李本、道本的例子还有 1 – 12 – 2、1 – 40 – 3、1 – 45 – 2、1 – 54 – 4，根据德本的成本、谢本、局本则都未受影响。1 – 9 – 4，英本将德本"große Industrie"意译为"giant，modern industry"，也影响到幸本、飞本、李本、道本，而根据德本的成本、谢本、局本则都未受影响。

综合上面的例子，可以确定李本参考了德本，但也存在根据英本而非德本翻译的情况。德本当为李本的第二底本，英本则为第一底本——这在通行的根据英本翻译的说法上无疑有所推进。

但是，仅仅就参考德本这一点而言，李本的译本价值和传播史地位也得到凸显。因为，此前的《共产党宣言》诸多中译本都是根据日文转译。李本由此成为第一个参考德本的中译本——这正是中国《共产党宣言》直译传播的历史起点。从前述几个例子中李本与成本、谢本、局本的相同、相似之处可知，虽然根据原文直译《共产党宣言》在中国历经曲折，但最终一步步螺旋式回归到这一起点。

就东亚而言，《共产党宣言》在日本的传播早期，对德本的参考大致如下。1919 年 2 月至 1922 年 9 月，河上肇在其个人杂志《社会问题研究》上发表的 6 篇论文中频繁地引用了《共产党宣言》的内容，主要是第 1 章和第 2 章，是参考幸本，根据德本重新翻译的，重新翻译的内容约三成。1920 年 1 月，栉田民藏发表在东京帝国大学经济学部内部杂志《经济学研究》第 1 卷第 1 期上的第 3 章，是以德本为底本的。据相关回忆，栉田民藏在 1918—1919 年完成了全文的翻译，同时在 1919 年的《我等》杂志上引用了《共产党宣言》第 1、2 章唯物史观的内容。1921 年，堺利彦根据德本重新修订了 1906 年的译本。①

李本不同于 1919—1922 年河上肇及 1919 年栉田民藏的引用（实际着手或完成即使稍晚，也在同年），与 1920 年栉田民藏发表的节译本一样属于专门的译文发表，但时间略早。据此可知，李本是中日最早专门发表的参考德本的《共产党宣言》译本。韩语《共产党宣言》在 1920 年代早期主要在上海由英语翻译，也可能存在俄语、日语的翻译，根据德文翻译则在光复之后。② 综上可知，李本为根据原文翻译并专门发表《共产党宣言》在东亚的历史起点，故称之为《共产党宣言》东亚直译传播起点。

（二）李本是中国早期马克思主义传播、德欧直播、日本转播苏联传播在五四北大三流合一的见证和缩影

当时李泽彰为北京大学大四本科生，河上肇为京都帝国大学法学院教授，栉田民藏为东京帝国大学经济学部讲师。一个本科生何以能做出如此前沿的工作？五四新文化运动、蔡元培长校北京大学、李大钊和陈独秀等人的马克思主义传播，显然是最主要的背景和原因。李泽彰所在法科学的教授顾孟余，1903 年进京师大学堂求学，专修德语和法国文学。1906 年，以译学馆生遴选赴德留学，先后在莱比锡大学和柏林大学学习电学和政治经济学，留德第一学期加入中国同盟会。1914 年以后，先后任北京大学教授兼任德文系主任、经济系教授及连任教务长数年。1919 年 5 月《新青年》第 6 卷第 5 号，即李大钊主编的"马克思主义专号"首篇即是其文章《马克思学说》。③ 他对李泽彰应有直接影响。比较《马克思学说》和李本的用词，《马克思学说》同

① 见〔日〕玉冈敦文《二战前日本〈共产党宣言〉翻译普及史概述——以堺利彦、幸德秋水译作为中心》，王红译，《马克思主义哲学研究》2018 年第 1 期。

② Moon-Gil Chung, Korean Publication of the „Communist Manifesto" before 1945, マルクス・エンゲルス研究者の会；中央大学経済研究所マルクス経済学研究会、東北大学経済研究科・研究プロジェクト「東アジアにおける西洋起源の社会・経済思想研究の到達点と課題」開催、中央大学多摩キャンパス・首都大学東京秋葉原サテライトキャンパス、2012 年 2 月 19—20 日、「国際学術研究集会東アジアにおけるマルクス研究の到達点と課題予稿集」、ページ31－32。

③ 见刘作忠《民国奇人顾孟余》，《文史博览》2003 年第 8 期。评议环节中，黄克武特聘研究员提醒笔者注意顾孟余的影响，特别是《新青年》"马克思主义专号"中《马克思学说》一文。该文见顾兆熊《马克思学说》，《新青年》第 6 卷第 5 号，1919 年；欧阳淞、章育良主编《红藏：进步期刊总汇（1915—1949）》第 9 卷，湘潭大学出版社，2014，第 450—465 页。

时用到"马克思"和"马克斯"的表达，李本统一用"马克斯"；《马克思学说》用"昂格思"，李本则用"昂格斯"，均没有受到日语片假名把 Marx 中的"r"、Engels 中的"l"翻译为"ル"的影响（道本将恩格斯译为"安格尔斯"，系受日文影响），李本则对"思"与"斯"进行了对调和统一，也许是看到《马克思学说》"昂格思"统一，而"马克思""马克斯"未统一之故。《马克思学说》在介绍"马克思之经济学说"时专门辟一节讲"价值论和赢余价值论"，与幸本、飞本、道本将 1 - 31 - 4 的"Price"翻译为"价值"不同，李本准确地翻译为"价格"，应是作为此文读者或作为顾孟余所在的法科学生所能做到的。李本对《马克思学说》的用词有一定的选择性，明显的例子如《马克思学说》明文注明"'出产' Production（日文译作'生产'）"，李本仍然选择当时已经广泛使用的"生产"。李本发表学期的"社会主义研究"开课者张慰慈（1893—1976），字祖训，吴江（今苏州吴江区）人，少年时与胡适为上海澄衷蒙学堂同学，毕业后进复旦公学。1912 年赴美国爱荷华大学留学，1917 年毕业，获政治学博士学位，同年夏归国，进北京大学任教，和陈启修、陶孟和等共同承担"现代政治讲座"课程。①

顾孟余、张祖训、李泽彰虽然后来没有成为马克思主义者，但或拒绝与汪精卫同流，或抗战期间任职资源委员会和经济部，或抗战期间负责商务印书馆迁港，都是爱国者，他们及他们所代表的京师同文馆而京师大学堂而北京大学留德留欧群体和中国留美群体及其学生这条脉络，在中国早期马克思主义传播史上的地位应予以肯定和研究。

李泽彰课表中有第二种外国语"德文""法文"和随意科目"日文"。其中，"德文""法文"没有成绩，"日文"有成绩，可能是其预科阶段已经选修。李泽彰上学时的北大预科及本科一般要求第一外语为英语，第二外语为德语或法语。② 从当时经济系预科、本科的外语要求及课程设置来看，李本以英本为第一底本、德本为第二底本，并非偶然。

李泽彰受到京师大学堂译学馆留德顾孟余在留日李大钊主持的"马克思主义专号"首篇文章《马克思学说》的影响，又修习留美张祖训"社会

---

① 见张敏《张慰慈（1893—1976）》，李峰主编《苏州通史·人物卷》（下），苏州大学出版社，2019，第 186 页。

② 见《国立北京大学八年至九年度学科课程一览》等。

主义研究"课程，部分译词采纳中日同形词，因此，李本既是中国早期马克思主义传播德欧直播路径的代表，又堪称十月革命后中国马克思主义传播德欧直播、日本转播、苏联传播在五四北大合流的缩影。此点也可以很好地说明，中国早期马克思主义传播日本中介论难以成立

　　李本参考德本的事实，只要进行简单的译本对照就不难发现，但学术界百年未予以应有的关注、重视，确实是非常值得深思的。

（三）道本与李本相同或相似且与飞本相异的内容加强证明英本为道本底本之一，道本日文底本说不全面

　　本文比较的几个版本中，幸本的底本是英本，飞本的底本是幸本，李本的底本是英本，成本及谢本、局本的底本是德本，这些都是学术界的共识，几乎没有争议。而道本的底本到底是幸本，还是英本，是以幸本为底本参考英本，还是以英本为底本参考幸本，学界研究及相关回忆存在较多争议，尚无定论，仍然是一个需要深入研究的重大问题。主张幸本为底本并参考英本的日本东北大学大村泉教授，经常把石川祯浩教授和陈力卫教授作为主张底本为幸本的代表并加以反驳。[①] 近年来不少国内学者也认为幸本为底本。[②] 在陈望道本人及其学生、后人的回忆中，既有根据幸本转译的说法，也有根据幸本参考英本的说法，还有主要以英本为底本的说法，复旦大学霍四通副教授赞同幸本英日双底本说，并进一步认为："陈望道是同时参照英日两个译本完成首译本翻译的，他力求综合两个译本的优点，很难说日译本和英译本中哪个译本更重要……陈望道知道日文本也是译自英文本，所以决定选词造句的最终判断标准也只能是英文本；正是在这个意义上，说主要依据英译本也是完全能够成立的。"[③] 笔者认为，幸本和英本均为道本底本，应通过全面而严密的版本考证、译本比较、文本分析和思想研究，确定何者为第一底本并全面客观评价各底本的贡献。为此，一定

---

① 见大村泉《〈共产党宣言〉的出版史与中译本的问题》，陈浩、张立波等译，《中共历史与理论研究》第 2 辑，社会科学文献出版社，2015。

② 如陈红娟《〈共产党宣言〉在中国的翻译与传播》，《马克思主义研究》2018 年第 4 期；杨荣、田子渝《马列主义著作文本在中国的早期传播》，《马克思主义研究》2018 年第 6 期。

③ 见霍四通《〈共产党宣言〉中文首译本用了什么底本?》，《文汇报·文汇学人》专刊第 432 期，2020 年 7 月 10 日，第 2—3 版。

量的"琐事"般的考证必不可少，就像马克思在《资本论》第一版《序言》中所说："这的确是琐事，但这是显微解剖学所要做的那种琐事。"① 李本由于其特殊的译本价值，是解决道本底本问题的绝佳版本。李本与局本相同及相似的文处可以佐证这些译法根据英本、参考德本，也可以在相当程度上说明其翻译水平，李本是根据或参考德文中译《共产党宣言》的历史起点。这些从翻译的准确性方面体现了李本的译本价值。

对于道本的底本这一问题，比较研究以幸本为底本的飞本和以英本为主要底本的李本，就能将相关研究大大推进。理由很简单：道本与飞本相同和类似且与李本不同的部分，显然是以幸本为底本翻译的；道本与李本相同而与幸本及飞本不同的部分，显然是以英本为底本翻译的（其中还涉及中国马克思主义传播过程中对中日同形词的吸收这一因素，本文不展开论述，有待以后研究）。李本在道本之前完成并发表第一章，以英本为第一底本，是解决道本底本问题的绝佳比较译本，对重思《共产党宣言》传播史等问题具有独特的价值。

1. 语序、修辞、表达之同异

前述 1-10-1 中，道本没有像飞本那样，将"先を為せる者"翻译为"先为之者"，而是与李本一样，用"引线"这样的比喻修辞翻译英本的"paved the way"，有力佐证道本此种译法的底本是英本。这样的例子，在李本中还能找到很多。

例六：1-1-1，李本与道本对 "The history of all hitherto existing society" 的翻译语序一致且不同于飞本。

Die Geschichte aller bisherigen Gesellschaft ist die Geschichte von Klassenkämpfen.

The history of all hitherto existing society is the history of class struggles.

由来一切社会の歴史は，階級闘争の歴史なり。

从来一切社会之历史，阶级争斗之历史也。

一切过去的社会的历史，都是阶级争斗的历史。

一切过去社会底历史，都是阶级争斗底历史。

① 《马克思恩格斯全集》第42卷，人民出版社，2016，第14页。

一切过去社会的历史是阶级斗争的历史。

迄今存在过的一切社会底历史都是阶级斗争底历史。

至今一切社会的历史都是阶级斗争的历史。

显然，飞本"从来一切社会之历史"是对幸本"由来一切社会の歷史"的翻译。而道本则不然，其译法"一切过去社会底历史"语序与李本"一切过去的社会的历史"一致，当为以英本为底本翻译的。成本翻译语序亦然，说明此处李本也可能参考了德本。

例七：1 - 5 - 1，李本与道本对"our epoch"的翻译语序一致且不同于飞本。

Unsere Epoche, die Epoche der Bourgeoisie, zeichnet sich jedoch dadurch aus, daß sie die Klassengegensätze vereinfacht hat.

Our epoch, the epoch of the bourgeoisie, possesses, however, this distinct feature: it has simplified class antagonisms.

然れども 此の階級的争鬪が，極めて単純なるに至れるは，現時代即ち紳士閥（Bourgeoisie）の時代が有する特徴なりとす。

然此阶级之争斗，极其单纯，是即资本家时代之特征也。

到了我们的时代，可以说是到了有产者本位的时代；他把阶级的对峙，弄成单简极了。

我们的时代，就是这有产阶级（Bourgeoisie）时代，他的特色就是把阶级对抗弄简单了。

但是，我们的时代，资产阶级底时代，有其特点，就是他把阶级对立简化了。

但现今这个时代，即资产阶级时代，却有一个特点，就是它使阶级矛盾简单化了。

但是，我们的时代，资产阶级时代，却有一个特点：它使阶级对立简单化了。

幸本将"our epoch"译为"现时代"并置于句末，飞本语序与其相同，但漏译了这个词，可能是受"即ち"的影响。但道本将"our epoch"译为

"我们的时代"，置于句首，与李本相同。整句话的语序亦然，也与成本、谢本、局本相同。这些都可以佐证这句话的翻译底本为英本。当然，日文本也是底本之一，主要体现为括号注释"Bourgeoisie"。这里，道本与李本还有一个共同之处，就是未将"however"的转折之意翻译出来，而幸本的"然れども"和飞本的"然"，都体现了这层意思。这一方面说明陈望道与李泽彰的英语理解或有疏漏，另一方面也说明道本此句对幸本的参考仅仅体现在括号注释上。这一点恰恰可以说明，英文注释不能成为英本是道本唯一底本的根据，也不能成为幸本是道本唯一底本的证据。① 就这句话而言，道本应是以英本为底本并参考吸收幸本的英文注释。对道本底本的确定需要**"显微解剖学"**式的译本比较分析，再综合各种因素才能得出令人信服的结论。

例八：1-9-1，道本和李本都用"一天比一天"翻译"ever...ing"，异于幸本的"益々"、飞本的"日益"。

> Aber immer wuchsen die Märkte, immer stieg der Bedarf.
> Meantime the markets kept ever growing, the demand ever rising.
> 同時に市場は益々拡大し行けり，需用は愈々増加し行けり。
> 斯时市场日益扩大，需用日益增加。
> 当这时候，市场一天比一天发达，需要一天比一天增加。
> 接着市场一天比一天扩大，需要又一天比一天增加。
> 但是市场总是增长，需要总是增高。

---

① 在道本底本问题上，有的学者将道本英文注释作为其以英本为底本的论据，如"关于陈望道译《共产党宣言》的原著究竟是英文，还是日文，坊间一直有争议，但多是推测。说得比较有根有据的是叶永烈，他说'据陈望道的学生陈光磊在一九九〇年三月八日告诉笔者，陈望道生前与他谈及，周恩来在五十年代问及《共产党宣言》最初依据什么版本译的，陈望道说主要据英译本译'。这一点从以上所引的译文中也可以看出些许端倪，因为译文中不少名词的后面都用英文做了标注，这是译本所据语言的一个最直接的证据。但陈望道毕竟是一个学者，为了翻译的准确起见，也为了充分利用他精通日语的特点，他在实际翻译时是把英译本和日本翻译家幸德秋水和堺利彦 1906 年的日译本《共产党宣言》进行对照之后才慎重下笔的"。见王东风、李宁《译本的历史记忆——陈望道译〈共产党宣言〉解读》，《中国翻译》2012 年第 3 期。也有学者将道本英文注释与幸本一致作为其以幸本为底本的论据，如"通过对比大致能够推断，陈望道译本的底本是日译本，而非英译本，否则不可能出现英文标注与幸德秋水、堺利彦日译本中英文标注的高度一致。如果是以英译本为底本，英文标注应该出现非常大的差异"。见陈红娟《版本源流与底本甄别：陈望道〈共产党宣言〉文本考辨》，《中共党史研究》2016 年第 3 期。

但市场总是在扩大着，需求总是在增加着。

但是，市场总是在扩大，需求总是在增加。

在这里，道本和李本一样，都用"一天比一天"翻译"ever...ing"，是对英文相同的理解和表达的相同选择。

此外，道本没有像幸本的"同時に"、飞本的"斯时"那样翻译"meantime"，而是误译为"接着"，表明此词亦是以英文为底本。李本的"当这时候"则是对英文的准确翻译。道本的"扩大"和"增加"与幸本和飞本一样，既可能是参考了幸本，也可能是未参考也会这样选词（李本的"增加"即是）。所以，道本的这句应该是以英本为唯一底本或是以英本为第一底本对照参考了幸本。

例九：1－17－2，道本和李本，用"第一""第一个"翻译"first"，异于幸本和飞本的"空前"；都用"表示"翻译"show"，异于幸本的"现せる"、飞本的省略；都用"活动力"翻译"activity"，异于幸本和飞本的"活动"；都用"无所不能"翻译"what...can bring about"，异于幸本的"して"、飞本的省略。

Erst sie hat bewiesen, was die Tätigkeit der Menschen zustande bringen kann.

It has been the first to show what man's activity can bring about.

紳士閥が現せる人間の活動は，実に空前のものにして。

故于人类之活动，实为空前之物。

他是第一个表示人的活动力是无所不能的。

他们第一表示人间底活动力是无所不能。

它才第一个证明了人类底活动能够干出什么来。

它第一次表明了人类地活动能够做出什么样的事情来。

它第一个证明了，人的活动能够取得什么样的成就。

在这句话中，道本和李本都直译"first"，这是后来《共产党宣言》中译的趋势，与幸本和飞本的"空前"这样的意译不同。他们都用"活动力"翻译"activity"，异于幸本和飞本的"活动"。对动词"show"都用"表示"，也与幸本的"現せる"、飞本的省略不同。对"what…can bring about"都用"无所不能"，与幸本和飞本的"して"和省略不同。这些同异可以说明此句道本是以英文为第一底本的，但是也参考了幸本，"人间底"显然参考了"人間の"。"人间"译法尚不如飞本的"人类"更符合汉语习惯。"他们"原文"it"是单数，李本准确地表达为"他"，道本应是受幸本有复数意味的"閥"的影响。可见此句是对照英本、幸本翻译的，应是先根据英文翻译初稿（"他第一表示人底活动力是无所不能"），然后参考幸本加"们""间"。除去社会通行的译词选择，这种第一底本的句例，幸本与英本孰多即为第一底本。可见，不能简单地说幸本、英本何者为道本的底本，而应探讨何者为第一底本，将《共产党宣言》翻译传播史研究推向深入发展。

例十：1-36-2，李本用"那一天就是……第一日"，道本用"那一日，便是……那一日"翻译"begins"，结构类似，且异于幸本的"初めて"、飞本的"初"。

Sein Kampf gegen die Bourgeoisie beginnt mit seiner Existenz.

With its birth begins its struggle with the bourgeoisie.

平民の初めて生ずるや，紳士閥との鬪争は直ちに之と共に起る。

平民之初生，直与资本家共起争斗。

无产者阶级成立的那一天就是无产者与有产者争斗的第一日。

无产阶级发生的那一日，便是同有产阶级争斗开始的那一日。

它的反对资产阶级的斗争是和它的生存同时开始的。

它反对资产阶级的斗争，是从它本身开始存在的那天开始的。

它反对资产阶级的斗争是和它的存在同时开始的。

李本与道本不约而同地采用类似的结构及修辞，显然都是根据英本翻译的，也体现了五四新文化时期的语言特点。

以上几个道本与李本在语序、修辞、表达上相同且与幸本、飞本相异的例句，足以表明道本中存在以英本为第一译本的句子，英本毫无疑问是道本的底本之一。在这样的比较中，作为道本前第一个以英本为第一底本的中译本，李本的译本价值和传播史价值得到很好的体现，属于锦上添花的有力一环。

2. 术语选择之同异

表 1 道本与幸本相同或相似而与李本、飞本相异术语举例

编号	出处	德本	英本	幸本	飞本	李本	道本	成本	谢本	局本
1	1	Bourgeois	Bourgeois	绅士	绅士	有产者	有产者	有产者	资产者	资产者
2	1	Proletarier	Proletarians	平民	平民阶级	无产者	无产者	无产者	无产者	无产者
3	1-2-1	—	—	希腊の	希腊之	—	—	—	—	—
4	1-2-1	—	—	羅馬の	罗马之	—	—	—	—	—
5	1-2-1	—	—	中世の	中世之	—	—	—	—	—
6	1-2-1	bald versteckten, bald offenen Kampf	now hidden, now open fight	或は公然或は隠然	或公然或隐然而行战争之事	暗斗和明争	明争暗斗	有时隐藏，有时公开的斗争	有时是隐藏，有时是公开的斗争	有时隐蔽有时公开的斗争
7	1-3-2	Mittelalter	Middle Ages	中世	中世	中世纪	中世纪	中世纪	中世纪	中世纪
8	1-4-1	moderne bürgerliche Gesellschaft	modern bourgeois society	当代绅士の社会	当代绅士之社会	近代有产者的社会	近代有产社会	近代资产阶级社会	现代资产阶级社会	现代资产阶级社会
9	1-4-1	Klassengegensätze	class antagonisms	阶级的争閧	阶级的争斗	阶级的对峙	阶级对抗	阶级对立	阶级矛盾	阶级对立
10	1-4-1	hat...nicht aufgehoben	has not done away with	除却せられものにあらず	非除却	免不了	免不了	没有消灭	没有消灭掉	没有消灭
11	1-5-1	Bourgeoisie	bourgeoisie	绅士阀（Bourgeoisie）	资本家	有产者本位	有产阶级（Bourgeoisie）	资产阶级	资产阶级	资产阶级
12	1-5-1	Klassengegensätze	class antagonisms	阶级的争閧	阶级之争斗	阶级的对峙	阶级对抗	阶级对立	阶级矛盾	阶级对立

续表

编号	出处	德本	英本	幸本	飞本	李本	道本	成本	谢本	局本
13	1-5-2	Bourgeoisie	Bourgeoisie	紳士	绅士	有产者阶级	有产阶级	资产阶级	资产阶级	资产阶级
14	1-5-2	Proletariat	Proletariat	平民	平民	无产者阶级	无产阶级	无产阶级	无产阶级	无产阶级
15	1-7-1	Afrikas	Cape	喜望峰	喜望峰	好望角	好望角	非洲	非洲	非洲
16	1-7-1	Bourgeoisie	bourgeoisie	紳士閥	资本家	有产者	有产阶级	资产阶级	资产阶级	资产阶级
17	1-7-2	chinesische	Chinese	支那の	支那之	中国	中华底	中国的	中国的	中国的
18	1-7-2	Element	element	要素	要素	种子	种子	因素	原素	因素
19	1-8-1	Betriebsweise der Industrie	industrial production	工業的生産	工业的生产	生产事业	生产事业	工业生产	工业组织	工业经营方式
20	1-8-3	verdrängt	pushed	逐斥せられ	被斥逐	被……推倒	被……挤掉	被……排斥	被……挤倒	被……排挤
21	1-8-3	Teilung der Arbeit...Teilung der Arbeit	division of labour...division of labour	分業……分業	分业……分业	分工……分工	分工……分工	分工……分工	分工……分工	分工……分工
22	1-18-1	Produktions instrumente	instruments of production	生産機関	生产机关	生产工具	生产工具	生产工具	生产工具	生产工具
23	1-20-7	geistigen Produktion	intellectual production	精神的生産	精神之生产	智识界	智识的（生产）	精神的生产	精神的生产	精神的生产
24	1-27-1	Bewegung	movement	変化	变化	运动	运动	运动	运动	运动
25	1-31-5	Lohn	wage	賃銀	賃銀	工资	工资	工钱	工资	工资
26	1-37-2	Produktions instrumente	instruments of production	生産の器具	生产之器具	生产工具	生产工具	生产工具	生产器具	生产工具

续表

编号	出处	德本	英本	辛本	飞本	李本	道本	成本	谢本	局本
27	1-39-2	Lohn	wages	賃銀	—	工资	工资	工线	工资	工资
28	1-39-3	Lohn	wages	賃銀	—	工资	工资	工线	工资	工资
29	1-39-3	einzelnen...einzelnen	individual...individual	個々の......個々の	—	个人的......个人的	个人的	各个......各个	个个......个别	单个......单个
30	1-40-5	Jeder	every	総ての	—	每一次的	每次	任何	一切	一切
31	1-41-3	Anerkennung	recognition	認識	—	承认	承认	承认	承认	承认
32	1-42-3	Bewegung	arena	政界	—	漩涡	漩涡	运动	运动	运动
33	1-44-2	Bourgeoisid eologen	bourgeois ideologists	学者的紳士	—	有理想的有产者	有理想的资本家	资产阶级的思想家	资产者思想家	资产阶级思想家
34	1-46-4	Standpunkt	standpoint	立場	位置	立足地	立脚地	观点	观点	立场
35	1-49-2	erobern	masters	主人	主人	主人翁	主人翁	取得	夺得	取得
36	1-50-2	Interesse	interest	利害	利害	利益	利益	利益	利益	利益
37	1-50-3	offizielle Gesellschaft	official society	公権社会	公权社会	官僚社会	官僚社会	—	正式社会	官方社会
38	1-53-5	Reichtum	wealth	富	—	财富	财富	财富	财富	财富
39	2	Proletarier	Proletarians	平民	—	无产者	无产者	无产者	无产者	无产者

从这些例子可见，相关文处李本是根据英本翻译的，道本也应是根据英本翻译的，至少是参考了英本，不可能只是根据辛本翻译的。至于其中有少部分受到到中日同形词以及白话文运动的影响，可以再做更深入的探讨。

（四）李本与幸本、道本、飞本均相异的内容凸显其独特的译本特点与价值

表 2　李本与幸本、飞本、道本均相异术语举例

编号	出处	德本	英本	幸本	飞本	李本	道本	成本	谢本	局本
1	1-2-1	Zunftbürger	guild-master	同業組合員（ギルド·マスター Guild-master）	同业组合员	同业组合的头目	行东（Guild-master）	行东	行东	行会师傅
2	1-2-1	Gesell	journeyman	被雇職人（ジャーニー·マン Journey-man）	被雇职人	工人	佣工（Journey-man）	帮工	帮工	帮工
3	1-3-2	Feudalherren	feudal lords	封建領主	封建领主	封建诸侯	封建领主	封建领主	封建领主	封建主
4	1-3-2	Zunftbürger	guild-masters	同業組合員	同业组合员	同业组合的头目	行东	行东	行东	行会师傅
5	1-3-2	Gesellen	journeymen	被雇職人	被雇职人	工人	佣工	帮工	帮工	帮工
6	1-7-1	Entdeckung	discovery	発見	发见	发见	发见	发见	发现	发现
7	1-7-1	Umschiffung	rounding	廻航	回航	绕行	周航	围绕……航路	环绕……航路	绕过……航行
8	1-7-1	schufen	opened up	成し	成	辟了	添给	开辟了	开辟了	开辟了
9	1-7-2	Industrie	industry	製造工業	制造工业	工业	制造工业	工业	工业	工业
10	1-7-2	rasche	rapid	急激な	急激	快极	急激的	飞快的	迅速的	迅速
11	1-7-2	Markt	markets	諸市場	诸市场	两大市场	市场	市场	市场	市场

续表

编号	出处	德本	英本	辛本	飞本	李本	道本	成本	谢本	局本
12	1-7-2	Schiffahrt	navigation	航海	航海	航业	航海业	航业	航海业	航海业
13	1-7-2	Tauschmittel	means of exchange	交換の機関	交换之机关	交易手段	交換机关	交换手段	交换工具	交换手段
14	1-8-1	feudale	feudal	封建時代の	封建时代之	封建	封建时代的	封建的	封建的	封建的
15	1-8-2	Manufaktur	manufacturing system	工場制度の製造業（Manufacturing system）	工厂制度之制造业	制造商	手工工场组织（Manufacturing system）	手工工厂	手工工厂	工场手工业
16	1-8-3	Zunftmeister	guild-masters	同業組合員	同业组合员	同业组合的头目	行东	行会师傅	行东	行会师傅
17	1-8-3	industriellen	manufacturing	製造家	制造家	制造商	工场制造家	产业的	工业的	工业的
18	1-8-3	verdrängt	pushed	逐斥せられ	被斥逐	被……推倒	被……挤倒	被……排斥	被……挤倒	被……排挤
19	1-8-3	einzelnen	each single	各個の	各个	每一个	各个	单个	各个	各个
20	1-8-3	Werkstatt	workshop	工場	工厂	做货店	工场	作坊	作坊	作坊
21	1-9-1	wuchsen	growing	拡大	扩大	发达	扩大	增长	扩大	扩大
22	1-9-2	Auch...nicht mehr	even...no longer	而して……も亦……能はざる	而……亦不能	就连……也……不上	这时……也不能	就是……也不够	也不能	甚至……也不再能
23	1-9-2	Manufaktur	manufacturer	工場組織	工厂组织	制造商	手工工场组织	手工工厂	工厂手工业	工场手工业
24	1-9-2	reichte	sufficed	応ずる	应	供给	应付	够用	满足	满足

续表

编号	出处	德本	英本	辛本	飞本	李本	道本	成本	谢本	局本
25	1－9－3	Maschinerie	machinery	大機械	大机械	机械	大机器	机器	机器	机器
26	1－9－3	industrielle Produktion	industrial production	生産事業	生产事业	产业	生产事业	工业生产	工业	工业生产
27	1－15－2	Lohnarbeiter	wage labourers	雇用せる賃銀労働者	雇佣的劳动者	赁金劳动	工银劳动者	雇佣劳动者	雇佣的小役	雇佣劳动者
28	1－17－1	Mittelalter	Middle Ages	中世	中世	中世纪	中世	中世纪	中世纪	中世纪
29	1－20－1	Exploitation	exploitation	掠奪	掠夺	利用	垄断	榨取	榨取	开拓
30	1－20－1	Weltmarkts	world market	世界的市場	世界之市场	世界市场	世界的市场	全世界市场	全世界市场	世界市场
31	1－20－3	nationalen Industrien	national industries	国民的産業	国民之产业	以国境为界限的产业	国民的产业	民族的产业	民族工业部门	民族工业
32	1－20－8	geistigen Erzeugnisse	intellectual creations	精神的創作	精神之创作	科学的发明	智识的创作	精神活动的成果	精神活动成果	精神产品
33	1－20－8	einzelnen Nationen	individual nations	個々の国民	一般国民	某一国	各国国民	各个民族	各个民族	各民族
34	1－20－9	nationale...nationalen	National...national	国民的……国民的	国民之……国民	国家的……国家的	国民的……国民的	民族的……民族的	民族的……民族的	民族的……民族的
35	1－21－1	Produktions instrumente	instruments of production	生産機関	生产机关	生产工具	生产机关	生产工具	生产工具	生产工具
36	1－21－1	(barbarischsten) Nationen	nations	国民	国民	部落	国民	人民	民族	民族

续表

编号	出处	德本	英本	幸本	飞本	李本	道本	成本	谢本	局本
37	1－23－1	Produktions mittel	means of production	生産機関	生产之机关	生产手段	生产机关	生产手段	生产资料	生产资料
38	1－23－2	Produktions mittel	means of production	生産機関	生产机关	生产手段	生产机关	生产手段	生产资料	生产资料
39	1－23－3	politische Zentralisation	political centralisation	政治的中央集権	政治之中央集权	政权集中	政治的中央集权	政治的集中	政治的集中	政治的集中
40	1－25－1	Produktions-und Verkehrsmittel	means of production and of exchange	生産及び交換の機関	生产及交换之机关	生产手段和交易手段	生产和交换机关	生产手段与交通手段	生产资料和交换工具	生产资料和交换手段
41	1－26－1	Konstitution	constitution	組織	组织	制度	组织	结构	制度	制度
42	1－27－2	gewaltige Produktions-und Verkehrsmittel	gigantic means of production and of exchange	生産及び交換の大機関	生产及交换之大机关	伟大的生产及交易手段——	大规模生产和交换的社会	强大生产手段与交换手段	非常庞大的生产和交换工具	庞大的生产资料和交换手段
43	1－27－3	modernen...modernen	modern...modern	近代の……近代の	—	现代的……现代的	近代……近代	近代……近代	现代……现代	现代……现代
44	1－27－3	Produktions verhältnisse	conditions of production	生産方法	生产方法	生产关系	生产方法	生产关系	生产关系	生产关系
45	1－27－3	Eigentumsv erhältnisse	property relations	財産関係	财产存在之关系	所有关系	财产关系	财产关系	所有制关系	所有制关系
46	1－27－6	Überproduktion	over-production	生産過多	—	生产过剩	生产过度	生产过剩	生产过剩	生产过剩

续表

编号	出处	德本	英本	幸本	飞本	李本	道本	成本	谢本	局本
47	1－27－8	bürgerlichen Eigentumsv erhältnisse	conditions of bourgeois property	紳土の財産制度	绅土财产制度	有产者的财产状态	有产阶级财产制度	资产阶级财产关系	资产阶级所有制关系	资产阶级所有制关系
48	1－27－11	Ausbeutung	exploitation	掠奪	—	利用	掠夺	剥削	榨取	利用
49	1－31－4	Preis	price	価値	价值	价格	价值	价格	价格	价格
50	1－32－2	Arbeitermassen	Masses of labourers	労働者の団塊	劳动者之团块	一群工人	那些劳动者	工人群众	工人群众	工人群众
51	1－33－2	Geschlechts	sex	男女	—	性类	男女	性别	性别	性别
52	1－34－1	Ausbeutung	exploitation	掠奪	掠夺	利用	掠夺	剥削	剥削	剥削
53	1－34－1	Arbeitslohn	wages	賃銀	賃銀	工钱	工资	工资	工资	工资
54	1－35－2	Bevölkerung	population	社会	社会	人间	社会	人口	民间	居民
55	1－36－1	Entwicklun gsstufen	stages of development	階級……発達	阶级……发达	变迁时期	时期发达	发展的阶段	发展的阶段	发展阶段
56	1－37－1	ausbeutet	exploits	掠奪すろ	掠夺	利用	掠夺	剥削	剥削	剥削
57	1－37－2	mittelalterlichen	Middle Ages	中世	中世	中世纪	中世	中世纪	中世纪	中世纪
58	1－38－1	Arbeiter	labourers	労働者	劳动者	工人	劳动者	工人们	工人们	工人
59	1－38－3	nicntindustriellen	non-industrial	産業以外の	—	非产业家的	产业以外的	非产业的	非工业	非工业
60	1－39－1	Kraft...sie	strength... strength	力……力	—	实力……实力	力量……力量	力量……力量	力量……力量	力量……力量

续表

编号	出处	德本	英本	幸本	飞本	李本	道本	成本	谢本	局本
61	1－39－4	Arbeitslohns	rate of wages	賃銀の率	—	工资	工资率	工资	工资	工资
62	1－39－5	gelegentlichen	occasional	時々の	—	一旦	时时	可能的……之际	一旦	为可能……的
63	1－40－3	Verbindung	contact	触接	—	联络	接触	联系	联系	联系
64	1－40－4	Verbindung	contact	触接	—	联络	接触	联系	联系	联系
65	1－40－6	Bürger	burghers	市民	—	公民	市民	市民	市民	市民
66	1－41－3	Gesetzesform	legislative	立法部	—	立法机构	立法机关	立法的形式	立法手续	法律形式
67	1－42－1	Entwicklungsgang	course of development	発達の道途	—	变迁的行程	发展……出途	发展过程	发展	发展
68	1－42－4	Bildungselemente	elements of political and general education	政治教育及び一般教育	—	政治智识和普通智识	政治教育和普通教育	教育成分	知识原素	教育因素
69	1－43－2	Bildungselemente	fresh elements of enlightenment and progress	智識と進歩との新要素	—	文化和进步的新材料	智识和进步底新种子	教育底成分	知识原素	教育因素
70	1－45－2	eigenstes Produkt	special and essential product	特殊なる、且つ喫緊なる産物	吃紧之产物	中心	特别的主要的产物	自身的产物	本身底产物	本身的产物
71	1－46－2	konservativ	conservative	保守的	保守的	守旧派	保守的	保守的	保守的	保守的
72	1－48－3	Voruteile	prejudices	偏見	偏见	色彩	偏见	偏见	偏见	偏见
73	1－48－3	verstecken	lurk	隠匿	隐匿	前提	藏着	隐藏	掩盖	隐藏

续表

编号	出处	德本	英本	辛本	飞本	李本	道本	成本	谢本	局本
74	1-49-1	Erwerbs	appropriation	既得	既得	自肥	已得	取得	占有方式	已经获得
75	1-49-2	Aneignungs weise...Aneignungs weise	mode of appropriation... mode of appropriation	分配法……分配法	分配之法……分配法	攫夺方法…… ——	分配方法……分配方法	占有方法……占有方法	占有方式……占有方式	占有方式……占有方式
76	1-49-3	Privatsicherheiten und Privatversic herungen	securities for, and insurances of, individual property	個人財産……の防護と保險	个人财……防护保险	私有财产的种种保障种种巩固	个人财产的一切防护和保险	私产安全与私产保护	一切保护和保障过私有财产权的东西	保护和保障私有财产的一切
77	1-53-3	Bourgeois	bourgeois	紳商	——	有产者	大绅商	有产者	资产者	资产者
78	1-53-6	aufzuzwingen	to impose	強いる	——	把……压制	要要	强制	强制	把……强加
79	1-53-6	herrschende Klasse	ruling class	権力階級	——	支配阶级	权力阶级	统治阶级	统治阶级	统治阶级
80	1-54-1	Bildung und Vermehrung des Kapitals	formation and augmentation of capital	資本の形成と集積	——	资本的造成和资本的增加	资本底形成立和囤积	资本底形成与增殖	资本底形成和增殖	资本的形成和增殖
81	1-54-1	Lohnarbeit	wage-labour	賃銀労働	——	赁金劳动	工银劳动	雇佣劳动	雇佣劳动	雇佣劳动
82	1-54-2	Lohnarbeit	Wage-labour	賃銀労働	——	赁金劳动	工银劳动	雇佣劳动	雇佣劳动	雇佣劳动
83	1-54-2	Arbeiter	labourers	労働者	——	工人	劳动者	工人	工人们	工人
84	1-54-4	aneignet	appropriates	領有する	——	攫夺	占有	占有	占有	占有
85	1-54-5	Totengräber	grave-diggers	墓堀	——	自杀武器	坟墓	掘墓人	掘墓人	掘墓人
86	2	Kommunisten	Communists	共産党	——	共产者	共产党	共产党人	共产党人	共产党

这些文处大致可以分为以下几类。

1. 李本准确翻译核心概念

与局本完全相同的有编号 6（发现）、9（工业）、28 和 57（中世纪）、30（世界市场）、35（生产工具）、41（制度）、44（生产关系）、46（生产过剩）、49（价格）、61（工资）、58 和 83（工人）、76（私有财产）等。特别是世界市场、生产关系、生产过剩、价格、工人、私有财产等都是马克思主义的核心概念，准确翻译这些概念体现了译者作为法学科经济系学生的理论优势。编号 49 中，幸本、飞本、道本都将"price"误译为价值，李本则准确区分了价格和价值，将其正确地翻译为"价格"。

与局本近似的有编号 43（现代的/现代）、45（所有关系/所有制关系）、51（性类/性别）、63 和 64（联络/联系）、77（有产者/资产者）、79（支配阶级/统治阶级）等。

这些与局本相同及相似的文处可以佐证这些译法根据英本、参考德本，也可以在相当程度上说明其翻译水平，李本是根据或参考德文中译《共产党宣言》的历史起点。这些从翻译的准确性方面体现了李本的译本价值。

2. 特色译法

还有一些属于有当时时代特征的译法：编号 27、81、82（赁金劳动），53（工钱），等等。

比较接近正确译法有编号 80（资本的造成，和资本的增加）等。

还有一些属于有鲜明个性的译法：编号 67（变迁的行程）、74（自肥）等。

3. 漏译与误译

漏译的有编号 42（伟大的生产手段——）、75（攘夺方法……——）等。

误译的有编号 47（有产者的财产状态）、68（政治智识和普通智识）、69（文化和进步的新材料）等。

（五）李本与幸本、道本、飞本均相同的内容凸显中国早期马克思主义传播对中日同形词的吸收

这样的译词，不能直接成为道本以幸本为底本的依据。这是科学确定道本的底本问题的一个重要指标。应在对中日同形词在中日间的互动——考察后下结论，这有待于进一步研究。李本因以英本、德本为底本而具有独特的比较研究价值。

表3　李本与幸本、飞本、道本均相同或相似术语举例

编号	出处	德本	英本	幸本	飞本	李本	道本	成本	谢本	局本
1	1-1-1-1	Geschichte	history	歷史	历史	历史	历史	历史	历史	历史
2	1-1-1-1	Gesellschaft	society	社會	社会	社会	社会	社会	社会	社会
3	1-1-1-1	Klassenkämpfen	class struggles	階級鬪争	阶级争斗	阶级争斗	阶级争斗	阶级斗争	阶级斗争	阶级斗争
4	1-1-1-1	Freier	Freeman	自由民 フリーマン(Freeman)	自由民	自由民	自由民(Freeman)	自由民	自由民	自由民
5	1-2-1	Sklave	slave	奴隷 スレーヴ(Slave)	奴隶	奴隶	奴隶(Slave)	奴隶	奴隶	奴隶
6	1-2-1	Patrizier	patrician	貴族 パトリシアン(Patrician)	贵族	贵族	贵族(Patrician)	贵族	贵族	贵族
7	1-2-1	Plebejer	plebeian	平民 プレビアン(Prebian)	平民	平民	平民(Plebeian)	平民	平民	平民
8	1-2-1	Baron	lord	領主 ロード(Lord)	领主	地主	领主(Lord)	领主	地主	领主
9	1-2-1	Leibeigener	serf	農奴 サーフ(Serf)	农奴	农奴	农奴(Serf)	农奴	农奴	农奴
10	1-2-1	revolutionären	revolutionary	革命的	革命的	革命	革命的	——	革命	革命
11	1-2-1	Gesellschaft	society	社會	社会	社会	社会	社会	社会	社会
12	1-2-1	Klassen	classes	階級	阶级	阶级	阶级	阶级	阶级	阶级
13	1-3-1	Geschichte	history	歷史	历史	历史	历史	历史	历史	历史
14	1-3-1	Gesellschaft	society	社會	社会	社会	社会	社会	社会	社会
15	1-3-1	gesellschaftlichen	social	社會的	社会的	社会的	社会的	社会	社会	社会
16	1-3-2	alten Rom	ancient Rome	古代羅馬	古代之罗马	古代罗马	古代罗马	古罗马	古代罗马	古罗马

续表

编号	出处	德本	英本	辛本	飞本	李本	道本	成本	谢本	局本
17	1-3-2	Patrizier	patricians	貴族	贵族	贵族	贵族	贵族	贵族	贵族
18	1-3-2	Ritter	knights	騎士（ナイト Knight）	骑士	骑士	骑士（Knight）	骑士	骑士	骑士
19	1-3-2	Plebejer	plebeians	平民	平民	平民	平民	平民	平民	平民
20	1-3-2	Sklaven	slaves	奴隷	奴隶	奴隶	奴隶	奴隶	奴隶	奴隶
21	1-3-2	Vasallen	vassals	家臣（ブァッサル Vassal）	家臣	家臣	家臣（Vassal）	陪臣	陪臣	臣仆
22	1-3-2	Leibeigene	apprentices, serfs	徒弟（アツプレンチス Apprentice）、農奴	徒弟、农奴	徒弟	徒弟（Apprentice）和农奴	农奴	农奴	农奴
23	1-3-2	Klassen	classes	各階級	—	阶级	阶级	阶级	阶级	阶级
24	1-4-1	feudalen Gesellschaft	feudal society	封建社会	封建社会	封建社会	封建社会	封建社会	封建社会	封建社会
25	1-4-1	Klassen	classes	階級	阶级	阶级	阶级	阶级	阶级	阶级
26	1-4-2	Klassen	classes	階級	阶级	阶级	阶级	阶级	阶级	阶级
27	1-4-2	Bedingungen	conditions	手段	手段	手段	手段	条件	条件	条件
28	1-4-2	Gestaltungen	forms	形式	形式	形式	形式	形式	形式	形式
29	1-4-2	Kampfes	struggle	闘争	争斗	斗争	争斗	斗争	斗争	斗争
30	1-5-2	Klassen	classes	階級	阶级	阶级	阶级	阶级	阶级	阶级
31	1-6-1	Mittelalters	Middle Ages	中世紀	中世纪	中世纪	中世纪	中世纪	中世纪	中世纪

续表

编号	出处	德本	英本	莘本	飞本	李本	道本	成本	谢本	局本
32	1-6-1	Leibeigenen	serfs	農奴	农奴	农奴	农奴	农奴	农奴	农奴
33	1-7-2	ostindische	East-Indian	東印度	东印度	东印度	东印度	东印度	东印度	东印度
34	1-7-2	Kolonisierung	colonisation	殖民	殖民	殖民	殖民	殖民	殖民化	殖民化
35	1-7-2	Austausch	trade	貿易	贸易	贸易	贸易	交换	贸易	贸易
36	1-7-2	Kolonien	colonies	諸殖民地	殖民地	殖民地	殖民地	殖民地	殖民地	殖民地
37	1-7-2	Handel	commerce	商業	商业	商业	商业	商业	商业	商业
39	1-7-2	feudalen Gesellschaft	feudal society	封建社会	封建社会	封建社会	封建社会	封建社会	封建社会	封建社会
40	1-8-1	zünftige	closed guilds	嚴密な公同業組合	严密同业组合	同业组合	同行组合	同业组合	行会的	行会的
41	1-8-1	Märkten	markets	市場	市場	市场	市场	市场	市场	市场
42	1-8-1	Bedarf	wants	需用	需用	需要	需要	需要	需求	需求
43	1-8-3	Mittelstand	middle class	中等階級	中等阶级	中等……阶级	中等阶级	中等阶层	中层等级	中间等级
44	1-9-1	Markte	markets	市場	市场	市场	市场	市场	市场	市场
45	1-9-1	Bedarf	demand	需用	需用	需要	需要	需要	需求	需求
46	1-9-1	stieg	rising	增加	增加	增加	增加	增高	增加	增加
47	1-9-3	Da	Thereupon	是に於て乎	于是乎	于是	于是	于是	于是	于是
48	1-9-3	revolutionierte	revolutionised	革命を為せり	为……革命	有……革命	演了……革命	造成了革命	实现了一个革命	引起了…革命
49	1-9-3	Dampf	steam	蒸汽	蒸汽	蒸汽	蒸汽	蒸汽	蒸汽	蒸汽

在以往的研究中，通常的说法是李本系根据英本翻译，除了忽略参考德本，这是符合事实的，只要对照文本就可以看到，本文举的所有例句、例词都是例证。通常的说法，也未言及李本参考过幸本，尽管李本仍有个别文处看似参考了幸本，但综合考察仍应排除。以下选取李本与幸本译词相同最多的一句来分析说明。

例十一：1-8-1，李本有"自由民""奴隶""贵族""平民""农奴""压制者""被压制者"等众多译词与幸本、飞本相同，但通过语句分析可知其应未参考幸本。

Freier und Sklave, Patrizier und Plebejer, Baron und Leibeigener, Zunftbürger und Gesell, kurz, Unterdrücker und Unterdrückte standen in stetem Gegensatz zueinander, führten einen ununterbrochenen, bald versteckten, bald offenen Kampf, einen Kampf, der jedesmal mit einer revolutionären Umgestaltung der ganzen Gesellschaft endete oder mit dem gemeinsamen Untergang der kämpfenden Klassen.

Freeman and slave, patrician and plebeian, lord and serf, guild-master and journeyman, in a word, oppressor and oppressed, stood in constant opposition to one another, carried on an uninterrupted, now hidden, now open fight, a fight that each time ended, either in a revolutionary reconstitution of society at large, or in the common ruin of the contending classes.

希臘の自由民(Freeman)と奴隷(Slave)，羅馬の貴族(Patrician)と平民(Prebian)，中世の領主(Lord)と農奴(Serf)，同業組合員(Guild-master)と被雇職人(Journey-man)，一言以て之を掩へば圧制者と被圧制者，此両者は古来常に相反目して或は公然，或は隠然，其戦争を継続したりき。而して此戦争の結局する毎に，即ち社会全体の革命的新建設は成る。否らざれば則ち交戦せる両階級，倶に共に壊残するに了る。

纵观往古，如希腊之自由民与奴隶，罗马之贵族与平民，中世之领主与农奴，同业组合员与被雇职人等，此等阶级，简言之，即压制者与被压制者是也。此两者自古迄今，常相反目，或公然或隐然而行战争之事，此战争之结局，即成社会全体之革命的新建设，不然，则交战两阶级，俱归破坏焉。

自由民和奴隶、贵族和平民、地主和农奴、同业组合的头目和工人，简单的说，就是压制者和被压制者，自古以来，老是立于反对的地位，不住的暗斗和明争，这种争斗到了全社会的革命成功，或是二阶级都倒的时候，才可以完结的。

自由民（Freeman）和奴隶（Slave），贵族（Patrician）和平民（Plebeian），领主（Lord）和农奴（Serf），行东（Guild-master）和佣工（Journey-man），总而言之，就是压迫阶级和被压迫阶级，从古到今，没有不站在反对的地位，继续着明争暗斗。每次争斗底结局，不是社会全体革命的新建设告成，便是交战的两阶级并倒。

自由民与奴隶，贵族与平民，领主与农奴，行东与帮工，一句话，压迫者与被压迫者，总是处在互相的经常的对立之中，进行不间断的，有时隐藏，有时公开的斗争，这种斗争每次以整个社会底改造与终结，或者战斗的各阶级一齐没落。

自由民与奴隶，贵族与平民，地主与农奴，行东与帮工，简言之，压迫者与被压迫者，始终是处于互相对抗的地位，进行这不断地，有时是隐藏，有时是公开的斗争，每次结局若不是全部社会结构受到革命改造，便是个斗争阶级同归于尽。

自由民和奴隶、贵族和平民、领主和农奴、行会师傅和帮工，一句话，压迫者和被压迫者，始终处于相互对立的地位，进行不断的、有时隐蔽有时公开的斗争，而每一次斗争的结局都是整个社会受到革命改造或者斗争的各阶级同归于尽。

首先，虽然李本与幸本、飞本相同的译词集中在四组对立的阶级中，但也并非完全一样。李本并未如幸本、飞本那样翻译出"希腊""罗马"的历史限定语；"地主""工人"译词不同；"同业组合的头目"中的"头目"则根据英本，翻译出了前两者所没有的"master"之意，也为后来中译本吸收（尽管是新表达）。

　　其次，从整个句子来看，"压制者""被压制者"译词相同，"简单的说""就是"是白话文表达，且不论。李本没有像飞本的"此两者"那样翻译幸本的"此两者"；"老是立于反对的地位，不住的暗斗和明争"的"老是立于反对的地位"，没有像飞本的"常相反目"那样翻译幸本的"常に相反目し"，"不住的暗斗和明争"没有像飞本的"或公然或隐然而行战争之事"那样翻译幸本的"或は公然，或は隐然，其戦争を継続したりき"；"这种争斗到了全社会的革命成功，或是二阶级都倒的时候，才可以完结的"没有像飞本的"此战争之结局，即成社会全体之革命的新建设，不然，则交战两阶级，俱归破坏焉"那样翻译幸本的"而して此戦争の結局する每に，即ち社会全体の革命的新建设は成る。否らざれば则ち交战せる両阶级，俱に共に坏残するに了る"。说明这些文处，即此句的主体内容，李本是根据英文翻译的。相反，道本的主体内容是根据幸本翻译的。以这样的整体感来看李本的"自古以来"，虽类似幸本的"古来"、飞本的"自古迄今"和道本的"从古到今"，但应是意译增加和语气表达。幸本"古来"后接"常に"，飞本前有"纵观往古"呼应后有"，常"，道本"从古到今"后接"，没有不"，李本"自古以来"后接"，老是"，都有意译增加和语气表达之感。李本和道本都没有用幸本的"常"字，但从之前的分析来看，道本整体与幸本更类似；李本从遣词到造句，整体根据英本翻译，再考虑到李泽彰并未像陈望道一样留学日本，此处应为独立根据英本翻译的。

　　综合考虑，此句李本应是根据英本翻译的，但增加了"自古以来"的意译和语气内容，而其与日译本相同的译词，更多应是受中国对中日同形词的吸收的影响，而非直接来自幸本。

　　以上几方面既体现了李本对道本底本问题的独特参照系价值，也可见其翻译以英本为底本并参考德本，同时也可管窥其应未参考幸本。

（六）道本较李本更接近局本之处体现其独特价值

表 4　道本与李本、飞本、幸本均相异术语举例

编号	出处	德本	英本	幸本	飞本	李本	道本	成本	谢本	局本
1	1-2-1	Unterdrücker	oppressor	圧制者	压制者	压制者	压迫阶级	压迫者	压迫者	压迫者
2	1-2-2-1	Unterdrückte	oppressed	被圧制者	被压制者	被压制者	被压迫阶级	被压迫者	被压迫者	被压迫者
3	1-4-2	Unterdrückung	oppression	圧制	压制	压制	压迫	压迫	压迫	压迫
4	1-5-2	Proletariat	Proletariat	平民	平民	无产者阶级	无产阶级	无产阶级	无产阶级	无产阶级
5	1-7-2	Entwicklung	development	発達	发达	发达	发展	发展	发展	发展
6	1-8-2	Manufaktur	manufacturing system	工場制度の製造業（マニュファクチュリング system）	工厂制度之制造业	制造商	手工工场组织（Manufacturing system）	手工工厂	手工工厂	工场手工业
7	1-8-3	Zunftmeister	guild-masters	同業組合員	同业组合员	同业组合的头目	行东	行会师傅	行东	行会师傅
8	1-8-3	Korporationen	corporate guilds	諸種の同業組合	诸种同业组合	几个同业组合	各行组合	各种协业	各行行业组合	各种行业组织
9	1-9-2	Manufaktur	manufacturer	工場組織	工厂组织	制造商	手工工场组织	手工工厂	工厂手工业	工场手工业
10	1-34-1	Arbeitslohn	wages	賃銀	赁银	工钱	工资	工资	工资	工资

其中，编号 3 中的"压迫"、4 中的"无产阶级"、5 中的"发展"、10 中的"工资"，被后来的译本采用，与局本相同。编号 6、9 中的"手工""工场"被后来的译本包括局本吸收。编号 7 中的"行"字以及"东"的意思，被后来的译本吸收或接受。编号 8 中的"各行"为后来译本吸收。这些译法，不可能只是根据幸本翻译的，因为有些用词完全不同（编号 4、7、10），有些加入了幸本完全没有的新内容（编号 6、8、9），还有一些是对幸本的词进行了改造（编号 3、5）。这些词至少是参考了英本对幸本进行了校正，也不排除个别字直接根据英本翻译。这些词既可以佐证道本参考了英本、证明道本日文底本说不全面，也可以说明其独特价值：因为它们比根据英文、参考德文的李本更接近局本。

（七）李本帮助青年毛泽东确立信仰

青年毛泽东第二次到北京时读到李本，这是李本在传播史上的一个独特之处。李本在李大钊指导的《国民》杂志上发表，又帮助毛泽东确立信仰而间接地贡献于中国共产党的创建，其传播效应是同时期日本参考德本的《共产党宣言》无法相比的。

三 李本的译本价值、传播史地位小结和研究展望

李本是第一个参考德本的中译本，是东亚第一个参考德本并专门发表的译本，是《共产党宣言》东亚直译传播的起点。李本对涉及经济的马克思主义核心概念翻译非常准确，部分完全等同或非常近似于目前通行的局本。李本对确定道本的底本问题具有独特的价值，可有力反驳忽视德欧直播、过度强调日本转播的道本日文底本说，也可补充日文底本参考英文说。李本与幸本、道本、飞本均相异的内容凸显出其独特的译本特点与译本价值。

李本受到五四新文化运动影响，白话文表达出色，可与道本媲美。李本受益于北大蔡元培校长"兼容并包、思想自由"等教育思想，也受益于其重视外语、创设德语系等，更受益于法科顾孟余、张祖训、李大钊等人在中国传播马克思主义。

管中窥豹，李本说明中国早期马克思主义传播存在一个不容忽视的德

欧直播的路径，从京师同文馆到京师大学堂到北京大学的留德群体及中国留美群体的贡献，值得发掘。李本作为一个缩影，证明"十月革命一声炮响"，德欧直播、日本转播、苏联传播在五四北大合流，非马克思主义者对马克思主义的传播也有所贡献，为北大孕育中国共产党提供了一定的理论铺垫。李本研究凸显的学界过度重视日本传播、忽视德欧直播的现状，亟待改变，以求全面认识五四新文化运动、中国早期马克思主义传播史、马克思主义中国化的历程、中国共产党的诞生和北大的马克思主义传统等问题。

总而言之，李本在中国乃至东亚《共产党宣言》翻译传播史中的地位应该得到足够的重视。

李石岑对梁漱溟《东西文化及其哲学》的批评及其与胡适批评的比较

陈先初*

五四时期，中国知识界围绕着如何看待中西文化、如何处理中西文化之间的关系、中国应该选择什么样的文化道路等问题，展开了接连不断的争论，其中梁漱溟《东西文化及其哲学》一书引起的争论尤为热烈。针对梁氏书中提出的一系列闻所未闻的新观点，包括常乃惪、李石岑、严既澄、张东荪、"恶石"、刘伯明、冯友兰、袁家骅、释太虚、景昌极、胡适、杨明斋等在内的一批知名文化人，① 纷纷发表不同意见，甚至提出尖锐批评，形成了少有的热闹场面。本文主旨不是对这场论争做全面论述，而是侧重于对李石岑的批评进行分析，并通过对其与胡适批评的简要比较，看二人

---

* 陈先初，湖南大学岳麓书院教授。

① 常乃惪介绍梁著之事见于李石岑《评〈东西文化及其哲学〉——在中国公学讲演》一文："闻说这书的内容，昨日常乃惪先生已经为诸君详细介绍了。"其余知名文化人文章如下：李石岑《评〈东西文化及其哲学〉——在中国公学讲演》，《民铎》第 3 卷第 3 号，1922 年 3 月 1 日；严既澄《评〈东西文化及其哲学〉》，《民铎》第 3 卷第 3 号，1922 年 3 月 1 日；张东荪《读〈东西文化及其哲学〉》，《时事新报·学灯》1922 年 3 月 19 日；恶石《评〈东西文化及其哲学〉》，《民国日报·觉悟》1922 年 3 月 28 日；刘伯明《评梁漱溟著〈东西文化及其哲学〉》，《学衡》第 3 期，1922 年 3 月；冯友兰《论比较中西（为谈中西文化及民族性者进一解）》，《学艺》第 3 卷第 10 号，1922 年 5 月 1 日；袁家骅《评〈东西文化及其哲学〉》，《时事新报·学灯》1922 年 6 月 28、29、30 日；释太虚《一封论文化的信（致李石岑）》，《时事新报·学灯》1922 年 7 月 20 日；景昌极《评梁漱溟〈东西文化及其哲学〉》，《文哲学报》第 2 期，1922 年 7 月；胡适《读梁漱溟先生的〈东西文化及其哲学〉》，《读书杂志》第 8 号，1923 年 4 月 1 日；杨明斋《评中西文化观》，1924 年初版。

在思想方法上的主要异同。

一　李石岑对《东西文化及其哲学》的批评

梁漱溟的《东西文化及其哲学》一书于 1921 年 10 月由北京财政部印刷局印行。1922 年 1 月起改由上海商务印书馆出版。据财政部版自序，该书是梁漱溟于当年 8 月在山东省教育会的讲演，经罗莘田（常培）笔录下来，并参酌上一年在北京大学讲演时陈仲瑜的笔录稿合编而成。[①] 梁漱溟于1917 年被蔡元培破格聘为北京大学哲学系讲师，讲授印度佛教哲学。罗莘田当时是北大德文系学生，陈仲瑜是国文系学生。二人虽都不在哲学系，但因与梁漱溟“年齿相若”，相互间很快就“熟识”了，成为要好的朋友，二人也有幸成了梁漱溟讲演的笔录者。不过由于梁的讲演是“随讲随记随时付印，但记录印刷不逮口讲之速”；同时因为“暑假将满，莘田应南开中学之聘，不能终其事”，所以该书的最后一章，系由梁自己执笔撰写而成。此乃该书之由来。

《东西文化及其哲学》一书初版时，新文化运动已兴起六年。新文化运动兴起的缘由，从近处说是中国先进知识分子从民国成立以来的严酷现实中认识到，要改造中国社会就必须从改造文化着手；从远处说，则是 19 世纪以来中国的“师夷”运动一步一步向文化逼近的结果。这一近一远的两个原因，决定了新文化运动的目标指向和基本立场，乃是对西方文化的充分肯定和对中国文化的激烈批判。在运动的初始阶段，虽然也有人提出中西调和的文化主张，但没有动摇这场运动的基本方向。不过随着 1920 年梁启超《欧游心影录》提出西方“物质文明破产”论、中国文化“超拔”论以及“对于世界文明之大责任”论，之前人们关于中西文化的认知发生改变，“近代中国的思想从以西方为中心、以线性进化论为基础的文明论述，转向强调中国文化具有精神价值和民族个性的文化论述”；[②] 而梁漱溟《东西文化及其哲学》的出版，不仅采用了文化论述，而且提出了较为独特的论述范式。故其甫一出版，立即引起广泛关注和学术界的热评。用梁漱溟

---

① 梁漱溟：《东西文化及其哲学》，商务印书馆，1999，自序，第 219 页。
② 《科玄论战中的张君劢》，黄克武在 2013 年 6 月“张君劢与现代中国”研讨会上的发言。

梁氏没有说的那一边，是不是"一种严刻的理智态度"呢？"如果是秉'一种严刻的理智态度'的像因明学唯识学，我以为要尽量的灌输。那便西洋的'赛恩斯'进来的时候，可以给他一个订正；不仅是'赛恩斯'，便是'斐洛索斐'，也可以给他一个订正。"如此再去看西洋哲学，便会有"登东山而小鲁"的感觉。简言之，如果梁氏那没有说的一边是指因明学唯识学，则只有提倡的必要而不是"丝毫不能容留"，更"何况唯识学所造的境地，还不止这个呢"。如果是指欧阳先生所谓"共登正觉"，那"我们更不知要持一种怎样虔诚的态度才好"。

最后是所谓"对于西方化全盘承受而根本改过，就是对于其态度要改一改"。李石岑肯定梁氏在这个态度上面说了"许多警策的话"；同时又指出，梁氏的这个说法相互矛盾，"恰好成了一个对销"。比如，你说西方文化是重"赛恩斯"的，我们如果全盘承受，便要设法使中国人人人注重"赛恩斯"，人人有"赛恩斯"的精神，便不需汲汲于"全超脱个人的为我，物质的歆慕，处处的算帐，有所为的而为"而听其由第一路向走到第二路向；而如果把"赛恩斯"的精神根本改过，那又弄成"无可无不可"（梁著用语），岂不是白费力气吗？又比如，你说西方文化是重"德谟克拉西"的，如果我们全盘承受，那便要设法多介绍些"德谟克拉西"的学说，多做出些"德谟克拉西"的"效绩"，把从前那些三纲五常等不合"德谟克拉西"精神的呆板教条和顽固根性彻底换过，怎么可以再引入孔子的路向，向人们的脑子里混进那种反"德谟克拉西"的精神呢？"我们看重西方文化，最看重的是'赛恩斯'的态度、'德谟克拉西'的态度。梁君偏说'就是对于其态度要改一改'，那便不能不使我们失望了。"

李石岑对于梁漱溟的"三个态度"，全都提出了不同看法。他认为孔子的态度不能拿出来；印度的态度有可取之处不必全部排斥；全盘承受西方文化又要根本改过说不通。而专就中国言，"此刻"的态度就是要多讲"有我""个性申展""从权威解放""理智条达""思想要清明""学术要有眉目""外力不妨听他闯进门来""环境赶快要变"这些话；要看重"赛恩斯"和"德谟克拉西"，用它们换掉中国人头脑中固有的顽固根性。而这，基本上就是对西方文化的"全盘承受"。

梁漱溟著《东西文化及其哲学》，归根结底就是要论证中国文化代表了世界文化发展的方向，世界未来的文化必走中国文化的路。上述李石岑的批评实际上都是就此而发。梁漱溟为什么会得出这一结论？李石岑认为，根本上就是因为梁漱溟先有了一个"世界未来的文化必走中国的路子"的定见。于是站在这个立场上，论述事实的变迁、见解的变迁、态度的变迁，结果就犯了"变更事实迁就学理的毛病"，其结论也就不免"牵强"。李石岑通过上述批评，否定了梁漱溟的"三个路向"和"三个态度"，实际上也就表达了自己与之相反的文化立场，即中国文化要"走西方的路"。

二 胡适对梁著的批评及与李石岑批评的比较

晚于李石岑整整一年，1923 年 3 月 28 日，胡适写成《读梁漱溟先生的〈东西文化及其哲学〉》一文，在 4 月 1 日出版的《读书杂志》第 8 号刊出。胡适是和梁漱溟同一年进入北京大学的，且都在哲学系，胡适讲中国哲学，梁漱溟讲印度哲学。二人同处一系，当互相熟悉，但似乎交往不多。勉强能够称得上"交往"的有两次。一是 1919 年 4 月初，胡适读了梁漱溟写给陈独秀讨论其父亲巨川先生自杀的一封信之后写了一篇题为《不老》的跋文。文章中，胡适指出梁漱溟对于他父亲平生事实的解释有点"倒因为果"，认为巨川先生自杀的原因不是梁漱溟所说的精神先衰，而是知识思想不能调剂补助他的精神；说二十年前的知识思想绝不够培养他那二十年后"老当益壮"的旧精神，所以有一种内部的冲突，最后酿成自杀。[①] 对于胡适的评论，梁漱溟没有作答。二是 1921 年 10 月《东西文化及其哲学》出版后，梁漱溟送了胡适一册"请正"，胡适没有及时"诲答"，直到一年多之后，才写成《读梁漱溟先生的〈东西文化及其哲学〉》一文予以回应，而这篇文字则被梁漱溟视为"语近刻薄，颇失雅度"。[②] 二人在两件事情上的不同态度，表明交往并不太密切，这在胡适看来，或许与"二人性情上之不同"——"适颇近于玩世，而先生则屡自言凡事'认真'"——有关。[③]

---

① 胡适：《不老——跋梁漱溟先生致陈独秀书》，欧阳哲生编《胡适文集》第 2 册，北京大学出版社，1998，第 536 页。

② 《梁漱溟先生第一次来书》，见胡适《读梁漱溟先生的〈东西文化及其哲学〉》附录一，季羡林主编《胡适全集》第 2 卷，安徽教育出版社，2003，第 256 页。

③ 胡适：《答书》，见胡适《读梁漱溟先生的〈东西文化及其哲学〉》附录二，季羡林主编《胡适全集》第 2 卷，第 257 页。

不过胡适虽然自嘲为"玩世",却和梁漱溟一样都是极为"认真"的,否则他不会写出这篇针对梁漱溟著作的文字;而他虽然起初沉默,最终还是做出了反应,也说明梁漱溟的著作在当时影响的确不小,因为胡适早已是"暴得大名"的文化名人了。

下面来看胡适对梁漱溟《东西文化及其哲学》一书的批评。

胡适对梁漱溟《东西文化及其哲学》的批评重点,[①] 也是李石岑此前批评的一个重点,即梁的文化三路向说。这个三路向,胡适调侃为一个"好玩的""公式"。胡适指出:梁氏的这个公式虽然简单整齐,却与事实完全不符。比如就印度文化而言,其和西方文化相比,表面上看很像一个向后要求,一个向前要求,可是我们平心观察印度的宗教,如梁氏所举印度人的"自饿不食、投入寒渊、赴火炙灼、赤身裸露、学着牛狗、龁草吃粪、在道上等车轧死、上山去找老虎",以及在火焰之中礼拜、在身面焦坏之时还要礼拜,等等,哪一样不是意欲极端的向前要求?再看中国,把所谓"调和持中""随遇而安"视为中国文化的态度,也说不通。实际上,其所表达的不过是"世界各民族的常识里的一种理想境界",绝不限于一民族或一国,这在各国的哲学书中、民族思想里、诗人文学里都能见到;而这种"理想境界"无论在哪一国,能够实行的始终只有少数人。梁氏把世界民族常识里的且只有少数人能够实行的这样一种理想境界视为中国文化的特征,说"中国人的思想是安分知足、寡欲摄生,而绝没有提倡要求物质享乐的……不论境遇如何,他都可以满足安受,并不定要求改造一个局面"。这实在是只看见了陶潜、白居易,而没有看见无数的西门庆、奚十一;只看见了陶潜、白居易诗里的乐天安命,而没有看见他们诗里提倡酒为圣物而醉为乐境,没有看见这正是一种"要求物质享乐"的表示。总之,在胡适看来,梁氏对文化的观察,犯了笼统的毛病;梁氏的根本缺陷只是"有意要寻一个简单公式,而不知简单公式决不能笼罩一大系的文化,结果只有分析辨别的形式,而实在都是一堆笼统话"。

前已述及,李石岑也不认同梁漱溟的三路向说,认为中国、印度、西洋都是朝前面坦荡荡的一条大路走的,并不是各走各的路。胡适认为印度

---

① 以下所引胡适文字,凡未单独出注者均出自《评梁漱溟先生的〈东西文化及其哲学〉》,见欧阳哲生编《胡适文集》第3册。

文化是向前要求，中国文化中也有要求物质享乐的表示，都是走的第一条路。这便和李石岑的看法基本一致。不过二人在论及三路向说之致误缘由时则表现出某些差别。李石岑将其归结为梁氏不是照中国、印度和西洋现在的情形立言，而是按孔家哲学、佛家意识和西洋文化立言；而所谓孔家哲学又不全是孔子的原意，佛家意识也不同于佛学意识，于是才说中国、印度各自走了一条不同于西洋的路。这是从文化的内部构成来说明。胡适的看法则是：梁氏没看到"文化的分子繁多，文化的原因也极复杂"，因而导致了"太笼统"。这是从外部环境、历史因素对文化的影响来论证。胡适指出，文化既然是民族生活的样法，而民族生活的样法在根本上是大同小异的，故在大同小异的问题之下，解决的方法也不出那大同小异的几种，这叫作"有限的可能说"。比如政治史上，欧洲自希腊以至今日，印度自吠陀时代以至今日，中国自上古以至今日，都试过种种政治制度，所不同者，只是某种制度（例如多头政治）在甲民族的采用在古代，而在乙民族则上古与近代都曾采用；或某种制度（例如封建制度）在甲国早就消灭了，而在乙国则至最近还不曾铲除。又如思想史上，中、西、印三大系的民族都曾有他们的光明时代，也都有他们的黑暗时代。"思想是生活的一种重要工具"，但思想的方法"不是一朝一夕可以完备的，往往积了千万年的经验，到了一个成人时期，又被外来的阻力摧折毁坏了，重复陷入幼稚的时期"。比如，印度经吠陀时代至玄奘西游之时几千年的磨炼而产生了"近于科学的因明论理与唯识心理"，可是后来回教征服印度和佛教在印度的绝迹，使"科学的路"在印度"开而复塞"。中国经过自上古以至东周的铢积寸累而在战国时代呈现出一个"灿烂的哲学科学时期"，这个时期墨家的成绩，梁氏也不能不认为"西洋适例"；然而长久的战祸，秦朝的摧残，汉代的兵祸与专制，遂又使这个成熟时期的思想方法逐渐退化，陷于谶纬符命的黑暗时代。一千年的黑暗时代逐渐过去之后，两宋中兴，宋学从中古宗教里"滚出来"，程颐、朱熹一派认定格物致知的基本方法，大胆地疑古、小心地考证，十分明显地表示出一种"严刻的理智态度，走科学的路"。"这个风气一开，中间虽有陆王的反科学的有力运动，终不能阻止这个科学的路重现而大盛于最近的三百年。这三百年的学术，自顾炎武、阎若璩以至戴震、崔述、王念孙、王引之，以至孙诒让、章炳麟，我们决不能不说是'严刻的理智态度，走科学的路'。"由此可见，中国、印度、西洋在政治史上和思想史上之所以出现不同的情形，其在某一个时代的文化之所以表现出某种特征，并不是因为"文化路向"的不同，而是因为"环境与时间的关系"。因此对于各民族的文化，就不能依靠"笼统的公式"，而必须运用"历史的眼光"。拿历史眼光去观察，就会发现，"各种民族都在寻'生活本来的路'上走，不过因环境有难易，问题有缓急，所以走的路有迟速的不同，到的时候有先后的不同"。这里，胡适用"历史的眼光"，从"环境与时间"与文化的关系来说明各种文化的特征，不仅否定了梁漱溟的文化三路向说，也反映出其与李石岑不同的批评思路。

关于今后世界文化发展的方向，李石岑曾反复辩明梁漱溟所谓世界未来文化必走的"中国的路子，实在是指孔子的路子"；而"孔家哲学，此时暂可不必提倡"；同时又声明"我们看重西方文化，最看重的是'赛恩斯'的态度、'德谟克拉西'的态度"；主张多讲"'有我''个性申展''从权威解放''理智条达''思想要清明''学术要有眉目''外力不妨听他闯进门来''环境赶快要变'"这些话。这实际上既否定了梁漱溟的中国文化将"翻身成为世界文化"的观点，又表达了中国文化要向西方文化学习的看法，但没有明说中国文化今后一定要走西方的路。与李石岑一样，胡适也认为中国文化无须"翻身成为世界文化"而自有其存在的理由，但他比李石岑更为明确地肯定了中国文化将要走西方的路。在这里，他仍然用环境、历史之于文化的影响对梁氏观点的"毛病"进行批评和对自己的观点进行论证。他指出，依梁氏的分析，一种文化不过是一个民族生活的方方面面，这多方面的文化，在这个大而复杂的世界上，"不能没有时间上和空间上的个性的区别"。在一个国家里，尚且有南北之分、古今之异，何况偌大的世界？若否认这种时间上和空间上的区别，则我们也可以说无论何种劣下的文化都可成为世界文化。反过来，若明白了民族生活时间上和空间上的区别，那么就可以理解，一种文化不必成为世界文化而自有其存在的理由。可是梁氏在这个问题上同样"犯了笼统的毛病"，即"笼统的断定一种文化若不能成为世界文化，便根本不配存在；笼统的断定一种文化若能存在，必须翻身成为世界文化"。从这个笼统的出发点，自然就生出一种很笼统的"文化哲学"，就"推算"这个世界是走在"一条线"上，即"现在是西洋化的时代，下去便是中国化复兴成为世界文化的时代，再下去便是印度化复兴成为世界文化的时代。这样'整齐好玩'的一条线，有什么根据呢？

原来完全用不着根据，只须梁先生自己的思想，就够了"。胡适反对所谓中国文化"翻身成为世界文化"说，肯定中国文化无须成为世界文化也可以自存，但他也看到中国文化与西洋文化的差距，看到在"征服环境的方面"，中国比欧洲民族落后得多。因此在他看来，我们"此刻"所面临的和所需要解决的，是研究中西双方文化的具体特点和用历史的精神与方法寻求双方文化接触的时代如何选择去取的问题，而不是东方文化能否翻身成为世界文化的问题。避去了具体的选择去取，而讨论那将来的翻身不翻身，便是笼统，便无意义。但是如何"选择去取"呢？那就是他所强调的，中国文化的发展方向应该是朝着"生活本来的路向"走，朝着近三百年来在环境的逼迫下跑得最快、成绩最大的欧洲民族急起直追。他用赛跑做比喻。"本来赛跑最怕赶上，赶上一步之后，先到的局面已成。但赛跑争先，虽然只有一个人得第一，落后的人，虽不能抢第一，而慢慢走去终也有到目的地的时候。"更何况，"现在全世界大通了，当初鞭策欧洲人的环境和问题现在又来鞭策我们了。将来中国和印度的科学化与民治化，是无可疑的"。胡适期待中国跟在西方国家后面奋力追赶，并且相信一定能够赶上："一千年的缠足，一旦放了，仍然可以恢复天足！这是使我们对于前途最可乐观的。"胡适主张中国应该向西方国家追赶，并对赶上西方国家，对实现科学化和民治化满怀信心和乐观，清楚地表明他所主张的中国文化以及世界文化发展的路向就是西方的路向。这就既否定了梁漱溟的"一条线"的世界文化发展路向，又比李石岑更为明确、更为清晰地指出了中国文化发展的方向。

总之，胡适对梁漱溟《东西文化及其哲学》的批评，最后归结为"蔽于主观"；由于"蔽于主观"和"过于自信"，梁漱溟对东西文化的观察及其结论就难免"笼统"，难免"武断"，难免脱离事实，难免把很复杂的问题简单化；就只能成为一套"主观化的文化哲学"，一套"全凭主观的文化轮回说"。李石岑也批评梁漱溟的"定见"不免"牵强"，存在"变更事实迁就学理的毛病"，但比较起来，胡适批评的视野和深度要宏阔一些，深刻一些。

三　李、胡二人之批评所体现的不同的方法论

以上分析了李石岑和胡适二人对梁著的批评，附带比较了二人批评的

主要区别。这里有必要继续深究一下李、胡二人为什么会出现这些区别。一般而言，不同学人由于具有不同的学术个性，在学术观点上总会出现某些差异；而学术个性又包括学术立场、学术旨趣、思想方法等要素，学者们在处理学术问题时表现出来的差异，很大程度上就是源于这些要素。如此来看李、胡，其对梁著各具特点的批评及其观点，就不能不说是与各自的学术立场、学术旨趣、思想方法相关，而其中更主要的，窃以为还在于思想方法，是他们各自不同的思想方法使然。

李、胡二人不同的思想方法，源于二人不同的学术背景。我们知道，二人都曾留学海外，而且都是主攻现代西方哲学，受过现代西方哲学的熏陶。现代西方哲学分为两大流派，一是科学主义，一是人文主义。与西方古典哲学不同，现代西方哲学的致思重点不是本体论而是认识论和方法论。比如作为科学主义哲学主流的实证主义，其第一代和第二代主张用感觉经验主义去证实科学理论，采用的是经验主义的归纳法。而第三代即逻辑实证主义，主张把经验事实与命题的意义联系起来，提出"经验实证"原则，认为能被经验事实证实的命题才是有意义的科学命题。其他流派如实用主义、实证主义、结构主义、解构主义等，也是如此。单就实用主义而言，其最初创始人皮尔士有一篇文章叫作《科学逻辑的举例》，胡适说"看这题目便知道实验主义的宗旨不过是要寻一个方法来把我们所有的观念的意义弄的明白清楚"。其第二代代表性人物詹姆士说得更直接：实验主义是一种方法论（同时也是真理论、实在论）。杜威是实用主义集大成者，"杜威的哲学的最大目的是怎样能使人有创造的思想力"。①为此他提出了一个分作五步的思想方法，胡适将其概括为十个字"大胆的假设，小心的求证"，鲜明地突出了实用主义的方法论意义。人文主义哲学也是如此。现代人文主义也称作非理性主义，其本来是重视本体论的。比如康德的自在之物，叔本华改换为生存意志，到尼采那里变成了权力意志，到柏格森那里又衍化为绵延和生命冲动。但是这些非理性的本体不能靠感觉经验去获得，也不能靠概念、判断和推理去获取，只能来自非理性的直觉体验。所以直觉成了非理性主义哲学的最大特点，甚至代表了其哲学本身。如柏格森就认为直觉在某种意义上就是生命冲动本身，这便将方法论提升到了本体论的高

---

① 胡适：《实验主义》，欧阳哲生编《胡适文集》第 2 册，第 213、232 页。

度。而李石岑则径直将柏格森的生命哲学称为"直觉主义"。① 由此可见，方法论在现代西方哲学中有着怎样的重要位置！

在现代西方两大哲学流派中，李石岑习得的主要是人文主义，胡适习得的主要是科学主义。两派哲学对方法论的强调给他们的学术品格打下了深刻的烙印。李石岑十分重视哲学的方法论，对人文主义所倡导的直觉体验推崇备至。他说有两种方法，一为论理，一为直觉，它们各自应用于"经验的认识"和"先验的认识"。论理和直觉虽然各有所表，但就对事物、理则真实性的把握而言，特别是对于人生的理解而言，论理的方法远不及直觉的方法，所以他说："唯经验的认识不能不假道于论理，先验的认识不能不假道于直观。……论理既不能不推本于直观，则经验的认识自不能不推本于先验的认识。"又说："柏格森以为'凡理知之活动，殆莫不向几何学之程途以趋，几何学直理知活动之标的，理知达于几何学，则其活动即底于完成'。故理知之根本作用所谓演绎与归纳者，终不出几何学之范围，即终不敌直观之伟大，此吾所以云直观大于论理也。又况讨论生命之问题，则论理之效力尤远在直观之下，以论理之方法而欲涉及生命之实相，诚有如柏格森之曲线与切线之喻。论理学在过去所造于吾人之思想方法，虽不可谓不大；若以云绝诣，固不得不让席于直观矣。"李石岑认为直观"本于吾人意识之直接状态"，就认识真理而言"较论理取径尤捷"。② 这是他推崇直观的缘由。但是推崇直观，并不表示他轻视或者忽视论理，他依旧认为经验的获得需要采用论理的方法。他还专门论及科学、哲学、宗教三者之研究方法，说"科学是根据观察和实验，哲学是根据推理，宗教是根据信仰"，③ 虽然归根结底它们"都是人心的大活动的一种表现"。肯定"哲学是根据推理"，即是承认哲学不能离开论理（即不能离开逻辑）。李石岑重视直观同时肯定论理，体现在了他对梁漱溟著作的批评中。由于直观比较适用于主观的认识，而论理不仅适用于主观而且适合于对客观对象的分析，故李石岑在评梁著时较多地使用了论理法。比如他对"东西文化及其哲学"之书名的批评，对"文化"以及"东西文化"之定义的批评，都是基于论

① 李石岑：《晚近哲学之新倾向》，《李石岑论文集》第1辑，商务印书馆，1927。
② 李石岑：《思想方法上之一自白》，《李石岑论文集》第1辑，自序，第8—9页。
③ 李石岑：《科学与哲学宗教三者之类似点》，《李石岑讲演集》，广西师范大学出版社，2004，第25页。

理方法中之概念的确定性原则。他对"三个路向"的批评,认为问题出在梁氏不是以中国、印度和西洋现在的情形立言,乃是按孔家哲学、佛家意识和西洋文化立言;而所谓孔家哲学、佛家意识和西洋文化,又都不是中国、印度和西洋文化的全部,所以"立言"就难以准确,这正是犯了逻辑上的错误。再比如关于"三个态度",指出要区别"真孔"和"伪孔",区别"孔子原来态度"和"非孔子原来态度",不能混为一谈,更不能名义上把"孔子原来态度拿出来",实际上拿出来的是"非孔子原来态度";同时指出对西方化"全盘承受"又"根本改过"的说法"恰好弄成了一个对销",这些都违反了逻辑上的同一律。这些表明,李石岑对梁著的批评主要是采用了论理的方法,其大部分观点也主要是借助这种方法得出来的。

　　作为"实验主义的信徒"的胡适,比起李石岑来对思想方法更加看重。胡适曾公开声明他对于实验主义的看法:"实验主义自然也是一种主义,但实验主义只是一个方法,只是一个研究问题的方法。他的方法是,细心搜求事实,大胆提出假设,再细心求实证。……我这几年的言论文字,只是这一种实验主义的态度在各方面的应用。我的唯一目的是要提倡一种新的思想方法,要提倡一种注重事实、服从证验的思想方法。"① 他承认他的思想主要是受了两个人的影响,一个是赫胥黎,一个是杜威:"赫胥黎教我怎样怀疑,教我不信任一切没有充分证据的东西。杜威先生教我怎样思想,教我处处顾到当前的问题,教我把一切学说理想都看作待证的假设,教我处处顾到思想的结果。这两个人使我明了科学方法的性质与功用。"其实除了赫胥黎和杜威之外,胡适还受了进化论的影响,并且认为赫胥黎的存疑主义和达尔文的进化论有着内在的一致:"实验主义从达尔文主义出发,故只能承认一点一滴的不断的改进是真实可靠的进化。"② 而达尔文"在思想史的最大贡献就是一种新的实证主义的精神。他打破了那求'最后之因'的方法","渐渐的把上帝创造的物种由来论打倒了",于是也"就用不着一个有意志的主宰来计划规定了"。③ 由此可见,胡适的思想方法主要有三:基于存疑主义的大胆的假设、小心的求证,思想要顾及当前的问题,以及

---

① 胡适:《我的自述》,欧阳哲生编《胡适文集》第3册,第365—366页。
② 胡适:《介绍我自己的思想》,欧阳哲生编《胡适文集》第5册,第507—508页。
③ 胡适:《演化论与存疑主义》,欧阳哲生编《胡适文集》第10册,第347—350页。

基于进化观点的历史的方法。以此来看胡适对梁漱溟著作的批评，其都包含着对这些方法的运用。他之所以批评梁漱溟的"文化三路向说"和"中国文化翻身成为世界文化说"，批评这些说法太"主观"、太"武断"、太"笼统"，依据就在于文化的成因极复杂，其受着时代的变迁和环境的不同的制约。这个依照"时代的变迁"和"环境的不同"的文化观察，所体现的就是他所说的历史的方法或"历史的眼光"和对当前（当时）问题的顾及。此外，他用民族文化的时间性和空间性的区别论证中国文化无须成为世界文化也可以自存，以及认为我们"此刻"所面临的和所需要解决的，是研究中西双方文化的具体特点的问题和用历史的精神与方法寻求双方文化接触的时代如何选择去取的问题，而不是东方文化能否翻身成为世界文化的问题，这种观点的得出更与其所提倡的思想方法直接相关。

仅从方法论上来看，不难发现李石岑和胡适二人的差别，即李石岑较多运用了论理的方法即逻辑方法，胡适较多运用了实验主义和进化论的思想方法。方法上的区别，赋予了二人在梁著批评上的不同特点，即李石岑侧重于指出梁著中的逻辑漏洞（当然也涉及事实与学理的背离）；而胡适则侧重于历史以及环境与文化之关系的论证。不过虽然有此区别，二人的结论仍基本相同。他们都否定梁漱溟在书中阐述的基本观点，都肯定中、西、印三种文化根本上都是朝着前面一条路走的；而在中国今后要走哪条路的问题上，他们实际上都认为不能走孔子的路，而要走以民主、科学、理智为特征的西方文化的路。这是李、胡二人的共同点，又是二人与梁漱溟之间的根本区别。

广搜史料　多方参证　推进研究

——编著《李大钊年谱》的若干体会和认识

杨　琥*

李大钊是中国共产主义运动的先驱、伟大的马克思主义者、中国共产党的主要创始人和早期领导人之一。为这样一位伟人编撰年谱，任务光荣，亦很艰巨。

我从 2000 年 8 月接受编撰《李大钊年谱》这一任务开始，到 2019 年暑假结束，经过将近二十年时断时续的工作，终于完成《李大钊年谱》（以下简称《年谱》）。在这里，谨将我在编撰过程中所坚持的原则、所做的一些探索及体会，向读者做一简略介绍。

一　基础入手　广搜史料

李大钊是革命家、学者，亦是社会活动家。他生活的时代，正是近代中国报刊传媒、社团学会、新式学校等新生事物萌芽并逐步形成的时代，李大钊是这些新生事物培育的时代青年，同时亦是积极参与者、实践者和开拓者。而他后来从事的革命工作，在当时的历史条件下又多为地下的秘密活动，公开记载很少。因此，在广泛搜集史料时，我主要从以下三个方面进行。

---

* 杨琥，北京大学校史馆副研究员。

一、基于李大钊是生活在中国近代的公众人物，首先集中于报刊资料的搜集和阅读

鉴于先行研究者已较多地利用了《晨报》，我在此基础上，利用北大图书馆旧报刊室丰富的馆藏，将阅读重点主要放在《京报》和《大公报》这两份京津地区的报纸上，同时旁及《申报》《民国日报》《时事新报》《益世报》等报纸。而对李大钊所参与创办、编辑和撰稿的《言治》（月刊）、《言治季刊》、《甲寅日刊》、《宪法公言》、《新青年》、《少年中国》、《新生活》、《新潮》、《国民》、《政治生活》等报刊，则全部翻检查阅。通过广泛查阅和重点通读，从中获得许多新的发现，兹举例说明。

1923 年 9 月 2 日苏俄政府代表加拉罕抵达北京，这是当时政治生活中的一件大事，《晨报》《京报》均报道了北京各界人士赴车站欢迎的消息。但李大钊是否参加了欢迎活动，这两份报纸均未提及。而我在 9 月 3 日的《大公报》上查到一条明确的报道："昨日午前十点十五分，苏俄代表加拉罕氏由奉抵京。北京中外各界人士及各团体联合会之代表，赴车站欢迎者极众。""筹备中俄交涉事宜王正廷及北大图书馆长李大钊等，均在站欢迎。加氏下车出站，军乐及各界人士，均随后送之出站。"① 这就证实李大钊参加了欢迎加拉罕的活动。再如李大钊留学日本期间参加反对"二十一条"的活动，是李大钊留学时期重要的政治活动，但迄今在许多方面都是空白。而下面这条记载则提到，1915 年春，李大钊与陈嘉任等倡议设立兵工厂期成会，附设于留日学生总会之内："本会于三、四月之交，并附属有兵工厂期成会之一机关，为陈嘉任、彭蠡、张秉文、杨丙、李大钊等数十人所发起，雅有历史可述。嗣以上海有爱国储金之举，拟即改为爱国储金，仍附属本会办理。"② 此条资料尽管很短，但弥补了此前几乎是空白的遗憾。此外，还有诸如吴佩孚拟请李大钊就任北洋政府教育总长、李大钊曾被北京女师大学生提名为校长人选、李大钊曾在国际大学演讲等史事，③ 都是以往

---

① 《昨日各界欢迎加拉罕之胜况》，《大公报》1923 年 9 月 3 日。

② 《留日学生总会纪要》，《国耻之一》，留日学生总会，1915 年 6 月。

③ 《吴佩孚拉拢教育界》，《民国日报》1922 年 10 月 6 日；《教育界之底里观》，《大公报》1922 年 10 月 8 日；《女师大风潮中之一段话》，《京报》1925 年 1 月 21 日；《国际大学演讲会（讲演者李大钊）》，《社会日报》1925 年 3 月 10 日。

李大钊研究中从未提及而经我在报刊上查到的。更令人惊喜的是，在《京报》等报刊上还发现了李大钊的若干篇佚文和演讲稿。

二、从李大钊任职北大的角度考虑，致力于从其在北大的友朋、同事和学生的日记、书信、文集中搜集相关资料

以往出版的几种《李大钊年谱》，主要利用了白坚武、胡适、吴虞等少数李大钊同时代人的日记，我则在更大范围内阅读和搜集李大钊师友的相关记载，发现了许多为前人所不知或知之而未利用的史料。兹简单列举如下。

《苏甲荣日记》。苏甲荣是五四时期的北大学生、少年中国学会会员。2000 年冬天，我从北大图书馆新发现的一堆老资料中，找到一本没有署名的日记本，迫不及待地将其翻完后，弄清了日记的主人为北大学生苏甲荣，并读到了有关李大钊的数条珍贵记载。兹将《苏甲荣日记》中关于李大钊的记载摘引一条，以见其价值：

> 11 月 30 日：下午二时开会，所约蔡校长、陈仲甫、胡适之、蒋梦麟博士、李守常五人均如期到演说。……
> 夜在三馆作今日追悼会新闻，送《晨报》，乃渠托守常约余作也。①

《苏甲荣日记》的发现，使我对搜集和发现有关李大钊新资料的信心大增。此后，我又遍读了胡适、鲁迅、周作人、钱玄同、蔡元培、吴虞、杨昌济、梁漱溟、顾颉刚、朱希祖等人的日记、书信和文集，从中收集到不少关于李大钊的资料。

《顾颉刚日记》。顾颉刚 1920 年在北大毕业后，最初在北大图书馆任职。其间，他的日记中有关李大钊的记载有多条，已择要收入《年谱》。兹介绍他在 1923 年 2 月日记中的两条记录。

> 2 月 12 日：与伯祥到寰球中国学生会，加入北大旅沪同学会，讨论善后办法。……寰球会中以有北大学生（梅心如）住在内，故假为

---

① 《苏甲荣日记》手稿，藏于北京大学图书馆。

会场。守常先生亦来，鼓吹革命。

2月22日：到寰球中国学生会，参加旅沪北大同学会，论对付学潮事。决议派代表五人至章行严处，劝其不要做北大校长。予亦被推。……今天在会，守常先生推我作警告章行严代表。①

1923年"二七"惨案后，因北洋政府宣布通缉李大钊和陈独秀，李大钊在武汉讲学之后，被迫滞留上海。以往我们对他到上海后最初的活动一无所知，而《顾颉刚日记》中的这两条记录，恰好可弥补此缺失。

《钱玄同日记》。在《新青年》的同人中，李大钊与钱玄同的密切关系，以前所关注者甚少，近年来，则因《钱玄同日记》手稿影印本和整理本的出版而引起学术界注意。

1917年1月20日，《钱玄同日记》中第一次出现李大钊的名字："独秀今晚宴客于庆华春，同座者为沈尹默、高一涵、李大钊、刘三诸公。"② 这可能是李、钱的初次相识。尤需注意的是，此时李大钊尚未进入北大工作，陈独秀应蔡元培邀请担任北京大学文科学长尚不到一个月，陈即在宴请沈尹默、刘三、高一涵等旧友的宴席上，亦邀请李大钊参加，可见陈独秀和李大钊的关系之密切。日后，《新青年》编委中的五人（陈独秀、李大钊、钱玄同、高一涵、沈尹默）就常在一起聚会。

李大钊当时正在协助章士钊编辑《甲寅日刊》，同年底至北京大学工作，从此，钱玄同在日记中多次记载了李大钊的言行。如1918年1月12日记道："至大学上课二小时。独秀交来《新青年》用稿一篇，题为《人生真义》，约千八百字左右，做得很精。又李守常论《俄国革命与文学》一稿，可为第三号用。"③ 李大钊此文的题目，发表时即改为《俄罗斯文学与革命》。钱的记载，为我们判断该文写作时间是在1917年底至1918年初提供了较为准确的依据。又如1919年10月5日，《钱玄同日记》记载了一条更重要的信息："下午三时，至胡适之处，因仲甫函约《新青年》同人今日在适之家中商量七卷以后之办法，结果仍归仲甫一人编辑。在适之家中吃晚

---

① 《顾颉刚日记》第1册，中华书局，2011，第324、327页。
② 杨天石主编《钱玄同日记》（整理本）上册，北京大学出版社，2014，第303页。
③ 杨天石主编《钱玄同日记》（整理本）上册，第328页。

饭。"这是《新青年》同人内部出现严重分歧，陈独秀、胡适和李大钊、钱玄同、周作人等商议《新青年》编辑事宜的重要会议。如果没有钱玄同这一笔记录，此事细节我们后人恐难以知晓。① 《钱玄同日记》的这些记录，使我们对李大钊的思想言行及《新青年》同人的聚合分化有了具体深入的理解。

三、从李大钊革命活动的秘密特点出发，着力发掘未刊档案或档案资料汇编中以往未注意或被忽略的材料

我相继查阅了中央档案馆、北京大学档案馆等多家档案馆收藏的有关李大钊材料，又委托朋友查阅了台北"国史馆"、中国国民党党史会所收藏的相关档案，同时翻阅了相关已公开出版的档案资料汇编，收获颇丰。此处仅介绍发现的几则珍贵史料。

1920 年初李大钊护送陈独秀逃离北京，是北大校史上和中共党史上流传甚广的佳话。但此事究竟在何时发生，前人著作仅有大略推断，或说1920 年 2 月，或说 1920 年春。我查阅到一条北洋政府警察厅的档案资料，其中明确说道："查于二月九日下午一时余，见陈独秀乘人力车出门，声言至缎库后身胡适宅拜访，是日并未回。复经调查数日，并未回家。"由此可知陈独秀是 2 月 9 日离开其家的，结合胡适当天日记的记载，② 可推知陈独秀离家后，即与胡适、李大钊等人商议后续办法，决定离开北京。又据陈独秀在离开北京到达上海后致警察总监吴炳湘之函，③ 可知 2 月 14 日陈独秀已到达上海并将生活安排妥当。据此，可将李大钊护送陈独秀出京之时间定为 1920 年 2 月中旬。

为了推动革命工作，李大钊与吴佩孚之间多有来往和联络工作。因《白坚武日记》和苏联档案的解密，这现已不是秘密。但李大钊与阎锡山的联络工作，学术界所知尚少。而收藏于台北"国史馆"的阎锡山档案，则提供了鲜为人知的材料。如 1927 年 1 月中旬，李大钊与中日文化事业协会

---

① 杨天石主编《钱玄同日记》（整理本）上册，第 351 页。

② 胡适 9 日下午本来有课，但"因 C.T.S 事，未上课"，说明陈独秀确于此日离开北京的家。参见《胡适日记全编》第 3 册，安徽教育出版社，2001，第 86 页。

③ 刘苏选编《五四时期陈独秀被捕档案选编》，北京市档案馆编《档案中的北京五四——北京档案史料》，新华出版社，2009。

秘书、日方非正式代表大内畅三会面，就日本与南方国民政府合作事宜商谈初步条件。对于此极为秘密之事，阎锡山驻京代表温寿泉在 1 月 21 日致阎锡山的密电中就有反映。电云：

> 太原督帅钧鉴：
>
> 肃密。顷据尾什庆彦言，北京市党部干部李大钊诸人秉承国民政府及共产党之内意，以非公式的向日本提出下列条件，表示联络好意，拟于将来国民政府派人与日本接洽时，即以此条件为交涉之基础也。……

该电文将谈判的六条内容也汇报得很清楚。①

以上这些事例，在在说明了搜集有关李大钊的档案材料，不能限于一隅，而必须多方面、多种类、多视角以及多地区、多语种地广泛搜集，才能有所收获，也才能完整、准确、丰富地展现李大钊革命活动的全貌。

二 多方参证 考订正误

在《年谱》撰写过程中，坚持多方参证、严密考订的原则。对于史料充分的史事，按不同类型、不同来源，每一种史料均摘要录入一条，以互相印证。同时，对于各种叙述矛盾或有歧异或与李大钊生平、思想不符的史料，则严格考辨，仔细分析，择其可信者而用之，其不可信者而弃之，努力使李大钊生平事迹建立在准确可靠的史料基础上。

其一，多方参证。在编撰过程中，有关李大钊生平之重要活动，尽可能做到每一条结论，都有一种以上史料的支撑，全书虽未完全实现，但这确是编者努力的目标。兹举《年谱》中一处"事略"，予以说明：

> 1917 年 3 月 4 日，神州学会在京会员开会，李大钊被选为北京支部评议部长。

---

① 《北京温代表潘代表密电》（抄件），阎锡山档案，台北"国史馆"藏。

　　关于此条"事略",《年谱》举出下列四条不同类型的史料来说明。(1)报刊。《晨钟报》于 1917 年 3 月 4 日报道《神州学会成立会》:"去岁留东人士在日本发起之神州学会,已设本会于东京。该会会员之来京者,拟于北京设支会。前特推举数人筹备一切,兹闻已略就绪,定期于今日午后一时,假中央公园春明馆开成立会。"(2)档案。中国第二历史档案馆编《中华民国史档案资料汇编》收录的《神州学会支部职员名单》,载明神州学会"评议部长:李大钊"。① (3)日记。白坚武是日日记载:"驻京神州学会开会于中央公园,选举职员。"② (4)回忆资料。黄介民回忆:"燕京访密友告一结束,遂托李守常主持一切。乃复与李守常、张泽民、高一涵、仇亦山、熊罴士商设北京神州学会支部事,以公开机关容罗各面人才,为进行之一法。"③ 四条不同类型的史料汇集在一起,不仅可以确认李大钊被选为神州学会北京支部评议部长,且可反映李大钊在成立北京支部中所起的作用。

　　其二,鉴别真伪。回忆材料是当事人对往事的回忆,如果是真实的,那么因当事人亲闻、亲见、亲历的介绍和讲述,能够再现历史情境,具有极大的价值。但是,由于近现代中国政治环境的剧烈变动,回忆材料除了因当事人记忆模糊而造成的不准确或失误之外,也有作假、臆造之成分,这在一些有关李大钊的回忆材料中表现得尤为突出。因为李大钊作为中国共产党的主要创始人和早期领导者之一,从事的革命活动有许多是秘密的,所以在他就义之后,就出现了各种歧异甚至矛盾的记载。特别是由于 1949年之前和 1949 年之后不同的社会条件和政治环境,李大钊的形象由一位被北洋军阀政府绞杀而普通百姓并不了解的"叛乱者"——"共党首领"转变为执政党——中国共产党的早期领袖之一和千百万人民群众景仰的革命先烈。李大钊形象的这种巨大变化,使有些和他相关乃至不相关的人在不同的政治环境下所写的回忆文章、材料等,或极力歪曲有关真实情况;或有意和他攀扯关系,说些不实之词;或对已往的回忆、记载加以修改。种

① 《京师警察厅抄报仇鳌、李大钊等组织神州学会支部致内务部备案呈》,中国第二历史档案馆编《中华民国史档案资料汇编》第 3 辑《文化》,江苏古籍出版社,1991,第 626 页。
② 杜春和、耿来金整理《白坚武日记》,江苏古籍出版社,1992,第 59 页。
③ 黄志良整理《三十七年游戏梦——黄介民回忆录》,《近代史资料》总 122 号,中国社会科学出版社,2010。

种情况，使有关李大钊的某些史料尤其是回忆录，往往真假难辨，误导读者甚至研究者。《年谱》对此类史料和问题，亦运用多方参证之法，尽量做到去伪存真。

孤证慎重采用。这方面典型的例子是李大钊参加社会党之事。以往出版的有关李大钊的传记、年谱，均认为1912年冬，李大钊在北京结识中国社会党北京部主任陈翼龙，并由曹百善介绍入党。此说的根据，主要来源于曹百善的回忆。他说："李大钊先生加入社会党北京总部，是在一九一二年冬。他从天津来找我，说是应孙洪伊之约，要和白坚武筹办《言治》月刊，当时经我介绍与陈先生相见，畅谈以后，意见极洽，遂入党。"又说："第二年春，在天津成立支部，推李大钊、郭须静主持。"① 我遍查了当时报刊上关于陈翼龙的资料，也翻阅了所有回忆中国社会党的文章，发现除曹百善等人的回忆外，再未有其他人提及此事。曹的回忆为孤证。后来，又读到日本学者后藤延子的《李大钊与中国社会党》一文，② 她经过详细考证，认为李大钊参加社会党一事，目前仍没有确凿的材料证明。故《年谱》关于李大钊参加社会党一事，不采纳曹百善之回忆，暂以"存疑待考"处理。③

两说并存，择其证据充分者。李大钊接待的共产国际第一位代表究竟为何人，目前的回忆录中就有两种说法。根据张申府、罗章龙、张国焘、李达等人的回忆，李大钊接待的共产国际第一位代表是维经斯基。④ 而彭述之在回忆录中则说，李大钊曾跟他讲述，共产国际派到中国的第一位代表不是维经斯基，而是霍霍诺夫金。⑤ 综合张、罗等这几位了解情况详略不同的人的回忆，在不同时间的说法上大体一致，其回忆能够互相印证，故《年谱》在1920年的"谱主事略"中予以采信，在谱文中写为：李大钊

---

① 张次溪编《陈翼龙先生事迹汇录》，《文史资料选辑》第75辑，文史出版社，1981。
② 该文刊于日本信州大学人文学部"人文科学论集"《人间情报学科编》第31号，1997年2月，韩一德译为中文。
③ 关于此事，编者已做考辨，因论证太长，拟另文发表。
④ 张申府《中国共产党建立前后的回忆》、罗章龙《回忆党的创立时期的几个问题》、李达《中国共产党的发起和第一次、第二次代表大会经过的回忆》，分别参见《一大前后》（二），人民出版社，1980，第6—7、197—198、548页；张国焘《我的回忆》，东方出版社，2004，第81页。
⑤ 《彭述之回忆录》上卷，香港天地图书有限公司，2016，第138—140页。

"约4月，接待共产国际远东局威金斯基，并介绍其去上海见陈独秀"。慎重起见，又将彭述之的回忆和以上其他人不同的回忆加以排比罗列，以便研究者继续就此问题进行探讨。①

多人回忆，比较、印证后而采纳。对于能够互相印证或有其他材料做旁证的回忆，《年谱》一般予以采纳。因为在叙述个人关系及再现历史情境时，回忆录因其为当事人所亲闻、亲见或亲历之事，能发挥其他史料所不能起到的作用。如关于五四时期北大新思想碰撞、讨论之场所和中国共产党北京党组织诞生之地——北大红楼一层李大钊办公室的回忆即如此。对李大钊办公室在中国现代史上的作用和地位，张申府回忆说："主任室设在东南角上的两大间。从此，那两间房子也就成了一时新思想运动的中心、大本营。谈到'五四'，谈到中国的革命，是绝不可以忘掉那个地方的。"②张国焘亦回忆说："图书馆主任室有两间房，一间是李先生的办公室，另一间是接待室。那间接待室是当时的社会主义者和激进人物荟集之所。"③ 二张当时与李大钊是志同道合的战友，如果认为他们的回忆有所夸大，我们再读一读罗家伦的回忆。罗称李大钊办公室为"饱无堂"：除了"充满学术自由的空气"，"饱无堂还有一种好处，因为李大钊是图书馆主任，所以每逢图书馆的新书到时，他们可以首先看到，而这些新书遂成为讨论之资料。当时的文学革命可以说是从这两个地方讨论出来的，对于旧社会制度和旧思想的抨击也产生于这两个地方"。④ 傅斯年亦曾谈道："守常的那间屋子，在当时几乎是我们一群朋友的俱乐部，在里边无话不谈。"⑤ 上述四人，尽管后来的政治立场各不相同甚至对立，但他们对李大钊办公室的学术气氛、思想影响和所起历史作用的叙述，是大体相似的。《年谱》征引了这些材料，以充分说明李大钊及其办公室在五四时期的影响和作用。

---

① 实际上，新近发现的俄国档案中，确有1920年10月共产国际派遣霍霍诺夫金到中国的明确记载。他是否在此之前已来过中国，有待于新材料的发现。参见中共一大会址纪念馆编《中共首次亮相国际政治舞台》，上海人民出版社，2016，第53页。
② 张申府：《忆守常》，《回忆李大钊》，人民出版社，1980，第63页。
③ 张国焘：《我的回忆》，第78—79页。
④ 罗家伦口述、马星野笔记《蔡元培时代的北京大学与五四运动》（1931年8月26日），罗久芳、罗久蓉编辑校注《罗家伦先生文存补遗》，台北，中研院近代史所，2009，第56页。
⑤ 傅斯年：《追忆王光祈先生》，王光祈先生纪念委员会编印《王光祈先生纪念册》，1936，第55页。

其三，考订正误。《年谱》不仅对李大钊生平事迹之重要事件，多方参证，弄清史实，而且在许多细节问题上，亦力求广泛搜集，多方印证，对以前不清楚之事或错误之事有所补充或纠正。兹举两种情况。

利用多种史料，查清李大钊之行踪。这方面的事例如李大钊进入北京大学的时间，学术界大致认为是1918年初。但我从《国立北京大学廿周年纪念册》所收《北京大学廿周纪念大会摄影》照片中，即发现有李大钊，而据《北京大学日刊》关于北大纪念二十周年校庆的报道，这张照片为1917年12月17日所摄。另据顾颉刚同日《致叶圣陶函》称，时任北大图书馆主任的章士钊"近已将图书主任开去，易以李守常"。① 将这三条资料综合起来，就可以将李大钊入职北大的时间确定为1917年12月。② 再如李大钊1924年参加共产国际第五次大会后从苏联归国的时间，多人回忆中的说法各不一致，因而在各种版本的《李大钊年谱》或《李大钊传》中，对此莫衷一是。为弄清准确时间，我又查阅了其他资料，从《蔡元培年谱长编》所收录的《李季致蔡元培手札》中查到明确信息："守常先生本月三日起程归国。"③ 由此，确认李大钊是1924年12月3日从莫斯科启程回国的。

多方考订，纠正失误。这方面主要分两种情况：一是自我纠正，一是纠正他人。第一种情况主要针对的是自己的失误：在编撰《年谱》过程中，发现自己所参与编注的《李大钊全集》与新资料不符之处，均依据新资料予以改正。如1918年李大钊致袁守和函，《李大钊全集》判断其撰写时间为1918年10月。④ 我根据1918年4月4日出版的《清华周刊》发布的"赠书鸣谢"所言，"本校图书馆近承……北京大学图书馆主任李守常先生赠自著之《中国国际法论》一册"，⑤ 其内容与致袁守和函内容相符，因而判断李大钊给清华图书馆赠书应在他参观清华图书馆之后不久，即3月下旬，故将该函撰写时间由10月改为3月下旬。

第二种情况是对其他著作中有关李大钊生平事迹记载的失误之处，在

---

① 《顾颉刚书信集》第1卷，中华书局，2011，第28页。
② 《通告学生诸君》，《北京大学日刊》1917年12月16日。
③ 《蔡元培年谱长编》第2卷，人民教育出版社，1999，第692页。
④ 《致袁守和》，中国李大钊研究会编注《李大钊全集》（修订本）第5卷，人民出版社，2013，第367页。
⑤ 《清华周刊》第135期，1918年4月4日。

力所能及的范围内加以改正。如朱希祖在 1932 年 10 月 9 日日记中回忆："第二次见中山先生在上海，时民国十二年，余偕李守常大钊先生入谒，握手略谈北方事。"《朱希祖先生年谱长编》将此事系于 1923 年 11 月。我则根据所查资料，知朱希祖与李大钊一起在上海活动的时间是同年 2 月，故将李大钊与朱希祖拜访孙中山的时间确定为本年 2 月中上旬。

以上所举事例，表面上看是一些小小的时间问题，但实际上却涉及李大钊生平中重要的行踪或事件。如他从莫斯科回国时间的确定，就否定了某些回忆录中的 1925 年回国说，也否定了李大钊于 1924 年 11 月赴天津与孙中山会面的说法。又如李大钊偕朱希祖拜访孙中山之事，从 11 月改为 2 月，虽仅差几个月，但比以往的说法准确。此类考订，均在细节方面厘清了有关李大钊的不少史实。

三　加强研究　拓展认识

作为年谱，该书以收录丰富的资料、客观叙述李大钊生平事迹和介绍诗文著作内容为主，但并不以此为限，而是在整理史料、辨别史料的基础上，吸收学术界新的研究成果，结合我对李大钊生平事迹、思想演变的理解和研究，对李大钊的社会交往、革命活动、思想演变等方面进行细致考察和深入研究。一方面，希望拓展和丰富对李大钊生平及其革命活动的认识；另一方面，则针对学术界某些错误观点，依据《年谱》编撰中搜集的史料，专门撰写了若干论文，对其提出了一些商榷或批评意见，力图实现年谱编撰与专题研究互相结合、互相促进，以期在一些重大问题或关键点上推进李大钊研究。这方面的进展主要有以下几个方面。

其一，加强对李大钊社会交往、人际网络的考察。从中国社会、文化和历史的实际状况出发，《年谱》注重对李大钊师友同学及人际交往圈、社会活动圈的追索与考察，也为今人了解较少的李大钊师友撰写小传，尽可能展现李大钊成长道路的曲折性和人际交往的广泛性。

李大钊与早年之师长。李大钊善于撰文，在北洋法政学堂读书时即已有名于时。郁嶷曾撰文称赞："同人之文，多拘挛法理糟粕之学，而君则振翰荦荦，发为感慨悲歌之篇，其造意树义，一以民生为念，阐发先哲贻德为急。览者感发兴起，颂声交至。"于树德回忆说："大钊同志在法政学堂读书时，就善于写文章，其文章浑厚磅礴为全校冠。"[1] 但对于李大钊在中学所受教育及其师长，以往研究从未涉及。我不仅查到了他在永平府中学堂读书时受教的师长姓名，而且在搜集资料的过程中，发现李大钊在永平府中学堂的国文老师崔琳、在北洋法政学堂读书时的老师籍忠寅和邓毓怡等均曾入保定莲池书院研习古文，为晚清桐城派宗师吴汝纶门下知名弟子。无疑，李大钊在写作上受到师长的熏陶，故将他们的生平事迹亦编入《年谱》中，以明李大钊擅长撰文之渊源。

李大钊与汤化龙、孙洪伊。李大钊从一名农家子弟、爱国青年成长为中国共产党的领袖，与他个人救国救民的志向、追求分不开，与时代、环境的造就分不开，但也与前辈、师长的提携帮助密切相关。在他人生成长的道路上，孙洪伊、汤化龙两位政治活动家对李大钊的帮助至关重要。孙洪伊是清末天津立宪运动的领袖之一，中华民国成立后，"当选为众议院议员，其所提议案，如关于宪法、教育、征兵制度、地方自治、财政者种种，汤公化龙见之，曰：'伯兰足迹未出国门，而所持之理论，比之游学海外者，尤博大而精切，洵奇杰也。'其钦佩若此"。[2] 因而汤化龙与之结交成为好友。早在 1909 年天津的国会请愿运动中，李大钊就结识了孙洪伊，此后长期追随，其见识、思想及才干均受到锻炼和影响。而孙洪伊也很欣赏李大钊的才华，将其介绍给时任众议院院长的汤化龙。随后，二人共同资助李大钊留学日本。

关于李大钊和汤、孙二人之关系，前人已有研究，但仍显不足，反映李和他们二人来往的直接材料更少。我则查找到李大钊至友霍侣白的一份手稿，其中谈到汤化龙资助李大钊留学之事时说："君于民国初元毕业于天津北洋法政专门学校，旋因孙公伯兰之介，得交蕲水汤济武先生。蕲水爱才如命，念君敏而好学，不慕荣利，然贫乏不能自存，乃解囊助君东渡，俾精研学术，以成其志。"[3] 这份手稿撰于 1949 年之前，不同于后来受政治环境影响，提及汤化龙先立足于批判，因而较客观公正地叙述了李、汤关

[1]　郁嶷：《送李龟年游学日本序》，《言治》第 4 期，1913 年 9 月 1 日；于树德：《介绍李大钊、周恩来等的一些情况》（1956 年 12 月 6 日），王来棣采访、编辑《中共创始人访谈录》，自印本，2012，第 163 页。

[2]　陆乃翔：《人物考：孙公洪伊行状》，《河北月刊》第 4 卷第 10 期，1936 年。

[3]　霍侣白：《李大钊烈士遗札题词》，手稿抄件。

系。而关于孙、李关系，则发现了一封李大钊致孙洪伊的短信，更弥足珍贵。

众所周知，李大钊留学日本对他的成长和发展及其人生道路的选择影响甚大，而汤化龙、孙洪伊是为李大钊提供留学费用的主要资助者。如果说李大钊是一匹千里马，那么汤、孙二人就是真正的伯乐！因之，在《年谱》中，对汤、孙与李大钊有关的事迹也尽量收录，以揭示李大钊人生道路与思想演变的曲折、复杂与艰难历程。

李大钊与杨昌济。杨昌济介绍毛泽东到李大钊任主任的北大图书馆任职，早已是尽人皆知的事，但李大钊与杨昌济关系究竟如何，以往很少有人探究。《年谱》从杨昌济日记中录得两条记录，从中可见杨、李交往之一斑。这两条日记内容为：

> 余从前因精力不及，兴味索然，不多诣人，不多开口。此后当稍变冷静之态度，与社会中人相接。己固可以得益，有时亦可以于人有益。大学中人中如蔡子民、胡适之、陶孟和、李守常皆可与谈者。……
> 李守常谓日本武者小路实笃是一思想大家，又谓吉野作造、界利彦、室伏高信、河上肇，皆日本学者中之杰出者。①

这后一条，亦可见李大钊对当时日本思想界之认识及熟悉程度，为一般人所不及。

李大钊与黄炎培。黄炎培是中华职业教育社的创始人，学界以往从未谈及他和李大钊的关系。而我有幸抄录的这份黄炎培手稿，则明确记录了二人的结交经过："早年从北京大学诸好友处闻守常先生名，而未获见。一九二二年，有友走告，中国共产党人对我有所不谅。我不甚信之，终乃乎直投书先生，愿一席倾谈，得复欢迎。乃从上海入京，专访先生，从清晨谈至近午。时我方倡职业教育，详述所怀抱的理想与所采取的途径，终极目标为使无业者有业，有业者乐业，先生亦详细见告所志所事，将使每一个人站立起来，一群人组织起来，能自力解放个人和大众一切问题，结论认为双方所用方法不同，而目的则一。欢然而别。既而我为《申报》辑

---

① 王兴国编注《杨昌济集》第 1 册，湖南教育出版社，2008，第 675—676、679 页。

《最近之五十年》，将刊，先生为写《一八七一年的康妙恩》文见赠。先生
盖借欧洲群众运动故事，以写其想象中的革命方式也。"[1] 黄炎培的回忆，
为我们了解李大钊社会交往的广泛性提供了典型的事例。

李大钊与曾琦。曾琦是中国青年党的领袖之一，也是少年中国学会的
创始人之一。青年时代的李大钊与曾琦关系异常密切，是志同道合的好友，
一起与王光祈、周太玄等创建了少年中国学会。但以往《李大钊年谱》等
书，对李大钊与曾琦的交往很少涉及。实际上，根据曾琦1918年4月的日
记，早在少年中国学会创立之前，曾、李已有通信往来。[2]《年谱》征引了
《曾琦日记》和《少年中国》所刊曾琦、王光祈、周太玄的通信以及李璜
《学钝室回忆录》等多种资料，发掘出李大钊、曾琦在五四时期密切交往之
史事，说明李大钊、王光祈、曾琦三人是少年中国学会的核心领袖人物。
因此也得出结论：少年中国学会"存在六年多，终因会员尤其是核心领袖
人物王光祈、李大钊、曾琦三位的人生追求的不同、政治立场的差异和思
想主张的分化，于1925年底而停止活动"。

其二，多角度认识和理解李大钊的革命活动。李大钊所从事的革命工
作，既是为中华民族的独立而奋斗的革命事业，也是为世界无产阶级争取
彻底解放的伟大事业，这场革命的国际性、中外革命人士联系的密切及其
互动，是其非常鲜明的特点。如果仅从某一方面或者仅孤立地看待李大
钊的革命活动，就会忽略一些极其重要的方面或史实，《年谱》则从中
外革命互动、李大钊的革命活动所处具体环境等角度来考察李大钊及其
革命事业，丰富和拓展对李大钊革命活动的认识。兹谈自己的两点
认识。

一是共产国际的幕后指导与帮助。中国革命与共产国际的关系，包括
李大钊与共产国际的关系，是研究李大钊必然要面对和处理的课题。以往
限于条件，这方面总处于一种梳理不清的状况。苏联档案的解密及出版，
为我们研究这一问题提供了诸多材料。这些档案材料说明，在中国共产党
早期的许多活动中，背后有共产国际或者苏俄（联）的帮助，甚至在表面

---

[1]　无题，手稿抄件。
[2]　陈正茂、黄欣周、梅渐浓编《曾琦先生文集·日记》，台北，中研院近代史研究所，1993，
　　第1331页。

上看似与苏俄（联）毫无关系的活动，实际上也是苏俄（联）通过共产国际派往中国的代表在指导。1922 年的非基督教运动，就是这样一个典型事例。①

1922 年 3 月初，为反对世界基督教学生同盟第十一届大会在清华学校召开，上海的一些青年学生成立了"上海非基督教学生同盟"，北京大学学生成立了"非宗教大同盟"。各地学生纷纷响应。4 月 4 日，李大钊与王星拱、吴虞、李石曾、邓中夏、萧子升等 12 人发表《非宗教者宣言》。从吴虞 1922 年 4 月 1 日日记中我们得知，该宣言为"李守常主稿"。② 由此可推知，李大钊与这场运动关系密切。

而苏联档案中的材料说明：非基督教运动是一场由中国共产党和共青团组织、领导的政治运动，李大钊实际上起了重要的指导作用。据《威连斯基 – 西布里亚科夫给狄拉克的信》："现在我们组织了广泛的反基督教运动，它起因于在中国举行的世界基督教代表大会，是一种抗议运动，尔后变成了广泛的运动，现在在号召为国家的统一而联合起来，已在更广阔的基础上进行。"又据《利金就在华工作情况给共产国际执委会远东部的报告》："从表面上看，非基督教运动是青年学生进行的一场运动，旨在反对 4 月 4 日在北京举行的世界青年基督教同盟代表大会。但这仅仅是从表面上看问题。实际上，这场运动是形成一个整体的几个因素的综合反映。……运动的总指挥部从第一天起就掌握在共产党中央局手中，它通过青年团成功地控制了整个运动。"该汇报又说："运动的基本力量确实是我们的共产主义小组和社会主义青年团。非基督教同盟只不过是一个合法的挡箭牌，使我们能够公开地和广泛地进行宣传活动。"③

又如 1922 年 1 月 15 日，北大平民夜校特于是日举行"第一班毕业式"，以纪念李卜克内西和卢森堡"殉难之日"。另外，西城某校举行了李、卢二人的纪念大会，会上有多名学生演讲。④ 而在共产国际档案资料汇编中，共

---

① 陶飞亚：《共产国际代表与中国非基督教运动》，《近代史研究》2003 年第 5 期。
② 《吴虞日记》下册，四川人民出版社，1984，第 24 页。
③ 《共产国际、联共（布）与中国革命档案资料丛书》（1），中共中央党史研究室第一研究部译，北京图书馆出版社，1997，第 80、91~92 页。
④ 《北大平民夜校第一次毕业式参观记》，《晨报》1922 年 1 月 17 日；《北京李卜克内西和卢森堡三周纪念之盛况》，《晨报》1922 年 1 月 18 日。

产国际工作人员利金关于此事的报告则谓："1 月 15 日：纪念卡尔·李卜克内西是中国共产主义组织中央局同青年团一起开展的比较成功的宣传运动。表面上看，这场运动表现为在北京（国立大学）、上海和广州举行群众大会。"① 这说明各地纪念李卜克内西的活动，是由中共各地党组织与社会主义青年团组织的革命活动的一部分。

再如 1922 年 11 月 7 日，北京各团体在北京大学第三院举行"苏俄十月革命纪念会"，李大钊担任主席，并发表演说。② 实际上，根据马林的汇报，该活动也是在共产国际驻华代表马林和中共党组织的策划和领导下进行的。③

此类事例还有很多，这提示我们对中国近代革命和李大钊的革命活动，都要注意到中外革命的互动，在新的视角下理解。

二是北京大学对李大钊革命活动的掩护。自 1920 年 2 月起，李大钊即被北洋政府之密探监视，④ 其后数次被北洋政府或公开或秘密通缉，但直至牺牲，李大钊的合法身份一直是北京大学的教授。面对通缉令，李大钊每每化险为夷，之所以如此，主要原因在于北京大学对其革命活动的掩护，兹仅举一例。

1924 年 5 月 20 日，中共北京党组织的负责人张国焘被捕后，北洋政府亦下令通缉和逮捕李大钊，李大钊先至昌黎五峰山避难，后又赴苏联参加共产国际第五次代表大会，暂时脱离了危险。针对北洋政府的通缉令，北京大学评议会在同年 6 月 4 日的会上专门进行了讨论。评议员讨论的结果是，"李守常教授通缉案命令有'该犯身为大学教授'一语，由评议会代表教授质问教育部，不得任意毁谤"，并议决"由文牍课草函教育部质问"。8 月 7 日，北京大学正式致函教育部，请取消通缉李大钊令。鉴于该函针对北洋政府通缉令的抗议掷地有声，兹摘要抄录如下：

① 《利金就在华工作情况给共产国际执委会远东部的报告》，《共产国际、联共（布）与中国革命档案资料丛书》（1），第 89 页。
② 《昨天的苏俄纪念会真热闹》，《晨报》1922 年 11 月 8 日。
③ 《共产国际执委会主席团会议中国问题议程速记记录》，《共产国际、联共（布）与中国革命档案资料丛书》（1），第 179、183 页。
④ 王永昌：《曾为斯民做前驱——介绍一束陈独秀散发传单被捕档案材料》，《鲁迅研究资料》（21），中国文联出版公司，1989。

敬启者：顷据本校评议会函开，近阅报载，内务部以工党一案，与本校教授李大钊有关，业经明令通缉。……阅竟之余，殊深诧异。查李教授大钊，从事本校，颇称稳健，就令平时于言论或著作上有所主张，然大学为讲学之地，研究各种学说，实为大学教授应尽之责任，不能因此遽令通缉。事关国家学术前途，为此函请校长，特函教育部咨行内务部，请将通缉李大钊明令，迅予取消，以维学术。……谨上教育部。

国立北京大学

中华民国十三年八月①

尤可注意的是，此函稿封面校长签字一栏，除校长蔡元培因不在学校由蒋梦麟代签以外，其他如教务长顾孟余、总务长蒋梦麟均为亲笔签名。

此外如 1920 年、1923 年、1925 年，北洋政府都曾发出密电，命令禁止李大钊在北京大学组织革命活动，但这些禁令因北京大学出面多方掩护，最终被无形取消。北京大学对李大钊的保护以及对其革命活动的掩护，真正体现了鲁迅所说"北大是常为新的"、"北大是常与黑暗势力抗战的"②之精神，《年谱》亦充分发掘和揭示了北大在此方面的一些作为和史实。

其三，多方考索，质疑辩难。《年谱》的编撰，一方面基于本人搜集的丰富史料，另一方面尽量吸收前人的研究成果。但对于以往或目前研究中存在的问题、流行的成说、错误的观点，则依据所掌握的史料，通过多方面的考察、研究，提出更加符合历史事实的看法，从而纠正前人某些错误的观点。如《年谱》对日本学者石川祯浩有关李大钊宣传马克思主义的观点进行了商榷。1919 年 1 月 31 日，李大钊协助《晨报》第七版（副刊）设立《自由论坛》，这本是中国近代报刊史上人尽皆知的事实。而石川祯浩在其所著《中国共产党成立史》一书中提出："没有原始资料能够证明李大钊直接参与了《晨报副刊》的编辑工作。""五四时期指导《晨报副刊》积极宣传马克思主义的不是李大钊，而是翻译、介绍上述日文社会主义的'渊

---

① 《为致教育部请咨行内务部将通缉李教授大钊明令取消事》，北京大学档案馆藏。

② 鲁迅：《我观北大》，《鲁迅全集》第 3 卷，人民文学出版社，1981，第 158 页。

泉'（即陈溥贤）。"① 他的这一观点很有影响，中国国内很多学者加以引用和传播，而他的这一观点究竟能否成立，《年谱》必须用确凿的史实做出回答。

为此，我查阅了五四时期的《晨报》及李大钊发表文稿的其他报刊，经考证，发现"去闇"为李大钊的笔名、"明生"为陶孟和的笔名，这样就将李大钊 1916 年离开《晨钟报》（《晨报》前身）后于 1918 年再次与《晨报》恢复关系的隐秘史实揭示出来。② 其后，我又从《新青年》的编辑过程、出版周期和信息传播等多角度考察了该刊"马克思主义专号"的准确出版时间，弄清了李大钊《我的马克思主义观》一文撰写的具体过程和时间。③ 最后，又通过大量史料，说明《晨报副刊》改版之后，新文化群体迅速聚集在该刊周围。《每周评论》、《新青年》和《晨报副刊》有着密切关联和互动关系，而居中主持人物正是李大钊。由此可见，李大钊在《晨报》的工作，并不是一个普通报社记者的工作，也不是一个普通文字编辑的工作，他所扮演的，是一个组织者、协调者的角色。正是通过他的杰出工作，《晨报》从 1918 年 12 月 1 日复刊特别是从次年 2 月 7 日起，开始大幅改革，成为五四时期最具影响力的报刊之一，而《晨报副刊》也成为马克思主义在中国有组织、有系统传播的最重要阵地之一。④ 这样的结论，建立在多方考索的材料基础和史实分析之上，对石川祯浩的观点做出了有力的回应。在《年谱》中，我以"按语"的方式，将本人的这些研究心得择要写入，以纠正误说，希望引起学术界更深入的探讨。

---

① 〔日〕石川祯浩：《中国共产党成立史》，袁广泉译，中国社会科学出版社，2006，第 9 页。
② 详细考证，参见杨琥《〈每周评论〉等报刊若干撰稿人笔名索解》，《历史研究》2009 年第 3 期。
③ 杨琥：《李大钊〈我的马克思主义观〉一文若干问题的探讨》，牛大勇、欧阳哲生主编《五四的历史与历史中的五四》，北京大学出版社，2010。
④ 王宪明、杨琥：《五四时期李大钊传播马克思主义的第二阵地——〈晨报副刊〉传播马克思主义的贡献与意义》，《安徽大学学报》2011 年第 4 期。

编后记

2019 年是五四运动 100 周年，为纪念这一在中国近代史上具有里程碑意义的重大事件，深刻领会习近平总书记关于五四运动研究的"4·19"讲话精神，推动五四运动史研究的深入发展，4 月 27—28 日，中国历史研究院近代史研究所、中国现代文化学会联合主办的"纪念五四运动一百周年"国际学术研讨会在北京成功举行，来自中国、韩国、日本和印度各科研机构与高等院校的 90 余位专家学者出席了会议。与会学者围绕五四运动的意义，五四人物与事件，五四运动时期的政治文化、学术思想、社会思潮、中国与世界，以及新时代下如何弘扬五四精神等问题展开深入交流与讨论，既重视五四思想的寻绎，又关注多元视角下的五四运动研究，代表了五四运动史研究的最新进展。

受近代史研究所委托，中国现代文化学会承担了会议论文集的编纂工作，本论文集即此次学术研讨会的成果汇集。我们从提交的 70 余篇会议论文中选录 56 篇，按内容大体分为五四运动史研究综论、新文化运动与五四运动、思潮与观念、人物与事件、刊物及其他等专题。选录文章均已经过作者修订，个别已被其他论文集收入的文章经征求作者意愿后未入选。感谢每一位论文作者，尤其是慷慨应允文章在本论文集首发的作者。

中国历史研究院高翔院长、近代史研究所王建朗所长的开幕致辞，我们以为可以作为本论文集的代序，亦可作为会议的记录，故放在开篇。

衷心感谢中国历史研究院和近代史研究所对本次会议筹办和论文集出版事宜的大力支持与推动，邹小站、杜继东、周祖文、许欣舸、杨小琳等近代史研究所同人，为本论文集的选编和出版提供了支持和帮助，特此志谢！同时感谢社会科学文献出版社责任编辑陈肖寒博士和其他编辑的努力和付出！他们一贯的严谨、认真和专业的编审风格保证了本论文集的出版质量。

囿于编者的学识和学力，论文集编纂过程中不乏粗疏和不足，诚挚希望诸位方家批评指正。

邱志红

2022 年 5 月 1 日

图书在版编目（CIP）数据

　　五四运动与民族复兴：全2册：纪念五四运动一百
周年国际学术研讨会论文集／中国社会科学院近代史研
究所编. —— 北京：社会科学文献出版社，2022.6（2022.10重印）
　　ISBN 978 - 7 - 5201 - 9929 - 2

　　Ⅰ.①五…　Ⅱ.①中…　Ⅲ.①五四运动 - 学术会议 -
文集　Ⅳ.①K261.107 - 53

　　中国版本图书馆 CIP 数据核字（2022）第 050875 号

五四运动与民族复兴（全2册）
——纪念五四运动一百周年国际学术研讨会论文集

编　　　者／中国社会科学院近代史研究所

出 版 人／王利民
责任编辑／陈肖寒
文稿编辑／汪延平　徐　花　侯婧怡　李蓉蓉
责任印制／王京美

出　　　版／社会科学文献出版社·历史学分社（010）59367256
　　　　　　地址：北京市北三环中路甲29号院华龙大厦　邮编：100029
　　　　　　网址：www. ssap. com. cn
发　　　行／社会科学文献出版社（010）59367028
印　　　装／唐山玺诚印务有限公司

规　　　格／开　本：787mm × 1092mm　1/16
　　　　　　印　张：70.5　字　数：1154千字
版　　　次／2022年6月第1版　2022年10月第2次印刷
书　　　号／ISBN 978 - 7 - 5201 - 9929 - 2
定　　　价／298.00元（全2册）

读者服务电话：4008918866